FRANCE

ATLAS ROUTIER

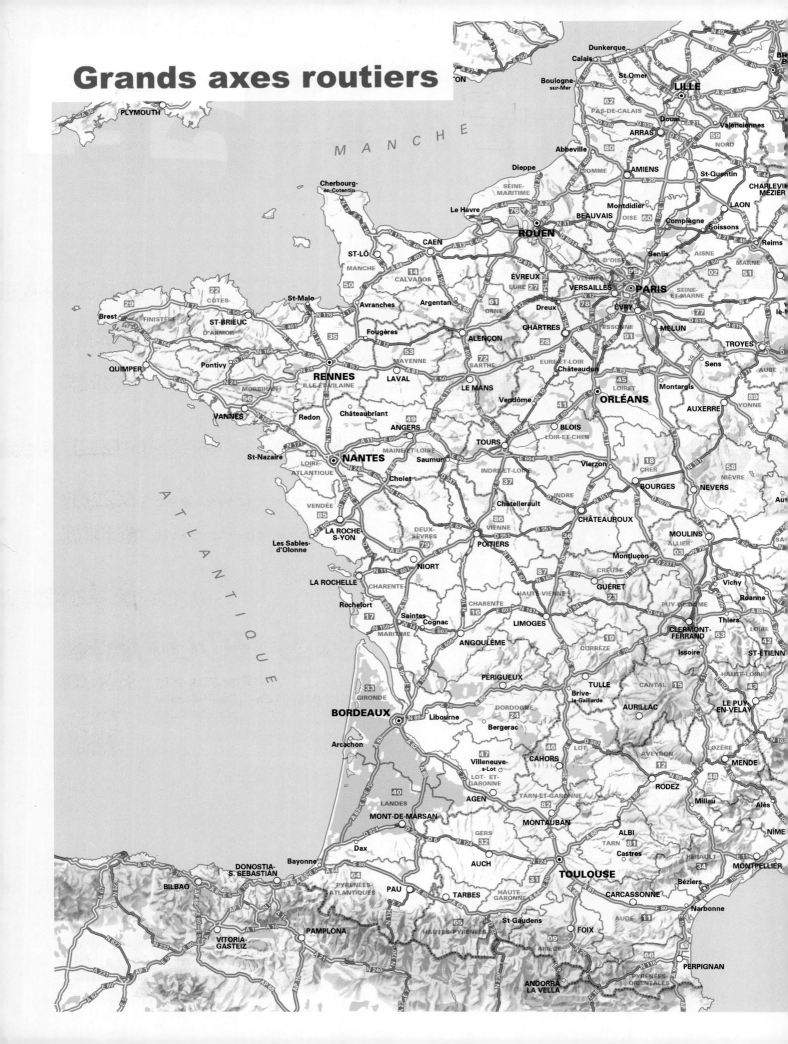

Grands axes routiers

Sommaire

Intérieur de couverture : tableau d'assemblage

En fin de volume :
tableau des distances et des temps de parcours

MICHELIN INNOVE SANS CESSE POUR UNE MEILLEURE MOBILITÉ PLUS SÛRE, PLUS ÉCONOME, PLUS PROPRE ET PLUS CONNECTÉE.

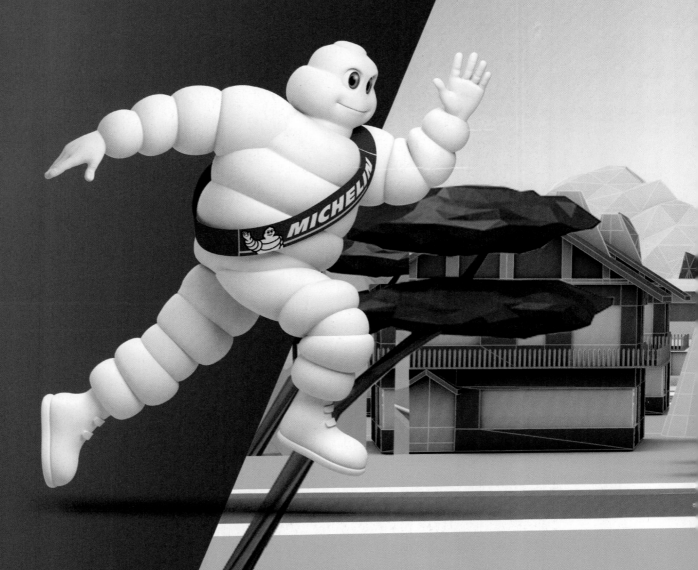

Équiper ma voiture avec **2 pneus hiver** me garantit une sécurité maximum...

?

FAUX !

En hiver, en dessous de 7°C notamment, pour une meilleure tenue de route, vos quatre pneus doivent être identiques et changés en même temps.

2 PNEUS HIVER SEULEMENT = la tenue de route de votre véhicule n'est pas optimale.

4 PNEUS HIVER = c'est le choix d'une **meilleure sécurité** dans les virages, en descente et en cas de freinage.

Si vous êtes régulièrement confrontés à la pluie, à la neige ou au verglas, optez pour un pneu de la gamme **MICHELIN Alpin**. Cette gamme vous offre confort et précision de conduite pour affronter les obstacles de l'hiver.

MICHELIN

MICHELIN S'ENGAGE

▶ MICHELIN EST
LE **N°1 MONDIAL
DES PNEUS ÉCONOMES
EN ÉNERGIE** POUR
LES VÉHICULES LÉGERS.

▶ POUR **SENSIBILISER
LES PLUS JEUNES
À LA SÉCURITÉ ROUTIÈRE,**
MÊME EN DEUX-ROUES :
DES ACTIONS DE TERRAIN
ONT ÉTÉ ORGANISÉES
DANS **16 PAYS** EN 2015.

QUIZ

1   POURQUOI BIBENDUM, LE BONHOMME MICHELIN, EST BLANC ALORS QUE LE PNEU EST NOIR ?

Le personnage de Bibendum a été imaginé à partir d'une pile de pneus, en 1898, à une époque où le pneu était fabriqué avec du caoutchouc naturel, du coton et du soufre et où il est donc de couleur claire. Ce n'est qu'après la Première guerre mondiale que sa composition se complexifie et qu'apparaît le noir de carbone. Mais Bibendum, lui, restera blanc !

2   SAVEZ-VOUS DEPUIS QUAND LE GUIDE MICHELIN ACCOMPAGNE LES VOYAGEURS ?

Depuis 1900, il était dit alors que cet ouvrage paraissait avec le siècle, et qu'il durerait autant que lui. Et il fait encore référence aujourd'hui, avec de nouvelles éditions et la sélection sur le site MICHELIN Restaurants - Bookatable dans quelques pays.

3   DE QUAND DATE « BIB GOURMAND » DANS LE GUIDE MICHELIN ?

Cette appellation apparaît en 1997 mais dès 1954 le Guide MICHELIN signale les « repas soignés à prix modérés ». Aujourd'hui, on le retrouve sur le site et dans l'application mobile MICHELIN Restaurants - Bookatable.

Si vous voulez en savoir plus sur Michelin en vous amusant, visitez l'Aventure Michelin et sa boutique à Clermont-Ferrand, France :
www.laventuremichelin.com

MICHELIN
Une meilleure façon d'avancer

Légende	Key	Zeichenerklärung
Routes	**Roads**	**Straßen**
Autoroute - Station-service - Aire de repos	Motorway - Petrol station - Rest area	Autobahn - Tankstelle - Tankstelle mit Raststätte
Double chaussée de type autoroutier	Dual carriageway with motorway characteristics	Schnellstraße mit getrennten Fahrbahnen
Échangeurs : complet - partiels	Interchanges: complete, limited	Anschlussstellen: Voll - bzw. Teilanschlussstellen
Numéros d'échangeurs	Interchange numbers	Anschlussstellennummern
Route de liaison internationale ou nationale	International and national road network	Internationale bzw. nationale Hauptverkehrsstraße
Route de liaison interrégionale ou de dégagement	Interregional and less congested road	Überregionale Verbindungsstraße oder Umleitungsstrecke
Route revêtue - non revêtue	Road surfaced - unsurfaced	Straße mit Belag - ohne Belag
Chemin d'exploitation - Sentier	Rough track - Footpath	Wirtschaftsweg - Pfad
Autoroute - Route en construction	Motorway - Road under construction	Autobahn - Straße im Bau
(le cas échéant : date de mise en service prévue)	(when available : with scheduled opening date)	(ggf. voraussichtliches Datum der Verkehrsfreigabe)
Largeur des routes	**Road widths**	**Straßenbreiten**
Chaussées séparées	Dual carriageway	Getrennte Fahrbahnen
4 voies	4 lanes	4 Fahrspuren
2 voies larges	2 wide lanes	2 breite Fahrspuren
2 voies	2 lanes	2 Fahrspuren
1 voie	1 lane	1 Fahrspur
Distances (totalisées et partielles)	**Distances (total and intermediate)**	**Entfernungen** (Gesamt- und Teilentfernungen)
Section à péage sur autoroute	Toll roads on motorway	Mautstrecke auf der Autobahn
Section libre sur autoroute	Toll-free section on motorway	Mautfreie Strecke auf der Autobahn
sur route	on road	Auf der Straße
Numérotation - Signalisation	**Numbering - Signs**	**Nummerierung - Wegweisung**
Route européenne - Autoroute	European route - Motorway	Europastraße - Autobahn
Route métropolitaine	Metropolitan road	Straße der Metropolregion
Route nationale - départementale	National road - Departmental road	Nationalstraße - Departementstraße
Alertes Sécurité	**Safety Warnings**	**Sicherheitsalerts.**
Forte déclivité (flèches dans le sens de la montée)	Steep hill (ascent in direction of the arrow)	Starke Steigung (Steigung in Pfeilrichtung)
de 5 à 9%, de 9 à 13%, 13% et plus	5 - 9%, 9 -13%, 13% +	5-9%, 9-13%, 13% und mehr
Col et sa cote d'altitude	Pass and its height above sea level	Pass mit Höhenangabe
Parcours difficile ou dangereux	Difficult or dangerous section of road	Schwierige oder gefährliche Strecke
Passages de la route : à niveau - supérieur - inférieur	Level crossing: railway passing, under road, over road	Bahnübergänge: schienengleich, Unterführung, Überführung
Hauteur limitée (au-dessous de 4,50 m)	Height limit (under 4.50 m)	Beschränkung der Durchfahrtshöhe (angegeben, wenn unter 4,50 m)
Limites de charge : d'un pont, d'une route (au-dessous de 19 t.)	Load limit of a bridge, of a road (under 19 t)	Höchstbelastung einer Straße/Brücke (angegeben, wenn unter 19 t)
Pont mobile - Barrière de péage	Swing bridge - Toll barrier	Bewegliche Brücke - Mautstelle
Route à sens unique	One way road	Einbahnstraße
Route réglementée	Road subject to restrictions	Straße mit Verkehrsbeschränkungen
Route interdite	Prohibited road	Gesperrte Straße
Transports	**Transportation**	**Verkehrsmittel**
Voie ferrée - Gare	Railway - Station	Bahnlinie - Bahnhof
Aéroport - Aérodrome	Airport - Airfield	Flughafen - Flugplatz
Transport des autos :	Transportation of vehicles:	Schiffsverbindungen:
par bateau	by boat	per Schiff
par bac	by ferry	per Fähre
Bac pour piétons et cycles	Ferry (passengers and cycles only)	Fähre für Personen und Fahrräder
Administration	**Administration**	**Verwaltung**
Frontière - Douane	National boundary - Customs post	Staatsgrenze - Zoll
Capitale de division administrative	Administrative district seat	Verwaltungshauptstadt
Sports - Loisirs	**Sport & Recreation Facilities**	**Sport - Freizeit**
Stade - Golf - Hippodrome	Stadium - Golf course - Horse racetrack	Stadion - Golfplatz - Pferderennbahn
Port de plaisance - Baignade - Parc aquatique	Pleasure boat harbour - Bathing place - Water park	Yachthafen - Strandbad - Badepark
Base ou parc de loisirs - Circuit automobile	Country park - Racing circuit	Freizeitanlage - Rennstrecke
Piste cyclable / Voie Verte	Cycle paths and nature trails	Radwege und autofreie Wege
Source : Association Française des Véloroutes et Voies Vertes	Source : Association Française des Véloroutes et Voies Vertes	Source : Association Française des Véloroutes et Voies Vertes
Refuge de montagne - Sentier de randonnée	Mountain refuge hut - Hiking trail	Schutzhütte - Markierter Wanderweg
Curiosités	**Sights**	**Sehenswürdigkeiten**
Principales curiosités : voir LE GUIDE VERT	Principal sights: see THE GREEN GUIDE	Hauptsehenswürdigkeiten: siehe GRÜNER REISEFÜHRER
Table d'orientation - Panorama - Point de vue	Viewing table - Panoramic view - Viewpoint	Orientierungstafel - Rundblick - Aussichtspunkt
Parcours pittoresque	Scenic route	Landschaftlich schöne Strecke
Édifice religieux - Château - Ruines	Religious building - Historic house, castle - Ruins	Sakral-Bau - Schloss, Burg - Ruine
Monument mégalithique - Phare - Moulin à vent	Prehistoric monument - Lighthouse - Windmill	Vorgeschichtliches Steindenkmal - Leuchtturm - Windmühle
Train touristique - Cimetière militaire	Tourist train - Military cemetery	Museumseisenbahn-Linie - Soldatenfriedhof
Grotte - Autres curiosités	Cave - Other places of interest	Höhle - Sonstige Sehenswürdigkeit
Signes divers	**Other signs**	**Sonstige Zeichen**
Puits de pétrole ou de gaz - Carrière - Éolienne	Oil or gas well - Quarry - Wind turbine	Erdöl-, Erdgasförderstelle - Steinbruch - Windkraftanlage
Transporteur industriel aérien	Industrial cable way	Industrieschwebebahn
Usine - Barrage	Factory - Dam	Fabrik - Staudamm
Tour ou pylône de télécommunications	Telecommunications tower or mast	Funk-, Sendeturm
Raffinerie - Centrale électrique - Centrale nucléaire	Refinery - Power station - Nuclear Power Station	Raffinerie - Kraftwerk - Kernkraftwerk
Phare ou balise - Moulin à vent	Lighthouse or beacon - Windmill	Leuchtturm oder Leuchtfeuer - Windmühle
Château d'eau - Hôpital	Water tower - Hospital	Wasserturm - Krankenhaus
Église ou chapelle - Cimetière - Calvaire	Church or chapel - Cemetery - Wayside cross	Kirche oder Kapelle - Friedhof - Bildstock
Château - Fort - Ruines - Village étape	Castle - Fort - Ruins - Stopover village	Schloss, Burg - Fort, Festung - Ruine - Übernachtungsort
Grotte - Monument - Altiport	Grotte - Monument - Mountain airfield	Höhle - Denkmal - Landeplatz im Gebirge
Forêt ou bois - Forêt domaniale	Forest or wood - State forest	Wald oder Gehölz - Staatsforst

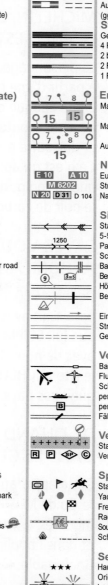

E 10 A 10
M 6202
N 20 D 31 D 104

1250

Volx

Verklaring van de tekens

Wegen
Autosnelweg - Tankstation - Rustplaats
Gescheiden rijbanen van het type autosnelweg

Aansluitingen: volledig, gedeeltelijk
Afritnummers
Internationale of nationale verbindingsweg
Interregionale verbindingsweg
Verharde weg - Onverharde weg
Landbouwweg - Pad
Autosnelweg - Weg in aanleg
(indien bekend: datum openstelling)

Breedte van de wegen
Gescheiden rijbanen
4 rijstroken
2 brede rijstroken
2 rijstroken
1 rijstrook

Afstanden (totaal en gedeeltelijk)
Gedeelte met tol op autosnelwegen

Tolvrij gedeelte op autosnelwegen

Op andere wegen

Wegnummers - Bewegwijzering
Europaweg - Autosnelweg
Stadsweg
Nationale weg - Departementale weg

Veiligheidswaarschuwingen
Steile helling (pijlen in de richting van de helling)
5 - 9%, 9 - 13%, 13% of meer
Bergpas en hoogte boven de zeespiegel
Moeilijk of gevaarlijk traject
Wegovergangen: gelijkvloers, overheen, onderdoor
Vrije hoogte (indien lager dan 4,5 m)
Maximum draagvermogen: van een brug, van een weg
(indien minder dan 19 t)
Beweegbare brug - Tol
Weg met eenrichtingsverkeer
Beperkt opengestelde weg
Verboden weg

Vervoer
Spoorweg - Station
Luchthaven - Vliegveld
Vervoer van auto's:
per boot
per veerpont
Veerpont voor voetgangers en fietsers

Administratie
Staatsgrens - Douanekantoor
Hoofdplaats van administratief gebied

Sport - Recreatie
Stadion - Golfterrein - Renbaan
Jachthaven - Zwemplaats - Watersport
Recreatiepark - Autocircuit
Fietspad / Wandelpad in de natuur
Source : Association Française des Véloroutes et Voies Vertes
Berghut - Afstandswandelpad

Bezienswaardigheden
Belangrijkste bezienswaardigheden: zie DE GROENE GIDS
Oriëntatietafel - Panorama - Uitzichtpunt
Schilderachtig traject
Kerkelijk gebouw - Kasteel - Ruïne
Megaliet - Vuurtoren - Molen
Toeristentreintje - Militaire begraafplaats
Grot - Andere bezienswaardigheden

Diverse tekens
Olie- of gasput - Steengroeve - Windmolen
Kabelvrachtvervoer
Fabriek - Stuwdam
Telecommunicatietoren of -mast
Raffinaderij - Elektriciteitscentrale - Kerncentrale
Vuurtoren of baken - Molen
Watertoren - Hospitaal
Kerk of kapel - Begraafplaats - Kruisbeeld
Kasteel - Fort - Ruïne - Dorp voor overnachting
Grot - Monument - Landingsbaan in de bergen
Bos - Staatsbos

Legenda

Strade
Autostrada - Stazione di servizio - Area di riposo
Doppia carreggiata di tipo autostradale

Svincoli: completo, parziale
Svincoli numerati
Strada di collegamento internazionale o nazionale
Strada di collegamento interregionale o di disimpegno
Strada rivestita - non rivestita
Strada per carri - Sentiero
Autostrada - Strada in costruzione
(data di apertura prevista)

Larghezza delle strade
Carreggiate separate
4 corsie
2 corsie larghe
2 corsie
1 corsia

Distanze (totali e parziali)
Tratto a pedaggio su autostrada

Tratto esente da pedaggio su autostrada

Su strada

Numerazione - Segnaletica
Strada europea - Autostrada
Strada metropolitana
Strada nazionale - dipartimentale

Segnalazioni stradali
Forte pendenza (salita nel senso della freccia)
da 5 a 9%, da 9 a 13%, superiore a 13%
Passo ed altitudine
Percorso difficile o pericoloso
Passaggi della strada: a livello, cavalcavia, sottopassaggio
Limite di altezza (inferiore a 4,50 m)
Limite di portata di un ponte, di una strada (inferiore a 19 t.)
Ponte mobile - Casello

Strada a senso unico
Strada a circolazione regolamentata
Strada vietata

Trasporti
Ferrovia - Stazione
Aeroporto - Aerodromo
Trasporto auto:
su traghetto
su chiatta
Traghetto per pedoni e biciclette

Amministrazione
Frontiera - Dogana
Capoluogo amministrativo

Sport - Divertimento
Stadio - Golf - Ippodromo
Porto turistico - Stabilimento balneare - Parco acquatico
Area o parco per attività ricreative - Circuito automobilistico
Pista ciclabile / Viottolo
Source : Association Française des Véloroutes et Voies Vertes
Rifugio - Sentiero per escursioni

Mete e luoghi d'interesse
Principali luoghi d'interesse, vedere LA GUIDA VERDE
Tavola di orientamento - Panorama - Vista
Percorso pittoresco
Edificio religioso - Castello - Rovine
Monumento megalitico - Faro - Mulino a vento
Trenino turistico - Cimitero militare
Grotta - Altri luoghi d'interesse

Simboli vari
Pozzo petrolifero o gas naturale - Cava - Centrale eolica
Teleferica industriale
Fabbrica - Diga
Torre o pilone per telecomunicazioni
Raffineria - Centrale elettrica - Centrale nucleare
Faro o boa - Mulino a vento
Torre idrica - Ospedale
Chiesa o cappella - Cimitero - Calvario
Castello - Forte - Rovine - Paese tappa
Grotta - Monumento - Altiporto
Foresta o bosco - Foresta demaniale

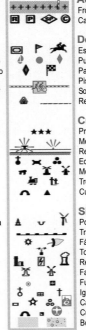

Signos convencionales

Carreteras
Autopista - Estación servicio - Área de descanso
Autovía

Enlaces: completo, parciales
Números de los accesos
Carretera de comunicación internacional o nacional
Carretera de comunicación interregional o alternativo
Carretera asfaltada - sin asfaltar
Camino agrícola - Sendero
Autopista - Carretera en construcción
(en su caso : fecha prevista de entrada en servicio)

Ancho de las carreteras
Calzadas separadas
Cuatro carriles
Dos carriles anchos
Dos carriles
Un carril

Distancias (totales y parciales)
Tramo de peaje en autopista

Tramo libre en autopista

En carretera

Numeración - Señalización
Carretera europea - Autopista
Carretera metropolitana
Carretera nacional - provincial

Alertas Seguridad
Pendiente pronunciada (las flechas indican el sentido del ascenso) de 5 a 9%, 9 a 13%, 13% y superior
Puerto y su altitud
Recorrido difícil o peligroso
Pasos de la carretera: a nivel, superior, inferior
Altura limitada (inferior a 4,50 m)
Carga límite de un puente, de una carretera (inferior a 19 t)
Puente móvil - Barrera de peaje

Carretera de sentido único
Carretera restringida
Tramo prohibido

Transportes
Línea férrea - Estación
Aeropuerto - Aeródromo
Transporte de coches :
por barco
por barcaza
Barcaza para el paso de peatones y vehículos dos ruedas

Administración
Frontera - Puesto de aduanas
Capital de división administrativa

Deportes - Ocio
Estadio - Golf - Hipódromo
Puerto deportivo - Zona de baño - Parque acuático
Parque de ocio - Circuito automovilístico
Pista ciclista / Vereda
Source : Association Française des Véloroutes et Voies Vertes
Refugio de montaña - Sendero balizado

Curiosidades
Principales curiosidades: ver LA GUÍA VERDE
Mesa de orientación - Vista panorámica - Vista parcial
Recorrido pintoresco
Edificio religioso - Castillo - Ruinas
Monumento megalítico - Faro - Molino de viento
Tren turístico - Cementerio militar
Cueva - Otras curiosidades

Signos diversos
Pozos de petróleo o de gas - Cantera - Parque eólico
Transportador industrial aéreo
Fábrica - Presa
Torreta o poste de telecomunicación
Refinería - Central eléctrica - Central nuclear
Faro o baliza - Molino de viento
Fuente - Hospital
Iglesia o capilla - Cementerio - Crucero
Castillo - Fortaleza - Ruinas - Población-etapa
Cueva - Monumento - Altipuerto
Bosque - Patrimonio Forestal del Estado

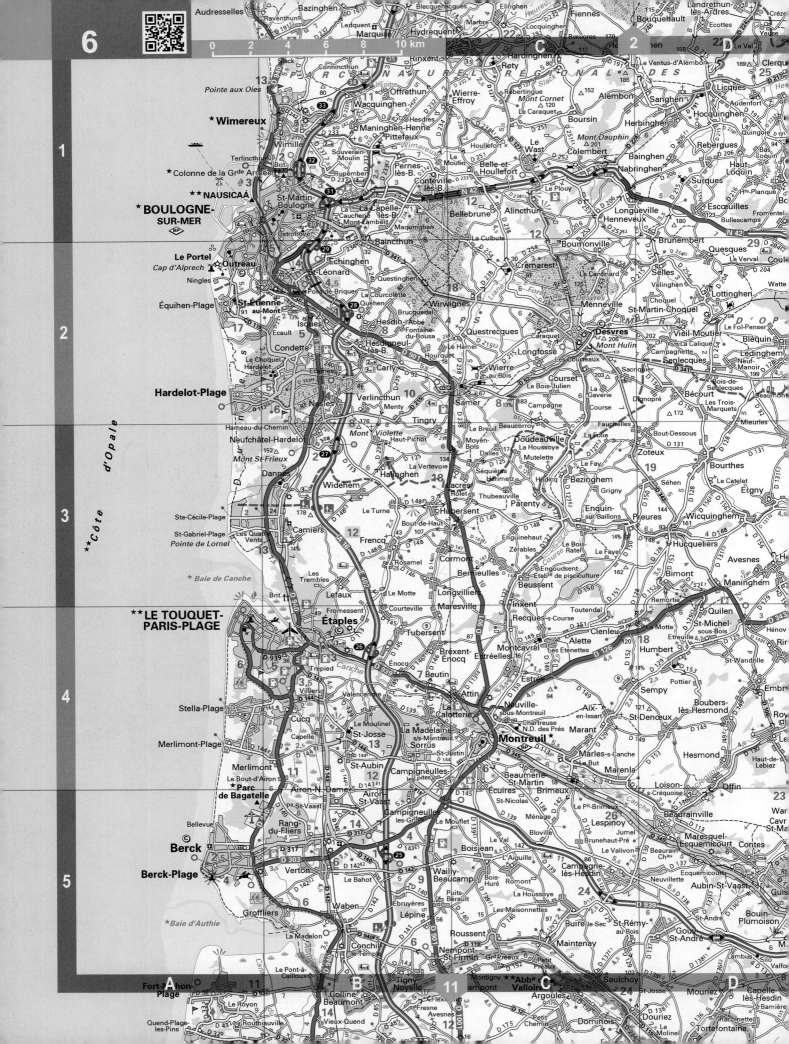

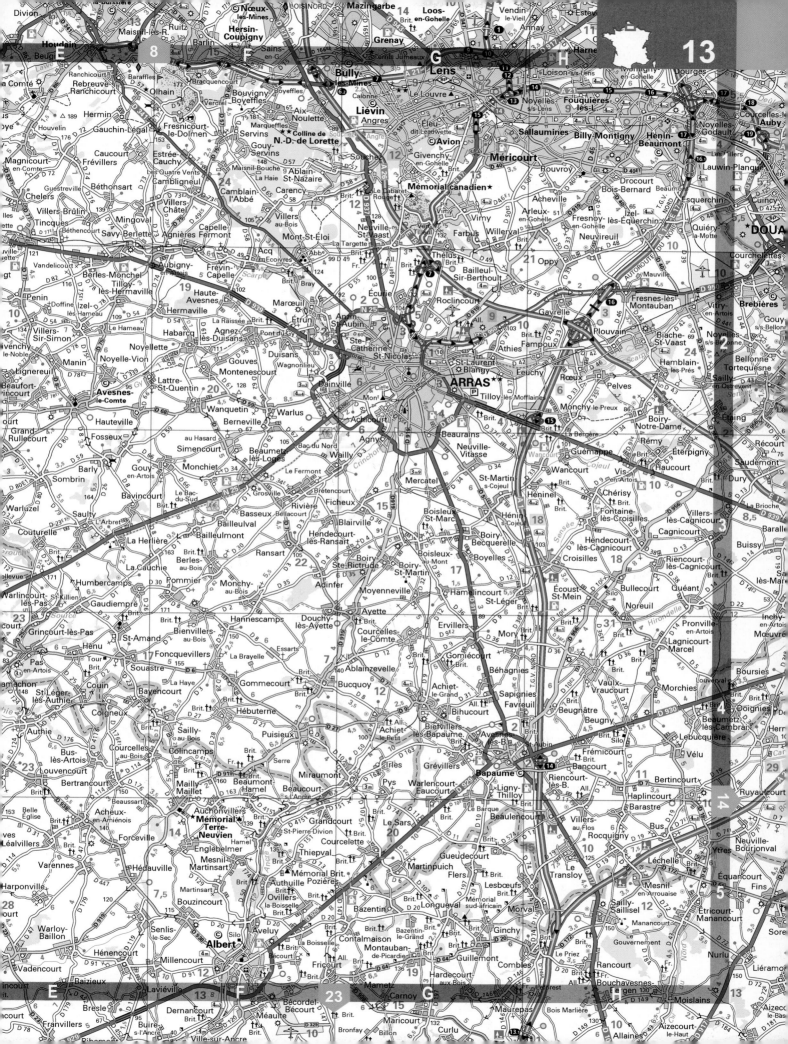

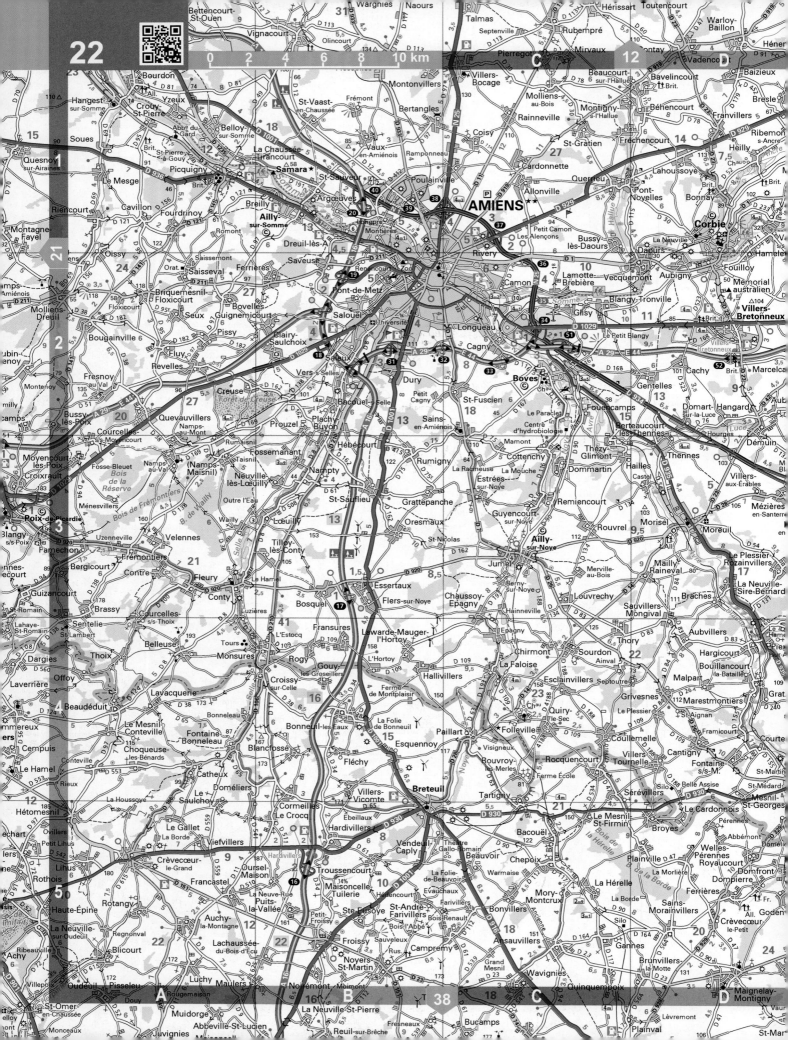

0 2 4 6 8 10 km

Renonquet

Burhou

Braye Bay
Saline Bay
Quesnard
Braye
Newtown
Longis Bay
Clonque Bay
St-Anne
101
Essex
Raz Island
Trois Vaux
Tête de Judemarre
Hanging Rock
Telegraph Bay

Alderney
(Aurigny)

Raz Blanchard
Cap de la Hague

Sémaphore
Roche Gélétan
Les Herbeuses
Gros du Raz
St-Germain-
des-Vaux
La Coque
Pointe Jardeheu
★ **Goury**
La Roche
Anse St-Martin
Port-Racine
Sémaphore
Auderville
Le Hâble
Omonville-la-Petite
Rue-Désert
Omonville-la-Rogue
Digulleville
**Baie d'Écalgrain
Jobourg
Manoir du Tourp
Rocher du Castel-Vendon
Mont Palis
Éculleville
Gruchy
Landemer
Nez de Voidries
Danneny
Greville
Dur-Écu
Urville-Nacqueville
**Nez de Jobourg
Herquemoulin
La Rue-de-Beaumont
Hague
Beaumont
Branville-
Herqueville
Hague-Léveillé
Rue-d'Ozouy
Baie du Houguet
(La Hague)
178
*Pierres Pouquelées
Prieuré
Ste-Croix-Hague
Centre Scientifique
179
Vauville
★Jardin botanique
Flotter
La Croix-aux-Rois-Frimot
Le Petit Thot
166
Les Noes
Camp Maneyrol
Gourbesville
Acqueville
*Calvaire des Dunes
Biville★
Vasteville
Le Val-de-Bas
Champ
Pénitot de Tir
Herquetot
Teurthéville
Héauville
Le Manoir
Cravill
Clairefontaine
Siouville-Hague
La Viesville
Quetteville
Helleville
St-
Couvert
Dielette
La Petite Siouville
Flamanville
Arthur
Bretantot
La Croix-Georges
Sottevill
Tréauville
Benoîtville
Sémaphore
Bonnemains
Le Point du-Jour
Cap de Flamanville
Houel
Quesnay
Gro
Les Pieux
Sciotot
Anse de
Fme de Becqueville
St-Germain-le-Gailla
Sciotot
Le Rozel
Fritot
Bernay
Longue
Pierreville
Pointe du Rozel
Le Poux
Hauteville
La Croix Morain
Surtainville
La Mare du-Parc
Béghin
St-Paul
Sénoville
Baubigny
Sortosville-en-Beaumont
La Vallée
La Meaudenaville
Hatainville
Les Moitiers-d'Allonne
Masse de Remond
Roches du Rit
★**Carteret**
Chapelle
Barneville
**Cap de Carteret
Barneville-Plage
St-Georges-de-la-Rivière

ILES ANGLO-NORMANDES
(CHANNEL ISLAND)

M A N C H E

ALDERNEY
Cherbourg-en-Contentin
GUERNSEY
Diélette
SARK
Carteret
JERSEY
Chausey
Granville
Dinard
St. Malo

Liaison maritime:
passant les autos ———
ne les passant pas - - -
Liaison aérienne - - -

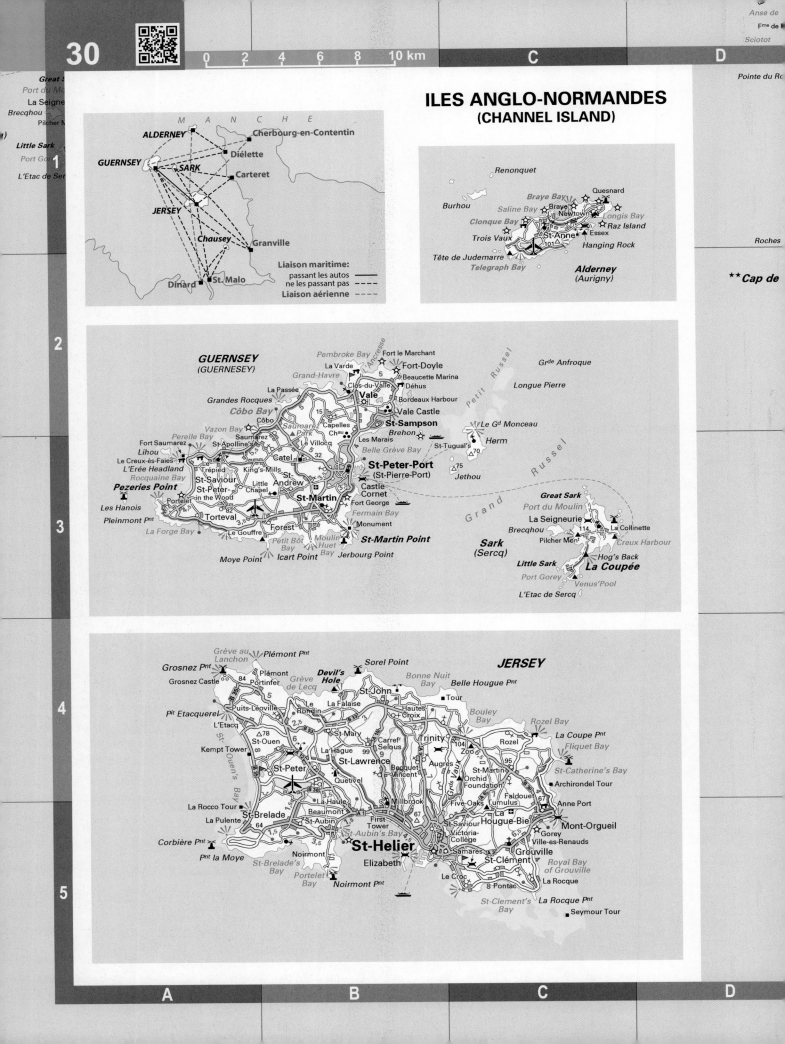

0 2 4 6 8 10 km

ILES ANGLO-NORMANDES
(CHANNEL ISLAND)

MANCHE

ALDERNEY
Cherbourg-en-Contentin
Diélette
GUERNSEY
SARK
Carteret
JERSEY
Chausey
Granville
Dinard
St. Malo

Liaison maritime:
passant les autos
ne les passant pas
Liaison aérienne

Renonquet
Burhou
Braye Bay Quesnard
Saline Bay Braye
Clonque Bay Newtown *Longis Bay*
Trois Vaux St-Anne Essex *Raz Island*
101 Hanging Rock
Tête de Judemarre
Telegraph Bay **Alderney**
(Aurigny)

GUERNSEY
(GUERNESEY)
Pembroke Bay Fort le Marchant
La Varde Fort-Doyle
Grand-Havre Beaucette Marina
La Passée Clos-du-Valle Déhus
Grandes Rocques **Vale** Bordeaux Harbour
Côbo Bay Côbo 15 Vale Castle
Vazon Bay Saumarez Capelles **St-Sampson**
Perelle Bay Park Châu Brehon
Fort Saumarez St-Apolline's Le Villocq Les Marais Le G^d Monceau
Lihou Le 32 *Belle Grève Bay* **Herm**
Le Creux-ès-Faies Trépied King's-Mills St- St-Tugual's 70
L'Erée Headland Catel Andrew **St-Peter-Port** 75
Pezeries Point St-Saviour Little (St-Pierre-Port) **Jethou**
Rocquaine Bay St-Peter- Chapel Castle
Les Hanois Portelet in the Wood **St-Martin** Cornet
Pleinmont P^nt Torteval Fort George
Gr^de Anfroque
Longue Pierre
Petit Russel
Grand Russel

Great Sark
Port du Moulin
La Seigneurie
Brecqhou 114 La Collinette
Pilcher Mon **Sark** *Creux Harbour*
(Sercq)
Little Sark Hog's Back
Port Gorey **La Coupée**
L'Etac de Sercq *Venus' Pool*

Fermain Bay
Monument
Moulin **St-Martin Point**
Huet St-Martin Point
Forest Bay
Le Gouffre
La Forge Bay *Petit Bôt* Bay Jerbourg Point
Moye Point Icart Point

JERSEY
Grève au Plémont P^nt
Lanchon Sorel Point
Grosnez P^nt *Bonne Nuit*
Grosnez Castle Plémont *Bay* Belle Hougue P^nt
Grosnez Castle 84 Portinfer Devil's
Portinfer *Grève de Lecq* Hole *Bouley*
P^it Etacquerel Puits-Léoville St-John Tour *Bay*
L'Etacq La Falaise Hautes *Rozel Bay*
78 Le Rondin Croix
St-Ouen La La Coupe P^nt
Kempt Tower 6 St-Mary Carrefï Trinity 104 *Fliquet Bay*
La Hague Selous 95 Zoo Rozel
St-Peter St-Lawrence Becquet St-Martin *St-Catherine's Bay*
Quetivel Vincent Orchid Archirondel Tour
Foundation Faldouet
La Rocco Tour Millbrook Five-Oaks Tumulus Anne Port
La Haule Beaumont St-Saviour La Hougue-Bie Mont-Orgueil
St-Brelade First Victoria- Gorey
La Pulente St-Aubin Tower Collège Ville-es-Renauds
Corbière P^nt *St-Aubin's Bay* Sarnares Grouville
P^nt la Moye Noirmont **St-Helier** St-Clément
St-Brelade's Elizabeth *Royal Bay*
Bay Le Croc *of Grouville*
Portelet 8 Pontac La Rocque
Bay Noirmont P^nt St-Clément's La Rocque P^nt
Bay
Seymour Tour

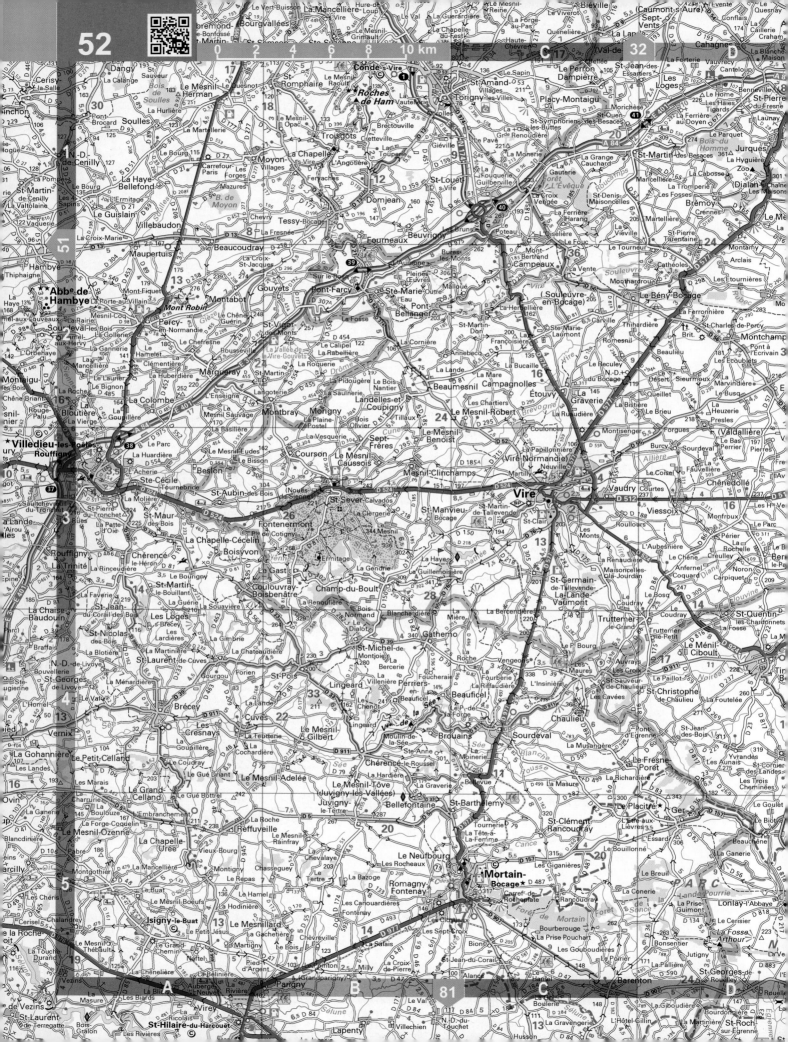

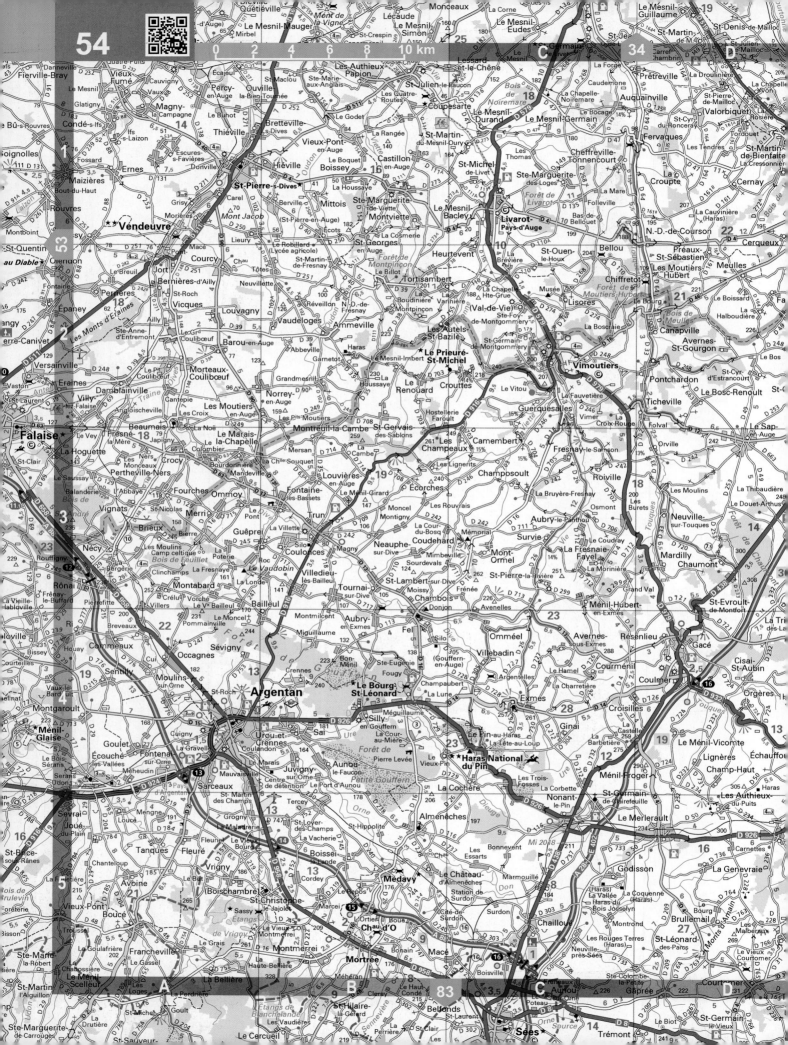

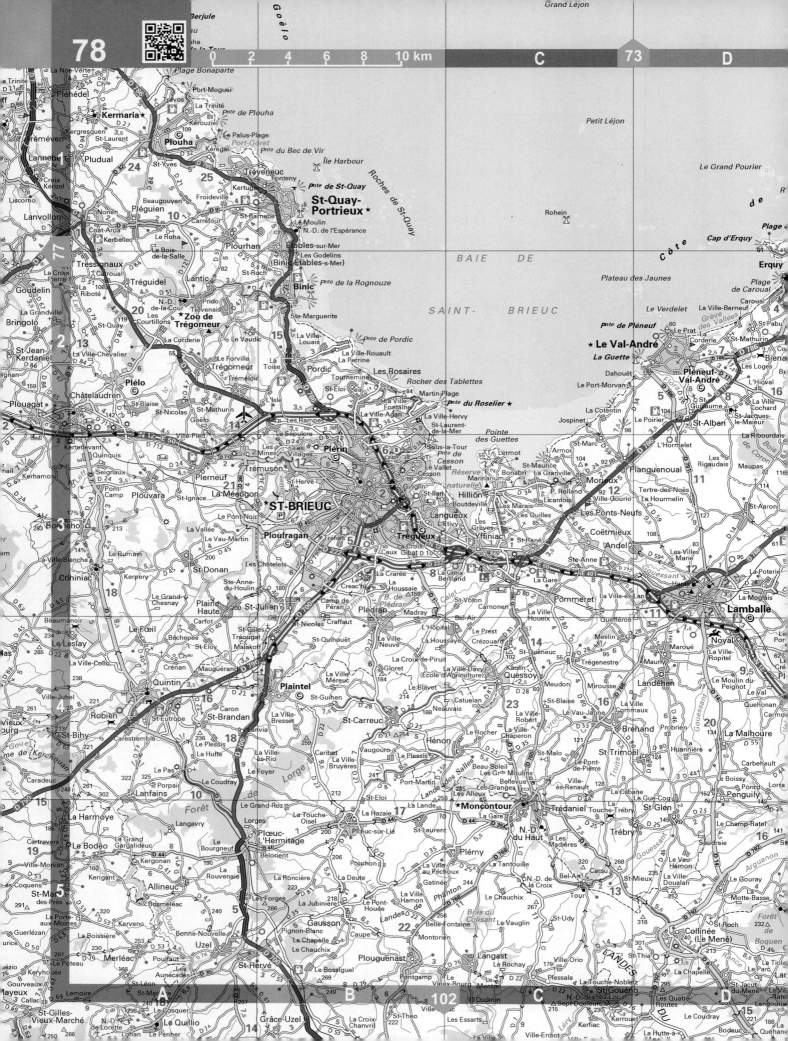

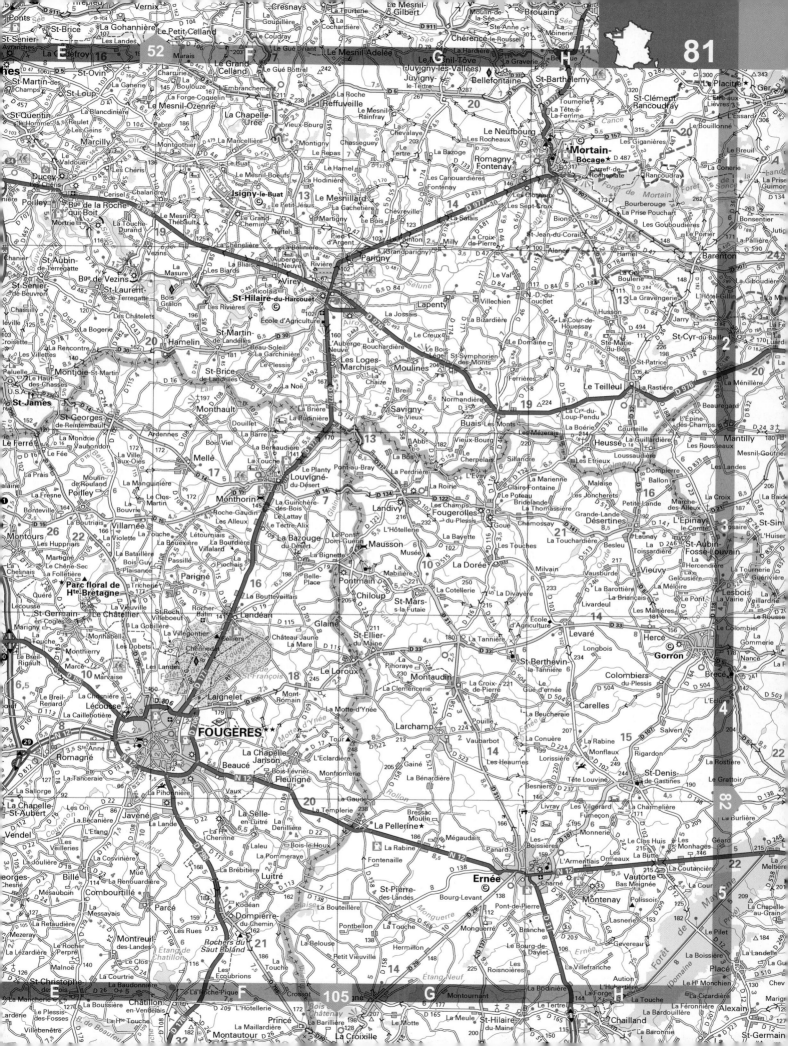

D'IROISE

Plage

★ Cap

0 2 4 6 8 10 km

C

D

★ Pointe de
Brézellec
Pnte de
Penharn
★ Réserve du
Cap Sizun

Ar Men   PARC   NATUREL

Tévennec

★★ Pointe du Van

Pointe de
Castelmeur
St-They
Kermeur

83

Moulin
de Kerharo

85

RÉGIONAL

Île-de-Sein

18

Raz de Sein

la Vieille

D 7

71

Mescran

Goulién

Lannou

Cléden-Cap-Sizun

Quillivic

D 43

D'ARMORIQUE

Sémaphore

15%

D 43

Lescleden

4,5

Quatre-

Baie des
Trépassés

Chaussée de Sein

Pont des Chats

★★★ Pointe du Raz

Lescoff

St-Tremeur

Trevenouen

Flogoff

2

Pendreff
56

Port de
Bestrée

Landrer

13

Lézurec

2 72

D 784

Pointe de
Feunteunod

Penneach

Primelin

Esquibie

Anse du Loch

★ St-Tugen

Aud

Custren

Ste-Ev

50

Pointe de Lervily

B A

D'AU

A   B   C   D

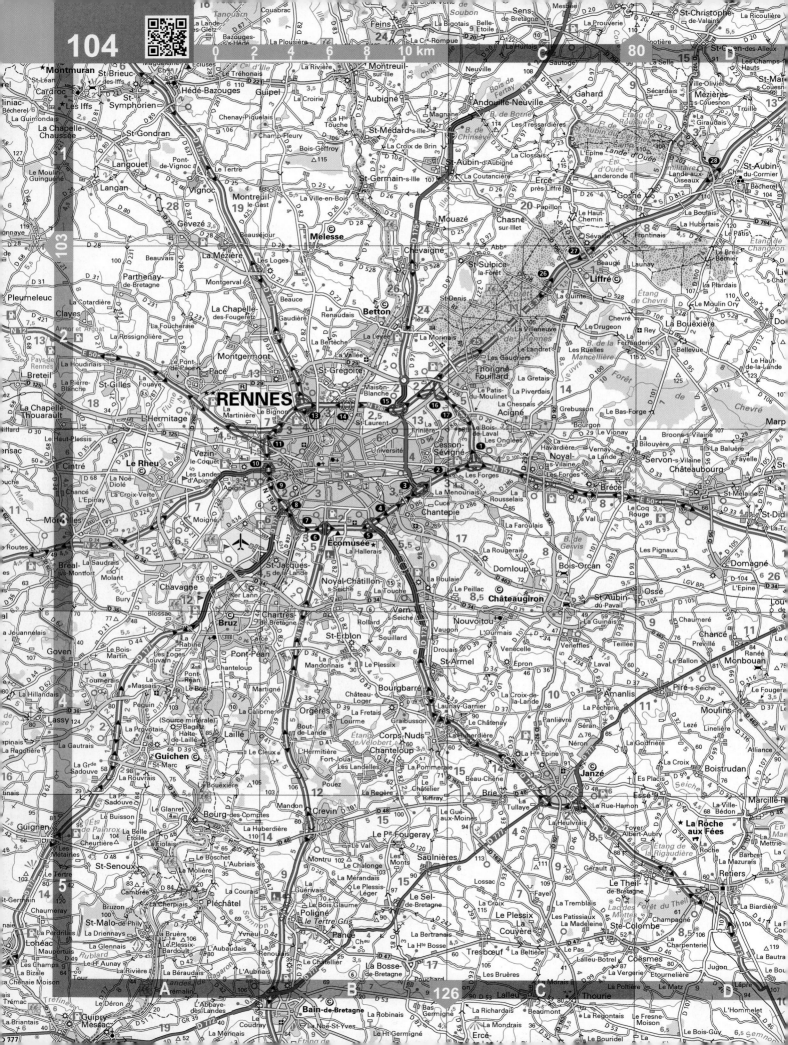

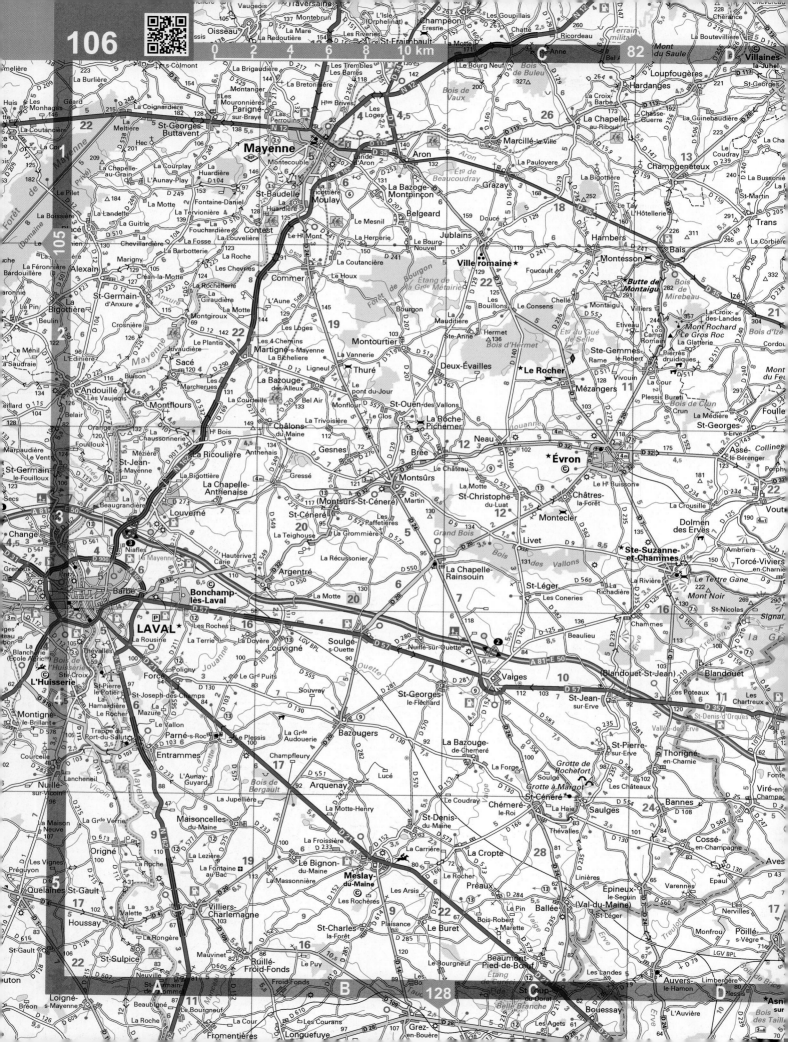

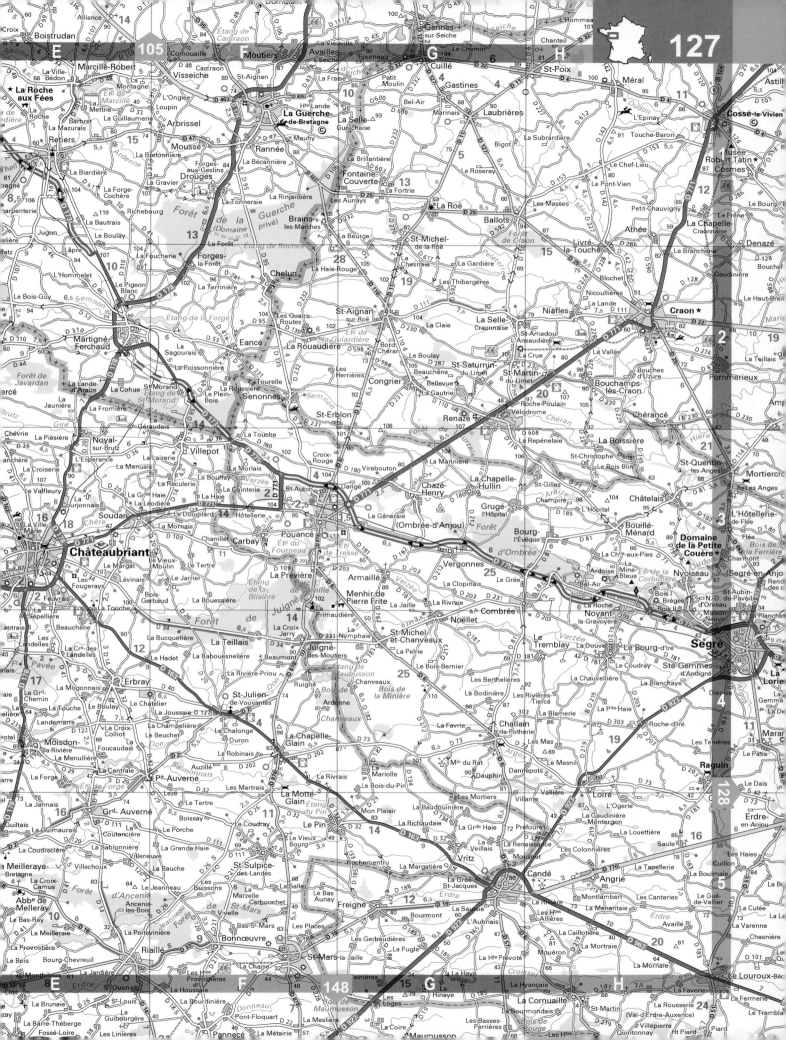

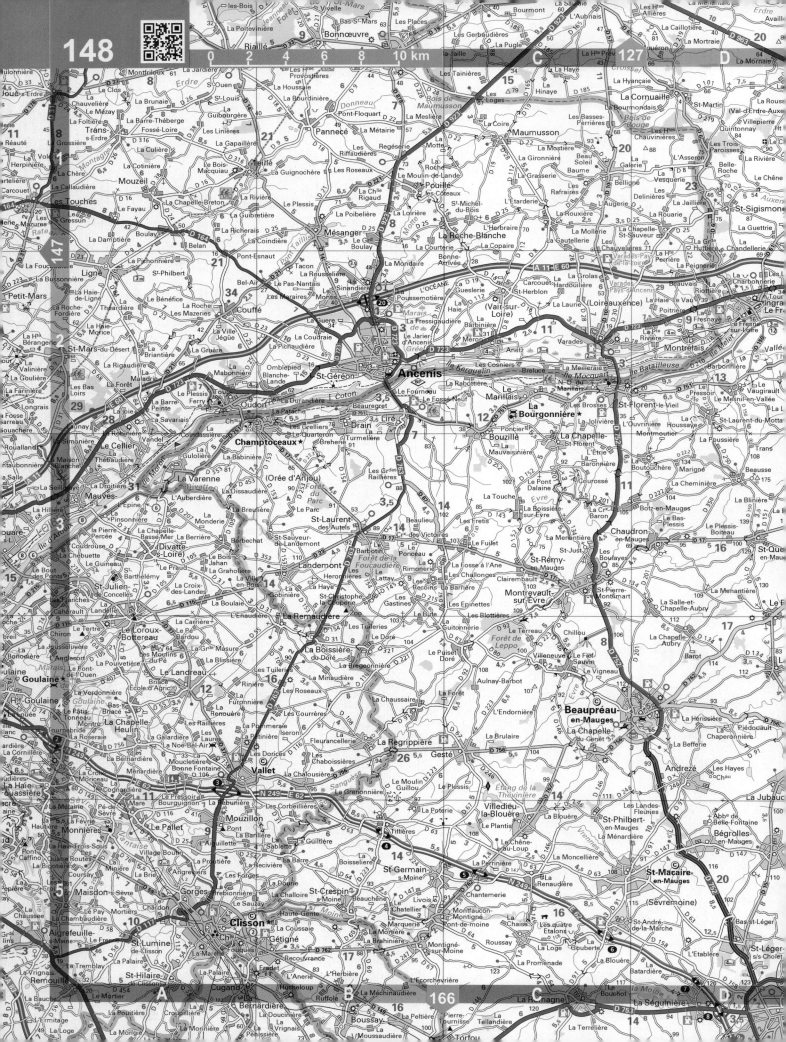

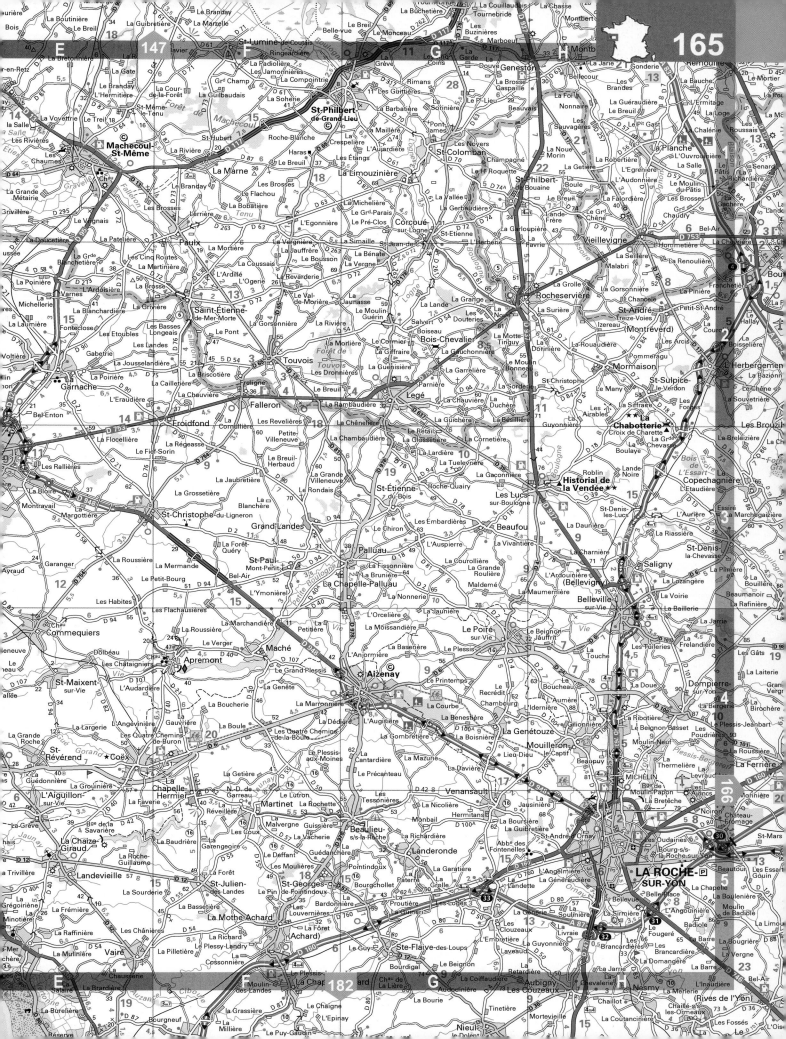

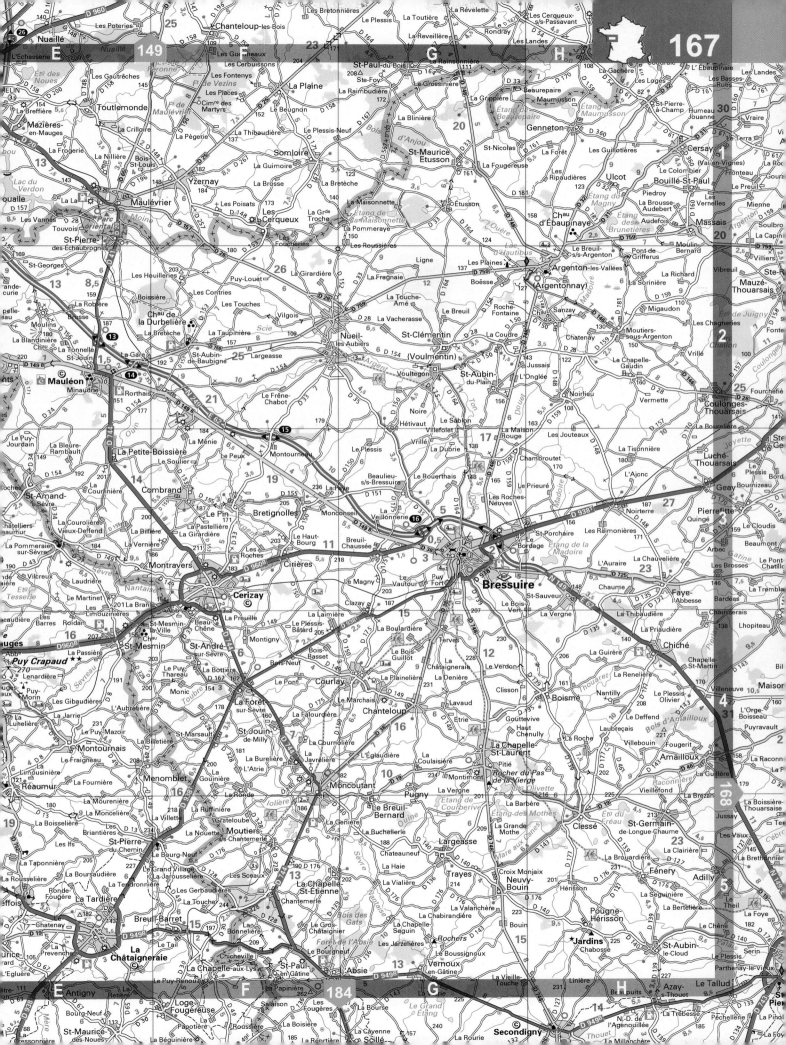

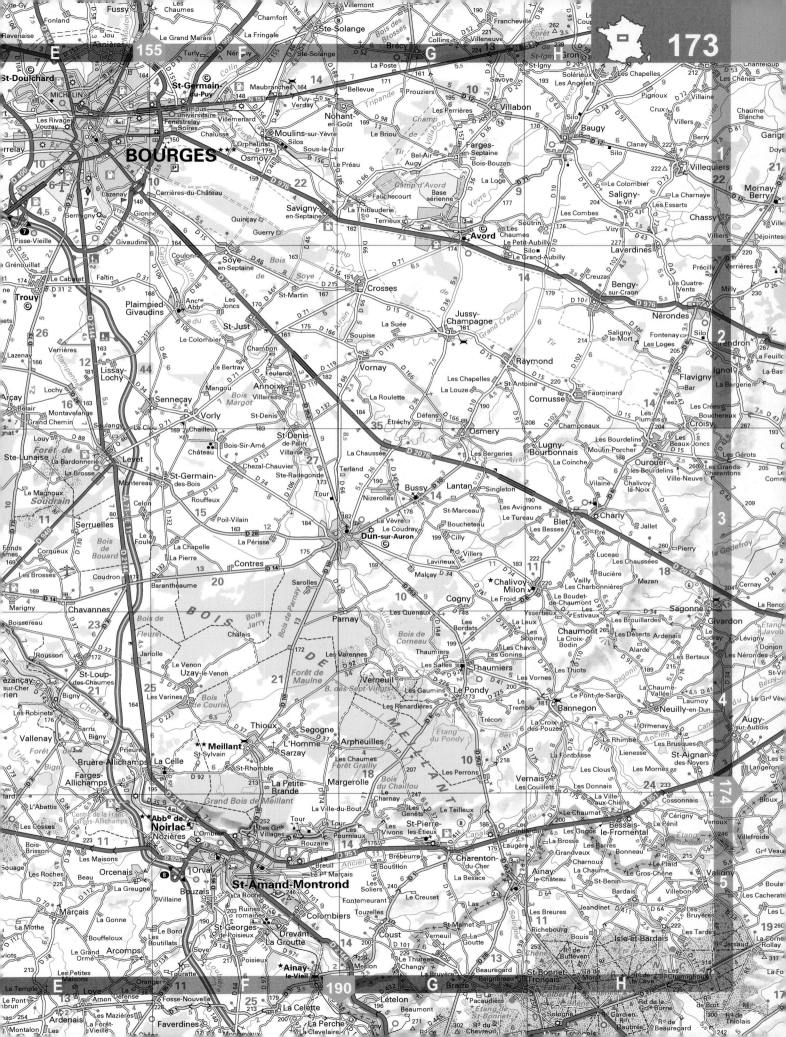

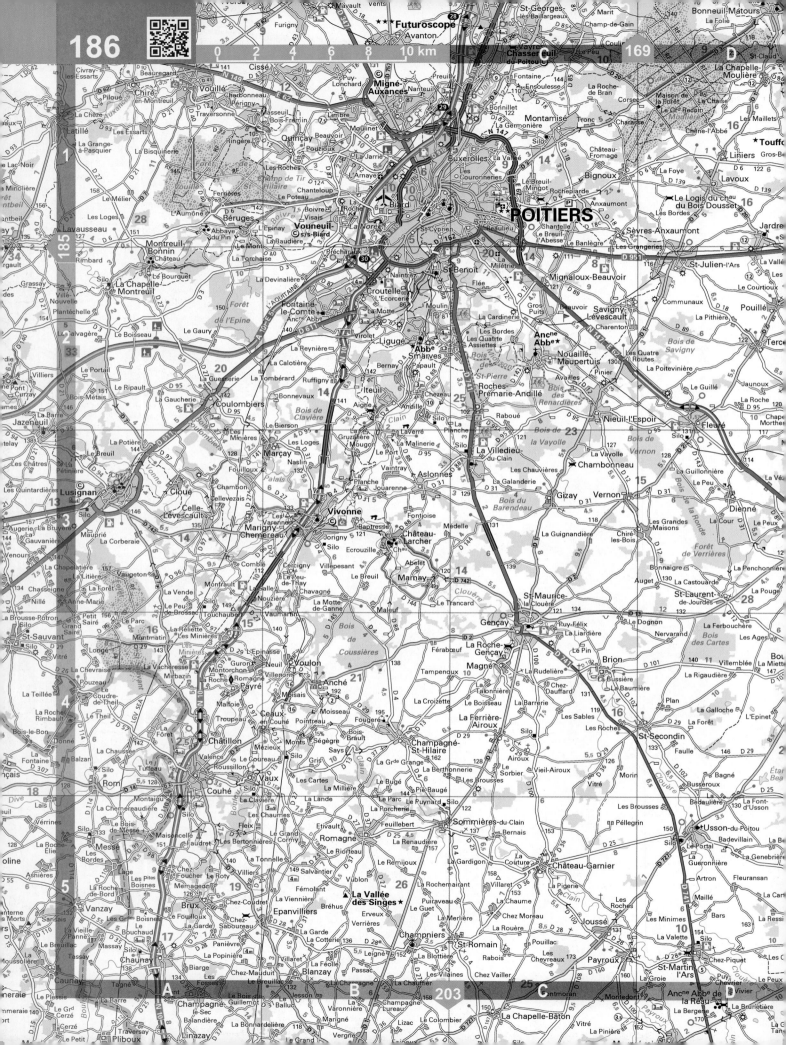

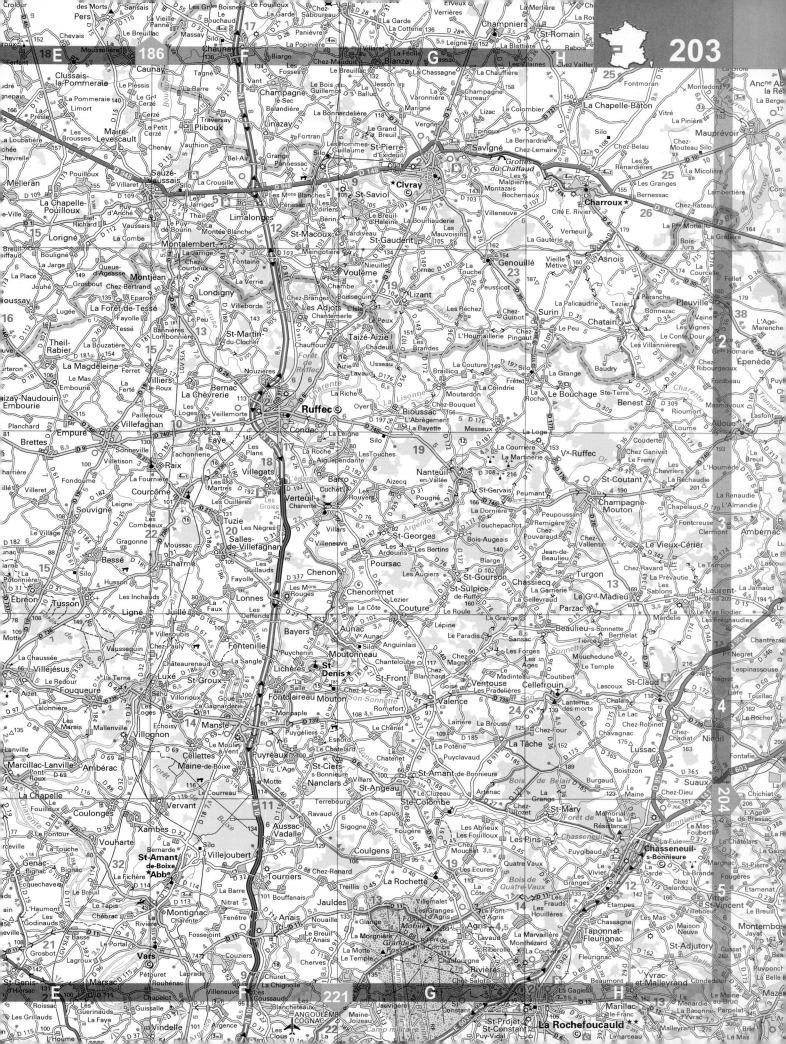

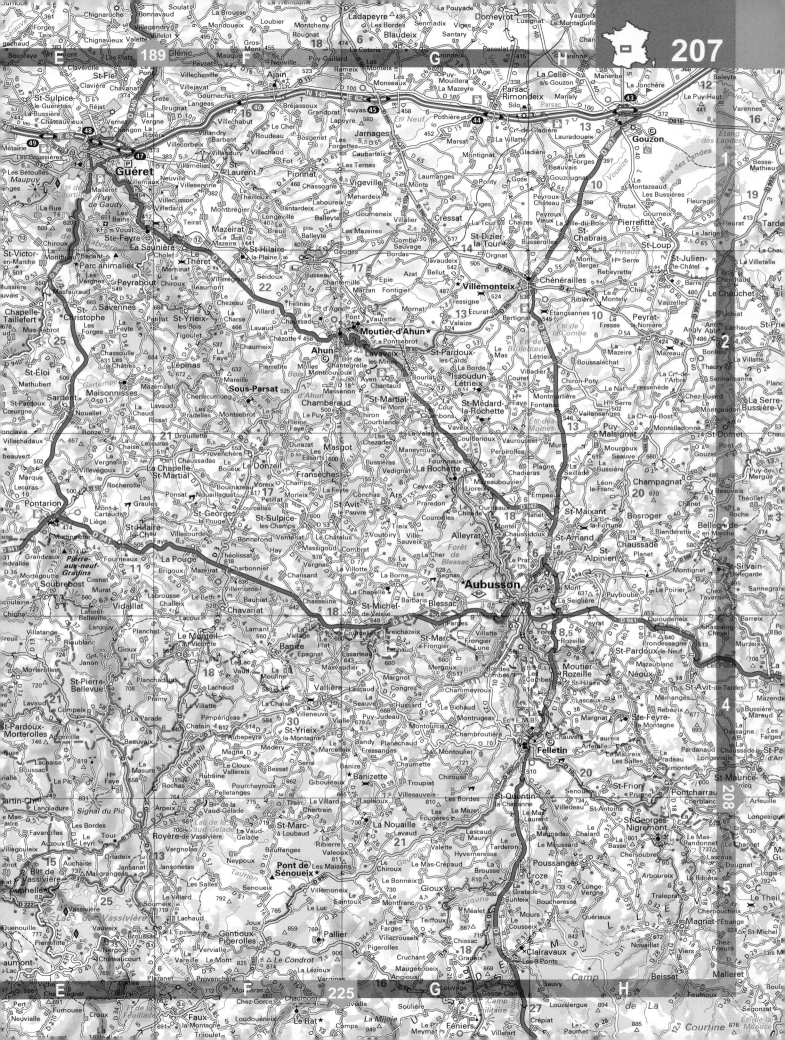

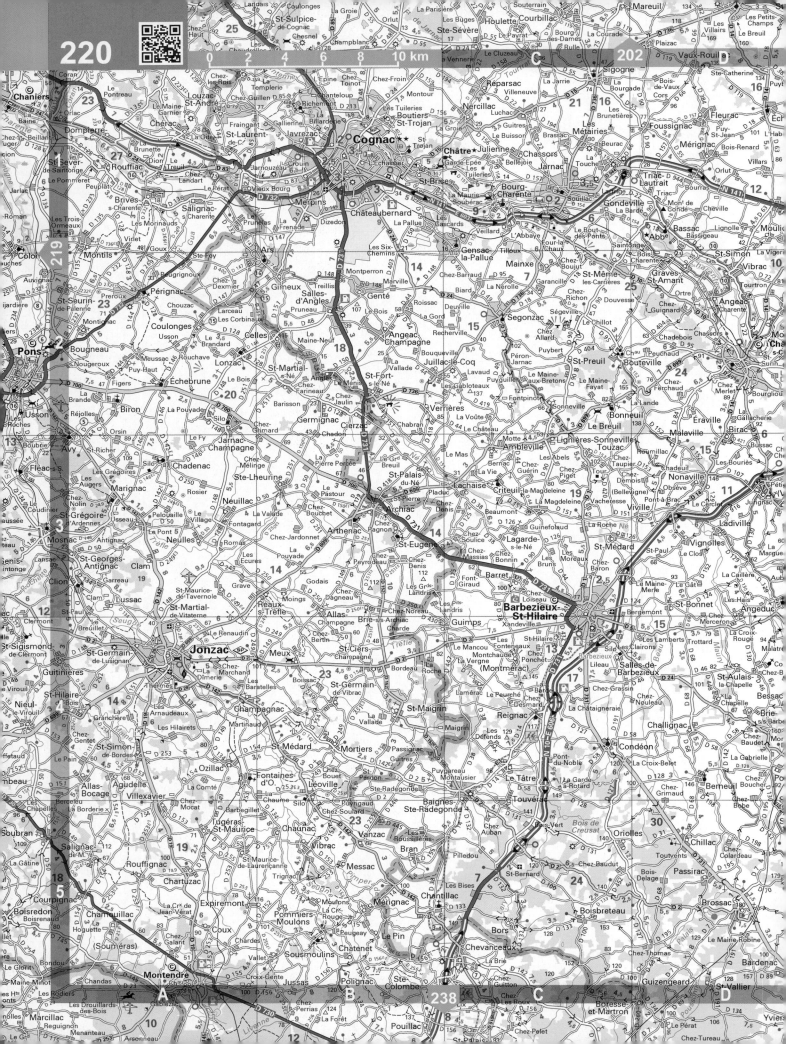

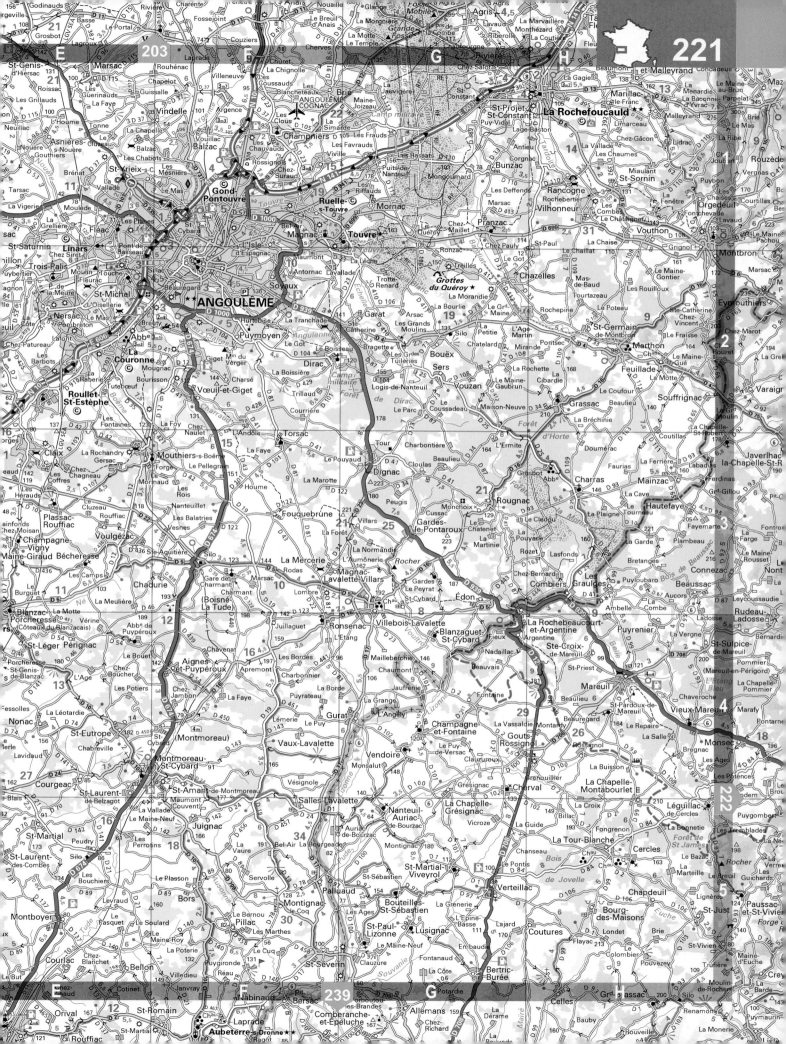

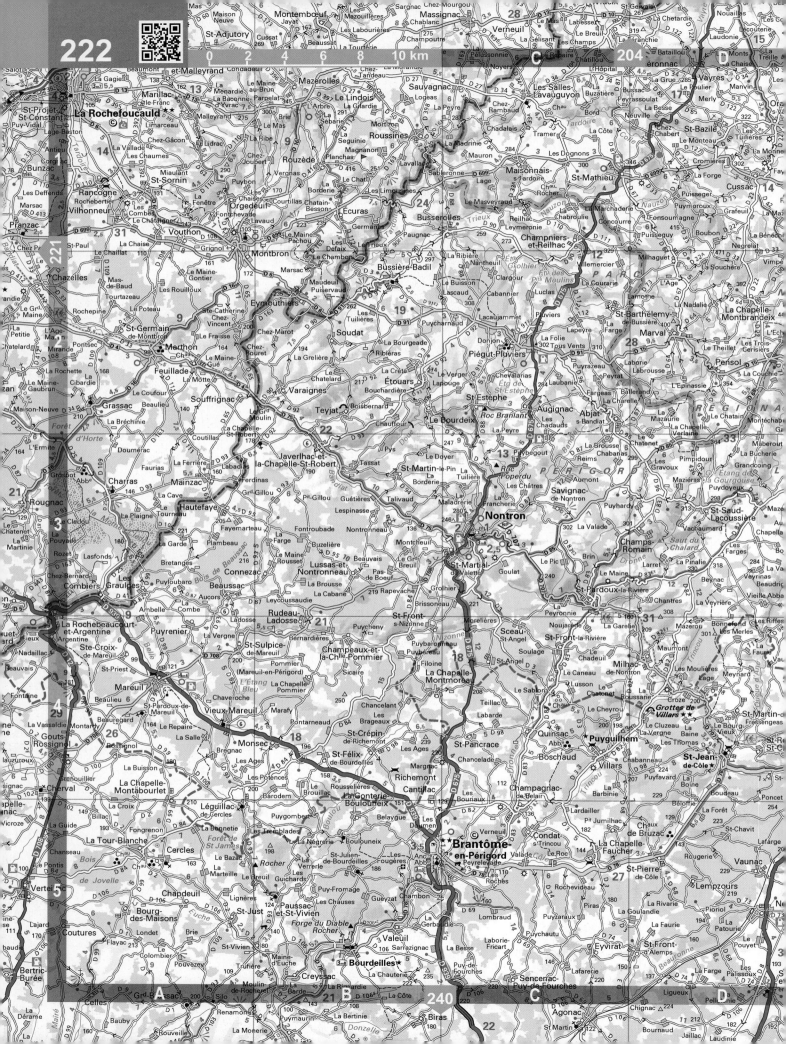

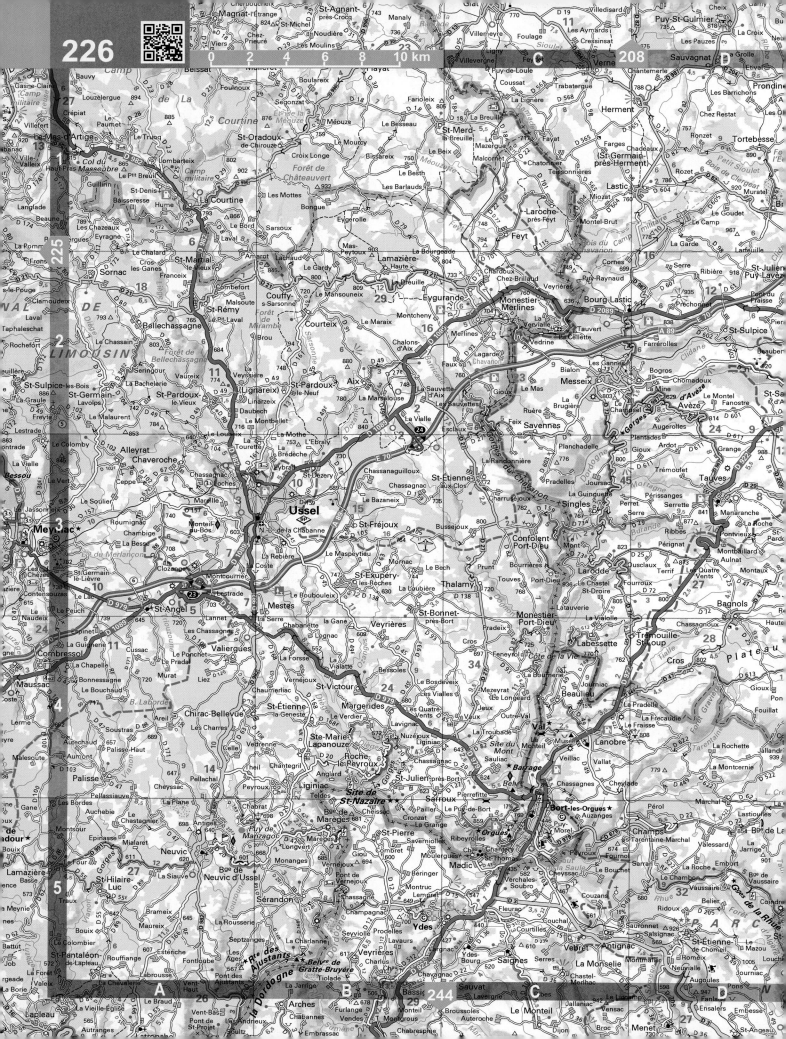

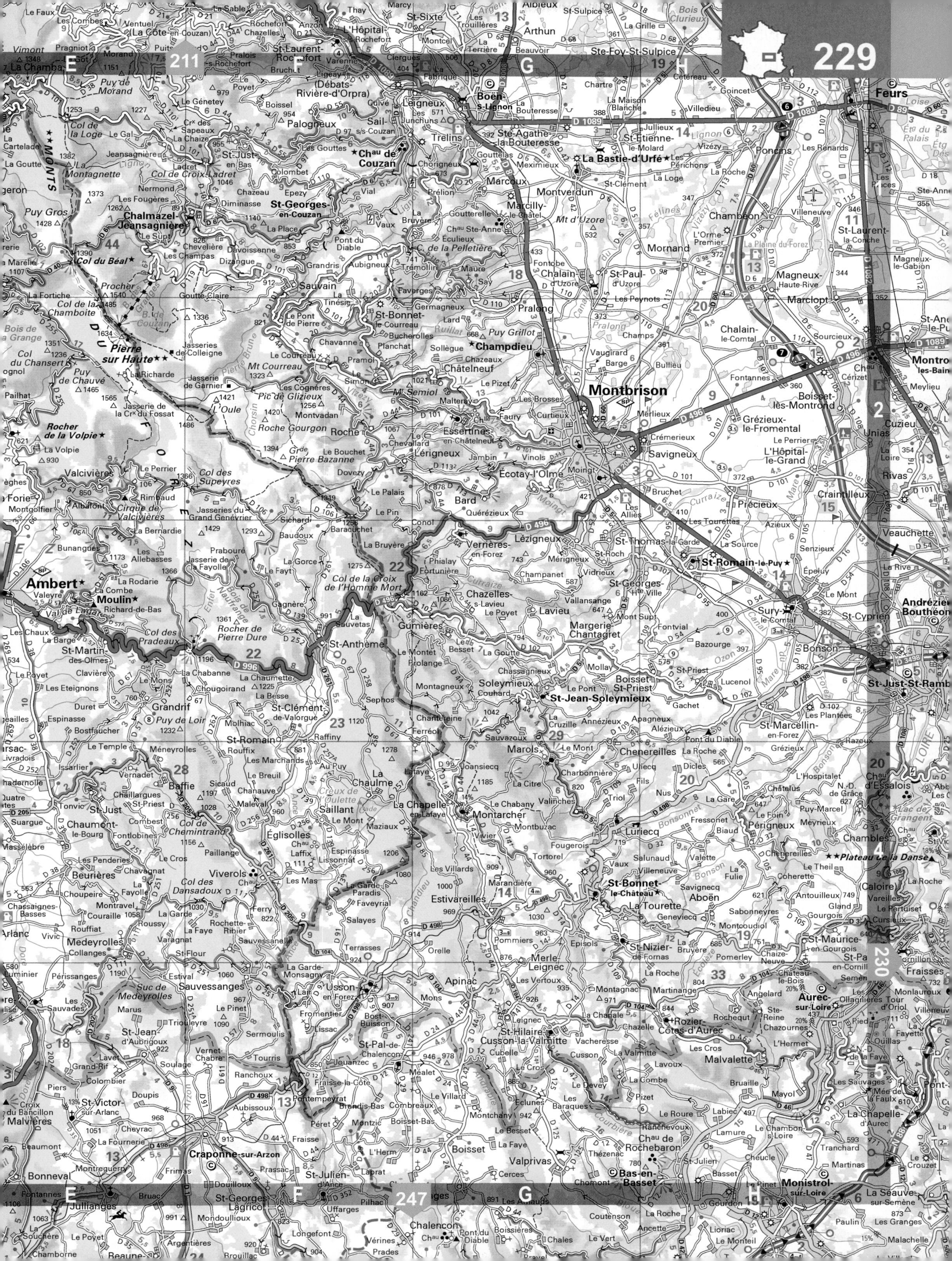
229
211
247
230
E
F
G
H
Feurs
Boën-s-Lignon
Montbrison
Ambert
Moulin
St-Georges-en-Couzan
Chalmazel-Jeansagnière
Chau de Couzan
La Bastie-d'Urfé
Champdieu
Pierre sur Haute
Col du Béal
Monts du Forez
St-Romain-le-Puy
Sury-le-Comtal
St-Just-St-Rambert
St-Jean-Soleymieux
St-Bonnet-le-Château
Usson-en-Forez
Viverols
Craponne-sur-Arzon
Aurec-sur-Loire
Monistrol-sur-Loire
Bas-en-Basset
Rozier-Côtes-d'Aurec
Cusson-la-Valmitte
St-Pal-de-Chalencon
Montarcher
Marols
Chazelles-s-Lavieu
Gumières
St-Anthème
Col des Pradeaux
Col de la Croix de l'Homme Mort
St-Georges-Lagricol
Chalencon
Andrézieux-Bouthéon
St-Marcellin-en-Forez
Périgneux
St-Maurice-en-Gourgois
La Chapelle-d'Aurec
Plateau de la Danse
Montrond-les-Bains
Cuzieu
Unias
Rivas
Craintilleux
Bonson
Savigneux
Précieux
Chalain-le-Comtal
St-Laurent-la-Conche
Magneux-Haute-Rive
Marclopt
Poncins
Mornand
Chambéon
St-Paul-d'Uzore
Pralong
Marcilly-le-Châtel
Marcoux
Montverdun
Trelins
Leigneux
Sail-s/s-Couzan
Palogneux
Sauvain
St-Bonnet-le-Courreau
Essertines-en-Châtelneuf
Châtelneuf
Lérigneux
Roche
Bard
Écotay-l'Olme
Verrières-en-Forez
Lézigneux
St-Thomas-la-Garde
St-Georges-Hte-Ville
Lavieu
Margerie-Chantagret
Soleymieux
Boisset-St-Priest
Luriecq
Estivareilles
Apinac
Merle-Leignec
St-Nizier-de-Fornas
La Tourette
Aboën
St-Hilaire-Cusson-la-Valmitte
Valprivas
Malvalette
St-Just-en-Bas
Jeansagnière
Valcivières
St-Martin-des-Olmes
Grandrif
St-Romain
Baffie
St-Clément-de-Valorgue
Saillant
Églisolles
La Chaulme
La Chapelle-en-Lafaye
Sauvessanges
St-Jean-d'Aubrigoux
St-Victor-sur-Arlanc
Medeyrolles
Beurières
Chaumont-le-Bourg
St-Just
Jullianges
Suc de Medeyrolles
Col des Dansadoux
Col de Chemintrand
Puy de Loir
Rocher de Pierre Dure
Cirque de Valcivières
Col des Supeyres
Pic de Glizieux
Mt Semiol
Roche Gourgon
Puy Grillot
Puy de Morand
Col de la Loge
Col de Croix-Ladret
Col de la Chamboite
Col du Chansert
Pont du Diable

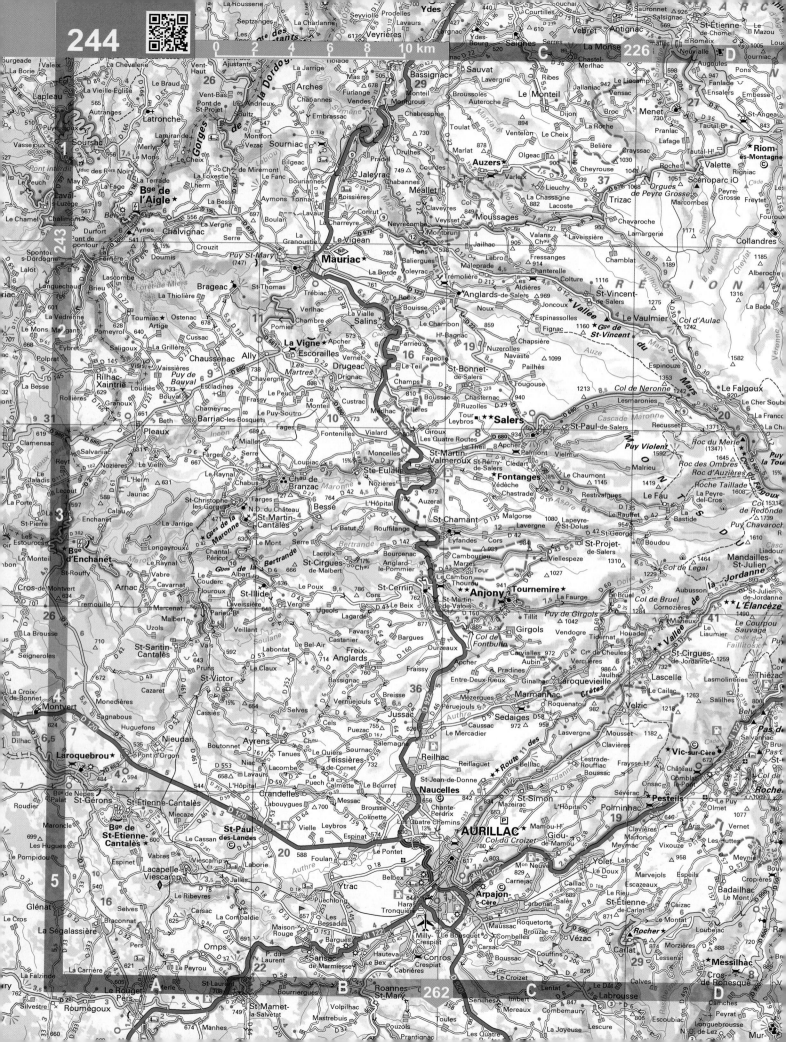

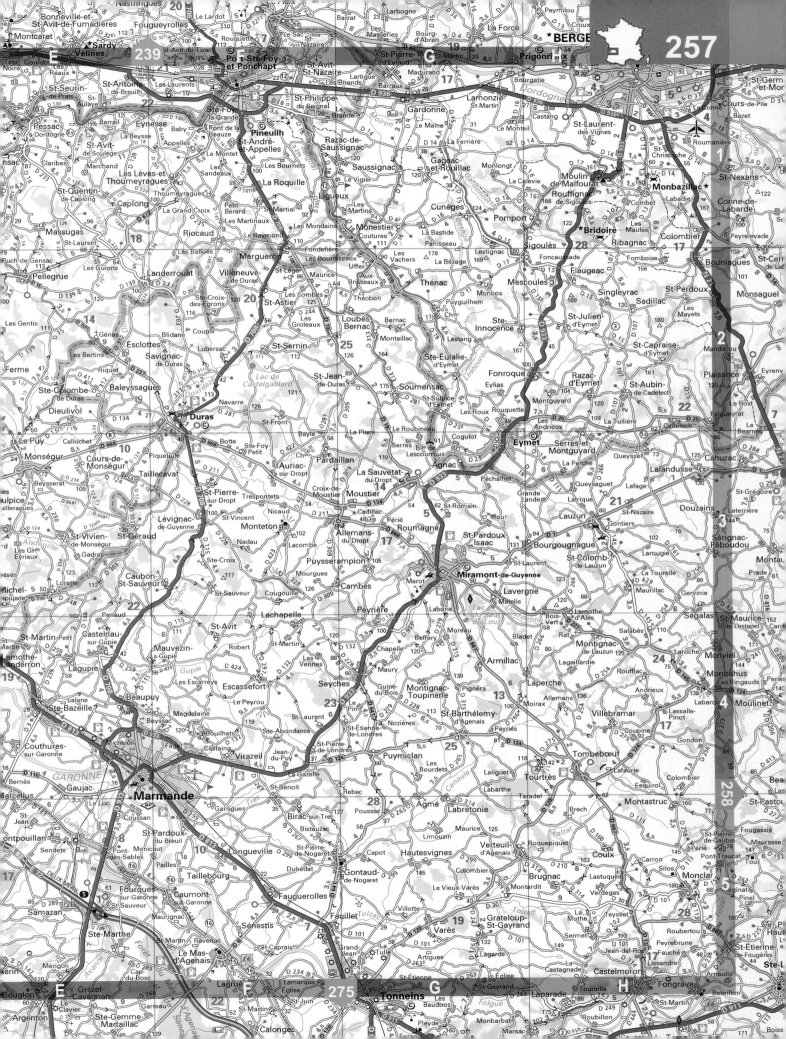

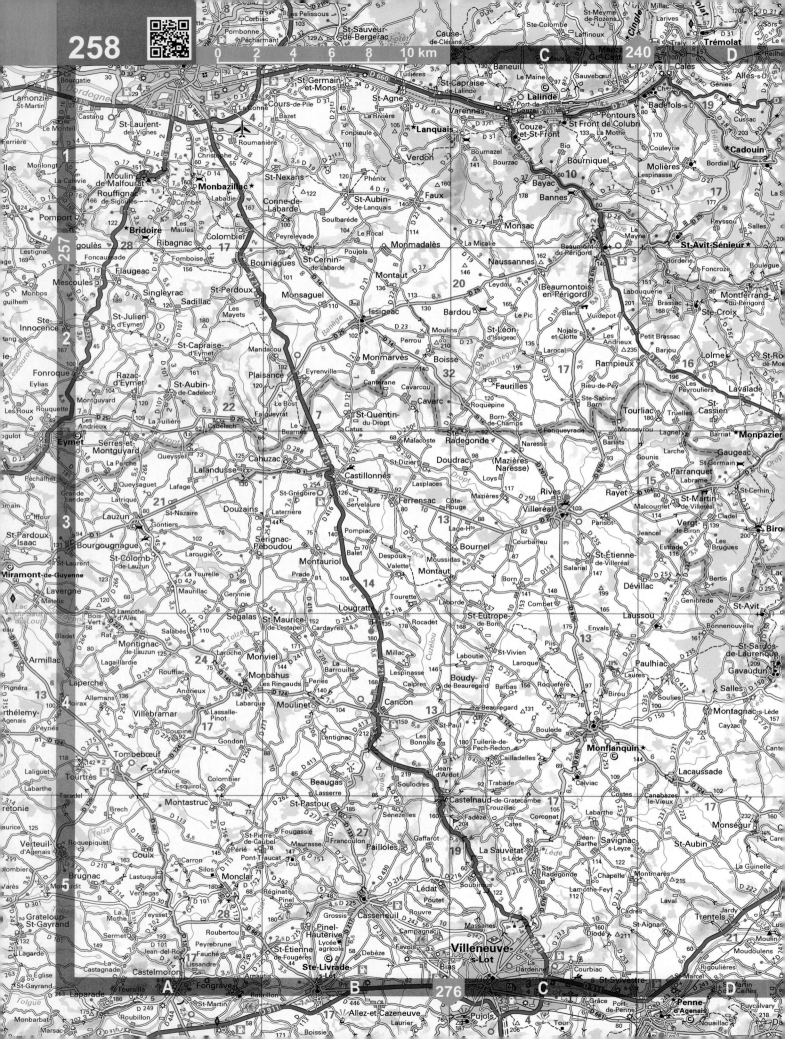

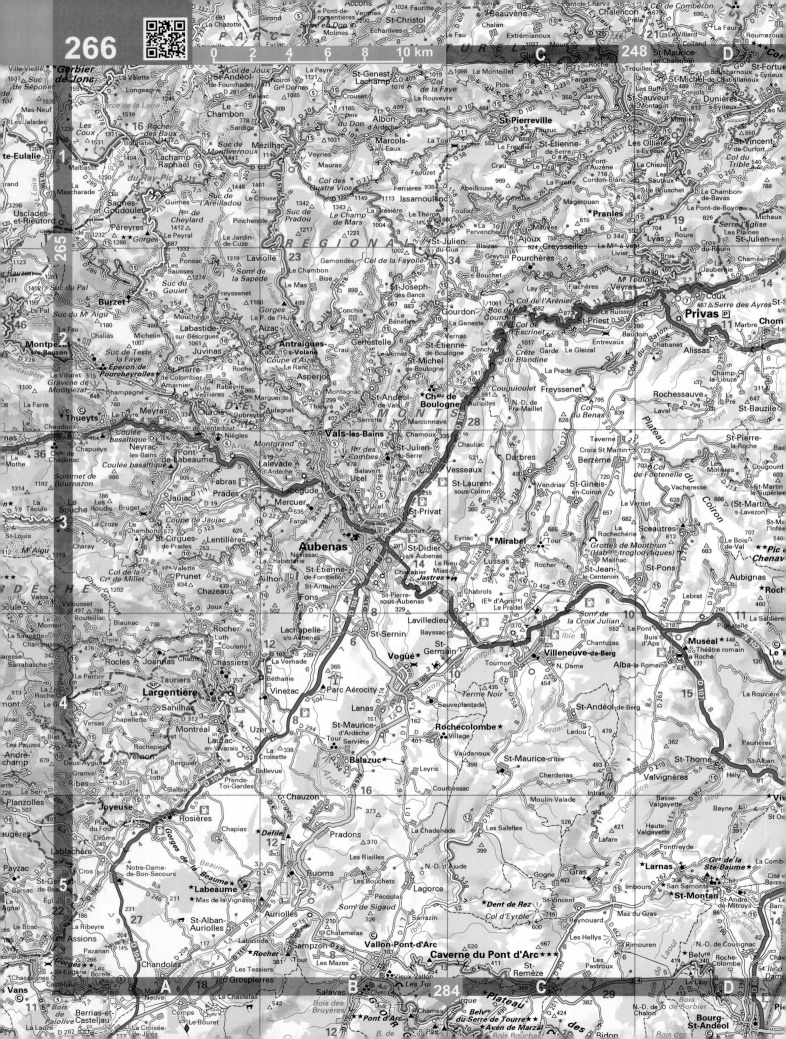

PARC Clape l'Œil Doux NATUREL

Armissan
Vires 170
Moujan D 168 St-Pierre-la-Mer
Pech Redon 14 L'Hospitalet 148 Port de Brossolette
Rouquette
Coffre de Narbonne-Plage
Pech Redon
Montagne N.-D. des Auzils
Les Monges Le Pech Rouge
Cimetière marin 172 Les Ayguades
Le Rec
d'Argent
Étg de
Mateille
Étg de Gruissan
Musée Gruissan★
Île Étg du
St-Martin Grazel
Gruissan-Plage
Salin de
St-Martin
L'Ayrolle
Étang

de l'Ayrolle NARBONNAISE ★

Grau de la Vieille Nouvelle

Étang Sigean
Salin
de
Ste-Lucie

Sigean★

Port-la-Nouvelle

Parc éolien
des Corbières
maritimes★
Cap Romarin 122
Marbre
La Palme
Salin de
Lapalme
Les Cabanes-
de-Lapalme
St-Pancrace
MÉDITERRANÉE
La Palme
Grau de la Franqui
La Franqui
Caves
Treilles
61
Cap Leucate ★
Leucate
Leucate-Plage
Fitou
Les Cabanes-
de-Fitou
Grau de Leucate
Port-Fitou
Étang
Pnte de
la Corrège
Port-Leucate
de Leucate
ou
Aquamagic
Grde
Dosse
Paquebot Lydia
(ensablé)
de Salses
Garrieux
Île de la Coudalère
Luna Park
Port-Barcarès
Centre
nautique Camp
militaire
Port St-Ange
Le Barcarès
St-Laurent-
de-la-Salanque
Torreilles-Plage
Torreilles
Villelongue-
de-la-Salanque Ste-Marie- Ste-Marie-Plage
la-Mer

Canet-
en-Roussillon

PERPIGNAN
Cabestany
Canet-Plage
l'Esparrou

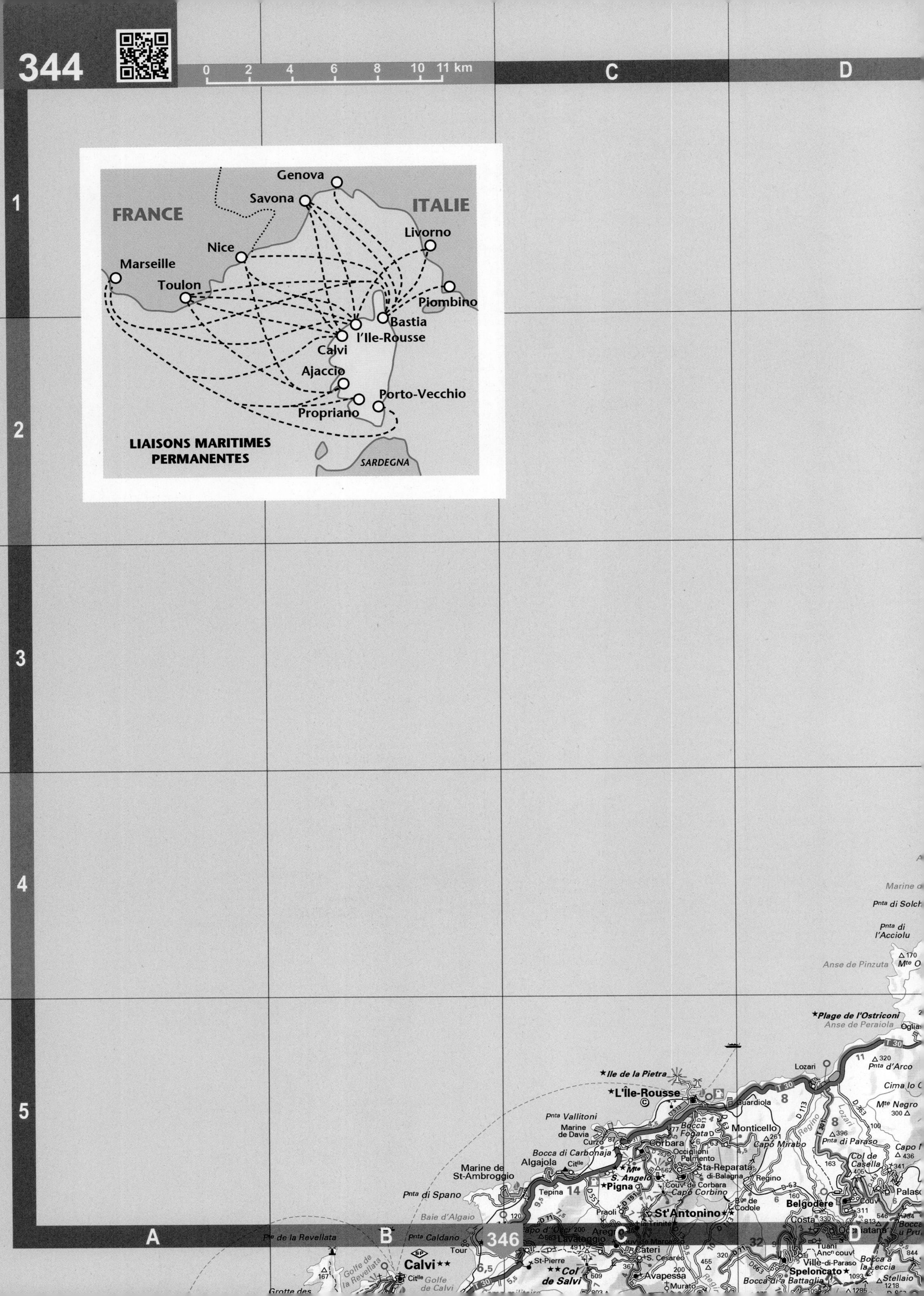

0 2 4 6 8 10 11 km

C   D

1

FRANCE   Genova
            Savona   **ITALIE**
                                    Livorno
            Nice
Marseille   Piombino
    Toulon
                              Bastia
                        l'Ile-Rousse
                    Calvi
            Ajaccio   Porto-Vecchio
                Propriano
                                    SARDEGNA

**LIAISONS MARITIMES
PERMANENTES**

2

3

4

Marine d

Pⁿᵗᵃ di Solch

Pⁿᵗᵃ di
l'Acciolu

Anse de Pinzuta   △170
                        Mᵗᵉ O

★*Plage de l'Ostriconi*
    Anse de Peraiola
                              Oglia

                              T 30
                                    11 △320
            ★*Ile de la Pietra*   Cima lo C
                        Lozari

5   ★**L'Île-Rousse**ⓒ   Mᵗᵉ Negro
                    Guardiola   8   300 △
        Pⁿᵗᵃ Vallitoni   D 113
            Marine   Monticello
            de Davia △261
        Bocca di Carbonaja Corbara Capò Mirabo Pⁿᵗᵃ di Paraso Capo
        Algajola   Occigioni Palmento △396   △436
Marine de   Citᵗˡᵉ   ★Mᵗᵉ Sta-Reparata-   100
St-Ambroggio   ★**S. Angelo** di-Balagna Regino 163 Col
            Pigna   Couv de Corbara   △405 de Casella △341
    Pⁿᵗᵃ di Spano   14 Bᵍᵉ de   6 **Belgodère**
                    D 151   Codole   311 couv
Baie d'Algaio △120   Praoli   Costa 330 813 546 Du Pr
                                        Bocca
A   B   Pⁿᵗᵃ Caldano **346** C St-Pierre 32 D *iatan* u Pru
    Pᵗᵉ de la Revellata Tour 4912   Cateri 509   Bocca
                        Lavatoggio   361 △200   844
Golfe de   St-Pierre Murato Avapessa D 63 Ville-di-Paraso △1093
la Revellata **Calvi** ★★   ★*Col*   D63 **Speloncato** 1285
    Citᵗˡᵉ *Golfe* 6,5 *de Salvi*   Bocca à
Grotte des *de Calvi* T 30   Murato   *la Leccia* 1218

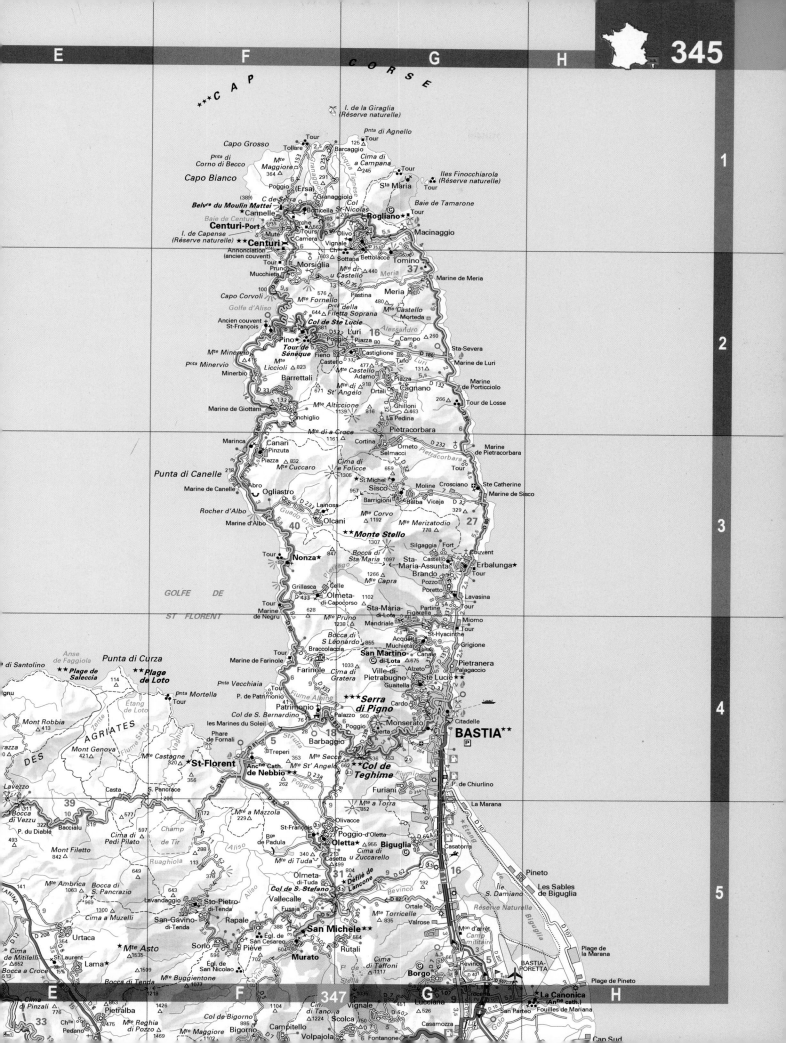

★★★ CAP CORSE

I. de la Giraglia
(Réserve naturelle)

Capo Grosso
Tollare   Tour   P^nta di Agnello
  Tour
Barcaggio   125
Mte   Cima di
Maggiore   a Campana
P^nta di   364 △   245
Corno di Becco   291   Tour
Iles Finocchiarola
Capo Bianco   Poggio   (Réserve naturelle)
  (Ersa)   St^a Maria   Tour

(389) C de Serra   Granaggiolo
Belv^re du Moulin Mattei   (Col   Baie de Tamarone
★ **Cannelle**   Botticella St-Nicolas
Cannelle   200   **Rogliano** ★ ©
Baie de Centuri   Orche   303   Tour
Centuri-Port   Tours   D 80   Olivo   **Macinaggio**
I. de Capense   Mute   Camera   Vignale   5.5
(Réserve naturelle)   **★ Centuri**   Ch   353
Annonciation   Sottana   Bettolacce
(ancien couvent)   603   **Tomino**
  Tour   △ 440   Mte di   37
Morsiglia   u Castello   Meria
Pruno   Marine de Meria
Mucchieta   13   Pastina   **Meria**
  9.5   576 △   480
Capo Corvoli   **Mte Fornello**   P^nte della   Mte Castello
Golfe d'Aliso   644 △ Filetta Soprana   Morteda
Ancien couvent   **Col de Ste Lucie**
St-François   381   D 52   **Luri**   **16**   Campo   △ 260
Pino ★   Poggio   Piazza   5.5   St^a-Severa
Tour de   Fieno   80   D 180
Sénèque   Castiglione   Tufo   Marine de Luri
M^te Minervio   Castello   D 332   131   Luri
△ 416   M^te   M^te Castello   D 132
P^nta Minervio   Liccioli △ 823   Adamo   Piazza   Marine
Minerbio   918   **Cagnano**   de Porticciolo
Barrettali   M^te di △   Ortali
  671   St' Angelo   Ghiloni   266 △   Tour de Losse
Marine de Giottani   M^te Alticcione   △ 463
  133   1139 △   816   La Pedina
Conchiglio   5   **Pietracorbara**
  M^te di a Croce   D 232
Marinca   1161 △   Cortina   Marine
Canari   Orneto   de Pietracorbara
Pinzuta   Selmacci
Piazza △ 832   Cima di   Tour
Punta di Canelle   218   M^te Cuccaro   e Folicce   659
Marine de Canelle   1305   St' Michel ★   Crosciano   Ste Catherine
Abro   **Ogliastro**   957   **Sisco** ★   Moline   Marine de Sisco
  D 233   Lainosa   Barrigioni   Balba   Vicaja   D 32
Rocher d'Albo   M^te Corvo   329 △
Marine d'Albo   **40**   **Olcani**   1192   M^te Merizatodio   **27**
  5.5   778 △   5.5
  ★★ **Monte Stello**   Silgaggia   Fort
  1307   Castello   Couvent
  847   Bocca di   St^a-   Castello
Nonza ★   St^a Maria   1097   **Maria-Assunta**   **Erbalunga** ★
  1266 △   **Brando**   Tour
Grillasca   Celle   M^te Capra   Pozzo
  D 433   **Olmeta-**   1102   Poretto
Tour   di-Capocorso   Lavasina
Marine   628   Sta-Maria-   54   Tour
de Negru   M^te Pruno   di-Lota   Partine   Figarella   Miomo
GOLFE   1238 △   Mandriale   Tour
DE   Bocca di   Acquaita   St-Hyacinthe
ST FLORENT   S Leonardo   △ 855   Muchietà   Grigione
  Braccolaccia   **San Martino**   Canale   **Pietranera**
Marine de Farinole   1033 © di-Lota △ 675   Palagaccio
  Farinole   Alzeto
Anse de   Cima di   **Ville-di-**   **Ste Lucie** ★★
Faggiola   Gratera   **Pietrabugno**   Guaitella
★★ **Plage de**   **Punta di Curza**   P^nta Vecchiaia   Tour   ★★★ **Serra**
Saleccia   ★★ **Plage**   114   P. de Patrimonio   **di Pigno**   Cardo
  de Loto   P^nta Mortella   333   Citadelle
  Tour   **Patrimonio**   Palazzo   960
Etang   Col de S. Bernardino   Poggio   **BASTIA** ★★
de Loto   les Marines du Soleil   76   Monserato
Mont Robbia   Phare   **18**   Suerta
△ 413   de Fornali   **Barbaggio**   D 264
AGRIATES   28   **5**   Treperi   M^te Secco
Mont Genova   353   536   453
421△   M^te Castagne   ★ **St-Florent**   M^te St' Angelo   ★★ **Col de**
DES   520 △   Anc^ne Cath.   662   **Teghime**
  de Nebbio ★★   D 238   P. de Chiurlino
  356   262   **Furiani**
Lavezzo   S. Pancrace   D 62
△1311   Casta   200   29   **39**   La Marana
Bocca   10   M^te a Torra
di Vezzu   322   319   △571   172   852   D 10
P. du Diable   Baccialu   597   St-François   Olivacce
  493   Cima di   Champ   227   **Poggio-d'Oletta**   D 664
Mont Filetto   Pedi Pilato △   de Tir   B^ce   △ 955   **Biguglia**   Casatorra
842 △   288   de Padula   **Oletta** ★ ©
  649   Cima di   **16**
141   378   340   213   u Zuccarello   9.5
M^te Ambrica   Bocca di   Ruaghiola   113   M^te di Tuda   Casetta △ 499   Île
1063 △   S. Pancrazio   804   S. Damiano
  △969   643   Olmeta-   **31**   **Défilé de**   Les Sables
1300 △   Lavandaggio   di-Tuda   **Lancone**   de Biguglia
Cima di   **Col de S. Stefano**   Réserve Naturelle
Pedano   **Sto-Pietro-**   Vallecalle   **16**   Pineto
Urtaca   di-Tenda   Fusaia   M^te Torricelle   Ortale   D 107
  354   **San-Gavino-**   388   835   Valrose
Cima di   △ 652   di-Tenda   Rapale   M^on d'arrêt
Mitielli   St-Laurent   **San Michele** ★★   Camp   Plage de
776   Lama ★   Sorio   Egl. de   554   militaire   la Marana
Bocca a Croce   ★ M^te Asto   Pieve   San Cesareo   Revinco   **5**
513   △1535   504   Rutali   **BASTIA-**
D 12   △1509   Egl. de   707   Cima di   **PORETTA**
Cima di   Pietralba   S. Nicolao   **Murato**   Taffoni   **Borgo** ©   Plage de Pineto
Pinzali   1426   1117   607

33   Ch^le   M^te Reghia   Col de Bigorno   C^ma di Tanona   Vignale   Scolca   451   △ 526   Lucciana   **La Canonica**   Anc^ne cath.
Pedano   di Pozzo   Bigorno   Campitello   △1224   △750   San Parteo   Fouilles de Mariana
M^te Maggiore △   1469   Volpajola   Fontanone   Casamozza   Cap Sud

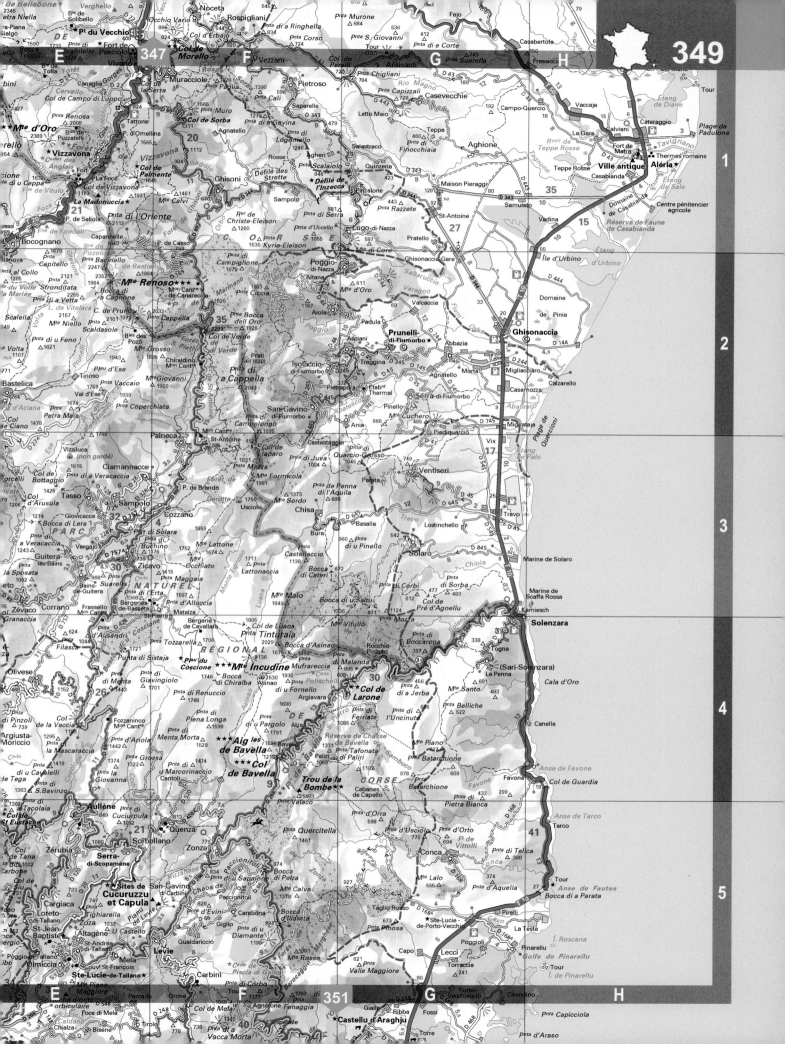

FRANCE DÉPARTEMENTALE ET ADMINISTRATIVE

01 Ain
02 Aisne
03 Allier
04 Alpes-de-Haute-Provence
05 Hautes-Alpes
06 Alpes-Maritimes
07 Ardèche
08 Ardennes
09 Ariège
10 Aube
11 Aude
12 Aveyron
13 Bouches-du-Rhône
14 Calvados
15 Cantal
16 Charente
17 Charente-Maritime
18 Cher
19 Corrèze
2A Corse-du-Sud
2B Haute-Corse
21 Côte-d'Or
22 Côtes-d'Armor
23 Creuse
24 Dordogne
25 Doubs
26 Drôme
27 Eure
28 Eure-et-Loir
29 Finistère
30 Gard
31 Haute-Garonne
32 Gers
33 Gironde
34 Hérault
35 Ille-et-Vilaine
36 Indre
37 Indre-et-Loire
38 Isère
39 Jura
40 Landes
41 Loir-et-Cher
42 Loire
43 Haute-Loire
44 Loire-Atlantique
45 Loiret
46 Lot
47 Lot-et-Garonne

48 Lozère
49 Maine-et-Loire
50 Manche
51 Marne
52 Haute-Marne
53 Mayenne
54 Meurthe-et-Moselle
55 Meuse
56 Morbihan
57 Moselle
58 Nièvre
59 Nord
60 Oise
61 Orne
62 Pas-de-Calais
63 Puy-de-Dôme

64 Pyrénées-Atlantiques
65 Hautes-Pyrénées
66 Pyrénées-Orientales
67 Bas-Rhin
68 Haut-Rhin
69 Rhône
70 Haute-Saône
71 Saône-et-Loire
72 Sarthe
73 Savoie
74 Haute-Savoie
75 Ville de Paris
76 Seine-Maritime
77 Seine-et-Marne
78 Yvelines
79 Deux-Sèvres

80 Somme
81 Tarn
82 Tarn-et-Garonne
83 Var
84 Vaucluse
85 Vendée
86 Vienne
87 Haute-Vienne
88 Vosges
89 Yonne
90 Territoire-de-Belfort
91 Essonne
92 Hauts-de-Seine
93 Seine-Saint-Denis
94 Val-de-Marne
95 Val-d'Oise

Numéro de département

Numéro de page

Localité ⟶ Abainville 55 .... 93 G 2 ⟵ Coordonnées de carroyage

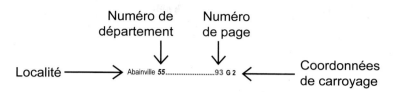

A B C D E F G H I J K L M N O P Q R S T U V W X Y Z

A

...ast 64	314 D 4
...ainville 55	93 G 2
...ancourt 59	14 B 3
...ancourt 60	21 G 4
...aucourt 54	65 H 3
...aucourt-	
...lès-Souppleville 55	44 C 5
...bans-Dessous 25	161 H 5
...bans-Dessus 25	161 H 5
...baretz 44	126 D 5
...bécourt 02	24 A 5
...becourt 60	38 A 3
...benans 25	141 H 5
...beville 80	11 G 3
...béville-la-Rivière 91	87 F 5
...béville-lès-Conflans 54	45 E 5
...beville-Saint-Lucien 60	38 B 1
...bévillers 25	142 C 5
...eilhan 34	321 G 2
...elcourt 70	141 F 2
...ber-Wrac'h 29	70 C 4
...ère 64	314 C 3
Abergement-	
Clémenciat 01	213 F 1
Abergement-	
de-Cuisery 71	195 F 1
Abergement-de-Varey 01	214 B 2
ergement-la-Ronce 39	178 D 1
ergement-le-Grand 39	179 F 2
ergement-le-Petit 39	179 F 2
ergement-lès-Thésy 39	179 H 2
ergement-Saint-Jean 39	178 D 3
bergement-	
Sainte-Colombe 71	178 A 4
...idos 64	313 H 2
...illy 37	169 H 2
...îme Pont de l' 74	215 G 5
...itain 64	311 H 3
...jat-sur-Bandiat 24	222 C 2
...lain-Saint-Nazaire 62	8 A 5
...laincourt-Pressoir 80	23 F 2
...lainzevelle 62	13 G 4
...laincourt 51	62 C 3
...leiges 95	57 H 1
s Ableuvenettes 88	118 D 2
...lis 78	86 D 3
...lon 14	34 D 2
...lon-sur-Seine 94	58 C 5
...oën 42	229 H 4
...oncourt 54	94 C 4
...oncourt 57	46 B 4
...oncourt-Gesincourt 70	140 D 3
...oncourt-sur-Seille 57	66 B 4
...ondance 74	198 C 4
...ondant 28	56 D 4
...os 64	313 H 3
...reschviller 57	96 C 1
...rest 03	210 B 2
s Abrets en Dauphiné 38	232 C 3
...riès 05	253 F 5
...scon 59	14 C 2
...bsie 79	167 F 5
...zac 16	204 C 2
...zac 33	238 C 4
...carias Col 38	251 E 5
...cia Pont de l' 2B	347 E 4
...colans 25	141 H 5
...colay 89	136 C 4
...cons 07	248 B 5
...cous 64	331 H 3
...hain 57	66 D 3
...hen 57	97 G 1
...hères 18	155 F 4
...hères 78	58 A 2
...hères-la-Forêt 77	88 A 5
...nery 02	24 B 4
...neux-en-Amiénois 80	13 E 5
...neux-en-Vimeu 80	11 F 4
...hville 62	8 C 5
...ney 70	140 A 5
...nicourt 62	13 G 2
...niet-le-Grand 62	13 G 4

Achiet-le-Petit 62	13 G 4
Achun 58	157 G 5
Achy 60	21 H 5
Acigné 35	104 C 3
Aclou 27	35 G 5
Acon 27	56 B 4
Acq 62	13 F 2
Acqueville 14	53 G 2
Acqueville 50	28 D 3
Acquigny 27	36 B 5
Acquin 62	3 E 5
Acy 02	40 C 3
Acy-en-Multien 60	39 G 5
Acy-Romance 08	42 A 1
Adaincourt 57	66 C 2
Adainville 78	57 F 5
Adam-lès-Passavant 25	162 C 3
Adam-lès-Vercel 25	162 C 4
Adamswiller 67	67 H 3
Adast 65	332 D 2
Adé 65	314 D 5
Adelange 57	66 D 2
Adelans-	
et-le-Val-de-Bithaine 70	141 G 3
Adervielle 65	333 H 4
Adilly 79	168 A 5
Adinfer 62	13 F 3
Adissan 34	302 A 5
Les Adjots 16	203 F 2
Adon 45	134 D 3
Les Adrets 38	233 F 5
Les Adrets-de-l'Esterel 83	308 D 4
Adriers 86	187 F 5
Aérocity Parc 07	266 B 4
Afa 2A	348 C 3
Affieux 19	224 F 2
Affléville 54	45 E 4
Affoux 69	212 B 4
Affracourt 54	94 D 3
Affringues 62	7 E 2
Agassac 31	316 D 3
Agay 83	329 H 1
Agde 34	322 C 5
Agel 34	320 D 4
Agen 47	276 B 3
Agen-d'Aveyron 12	280 D 1
Agencourt 21	160 A 5
Agenville 80	12 B 4
Agenvillers 80	11 H 2
Les Ageux 60	39 E 3
Ageville 52	117 F 3
Agey 21	159 G 3
Aghione 2B	349 G 1
Agincourt 54	65 H 5
Agmé 47	257 G 5
Agnac 47	257 G 3
Agnat 43	228 B 5
Agneaux 50	32 A 5
Agnetz 60	38 C 2
Agnez-lès-Duisans 62	13 F 2
Agnicourt-et-Séchelles 02	25 F 3
Agnières 62	8 A 5
Agnières 62	21 H 4
Agnières-en-Dévoluy 05	269 F 2
Agnin 38	231 F 5
Agnos 64	331 H 1
Agny 62	13 G 3
Agon-Coutainville 50	31 F 5
Agonac 24	240 C 1
Agonès 34	302 C 1
Agonges 03	191 H 1
Agonnay 17	201 F 4
Agos-Vidalos 65	332 D 2
Agris 16	203 G 5
Agudelle 17	219 H 4
Les Agudes 31	333 H 4
Aguessac 12	281 H 3
Aguilar Château d' 11	338 C 3
Aguilcourt 02	41 G 2
Aguts 81	298 D 5
Agy 14	32 D 3
Ahaxe-Alciette-	
Bascassan 64	330 C 3
Ahetze 64	310 C 3
Ahéville 88	94 D 5

Ahuillé 53	105 H 4
Ahun 23	207 F 2
Ahusquy 64	330 D 2
Ahuy 21	160 A 2
Aibes 59	15 H 3
Aibre 25	142 B 4
Aïcirits 64	311 G 4
Aiffres 79	185 E 4
Aigaliers 30	284 B 4
L'Aigle 61	55 F 4
Aigle Barrage de l' 19	243 H 1
Aiglemont 08	26 D 3
Aiglepierre 39	179 G 2
Aigleville 27	56 D 1
Aiglun 04	287 H 4
Aiglun 06	309 E 1
Aignan 32	295 F 3
Aignay-le-Duc 21	138 C 4
Aigné 72	107 G 4
Aignerville 14	32 C 3
Aignes 31	318 B 4
Aignes-et-Puypéroux 16	221 F 4
Aigneville 80	11 F 4
Aigny 51	61 H 1
Aigonnay 79	185 F 4
Aigoual Mont 48	282 D 4
Aigre 16	203 E 4
Aigrefeuille 31	298 B 5
Aigrefeuille-d'Aunis 17	200 D 1
Aigrefeuille-sur-Maine 44	147 H 5
Aigremont 30	283 H 5
Aigremont 52	118 A 4
Aigremont 78	57 H 3
Aigremont 89	136 D 4
Aiguebelette-le-Lac 73	233 E 2
Aiguebelle 73	234 A 2
Aiguebelle 83	329 E 4
Aigueblanche 73	234 B 3
Aiguefonde 81	319 H 2
Aigueperse 63	209 H 3
Aigueperse 69	194 B 5
Aigues-Juntes 09	336 A 2
Aigues-Mortes 30	303 G 5
Aigues-Vives 09	336 D 2
Aigues-Vives 11	320 A 5
Aigues-Vives 30	303 G 3
Aigues-Vives 34	320 D 4
Aiguèze 30	284 C 2
Aiguilhe 43	247 F 3
Aiguilles 05	253 F 5
L'Aiguillon 09	336 D 3
Aiguillon 47	275 G 2
L'Aiguillon-sur-Mer 85	183 E 4
L'Aiguillon-sur-Vie 85	165 E 5
Aiguines 83	307 G 3
Aigurande 36	189 F 3
Ailhon 07	266 B 3
Aillant-sur-Milleron 45	135 E 3
Aillant-sur-Tholon 89	135 H 2
Aillas 33	256 D 5
Ailleux 42	211 F 5
Aillevans 70	141 G 4
Ailleville 10	116 A 2
Aillevillers-et-Lyaumont 70	119 F 5
Aillianville 52	93 G 4
Aillières-Beauvoir 72	84 A 4
Aillon-le-Jeune 73	233 G 1
Aillon-le-Vieux 73	233 G 1
Ailloncourt 70	141 G 3
Ailly 27	36 C 5
Ailly-le-Haut-Clocher 80	11 H 4
Ailly-sur-Meuse 55	64 C 4
Ailly-sur-Noye 80	22 C 3
Ailly-sur-Somme 80	22 B 1
Aimargues 30	303 G 3
Aime-la-Plagne 73	234 C 2
Ain Source de l' 39	180 A 4
Ainac 04	288 A 2
Ainay-le-Château 03	173 G 5
Ainay-le-Vieil 18	173 F 5
Aincille 64	330 C 1
Aincourt 95	57 G 1
Aincreville 55	43 G 2

Aingeray 54	65 G 5
Aingeville 88	118 A 2
Aingoulaincourt 52	93 F 3
Ainharp 64	311 H 5
Ainhice-Mongelos 64	311 F 5
Ainhoa 64	310 D 4
Ainvelle 70	141 F 2
Ainvelle 88	118 B 4
Airaines 80	11 H 5
Airan 14	34 A 5
Aire 08	41 H 1
Aire-sur-la-Lys 62	7 G 2
Aire-sur-l'Adour 40	294 C 3
Airel 50	32 B 4
Les Aires 34	301 F 5
Airion 60	38 C 2
Airon-Notre-Dame 62	6 B 5
Airon-Saint-Vaast 62	6 B 5
Airoux 11	318 D 3
Airvault 79	168 B 3
Aiserey 21	160 B 5
Aisey-et-Richecourt 70	118 C 5
Aisey-sur-Seine 21	138 B 3
Aisne 85	183 G 3
Aisonville-et-Bernoville 02	24 C 1
Aïssey 25	162 C 3
Aisy-sous-Thil 21	158 C 2
Aisy-sur-Armançon 89	137 G 4
Aiti 2B	347 F 3
Aiton 73	233 H 2
Aix 19	226 B 2
Aix 59	9 E 4
Aix Ile d' 17	200 C 2
Les Aix-d'Angillon 18	155 G 5
Aix-en-Diois 26	268 B 2
Aix-en-Ergny 62	6 D 3
Aix-en-Issart 62	6 C 4
Aix-en-Othe 10	114 B 2
Aix-en-Provence 13	306 A 5
Aix-la-Fayette 63	228 C 3
Aix-les-Bains 73	233 F 1
Aix-Noulette 62	8 A 5
Aixe-sur-Vienne 87	205 F 5
Aizac 07	266 B 2
Aizanville 52	116 C 3
Aize 36	171 H 1
Aizecourt-le-Bas 80	23 H 1
Aizecourt-le-Haut 80	23 G 1
Aizecq 16	203 G 3
Aizelles 02	41 E 1
Aizenay 85	165 G 4
Aizier 27	35 F 2
Aizy-Jouy 02	40 C 2
Ajac 11	337 F 2
Ajaccio 2A	348 B 3
Ajain 23	207 F 1
Ajat 24	241 E 2
Ajoncourt 57	66 B 4
Ajou 27	55 G 2
Ajoux 07	266 C 1
Alaigne 11	337 F 1
Alaincourt 02	24 B 3
Alaincourt 70	118 D 5
Alaincourt-la-Côte 57	66 B 3
Alairac 11	319 G 5
Alaise 25	179 H 1
Alan 31	316 D 5
Alando 2B	347 F 4
Alata 2A	348 B 3
Alba-la-Romaine 07	266 D 4
Alban 81	300 A 1
Albaret-le-Comtal 48	245 H 5
Albaret-Sainte-Marie 48	246 A 5
Albarine Gorges de l' 01	214 C 3
L'Albaron 13	304 A 4
Albas 11	338 C 2
Albas 46	259 G 5
Albé 67	97 E 4
Albefeuille-Lagarde 82	277 G 5
L'Albenc 38	250 B 1
Albens 73	215 F 5
Albepierre-Bredons 15	245 F 3
L'Albère 66	343 E 4
Albert 80	13 F 5
Albert-Louppe Pont 29	75 F 2

Albertacce 2B	346 D 4
Albertville 73	234 A 1
Albestroff 57	67 F 2
Albi 81	299 F 1
Albiac 31	298 C 5
Albiac 46	261 E 2
Albias 82	278 B 4
Albières 11	338 A 3
Albiès 09	336 C 5
Albignac 19	242 D 2
Albigny 74	215 G 3
Albigny-sur-Saône 69	213 E 4
Albine 81	320 A 3
Albiosc 04	307 E 2
Albitreccia 2A	348 B 4
Albon 26	249 E 1
Albon-d'Ardèche 07	266 B 1
Aboussière 07	249 E 4
Les Albres 12	261 G 4
Albussac 19	243 E 3
Alby-sur-Chéran 74	215 G 4
Alçay-Alçabéhéty-	
Sunharette 64	331 E 2
Aldudes 64	330 A 1
Alembon 62	2 D 5
Alençon 61	83 G 4
Alénya 66	343 F 2
Aléria 2B	349 H 1
Alette 62	6 C 4
Aleu 09	335 G 3
Alex 74	215 H 3
Alexain 53	106 A 2
Aleyrac 26	267 F 4
Alfortville 94	58 C 4
Algajola 2B	344 C 5
Algans 81	298 D 5
Algolsheim 68	121 G 3
Algrange 57	45 G 3
Alièze 39	196 C 1
Alignan-du-Vent 34	321 H 2
Alincourt 08	42 A 2
Alincthun 62	2 C 5
Alise-Sainte-Reine 21	159 E 1
Alissas 07	266 D 2
Alix 69	212 D 4
Alixan 26	249 G 4
Alizay 27	36 B 3
Allain 54	94 B 2
Allaines 80	23 G 1
Allaines-Mervilliers 28	110 D 2
Allainville 28	56 C 5
Allainville 78	86 D 4
Allainville-en-Beauce 45	111 F 2
Allaire 56	125 G 4
Allamont 54	65 E 1
Allamps 54	94 A 2
Allan 26	267 E 4
Allanche 15	245 F 1
Alland'Huy-et-Sausseuil 08	42 C 1
Allarmont 88	96 B 2
Allas-Bocage 17	219 H 4
Allas-Champagne 17	220 B 3
Allas-les-Mines 24	259 F 1
Allassac 19	242 B 1
Allauch 13	327 E 2
Allègre 43	247 E 2
Allègre Château d' 30	284 A 3
Allègre-les-Fumades 30	284 A 3
Alleins 13	305 G 3
Allemagne-	
en-Provence 04	307 E 2
Allemanche-Launay-	
et-Soyer 51	90 B 2
Allemans 24	239 G 1
Allemans-du-Dropt 47	257 G 3
Allemant 02	40 C 1
Allemant 51	61 E 4
Allemond 38	251 G 2
Allenay 80	11 E 3
Allenc 48	264 D 4

Allenjoie 25	142 C 4
Allennes-les-Marais 59	8 C 4
Allenwiller 67	68 B 5
Allerey 21	159 E 5
Allerey-sur-Saône 71	178 A 3
Allériot 71	178 A 3
Allery 80	11 H 5
Alles-sur-Dordogne 24	258 D 1
Les Alleuds 49	149 H 3
Les Alleuds 79	203 E 1
Les Alleux 08	42 D 1
Alleuze 15	245 H 4
Allevard 38	233 G 4
Allèves 74	215 G 5
Allex 26	267 F 1
Alleyrac 43	247 G 5
Alleyras 43	246 D 5
Alleyrat 19	225 H 3
Alleyrat 23	207 G 3
Allez-et-Cazeneuve 47	276 B 1
Alliancelles 51	63 E 3
Allibaudières 10	91 E 2
Allichamps 52	92 C 2
Les Alliés 25	180 D 2
Allières 09	335 H 2
Alligny-Cosne 58	156 B 2
Alligny-en-Morvan 58	158 C 4
Allimas Col de l' 38	250 C 5
Allineuc 22	78 A 5
Allinges 74	198 B 3
Allogny 18	155 E 4
Allondans 25	142 B 4
Allondaz 73	216 A 5
Allondrelle-la-Malmaison 54	44 C 1
Allonne 60	38 A 2
Allonne 79	185 E 1
Allonnes 28	86 C 5
Allonnes 49	150 C 3
Allonnes 72	107 G 5
Allons 04	288 D 4
Allons 47	274 D 3
Allonville 80	22 C 1
Allonzier-la-Caille 74	215 G 2
Allos 04	288 D 2
Allos Col d' 04	288 D 1
Allouagne 62	7 H 4
Alloue 16	204 B 2
Allouis 18	154 D 5
Allouville-Bellefosse 76	19 G 5
Les Allues 73	234 C 3
Les Alluets-le-Roi 78	57 H 3
Alluy 58	175 G 1
Alluyes 28	109 H 2
Ally 15	244 B 2
Ally 43	246 A 2
Almayrac 81	279 G 4
Almenêches 61	54 B 5
Almont-les-Junies 12	261 H 4
Alos 09	335 F 3
Alos 81	279 E 5
Alos-Sibas-Abense 64	331 F 1
Alouettes Mont des 85	166 C 2
Aloxe-Corton 21	177 H 1
Alpe-d'Huez 38	251 G 2
Alpuech 12	263 F 2
Alquines 62	2 D 5
Alrance 12	281 E 4
Alsting 57	47 G 5
Altagène 2A	349 E 5
Alteckendorf 67	68 C 4
Altenach 68	143 E 3
Altenbach 68	120 C 5
Altenheim 67	68 B 4
Altenstadt 67	69 F 1
Althen-des-Paluds 84	285 G 5
Altiani 2B	347 F 5
Altier 48	265 F 5
Altillac 19	243 E 4
Altkirch 68	143 F 3
Altorf 67	97 F 2
Altrippe 57	67 F 1
Altviller 57	67 E 1
Altwiller 67	67 G 2

Aluze 71 .... 177 G 3
Alvignac 46 .... 260 D 1
Alvimare 76 .... 19 F 5
Alzen 09 .... 336 A 2
Alzi 2B .... 347 F 4
Alzing 57 .... 46 C 4
Alzonne 11 .... 319 F 4
Amage 70 .... 141 H 2
Amagne 08 .... 42 B 1
Amagney 25 .... 162 B 3
Amailloux 79 .... 168 A 4
Amance 10 .... 91 H 5
Amance 54 .... 66 B 5
Amance 70 .... 141 E 2
Amancey 25 .... 180 A 1
Amancy 74 .... 216 A 1
Amange 39 .... 161 E 4
Amanlis 35 .... 104 C 4
Amanty 55 .... 93 H 2
Amanvillers 57 .... 45 G 5
Amanzé 71 .... 193 H 4
Amareins 01 .... 213 E 2
Amarens 81 .... 279 E 5
Amathay-Vésigneux 25 .... 180 B 1
Amayé-sur-Orne 14 .... 33 F 5
Amayé-sur-Seulles 14 .... 32 D 5
Amazy 58 .... 157 F 3
Ambacourt 88 .... 94 D 4
Ambarès-et-Lagrave 33 .... 237 G 4
Ambax 31 .... 316 D 3
Ambazac 87 .... 205 H 3
Ambel 38 .... 269 F 1
Ambenay 27 .... 55 G 3
Ambérac 16 .... 203 E 4
Ambérieu-en-Bugey 01 .... 214 A 3
Ambérieux-d'Azergues 69 .... 212 D 3
Ambérieux-en-Dombes 01 .. 213 F 4
Ambernac 16 .... 204 B 3
Amberre 86 .... 168 D 4
Ambert 63 .... 229 E 3
Ambès 33 .... 237 G 3
Ambeyrac 12 .... 261 F 4
Ambialet 81 .... 299 H 1
Ambiegna 2A .... 348 C 2
Ambierle 42 .... 211 F 2
Ambiévillers 70 .... 118 D 4
Ambillou 37 .... 151 F 2
Ambillou-Château 49 .... 149 H 4
Ambilly 74 .... 197 H 5
Amblaincourt 55 .... 63 H 2
Amblainville 60 .... 38 A 4
Amblans-et-Velotte 70 .... 141 G 3
Ambleny 02 .... 40 A 2
Ambléon 01 .... 214 C 5
Ambleteuse 62 .... 2 B 4
Ambleville 16 .... 220 C 3
Ambleville 95 .... 37 F 5
Amblie 14 .... 33 F 3
Amblimont 08 .... 27 F 4
Ambloy 41 .... 131 F 4
Ambly-Fleury 08 .... 42 B 1
Ambly-sur-Meuse 55 .... 64 B 2
Amboise 37 .... 152 C 2
Ambon 56 .... 124 D 4
Ambonil 26 .... 267 F 1
Ambonnay 51 .... 61 H 1
Ambonville 52 .... 92 D 5
Ambourville 76 .... 35 H 1
Ambrault 36 .... 172 B 4
Ambres 81 .... 298 D 3
Ambricourt 62 .... 7 F 4
Ambrief 02 .... 40 B 3
Ambrières 51 .... 63 E 5
Ambrières-les-Vallées 53 .... 82 B 4
Ambrines 62 .... 13 E 2
Ambronay 01 .... 214 A 2
Ambrugeat 19 .... 225 G 3
Ambrumesnil 76 .... 20 A 2
Ambrus 47 .... 275 F 2
Ambutrix 01 .... 214 A 3
Amécourt 27 .... 37 F 2
Amel-sur-l'Étang 55 .... 44 D 4
Amélécourt 57 .... 66 C 4
Amélie-
les-Bains-Palalda 66 .... 342 C 4
L'Amélie-sur-Mer 33 .... 218 C 4
Amendeuix-Oneix 64 .... 311 G 4
Amenoncourt 54 .... 96 A 1
Amenucourt 95 .... 37 F 5
Ames 62 .... 7 G 3
Amettes 62 .... 7 G 4
Ameugny 71 .... 194 D 2
Ameuvelle 88 .... 118 C 5
Amfreville 14 .... 33 H 3
Amfreville 50 .... 29 G 5
Amfreville-Saint-Amand 27 ..... 35 H 4

Amfreville-la-Mi-Voie 76 .... 36 B 2
Amfreville-les-Champs 27 .... 36 C 3
Amfreville-les-Champs 76 .... 19 H 4
Amfreville-sous-les-Monts 27.36 C 3
Amfreville-sur-Iton 27 .... 36 B 5
Amfroipret 59 .... 15 F 2
Amiens 80 .... 22 B 2
Amifontaine 02 .... 41 F 1
Amigny 50 .... 32 A 4
Amigny-Rouy 02 .... 24 B 5
Amillis 77 .... 60 A 4
Amilly 28 .... 86 A 4
Amilly 45 .... 112 C 5
Amions 42 .... 211 G 4
Ammerschwihr 68 .... 121 E 2
Ammertzwiller 68 .... 143 E 2
Amné 72 .... 107 F 4
Amnéville 57 .... 45 G 4
Amoncourt 70 .... 141 E 3
Amondans 25 .... 162 A 5
Amont-et-Effreney 70 .... 119 G 5
Amorots-Succos 64 .... 311 G 4
Amou 40 .... 293 G 4
Amphion-les-Bains 74 .... 198 B 3
Ampiac 12 .... 280 C 1
Ampilly-le-Sec 21 .... 138 A 3
Ampilly-les-Bordes 21 .... 138 B 5
Amplepuis 69 .... 212 A 3
Amplier 62 .... 12 D 4
Ampoigné 53 .... 128 A 2
Amponville 77 .... 112 A 2
Ampriani 2B .... 347 G 5
Ampuis 69 .... 231 E 2
Ampus 83 .... 307 H 4
Amuré 79 .... 184 C 5
Amy 60 .... 23 F 4
Anais 16 .... 203 F 5
Anais 17 .... 183 H 5
Anan 31 .... 316 C 3
Anceaumeville 76 .... 20 B 5
Anceins 61 .... 55 E 3
Ancelle 05 .... 269 H 2
Ancemont 55 .... 64 B 1
Ancenis 44 .... 148 B 2
Ancerville 55 .... 63 G 5
Ancerville 57 .... 66 B 1
Ancerviller 54 .... 96 A 2
Ancey 21 .... 159 H 3
Anchamps 08 .... 26 D 1
Anché 37 .... 151 E 5
Anché 86 .... 186 B 4
Anchenoncourt-
et-Chazel 70 .... 141 E 2
Ancienville 02 .... 40 A 4
Ancier 70 .... 161 F 1
Ancinnes 72 .... 83 H 4
Ancizan 65 .... 333 G 3
Les Ancizes-Comps 63 .... 209 E 4
Ancône 26 .... 267 E 3
Ancourt 76 .... 10 B 5
Ancourteville-
sur-Héricourt 76 .... 19 G 4
Ancretiéville-Saint-Victor 76 ..20 A 4
Ancretteville-sur-Mer 76 .... 19 F 3
Ancteville 50 .... 31 G 5
Anctoville 14 .... 33 E 5
Anctoville-sur-Boscq 50 .... 51 F 3
Ancy 69 .... 212 C 5
Ancy-Dornot 57 .... 65 G 1
Ancy-le-Franc 89 .... 137 F 3
Ancy-le-Libre 89 .... 137 F 3
Andaine Bec d' 50 .... 51 F 4
Andainville 80 .... 21 G 2
Andance 07 .... 249 E 1
Andancette 26 .... 249 E 1
Andard 49 .... 149 H 1
Andé 27 .... 36 C 4
Andechy 80 .... 23 E 4
Andel 22 .... 78 D 3
Andelain 02 .... 24 B 4
Andelaroche 03 .... 193 E 5
Andelarre 70 .... 141 E 5
Andelarrot 70 .... 141 E 5
Andelat 15 .... 245 G 3
Andelnans 90 .... 142 C 3
Andelot 52 .... 117 F 2
Andelot-en-Montagne 39 .... 179 H 3
Andelot-
lès-Saint-Amour 39 .... 196 A 3
Andelu 78 .... 57 G 3
Les Andelys 27 .... 36 D 4
Andernay 51 .... 63 F 4
Andernos-les-Bains 33 .... 254 C 1
Anderny 54 .... 45 F 3

Andert-et-Condon 01 .... 214 D 5
Andevanne 08 .... 43 G 2
Andeville 60 .... 38 A 4
Andigné 49 .... 128 A 4
Andillac 81 .... 279 E 5
Andilly 17 .... 183 G 5
Andilly 54 .... 65 F 5
Andilly 74 .... 215 G 2
Andilly 95 .... 58 B 2
Andilly-en-Bassigny 52 .... 117 H 5
Andiran 47 .... 275 F 4
Andlau 67 .... 97 E 3
Andoins 64 .... 314 C 4
Andolsheim 68 .... 121 F 3
Andon 06 .... 308 D 2
Andonville 45 .... 111 E 2
Andornay 70 .... 142 A 3
Andouillé 53 .... 106 A 2
Andouillé-Neuville 35 .... 80 C 5
Andouque 81 .... 280 B 5
Andrein 64 .... 311 H 3
Andres 62 .... 2 D 4
Andrest 65 .... 315 E 3
Andrézé 49 .... 148 D 4
Andrezel 77 .... 88 C 2
Andrésy 78 .... 58 A 2
Andrézieux-Bouthéon 42 .... 230 A 3
Andryes 89 .... 157 E 1
Anduze 30 .... 283 G 4
Anéran-Camors 65 .... 333 H 4
Anères 65 .... 333 H 1
Anet 28 .... 56 D 3
Anetz 44 .... 148 C 2
Angaïs 64 .... 314 C 4
Angé 41 .... 152 D 2
Angecourt 08 .... 27 F 4
Angeduc 16 .... 220 D 3
Angely 89 .... 137 E 5
Angeot 90 .... 142 D 2
Angers 49 .... 149 G 1
Angerville 14 .... 34 A 4
Angerville 91 .... 87 E 5
Angerville-Bailleul 76 .... 19 E 4
Angerville-la-Campagne 27....56 B 2
Angerville-la-Martel 76 .... 19 F 3
Angerville-l'Orcher 76 .... 18 D 5
Angervilliers 91 .... 87 F 2
Angeville 82 .... 277 E 5
Angevillers 57 .... 45 G 3
Angey 50 .... 51 G 4
Angicourt 60 .... 38 D 3
Angiens 76 .... 19 H 2
Angirey 70 .... 161 G 1
Angivillers 60 .... 38 D 1
Anglade 33 .... 237 F 1
Anglards-de-Saint-Flour 15.245 H 4
Anglards-de-Salers 15 .... 244 C 2
Anglars 46 .... 261 E 2
Anglars-Juillac 46 .... 259 G 5
Anglars-Nozac 46 .... 259 H 1
Anglars-Saint-Félix 12 .... 261 H 5
Anglefort 01 .... 215 E 3
Anglemont 88 .... 95 H 4
Angles 04 .... 288 D 5
Les Angles 30 .... 285 E 5
Les Angles 65 .... 333 E 1
Les Angles 66 .... 341 G 3
Anglès 81 .... 300 B 5
Angles 85 .... 182 D 3
Les Angles-sur-Corrèze 19..243 E 4
Angles-sur-l'Anglin 86 .... 170 B 5
Anglesqueville-
la-Bras-Long 76 .... 19 H 3
Anglesqueville-l'Esneval 76 ..18 D 4
Anglet 64 .... 292 A 5
Angliers 17 .... 183 G 5
Angliers 86 .... 168 D 2
Anglure 51 .... 90 C 2
Anglure-sous-Dun 71 .... 194 A 5
Anglus 52 .... 92 B 4
Angluzelles-et-Courcelles 51.61 F 5
Angoisse 24 .... 223 F 4
Angomont 54 .... 96 B 2
Angos 65 .... 315 F 5
Angoulême 16 .... 221 F 2
Angoulins 17 .... 200 C 1
Angoumé 40 .... 292 D 4
Angous 64 .... 313 F 4
Angoustrine 66 .... 341 F 4
Angoville 14 .... 53 G 2
Angoville-au-Plain 50 .... 32 A 2
Angoville-en-Saire 50 .... 29 G 2
Angoville-sur-Ay 50 .... 31 F 3
Angres 62 .... 8 B 5
Angresse 40 .... 292 B 3

Angrie 49 .... 127 H 5
Anguilcourt-le-Sart 02 .... 24 C 4
Anguilliers-lès-Bisping 57 .... 67 F 4
Angy 60 .... 38 C 3
Anhaux 64 .... 330 B 1
Anhiers 59 .... 9 E 5
Aniane 34 .... 302 B 4
Aniche 59 .... 14 B 2
Anisy 14 .... 33 G 3
Anizy-le-Château 02 .... 40 C 1
Anjeux 88 .... 119 E 5
Anjony Château d' 15 .... 244 C 3
Anjou 38 .... 231 F 5
Anjouin 36 .... 154 A 5
Anjoutey 90 .... 142 C 2
Anla 65 .... 334 A 2
Anlezy 58 .... 175 F 2
Anlhiac 24 .... 223 F 5
Annay 58 .... 156 A 1
Annay 62 .... 8 C 4
Annay-la-Côte 89 .... 157 H 1
Annay-sur-Serein 89 .... 137 E 4
Annebault 14 .... 34 B 3
Annebecq 14 .... 52 B 2
Annecy 74 .... 215 G 3
Annecy-le-Vieux 74 .... 215 G 3
Annelles 08 .... 42 B 2
Annemasse 74 .... 197 H 5
Annepont 17 .... 201 G 4
Annequin 62 .... 8 B 4
Annesse-et-Beaulieu 24 .... 240 B 2
Annet-sur-Marne 77 .... 59 F 2
Anneux 59 .... 14 A 4
Annéville-en-Saire 50 .... 29 H 3
Annéville-la-Prairie 52 .... 116 D 2
Annéville-sur-Mer 50 .... 31 F 5
Anneville-sur-Scie 76 .... 20 B 4
Anneville-sur-Seine 76 .... 35 H 1
Anneyron 26 .... 249 F 1
Annezay 17 .... 201 F 2
Annezin 62 .... 8 A 4
Annœullin 59 .... 8 C 4
Annoire 39 .... 178 C 2
Annois 02 .... 24 A 4
Annoisin-Chatelans 38 .... 214 A 5
Annoix 18 .... 173 F 2
Annonay 07 .... 248 D 1
Annonville 52 .... 93 E 4
Annot 04 .... 289 E 5
Annouville-Vilmesnil 76 .... 19 E 4
Annoux 89 .... 137 F 5
Annoville 50 .... 51 F 1
Anor 59 .... 15 H 5
Anos 64 .... 314 B 3
Anost 71 .... 176 B 1
Anould 88 .... 120 B 2
Anoux 54 .... 45 E 4
Anoye 64 .... 314 D 4
Anquetierville 76 .... 35 F 1
Anrosey 52 .... 140 B 2
Ansac-sur-Vienne 16 .... 204 C 3
Ansacq 60 .... 38 C 3
Ansauville 54 .... 65 E 4
Ansauvillers 60 .... 22 C 5
Anse 69 .... 212 D 3
Anserville 60 .... 38 B 4
Ansignan 66 .... 338 A 5
Ansigny 73 .... 215 F 4
Ansost 65 .... 315 F 2
Ansouis 84 .... 306 A 3
Anstaing 59 .... 9 E 3
Antagnac 47 .... 274 D 1
Anterrieux 15 .... 263 G 1
Anteuil 25 .... 163 E 2
Antezant 17 .... 201 H 3
Anthé 47 .... 277 E 1
Anthelupt 54 .... 95 F 1
Anthenay 51 .... 41 E 5
Antheny 08 .... 26 A 2
Anthéor 83 .... 309 E 5
Antheuil 21 .... 159 G 5
Antheuil-Portes 60 .... 39 F 1
Anthien 58 .... 157 G 3
Anthon 38 .... 213 H 5
Anthy-sur-Léman 74 .... 198 A 3
Antibes 06 .... 309 F 4
Antibes Cap d' 06 .... 309 F 4
Antichan 65 .... 334 A 1
Antichan-de-Frontignes 31.334 B 2
Antignac 15 .... 226 C 5
Antignac 17 .... 219 H 3
Antignac 31 .... 334 A 4
Antigny 85 .... 184 B 1
Antigny 86 .... 187 F 2
Antigny-la-Ville 21 .... 159 F 5

Antilly 57 .... 45 H 5
Antilly 60 .... 39 G 5
Antin 65 .... 315 G 3
Les Antiques 13 .... 304 D 2
Antisanti 2B .... 347 G 5
Antist 65 .... 333 F 1
Antogny le Tillac 37 .... 169 G 2
Antoigné 49 .... 168 B 1
Antoigny 61 .... 82 D 3
Antoingt 63 .... 227 H 3
Antonaves 05 .... 287 E 2
Antonne-et-Trigonant 24 .... 240 D 2
Antony 92 .... 58 B 4
Antorpe 25 .... 161 G 4
Antraigues-sur-Volane 07....266 B 2
Antrain 35 .... 80 C 3
Antran 86 .... 169 G 3
Antras 09 .... 334 D 4
Antras 32 .... 296 A 3
Antrenas 48 .... 264 A 4
Antugnac 11 .... 337 G 3
Antully 71 .... 177 E 3
Anvéville 76 .... 19 G 4
Anville 16 .... 202 D 5
Anvin 62 .... 7 F 4
Any-Martin-Rieux 02 .... 25 H 2
Anzat-le-Luguet 63 .... 227 G 5
Anzeling 57 .... 46 C 4
Anzème 23 .... 189 F 5
Anzex 47 .... 275 E 2
Anzin 59 .... 9 G 5
Anzin-Saint-Aubin 62 .... 13 G 4
Anzy-le-Duc 71 .... 193 G 4
Aoste 38 .... 232 C 2
Aougny 51 .... 41 E 4
Aouste 08 .... 26 A 3
Aouste-sur-Sye 26 .... 267 G 2
Aouze 88 .... 94 B 4
Apach 57 .... 46 B 2
Apchat 63 .... 227 H 5
Apchon 15 .... 245 E 1
Apinac 42 .... 229 G 5
Apothicairerie
Grotte de l' 56 .... 144 B 3
Appelle 81 .... 299 E 5
Appenai-sous-Bellême 61 ....84 C 5
Appenans 25 .... 142 A 5
Appenwihr 68 .... 121 F 3
Appeville 50 .... 31 H 2
Appeville-Annebault 27 .... 35 F 3
Appietto 2A .... 348 C 2
Appilly 60 .... 23 H 5
Appoigny 89 .... 136 B 2
Apprieu 38 .... 232 C 4
Appy 09 .... 336 C 5
Apremont 01 .... 196 C 5
Apremont 08 .... 43 F 3
Apremont 60 .... 38 D 4
Apremont 70 .... 161 E 2
Apremont 73 .... 233 F 3
Apremont 85 .... 165 F 4
Apremont-la-Forêt 55 .... 64 D 4
Apremont-sur-Allier 18 .... 174 B 3
Aprey 52 .... 139 F 3
Apt 84 .... 305 H 1
Arabaux 09 .... 336 B 2
Arâches 74 .... 216 C 2
Araghju Castellu d' 2A .... 351 E 2
Aragnouet 65 .... 333 F 4
Aragon 11 .... 319 H 4
Aramits 64 .... 331 G 1
Aramon 30 .... 304 C 1
Aranc 01 .... 214 B 2
Arance 64 .... 313 H 2
Arancou 64 .... 311 G 3
Arandas 01 .... 214 B 4
Arandon 38 .... 232 B 1
Araujuzon 64 .... 313 F 3
Araules 43 .... 247 H 3
Araux 64 .... 313 F 3
Aravis Col des 74 .... 216 B 4
Arbanats 33 .... 255 H 2
Arbas 31 .... 334 D 2
Arbecey 70 .... 140 D 3
Arbellara 2A .... 351 E 2
Arbent 01 .... 196 C 4
Arbéost 65 .... 332 B 2
Arbérats-Sillègue 64 .... 311 H 4
Arbignieu 01 .... 214 D 5
Arbigny 01 .... 195 F 2
Arbigny-sous-Varennes 52..140 A 2
Arbin 73 .... 233 G 3
Arbis 33 .... 256 B 2
Arblade-le-Bas 32 .... 294 C 3
Arblade-le-Haut 32 .... 294 D 3
Arbois 39 .... 179 G 2
Arbois Mont d' 74 .... 216 C 4

Arbon 31 .... 334 C 2
Arbonne 64 .... 310 C 5
Arbonne-la-Forêt 77 .... 88 A 2
Arboras 34 .... 302 A 4
Arbori 2A .... 347 G 5
Arbot 52 .... 139 E
Arbouans 25 .... 142 B 5
Arboucave 40 .... 294 A 4
Arbouet-Sussaute 64 .... 311 H
Arbourse 58 .... 156 C
Arboussols 66 .... 342 B
L'Arbresle 69 .... 212 C
L'Arbret 62 .... 13 E
Arbrissel 35 .... 105 E
Arbus 64 .... 314 A
Arbusigny 74 .... 215 H
Arc 1800 73 .... 234 D
Arc-en-Barrois 52 .... 116 D
Arc-et-Senans 25 .... 179 G
Arc-lès-Gray 70 .... 161 E
Arc-sous-Cicon 25 .... 162 C
Arc-sous-Montenot 25 .... 180 A
Arc-sur-Tille 21 .... 160 B
Arcachon 33 .... 254 B
Arçais 79 .... 184 B
Arcambal 46 .... 260 C
Arcangues 64 .... 310 C
Arceau 21 .... 160 B
Arcenant 21 .... 159 H
Arcens 07 .... 248 A
Arces 17 .... 219 E
Arces 89 .... 114 A
Arcey 21 .... 159 H
Arcey 25 .... 142 A
Archail 04 .... 288 B
Archamps 74 .... 215 G
Archelange 39 .... 161 E
Archéodrome 21 .... 177 H
Arches 15 .... 244 B
Arches 88 .... 119 G
Archettes 88 .... 119 G
Archiac 17 .... 220 B
Archiane Cirque d' 26 .... 268 C
Archignac 24 .... 241 H
Archignat 03 .... 190 B
Archigny 86 .... 169 H
Archingeay 17 .... 201 F
Archon 02 .... 25 H
Arcier 25 .... 162 A
Arcine 74 .... 215 E
Arcinges 42 .... 212 A
Arcins 33 .... 237 F
Arcis-le-Ponsart 51 .... 41 E
Arcis-sur-Aube 10 .... 91 E
Arcizac-Adour 65 .... 315 E
Arcizac-ez-Angles 65 .... 333 E
Arcizans-Avant 65 .... 332 D
Arcizans-Dessus 65 .... 332 C
Arcomie 48 .... 246 A
Arcomps 18 .... 173 E
Arçon 25 .... 180 C
Arcon 42 .... 211 F
Arconcey 21 .... 159 E
Arçonnay 72 .... 83 G
Arconsat 63 .... 210 D
Arconville 10 .... 116 A
L'Arcouest Pointe de 22 .... 73 F
Les Arcs 73 .... 234 D
Les Arcs 83 .... 308 A
Arcueil 94 .... 58 C
Arcy-Sainte-Restitue 02 .... 40 C
Arcy-sur-Cure 89 .... 136 C
Ardelles 28 .... 85 G
Ardelu 28 .... 87 E
Ardenais 18 .... 190 B
Ardenay-sur-Mérize 72 .... 108 A
Ardengost 65 .... 333 H
Ardenne Abbaye d' 14 .... 33 G
Ardentes 36 .... 172 A
Ardes 63 .... 227 H
Ardeuil-et-Montfauxelles 08...42 D
Ardevon 50 .... 51 G
Ardiège 31 .... 334 B
Les Ardillats 69 .... 212 C
Ardilleux 79 .... 202 D
Ardillières 17 .... 201 E
Ardin 79 .... 184 C
Ardizas 32 .... 297 E
L'Ardoise 30 .... 285 E
Ardoix 07 .... 249 E
Ardon 39 .... 179 H
Ardon 45 .... 133 E
Ardouval 76 .... 20 C
Ardres 62 .... 2 D
Arèches 73 .... 234 C

aregno 2B............346 C 2
reines 41............131 G 3
ren 64............313 G 4
renberg 59............9 G 5
rengosse 40............273 F 5
renthon 74............216 A 1
rès 33............254 B 1
res Col d' 66............342 B 5
res Col des 31............334 B 2
resches 39............179 H 2
ressy 64............314 B 5
rette 64............331 G 2
rette-Pierre-
Saint-Martin 64............331 G 3
rfeuille-Châtain 23............208 B 2
rfeuilles 03............210 D 1
rfons 01............319 F 3
rgagnon 64............313 G 2
rganchy 14............32 D 4
rgançon 10............116 A 2
rgancy 57............45 H 5
rgein 09............335 E 3
rgelès 65............333 F 1
rgelès-Gazost 65............332 D 2
rgelès-Plage 66............343 G 3
rgelès-sur-Mer 66............343 F 3
rgeliers 11............320 D 4
rgelliers 34............302 C 3
rgelos 40............293 H 4
rgelos 64............314 B 2
rgelouse 40............273 G 1
rgences 14............33 H 5
rgens 04............288 C 2
rgens-Minervois 11............320 C 5
rgent-sur-Sauldre 18............155 F 1
rgentan 61............54 A 4
rgentat 19............243 F 3
rgentenay 89............137 F 3
rgenteuil 95............58 B 2
rgenteuil-
sur-Armançon 89............137 H 4
rgentière 74............217 E 2
Argentière-la-Bessée 05............252 C 5
rgentières 77............59 G 5
rgentine 73............234 A 3
rgentolles 52............116 C 2
rgenton 29............70 A 5
rgenton 47............275 E 1
rgenton-l'Église 79............168 A 1
rgenton-les-Vallées 79............167 H 2
rgenton-Notre-Dame 53............128 C 3
rgenton-sur-Creuse 36............188 C 1
rgentré 53............106 B 3
rgentré-du-Plessis 35............105 F 3
rgenvières 18............156 B 5
rgenvilliers 28............109 F 2
rgers 51............63 E 1
rget 64............294 A 5
rgiésans 90............142 B 3
rgillières 70............140 B 4
rgilly 21............178 A 1
rgis 01............214 B 3
rgiusta-Moriccio 2A............349 E 4
rgœuves 80............22 B 1
rgol 29............75 F 4
rgonay 74............215 G 3
rgouges 50............80 D 2
rgoules 80............11 G 1
rgueil 76............37 E 1
rguel 25............162 A 4
rguel 80............21 G 2
rguenos 31............334 C 3
rgut-Dessous 31............334 B 3
rgut-Dessus 31............334 C 3
rgy 36............171 F 2
rhansus 64............311 G 5
ries-Espénan 65............316 A 4
rifat 81............299 H 3
rignac 09............336 B 4
rinthod 39............196 C 3
rinth 73............215 G 5
rjuzanx 40............273 E 5
rlanc 63............229 E 4
rlay 39............179 E 4
rlebosc 07............248 D 3
rlempdes 43............247 F 5
rles 13............304 B 4
rles-sur-Tech 66............342 C 4
rliet 43............246 B 3
rleuf 58............176 B 1
rleux 59............14 A 2
rleux-en-Gohelle 62............8 C 5
rleux 31............334 B 3
rmaillé 49............127 G 3
rmancourt 60............39 F 2
rmancourt 80............23 E 4

Armaucourt 54............66 B 4
Armbouts-Cappel 59............3 G 3
Armeau 89............113 G 4
Armendarits 64............311 F 4
Armenonville-
les-Gâtineaux 28............86 C 3
Armenteule 65............333 H 4
Armentières 59............8 C 2
Armentières-en-Brie 77............59 H 2
Armentières-sur-Avre 27............55 G 5
Armentières-sur-Ourcq 02............40 B 5
Armentieux 32............295 F 5
Armes 58............157 F 2
Armillac 47............257 G 4
Armissan 11............321 F 5
Armistice Clairière de l' 60............39 G 2
Armix 01............214 C 4
Armous-et-Cau 32............295 F 5
Armoy 74............198 B 3
Arnac 15............243 H 3
Arnac-la-Poste 87............188 B 5
Arnac-Pompadour 19............223 H 5
Arnac-sur-Dourdou 12............301 E 3
Arnage 72............107 H 5
Arnancourt 52............92 C 4
Arnas 69............212 D 2
Arnaud-Guilhem 31............334 D 1
Arnave 09............336 B 4
Arnaville 54............65 G 2
Arnay-le-Duc 21............159 E 5
Arnay-sous-Vitteaux 21............159 G 2
Arnayon 26............268 A 4
Arné 65............316 A 5
Arnéguy 64............330 B 1
Arnèke 59............3 G 4
Arnicourt 08............26 A 5
Arnières-sur-Iton 27............56 B 2
Arnoncourt-sur-Apance 52............118 A 4
Arnos 64............313 H 2
Arnouville-lès-Gonesse 95............58 C 2
Arnouville-lès-Mantes 78............57 F 3
Aroffe 88............94 B 4
Aromas 39............196 B 4
Aron 53............82 B 5
Arone Plage d' 2A............348 A 1
Aroue 64............311 H 4
Aroz 70............140 D 4
Arpaillargues-
et-Aureillac 30............284 B 5
Arpajon 91............87 G 2
Arpajon-sur-Cère 15............244 C 5
Arpavon 26............286 A 1
Arpenans 70............141 G 4
Arpenaz Cascade d' 74............216 C 2
Arpheuilles 18............173 F 4
Arpheuilles 36............171 E 3
Arpheuilles-Saint-Priest 03............190 D 5
Arphy 30............282 D 5
Arquenay 53............106 B 4
Arques 11............337 H 3
Arques 12............281 E 2
Les Arques 46............259 G 3
Arques 62............3 G 5
Arques-la-Bataille 76............20 B 3
Arquettes-en-Val 11............338 A 1
Arquian 58............156 B 1
Arrabloy 45............134 D 4
Arracourt 54............66 D 5
Arradon 56............124 B 4
Arraincourt 57............66 C 2
Arrancourt 91............87 F 5
Arrancy 02............41 E 1
Arrancy-sur-Crusne 55............44 D 2
Arrans 21............137 H 4
Arras 62............13 G 2
Arras-en-Lavedan 65............332 D 2
Arrast-Larrebieu 64............313 F 4
Arraute-Charritte 64............311 G 3
Arraye-et-Han 54............66 B 4
Arrayou-Lahitte 65............333 E 1
Arre 30............282 C 5
Arreau 65............333 H 3
Arrelles 10............115 F 4
Arrembécourt 10............91 H 2
Arrènes 23............206 C 2
Arrens Porte d' 65............332 B 3
Arrens-Marsous 65............332 C 2
Arrentès-de-Corcieux 88............120 B 2
Arrentières 10............92 B 5
Arrest 80............11 F 3
Arreux 08............26 C 2
Arriance 57............66 C 2
Arricau-Bordes 64............314 D 2
Arrien 64............314 C 4
Arrien-en-Bethmale 09............335 E 3

Arrigas 30............282 C 5
Arrigny 51............92 A 2
Arro 2A............348 C 2
Arrodets 65............333 G 2
Arrodets-ez-Angles 65............333 E 1
Arronnes 03............210 C 2
Arronville 95............38 A 5
Arros-de-Nay 64............314 B 5
Arros-d'Oloron 64............331 H 1
Arrosès 64............294 D 5
Arrou 28............109 G 3
Arrouède 32............316 B 3
Arrout 09............335 E 3
Arry 57............65 G 2
Arry 80............11 F 1
Ars 16............220 B 2
Ars 23............207 G 3
Ars-en-Ré 17............182 C 5
Ars-Laquenexy 57............65 H 1
Ars-les-Favets 63............209 E 1
Ars-sur-Formans 01............213 E 3
Ars-sur-Moselle 57............65 G 1
Arsac 33............237 F 4
Arsac-en-Velay 43............247 F 4
Arsague 40............293 F 4
Arsans 70............161 F 2
Arsure-Arsurette 39............180 A 4
Les Arsures 39............179 G 2
Arsy 60............39 E 2
Art-sur-Meurthe 54............95 E 1
Artagnan 65............315 E 3
Artaise-le-Vivier 08............27 E 5
Artaix 71............193 G 5
Artalens-Souin 65............332 D 2
Artannes-sur-Indre 37............151 H 4
Artannes-sur-Thouet 49............150 B 4
Artas 38............231 H 3
Artassenx 40............294 B 2
Artemare 01............214 D 4
Artemps 02............24 A 3
Artenay 45............110 D 4
Arthaz-Pont-
Notre-Dame 74............197 H 5
Arthel 58............157 E 4
Arthémonay 26............249 G 2
Arthenac 17............220 B 3
Arthenas 39............196 B 1
Arthès 81............299 G 1
Arthez-d'Armagnac 40............294 C 1
Arthez-d'Asson 64............332 C 1
Arthez-de-Béarn 64............313 H 2
Arthezé 72............129 F 3
Arthies 95............57 G 1
Arthon 36............171 H 5
Arthon-en-Retz 44............146 D 5
Arthonnay 89............115 F 5
Arthous Abbaye d' 40............292 D 5
Arthun 42............211 G 5
Artigat 09............335 H 1
Artige Prieuré de l' 87............206 B 5
Artignosc-sur-Verdon 83............307 F 3
Artigue 31............334 B 4
Artiguedieu 32............316 A 2
Artigueloutan 64............314 C 4
Artiguelouve 64............314 A 4
Artiguemy 65............333 G 1
Artigues 09............337 A 5
Artigues 11............337 G 4
Artigues 65............333 E 1
Artigues 83............306 D 4
Artigues-Campan 65............333 F 3
Les Artigues-de-Lussac 33............238 C 4
Artigues-près-Bordeaux 33............237 G 5
Artins 41............131 E 3
Artix 09............336 A 2
Artix 46............260 C 4
Artix 64............313 H 2
Artolsheim 67............97 G 5
Artonges 02............60 D 2
Artonne 63............209 H 3
Artres 59............14 D 2
Artuby Pont de l' 83............307 H 2
Artzenheim 68............121 F 2
Arudy 64............332 A 1
Arue 40............274 A 4
Arvant 43............228 A 5
Arvert 17............200 C 5
Arveyres 33............238 B 5
Arvieu 12............280 D 3
Arvieux 05............271 E 1
Arvigna 09............336 C 2
Arvillard 73............233 G 3
Arville 41............109 E 4
Arville 77............112 A 3

Arvillers 80............23 E 3
Arx 40............275 E 4
Arzacq-Arraziguet 64............294 A 5
Arzal 56............125 E 5
Arzano 29............101 E 4
Arzay 38............231 H 4
L'Arzelier Col de 38............250 C 4
Arzembouy 58............157 E 4
Arzenc-d'Apcher 48............263 H 1
Arzenc-de-Randon 48............264 D 3
Arzens 11............319 G 5
Arzon 56............124 A 4
Arzviller 57............67 H 5
Asasp 64............331 H 1
Ascain 64............310 C 4
Ascarat 64............330 B 1
Aschbach 67............69 F 2
Aschères-le-Marché 45............111 E 3
Asclier Col de l' 30............283 E 4
Asco 2B............346 D 3
Asco Gorges de l' 2B............347 E 3
Ascou 09............336 D 5
Ascou-Pailhérès 09............337 E 5
Ascoux 45............111 G 3
Ascros 06............289 G 5
Asfeld 08............41 H 1
Aslonnes 86............186 B 3
Asnan 58............157 F 3
Asnelles 14............33 F 2
Asnières 27............35 E 4
Asnières
Ancienne Abbaye d' 49............150 B 5
Asnières-en-Bessin 14............32 C 2
Asnières-en-Montagne 21............137 G 4
Asnières-en-Poitou 79............202 C 1
Asnières-la-Giraud 17............201 H 4
Asnières-les-Bourges 18............155 E 5
Asnières-lès-Dijon 21............160 A 2
Asnières-sous-Bois 89............157 G 1
Asnières-sur-Blour 86............204 D 1
Asnières-sur-Nouère 16............221 E 1
Asnières-sur-Oise 95............38 C 5
Asnières-sur-Saône 01............195 E 4
Asnières-sur-Seine 92............58 B 3
Asnières-sur-Vègre 72............129 F 2
Asnois 58............157 F 2
Asnois 86............203 H 2
Aspach 57............67 G 5
Aspach 68............143 F 3
Aspach-le-Bas 68............143 E 1
Aspach-Michelbach 68............143 E 1
Aspères 30............303 E 2
Asperjoc 07............266 B 2
Aspet 31............334 C 2
Aspin Col d' 65............333 G 3
Aspin-Aure 65............333 G 3
Aspin-en-Lavedan 65............332 D 1
Aspiran 34............302 A 5
Aspremont 05............269 E 4
Aspremont 06............291 E 5
Les Aspres 61............55 F 5
Aspres-lès-Corps 05............269 G 1
Aspres-sur-Buëch 05............269 E 4
Aspret-Sarrat 31............334 C 1
Asprières 12............261 G 4
Asque 65............333 G 1
Asques 33............237 H 4
Asques 82............277 E 5
Asquins 89............157 G 1
Assac 81............280 C 5
Assainvillers 80............23 E 5
Assais 79............168 B 3
Assas 34............302 D 3
Assat 64............314 B 4
Assay 37............169 E 1
Assé-le-Bérenger 53............106 D 3
Assé-le-Boisne 72............83 F 5
Assé-le-Riboul 72............107 G 2
Assenay 10............115 E 3
Assencières 10............91 F 5
Assenoncourt 57............67 F 4
Assérac 44............145 H 3
Assevent 59............15 H 2
Assevillers 80............23 F 2
Assier 46............261 E 3
Assieu 38............231 H 4
Assignan 34............320 D 3
Assigny 18............155 H 2
Assigny 76............10 C 5
Les Assions 07............265 H 5
Assis-sur-Serre 02............24 D 4
Asson 64............314 C 5
Assswiller 67............68 A 3
Assy 14............53 H 1
Astaffort 47............276 B 4

Astaillac 19............243 E 5
Asté 65............333 F 2
Aste-Béon 64............332 A 2
Astérix Parc 60............38 D 5
Astet 07............265 G 2
Astillé 53............105 H 5
Astis 64............314 B 2
Astoin 04............269 H 5
Aston 09............336 B 5
Astugue 65............333 E 1
Athée 21............160 D 4
Athée 53............105 G 5
Athée-sur-Cher 37............152 B 3
Athesans 70............141 H 4
Athie 21............137 G 5
Athie 89............158 A 1
Athienville 54............66 C 5
Athies 62............13 G 2
Athies 80............23 G 2
Athies-sous-Laon 02............24 D 5
Athis 51............61 H 1
Athis-Mons 91............58 C 5
Athis-Val de Rouvre 61............53 F 3
Athos-Aspis 64............311 H 3
Athose 25............162 C 5
Attainville 95............58 C 1
Attancourt 52............92 C 3
Les Attaques 62............2 D 3
Attenschwiller 68............143 G 3
Attiches 59............8 D 4
Attichy 60............39 H 2
Attignat 01............195 H 4
Attignat-Oncin 73............233 E 3
Attignéville 88............94 A 4
Attigny 08............42 C 1
Attigny 88............118 C 3
Attilloncourt 57............66 B 4
Attilly 02............24 A 2
Attin 62............6 C 4
Atton 54............65 G 3
Attray 45............111 F 3
Attricourt 70............160 D 1
Atur 24............240 C 2
Aubagnan 40............294 A 3
Aubagne 13............327 F 2
Aubaine 21............159 G 5
Aubais 30............303 F 3
Aubarède 65............315 G 4
Aubas 24............241 G 3
Aubazat 43............246 B 2
Aubazines 19............242 D 2
Aube 57............66 B 2
Aube 61............55 F 4
Aubéguimont 76............21 F 3
Aubenas 07............266 B 3
Aubenas-les-Alpes 04............287 E 5
Aubenasson 26............267 H 2
Aubencheul-au-Bac 59............14 B 3
Aubencheul-aux-Bois 02............14 B 5
Aubepierre 77............88 D 2
Aubepierre-sur-Aube 52............116 C 5
L'Aubépin 39............196 A 3
Auberchicourt 59............14 B 2
Aubercourt 80............22 D 2
Aubergenville 78............57 G 2
Aubérive 51............42 B 4
Auberive 52............139 E 3
Auberives-en-Royans 38............250 A 3
Auberives-sur-Varèze 38............231 E 4
Aubermesnil-aux-Érables 76............21 E 2
Aubermesnil-Beaumais 76............20 B 2
Aubers 59............8 B 3
Aubertans 70............162 B 1
Aubertin 64............314 A 4
Auberville 14............34 B 4
Auberville-la-Campagne 76............19 F 5
Auberville-la-Manuel 76............19 F 2
Auberville-la-Renault 76............19 E 4
Aubervilliers 93............58 C 3
Aubeterre 10............91 F 5
Aubeterre-sur-Dronne 16............239 F 1
Aubeville 16............220 D 3
Aubevoye 27............36 C 5
Aubiac 33............256 B 5
Aubiac 47............276 B 3
Aubiat 63............209 H 3
Aubie-et-Espessas 33............237 H 3
Aubière 63............227 H 1
Les Aubiers 79............167 F 2
Aubiet 32............296 C 4
Aubignan 84............285 G 4
Aubignas 07............266 D 3
Aubigné 35............80 B 5
Aubigné 79............202 D 2
Aubigné-Racan 72............130 A 4
Aubigné-sur-Layon 49............149 H 4

Aubigney 70............161 E 3
Aubignosc 04............287 G 3
Aubigny 03............174 C 5
Aubigny 14............53 H 2
Aubigny 79............168 B 4
Aubigny 80............23 H 3
Aubigny-au-Bac 59............14 B 2
Aubigny-aux-Kaisnes 02............23 H 3
Aubigny-en-Artois 62............13 F 2
Aubigny-en-Laonnois 02............41 E 1
Aubigny-en-Plaine 21............160 B 5
Aubigny-la-Ronce 21............177 H 2
Aubigny-les-Clouzeaux 85............182 D 1
Aubigny-les-Pothées 08............26 B 3
Aubigny-lès-Sombernon 21............159 F 3
Aubigny-sur-Nère 18............155 E 1
Aubilly 51............41 F 4
Aubin 12............261 H 4
Aubin 64............314 A 2
Aubin-Saint-Vaast 62............6 D 5
Aubinges 18............155 G 4
Aubisque Col d' 64............332 B 2
Auboncourt-Vauzelles 08............26 B 5
Aubonne 25............180 C 1
Aubord 30............303 H 3
Auboué 54............45 F 5
Aubous 64............294 D 5
Aubrac 12............263 G 3
Aubres 26............285 H 1
Aubréville 55............43 G 5
Aubrives 08............17 E 4
Aubrometz 62............12 C 2
Aubry-du-Hainaut 59............9 G 5
Aubry-en-Exmes 61............54 B 4
Aubry-le-Panthou 61............54 C 3
Aubure 68............96 D 5
Aubussargues 30............284 B 5
Aubusson 23............207 G 3
Aubusson 61............53 F 4
Aubusson-d'Auvergne 63............228 D 1
Aubvillers 80............22 D 4
Auby 59............8 D 5
Aucaleuc 22............79 G 4
Aucamville 31............297 H 4
Aucamville 82............297 G 2
Aucazein 09............335 E 3
Aucelon 26............268 B 3
Aucey-la-Plaine 50............80 D 2
Auch 32............296 B 4
Auchel 62............7 H 4
Auchonvillers 80............13 F 5
Auchy-au-Bois 62............7 G 3
Auchy-la-Montagne 60............22 A 5
Auchy-lès-Hesdin 62............7 E 5
Auchy-les-Mines 62............8 B 4
Auchy-lez-Orchies 59............9 E 4
Aucun 65............332 C 2
Audaux 64............313 F 3
Audéjos 64............313 H 2
Audelange 39............161 E 5
Audeloncourt 52............117 G 3
Audembert 62............2 B 4
Audencourt 59............14 D 4
Audenge 33............254 C 2
Auderville 50............28 C 2
Audes 03............190 C 3
Audeux 25............161 G 3
Audeville 45............111 G 2
Audierne 29............99 E 2
Audignicourt 02............40 A 1
Audignies 59............15 F 2
Audignon 40............293 H 4
Audigny 02............24 D 2
Audincourt 25............142 C 5
Audinghen 62............2 B 4
Audon 40............293 F 4
Audouville-la-Hubert 50............29 H 5
Audrehem 62............2 D 5
Audressein 09............335 E 3
Audresselles 62............2 A 4
Audrieu 14............33 E 4
Audrix 24............241 E 4
Audruicq 62............3 E 4
Audun-le-Roman 54............45 F 3
Audun-le-Tiche 57............45 F 2
Auenheim 67............69 F 3
Auffargis 78............57 G 5
Auffay 76............20 B 4
Aufferville 77............112 B 2
Auffreville-Brasseuil 78............57 F 2
Auflance 08............27 H 4
Auga 64............314 B 2
Augan 56............103 E 5
Auge 08............26 A 4
Auge 23............190 B 5
Augé 79............185 F 3

A
B
C
D
E
F
G
H
I
J
K
L
M
N
O
P
Q
R
S
T
U
V
W
X
Y
Z

A B C D E F G H I J K L M N O P Q R S T U V W X Y Z

Auge-Saint-Médard 16 ...... 202 D 4
Augea 39 ...... 196 A 1
Auger-Saint-Vincent 60 ...... 39 F 4
Augerans 39 ...... 179 E 1
Augères 23 ...... 206 D 2
Augerolles 63 ...... 228 D 1
Augers-en-Brie 77 ...... 60 B 5
Augerville-la-Rivière 45 ...... 111 H 2
Augès 04 ...... 287 F 4
Augeville 52 ...... 93 F 4
Augicourt 70 ...... 140 C 3
Augignac 24 ...... 222 C 2
Augirein 09 ...... 334 D 3
Augisey 39 ...... 196 B 1
Augnat 63 ...... 227 H 4
Augnax 32 ...... 296 C 3
Augne 87 ...... 206 D 5
Augny 57 ...... 65 G 1
Auguaise 61 ...... 55 F 5
Augy 02 ...... 40 C 3
Augy 89 ...... 136 B 3
Augy-sur-Aubois 18 ...... 174 A 4
Aujac 17 ...... 201 H 4
Aujac 30 ...... 283 G 1
Aujan-Mournède 32 ...... 316 A 3
Aujargues 30 ...... 303 F 2
Aujeurres 52 ...... 139 F 3
Aujols 46 ...... 278 B 1
Aulac Col d' 15 ...... 244 D 2
Aulan 26 ...... 286 B 2
Aulas 30 ...... 282 D 5
Aulhat-Flat 63 ...... 228 A 3
Aulhat-Saint-Privat 63 ...... 228 A 3
Aullène 2A ...... 349 E 1
Aulnat 63 ...... 209 H 5
Aulnay 10 ...... 91 G 3
Aulnay 17 ...... 202 B 2
Aulnay 86 ...... 168 D 3
Aulnay-aux-Planches 51 ...... 61 G 3
Aulnay-la-Rivière 45 ...... 111 H 3
Aulnay-l'Aître 51 ...... 62 C 3
Aulnay-sous-Bois 93 ...... 58 D 2
Aulnay-sous-Iton 27 ...... 56 A 2
Aulnay-sur-Marne 51 ...... 61 H 1
Aulnay-sur-Mauldre 78 ...... 57 G 2
Les Aulneaux 72 ...... 84 A 4
Aulnizeux 51 ...... 61 F 3
Aulnois 88 ...... 94 A 5
Aulnois-en-Perthois 55 ...... 63 G 5
Aulnois-sous-Laon 02 ...... 24 D 5
Aulnois-sous-Vertuzey 55 ...... 64 D 5
Aulnois-sur-Seille 57 ...... 66 B 3
Aulnoy 77 ...... 59 H 3
Aulnoy-lez-Valenciennes 59 ...14 D 2
Aulnoy-sur-Aube 52 ...... 139 E 2
Aulnoye-Aymeries 59 ...... 15 F 3
Aulon 23 ...... 206 D 2
Aulon 31 ...... 316 C 5
Aulon 65 ...... 333 G 4
Aulos 09 ...... 336 B 5
Ault 80 ...... 10 D 3
Aulteribe Château d' 63 ...... 210 C 5
Aulus-les-Bains 09 ...... 335 H 5
Aulx-lès-Cromary 70 ...... 162 A 2
Aumagne 17 ...... 201 H 4
Aumale 76 ...... 21 G 3
Aumâtre 80 ...... 11 G 5
Aumelas 34 ...... 302 B 4
Auménancourt 51 ...... 41 G 2
Aumerval 62 ...... 7 G 4
Aumes 34 ...... 322 C 5
Aumessas 30 ...... 282 C 5
Aumetz 57 ...... 45 F 2
Aumeville-Lestre 50 ...... 29 G 4
Aumont 39 ...... 179 F 2
Aumont 80 ...... 21 H 2
Aumont-Aubrac 48 ...... 264 A 2
Aumont-en-Halatte 60 ...... 38 D 4
Aumontzey 88 ...... 120 A 2
Aumur 39 ...... 178 D 1
Aunac 16 ...... 203 F 4
Aunat 11 ...... 337 F 5
Aunay-en-Bazois 58 ...... 157 G 5
Aunay-les-Bois 61 ...... 84 A 2
Aunay-sous-Auneau 28 ...... 86 D 4
Aunay-sous-Crécy 28 ...... 56 C 5
Aunay-sur-Odon 14 ...... 53 E 1
Auneau-Bleury-
  Saint-Symphorien 28 ...... 86 D 4
Auneuil 60 ...... 37 H 2
Aunou-le-Faucon 61 ...... 54 B 4
Aunou-sur-Orne 61 ...... 83 H 2
Auppegard 76 ...... 20 A 2
Aups 83 ...... 307 G 4
Auquainville 14 ...... 54 C 1
Auquemesnil 76 ...... 10 D 5
Auradé 32 ...... 297 E 5

Auradou 47 ...... 276 D 1
Auragne 31 ...... 318 A 3
Auray 56 ...... 124 A 3
Aurec-sur-Loire 43 ...... 229 H 5
Aureil 87 ...... 205 H 5
Aureilhan 40 ...... 272 B 2
Aureilhan 65 ...... 315 F 4
Aureille 13 ...... 305 E 3
Aurel 26 ...... 268 A 2
Aurel 84 ...... 286 B 3
Aurelle-Verlac 12 ...... 263 G 5
Aurensan 32 ...... 294 C 4
Aurensan 65 ...... 315 E 4
Aureville 31 ...... 318 A 3
Auriac 11 ...... 338 A 3
Auriac 19 ...... 243 G 2
Auriac 64 ...... 314 B 2
Auriac-de-Bourzac 24 ...... 221 F 5
Auriac-du-Périgord 24 ...... 241 F 3
Auriac-l'Église 15 ...... 245 H 1
Auriac-Lagast 12 ...... 280 D 4
Auriac-sur-Dropt 47 ...... 257 F 3
Auriac-sur-Vendinelle 31 ...298 D 5
Auriat 23 ...... 206 C 4
Auribail 31 ...... 317 H 3
Auribeau 84 ...... 306 A 1
Auribeau-sur-Siagne 06 ...... 309 E 4
Aurice 40 ...... 293 H 2
Auriébat 65 ...... 315 F 2
Aurières 63 ...... 227 F 1
Aurignac 31 ...... 316 D 5
Aurimont 32 ...... 296 C 5
Aurin 31 ...... 298 B 5
Auriol 13 ...... 327 F 2
Auriolles 07 ...... 266 B 5
Auriolles 33 ...... 257 E 2
Aurions-Idernes 64 ...... 294 D 5
Auris 38 ...... 251 G 3
Auron 06 ...... 289 F 2
Aurons 13 ...... 305 F 4
Auros 33 ...... 256 C 4
Aurouër 03 ...... 174 D 5
Auroux 48 ...... 265 E 2
Aussac 81 ...... 299 E 2
Aussac-Vadalle 16 ...... 203 F 5
Ausseing 31 ...... 335 E 1
Aussevielle 64 ...... 314 A 3
Aussillon 81 ...... 319 H 2
Aussois 73 ...... 252 D 1
Ausson 31 ...... 334 B 1
Aussonce 08 ...... 42 A 3
Aussonne 31 ...... 297 H 4
Aussos 32 ...... 316 B 3
Aussurucq 64 ...... 331 E 1
Autainville 41 ...... 132 B 2
Autechaux 25 ...... 162 C 2
Autechaux-Roide 25 ...... 142 C 5
Les Autels 02 ...... 25 H 3
Les Autels-Saint-Bazile 14 ...54 B 2
Les Autels-Villevillon 28 ...... 109 F 3
Auterive 31 ...... 318 A 3
Auterive 32 ...... 296 B 5
Auterive 82 ...... 297 E 2
Auterrive 64 ...... 311 H 3
Autet 70 ...... 140 B 5
Auteuil 60 ...... 38 A 3
Auteuil 78 ...... 57 G 3
Auteville-Saint-Martin-
  Bideren 64 ...... 311 H 3
Authe 08 ...... 43 E 1
Autheuil 28 ...... 109 H 5
Autheuil 61 ...... 84 C 2
Autheuil-Authouillet 27 ...... 36 C 5
Autheuil-en-Valois 60 ...... 39 H 5
Autheux 80 ...... 12 C 4
Authevernes 27 ...... 37 F 4
Authezat 63 ...... 227 H 2
Authie 14 ...... 33 G 4
Authie 80 ...... 13 E 4
Authieule 80 ...... 12 D 4
Les Authieux 27 ...... 56 C 3
Les Authieux-du-Puits 61 ...54 D 4
Les Authieux-Papion 14 ...54 B 1
Authieux-Ratiéville 76 ...... 20 B 5
Les Authieux-sur-Calonne 14.34 D 3
Les Authieux-
  sur-le-Port-Saint-Ouen 76...36 B 4
Authiou 58 ...... 157 E 4
Authoison 70 ...... 162 A 1
Authon 04 ...... 287 H 2
Authon 17 ...... 201 H 4
Authon 41 ...... 131 F 5
Authon-du-Perche 28 ...... 109 E 2
Authon-la-Plaine 91 ...... 87 E 4
Authou 27 ...... 35 G 4

Authuille 80 ...... 13 F 5
Authume 39 ...... 161 E 5
Authumes 71 ...... 178 C 3
Autichamp 26 ...... 267 G 2
Autignac 34 ...... 321 G 2
Autigny 76 ...... 19 H 3
Autigny-la-Tour 88 ...... 94 A 4
Autigny-le-Grand 52 ...... 92 D 3
Autigny-le-Petit 52 ...... 92 D 3
Autingues 62 ...... 2 D 4
Autoire 46 ...... 261 E 1
Autoreille 70 ...... 161 G 2
Autouillet 78 ...... 57 G 3
Autrac 43 ...... 227 H 5
Autrans 38 ...... 250 C 2
Autrans-Méaudre-
  en-Vercors 38 ...... 250 C 2
Autrèche 37 ...... 152 C 1
Autrèches 60 ...... 39 H 2
Autrechêne 90 ...... 142 C 3
Autrecourt-et-Pourron 08 ...27 F 4
Autrécourt-sur-Aire 55 ...... 63 G 1
Autremencourt 02 ...... 25 E 4
Autrepierre 54 ...... 96 A 1
Autreppes 02 ...... 25 F 1
Autretot 76 ...... 19 G 4
Autreville 02 ...... 24 A 5
Autreville 88 ...... 94 B 3
Autréville-
  Saint-Lambert 55 ...... 27 G 5
Autreville-
  sur-la-Renne 52 ...... 116 C 3
Autreville-sur-Moselle 54 ...65 G 4
Autrey 54 ...... 94 D 2
Autrey 88 ...... 95 H 5
Autrey-le-Vay 70 ...... 141 G 5
Autrey-lès-Cerre 70 ...... 141 G 4
Autrey-lès-Gray 70 ...... 161 E 1
Autricourt 21 ...... 116 A 4
Autruche 08 ...... 43 E 1
Autruy-sur-Juine 45 ...... 111 F 2
Autry 08 ...... 43 E 3
Autry-Issards 03 ...... 191 H 2
Autry-le-Châtel 45 ...... 134 C 5
Autun 71 ...... 176 D 2
Auty 82 ...... 278 B 3
Auvare 06 ...... 289 F 4
Auve 51 ...... 62 D 1
Auvernaux 91 ...... 88 A 3
Auvers 43 ...... 246 B 4
Auvers 50 ...... 31 H 3
Auvers-le-Hamon 72 ...... 106 D 5
Auvers-Saint-Georges 91 ...87 G 3
Auvers-
  sous-Montfaucon 72 ...... 107 F 4
Auvers-sur-Oise 95 ...... 58 B 1
Auverse 49 ...... 150 D 1
Auvet-et-la-Chapelotte 70 ...161 E 1
Auvillar 82 ...... 276 D 4
Auvillars 14 ...... 34 B 4
Auvillars-sur-Saône 21 ...... 178 B 1
Auvillers-les-Forges 08 ...... 26 A 2
Auvilliers 76 ...... 21 E 3
Auvilliers-en-Gâtinais 45 ...112 A 5
Aux-Aussat 32 ...... 315 G 2
Aux Marais 60 ...... 38 A 2
Auxais 50 ...... 31 H 4
Auxange 39 ...... 161 F 4
Auxant 21 ...... 159 F 5
Auxelles-Bas 90 ...... 142 B 2
Auxelles-Haut 90 ...... 142 B 2
Auxerre 89 ...... 136 B 3
Auxey-Duresses 21 ...... 177 G 2
Auxi-le-Château 62 ...... 12 B 3
Auxillac 48 ...... 264 A 5
Auxon 70 ...... 114 D 3
Auxon 70 ...... 141 E 4
Auxon-Dessous 25 ...... 161 H 3
Auxon-Dessus 25 ...... 161 H 3
Auxonne 21 ...... 160 D 4
Auxy 45 ...... 112 A 3
Auxy 71 ...... 176 D 2
Auzainvilliers 88 ...... 118 B 2
Auzances 23 ...... 208 C 3
Auzas 31 ...... 316 D 5
Auzat 09 ...... 336 A 5
Auzat-la-Combelle 63 ...... 228 A 4
Auzay 85 ...... 183 H 3
Auzebosc 76 ...... 19 G 5
Auzécourt 55 ...... 63 F 3
Auzelles 63 ...... 228 C 2
Auzers 15 ...... 244 C 1
Auzet 04 ...... 288 B 1
Auzéville-en-Argonne 55 ...43 G 5
Auzeville-Tolosane 31 ...... 298 A 5
Auzielle 31 ...... 298 B 5
Auzits 12 ...... 262 B 5

Auzon 43 ...... 228 B 5
Auzon-en-Touraine 37 ...152 B 1
Auzouer-en-Touraine 37 ...152 B 1
Auzouville-Auberbosc 76 ...19 F 5
Auzouville-l'Esneval 76 ...... 19 H 4
Auzouville-sur-Ry 76 ...... 36 C 2
Auzouville-
  sur-Saâne 76 ...... 20 A 3
Availles-
  en-Châtellerault 86 ...... 169 G 4
Availles-Limouzine 86 ...... 204 C 1
Availles-sur-Chizé 79 ...... 202 B 1
Availles-sur-Seiche 35 ...... 105 E 5
Availles-Thouarsais 79 ...... 168 B 3
Avajan 65 ...... 333 H 4
Avallon 89 ...... 158 A 1
Les Avanchers-
  Valmorel 73 ...... 234 B 3
Avançon 05 ...... 269 H 4
Avançon 08 ...... 42 A 1
Avanne 25 ...... 161 H 4
Avant-lès-Marcilly 10 ...... 90 A 4
Avant-lès-Ramerupt 10 ...... 91 F 4
Avanton 86 ...... 169 E 5
Avapessa 2B ...... 346 C 2
Avaray 41 ...... 132 C 4
Avaugour Chapelle d' 22 ...77 G 2
Avaux 08 ...... 41 G 1
Aveize 69 ...... 230 B 1
Aveizieux 42 ...... 230 B 3
Avelanges 21 ...... 139 E 5
Avelesges 80 ...... 11 H 5
Avelin 59 ...... 8 D 3
Aveluy 80 ...... 13 F 5
Aven Armand 48 ...... 282 B 3
Avenas 69 ...... 212 C 1
Avenay 14 ...... 33 F 5
Avenay-Val-d'Or 51 ...... 61 G 1
Avène 34 ...... 301 F 3
Aveney 25 ...... 161 H 4
Avenheim 67 ...... 68 C 5
Les Avenières
  Veyrins-Thuellin 38 ...... 232 C 1
Avensac 32 ...... 296 D 2
Avensan 33 ...... 237 E 3
Aventignan 65 ...... 334 A 1
Averan 65 ...... 315 E 5
Averdoingt 62 ...... 12 D 2
Averdon 41 ...... 132 A 4
Avermes 03 ...... 192 A 1
Avernes 95 ...... 57 G 1
Avernes-Saint-Gourgon 61 ...54 D 2
Avernes-sous-Exmes 61 ...54 C 4
Avéron-Bergelle 32 ...... 295 E 3
Avesnelles 59 ...... 15 G 4
Avesnes 59 ...... 6 D 3
Avesnes-Chaussoy 80 ...... 21 G 2
Avesnes-en-Bray 76 ...... 37 F 1
Avesnes-en-Saosnois 72 ...108 A 2
Avesnes-en-Val 76 ...... 10 D 5
Avesnes-le-Comte 62 ...... 13 E 2
Avesnes-le-Sec 59 ...... 14 C 3
Avesnes-les-Aubert 59 ...... 14 C 3
Avesnes-lès-Bapaume 62 ...13 G 4
Avesnes-sur-Helpe 59 ...... 15 G 4
Avessac 44 ...... 125 H 4
Avessé 72 ...... 106 D 5
Aveux 65 ...... 334 A 2
Avezac-Prat 65 ...... 333 G 1
Avezan 32 ...... 296 C 1
Avèze 30 ...... 282 D 5
Avèze 63 ...... 226 D 2
Avezé 72 ...... 108 C 2
Aviernoz 74 ...... 215 H 2
Avignon 84 ...... 285 F 5
Avignon-
  lès-Saint-Claude 39 ...... 197 E 3
Avignonet 38 ...... 250 D 4
Avignonet-Lauragais 31 ...318 C 3
Avillers 54 ...... 44 D 3
Avillers 88 ...... 94 D 5
Avillers-Sainte-Croix 55 ...64 D 2
Avilley 25 ...... 162 B 1
Avilly-Saint-Léonard 60 ...38 D 4
Avion 62 ...... 8 B 5
Avioth 55 ...... 44 B 1
Aviré 49 ...... 128 A 4
Avirey-Lingey 10 ...... 115 F 4
Aviron 27 ...... 56 B 1
Avize 51 ...... 61 G 2
Avocourt 55 ...... 43 G 4
Avoine 37 ...... 150 D 4
Avoine 61 ...... 54 A 5
Avoise 72 ...... 129 F 2
Avolsheim 67 ...... 97 H 1
Avon 77 ...... 88 C 4
Avon 79 ...... 185 H 3

Avon-la-Pèze 10 ...... 90 B 4
Avon-les-Roches 37 ...... 151 F 5
Avondance 62 ...... 7 E 4
Avord 18 ...... 173 G 1
Avoriaz 74 ...... 198 D 5
Avosnes 21 ...... 159 F 2
Avot 21 ...... 139 E 5
Avoudrey 25 ...... 162 D 4
Avrainville 52 ...... 92 D 2
Avrainville 54 ...... 65 F 5
Avrainville 88 ...... 94 D 4
Avrainville 91 ...... 87 G 2
Avranches 50 ...... 51 H 4
Avrechy 60 ...... 38 C 2
Avrecourt 52 ...... 117 H 5
Avrée 58 ...... 175 H 4
Avregny 74 ...... 215 G 2
Avremesnil 76 ...... 20 A 2
Avressieux 73 ...... 232 D 2
Avreuil 10 ...... 114 D 4
Avricourt 54 ...... 96 A 1
Avricourt 57 ...... 96 A 1
Avricourt 60 ...... 23 G 4
Avrieux 73 ...... 252 D 1
Avrigney 70 ...... 161 G 3
Avrigny 60 ...... 39 E 2
Avril 54 ...... 45 F 4
Avril-sur-Loire 58 ...... 175 E 4
Avril-les-Ponceaux 37 ...151 E 2
Avrilly 03 ...... 193 F 4
Avrilly 27 ...... 56 B 2
Avrilly 61 ...... 82 B 2
Avroult 62 ...... 7 E 2
Avy 17 ...... 219 G 3
Awoingt 59 ...... 14 B 4
Ax-les-Thermes 09 ...... 336 D 5
Axat 11 ...... 337 G 4
Axiat 09 ...... 336 C 5
Ay-Champagne 51 ...... 61 G 1
Ay-sur-Moselle 57 ...... 45 H 4
Ayat-sur-Sioule 63 ...... 209 F 2
Aydat 63 ...... 227 G 2
Aydie 64 ...... 294 D 5
Aydius 64 ...... 331 H 3
Aydoilles 88 ...... 119 G 2
Ayen 19 ...... 241 H 1
Ayencourt 80 ...... 22 D 5
Ayette 62 ...... 13 G 3
Ayguade-Ceinturon 83 ...328 C 4
Ayguatébia-Talau 66 ...... 341 H 3
Ayguemorte-les-Graves 33.255 G 2
Ayguesvives 31 ...... 318 B 2
Ayguetinte 32 ...... 295 H 2
Ayherre 64 ...... 311 F 3
Ayn 73 ...... 232 D 2
Aynac 46 ...... 261 E 1
Les Aynans 70 ...... 141 H 4
Ayrens 15 ...... 244 B 4
Ayron 86 ...... 168 C 5
Ayros-Arbouix 65 ...... 332 D 2
Ayse 74 ...... 216 A 1
Ayssènes 12 ...... 281 E 4
Aytré 17 ...... 200 C 1
Les Ayvelles 08 ...... 26 D 3
Ayzac-Ost 65 ...... 332 D 2
Ayzieu 32 ...... 295 E 2
Azannes-
  et-Soumazannes 55 ...... 44 C 4
Azans 39 ...... 161 E 5
Azas 31 ...... 298 B 3
Azat-Châtenet 23 ...... 206 D 2
Azat-le-Ris 87 ...... 187 H 4
Azay-le-Brûlé 79 ...... 185 F 3
Azay-le-Ferron 36 ...... 170 C 3
Azay-le-Rideau 37 ...... 151 G 4
Azay-sur-Cher 37 ...... 152 A 3
Azay-sur-Indre 37 ...... 152 B 4
Azay-sur-Thouet 79 ...... 185 E 1
Azé 41 ...... 131 G 2
Azé 53 ...... 128 B 2
Azé 71 ...... 194 D 3
Azelot 54 ...... 94 D 1
Azerables 23 ...... 188 C 4
Azerailles 54 ...... 95 H 2
Azerat 24 ...... 241 F 2
Azérat 43 ...... 228 B 5
Azereix 65 ...... 315 E 5
Azet 65 ...... 333 G 4
Azeville 50 ...... 29 G 5
Azillanet 34 ...... 320 C 4
Azille 11 ...... 320 B 4
Azilone-Ampaza 2A ...... 349 E 4
Azincourt 62 ...... 7 E 4
Azolette 69 ...... 212 B 1

Azoudange 57 ...... 67 F 5
Azur 40 ...... 292 B 2
Azy 18 ...... 155 H 5
Azy-le-Vif 58 ...... 174 D 4
Azy-sur-Marne 02 ...... 60 B 2
Azzana 2A ...... 348 D 1

B
Baâlon 55 ...... 43 H 1
Baâlons 08 ...... 26 D 5
Babaou Col de 83 ...... 328 D 3
Babeau-Bouldoux 34 ...... 320 D 2
Babœuf 60 ...... 23 H 5
Le Babory-de-Blesle 43 ...245 H 1
Baby 77 ...... 89 G 4
Baccarat 54 ...... 95 H 3
Baccon 45 ...... 132 C 2
Bach 46 ...... 278 C 1
Bachas 31 ...... 316 D 4
La Bachellerie 24 ...... 241 F 2
Bachivillers 60 ...... 37 H 3
Bachos 31 ...... 334 B 3
Bachy 59 ...... 9 E 3
Bacilly 50 ...... 51 G 4
Le Bacon 48 ...... 264 A 1
Baconnes 51 ...... 42 A 5
La Baconnière 53 ...... 105 H 2
Bacouël 60 ...... 22 C 5
Bacouel-sur-Selle 80 ...... 22 B 2
Bacourt 57 ...... 66 C 3
Bacquepuis 27 ...... 36 A 5
Bacqueville 27 ...... 36 C 3
Bacqueville-en-Caux 76 ...20 A 3
Badailhac 15 ...... 244 D 5
Badaroux 48 ...... 264 C 4
Badecon-le-Pin 36 ...... 188 D 2
Badefols-d'Ans 24 ...... 241 G 1
Badefols-sur-Dordogne 24 ...258 D 1
Baden 56 ...... 124 A 4
Badens 11 ...... 320 A 5
Badevel 25 ...... 142 C 4
Badinières 38 ...... 232 A 3
Badménil-aux-Bois 88 ...... 95 G 5
Badonviller 54 ...... 96 A 1
Badonvilliers 55 ...... 93 H 2
Baerendorf 67 ...... 67 H 3
Baerenthal 57 ...... 68 C 2
La Baffe 88 ...... 119 G 2
Baffie 63 ...... 229 E 4
Bagard 30 ...... 283 G 4
Bagargui Col 64 ...... 330 D 2
Bagas 33 ...... 256 D 3
Bagat-en-Quercy 46 ...... 277 G 1
Bâge-la-Ville 01 ...... 195 F 4
Bâge-le-Châtel 01 ...... 195 F 4
Bagert 09 ...... 335 F 1
Bages 11 ...... 339 E 1
Bages 66 ...... 343 E 3
Bagiry 31 ...... 334 B 2
Bagnac-sur-célé 46 ...... 261 G 3
Bagneaux 89 ...... 114 A 2
Bagneaux-sur-Loing 77 ...112 B 2
Bagnères-de-Bigorre 65 ...333 F 1
Bagnères-de-Luchon 31 ...334 A 4
Bagneux 02 ...... 40 B 1
Bagneux 03 ...... 191 H 1
Bagneux 36 ...... 153 H 5
Bagneux 49 ...... 150 B 4
Bagneux 51 ...... 90 C 2
Bagneux 54 ...... 94 B 2
Bagneux 79 ...... 168 A 1
Bagneux 92 ...... 58 B 4
Bagneux-la-Fosse 10 ...... 115 F 5
Bagnizeau 17 ...... 202 B 4
Bagnoles 11 ...... 320 A 4
Bagnoles-de-l'Orne 61 ...82 C 2
Bagnolet 93 ...... 58 C 3
Bagnols 63 ...... 226 D 3
Bagnols 69 ...... 212 C 4
Bagnols-en-Forêt 83 ...... 308 C 4
Bagnols-les-Bains 48 ...... 264 D 4
Bagnols-sur-Cèze 30 ...... 284 D 3
Bagnot 21 ...... 178 B 1
Baguer-Morvan 35 ...... 80 A 2
Baguer-Pican 35 ...... 80 B 2
Baigneaux 28 ...... 110 D 3
Baigneaux 33 ...... 256 C 2
Baigneaux 41 ...... 132 A 3
Baignes 70 ...... 141 E 5
Baignes-
  Sainte-Radegonde 16 ...220 D 4
Baigneux-les-Juifs 21 ...... 138 B 5
Baignolet 28 ...... 110 B 5

aigts 40 ....293 G 3
aigts-de-Béarn 64 .....293 F 5
aillargues 34 ....303 E 4
aillé 35 ....80 D 4
ailleau-le-Pin 28 ....85 H 5
ailleau-l'Évêque 28 ......86 A 3
ailleau-sous-Gallardon 28 ...86 C 3
aillestavy 66 ....342 B 3
aillet-en-France 95 ....58 B 1
ailleul 59 ....4 B 5
ailleul 61 ....54 B 4
e Bailleul 72 ....129 F 3
ailleul 80 ....11 G 4
ailleul Château de 76 ...19 E 4
ailleul-aux-Cornailles 62 ...7 G 5
ailleul-la-Vallée 27 ....35 E 4
ailleul-le-Soc 60 ....38 D 2
ailleul-lès-Pernes 62 ......7 G 4
ailleul-Neuville 76 ....20 D 3
ailleul-Sir-Berthoult 62 ..13 G 2
ailleul-sur-Thérain 60 ...38 B 2
ailleulmont 62 ....13 F 3
ailleulval 62 ....13 F 3
ailleval 60 ....38 D 3
aillolet 76 ....20 D 3
aillou 41 ....109 E 5
ailly 60 ....39 G 1
ailly 78 ....58 A 3
ailly-aux-Forges 52 ......92 C 3
ailly-Carrois 77 ....89 E 2
ailly-en-Rivière 76 ....10 D 5
ailly-le-Franc 10 ....92 A 3
ailly-Romainvilliers 77 ..59 F 3
ainde-Bretagne 35 .....126 C 2
ainchtun 62 ....6 B 2
ainghen 62 ....2 D 5
ains 43 ....247 E 4
ains-de-Guitera 2A .....349 E 3
ains-les-Bains 88 ....119 E 4
ains-sur-Oust 35 ....125 H 5
ainville-aux-Miroirs 54 ..95 E 3
ainville-aux-Saules 88 ..118 D 2
ainville-sur-Madon 54 ..94 C 2
airols 06 ....289 H 4
ais 35 ....105 E 4
ais 53 ....106 D 2
aisieux 59 ....9 E 3
aissey 52 ....139 G 3
aives 59 ....16 A 5
aix 07 ....267 E 2
aixas 64 ....338 D 5
aizieux 80 ....22 D 1
e Baizil 51 ....61 E 2
ajamont 47 ....276 C 2
ajonnette 32 ....296 C 2
ajus 62 ....7 H 5
alacet 09 ....335 E 4
aladou 46 ....242 C 5
alagny-sur-Thérain 60 ..38 C 3
alaguères 09 ....335 E 3
alaguier d'Olt 12 ....261 F 4
alaguier-sur-Rance 12 ..300 B 1
alaine Arboretum de 03 ..174 D 5
alaiseaux 39 ....179 E 2
alaives-et-Butz 08 ......26 D 4
alan 01 ....213 G 4
alan 08 ....27 F 4
alanod 39 ....196 A 2
alansun 64 ....293 G 5
alanzac 17 ....201 E 5
alaruc-le-Vieux 34 ......323 E 4
alaruc-les-Bains 34 .....323 E 3
alâtre 80 ....23 G 4
alazé 35 ....105 E 4
alazuc 07 ....266 B 4
albigny 42 ....211 H 5
albins 38 ....231 H 4
albronn 67 ....97 E 1
alcon de Merlet
Parc du 74 ....216 D 3
aldenheim 67 ....97 F 5
aldersheim 68 ....143 G 1
a Baleine 50 ....51 H 2
aleines Phare des 17 ..182 C 4
aleix 64 ....314 D 3
alesmes 37 ....169 H 2
alesmes-sur-Marne 52 ..139 G 2
alesta 31 ....316 A 5
aleyssagues 47 ....257 E 2
algau 68 ....121 G 4
alham 08 ....41 H 1
alignac 82 ....296 D 1
alignicourt 10 ....91 G 3
âlines 27 ....56 A 4
alingham 62 ....2 D 4
aliracq-Maumusson 64 ..294 C 5
aliros 64 ....314 B 4

Balizac 33 ....255 H 4
Balizy 91 ....58 C 5
Ballaison 74 ....197 H 4
Ballan-Miré 37 ....151 H 3
Ballancourt-sur-Essonne 91 ..87 H 3
Ballans 17 ....202 C 5
Ballay 08 ....42 D 2
Ballédent 87 ....205 G 2
Ballée 53 ....106 C 5
Balleray 58 ....174 D 1
Balleroy-sur-Drôme 14 ..32 D 4
Ballersdorf 68 ....143 E 3
Balléville 88 ....94 B 4
Ballon 17 ....200 D 2
Ballon de Servance 70 ..142 B 1
Ballon-Saint Mars 72 ..107 H 3
Ballons 26 ....286 D 2
Balma 31 ....298 A 4
La Balme 73 ....232 D 1
La Balme-de-Sillingy 74 ..215 F 3
La Balme-de-Thuy 74 ..215 H 3
La Balme-d'Épy 39 .....196 A 3
La Balme-les-Grottes 38 ..214 A 4
Balmont 74 ....215 G 4
Balnot-la-Grange 10 ..115 F 5
Balnot-sur-Laignes 10 ..115 G 4
Balogna 2A ....348 C 1
Balot 21 ....137 H 3
Balsac 12 ....280 C 1
Balschwiller 68 ....143 E 2
Balsièges 48 ....264 C 5
Baltzenheim 68 ....121 G 2
Balzac 16 ....221 F 1
Bambecque 59 ....3 H 3
Bambiderstroff 57 ....66 D 1
Ban-de-Laveline 88 .....96 C 5
Ban-de-Sapt 88 ....96 B 4
Ban-Saint-Martin 57 ...45 H 5
Ban-sur-Meurthe-Clefcy 88 ..120 B 2
Banassac-Canilhac 48 ..264 A 5
Banat 09 ....336 A 4
Banca 64 ....330 A 1
Bancarel Site du 12 ..262 B 4
Bancigny 02 ....25 G 3
Bancourt 62 ....13 H 4
Bandol 83 ....327 H 4
Baneins 01 ....213 F 1
Baneuil 24 ....258 C 1
Bangor 56 ....144 B 4
Banhars 12 ....262 D 3
Banios 65 ....333 E 2
Banize 23 ....207 F 4
Bannalec 29 ....100 C 4
Bannans 25 ....180 B 2
Bannay 18 ....156 A 3
Bannay 51 ....61 E 3
Bannay 57 ....46 C 5
Banne 07 ....283 H 1
Bannegon 18 ....173 H 4
Bannes 46 ....261 E 1
Bannes 51 ....61 F 4
Bannes 52 ....117 G 5
Bannes 53 ....106 D 5
Banneville-la-Campagne 14 ..33 H 4
Bannières 81 ....298 C 4
Bannoncourt 55 ....64 C 3
Bannost 77 ....60 A 5
Banogne-Recouvrance 08 ..25 H 5
Banon 04 ....286 D 4
Banos 40 ....293 H 3
Bans 39 ....179 E 2
Bansat 63 ....228 B 2
Bantanges 71 ....195 G 1
Banteux 59 ....14 B 5
Banthelu 95 ....37 G 2
Bantheville 55 ....43 G 2
Bantigny 59 ....14 B 5
Bantouzelle 59 ....14 B 5
Bantzenheim 68 ....121 F 5
Banvillars 90 ....142 B 3
Banville 14 ....33 F 3
Banvou 61 ....53 E 5
Banyuls-dels-Aspres 66 ..343 E 3
Banyuls-sur-Mer 66 ..343 G 4
Baon 89 ....137 F 2
Les Barils 27 ....55 H 4
Baou de 4 Oures 83 ..328 A 4
Bapaume 62 ....13 G 4
Bapeaume-lès-Rouen 76 ..36 A 1
Bar 19 ....225 E 5
Bar-le-Duc 55 ....63 H 4
Bar-lès-Buzancy 08 .....43 F 1
Bar-sur-Aube 10 ....116 A 2

Le Bar-sur-Loup 06 ....309 E 2
Bar-sur-Seine 10 ....115 G 3
Baracé 49 ....128 D 4
Baracuchet Col de 63 ..229 F 3
Baraffles 62 ....7 H 5
Baraigne 11 ....318 D 4
Baraize 36 ....188 D 2
Baralle 62 ....14 A 3
Barastre 62 ....13 H 5
Baratier 05 ....270 C 3
Barbachen 65 ....315 F 2
Barbaggio 2B ....345 G 4
Barbaira 11 ....320 A 5
Barbaise 08 ....26 C 4
Barbas 54 ....96 A 1
Barbaste 47 ....275 F 2
Barbâtre 85 ....164 B 2
Barbazan 31 ....334 B 2
Barbazan-Debat 65 ..315 F 5
Barbazan-Dessus 65 ..315 F 5
Barbechat 44 ....148 A 3
La Barben 13 ....305 G 4
Barbentane 13 ....304 C 1
Barberaz 73 ....233 F 2
Barberey-aux-Moines 10 ..90 D 5
Barberey-Saint-Sulpice 10 ..90 D 5
Barberier 03 ....192 A 5
Barbery 14 ....53 E 1
Barbery 60 ....39 E 4
Barbeville 14 ....32 D 3
Barbey 77 ....89 E 5
Barbey-Seroux 88 .....120 A 2
Barbezières 16 ....202 D 4
Barbezieux 16 ....220 C 4
Barbières 26 ....249 H 4
Barbirey-sur-Ouche 21 ..159 G 4
Barbonne-Fayel 51 .....61 E 5
Barbonval 02 ....40 D 2
Barbotan 54 ....95 E 2
Barbotan-les-Thermes 32 ..274 D 5
Le Barboux 25 ....163 F 5
Barbuise 10 ....90 A 2
Barby 09 ....42 A 1
Barby 73 ....233 F 2
Barc 27 ....55 H 1
Barcaggio 2B ....345 F 1
Le Barcarès 66 ....339 E 5
Barcelonne 26 ....249 G 5
Barcelonne-du-Gers 32 ..294 C 3
Barcelonnette 04 ....270 D 5
Barchain 57 ....67 G 5
Barchetta 2B ....347 G 2
Barcillonnette 05 ....269 F 5
Barcugnan 32 ....315 H 3
Barcus 64 ....331 F 1
Barcy 77 ....59 G 1
Bard 42 ....229 G 2
Bard-le-Régulier 21 ..158 D 5
Bard-lès-Époisses 21 ..158 C 5
Bard-lès-Pesmes 70 ..161 F 3
La Barde 17 ....238 D 2
Bardenac 16 ....220 D 5
Bardiana 2B ....346 B 4
Bardigues 82 ....276 D 5
Le Bardon 45 ....132 C 2
Bardos 64 ....292 C 5
Bardou 24 ....258 C 2
Bardouville 76 ....35 H 2
Barèges 65 ....333 E 3
Bareilles 65 ....333 H 3
Barembach 67 ....96 C 2
Baren 31 ....334 B 4
Barentin 76 ....20 A 5
Barenton 50 ....81 H 2
Barenton-Bugny 02 ...24 D 4
Barenton-Cel 02 ....24 D 4
Barenton-sur-Serre 02 ..24 D 4
Barésia-sur-l'Ain 39 ..196 D 1
Barfleur 50 ....29 H 2
Barfleur Pointe de 50 ..29 H 2
Bargème 83 ....308 B 2
Bargemon 83 ....308 B 3
Barges 21 ....160 A 4
Barges 43 ....265 F 1
Barges 70 ....140 C 2
Bargny 60 ....39 G 5
Barie 33 ....256 C 4
Barinque 64 ....314 C 2
Barisey-au-Plain 54 ....94 B 2
Barisey-la-Côte 54 ......94 B 2
Barisis 02 ....24 B 3
Barizey 71 ....177 G 4
Barjac 09 ....335 F 1
Barjac 30 ....284 B 2

Barjac 48 ....264 B 4
Barjols 83 ....307 E 4
Barjon 21 ....138 D 5
Barjouville 28 ....86 A 4
Barles 04 ....288 A 1
Barlest 65 ....314 D 5
Barleux 80 ....23 G 2
Barlieu 18 ....155 G 1
Barlin 62 ....8 A 4
Barly 62 ....13 E 3
Barly 80 ....12 C 3
Barmainville 28 ....111 E 2
Barnas 07 ....265 H 3
Barnave 26 ....268 B 2
Barnay 71 ....176 D 1
Barnenez Tumulus de 29 ..71 H 3
Barneville-Carteret 50 ..31 E 2
Barneville-la-Bertran 14 ..34 C 2
Barneville-sur-Seine 27 ..35 H 2
La Baroche-Gondouin 53 ..82 C 3
La Baroche-sous-Lucé 61 ..82 B 2
Les Baroches 54 ....45 F 4
Baromesnil 76 ....10 D 5
Baron 30 ....284 A 4
Baron 33 ....256 B 1
Baron 60 ....39 F 5
Baron 71 ....194 A 2
Baron-sur-Odon 14 .....33 F 5
Baronville 57 ....66 D 2
Barou-en-Auge 14 ......54 A 2
Baroville 10 ....116 A 2
Le Barp 33 ....255 E 3
La Barque 13 ....306 B 5
Barquet 27 ....55 H 1
Barr 67 ....97 F 3
Barracone 2A ....348 D 3
Barrais-Bussolles 03 ..192 D 5
Barran 32 ....295 H 4
Barrancoueu 65 ....333 G 3
Les Barraques-
en-Vercors 26 ....250 B 4
Barras 04 ....287 H 3
Barraute-Camu 64 ....313 F 2
Barraux 38 ....233 F 4
La Barre 39 ....161 F 5
La Barre 70 ....162 B 2
La Barre-de-Monts 85 ..164 C 2
La Barre-de-Semilly 50 ..32 B 5
Barre-des-Cévennes 48 ..282 D 2
La Barre-en-Ouche 27 ..55 F 2
Barrême 04 ....288 B 5
Barret 16 ....220 C 3
Barret-de-Lioure 26 ..286 C 3
Barret-sur-Méouge 05 ..287 E 2
Barretaine 39 ....179 F 3
Barrettali 2B ....345 F 2
Barriac-les-Bosquets 15 ..243 H 2
Barricourt 08 ....43 F 1
Barro 16 ....203 F 3
Barrou 37 ....170 A 3
Le Barroux 84 ....285 H 3
Barry 65 ....315 E 5
Barry 84 ....285 E 4
Barry-d'Islemade 82 ..277 G 4
Bars 24 ....241 F 3
Bars 32 ....295 G 5
Barsac 26 ....268 A 2
Barsac 33 ....256 B 3
Barsanges 19 ....225 F 3
Barst 57 ....67 F 1
Bart 25 ....142 B 4
Bartenheim 68 ....143 G 3
Barthe 65 ....316 A 4
Barthe Barrage de la 12 ..263 E 1
La Barthe-de-Neste 65 ..333 H 1
Bartherans 25 ....179 H 1
Les Barthes 82 ....277 F 4
Bartrès 65 ....332 D 1
Barville 27 ....35 E 5
Barville 50 ....84 A 3
Barville 76 ....19 G 3
Barville 88 ....94 A 4
Barville-en-Gâtinais 45 ..111 H 3
Barzan 17 ....219 E 3
Barzun 64 ....314 D 5
Barzy-en-Thiérache 02 ..15 F 5
Barzy-sur-Marne 02 ...60 D 1
Bas-en-Basset 43 ......229 H 5
Bas-et-Lezat 63 ....210 A 3
Bas-Lieu 59 ....15 G 4
Bas-Mauco 40 ....293 H 2
Bas-Rupts 88 ....120 B 3
Bascons 40 ....294 B 2
Bascous 32 ....295 F 2
Baslieux 54 ....45 E 2
Baslieux-lès-Fismes 51 ..41 E 3

Baslieux-
sous-Châtillon 51 .....41 E 5
Basly 14 ....33 G 3
Bassac 16 ....220 D 1
Bassan 34 ....321 G 3
Bassanne 33 ....256 C 4
Basse-Goulaine 44 ..147 H 4
Basse-Ham 57 ....45 H 3
Basse-Indre 44 ....147 F 4
Basse-Rentgen 57 .....45 H 2
Basse-sur-le-Rupt 88 ..120 A 4
La Basse-Vaivre 70 ..118 D 5
La Bassée 59 ....8 B 3
Bassemberg 67 ....96 C 5
Basseneville 14 ....34 A 4
Bassens 33 ....237 G 5
Bassens 73 ....233 F 2
Bassercles 40 ....293 H 5
Basses 86 ....168 D 1
Basseux 62 ....13 F 3
Bassevelle 77 ....60 B 2
Bassignac 15 ....244 B 1
Bassignac-le-Bas 19 ..243 E 4
Bassignac-le-Haut 19 ..243 G 2
Bassigney 70 ....141 F 2
Bassillac 24 ....240 D 2
Bassillon-Vauzé 64 ..314 D 2
Bassing 57 ....67 F 3
Bassoles-Aulers 02 ....40 B 1
Bassoncourt 52 ....117 H 3
Bassou 89 ....114 A 5
Bassoues 32 ....295 G 5
Bassu 51 ....62 D 3
Bassuet 51 ....62 D 4
Bassurels 48 ....282 D 3
Bassussarry 64 ....310 D 3
Bassy 74 ....215 E 3
Bastanès 64 ....313 G 3
Bastelica 2A ....349 E 2
Bastelicaccia 2A ....348 C 3
Bastennes 40 ....293 G 4
Bastia 2B ....345 G 4
La Bastide 66 ....162 D 2
La Bastide 83 ....308 B 2
La Bastide-Clairence 64 ..311 F 3
La Bastide-de-Besplas 09 ..317 G 5
La Bastide-
de-Bousignac 09 .....336 D 2
La Bastide-
de Couloumat 11 ....318 C 5
La Bastide-de-Lordat 09 ..336 C 1
La Bastide-de-Sérou 09 ..335 H 2
La Bastide-d'Engras 30 ..284 C 4
La Bastide-
des-Jourdans 84 .....306 C 2
La Bastide-du-Salat 09 ..335 E 2
La Bastide-de-l'Évêque 12 ..279 G 1
La Bastide-Pradines 12 ..281 E 5
La Bastide-Puylaurent 48 ..265 F 3
La Bastide-Solages 12 ..300 A 1
La Bastide-sur-l'Hers 09 ..336 D 3
La Bastidonne 13 ......327 F 3
La Bastidonne 84 ......306 B 3
La Bastie-d'Urfé
Château de 42 ....229 G 1
Le Bastit 46 ....260 C 2
Basville 23 ....208 B 4
La Bataille 79 ....202 D 2
Bataille Col de la 26 ..250 A 5
La Batarelle 13 ....327 E 2
Bataville 57 ....67 F 5
Bathelémont 57 ....66 D 5
Bathernay 26 ....249 G 2
La Bâthie 73 ....234 B 1
La Bâtie-Crémezin 26 ..268 D 3
La Bâtie-des-Fonds 26 ..268 D 4
La Bâtie-Divisin 38 ..232 C 3
La Bâtie-Montgascon 38 ..232 C 2
La Bâtie-Montsaléon 05 ..269 E 5
La Bâtie-Neuve 05 .....269 H 3
La Bâtie-Rolland 26 ..267 F 4
La Bâtie-Vieille 05 ......269 H 3
Les Bâties 70 ....161 G 1
Batilly 54 ....45 F 5
Batilly 61 ....53 H 4
Batilly-en-Gâtinais 45 ..111 H 4
Batilly-en-Puisaye 45 ..135 E 5
Bats 40 ....294 A 4
Batsère 65 ....333 G 1
Battenans-les-Mines 25 ..162 B 1
Battenans-Varin 25 ..163 F 3
Battenheim 68 ....121 E 5
Battexey 88 ....94 D 4
Battigny 54 ....94 C 3
Battrans 70 ....161 F 2
Batz Île de 29 ....71 G 3
Batz-sur-Mer 44 ....145 G 5

Batzendorf 67 ....68 D 4
Baubigny 21 ....177 G 2
Baubigny 50 ....28 D 5
La Bauche 73 ....233 E 3
Baud 56 ....101 H 5
Baudement 51 ....90 B 2
Baudemont 71 ....194 A 5
Baudignan 40 ....274 D 5
Baudignécourt 55 ....93 G 2
Baudinard-sur-Verdon 83 ..307 F 3
Baudoncourt 70 ....141 G 2
Baudonvilliers 55 ....63 F 5
Baudre 50 ....32 B 5
Baudrecourt 52 ....92 C 4
Baudrecourt 57 ....66 C 2
Baudreix 64 ....314 C 5
Baudrémont 55 ....64 B 4
Baudres 36 ....171 G 1
Baudreville 28 ....87 E 5
Baudreville 50 ....31 F 2
Baudricourt 88 ....94 C 5
Baudrières 71 ....178 A 5
Bauduen 83 ....307 G 2
Baugé-en-Anjou 49 ..129 F 5
Baugy 18 ....173 H 1
Baugy 60 ....39 F 1
Baugy 71 ....193 G 5
Baule 45 ....132 D 3
La Baule 44 ....145 H 5
La Baule-Escoublac 44 ..145 H 5
Baulme-la-Roche 21 ..159 G 4
Baulne 91 ....87 H 3
Baulne-en-Brie 02 ......60 D 2
Baulny 55 ....43 H 4
Baulon 35 ....103 H 4
Baulou 09 ....336 A 2
La Baume 74 ....198 C 4
Baume Cirque de 39 ..179 F 5
La Baume-Cornillane 26 ..267 G 1
La Baume-de-Transit 26 ..285 F 1
La Baume-d'Hostun 26 ..249 H 3
Baume-les-Dames 25 ..162 C 2
Baume-les-Messieurs 39 ..179 F 5
Bauné 49 ....150 A 1
Baupte 50 ....31 H 3
Bauquay 14 ....53 E 1
Baurech 33 ....255 H 2
La Baussaine 35 ....79 H 5
Bauvin 59 ....8 C 4
Les Baux-de-Breteuil 27 ..55 H 3
Les Baux-de-Provence 13 ..304 D 3
Les Baux-Sainte-Croix 27 ..56 B 2
Bauzemont 54 ....66 D 5
Bauzy 41 ....153 E 2
Bavans 25 ....142 B 5
Bavay 59 ....15 F 2
Bavelincourt 80 ....22 D 1
Bavent 14 ....33 H 4
Baverans 39 ....161 E 5
Bavilliers 90 ....142 C 3
Bavincourt 62 ....13 E 3
Bax 31 ....317 G 5
Bay 08 ....26 A 3
Bay 70 ....161 F 3
Bay-sur-Aube 52 ....139 E 2
Bayac 24 ....258 C 1
Bayard Château de 38 ..233 G 4
Bayard Col 05 ....269 G 3
Bayas 33 ....238 C 3
Baye 29 ....100 C 3
Baye 51 ....61 E 3
Bayecourt 88 ....95 G 5
Bayel 10 ....116 B 2
Bayencourt 80 ....13 E 3
Bayenghem-
lès-Éperlecques 62 ....3 E 1
Bayenghem-
lès-Seninghem 62 .....7 E 2
Bayers 16 ....203 E 3
Bayet 03 ....192 A 5
Bayeux 14 ....33 E 3
Bayon 54 ....95 E 3
Bayon-sur-Gironde 33 ..237 G 3
Bayonne 64 ....292 A 5
Bayons 04 ....287 H 1
Bayonville 08 ....43 F 2
Bayonville-sur-Mad 54 ..65 G 2
Bayonvillers 80 ....23 E 2
Bazac 16 ....239 E 1
Bazaiges 36 ....188 D 2
Bazailles 54 ....45 E 3
Bazainville 78 ....57 F 4
Bazancourt 51 ....41 H 2
Bazancourt 60 ....21 F 5

A
B
C
D
E
F
G
H
I
J
K
L
M
N
O
P
Q
R
S
T
U
V
W
X
Y
Z

Bazarnes 89 .... 136 C 4
Bazas 33 .... 256 B 5
Bazauges 17 .... 202 C 4
Bazegney 88 .... 95 E 5
Bazeilles 08 .... 27 F 4
Bazeilles-sur-Othain 55 .... 44 B 2
Bazelat 23 .... 188 D 4
Bazemont 78 .... 57 G 2
Bazens 47 .... 275 G 2
Bazentin 80 .... 13 G 5
Bazenville 14 .... 33 E 3
Bazet 65 .... 315 E 4
La Bazeuge 87 .... 187 H 5
Bazian 32 .... 295 G 4
Bazicourt 60 .... 39 E 3
Baziège 31 .... 318 B 2
Bazien 88 .... 95 H 3
Bazillac 65 .... 315 F 3
Bazincourt-sur-Epte 27 .... 37 G 3
Bazincourt-sur-Saulx 55 .... 63 G 5
Bazinghen 62 .... 2 B 4
Bazinval 76 .... 11 E 5
La Bazoche-Gouet 28 .... 109 F 4
Bazoches 58 .... 157 H 3
Bazoches-au-Houlme 61 .... 53 H 3
Bazoches-en-Dunois 28 .... 110 B 4
Bazoches-lès-Bray 77 .... 89 F 4
Bazoches-les-Gallerandes 45 .... 111 F 3
Bazoches-les-Hautes 28 .... 110 D 3
Bazoches-sur-Guyonne 78 .... 57 G 4
Bazoches-sur-Hoëne 61 .... 84 B 2
Bazoches-sur-le Betz 45 .... 113 E 3
Bazoches-sur-Vesles 02 .... 40 D 3
La Bazoge 50 .... 52 B 5
La Bazoge 72 .... 107 G 3
La Bazoge-Montpinçon 53 .... 82 B 5
Bazoges-en-Paillers 85 .... 166 B 2
Bazoges-en-Pareds 85 .... 166 D 5
Bazoilles-et-Ménil 88 .... 94 D 5
Bazoilles-sur-Meuse 88 .... 93 H 5
Bazolles 58 .... 157 F 5
Bazoncourt 57 .... 66 B 1
Bazonville 54 .... 45 F 3
La Bazoque 14 .... 32 C 4
La Bazoque 61 .... 53 E 3
Bazoques 27 .... 35 F 5
Bazordan 65 .... 316 A 5
La Bazouge-de-Chemeré 53 .... 106 C 4
La Bazouge-des-Alleux 53 .... 106 B 2
La Bazouge-du-Désert 35 .... 81 H 3
Bazougers 53 .... 106 B 4
Bazouges 53 .... 128 D 3
Bazouges-la-Pérouse 35 .... 80 C 3
Bazouges-sous-Hédé 35 .... 80 A 4
Bazouges-sur-le-Loir 72 .... 129 F 4
Bazuel 59 .... 15 E 4
Bazugues 32 .... 315 H 2
Bazus 31 .... 298 A 3
Bazus-Aure 65 .... 333 G 4
Bazus-Neste 65 .... 333 H 2
Le Béage 07 .... 265 H 1
Béal Col du 63 .... 229 E 1
Béalcourt 80 .... 12 C 3
Béalencourt 62 .... 7 E 5
Béard 58 .... 174 D 3
Béard-Géovreissiat 01 .... 196 C 5
Beaubec-la-Rosière 76 .... 21 E 4
Beaubery 71 .... 194 B 3
Beaubray 27 .... 55 H 2
Beaucaire 30 .... 304 B 2
Beaucaire 32 .... 295 H 2
Beaucamps-le-Jeune 80 .... 21 G 3
Beaucamps-le-Vieux 80 .... 21 G 2
Beaucamps-Ligny 59 .... 8 C 3
Beaucé 35 .... 81 F 4
Beaucens 65 .... 332 D 2
Le Beaucet 84 .... 285 H 5
Beauchalot 31 .... 334 D 1
Beauchamp 95 .... 58 B 1
Beauchamps 50 .... 51 H 3
Beauchamps 80 .... 11 E 4
Beauchamps-sur-Huillard 45 .... 112 A 5
Beaucharmoy 52 .... 118 A 4
Beauchastel 07 .... 267 E 1
Beauche 28 .... 56 A 4
Beauchemin 52 .... 117 E 5
Beauchêne 41 .... 109 F 5
Beauchêne 61 .... 52 D 5
Beauchery-Saint-Martin 77 .... 89 H 2
Beauclair 55 .... 43 G 1
Beaucoudray 50 .... 52 A 1
Beaucourt 90 .... 142 C 4
Beaucourt-en-Santerre 80 .... 23 E 3
Beaucourt-sur-l'Ancre 80 .... 13 F 5

Beaucourt-sur-l'Hallue 80 .... 22 D 1
Beaucouzé 49 .... 149 F 1
Beaucroissant 38 .... 232 B 5
Beaudéan 65 .... 333 F 2
Beaudéduit 60 .... 22 A 4
Beaudignies 59 .... 15 E 3
Beaudricourt 62 .... 12 D 3
Beaufai 61 .... 55 E 4
Beaufay 72 .... 108 A 3
Beaufficel 50 .... 52 B 4
Beaufficel-en-Lyons 27 .... 37 E 2
Beaufort 31 .... 317 F 2
Beaufort 34 .... 320 C 4
Beaufort 38 .... 231 H 5
Beaufort 39 .... 196 B 1
Beaufort 59 .... 15 G 3
Beaufort 73 .... 216 C 5
Beaufort-Blavincourt 62 .... 13 E 2
Beaufort-en-Argonne 55 .... 43 G 1
Beaufort-en-Anjou 49 .... 150 A 2
Beaufort-en-Santerre 80 .... 23 E 3
Beaufort-sur-Gervanne 26 .... 267 H 1
Beaufou 85 .... 165 G 3
Beaufour 14 .... 34 B 4
Beaufremont 88 .... 94 A 5
Beaugas 47 .... 258 B 4
Beaugeay 17 .... 200 D 4
Beaugency 45 .... 132 C 3
Beaugies-sous-Bois 60 .... 23 H 4
Beaujeu 04 .... 288 B 2
Beaujeu 69 .... 212 C 1
Beaujeu-Saint-Vallier-et-Pierrejux 70 .... 161 F 1
Beaulac 33 .... 274 B 1
Beaulandais 61 .... 82 B 2
Beaulencourt 62 .... 13 H 5
Beaulieu 07 .... 284 A 1
Beaulieu 08 .... 26 A 1
Beaulieu 14 .... 52 D 2
Beaulieu 15 .... 226 C 4
Beaulieu 21 .... 138 C 3
Beaulieu 25 .... 142 C 5
Beaulieu 34 .... 303 E 4
Beaulieu 36 .... 188 B 4
Beaulieu 38 .... 250 B 1
Beaulieu 43 .... 247 F 3
Beaulieu 58 .... 157 F 4
Beaulieu 61 .... 55 G 5
Beaulieu 63 .... 228 A 4
Beaulieu-en-Argonne 55 .... 63 G 1
Beaulieu-en-Rouergue Abbaye de 82 .... 279 E 3
Beaulieu-les-Fontaines 60 .... 23 G 4
Beaulieu-lès-Loches 37 .... 152 C 5
Beaulieu-sous-Bressuire 79 .... 167 G 3
Beaulieu-sous-la-Roche 85 .... 165 G 5
Beaulieu-sous-Parthenay 79 .... 185 F 1
Beaulieu-sur-Dordogne 19 .... 243 F 4
Beaulieu-sur-Layon 49 .... 149 G 3
Beaulieu-sur-Loire 45 .... 155 H 1
Beaulieu-sur-Mer 06 .... 309 H 2
Beaulieu-sur-Oudon 53 .... 105 G 4
Beaulieu-sur-Sonnette 16 .... 203 H 4
Beaulon 03 .... 192 D 1
Beaumais 14 .... 54 A 2
Beaumarchés 32 .... 295 F 5
Beaumat 46 .... 260 B 3
Beaumé 02 .... 25 H 2
La Beaume 05 .... 268 D 3
Beauménil 88 .... 119 H 2
Beaumerie-Saint-Martin 62 .... 6 C 4
Beaumes-de-Venise 84 .... 285 G 3
Beaumesnil 14 .... 52 B 2
Beaumesnil 27 .... 55 G 1
Beaumettes 84 .... 305 G 1
Beaumetz 80 .... 12 B 4
Beaumetz-lès-Aire 62 .... 7 F 3
Beaumetz-lès-Cambrai 62 .... 13 H 4
Beaumetz-lès-Loges 62 .... 13 F 3
Beaumont 07 .... 265 H 4
Beaumont 19 .... 225 E 4
Beaumont 32 .... 295 G 1
Beaumont 43 .... 246 B 1
Beaumont 54 .... 65 E 4
Beaumont 63 .... 227 G 1
Beaumont 74 .... 215 G 1
Beaumont 86 .... 169 F 5
Beaumont 89 .... 136 B 2
Beaumont-de-Lomagne 82 .... 297 E 1
Beaumont-de-Pertuis 84 .... 306 C 3
Beaumont-du-Gâtinais 77 .... 112 A 3
Beaumont-du-Lac 87 .... 207 E 5
Beaumont-du-Périgord 24 .... 258 C 2
Beaumont-du-Ventoux 84 .... 285 H 3

Beaumont-en-Argonne 08 .... 27 F 5
Beaumont-en-Auge 14 .... 34 C 3
Beaumont-en-Beine 02 .... 23 H 4
Beaumont-en-Cambrésis 59 .... 14 D 4
Beaumont-en-Diois 26 .... 268 C 3
Beaumont-en-Verdunois 55 .... 44 B 4
Beaumont-en-Véron 37 .... 150 D 4
Beaumont-Hague 50 .... 28 D 2
Beaumont-Hamel 80 .... 13 F 5
Beaumont-la-Ferrière 58 .... 156 C 5
Beaumont-la-Ronce 37 .... 130 D 5
Beaumont-le-Hareng 76 .... 20 C 4
Beaumont-le-Roger 27 .... 55 G 1
Beaumont-les-Autels 28 .... 109 F 2
Beaumont-les-Nonains 60 .... 37 H 3
Beaumont-lès-Randan 63 .... 210 B 3
Beaumont-lès-Valence 26 .... 249 F 5
Beaumont-Monteux 26 .... 249 F 4
Beaumont-Pied-de-Bœuf 53 .... 106 C 5
Beaumont-Pied-de-Bœuf 72 .... 130 B 3
Beaumont-Sardolles 58 .... 175 E 3
Beaumont-sur-Dême 72 .... 130 C 4
Beaumont-sur-Grosne 71 .... 177 H 5
Beaumont-sur-Lèze 31 .... 317 H 3
Beaumont-sur-Oise 95 .... 38 B 5
Beaumont-sur-Sarthe 72 .... 107 G 2
Beaumont-sur-Vesle 51 .... 41 H 4
Beaumont-sur-Vingeanne 21 .... 160 D 1
Beaumont-Village 37 .... 152 D 5
Beaumontel 27 .... 35 G 5
Beaumotte-lès-Montbozon 70 .... 162 B 1
Beaumotte-lès-Pin 70 .... 161 G 3
Beaunay 51 .... 61 F 2
Beaune 21 .... 177 H 1
Beaune 73 .... 234 B 5
Beaune-d'Allier 03 .... 191 F 5
Beaune-la-Rolande 45 .... 111 H 4
Beaune-le-Chaud 63 .... 227 G 1
Beaune-le-Froid 63 .... 227 F 2
Beaune-les-Mines 87 .... 205 H 4
Beaune-sur-Arzon 43 .... 247 E 1
Beaunotte 21 .... 138 C 4
Beaupont 01 .... 195 H 3
Beaupouyet 24 .... 239 F 4
Beaupréau-en-Mauges 49 .... 148 D 4
Beaupuy 31 .... 298 A 4
Beaupuy 32 .... 297 E 4
Beaupuy 47 .... 257 E 4
Beaupuy 82 .... 297 F 2
Beauquesne 80 .... 12 D 5
Beaurain 59 .... 14 D 3
Beaurains 62 .... 13 G 2
Beaurains-lès-Noyon 60 .... 23 G 5
Beaurainville 62 .... 6 D 5
Beaurecueil 13 .... 306 B 5
Beauregard 01 .... 212 D 3
Beauregard 46 .... 278 D 1
Beauregard-Baret 26 .... 249 H 4
Beauregard-de-Terrasson 24 .... 241 G 2
Beauregard-et-Bassac 24 .... 240 B 4
Beauregard-l'Évêque 63 .... 210 A 5
Beauregard-Vendon 63 .... 209 H 3
Beaurepaire 38 .... 231 G 5
Beaurepaire 60 .... 38 D 3
Beaurepaire 76 .... 18 C 4
Beaurepaire 85 .... 166 C 2
Beaurepaire-en-Bresse 71 .... 178 D 5
Beaurepaire-sur-Sambre 59 .... 15 F 5
Beaurevoir 02 .... 14 C 5
Beaurières 26 .... 268 C 3
Beaurieux 02 .... 41 E 2
Beaurieux 59 .... 16 A 3
Beauronne 24 .... 239 G 3
Beausemblant 26 .... 249 E 1
Beausoleil 06 .... 309 H 5
Beaussac 24 .... 221 H 4
Beaussais-Vitré 79 .... 185 G 4
Beaussault 76 .... 21 E 4
Beausse 49 .... 148 D 3
Le Beausset 83 .... 327 H 3
Beauteville 31 .... 318 C 3
Beautheil 77 .... 59 H 4
Beautor 02 .... 24 B 4
Beautot 76 .... 20 A 4
Beauvain 61 .... 82 D 2
Beauvais 60 .... 38 A 2
Beauvais-sur-Matha 17 .... 202 C 4
Beauvais-sur-Tescou 81 .... 298 B 1
Beauval 80 .... 12 D 4
Beauval-en-Caux 76 .... 20 A 3

Beauvallon 26 .... 249 F 5
Beauvallon 83 .... 329 F 2
Beauvau 49 .... 129 E 5
Beauvène 07 .... 248 C 5
Beauvernois 71 .... 178 D 3
Beauvezer 04 .... 288 D 3
Beauville 31 .... 318 C 2
Beauville 47 .... 276 D 2
Beauvilliers 28 .... 86 C 5
Beauvilliers 41 .... 132 A 2
Beauvilliers 89 .... 158 B 2
Beauvoir 50 .... 51 F 5
Beauvoir 60 .... 22 C 5
Beauvoir 77 .... 88 D 2
Beauvoir 89 .... 135 H 3
Beauvoir Château de 03 .... 192 D 3
Beauvoir-de-Marc 38 .... 231 G 3
Beauvoir-en-Lyons 76 .... 37 E 1
Beauvoir-en-Royans 38 .... 250 A 2
Beauvoir-sur-Mer 85 .... 164 C 2
Beauvoir-sur-Niort 79 .... 201 H 1
Beauvoir-Wavans 80 .... 12 C 3
Beauvois 62 .... 7 F 5
Beauvois-en-Cambrésis 59 .... 14 C 4
Beauvois-en-Vermandois 02 .... 23 H 2
Beauvoisin 26 .... 286 A 1
Beauvoisin 30 .... 303 H 3
Beauvoisin 39 .... 178 D 2
Beaux 43 .... 247 H 2
Beauzac 43 .... 247 H 1
Beauzée-sur-Aire 55 .... 63 H 2
Beauzelle 31 .... 297 H 4
Beauziac 47 .... 274 D 1
Bébing 57 .... 67 G 5
Beblenheim 68 .... 121 E 2
Bec-de-Mortagne 76 .... 19 E 4
Le Bec-Hellouin 27 .... 35 G 4
Le Bec-Thomas 27 .... 36 A 4
Beccas 32 .... 315 F 2
Béceleuf 79 .... 184 D 2
Béchamps 54 .... 45 E 5
Bécherel 35 .... 103 H 1
Bécheresse 16 .... 221 E 3
Béchy 57 .... 66 B 2
Bécon-les-Granits 49 .... 149 E 1
Béconne 26 .... 267 G 4
Bécordel-Bécourt 80 .... 23 E 1
Bécourt 62 .... 6 D 2
Becquigny 02 .... 14 D 5
Becquigny 80 .... 23 E 4
Bédarieux 34 .... 301 F 4
Bédarrides 84 .... 285 F 4
Beddes 18 .... 190 A 1
Bédéchan 32 .... 296 C 5
Bédée 35 .... 103 H 2
Bédeilhac-et-Aynat 09 .... 336 A 4
Bédeille 09 .... 335 F 1
Bédeille 64 .... 314 D 3
Bedenac 17 .... 238 B 2
Bédoin 84 .... 286 A 3
Bédouès 48 .... 282 D 1
Bédouès-Cocurès 48 .... 282 D 1
Bedous 64 .... 331 H 4
Béduer 46 .... 261 F 4
Beffes 18 .... 174 B 1
Beffia 39 .... 196 B 2
Beffu-et-le-Morthomme 08 .... 43 E 2
Beg-Meil 29 .... 99 H 4
Bégaar 40 .... 293 F 2
Bégadan 33 .... 218 D 5
Béganne 56 .... 125 F 4
Bégard 22 .... 72 D 4
Bègles 33 .... 255 G 1
Bègnécourt 88 .... 118 D 2
Bégole 65 .... 315 G 5
Bégrolles-en-Mauges 49 .... 148 D 5
La Bégude-de-Mazenc 26 .... 267 F 4
Bègues 03 .... 209 H 1
Béguey 33 .... 256 B 3
Béguios 64 .... 311 G 4
Béhagnies 62 .... 13 G 4
Béhasque-Lapiste 64 .... 311 H 4
Béhen 80 .... 11 G 4
Béhencourt 80 .... 22 D 1
Béhéricourt 60 .... 23 H 5
Behlenheim 67 .... 68 D 5
Béhobie 64 .... 310 A 4
Béhorléguy 64 .... 330 D 1
Béhoust 78 .... 57 F 3
Behren-lès-Forbach 57 .... 47 F 5
Béhuard 49 .... 149 F 2
Beignon 56 .... 103 F 4
Beillé 72 .... 108 B 4
Beine 89 .... 136 C 3
Beine-Nauroy 51 .... 41 H 4

Beinheim 67 .... 69 G 3
Beire-le-Châtel 21 .... 160 B 2
Beire-le-Fort 21 .... 160 C 4
Beissat 23 .... 207 H 3
Bel-Air 49 .... 127 H 3
Bel-Homme Col du 83 .... 308 B 3
Belan-sur-Ource 21 .... 116 A 5
Bélarga 34 .... 302 A 5
Bélaye 46 .... 259 G 5
Belberaud 31 .... 318 B 2
Belbèse 82 .... 297 F 1
Belbeuf 76 .... 36 B 2
Belbèze-de-Lauragais 31 .... 318 A 2
Belbèze-en-Comminges 31 .... 335 E 1
Belcaire 11 .... 337 E 4
Belcastel 12 .... 280 B 2
Belcastel 81 .... 298 C 4
Belcastel Château de 46 .... 260 B 1
Belcastel-et-Buc 11 .... 337 H 2
Belcodène 13 .... 327 F 1
Bélesta 09 .... 336 D 3
Bélesta 66 .... 338 B 5
Bélesta-en-Lauragais 31 .... 318 D 2
Belfahy 70 .... 142 B 1
Belfays 25 .... 163 G 3
Belfonds 61 .... 83 G 2
Belfort 90 .... 142 C 3
Belfort-du-Quercy 46 .... 278 B 2
Belfort-sur-Rebenty 11 .... 337 E 4
Belgeard 53 .... 82 B 5
Belgentier 83 .... 328 B 3
Belgodère 2B .... 344 D 5
Belhade 40 .... 273 G 1
Belhomert-Guéhouville 28 .... 85 F 3
Le Bélieu 25 .... 163 E 5
Béligneux 01 .... 213 G 4
Belin-Béliet 33 .... 255 E 4
Bélis 40 .... 273 H 4
Bellac 87 .... 205 F 2
Bellaffaire 04 .... 269 H 5
Bellagranajo Col de 2B .... 347 G 5
Bellaing 59 .... 9 G 5
Bellancourt 80 .... 11 H 3
Bellange 57 .... 66 D 3
Bellavilliers 61 .... 84 B 4
Le Bellay-en-Vexin 95 .... 37 G 5
Belle-Église 60 .... 38 B 4
Belle-et-Houllefort 62 .... 2 C 5
Belle-Ile 56 .... 144 B 4
Belle-Isle-en-Terre 22 .... 72 C 5
Belleau 02 .... 60 B 1
Belleau 54 .... 65 H 4
Bellebat 33 .... 256 B 2
Bellebrune 76 .... 2 C 5
Bellechassagne 19 .... 225 H 2
Bellechaume 89 .... 114 A 4
Bellecombe 39 .... 197 E 4
Bellecombe 73 .... 234 B 3
Bellecombe-en-Bauges 73 .... 215 G 5
Bellecombe-Tarendol 26 .... 286 B 1
Bellefond 21 .... 160 A 2
Bellefond 33 .... 256 C 1
Bellefonds 86 .... 186 D 1
Bellefontaine 39 .... 197 F 1
Bellefontaine 50 .... 52 B 5
Bellefontaine 88 .... 119 F 4
Bellefontaine 95 .... 38 D 5
Bellefosse 67 .... 96 D 3
Bellegarde 30 .... 304 A 3
Bellegarde 32 .... 316 B 2
Bellegarde 45 .... 111 H 5
Bellegarde-du-Razès 11 .... 337 E 1
Bellegarde-en-Diois 26 .... 268 B 4
Bellegarde-en-Forez 42 .... 230 A 2
Bellegarde-en-Marche 23 .... 207 H 3
Bellegarde-Marsal 81 .... 299 G 1
Bellegarde-Poussieu 38 .... 231 F 5
Bellegarde-Sainte-Marie 31 .... 297 F 4
Bellegarde-sur-Valserine 01 .... 215 E 1
Belleherbe 25 .... 163 E 3
Bellemagny 68 .... 142 D 2
Bellême 61 .... 84 C 4
Bellenaves 03 .... 209 G 1
Bellencombre 76 .... 20 C 4
Belleneuve 21 .... 160 C 2
Bellenglise 02 .... 24 A 1
Bellengreville 14 .... 33 H 5
Bellengreville 76 .... 10 C 5
Bellenod-sur-Seine 21 .... 138 B 4
Bellenot-sous-Pouilly 21 .... 159 E 3
Bellentre 73 .... 234 D 2
Belleray 55 .... 64 B 1

Bellerive-sur-Allier 03 .... 210 B
Belleroche 42 .... 212 B
Belleserre 81 .... 319 E
Bellesserre 31 .... 297 F
Belleu 02 .... 40 B
Belleuse 80 .... 22 A
Bellevaux 74 .... 198 B
Bellevesvre 71 .... 178 D
Bélarga 34 .... 302 A 5
Belleville 54 .... 65 G
Belleville 69 .... 212 D
Belleville 79 .... 201 H
Belleville-en-Caux 76 .... 20 A
Belleville-sur-Bar 08 .... 43 E
Belleville-sur-Loire 18 .... 156 A
Belleville-sur-Mer 76 .... 10 B
Belleville-sur-Meuse 55 .... 44 B
Belleville-sur-Vie 85 .... 165 H
Bellevue 44 .... 147 H
Bellevue Grotte de 46 .... 260 D
Bellevue-Coëtquidan 56 .... 103 F
Bellevue-la-Montagne 43 .... 247 E
Belley 01 .... 214 D
Belley 10 .... 91 E
Belleydoux 01 .... 196 D
Bellicourt 02 .... 24 A
La Bellière 61 .... 54 A
La Bellière 76 .... 21 E
Bellignat 01 .... 196 C
Belligné 44 .... 148 C
Bellignies 59 .... 15 F
La Belliole 89 .... 113 E
Belloc 09 .... 336 D
Belloc-Saint-Clamens 32 .... 315 H
Bellocq 64 .... 293 E
Bellon 16 .... 221 E
Bellonne 62 .... 14 A
Bellot 77 .... 60 B
Bellou 14 .... 54 C
Bellou-en-Houlme 61 .... 53 F
Bellou-le-Trichard 61 .... 108 B
Bellou-sur-Huisne 61 .... 84 D
Belloy 60 .... 37 H
Belloy-en-France 95 .... 58 C
Belloy-en-Santerre 80 .... 23 F
Belloy-Saint-Léonard 80 .... 11 H
Belloy-sur-Somme 80 .... 22 A
Belluire 17 .... 219 G
Belmesnil 76 .... 20 A
Belmont 25 .... 162 C
Belmont 32 .... 295 G
Belmont 38 .... 232 A
Belmont 39 .... 179 E
Belmont 52 .... 140 A
Belmont 67 .... 96 D
Belmont 70 .... 141 H
Belmont-Bretenoux 46 .... 243 E
Belmont-d'Azergues 69 .... 212 D
Belmont-de-la-Loire 42 .... 212 A
Belmont-lès-Darney 88 .... 118 C
Belmont-Luthézieu 01 .... 214 D
Belmont-Sainte-Foi 46 .... 278 C
Belmont-sur-Buttant 88 .... 96 A
Belmont-sur-Rance 12 .... 300 C
Belmont-sur-Vair 88 .... 94 B
Belmont-Tramonet 73 .... 232 D
Belmontet 46 .... 277 F
Belon 29 .... 100 C
Belonchamp 70 .... 142 A
Belpech 11 .... 318 C
Belrain 55 .... 64 B
Belrupt 88 .... 118 D
Belrupt-en-Verdunois 55 .... 64 B
Bélus 40 .... 292 D
Belval 08 .... 26 C
Belval 50 .... 51 H
Belval 88 .... 96 C
Belval-Bois-des-Dames 08 .... 43 F
Belval-en-Argonne 51 .... 63 F
Belval-sous-Châtillon 51 .... 41 F
Belvédère 06 .... 291 F
Belvédère-Campomoro 2A .... 350 C
Belverne 70 .... 142 A
Belvès 24 .... 259 E
Belvès-de-Castillon 33 .... 238 D
Belvèze 82 .... 277 F
Belvèze-du-Razès 11 .... 337 F
Belvézet 30 .... 284 B
Belvézet 48 .... 265 E
Belvianes-et-Cavirac 11 .... 337 G
Belvis 11 .... 337 F
Belvoir 25 .... 163 E
Belz 56 .... 123 G
Bémécourt 27 .... 55 H
Bénac 09 .... 336 A
Bénac 65 .... 315 E
Benagues 09 .... 336 D

…enais 37 151 E 3
…enaix 09 336 D 3
…enaménil 54 95 H 2
…enarville 76 19 E 4
…enassay 86 185 H 1
… Benâte 17 201 G 2
… Bénate 44 165 G 2
…enauge Château de 33 256 B 2
…enay 02 24 B 3
…enayes 19 224 B 3
…endejun 06 291 F 5
…endor Île de 83 327 H 4
…endorf 68 143 F 4
…enéjacq 64 314 C 5
…enerville-sur-Mer 14 34 B 2
…enesse-lès-Dax 40 293 E 4
…enesse-Maremne 40 292 B 4
…enest 16 203 H 2
…enestroff 57 67 E 3
…enesville 76 19 H 3
…enet 85 184 C 3
…neuvre 21 138 D 4
…énévent-l'Abbaye 23 206 C 2
…eney-en-Woëvre 55 65 E 2
…enfeld 67 97 G 3
…engy-sur-Craon 18 173 H 2
…enifontaine 62 8 B 4
…ening-lès-Saint-Avold 57 47 F 5
… Bénisson-Dieu 42 211 G 1
…enivay-Ollon 26 285 H 1
…ennecourt 78 57 E 1
…ennetot 76 19 F 4
…enney 54 94 D 2
…ennwihr 68 121 E 2
…enodet 29 99 H 4
…enoisey 21 137 H 5
…enoîtville 50 28 D 4
…enon 17 183 H 5
…enonces 01 214 B 4
…enouville 14 33 H 4
…enouville 76 18 D 3
…enque 31 316 D 4
…enqué 65 333 G 1
…enque-Dessous-et-Dessus 31 334 A 4
…enquet 40 294 A 2
…entayou-Sérée 64 314 D 3
…ény 01 195 H 4
… Bény-Bocage 14 52 C 2
…ény-sur-Mer 14 33 G 3
…éon 01 214 D 4
…éon 89 113 G 5
…éost 64 332 A 2
… Bérarde 38 252 A 4
…érat 31 317 F 3
…éraut 32 295 H 1
…erbérust-Lias 65 332 D 1
…erbezit 43 246 D 1
…erbiguières 24 259 F 1
…erc 48 264 A 1
…ercenay-en-Othe 10 114 C 2
…ercenay-le-Hayer 10 90 A 5
…erche 25 142 B 5
…erchères-la-Maingot 28 86 A 3
…erchères-les-Pierres 28 86 B 4
…erchères-sur-Vesgre 28 57 E 3
…erck-Plage 62 6 A 5
…erck 62 6 A 5
…ercloux 17 201 H 4
…erd'Huis 61 84 D 5
…erdoues 32 315 H 2
…érelles 59 15 H 3
…érengeville-la-Campagne 27 36 A 5
…erentzwiller 68 143 G 3
…érenx 64 293 F 5
…éréziat 01 195 G 3
…erfay 72 108 D 5
…erg 67 67 H 3
…erg-sur-Moselle 57 46 B 2
…erganty 46 260 C 5
…ergbieten 67 97 F 1
…ergerac 24 257 H 1
…ergères 10 116 A 2
…ergères-lès-Vertus 51 61 G 3
…ergères-sous-Montmirail 51 60 D 3
…ergesserin 71 194 C 3
…ergheim 68 97 E 5
…ergholtz 68 120 D 4
…ergholtzzell 68 120 D 4
…ergicourt 80 22 A 3
…ergnicourt 08 42 A 2
…ergonne 63 228 A 3
…ergouey 40 293 G 3
…ergouey 64 311 G 3
…a Bergue 74 197 H 5
…ergueneuse 62 7 F 4
…ergues 59 3 G 3
Bergues-sur-Sambre 02 15 F 5
Berguette 62 7 H 3
Berhet 22 72 D 3
Bérig-Vintrange 57 67 E 2
Bérigny 50 32 C 4
Berjou 61 53 F 3
Berlaimont 59 15 F 3
Berlancourt 02 25 E 3
Berlancourt 60 23 H 4
Berlats 81 300 B 4
Berlencourt-le-Cauroy 62 12 D 2
Berles-au-Bois 62 13 F 3
Berles-Monchel 62 13 E 2
La Berlière 08 27 E 5
Berling 57 68 A 4
Berlise 02 25 H 4
Berlou 34 321 E 2
Bermerain 59 14 D 3
Berméricourt 51 41 G 2
Bermeries 59 15 F 2
Bermering 57 67 E 2
Bermesnil 80 21 F 2
Bermicourt 62 7 F 5
Bermont 90 142 C 3
Bermonville 76 19 F 4
Bernac 16 203 F 2
Bernac 81 299 E 1
Bernac-Debat 65 315 F 5
Bernac-Dessus 65 315 F 5
Bernadets 64 314 B 3
Bernadets-Debat 65 315 G 3
Bernadets-Dessus 65 315 G 5
Le Bernard 85 182 C 2
La Bernardière 85 166 A 1
Bernardswiller 67 97 F 2
Bernardvillé 67 97 E 3
Bernâtre 80 12 B 3
Bernaville 80 12 C 4
Bernay 17 201 G 2
Bernay 27 35 F 5
Bernay 72 107 F 4
Bernay-en-Brie 77 59 G 5
Bernay-en-Ponthieu 80 11 F 1
Berné 56 101 E 3
Bernécourt 54 65 E 4
Bernède 32 294 C 4
La Bernerie-en-Retz 44 146 D 5
Bernes 80 23 H 1
Bernes-sur-Oise 95 38 B 5
Bernesq 14 32 C 3
Berneuil 16 220 D 4
Berneuil 17 219 G 1
Berneuil 80 12 C 4
Berneuil 87 205 F 2
Berneuil-en-Bray 60 38 A 3
Berneuil-sur-Aisne 60 39 H 2
Berneval-le-Grand 76 10 B 5
Berneville 62 13 F 2
Bernex 74 198 C 3
Bernienville 27 56 A 1
Bernières 76 19 E 4
Bernières-d'Ailly 14 54 A 2
Bernières-le-Patry 14 52 D 3
Bernières-sur-Mer 14 33 G 3
Bernières-sur-Seine 27 36 C 4
Bernieulles 62 6 C 3
Bernin 38 233 E 5
Bernis 30 303 G 3
Bernolsheim 67 68 D 4
Bernon 10 114 D 5
Bernos-Beaulac 33 274 B 1
Bernot 02 24 C 2
Bernouil 89 136 D 2
Bernouville 27 37 F 3
Bernwiller 68 143 E 2
Berny-en-Santerre 80 23 F 2
Berny-Rivière 02 40 A 2
Bérou-la-Mulotière 28 56 A 4
Berrac 32 275 H 5
Berre-les-Alpes 06 291 F 5
Berre-l'Étang 13 326 C 1
Berriac 11 319 H 5
Berrias-et-Casteljau 07 284 A 1
Berric 56 124 D 4
Berrie 86 168 B 1
Berrien 29 76 C 2
Berrieux 02 41 F 1
Berrogain-Laruns 64 313 F 4
Berru 51 41 H 3
Berrwiller 68 120 D 5
Berry-au-Bac 02 41 F 2
Berry-Bouy 18 172 D 1
Le Bersac 05 269 E 5
Bersac-sur-Rivalier 87 206 B 2
Bersaillin 39 179 F 3
Bersée 59 8 D 4
Bersillies 59 15 H 2
Berson 33 237 G 2
Berstett 67 68 D 5
Berstheim 67 68 D 4
Bert 03 192 D 4
Bertangles 80 22 B 1
Bertaucourt-Epourdon 02 24 B 5
Berteaucourt-les-Dames 80 12 B 5
Berteaucourt-lès-Thennes 80 22 D 3
Bertheauville 76 19 F 3
Berthecourt 60 38 B 3
Berthegon 86 169 E 3
Berthelange 25 161 G 4
Berthelming 57 67 G 4
Berthen 59 4 A 5
Berthenay 37 151 G 3
Berthenicourt 02 24 B 3
Berthenonville 27 37 F 5
La Berthenoux 36 189 H 1
Berthez 33 256 C 4
Bertholène 12 281 E 1
Berthouville 27 35 F 4
Bertignat 63 228 D 2
Bertignolles 10 115 H 3
Bertincourt 62 13 H 4
Bertoncourt 08 26 B 5
Bertrambois 54 96 B 1
Bertrancourt 80 13 E 4
Bertrange 57 45 H 3
Bertre 81 298 D 5
Bertren 65 334 B 2
Bertreville 76 19 F 3
Bertreville-Saint-Ouen 76 20 A 3
Bertric-Burée 24 221 G 5
Bertrichamps 54 96 A 3
Bertricourt 02 41 G 2
Bertrimont 76 20 A 4
Bertrimoutier 88 96 C 5
Bertry 59 14 D 4
Béru 89 136 D 3
Béruges 86 186 A 1
Bérulle 10 114 B 3
Bérus 72 83 G 4
Berven 29 71 F 4
Berville 14 54 B 1
Berville 76 19 H 4
Berville 95 38 A 4
Berville-en-Roumois 27 35 H 3
Berville-la-Campagne 27 55 H 1
Berville-sur-Mer 27 34 D 2
Berville-sur-Seine 76 35 H 1
Berviller-en-Moselle 57 46 D 4
Berzé-la-Ville 71 194 D 4
Berzé-le-Châtel 71 194 D 3
Berzème 07 266 C 3
Berzieux 51 43 E 4
Berzy-le-Sec 02 40 B 3
La Besace 08 27 F 5
Besain 39 179 G 4
Besançon 25 162 A 3
Bésayes 26 249 G 4
Bescat 64 314 A 5
Bésignan 26 286 B 1
Bésingrand 64 313 H 3
Beslé 44 126 A 3
La Beslière 50 51 G 3
Beslon 50 52 A 3
Besmé 02 40 A 1
Besmont 02 25 H 2
Besnans 70 162 B 1
Besné 44 146 C 1
Besneville 50 31 F 2
Besny-et-Loizy 02 24 D 5
Bessac 16 220 D 4
Bessais-le-Fromental 18 173 H 5
Bessamorel 43 247 H 3
Bessan 34 322 C 4
Bessancourt 95 58 B 1
Bessans 73 235 F 4
Bessas 07 284 A 1
Le Bessat 42 230 C 5
Bessay 85 183 F 1
Bessay-sur-Allier 03 192 B 3
Besse 15 244 B 3
Bessé 16 203 E 3
La Besse 19 243 G 2
Besse 24 259 F 3
Besse-en-Chandesse 63 227 F 3
Besse-en-Oisans 38 251 H 3
Bessé-sur-Braye 72 131 E 2
Besse-sur-Issole 83 328 C 2
Bessède-de-Sault 11 337 F 5
Bessèges 30 283 H 2
Bessenay 69 212 C 5
Bessens 82 297 G 1
Besset 09 336 D 1
Bessey 42 230 D 4
Bessey-en-Chaume 21 177 G 1
Bessey-la-Cour 21 159 F 5
Bessey-lès-Cîteaux 21 160 B 5
La Besseyre-Saint-Mary 43 246 B 4
Bessières 31 298 B 2
Bessines 79 184 D 4
Bessines-sur-Gartempe 87 205 H 2
Bessins 38 250 A 1
Besson 03 192 A 3
Bessoncourt 90 142 C 3
Bessonies 46 261 G 1
Les Bessons 48 264 A 2
Bessuéjouls 12 263 E 4
Bessy 10 90 D 2
Bessy-sur-Cure 89 136 C 5
Bestiac 09 336 C 5
Bétaille 46 242 D 5
Betaucourt 70 140 D 2
Betbèze 65 316 A 5
Betbezer-d'Armagnac 40 274 C 5
Betcave-Aguin 32 316 B 2
Betchat 09 335 E 1
Bétête 23 189 H 4
Béthancourt-en-Valois 60 39 G 3
Béthancourt-en-Vaux 02 24 A 5
Bétharram Grottes de 64 332 C 1
Béthelainville 55 43 H 4
Béthemont-la-Forêt 95 58 B 1
Béthencourt 59 14 D 4
Béthencourt-sur-Mer 80 11 E 4
Béthencourt-sur-Somme 80 23 G 3
Bétheniville 51 42 B 3
Bétheny 51 41 G 3
Béthincourt 55 43 H 3
Béthines 86 187 G 2
Béthisy-Saint-Martin 60 39 F 3
Béthisy-Saint-Pierre 60 39 F 3
Bethmale 09 335 E 3
Bethon 51 90 A 2
Béthon 72 83 G 4
Bethoncourt 25 142 B 4
Béthonsart 62 7 H 5
Béthonvilliers 28 109 E 2
Bethonvilliers 90 142 C 2
Béthune 62 8 A 4
Bétignicourt 10 91 G 4
Beton-Bazoches 77 60 A 5
Betoncourt-lès-Brotte 70 141 G 3
Betoncourt-les-Ménétriers 70 140 C 4
Betoncourt-Saint-Pancras 70 118 D 5
Betoncourt-sur-Mance 70 140 B 2
Bétous 32 295 E 3
Betplan 32 315 F 2
Betpouey 65 333 E 3
Betpouy 65 315 H 4
Bétracq 64 294 D 5
Betschdorf 67 69 F 2
Bettaincourt-sur-Rognon 52 93 E 5
Bettainvillers 54 45 F 4
Bettancourt-la-Ferrée 52 63 F 5
Bettancourt-la-Longue 51 63 E 3
Bettange 57 46 C 4
Bettant 01 214 A 3
Bettborn 57 67 G 4
Bettegney-Saint-Brice 88 95 E 5
Bettelainville 57 46 B 4
Bettembos 80 21 G 3
Bettencourt-Rivière 80 11 H 4
Bettencourt-Saint-Ouen 80 12 B 5
Bettendorf 68 143 F 3
Bettes 65 333 F 1
Betteville 76 19 H 5
Bettignies 59 15 G 2
Betting 57 47 E 5
Bettlach 68 143 G 4
Betton 35 104 B 2
Betton-Bettonet 73 233 H 2
Bettoncourt 88 94 D 4
Bettoncourt-le-Haut 52 93 F 4
Bettrechies 59 15 F 2
Bettviller 57 68 A 1
Bettwiller 67 67 H 3
Betz 60 39 G 5
Betz-le-Château 37 170 B 2
Beugin 62 7 H 5
Beugnâtre 62 13 H 4
Beugneux 02 40 C 4
Beugnies 59 15 H 4
Le Beugnon 79 184 D 1
Beugnon 89 114 C 4
Beugny 62 13 H 4
Beuil 06 289 G 3
Le Beulay 88 96 C 4
Beulotte-Saint-Laurent 70 119 H 5
Beure 25 162 A 4
Beurey 10 115 H 2
Beurey-Bauguay 21 159 E 4
Beurey-sur-Saulx 55 63 G 4
Beurières 63 229 E 4
Beurizot 21 159 E 3
Beurlay 17 201 E 4
Beurville 52 92 B 5
Beussent 62 6 C 3
Beuste 64 314 C 5
Beutal 25 142 A 5
Beutin 62 6 B 4
Beuvardes 02 40 C 5
Beuveille 54 44 D 2
Beuvezin 54 94 C 4
Beuvillers 14 34 C 5
Beuvillers 54 45 F 3
Beuvrages 59 9 G 5
Beuvraignes 80 23 F 4
Beuvray Mont 71 176 B 3
Beuvrequen 62 2 B 5
Beuvreuil 76 37 F 1
Beuvrigny 50 52 B 1
Beuvron 58 157 E 3
Beuvron-en-Auge 14 34 A 4
Beuvry 62 8 A 4
Beuvry-la-Forêt 59 9 E 4
Beux 57 66 B 2
Beuxes 86 168 D 1
Beuzec-Cap-Sizun 29 99 E 2
Beuzeville 27 34 D 3
Beuzeville-au-Plain 50 29 G 5
Beuzeville-la-Bastille 50 31 H 2
Beuzeville-la-Grenier 76 19 E 5
Beuzeville-la-Guérard 76 19 F 4
Beuzevillette 76 19 F 5
Bévenais 38 232 B 4
Beveuge 70 141 H 5
Béville-le-Comte 28 86 C 4
Bévillers 59 14 C 4
Bevons 04 287 F 3
Bévy 21 159 H 5
Bey 01 195 E 5
Bey 71 178 A 3
Bey-sur-Seille 54 66 B 4
Beychac-et-Caillau 33 237 H 5
Beychevelle 33 237 F 2
Beylongue 40 293 F 1
Beynac 87 205 G 5
Beynac-et-Cazenac 24 259 F 1
Beynat 19 242 D 3
Beynes 04 288 A 5
Beynes 78 57 G 3
Beynost 01 213 F 4
Beyrède Col de 65 333 G 2
Beyrède-Jumet 65 333 H 3
Beyren-lès-Sierck 57 45 H 2
Beyrie-en-Béarn 64 314 A 3
Beyrie-sur-Joyeuse 64 311 G 4
Beyries 40 293 H 4
Beyssac 19 223 H 5
Beyssac Château de 24 241 F 5
Beyssenac 19 223 G 4
Le Bez 81 300 A 5
Bez-et-Esparon 30 282 C 5
Bézac 09 336 B 1
Bezalles 77 60 A 5
Bézancourt 76 37 F 2
Bezange-la-Grande 54 66 C 5
Bezange-la-Petite 57 66 D 5
Bezannes 51 41 G 4
Les Bézards 45 134 D 3
Bézaudun-les-Alpes 06 309 F 1
Bézaudun-sur-Bîne 26 267 H 3
Bezaumont 54 65 G 4
Bèze 21 160 C 1
Bézenac 24 259 F 1
Bézenet 03 191 F 4
Bézéril 32 296 D 5
Béziers 34 321 G 3
Bezinghem 62 6 C 3
Bezins-Garraux 31 334 B 3
La Bezole 11 337 F 2
Bezolles 32 295 H 2
Bezons 95 58 B 2
Bezonvaux 55 44 C 5
Bezouce 30 304 A 1
Bézouotte 21 160 C 2
Bézu-la-Forêt 27 37 F 2
Bézu-le-Guéry 02 60 A 1
Bézu-Saint-Éloi 27 37 F 3
Bézu-Saint-Germain 02 40 C 5
Bézues-Bajon 32 316 B 3
Biache-Saint-Vaast 62 13 H 2
Biaches 80 23 G 1
Bians-les-Usiers 25 180 C 2
Biard 86 186 B 1
Les Biards 50 81 F 2
Biarne 39 160 D 5
Biarre 80 23 G 4
Biarritz 64 310 C 2
Biarritz-Bayonne-Anglet Aéroport de 64 310 C 2
Biarrotte 40 292 C 4
Biars-sur-Cère 46 243 E 5
Bias 40 272 B 3
Bias 47 258 B 5
Biaudos 40 292 B 4
Bibiche 57 46 C 3
Biblisheim 67 69 E 2
Bibost 69 212 C 5
Bichancourt 02 24 A 5
Biches 58 175 G 2
Bickenholtz 57 67 H 4
Bicqueley 54 94 B 1
Bidache 64 292 D 5
Bidarray 64 311 E 5
Bidart 64 310 C 3
Bidestroff 57 67 E 3
Biding 57 67 E 1
Bidon 07 284 C 1
Bidos 64 331 H 1
Biécourt 88 94 C 4
Biederthal 68 143 G 4
Bief 25 163 F 2
Bief-des-Maisons 39 180 A 4
Bief-du-Fourg 39 180 B 3
Biefmorin 39 179 E 2
Biefvillers-lès-Bapaume 62 13 G 4
Bielle 64 332 A 1
Bielsa Tunnel de 65 333 F 5
Bienassis Château de 22 78 D 2
Biencourt 80 11 F 5
Biencourt-sur-Orge 55 93 F 2
Bienville 60 39 F 2
Bienville-la-Petite 54 95 F 1
Bienvillers-au-Bois 62 13 F 3
Biermes 08 42 B 1
Biermont 60 23 F 5
Bierné 53 128 C 2
Bierne 59 3 G 3
Biernes 52 92 C 5
Bierre-lès-Semur 21 158 D 2
Bierry-les-Belles-Fontaines 89 137 G 5
Biert 09 335 G 3
Bierville 76 36 C 1
Biesheim 68 121 F 3
Biesles 52 117 F 3
Bietlenheim 67 69 E 4
Bieujac 33 256 C 4
Bieuxy 02 40 A 2
Bieuzy 56 101 G 4
Bieuzy-Lanvaux 56 124 A 2
Biéville 50 32 C 5
Biéville-Beuville 14 33 G 4
Biéville-en-Auge 14 34 A 5
Biéville-Quétiéville 14 34 A 5
Biéville-sur-Orne 14 33 G 4
Bièvres 02 41 E 1
Bièvres 08 27 H 5
Bièvres 91 58 B 4
Biffontaine 88 96 A 5
Biganos 33 254 C 2
Bignac 16 203 E 5
Bignan 56 102 B 5
Bignay 17 201 G 3
La Bigne 14 52 D 1
Bignicourt 08 42 B 2
Bignicourt-sur-Marne 51 62 C 5
Bignicourt-sur-Saulx 51 63 E 4
Le Bignon 44 147 H 5
Le Bignon-du-Maine 53 106 B 5
Le Bignon-Mirabeau 45 112 D 3
Bignoux 86 186 C 1
Bigny 18 173 E 4
Bigorno 2B 347 F 2
La Bigottière 53 105 H 2
Biguglia 2B 345 G 5
Bihucourt 62 13 G 4
Bilazais 79 168 B 2
Bile Pointe du 56 145 G 3
Bilhères 64 332 A 1
Bilia 2A 350 D 2
Bilieu 38 232 C 4
Billac 19 242 D 5
Billancelles 28 85 G 3
Billancourt 80 23 G 3
Les Billanges 87 206 C 3
Billaude Cascade de la 39 179 H 5
Les Billaux 33 238 B 4
Billé 35 81 E 5
Billecul 39 180 A 4
Billère 64 314 B 3
Billey 21 160 D 5
Billezois 03 210 C 1

A B C D E F G H I J K L M N O P Q R S T U V W X Y Z

A B C D E F G H I J K L M N O P Q R S T U V W X Y Z

Billiat 01....214 D 2
Billième 73....215 E 5
Billière 31....334 A 4
Billiers 56....124 D 5
Billio 56....102 C 5
Billom 63....228 B 1
Billy 03....192 B 5
Billy 14....33 H 5
Billy 41....153 G 3
Billy-Berclau 62....8 C 4
Billy-Chevannes 58....175 E 2
Billy-le-Grand 51....42 A 5
Billy-lès-Chanceaux 21....138 C 5
Billy-Montigny 62....8 C 5
Billy-sous-les-Côtes 55....64 D 2
Billy-sous-Mangiennes 55....44 C 3
Billy-sur-Aisne 02....40 B 3
Billy-sur-Oisy 58....157 E 1
Billy-sur-Ourcq 02....40 B 4
Bilitzheim 68....121 E 4
Bilwisheim 67....68 D 4
Bimont 62....6 D 3
Binarville 51....43 E 4
Binas 41....132 B 2
Bindernheim 67....97 G 4
Binges 21....160 C 3
Binic 22....73 H 5
Bining 57....68 A 1
Biniville 50....29 F 5
Binos 31....334 B 3
Binson-et-Orquigny 51....41 E 5
Bio 46....260 D 1
Biol 38....232 B 3
La Biolle 73....215 F 5
Biollet 63....208 D 3
Bion 52....52 C 5
Bioncourt 57....66 B 4
Bionville 54....96 B 2
Bionville-sur-Nied 57....66 C 1
Biot 06....309 F 3
Le Biot 74....198 C 4
Bioule 82....278 B 4
Bioussac 16....203 G 2
Biozat 03....210 A 2
Birac 16....220 D 2
Birac 33....256 C 5
Birac-sur-Trec 47....257 F 5
Biran 32....295 H 3
Biras 24....240 B 1
Biriatou 64....310 B 4
Birieux 01....213 G 3
Birkenwald 67....68 B 5
Birlenbach 67....69 E 1
Biron 17....219 H 2
Biron 24....258 D 3
Biron 64....313 G 2
Bisanne Signal de 73....216 B 5
Biscarrosse 40....254 B 5
Biscarrosse-Plage 40....254 A 5
Bischheim 67....97 H 1
Bischholtz 67....68 C 3
Bischoffsheim 67....97 F 2
Bischtroff-sur-Sarre 67....67 G 3
Bischwihr 68....121 F 2
Bischwiller 67....69 E 4
Bisel 68....143 E 4
Bisinao 2A....348 D 4
Bisinchi 2B....347 F 2
Bislée 55....64 C 4
Bisping 57....67 F 4
Bissert 67....67 G 2
Bisseuil 51....61 H 1
Bissey-la-Côte 21....116 A 5
Bissey-la-Pierre 21....137 H 2
Bissey-sous-Cruchaud 71....177 G 5
Bisseezeele 59....3 G 3
Bissières 14....34 A 5
Bissy-la-Mâconnaise 71....195 E 2
Bissy-sous-Uxelles 71....194 D 1
Bissy-sur-Fley 71....177 F 5
Bisten-en-Lorraine 57....46 D 5
Bistroff 57....67 E 2
Bitche 57....68 B 1
Bitry 58....156 H 1
Bitry 60....39 H 2
Bitschhoffen 67....68 D 3
Bitschwiller-lès-Thann 68....142 D 1
Biver 13....327 E 1
Bivès 32....296 C 2
Biviers 38....251 E 1
Biville 50....28 D 3
Biville-la-Baignarde 76....20 A 3
Biville-la-Rivière 76....20 A 3
Biville-sur-Mer 76....10 C 5
Bivilliers 61....84 C 2
Bizanet 11....320 D 5
Bizanos 64....314 B 4

Bize 52....140 A 2
Bize 65....334 A 2
Bize-Minervois 11....320 D 4
Bizeneuille 03....191 E 3
Le Bizet 59....8 C 2
Biziat 01....195 F 5
Bizonnes 38....232 B 4
Le Bizot 25....163 F 4
Les Bizots 71....176 D 4
Bizou 61....84 D 3
Blacé 69....212 D 2
Blaceret 69....212 D 2
Blacourt 60....37 G 1
Blacqueville 76....19 H 5
Blacy 51....62 C 4
Blacy 89....137 F 5
Blaesheim 67....97 G 2
Blagnac 31....297 H 4
Blagny 08....27 G 4
Blagny-sur-Vingeanne 21....160 D 2
Blaignac 33....256 D 4
Blaignan 33....219 E 5
Blain 44....147 F 1
Blaincourt-lès-Précy 60....38 C 4
Blaincourt-sur-Aube 10....91 G 4
Blainville-Crevon 76....36 C 1
Blainville-sur-l'Eau 54....95 F 2
Blainville-sur-Mer 50....31 F 5
Blainville-sur-Orne 14....33 H 4
Blairville 62....13 F 3
Blaise 08....42 D 2
Blaise 52....92 C 5
Blaise-sous-Arzillières 51....62 C 5
Blaison-Saint-Sulpice 49....149 H 2
Blaisy 52....116 D 2
Blaisy-Bas 21....159 G 2
Blaisy-Haut 21....159 G 3
Blajan 31....316 B 4
Blajoux 48....282 C 1
Blamont 25....163 G 2
Blâmont 54....96 A 1
Blan 81....299 E 5
Le Blanc 36....187 H 1
Blanc Lac du....120 C 2
Le Blanc-Mesnil 93....58 D 2
Blanc-Misseron 59....9 H 5
Blanc-Nez Cap 62....2 B 3
Blancafort 18....155 F 1
Blancey 21....159 E 3
Blancfossé 60....22 B 4
Blanche-Église 57....67 E 4
Blanchefontaine 25....163 F 3
Blanchefosse 08....25 H 3
Blancherupt 67....96 D 3
Blancheville 52....117 E 2
Blandainville 28....85 H 5
Blandas 30....302 A 1
Blandin 38....232 B 3
Blandouet 53....106 D 4
Blandy 77....88 C 2
Blandy 91....87 G 5
Blangermont 62....12 C 2
Blangerval 62....12 C 2
Blangy-le-Château 14....34 D 4
Blangy-sous-Poix 80....21 H 3
Blangy-sur-Bresle 76....11 F 5
Blangy-sur-Ternoise 62....7 F 5
Blangy-Tronville 80....22 C 2
Blannay 89....157 H 1
Blanot 21....158 C 5
Blanot 71....194 D 2
Blanquefort 32....296 C 4
Blanquefort 33....237 F 5
Blanquefort-sur-Briolance 47....259 E 3
Blanzac 16....221 E 3
Blanzac 43....247 F 3
Blanzac 87....205 F 1
Blanzac-lès-Matha 17....202 B 4
Blanzaguet-Saint-Cybard 16....221 G 4
Blanzat 63....209 G 5
Blanzay 86....186 B 5
Blanzay-sur-Boutonne 17....201 H 2
Blanzée 55....44 C 5
Blanzy 71....176 D 5
Blanzy-la-Salonnaise 08....41 H 1
Blanzy-lès-Fismes 02....40 D 3
Blargies 60....21 G 4
Blarians 25....162 B 2
Blaringhem 59....7 G 2
Blars 46....260 D 4
Blaru 78....56 D 1
Blasimon 33....256 D 2
Blaslay 86....169 E 5
Blassac 43....246 D 4

Blaudeix 23....189 H 5
Blausasc 06....291 F 5
Blauvac 84....286 A 4
Blauzac 30....284 D 5
Blavignac 48....246 A 5
Blavozy 43....247 G 3
Blay 14....32 D 3
Blaye 33....237 F 2
Blaye-les-Mines 81....279 G 5
Blaymont 47....276 D 2
Blaziert 32....296 A 1
Blécourt 52....92 D 4
Blécourt 59....14 B 3
Blégiers 04....288 B 2
Bleigny-le-Carreau 89....136 C 2
Bleine Col de 06....308 D 1
Blémerey 54....95 H 1
Blémerey 88....94 C 4
Blendecques 62....3 F 5
Bléneau 89....135 E 4
Blennes 77....113 E 2
Blénod-lès-Pont-à-Mousson 54....65 G 3
Blénod-lès-Toul 54....94 B 1
Bléquin 62....6 D 2
Blérancourt 02....40 A 1
Blercourt 55....43 H 5
Bléré 37....152 C 3
Blériot-Plage 62....2 C 3
Bléruais 35....103 G 3
Blésignac 33....256 B 1
Blesle 43....227 H 5
Blesme 51....63 E 4
Blesmes 02....60 C 1
Blessac 23....207 G 3
Blessonville 52....116 D 4
Blessy 62....7 G 3
Blet 18....173 H 3
Bletterans 39....179 E 4
Bleurville 88....118 C 3
Bleury-Saint-Symphorien 28....86 C 3
Blevaincourt 88....118 A 3
Blèves 72....84 A 3
Le Bleymard 48....265 E 5
Blicourt 60....22 A 5
Blienschwiller 67....97 E 4
Blies-Ébersing 57....47 H 5
Blies-Guersviller 57....47 G 5
Bliesbruck 57....47 H 5
Blieux 04....307 H 1
Blignicourt 10....91 H 3
Bligny 10....116 A 3
Bligny 51....41 F 4
Bligny-en-Othe 89....114 A 4
Bligny-le-Sec 21....159 G 2
Bligny-lès-Beaune 21....177 H 2
Bligny-sur-Ouche 21....159 F 5
Blincourt 60....39 E 2
Blingel 62....7 E 5
Blis-et-Born 24....241 E 2
Blismes 58....157 H 5
Blodelsheim 68....121 G 5
Blois 41....132 A 5
Blois-sur-Seille 39....179 F 4
Blomac 11....320 B 5
Blomard 03....191 G 5
Blombay 08....26 B 2
Blond 87....205 F 2
Blondefontaine 70....118 B 5
Blonville-sur-Mer 14....34 B 3
Blosseville 76....19 H 2
Blosville 50....31 H 2
Blot-l'Église 63....209 G 2
Blotzheim 68....143 G 3
Blou 49....150 C 2
Blousson-Sérian 32....315 F 2
La Bloutière 50....52 A 2
Bloye 74....215 F 3
Bluffy 74....215 H 4
Blumeray 52....92 B 4
Blussangeaux 25....142 A 5
Blussans 25....142 A 5
Blye 39....179 F 5
Blyes 01....213 H 4
Le Bô 14....53 F 2
Bobigny 93....58 D 2
Bobital 22....79 G 4
Le Bocasse 76....20 B 5
La Bocca 06....309 E 4
Bocca Bassa Col de 2B....346 A 3
Bocca di Vezzu 2B....345 E 5
Bocé 49....150 C 1
Bocognano 2A....349 E 2
Bocquegney 88....119 E 2
Bocquencé 61....55 E 3
Le Bodéo 22....78 A 5

Bodilis 29....71 F 5
Boé 47....276 B 3
Boëcé 61....84 B 3
Boëge 74....198 A 5
Boeil-Bezing 64....314 C 4
Le Boël 35....104 A 4
Boën-sur-Lignon 42....229 G 1
Bœrsch 67....97 E 2
Boeschepe 59....4 A 5
Bœseghem 59....7 G 2
Bœsenbiesen 67....97 G 5
Bœssé-le-Sec 72....108 C 3
Bœsses 45....112 A 3
Bœurs-en-Othe 89....114 B 3
Boffles 62....12 C 3
Boffres 07....248 D 5
Bogève 74....198 A 5
Bogny-sur-Meuse 08....26 D 2
Bogros 63....226 D 2
Bogy 07....249 E 1
Bohain-en-Vermandois 02....24 C 1
Bohal 56....125 E 2
La Bohalle 49....149 H 2
Bohars 29....75 E 2
Bohas 01....214 A 1
Boigneville 91....87 H 5
Boigny-sur-Bionne 45....111 G 5
Boinville-en-Mantois 78....57 F 2
Boinville-en-Woëvre 55....44 D 5
Boinville-le-Gaillard 78....86 D 3
Boinvilliers 78....57 F 2
Boiry-Becquerelle 62....13 G 3
Boiry-Notre-Dame 62....13 H 2
Boiry-Saint-Martin 62....13 G 3
Boiry-Sainte-Rictrude 62....13 G 3
Bois 17....219 G 3
Le Bois 73....234 B 3
Bois-Anzeray 27....55 G 2
Bois-Arnault 27....55 G 4
Bois-Aubry Abbaye de 37....169 G 2
Bois-Bernard 62....8 C 5
Bois-Chenu Basilique du 88....93 H 3
Bois-Chevalier Château de 44....165 G 2
Bois-Colombes 92....58 B 3
Bois-d'Amont 39....197 G 1
Bois-d'Arcy 78....58 A 4
Bois-d'Arcy 89....157 G 1
Bois-de-Céné 85....165 E 2
Bois-de-Champ 88....96 A 5
Bois-de-Gand 39....179 E 4
Bois-de-la-Chaize 85....164 B 1
Bois-de-la-Pierre 31....317 F 3
Bois-d'Ennebourg 76....36 C 2
Le Bois-d'Oingt 69....212 C 4
Bois Dousset Château du 86....186 D 1
Bois-du-Four 12....281 G 2
Bois-Grenier 59....8 C 2
Bois-Guilbert 76....36 C 1
Bois-Guillaume-Bihorel 76....36 B 1
Le Bois-Hellain 27....35 E 3
Bois-Héroult 76....20 D 5
Bois-Herpin 91....87 G 5
Bois-Himont 76....19 G 5
Bois-Jérôme-Saint-Ouen 27....37 E 5
Bois-la-Ville 25....162 C 2
Bois-le-Roi 27....56 C 3
Bois-le-Roi 77....88 B 3
Bois-lès-Pargny 02....24 D 3
Bois-l'Évêque 76....36 C 2
Bois Noirs 63....210 D 4
Bois-Normand-près-Lyre 27....55 G 3
Le Bois-Plage-en-Ré 17....182 D 5
Le Bois-Robert 76....20 B 2
Bois-Sainte-Marie 71....194 A 4
Bois-Sir-Amé Château de 18....173 F 3
Bois-Thibault Château de 53....82 C 3
Boisbergues 80....12 C 4
Boisbreteau 16....220 C 5
Boiscommun 45....111 H 4
Boisdinghem 62....3 E 5
Boisdon 77....60 A 5
Boisemont 27....37 E 3
Boisemont 95....57 H 1
Boisgasson 28....109 G 4
Boisgervilly 35....103 G 2
Boisjean 62....6 C 5
Le Boisle 80....11 H 1
Boisleux-au-Mont 62....13 G 3
Boisleux-Saint-Marc 62....13 G 3
Boismé 79....167 H 4
Boismont 54....44 D 3
Boismont 80....11 F 3

Boismorand 45....134 D 3
Boisney 27....35 F 5
Boisrault 80....21 G 2
Boisredon 17....219 G 5
Boisroger 50....31 F 5
Boissay 76....36 D 1
La Boisse 01....213 G 4
Boisse 24....258 B 2
Boisse-Penchot 12....261 H 4
Boisseau 41....132 A 3
Boisseaux 45....111 E 2
Boissède 31....316 C 3
Boisserolles 79....201 H 1
Boisseron 34....303 F 3
Les Boisses 73....235 F 2
Boisset 15....261 H 1
Boisset 34....320 C 3
Boisset 43....229 G 5
Boisset-et-Gaujac 30....283 G 5
Boisset-lès-Montrond 42....229 H 2
Boisset-les-Prévanches 27....56 C 2
Boisset-Saint-Priest 42....229 H 3
Boissets 78....57 E 3
Boissettes 77....88 B 3
Boisseuil 87....205 H 5
Boisseuilh 24....241 G 1
Boissey 01....195 F 3
Boissey 14....54 B 1
Boissey-le-Châtel 27....35 G 3
Boissezon 81....299 H 5
Boissia 39....196 D 1
La Boissière 14....34 C 5
La Boissière 27....56 D 2
La Boissière 34....302 B 4
La Boissière 39....196 B 3
La Boissière 53....127 H 3
La Boissière Ancienne Abbaye 49....129 H 5
La Boissière-d'Ans 24....241 E 1
La Boissière-de-Montaigu 85....166 B 2
La Boissière-des-Landes 85....182 D 1
La Boissière-du-Doré 44....148 B 4
La Boissière-École 78....57 F 5
La Boissière-en-Gâtine 79....185 E 1
La Boissière-sur-Èvre 49....148 C 3
Boissières 30....303 G 2
Boissières 46....259 H 4
Boissise-la-Bertrand 77....88 B 3
Boissise-le-Roi 77....88 A 3
Boissy-aux-Cailles 77....88 A 5
Boissy-en-Drouais 28....56 C 5
Boissy-Fresnoy 60....39 G 5
Boissy-la-Rivière 91....87 F 5
Boissy-l'Aillerie 95....57 H 1
Boissy-Lamberville 27....35 F 5
Boissy-le-Bois 60....37 H 4
Boissy-le-Châtel 77....60 A 4
Boissy-le-Cutté 91....87 G 3
Boissy-le-Repos 51....60 D 3
Boissy-le-Sec 91....87 F 3
Boissy-lès-Perche 28....55 H 5
Boissy-Mauvoisin 78....57 E 2
Boissy-Saint-Léger 94....58 D 4
Boissy-sans-Avoir 78....57 G 4
Boissy-sous-Saint-Yon 91....87 G 3
Boissy-sur-Damville 27....56 B 3
Boistrudan 35....104 D 4
Boisville-la-Saint-Père 28....86 C 5
Boisyvon 50....52 A 3
Boitron 61....83 H 2
Boitron 77....60 B 3
Bolandoz 25....180 A 1
Bolazec 29....76 D 2
Bolbec 76....19 E 5
Bollène 84....285 E 2
La Bollène-Vésubie 06....291 F 3
Bolleville 50....31 F 3
Bolleville 76....19 F 5
Bollezeele 59....3 G 4
La Bolline 06....289 H 3
Bollwiller 68....121 E 5
Bologne 52....117 E 2
Bolozon 01....196 B 5
Bolquère 66....341 G 4
Bolsenheim 67....97 G 3
Bombannes 33....236 B 2
Bombon 77....88 D 2
Bommes 33....255 H 4
Bommiers 36....172 B 4
Bompas 09....336 B 4
Bompas 66....339 E 5
Bomy 62....7 F 3
Bon-Encontre 47....276 B 3
Bona 58....175 E 1

Bonac-Irazein 09....335 E
Bonaguil Château de 47....259 E
Bonas 32....295 H
Bonascre Plateau de 09....340
Bonboillon 70....161
Boncé 28....86
Bonchamp-lès-Laval 53....106 A
Boncourt 02....25 F
Boncourt 27....56 C
Boncourt 28....56 D
Boncourt 54....45 E
Boncourt-le-Bois 21....160 A
Boncourt-sur-Meuse 55....64 C
Bondaroy 45....111 G
Bondeval 25....142 C
Bondigoux 31....298 D
Les Bondons 48....282 D
Bondoufle 91....87 F
Bondues 59....8
Bondy 93....58 D
Bonen 22....77 F
Bonette Cime de la 04....289 E
Bongheat 63....228 B
Le Bonhomme 68....120 C
Bonhomme Col du 88....120 C
Bonifacio 2A....351 F
Bonifato Cirque de 2B....346 C
Bonlier 60....38 A
Bonlieu 39....197 E
Bonlieu-sur-Roubion 26....267 F
Bonloc 64....311 E
Bonnac 09....318 B
Bonnac 15....245 H
Bonnac-la-Côte 87....205 H
Bonnal 25....141 G
Bonnard 89....114 A
Bonnat 23....189 F
Bonnatrait 74....198 A
Bonnaud 39....196 A
Bonnay 25....162 A
Bonnay 71....194 C
Bonnay 80....22
Bonne 74....197
Bonne-Fontaine 57....68 A
Bonne-Fontaine Château de 35....80 C
Bonnebosq 14....34 B
Bonnecourt 52....117 G
Bonnée 45....134 A
Bonnefamille 38....231 H
Bonnefoi 61....55 F
Bonnefond 19....225 F
Bonnefont 65....315 H
Bonnefontaine 39....179 F
Bonnefontaine Ancienne Abbaye de 08....25 H
Bonnegarde 40....293 G
Bonneil 02....60 C
Bonnelles 78....87 F
Bonnemain 35....80 A
Bonnemaison 14....53 F
Bonnemazon 65....333 G
Bonnencontre 21....178
Bonnes 16....239 F
Bonnes 86....186 D
Bonnesvalyn 02....40 B
Bonnet 55....93 F
Bonnétable 72....108 B
Bonnétage 25....163 F
Bonnetan 33....255 H
Bonneuil 16....220 C
Bonneuil 36....188 A
Bonneuil-en-France 95....58 C
Bonneuil-en-Valois 60....39 G
Bonneuil-les-Eaux 60....22 B
Bonneuil-Matours 86....169 G
Bonneuil-sur-Marne 94....58 D
Bonneval 28....110 A
Bonneval 43....247 F
Bonneval 73....234 B
Bonneval-en-Diois 26....268 A
Bonneval-sur-Arc 73....235 G
Bonnevaux 25....180 B
Bonnevaux 30....283 G
Bonnevaux 74....198 C
Bonnevaux-le-Prieuré 25....162 B
Bonneveau 41....131 F
Bonnevent-Velloreille 70....161 H
Bonneville 16....202 D
La Bonneville 50....31 G
Bonneville 74....216 A
Bonneville 80....12 C
Bonneville-Aptot 27....35 G
Bonneville-et-Saint-Avit-de-Fumadières 24....239 F
Bonneville-la-Louvet 14....34 A
La Bonneville-sur-Iton 27....56 A

onneville-sur-Touques 14 .... 34 C 3
onnières 60 .... 37 H 1
onnières 62 .... 12 C 3
onnières-sur-Seine 78 .... 57 E 1
onnieux 84 .... 305 H 2
onningues-lès-Ardres 62 .... 2 D 5
onningues-lès-Calais 62 .... 2 C 4
onnœil 14 .... 53 G 2
onnœuvre 44 .... 127 F 5
onnut 64 .... 293 G 5
onny-sur-Loire 45 .... 156 A 1
e Bono 56 .... 124 A 3
onrepos 65 .... 315 H 5
onrepos-Riquet 31 .... 298 B 4
onrepos-sur-Aussonnelle 31 .... 297 H 5
ons-en-Chablais 74 .... 198 A 4
ons-Tassilly 14 .... 53 H 2
onsecours 76 .... 36 B 2
onsmoulins 61 .... 55 E 5
onson 06 .... 291 E 4
onson 42 .... 229 H 3
onvillard 73 .... 234 A 2
onvillaret 73 .... 234 A 2
onviller 54 .... 95 F 1
onvillers 60 .... 22 C 5
onvillet 88 .... 118 C 3
onvouloir Tour de 61 .... 82 C 2
ony 02 .... 24 A 1
onzac 33 .... 238 C 4
onzée-en-Woëvre 55 .... 64 D 1
ô-Silhen 65 .... 332 D 2
oofzheim 67 .... 97 G 4
os 40 .... 293 E 1
os 76 .... 36 F 5
ootzheim 67 .... 97 G 5
oqueho 22 .... 78 A 3
oquen Abbaye de 22 .... 78 D 5
or-et-Bar 12 .... 279 G 3
oran-sur-Oise 60 .... 38 C 5
orce 64 .... 331 H 4
ord-Saint-Georges 23 .... 190 A 5
ordeaux 33 .... 237 G 5
ordeaux-en-Gâtinais 45 .... 112 A 4
ordeaux-Mérignac Aéroport de 33 .... 237 F 5
ordeaux-Saint-Clair 76 .... 18 D 4
ordères 64 .... 314 C 5
ordères-et-Lamensans 40 .... 294 B 4
ordères-Louron 65 .... 333 H 3
ordères-sur-l'Échez 65 .... 315 E 4
es Bordes 36 .... 172 B 2
es Bordes 45 .... 134 A 3
ordes 64 .... 314 B 5
ordes 65 .... 315 G 5
es Bordes 71 .... 178 A 3
es Bordes 89 .... 113 H 4
es Bordes-Aumont 10 .... 115 E 2
es Bordes-de-Rivière 31 .... 334 B 1
es Bordes-sur-Arize 09 .... 335 H 1
es Bordes-sur-Lez 09 .... 335 E 3
ordezac 30 .... 283 H 2
ordes 17 .... 201 E 4
orée 07 .... 248 A 5
e Boréon 06 .... 291 E 2
oresse-et-Martron 17 .... 238 D 1
orest 60 .... 39 E 5
orey 70 .... 141 G 4
orgo 2B .... 347 G 2
ormes-les-Mimosas 83 .... 328 D 4
e Born 31 .... 298 A 1
e Born 48 .... 264 C 4
orn-de-Champs 24 .... 258 C 2
ornambusc 76 .... 18 D 4
orny 39 .... 196 B 1
orne 07 .... 265 G 3
a Borne 18 .... 155 G 4
orne 43 .... 247 E 3
ornel 60 .... 38 D 4
orny 57 .... 65 H 1
oron 90 .... 142 D 4
orre 59 .... 3 H 5
orrèze 24 .... 241 H 5
ors 16 .... 220 C 5
ors 16 .... 221 F 5
ort-l'Étang 63 .... 210 B 5
orville 54 .... 95 F 3
e Bosc 09 .... 336 A 3
e Bosc 34 .... 301 H 3
osc-Bénard-Commin 27 .... 35 H 3
osc-Bérenger 76 .... 20 C 4
osc-Bordel 76 .... 20 D 5
osc-Édeline 76 .... 20 D 5
e Bosc du Theil 27 .... 35 H 4

Bosc-Guérard-Saint-Adrien 76 .... 20 B 5
Bosc-Hyons 76 .... 37 F 2
Bosc-le-Hard 76 .... 20 B 5
Bosc-Mesnil 76 .... 20 D 4
Le Bosc-Morel 27 .... 55 F 1
Le Bosc-Renoult 61 .... 54 D 2
Bosc-Renoult-en-Ouche 27 .... 55 G 2
Bosc-Renoult-en-Roumois 27 .... 35 G 3
Le Bosc-Roger-en-Roumois 27 .... 35 H 3
Bosc-Roger-sur-Buchy 76 .... 20 D 5
Boscamnant 17 .... 238 D 2
Boscherville 27 .... 35 H 3
Boscodon Abbaye de 05 .... 270 C 4
Bosdarros 64 .... 314 B 5
Bosguérard-de-Marcouville 27 .... 35 H 3
Bosjean 71 .... 178 D 4
Bosmie-l'Aiguille 87 .... 223 G 1
Bosmont-sur-Serre 02 .... 25 F 3
Bosmoreau-les-Mines 23 .... 206 D 3
Bosnormand 27 .... 35 H 3
Le Bosquel 80 .... 22 B 3
Bosquentin 27 .... 37 E 2
Bosrobert 27 .... 35 G 4
Bosroger 23 .... 207 H 3
Bossancourt 10 .... 92 A 5
Bossay-sur-Claise 37 .... 170 B 1
La Bosse 25 .... 163 E 4
La Bosse 41 .... 132 A 2
La Bosse 72 .... 108 B 3
La Bosse-de-Bretagne 35 .... 104 B 5
Bossée 37 .... 152 A 5
Bosselshausen 67 .... 68 C 3
Bossendorf 67 .... 68 C 4
Bosserville 54 .... 94 D 1
Bosset 24 .... 239 G 4
Bosseval-et-Briancourt 08 .... 27 E 3
Bossey 74 .... 215 G 1
Bossieu 38 .... 231 H 4
Les Bossons 74 .... 217 E 3
Bossugan 33 .... 256 D 1
Bossus-lès-Rumigny 08 .... 26 A 2
Bost 03 .... 210 C 1
Bostens 40 .... 274 A 5
Bostz Château du 03 .... 192 A 3
Bosville 76 .... 19 G 3
Botans 90 .... 142 C 3
Botforn 29 .... 99 G 4
Botmeur 29 .... 76 A 3
Botsorhel 29 .... 72 B 5
Botticella 2B .... 345 F 1
Botz-en-Mauges 49 .... 148 D 3
Bou 45 .... 133 G 2
Bouafle 78 .... 57 H 2
Bouafles 27 .... 36 D 4
Bouan 09 .... 336 B 5
Bouaye 44 .... 147 H 4
Boubers-lès-Hesmond 62 .... 6 D 4
Boubers-sur-Canche 62 .... 12 C 2
Boubiers 60 .... 37 G 4
Bouc-Bel-Air 13 .... 327 E 1
Boucagnères 32 .... 296 B 5
Boucard Château de 18 .... 155 G 3
Boucau 64 .... 292 A 5
Boucé 03 .... 192 C 4
Boucé 61 .... 54 A 5
Boucey 50 .... 80 C 2
Le Bouchage 16 .... 203 H 2
Le Bouchage 38 .... 232 C 1
Bouchain 59 .... 14 C 2
Bouchamps-lès-Craon 53 .... 127 H 2
Le Bouchaud 03 .... 193 F 4
Le Bouchaud 39 .... 179 F 3
Bouchavesnes-Bergen 80 .... 23 G 1
Bouchemaine 49 .... 149 G 2
Boucheporn 57 .... 46 D 5
Bouchet 26 .... 285 F 2
Le Bouchet-Mont-Charvin 74 .... 216 A 4
Bouchet Château du 36 .... 170 D 5
Bouchet Lac du 43 .... 247 E 5
Le Bouchet-Saint-Nicolas 43 .... 247 E 5
Bouchevilliers 27 .... 37 F 3
Bouchoir 80 .... 23 E 3
Les Boucholeurs 17 .... 200 C 2
Bouchon 80 .... 22 C 2
Le Bouchon-sur-Saulx 55 .... 63 H 5
Les Bouchoux 39 .... 197 E 4
Bouchy-Saint-Genest 51 .... 60 C 3
Boucieu-le-Roi 07 .... 248 D 3
Bouclans 25 .... 162 B 3

Boucoiran-et-Nozières 30 .... 284 A 5
Bouconville 08 .... 42 D 3
Bouconville-sur-Madt 55 .... 65 E 4
Bouconville-Vauclair 02 .... 41 E 1
Bouconvillers 60 .... 37 H 5
Boucq 54 .... 65 E 5
Boudes 63 .... 227 H 4
Boudeville 76 .... 19 H 3
Boudin 73 .... 234 C 1
Boudou 82 .... 277 E 4
Boudrac 31 .... 316 A 5
Boudreville 21 .... 116 B 5
Boudy-de-Beauregard 47 .... 258 B 4
Boué 02 .... 15 F 5
Bouée 44 .... 147 E 2
Boueilh-Boueilho-Lasque 64 .... 294 B 5
Bouelles 76 .... 21 E 4
Bouër 72 .... 108 C 4
Bouère 53 .... 128 D 2
Bouessay 53 .... 128 D 2
Bouesse 36 .... 189 E 1
Bouëx 16 .... 221 G 2
La Bouëxière 35 .... 104 D 2
Bouffémont 95 .... 58 B 1
Boufféré 85 .... 166 A 2
Bouffignereux 02 .... 41 F 2
Boufflers 80 .... 11 H 2
Bouffry 41 .... 109 F 5
Bougainville 80 .... 22 A 2
Bougarber 64 .... 314 A 2
Bougé-Chambalud 38 .... 231 F 5
Bouges-le-Château 36 .... 171 H 1
Bougey 70 .... 140 C 3
Bougival 78 .... 58 A 3
Bouglainval 28 .... 86 B 2
Bouglon 47 .... 275 E 1
Bougneau 17 .... 219 G 2
Bougon 79 .... 185 G 4
Bougue 40 .... 294 B 1
Bouguenais 44 .... 147 G 4
Bougy 14 .... 33 F 5
Bougy-lez-Neuville 45 .... 111 E 4
Bouhans 71 .... 178 C 4
Bouhans-et-Feurg 70 .... 161 E 1
Bouhans-lès-Lure 70 .... 141 G 3
Bouhans-lès-Montbozon 70 .... 162 B 1
Bouhet 17 .... 201 E 1
Bouhey 21 .... 159 F 4
Bouhy 58 .... 156 C 1
Bouilh Château du 33 .... 237 H 4
Bouilh-Devant 65 .... 315 G 3
Bouilh-Péreuilh 65 .... 315 F 4
Bouilhonnac 11 .... 320 A 5
Bouillac 12 .... 261 G 4
Bouillac 24 .... 259 E 2
Bouillac 82 .... 297 F 2
La Bouilladisse 13 .... 327 F 1
Bouillancourt-en-Séry 80 .... 11 F 5
Bouillancourt-la-Bataille 80 .... 22 D 4
Bouillancy 60 .... 39 G 5
Bouilland 21 .... 159 G 5
Bouillargues 30 .... 304 A 2
La Bouille 76 .... 36 A 3
Bouillé-Courdault 85 .... 184 B 3
Bouillé-Loretz 79 .... 168 A 1
Bouillé-Ménard 49 .... 127 H 3
Bouillé-Saint-Paul 79 .... 167 H 1
La Bouillie 22 .... 79 E 2
Le Bouillon 61 .... 83 G 2
Bouillon 64 .... 294 A 5
Bouillonville 54 .... 65 E 5
Bouillouses Lac des 66 .... 341 F 3
Bouilly 10 .... 114 D 2
Bouilly 51 .... 41 F 4
Bouilly 89 .... 114 B 5
Bouilly-en-Gâtinais 45 .... 111 E 4
Bouin 62 .... 6 D 5
Bouin 79 .... 203 E 2
Bouin 85 .... 164 D 1
Bouin-Plumoison 62 .... 6 D 5
Bouisse 11 .... 338 A 2
Bouix 21 .... 138 A 2
Boujailles 25 .... 180 A 2
Boujan-sur-Libron 34 .... 321 G 3
Boujeons 25 .... 180 B 4
Boulages 10 .... 90 C 2
Boulaincourt 88 .... 94 C 4
Boulancourt 77 .... 111 H 2
Boulange 57 .... 45 F 2
Boulaur 32 .... 296 C 5
Le Boulay 37 .... 131 F 5
Le Boulay 88 .... 119 H 2
Boulay-les-Barres 45 .... 110 D 5

Boulay-les-Ifs 53 .... 83 E 4
Le Boulay-Morin 27 .... 56 B 1
Boulay-Moselle 57 .... 46 C 5
La Boulaye 71 .... 176 B 5
Boulazac-Isle-Manoire 24 .... 240 C 2
Boulbon 13 .... 304 C 1
Boulc 26 .... 268 C 2
Boule d'Amont 66 .... 342 C 3
Bouleternère 66 .... 342 C 2
Bouleurs 77 .... 59 G 3
Bouleuse 51 .... 41 F 4
Bouliac 33 .... 255 G 1
Boulieu-lès-Annonay 07 .... 248 D 1
Bouligneux 01 .... 213 F 2
Bouligney 70 .... 119 E 5
Bouligny 55 .... 45 E 4
Boulin 65 .... 315 F 4
Boullarre 60 .... 39 H 5
Le Boullay-les-Deux-Églises 28 .... 85 H 2
Boullay-les-Troux 91 .... 58 A 5
Le Boullay-Mivoye 28 .... 56 D 5
Le Boullay-Thierry 28 .... 86 A 2
Boulleret 18 .... 156 A 2
Boulleville 27 .... 35 E 2
Bouloc 31 .... 297 H 3
Bouloc-en-Quercy 82 .... 277 F 2
Boulogne 85 .... 166 A 3
Boulogne Château de 07 .... 266 B 2
Boulogne-Billancourt 92 .... 58 B 3
Boulogne-la-Grasse 60 .... 23 E 5
Boulogne-sur-Gesse 31 .... 316 B 4
Boulogne-sur-Helpe 59 .... 15 G 4
Boulogne-sur-Mer 62 .... 2 B 5
Bouloire 72 .... 108 B 5
Boulon 14 .... 53 G 1
Boulot 70 .... 161 H 2
Le Boulou 66 .... 343 E 4
Boulouris 83 .... 329 H 1
La Boulouze 50 .... 52 A 5
Boult 70 .... 161 H 2
Boult-aux-Bois 08 .... 43 E 1
Boult-sur-Suippe 51 .... 41 H 2
Le Boulvé 46 .... 259 F 5
Boulzicourt 08 .... 26 D 4
Boumois Château de 49 .... 150 B 3
Boumourt 64 .... 314 A 2
Bouniagues 24 .... 257 H 2
Le Boupère 85 .... 166 D 4
Bouquehault 62 .... 2 D 4
Bouquelon 27 .... 35 E 2
Bouquemaison 80 .... 12 D 3
Bouquemont 55 .... 64 C 2
Bouquet 30 .... 284 A 3
Bouquetot 27 .... 35 G 2
Bouqueval 95 .... 58 C 1
Bouranton 10 .... 91 E 5
Bouray-sur-Juine 91 .... 87 G 3
Bourbach-le-Bas 68 .... 142 D 1
Bourbach-le-Haut 68 .... 142 D 1
Le Bourbansais Château de 35 .... 79 H 4
Bourberain 21 .... 160 C 1
Bourbévelle 70 .... 118 C 5
Bourbon-Lancy 71 .... 193 E 1
Bourbon-l'Archambault 03 .... 191 G 1
Bourbonne-les-Bains 52 .... 118 A 5
La Bourboule 63 .... 227 E 2
Bourbourg 59 .... 3 F 3
Bourbriac 22 .... 77 G 2
Bourcefranc-le-Chapus 17 .... 200 C 4
Bourcia 39 .... 196 A 4
Bourcq 08 .... 42 C 2
Bourdainville 76 .... 20 A 4
Bourdalat 40 .... 294 C 2
Bourdeau 73 .... 233 E 1
Bourdeaux 26 .... 267 H 3
Bourdeilles 24 .... 222 B 2
Le Bourdeix 24 .... 222 A 2
Bourdelles 33 .... 256 D 4
Bourdenay 10 .... 90 A 5
Le Bourdet 79 .... 184 C 5
Bourdettes 64 .... 314 B 5
Bourdic 30 .... 284 B 5
La Bourdinière-Saint-Loup 28 .... 86 A 2
Bourdon 80 .... 22 A 1
Bourdonnay 57 .... 67 E 5
Bourdonné 78 .... 57 F 4
Bourdons-sur-Rognon 52 .... 117 F 2
Bourecq 62 .... 7 G 3
Bouresches 02 .... 40 B 1
Bouresse 86 .... 186 D 4
Bouret-sur-Canche 62 .... 12 D 2
Boureuilles 55 .... 43 F 4
Bourg 33 .... 237 G 3

Le Bourg 46 .... 261 E 2
Bourg 52 .... 139 G 3
Bourg-Achard 27 .... 35 H 3
Bourg-Archambault 86 .... 187 G 4
Bourg-Argental 42 .... 248 C 1
Bourg-Beaudouin 27 .... 36 C 2
Bourg-Blanc 29 .... 70 C 5
Bourg-Bruche 67 .... 96 C 4
Bourg-Charente 16 .... 220 C 1
Le Bourg-d'Arud 38 .... 251 H 3
Bourg-de-Bigorre 65 .... 333 G 1
Bourg-de-Péage 26 .... 249 G 3
Bourg-de-Sirod 39 .... 179 H 4
Bourg-de-Thizy 69 .... 212 A 2
Bourg-de-Visa 82 .... 277 E 2
Bourg-des-Comptes 35 .... 104 A 5
Bourg-des-Maisons 24 .... 221 H 5
Le Bourg-d'Hem 23 .... 189 F 5
Le Bourg-d'Iré 49 .... 127 H 4
Le Bourg-d'Oisans 38 .... 251 G 3
Bourg-d'Oueil 31 .... 334 A 4
Le Bourg-Dun 76 .... 19 H 2
Bourg-en-Bresse 01 .... 195 H 5
Bourg-et-Comin 02 .... 40 D 2
Bourg-Fidèle 08 .... 26 C 1
Bourg-Lastic 63 .... 226 C 2
Bourg-le-Comte 71 .... 193 F 4
Bourg-le-Roi 72 .... 83 G 5
Bourg-lès-Valence 26 .... 249 F 4
Bourg-l'Évêque 49 .... 127 H 3
Bourg-Madame 66 .... 341 F 5
Bourg-Saint-Andéol 07 .... 284 D 1
Bourg-Saint-Bernard 31 .... 298 C 5
Bourg-Saint-Christophe 01 .... 213 H 4
Le Bourg-Saint-Léonard 61 .... 54 B 4
Bourg-Saint-Maurice 73 .... 234 D 1
Bourg-Sainte-Marie 52 .... 117 H 2
Bourg-sous-Châtelet 90 .... 142 C 2
Bourgaltroff 57 .... 67 E 3
Bourganeuf 23 .... 206 D 3
Bourgbarré 35 .... 104 B 4
Bourgeauville 14 .... 34 B 3
Bourges 18 .... 173 E 1
Le Bourget 93 .... 58 C 2
Le Bourget-du-Lac 73 .... 233 E 1
Bourget-en-Huile 73 .... 233 H 3
Bourgheim 67 .... 97 F 3
Bourghelles 59 .... 9 F 5
Bourgnac 24 .... 239 G 4
Bourgneuf 17 .... 183 G 5
Bourgneuf 73 .... 233 H 3
Bourgneuf-en-Mauges 49 .... 149 E 3
Bourgneuf-en-Retz 44 .... 146 D 5
Bourgneuf-la-Forêt 53 .... 105 G 2
Bourgogne 51 .... 41 G 3
Bourgogne 53 .... 105 F 2
La Bourgonce 88 .... 96 A 4
La Bourgonnière Chapelle de 49 .... 148 C 2
Bourgougnague 47 .... 257 G 3
Bourguébus 14 .... 33 H 5
Bourgueil 37 .... 150 D 3
Bourguenolles 50 .... 51 H 3
Le Bourguet 83 .... 308 A 2
Bourguignon 25 .... 142 B 5
Bourguignon-lès-Conflans 70 .... 141 E 2
Bourguignon-lès-la-Charité 70 .... 161 H 1
Bourguignon-lès-Morey 70 .... 140 B 3
Bourguignon-sous-Coucy 02 .... 24 A 5
Bourguignon-sous-Montbavin 02 .... 40 C 1
Bourgvilain 71 .... 194 C 4
Bourideys 33 .... 273 H 1
Bouriège 11 .... 337 F 2
Bourigeole 11 .... 337 F 2
Bourisp 65 .... 333 G 4
Bourlens 47 .... 259 E 5
Bourlon 62 .... 14 A 3
Bourmont 52 .... 117 H 2
Bournainville-Faverolles 27 .... 35 E 5
Bournan 37 .... 170 A 1
Bournand 86 .... 168 D 1
Bournazel 12 .... 261 H 5
Bournazel 81 .... 279 F 4
Bourneau 85 .... 184 B 1
Bournel 47 .... 259 E 5
Bourneville-Sainte-Croix 27 .... 35 F 2
Bournezeau 85 .... 166 B 5
Bourniquel 24 .... 258 C 1
Bournois 25 .... 141 H 5
Bournoncle-Saint-Pierre 43 .... 228 A 5

Bournoncles 15 .... 245 H 5
Bournonville 62 .... 6 C 2
Bournos 64 .... 314 B 2
Bourogne 90 .... 142 C 4
Bourran 47 .... 275 G 1
Bourré 41 .... 152 D 3
Bourréac 65 .... 333 F 1
Bourret 82 .... 297 F 1
Bourriot-Bergonce 40 .... 274 B 3
Bourron-Marlotte 77 .... 88 B 5
Bourrou 24 .... 240 B 3
Bourrouillan 32 .... 295 E 2
Bours 62 .... 7 G 4
Bours 65 .... 315 E 4
Boursault 51 .... 61 F 1
Boursay 41 .... 109 F 4
Bourscheid 57 .... 67 H 4
Bourseul 22 .... 79 F 3
Bourseville 80 .... 11 E 3
Boursières 70 .... 141 E 4
Boursies 59 .... 14 A 4
Boursin 62 .... 2 C 5
Boursonne 60 .... 39 H 4
Bourth 27 .... 55 G 4
Bourthes 62 .... 6 D 3
Bourtzwiller 68 .... 143 F 1
Boury-en-Vexin 60 .... 37 G 4
Bousbach 57 .... 47 F 5
Bousbecque 59 .... 4 D 5
Le Bouscat 33 .... 237 G 5
Bousies 59 .... 15 E 4
Bousignies 59 .... 9 F 5
Bousignies-sur-Roc 59 .... 16 A 2
Le Bousquet 11 .... 337 F 5
Bousquet-d'Orb 34 .... 301 F 3
Boussac 12 .... 280 B 2
Boussac 23 .... 190 A 4
La Boussac 35 .... 80 B 2
Boussac 46 .... 261 E 3
Boussac-Bourg 23 .... 190 A 4
Boussais 79 .... 168 A 3
Boussan 31 .... 316 A 4
Boussay 37 .... 170 B 3
Boussay 44 .... 166 B 1
Bousse 57 .... 45 H 4
Bousse 72 .... 129 G 3
Bousselange 21 .... 178 C 2
Boussenac 09 .... 335 H 3
Boussenois 21 .... 139 F 4
Boussens 31 .... 317 E 5
Bousseraucourt 70 .... 118 C 5
Boussès 47 .... 275 E 3
Bousseviller 57 .... 48 C 5
Boussey 21 .... 159 E 2
Boussicourt 80 .... 22 D 4
Boussières 25 .... 161 H 4
Boussières-en-Cambrésis 59 .... 14 C 4
Boussières-sur-Sambre 59 .... 15 G 3
Boussois 59 .... 15 H 2
Boussy 74 .... 215 F 4
Boussy-Saint-Antoine 91 .... 58 D 5
Boust 57 .... 45 H 2
Boustroff 57 .... 66 D 2
Le Bout-d'Oye 62 .... 3 E 2
Bout-du-Lac 74 .... 215 H 4
Bout du Monde Cirque du 21 .... 177 F 2
Bout-du-Pont-de-Larn 81 .... 319 H 2
Boutancourt 08 .... 26 D 4
Boutavent 60 .... 21 G 4
La Bouteille 02 .... 25 G 2
Bouteilles-Saint-Sébastien 24 .... 221 G 5
Boutenac 11 .... 338 C 1
Boutenac-Touvent 17 .... 219 F 3
Boutencourt 60 .... 37 G 3
Boutervilliers 91 .... 87 F 4
Bouteville 16 .... 220 C 2
Bouthéon 42 .... 230 A 3
Boutiers-Saint-Trojan 16 .... 220 B 1
Boutigny 77 .... 59 G 2
Boutigny-sur-Essonne 91 .... 87 H 4
Boutigny-sur-Opton 28 .... 57 E 4
Bouttencourt 80 .... 11 F 5
Boutteville 50 .... 32 A 2
Boutx 31 .... 334 C 3
Bouvaincourt-sur-Bresle 80 .... 11 E 4
Bouvancourt 51 .... 41 F 3
Bouvante 26 .... 250 A 4
Bouvante-le-Haut 26 .... 250 A 5
Bouvelinghem 62 .... 3 E 3
Bouvellemont 08 .... 26 D 5
Bouvent 01 .... 196 C 4
Bouverans 25 .... 180 B 3
Bouvesse-Quirieu 38 .... 214 B 5

A B C D E F G H I J K L M N O P Q R S T U V W X Y Z

A B C D E F G H I J K L M N O P Q R S T U V W X Y Z

Bouvières 26 .... 268 A 4
Bouvignies 59 .... 9 E 5
Bouvigny-Boyeffles 62 .... 8 A 5
Bouville 28 .... 110 A 2
Bouville 76 .... 19 H 5
Bouville 91 .... 87 G 4
Bouvincourt-en-Vermandois 80 .... 23 H 2
Bouvines 59 .... 9 E 3
Bouvresse 60 .... 21 G 4
Bouvron 44 .... 147 E 1
Bouvron 54 .... 65 F 5
Boux-sous-Salmaise 21 .... 159 F 1
Bouxières-aux-Bois 88 .... 95 E 5
Bouxières-aux-Chênes 54 .... 66 B 4
Bouxières-aux-Dames 54 .... 65 H 5
Bouxières-sous-Froidmont 54 .... 65 G 2
Bouxurulles 88 .... 95 E 4
Bouxwiller 67 .... 68 B 3
Bouxwiller 68 .... 143 F 4
Bouy 51 .... 42 A 5
Bouy-Luxembourg 10 .... 91 F 4
Bouy-sur-Orvin 10 .... 89 H 4
Bouyon 06 .... 309 F 1
Le Bouyssou 46 .... 261 F 2
Bouzais 18 .... 173 F 5
Bouzancourt 52 .... 92 C 5
Bouzanville 54 .... 94 D 4
Bouze-lès-Beaune 21 .... 177 G 1
Bouzèdes Belvédère des 30 .... 283 F 1
Bouzel 63 .... 210 A 5
Bouzemont 88 .... 95 E 5
Bouzeron 71 .... 177 G 3
Bouzic 24 .... 259 G 2
Bouziès 46 .... 260 C 5
Bouzigues 34 .... 322 D 3
Bouzillé 49 .... 148 C 2
Bouzin 31 .... 316 D 5
Bouzincourt 80 .... 13 F 5
Bouzon-Gellenave 32 .... 295 E 3
Bouzonville 57 .... 46 C 4
Bouzonville-aux-Bois 45 .... 111 G 4
Bouzonville-en-Beauce 45 .... 111 G 2
Bouzy 51 .... 61 H 1
Bouzy-la-Forêt 45 .... 134 A 2
Bovée-sur-Barboure 55 .... 93 G 1
Bovel 35 .... 103 H 4
Bovelles 80 .... 22 A 2
Boves 80 .... 22 C 2
Boviolles 55 .... 93 F 1
Boyardville 17 .... 200 B 3
Boyaval 62 .... 7 G 4
Boyelles 62 .... 13 G 3
Boyer 42 .... 211 H 2
Boyer 71 .... 178 A 5
Boyeux-Saint-Jérôme 01 .... 214 B 2
Boynes 45 .... 111 H 3
Boz 01 .... 195 F 3
Bozas 07 .... 248 D 3
Bozel 73 .... 234 C 3
Bozouls 12 .... 263 E 5
Brabant-en-Argonne 55 .... 43 G 5
Brabant-le-Roi 55 .... 63 F 3
Brabant-sur-Meuse 55 .... 43 H 3
Brach 33 .... 236 D 3
Brachay 52 .... 92 D 4
Braches 80 .... 22 C 4
Brachy 76 .... 20 A 2
Bracieux 41 .... 153 G 1
Bracon 39 .... 179 H 2
Bracquemont 76 .... 10 B 5
Bracquetuit 76 .... 20 B 4
Bradiancourt 76 .... 20 D 4
Braffais 50 .... 51 H 4
Bragassargues 30 .... 303 F 1
Bragayrac 31 .... 317 E 2
Brageac 15 .... 243 H 2
Bragelogne 10 .... 115 F 5
Bragny-sur-Saône 71 .... 178 A 2
La Brague 06 .... 309 F 3
Brahic 07 .... 283 H 1
Braillans 25 .... 162 A 3
Brailly-Cornehotte 80 .... 11 H 2
Brain 21 .... 159 E 1
Brain-sur-Allonnes 49 .... 150 D 3
Brain-sur-l'Authion 49 .... 149 H 2
Brain-sur-Longuenée 49 .... 128 A 5
Brain-sur-Vilaine 35 .... 126 A 3
Brainans 39 .... 179 F 3
Braine 02 .... 40 C 3
Brains 44 .... 147 F 4
Brains-sur-Gée 72 .... 107 F 4
Brains-sur-les-Marches 53 .... 105 E 5
Brainville 50 .... 31 G 5
Brainville 54 .... 65 E 1

Brainville-sur-Meuse 52 .... 117 H 2
Braisnes-sur-Aronde 60 .... 39 F 1
Braize 03 .... 173 G 5
Bralleville 54 .... 94 D 4
Bram 11 .... 319 H 5
Bramabiau Abîme du 30 .... 282 C 4
Bramans 73 .... 253 E 1
Brametot 76 .... 19 H 3
Bramevaque 65 .... 334 A 2
Bran 17 .... 220 B 5
Branceilles 19 .... 242 D 4
Branches 89 .... 136 A 2
Brancion 71 .... 195 E 2
Brancourt-en-Laonnois 02 .... 40 C 1
Brancourt-le-Grand 02 .... 24 B 1
Brandérion 56 .... 123 G 2
Brandeville 55 .... 43 H 2
Brandivy 56 .... 124 A 2
Brando 2B .... 345 G 3
Brandon 71 .... 194 C 4
Brandonnet 12 .... 279 G 1
Brandonvillers 51 .... 91 H 2
Branféré Parc zoologique de 56 .... 125 E 4
Branges 02 .... 40 C 4
Branges 71 .... 178 B 5
Brangues 38 .... 232 C 1
Brannay 89 .... 113 F 2
Branne 25 .... 162 D 2
Branne 33 .... 256 C 1
Brannens 33 .... 256 C 4
Branoux-les-Taillades 30 .... 283 G 3
Brans 39 .... 161 E 4
Bransat 03 .... 192 A 4
Branscourt 51 .... 41 F 3
Bransles 77 .... 112 C 3
Brantes 84 .... 286 B 3
Brantigny 88 .... 95 E 4
Brantôme-en-Périgord 24 .... 222 C 5
Branville 14 .... 34 B 3
Branville-Hague 50 .... 28 D 3
Braquis 55 .... 44 D 5
Bras 83 .... 307 E 5
Bras-d'Asse 04 .... 287 H 5
Bras-sur-Meuse 55 .... 44 B 5
Brasc 12 .... 280 D 5
Brasles 02 .... 60 C 1
Braslou 37 .... 169 F 2
Brasparts 29 .... 76 A 3
Brassac 09 .... 336 A 3
Brassac 81 .... 300 A 4
Brassac 82 .... 277 E 3
Brassac-les-Mines 63 .... 228 A 4
Brasseitte 55 .... 64 C 4
Brassempouy 40 .... 293 G 4
Brasseuse 60 .... 39 E 4
Brassy 58 .... 158 A 4
Brassy 80 .... 22 A 3
Bratte 54 .... 65 H 4
Braucourt 52 .... 92 B 2
Braud-et-Saint-Louis 33 .... 237 F 1
Braus Col de 06 .... 291 F 4
Brauvilliers 55 .... 92 D 2
Braux 04 .... 289 E 4
Braux 08 .... 26 D 2
Braux 10 .... 91 H 3
Braux 21 .... 159 E 2
Braux-le-Châtel 52 .... 116 C 3
Braux-Saint-Remy 51 .... 63 E 1
Braux-Sainte-Cohière 51 .... 43 E 5
Bravone 2B .... 347 H 5
Brax 31 .... 297 G 4
Brax 47 .... 275 H 3
Bray 27 .... 35 H 5
Bray 71 .... 194 D 2
Bray-Dunes 59 .... 3 H 1
Bray-en-Val 45 .... 134 A 3
Bray-et-Lû 95 .... 37 F 5
Bray-la-Campagne 14 .... 33 H 5
Bray-lès-Mareuil 80 .... 11 G 4
Bray-Saint-Christophe 02 .... 24 A 3
Bray-sur-Seine 77 .... 89 F 4
Bray-sur-Somme 80 .... 23 E 1
Braye 02 .... 40 B 2
Braye-en-Laonnois 02 .... 40 D 2
Braye-en-Thiérache 02 .... 25 F 3
Braye-sous-Faye 37 .... 169 F 2
Braye-sur-Maulne 37 .... 130 A 5
Brazey-en-Morvan 21 .... 158 D 5
Brazey-en-Plaine 21 .... 160 C 5
Bréal-sous-Montfort 35 .... 103 H 3
Bréal-sous-Vitré 35 .... 105 F 3
Bréançon 95 .... 37 H 5
Bréau 77 .... 88 D 2
Bréau-et-Salagosse 30 .... 282 D 5
Bréauté 76 .... 19 E 4
Bréban 51 .... 91 G 2

Brebières 62 .... 14 A 2
Brebotte 90 .... 142 D 3
Brécé 35 .... 104 C 3
Brecé 53 .... 82 A 4
Brécey 50 .... 52 A 4
Brechainville 88 .... 93 G 4
Bréchamps 28 .... 57 E 5
Bréchaumont 68 .... 142 D 2
Brèche au Diable 14 .... 53 H 2
Brèches 37 .... 130 B 5
Breconchaux 25 .... 162 B 2
Brectouville 50 .... 52 B 1
Brécy 02 .... 40 C 5
Brécy 18 .... 155 G 5
Brécy-Brières 08 .... 42 D 3
La Brède 33 .... 255 G 2
Brée 53 .... 106 B 3
La Brée-les-Bains 17 .... 200 A 2
Brégnier-Cordon 01 .... 232 C 1
Brégy 60 .... 59 G 1
Bréhain 57 .... 66 D 3
Bréhain-la-Ville 54 .... 45 E 2
Bréhal 50 .... 51 G 2
Bréhan 56 .... 102 B 3
Bréhand 22 .... 78 C 4
Bréhat Ile de 22 .... 73 G 2
Bréhec-en-Plouha 22 .... 73 G 3
Bréhémont 37 .... 151 F 3
Bréhéville 55 .... 43 H 2
Breidenbach 57 .... 48 C 5
Breil 49 .... 150 D 1
Le Breil-sur-Mérize 72 .... 108 B 4
Breil-sur-Roya 06 .... 291 G 3
La Breille-les-Pins 49 .... 150 D 3
Breilly 80 .... 22 B 1
Breistroff-la-Grande 57 .... 45 H 2
Breitenau 67 .... 96 D 4
Breitenbach 67 .... 96 D 4
Breitenbach-Haut-Rhin 68 .... 120 C 3
Brêlès 29 .... 70 B 5
Brélidy 22 .... 73 E 4
Brem-sur-Mer 85 .... 165 E 5
Bréménil 54 .... 96 B 2
Brêmes 62 .... 2 D 4
Bremmelbach 67 .... 69 E 1
Brémoncourt 54 .... 95 E 3
Bremondans 25 .... 162 C 3
Brémontier-Merval 76 .... 37 E 1
Brémoy 14 .... 52 D 1
Brémur-et-Vaurois 21 .... 138 B 3
Bren 26 .... 249 F 2
Brenac 11 .... 337 F 3
Brenas 34 .... 301 G 4
Brenat 63 .... 228 A 3
Brénaz 01 .... 214 D 3
Brenelle 02 .... 40 C 2
Brengues 46 .... 261 E 4
Brennes 52 .... 139 G 3
Brennilis 29 .... 76 B 3
Brénod 01 .... 214 C 2
Brenon 83 .... 308 B 2
Brenouille 60 .... 38 D 3
Brenoux 48 .... 264 C 5
Brens 01 .... 214 D 5
Brens 81 .... 298 D 1
Brenthonne 74 .... 198 A 4
Breny 02 .... 40 B 4
La Bréole 04 .... 270 A 4
Brères 25 .... 179 G 1
Bréry 39 .... 179 E 4
Bresdon 17 .... 202 C 4
Les Bréseux 25 .... 163 G 3
Bresilley 70 .... 161 F 3
Bresle 80 .... 22 D 1
Bresles 60 .... 38 B 2
Bresnay 03 .... 192 A 3
Bresolettes 61 .... 84 C 2
La Bresse 88 .... 120 B 4
Bresse-sur-Grosne 71 .... 194 D 1
Bressey-sur-Tille 21 .... 160 B 3
Bressieux 38 .... 232 A 5
Bressolles 01 .... 213 G 4
Bressolles 03 .... 192 A 2
Bressols 82 .... 277 H 5
Bresson 38 .... 251 E 2
Bressoncourt 52 .... 93 F 3
Bressuire 79 .... 167 G 3
Brest 29 .... 75 E 2
Brestot 27 .... 35 G 3
Bretagne 36 .... 171 H 2
Bretagne 90 .... 142 D 3
Bretagne-d'Armagnac 32 .... 295 F 1
Bretagne-de-Marsan 40 .... 294 A 1
Bretagnolles 27 .... 56 D 2
Breteau 45 .... 135 E 4

Breteil 35 .... 103 H 2
La Bretenière 21 .... 160 B 4
La Bretenière 25 .... 162 B 2
La Bretenière 39 .... 161 F 5
Bretenières 39 .... 179 E 2
Bretenoux 46 .... 243 E 5
Breteuil 60 .... 22 B 5
Breteuil Château de 78 .... 57 H 5
Breteuil-sur-Iton 27 .... 55 H 3
Brethel 61 .... 55 F 5
Brethenay 52 .... 117 E 3
Le Brethon 03 .... 191 E 2
Bretigney 25 .... 142 A 5
Bretigney-Notre-Dame 25 .... 162 C 3
Bretignolles 79 .... 167 F 3
Brétignolles Château de 37 .... 151 E 5
Brétignolles-le-Moulin 53 .... 82 C 3
Bretignolles-sur-Mer 85 .... 165 E 5
Bretigny 21 .... 160 B 2
Brétigny 27 .... 35 G 4
Brétigny 60 .... 23 H 5
Brétigny-sur-Orge 91 .... 87 H 2
Bretoncelles 61 .... 85 E 4
La Bretonnière-La Claye 85 .... 183 E 2
Bretonvillers 25 .... 163 E 4
Brette 26 .... 268 A 3
Brette-les-Pins 72 .... 108 A 5
Bretten 68 .... 142 D 2
Brettes 16 .... 203 E 3
Bretteville 50 .... 29 F 3
Bretteville-du-Grand-Caux 76 .... 19 E 4
Bretteville-le-Rabet 14 .... 53 H 1
Bretteville-l'Orgueilleuse 14 .... 33 F 4
Bretteville-Saint-Laurent 76 .... 19 H 3
Bretteville-sur-Ay 50 .... 31 F 3
Bretteville-sur-Dives 14 .... 54 A 1
Bretteville-sur-Laize 14 .... 53 G 1
Bretteville-sur-Odon 14 .... 33 G 4
Brettnach 57 .... 46 C 4
Bretx 31 .... 297 G 3
Breuches 70 .... 141 G 2
Breuchotte 70 .... 141 H 2
Breugnon 58 .... 157 E 2
Le Breuil 03 .... 210 D 1
Breuil 51 .... 41 E 3
Le Breuil 51 .... 60 D 2
Le Breuil 69 .... 212 C 4
Le Breuil 71 .... 177 E 4
Breuil-Barret 85 .... 167 F 5
Le Breuil-Bernard 79 .... 167 G 5
Brienne-le-Château 10 .... 91 H 4
Breuil-Bois-Robert 78 .... 57 F 2
Breuil-Chaussée 79 .... 167 G 3
Le Breuil-en-Auge 14 .... 34 C 4
Le Breuil-en-Bessin 14 .... 32 C 3
Breuil-la-Réorte 17 .... 201 F 2
Breuil-le-Sec 60 .... 38 D 2
Breuil-le-Vert 60 .... 38 C 3
Breuil-Magné 17 .... 200 D 3
Breuil-Mingot Château du 86 .... 186 C 1
Le Breuil-sous-Argenton 79 .... 167 H 2
Le Breuil-sur-Couze 63 .... 228 A 4
Breuil-sur-Marne 52 .... 92 D 3
Breuilaufa 87 .... 205 F 2
Breuilh 24 .... 240 C 3
Breuillet 17 .... 218 C 1
Breuillet 91 .... 87 G 2
Breuilpont 27 .... 56 D 2
Breurey-lès-Faverney 70 .... 141 E 3
Breuschwickersheim 67 .... 97 G 1
Breuvannes 52 .... 117 H 3
Breuvery-sur-Coole 51 .... 62 A 3
Breuville 50 .... 29 E 4
Breux 55 .... 44 B 1
Breux-Jouy 91 .... 87 G 2
Breux-sur-Avre 27 .... 56 B 4
Brévainville 41 .... 109 H 5
Bréval 78 .... 57 E 2
Brévands 50 .... 32 A 2
Brevans 39 .... 161 E 5
Le Brévedent 14 .... 34 D 4
Brèves 58 .... 157 F 2
Les Bréviaires 78 .... 57 G 5
Bréviandes 10 .... 115 E 2
La Brévière 14 .... 54 C 2
Bréville 14 .... 33 H 4
Bréville 16 .... 202 C 5
Bréville-sur-Mer 50 .... 51 F 2
Brévillers 62 .... 11 H 1
Brévillers 80 .... 12 D 3
Brévilliers 70 .... 142 B 3
Brévilly 08 .... 27 G 4
Brévonnes 10 .... 91 G 5
Bréxent-Énocq 62 .... 6 B 4

Brey-et-Maison-du-Bois 25 .... 180 C 4
Brézal Moulin de 29 .... 71 F 5
Brézé 49 .... 150 C 5
Brézellec Pointe de 29 .... 98 D 2
Bréziers 05 .... 270 A 5
Brézilhac 11 .... 319 F 5
Brézins 38 .... 232 A 5
Brézolles 28 .... 56 A 5
Brezons 15 .... 245 E 4
Le Brézouard 68 .... 96 C 5
Briançon 05 .... 252 D 4
Briançonnet 06 .... 308 C 1
Brianny 21 .... 158 D 2
Briantes 36 .... 189 G 2
Briare 45 .... 134 D 5
Briarres-sur-Essonne 45 .... 111 H 2
Brias 62 .... 7 G 5
Briastre 59 .... 14 D 4
Briatexte 81 .... 298 D 3
Briaucourt 52 .... 117 E 2
Briaucourt 70 .... 141 F 2
Bricon 52 .... 116 C 4
Briconville 28 .... 86 A 3
Bricot-la-Ville 51 .... 60 D 5
Bricquebec-en-Cotentin 50 .... 29 E 5
Bricquebosq 50 .... 28 D 4
Bricqueville 14 .... 32 C 3
Bricqueville-la-Blouette 50 .... 51 G 1
Bricqueville-sur-Mer 50 .... 51 F 2
Bricy 45 .... 110 D 5
Brides-les-Bains 73 .... 234 C 3
La Bridoire 73 .... 232 D 3
Bridoré 37 .... 170 C 1
Brie 02 .... 24 C 5
Brie 09 .... 318 A 5
Brie 16 .... 221 F 1
Brie 35 .... 104 C 5
Brie 79 .... 168 C 2
Brie 80 .... 23 G 2
Brie-Comte-Robert 77 .... 59 E 5
Brié-et-Angonnes 38 .... 251 E 2
Brie-sous-Archiac 17 .... 220 B 3
Brie-sous-Barbezieux 16 .... 220 D 4
Brie-sous-Chalais 16 .... 220 D 5
Brie-sous-Matha 17 .... 202 C 5
Brie-sous-Mortagne 17 .... 219 F 3
Briec 29 .... 100 A 2
Briel-sur-Barse 10 .... 115 G 2
Brielles 35 .... 105 F 4
Brienne 71 .... 195 F 1
Brienne-la-Vieille 10 .... 91 H 4
Brienne-sur-Aisne 08 .... 41 G 2
Briennon 42 .... 211 G 1
Brienon-sur-Armançon 89 .... 114 A 5
Brières-les-Scellés 91 .... 87 F 4
Brieuil-sur-Chizé 79 .... 202 B 1
Brieulles-sur-Bar 08 .... 43 E 1
Brieulles-sur-Meuse 55 .... 43 G 2
Brieux 61 .... 54 A 3
Briey 54 .... 45 F 4
Briffons 63 .... 226 D 1
Brignac 34 .... 302 A 4
Brignac 56 .... 103 E 2
Brignac-la-Plaine 19 .... 241 H 2
Brignais 69 .... 231 E 1
Brignancourt 95 .... 37 H 5
Brigné 49 .... 149 H 4
Brignemont 31 .... 297 E 3
Brignogan-Plages 29 .... 71 E 3
Brignoles 83 .... 328 B 1
Brignon 30 .... 284 A 5
Le Brignon 43 .... 247 F 5
Brignoud 38 .... 251 F 1
Brigueil-le-Chantre 86 .... 187 H 3
Brigueuil 16 .... 204 D 3
Briis-sous-Forges 91 .... 87 F 2
Brillac 16 .... 204 D 2
La Brillanne 04 .... 287 F 5
Brillecourt 10 .... 91 G 3
Brillevast 50 .... 29 G 3
Brillon 59 .... 9 F 5
Brillon-en-Barrois 55 .... 63 G 4
Brimeux 62 .... 6 C 4
Brimont 51 .... 41 G 3
Brin-sur-Seille 54 .... 66 B 4
Brinay 18 .... 154 C 5
Brinay 58 .... 175 G 2
Brinckheim 68 .... 143 G 3
Brindas 69 .... 230 D 1
Bringolo 22 .... 73 F 5
Brinon-sur-Beuvron 58 .... 157 E 4
Brinon-sur-Sauldre 18 .... 154 D 1

Briod 39 .... 179 F
Briollay 49 .... 128 C
Brion 01 .... 214 C
Brion 36 .... 171 H
Brion 48 .... 263 H
Brion 71 .... 176 C
Brion 86 .... 186 C
Brion 89 .... 113 H
Brion Pont de 38 .... 250 C
Brion-près-Thouet 79 .... 168 B
Brion-sur-Ource 21 .... 116 A
La Brionne 23 .... 206 C
Brionne 27 .... 35 G
Briord 01 .... 214 B
Briosne-lès-Sables 72 .... 108 A
Briot 60 .... 21 H
Briou 41 .... 132 B
Brioude 43 .... 246 B
Brioux-sur-Boutonne 79 .... 202 C
Briouze 61 .... 53 G
Briquemesnil-Floxicourt 80 .... 22 A
Briquenay 08 .... 43 E
Briscous 64 .... 292 B
Brison 73 .... 215 E
Brison-Saint-Innocent 73 .... 215 E
Brissac 34 .... 302 C
Brissac Château de 49 .... 149 H
Brissac-Quincé 49 .... 149 H
Brissarthe 49 .... 128 C
Brissay-Choigny 02 .... 24 B
Brissy-Hamégicourt 02 .... 24 B
Brive-la-Gaillarde 19 .... 242 B
Brives 36 .... 172 B
Brives-Charensac 43 .... 247 F
Brives-sur-Charente 17 .... 219 G
Brivezac 19 .... 243 E
Brix 50 .... 29 E
Brixey-aux-Chanoines 55 .... 94 A
Brizambourg 17 .... 201 H
Brizay 37 .... 169 F
Brizeaux 55 .... 63 G
Brizon 74 .... 216 B
Le Broc 06 .... 291 E
Broc 49 .... 129 H
Le Broc 63 .... 228 A
Brocas 40 .... 273 H
Brochon 21 .... 160 A
Brocottes 14 .... 34 A
Brocourt 80 .... 21 G
Brocourt-en-Argonne 55 .... 43 G
Broglie 27 .... 55 F
Brognard 25 .... 142 C
Brognon 08 .... 26 A
Brognon 21 .... 160 B
Broin 21 .... 178 B
Broindon 21 .... 160 A
Broissia 39 .... 196 B
Brombos 60 .... 21 H
Bromeilles 45 .... 112 A
Brommat 12 .... 262 D
Bromont-Lamothe 63 .... 209 E
Bron 69 .... 231 F
Broncourt 52 .... 140 B
Bronvaux 57 .... 45 G
Broons 22 .... 79 F
Broons-sur-Vilaine 35 .... 104 D
La Broque 67 .... 96 D
Broquiers 60 .... 21 G
Broquiès 12 .... 281 E
Brossac 16 .... 220 D
Brossainc 07 .... 230 D
Brossay 49 .... 150 A
La Brosse-Montceaux 77 .... 89 E
Brosses 89 .... 157 G
Brosville 27 .... 36 B
Brotonne Pont de 76 .... 35 G
Brotte-lès-Luxeuil 70 .... 141 G
Brotte-lès-Ray 70 .... 140 B
Brottes 52 .... 117 E
Brou 01 .... 195 H
Brou 28 .... 109 G
Brou-sur-Chantereine 77 .... 59 E
Brouage 17 .... 200 C
Brouains 50 .... 52 B
Broualan 35 .... 80 B
Brouay 14 .... 33 F
Brouchaud 24 .... 241 E
Brouchy 80 .... 23 H
Brouck 57 .... 46 C
Brouckerque 59 .... 3 F
Brouderdorff 57 .... 67 H
Broué 28 .... 57 E
Brouennes 55 .... 27 H
Le Brouilh-Monbert 32 .... 295 H
Brouilla 66 .... 343 E

uillet 51.....41 E 4
uis Col de 06.....291 G 4
uqueyran 33.....256 C 4
Brousse 17.....202 B 4
usse 23.....208 C 3
usse 81.....228 B 2
usse 81.....299 F 3
usse-le-Château 12.....280 D 5
usses-et-Villaret 11.....319 G 3
usseval 52.....92 C 3
ussey-en-Blois 55.....93 G 1
ussey-en-Woëvre 55.....64 D 4
ussey-le-Grand 51.....61 F 4
ussy-le-Petit 51.....61 F 4
ût-Vernet 03.....210 A 1
outhières 52.....93 F 4
uvelieures 88.....95 H 5
ouville 54.....95 H 2
uviller 57.....67 H 4
uy 91.....87 G 5
uzet-lès-Alès 30.....284 A 3
uzet-lès-Quissac 30.....303 E 2
Brouzils 85.....166 A 2
uvès 83.....308 B 3
xeele 59.....3 G 4
ye 71.....176 D 3
ye-les-Loups-et-Verfontaine 70.....160 D 1
ye-lès-Pesmes 70.....161 E 3
yes 51.....61 E 4
yes 60.....22 D 5
ze 81.....298 D 1
J 88.....95 H 4
uailles 71.....195 H 1
uay-la-Buissière 62.....7 H 4
usy-sur-l'Escaut 59.....9 G 5
uc-sur-Aff 35.....125 H 2
ucamps 80.....12 B 5
uch 47.....275 G 3
ucheville 50.....32 A 2
ucourt 14.....34 A 4
uc-Auriac 83.....307 E 5
uebach 68.....143 F 2
ueil-en-Vexin 78.....57 G 1
uère-Allichamps 18.....173 E 4
Bruère-sur-Loir 72.....130 B 4
Bruffière 85.....166 B 1
ugairolles 11.....337 F 1
Brugeron 63.....228 D 1
uges 33.....237 F 5
uges 94.....332 B 1
ugheas 03.....210 B 2
ugnac 47.....257 H 5
ugnens 32.....296 C 2
ugny-Vaudancourt 51.....61 F 1
Bruguière 30.....284 B 4
uguières 31.....297 H 3
uille-lez-Marchiennes 59.....9 E 5
uille-Saint-Amand 59.....9 G 4
uis 05.....268 C 4
ulain 79.....185 E 5
uis Brulais 35.....103 G 5
ulange 57.....66 D 2
Brûlatte 53.....105 G 3
uley 54.....65 F 5
ullemail 61.....54 D 5
ullioles 69.....212 C 5
ûlon 72.....107 E 5
umath 67.....68 D 4
umetz 02.....40 A 5
unehamel 02.....25 H 3
unelles 28.....85 E 1
s Brunels 11.....319 E 3
unembert 62.....2 D 5
unémont 59.....14 A 2
unet 04.....307 E 1
uniquel 82.....278 C 5
unissard 05.....253 E 5
unoy 91.....58 D 5
unstatt-Didenheim 68.....143 F 2
unville 76.....10 C 5
unvillers-la-Motte 60.....22 D 5
Brusc 83.....327 H 5
usque 12.....301 E 4
Brusquet 04.....288 B 3
ussey 70.....161 G 3
ussieu 69.....230 C 1
usson 51.....62 D 4
usvily 22.....79 G 4
utelles 80.....11 E 3
uville 54.....65 F 1
ux 86.....186 A 5
Bruyère 70.....141 H 2
uyères 88.....95 H 5
uyères-et-Montbérault 02.....40 D 1
uyères-le-Châtel 91.....87 G 2
uyères-sur-Fère 02.....40 C 4

Bruyères-sur-Oise 95.....38 C 5
Bruys 02.....40 D 3
Bruz 35.....104 A 4
Bry 59.....15 E 2
Bry-sur-Marne 94.....58 D 3
Bû 28.....57 E 4
Le Bû-sur-Rouvres 14.....53 H 1
Buais-les-Monts 50.....81 G 2
Buanes 40.....294 A 3
Bubertré 61.....84 C 2
Bubry 56.....101 G 4
Buc 78.....58 A 4
Buc 90.....142 B 3
Bucamps 60.....38 C 1
Bucéels 14.....33 E 4
Bucey-en-Othe 10.....114 C 2
Bucey-lès-Gy 70.....161 G 2
Bucey-lès-Traves 70.....140 D 4
Buchelay 78.....57 F 2
Buchères 10.....115 E 2
Buchy 52.....92 C 5
Buchy 57.....66 B 2
Buchy 76.....20 D 5
Bucilly 02.....25 G 2
Bucquoy 62.....13 F 4
Bucy-le-Long 02.....40 B 2
Bucy-le-Roi 45.....111 E 4
Bucy-lès-Cerny 02.....24 C 5
Bucy-lès-Pierrepont 02.....25 F 4
Bucy-Saint-Liphard 45.....110 C 5
Budelière 23.....190 C 5
Buding 57.....46 B 3
Budling 57.....46 B 3
Budos 33.....255 H 4
Bué 18.....155 H 3
Bueil 27.....56 D 2
Bueil-en-Touraine 37.....130 C 5
Buellas 01.....195 G 5
Le Buet 74.....217 E 2
Buethwiller 68.....143 E 2
Buffard 25.....179 G 1
Buffières 71.....194 C 3
Buffignécourt 70.....140 D 2
Buffon 21.....137 G 4
Bugarach 11.....337 H 4
Bugard 65.....315 G 5
Bugeat 19.....225 F 2
Bugnein 64.....313 F 3
Bugnicourt 59.....14 B 2
Bugnières 52.....116 D 5
Bugny 25.....180 C 1
Le Bugue 24.....241 E 5
Buhl 67.....69 F 2
Buhl 68.....120 D 4
Buhl-Lorraine 57.....67 H 5
Buhy 95.....37 F 4
Buicourt 60.....37 G 1
Buigny-l'Abbé 80.....11 H 3
Buigny-lès-Gamaches 80.....11 E 4
Buigny-Saint-Maclou 80.....11 G 3
Buire 02.....25 G 1
Buire-au-Bois 62.....12 B 3
Buire-Courcelles 80.....23 H 1
Buire-le-Sec 62.....6 C 5
Buire-sur-l'Ancre 80.....23 E 1
Buironfosse 02.....25 E 1
Le Buis 87.....205 G 2
Buis-les-Baronnies 26.....286 A 2
Buis-sur-Damville 27.....56 B 3
Buissard 05.....269 H 2
La Buisse 38.....232 C 5
La Buissière 38.....233 F 4
Le Buisson 48.....264 A 3
Le Buisson 51.....62 D 4
Buisson 84.....285 G 2
Le Buisson-de-Cadouin 24.....258 D 2
Buissoncourt 54.....66 B 5
Buissy 62.....14 A 3
Bujaleuf 87.....206 C 5
Bulainville 55.....63 H 1
Bulan 65.....333 G 2
Bulat-Pestivien 22.....77 F 2
Bulcy 58.....156 B 4
Buléon 56.....102 A 4
Bulgnéville 88.....118 B 2
Bulhon 63.....210 B 4
Bullainville 28.....110 B 3
Bulle 25.....180 B 2
Bullecourt 62.....13 H 3
Bulles 60.....38 C 1
Bulligny 54.....94 B 2
Bullion 78.....87 E 2
Bully 14.....33 G 5
Bully 42.....211 G 4
Bully 69.....212 C 4
Bully 76.....20 D 5

Bully-les-Mines 62.....8 A 4
Bulson 08.....27 E 4
Bult 88.....95 G 5
Bun 65.....332 C 2
Buncey 21.....138 A 2
Buneville 62.....12 D 2
Buno-Bonnevaux 91.....87 H 5
Bunodière Hêtre de la 76.....37 E 1
Bunzac 16.....221 G 1
Buoux 84.....305 H 2
Burbach 67.....67 H 3
La Burbanche 01.....214 C 4
Burbure 62.....7 H 3
Burcin 38.....232 B 4
Burcy 14.....52 D 3
Burcy 77.....112 A 2
Burdignes 42.....248 C 1
Burdignin 74.....198 A 5
Bure 55.....93 F 3
Bure 57.....45 F 2
Bure-les-Templiers 21.....138 D 3
Burelles 02.....25 F 3
Bures 54.....66 D 5
Bures 61.....84 A 2
Bures-en-Bray 76.....20 C 3
Bures-les-Monts 14.....52 C 2
Bures-sur-Dives 14.....33 H 4
Bures-sur-Yvette 91.....58 A 5
Le Buret 53.....106 B 5
Burey 27.....56 A 2
Burey-en-Vaux 55.....93 H 2
Burey-la-Côte 55.....94 A 3
Burg 65.....315 G 5
Burgalays 31.....334 B 3
Burgaronne 64.....311 H 3
Le Burgaud 31.....297 F 2
Burgille 25.....161 G 3
Burgnac 87.....223 G 1
Burgy 71.....195 E 3
Burie 17.....201 H 5
Buriville 54.....95 H 4
Burlats 81.....299 H 4
Burlioncourt 57.....66 D 3
Burnand 71.....194 C 1
Burnevillers 25.....163 H 2
Burnhaupt-le-Bas 68.....143 E 2
Burnhaupt-le-Haut 68.....143 E 2
Buron 63.....228 A 2
Buros 64.....314 B 3
Burosse-Mendousse 64.....294 C 5
Burret 09.....336 A 3
Bursard 61.....83 H 3
Burthecourt-aux-Chênes 54.....95 E 1
Burtoncourt 57.....46 B 4
Bury 60.....38 C 3
Burzet 07.....266 A 2
Burzy 71.....194 C 1
Bus 62.....13 H 5
Bus-la-Mésière 80.....23 E 4
Bus-lès-Artois 80.....13 E 4
Bus-Saint-Rémy 27.....37 F 5
Busca-Maniban Château de 32.....295 G 1
Buschwiller 68.....143 H 3
Busigny 59.....14 D 5
Busloup 41.....131 H 2
Busnes 62.....7 H 3
Busque 81.....299 E 3
Bussac 24.....240 B 1
Bussac-Forêt 17.....237 H 1
Bussac-sur-Charente 17.....201 G 5
Bussaglia Plage de 2A.....346 B 5
Bussang 88.....120 B 5
Bussang Col de 88.....120 B 5
Le Busseau 79.....184 C 5
Busseau-sur-Creuse 23.....207 F 2
Busseaut 21.....138 B 3
Busséol 63.....228 A 1
Busserolles 24.....222 C 1
Busserotte-et-Montenaille 21.....139 E 4
Busset 03.....210 C 2
Bussiares 02.....60 A 1
La Bussière 45.....134 D 4
La Bussière 86.....187 F 1
Bussière-Badil 24.....222 B 2
Bussière-Boffy 87.....204 D 2
Bussière-Dunoise 23.....189 E 5
Bussière-Galant 87.....223 F 2
Bussière-Nouvelle 23.....208 B 3
Bussière-Poitevine 87.....187 G 5
Bussière-Saint-Georges 23.....189 H 3
La Bussière-sur-Ouche 21.....159 G 4
Bussières 21.....138 D 4
Bussières 42.....212 A 5

Bussières 63.....208 D 2
Bussières 70.....161 H 2
Bussières 71.....194 D 4
Bussières 77.....60 A 2
Bussières 89.....158 B 2
Bussières-et-Pruns 63.....210 A 3
Busson 52.....93 F 5
Bussu 80.....23 G 1
Bussunarits-Sarrasquette 64.....330 C 1
Bussurel 70.....142 B 4
Bussus-Bussuel 80.....11 H 3
Bussy 18.....173 G 3
Bussy 60.....23 G 5
Bussy-Albieux 42.....211 H 4
Bussy-en-Othe 89.....114 A 4
Bussy-la-Côte 55.....63 G 3
Bussy-la-Pesle 21.....159 G 2
Bussy-la-Pesle 58.....157 E 4
Bussy-le-Château 51.....62 C 1
Bussy-le-Grand 21.....138 A 5
Bussy-le-Repos 51.....63 E 2
Bussy-le-Repos 89.....113 F 4
Bussy-lès-Daours 80.....22 C 1
Bussy-lès-Poix 80.....21 H 2
Bussy-Lettrée 51.....62 A 4
Bussy-Rabutin Château de 21.....138 A 5
Bussy-Saint-Georges 77.....59 E 3
Bussy-Saint-Martin 77.....59 E 3
Bust 67.....68 A 3
Bustanico 2B.....347 F 4
Bustince-Iriberry 64.....330 C 1
Buswiller 67.....68 C 3
Busy 25.....161 H 4
Butgnéville 55.....64 D 1
Buthiers 70.....162 A 2
Buthiers 77.....111 H 2
Butot 76.....20 A 5
Butot-Vénesville 76.....19 F 2
Butry-sur-Oise 95.....58 B 1
Butteaux 89.....114 C 5
Butten 67.....68 A 2
Buverchy 80.....23 G 3
Buvilly 39.....179 F 3
La Buxerette 36.....189 F 2
Buxerolles 21.....138 D 3
Buxerolles 86.....186 C 1
Buxerulles 55.....64 D 3
Buxeuil 10.....115 G 4
Buxeuil 36.....153 H 5
Buxeuil 86.....169 H 2
Buxières-d'Aillac 36.....189 E 1
Buxières-lès-Clefmont 52.....117 G 3
Buxières-les-Mines 03.....191 G 3
Buxières-lès-Villiers 52.....116 D 3
Buxières-sous-les-Côtes 55.....64 D 3
Buxières-sous-Montaigut 63.....209 H 1
Buxières-sur-Arce 10.....115 H 1
Buxy 71.....177 G 5
Buysscheure 59.....3 G 4
Buzan 09.....335 G 3
Buzançais 36.....171 F 3
Buzancy 02.....40 B 3
Buzancy 08.....43 F 2
Buzeins 12.....281 G 1
Buzet-sur-Baïse 47.....275 F 2
Buzet-sur-Tarn 31.....298 B 3
Buziet 64.....314 A 5
Buzignargues 34.....303 E 3
Buzon 64.....315 F 2
Buzy 55.....44 D 5
Buzy 64.....314 A 5
By 25.....179 H 1
Byans-sur-Doubs 25.....161 G 5

C
Cabanac 65.....315 G 4
Cabanac-Cazaux 31.....334 C 2
Cabanac-et-Villagrains 33.....255 G 3
Cabanac-Séguenville 31.....297 E 2
La Cabanasse 66.....341 G 4
Cabanès 12.....279 H 3
Cabanès 81.....299 E 3
Les Cabanes-de-Fitou 11.....339 E 3
Le Cabanial 31.....318 D 2
Les Cabannes 09.....336 B 5
Cabannes 13.....305 E 1
Les Cabannes 81.....279 F 4
Cabara 33.....256 C 1
Cabariot 17.....201 E 3
Cabas-Loumassès 32.....316 B 3
Cabasse 83.....328 C 1
Cabasson 83.....328 D 4
Le Cabellou 29.....100 A 4
Cabestany 66.....343 F 2

Cabidos 64.....294 A 5
Cabourg 14.....34 A 3
Cabre Col de 05.....268 D 4
Cabrerets 46.....260 C 5
Cabrerolles 34.....301 F 5
Cabrespine 11.....320 A 3
Cabrières 30.....304 A 1
Cabrières 34.....301 H 5
Cabrières-d'Aigues 84.....306 A 2
Cabrières-d'Avignon 84.....305 F 1
Cabris 13.....326 D 1
Cabris 06.....308 D 3
Cachan 94.....58 C 4
Cachen 40.....274 A 4
Cachy 80.....22 D 2
Cadalen 81.....299 E 2
Cadarache Barrage de 13.....306 C 3
Cadarcet 09.....336 A 2
Cadarsac 33.....238 B 5
Cadaujac 33.....255 G 1
Cadéac 65.....333 G 3
Cadeilhan 32.....296 C 2
Cadeilhan-Trachère 65.....333 G 4
Cadeillan 32.....316 D 2
Cademène 25.....162 A 5
Caden 56.....125 F 4
Les Cadeneaux 13.....326 D 1
Cadenet 84.....305 H 3
Caderousse 84.....285 E 4
La Cadière-d'Azur 83.....327 H 4
La Cadière-et-Cambo 30.....302 C 1
Cadillac 33.....256 B 3
Cadillac-en-Fronsadais 33.....237 H 4
Cadillon 64.....294 D 5
Cadix 81.....280 C 5
Cadolive 13.....327 F 1
Cadouin 24.....258 D 1
Cadours 31.....297 E 3
Cadrieu 46.....261 E 5
Caen 14.....33 G 4
Caëstre 59.....4 A 5
Caffiers 62.....2 C 4
Cagnac-les-Mines 81.....279 G 5
Cagnano 2B.....345 G 2
Cagnes-sur-Mer 06.....309 G 3
Cagnicourt 62.....13 H 3
Cagnoncles 59.....14 C 3
Cagnotte 40.....292 D 4
Cagny 14.....33 H 5
Cagny 80.....22 C 2
Cahagnes 14.....32 D 5
Cahagnolles 14.....32 D 4
Cahaignes 27.....37 E 4
Cahan 61.....53 F 3
Caharet 65.....315 G 5
Cahon 80.....11 F 3
Cahors 46.....260 B 5
Cahus 46.....243 E 5
Cahuzac 11.....318 D 5
Cahuzac 47.....258 B 3
Cahuzac 81.....319 F 2
Cahuzac-sur-Adour 32.....295 E 4
Cahuzac-sur-Vère 81.....279 E 5
Caignac 31.....318 C 4
Le Cailar 30.....303 G 4
Cailhau 11.....337 F 1
Cailhavel 11.....319 F 5
Cailla 11.....337 G 4
Caillac 46.....259 H 5
Caillavet 32.....295 H 3
Caille 06.....308 C 2
Caille Ponts de la 74.....215 G 2
La Caillère 85.....183 H 1
Cailleville 76.....19 G 2
Caillouël-Crépigny 02.....23 H 5
Caillouet-Orgeville 27.....56 C 1
Cailloux-sur-Fontaines 69.....213 E 4
Cailly 76.....20 C 5
Cailly-sur-Eure 27.....36 C 5
La Caine 14.....53 F 1
Cairanne 84.....285 F 2
Le Caire 04.....269 G 5
Cairon 14.....33 F 4
Caisnes 60.....39 H 1
Caissargues 30.....303 H 2
Caix 80.....23 E 2
Caixas 66.....342 D 3
Caixon 65.....315 E 2
Cajarc 46.....261 E 5
Cala Rossa 2A.....351 G 2
Calacuccia 2B.....346 D 4
Calais 62.....2 C 3
Calamane 46.....259 H 4
Calan 56.....101 E 5
Calanhel 22.....77 E 2
Calas 13.....326 D 1
Calavanté 65.....315 F 5

Calcatoggio 2A.....348 C 2
Calce 66.....338 C 5
Caldégas 66.....341 F 4
Calenzana 2B.....346 C 4
Calès 24.....258 D 1
Calès 46.....260 B 1
Calignac 47.....275 G 4
Caligny 61.....53 E 2
Callac 22.....77 E 3
Callac 56.....124 D 2
Callas 83.....308 B 4
Calleville 27.....35 G 4
Calleville-les-Deux-Églises 76.....20 A 4
Callian 32.....295 G 4
Callian 83.....308 C 3
Calmeilles 66.....342 D 3
Calmels-et-le-Viala 12.....300 C 1
La Calmette 30.....303 G 1
Calmont 12.....280 C 2
Calmont 31.....318 B 4
Calmoutier 70.....141 F 4
Caloire 42.....230 A 4
Calonges 47.....275 F 1
Calonne-Ricouart 62.....7 H 4
Calonne-sur-la-Lys 62.....8 A 3
Calorguen 22.....79 G 4
La Calotterie 62.....6 B 4
Caluire-et-Cuire 69.....213 E 5
Calvi 2B.....346 B 2
Calviac 46.....243 F 5
Calviac-en-Périgord 24.....259 H 1
Calvignac 46.....260 D 5
Calvinet 15.....262 B 2
Calvisson 30.....303 G 2
Calzan 09.....336 C 2
Camalès 65.....315 E 3
Camarade 09.....335 G 1
Camarès 12.....300 D 2
Camaret-sur-Aigues 84.....285 F 3
Camaret-sur-Mer 29.....74 D 3
Camarsac 33.....255 H 1
Cambayrac 46.....259 G 5
La Cambe 14.....32 B 2
Cambernard 31.....317 F 2
Cambernon 50.....31 H 5
Cambes 33.....255 H 2
Cambes 46.....261 F 3
Cambes 47.....257 F 3
Cambes-en-Plaine 14.....33 G 4
Cambia 2B.....347 F 4
Cambiac 31.....318 C 2
Cambieure 11.....337 F 1
Camblain-Châtelain 62.....7 H 4
Camblain-l'Abbé 62.....8 A 5
Camblanes-et-Meynac 33.....255 G 1
Cambligneul 62.....8 A 5
Cambo-les-Bains 64.....310 D 4
Cambon 81.....299 G 1
Cambon-et-Salvergues 34.....300 D 4
Cambon-lès-Lavaur 81.....298 D 5
Camboulazet 12.....280 C 3
Camboulit 46.....261 F 4
Cambounès 81.....300 A 5
Cambounet-sur-le-Sor 81.....299 F 3
Le Cambout 22.....102 C 3
Cambrai 59.....14 B 3
Cambremer 14.....34 B 5
Cambrin 62.....8 B 4
Cambron 80.....11 G 3
Cambronne-lès-Clermont 60.....38 C 3
Cambronne-lès-Ribécourt 60.....39 G 1
Camburat 46.....261 F 3
Came 64.....292 D 5
Camélas 66.....342 D 2
Camelin 02.....40 A 1
Camembert 61.....54 C 3
Cametours 50.....31 H 5
Camiac-et-Saint-Denis 33.....256 B 1
Camiers 62.....6 B 3
Camiran 33.....256 D 3
Camjac 12.....280 B 3
Camlez 22.....72 D 3
Les Cammazes 81.....319 F 3
Camoël 56.....125 E 5
Camon 09.....337 E 2
Camon 80.....22 C 2
Camors 56.....101 H 5
Camou-Cihigue 64.....331 E 1
Camou-Mixe-Suhast 64.....311 H 4
Camous 65.....333 H 3
Le Camp-du-Castellet 83.....327 G 3
Campagna-de-Sault 11.....337 E 5

A B C D E F G H I J K L M N O P Q R S T U V W X Y Z

A B C D E F G H I J K L M N O P Q R S T U V W X Y Z

Campagnac 12 .... 263 H 5
Campagnac 81 .... 279 E 5
Campagnac-les-Quercy 24 . 259 G 2
Campagnan 34 .... 302 A 5
Campagne 24 .... 241 H 3
Campagne 34 .... 303 E 2
Campagne 40 .... 293 H 1
Campagne 60 .... 23 G 4
Campagne-d'Armagnac 32 . 295 E 1
Campagne-lès-Boulonnais 62..6 D 3
Campagne-lès-Guînes 62 ... 2 D 4
Campagne-lès-Hesdin 62 ...... 6 C 5
Campagne-
   lès-Wardrecques 62 ...... 3 G 5
Campagne-sur-Arize 09 ... 335 H 1
Campagne-sur-Aude 11 ... 337 G 3
Campagnolles 14 .... 52 C 2
Campan 65 .... 333 F 2
Campana 2B .... 347 G 3
Campandré-Valcongrain 14..53 F 4
Camparan 65 .... 333 G 4
Campbon 44 .... 146 D 1
Campeaux 14 .... 52 C 2
Campeaux 60 .... 21 G 5
Campel 35 .... 103 G 5
Campénéac 56 .... 103 E 4
Campes 81 .... 279 F 4
Campestre-et-Luc 30 ... 301 H 1
Campet-et-Lamolère 40 ... 293 H 1
Camphin-en-Carembault 59 .. 8 C 4
Camphin-en-Pévèle 59 ...... 9 E 3
Campi 2B .... 347 G 4
Campigneulles-
   les-Grandes 62 ...... 6 B 5
Campigneulles-les-Petites 62..6 B 4
Campigny 14 .... 32 D 3
Campigny 27 .... 35 F 3
Campile 2B .... 347 G 2
Campistrous 65 .... 315 H 5
Campitello 2B .... 347 F 2
Camplong 34 .... 301 F 4
Camplong-d'Aude 11 ... 338 B 1
Campneuseville 76 .... 21 F 2
Campo 2A .... 348 D 3
Campoloro Port de 2B ... 347 H 4
Campôme 66 .... 342 A 2
Campouriez 12 .... 262 D 2
Campoussy 66 .... 342 B 2
Campremy 60 .... 22 C 5
Camprond 50 .... 31 H 5
Camps 19 .... 243 E 1
Camps-en-Amiénois 80 ...... 21 H 2
Camps-la-Source 83 ... 328 B 1
Camps-sur-l'Agly 11 ... 338 A 4
Camps-sur-l'Isle 33 ... 238 C 4
Campsas 82 .... 297 H 1
Campségret 24 .... 240 B 5
Campuac 12 .... 262 D 4
Campugnan 33 .... 237 G 2
Campuzan 65 .... 315 H 4
Camurac 11 .... 336 D 5
Can Parterre 66 .... 342 C 4
Canadel Col du 83 ... 329 E 4
Canadel-sur-Mer 83 ... 329 E 4
Canaille Cap 13 .... 327 F 4
Canale-di-Verde 2B ... 347 H 4
Canals 82 .... 297 G 2
Canaples 80 .... 12 C 5
Canappeville 27 .... 36 B 5
Canapville 14 .... 34 C 3
Canapville 61 .... 54 D 2
Canari 2B .... 345 F 2
Canaules-
   et-Argentières 30 ... 283 H 5
Canavaggia 2B .... 347 F 2
Canaveilles 66 .... 341 H 3
Cancale 35 .... 50 D 4
Canchy 14 .... 32 C 2
Canchy 80 .... 11 G 2
Cancon 47 .... 258 B 4
Candas 80 .... 12 C 4
Candé 49 .... 127 G 5
Candé-sur-Beuvron 41 ... 153 E 1
Candes-Saint-Martin 37 ... 150 A 4
Candillargues 34 .... 303 F 4
Candor 60 .... 23 G 5
Candresse 40 .... 293 E 3
Canehan 76 .... 10 D 5
Canéjan 33 .... 255 F 1
Canens 31 .... 317 H 5
Canenx-et-Réaut 40 ... 273 H 5
Canet 11 .... 320 D 5
Canet 34 .... 302 A 5
Canet-de-Salars 12 ... 281 E 3
Canet-en-Roussillon 66 ... 343 F 2
Canet-Plage 66 .... 343 F 2
Canettemont 62 .... 12 D 2

Cangey 37 .... 152 C 2
Caniac-du-Causse 46 ... 260 C 3
Canigou Pic du 66 ... 342 B 3
Canihuel 22 .... 77 G 4
Canilhac 48 .... 263 H 5
Canisy 50 .... 32 A 5
Canlers 62 .... 7 E 4
Canly 60 .... 39 E 2
Cannectancourt 60 ... 23 G 5
Cannelle 2A .... 348 C 2
Cannelle 2B .... 345 F 1
Le Cannet 06 .... 309 F 4
Le Cannet 32 .... 294 D 4
Le Cannet-des-Maures 83 . 328 D 1
Canny-sur-Matz 60 ... 23 F 5
Canny-sur-Thérain 60 ... 21 F 3
Canohès 66 .... 343 E 2
Le Canon 33 .... 254 B 2
La Canonica 2B .... 347 H 2
La Canonica Ancienne
   Cathédrale de 2B ... 347 H 2
La Canourgue 48 ... 264 A 5
Canouville 76 .... 19 F 2
Cantaing-sur-Escaut 59 ... 14 B 4
Cantaous 65 .... 333 H 1
Cantaron 06 .... 309 H 2
Canté 09 .... 318 A 5
Cantebonne 54 .... 45 F 2
Canteleu 76 .... 36 A 4
Canteleux 62 .... 12 D 3
Canteloup 14 .... 34 A 5
Canteloup 50 .... 29 G 3
Cantenac 33 .... 237 F 3
Cantenay-Épinard 49 ... 128 C 5
Cantiers 27 .... 37 E 4
Cantigny 80 .... 22 D 4
Cantillac 24 .... 222 B 4
Cantin 59 .... 14 A 2
Cantobre 12 .... 282 B 5
Cantoin 12 .... 263 F 1
Cantois 33 .... 256 B 2
Canville-la-Rocque 50 ... 31 F 2
Canville-les-Deux-Églises 76.19 H 3
Cany-Barville 76 .... 19 F 3
Caorches-Saint-Nicolas 27 .. 35 F 5
Caouënnec-Lanvézéac 22 ... 72 D 3
Caours 80 .... 11 G 3
Cap Corse 2B .... 345 G 1
Cap-Coz 29 .... 100 A 4
Le Cap-d'Agde 34 ... 322 C 5
Cap-d'Ail 06 .... 309 H 5
Cap-de-l'Homy-Plage 40 ... 272 A 4
Cap-de-Long
   Barrage de 65 ... 333 F 4
Cap Ferrat 06 .... 309 H 4
Cap-Ferret 33 .... 254 A 3
Cap-Martin 06 .... 309 H 5
Cap Sizun Réserve du 29 ... 98 D 2
Capbis 64 .... 332 B 1
Capbreton 40 .... 292 A 3
Capdenac 46 .... 261 G 4
Capdenac-Gare 12 ... 261 G 4
Capdrot 24 .... 259 E 2
La Capelle 02 .... 25 F 1
La Capelle 48 .... 282 B 1
Capelle 59 .... 14 D 3
La Capelle-Balaguier 12 ... 261 F 5
La Capelle-Bleys 12 ... 279 H 2
La Capelle-Bonance 12 ... 263 G 5
La Capelle-
   et-Masmolène 30 ... 284 C 4
Capelle-Fermont 62 ... 13 F 2
La Capelle-
   lès-Boulogne 62 ...... 2 B 5
Capelle-les-Grands 27 ... 55 E 1
Capelle-lès-Hesdin 62 ... 11 H 1
Capendu 11 .... 320 B 5
Capens 31 .... 317 G 4
Capestang 34 .... 321 E 4
Capian 33 .... 256 B 2
Capinghem 59 .... 8 C 2
Caplong 33 .... 257 E 1
Capoulet-et-Junac 09 ... 336 B 5
Cappel 57 .... 67 F 1
Cappelle-Brouck 59 ...... 3 F 3
Cappelle-en-Pévèle 59 ...... 9 E 4
Cappelle-la-Grande 59 ...... 3 G 2
Cappy 80 .... 23 F 1
La Capte 83 .... 328 C 5
Captieux 33 .... 274 B 2
Capula Castello de 2A ... 349 F 2
Capvern 65 .... 333 G 1

Capvern-les-Bains 65 ... 333 G 1
Carabès Col de 05 ... 268 D 4
Caradeuc Château de 35 ... 103 H 1
Caragoudes 31 .... 318 C 2
Caraman 31 .... 298 C 5
Caramany 66 .... 338 B 5
Carantec 29 .... 71 H 3
Carantilly 50 .... 32 A 5
Carayac 46 .... 261 E 4
Carbay 49 .... 127 F 3
Carbes 81 .... 299 F 4
Carbon-Blanc 33 ... 237 G 5
Carbonne 31 .... 317 G 4
Carbuccia 2A .... 348 D 2
Carcagny 14 .... 33 E 4
Carcanières 09 .... 337 F 5
Carcans 33 .... 236 C 3
Carcans-Plage 33 ... 236 C 2
Carcarès-Sainte-Croix 40 ... 293 G 1
Carcassonne 11 ... 319 H 5
Carcen-Ponson 40 ... 293 F 1
Carcès 83 .... 307 G 5
Carcheto-Brustico 2B ... 347 G 3
Cardaillac 46 .... 261 F 3
Cardan 33 .... 255 H 2
Cardeilhac 31 .... 316 B 5
Cardesse 64 .... 313 H 4
Cardet 30 .... 283 H 5
Cardo-Torgia 2A ... 348 D 4
Cardonette 80 .... 22 C 1
Le Cardonnois 80 ... 22 D 5
Cardonville 14 .... 32 B 2
Cardroc 35 .... 103 H 1
Careil 44 .... 145 H 4
Carelles 53 .... 81 H 4
Carency 62 .... 8 A 5
Carennac 46 .... 242 D 5
Carentan 50 .... 32 A 3
Carentoir 56 .... 125 G 2
Cargèse 2A .... 348 A 1
Cargiaca 2A .... 349 E 5
Carhaix-Plouguer 29 ... 76 D 4
Carignan 08 .... 27 G 4
Carignan-
   de-Bordeaux 33 ... 255 G 1
Carisey 89 .... 114 C 5
Carla-Bayle 09 .... 335 H 1
Carla-de-Roquefort 09 ... 336 C 3
Le Carlaret 09 .... 336 C 1
Carlat 15 .... 244 D 5
Carlencas-et-Levas 34 ... 301 G 4
Carlepont 60 .... 39 H 1
Carling 57 .... 47 E 5
Carlipa 11 .... 319 F 4
Carlucet 24 .... 241 H 4
Carlucet 46 .... 260 C 2
Carlus 81 .... 299 F 1
Carlux 24 .... 241 H 5
Carly 62 .... 6 B 2
Carmaux 81 .... 279 G 5
Carnac 56 .... 123 H 4
Carnac-Plage 56 ... 123 H 4
Carnac-Rouffiac 46 ... 277 G 1
Carnas 30 .... 303 E 2
La Carneille 61 .... 53 F 4
Carnet 50 .... 80 D 2
Carnetin 77 .... 59 E 3
Carneville 50 .... 29 F 2
Carnières 59 .... 14 C 4
Carnin 59 .... 8 C 4
Carnoët 22 .... 76 D 3
Carnon-Plage 34 ... 303 E 5
Carnoules 83 .... 328 C 2
Carnoux-en-Provence 13 ... 327 F 3
Carnoy 80 .... 23 F 1
Caro 56 .... 103 E 5
Caro 64 .... 330 C 1
Carolles 50 .... 51 F 4
Caromb 84 .... 285 H 4
Carpentras 84 .... 285 G 4
Carpineto 2B .... 347 G 4
Carpiquet 14 .... 33 F 4
Carquebut 50 .... 31 H 2
Carquefou 44 .... 147 H 3
Carqueiranne 83 ... 328 B 5
La Carquois 22 .... 79 E 1
Carrépuis 80 .... 23 F 4
Carrère 64 .... 314 C 2
Carresse 64 .... 293 E 5
Carri Col de 26 ... 250 B 4
Carrières-sous-Bois 78 ... 58 A 2
Carrières-sous-Poissy 78 ... 58 A 2
Carrières-sur-Seine 78 ... 58 B 3
Carro 13 .... 325 H 4
Carros 06 .... 309 G 2

Carrouges 61 .... 83 E 2
Les Carroz-d'Arâches 74 . 216 C 2
Carry-le-Rouet 13 ... 326 C 2
Cars 33 .... 237 F 2
Les Cars 87 .... 223 F 1
Les Cars Ruines
   gallo-romaines 19 ... 225 F 2
Carsac-Aillac 24 ... 259 G 1
Carsac-de-Gurson 24 ... 239 E 4
Carsan 30 .... 284 D 2
Carsix 27 .... 35 G 5
Carspach 68 .... 143 E 3
Cartelègue 33 .... 237 G 2
Carteret 50 .... 31 E 2
Carticasi 2B .... 347 F 4
Cartignies 59 .... 15 G 4
Cartigny 80 .... 23 H 1
Cartigny-l'Épinay 14 ... 32 B 3
Carves 24 .... 259 F 1
Carville 14 .... 52 C 2
Carville-la-Folletière 76 ... 19 H 5
Carville-Pot-de-Fer 76 ... 19 G 3
Carvin 62 .... 8 C 4
Cas Château de 82 ... 278 D 3
Casabianca 2B .... 347 G 3
Casaglione 2A .... 348 C 2
Casalabriva 2A .... 348 D 5
Casalta 2B .... 347 G 3
Casamaccioli 2B .... 346 D 4
Casamozza 2B .... 347 G 2
Casanova 2B .... 347 E 5
Casardo Col de 2B ... 347 F 4
Casatorra 2B .... 345 G 5
Cascastel-
   des-Corbières 11 ... 338 C 2
Casefabre 66 .... 342 C 3
Caseneuve 84 .... 306 A 1
Cases-de-Pène 66 ... 338 C 5
Casevecchie 2B .... 349 G 1
Cassaber 64 .... 293 E 5
Cassagnabère-Tournas 31 . 316 C 5
Cassagnas 48 .... 283 E 2
La Cassagne 24 .... 241 H 3
Cassagne 31 .... 335 E 1
Cassagnes 46 .... 259 F 4
Cassagnes 66 .... 338 B 5
Cassagnes-Bégonhès 12 . 280 C 3
Cassagnoles 30 .... 283 H 5
Cassagnoles 34 .... 320 B 3
La Cassaigne 11 ... 319 E 5
Cassaigne 32 .... 295 H 1
Cassaignes 11 .... 337 G 3
Cassaniouze 15 .... 262 B 2
Cassano 2B .... 346 C 2
Cassel 59 .... 3 H 5
Cassen 40 .... 293 F 2
Casseneuil 47 .... 258 B 5
Les Cassés 11 .... 318 D 3
Casset Cascade du 05 ... 252 A 5
Casseuil 33 .... 256 C 3
Cassignas 47 .... 276 C 2
La Cassine 08 .... 27 E 5
Cassis 13 .... 327 F 3
Casson 44 .... 147 G 2
Cassuéjouls 12 .... 263 F 2
Cast 29 .... 75 H 5
Castagnac 31 .... 317 H 5
Castagnède 31 .... 335 E 2
Castagnède 64 .... 311 H 3
Castagniers 06 .... 291 E 5
Castaignos-Souslens 40 . 293 H 4
Castandet 40 .... 294 B 2
Castanet 12 .... 279 H 2
Castanet 81 .... 279 F 5
Castanet 82 .... 279 F 2
Castanet-le-Haut 34 ... 301 E 4
Castanet-Tolosan 31 ... 318 A 2
Castans 11 .... 320 A 3
Casteide-Cami 64 ... 314 A 2
Casteide-Candau 64 ... 293 H 5
Casteide-Doat 64 ... 315 E 3
Casteil 66 .... 342 A 4
Castel-Sarrazin 40 ... 293 F 4
Castel Vendon
   Rocher du 50 ...... 28 D 2
Castelbajac 65 .... 315 H 5
Castelbiague 31 .... 334 D 2
Castelbouc Château de 48 . 282 C 1
Castelculier 47 .... 276 C 3
Le Castelet 09 .... 336 C 5
Castelferrus 82 .... 277 F 5
Castelfranc 46 .... 259 G 5
Castelgaillard 31 ... 316 D 3
Castelginest 31 .... 297 H 4
Casteljaloux 47 .... 275 E 1
Casteljau 07 .... 284 A 1
Castella 47 .... 276 C 2

Castellane 04 .... 308 A 1
Castellar 06 .... 291 G 5
Le Castellard-Mélan 04 ... 287 H 2
Castellare-di-Casinca 2B . 347 G 2
Castellare-di-Mercurio 2B . 347 F 3
Le Castellet 04 .... 287 G 5
Le Castellet 83 .... 327 H 3
Castelet 84 .... 306 A 1
Castellet-les-Sausses 04 . 289 E 4
Castelli Pointe du 44 ... 145 G 4
Castello 2B .... 345 F 2
Castello-di-Rostino 2B . 347 F 3
Castelmary 12 .... 279 H 3
Castelmaurou 31 ... 298 A 4
Castelmayran 82 ... 277 E 5
Castelmoron-d'Albret 33 . 256 D 2
Castelmoron-sur-Lot 47 . 275 H 1
Castelnau-Barbarens 32 . 296 C 5
Castelnau-Bretenoux
   Château de 46 ... 243 E 5
Castelnau-Chalosse 40 . 293 F 3
Castelnau-d'Anglès 32 . 295 G 4
Castelnau-d'Arbieu 32 . 296 C 1
Castelnau-d'Aude 11 ... 320 B 5
Castelnau-d'Auzan
   -Labarrère 32 ... 275 E 5
Castelnau-de-Brassac 81 . 300 A 4
Castelnau-de-Guers 34 ... 322 C 3
Castelnau-de-Lévis 81 ... 299 F 1
Castelnau-
   de-Mandailles 12 ... 263 F 4
Castelnau-de-Médoc 33 . 237 E 3
Castelnau-
   de-Montmiral 81 ... 298 D 1
Castelnau-
   d'Estrétefonds 31 ... 297 H 3
Castelnau-Durban 09 ... 335 H 2
Castelnau-le-Lez 34 ... 302 D 4
Castelnau-Magnoac 65 ... 316 A 4
Castelnau-Montratier 46 . 277 H 2
Castelnau-Pégayrols 12 . 281 F 4
Castelnau-Picampeau 31 . 317 E 4
Castelnau-
   Rivière-Basse 65 ... 295 E 5
Castelnau-sur-Gupie 47 . 257 E 4
Castelnau-
   sur-l'Auvignon 32 ... 275 H 5
Castelnau-Tursan 40 ... 294 B 4
Castelnau-Valence 30 ... 284 A 5
Castelnaud-
   de-Gratecambe 47 ... 258 C 4
Castelnaud-la-Chapelle 24. 259 F 1
Castelnaudary 11 ... 319 E 4
Castelnavet 32 .... 295 F 4
Castelner 40 .... 293 H 5
Castelnou 66 .... 342 D 3
Castelreng 11 .... 337 F 2
Castels 24 .... 241 F 5
Castelsagrat 82 .... 277 E 3
Castelsarrasin 82 ... 277 F 5
Castelvieilh 65 .... 315 F 4
Castelviel 33 .... 256 C 2
Castennec Site de 56 ... 101 H 4
Le Castéra 31 .... 297 F 4
Castéra-Bouzet 82 ... 276 D 5
Castéra-Lanusse 65 ... 315 G 5
Castéra-Lectourois 32 ... 276 B 5
Castéra-Lou 65 .... 315 F 5
Castéra-Loubix 64 ... 314 D 3
Castéra-Verduzan 32 ... 295 H 2
Castéra-Vignoles 31 ... 316 C 4
Castéras 09 .... 335 H 1
Casterets 65 .... 316 B 4
Casteron 32 .... 296 D 1
Castet 64 .... 332 A 1
Castet-Arrouy 32 ... 276 C 5
Castetbon 64 .... 313 F 2
Castétis 64 .... 313 F 2
Castetnau-Camblong 64 . 313 F 3
Castetner 64 .... 313 G 2
Castetpugon 64 .... 294 C 5
Castets 40 .... 292 D 1
Castets-en-Dorthe 33 ... 256 C 4
Castex 09 .... 317 G 5
Castex 32 .... 315 G 3
Castex-d'Armagnac 32 ... 294 D 1
Casties-Labrande 31 ... 317 E 4
Castifao 2B .... 347 E 2
Castiglione 2B .... 347 E 3
Castillon 06 .... 291 G 5
Castillon 14 .... 32 D 4
Castillon 64 .... 314 D 2
Castillon 65 .... 333 F 1
Castillon Barrage de 04 . 308 B 1
Castillon Col de 06 ... 291 G 5

Castillon-de-Castets 33 ... 256
Castillon-de-Larboust 31 ... 334
Castillon-
   de-Saint-Martory 31 ... 334
Castillon-Debats 32 ... 295
Castillon-du-Gard 30 ... 284
Castillon-en-Auge 14 54
Castillon-en-Couserans 09.. 335
Castillon-la-Bataille 33 ... 238
Castillon-Massas 32 ... 296
Castillon-Savès 32 ... 297
Castillonnès 47 ... 258
Castilly 14 32
Castin 32 296
Castineta 2B 347
Castirla 2B 347
Castres 02 24
Castres 81 299
Castres-Gironde 33 ... 255
Castries 34 303
Le Cateau-Cambrésis 59 . 14
Le Catelet 02 14
Le Catelier 76 20
Catenay 76 36
Catenoy 60 38
Cateri 2B 346
Cathervielle 31 ... 334
Catheux 60 22
Catigny 60 23
Catillon-Fumechon 60 ... 38
Catillon-sur-Sambre 59 ... 15
Catllar 66 342
Les Catons 73 233
Catonvielle 32 ... 297
Cattenières 59 ... 14
Cattenom 57 45
Catteville 50 31
Catus 46 259
Catz 50 32
Caubeyres 47 275
Caubiac 31 297
Caubios-Loos 64 ... 314
Caubon-Saint-Sauveur 47 . 257
Caubous 31 334
Caubous 65 316
Caucalières 81 ... 299
La Cauchie 62 13
Cauchy-à-la-Tour 62 7
Caucourt 62 7
Caudan 56 101
Caudebec-en-Caux 76 ... 35
Caudebec-lès-Elbeuf 76 ... 36
Caudebronde 11 ... 319
Caudecoste 47 ... 276
Caudéran 33 237
Caudeval 11 337
Caudiès-de-Conflent 66 . 341
Caudiès-
   de-Fenouillèdes 66 ... 337
Caudon-de-Vitrac 24 ... 259
Caudos 33 254
Caudrot 33 256
Caudry 59 14
Cauffry 60 38
Caugé 27 56
Caujac 31 318
Caulaincourt 02 ... 23
Le Caule-Sainte-Beuve 76 . 21
Caulières 80 21
Caullery 59 14
Caulnes 22 103
La Caume
   Panorama de 13 ... 304
Caumont 02 24
Caumont 09 335
Caumont 27 35
Caumont 32 294
Caumont 33 256
Caumont 62 12
Caumont 82 277
Caumont Château de 32 . 297
Caumont-l'Éventé 14 ... 32
Caumont-sur-Durance 84 . 305
Caumont-sur-Garonne 47 . 257
Caumont-sur-Orne 14 53
Cauna 40 293
Caunay 79 185
Cauneille 40 292
Caunes-Minervois 11 ... 320
La Caunette 34 ... 320
Caunette-sur-Lauquet 11 . 337
Caunettes-en-Val 11 ... 338
Caupenne 40 293
Caupenne-d'Armagnac 32 . 294
La Caure 51 61
Caurel 22 77
Caurel 51 41

A B C D E F G H I J K L M N O P Q R S T U V W X Y Z

auria Mégalithes de 2A.... 350 D 3
auro 2A.... 348 D 3
auroir 59.... 14 C 3
auroy 08.... 42 B 3
auroy-lès-Hermonville 51.... 41 F 3
Causé 82.... 297 E 2
Cause-de-Clérans 24.... 240 C 5
aussade 82.... 278 B 3
ausse-Rivière 65.... 295 E 5
ausse-Bégon 30.... 282 B 4
ausse-de-la-Selle 34.... 302 B 2
ausse Noir
  Corniche du 12.... 282 A 3
aussens 32.... 295 H 1
ausses-et-Veyran 34.... 321 F 2
aussidières 31.... 318 B 3
aussiniojouls 34.... 301 F 5
aussols 06.... 309 E 2
aussou 09.... 336 C 5
auterets 65.... 332 D 3
auverville-en-Roumois 27.... 35 F 3
auvicourt 14.... 53 H 1
auvignac 33.... 256 C 5
auvigny 60.... 38 B 3
auville 14.... 53 E 2
auville-sur-Mer 76.... 18 C 5
Cauvinière Haras 14.... 54 D 1
aux 34.... 321 H 2
aux-et-Sauzens 11.... 319 G 5
auzac 47.... 276 D 2
avagnac 46.... 242 C 4
availlon 84.... 305 F 2
avalaire-sur-Mer 83.... 329 F 3
Cavalerie 12.... 281 H 5
avalière 83.... 329 E 4
avaliers Falaise des 83.... 307 H 2
avan 22.... 72 D 4
avanac 11.... 319 H 5
avarc 47.... 258 B 2
aveirac 30.... 303 G 2
aves 11.... 339 E 3
avignac 33.... 237 H 3
avigny 50.... 32 B 4
avillargues 30.... 284 C 4
avillon 80.... 22 A 1
avron-Saint-Martin 62.... 6 D 5
aychax 09.... 336 C 5
ayeux-en-Santerre 80.... 23 E 2
ayeux-sur-Mer 80.... 11 E 2
Cayla Musée 81.... 279 E 5
Caylar 34.... 301 H 2
aylus 81.... 278 D 3
Cayolle Col de 06.... 289 E 1
ayrac 82.... 278 B 4
ayres 43.... 247 E 5
ayriech 82.... 278 C 3
Cayrol 12.... 263 E 4
ayrols 15.... 261 H 1
azac 31.... 316 D 3
azalis 33.... 274 A 1
azals 40.... 293 H 4
azalrenoux 11.... 319 E 5
azals 46.... 259 G 3
azals 82.... 278 D 4
azals-des-Baylès 09.... 337 E 1
azaril-Laspènes 31.... 334 A 4
azaril-Tambourès 31.... 316 A 5
azarilh 65.... 334 A 3
azats 33.... 256 B 5
azaubon 32.... 294 D 1
azaugitat 33.... 256 D 2
azaunous 31.... 334 C 2
azaux 09.... 336 A 2
azaux 33.... 254 B 4
azaux-d'Anglès 32.... 295 G 4
azaux-Debat 65.... 333 H 3
azaux-Fréchet 65.... 333 H 4
azaux-Layrisse 31.... 334 B 4
azaux-Savès 32.... 297 E 5
azaux-Villecomtal 32.... 315 F 2
a Caze Château de 48.... 282 B 1
azeaux-de-Larboust 31.... 334 A 4
azedarnes 34.... 321 E 3
azenave-Serres-
  et-Allens 09.... 336 B 4
azeneuve 32.... 295 F 1
azeneuve-Montaut 31.... 316 D 5
azères 31.... 317 F 5
azères-sur-l'Adour 40.... 294 B 2
azes-Mondenard 82.... 277 G 3
azevielle 34.... 302 C 3
azideroque 47.... 277 E 1
azilhac 11.... 319 H 5
azilhac 34.... 302 C 1
azilhac Château de 34.... 301 F 3
azillac 46.... 242 C 4

Cazoulès 24.... 242 B 5
Cazouls-d'Hérault 34.... 322 C 3
Cazouls-lès-Béziers 34.... 321 F 3
Ceaucé 61.... 82 B 3
Ceaulmont 36.... 188 D 2
Céaux 50.... 51 G 5
Céaux-d'Allègre 43.... 247 E 2
Ceaux-en-Couhé 86.... 186 B 4
Ceaux-en-Loudun 86.... 169 E 1
Cébazan 34.... 321 E 3
Cébazat 63.... 209 H 5
Ceccia
  Site préhistorique 2A.... 351 G 3
Ceffia 39.... 196 B 4
Ceffonds 52.... 92 B 3
Ceignac 12.... 280 C 2
Ceignes 01.... 214 B 1
Ceilhes-et-Rocozels 34.... 301 F 2
Ceillac 05.... 271 E 2
Ceilloux 63.... 228 C 2
Ceintrey 54.... 94 D 2
La Celette 18.... 190 C 1
La Celle 03.... 191 E 5
La Celle 18.... 173 F 4
Cellé 41.... 131 E 2
La Celle 63.... 208 C 5
La Celle 83.... 328 B 1
La Celle-Condé 18.... 172 D 4
La Celle-Dunoise 23.... 189 E 4
La Celle-en-Morvan 71.... 176 C 2
La Celle-Guenand 37.... 170 B 2
La Celle-les-Bordes 78.... 87 E 2
Celle-Lévescault 86.... 186 A 3
La Celle-Saint-Avant 37.... 169 H 1
La Celle-Saint-Cloud 78.... 58 A 3
La Celle-Saint-Cyr 89.... 113 G 5
La Celle-
  sous-Chantemerle 51.... 90 B 2
La Celle-sous-Gouzon 23.... 207 H 1
La Celle-
  sous-Montmirail 02.... 60 C 3
La Celle-sur-Loire 58.... 156 A 2
La Celle-sur-Morin 77.... 59 G 4
La Celle-sur-Nièvre 58.... 156 C 4
La Celle-sur-Seine 77.... 88 C 4
Cellefrouin 16.... 203 H 4
Celles 09.... 336 B 3
Celles 15.... 245 G 3
Celles 17.... 220 B 2
Celles 24.... 239 H 1
Celles 34.... 301 H 4
Celles-en-Bassigny 52.... 117 H 5
Celles-lès-Condé 02.... 60 D 1
Celles-sur-Aisne 02.... 40 C 2
Celles-sur-Belle 79.... 185 F 5
Celles-sur-Durolle 63.... 210 D 4
Celles-sur-Ource 10.... 115 G 4
Celles-sur-Plaine 88.... 96 B 3
La Cellette 23.... 189 G 3
La Cellette 63.... 209 E 2
Cellettes 16.... 203 F 4
Cellettes 41.... 153 F 1
Le Cellier 44.... 148 A 3
Cellier-du-Luc 07.... 265 F 2
Celliers 73.... 234 B 3
Cellieu 42.... 230 C 3
Cellule 63.... 209 H 3
Celon 36.... 188 C 2
Celony 13.... 306 A 5
Celoux 15.... 246 A 2
Celsoy 52.... 139 H 2
Cély 77.... 88 A 4
Cemboing 70.... 140 C 2
Cempuis 60.... 21 H 4
Cénac 33.... 255 H 1
Cénac-et-Saint-Julien 24.... 259 G 1
Cenans 70.... 162 B 1
Cendras 30.... 283 H 3
Le Cendre 63.... 227 H 1
Cendrecourt 70.... 140 D 2
Cendrey 25.... 162 B 2
Cendrieux 24.... 240 D 4
Cénevières 46.... 260 D 5
Cenne-Monestiés 11.... 319 E 4
Cenomes 12.... 301 E 2
Cenon 33.... 237 G 5
Cenon-sur-Vienne 86.... 169 G 4
Censeau 39.... 180 A 3
Censerey 21.... 158 D 4
Censy 89.... 137 F 4
Les Cent-Acres 76.... 20 B 3
Centeilles Chapelle de 34.... 320 B 4
Centrès 12.... 280 B 3
Centuri 2B.... 345 F 1
Centuri-Port 2B.... 345 F 1
Cenves 69.... 194 D 5
Cépet 31.... 297 H 3

Cépie 11.... 337 G 1
Cepoy 45.... 112 C 4
Céran 32.... 296 B 2
Cérans-Foulletourte 72.... 129 H 2
Cerbère 66.... 343 H 4
Cerbois 18.... 172 C 1
Cercié 69.... 212 D 1
Cercier 74.... 215 F 2
Cercles 24.... 221 H 5
Cercottes 45.... 110 D 5
Le Cercueil 61.... 83 G 2
Cercy-la-Tour 58.... 175 G 3
Cerdon 01.... 214 B 2
Cerdon 45.... 134 A 5
Cerdon Grottes du 01.... 214 B 1
Cère 40.... 273 H 5
Cère Pas de 15.... 244 D 4
Céré-la-Ronde 37.... 152 D 4
Cerelles 37.... 151 H 1
Cérences 50.... 51 G 2
Céreste 04.... 306 B 1
Céret 66.... 342 D 4
Cerfontaine 59.... 15 H 2
Le Cergne 42.... 212 A 1
Cergy 95.... 58 A 1
Cergy-Pontoise
  Ville nouvelle 95.... 58 A 1
Cérilly 03.... 191 E 1
Cérilly 21.... 138 A 2
Cérilly 89.... 114 A 3
Cerisé 61.... 83 G 4
Cerisières 52.... 92 D 5
Cerisiers 89.... 113 H 3
Cerisy 80.... 23 E 2
Cerisy-Belle-Étoile 61.... 53 E 3
Cerisy-Buleux 80.... 11 F 5
Cerisy-la-Forêt 50.... 32 C 4
Cerisy-la-Salle 50.... 51 H 1
Cerizay 79.... 167 F 3
Cérizols 09.... 335 E 1
Cerizy 02.... 24 B 3
La Cerlangue 76.... 35 H 1
La Cerleau 08.... 26 A 2
Cernans 39.... 179 H 2
Cernay 14.... 54 D 1
Cernay 21.... 85 H 4
Cernay 68.... 143 E 1
Cernay 86.... 169 H 3
Cernay-en-Dormois 51.... 42 D 4
Cernay-la-Ville 78.... 57 H 5
Cernay-l'Église 25.... 163 G 3
Cernay-lès-Reims 51.... 41 H 4
Cerneux 77.... 60 B 5
Cernex 74.... 215 F 2
Cerniébaud 39.... 180 B 4
Cernion 08.... 26 B 3
Cernon 39.... 196 C 3
Cernon 51.... 62 A 3
Cernoy 60.... 38 D 2
Cernoy-en-Berry 45.... 155 G 1
Cernusson 49.... 149 G 4
Cerny 91.... 87 H 3
Cerny-en-Laonnois 02.... 40 D 2
Cerny-lès-Bucy 02.... 24 D 5
Céron 71.... 193 F 5
Cérons 33.... 256 B 3
Cerqueux 14.... 54 D 1
Les Cerqueux 49.... 167 F 1
Les Cerqueux-
  sous-Passavant 49.... 149 G 5
Cerre-lès-Noroy 70.... 141 G 4
Cers 34.... 321 H 4
Cersay 79.... 167 H 1
Cerseuil 02.... 40 C 3
Cersot 71.... 177 F 5
Certémery 39.... 179 G 2
Certilleux 88.... 94 A 5
Certines 01.... 213 H 1
Cervens 74.... 198 A 4
Cervières 05.... 252 D 5
Cervières 42.... 211 E 5
Cerville 54.... 66 B 5
Cervione 2B.... 347 H 4
Cervon 58.... 157 G 4
Cerzat 43.... 246 C 2
Cesancey 39.... 196 B 1
Césarches 73.... 216 A 5
Césarville-Dossainville 45.... 111 G 2
Cescau 09.... 335 E 3
Cescau 64.... 314 A 2
Cesny-aux-Vignes 14.... 34 A 5
Cesny-Bois-Halbout 14.... 53 G 1
Cessac 33.... 256 C 2
Cessales 31.... 318 C 2
Cesse 55.... 43 G 1
Cesseins 01.... 213 E 2

Cessenon-sur-Orb 34.... 321 F 2
Cessens 73.... 215 E 5
Cesseras 34.... 320 C 4
Cesset 03.... 192 C 5
Cesseville 27.... 36 A 4
Cessey 25.... 161 H 5
Cessey-sur-Tille 21.... 160 C 3
Cessières 02.... 24 C 5
Cessieu 38.... 232 A 2
Cesson 22.... 78 B 3
Cesson 77.... 88 B 2
Cesson-Sévigné 35.... 104 B 3
Cessoy-en-Montois 77.... 89 F 3
Cessy 01.... 197 F 4
Cessy-les-Bois 58.... 156 C 3
Cestas 33.... 255 F 1
Cestayrols 81.... 279 F 5
Ceton 61.... 108 D 2
Cette-Eygun 64.... 331 H 4
Cevins 73.... 234 B 2
Ceyras 34.... 302 A 4
Ceyrat 63.... 227 G 1
Ceyreste 13.... 327 G 3
Ceyroux 23.... 206 D 2
Ceyssac 43.... 247 F 4
Ceyssat 43.... 227 F 1
Ceyzérat 01.... 214 A 1
Ceyzérieu 01.... 214 D 4
Cézac 33.... 237 H 3
Cézac 46.... 277 H 1
Cezais 85.... 184 B 1
Cézan 32.... 296 A 2
Cezay 42.... 211 F 5
Cézens 15.... 245 F 4
Cézia 39.... 196 C 3
Cézy 89.... 113 G 5
Chaalis Abbaye de 60.... 39 E 5
Chabanais 16.... 204 C 4
La Chabanne 03.... 211 E 3
La Chabasse Église de 63.... 228 D 1
Chabestan 05.... 269 E 4
Chabeuil 26.... 249 G 5
Chablis 89.... 136 D 3
Chabons 38.... 232 B 4
La Chabossière 44.... 147 F 4
La Chabotterie
  Château de 85.... 165 H 2
Chabottes 05.... 269 H 2
Chabournay 86.... 169 E 5
Chabrac 16.... 204 C 4
Chabreloche 63.... 210 D 4
Chabrières 04.... 288 A 4
Chabrignac 19.... 223 H 5
Chabrillan 26.... 267 F 2
Chabris 36.... 153 H 4
Chacé 49.... 150 B 4
Chacenay 10.... 115 H 3
Chacrise 02.... 40 B 3
Chadeleuf 63.... 227 H 3
Chadenac 17.... 219 H 3
Chadenet 48.... 264 D 4
Chadrac 43.... 247 F 3
Chadron 43.... 247 F 4
Chadurie 16.... 221 F 3
Le Chaffal 26.... 249 H 5
Le Chaffaut-
  Saint-Jurson 04.... 287 H 2
Chaffois 25.... 180 C 2
Chagey 70.... 142 B 3
Chagnolet 17.... 183 F 5
Chagnon 42.... 230 C 3
Chagny 08.... 26 D 5
Chagny 71.... 177 G 2
Chahaignes 72.... 130 C 3
Chahains 61.... 83 F 2
Chaignay 21.... 160 A 1
Chaignes 27.... 56 D 1
Chail 79.... 185 G 5
Chaillac 36.... 188 B 3
Chaillac-sur-Vienne 87.... 204 D 4
Chailland 53.... 105 H 2
Chaillé-les-Marais 85.... 183 G 3
Chaillé-
  sous-les-Ormeaux 85.... 182 D 1
Chailles 41.... 153 E 1
Chaillevette 17.... 200 C 5
Chaillevois 02.... 40 C 1
Chailley 89.... 114 A 4
Chaillol 05.... 269 H 2
Chaillon 55.... 64 D 3
Chailloué 61.... 54 C 5
Chailly-en-Bière 77.... 88 B 4
Chailly-en-Brie 77.... 60 A 4
Chailly-en-Gâtinais 45.... 112 A 5
Chailly-lès-Ennery 57.... 45 H 5
Chailly-sur-Armançon 21.... 159 E 4

Chainaz-les-Frasses 74.... 215 F 5
Chaînée-des-Coupis 39.... 178 D 2
Chaingy 45.... 133 E 2
Chaintré 71.... 194 D 5
Chaintreaux 77.... 112 C 2
Chaintrix-Bierges 51.... 61 H 3
La Chaise 10.... 92 A 4
La Chaise-Baudouin 50.... 51 H 4
La Chaise-Dieu 43.... 228 D 5
Chaise-Dieu-du-Theil 27.... 55 G 4
Chaix 85.... 183 H 3
La Chaize-Giraud 85.... 165 E 5
La Chaize-le-Vicomte 85.... 166 A 5
Chalabre 11.... 337 E 2
Chalagnac 24.... 240 C 3
Chalain Lac de 39.... 179 G 3
Chalain-d'Uzore 42.... 229 G 1
Chalain-le-Comtal 42.... 229 H 2
Chalaines 55.... 93 H 1
Chalais 16.... 239 E 1
Chalais 24.... 223 E 3
Chalais 36.... 188 A 2
Chalais 86.... 168 D 2
Chalam Crêt de 01.... 197 E 5
Chalamont 01.... 213 H 3
Chalampé 68.... 121 G 5
Chalancey 52.... 139 F 4
Chalancon 26.... 268 B 4
Chalandray 86.... 168 C 5
Chalandry 02.... 24 D 4
Chalandry-Elaire 08.... 26 D 3
Le Chalange 61.... 84 A 2
Le Chalard 87.... 223 F 4
Chalautre-la-Grande 77.... 89 H 4
Chalautre-la-Petite 77.... 89 G 3
Chalautre-la-Reposte 77.... 89 E 3
Chalaux 58.... 158 A 3
La Chaldette 48.... 263 G 2
Chaleins 01.... 213 E 2
Chalencon 07.... 248 C 5
Chalencon Château de 43.... 247 G 1
Les Chalesmes 39.... 180 A 5
Châlette-sur-Loing 45.... 112 C 4
Chalette-sur-Voire 10.... 91 G 4
Chaley 01.... 214 B 3
Chalèze 25.... 162 A 3
Chalezeule 25.... 162 A 3
Chaliers 15.... 246 A 4
Chalifert 77.... 59 F 3
Chaligny 54.... 94 C 1
Chalinargues 15.... 245 F 2
Chalindrey 52.... 139 H 2
Chalivoy-Milon 18.... 173 H 3
Challain-la-Potherie 49.... 127 G 4
Challans 85.... 165 E 3
Challement 58.... 157 F 3
Challerange 08.... 42 D 3
Challes 72.... 108 A 5
Challes-la-Montagne 01.... 214 B 1
Challes-les-Eaux 73.... 233 F 2
Challet 28.... 86 A 2
Challex 01.... 197 F 5
Challignac 16.... 220 D 4
Challonges 74.... 215 E 2
Challuy 58.... 174 C 2
Chalmaison 77.... 89 G 3
Chalmazel-
  Jeansagnière 42.... 229 F 1
Chalmessin 52.... 139 E 4
Chalmoux 71.... 193 E 1
Chalo-Saint-Mars 91.... 87 F 4
Le Chalon 26.... 249 G 2
Chalon 38.... 231 F 4
Chalon-sur-Saône 71.... 177 H 4
Chalonnes-
  sous-le-Lude 49.... 129 H 5
Chalonnes-sur-Loire 49.... 149 G 2
Chalons 17.... 200 D 5
Châlons-du-Maine 53.... 106 B 2
Châlons-en-Champagne 51.... 62 B 2
Châlons-sur-Vesle 51.... 41 F 3
Châlonvillars 70.... 142 B 3
Chalou-Moulineux 91.... 87 E 4
La Chalp 05.... 271 E 1
Chaltrait 51.... 61 F 2
Chalus 63.... 228 A 4
Châlus 87.... 223 E 2
Chalusset Château de 87.... 223 H 1
Chalvignac 15.... 243 H 1
Chalvraines 52.... 117 G 2
Chamadelle 33.... 238 D 3
Chamagne 88.... 95 E 3
Chamagnieu 38.... 231 H 1
Chamalières 63.... 209 G 5
Chamalières-sur-Loire 43.... 247 G 3
Chamaloc 26.... 268 B 1

Chamant 60.... 39 E 4
Chamarande 91.... 87 G 3
Chamarandes 52.... 117 E 3
Chamaret 26.... 267 F 5
La Chamba 42.... 229 E 1
Chambain 21.... 138 D 3
Chambeire 21.... 160 C 3
Chambellay 49.... 128 B 4
Chambéon 42.... 229 H 1
Chambérat 03.... 190 B 3
Chamberaud 23.... 207 F 2
Chamberet 19.... 224 D 3
Chambéria 39.... 196 B 2
Chambéry 73.... 233 F 2
Chambéry-le-Vieux 73.... 233 F 2
Chambeugle 89.... 135 F 2
Chambezon 43.... 228 A 5
Chambilly 71.... 193 G 5
Chamblac 27.... 55 F 2
Chamblanc 21.... 178 B 1
Chamblay 39.... 179 F 1
Chambles 42.... 230 A 4
Chamblet 03.... 191 E 4
Chambley-Bussières 54.... 65 F 1
Chambly 60.... 38 B 4
Chambœuf 21.... 159 H 4
Chambœuf 42.... 230 A 2
Chambois 61.... 54 B 4
Chambolle-Musigny 21.... 160 A 4
Le Chambon 07.... 266 A 1
Chambon 17.... 201 E 1
Chambon 18.... 173 E 4
Chambon 30.... 283 G 2
Chambon 37.... 170 A 3
Chambon Barrage du 38.... 251 H 3
Chambon Lac 63.... 227 F 3
Chambon Lac de 36.... 188 D 3
Le Chambon-
  Feugerolles 42.... 230 A 4
Chambon-la-Forêt 45.... 111 G 4
Chambon-le-Château 48.... 264 D 1
Chambon-Sainte-Croix 23.... 189 E 4
Chambon-sur-Cisse 41.... 152 D 4
Chambon-sur-Dolore 63.... 228 D 3
Chambon-sur-Lac 63.... 227 F 3
Le Chambon-
  sur-Lignon 43.... 248 A 3
Chambon-sur-Voueize 23.... 208 B 1
Chambonas 07.... 265 H 5
Chambonchard 23.... 208 C 1
La Chambonie 42.... 229 E 1
Chamborand 23.... 206 C 1
Chambord 27.... 55 F 3
Chambord 41.... 132 C 5
Chamboret 87.... 205 H 4
Chamborigaud 30.... 283 G 2
Chambornay-
  lès-Bellevaux 70.... 162 A 2
Chambornay-lès-Pin 70.... 161 H 2
Chambors 60.... 37 G 4
Chambost-Allières 69.... 212 B 3
Chambost-
  Longessaigne 69.... 212 B 5
La Chambotte 73.... 215 E 5
Chambouleive 19.... 224 D 4
Chambourcy 78.... 58 A 3
Chambray 27.... 56 A 3
Chambray 27.... 56 C 1
Chambray-lès-Tours 37.... 151 H 3
La Chambre 73.... 234 A 4
Chambrecy 51.... 41 F 4
Les Chambres 50.... 51 G 4
Chambretaud 85.... 166 D 2
Chambrey 57.... 66 C 4
Chambroncourt 52.... 93 F 4
Chambroutet 79.... 167 G 3
Chambry 02.... 24 D 5
Chambry 77.... 59 G 2
Chaméane 63.... 228 B 3
Chamelet 69.... 212 C 3
Chameroy 52.... 139 F 2
Chamery 51.... 41 G 5
Chamesey 25.... 163 E 3
Chamesol 25.... 163 G 2
Chamesson 21.... 138 A 3
Chameyrat 19.... 242 D 1
Chamigny 77.... 60 A 2
Chamilly 71.... 177 G 3
Chammes 53.... 106 C 4
Chamole 39.... 179 G 3
Chamonix-Mont-Blanc 74.... 217 H 3
Chamouillac 17.... 219 H 5
Chamouille 02.... 40 D 1
Chamouilley 52.... 92 D 2
Chamousset 73.... 233 H 2
Chamoux 89.... 157 G 2

A B C D E F G H I J K L M N O P Q R S T U V W X Y Z

Chamoux-sur-Gelon 73 ...... 233 H 2
Chamoy 10 .... 114 D 3
Champ de Bataille
    Château du 27 ....35 H 5
Le Champ-de-la-Pierre 61 ....83 E 2
Champ-d'Oiseau 21 .... 137 H 5
Champ-Dolent 27 ....56 A 2
Champ-Dolent Menhir de 35 ..80 B 2
Champ-du-Boult 14 ....52 B 3
Champ du Feu 67 ....96 D 3
Champ-Haut 61 ....54 D 4
Champ-Laurent 73 .... 233 H 3
Champ-le-Duc 88 .... 119 H 2
Le Champ-près-Froges 38 .. 233 F 5
Le Champ-Saint-Père 85. ... 182 D 2
Champ-sur-Barse 10 .... 115 G 2
Champ-sur-Drac 38 .... 250 D 3
Le Champ-sur-Layon 49 .... 149 G 3
Champagnac 15 .... 226 B 5
Champagnac 17 .... 219 H 4
Champagnac-de-Belair 24 .. 222 C 5
Champagnac-la-Noaille 19 . 243 F 1
Champagnac-la-Prune 19 .. 243 F 2
Champagnac-les-Mines 87 . 203 F 1
Champagnac-le-Vieux 43 .. 228 C 5
Champagnat 23 .... 207 H 3
Champagnat 71 .... 196 A 2
Champagnat-le-Jeune 63 .. 228 B 4
Champagne 07 .... 249 E 1
Champagne 17 .... 201 E 4
Champagne 28 ....57 E 4
Champagné 72 .... 108 A 4
Champagne-
    au-Mont-d'Or 69 .... 213 E 5
Champagne-
    en-Valromey 01 .... 214 D 3
Champagne-
    et-Fontaine 24 .... 221 G 4
Champagné-le-Sec 86 ..... 203 F 1
Champagné-les-Marais 85 .. 183 G 2
Champagne-Mouton 16 .... 203 H 3
Champagne-
    Saint-Hilaire 86 .... 186 B 4
Champagne-sur-Loue 39 ... 179 G 1
Champagne-sur-Oise 95 .....38 B 5
Champagne-sur-Seine 77 ....88 C 4
Champagne-
    sur-Vingeanne 21 ...... 160 D 1
Champagne-Vigny 16 ...... 221 E 3
Champagneux 73 .... 232 D 2
Champagney 25 .... 161 H 3
Champagney 39 .... 161 E 3
Champagney 70 .... 142 A 2
Champagnier 38 .... 250 D 2
Champagnole 39 .... 179 H 4
Champagnolles 17 .... 219 G 3
Champagny 21 .... 159 G 1
Champagny 39 .... 179 H 2
Champagny-
    en-Vanoise 73 .... 234 D 3
Champagny-
    sous-Uxelles 71 .... 194 D 1
Champallement 58 .... 157 E 4
Champanges 74 .... 198 B 3
Champaubert 51 ....61 E 3
Champcella 05 .... 270 C 1
Champcenest 77 ....60 B 5
Champcerie 61 ....53 H 4
Champcervon 50 ....51 G 3
Champcevinel 24 .... 240 C 2
Champcevrais 89 .... 135 E 4
Champcey 50 ....51 G 4
Champclause 43 .... 247 H 4
Champcourt 52 ....92 C 5
Champcueil 91 ....88 A 3
Champdeniers-
    Saint-Denis 79 .... 185 E 2
Champdeuil 77 ....88 C 2
Champdieu 42 .... 229 G 2
Champdivers 39 .... 178 D 1
Champdolent 17 .... 201 E 3
Champdor-Corcelles 01 ... 214 C 2
Champdôtre 21 .... 160 C 4
Champdray 88 .... 120 A 2
Champeau-en-Morvan 21 . 158 B 4
Champeaux 35 .... 105 E 2
Champeaux 50 ....51 F 4
Les Champeaux 61 ....54 C 3
Champeaux 77 ....88 C 2
Champeaux 79 .... 185 E 2
Champeaux-et-la-Chapelle-
    Pommier 24 .... 222 B 4
Champeaux-sur-Sarthe 61 ..84 D 2
Champeix 63 .... 227 H 2
Champenard 27 ....36 C 5
La Champenoise 36 .... 172 A 2
Champenoux 54 ....66 B 5

Champéon 53 ....82 C 4
Champétières 63 .... 228 D 3
Champey 70 .... 142 A 3
Champey-sur-Moselle 54 ....65 G 2
Champfleur 72 ....83 G 4
Champfleury 10 ....90 D 2
Champfleury 51 ....41 G 4
Champforgeuil 71 .... 177 H 5
Champfrémont 53 ....83 F 4
Champfromier 01 .... 197 E 5
Champgenéteux 53 ....82 D 5
Champguyon 51 ....60 D 4
Champhol 28 ....86 B 3
Champien 80 ....23 F 4
Champier 38 .... 232 A 4
Champigné 49 .... 128 C 4
Champigneul-
    Champagne 51 ....61 H 2
Champigneul-sur-Vence 08 ..26 C 4
Champigneulle 08 ....43 F 2
Champigneulles 54 ....65 H 5
Champigneulles-
    en-Bassigny 52 .... 117 H 3
Champignol-
    lez-Mondeville 10 ..... 116 A 3
Champignolles 21 .... 177 F 1
Champignolles 27 ....55 G 2
Champigny 51 ....41 G 3
Champigny 89 ....89 F 5
Champigny-en-Beauce 41 . 132 A 4
Champigny-la-Futelaye 27 ..56 C 3
Champigny-le-Sec 86 ..... 168 D 5
Champigny-lès-Langres 52 . 117 F 5
Champigny-
    sous-Varennes 52 ..... 140 A 2
Champigny-sur-Aube 10 ....91 E 2
Champigny-sur-Marne 94 ..58 D 4
Champigny-sur-Veude 37 .. 169 E 1
Champillet 36 .... 189 H 2
Champis 07 .... 249 E 4
Champlan 91 ....58 B 5
Champlat-et-Boujacourt 51 ..41 F 5
Champlay 89 .... 113 H 5
Champlecy 71 .... 193 H 3
Champlemy 58 .... 156 D 4
Champlieu 71 .... 194 D 1
Champlieu Ruines
    gallo-romaines de 60 ....39 F 3
Champlin 08 ....26 A 2
Champlin 58 .... 157 H 4
Champlive 25 .... 162 B 3
Champlost 89 .... 114 B 4
Champmillon 16 .... 221 E 2
Champmotteux 91 ....87 H 5
Champnétery 87 .... 206 C 5
Champneuville 55 ....44 B 5
Champniers 16 .... 221 F 1
Champniers 86 .... 186 B 5
Champniers-et-Reilhac 24 . 222 C 1
Champoléon 05 .... 270 A 1
Champoly 42 .... 211 E 4
Champosoult 61 ....54 C 3
Champougny 55 ....94 A 2
Champoulet 45 .... 135 E 4
Champoux 25 .... 162 A 2
Champrenault 21 .... 159 F 2
Champrepus 50 ....51 H 3
Champrond 72 .... 108 D 4
Champrond-en-Gâtine 28 ...85 F 4
Champrond-en-Perchet 28 ..85 E 5
Champrosay 91 ....58 C 5
Champrougier 39 .... 179 E 3
Champs 02 ....40 A 1
Champs 61 ....84 C 2
Champs 63 .... 209 H 2
Champs Col des 06 .... 289 E 2
Les Champs-de-Losque 50 ..32 A 4
Les Champs-Géraux 22 .....79 H 4
Champs-Romain 24 .... 222 D 3
Champs-sur-Marne 77 ......59 E 3
Champs-sur-Tarentaine 15 . 226 C 5
Champs-sur-Yonne 89 .... 136 B 4
Champsac 87 .... 223 E 1
Champsanglard 23 .... 189 F 5
Champsecret 61 ....82 B 2
Champseru 28 ....86 C 3
Champsevraine 52 .... 140 A 3
Champtercier 04 .... 287 H 3
Champtocé-sur-Loire 49 . 149 G 2
Champtoceaux 49 .... 148 B 2
Champtonnay 70 .... 161 F 2
Champvallon 89 .... 113 G 5

Champvans 39 .... 160 D 5
Champvans 70 .... 161 E 2
Champvans-les-Baume 25 .. 162 C 2
Champvans-les-Moulins 25. 161 H 3
Champvert 58 .... 175 F 3
Champvoisy 51 ....40 D 5
Champvoux 58 .... 156 B 5
Chamrousse 38 .... 251 E 2
Chamvres 89 .... 113 G 5
Chanac 48 .... 264 B 5
Chanac-les-Mines 19 ..... 243 E 1
Chanaleilles 43 .... 264 C 1
Chanas 38 .... 231 E 5
Chanat-la-Mouteyre 63 ... 209 G 5
Chanay 01 .... 214 D 2
Chanaz 73 .... 215 E 4
Chançay 37 .... 152 B 2
Chancé 35 .... 104 D 4
Chanceaux 21 .... 159 G 1
Chanceaux-
    près-Loches 37 .... 152 B 5
Chanceaux-
    sur-Choisille 37 ...... 151 H 1
Chancelade 24 .... 240 C 2
Chancenay 52 ....63 F 5
Chancey 70 .... 161 F 3
Chancia 39 .... 196 A 4
Chandai 61 ....55 G 4
Chandolas 07 .... 284 A 1
Chandon 42 .... 211 H 4
Chanéac 07 .... 248 A 5
Chaneins 01 .... 213 E 2
Chânes 71 .... 194 D 5
Le Change 24 .... 240 D 2
Changé 53 .... 105 H 3
Change 71 .... 177 F 2
Changé 72 .... 107 H 5
Changey 52 .... 117 F 5
Changis-sur-Marne 77 .....59 H 2
Changy 42 .... 211 F 1
Changy-Tourny 71 .... 193 H 3
Changy 51 ....62 D 4
Chaniat 43 .... 228 C 5
Chaniaux 48 .... 265 F 3
Chaniers 17 .... 219 G 1
Channay 21 .... 137 H 2
Channay-sur-Lathan 37 .. 151 E 1
Channes 10 .... 115 F 5
Chanonat 63 .... 227 H 1
Chanos-Curson 26 ...... 249 F 3
Chanousse 05 .... 286 D 1
Chanoy 52 .... 117 F 5
Chanoz-Châtenay 01 .... 213 F 1
Chanteau 45 .... 111 E 5
Chantecoq 45 .... 112 D 4
Chantecorps 79 .... 185 G 2
Chanteheux 54 ....95 G 1
Chanteix 19 .... 242 C 1
Chantelle 03 .... 191 H 5
Chanteloup 35 .... 104 B 4
Chanteloup 50 ....51 G 2
Chanteloup 79 .... 167 G 4
Chanteloup Pagode de 37. 152 B 2
Chanteloup-en-Brie 77 ....59 F 3
Chanteloup-les-Bois 49 .. 149 F 5
Chanteloup-les-Vignes 78 ..57 H 2
Chantelouve 38 .... 251 F 4
Chantemerle 05 .... 252 C 4
Chantemerle 51 ....90 A 2
Chantemerle-les-Blés 26 . 249 F 2
Chantemerle-
    lès-Grignan 26 .... 267 F 5
Chantemerle-
    sur-la-Soie 17 .... 201 G 3
Chantemesle 95 ....57 F 1
Chantenay-Saint-Imbert 58. 174 C 5
Chantenay-Villedieu 72 ... 107 E 5
Chantepie 35 .... 104 B 3
Chantérac 24 .... 239 H 2
Chanterelle 15 .... 227 E 5
Chantes 70 .... 140 D 4
Chantesse 38 .... 250 B 1
Chanteuges 43 .... 246 C 3
Chantillac 16 .... 220 B 5
Chantilly 60 ....38 D 4
Chantôme 36 .... 188 D 3
Chantonnay 85 .... 166 C 5
Chantraine 88 .... 119 F 2
Chantraines 52 .... 116 D 5
Chantrans 25 .... 180 B 1
Chantrigné 53 ....82 B 4
Chanu 61 ....53 E 4
Chanville 57 ....66 C 1
Chanzeaux 49 .... 149 F 3
Chaon 41 .... 133 H 5
La Chapelle-en-Lafaye 42 . 229 G 4

Chaouilley 54 ....94 C 3
Chaource 10 .... 115 E 4
Chaourse 02 ....25 G 4
Chapaize 71 .... 194 D 1
Chapareillan 38 .... 233 F 3
Chaparon 74 .... 215 H 4
Chapdes-Beaufort 63 ... 209 F 4
Chapdeuil 24 .... 221 H 5
Chapeau 03 .... 192 C 2
Chapeauroux 48 .... 265 E 1
Chapeiry 74 .... 215 F 4
Chapelaine 51 ....91 H 2
La Chapelaude 03 ..... 190 C 3
La Chapelle 03 .... 210 C 2
La Chapelle 08 ....27 E 3
La Chapelle 16 .... 203 E 4
La Chapelle 19 .... 225 H 4
La Chapelle 73 .... 234 A 4
La Chapelle-Achard 85. ... 182 B 1
La Chapelle-Agnon 63 .. 228 D 2
La Chapelle-Anthenaise 53. 106 A 3
La Chapelle-au-Mans 71 .. 193 F 1
La Chapelle-au-Moine 61 ...53 E 4
La Chapelle-au-Riboul 53 ...82 C 5
La Chapelle-Aubareil 24 .. 241 G 4
La Chapelle-aux-Bois 88 .. 119 F 4
La Chapelle-aux-Brocs 19 . 242 C 2
La Chapelle-
    aux-Chasses 03 ...... 175 F 5
La Chapelle-aux-Choux 72. 130 A 5
La Chapelle-
    aux-Filtzméens 35 .....80 A 4
La Chapelle-aux-Lys 85 .. 184 C 1
La Chapelle-aux-Naux 37 . 151 F 3
La Chapelle-aux-Saints 19. 242 D 4
La Chapelle-Baloue 23 ... 188 D 4
La Chapelle-Basse-Mer 44. 148 A 3
La Chapelle-Bâton 17 .... 201 H 2
La Chapelle-Bâton 79 ... 185 E 2
La Chapelle-Bâton 86 ... 203 H 1
La Chapelle-Bayvel 27 ....35 E 3
La Chapelle-Bertin 43 ... 246 D 2
La Chapelle-Bertrand 79 . 185 G 1
La Chapelle-Biche 61 .....53 E 4
La Chapelle-Blanche 22 .. 103 G 1
La Chapelle-Blanche 73 . 233 G 3
La Chapelle-Blanche-
    Saint-Martin 37 ...... 170 A 1
La Chapelle-Bouëxic 35 .. 103 H 5
La Chapelle-Caro 56 .... 102 D 5
La Chapelle-Cécelin 50 ...52 A 3
La Chapelle-Chaussée 35...80 A 5
La Chapelle-Craonnaise 53. 105 G 5
La Chapelle-
    d'Abondance 74 ...... 198 D 4
La Chapelle-d'Alagnon 15. 245 F 3
La Chapelle-d'Aligné 72 .. 129 E 3
La Chapelle-d'Andaine 61 ..82 C 2
La Chapelle-d'Angillon 18. 155 E 3
La Chapelle-d'Armentières 59..8 C 2
La Chapelle-d'Aunainville 28..86 D 4
La Chapelle-d'Aurec 43 .. 229 H 5
La Chapelle-de-Bragny 71 . 194 D 1
La Chapelle-de-Brain 35 .. 126 A 3
La Chapelle-
    de-Guinchay 71 ...... 194 D 5
La Chapelle-
    de-Mardore 69 .... 212 A 2
La Chapelle-de-Surieu 38. 231 F 4
Chapelle-des-Bois 25 ... 197 G 1
La Chapelle-
    des-Fougeretz 35 ..... 104 A 2
La Chapelle-des-Marais 44. 146 B 1
La Chapelle-des-Pots 17 .. 201 G 5
La Chapelle-
    devant-Bruyères 88 .. 120 A 2
Chapelle-d'Huin 25 ..... 180 B 2
La Chapelle-du-Bard 38 . 233 G 4
La Chapelle-du-Bois 72 .. 108 C 2
La Chapelle-
    du-Bois-des-Faulx 27 ...36 B 5
La Chapelle-du-Bourgay 76 ..20 B 2
La Chapelle-
    du-Châtelard 01 ...... 213 G 2
La Chapelle-du-Chêne 85. 129 E 2
La Chapelle-du-Fest 50 ....32 C 5
La Chapelle-du-Genêt 49 . 148 C 4
La Chapelle-
    du-Lou-du-Lac 35 .... 103 H 1
La Chapelle-
    du-Mont-de-France 71 .. 194 C 3
La Chapelle-
    du-Mont-du-Chat 73 .. 233 E 1
La Chapelle-du-Noyer 28 . 109 H 4
La Chapelle-du-Juger 50 ....32 A 5
La Chapelle-en-Lafaye 42 . 229 G 4

La Chapelle-en-Serval 60.. ...38 D 5
La Chapelle-
    en-Valgaudémar 05 ... 251 H 5
La Chapelle-en-Vercors 26. . 250 B 4
La Chapelle-en-Vexin 95 ...37 F 5
La Chapelle-Enchérie 41 . 131 H 3
La Chapelle-Engerbold 14 .. 53 E 2
La Chapelle-Erbrée 35 ... 105 F 3
La Chapelle-Faucher 24 .. 222 C 5
La Chapelle-Felcourt 51 ....62 D 1
La Chapelle-Forainvilliers 28..57 E 5
La Chapelle-Fortin 28 .....55 H 5
La Chapelle-Gaceline 56 .. 125 G 2
La Chapelle-Gaudin 79 ... 167 H 2
La Chapelle-Gaugain 72 .. 130 D 3
La Chapelle-Gauthier 27 ...55 E 2
La Chapelle-Gauthier 77 ...88 D 3
La Chapelle-Geneste 43 .. 228 D 5
La Chapelle-Glain 44 .... 127 F 4
La Chapelle-Gonaguet 24 . 240 B 1
La Chapelle-Grésignac 24. 221 G 4
Chapelle-Guillaume 28 ... 109 E 3
La Chapelle-Hareng 27 ....35 E 5
La Chapelle-Haute-Grue 14. .54 C 2
La Chapelle-Hermier 85 .. 165 F 5
La Chapelle-Hugon 18 ... 174 A 3
La Chapelle-Hullin 49 ... 127 G 3
La Chapelle-Huon 72 .... 131 E 2
La Chapelle-Iger 77 ....59 H 5
La Chapelle-Janson 35 ....81 F 4
La Chapelle-la-Reine 77 ...88 A 5
La Chapelle-Largeau 79 .. 167 E 2
La Chapelle-Lasson 51 ....90 C 2
La Chapelle-Launay 44 ... 146 D 2
La Chapelle-Laurent 15 .. 246 A 2
La Chapelle-lès-Luxeuil 70. 141 G 2
La Chapelle-Marcousse 63. 227 H 4
La Chapelle-
    Montabourlet 24 ..... 221 H 4
La Chapelle-
    Montbrandeix 87 ..... 222 D 2
La Chapelle-Monthodon 02..60 D 1
La Chapelle-Montligeon 61 .. 84 C 3
La Chapelle-Montlinard 18. 156 B 5
La Chapelle-Montmartin 41. 153 H 4
La Chapelle-
    Montmoreau 24 ...... 222 C 5
La Chapelle-Montreuil 86. 186 A 2
Chapelle-Morthemer 86 .. 186 D 2
La Chapelle-Moulière 86 .. 186 D 1
La Chapelle-Moutils 77 ....60 B 4
La Chapelle-Naude 71 ... 195 H 1
La Chapelle-Neuve 22 .....77 E 2
La Chapelle-Neuve 56 ... 101 H 5
La Chapelle-Onzerain 45 . 110 B 4
La Chapelle-Orthemale 36. 171 F 4
La Chapelle-Palluau 85 .. 165 G 3
La Chapelle-Péchaud 24 . 259 F 1
La Chapelle-Pouilloux 79. 203 E 1
La Chapelle-près-Sées 61 ...83 H 2
La Chapelle-Rablais 77 ....88 D 3
La Chapelle-Rainsouin 53. 106 B 3
La Chapelle-Rambaud 74 . 215 H 1
La Chapelle-Réanville 27 ...36 D 5
La Chapelle-Rousselin 49. 149 E 4
La Chapelle-Saint-André 58. 156 D 2.
La Chapelle-
    Saint-Aubert 35 ....81 E 5
La Chapelle-
    Saint-Aubin 72 .... 107 G 4
La Chapelle-
    Saint-Étienne 79 ..... 167 F 5
La Chapelle-
    Saint-Florent 49 ..... 148 C 3
La Chapelle-Saint-Fray 72. 107 G 3
La Chapelle-
    Saint-Géraud 19 ..... 243 F 4
La Chapelle-Saint-Jean 24. 241 G 2
La Chapelle-Saint-Laud 49. 129 E 5
La Chapelle-
    Saint-Laurent 79 ..... 167 G 4
La Chapelle-
    Saint-Laurian 36 ..... 172 A 1
La Chapelle-Saint-Luc 10 ...90 D 5
La Chapelle-
    Saint-Martial 23 ..... 207 F 3
La Chapelle-
    Saint-Martin 73 ...... 232 D 1
La Chapelle-Saint-Martin-
    en-Plaine 41 .... 132 B 4
La Chapelle-
    Saint-Maurice 74 .... 215 G 5
La Chapelle-
    Saint-Mesmin 45 ..... 133 E 2
La Chapelle-Saint-Ouen 76..36 D 1

La Chapelle-
    Saint-Quillain 70 ..... 161 G
La Chapelle-
    Saint-Rémy 72 .... 108 A
La Chapelle-
    Saint-Sauveur 44 .... 148 D
La Chapelle-
    Saint-Sauveur 71 .... 178 C
La Chapelle-
    Saint-Sépulcre 45 .... 112 C
La Chapelle-Saint-Sulpice 77..89 E
La Chapelle-Saint-Ursin 18. 173 E
La Chapelle-Souëf 61 .....84 C
La Chapelle-
    sous-Brancion 71 .... 195 E
La Chapelle-sous-Dun 71 . 194 A
La Chapelle-sous-Orbais 51..61 E
La Chapelle-
    sous-Uchon 71 ...... 176 C
La Chapelle-Spinasse 19 . 225 F
La Chapelle-
    sur-Aveyron 45 ...... 135 E
La Chapelle-sur-Chézy 02 ...60 B
La Chapelle-sur-Coise 69 . 230 C
La Chapelle-sur-Crécy 77 ...59 G
La Chapelle-sur-Dun 76 ...19 H
La Chapelle-sur-Erdre 44 . 147 G
La Chapelle-
    sur-Furieuse 39 ...... 179 G
La Chapelle-sur-Loire 37 . 151 E
La Chapelle-sur-Oreuse 89..89 G
La Chapelle-sur-Oudon 49. 128 A
La Chapelle-sur-Usson 63. 228 B
La Chapelle-sur-Vire 50 ....52 B
La Chapelle-Taillefert 23 . 207 F
La Chapelle-Thècle 71 ... 195 G
La Chapelle-Thémer 85 .. 183 G
La Chapelle-Thireuil 79 .. 184 D
La Chapelle-Thouarault 35. 103 H
La Chapelle-Urée 50 ......52 A
Chapelle-Vallon 10 ....90 D
La Chapelle-
    Vaupelteigne 89 ..... 136 C
La Chapelle-
    Vendômoise 41 ...... 131 H
La Chapelle-
    Vicomtesse 41 ...... 109 F
La Chapelle-Viel 61 ....55 F
La Chapelle-Villars 42 ... 230 D
Chapelle-Viviers 86 ..... 187 E
La Chapelle-Voland 39 ... 178 D
La Chapelle-Yvon 14 ......54 D
Les Chapelles 53 ....82 C
Les Chapelles 73 .... 234 D
Les Chapelles-Bourbon 77..59 F
Chapelon 45 .... 112 B
La Chapelotte 18 .... 155 G
Chapet 78 ....57 H
Les Chapieux 73 .... 216 D
Chapois 39 .... 179 H
Chaponnay 69 .... 231 F
Chaponost 69 .... 230 D
Chaponost Arches de 69 .. 231 E
Chappes 03 .... 191 F
Chappes 08 ....26 A
Chappes 10 .... 115 F
Chappes 63 .... 210 A
Chaptelat 87 .... 205 G
Chaptuzat 63 .... 209 H
Charade 63 .... 227 G
Charancieu 38 .... 232 C
Charancin 01 .... 214 C
Charantonnay 38 ...... 231 G
Charavines 38 .... 232 C
Charbogne 08 ....42 C
Charbonnat 71 .... 176 B
Charbonnier-les-Mines 63.. 228 A
Charbonnières 08 ...... 109 E
Charbonnières 71 ...... 195 E
Charbonnières-
    les-Bains 69 .... 212 C
Charbonnières-
    les-Sapins 25 .... 162 B
Charbonnières-
    les-Varennes 63 ..... 209 G
Charbonnières-
    les-Vieilles 63 .... 209 G
Charbuy 89 .... 136 A
La Charce 26 .... 268 C
Charcé-Saint-Ellier-
    sur-Aubance 49 ...... 149 H
Charcenne 70 .... 161 G
Charchigné 53 ....82 C
Charchilla 39 .... 196 D
Charcier 39 .... 179 G
Chard 23 .... 208 C
Chardeny 08 ....42 C

ardes 17.....................219 H 5
ardogne 55.....................63 G 3
ardonnay 71.....................195 E 2
areil-Cintrat 03.....................192 A 5
arency 21.....................159 F 2
arency 39.....................180 A 4
arency-Vezin 54.....................44 C 2
arens 26.....................268 C 4
arensat 63.....................208 D 3
arentay 69.....................212 D 2
arentenay 70.....................140 C 5
arentenay 89.....................136 B 5
arentilly 37.....................151 H 1
arenton 58.....................156 B 4
arenton-du-Cher 18.....................173 G 5
arenton-le-Pont 94.....................58 C 4
arentonnay 18.....................156 A 5
arette 38.....................214 A 5
arette-Varennes 71.....................178 C 2
arey 54.....................65 F 2
arézier 39.....................196 D 1
argé 37.....................152 C 2
argey-lès-Gray 70.....................161 E 1
argey-lès-Port 70.....................140 D 3
ariez 70.....................141 E 4
arigny 21.....................158 D 2
Charité-sur-Loire 58.....................156 B 5
arix 01.....................196 D 5
arlas 31.....................316 B 5
arleval 13.....................305 G 3
arleval 27.....................36 D 2
arleville 51.....................61 E 4
arleville-Mézières 08.....................26 D 3
arleville-sous-Bois 57.....................46 B 5
arlieu 42.....................211 H 1
arly 18.....................173 H 4
arly 69.....................231 E 2
arly-Oradour 57.....................45 H 5
arly-sur-Marne 02.....................60 B 2
armant 16.....................221 F 3
armauvillers 25.....................163 G 3
armé 16.....................203 F 3
Charme 39.....................179 E 3
Charme 45.....................135 F 3
Charmée 71.....................177 G 5
armeil 03.....................210 B 1
Charmel 02.....................40 D 5
armensac 15.....................245 H 2
armentray 77.....................59 F 2
armes 02.....................24 B 4
armes 03.....................210 A 2
armes 21.....................160 C 2
armes 52.....................117 F 5
armes 88.....................95 E 4
armes-en-l'Angle 52.....................92 D 4
armes-la-Côte 54.....................94 A 1
armes-la-Grande 52.....................92 C 4
armes-Saint-Valbert 70.....................140 B 3
armes-sur-l'Herbasse 26.....................249 G 2
armes-sur-Rhône 07.....................249 E 5
armette Col de la 38.....................232 D 5
es Charmettes 73.....................233 F 2
armoille 25.....................163 F 3
armoille 70.....................141 E 4
armoilles 52.....................117 F 5
armois 54.....................95 F 2
armois 90.....................142 C 3
armois-
devant-Bruyères 88.....................119 G 2
armois-l'Orgueilleux 88.....................119 E 3
armont 51.....................63 E 3
armont 95.....................37 G 5
armont-en-Beauce 45.....................111 F 2
armont-sous-Barbuise 10.....................91 E 4
es Charmontois 51.....................63 F 2
armoy 10.....................90 A 4
armoy 52.....................140 A 2
armoy 71.....................176 D 4
armoy 89.....................113 H 5
armes 07.....................231 E 5
armes 07.....................210 B 3
armay 25.....................161 H 5
armay 69.....................212 D 4
armay-lès-Chalon 71.....................178 B 2
armay-lès-Mâcon 71.....................195 E 4
armècles 38.....................232 C 5
armizay 37.....................170 B 3
armod 39.....................196 B 4
armois 08.....................17 F 4
armoz-sur-Ain 01.....................213 H 4
army 21.....................159 E 3
army 71.....................59 F 2
army-Orée-
de-Puisaye 89.....................135 F 2
army-le-Bachot 10.....................90 D 2
army-sur-Meuse 55.....................44 B 5
arolles 71.....................194 A 3

Charols 26.....................267 G 3
Charonville 28.....................109 H 2
Chârost 18.....................172 C 2
Charousse 74.....................216 C 3
Charpentry 55.....................43 F 3
Charpey 26.....................249 G 4
Charpont 28.....................56 D 5
Charquemont 25.....................163 G 3
Charraix 43.....................246 C 4
Charras 16.....................221 H 3
Charre 64.....................313 F 3
Charrecey 71.....................177 F 3
Charrey-sur-Saône 21.....................160 B 5
Charrey-sur-Seine 21.....................115 H 5
Charrin 58.....................175 F 4
Charritte-de-Bas 64.....................313 F 3
Charron 17.....................183 F 4
Charron 23.....................208 C 2
Charroux 03.....................209 H 1
Charroux 86.....................203 H 1
Chars 95.....................37 H 5
Charsonville 45.....................110 B 5
Chartainvilliers 28.....................86 B 3
Chartèves 02.....................60 C 1
La Chartre-
sur-le-Loir 72.....................130 C 4
Chartrené 49.....................150 B 1
Chartres 28.....................86 A 4
Chartres-de-Bretagne 35.....................104 B 3
Chartrettes 77.....................88 B 1
Chartrier-Ferrière 19.....................242 B 3
Chartronges 77.....................60 B 4
Chartuzac 17.....................219 H 5
Charvieu-Chavagneux 38.....................213 H 5
Charvonnex 74.....................215 G 2
Chas 63.....................228 A 1
Chaserey 10.....................115 E 5
Chasnais 85.....................183 E 2
Chasnans 25.....................162 C 5
Chasnay 58.....................156 C 4
Chasné-sur-Illet 35.....................80 C 4
Chaspinhac 43.....................247 F 3
Chaspuzac 43.....................247 E 3
La Chassagne 39.....................179 E 3
Chassagne 63.....................227 H 4
Chassagne-Montrachet 21.....................177 G 2
Chassagne-Saint-Denis 25.....................162 A 5
Chassagnes 07.....................265 H 5
Chassagnes 43.....................246 C 2
Chassagny 69.....................230 D 2
Chassaignes 24.....................239 F 1
Chassal 39.....................196 B 5
Chassant 28.....................85 F 5
Chasse-sur-Rhône 38.....................231 E 2
Chasseguey 50.....................52 B 5
Chasselas 71.....................194 D 5
Chasselay 38.....................250 A 1
Chasselay 69.....................213 E 4
Chassemy 02.....................40 C 2
Chassenard 03.....................193 F 3
Chasseneuil 36.....................188 C 1
Chasseneuil-du-Poitou 86.....................186 C 1
Chasseneuil-
sur-Bonnieure 16.....................203 H 5
Chasseneon 16.....................204 D 4
Chasseradès 48.....................265 F 4
Chassey 21.....................159 E 1
Chassey-Beaupré 55.....................93 G 3
Chassey-le-Camp 71.....................177 G 3
Chassey-
lès-Montbozon 70.....................141 G 5
Chassey-lès-Scey 70.....................140 D 4
Chassezac
Belvédère du 48.....................265 F 5
Chassiecq 16.....................203 H 3
Chassiers 07.....................266 A 4
Chassignelles 89.....................137 G 3
Chassignieu 38.....................232 B 3
Chassignolles 36.....................189 G 2
Chassignolles 43.....................228 C 5
Chassigny 52.....................139 H 3
Chassigny-sous-Dun 71.....................194 A 5
Chassillé 72.....................107 E 4
Chassiron Phare de 17.....................200 A 2
Chassors 16.....................220 C 1
Chassy 18.....................174 A 1
Chassy 71.....................193 G 1
Chassy 89.....................135 H 2
Le Chastang 19.....................242 D 2
Chastang Barrage du 19.....................243 F 2
Chastanier 48.....................265 E 2
Chasteaux 19.....................242 B 3
Chastel 43.....................246 B 3

Chastel-Arnaud 26.....................268 A 2
Chastel-Nouvel 48.....................264 C 4
Chastel-sur-Murat 15.....................245 F 3
Chastellux-sur-Cure 89.....................157 H 2
Chastenay 89.....................136 A 4
Chasteuil 04.....................308 A 1
Chastreix 63.....................227 E 3
La Châtaigneraie 85.....................167 E 5
Chatain 86.....................203 H 2
Châtaincourt 28.....................56 C 5
Châtas 88.....................96 C 4
Château-Arnoux-
Saint-Auban 04.....................287 G 3
Château-Bas 13.....................305 G 3
Château-Bernard 38.....................250 A 4
Château-Bréhain 57.....................66 C 3
Château-Chalon 39.....................179 F 4
Château-Chervix 87.....................223 H 2
Château-Chinon 58.....................176 A 1
Le Château-
d'Almenêches 61.....................54 B 5
Château-des-Prés 39.....................197 E 2
Le Château-d'Oléron 17.....................200 B 4
Château-d'Olonne 85.....................182 A 1
Château-du-Loir 72.....................130 B 4
Château-Farine 25.....................161 H 4
Château-Gaillard 01.....................214 A 3
Château Gaillard 27.....................36 D 4
Château-Gaillard 28.....................111 E 3
Château-Garnier 86.....................186 C 5
Château-Gombert 13.....................327 E 2
Château-Gontier 53.....................128 B 2
Château-Guibert 85.....................183 E 1
Château-Guillaume 36.....................188 A 3
Château-la-Vallière 37.....................151 F 1
Château-l'Abbaye 59.....................9 G 4
Château-Lambert 70.....................120 A 5
Château-Larcher 86.....................186 B 3
Château-l'Évêque 24.....................240 C 1
Château-l'Hermitage 72.....................130 A 3
Château-Porcien 08.....................42 A 1
Château-Queyras 05.....................271 E 1
Château-Regnault 08.....................26 D 2
Château-Renard 45.....................112 D 5
Château-Renault 37.....................131 F 5
Château-Rouge 57.....................46 D 4
Château-Salins 57.....................66 C 4
Château-sur-Allier 03.....................174 B 4
Château-sur-Cher 63.....................208 C 2
Château-sur-Epte 27.....................37 F 4
Château-Thébaud 44.....................147 H 5
Château-Thierry 02.....................60 C 1
Château-Verdun 09.....................336 B 5
Château-Ville-Vieille 05.....................271 E 1
Château-Voué 57.....................66 D 3
Châteaubernard 16.....................220 B 1
Châteaubleau 77.....................89 E 2
Châteaubourg 07.....................249 E 4
Châteaubourg 35.....................104 D 3
Châteaubriant 44.....................127 E 3
Châteaudouble 26.....................249 G 5
Châteaudouble 83.....................308 A 4
Châteaudun 28.....................109 H 4
Châteaufort 04.....................287 G 1
Châteaufort 78.....................58 A 5
Châteaugay 63.....................209 H 5
Châteaugiron 35.....................104 C 3
Châteaulin 29.....................75 H 5
Châteaumeillant 18.....................190 A 2
Châteauneuf 21.....................159 F 4
Châteauneuf 39.....................161 F 4
Châteauneuf 42.....................230 D 3
Châteauneuf 71.....................194 A 5
Châteauneuf 73.....................233 H 2
Châteauneuf 85.....................164 D 2
Châteauneuf-
de-Bordette 26.....................285 H 1
Châteauneuf-
de-Chabre 05.....................287 F 1
Châteauneuf-
de-Gadagne 84.....................305 E 1
Châteauneuf-
de-Galaure 26.....................249 F 1
Châteauneuf-
de-Randon 48.....................264 D 3
Châteauneuf-
de-Vernoux 07.....................248 D 5
Châteauneuf-
d'Entraunes 06.....................289 F 3
Châteauneuf-d'Ille-
et-Vilaine 35.....................79 H 3
Châteauneuf-d'Oze 05.....................269 F 4
Châteauneuf-du-Faou 29.....................76 B 2
Châteauneuf-du-Pape 84.....................285 F 4
Châteauneuf-du-Rhône 26.....................267 E 4

Châteauneuf-
en-Thymerais 28.....................85 H 2
Châteauneuf-Grasse 06.....................309 E 3
Châteauneuf-la-Forêt 87.....................224 C 1
Châteauneuf-le-Rouge 13.....................306 B 5
Châteauneuf-les-Bains 63.....................209 F 3
Châteauneuf-
les-Martigues 13.....................326 C 2
Châteauneuf-
lès-Moustiers 04.....................307 H 1
Châteauneuf-
sur-Charente 16.....................220 D 2
Châteauneuf-sur-Cher 18.....................173 E 3
Châteauneuf-sur-Isère 26.....................249 F 4
Châteauneuf-sur-Loire 45.....................133 H 2
Châteauneuf-sur-Sarthe 49.....................128 D 4
Châteauneuf-
Val-de-Bargis 58.....................156 C 4
Châteauneuf-
Val-Saint-Donat 04.....................287 G 2
Châteauneuf-Villevieille 06.....................291 F 5
Châteauponsac 87.....................205 H 1
Châteauredon 04.....................288 A 4
Châteaurenard 13.....................304 D 1
Châteaurenaud 71.....................178 C 5
Châteauroux 36.....................171 H 4
Châteauroux-les-Alpes 05.....................270 C 2
Châteauvert 83.....................307 F 5
Châteauvieux 05.....................269 G 4
Châteauvieux 41.....................153 E 4
Châteauvieux 83.....................308 B 2
Châteauvieux-
les-Fossés 25.....................162 B 5
Châteauvilain 38.....................232 A 3
Châteauvillain 52.....................116 C 4
Le Châtel 73.....................234 A 5
Châtel 74.....................198 D 4
Châtel-Censoir 89.....................157 F 1
Châtel-Chéhéry 08.....................43 F 3
Châtel-de-Joux 39.....................196 D 2
Châtel-de-Neuvre 03.....................192 A 3
Châtel-Gérard 89.....................137 F 3
Châtel-Guyon 63.....................209 G 4
Châtel-Montagne 03.....................210 D 2
Châtel-Moron 71.....................177 F 4
Châtel-Saint-Germain 57.....................65 G 1
Châtel-sur-Moselle 88.....................95 F 4
Châtelaillon-Plage 17.....................200 C 2
Châtelain 53.....................128 C 2
La Châtelaine 39.....................179 G 3
Châtelais 49.....................127 H 3
Châtelard 23.....................208 C 3
Châtelard 38.....................251 G 3
Le Châtelard 73.....................233 G 1
Châtelaudren 22.....................73 G 5
Chatelay 39.....................179 F 1
Châtelblanc 25.....................180 B 5
Châteldon 63.....................210 C 3
Le Châtelet 18.....................190 A 1
Châtelet Pont du 04.....................271 E 3
Le Châtelet-en-Brie 77.....................88 D 2
Le Châtelet-sur-Retourne 08.....................42 A 2
Le Châtelet-
sur-Sormonne 08.....................26 B 2
Les Châtelets 28.....................56 A 5
Le Chateley 39.....................179 E 3
Le Châtelier 51.....................63 F 2
Châtelenot 21.....................159 E 4
Châtellerault 86.....................169 G 4
Le Châtellier 35.....................81 E 3
Le Châtellier 61.....................53 E 5
Les Châtelliers-
Châteaumur 85.....................167 E 3
Les Châtelliers-
Notre-Dame 28.....................85 G 5
Châtelneuf 39.....................179 H 5
Châtelneuf 42.....................229 G 2
Chateloy 03.....................191 E 2
Châtelperron 03.....................192 D 3
Châtelraould-
Saint-Louvent 51.....................62 C 5
Châtelus 03.....................211 E 1
Châtelus 38.....................250 B 3
Châtelus 42.....................230 B 2
Châtelus-le-Marcheix 23.....................206 C 3
Châtelus-Malvaleix 23.....................189 G 5
Châtenay 01.....................213 H 2
Châtenay 28.....................86 D 5
Châtenay 38.....................231 H 5
Châtenay-en-France 95.....................58 D 1
Châtenay-Mâcheron 52.....................139 H 2
Châtenay-Malabry 92.....................58 B 4
Châtenay-sur-Seine 77.....................89 E 4
Châtenay-Vaudin 52.....................139 H 2
Chatenet 17.....................220 B 5

Le Châtenet-en-Dognon 87.....................206 B 4
Châteney 70.....................141 G 3
Châtenois 39.....................161 E 5
Châtenois 67.....................97 E 4
Châtenois 70.....................141 G 3
Châtenois 88.....................94 B 5
Châtenois-les-Forges 90.....................142 C 4
Châtenoy 45.....................134 A 2
Châtenoy 77.....................112 B 2
Châtenoy-en-Bresse 71.....................177 H 4
Châtenoy-le-Royal 71.....................177 H 4
Châtignac 16.....................220 D 5
Chatignonville 91.....................87 E 3
Châtillon 03.....................191 H 3
Châtillon 39.....................179 G 5
Châtillon 69.....................212 D 4
Châtillon 86.....................186 A 4
Châtillon 92.....................58 B 4
Châtillon Crêt de 74.....................215 G 4
Châtillon-Coligny 45.....................135 E 3
Châtillon-en-Bazois 58.....................175 G 1
Châtillon-en-Diois 26.....................268 C 2
Châtillon-en-Dunois 28.....................109 G 3
Châtillon-en-Michaille 01.....................214 D 1
Châtillon-en-Vendelais 35.....................105 F 2
Châtillon-Guyotte 25.....................162 B 2
Châtillon-la-Borde 77.....................88 C 3
Châtillon-la-Palud 01.....................213 H 3
Châtillon-le-Duc 25.....................161 H 3
Châtillon-le-Roi 45.....................111 F 3
Châtillon-lès-Sons 02.....................24 D 3
Châtillon-Saint-Jean 26.....................249 H 3
Châtillon-sous-les-Côtes 55.....................44 C 5
Châtillon-sur-Bar 08.....................43 E 1
Châtillon-sur-Broué 51.....................92 A 2
Châtillon-
sur-Chalaronne 01.....................213 F 1
Châtillon-sur-Cher 41.....................153 F 4
Châtillon-sur-Cluses 74.....................216 C 1
Châtillon-sur-Colmont 53.....................82 A 5
Châtillon-sur-Indre 36.....................170 D 2
Châtillon-sur-Lison 25.....................161 H 5
Châtillon-sur-Loire 45.....................134 D 5
Châtillon-sur-Marne 51.....................41 E 5
Châtillon-sur-Morin 51.....................60 D 5
Châtillon-sur-Oise 02.....................24 C 3
Châtillon-sur-Saône 88.....................118 B 5
Châtillon-sur-Seine 21.....................138 A 2
Châtillon-sur-Thouet 79.....................168 A 5
Châtin 58.....................175 H 1
Chatoillenot 52.....................139 G 4
Châtonnay 38.....................231 H 3
Chatonnay 39.....................196 B 3
Chatonrupt 52.....................92 D 3
Chatou 78.....................58 A 3
La Châtre 36.....................189 G 1
La Châtre-Langlin 36.....................188 B 3
Châtres 10.....................90 C 3
Châtres 24.....................241 G 2
Châtres 77.....................59 F 5
Châtres-la-Forêt 53.....................106 C 3
Châtres-sur-Cher 41.....................154 A 4
Châtrices 51.....................63 F 1
Chattancourt 55.....................43 H 4
Chatte 38.....................250 A 2
Chatuzange-le-Goubet 26.....................249 G 4
Chaucenne 25.....................161 H 3
Chauchailles 48.....................263 H 1
Chauché 85.....................166 A 3
Le Chauchet 23.....................208 B 2
Chauchigny 10.....................90 D 4
Chauconin-Neufmontiers 77.....................59 F 2
Chaucre 17.....................200 A 2
Chaudanne Barrage de 04.....................308 B 1
Chaudardes 02.....................41 E 2
Chaudebonne 26.....................268 A 4
Chaudefonds-sur-Layon 49.....................149 F 3
Chaudefontaine 25.....................162 B 2
Chaudefontaine 51.....................43 E 5
Chaudenay 52.....................139 H 2
Chaudenay 71.....................177 G 2
Chaudenay-la-Ville 21.....................159 F 5
Chaudenay-le-Château 21.....................159 F 5
Chaudeney-sur-Moselle 54.....................94 B 1
Chaudes-Aigues 15.....................263 G 1
Chaudeyrac 48.....................265 E 3
Chaudeyrolles 43.....................247 H 4
La Chaudière 26.....................268 A 3
Chaudière Col de la 26.....................267 H 3
Chaudon 28.....................57 E 5
Chaudon-Norante 04.....................288 B 5
Chaudrey 10.....................91 F 3
Chaudron-en-Mauges 49.....................148 D 3
Chaudun 02.....................40 B 3
Chauffailles 71.....................194 A 5
Chauffayer 05.....................269 G 1

Chauffecourt 88.....................94 D 4
Chauffour-lès-Bailly 10.....................115 G 2
Chauffour-lès-Étréchy 91.....................87 F 3
Chauffour-sur-Vell 19.....................242 C 4
Chauffours 28.....................85 H 4
Chauffourt 52.....................117 G 5
Chauffry 77.....................60 C 4
Chaufour-lès-Bonnières 78.....................56 D 1
Chaufour-Notre-Dame 72.....................107 G 4
Chaugey 21.....................178 C 1
Chaulgnes 58.....................156 C 5
Chaulhac 48.....................246 A 5
Chaulieu 50.....................52 C 4
La Chaulme 63.....................229 F 4
Chaulnes 80.....................23 F 2
Chaum 31.....................334 B 3
La Chaume 21.....................138 C 2
La Chaume 85.....................182 A 1
Chaume-et-Courchamp 21.....................139 G 5
Chaume-lès-Baigneux 21.....................138 B 5
Chaumeil 19.....................225 E 4
Chaumercenne 70.....................161 F 3
Chaumeré 35.....................104 D 4
Chaumergy 39.....................179 E 3
Chaumes-en-Brie 77.....................59 F 5
Chaumesnil 10.....................91 H 4
Chaumont 18.....................173 H 4
Chaumont 39.....................197 E 3
Chaumont 52.....................117 E 3
Chaumont 61.....................54 D 3
Chaumont 74.....................215 F 2
Chaumont 89.....................89 E 5
Chaumont
Château de 71.....................194 B 2
Chaumont-d'Anjou 49.....................129 E 5
Chaumont-
devant-Damvillers 55.....................44 B 4
Chaumont-en-Vexin 60.....................37 G 4
Chaumont-la-Ville 52.....................117 H 3
Chaumont-le-Bois 21.....................115 H 5
Chaumont-le-Bourg 63.....................229 E 4
Chaumont-Porcien 08.....................26 A 4
Chaumont-sur-Aire 55.....................63 H 2
Chaumont-sur-Loire 41.....................152 D 1
Chaumont-
sur-Tharonne 41.....................133 F 5
Chaumot 58.....................157 G 4
Chaumot 89.....................113 F 4
Chaumousey 88.....................119 E 2
Chaumoux-Marcilly 18.....................155 H 5
Chaumussay 37.....................170 A 3
La Chaumusse 39.....................197 E 3
Chaumuzy 51.....................41 F 5
Chaunac 17.....................220 B 5
Chaunay 86.....................186 A 5
Chauny 02.....................24 A 5
Chauray 79.....................185 E 4
Chauriat 63.....................228 A 1
Chausey Îles 50.....................50 D 2
La Chaussade 23.....................207 H 3
La Chaussaire 49.....................148 B 4
La Chaussée 76.....................20 B 2
La Chaussée 86.....................168 D 3
La Chaussée-d'Ivry 28.....................56 D 3
La Chaussée-
Saint-Victor 41.....................132 A 5
La Chaussée-sur-Marne 51.....................62 C 3
La Chaussée-Tirancourt 80.....................22 A 1
Chaussenac 15.....................243 F 2
Chaussenans 39.....................179 G 3
Chausseterre 42.....................211 E 4
Chaussin 39.....................178 D 2
Chaussoy-Epagny 80.....................22 C 3
Chaussy 45.....................111 E 3
Chaussy 95.....................37 F 5
Le Chautay 18.....................174 B 2
Chauvac 26.....................286 C 1
Chauvé 44.....................146 D 4
Chauve d'Aspremont
Mont 06.....................291 E 5
Chauvency-le-Château 55.....................27 H 5
Chauvency-Saint-Hubert 55.....................27 H 5
Chauvigné 35.....................80 D 4
Chauvigny 86.....................187 E 1
Chauvigny-du-Perche 41.....................109 F 5
Chauvincourt 27.....................37 F 3
Chauvirey-le-Châtel 70.....................140 B 2
Chauvirey-le-Vieil 70.....................140 B 2
Chauvoncourt 55.....................64 C 3
Chauvry 95.....................58 B 1
Chaux 21.....................159 H 5
Chaux 90.....................142 C 3
La Chaux 25.....................180 C 3
La Chaux 61.....................83 E 2
La Chaux 71.....................178 C 3

A B C D E F G H I J K L M N O P Q R S T U V W X Y Z

Chaux 90 ... 142 B 2
Chaux-Champagny 39 ... 179 H 2
Chaux-des-Crotenay 39 ... 180 A 5
Chaux-des-Prés 39 ... 197 E 2
La Chaux-du-Dombief 39 ... 197 E 1
La Chaux-en-Bresse 39 ... 179 E 3
Chaux-la-Lotière 70 ... 161 H 2
Chaux-lès-Clerval 25 ... 162 C 3
Chaux-lès-Passavant 25 ... 162 C 3
Chaux-lès-Port 70 ... 140 D 3
Chaux-Neuve 25 ... 180 A 5
Chauzon 07 ... 266 B 5
Chavagnac 15 ... 245 F 2
Chavagnac 24 ... 241 H 3
Chavagne 35 ... 104 A 3
Chavagnes 49 ... 149 H 3
Chavagnes-en-Paillers 85 ... 166 A 2
Chavagnes-les-Redoux 85 ... 166 D 4
Chavagneux-Montbertand 38 ... 231 H 1
Chavaignes 49 ... 150 C 1
Chavanac 19 ... 225 G 2
Chavanat 23 ... 207 F 3
Chavanatte 90 ... 142 D 3
Chavanay 42 ... 231 E 4
Chavanges 10 ... 91 H 3
Chavaniac-Lafayette 43 ... 246 D 2
Chavannaz 74 ... 215 F 2
Chavanne 39 ... 179 E 5
Chavanne 70 ... 142 A 4
La Chavanne 73 ... 233 G 3
Chavannes 18 ... 173 E 3
Chavannes 26 ... 249 F 3
Les Chavannes-en-Maurienne 73 ... 234 A 4
Chavannes-les-Grands 90 ... 142 D 3
Chavannes-sur-l'Étang 68 ... 142 D 3
Chavannes-sur-Reyssouze 01 ... 195 F 3
Chavannes-sur-Suran 01 ... 196 B 5
Chavanod 74 ... 215 F 4
Chavanoz 38 ... 213 H 5
Les Chavants 74 ... 216 D 3
Chavaroux 63 ... 210 A 5
La Chavatte 80 ... 23 F 3
Chaveignes 37 ... 169 F 1
Chavelot 88 ... 95 F 5
Chavenat 16 ... 221 F 4
Chavenay 78 ... 57 H 3
Chavençon 60 ... 37 H 4
Chavenon 03 ... 191 F 3
Chavéria 39 ... 196 C 2
Chaveroche 19 ... 225 H 3
Chaveyriat 01 ... 195 G 5
Chavignol 01 ... 155 H 3
Chavignon 02 ... 40 C 1
Chavigny 02 ... 40 B 2
Chavigny 54 ... 94 D 1
Chavigny Château de 37 ... 150 D 5
Chavigny-Bailleul 27 ... 56 B 3
Chaville 92 ... 58 B 4
Chavin 36 ... 188 D 2
Chavoire 74 ... 215 G 3
Chavonne 02 ... 40 D 2
Chavornay 01 ... 214 D 4
Chavot-Courcourt 51 ... 61 F 1
Chavoy 50 ... 51 H 4
Chavroches 03 ... 192 C 4
Le Chay 17 ... 219 E 1
Chay 25 ... 179 G 1
Chazay-d'Azergues 69 ... 212 D 4
La Chaze-de-Peyre 48 ... 264 A 2
Chazé-Henry 49 ... 127 G 3
Chazé-sur-Argos 49 ... 127 H 4
Chazeaux 07 ... 266 C 4
Le Chazelet 05 ... 252 A 3
Chazelet 36 ... 188 C 2
Chazelles 15 ... 246 B 3
Chazelles 16 ... 221 G 2
Chazelles 39 ... 196 A 3
Chazelles 43 ... 246 C 4
Chazelles-sur-Albe 54 ... 96 A 1
Chazelles-sur-Lavieu 42 ... 229 G 3
Chazelles-sur-Lyon 42 ... 230 B 2
Chazelot 25 ... 162 C 1
Chazemais 03 ... 190 C 3
Chazeuil 21 ... 139 G 5
Chazeuil 58 ... 157 E 4
Chazey-Bons 01 ... 214 D 5
Chazey-sur-Ain 01 ... 213 H 4
Chazilly 21 ... 159 F 5
Chazot 25 ... 163 E 2
Chazoy 25 ... 161 G 2
La Chebuette 44 ... 147 H 3
Chécy 45 ... 133 F 2
Chedde 74 ... 216 D 3
Chédigny 37 ... 152 C 4

Chef-Boutonne 79 ... 202 D 1
Chef-du-Pont 50 ... 31 H 2
Chef-Haut 88 ... 94 C 4
Cheffes 49 ... 128 C 5
Cheffois 85 ... 167 E 5
Cheffreville-Tonnencourt 14 ... 54 C 1
Le Chefresne 50 ... 52 A 2
Chéhéry 08 ... 27 E 4
Cheignieu-la-Balme 01 ... 214 C 4
Cheillé 37 ... 151 F 4
Cheilly-lès-Maranges 71 ... 177 F 3
Chein-Dessus 31 ... 334 D 2
Cheissoux 87 ... 206 C 5
Le Cheix 63 ... 209 H 3
Le Cheix 63 ... 227 G 3
Cheix-en-Retz 44 ... 147 E 4
Chélan 32 ... 316 A 3
Chelers 62 ... 7 H 5
Chélieu 38 ... 232 B 3
Chelle-Debat 65 ... 315 G 4
Chelle-Spou 65 ... 333 G 1
Chelles 60 ... 39 H 3
Chelles 77 ... 59 E 3
Chelun 35 ... 127 F 2
Chemaudin 25 ... 161 H 4
Chemazé 53 ... 128 A 3
Chemellier 49 ... 149 H 3
Chemenot 39 ... 179 E 3
Chéméré 44 ... 146 D 5
Chémeré-le-Roi 53 ... 106 C 5
Chémery 41 ... 153 F 3
Chémery 57 ... 66 D 2
Chémery-Chéhéry 08 ... 27 E 4
Chémery-les-Deux 57 ... 46 C 3
Chemilla 39 ... 196 C 3
Chemillé-en-Anjou 49 ... 149 F 4
Chemillé-sur-Dême 37 ... 130 D 4
Chemillé-sur-Indrois 37 ... 152 D 5
Chemilli 61 ... 84 B 4
Chemilly 03 ... 192 A 2
Chemilly 70 ... 140 D 4
Chemilly-sur-Serein 89 ... 136 D 3
Chemilly-sur-Yonne 89 ... 136 B 2
Chemin 39 ... 178 C 2
Le Chemin 51 ... 63 F 1
Chemin-d'Aisey 21 ... 138 A 3
Cheminas 07 ... 249 E 2
Cheminon 51 ... 63 F 4
Cheminot 57 ... 65 H 2
Chemiré-en-Charnie 72 ... 107 E 4
Chemiré-le-Gaudin 72 ... 107 F 5
Chemiré-sur-Sarthe 49 ... 128 D 3
Chemy 59 ... 8 C 4
Chenac-Saint-Seurin-d'Uzet 17 ... 219 E 3
Chenailler-Mascheix 19 ... 243 E 3
La Chenalotte 25 ... 163 F 5
Chénas 69 ... 194 D 5
Chenaud 24 ... 239 E 1
Chenay 51 ... 41 F 3
Chenay 72 ... 83 H 3
Chenay 79 ... 185 G 4
Chenay-le-Châtel 71 ... 193 F 5
Le Chêne 10 ... 91 E 2
Chêne-Arnoult 89 ... 135 F 2
Chêne-Bernard 39 ... 179 E 2
Chêne-Chenu 28 ... 85 H 2
Chêne-en-Semine 74 ... 215 E 2
Chêne-Sec 39 ... 178 D 3
Chenebier 70 ... 142 B 3
Chenecey-Buillon 25 ... 161 H 5
Cheneché 86 ... 169 E 4
Chênedollé 14 ... 52 D 3
Chênedouit 61 ... 53 G 4
Chênehutte-les-Tuffeaux 49 ... 150 B 3
Chénelette 69 ... 212 B 1
Chénérailles 23 ... 207 H 2
Chenereilles 42 ... 229 G 4
Chenereilles 43 ... 248 C 4
Chénérilles 04 ... 287 H 4
Chenevelles 86 ... 169 H 5
Chenevières 54 ... 95 G 2
Chenevrey-et-Morogne 70 ... 161 F 3
Chénex 74 ... 215 F 1
Cheney 89 ... 137 E 2
Chenicourt 54 ... 66 B 3
Chenières 54 ... 45 E 2
Chéniers 23 ... 189 F 4
Cheniers 51 ... 62 A 3
Chenillé-Champteussé 49 ... 128 B 4
Chenillé-Changé 49 ... 128 B 4
Cheniménil 88 ... 119 G 2
Chennebrun 27 ... 55 G 5
Chennegy 10 ... 114 C 2
Chennevières 55 ... 93 F 1

Chennevières-lès-Louvres 95 ... 58 D 1
Chennevières-sur-Marne 94 ... 58 D 4
Chenois 57 ... 66 C 2
Chenoise 77 ... 89 F 2
Chenommet 16 ... 203 G 3
Chenon 16 ... 203 G 3
Chenonceau Château de 37 ... 152 C 3
Chenonceaux 37 ... 152 C 3
Chenou 77 ... 112 B 3
Chenôve 21 ... 160 A 3
Chens-sur-Léman 74 ... 197 H 4
Chenu 72 ... 130 B 5
Chenôves 71 ... 177 G 5
La Cheppe 51 ... 62 C 1
Cheppes-la-Prairie 51 ... 62 B 3
Cheppy 55 ... 43 G 4
Cheptainville 91 ... 87 G 3
Chepy 51 ... 62 B 3
Chépy 80 ... 11 F 4
Chérac 17 ... 219 H 1
Chérancé 53 ... 127 H 2
Chérancé 72 ... 83 H 5
Chéraute 64 ... 313 F 4
Chéray 17 ... 200 A 3
Cherbonnières 17 ... 202 B 3
Cherbourg-en-Cotentin 50 ... 29 E 3
Chérence 95 ... 57 F 1
Chérencé-le-Héron 50 ... 52 A 3
Chérencé-le-Roussel 50 ... 52 A 3
Chéreng 59 ... 9 E 3
Les Chères 69 ... 212 D 4
Chérêt 02 ... 40 D 1
Chériennes 62 ... 12 B 2
Cherier 42 ... 211 F 3
Chérigné 79 ... 202 C 1
Les Chéris 50 ... 51 H 5
Chérisay 72 ... 83 G 5
Chérisey 57 ... 65 H 2
Cherisy 28 ... 56 D 4
Chérisy 62 ... 13 H 3
Chérizet 71 ... 194 C 2
Cherré 49 ... 128 C 4
Cherré 72 ... 108 C 3
Cherreau 72 ... 108 C 2
Cherrueix 35 ... 51 E 5
Cherval 24 ... 221 G 4
Cherveix-Cubas 24 ... 241 F 1
Cherves 86 ... 168 C 5
Cherves-Châtelars 16 ... 204 B 5
Cherves-de-Cognac 16 ... 202 B 5
Chervettes 17 ... 201 F 2
Cherveux 79 ... 185 E 3
Chervey 10 ... 115 H 3
Cherville 51 ... 61 H 1
Chervinges 69 ... 212 D 3
Chéry 18 ... 154 C 5
Chéry-Chartreuve 02 ... 40 D 4
Chéry-lès-Pouilly 02 ... 24 D 4
Chéry-lès-Rozoy 02 ... 25 G 3
Chesley 10 ... 115 E 5
Le Chesnay 78 ... 58 A 3
Le Chesne 08 ... 42 D 1
Le Chesne 27 ... 56 A 3
Chesnel 16 ... 202 B 5
Chesnois-Auboncourt 08 ... 26 C 5
Chessy 57 ... 65 H 1
Chessenaz 74 ... 215 E 2
Chessy 69 ... 212 C 4
Chessy 77 ... 59 F 3
Chessy-les-Prés 10 ... 114 C 4
Chéu 89 ... 114 B 5
Cheuge 21 ... 160 D 2
Cheust 65 ... 333 E 1
Cheux 14 ... 33 F 4
Chevagnes 03 ... 192 C 1
Chevagny-les-Chevrières 71 ... 194 D 4
Chevagny-sur-Guye 71 ... 194 B 2
Chevaigné 35 ... 104 A 3
Chevaigné-du-Maine 53 ... 82 D 4
Cheval-Blanc 84 ... 305 F 2
La Chevalerie 17 ... 200 B 4
Chevaline 74 ... 215 H 5
La Chevallerais 44 ... 147 G 1
Le Chevalon 38 ... 232 D 5

Chevanceaux 17 ... 220 C 5
Chevannay 21 ... 159 F 2
Chevannes 21 ... 159 H 5
Chevannes 45 ... 112 D 3
Chevannes 89 ... 136 A 3
Chevannes 91 ... 88 A 3
Chevannes-Changy 58 ... 157 E 4
Chevennes 02 ... 25 E 2
Chevenon 58 ... 174 D 3
Chevenoz 74 ... 198 C 3
Cheverny 41 ... 153 F 1
Cheveuges 08 ... 27 E 4
Chevières 08 ... 43 E 3
Chevigney 70 ... 161 E 3
Chevigney-lès-Vercel 25 ... 162 C 4
Chevigney-sur-l'Ognon 25 ... 161 G 3
Chevigny 39 ... 161 E 4
Chevigny-Saint-Sauveur 21 ... 160 B 3
Chevillard 01 ... 214 C 1
Chevillé 72 ... 107 E 5
Chevillon 52 ... 92 D 2
Chevillon 89 ... 135 G 2
Chevillon-sur-Huillard 45 ... 112 B 5
La Chevillotte 25 ... 162 B 4
Chevilly 45 ... 110 D 4
Chevilly-Larue 94 ... 58 C 4
Chevinay 69 ... 212 C 5
Chevincourt 60 ... 39 F 1
Cheviré-le-Rouge 49 ... 129 F 5
Chèvre Cap de la 29 ... 75 E 5
Chevreaux 39 ... 196 A 2
Chevregny 02 ... 40 D 1
Chèvremont 90 ... 142 C 3
La Chèvrerie 16 ... 203 F 2
Chèvrerie Vallon de la 74 ... 198 B 5
Chevresis-les-Dames 02 ... 24 C 3
Chevresis-Monceau 02 ... 24 D 3
Chevreuse 78 ... 58 A 5
Chèvreville 50 ... 52 B 5
Chèvreville 60 ... 39 G 5
Chevrier 74 ... 215 E 1
Chevrières 38 ... 250 A 2
Chevrières 42 ... 230 B 2
Chevrières 60 ... 39 E 3
Chevroches 58 ... 157 F 2
La Chevrolière 44 ... 147 G 5
Chevrotaine 39 ... 179 H 5
Chevroux 01 ... 195 F 3
Chevroz 25 ... 161 H 2
Chevru 77 ... 60 A 4
Chevry 01 ... 197 F 4
Chevry 50 ... 52 A 1
Chevry-Cossigny 77 ... 59 E 5
Chevry-en-Sereine 77 ... 112 D 2
Chevry-sous-le-Bignon 45 ... 112 D 3
Cheylade 15 ... 245 E 2
Le Cheylard 07 ... 248 B 5
Cheylard-l'Évêque 48 ... 265 E 3
Le Cheylas 38 ... 233 F 4
Cheyssieu 38 ... 231 E 4
Chezal-Benoît 18 ... 172 C 4
La Chèze 22 ... 102 C 2
Chèze 65 ... 332 D 3
Chézeaux 52 ... 140 B 2
Chezelle 03 ... 191 H 5
Chezelles 36 ... 171 G 3
Chezelles 37 ... 169 F 1
Chézeneuve 38 ... 231 H 2
Chézery-Forens 01 ... 197 E 5
Chézy 03 ... 192 B 1
Chézy-en-Orxois 02 ... 40 A 5
Chézy-sur-Marne 02 ... 60 B 2
Chiappa Pointe de la 2A ... 351 G 2
Chiatra 2B ... 347 H 4
Chiché 79 ... 167 H 4
Chicheboville 14 ... 33 H 5
Chichée 89 ... 136 D 3
Chichery 89 ... 136 B 2
Chichey 51 ... 61 E 5
Chichilianne 38 ... 268 C 1
Chicourt 57 ... 66 C 3
Chiddes 58 ... 176 A 3
Chiddes 71 ... 194 B 3
Chidrac 63 ... 227 H 3
Chierry 02 ... 60 C 1
Chieulles 57 ... 45 H 5
Chignin 73 ... 233 F 2
La Chignolle 16 ... 203 F 5
Chigny 02 ... 25 E 1
Chigny-les-Roses 51 ... 41 G 5
Chigy 89 ... 113 H 2

Chilhac 43 ... 246 B 2
Chillac 16 ... 220 D 5
Chille 39 ... 179 E 5
Chilleurs-aux-Bois 45 ... 111 F 4
Le Chillou 79 ... 168 B 4
Chilly 08 ... 26 B 2
Chilly 74 ... 215 F 2
Chilly 80 ... 23 F 3
Chilly-le-Vignoble 39 ... 179 E 5
Chilly-Mazarin 91 ... 58 C 5
Chilly-sur-Salins 39 ... 179 H 2
Chimilin 38 ... 232 C 2
Le Chinaillon 74 ... 216 B 2
Chindrieux 73 ... 215 E 4
Chinon 37 ... 151 E 5
Chinon Centre de production nucléaire 37 ... 150 D 4
Chipilly 80 ... 23 E 1
Chirac 16 ... 204 C 4
Chirac 48 ... 264 A 4
Chirac-Bellevue 19 ... 226 B 4
Chirassimont 42 ... 212 A 4
Chirat-l'Église 03 ... 191 G 5
Chiré-en-Montreuil 86 ... 186 A 1
Chirens 38 ... 232 C 4
Chirmont 80 ... 22 C 4
Chirols 07 ... 266 A 2
Chiroubles 69 ... 212 D 1
Chiry-Ourscamp 60 ... 23 G 5
Chis 65 ... 315 F 4
Chisa 2B ... 349 F 3
Chissay-en-Touraine 41 ... 152 D 3
Chisseaux 37 ... 152 C 3
Chisséria 39 ... 196 C 3
Chissey-en-Morvan 71 ... 158 C 5
Chissey-lès-Mâcon 71 ... 194 D 2
Chissey-sur-Loue 39 ... 179 F 1
Chitenay 41 ... 153 E 1
Chitray 36 ... 188 B 1
Chitry 89 ... 136 C 3
Chitry-les-Mines 58 ... 157 G 4
Chiuni Plage de 2A ... 348 A 1
Chives 17 ... 202 D 3
Chivres 21 ... 178 B 2
Chivres-en-Laonnois 02 ... 25 F 4
Chivres-Val 02 ... 40 C 2
Chivy-lès-Étouvelles 02 ... 40 D 1
Chizé 79 ... 202 B 1
Chocques 62 ... 7 H 3
Choignes 52 ... 117 E 1
Choilley 52 ... 139 G 4
Choisel 78 ... 57 H 5
Choiseul 52 ... 117 H 4
Choisey 39 ... 178 D 3
Choisies 59 ... 15 H 3
Choisy 74 ... 215 G 2
Choisy-au-Bac 60 ... 39 G 2
Choisy-en-Brie 77 ... 60 A 4
Choisy-la-Victoire 60 ... 39 E 2
Choisy-le-Roi 94 ... 58 C 4
Cholet 49 ... 166 D 1
Cholonge 38 ... 251 E 3
Choloy-Ménillot 54 ... 94 A 1
Chomelix 43 ... 247 E 1
Chomérac 07 ... 266 D 2
La Chomette 43 ... 246 C 1
Chonas-l'Amballan 38 ... 231 E 4
Chonville 55 ... 64 C 5
Chooz 08 ... 17 E 4
Choqueuse-les-Bénards 60 ... 22 A 4
Choranche 38 ... 250 B 3
Chorey-lès-Beaune 21 ... 177 H 1
Chorges 05 ... 270 A 3
Chouain 14 ... 33 E 4
Chouday 36 ... 172 C 3
Choue 41 ... 109 E 5
Chougny 58 ... 175 H 1
Chouilly 51 ... 61 G 1
Chouppes 86 ... 168 D 4
Chourgnac 24 ... 241 F 1
Choussy 41 ... 153 E 3
Chouvigny 03 ... 209 G 2
Choux 39 ... 196 D 4
Les Choux 45 ... 134 C 3
Chouy 02 ... 40 A 4
Chouzé-sur-Loire 37 ... 150 B 4
Chouzelot 25 ... 161 H 5
Chouzy-sur-Cisse 41 ... 152 D 1
Choye 70 ... 161 G 2
Chozeau 38 ... 231 H 1
Chuelles 45 ... 112 D 5
Chuffilly-Roche 08 ... 42 C 1
Chuignes 80 ... 23 F 2
Chuignolles 80 ... 23 F 2
Chuisnes 28 ... 85 G 4

Chusclan 30 ... 285
Chuyer 42 ... 230
Chuzelles 38 ... 231
Ciadoux 31 ... 316
Ciamannacce 2A ... 349
Cians Gorges du 06 ... 289
Ciboure 64 ... 310
Cideville 76 ... 19
Ciel 71 ... 178
Cier-de-Luchon 31 ... 334
Cier-de-Rivière 31 ... 334
Cierges 02 ... 40
Cierges-sous-Montfaucon 55 ... 43
Cierrey 27 ... 56
Cierzac 17 ... 220
Cieurac 46 ... 278
Cieutat 65 ... 333
Cieux 87 ... 205
Ciez 58 ... 156
Cigné 53 ... 82
Cigogné 37 ... 152
Cilly 02 ... 25
Cinais 37 ... 150
Cindré 03 ... 192
Cinq-Chemins 74 ... 198
Cinq-Mars-la-Pile 37 ... 151
Cinquétral 39 ... 197
Cinqueux 60 ... 38
Cintegabelle 31 ... 318
Cintheaux 14 ... 53
Cintray 27 ... 55
Cintray 28 ... 86
Cintré 35 ... 103
Cintrey 70 ... 140
La Ciotat 13 ... 327
Cipières 06 ... 309
Ciral 61 ... 83
Ciran 37 ... 170
Circourt 88 ... 95
Circourt-sur-Mouzon 88 ... 94
Ciré-d'Aunis 17 ... 200
Cirès 31 ... 334
Cires-lès-Mello 60 ... 38
Cirey 21 ... 177
Cirey 70 ... 162
Cirey-lès-Mareilles 52 ... 117
Cirey-lès-Pontailler 21 ... 160
Cirey-sur-Blaise 52 ... 92
Cirey-sur-Vezouze 54 ... 96
Cirfontaines-en-Azois 52 ... 116
Cirfontaines-en-Ornois 52 ... 93
Cirières 79 ... 167
Ciron 36 ... 188
Cirque Belvédère du 05 ... 271
Ciry-le-Noble 71 ... 194
Ciry-Salsogne 02 ... 40
Cisai-Saint-Aubin 61 ... 54
Cisery 89 ... 158
Cissac-Médoc 33 ... 237
Cissé 86 ... 169
Cisternes-la-Forêt 63 ... 209
Cistrières 43 ... 228
Cîteaux Abbaye de 21 ... 160
Citerne 80 ... 11
Citers 70 ... 141
Citey 70 ... 161
Citou 11 ... 320
Citry 77 ... 60
Civaux 86 ... 187
Civens 42 ... 212
Civières 27 ... 37
Civrac-de-Blaye 33 ... 237
Civrac-en-Médoc 33 ... 218
Civrac-sur-Dordogne 33 ... 256
Civray 18 ... 172
Civray 86 ... 203
Civray-de-Touraine 37 ... 152
Civray-sur-Esves 37 ... 169
Civrieux 01 ... 213
Civrieux-d'Azergues 69 ... 212
Civry 28 ... 110
Civry-en-Montagne 21 ... 159
Civry-la-Forêt 78 ... 57
Civry-sur-Serein 89 ... 137
Cizancourt 80 ... 23
Cizay-la-Madeleine 49 ... 150
Cize 01 ... 196
Cize 39 ... 179
Cizely 58 ... 175
Cizos 65 ... 316
Clacy-et-Thierret 02 ... 24
Cladech 24 ... 259
Claira 66 ... 339
Clairac 47 ... 275
Clairavaux 23 ... 207

airefontaine-
en-Yvelines 78 ...87 E 2
airefougère 61 ...52 D 3
airegoutte 70 ...142 A 3
airfayts 59 ...16 A 4
airfontaine 02 ...25 G 1
airmarais 62 ...3 F 5
airoix 60 ...39 F 2
airvaux 10 ...116 B 3
airvaux-d'Aveyron 12 ...262 B 5
airvaux-les-Lacs 39 ...196 D 1
airvivre 24 ...223 H 5
airy-Saulchoix 80 ...22 B 2
ais 76 ...20 D 3
aix 16 ...221 E 3
aix 38 ...250 D 2
am 17 ...219 H 3
amanges 51 ...61 H 3
amarey 02 ...58 B 4
amecy 02 ...40 B 2
amecy 58 ...157 F 2
amansane 04 ...287 H 1
amerey 21 ...159 E 2
amouse Grotte de 34 ...302 B 3
ans 06 ...289 H 4
ans 70 ...141 E 4
ansayes 26 ...285 E 1
Claon 55 ...43 F 5
aouey 33 ...254 B 1
Clapier 12 ...301 F 2
apiers 34 ...302 D 4
Claquette 67 ...96 D 3
ara 66 ...342 B 3
arac 31 ...334 B 1
arac 65 ...315 G 5
aracq 64 ...294 B 5
arafond 74 ...215 E 2
arbec 14 ...34 C 4
arens 15 ...315 H 5
arensac 30 ...303 G 2
aret 04 ...269 G 5
aret 34 ...302 D 2
arques 62 ...7 F 2
Clarté 22 ...72 C 2
ary 59 ...14 C 5
assun 40 ...294 B 3
astres 02 ...24 A 3
asville 76 ...19 F 3
Clat 11 ...337 F 5
audon 88 ...118 C 4
s Claux 05 ...270 D 3
s Claux 15 ...245 E 2
avans-
en-Haut-Oisans 38 ...251 H 4
avé 79 ...185 F 2
aveisolles 69 ...212 B 2
avette 11 ...200 D 1
aveyson 26 ...249 F 2
avières 15 ...246 A 4
avières 83 ...308 B 4
aville 27 ...56 A 1
aville-Motteville 76 ...20 B 5
avy-Warby 08 ...26 C 3
Claye 85 ...183 E 2
aye-Souilly 77 ...59 E 2
ayes 35 ...104 A 2
es Clayes-sous-Bois 78 ...57 H 4
Clayette 71 ...194 A 5
ayeures 95 ...95 F 3
azay 79 ...167 G 4
écy 14 ...53 F 2
éden-Cap-Sizun 29 ...98 D 2
éden-Poher 29 ...76 C 4
éder 29 ...71 F 3
édes 40 ...294 B 4
eebourg 67 ...69 E 1
efmont 52 ...117 G 3
efs-Val-d'Anjou 49 ...129 G 5
es Clefs 74 ...216 A 4
éguer 56 ...101 E 5
éguérec 56 ...101 H 2
elles 38 ...250 D 5
émencey 21 ...159 H 4
émensat 63 ...227 H 3
émery 54 ...65 H 3
émont 18 ...133 H 5
énay 21 ...160 B 2
enleu 62 ...6 C 4
éon 76 ...36 A 3
éon-d'Andran 26 ...267 F 3
eppé 42 ...211 H 5
éré-du-Bois 36 ...170 C 3
éré-les-Pins 37 ...151 F 2
ères 76 ...20 B 5
érey 10 ...115 F 2

Clérey-la-Côte 88 ...94 A 3
Clérey-sur-Brenon 54 ...94 D 2
Clergoux 19 ...243 F 1
Clérieux 26 ...249 F 3
Les Clérimois 89 ...113 H 2
Le Clerjus 88 ...119 F 4
Clerlande 63 ...209 H 4
Clermain 71 ...194 C 4
Clermont 09 ...335 G 2
Clermont 40 ...293 E 4
Clermont 60 ...38 C 2
Clermont 74 ...215 E 3
Clermont
Abbaye de 53 ...105 G 3
Clermont-Créans 72 ...129 G 4
Clermont-
de-Beauregard 24 ...240 B 4
Clermont-Dessous 47 ...275 G 2
Clermont-d'Excideuil 24 ...223 F 5
Clermont-en-Argonne 55 ...43 G 5
Clermont-en-Auge 14 ...34 B 4
Clermont-Ferrand 63 ...209 H 5
Clermont-le-Fort 31 ...317 H 2
Clermont-les-Fermes 02 ...25 F 4
Clermont-l'Hérault 34 ...302 A 4
Clermont-Pouyguillès 32 ...316 A 2
Clermont-Savès 32 ...297 E 4
Clermont-Soubiran 47 ...276 D 3
Clermont-sur-Lauquet 11 ...337 H 2
Cléron 25 ...162 A 5
Clerques 62 ...2 D 5
Clerval 25 ...162 D 2
Cléry 21 ...161 E 3
Cléry 73 ...234 A 1
Cléry-en-Vexin 95 ...37 G 5
Cléry-le-Grand 55 ...43 G 2
Cléry-le-Petit 55 ...43 G 2
Cléry-Saint-André 45 ...132 D 3
Cléry-sur-Somme 80 ...23 G 1
Clesles 51 ...90 C 3
Clessé 71 ...195 E 3
Clessé 79 ...167 H 5
Clessy 71 ...193 G 2
Cléty 62 ...7 F 2
Cleurie 88 ...119 H 3
Cleuville 76 ...19 F 4
Cléville 14 ...34 A 5
Cléville 76 ...19 F 5
Clévilliers 28 ...86 A 3
Cleyrac 33 ...256 D 2
Cleyzieu 01 ...214 B 3
Clézentaine 88 ...95 G 3
Clichy 92 ...58 C 3
Clichy-sous-Bois 93 ...58 D 3
Climbach 67 ...69 E 1
Le Climont 67 ...96 D 4
Clinchamp 52 ...117 G 2
Clinchamps-sur-Orne 14 ...33 G 5
Clion 17 ...219 H 3
Clion 36 ...170 D 2
Le Clion-sur-Mer 44 ...146 C 5
Cliousclat 26 ...267 F 2
Cliponville 76 ...19 G 4
Cliron 08 ...26 C 2
Clis 44 ...145 G 4
La Clisse 17 ...201 F 5
Clisson 44 ...148 A 5
Clitourps 50 ...29 G 3
Clohars-Carnoët 29 ...100 C 5
Clohars-Fouesnant 29 ...99 H 4
Le Cloître-Pleyben 29 ...76 B 4
Le Cloître-
Saint-Thégonnec 29 ...76 B 2
Clomot 21 ...159 E 4
Clonas-sur-Varèze 38 ...231 E 4
Clos Futaie des 72 ...130 C 3
Clos-Fontaine 77 ...89 E 2
La Clotte 17 ...238 C 2
Clouange 57 ...45 G 4
Cloué 86 ...186 A 3
Les Clouzeaux 85 ...165 G 5
Cloyes-sur-le-Loir 28 ...109 G 5
Cloyes-sur-Marne 51 ...62 D 5
Clucy 39 ...179 H 2
Clugnat 23 ...189 H 4
Cluis 36 ...189 E 2
Clumanc 04 ...288 B 4
Cluny 71 ...194 D 3
La Clusaz 74 ...216 A 3
La Cluse 01 ...214 C 1
La Cluse 05 ...269 F 2
La Cluse-et-Mijoux 25 ...180 D 2
Les Cluses 66 ...343 E 4
Cluses 74 ...216 C 1
Clussais-la-Pommeraie 79 ...203 E 1
Clux 71 ...178 B 2
Coadout 22 ...73 E 5

Coaraze 06 ...291 F 4
Coarraze 64 ...314 C 5
Coat-Méal 29 ...70 C 5
Coatascorn 22 ...73 E 4
Coatfrec Château de 22 ...72 C 3
Coatréven 22 ...72 D 3
Cobonne 26 ...267 G 1
Cobrieux 59 ...9 E 3
La Cochère 61 ...54 C 4
Cocherel 27 ...56 C 1
Cocherel 77 ...59 H 1
Cocheren 57 ...47 F 5
Coclois 10 ...91 F 3
Cocquerel 80 ...11 H 4
Cocumont 47 ...256 D 5
Codalet 66 ...342 A 3
Codognan 30 ...303 G 3
Codolet 30 ...285 E 3
Coémont 72 ...130 B 4
Coësmes 35 ...104 D 5
Coëtlogon 22 ...102 C 2
Coëtmieux 22 ...78 C 3
Coëtquidan-Saint-Cyr
Camp de 56 ...103 F 4
Cœuilly 94 ...58 D 4
Cœuvres-et-Valsery 02 ...40 A 3
Coëx 85 ...165 E 4
Coggia 2A ...348 B 1
Coglès 35 ...80 D 3
Cogna 39 ...196 D 1
Cognac 16 ...220 B 1
Cognac-la-Forêt 87 ...205 E 5
Cognat-Lyonne 03 ...210 A 2
Cogners 72 ...130 D 2
Cognet 38 ...251 E 5
Cognières 70 ...162 C 1
Cognin 73 ...233 E 2
Cognin-les-Gorges 38 ...250 B 2
Cognocoli-Monticchi 2A ...348 B 4
Cogny 18 ...173 G 3
Cogny 69 ...212 C 3
Cogolin 83 ...329 F 3
Cohade 43 ...228 B 5
Cohan 02 ...40 D 4
Cohennoz 73 ...216 B 5
Cohiniac 22 ...78 A 3
Cohons 52 ...139 G 3
Coiffy-le-Bas 52 ...118 A 5
Coiffy-le-Haut 52 ...118 A 5
Coigneux 80 ...13 E 4
Coignières 78 ...57 H 4
Coigny 50 ...31 H 2
Coimères 33 ...256 B 4
Coin-lès-Cuvry 57 ...65 H 1
Coin-sur-Seille 57 ...65 H 2
Coinces 45 ...110 C 5
Coinches 88 ...96 C 5
Coincourt 54 ...66 D 5
Coincy 02 ...40 C 5
Coincy 57 ...66 B 1
Coings 36 ...171 H 3
Coingt 02 ...25 G 3
Coirac 33 ...256 C 2
Coise 69 ...230 B 2
Coise-Saint-Jean-
Pied-Gauthier 73 ...233 G 2
Coiserette 39 ...197 E 4
Coisevaux 70 ...142 B 3
Coisia 39 ...196 C 4
Coisy 80 ...22 C 1
Coivert 17 ...201 H 2
Coivrel 60 ...22 D 5
Coizard-Joches 51 ...61 F 3
Colayrac-Saint-Cirq 47 ...275 G 2
Colembert 62 ...2 C 5
Coligny 01 ...196 A 3
Coligny 51 ...61 G 3
Colincamps 80 ...13 F 4
Collan 89 ...136 D 2
La Collancelle 58 ...157 G 5
Collandres 15 ...244 D 1
Collandres-Quincarnon 27 ...55 H 1
Collanges 63 ...228 A 4
Collat 43 ...246 D 1
La Colle-sur-Loup 06 ...309 F 2
Collégien 77 ...59 E 3
Collemiers 89 ...113 F 3
Colleret 59 ...15 H 2
Le Collet 88 ...120 C 3
Le Collet-d'Allevard 38 ...233 G 4
Le Collet-de-Dèze 48 ...283 F 2
Colletot 27 ...35 F 3
Colleville 76 ...19 E 3
Colleville-Montgomery 14 ...33 H 4
Colleville-sur-Mer 14 ...32 D 2
Collias 30 ...284 C 5

Colligis-Crandelain 02 ...40 D 1
Colligny 57 ...66 B 1
Colline-Beaumont 62 ...11 F 1
Collinée 22 ...78 D 5
Collioure 66 ...343 G 4
Collobrières 83 ...328 D 3
Collonge-en-Charollais 71 ...194 C 1
Collonge-la-Madeleine 71 ...177 E 2
Collonges 01 ...215 E 1
Collonges-au-
Mont-d'Or 69 ...213 E 5
Collonges-la-Rouge 19 ...242 C 3
Collonges-lès-Bévy 21 ...159 H 5
Collonges-
lès-Premières 21 ...160 C 4
Collonges-sous-Salève 74 ...215 G 1
Collongues 06 ...289 F 5
Collongues 65 ...315 F 4
Collorec 29 ...76 B 4
Collorgues 30 ...284 A 5
Colmar 68 ...121 E 3
Colmars 04 ...288 D 2
Colmen 57 ...46 C 3
Colméry 58 ...156 D 3
Colmesnil-Manneville 76 ...20 A 2
Colmey 54 ...44 C 2
Colmier-le-Bas 52 ...138 D 3
Colmier-le-Haut 52 ...138 D 3
Colognac 30 ...283 F 5
Cologne 32 ...297 E 3
Colomars 06 ...309 G 2
Colombe 38 ...232 B 4
La Colombe 41 ...132 B 2
La Colombe 50 ...52 A 2
Colombé-la-Fosse 10 ...92 B 5
Colombe-le-Sec 10 ...116 B 2
Colombe-lès-Bithaine 70 ...141 G 3
Colombe-lès-Vesoul 70 ...141 F 4
Colombelles 14 ...33 H 4
Colombes 92 ...58 B 2
Colombey-les-Belles 54 ...94 B 2
Colombey-lès-Choiseul 52 ...117 H 3
Colombey-
les-Deux-Églises 52 ...116 C 2
Colombier 03 ...191 E 5
Colombier 21 ...159 F 5
Colombier 24 ...257 H 1
Colombier 42 ...230 D 5
Colombier 70 ...141 F 4
Colombier-Châtelot 25 ...142 A 5
Colombier-en-Brionnais 71 ...194 A 4
Colombier-Fontaine 25 ...142 B 5
Colombier-le-Cardinal 07 ...249 E 1
Colombier-le-Jeune 07 ...248 D 4
Colombier-le-Vieux 07 ...248 D 3
Colombier-Saugnieu 69 ...231 G 1
Colombière Col de la 74 ...216 B 2
Colombières 14 ...32 C 3
Colombières-sur-Orb 34 ...301 E 5
Colombiers 17 ...201 E 5
Colombiers 18 ...173 F 5
Colombiers 34 ...321 F 4
Colombiers 86 ...169 F 4
Colombiers-du-Plessis 53 ...81 H 4
Colombiers-sur-Seulles 14 ...33 F 3
Colombiès 12 ...280 B 1
Colombotte 70 ...141 F 4
Colomby 50 ...29 F 5
Colomby-Anguerny 14 ...33 G 3
Colomby de Gex Mont 01 ...197 F 4
Colomby-sur-Thaon 14 ...33 G 3
Colomiers 31 ...297 H 4
Colomieu 01 ...214 C 5
Colonard-Corubert 61 ...84 C 4
Colondannes 23 ...188 D 5
Colonfay 02 ...25 E 2
Colonne 39 ...179 E 3
Colonzelle 26 ...267 F 5
Colpo 56 ...102 A 5
Colroy-la-Grande 88 ...96 C 4
Colroy-la-Roche 67 ...96 D 3
Coltainville 28 ...86 B 3
Coltines 15 ...245 G 3
Coly 24 ...241 G 3
Combaillaux 34 ...302 C 4
Combas 30 ...303 F 2
La Combe-de-Lancey 38 ...251 F 1
La Combe des Eparres 38 ...232 A 3
Combe Laval 26 ...249 H 4
Combeaufontaine 70 ...140 C 3
Combefa 81 ...279 G 5
La Combelle 63 ...228 A 4
Comberanche-
et-Épeluche 24 ...239 G 1
Comberjon 70 ...141 F 4
Comberouger 82 ...297 F 2

Combéroumal
Prieuré de 12 ...281 G 3
Combertault 21 ...177 H 2
Les Combes 25 ...163 E 5
Combes 34 ...301 F 5
Combiers 16 ...221 H 3
Comblanchien 21 ...159 H 5
Combles 80 ...13 H 5
Combles-en-Barrois 55 ...63 G 4
Comblessac 35 ...103 G 5
Combleux 45 ...133 F 2
Comblot 61 ...84 C 3
Combloux 74 ...216 C 3
Combon 27 ...35 H 5
Combourg 35 ...80 A 3
Combourtillé 35 ...81 E 5
Combovin 26 ...249 G 5
Combrailles 63 ...208 D 5
Combrand 79 ...167 F 3
Combray 14 ...53 F 2
Combre 42 ...212 A 2
Combrée 49 ...127 G 3
Combres 28 ...85 F 5
Combres-sous-les-Côtes 55 ...64 D 1
Combressol 19 ...225 G 4
Combret 12 ...300 D 3
Combreux 45 ...111 H 5
Combrimont 88 ...96 C 5
Combrit 29 ...99 G 4
Combronde 63 ...209 H 3
Combs-la-Ville 77 ...58 D 5
La Comelle 71 ...176 B 3
Comiac 46 ...243 F 5
Comigne 11 ...320 B 5
Comines 59 ...4 C 5
Commana 29 ...76 A 2
Commarin 21 ...159 F 4
Commeaux 61 ...54 A 4
Commelle 38 ...231 H 4
Commelle-Vernay 42 ...211 G 3
Commenailles 39 ...178 D 4
Commenchon 02 ...24 A 4
Commensacq 40 ...273 E 2
Commentry 03 ...191 E 5
Commeny 95 ...37 G 5
Commequiers 85 ...165 E 4
Commer 53 ...106 B 2
Commercy 55 ...64 D 5
Commerveil 72 ...84 A 5
Commes 14 ...32 D 2
Commissey 89 ...137 F 2
Communailles-
en-Montagne 39 ...180 A 3
Communay 69 ...231 E 2
Compaing Pas de 15 ...245 E 4
Compains 63 ...227 F 4
Compainville 76 ...21 E 4
Compans 77 ...59 E 2
Le Compas 23 ...208 C 3
Compertrix 51 ...62 A 2
Compeyre 12 ...281 H 3
Compiègne 60 ...39 F 2
Compigny 89 ...89 G 5
Compolibat 12 ...279 H 1
La Compôte 73 ...233 H 1
Comprégnac 12 ...281 G 4
Compreignac 87 ...205 H 3
Comps 26 ...267 H 4
Comps 30 ...304 B 2
Comps 33 ...237 G 3
Comps-la-Grand-Ville 12 ...280 B 3
Comps-sur-Artuby 83 ...308 A 2
La Comté 62 ...7 H 5
Comus 11 ...336 D 4
Conan 41 ...132 A 3
Conand 01 ...214 B 4
Conat 66 ...342 A 3
Conca 2A ...349 G 5
Concarneau 29 ...100 A 4
Concevreux 02 ...41 E 2
Concèze 19 ...223 H 5
Conches-en-Ouche 27 ...56 A 2
Conches-sur-Gondoire 77 ...59 F 3
Conchez-de-Béarn 64 ...294 C 5
Conchil-le-Temple 62 ...6 B 5
Conchy-les-Pots 60 ...23 F 5
Conchy-sur-Canche 62 ...12 C 2
Les Concluses 30 ...284 B 3
Concorès 46 ...259 H 3
Concoret 56 ...103 F 3
Concots 46 ...278 C 1
Concoules 30 ...283 G 1
Concourson-sur-Layon 49 ...149 H 5
Concremiers 36 ...187 H 1
Concressault 18 ...155 G 1
Concriers 41 ...132 B 3
Condac 16 ...203 F 2

Condal 71 ...195 H 2
Condamine 01 ...214 C 1
Condamine 39 ...178 D 5
La Condamine-
Châtelard 04 ...271 E 4
Condat 15 ...227 E 5
Condat 46 ...242 C 4
Condat-en-Combraille 63 ...208 C 5
Condat-
lès-Montboissier 63 ...228 C 3
Condat-sur-Ganaveix 19 ...224 C 4
Condat-sur-Trincou 24 ...222 C 5
Condat-sur-Vézère 24 ...241 G 3
Condat-sur-Vienne 87 ...205 G 5
Condé 36 ...172 B 3
Condé-en-Barrois 55 ...63 H 3
Condé-en-Brie 02 ...60 D 1
Condé-Folie 80 ...11 H 4
Condé-lès-Autry 08 ...43 E 3
Condé-lès-Herpy 08 ...41 H 1
Condé-Northen 57 ...46 B 4
Condé-Sainte-Libiaire 77 ...59 F 3
Condé-sur-Aisne 02 ...40 C 2
Condé-sur-Ifs 14 ...54 A 1
Condé-sur-Iton 27 ...56 A 3
Condé-sur-l'Escaut 59 ...9 H 4
Condé-sur-Marne 51 ...61 H 1
Condé-sur-Noireau 14 ...53 F 3
Condé-sur-Risle 27 ...35 F 3
Condé-sur-Sarthe 61 ...83 G 4
Condé-sur-Seulles 14 ...33 E 4
Condé-sur-Suippe 02 ...41 F 2
Condé-sur-Vesgre 78 ...57 F 4
Condé-sur-Vire 50 ...32 B 5
Condeau 61 ...85 E 4
Condécourt 95 ...57 H 1
Condeissiat 01 ...213 G 1
Condéon 16 ...220 C 4
Condes 39 ...196 C 4
Condes 52 ...117 E 3
Condette 62 ...6 B 2
Condezaygues 47 ...258 D 5
Condillac 26 ...267 E 3
Condom 32 ...275 G 5
Condom-d'Aubrac 12 ...263 F 3
Condorcet 26 ...268 A 5
Condren 02 ...24 B 5
Condrieu 69 ...231 E 4
Conflandey 70 ...141 E 3
Conflans-en-Jarnisy 54 ...45 E 5
Conflans-
Sainte-Honorine 78 ...58 A 2
Conflans-sur-Anille 72 ...108 D 5
Conflans-sur-Lanterne 70 ...141 F 2
Conflans-sur-Loing 45 ...112 C 4
Conflans-sur-Seine 51 ...90 B 2
Confolens 16 ...204 C 3
Confolens Cascade de 38 ...251 G 4
Confolent-Port-Dieu 19 ...226 C 3
Confort-Meilars 29 ...99 E 2
Confracourt 70 ...140 C 4
Confrançon 01 ...195 G 5
Congé-sur-Orne 72 ...107 H 2
Congénies 30 ...303 F 2
Congerville 91 ...87 E 4
Congerville-Thionville 91 ...87 E 4
Congis-sur-Thérouanne 77 ...59 G 1
Congrier 53 ...127 G 2
Congy 51 ...61 F 3
Conie-Molitard 28 ...110 A 3
Conilhac-Corbières 11 ...320 C 5
Conilhac-
de-la-Montagne 11 ...337 G 3
Conjux 73 ...215 E 5
Conlie 72 ...107 F 3
Conliège 39 ...179 F 5
Connac 12 ...280 D 5
Connangles 43 ...246 D 1
Connantray-Vaurefroy 51 ...61 G 4
Connantre 51 ...61 F 5
Connaux 30 ...284 D 4
Conne-de-Labarde 24 ...258 B 1
Connelles 27 ...36 C 4
Connerré 72 ...108 B 4
Connezac 24 ...222 B 3
Connigis 02 ...60 C 1
Conquereuil 44 ...126 B 4
Conque-en-Rouergue 12 ...262 B 4
Conques-sur-Orbiel 11 ...319 H 4
Le Conquet 29 ...74 C 2
Conqueyrac 30 ...302 D 1
Cons-la-Grandville 54 ...44 D 2
Cons-Sainte-Colombe 74 ...216 A 5
Consac 17 ...219 G 4
Conségudes 06 ...309 F 1
Consenvoye 55 ...43 H 3

A B C D E F G H I J K L M N O P Q R S T U V W X Y Z

A B C D E F G H I J K L M N O P Q R S T U V W X Y Z

Consigny 52 .... 117 G 2
Consolation Cirque de 25 ..... 163 E 4
Consolation-
Maisonnettes 25 .... 163 E 4
Contalmaison 80 .... 13 G 5
Contamine-Sarzin 74 .... 215 F 2
Contamine-sur-Arve 74 .... 216 A 1
Les Contamines-
Montjoie 74 .... 216 D 4
Contault 51 .... 63 E 2
Contay 80 .... 13 E 5
Conte 39 .... 180 A 4
Contes 06 .... 291 F 5
Contes 62 .... 6 D 5
Contescourt 02 .... 24 A 3
Contest 53 .... 82 B 5
Conteville 14 .... 33 H 5
Conteville 27 .... 35 E 2
Conteville 60 .... 22 A 4
Conteville 76 .... 21 F 4
Conteville 80 .... 12 B 3
Conteville-en-Ternois 62 ...... 7 G 5
Conteville-lès-Boulogne 62 .... 2 B 5
Conthil 57 .... 66 D 3
Contigné 49 .... 128 C 3
Contigny 03 .... 192 A 4
Contilly 72 .... 84 A 4
Continvoir 37 .... 151 E 2
Contis-Plage 40 .... 272 A 3
Contoire 80 .... 22 D 4
Contrazy 09 .... 335 G 2
Contré 17 .... 202 B 2
Contre 80 .... 22 A 3
Contréglise 70 .... 140 D 2
Contremoulins 76 .... 19 E 3
Contres 18 .... 173 F 3
Contres 41 .... 153 F 2
Contreuve 08 .... 42 C 2
Contrevoz 01 .... 214 C 5
Contrexéville 88 .... 118 B 2
Contrières 50 .... 51 G 1
Contrisson 55 .... 63 F 3
Conty 80 .... 22 A 3
Contz-les-Bains 57 .... 46 B 2
Conzieu 01 .... 214 C 5
Coole 51 .... 62 B 4
Coolus 51 .... 62 B 2
La Copechagnière 85 .... 166 A 3
Copponex 74 .... 215 E 3
Coq Col du 38 .... 233 E 5
Coquainvilliers 14 .... 34 C 4
Coquelles 62 .... 2 C 3
La Coquille 24 .... 223 E 3
Corancez 28 .... 86 B 5
Corancy 58 .... 176 A 1
Corbara 2B .... 344 C 5
Corbarieu 82 .... 297 H 1
Corbas 69 .... 231 F 1
Corbehem 62 .... 14 A 2
Corbeil 51 .... 91 G 2
Corbeil-Cerf 60 .... 38 A 3
Corbeil-Essonnes 91 .... 88 A 2
Corbeilles 45 .... 112 A 4
Corbel 73 .... 233 E 4
Corbelin 38 .... 232 C 2
Corbenay 70 .... 119 F 5
Corbeny 02 .... 41 F 1
Corbère 66 .... 342 C 2
Corbère-Abères 64 .... 314 D 2
Corbère-les-Cabanes 66 .... 342 D 2
Corberon 21 .... 178 A 1
Corbès 30 .... 283 G 4
Corbie 80 .... 22 D 2
Le Corbier 73 .... 252 A 1
La Corbière 70 .... 141 H 2
Corbières 04 .... 306 C 2
Corbières 11 .... 337 E 2
Corbigny 58 .... 157 G 4
Corbon 14 .... 34 A 5
Corbon 61 .... 84 C 4
Corbonod 01 .... 215 E 3
Corbreuse 91 .... 87 E 3
Corcelle-Mieslot 25 .... 162 B 2
Corcelles 01 .... 214 C 2
Corcelles 58 .... 174 B 2
Corcelles 70 .... 142 A 4
Corcelles-en-Beaujolais 69 .. 212 D 1
Corcelles-Ferrières 61 ..... 161 G 4
Corcelles-les-Arts 21 ..... 177 G 2
Corcelles-lès-Cîteaux 21 ... 160 B 5
Corcelles-les-Monts 21 .... 159 H 3
Corcieux 88 .... 120 B 2
Corconne 30 .... 303 E 1
Corcoué-sur-Logne 44 ..... 165 G 2
Corcy 02 .... 40 A 4

Cordéac 38 .... 251 E 5
Cordebugle 14 .... 34 D 5
Cordelle 42 .... 211 G 3
Cordemais 44 .... 147 E 3
Cordes-sur-Ciel 81 .... 279 F 4
Cordes-Tolosannes 82 ..... 277 F 5
Cordesse 71 .... 176 D 1
Cordey 14 .... 53 H 3
Cordieux 01 .... 213 G 4
Cordiron 25 .... 161 G 3
Cordon 74 .... 216 C 3
Cordonnet 70 .... 161 H 2
Corenc 38 .... 251 E 4
Corent 63 .... 227 H 2
Corfélix 51 .... 61 E 3
Corgengoux 21 .... 178 A 2
Corgenon 01 .... 195 G 5
Corgiron 52 .... 139 H 2
Corgnac-sur-l'Isle 24 .... 223 E 5
Corgoloin 21 .... 177 H 1
Corignac 17 .... 237 H 1
Corlay 22 .... 77 H 4
Corlée 52 .... 139 G 2
Corlier 01 .... 214 B 2
Cormainville 28 .... 110 B 3
Cormaranche-en-Bugey 01 .. 214 C 3
Cormatin 71 .... 194 D 2
Corme-Écluse 17 .... 219 E 1
Corme-Royal 17 .... 201 E 5
Cormeilles 27 .... 34 D 4
Cormeilles 60 .... 22 B 4
Cormeilles-en-Parisis 95 ... 58 B 2
Cormeilles-en-Vexin 95 .... 37 H 5
Cormelles-le-Royal 14 ..... 33 G 5
Le Cormenier 79 .... 184 D 5
Cormenon 41 .... 109 E 5
Cormeray 41 .... 153 F 1
Cormeray 50 .... 80 D 2
Cormery 37 .... 152 A 4
Cormes 72 .... 108 D 3
Cormet de Roselend 73 .... 216 D 5
Cormicy 51 .... 41 F 2
Le Cormier 27 .... 56 C 2
Cormolain 14 .... 32 C 5
Cormont 62 .... 6 B 3
Cormontreuil 51 .... 41 G 4
Cormoranche-
sur-Saône 01 .... 195 E 5
Cormost 10 .... 115 E 3
Cormot-le-Grand 21 .... 177 F 2
Cormoyeux 51 .... 41 F 5
Cormoz 01 .... 195 H 3
Corn 46 .... 261 E 3
Cornac 46 .... 243 E 5
Cornant 89 .... 113 F 3
Cornas 07 .... 249 F 4
Cornay 08 .... 43 F 3
Corné 49 .... 149 H 1
Cornebarrieu 31 .... 297 H 4
Corneilhan 34 .... 321 G 3
Corneilla-de-Conflent 66 .. 342 A 3
Corneilla-del-Vercol 66 ... 343 F 2
Corneilla-la-Rivière 66 ... 342 D 2
Corneillan 32 .... 294 C 4
Corneuil 27 .... 56 B 3
Corneville-la-Fouquetière 27 .. 55 G 1
Corneville-sur-Risle 27 .... 35 F 3
Cornier 74 .... 215 H 1
Corniéville 55 .... 64 D 5
Cornil 19 .... 242 D 2
Cornillac 26 .... 268 B 5
Cornille 24 .... 240 D 1
Cornillé 35 .... 105 E 3
Cornillé-les-Caves 49 .... 150 A 1
Cornillon 30 .... 284 C 2
Cornillon-Confoux 13 ..... 305 F 5
Cornillon-en-Trièves 38 ... 250 D 5
Cornillon-sur-l'Oule 26 ... 268 B 5
Cornimont 88 .... 120 A 4
Cornod 39 .... 196 B 4
Cornot 70 .... 140 C 4
La Cornuaille 49 .... 148 D 1
Cornus 12 .... 301 G 1
Cornusse 18 .... 173 H 2
Cornusson Château de 82 .. 279 E 3
Corny 27 .... 36 D 3
Corny-Machéroménil 08 .... 26 B 5
Corny-sur-Moselle 57 ..... 65 G 2
Coron 49 .... 149 F 5
Corong Gorges du 22 ...... 77 E 3
Corpe 85 .... 183 F 2
Corpeau 21 .... 177 G 2
Corps 38 .... 251 E 5
Corps-Nuds 35 .... 104 B 4
Corquilleroy 45 .... 112 B 4

Corquoy 18 .... 172 D 3
Corrano 2A .... 349 E 3
Corravillers 70 .... 119 H 5
Corre 70 .... 118 C 5
Corrençon-en-Vercors 38 .. 250 C 3
Correns 83 .... 307 F 5
Corrèze 19 .... 225 E 5
Corribert 51 .... 61 E 2
Corrobert 51 .... 60 D 2
Corrombles 21 .... 158 C 1
Corronsac 31 .... 318 C 2
Corroy 51 .... 61 F 5
Corsaint 21 .... 158 C 1
Corsavy 66 .... 342 C 4
Corscia 2B .... 346 D 4
Corsen Pointe de 29 ...... 74 C 2
Corsept 44 .... 146 C 3
Corseul 22 .... 79 F 3
Cortambert 71 .... 194 D 2
Corte 2B .... 347 E 4
Cortevaix 71 .... 194 C 2
Cortone Col de 2A .... 348 C 5
Cortrat 45 .... 134 D 2
Les Corvées-les-Yys 28 .... 85 G 5
Corveissiat 01 .... 196 B 5
Corvol-d'Embernard 58 .... 157 E 4
Corvol-l'Orgueilleux 58 ... 157 E 2
Corzé 49 .... 128 D 5
Cos 09 .... 336 A 2
Cosges 39 .... 178 D 4
Coslédaà-Lube-Boast 64 ... 314 C 2
Cosmes 53 .... 105 H 5
Cosnac 19 .... 242 C 3
Cosne-d'Allier 03 .... 191 F 3
Cosne-sur-Loire 58 ...... 156 A 2
Cosnes-et-Romain 54 ...... 44 D 1
Cosqueville 50 .... 29 G 2
Cossaye 58 .... 175 E 5
Cossé-d'Anjou 49 .... 149 F 5
Cossé-en-Champagne 53 .... 106 D 5
Cossé-le-Vivien 53 ...... 105 H 5
Cossesseville 14 .... 53 F 2
Cosswiller 67 .... 97 E 1
Costa 2B .... 346 D 2
Costaros 43 .... 247 F 5
Les Costes 05 .... 269 G 1
Les Costes-Gozon 12 ..... 281 E 5
La Côte 70 .... 141 H 3
Cote 304 55 .... 43 H 4
La Côte-d'Aime 73 .... 234 D 2
La Côte-d'Arbroz 74 ..... 198 C 5
La Côte-en-Couzan 42 .... 211 E 5
La Côte-Saint-André 38 ... 232 A 4
Le Coteau 42 .... 211 G 3
Côtebrune 25 .... 162 C 3
Les Côtes-d'Arey 38 ..... 231 F 4
Les Côtes-de-Corps 38 .... 251 F 5
Coti-Chiavari 2A .... 348 C 5
Cotignac 83 .... 307 G 5
La Cotinière 17 .... 200 A 3
Cottance 42 .... 212 A 5
Cottenchy 80 .... 22 C 3
Cottévrard 76 .... 20 C 4
Cottier 25 .... 161 G 4
Cottun 14 .... 32 D 4
Cou Col de 74 .... 198 A 4
La Couarde 79 .... 185 G 4
La Couarde-sur-Mer 17 .... 182 D 5
Couargues 18 .... 156 A 4
Coubert 77 .... 59 E 5
Coubeyrac 33 .... 257 E 1
Coubisou 12 .... 263 E 4
Coubjours 24 .... 241 G 1
Coublanc 52 .... 139 H 4
Coublanc 71 .... 212 A 1
Coublevie 38 .... 232 C 5
Coublucq 64 .... 294 B 5
Coubon 43 .... 247 F 4
La Coubre Phare de 17 .... 218 B 1
Coubron 93 .... 58 D 3
Couches 71 .... 177 F 3
Couchey 21 .... 160 A 4
La Coucourde 26 .... 267 E 3
Coucouron 07 .... 265 G 1
Coucy 08 .... 42 B 1
Coucy-la-Ville 02 .... 40 B 1
Coucy-le-Château-
Auffrique 02 .... 40 B 1
Coucy-lès-Eppes 02 .... 25 E 5
Couddes 41 .... 153 E 1
Coudehard 61 .... 54 C 3
Coudekerque-Branche 59 ..... 3 G 2
Coudekerque-Village 59 ..... 3 G 2
Coudes 63 .... 228 A 2
Coudeville-sur-Mer 50 ..... 51 F 2
Le Coudon 83 .... 328 B 4
Coudons 11 .... 337 F 4

Coudoux 13 .... 305 G 5
Coudray 27 .... 37 E 3
Le Coudray 28 .... 86 B 4
Le Coudray 44 .... 126 A 5
Coudray 45 .... 111 H 2
Coudray 53 .... 128 B 3
Coudray-au-Perche 28 ..... 109 E 2
Le Coudray-Macouard 49 ... 150 B 4
Le Coudray-Montceaux 91 ... 88 A 2
Le Coudray-Rabut 14 ...... 34 C 3
Le Coudray-Saint-Germer 60 .. 37 G 2
Coudray-Salbart
Château de 79 .... 184 D 3
Le Coudray-sur-Thelle 60 ... 38 A 3
La Coudre 79 .... 167 G 2
Les Coudreaux 77 .... 59 E 3
Coudreceau 28 .... 85 E 5
Coudrecieux 72 .... 108 C 5
Coudres 27 .... 56 C 3
Coudroy 45 .... 134 B 2
Coudun 60 .... 39 F 1
Coudures 40 .... 294 A 3
Coueilles 31 .... 316 D 3
Couëlan Château de 22 .... 103 F 1
Couëron 44 .... 147 F 4
Couesmes 37 .... 130 B 5
Couesmes-en-Froulay 53 .... 82 A 3
Couesque Barrage de 12 .... 262 D 2
Les Couëts 44 .... 147 G 4
Couffé 44 .... 148 A 2
Couffoulens 11 .... 337 G 1
Couffy 41 .... 153 F 4
Couffy-sur-Sarsonne 19 .... 226 B 2
Couflens 09 .... 335 F 5
Coufouleux 81 .... 298 C 2
Cougnac Grottes de 46 .... 259 H 2
Couhé 86 .... 186 A 4
Couilly-Pont-aux-Dames 77 .. 59 G 3
Couin 62 .... 13 E 4
Couiza 11 .... 337 G 3
Couladère 31 .... 317 F 5
Coulaines 72 .... 107 H 4
Coulandon 03 .... 192 A 2
Coulangeron 89 .... 136 A 4
Coulanges 03 .... 193 E 2
Coulanges 41 .... 152 D 1
Coulanges-la-Vineuse 89 .. 136 B 4
Coulanges-lès-Nevers 58 .. 174 C 2
Coulanges-sur-Yonne 89 ... 157 F 1
Coulans-sur-Gée 72 ...... 107 F 4
Coulans-sur-Lizon 25 ..... 180 A 1
Coulaures 24 .... 241 E 1
Couledoux 31 .... 334 C 3
Couleuvre 03 .... 174 A 5
Coulevon 70 .... 141 F 4
Coulgens 16 .... 203 G 5
Coulimer 61 .... 84 B 3
Coullemelle 80 .... 22 C 4
Coullemont 62 .... 13 E 3
Coullons 45 .... 134 B 5
Coulmer 61 .... 54 D 4
Coulmier-le-Sec 21 ...... 138 A 3
Coulmiers 45 .... 110 C 5
Coulobres 34 .... 321 G 2
Coulogne 62 .... 2 D 3
Couloisy 60 .... 39 H 2
Coulombiers 72 .... 83 G 5
Coulombiers 86 .... 186 A 2
Coulombs 14 .... 33 F 3
Coulombs 28 .... 57 E 5
Coulombs-en-Valois 77 .... 60 A 1
Coulomby 62 .... 6 D 2
Coulommes 77 .... 59 G 3
Coulommes-et-Marqueny 08 .. 42 C 1
Coulommes-la-Montagne 51 .. 41 F 4
Coulommiers 77 .... 59 H 4
Coulommiers-la-Tour 41 ... 131 H 3
Coulon 79 .... 184 C 4
Coulonces 14 .... 52 C 3
Coulonces 61 .... 54 B 3
La Coulonche 61 .... 53 F 5
Coulongé 72 .... 130 A 4
Coulonge-sur-Charente 17 .. 201 F 4
Coulonges 16 .... 203 E 4
Coulonges 17 .... 219 H 2
Coulonges 86 .... 188 A 3
Coulonges-Cohan 02 .... 40 D 4
Coulonges-sur-l'Autize 79 . 184 C 2
Coulonges-sur-Sarthe 61 ... 84 A 3
Coulonges-Thouarsais 79 ... 167 H 2
Coulonvillers 80 .... 11 H 3
Couloumé-Mondebat 32 ..... 295 F 4
Coulounieix-Chamiers 24 ... 240 C 2
Coulours 89 .... 114 A 3
Couloutre 58 .... 156 C 2

Coulouvray-Boisbenâtre 50 . 52 A 3
Coulvain 14 .... 52 D 1
Coume 57 .... 46 D 5
Counozouls 11 .... 337 G 5
Coupelle-Neuve 62 .... 7 E 4
Coupelle-Vieille 62 .... 7 E 4
Coupesarte 14 .... 54 B 1
Coupetz 51 .... 62 B 3
Coupéville 51 .... 62 D 2
Coupiac 12 .... 300 B 1
Coupray 52 .... 116 C 5
Coupru 02 .... 60 B 1
Couptrain 53 .... 82 D 3
Coupvray 77 .... 59 F 3
Couquèques 33 .... 219 E 5
Cour-Cheverny 41 .... 153 F 1
Cour-et-Buis 38 .... 231 G 4
Cour-l'Évêque 52 .... 116 C 5
La Cour-Marigny 45 ...... 134 C 2
Cour-Maugis-sur-Maugis 61 .. 84 D 4
Cour-Saint-Maurice 25 .... 163 F 3
Cour-sur-Loire 41 .... 132 B 5
Courances 91 .... 88 A 4
Courant 17 .... 201 G 2
Courban 21 .... 116 B 5
La Courbe 61 .... 53 H 4
Courbehaye 28 .... 110 B 3
Courbeveille 53 .... 105 H 4
Courbevoie 92 .... 58 B 3
Courbiac 47 .... 259 E 5
Courbillac 16 .... 202 C 5
Courboin 02 .... 60 C 2
Courbons 04 .... 288 A 3
Courbouzon 39 .... 179 E 5
Courbouzon 41 .... 132 C 4
Courboyer Manoir de 61 .... 84 C 4
Courçais 03 .... 190 B 3
Courçay 37 .... 152 B 4
Courceaux 89 .... 89 G 4
Courcebœufs 72 .... 107 H 3
Courcelette 80 .... 13 G 5
Courcelle 91 .... 58 A 5
Courcelles 17 .... 201 H 3
Courcelles 25 .... 161 H 5
Courcelles 45 .... 111 H 4
Courcelles 58 .... 157 E 2
Courcelles 90 .... 142 D 4
Courcelles-au-Bois 80 .... 13 F 4
Courcelles-Chaussy 57 .... 66 B 1
Courcelles-de-Touraine 37 .. 151 E 1
Courcelles-en-Barrois 55 ... 64 C 4
Courcelles-en-Bassée 77 ... 89 E 4
Courcelles-
en-Montagne 52 .... 139 F 2
Courcelles-Epayelles 60 ... 23 E 5
Courcelles-Frémoy 21 ..... 158 C 2
Courcelles-la-Forêt 72 ... 129 G 3
Courcelles-le-Comte 62 ... 13 G 4
Courcelles-lès-Gisors 60 .. 37 F 4
Courcelles-lès-Lens 62 ..... 8 D 5
Courcelles-
lès-Montbard 21 ...... 137 H 5
Courcelles-
lès-Montbéliard 25 ... 142 B 4
Courcelles-lès-Semur 21 ... 158 D 2
Courcelles-Sapicourt 51 ... 41 F 4
Courcelles-
sous-Châtenois 88 ..... 94 B 4
Courcelles-
sous-Moyencourt 80 .... 22 A 3
Courcelles-sous-Thoix 80 .. 22 A 4
Courcelles-sur-Aire 55 .... 63 H 2
Courcelles-sur-Aujon 52 ... 139 E 2
Courcelles-sur-Blaise 52 ... 92 C 4
Courcelles-sur-Nied 57 .... 66 B 1
Courcelles-sur-Seine 27 ... 36 D 5
Courcelles-sur-Vesle 02 ... 40 D 3
Courcelles-sur-Viosne 95 ... 57 H 1
Courcelles-sur-Voire 10 ... 91 H 3
Courcelles-
Val-d'Esnoms 52 ...... 139 F 4
Courcemain 51 .... 90 C 2
Courcemont 72 .... 108 A 3
Courcerac 17 .... 202 B 4
Courcerault 61 .... 84 C 4
Courceroy 10 .... 89 H 3
Courchamp 21 .... 139 H 5
Courchamp 77 .... 89 G 4
Courchamps 02 .... 40 A 5
Courchamps 49 .... 150 B 4
Courchapon 25 .... 161 G 3

Courchaton 70 141
Courchelettes 59 8
Courchevel 73 234
Courcité 53 83
Courcival 72 108
Courcôme 16 203
Courçon 17 183
Courcoué 37 169
Courcouronnes 91 87
Courcoury 17 219
Courcuire 70 161
Courcy 14 54
Courcy 50 31
Courcy 51 41
Courcy-aux-Loges 45 111
Courdemanche 27 56
Courdemanche 72 130
Courdemanges 51 62
Courdimanche 95 57
Courdimanche-
sur-Essonne 91 87
Couret 31 334
Courgains 72 83
Courgeac 16 221
Courgenard 72 108
Courgenay 89 90
Courgent 78 57
Courgeon 61 84
Courgeoût 61 84
Courgis 89 136
Courgivaux 51 60
Courgoul 63 227
Courjeonnet 51 61
Courlac 16 221
Courlandon 51 41
Courlans 39 179
Courlaoux 39 179
Courlay 79 167
Courlay-sur-Mer 17 218
Courléon 49 150
Courlon 21 139
Courlon-sur-Yonne 89 89
Courmangoux 01 196
Courmas 51 41
Courmelles 02 40
Courmemin 41 153
Courménil 61 54
Courmes 06 309
Courmont 02 40
Courmont 70 142
Cournanel 11 337
La Courneuve 93 58
Courniou 34 320
Cournols 63 227
Cournon 56 125
Cournon-d'Auvergne 63 ... 227
Cournonsec 34 302
Cournonterral 34 302
La Couronne 13 325
Couronne 16 221
Courouvre 55 64
Courpalay 77 59
Courpiac 33 256
Courpière 63 228
Courpignac 17 219
Courquetaine 77 59
Courrensan 32 295
Courrières 62 8
Courris 81 299
Courry 30 283
Cours 46 260
Cours 47 276
Le Cours 56 124
Cours 58 156
Cours 69 212
Cours 79 185
Cours-de-Monségur 33 ... 257
Cours-de-Pile 24 258
Cours-les-Bains 33 274
Cours-les-Barres 18 174
Coursac 24 240
Coursan 11 321
Coursan-en-Othe 10 114
Coursegoules 06 309
Courset 62 6
Courseulles-sur-Mer 14 ... 33
Courson 14 52
Courson Château de 91 ... 87
Courson-les-Carrières 89 . 136
Courson-Monteloup 91 87
Courtacon 77 60
Courtagnon 51 41
Courtalain 28 109
Courtangis Château de 72 . 108
Courtanvaux
Château de 72 131
Courtaoult 10 114

urtauly 11......337 E 2
urtavon 68......143 E 5
urtefontaine 25......163 G 2
urtefontaine 39......161 G 5
urteilles 27......56 A 5
urteix 19......226 B 2
urtelevant 90......142 D 4
urtemanche 80......22 D 4
urtemaux 45......112 D 4
urtemont 51......43 E 5
urtemont-Varennes 02......60 D 1
urtempierre 45......112 B 4
urtenay 38......214 A 5
urtenay 45......113 E 4
urtenot 10......115 F 3
urteranges 10......115 F 2
urteron 10......115 G 4
urtes 01......195 G 2
urtesoult-et-Gatey 70......140 A 4
urtetain-et-Salans 25......162 D 3
Courtète 11......337 E 1
urteuil 60......38 D 4
urthézon 84......285 F 4
urthiézy 51......60 D 1
urtiéron 32......295 F 5
urtieux 60......39 H 2
urtillers 72......129 E 3
urtils 50......51 G 5
Courtine 23......225 H 1
urtisols 10......62 C 2
urtivron 21......139 E 5
urtoin 89......113 E 3
urtois-sur-Yonne 89......113 G 2
urtomer 61......84 A 2
urtomer 77......59 G 5
urtonne-la-Meurdrac 14......34 D 5
urtonne-
es-Deux-Églises 14......34 D 5
urtrizy-et-Fussigny 02......41 E 1
urtry 77......59 E 2
urvaudon 14......53 E 1
urvières 25......180 A 3
urville 51......41 E 3
urville-sur-Eure 28......85 H 4
urzieu 69......230 C 1
usance 39......196 A 2
usances-au-Bois 55......64 C 5
usances-les-Forges 55......92 D 2
usolre 59......16 A 3
ussa 09......336 B 2
ussac-Bonneval 87......223 H 3
ussan 85......315 F 4
ussay 86......168 D 3
ussac-les-Bois 86......170 A 4
ussegrey 10......114 D 5
ussergues 12......281 F 1
ussey 88......94 A 4
ust 18......173 G 5
ustaussa 11......337 G 3
ustellet 84......305 F 1
ustouge 11......338 C 2
ustouges 66......342 C 5
utances 50......31 G 5
utansouze 03......209 G 1
utarnoux 89......137 E 5
utençon 77......89 E 3
utens 09......336 D 1
uterne 61......82 C 3
uternon 21......160 B 3
uteuges 43......246 C 2
utevroult 77......59 G 3
uthenans 70......142 B 3
uthures-sur-Garonne 47..257 E 4
utiches 59......9 E 4
utières 79......185 G 2
utouvre 42......211 H 2
utras 33......238 C 3
uture 16......203 G 3
Couture 62......8 A 3
Couture 85......183 E 1
Couture-Boussey 27......56 D 3
uture-d'Argenson 79......202 D 3
uture-sur-Loir 41......130 D 3
uturelle 62......13 E 3
utures 24......221 G 5
utures 33......256 D 3
utures 49......149 H 2
utures 57......66 C 4
utures 82......297 E 1
uvains 50......32 B 4
uvains 61......55 F 3
Couvertoirade 12......301 H 1
uvertpuis 55......93 F 2
uvignon 10......116 A 2
uville 50......29 E 4
uvonges 55......63 G 4
uvrelles 02......40 C 3

Couvron-et-Aumencourt 02....24 C 4
Couvrot 51......62 C 4
Coux 07......266 D 2
Coux 17......219 H 5
Coux et Bigaroque
 -Mouzens 24......259 E 1
Cremeaux 42......211 F 4
Couy 18......173 H 1
La Couyère 35......104 C 5
Couzan Château de 42......229 F 1
Couze-et-Saint-Front 24......258 C 1
Couzeix 87......205 G 4
Couzon-au-Mont-d'Or 69....213 E 4
Couzou 46......260 C 2
Cox 31......297 E 3
Coye-la-Forêt 60......38 D 5
Coyecques 62......7 F 3
Coyolles 02......39 H 4
Coyrière 39......197 E 4
Coyron 39......196 D 2
Coyviller 54......95 E 1
Cozes 17......219 E 2
Cozzano 2A......349 F 3
Crac'h 56......124 A 4
Craches 78......86 D 2
Crachier 38......231 H 3
Crain 89......157 F 1
Craincourt 57......66 B 3
Craintilleux 42......230 A 2
Crainvilliers 88......118 B 3
Cramaille 02......40 C 4
Cramans 39......179 G 1
Cramant 51......61 G 2
Cramchaban 17......184 B 5
Craménil 61......53 G 4
Cramoisy 60......38 C 4
Cramont 80......12 B 4
Campagna 09......336 B 2
Cran-Gevrier 74......215 G 3
Crancey 10......90 A 3
Crançot 39......179 F 5
Crandelles 15......244 B 4
Crannes-
 en-Champagne 72......107 F 5
Crans 01......213 H 3
Crans 39......180 A 4
Cransac 12......261 H 4
Crantenoy 54......95 E 3
Cranves-Sales 74......197 H 5
Craon 53......127 H 2
Craon 86......168 C 4
Craonne 02......41 E 2
Craonnelle 02......41 E 2
Crapeaumesnil 60......23 F 4
Craponne 69......230 D 4
Craponne-sur-Arzon 43......229 F 5
Cras 38......250 B 1
Cras 46......260 B 4
Cras-sur-Reyssouze 01...195 G 4
Crastatt 67......68 B 5
Crastes 32......296 C 3
Crasville 27......36 B 4
Crasville 50......29 G 4
Crasville-la-Mallet 76......19 G 3
Crasville-la-Rocquefort 76....19 H 3
La Crau 83......328 B 4
Cravanche 90......142 C 3
Cravans 17......219 F 2
Cravant 45......132 C 3
Cravant 89......136 C 4
Cravencères 32......295 E 3
Cravent 78......57 E 2
Crayssac 46......259 H 4
Craywick 59......3 F 3
Craz 01......214 D 2
Crazannes 17......201 F 4
Cré-sur-Loir 72......129 F 4
Créac'h Phare de 29......74 A 1
Créances 50......31 F 4
Créancey 21......159 F 4
Crécey-sur-Tille 21......139 F 5
La Crèche 79......185 E 4
Crêches-sur-Saône 71......195 E 5
Créchets 65......334 A 2
Créchy 03......192 B 5
Crécy-au-Mont 02......40 B 1
Crécy-Couvé 28......56 C 5
Crécy-en-Ponthieu 80......11 G 2
Crécy-la-Chapelle 77......59 G 3
Crécy-sur-Serre 02......24 D 4
Crédin 56......102 B 3
Crégols 46......260 D 5
Crégy-lès-Meaux 77......59 G 2
Créhange 57......66 D 1

Créhen 22......79 F 3
Creil 60......38 D 4
Creissan 34......321 E 3
Creissels 12......281 H 4
Crémarest 62......6 C 2
Crémery 80......23 F 3
Crémieu 38......231 H 1
Crempigny-Bonneguête 74..215 E 3
Cremps 46......278 C 1
Crenans 39......196 D 2
Crenay 52......117 E 4
Creney-près-Troyes 10......91 E 5
Crennes-sur-Fraubée 53....82 D 4
Creno Lac de 2A......346 D 5
Créon 33......255 H 1
Créon-d'Armagnac 40......274 C 5
Créot 71......177 F 2
Crépand 21......137 H 5
Crépey 54......94 C 2
Crépieux-la-Pape 69......213 F 5
Crépion 55......44 B 4
Crépol 26......249 G 2
Crépon 14......33 F 3
Crépy 02......24 C 5
Crépy 62......7 F 4
Crépy-en-Valois 60......39 G 4
Créquy 62......7 E 4
Le Crès 34......303 E 4
Crésancey 70......161 F 2
Crésantignes 10......114 D 3
Les Cresnays 50......52 A 4
Crespian 30......303 F 1
Crespières 78......57 H 3
Crespin 12......279 H 3
Crespin 59......9 H 5
Crespin 81......279 H 5
Crespinet 81......299 G 1
Crespy-le-Neuf 10......91 H 4
Cressac-Saint-Genis 16......221 E 4
Cressanges 03......191 H 3
Cressat 23......207 G 1
La Cresse 81......281 H 3
Cressé 17......202 C 4
Cressely 78......58 A 5
Cressensac 46......242 B 4
Cresserons 14......33 G 3
Cresseveuille 14......34 B 4
Cressia 39......196 B 2
Cressin-Rochefort 01......214 D 5
La Cressonnière 14......54 D 1
Cressonsacq 60......38 D 1
Cressy 76......20 B 3
Cressy-Omencourt 80......23 G 4
Cressy-sur-Somme 71......175 H 5
Crest 26......267 G 2
Le Crest 63......227 H 1
Crest-Voland 73......216 B 4
Creste 63......227 G 3
Le Crestet 07......248 D 4
Crestet 84......285 H 2
Crestot 27......36 A 4
Créteil 94......58 D 4
Créton 27......56 B 3
Cretteville 50......31 H 2
Creuë 55......64 D 2
Creully 14......33 F 3
La Creuse 70......141 G 4
Creuse 80......22 A 2
Le Creusot 71......177 E 4
Creutzwald 57......46 D 4
Creuzier-le-Neuf 03......210 B 1
Creuzier-le-Vieux 03......210 B 1
Crevans-et-la-Chapelle-
 lès-Granges 70......142 A 4
Crevant 36......189 G 3
Crevant-Laveine 63......210 B 4
Crévéchamps 54......95 E 2
Crèvecœur-en-Auge 14......34 B 5
Crèvecœur-le-Grand 60......22 A 5
Crèvecœur-le-Petit 60......22 D 5
Crèvecœur-sur-l'Escaut 59....14 B 4
Creveney 70......141 F 3
Crévic 54......95 F 1
Crévin 35......104 B 5
Crévoux 05......270 D 3
Creys-Mépieu 38......214 B 5
Creysse 24......222 B 5
Creysse 24......240 B 5
Creysse 46......242 C 5
Creysseilles 07......266 C 2
Creyssensac-et-Pissot 24....240 C 3
Crézançay-sur-Cher 18......173 E 4
Crézancy 02......60 C 1
Crézancy-en-Sancerre 18....155 H 3
Crézières 79......202 D 2

Crézilles 54......94 C 2
Cricquebœuf 14......34 C 2
Cricqueville-en-Auge 14......34 A 4
Cricqueville-en-Bessin 14....32 C 2
Criel-sur-Mer 76......10 C 4
Crillat 39......196 D 1
Crillon 60......37 H 1
Crillon-le-Brave 84......285 H 3
Crimolois 21......160 B 3
Crion 54......95 G 1
La Crique 76......20 B 4
Criquebeuf-en-Caux 76......18 D 3
Criquebeuf-la-Campagne 27..36 A 4
Criquebeuf-sur-Seine 27......36 B 3
Criquetot-l'Esneval 76......18 D 4
Criquetot-le-Mauconduit 76...19 F 3
Criquetot-sur-Longueville 76..20 B 3
Criquetot-sur-Ouville 76......19 H 4
Criquiers 76......21 F 4
Crisenoy 77......88 C 2
Crisolles 60......23 H 5
Crissay-sur-Manse 37......151 G 5
Crissé 72......107 F 3
Crissey 39......179 E 1
Crissey 71......177 H 4
Cristinacce 2A......346 C 5
Cristot 14......33 E 4
Criteuil-la-Magdeleine 16......220 C 3
Critot 76......20 C 5
Croce 2B......347 G 3
Crochte 59......3 G 3
Crocicchia 2B......347 G 2
Crocq 23......208 B 4
Le Crocq 60......22 B 5
Crocy 14......54 A 3
Crœttwiller 67......69 F 2
Croignon 33......255 H 1
Croisances 43......246 D 5
Croisette 62......12 C 2
La Croisette 74......215 G 1
Le Croisic 44......145 G 4
Croisilles 14......33 E 4
La Croisille 23......205 H 1
La Croisille 53......105 G 2
La Croisille-sur-Briance 87..224 C 2
Croisilles 14......53 F 1
Croisilles 28......57 E 5
Croisilles 61......54 C 4
Croisilles 62......13 H 3
Croismare 54......95 G 1
Croissanville 14......34 A 5
Croissy-Beaubourg 77......59 E 3
Croissy-sur-Celle 60......22 B 4
Croissy-sur-Seine 78......58 A 3
Le Croisty 56......101 E 2
Croisy 18......173 H 2
Croisy-sur-Andelle 76......36 D 1
Croisy-sur-Eure 27......56 C 1
Croix 59......9 E 2
Croix 90......142 D 5
Croix Col de la 2A......346 A 4
Croix Plateau de la 74......216 D 4
La Croix-aux-Bois 08......43 E 2
La Croix-aux-Mines 88......96 C 5
La Croix-Avranchin 50......80 D 2
La Croix-Blanche 47......276 C 2
La Croix-Blanche 71......194 D 4
Croix-Caluyau 59......15 E 4
Croix-Chapeau 17......200 D 1
La Croix-Comtesse 17......201 H 2
Croix-de-Bauzon
 Col de la 07......265 H 3
La Croix-de-Berny 92......58 C 4
La Croix-de-Fer Col de 73..251 H 1
La Croix-de-la-Rochette 73..233 G 3
Croix-de-l'Homme-Mort
 Col de la 42......229 F 3
Croix-de-Vie 85......164 D 4
La Croix-du-Bac 59......8 B 2
La Croix-du-Perche 28......109 F 2
La Croix-en-Brie 77......89 E 2
La Croix-en-Champagne 51..62 D 1
Croix-en-Ternois 62......7 F 5
La Croix-en-Touraine 37......152 C 3
Croix-Fonsomme 02......24 B 1
La Croix-Fry Col de 74......216 A 2
Croix-Haute Col de la 26......268 D 2
La Croix-Helléan 56......102 D 4
Croix-Mare 76......19 H 5
Croix-Moligneaux 80......23 H 2
Croix-Morand ou de Diane
 Col de la 63......227 F 2
Croix-Rampau 69......213 E 4
La Croix-Saint-Leufroy 27....36 C 5
Croix-Saint-Robert
 Col de la 63......227 F 3
Croix Saint-Thomas 21......158 D 3
Croix-Sainte 13......325 G 3

La Croix-sur-Gartempe 87...205 E 1
La Croix-sur-Ourcq 02......40 B 5
La Croix-sur-Roudoule 06...289 F 4
La Croix-Valmer 83......329 F 3
Croixanvec 56......102 A 2
Croixdalle 76......20 D 2
La Croixille 53......105 G 2
Croixrault 80......21 H 3
Croizet-sur-Gand 42......211 H 4
Cromac 87......188 B 4
Cromary 70......162 A 2
Cronat 71......175 G 5
Cronce 43......246 B 3
La Cropte 53......106 C 5
Cropus 76......20 B 3
Cros 30......283 F 5
Le Cros 34......301 H 2
Cros 63......226 D 4
Cros-de-Cagnes 06......309 G 3
Cros-de-Géorand 07......265 H 1
Cros-de-Montvert 15......243 G 3
Cros-de-Ronesque 15......244 D 5
Crosey-le-Grand 25......162 D 2
Crosey-le-Petit 25......162 D 2
Crosmières 72......129 F 3
Crosne 91......58 D 5
Crossac 44......146 C 1
Crosses 18......173 G 2
Crosville-la-Vieille 27......36 A 5
Crosville-sur-Douve 50......31 G 2
Crosville-sur-Scie 76......20 B 2
Crotelles 37......152 A 1
Crotenay 39......179 G 4
Croth 27......56 D 3
Le Crotoy 80......11 F 2
Crots 05......270 C 3
Crottes-en-Pithiverais 45....111 F 3
Crottet 01......195 E 5
Le Crouais 35......103 F 1
Crouay 14......32 D 3
La Croupte 14......54 D 1
Crouseilles 64......294 D 5
Croutelle 86......186 B 2
Les Croûtes 10......114 C 5
Croutoy 60......39 H 2
Crouttes 61......54 C 2
Crouttes-sur-Marne 02......60 A 2
Crouy 02......40 B 2
Crouy 80......22 A 1
Crouy-en-Thelle 60......38 C 4
Crouy-sur-Cosson 41......132 C 5
Crouy-sur-Ourcq 77......59 H 1
Le Crouzet 25......180 A 4
Crouzet-Migette 25......180 A 2
La Crouzille 63......209 E 1
La Crouzille 87......205 H 3
Crouzilles 37......151 F 5
Crozant 23......188 D 4
Croze 23......207 G 5
Crozes-Hermitage 26......249 F 3
Crozet 01......197 F 4
Le Crozet 42......211 E 1
Les Crozets 39......196 D 2
Crozon 29......75 E 4
Crozon-sur-Vauvre 36......189 F 2
Cruas 07......267 E 3
Crucey 28......56 A 5
Crucheray 41......131 G 4
Cruéjouls 12......263 F 5
Cruet 73......233 G 3
Crugey 21......159 F 5
Crugny 51......41 E 4
Cruguel 56......102 C 5
Cruis 04......287 F 4
Crulai 61......55 F 5
Crupies 26......267 H 4
Crupilly 02......25 E 1
Cruscades 11......320 D 5
Cruseilles 74......215 G 2
Crusnes 54......45 F 2
Crussol Château de 07......249 F 4
Cruviers-Lascours 30......284 A 5
Crux-la-Ville 58......157 F 5
Cruzille 71......195 E 2
Cruzilles-lès-Mépillat 01......195 E 5
Cruzy 34......321 E 4
Cruzy-le-Châtel 89......137 G 2
Cry 89......137 G 4
Cubelles 43......246 D 4
Cubières 48......265 E 5
Cubières-sur-Cinoble 11......338 A 4
Cubiérettes 48......265 E 5
Cubjac 24......241 E 1
Cublac 19......241 H 2
Cublize 69......212 B 3

Cubnezais 33......237 H 3
Cubrial 25......162 C 1
Cubry 25......162 D 1
Cubry-lès-Faverney 70......141 E 2
Cubry-lès-Soing 70......140 D 4
Cubzac-les-Ponts 33......237 H 4
Cucharmoy 77......89 F 2
La Cuchille 53......105 G 2
Cucheron Col du 38......233 E 4
Cuchery 51......41 F 5
Cucq 62......6 B 4
Cucugnan 11......338 B 4
Cucuron 84......306 A 2
Cucuruzzu Castellu de 2A...349 F 5
Cudos 33......274 B 1
Cudot 89......113 F 5
Cuébris 06......289 G 5
Cuélas 32......315 H 3
Cuers 83......328 B 3
Cuffies 02......40 B 2
Cuffy 18......174 B 2
Cugand 85......148 A 5
Cuges-les-Pins 13......327 G 5
Cugnaux 31......297 H 5
Cugney 70......161 F 2
Cugny 02......24 A 4
Cugny-lès-Crouttes 02......40 C 4
Cuguen 35......80 B 3
Cuguron 31......334 A 1
Cuhon 86......168 D 4
Cuignières 60......38 D 2
Cuigy-en-Bray 60......37 G 2
Cuillé 53......105 F 4
Cuinchy 62......8 A 4
Cuincy 59......8 D 5
Le Cuing 31......316 B 5
Cuinzier 42......212 A 1
Cuirieux 02......25 E 4
Cuiry-Housse 02......40 C 3
Cuiry-lès-Chaudardes 02....41 E 2
Cuiry-lès-Iviers 02......25 H 3
Cuis 51......61 G 2
Cuise-la-Motte 60......39 H 2
Cuiseaux 71......196 A 2
Cuiserey 21......160 C 2
Cuisery 71......195 F 1
Cuisia 39......196 A 1
Cuisiat 01......196 A 4
Cuisles 51......41 E 5
Cuissai 61......83 G 3
Cuissy-et-Geny 02......41 E 2
Cuisy 55......43 G 3
Cuisy 77......59 F 1
Cuisy-en-Almont 02......40 A 2
La Cula 42......230 C 3
Culan 18......190 B 2
Culêtre 21......159 F 5
Culey 55......63 H 4
Culey-le-Patry 14......53 F 2
Culhat 63......210 A 4
Culin 38......232 A 3
Culles-les-Roches 71......177 F 5
Cully 14......33 F 3
Culmont 52......139 H 2
Culoison 10......91 E 5
Culoz 01......214 D 4
Cult 70......161 F 3
Cultures 48......264 B 5
Cumières 51......61 F 1
Cumières-
 le-Mort-Homme 55......43 H 4
Cumiès 11......318 D 4
Cumont 82......296 D 1
Cunac 81......299 G 1
Cunault 49......150 B 3
Cuncy-lès-Varzy 58......157 E 3
Cunèges 24......257 G 1
Cunel 55......43 G 2
Cunelières 90......142 D 3
Cunfin 10......116 A 4
Cuon 49......150 B 1
Cuntorba Castello de 2A...348 D 5
Cuq 47......276 C 4
Cuq 81......299 F 4
Cuq-Toulza 81......298 D 5
Cuqueron 64......313 H 3
Curac 16......239 E 1
Curan 12......281 F 3
Curban 04......269 G 5
Curbigny 71......194 A 4
Curçay-sur-Dive 86......168 C 1
Curchy 80......23 H 3
Curciat-Dongalon 01......195 G 2
Curcy-sur-Orne 14......53 F 1
Curdin 71......193 F 1
La Cure 39......197 F 2

A
B
C
D
E
F
G
H
I
J
K
L
M
N
O
P
Q
R
S
T
U
V
W
X
Y
Z

A B C D E F G H I J K L M N O P Q R S T U V W X Y Z

Cureboure Col de 15 ...... 244 D 4
Curel 04 ...... 286 D 3
Curel 52 ...... 92 D 3
Curemonte 19 ...... 242 D 4
Cures 72 ...... 107 F 3
Curey 50 ...... 80 D 2
Curgies 59 ...... 15 E 2
Curgy 71 ...... 176 B 2
Curienne 73 ...... 233 F 2
Curières 12 ...... 263 F 3
Curis-au-Mont-d'Or 69 ...... 213 E 4
Curley 21 ...... 159 H 4
Curlu 80 ...... 23 F 1
Curmont 52 ...... 92 C 5
Curnier 26 ...... 268 A 5
Cursan 33 ...... 256 B 1
Curtafond 01 ...... 195 G 5
Curtil-Saint-Seine 21 ...... 159 H 1
Curtil-sous-Buffières 71 ...... 194 C 3
Curtil-sous-Burnand 71 ...... 194 C 3
Curtil-Vergy 21 ...... 159 H 5
Le Curtillard 38 ...... 233 G 5
Curtin 38 ...... 232 B 1
Curvalle 81 ...... 300 A 1
Curzay-sur-Vonne 86 ...... 185 H 2
Curzon 85 ...... 183 E 2
Cusance 25 ...... 162 D 2
Cuse-et-Adrisans 25 ...... 162 C 1
Cusey 52 ...... 139 G 4
Cussac 15 ...... 245 F 4
Cussac 87 ...... 222 D 1
Cussac-Fort-Médoc 33 ...... 237 F 2
Cussac-sur-Loire 43 ...... 247 F 4
Cussangy 10 ...... 115 E 4
Cussay 37 ...... 170 A 1
Cusset 03 ...... 210 B 1
Cussey-les-Forges 21 ...... 139 E 4
Cussey-sur-Lison 25 ...... 161 H 5
Cussey-sur-l'Ognon 25 ...... 161 H 2
Cussy 14 ...... 32 D 3
Cussy-en-Morvan 71 ...... 176 C 1
Cussy-la-Colonne 21 ...... 177 F 1
Cussy-le-Châtel 21 ...... 159 F 5
Cussy-les-Forges 89 ...... 158 A 1
Custines 54 ...... 65 H 4
Cusy 74 ...... 215 F 5
Cusy 89 ...... 137 F 3
Cutry 02 ...... 40 A 3
Cutry 54 ...... 44 D 4
Cuts 60 ...... 39 H 1
Cutting 57 ...... 67 F 3
Cuttoli-Corticchiato 2A ...... 348 C 5
Cuttura 39 ...... 196 D 3
Cuvat 74 ...... 215 G 2
Cuve 70 ...... 119 E 5
Cuvergnon 60 ...... 39 H 5
Cuverville 14 ...... 33 H 4
Cuverville 27 ...... 36 D 3
Cuverville 76 ...... 18 D 4
Cuverville-sur-Yères 76 ...... 10 D 5
Cuvéry Col de 01 ...... 214 D 1
Cuves 50 ...... 52 A 4
Cuves 52 ...... 117 G 3
Cuvier 39 ...... 180 A 3
Cuvillers 59 ...... 14 B 3
Cuvilly 60 ...... 23 E 5
Cuvry 57 ...... 65 H 1
Cuxac-Cabardès 11 ...... 319 G 3
Cuxac-d'Aude 11 ...... 321 E 5
Cuy 60 ...... 23 G 5
Cuy 89 ...... 113 G 2
Cuy-Saint-Fiacre 76 ...... 37 F 1
Cuzac 46 ...... 261 G 4
Cuzals Musée de 46 ...... 260 D 4
Cuzance 46 ...... 242 B 4
Cuzieu 01 ...... 214 D 4
Cuzieu 42 ...... 230 A 2
Cuzion 36 ...... 188 D 3
Cuzorn 47 ...... 259 E 4
Cuzy 71 ...... 176 B 4
Cys-la-Commune 02 ...... 40 D 2
Cysoing 59 ...... 9 E 3

D

Dabisse 04 ...... 287 G 5
Dabo 57 ...... 68 A 5
Dabo Rocher de 57 ...... 68 A 5
Dachstein 67 ...... 97 F 1
Dadonville 45 ...... 111 G 3
Daglan 24 ...... 259 G 2
Dagneux 01 ...... 213 G 4
Dagny 77 ...... 60 A 5
Dagny-Lambercy 02 ...... 25 G 3
Dagonville 55 ...... 64 B 4
La Daguenière 49 ...... 149 H 2
Dahlenheim 67 ...... 97 F 1
Daignac 33 ...... 256 B 1

Daigny 08 ...... 27 F 3
Daillancourt 52 ...... 92 C 5
Daillecourt 52 ...... 117 G 3
Dainville 62 ...... 13 F 2
Dainville-Berthelèville 55 ...... 93 G 3
Daix 21 ...... 160 A 3
Dalem 57 ...... 46 D 4
Dalhain 57 ...... 66 D 3
Dalhunden 67 ...... 69 F 4
Dallet 63 ...... 210 A 5
Dallon 02 ...... 24 A 2
Dalou 09 ...... 336 B 2
Dalstein 57 ...... 46 B 3
Daluis 06 ...... 289 F 4
Damas-aux-Bois 88 ...... 95 F 3
Damas-et-Bettegney 88 ...... 119 E 2
Damazan 47 ...... 275 F 2
Dambach 67 ...... 68 C 1
Dambach-la-Ville 67 ...... 97 E 4
Dambelin 25 ...... 163 E 2
Dambenois 25 ...... 142 C 4
Dambenoît-lès-Colombe 70 ...... 141 G 3
Damblain 88 ...... 117 H 3
Damblainville 14 ...... 54 A 2
Dambron 28 ...... 110 D 3
Dame-Marie 27 ...... 56 A 4
Dame-Marie 61 ...... 84 C 5
Dame-Marie-les-Bois 37 ...... 152 C 1
Damelevières 54 ...... 95 F 2
Daméraucourt 60 ...... 21 H 4
Damerey 71 ...... 178 A 3
Damery 51 ...... 61 F 1
Damery 80 ...... 23 F 3
Damgan 56 ...... 124 D 5
Damiatte 81 ...... 299 E 4
Damigny 61 ...... 83 G 3
Damloup 55 ...... 44 C 5
Dammard 02 ...... 40 A 5
Dammarie 28 ...... 86 A 5
Dammarie-en-Puisaye 45 ...... 135 E 5
Dammarie-les-Lys 77 ...... 88 B 3
Dammarie-sur-Loing 45 ...... 135 E 3
Dammarie-sur-Saulx 55 ...... 93 E 2
Dammartin-en-Goële 77 ...... 59 E 1
Dammartin-en-Serve 78 ...... 57 E 3
Dammartin-
  les-Templiers 25 ...... 162 B 3
Dammartin-Marpain 39 ...... 161 E 3
Dammartin-sur-Meuse 52 ...... 117 H 4
Dammartin-sur-Tigeaux 77 ...... 59 G 4
Damousies 59 ...... 15 H 3
Damouzy 08 ...... 26 D 2
Damparis 39 ...... 178 D 1
Dampierre 10 ...... 91 G 2
Dampierre 14 ...... 52 C 1
Dampierre 39 ...... 161 G 5
Dampierre 52 ...... 117 G 5
Dampierre-au-Temple 51 ...... 62 B 1
Dampierre-en-Bray 76 ...... 37 F 1
Dampierre-en-Bresse 71 ...... 178 C 3
Dampierre-en-Burly 45 ...... 134 B 3
Dampierre-en-Crot 18 ...... 155 G 2
Dampierre-en-Graçay 18 ...... 154 B 5
Dampierre-en-Montagne 21 ...... 159 E 2
Dampierre-en-Yvelines 78 ...... 57 H 5
Dampierre-et-Flée 21 ...... 160 D 1
Dampierre-le-Château 51 ...... 63 E 1
Dampierre-les-Bois 25 ...... 142 C 4
Dampierre-lès-Conflans 70 ...... 141 F 2
Dampierre-Saint-Nicolas 76 ...... 20 C 2
Dampierre-sous-Bouhy 58 ...... 156 C 1
Dampierre-sous-Brou 28 ...... 109 G 2
Dampierre-sur-Avre 28 ...... 56 B 4
Dampierre-sur-Blévy 28 ...... 85 G 2
Dampierre-
  sur-Boutonne 17 ...... 201 H 2
Dampierre-sur-le-Doubs 25 ...... 142 B 5
Dampierre-sur-Linotte 70 ...... 141 F 5
Dampierre-sur-Loire 49 ...... 150 C 4
Dampierre-sur-Moivre 51 ...... 62 C 3
Dampierre-sur-Salon 70 ...... 140 B 5
Dampjoux 25 ...... 163 F 2
Dampleux 02 ...... 40 A 4
Dampmart 77 ...... 59 F 3
Dampniat 19 ...... 242 C 2
Damprichard 25 ...... 163 G 3
Les Damps 27 ...... 36 B 3
Dampsmesnil 27 ...... 37 F 5
Dampvalley-
  lès-Colombe 70 ...... 141 F 4
Dampvalley-
  Saint-Pancras 70 ...... 119 E 5
Dampvitoux 54 ...... 65 E 2
Damrémont 52 ...... 117 H 5
Damville 27 ...... 56 A 3
Damvillers 55 ...... 44 B 3
Damvix 85 ...... 184 B 4

Dancé 42 ...... 211 G 4
Dancé 61 ...... 84 D 5
Dancevoir 52 ...... 116 C 5
Dancharia 64 ...... 310 C 4
Dancourt 76 ...... 21 E 2
Dancourt-Popincourt 80 ...... 23 F 4
Dancy 28 ...... 110 A 3
Danestal 14 ...... 34 B 3
Dangé-Saint-Romain 86 ...... 169 H 2
Dangeau 28 ...... 109 H 2
Dangers 28 ...... 85 H 3
Dangeul 72 ...... 107 H 2
Dangolsheim 67 ...... 97 F 1
Dangu 27 ...... 37 F 4
Dangy 50 ...... 52 A 1
Danizy 02 ...... 24 B 4
Danjoutin 90 ...... 142 C 3
Danne-et-Quatre-Vents 57 ...... 68 A 4
Dannelbourg 57 ...... 68 A 4
Dannemarie 25 ...... 142 C 5
Dannemarie 68 ...... 143 E 3
Dannemarie 78 ...... 57 E 4
Dannemarie-sur-Crète 25 ...... 161 G 4
Dannemoine 89 ...... 137 E 2
Dannemois 91 ...... 88 A 4
Dannes 62 ...... 6 B 3
Dannevoux 55 ...... 43 H 3
Danvou-la-Ferrière 14 ...... 53 E 2
Danzé 41 ...... 131 G 2
Daon 53 ...... 128 B 3
Daoulas 29 ...... 75 G 3
Daoulas Gorges du 22 ...... 77 G 5
Daours 80 ...... 22 D 2
Darazac 19 ...... 243 G 2
Darbonnay 39 ...... 179 F 3
Darbres 07 ...... 266 C 3
Darcey 21 ...... 138 B 5
Dardenac 33 ...... 256 B 1
Dardenay 52 ...... 139 G 4
Dardilly 69 ...... 213 E 5
Dareizé 69 ...... 212 B 4
Dargies 60 ...... 21 H 4
Dargilan Grotte de 48 ...... 282 B 3
Dargnies 80 ...... 11 E 4
Dargoire 42 ...... 230 D 3
Darmannes 52 ...... 117 E 2
Darmont 55 ...... 44 D 5
Darnac 87 ...... 187 G 5
Darnétal 76 ...... 36 B 2
Darnets 19 ...... 225 G 4
Darney 88 ...... 118 C 3
Darney-aux-Chênes 88 ...... 94 B 5
Darnieulles 88 ...... 119 F 2
Darois 21 ...... 159 H 2
Darvault 77 ...... 112 C 2
Darvoy 45 ...... 133 G 2
Dasle 25 ...... 142 C 4
Daubensand 67 ...... 97 H 3
Daubeuf-la-Campagne 27 ...... 36 A 4
Daubeuf-près-Vatteville 27 ...... 36 C 4
Daubeuf-Serville 76 ...... 19 E 4
Daubèze 33 ...... 256 C 2
Dauendorf 67 ...... 68 D 3
Daumazan-sur-Arize 09 ...... 335 G 1
Daumeray 49 ...... 128 D 4
Dauphin 04 ...... 306 C 1
Dausse 47 ...... 276 D 1
Daux 31 ...... 297 G 4
Dauzat-sur-Vodable 63 ...... 227 H 4
Davayat 63 ...... 209 H 4
Davayé 71 ...... 194 D 4
Davejean 11 ...... 338 B 3
Davenescourt 80 ...... 23 E 4
Davézieux 07 ...... 248 D 1
Davignac 19 ...... 225 G 4
Davrey 10 ...... 114 D 4
Davron 78 ...... 57 H 3
Dax 40 ...... 292 D 3
Deauville 14 ...... 34 B 2
Deaux 30 ...... 283 H 5
Débats-Rivière-d'Orpra 42 ...... 211 F 5
Decazeville 12 ...... 261 H 4
Dechy 59 ...... 8 D 5
Décines-Charpieu 69 ...... 213 F 5
Decize 58 ...... 175 E 4
Dédeling 57 ...... 66 D 3
Degré 72 ...... 107 G 4
Dehault 72 ...... 108 C 2
Dehéries 59 ...... 14 C 5
Dehlingen 67 ...... 67 H 2
Deinvillers 88 ...... 95 G 3
Delain 70 ...... 140 B 5
Delettes 62 ...... 7 F 3
Delincourt 60 ...... 37 H 4

Delle 90 ...... 142 D 4
Delme 57 ...... 66 B 3
Delouze 55 ...... 93 G 2
Le Déluge 60 ...... 38 A 3
Delut 55 ...... 44 B 3
Deluz 25 ...... 162 B 3
Demandolx 04 ...... 308 B 1
Demange-aux-Eaux 55 ...... 93 G 2
Demangevelle 70 ...... 118 C 5
Demi-Quartier 74 ...... 216 C 3
La Demie 70 ...... 141 F 5
Demigny 71 ...... 177 H 2
Demoiselle Coiffée 05 ...... 271 E 1
Demoiselles Grotte des 34 ...... 302 C 1
Demoiselles Coiffées 05 ...... 269 H 4
Démouville 14 ...... 33 H 4
Dému 32 ...... 295 F 3
Démuin 80 ...... 22 D 2
Denain 59 ...... 14 C 2
Dénat 81 ...... 299 G 2
Denazé 53 ...... 128 A 2
Dénecourt Tour 77 ...... 88 C 4
Denée 49 ...... 149 G 2
Dénestanville 76 ...... 20 B 3
Deneuille-lès-Chantelle 03 ...... 191 H 5
Deneuille-les-Mines 03 ...... 191 E 4
Deneuvre 54 ...... 95 H 3
Denèvre 70 ...... 140 B 5
Dénezé-sous-Doué 49 ...... 150 A 4
Dénezé-sous-le-Lude 49 ...... 150 D 1
Deneziéres 39 ...... 196 D 1
Denguin 64 ...... 314 A 3
Denicé 69 ...... 212 D 3
Denier 62 ...... 13 E 2
Denipaire 88 ...... 96 B 4
Dennebrœucq 62 ...... 7 E 3
Dennemont 78 ...... 57 F 1
Denneville 50 ...... 31 F 2
Dennevy 71 ...... 177 F 3
Denney 90 ...... 142 C 2
Denone Château de 63 ...... 210 A 2
Denonville 28 ...... 86 D 4
Denting 57 ...... 46 C 5
Déols 36 ...... 171 H 4
Der-Chantecoq Lac du 51 ...... 92 A 2
Derbamont 88 ...... 95 E 5
Dercé 86 ...... 169 E 2
Derchigny 76 ...... 10 C 5
Dercy 02 ...... 24 D 4
Dernacueillette 11 ...... 338 B 3
Dernancourt 80 ...... 23 E 1
Derval 44 ...... 126 C 4
Désaignes 07 ...... 248 C 4
Désandans 25 ...... 142 A 4
Descartes 37 ...... 169 H 2
Le Deschaux 39 ...... 179 E 2
Le Désert 14 ...... 52 D 2
Le Désert 38 ...... 251 G 5
Désertines 03 ...... 190 D 4
Désertines 53 ...... 81 H 3
Les Déserts 73 ...... 233 F 1
Déservillers 25 ...... 180 A 1
Desges 43 ...... 246 C 4
Desingy 74 ...... 215 E 2
Desmonts 45 ...... 112 A 2
Desnes 39 ...... 179 E 4
Desseling 57 ...... 67 F 4
Dessenheim 68 ...... 121 F 4
Dessia 39 ...... 196 B 3
Destord 88 ...... 95 H 5
La Destrousse 13 ...... 327 F 2
Desvres 62 ...... 6 C 2
Détain-et-Bruant 21 ...... 159 G 5
Détrier 73 ...... 233 G 3
Le Détroit 14 ...... 53 G 3
Les Détroits 48 ...... 282 A 2
Dettey 71 ...... 176 C 4
Dettwiller 67 ...... 68 B 4
Deuil-la-Barre 95 ...... 58 C 2
Deuillet 02 ...... 24 B 4
Deûlémont 59 ...... 4 C 5
Les Deux-Alpes 38 ...... 251 H 3
Deux Amants Côte des 27 ...... 36 C 3
Deux-Chaises 03 ...... 191 G 4
Deux-Évailles 53 ...... 106 B 2
Les Deux-Fays 39 ...... 179 E 3
Deux-Jumeaux 14 ...... 32 C 2
Deux-Verges 15 ...... 263 G 1
Les Deux-Villes 08 ...... 27 H 2
Deuxnouds-aux-Bois 55 ...... 64 D 2
Deuxnouds-
  devant-Beauzée 55 ...... 63 H 1
Deuxville 54 ...... 95 F 1
Devay 58 ...... 175 F 4
Devecey 25 ...... 161 H 3
Devesset 07 ...... 248 B 3

Devèze 65 ...... 316 A 4
Devèze Grotte de la 34 ...... 320 C 2
Deviat 16 ...... 221 E 4
Dévillac 47 ...... 258 D 3
Deville 08 ...... 26 D 1
Déville-lès-Rouen 76 ...... 36 A 1
La Devinière Musée 37 ...... 150 D 5
Devise 80 ...... 23 H 2
Devrouze 71 ...... 178 B 4
Deycimont 88 ...... 119 H 2
Deyme 31 ...... 318 A 2
Deyvillers 88 ...... 119 G 2
Le Dézert 50 ...... 32 A 4
Dezize-lès-Maranges 71 ...... 177 F 3
Dhuisy 77 ...... 60 A 1
Dhuizel 02 ...... 40 D 2
Dhuizon 41 ...... 132 D 5
Diable Roche du 88 ...... 120 B 3
Diable Roches du 29 ...... 100 D 4
Diancey 21 ...... 158 D 5
Diane-Capelle 57 ...... 67 G 5
Diant 77 ...... 113 E 2
Diarville 54 ...... 94 D 4
Le Diben 29 ...... 71 H 3
Diconne 71 ...... 178 B 4
Dicy 89 ...... 113 E 5
Didenheim 68 ...... 143 F 2
Die 26 ...... 268 B 1
Diebling 57 ...... 47 F 5
Diebolsheim 67 ...... 97 G 4
Diedendorf 67 ...... 67 G 3
Dieffenbach-au-Val 67 ...... 97 E 4
Dieffenbach-lès-Wœrth 67 ...... 69 E 2
Dieffenthal 67 ...... 97 E 4
Diefmatten 68 ...... 143 E 2
Dielette 50 ...... 28 C 4
Dième 69 ...... 212 B 3
Diemeringen 67 ...... 67 H 2
Diémoz 38 ...... 231 G 2
Diénay 21 ...... 160 A 1
Dienne 15 ...... 245 E 2
Dienné 86 ...... 186 D 3
Diennes-Aubigny 58 ...... 175 F 3
Dienville 10 ...... 91 H 5
Dieppe 76 ...... 10 B 5
Dieppe-sous-Douaumont 55 ...... 44 C 5
Dieppedalle-Croisset 76 ...... 36 A 2
Dierre 37 ...... 152 B 3
Dierrey-Saint-Julien 10 ...... 90 C 5
Dierrey-Saint-Pierre 10 ...... 90 C 5
Diesen 57 ...... 46 D 5
Dietwiller 68 ...... 143 G 2
Dieudonné 60 ...... 38 B 4
Dieue-sur-Meuse 55 ...... 64 B 1
Dieulefit 26 ...... 267 G 4
Dieulivol 33 ...... 257 E 2
Dieulouard 54 ...... 65 G 4
Dieupentale 82 ...... 297 G 2
Dieuze 57 ...... 67 E 4
Diffembach-lès-Hellimer 57 ...... 67 F 2
Diges 89 ...... 136 A 4
Digna 39 ...... 196 A 2
Dignac 16 ...... 221 G 3
La Digne-d'Amont 11 ...... 337 F 2
La Digne-d'Aval 11 ...... 337 F 2
Digne-les-Bains 04 ...... 288 A 3
Dignonville 88 ...... 95 G 3
Digny 28 ...... 85 G 3
Digoin 71 ...... 193 F 2
Digoine Château de 71 ...... 193 H 2
Digosville 50 ...... 29 F 3
Digulleville 50 ...... 28 C 2
Dijon 21 ...... 160 A 3
Dilo 89 ...... 114 A 4
Dimancheville 45 ...... 111 H 2
Dimbsthal 67 ...... 68 B 5
Dimechaux 59 ...... 15 H 3
Dimont 59 ...... 15 H 3
Dinan 22 ...... 79 G 4
Dinan Pointe de 29 ...... 75 E 4
Dinard 35 ...... 50 B 5
Dinéault 29 ...... 75 G 4
Dingé 35 ...... 80 B 4
Dingsheim 67 ...... 68 D 5
Dingy-en-Vuache 74 ...... 215 F 1
Dingy-Saint-Clair 74 ...... 215 H 3
Dinozé 88 ...... 119 G 2
Dinsac 87 ...... 187 H 5
Dinsheim 67 ...... 97 E 1
Dinteville 52 ...... 116 B 4
Dio-et-Valquières 34 ...... 301 G 4
Dionay 38 ...... 249 H 1
Diors 36 ...... 172 A 4
Diou 03 ...... 193 E 2
Diou 36 ...... 172 B 1

Dirac 16 221
Dirinon 29 75
Dirol 58 157
Disneyland Paris 77 59
Dissais 85 183
Dissangis 89 137
Dissay 86 169
Dissay-sous-Courcillon 72 130
Dissé-sous-Ballon 72 108
Dissé-sous-le-Lude 72 129
Distré 49 150
Distroff 57 45
Diusse 64 294
Divajeu 26 267
Dives 60 23
Dives-sur-Mer 14 34
Divion 62 7
Divonne-les-Bains 01 197
Dixmont 89 113
Dizimieu 38 232
Dizy 51 61
Dizy-le-Gros 02 25
Doazit 40 293
Doazon 64 313
Docelles 88 119
Doëlan 29 100
Dœuil-sur-le-Mignon 17 201
Dognen 64 313
Dogneville 88 95
Dohem 62 7
Dohis 02 25
Doignies 59 14
Doingt 80 23
Doissat 24 259
Doissin 38 232
Doix-lès-Fontaines 85 184
Doizieux 42 230
Dol-de-Bretagne 35 80
Dolaincourt 88 94
Dolancourt 10 92
Dolcourt 54 94
Dole 39 161
Dolignon 02 25
Dolleren 68 142
Dollon 72 108
Dollot 89 113
Dolmayrac 47 276
Dolo 22 79
Dolomieu 38 232
Dolus-d'Oléron 17 200
Dolus-le-Sec 37 152
Dolving 57 67
Dom-le-Mesnil 08 27
Domagné 35 104
Domaize 63 228
Domalain 35 105
Domancy 74 216
Domarin 38 231
Domart-en-Ponthieu 80 12
Domart-sur-la-Luce 80 22
Domats 89 113
Domazan 30 304
Dombasle-
  devant-Darney 88 118
Dombasle-en-Argonne 55 43
Dombasle-en-Xaintois 88 94
Dombasle-sur-Meurthe 54 95
Domblain 52 92
Domblans 39 179
Dombras 55 44
Dombrot-le-Sec 88 118
Dombrot-sur-Vair 88 94
Domecy-sur-Cure 89 157
Domecy-sur-le-Vault 89 157
Doméliers 60 22
Domène 38 251
Domérat 03 190
Domesmont 80 12
Domessargues 30 283
Domessin 73 232
Domèvre-en-Haye 54 65
Domèvre-sous-Montfort 88 94
Domèvre-sur-Avière 88 119
Domèvre-sur-Durbion 88 95
Domèvre-sur-Vezouze 54 96
Domeyrat 43 246
Domeyrot 23 189
Domezain-Berraute 64 311
Domfaing 88 96
Domfessel 67 67
Domfront 60 22
Domfront-en-Poiraie 61 82
Domfront-
  en-Champagne 72 107
Domgermain 54 94
La Dominelais 35 126
Domino 17 200

minois 80 .... 11 G 1
mjean 50 .... 52 B 1
mjevin 54 .... 95 H 1
mjulien 88 .... 94 C 5
mléger 80 .... 12 B 4
mloup 35 .... 104 C 3
mmarie-Eulmont 54 .... 94 C 3
mmarien 52 .... 139 G 4
mmartemont 54 .... 65 H 5
mmartin 01 .... 195 F 4
mmartin 25 .... 180 C 2
mmartin 58 .... 175 H 1
mmartin 69 .... 212 D 5
mmartin 80 .... 22 C 3
mmartin-aux-Bois 88 .... 119 E 2
mmartin-Dampierre 51 .... 43 E 5
mmartin-la-Chaussée 54 .... 65 F 2
mmartin-la-Montagne 55 .... 64 D 2
mmartin-le-Coq 10 .... 91 G 3
mmartin-le-Franc 52 .... 92 C 4
mmartin-le-Saint-Père 52 .... 92 C 4
mmartin-
ès-Cuiseaux 71 .... 195 H 2
mmartin-
ès-Remiremont 88 .... 119 H 4
mmartin-lès-Toul 54 .... 94 B 1
mmartin-lès-Vallois 88 .... 118 D 2
mmartin-Lettrée 51 .... 62 A 4
mmartin-sous-Amance 54 .... 66 B 5
mmartin-sous-Hans 51 .... 43 E 5
mmartin-sur-Vraine 88 .... 94 B 4
mmartin-Varimont 51 .... 63 E 2
mmary-Baroncourt 55 .... 44 D 4
mme 24 .... 259 G 1
mmery 08 .... 26 B 4
mmiers 02 .... 40 A 3
mnom-lès-Dieuze 57 .... 67 F 3
mont 95 .... 58 C 1
mpaire 88 .... 119 E 2
mpcevrin 55 .... 64 C 3
mpierre 60 .... 22 D 5
mpierre 61 .... 53 E 5
mpierre 88 .... 95 G 5
mpierre-aux-Bois 55 .... 64 D 2
mpierre-Becquincourt 80 .... 23 F 1
mpierre-du-Chemin 35 .... 81 F 5
mpierre-en-Morvan 21 .... 158 C 2
mpierre-les-Églises 87 .... 188 A 5
mpierre-les-Ormes 71 .... 194 B 4
mpierre-les-Tilleuls 25 .... 180 B 3
mpierre-
sous-Sanvignes 71 .... 176 C 5
mpierre-sur-Authie 80 .... 11 H 1
mpierre-sur-Besbre 03 .... 192 D 2
mpierre-
sur-Chalaronne 01 .... 213 F 1
mpierre-
sur-Charente 17 .... 219 H 1
mpierre-sur-Helpe 59 .... 15 G 4
mpierre-sur-Héry 58 .... 157 F 4
mpierre-sur-Mer 17 .... 183 G 5
mpierre-sur-Mont 39 .... 196 C 1
mpierre-sur-Nièvre 58 .... 156 D 4
mpierre-sur-Veyle 01 .... 213 H 2
mpierre-sur-Yon 85 .... 165 H 4
mpnac 07 .... 265 H 4
mprel 25 .... 162 D 4
mpremy 51 .... 62 D 4
mprix 54 .... 45 E 3
mps 87 .... 224 D 2
mptail 88 .... 95 G 3
mptail-en-l'Air 54 .... 95 E 2
mptin 02 .... 60 B 1
mqueur 80 .... 12 B 4
mremy-aux-Bois 55 .... 64 B 5
mremy-en-Ornois 52 .... 93 E 4
mremy-la-Canne 55 .... 44 D 4
mremy-la-Pucelle 88 .... 93 H 3
msure 01 .... 195 H 3
mvallier 88 .... 94 D 5
mvast 80 .... 11 H 2
on 59 .... 8 C 3
onazac 11 .... 337 F 1
onchery 08 .... 27 E 4
oncières 88 .... 95 H 3
oncourt-aux-Templiers 55 .... 64 D 1
oncourt-lès-Conflans 54 .... 45 F 5
oncourt-lès-Longuyon 54 .... 44 D 2
oncourt-sur-Meuse 52 .... 117 H 3
ondas 47 .... 276 D 2
onges 44 .... 146 C 2
onjeux 52 .... 93 E 4
onjeux 57 .... 66 C 3
e Donjon 03 .... 193 E 4
onnay 14 .... 53 G 2
onnazac 81 .... 279 F 5
onnelay 57 .... 67 E 4

Donnemain-
Saint-Mamès 28 .... 110 A 3
Donnemarie 52 .... 117 G 3
Donnemarie-Dontilly 77 .... 89 F 3
Donnement 10 .... 91 G 3
Donnenheim 67 .... 68 D 4
Donnery 45 .... 133 G 2
Donneville 31 .... 318 A 2
Donnezac 33 .... 237 H 1
Donon Col du 67 .... 96 C 2
Dontreix 23 .... 208 C 3
Dontrien 51 .... 42 B 4
Donville-les-Bains 50 .... 51 F 2
Donzac 33 .... 256 B 3
Donzac 82 .... 276 D 4
Donzacq 40 .... 293 F 3
Le Donzeil 23 .... 207 F 3
Donzenac 19 .... 242 B 1
Donzère 26 .... 267 E 5
Donzy 58 .... 156 C 3
Donzy-le-National 71 .... 194 C 3
Donzy-le-Pertuis 71 .... 194 D 3
Donzy-le-Pré 58 .... 156 C 3
Doranges 63 .... 228 D 4
Dorans 90 .... 142 C 3
Dorat 63 .... 210 C 4
Le Dorat 87 .... 187 H 5
Dordives 45 .... 112 C 3
Dore-l'Église 63 .... 229 E 5
La Dorée 53 .... 81 G 3
Dorengt 02 .... 24 D 1
Dorignies 59 .... 8 D 5
Dorlisheim 67 .... 97 F 2
Dormans 51 .... 60 D 1
Dormelles 77 .... 88 D 5
La Dornac 24 .... 241 H 3
Dornas 07 .... 248 B 5
Dornecy 58 .... 157 F 2
Dornes 58 .... 175 E 5
Dornot 57 .... 65 G 1
Dorres 66 .... 341 E 4
Dortan 01 .... 196 C 4
Dosches 10 .... 91 F 5
Dosnon 10 .... 91 F 2
Dossenheim-Kochersberg 67 .... 68 C 5
Dossenheim-sur-Zinsel 67 .... 68 B 4
Douadic 36 .... 170 C 5
Douai 59 .... 8 D 5
Douains 27 .... 56 D 1
Douarnenez 29 .... 99 F 2
Douaumont 55 .... 44 B 5
Doubs 25 .... 180 C 2
Doucelles 72 .... 107 H 2
Douchapt 24 .... 239 H 1
Douchy 02 .... 23 H 3
Douchy-Montcorbon 45 .... 113 C 5
Douchy-lès-Ayette 62 .... 13 F 3
Douchy-les-Mines 59 .... 14 C 2
Doucier 39 .... 179 G 5
Doucy 73 .... 234 B 3
Doucy-en-Bauges 73 .... 233 H 1
Doudeauville 62 .... 6 C 3
Doudeauville 76 .... 21 F 5
Doudeauville-en-Vexin 27 .... 37 E 3
Doudelainville 80 .... 11 G 4
Doudeville 76 .... 19 H 3
Doudrac 47 .... 258 C 3
Doué-la-Fontaine 49 .... 150 A 4
Douelle 46 .... 259 H 5
Le Douhet 17 .... 201 G 5
Douillet 72 .... 83 F 5
Douilly 80 .... 23 H 3
Doulaincourt 52 .... 93 E 5
Doulaize 25 .... 179 H 1
Doulcon 55 .... 43 G 2
Doulevant-le-Château 52 .... 92 C 4
Doulevant-le-Petit 52 .... 92 C 3
Doulezon 33 .... 256 D 1
Le Doulieu 59 .... 8 A 2
Doullens 80 .... 12 D 4
Doumely-Bégny 08 .... 26 A 4
Doumy 64 .... 314 B 2
Dounoux 88 .... 119 F 3
Les Dourbes 04 .... 288 B 4
Dourbies 30 .... 282 C 4
Dourdain 35 .... 104 D 2
Dourdan 91 .... 87 E 3
Dourges 62 .... 8 C 5
Dourgne 81 .... 319 F 2
Douriez 62 .... 11 G 1
Dourlers 59 .... 15 G 3
Le Dourn 81 .... 280 C 5
Dournazac 87 .... 223 E 2
Dournon 39 .... 179 H 2
Dours 65 .... 315 F 4

Doussard 74 .... 215 H 5
Doussay 86 .... 169 E 3
Douvaine 74 .... 197 H 4
Douville 24 .... 240 B 4
Douville-en-Auge 14 .... 34 B 3
Douville-sur-Andelle 27 .... 36 C 3
Douvrend 76 .... 20 C 2
Douvres 01 .... 214 A 3
Douvres-la-Délivrande 14 .... 33 G 3
Douy 28 .... 109 H 4
Douy-la-Ramée 77 .... 59 G 1
Douzains 47 .... 257 H 3
Douzat 16 .... 221 E 1
La Douze 24 .... 240 D 3
Douzens 11 .... 320 B 5
Douzies 59 .... 15 G 2
Douzillac 24 .... 239 H 3
Douzy 08 .... 27 F 4
Doville 50 .... 31 G 2
Doye 39 .... 180 A 4
La Doye 39 .... 197 F 2
Doyet 03 .... 191 E 4
Dozulé 14 .... 34 A 4
Dracé 69 .... 212 D 1
Draché 37 .... 169 H 1
Drachenbronn 67 .... 69 E 1
Dracy 89 .... 135 H 3
Dracy-le-Fort 71 .... 177 G 4
Dracy-lès-Couches 71 .... 177 F 3
Dracy-Saint-Loup 71 .... 176 D 1
Dragey 72 .... 51 G 4
Draguignan 83 .... 308 A 4
Draillant 74 .... 198 A 4
Drain 49 .... 148 B 2
Draix 04 .... 288 B 3
Draize 08 .... 26 A 4
Drambon 21 .... 160 D 3
Dramelay 39 .... 196 B 3
Le Dramont 83 .... 329 H 1
Drancy 93 .... 58 D 2
Drap 06 .... 309 H 2
Dravegny 02 .... 40 C 4
Draveil 91 .... 58 C 5
Drée 21 .... 159 G 3
Drée Château de 71 .... 194 A 4
Dréfféac 44 .... 146 D 1
Drémil-Lafage 31 .... 298 B 5
Le Drennec 29 .... 70 D 5
Dreslincourt 60 .... 39 G 1
Dreuil-Hamel 80 .... 11 H 5
Dreuil-lès-Amiens 80 .... 22 B 1
Dreuil-lès-Molliens 80 .... 22 A 2
Dreuilhe 09 .... 336 D 3
Dreux 28 .... 56 D 4
Drevant 18 .... 173 F 5
Dricourt 08 .... 42 C 2
Driencourt 80 .... 23 H 1
Drignac 15 .... 244 B 2
Drincham 59 .... 3 G 3
Drocourt 62 .... 8 C 5
Drocourt 78 .... 57 G 1
Droisy 27 .... 56 B 4
Droisy 74 .... 215 E 3
Droitaumont 54 .... 45 F 5
Droitfontaine 25 .... 163 F 3
Droiturier 03 .... 192 D 5
Droizy 02 .... 40 B 3
Drom 01 .... 196 A 5
Dromesnil 80 .... 21 G 2
Drosay 76 .... 19 G 3
Drosnay 51 .... 92 A 2
Droué 41 .... 109 F 4
Droue-sur-Drouette 28 .... 86 C 2
Drouges 35 .... 105 E 5
Drouilly 51 .... 62 C 4
Droupt-Saint-Basle 10 .... 90 D 3
Droupt-Sainte-Marie 10 .... 90 C 3
Drouville 54 .... 66 C 5
Drouvin-le-Marais 62 .... 8 A 4
Droux 87 .... 205 G 1
Droyes 52 .... 92 A 3
Drubec 14 .... 34 C 4
Drucat 80 .... 11 G 3
Drucourt 27 .... 35 E 5
Drudas 31 .... 297 F 3
Druelle 12 .... 280 C 1
Drugeac 15 .... 244 B 2
Druillat 01 .... 214 A 2
Drulhe 12 .... 261 G 5
Drulingen 67 .... 67 H 3
Drumettaz-Clarafond 73 .... 233 F 1
Drusenheim 67 .... 69 F 4
Druval 14 .... 34 B 4
Druy-Parigny 58 .... 175 E 3

Druye 37 .... 151 G 3
Druyes-
les-Belles-Fontaines 89 .... 157 E 1
Dry 45 .... 132 D 3
Dréreuil 03 .... 209 H 2
Duault 22 .... 77 E 3
Ducey-les-Chéris 50 .... 51 H 5
Duclair 76 .... 35 H 1
Ducy-Sainte-Marguerite 14 .... 33 E 4
Duerne 69 .... 230 C 1
Duesme 21 .... 138 B 4
Duffort 32 .... 315 H 3
Dugny 93 .... 58 C 2
Dugny-sur-Meuse 55 .... 64 B 1
Duhort-Bachen 40 .... 294 B 3
Duilhac-
sous-Peyrepertuse 11 .... 338 E 4
Duingt 74 .... 215 H 4
Duisans 62 .... 13 F 2
Dullin 73 .... 232 D 2
Dumes 40 .... 293 H 3
Dun 09 .... 336 C 2
Dun-le-Palestel 23 .... 189 E 4
Dun-le-Poëlier 36 .... 153 H 5
Dun-les-Places 58 .... 158 A 4
Dun-sur-Auron 18 .... 173 G 3
Dun-sur-Grandry 58 .... 175 H 1
Dun-sur-Meuse 55 .... 43 G 2
Duneau 72 .... 108 B 4
Dunes 82 .... 276 C 4
Dunet 36 .... 188 B 3
Dung 25 .... 142 B 4
Dunière-sur-Eyrieux 07 .... 266 D 1
Dunières 43 .... 248 B 1
Dunkerque 59 .... 3 G 2
Duntzenheim 67 .... 68 C 5
Duppigheim 67 .... 97 G 2
Duran 32 .... 296 A 4
Durance 47 .... 275 E 3
Duranus 06 .... 291 E 4
Duranville 27 .... 35 E 5
Duras 47 .... 257 F 2
Duravel 46 .... 259 F 4
Durban 32 .... 296 A 4
Durban-Corbières 11 .... 338 D 2
Durban-sur-Arize 09 .... 335 H 2
Durbans 46 .... 260 D 3
Durbelière
Château de la 79 .... 167 F 2
Durcet 61 .... 53 F 4
Durdat-Larequille 03 .... 191 E 5
Dureil 72 .... 129 F 2
Durenque 12 .... 280 D 4
Durette 69 .... 212 C 1
Durfort 09 .... 318 A 5
Durfort 81 .... 319 F 2
Durfort-et-Saint-Martin-
de-Sossenac 30 .... 283 G 5
Durfort-Lacapelette 82 .... 277 F 3
Durlinsdorf 68 .... 143 F 4
Durmenach 68 .... 143 F 4
Durmignat 63 .... 209 F 1
Durnes 25 .... 162 B 5
Durningen 67 .... 68 C 5
Durrenbach 67 .... 69 E 2
Durrenentzen 68 .... 121 F 2
Durstel 67 .... 67 H 3
Durtal 49 .... 129 E 4
Durtol 63 .... 209 G 5
Dury 02 .... 23 H 3
Dury 62 .... 14 A 3
Dury 80 .... 22 B 2
Dussac 24 .... 223 F 5
Duttlenheim 67 .... 97 F 2
Duvy 60 .... 39 G 4
Duzey 55 .... 44 D 3
Dyé 89 .... 136 D 2
Dyo 71 .... 194 A 4

E

Eancé 35 .... 127 F 2
Eaubonne 95 .... 58 B 2
Eaucourt-sur-Somme 80 .... 11 H 4
Eaunes 31 .... 317 H 3
Eaux-Bonnes 64 .... 332 A 2
Eaux-Chaudes 64 .... 332 A 2
Eaux-Puiseaux 10 .... 114 C 3
Eauze 32 .... 295 F 1
Ébange 57 .... 45 G 3
Ébaty 21 .... 177 G 4
Ébaupinaye Château d' 79 .... 167 H 1
Ebblinghem 59 .... 3 G 5
Ébéon 17 .... 201 H 4
Eberbach-Seltz 67 .... 69 G 2
Eberbach-Wœrth 67 .... 68 D 2
Ebersheim 67 .... 97 F 4
Ebersmunster 67 .... 97 F 4
Ébersviller 57 .... 46 B 4

Éblange 57 .... 46 C 4
Ébouleau 02 .... 25 F 4
Ébréon 16 .... 203 E 3
Ébreuil 03 .... 209 H 2
L'Écaille 08 .... 41 H 2
Écaillon 59 .... 9 E 5
Écajeul 14 .... 54 A 1
Écalgrain Baie d' 50 .... 28 C 2
Écalles-Alix 76 .... 19 H 5
Écaquelon 27 .... 35 G 3
Écardenville-
la-Campagne 27 .... 35 H 5
Écardenville-sur-Eure 27 .... 36 C 5
Écausseville 50 .... 29 G 5
Écauville 27 .... 36 A 5
Eccica-Suarella 2A .... 348 D 3
Eccles 59 .... 15 H 3
Échalas 69 .... 230 D 3
Échallat 16 .... 220 D 1
Échallon 01 .... 196 D 5
Échalot 21 .... 138 D 5
Échandelys 63 .... 228 C 3
Échannay 21 .... 159 F 3
Écharcon 91 .... 87 H 2
Les Écharmeaux 69 .... 212 B 1
Échassières 03 .... 209 F 1
Échauffour 61 .... 54 D 4
Échavanne 70 .... 142 B 3
Échay 25 .... 179 H 1
Échebrune 17 .... 219 H 2
Les Échelles 73 .... 232 D 4
Échemines 10 .... 90 C 4
Échemiré 49 .... 129 F 5
Échenans 25 .... 142 B 4
Échenans-
sous-Mont-Vaudois 70 .... 142 B 3
Échenay 52 .... 93 F 3
Échenevex 01 .... 197 F 4
Échenon 21 .... 160 C 5
Échenoz-la-Méline 70 .... 141 E 4
Échenoz-le-Sec 70 .... 141 E 5
Échery 68 .... 96 D 5
Les Échets 01 .... 213 F 4
Échevanne 70 .... 161 F 2
Échevannes 21 .... 160 B 1
Échevannes 25 .... 162 B 5
Échevis 26 .... 250 B 3
Échevronne 21 .... 159 H 5
Échigey 21 .... 160 B 4
Échillais 17 .... 200 D 4
Échilleuses 45 .... 112 A 3
Echinghen 62 .... 6 B 2
Échiré 79 .... 185 E 3
Échirolles 38 .... 250 D 2
Échouboulains 77 .... 88 D 4
Échourgnac 24 .... 239 F 2
L'Église-aux-Bois 19 .... 225 E 2
Église-Neuve-de-Vergt 24 .... 240 C 3
Église-Neuve-d'Issac 24 .... 239 H 4
Égliseneuve-
d'Entraigues 63 .... 227 F 5
Égliseneuve-des-Liards 63 .... 228 B 3
Égliseneuve-près-Billom 63 .... 228 B 1
Les Églises d'Argenteuil 17 .... 201 H 3
Églisolles 63 .... 229 F 4
Les Églisottes-
et-Chalaures 33 .... 238 D 3
Égly 91 .... 87 G 2
Égreville 77 .... 112 A 3
Égriselles-le-Bocage 89 .... 113 F 3
Égry 45 .... 111 H 4
Éguelshardt 57 .... 68 B 1
Eguenigue 90 .... 142 C 2
L'Éguille 17 .... 218 D 1
Éguilles 13 .... 305 H 5
Éguilly 21 .... 159 E 3
Éguilly-sous-Bois 10 .... 115 H 3
Eguisheim 68 .... 121 E 3
Éguzon 36 .... 188 D 3
Eguzon Barrage d' 36 .... 188 D 3
Éhuns 70 .... 141 G 2
Eichhoffen 67 .... 97 F 3
Eincheville 57 .... 66 D 2
Einvaux 54 .... 95 F 2
Einville-au-Jard 54 .... 95 H 1
Eix 55 .... 44 C 5
Élan 08 .... 26 D 4
Élancourt 78 .... 57 H 4
Elbach 68 .... 142 D 3
Elbeuf 76 .... 36 A 3
Elbeuf-en-Bray 76 .... 37 E 3
Elbeuf-sur-Andelle 76 .... 36 D 1
Élencourt 60 .... 21 H 4
Élesmes 59 .... 15 H 2
Életot 76 .... 19 E 3

A
B
C
D
E
F
G
H
I
J
K
L
M
N
O
P
Q
R
S
T
U
V
W
X
Y
Z

A
B
C
D
E
F
G
H
I
J
K
L
M
N
O
P
Q
R
S
T
U
V
W
X
Y
Z

Éleu-Dit-Leauwette *62*............8 B 5
Élincourt *59*..............14 C 5
Élincourt-
  Sainte-Marguerite *60*.........39 F 1
Élisabethville *78*............57 G 2
Élise-Daucourt *51*..........63 E 1
Elizaberry *64*..........310 D 3
Ellecourt *76*..............21 F 3
Ellon *14*..............33 E 4
Elne *66*..............343 F 3
Elnes *62*..............7 E 2
Éloie *90*..............142 C 2
Éloise *74*..............215 E 1
Éloyes *88*..............119 H 3
Elsenheim *67*..........121 F 2
Elvange *57*..............66 D 1
Elven *56*..............124 D 3
Elzange *57*..............45 H 3
Émagny *25*..............161 G 3
Émalleville *27*..........36 B 5
Émancé *78*..............86 C 2
Émanville *27*..........55 H 1
Émanville *76*..........20 A 5
Emberménil *54*..........95 H 1
Embourie *16*..........203 E 2
Embres-et-Castelmaure *11*.338 D 3
Embreville *80*..........11 E 4
Embrun *05*..........270 C 3
Embry *62*..............6 D 4
Émerainville *77*..........59 E 4
Émerchicourt *59*..........14 B 2
Émeringes *69*..........194 D 5
Éméville *60*..............39 H 3
Émiéville *14*..............33 H 5
Emlingen *68*..........143 F 3
Emmerin *59*..............8 C 3
Émondeville *50*..........29 G 5
Empeaux *31*..........297 F 5
Empurany *07*..........248 D 4
Empuré *16*..........203 E 2
Empury *58*..........157 H 3
Encausse *32*..........297 F 5
Encausse-les-Thermes *31*.334 C 2
Enchanet *Barrage d'* *15*...243 H 3
Enchastrayes *04*..........271 E 5
Enchenberg *57*..........68 A 1
L'Enclave-
  de-la-Martinière *79*....185 G 4
Encourtiech *09*..........335 F 3
Encrenaz *Col de l'* *74*...198 C 5
Endoufielle *32*..........297 E 5
Énencourt-le-Sec *60*........37 H 3
Énencourt-Léage *60*........37 G 3
Enfer *Gouffre d'* *42*......230 B 4
Enfer *Portes d'* *86*......187 G 4
Enfonvelle *52*..........118 B 5
Engarran *Château de l'* *34*.302 D 5
Engayrac *47*..........276 D 2
Engayresque *Col d'* *12*...281 G 2
Engente *10*..............92 B 5
Engenthal *67*..........68 A 5
Engenville *45*..........111 G 2
Enghien-les-Bains *95*........58 C 2
Engins *38*..........250 D 2
Englancourt *02*..........25 E 1
Englebelmer *80*..........13 F 5
Englefontaine *59*..........15 E 3
Englesqueville-en-Auge *14*...34 C 3
Englesqueville-la-Percée *14*.32 C 2
Englos *59*..............8 C 2
Engomer *09*..........335 E 3
Engraviès *09*..........336 C 2
Enguinegatte *62*..........7 F 3
Enguiller *67*..........68 C 3
Ennemain *80*..........23 G 2
Ennery *57*..............45 H 4
Ennery *95*..............58 A 1
Ennetières-en-Weppes *59*.....8 C 2
Ennevelin *59*..............8 D 3
Ennezat *63*..........210 A 4
Ennordres *18*..........155 E 2
Enquin-les-Mines *62*........7 F 3
Enquin-sur-Baillons *62*......6 C 3
Ens *65*..........333 G 4
Ensérune *Oppidum d'* *34*..321 F 5
Ensigné *79*..........202 C 2
Ensisheim *68*..........121 E 5
Ensuès-la-Redonne *13*...326 C 2
Entrages *04*..........288 A 4
Entraigues *38*..........251 F 4
Entraigues *63*..........210 A 4
Entraigues-
  sur-la-Sorgue *84*....285 G 5
Entrains-sur-Nohain *58*...156 D 2
Entrammes *53*..........106 A 4
Entrange *57*..............45 G 2

Entraunes *06*..........289 E 2
Entraygues-sur-Truyère *12*.262 D 3
Entre-deux-Eaux *88*........96 B 5
Entre-deux-Guiers *38*......232 D 4
Entre-deux-Monts *39*......180 A 5
Entrecasteaux *83*..........307 G 5
Entrechaux *84*..........285 H 2
Entremont *74*..........216 A 3
Entremont-le-Vieux *73*......233 E 3
Entrepierres *04*..........287 G 2
Entressen *13*..........305 E 4
Entrevaux *04*..........289 F 5
Entrevennes *04*..........287 G 5
Entrevernes *74*..........215 H 4
Entzheim *67*..............97 G 1
Enval *63*..........209 G 4
Enveitg *66*..........341 E 4
Envermeu *76*..............20 C 2
Environville *76*..............19 G 4
Eoulx *04*..........308 B 1
Éourres *05*..........287 E 2
Eoux *31*..........316 D 4
Épagne *10*..............91 G 4
Épagne-Epagnette *80*........11 G 4
Épagny *02*..............40 A 1
Épagny *21*..........160 A 1
Épagny-Metz-Tessy *74*....215 G 3
Épaignes *27*..............35 E 3
Épaney *14*..............53 H 2
Épannes *79*..........184 C 5
Éparcy *02*..............25 G 2
Les Éparges *55*..............64 D 1
Épargnes *17*..........219 E 3
Les Éparres *38*..........232 A 3
Épau *Abbaye de l'* *72*.....107 H 5
Épaumesnil *80*..............11 G 5
Épaux-Bézu *02*..............40 B 5
Épeautrolles *28*..............85 H 5
Épécamps *80*..............12 B 4
Épégard *27*..............35 H 4
Épehy *80*..............14 A 5
Épeigné-les-Bois *37*......152 C 4
Épeigné-sur-Dême *37*......130 D 4
Épénancourt *80*..............23 G 2
Épenède *16*..........204 B 2
Épenouse *25*..........162 C 4
Épenoy *25*..........162 C 5
Épense *51*..............63 E 2
Épercieux-Saint-Paul *42*...211 H 5
Éperlecques *62*..............3 E 4
Épernay *51*..............61 G 1
Épernay-sous-Gevrey *21*...160 A 4
Épernon *28*..............86 C 2
Épersy *73*..........215 F 5
Épertully *71*..........177 F 2
Épervans *71*..........177 H 4
Les Epesses *85*..........166 D 3
Épeugney *25*..........162 A 5
Epfig *67*..............97 F 4
Épiais *41*..........132 A 3
Épiais-lès-Louvres *95*........58 D 1
Épiais-Rhus *95*..............38 A 5
Épieds *02*..............40 C 5
Épieds *27*..............56 D 2
Épieds *49*..........150 C 5
Épieds-en-Beauce *45*......110 B 5
Épierre *73*..........234 A 3
Épiez-sur-Chiers *54*........44 C 2
Épiez-sur-Meuse *55*........93 H 2
Épinac *71*..........177 E 2
Épinant *52*..........119 F 2
Épinant *52*..........117 G 4
Épinay *27*..............55 F 2
Épinay-Champlâtreux *95*....58 C 1
L'Épinay-le-Comte *61*.......81 H 3
Épinay-sous-Sénart *91*......58 D 5
Épinay-sur-Duclair *76*......35 H 1
Épinay-sur-Odon *14*.........33 E 5
Épinay-sur-Orge *91*.........58 C 5
Épinay-sur-Seine *93*.........58 C 2
L'Épine *05*..........268 D 5
L'Épine *85*..........164 B 1
Épine *Col de l'* *73*......233 E 2
L'Épine-aux-Bois *02*........60 C 3
Épineau-les-Voves *89*......113 H 5
Épineu-le-Chevreuil *72*....107 H 4
Épineuil *89*..........137 E 2
Épineuil-le-Fleuriel *18*....190 D 2
Épineuse *60*..............38 D 2
Épiniac *35*..............80 B 2
Épinonville *55*..............43 G 3
Épinouze *26*..........231 F 5
Épinoy *62*..............14 B 3
Épire *49*..........149 F 2

Epiry *58*..........157 G 5
Épisy *77*..............88 C 5
Épizon *52*..............93 F 4
Éplessier *80*..............21 H 3
Épluches *95*..............58 A 1
Éply *54*..............65 H 3
Époisses *21*..........158 C 1
Épône *78*..............57 G 2
Épothémont *10*..............92 A 4
Épouville *76*..............18 C 5
Époye *51*..............42 A 3
Eppe-Sauvage *59*..............16 A 4
Eppes *02*..............25 E 5
Eppeville *80*..............23 H 3
Epping *57*..............48 B 5
Épretot *76*..............18 D 5
Épreville *76*..............19 E 4
Épreville-en-Lieuvin *27*......35 F 4
Épreville-en-Roumois *27*....35 G 3
Épreville-
  près-le-Neubourg *27*....35 H 5
Épron *14*..............33 G 4
Eps *62*..............7 F 4
Épuisay *41*..........131 F 2
Équancourt *80*..............14 A 5
Équemauville *14*..............34 C 2
Équennes-Éramecourt *80*....21 H 3
Équeurdreville-
  Hainneville *50*..........29 E 3
Équevilley *70*..........141 F 2
Équevillon *39*..........179 H 4
Équihen-Plage *62*..............6 A 2
Équilly *50*..............51 G 3
Équirre *62*..............7 F 4
Éragny *95*..............58 A 1
Éragny-sur-Epte *60*........37 G 3
Eraines *14*..............53 H 2
Éramecourt *80*..............21 H 4
Éraville *16*..........220 D 2
Erbajolo *2B*..........347 F 5
Erbalunga *2B*..........345 G 3
Erbéviller-sur-Amezule *54*...66 C 5
Erbray *44*..........127 E 4
Erbrée *35*..........105 F 3
Ercé *09*..........335 G 4
Ercé-en-Lamée *35*..........126 D 2
Ercé-près-Liffré *35*........80 C 5
Erceville *45*..........111 F 2
Erches *80*..............23 E 4
Ercheu *80*..............23 G 4
Erchin *59*..............14 B 2
Erching *57*..............48 B 5
Erckartswiller *67*..............68 B 3
Ercourt *80*..............11 F 4
Ercuis *60*..............38 B 4
Erdeven *56*..........123 G 3
Erdre-en-Anjou *49*..........128 A 5
Éréac *22*..........103 E 1
Ergersheim *67*..............97 F 1
Ergnies *80*..............12 B 4
Ergny *62*..............6 D 3
Ergué-Gabéric *29*..............99 H 3
Érigné *49*..........149 G 2
Érin *62*..............7 F 5
Éringes *21*..........138 A 5
Eringhem *59*..............3 G 3
Ériseul *52*..........139 E 2
Érize-la-Brûlée *55*..........63 H 3
Érize-la-Grande *55*..........63 H 2
Érize-la-Petite *55*..........63 H 2
Érize-Saint-Dizier *55*......63 H 3
Erlon *02*..............25 E 3
Erloy *02*..............25 E 1
Ermenonville *60*..............39 E 5
Ermenonville-la-Grande *28*..86 A 5
Ermenonville-la-Petite *28*...85 H 5
Ermenouville *76*..............19 H 3
Ermitage-
  du-Frère-Joseph *88*....120 B 5
Ermont *95*..............58 B 2
Ernecourt *55*..............64 B 5
Ernée *53*..............81 G 5
Ernemont-Boutavent *60*....21 G 5
Ernemont-la-Villette *76*....37 F 1
Ernemont-sur-Buchy *76*....36 D 1
Ernes *14*..............54 A 1
Ernestviller *57*..............67 G 1
Ernolsheim-Bruche *67*......97 F 1
Ernolsheim-lès-Saverne *67*..68 B 4
Erny-Saint-Julien *62*........7 F 3
Érôme *26*..........249 E 2
Érondelle *80*..............11 G 4
Érone *2B*..........347 F 5
Éroudeville *50*..............29 G 5
Erp *09*..........335 F 3
Erquery *60*..............38 D 2
Erquières *62*..............12 B 2

Erquinghem-le-Sec *59*........8 C 3
Erquinghem-Lys *59*..........8 B 2
Erquinvillers *60*..............38 D 1
Erquy *22*..............78 D 2
Err *66*..........341 F 5
Erre *59*..............9 F 5
Errevet *70*..........142 B 2
Errouville *54*..............45 F 2
Ersa *2B*..........345 F 1
Erstein *67*..............97 G 3
Erstroff *57*..............67 E 2
Ervauville *45*..........113 E 4
Ervillers *62*..............13 G 4
Ervy-le-Châtel *10*..........114 C 4
Esbareich *65*..........334 A 3
Esbarres *21*..........160 C 5
Esboz-Brest *70*..........141 G 2
Esbly *77*..............59 F 3
Escalans *40*..........274 D 5
L'Escale *04*..........287 G 4
Escales *11*..........320 C 5
Escalette *Pas de l'* *34*...301 H 2
Escalles *62*..............2 B 3
Escalquens *31*..........318 A 2
Escames *60*..............21 G 5
Escamps *46*..........278 C 1
Escamps *89*..........136 A 4
Escandolières *12*..........262 B 5
Escanecrabe *31*..........316 C 4
Escardes *51*..............60 C 5
L'Escarène *06*..........291 F 5
Escarmain *59*..............14 D 3
Escaro *66*..........342 A 3
Escassefort *47*..........257 F 4
Escatalens *82*..........277 G 5
Escaudain *59*..............14 C 2
Escaudes *33*..........274 B 1
Escaudœuvres *59*..............14 B 3
Escaufourt *59*..............14 D 5
Escaunets *65*..........314 D 3
Escautpont *59*..............9 G 5
Escazeaux *82*..........297 E 2
Eschau *67*..............97 G 2
Eschbach *67*..............68 D 3
Eschbach-au-Val *68*..........120 D 3
Eschbourg *67*..............68 A 3
Eschène-Autrage *90*..........142 C 3
Eschentzwiller *68*..........143 G 2
Escherange *57*..............45 G 2
Esches *60*..............38 A 4
Eschwiller *67*..............67 H 3
Esclagne *09*..........336 D 2
Esclainvillers *80*..............22 C 4
Esclanèdes *48*..........264 B 5
Esclassan-Labastide *32*...316 A 2
Esclauzels *46*..........260 C 5
Esclavelles *76*..............20 D 4
Esclavolles-Lurey *51*........90 A 2
Escles *88*..........118 D 3
Escles-Saint-Pierre *60*......21 G 3
Esclimont *28*..............86 D 3
Esclottes *47*..........257 E 2
Escobecques *59*..............8 B 2
Escœuilles *62*..............2 D 5
Escoire *24*..........240 D 2
Escolives-
  Sainte-Camille *89*....136 B 4
Escombres-
  et-le-Chesnois *08*......27 G 4
Esconac *33*..........255 G 2
Escondeaux *65*..........315 F 3
Esconnets *65*..........333 G 1
Escorailles *15*..........244 B 2
Escornebœuf *32*..........296 D 4
Escorpain *28*..............56 B 5
Escos *64*..........311 H 3
Escosse *09*..........336 A 1
Escot *64*..........331 H 2
Escots *64*..........333 G 1
Escou *64*..........331 H 1
Escoubès *64*..........314 C 2
Escoubès-Pouts *65*..........333 E 1
Escoublère *Manoir de l'* *53*.128 C 3
Escoulis *31*..........335 E 1
Escouloubre *11*..........337 F 5
Escource *40*..........272 D 4
Escoussans *33*..........256 B 2
Escoussens *81*..........319 G 2
Escout *64*..........331 H 1
Escoutoux *63*..........210 C 5
Escouville *14*..............33 H 4
Escragnolles *06*..........308 D 2
Escrennes *45*..........111 G 3
Escurolles *03*..........210 A 5
Escrignelles *45*..........134 D 4

Escrinet *Col de l'* *07*......266 C 2
Escroux *81*..........300 B 3
Escueillens *11*..........337 E 1
Escurès *64*..........314 D 2
Escures-sur-Favières *14*....54 A 1
Escurolles *03*..........210 A 1
Éséry *74*..........215 H 1
Eslettes *76*..............20 A 5
Esley *88*..........118 C 2
Eslourenties-Daban *64*....314 D 4
Esmans *77*..............88 D 5
Esmery-Hallon *80*..........23 H 4
Esmoulières *70*..........119 H 5
Esmoulins *70*..........161 E 2
Esnandes *17*..........183 F 5
Esnans *25*..........162 C 2
Esnes *59*..............14 C 4
Esnes-en-Argonne *55*......43 H 4
Esnoms-au-Val *52*..........139 F 4
Esnon *89*..........114 A 5
Esnouveaux *52*..........117 F 3
Espagnac *19*..........243 E 1
Espagnac-
  Sainte-Eulalie *46*....261 E 4
Espagnols *Pointe des* *29*..75 E 3
Espalais *82*..........276 D 4
Espalem *43*..........246 A 1
Espalion *12*..........263 E 4
Espaly-Saint-Marcel *43*....247 F 3
Espanès *31*..........318 A 2
Espaon *32*..........316 D 3
Esparron *05*..........269 F 4
Esparron *31*..........316 C 4
Esparron-de-Verdon *04*...307 E 2
Esparron-la-Bâtie *04*......287 H 1
Esparros *65*..........333 G 2
Esparsac *82*..........297 E 2
Espartignac *19*..........224 C 4
Espas *32*..........295 E 2
Espaubourg *60*..............37 G 2
Espèche *65*..........333 G 1
Espèchède *64*..........314 C 3
Espédaillac *46*..........260 D 3
Espelette *64*..........310 D 4
Espeluche *26*..........267 F 4
Espenel *26*..........268 A 2
Espérausses *81*..........300 A 4
Espéraza *11*..........337 G 3
Esperce *31*..........317 H 4
Espère *46*..........259 H 4
Espès-Undurein *64*........313 F 4
Espeyrac *12*..........262 C 3
Espeyroux *46*..........261 E 2
Espezel *11*..........337 E 4
Espieilh *65*..........333 G 1
Espiens *47*..........275 G 3
Espiet *33*..........256 A 1
Espinas *82*..........279 E 3
Espinasse *15*..........245 G 5
Espinasse *63*..........209 E 3
Espinasse-Vozelle *03*......210 A 2
Espinasses *05*..........270 A 4
Espinchal *63*..........227 F 5
Espinouse *04*..........287 H 4
Espins *14*..............53 G 1
Espira-de-Conflent *66*....342 B 3
Espira-de-l'Agly *66*........338 D 5
Espirat *63*..........228 B 1
Espiute *64*..........311 H 4
Esplantas-Vazeilles *43*....246 C 5
Esplas *09*..........318 A 5
Esplas-de-Sérou *09*......335 H 3
Espoey *64*..........314 C 4
Espondeilhan *34*..........321 G 2
Esprels *70*..........141 G 5
Esquay-Notre-Dame *14*....33 F 5
Esquay-sur-Seulles *14*......33 E 3
Esquéhéries *02*..............25 E 1
Esquelbecq *59*..............3 G 4
Esquennoy *60*..............22 B 4
Esquerchin *59*..............8 D 5
Esquerdes *62*..............7 F 2
Esquibien *29*..............98 D 2
Esquièze-Sère *65*..........333 E 3
Esquillon *Pointe de l'* *06*..309 E 5
Esquiule *64*..........331 G 1
Essalois *Château d'* *42*...230 A 4
Essards *33*..........256 B 2
Les Essards *16*..........239 E 1
Les Essards *17*..........201 F 5
Les Essards *37*..........151 E 3
Les Essards-
  Taignevaux *39*........178 D 2
Essarois *21*..........138 C 3
Essars *62*..............8 A 3
Les Essarts *27*..............56 A 3

Les Essarts *41*..........131
Les Essarts *76*..........36
Les Essarts *85*..........166
Les Essarts-le-Roi *78*......57
Les Essarts-le-Vicomte *51*..60
Les Essarts-
  lès-Sézanne *51*........60
Les Essarts-Varimpré *76*...21
Essavilly *39*..........180
Essay *61*..........83
Esse *16*..........204
Essé *35*..........104
Essegney *88*..........95
Les Esseintes *33*..........256
Essert *89*..........136
Essert *90*..........142
Essert-Romand *74*..........198
Essertaux *80*..........22
Essertenne *71*..........177
Essertenne-et-Cecey *70*...160
Essertines-
  en-Châtelneuf *42*....229
Essertines-en-Donzy *42*...212
Esserts-Blay *73*..........234
Esserts-Salève *74*..........215
Esserval-Combe *39*..........180 A
Esserval-Tartre *39*..........180 A
Essey *21*..........159
Essey-et-Maizerais *54*......65
Essey-la-Côte *54*..........95
Essey-les-Eaux *52*..........117
Essey-lès-Nancy *54*........65
Essey-les-Ponts *52*........116
Essia *39*..........196
Essigny-le-Grand *02*........24
Essigny-le-Petit *02*........24
Essises *02*..........60
Essômes-sur-Marne *02*....60
Esson *14*..........53
Essoyes *10*..........115
Essuiles *60*..........38
Les Estables *43*..........247
Estables *48*..........264
Establet *26*..........268
Estadens *31*..........334
Estagel *66*..........338
Estaing *12*..........262
Estaing *65*..........332
Estaires *59*..........8
Estal *46*..........243
Estampes *32*..........315
Estampures *65*..........315
Estancarbon *31*..........334
Estandeuil *63*..........228
Estang *32*..........294
L'Estaque *13*..........326
Estarvielle *65*..........333
Estavar *66*..........341
Esteil *63*..........228
Estenc *07*..........289
Esténos *31*..........334
Estensan *65*..........333
Estérençuby *64*..........330
Esternay *51*..........60
Esterre *65*..........333
Estevelles *62*..........8
Esteville *76*..........20
Estézargues *30*..........304
Estialescq *64*..........313
Estibeaux *40*..........293
Estigarde *40*..........274
Estillac *47*..........276
Estipouy *32*..........295
Estirac *65*..........295
Estissac *10*..........89
Estivals *19*..........242
Estivareilles *03*..........190
Estivareilles *42*..........229
Estivaux *19*..........242
Estoher *66*..........342
Estos *64*..........331
Estoublon *04*..........288
Estouches *91*..........87
Estourmel *59*..........14
Estouteville-Écalles *76*....20
Estouy *45*..........111
Estrablin *38*..........231
Estramiac *32*..........296
Estrebay *08*..........26
Estrébœuf *80*..........11
L'Estréchure *30*..........283
Estrée *62*..........6
Estrée-Blanche *62*..........7
Estrée-Cauchy *62*..........8
Estrée-Wamin *62*..........12
Estréelles *62*..........6
Estrées *02*..........24

trées 59 ... 14 A 2
trées-Deniécourt 80 ... 23 F 2
trées-en-Chaussée 80 ... 23 H 2
trées-la-Campagne 14 ... 53 H 1
trées-lès-Crécy 80 ... 11 H 2
trées-Saint-Denis 60 ... 39 E 2
trées-sur-Noye 80 ... 22 C 3
trennes 88 ... 94 C 5
treux 59 ... 9 H 5
trun 59 ... 14 C 3
try 14 ... 52 D 2
ves-le-Moutier 37 ... 170 B 1
vres 37 ... 152 A 4
wars 59 ... 14 B 3
ble 73 ... 233 H 3
bles 07 ... 249 E 3
bles-sur-Mer 22 ... 73 H 4
agnac 16 ... 204 D 4
aimpuis 76 ... 20 B 4
ain 55 ... 44 D 5
aing 62 ... 13 H 2
ainhus 76 ... 18 D 5
ais 21 ... 137 H 4
ais-la-Sauvin 89 ... 156 D 1
alans 25 ... 162 C 4
alante 21 ... 138 C 4
alle 08 ... 26 B 2
alleville 76 ... 19 H 3
alon 80 ... 23 F 3
alondes 76 ... 10 D 4
ampes 91 ... 87 F 4
ampes-sur-Marne 02 ... 60 C 1
tang-Bertrand 50 ... 29 E 5
tang-la-Ville 78 ... 58 A 3
ang-sur-Arroux 71 ... 176 C 3
tang-Vergy 21 ... 159 H 5
s Étangs 57 ... 46 B 5
aples 62 ... 6 B 4
aule 89 ... 158 A 1
aules 17 ... 200 C 5
aules 21 ... 159 H 2
auliers 33 ... 237 G 1
aves-et-Bocquiaux 02 ... 24 C 1
avigny 61 ... 39 G 5
charry 64 ... 311 H 4
chebar 64 ... 331 E 2
eaux 74 ... 215 H 1
egnières 08 ... 26 B 2
eimbes 68 ... 142 D 2
el 56 ... 123 G 3
elfay 87 ... 221 G 4
telon 03 ... 190 D 1
ercy 74 ... 215 F 3
ernoz 21 ... 180 A 1
erpigny 62 ... 13 H 4
erpigny 80 ... 23 G 2
erville 11 ... 33 G 5
evaux 21 ... 160 C 3
n 59 ... 15 E 2
enville 50 ... 31 G 2
gny 89 ... 113 G 3
s Étileux 28 ... 108 D 2
nehem 80 ... 23 E 1
olles 91 ... 88 A 2
val 39 ... 196 D 2
val-Clairefontaine 88 ... 96 A 4
val-lès-le-Mans 72 ... 107 G 5
vey 89 ... 137 F 4
bbon 70 ... 142 A 3
ges 51 ... 61 F 3
toile 39 ... 179 E 4
toile 80 ... 12 B 5
toile-Saint-Cyrice 05 ... 286 D 1
toile-sur-Rhône 26 ... 267 F 1
on 55 ... 44 D 4
ormay 21 ... 138 B 5
ouars 24 ... 222 B 2
ourvy 10 ... 115 E 5
outteville 76 ... 19 G 4
ouvans 25 ... 142 B 5
ouvelles 02 ... 40 D 1
ouvy 14 ... 52 C 2
buy 60 ... 38 C 2
abonne 25 ... 161 G 4
appe 25 ... 142 A 5
trat 42 ... 230 B 3
ay 25 ... 162 C 5
aye 55 ... 44 B 3
éaupont 02 ... 25 F 1
echet 36 ... 172 A 4
échy 18 ... 155 H 5
échy 51 ... 61 G 3
échy 91 ... 87 G 3
éham 14 ... 32 D 3
eillers 02 ... 24 A 2
éjust 80 ... 11 H 5
elles 35 ... 105 E 3

Étrelles-
et-la-Montbleuse 70 ... 161 G 1
Étrelles-sur-Aube 10 ... 90 C 2
Étrembières 74 ... 197 H 5
Étrépagny 27 ... 37 E 3
Étrepigney 39 ... 161 F 5
Étrépilly 02 ... 60 B 1
Étrépilly 77 ... 59 G 1
Étrepy 51 ... 63 E 4
Étretat 76 ... 18 C 3
Étreux 02 ... 15 E 5
Étreval 54 ... 94 C 3
Étréville 27 ... 35 F 2
Étrez 01 ... 195 H 4
Étriac 16 ... 220 D 3
Étriché 49 ... 128 D 4
Étricourt-Manancourt 80 ... 13 H 5
Étrigny 71 ... 195 E 1
Étrochey 21 ... 138 A 2
Étrœungt 59 ... 15 G 5
Étroitefontaine 70 ... 141 H 5
Étroussat 03 ... 192 A 5
Étrun 62 ... 13 F 2
Étsaut 64 ... 331 H 4
Ettendorf 67 ... 68 C 3
Etting 57 ... 67 H 1
Étueffont 90 ... 142 C 2
Étupes 25 ... 142 C 4
Éturqueraye 27 ... 35 G 2
Étusson 79 ... 167 G 1
Étuz 70 ... 161 H 2
Etzling 57 ... 47 H 5
Eu 76 ... 10 D 4
Euffigneix 52 ... 116 D 3
Eugénie-les-Bains 40 ... 294 B 3
Euilly-et-Lombut 08 ... 27 G 4
Eulmont 54 ... 65 H 5
Eup 31 ... 334 B 3
Eurre 26 ... 267 G 1
Eurville-Bienville 52 ... 92 D 2
Eus 66 ... 342 B 2
Euvezin 54 ... 65 E 3
Euville 55 ... 64 D 5
Euvy 51 ... 61 G 5
Euzet 30 ... 284 A 4
Évaillé 72 ... 130 D 2
Évans 39 ... 161 G 4
Évaux-et-Ménil 88 ... 95 E 4
Ève 60 ... 59 E 1
Évecquemont 78 ... 57 H 1
Évenos 83 ... 327 H 4
Évergnicourt 02 ... 41 G 2
Everly 77 ... 89 G 3
Évette-Salbert 90 ... 142 B 2
Éveux 69 ... 212 D 5
Évian-les-Bains 74 ... 198 B 3
Évigny 08 ... 26 D 3
Évillers 25 ... 180 B 1
Évires 74 ... 215 H 2
Évisa 2A ... 346 C 5
Évosges 01 ... 214 B 3
Évran 22 ... 79 H 5
Évrange 57 ... 45 H 1
Évrecy 14 ... 33 F 5
Évres 55 ... 63 G 1
Évreux 27 ... 56 B 1
Évricourt 60 ... 23 G 5
Évriguet 56 ... 102 D 3
Évron 53 ... 106 C 3
Évry 89 ... 113 G 2
Évry 91 ... 87 H 2
Évry-Grégy-sur-Yerres 77 ... 59 E 5
Excenevex 74 ... 198 A 3
Excideuil 24 ... 223 F 5
Exermont 08 ... 43 F 3
Exideuil 16 ... 204 C 4
Exincourt 25 ... 142 C 4
Exireuil 79 ... 185 F 3
Exmes 61 ... 54 C 4
Exoudun 79 ... 185 G 4
Expiremont 17 ... 220 B 5
Expo Faune Lorraine 88 ... 120 B 3
Eybens 38 ... 251 E 2
Eybouleuf 87 ... 206 B 5
Eyburie 19 ... 224 C 4
Eycheil 09 ... 335 F 3
Eydoche 38 ... 232 A 4
Eygalayes 26 ... 286 D 2
Eygalières 13 ... 305 E 2
Eygaliers 26 ... 286 A 2
Eygliers 05 ... 270 D 4
Eygluy-Escoulin 26 ... 267 H 1
Eyguians 05 ... 287 E 1
Eyguières 13 ... 305 E 3

Eygurande 19 ... 226 C 2
Eygurande-Gardedeuil 24 ... 239 E 3
Eyharce 64 ... 311 E 5
Eyjeaux 87 ... 205 H 5
Eyliac 24 ... 240 D 2
Eymet 24 ... 257 G 3
Eymeux 26 ... 249 H 3
Eymouthiers 16 ... 222 B 2
Eymoutiers 87 ... 224 D 1
Eyne 66 ... 341 G 4
Eyne 2600 66 ... 341 G 4
Eynesse 33 ... 257 E 1
Eyragues 13 ... 304 D 2
Eyrans 33 ... 237 G 2
Eyrein 19 ... 225 F 5
Eyrenville 24 ... 258 B 2
Eyres-Moncube 40 ... 293 H 3
Eyrignac Jardins d' 24 ... 241 H 5
Eyroles 26 ... 268 A 5
Eysines 33 ... 237 F 5
Eysson 25 ... 162 D 4
Eysus 64 ... 331 H 1
Eyvirat 24 ... 222 C 5
Eywiller 67 ... 67 H 3
Eyzahut 26 ... 267 G 4
Eyzerac 24 ... 223 E 5
Les Eyzies-de-Tayac 24 ... 241 E 5
Eyzin-Pinet 38 ... 231 G 3
Ézanville 95 ... 58 C 1
Èze 06 ... 309 H 2
Ézy-sur-Eure 27 ... 56 D 3

F

Fa 11 ... 337 G 3
Fabas 09 ... 335 F 1
Fabas 31 ... 316 D 4
Fabas 82 ... 297 H 2
Fabras 07 ... 266 A 3
Fabrègues 34 ... 302 C 5
Fabrezan 11 ... 338 C 1
Faches-Thumesnil 59 ... 8 D 3
Fâchin 58 ... 176 A 2
Facture 33 ... 254 C 2
Fades Viaduc des 63 ... 209 E 3
Fage Gouffre de la 19 ... 242 B 3
La Fage-Montivernoux 48 ... 263 H 2
La Fage-Saint-Julien 48 ... 264 A 1
Fageole Col de la 15 ... 245 H 3
Le Faget 31 ... 298 D 5
Faget-Abbatial 32 ... 316 B 2
Fagnières 51 ... 62 A 2
Fagnon 08 ... 26 C 3
Fahy-lès-Autrey 70 ... 160 D 1
Failly 57 ... 45 H 5
Faimbe 25 ... 142 A 5
Fain-lès-Montbard 21 ... 137 H 5
Fain-lès-Moutiers 21 ... 137 G 5
Fains 27 ... 56 D 2
Fains-la-Folie 28 ... 110 C 2
Fains-les-Sources 55 ... 63 G 4
Fains-Véel 55 ... 63 G 4
Faissault 08 ... 26 B 5
Fajac-en-Val 11 ... 338 A 1
Fajac-la-Relenque 11 ... 318 C 4
Fajoles 46 ... 259 H 1
La Fajolle 11 ... 337 E 5
Fajolles 82 ... 277 E 5
Falaise 08 ... 42 D 2
Falaise 14 ... 53 H 2
La Falaise 78 ... 57 G 2
Falck 57 ... 46 D 4
Faleyras 33 ... 256 B 1
Falga 31 ... 318 D 2
Le Falgoux 15 ... 244 D 2
Falgueyrat 24 ... 257 H 2
Falicon 06 ... 309 H 2
Falkwiller 68 ... 143 E 2
Fallencourt 76 ... 21 E 2
Fallerans 25 ... 162 C 5
Falleron 85 ... 165 F 2
Falletans 39 ... 161 E 5
Fallières 88 ... 119 G 4
Fallon 70 ... 141 H 5
La Faloise 80 ... 22 C 4
Fals 47 ... 276 B 4
Falvy 80 ... 23 G 2
Famars 59 ... 14 D 2
Famechon 62 ... 13 E 4
Famechon 80 ... 22 A 3
Fameck 57 ... 45 G 4
Familly 14 ... 54 D 2
Fampoux 62 ... 14 A 1
Fanget Col du 04 ... 288 B 1
Fanjeaux 11 ... 319 E 5
Fanlac 24 ... 241 F 3
Le Faou 29 ... 75 G 3
Le Faouët 22 ... 73 F 4

Le Faouët 56 ... 100 D 3
Faramans 01 ... 213 G 4
Faramans 38 ... 231 H 4
Farbus 62 ... 8 B 5
Farceaux 27 ... 37 E 3
Farcheville Château de 91 ... 87 G 4
La Fare-en-Champsaur 05 ... 269 G 2
La Fare-les-Oliviers 13 ... 305 G 5
Farébersviller 57 ... 47 F 5
Fareins 01 ... 213 E 2
Faremoutiers 77 ... 59 H 4
Farges 01 ... 197 E 5
Les Farges 24 ... 241 G 3
Farges-Allichamps 18 ... 173 E 4
Farges-en-Septaine 18 ... 173 G 1
Farges-lès-Chalon 71 ... 177 H 2
Farges-lès-Mâcon 71 ... 195 E 2
Fargniers 02 ... 24 B 4
Fargues 33 ... 256 B 5
Fargues 40 ... 294 A 3
Fargues 46 ... 277 G 1
Fargues-Saint-Hilaire 33 ... 255 H 1
Fargues-sur-Ourbise 47 ... 275 E 2
Farincourt 52 ... 140 B 4
Farinole 2B ... 345 F 4
Farnay 42 ... 230 C 3
Faron Mont 83 ... 328 A 4
Faronville 45 ... 111 F 2
Farrou 12 ... 279 F 1
Farschviller 57 ... 67 F 1
Fatines 72 ... 108 A 4
Fatouville-Grestain 27 ... 34 D 2
Le Fau 15 ... 244 D 3
Fau-de-Peyre 48 ... 264 A 2
Fauch 81 ... 299 G 2
Faucigny 74 ... 216 A 1
Faucogney-et-la-Mer 70 ... 141 H 2
Faucompierre 88 ... 119 H 2
Faucon 84 ... 285 H 2
Faucon-
de-Barcelonnette 04 ... 270 D 5
Faucon-du-Caire 04 ... 269 H 5
Fauconcourt 88 ... 95 G 4
Faucoucourt 02 ... 40 C 1
Faudoas 82 ... 297 E 4
Le Fauga 31 ... 317 G 3
Faugères 07 ... 265 H 5
Faugères 34 ... 301 G 5
Fauguernon 14 ... 34 D 4
Fauguerolles 47 ... 257 F 5
Fauillet 47 ... 257 F 5
Le Faulq 14 ... 34 D 4
Faulquemont 57 ... 66 D 1
Faumont 59 ... 8 D 4
Fauquembergues 62 ... 7 E 3
Faurilles 24 ... 258 C 2
La Faurie 05 ... 269 E 3
Fauroux 82 ... 277 E 2
Faussergues 81 ... 280 C 5
La Faute-sur-Mer 85 ... 183 E 4
Fauverney 21 ... 160 B 4
Fauville 27 ... 56 B 1
Fauville-en-Caux 76 ... 19 F 4
Faux 08 ... 26 B 5
Faux 24 ... 258 B 1
Faux de Verzy 51 ... 41 H 5
Faux-Fresnay 51 ... 61 G 5
Faux-la-Montagne 23 ... 225 F 1
Faux-Mazuras 23 ... 206 D 4
Faux-Vésigneul 51 ... 62 B 4
Faux-Villecerf 10 ... 90 B 5
Favalello 2B ... 347 F 4
Favars 19 ... 242 D 1
La Favède 30 ... 283 G 3
Faveraye-Mâchelles 49 ... 149 E 4
Faverdines 18 ... 190 C 1
Faverelles 45 ... 135 E 5
Faverges 74 ... 216 A 5
Faverges-de-la-Tour 38 ... 232 C 2
Faverney 70 ... 141 E 3
Faverois 90 ... 142 D 4
Faverolles 02 ... 40 A 4
Faverolles 15 ... 245 H 5
Faverolles 28 ... 57 E 5
Faverolles 52 ... 117 E 5
Faverolles 61 ... 53 G 5
Faverolles 80 ... 23 E 4
Faverolles-en-Berry 36 ... 153 F 5
Faverolles-et-Coëmy 51 ... 40 D 5
Faverolles-la-Campagne 27 ... 55 H 1
Faverolles-lès-Lucey 21 ... 138 D 2
Faverolles-les-Mares 27 ... 55 E 1
Faverolles-sur-Cher 41 ... 152 D 3
La Favière 39 ... 180 A 4

La Favière 83 ... 329 E 4
La Favière Plage de 83 ... 329 E 4
Favières 28 ... 85 H 3
Favières 54 ... 94 B 3
Favières 77 ... 59 F 4
Favières 80 ... 11 F 2
Favone 2A ... 349 H 4
Favresse 51 ... 62 D 4
Favreuil 62 ... 13 G 4
Favrieux 78 ... 57 F 2
Le Favril 27 ... 35 F 4
Le Favril 28 ... 85 G 3
Le Favril 59 ... 15 F 4
Fay 61 ... 55 E 5
Le Fay 71 ... 178 D 5
Fay 72 ... 107 G 4
Fay 80 ... 23 F 2
Fay-aux-Loges 45 ... 111 F 5
Fay-de-Bretagne 44 ... 147 F 1
Fay-en-Montagne 39 ... 179 G 4
Fay-le-Clos 26 ... 249 F 1
Fays-les-Étangs 60 ... 37 H 4
Fay-lès-Marcilly 10 ... 90 A 4
Fay-lès-Nemours 77 ... 112 B 2
Le Fay-Saint-Quentin 60 ... 38 B 2
Fay-sur-Lignon 43 ... 248 A 4
Faycelles 46 ... 261 F 4
La Faye 16 ... 203 F 2
Faye 41 ... 131 H 3
La Faye Pas de 06 ... 308 D 2
Faye-d'Anjou 49 ... 149 G 3
Faye-la-Vineuse 37 ... 169 F 2
Faye-l'Abbesse 79 ... 167 H 3
Faye-sur-Ardin 79 ... 184 D 3
Le Fayel 60 ... 39 E 2
Fayence 83 ... 308 C 3
Fayet 02 ... 24 A 2
Fayet 12 ... 301 E 2
Le Fayet 74 ... 216 D 3
Fayet-le-Château 63 ... 228 B 1
Fayet-Ronaye 63 ... 228 C 4
Fayl-Billot 52 ... 140 A 3
Faymont 70 ... 142 A 3
Faymoreau 85 ... 184 C 1
Fayrac 24 ... 259 F 1
Fays 52 ... 92 D 3
Fays 88 ... 119 H 2
Fays-la-Chapelle 10 ... 114 D 3
Fayssac 81 ... 299 E 1
Féas 64 ... 331 G 1
Febvin-Palfart 62 ... 7 G 3
Fécamp 76 ... 19 E 3
Féchain 59 ... 14 B 2
Fêche-l'Église 90 ... 142 D 4
La Féclaz 73 ... 233 F 1
Fécocourt 54 ... 94 C 4
Fédry 70 ... 140 C 4
Fegersheim 67 ... 97 G 2
Fégréac 44 ... 125 H 4
Feigères 74 ... 215 G 1
Feigneux 60 ... 39 G 4
Feignies 59 ... 15 G 2
Feillens 01 ... 195 E 4
Feings 41 ... 153 E 2
Feings 61 ... 84 C 2
Feins 35 ... 80 B 4
Feins-en-Gâtinais 45 ... 135 E 4
Feissons-sur-Isère 73 ... 234 B 2
Feissons-sur-Salins 73 ... 234 C 3
Le Fel 12 ... 262 C 3
Fel 61 ... 54 B 4
Felce 2B ... 347 G 4
Feldbach 68 ... 143 F 4
Feldkirch 68 ... 121 E 5
Feliceto 2B ... 346 C 2
Félines 07 ... 231 E 5
Félines 43 ... 247 E 1
Félines-Minervois 34 ... 320 B 4
Félines-sur-Rimandoule 26 ... 267 G 3
Félines-Termenès 11 ... 338 B 1
Felleries 59 ... 15 H 4
Fellering 68 ... 120 B 5
Felletin 23 ... 207 G 4
Felluns 66 ... 338 A 5
Felon 90 ... 142 D 2
Felzins 46 ... 261 G 3
Fenain 59 ... 9 F 5
Fendeille 11 ... 319 E 4
Fénery 79 ... 167 H 5
Fénétrange 57 ... 67 G 3
Feneu 49 ... 128 C 5
Féneyrols 82 ... 279 E 4
Féniers 23 ... 225 G 1
Féniers Abbaye de 15 ... 227 E 5
Fenioux 17 ... 201 G 4
Fenioux 79 ... 184 D 2

Fenneviller 54 ... 96 A 2
Fénols 81 ... 299 E 2
Le Fenouiller 85 ... 164 D 4
Fenouillet 31 ... 297 H 4
Fenouillet 66 ... 337 H 5
Fenouillet Sommet du 83 ... 328 B 4
Fenouillet-du-Razès 11 ... 337 E 1
Fépin 08 ... 17 E 5
Fer à Cheval Cirque du 74 ... 217 E 1
Ferayola 2B ... 346 B 3
Fercé 44 ... 127 E 2
Fercé-sur-Sarthe 72 ... 129 G 2
Ferdrupt 88 ... 119 H 5
La Fère 02 ... 24 B 4
Fère Château de 02 ... 40 C 4
Fère-Champenoise 51 ... 61 G 4
Fère-en-Tardenois 02 ... 40 C 4
Fèrebrianges 51 ... 61 F 3
La Férée 08 ... 26 A 3
Férel 56 ... 125 E 5
Ferfay 62 ... 7 G 4
Féricy 77 ... 88 C 4
Férin 59 ... 14 A 2
Fermanville 50 ... 29 F 2
Ferme de Navarin
Monument de la 51 ... 42 C 4
La Fermeté 58 ... 174 D 2
Ferney-Voltaire 01 ... 197 G 4
Fernoël 63 ... 208 B 5
Férolles 45 ... 133 G 3
Férolles-Attilly 77 ... 59 E 5
Féron 59 ... 15 H 5
Ferques 62 ... 2 C 4
Ferrals-les-Corbières 11 ... 338 C 1
Ferrals-les-Montagnes 34 ... 320 B 3
Ferran 11 ... 337 F 1
Ferrassières 26 ... 286 C 3
Le Ferré 35 ... 81 E 3
Ferrensac 47 ... 258 B 3
Ferrère 65 ... 334 A 3
Les Ferres 06 ... 309 F 1
Ferrette 68 ... 143 F 4
Ferreux 10 ... 90 A 4
La Ferrière 22 ... 102 C 2
La Ferrière 37 ... 131 E 5
La Ferrière 38 ... 233 G 5
La Ferrière 85 ... 166 A 4
La Ferrière-Airoux 86 ... 186 C 4
La Ferrière-au-Doyen 14 ... 52 D 1
La Ferrière-au-Doyen 61 ... 55 E 5
La Ferrière-aux-Étangs 61 ... 53 F 5
La Ferrière-Béchet 61 ... 83 G 2
La Ferrière-Bochard 61 ... 83 F 4
La Ferrière-de-Flée 49 ... 128 A 3
La Ferrière-Duval 14 ... 53 E 2
La Ferrière-
en-Parthenay 79 ... 168 B 5
Ferrière-et-Lafolie 52 ... 92 D 4
La Ferrière-Harang 14 ... 52 C 1
Ferrière-la-Grande 59 ... 15 H 2
Ferrière-la-Petite 59 ... 15 H 3
Ferrière-Larçon 37 ... 170 B 2
La Ferrière-sur-Beaulieu 37 ... 152 C 5
La Ferrière-sur-Risle 27 ... 55 G 2
Ferrières 17 ... 183 H 5
Ferrières 50 ... 81 G 2
Ferrières 54 ... 95 E 2
Ferrières 60 ... 22 D 5
Ferrières 65 ... 332 B 2
Ferrières 74 ... 215 G 3
Ferrières 80 ... 22 B 2
Ferrières 81 ... 300 A 4
Ferrières-en-Bray 76 ... 37 F 1
Ferrières-en-Brie 77 ... 59 E 4
Ferrières-en-Gâtinais 45 ... 112 C 4
Ferrières-Haut-Clocher 27 ... 56 A 1
Ferrières-la-Verrerie 61 ... 54 D 5
Ferrières-le-Lac 25 ... 163 G 3
Ferrières-les-Bois 25 ... 161 G 4
Ferrières-lès-Ray 70 ... 140 C 5
Ferrières-lès-Scey 70 ... 140 D 4
Ferrières-les-Verreries 34 ... 302 C 1
Ferrières-Poussarou 34 ... 320 D 2
Ferrières-Saint-Hilaire 27 ... 55 F 1
Ferrières-Saint-Mary 15 ... 245 G 2
Ferrières-sur-Ariège 09 ... 336 B 3
Ferrières-sur-Sichon 03 ... 210 D 3
Ferrussac 43 ... 246 B 3
Fertans 25 ... 180 A 1
La Ferté 39 ... 179 F 4
La Ferté-Alais 91 ... 87 H 3
La Ferté-Beauharnais 41 ... 134 A 1
La Ferté-Bernard 72 ... 108 C 2
La Ferté-Chevresis 02 ... 24 D 3
La Ferté-en-Ouche 61 ... 55 E 3
La Ferté-Gaucher 77 ... 60 B 4
La Ferté-Hauterive 03 ... 192 A 3

A B C D E F G H I J K L M N O P Q R S T U V W X Y Z

La Ferté-Imbault 41............154 B 3
La Ferté-Loupière 89..........135 G 2
La Ferté-Macé 61..............82 D 2
La Ferté-Milon 02.............39 H 5
La Ferté-Saint-Aubin 45....133 F 4
La Ferté-Saint-Cyr 41........132 D 4
La Ferté-Saint-Samson 76...21 E 5
La Ferté-sous-Jouarre 77....60 A 2
La Ferté-sur-Chiers 08.......27 H 5
La Ferté-Vidame 28...........85 E 2
La Ferté-Villeneuil 28........109 H 5
Fertrève 58...................175 F 2
Fervaches 50..................52 B 1
Fervaques 14..................54 D 1
Fescamps 80...................23 E 4
Fesches-le-Châtel 25..........142 C 4
Fesmy-le-Sart 02..............15 E 5
Fesques 76....................21 E 3
Fessanvilliers-
 Mattanvilliers 28............56 A 5
Fessenheim 68.................121 G 4
Fessenheim-le-Bas 67.........68 C 5
Fessevillers 25...............163 G 3
Les Fessey 70.................141 H 2
Fessy 74......................198 A 4
Festalemps 24.................239 F 1
Festes-et-Saint-André 11......337 F 3
Festieux 02...................41 E 1
Festigny 51...................61 E 1
Festigny 89...................157 F 1
Festre Col du 05..............269 F 2
Festubert 62..................8 B 3
Le Fête 21....................159 E 5
Féternes 74...................198 B 3
Fétigny 39....................196 C 2
Feucherolles 78...............57 H 3
Feuchy 62.....................13 G 2
Feugarolles 47................275 G 3
Feugères 50...................31 H 4
Feuges 10.....................91 E 4
Feuguerolles 27...............36 A 5
Feuguerolles-sur-Orne 14.....33 G 5
Feuguerolles-sur-Seulles 14...33 E 5
Feuilla 11....................338 D 3
La Feuillade 24...............241 H 3
La Feuillée 29................76 B 3
Feuillères 80.................23 F 1
La Feuillie 50................31 G 4
La Feuillie 76................37 E 1
Feule 25......................163 F 2
Feuquières 60.................21 G 4
Feuquières-en-Vimeu 80.......11 E 4
Feurs 42......................229 H 1
Feusines 36...................189 H 2
Feux 18.......................156 A 4
Fèves 57......................45 G 5
Féy 57........................65 G 2
Fey-en-Haye 54................65 F 3
Feyt 19.......................226 C 1
Feytiat 87....................205 H 4
Feyzin 69.....................231 E 1
Fiac 81.......................298 D 3
Ficaja 2B.....................347 G 3
Ficajola 2A...................346 A 5
Ficheux 62....................13 G 3
Fichous-Riumayou 64..........294 A 5
Le Fidelaire 27...............55 H 2
Le Fied 39....................179 G 4
Le Fief-Sauvin 49.............148 C 4
Fieffes 80....................12 C 5
Fiefs 62......................7 G 4
Fiennes 62....................2 C 4
Fienvillers 80................12 C 4
Fier Gorges du 74.............215 F 3
Fierville-la-Campagne 14......53 H 1
Fierville-les-Mines 50........29 E 5
Fierville-les-Parcs 14........34 C 4
Le Fieu 33....................238 D 3
Fieulaine 02..................24 C 2
Fieux 47......................275 G 4
Figanières 83.................308 A 4
Figareto 2B...................347 H 3
Figari 2A.....................351 F 3
Figarol 31....................334 D 1
Figeac 46.....................261 F 3
Fignévelle 88.................118 B 4
Fignières 80..................23 E 4
Filain 02.....................40 D 1
Filain 70.....................141 H 5
Filitosa (Station
 Préhistorique de) 2A.........348 D 5
Fillé 72......................129 H 2
Fillières 54..................45 E 3
Fillièvres 62.................12 B 2
Fillinges 74..................198 A 5
Fillols 66....................342 A 3

Filstroff 57..................46 C 3
Fiménil 88....................119 H 2
Findrol 74....................215 H 1
Finestret 66..................342 B 3
Finhan 82.....................297 G 1
Finiels Col de 48.............265 E 5
Les Fins 25...................163 E 5
Fins 80.......................14 A 5
Fiquefleur-Équainville 27.....34 D 2
Firbeix 24....................223 E 2
Firfol 14.....................34 D 5
Firmi 12......................262 B 4
Firminy 42....................230 A 5
Fislis 68.....................143 G 4
Fismes 51.....................40 D 3
Fitignieu 01..................214 D 3
Fitilieu 38...................232 C 2
Fitz-James 60.................38 C 2
Fix-Saint-Geneys 43..........246 D 2
Fixem 57......................45 H 2
Fixin 21......................160 A 4
Flabas 55.....................44 B 4
Flacé-lès-Mâcon 71............195 E 4
Flacey 21.....................160 B 2
Flacey 28.....................109 H 3
Flacey-en-Bresse 71...........196 A 1
La Flachère 38................233 F 4
Flachères 38..................232 A 3
Flacourt 78...................57 F 2
Flacy 89......................114 A 2
Flagey 25.....................180 A 1
Flagey 52.....................139 G 3
Flagey-Echézeaux 21...........160 A 5
Flagey-lès-Auxonne 21.........160 D 5
Flagey-Rigney 25..............162 B 1
Flagnac 12....................261 H 3
Flagy 70......................141 F 3
Flagy 71......................194 C 2
Flagy 77......................88 D 5
Flaignes-Havys 08.............26 B 2
Flaine 74.....................216 C 2
Flainval 54...................95 F 1
Flamanville 50................28 C 4
Flamanville 76................19 H 4
Flamarens 32..................276 C 5
La Flamengrie 02..............15 G 5
La Flamengrie 59..............15 F 2
Flamets-Frétils 76............21 E 3
Flammerans 21.................160 D 4
Flammerécourt 52..............92 D 4
Flancourt-Catelon 27..........35 G 3
Flancourt-Crescy-
 en-Roumois 27................35 H 3
Flangebouche 25...............162 D 4
Flaran Abbaye de 32...........295 H 1
Flassan 84....................286 A 4
Flassans-sur-Issole 83........328 C 1
Flassigny 55..................44 B 2
Flastroff 57..................46 C 3
Flaucourt 80..................23 G 1
Flaugeac 24...................257 H 2
Flaujac-Gare 46...............260 D 2
Flaujac-Poujols 46............278 B 1
Flaujagues 33.................257 E 1
Flaumont-Waudrechies 59......15 G 4
Flaux 30......................284 C 5
Flavacourt 60.................37 G 3
Flaviac 07....................266 D 2
Flavignac 87..................223 F 1
Flavignerot 21................159 H 3
Flavigny 18...................173 H 2
Flavigny 51...................61 G 2
Flavigny-le-Grand-
 et-Beaurain 02...............24 D 2
Flavigny-sur-Moselle 54.......94 D 2
Flavigny-sur-Ozerain 21.......159 E 1
Flavin 12.....................280 D 2
Flavy-le-Martel 02............24 A 4
Flavy-le-Meldeux 60...........23 H 4
Flaxieu 01....................214 D 4
Flaxlanden 68.................143 F 2
Flayat 23.....................208 B 5
Flayosc 83....................308 A 5
Fléac 16......................221 E 1
Fléac-sur-Seugne 17...........219 G 3
La Flèche 72..................129 G 4
Fléchères Château de 01.......212 D 2
Fléchin 62....................7 F 3
Fléchy 60.....................37 H 2
Fleckenstein Château de 67....68 D 1
Flée 21.......................158 D 2
Flée 72.......................130 C 3
Fleigneux 08..................27 F 3
Fleisheim 57..................67 H 4
Le Fleix 24...................239 F 5
Fleix 86......................187 F 2

Fléré-la-Rivière 36...........170 C 2
Flers 61......................53 E 4
Flers 62......................12 C 2
Flers 80......................13 G 5
Flers-en-Escrebieux 59........8 D 5
Flers-sur-Noye 80.............22 B 3
Flesquières 59................14 A 4
Flesselles 80.................12 C 5
Flétrange 57..................66 D 1
Flêtre 59.....................4 A 5
Fléty 58......................176 A 4
Fleurac 16....................220 D 1
Fleurac 24....................241 E 4
Fleurance 32..................296 B 2
Fleurat 23....................189 E 5
Fleurbaix 62..................8 B 2
Fleuré 61.....................54 A 5
Fleuré 86.....................186 D 2
Fleurey 25....................163 F 2
Fleurey-lès-Faverney 70.......141 E 3
Fleurey-lès-Lavoncourt 70.....140 C 4
Fleurey-lès-Saint-Loup 70.....119 E 5
Fleurey-sur-Ouche 21..........159 H 3
Fleurie 69....................212 D 1
Fleurieu-sur-Saône 69.........213 E 4
Fleurieux-sur-l'Arbresle 69...212 D 4
Fleurigné 35..................81 F 4
Fleurigny 89..................89 G 5
Fleurines 60..................39 E 4
Fleurville 71.................195 E 3
Fleury 02.....................40 A 4
Fleury 11.....................321 F 5
Fleury 50.....................51 H 3
Fleury 57.....................65 H 1
Fleury 60.....................37 H 4
Fleury 62.....................7 F 5
Fleury 80.....................22 A 3
Fleury-
 devant-Douaumont 55.........44 B 5
Fleury-en-Bière 77............88 A 4
Fleury-la-Forêt 27............37 E 2
Fleury-la-Montagne 71.........211 H 1
Fleury-la-Rivière 51..........41 F 5
Fleury-la-Vallée 89...........136 A 2
Fleury-les-Aubrais 45.........111 E 5
Fleury-Mérogis 91.............87 H 2
Fleury-sur-Aire 55............63 G 1
Fleury-sur-Andelle 54.........36 D 2
Fleury-sur-Loire 58...........174 D 4
Fleury-sur-Orne 14............33 G 5
Fléville 08...................43 F 3
Fléville-devant-Nancy 54......94 D 1
Fléville-Lixières 54..........45 E 4
Flévy 57......................45 H 4
Flexanville 78................57 F 3
Flexbourg 67..................97 E 1
Fley 71.......................177 F 5
Fleys 89......................136 D 3
Flez-Cuzy 58..................157 F 3
Fligny 08.....................26 A 2
Flin 54.......................95 H 2
Flines-lès-Mortagne 59........9 G 4
Flines-lez-Raches 59..........9 E 5
Flins-Neuve-Église 78.........57 E 3
Flins-sur-Seine 78............57 G 2
Flipou 27.....................36 C 3
Flirey 54.....................65 E 3
Flixecourt 80.................12 B 5
Flize 08......................26 D 4
La Flocellière 85.............166 D 3
Flocourt 57...................66 C 2
Flocques 76...................10 D 4
Flogny-la-Chapelle 89.........114 C 5
Floing 08.....................27 E 3
Floirac 17....................219 F 3
Floirac 33....................237 G 5
Floirac 46....................242 C 5
Florac Trois Rivières 48......282 D 1
Florange 57...................45 G 3
Florémont 88..................95 E 4
Florensac 34..................322 C 4
Florent-en-Argonne 51.........43 F 5
Florentia 39..................196 A 3
Florentin 81..................299 E 1
Florentin-la-Capelle 12.......262 D 3
Floressas 46..................259 F 5
Florimont 90..................142 D 4
Florimont-Gaumier 24..........259 G 2
Floringhem 62.................7 G 4
Flornoy 52....................92 C 3
La Flotte 17..................183 E 5
Flottemanville 50.............29 E 5
Flottemanville-Hague 50.......28 D 3
Floudès 33....................256 D 4
Floure 11.....................320 A 5

Flourens 31...................298 A 5
Floursies 59..................15 G 3
Floyon 59.....................15 G 5
Flumet 73.....................216 B 4
Fluquières 02.................24 A 3
Fluy 80.......................22 A 2
Foameix 55....................44 D 4
Foce 2A.......................351 E 2
Focicchia 2B..................347 F 5
Foëcy 18......................154 C 5
Le Fœil 22....................78 A 4
Foisches 08...................17 E 4
Foissac 12....................261 F 4
Foissac 30....................284 A 4
Foissiat 01...................195 H 3
Foissy 21.....................159 F 5
Foissy-lès-Vézelay 89.........157 G 2
Foissy-sur-Vanne 89...........113 H 2
Foix 09.......................336 B 3
Folcarde 31...................318 C 3
Folembray 02..................40 B 1
Folgensbourg 68...............143 G 3
Le Folgoët 29.................71 E 4
La Folie 14...................32 C 3
Folies 80.....................23 E 3
Folkling 57...................47 F 5
Follainville-Dennemont 78.....57 F 1
Folles 87.....................206 B 2
La Folletière 76..............19 H 5
La Folletière Château de 27...56 D 2
La Folletière-Abenon 14.......55 E 2
Folleville 27.................35 E 5
Folleville 80.................22 C 4
Folligny 50...................51 G 3
Folpersviller 57..............47 H 5
Folschviller 57...............66 D 1
Fomerey 88....................119 E 2
Fomperron 79..................185 G 2
Fonbeauzard 31................298 A 4
Foncegrive 21.................139 F 5
Fonches-Fonchette 80..........23 F 3
Foncine-le-Bas 39.............180 A 5
Foncine-le-Haut 39............180 A 5
Foncquevillers 62.............13 F 4
Fond-de-France 38.............233 G 5
Fondamente 12.................301 F 1
Fondettes 37..................151 H 2
Fondremand 70.................162 A 1
Fongalop 24...................259 E 2
Fongrave 47...................275 H 1
Fongueusemare 76..............18 D 4
Fonroque 24...................257 H 2
Fons 07.......................266 B 3
Fons 30.......................303 G 1
Fons 46.......................261 F 3
Fons-sur-Lussan 30............284 B 3
Fonsomme 02...................24 B 1
Fonsorbes 31..................297 G 5
Font-Romeu-Odeillo-Via 66.....341 F 4
Fontain 25....................162 A 4
Fontaine 10...................116 A 2
Fontaine 38...................250 D 1
Fontaine 90...................142 D 2
Fontaine-au-Bois 59...........15 E 4
Fontaine-au-Pire 59...........14 C 4
Fontaine-Bellenger 27.........36 C 4
Fontaine-Bonneleau 60.........22 A 4
Fontaine-Chaalis 60...........39 E 5
Fontaine-Chalendray 17........202 C 3
Fontaine-Couverte 53..........105 F 5
Fontaine-Daniel 53............82 A 5
Fontaine-de-Vaucluse 84.......305 F 1
Fontaine-Denis-Nuisy 51.......90 B 2
Fontaine-en-Bray 76...........20 D 4
Fontaine-en-Dormois 51........42 D 4
Fontaine-Étoupefour 14........33 F 5
Fontaine-Fourches 77..........89 H 4
Fontaine-Française 21.........160 D 1
Fontaine-Guérard
 Abbaye de 27................36 C 3
Fontaine-Guérin 49............150 B 1
Fontaine-Henry 14.............33 F 3
Fontaine-Heudebourg 27........36 C 5
Fontaine-la-Gaillarde 89......113 G 2
Fontaine-la-Guyon 28..........85 H 3
Fontaine-la-Louvet 27.........35 E 5
Fontaine-la-Mallet 76.........18 C 5
Fontaine-la-Rivière 91........87 F 5
Fontaine-la-Soret 27..........35 G 5
Fontaine-l'Abbé 27............35 G 5
Fontaine-Lavaganne 60.........21 H 5
Fontaine-le-Bourg 76..........20 B 5
Fontaine-le-Comte 86..........186 B 2
Fontaine-le-Dun 76............19 H 2
Fontaine-le-Pin 14............53 H 2
Fontaine-le-Port 77...........88 C 3

Fontaine-le-Puits 73..........234 B 3
Fontaine-le-Sec 80............11 G 5
Fontaine-les-Bassets 61.......54 B 3
Fontaine-lès-Boulans 62.......7 F 4
Fontaine-lès-Cappy 80.........23 F 2
Fontaine-lès-Clercs 02........24 A 3
Fontaine-lès-Clerval 25.......162 D 1
Fontaine-les-Coteaux 41.......131 E 3
Fontaine-lès-Croisilles 62....13 H 3
Fontaine-lès-Dijon 21.........160 A 3
Fontaine-les-Grès 10..........90 C 4
Fontaine-lès-Hermans 62.......7 G 4
Fontaine-lès-Luxeuil 70.......141 G 2
Fontaine-les-Ribouts 28.......56 C 5
Fontaine-lès-Vervins 02.......25 F 2
Fontaine-l'Étalon 62..........12 B 2
Fontaine-Luyères 10...........91 E 4
Fontaine-Mâcon 10.............89 H 3
Fontaine-Notre-Dame 02........24 C 2
Fontaine-Notre-Dame 59........14 B 4
Fontaine-Raoul 41.............109 G 5
Fontaine-Saint-Lucien 60......38 A 1
La Fontaine-
 Saint-Martin 72.............129 H 3
Fontaine-Simon 28.............85 F 3
Fontaine-sous-Jouy 27.........56 C 1
Fontaine-
 sous-Montaiguillon 77.......89 H 2
Fontaine-sous-Montdidier 80...22 D 4
Fontaine-sous-Préaux 76.......36 B 1
Fontaine-sur-Ay 51............61 G 1
Fontaine-sur-Coole 51.........62 B 4
Fontaine-sur-Maye 80..........11 H 2
Fontaine-sur-Somme 80.........11 H 4
Fontaine-Uterte 02............24 B 1
Fontainebleau 77..............88 B 4
Fontainebrux 39...............178 D 5
Fontaines 71..................177 G 3
Fontaines 85..................183 H 3
Fontaines 89..................135 H 4
Fontaines-d'Ozillac 17........219 H 4
Fontaines-en-Duesmois 21......138 A 4
Fontaines-en-Sologne 41.......153 G 1
Fontaines-les-Sèches 21.......137 H 3
Fontaines-Saint-Clair 55......43 H 2
Fontaines-Saint-Martin 69.....213 E 4
Fontaines Salées
 Fouilles des 89.............157 H 2
Fontaines-sur-Marne 52........92 D 2
Fontaines-sur-Saône 69........213 E 4
Les Fontainettes 60...........37 H 2
Fontains 77...................89 E 3
Fontan 06.....................291 H 3
Fontanès 30...................303 F 2
Fontanès 34...................302 D 2
Fontanes 42...................230 B 2
Fontanes 46...................278 B 2
Fontanes 48...................265 E 1
Fontanès-de-Sault 11..........337 F 5
Fontanes-du-Causse 46.........260 C 3
Fontanges 15..................244 C 3
Fontangy 21...................158 D 3
Fontanières 23................208 C 2
Fontanil-Cornillon 38.........250 D 1
Fontannes 43..................246 B 1
Fontans 48....................264 B 2
Fontarèches 30................284 C 4
Fontcaude Abbaye de 34.......321 F 3
Fontclaireau 16...............203 F 4
Fontcouverte 11...............320 C 5
Fontcouverte 17...............201 G 5
Fontcouverte-
 la-Toussuire 73.............252 A 1
Fontdouce Abbaye de 17........201 H 5
La Fontelaye 76...............20 A 4
Fontenai-les-Louvets 61.......83 F 3
Fontenai-sur-Orne 61..........54 A 4
Fontenailles 77...............88 D 2
Fontenailles 89...............136 A 5
Fontenay 27...................37 E 4
Fontenay 36...................171 H 1
Fontenay 50...................52 B 5
Fontenay 71...................194 A 2
Fontenay 76...................18 C 5
Fontenay 88...................95 G 5
Fontenay Abbaye de 21.........137 H 5
Fontenay-aux-Roses 92.........58 B 4
Fontenay-de-Bossery 10........89 H 4
Fontenay-en-Parisis 95........58 D 1
Fontenay-le-Comte 85..........184 B 2
Fontenay-le-Fleury 78.........58 A 4
Fontenay-le-Marmion 14........33 G 5
Fontenay-le-Pesnel 14.........33 E 4
Fontenay-le-Vicomte 91........87 H 3
Fontenay-lès-Briis 91.........87 F 2
Fontenay-Mauvoisin 78.........57 F 2
Fontenay-près-Chablis 89......136 D 2

Fontenay-près-Vézelay 89......157
Fontenay-Saint-Père 78........57
Fontenay-sous-Bois 94.........58
Fontenay-
 sous-Fouronnes 89...........136
Fontenay-sur-Conie 28.........110
Fontenay-sur-Eure 28..........86
Fontenay-sur-Loing 45.........112
Fontenay-sur-Mer 50...........29
Fontenay-sur-Vègre 72.........107
Fontenay-Torcy 60.............21
Fontenay-Trésigny 77..........59
Fontenelle 02.................15
Fontenelle 21.................160
La Fontenelle 35..............80
La Fontenelle 41..............109
Fontenelle 90.................142
Fontenelle Château de 04......287
Fontenelle-en-Brie 02.........60
Fontenelle-Montby 25..........162
Les Fontenelles 25............163
Fontenelles Abbaye des 85.....165
Fontenermont 14...............52
Fontenet 17...................201
Fontenille 02.................15
Fontenille 79.................202
Fontenilles 31................297
Les Fontenis 70...............162
Fontenois-la-Ville 70.........118
Fontenois-
 lès-Montbozon 70............162
Fontenotte 25.................162
Fontenouilles 89..............135
Fontenoy 02...................40
Fontenoy 89...................135
Fontenoy-la-Joûte 54..........95
Fontenoy-le-Château 88........119
Fontenoy-sur-Moselle 54.......65
Fontenu 39....................179
Fonteny 57....................66
Fontès 34.....................301
Fontet 33.....................256
Fontette 10...................116
Fontevraud-l'Abbaye 49........150
Fontfreide 63.................227
Fontfroide Abbaye de 11.......338
Fontgombault 36...............170
Fontguenand 36................153
Fontienne 04..................287
Fontiers-Cabardès 11..........319
Fontiès-d'Aude 11.............320
Fontjoncouse 11...............338
Fontoy 57.....................45
Fontpédrouse 66...............341
Fontrabiouse 66...............341
Fontrailles 65................315
Fontvannes 10.................90
Fontvieille 13................304
Forbach 57....................47
Força Réal Ermitage de 66.....338
Forcalqueiret 83..............328
Forcalquier 04................287
La Force 11...................319
La Force 24...................239
Forcé 53......................106
Forcelles-Saint-Gorgon 54.....94
Forcelles-sous-Gugney 54......94
Forceville 80.................11
Forceville-en-Vimeu 80........11
Forcey 52.....................117
Forciolo 2A...................349
La Forclaz 74.................198
Forclaz Col de la 74..........215
Forest-en-Cambrésis 59........15
Forest-l'Abbaye 80............11
La Forest-Landerneau 29.......75
Forest-Montiers 80............11
Forest-Saint-Julien 05........269
Forest-sur-Marque 59..........9
Foreste 02....................23
La Forestière 51..............60
Forestière Aven de la 30......284
La Forêt 23...................237
La Forêt-Auvray 61............53
La Forêt-de-Tessé 16..........203
La Forêt-du-Parc 27...........56
La Forêt-du-Temple 23.........189
La Forêt-Fouesnant 29.........100
Forêt-la-Folie 27.............37
La Forêt-le-Roi 91............87
La Forêt-Sainte-Croix 91......87
La Forêt-sur-Sèvre 79.........167
Forfry 77.....................59
La Forge 88...................119
Forges 17.....................201

rgès 19 .... 243 E 2
s Forges 23 .... 207 H 1
rges 49 .... 150 A 4
rges 56 .... 102 C 3
rges 61 .... 83 G 3
rges 77 .... 88 D 4
s Forges 79 .... 185 H 2
s Forges 88 .... 119 F 2
s Forges-de-Paimpont 35 103 F 4
rges-la-Forêt 35 .... 127 F 2
rges-les-Bains 91 .... 87 F 2
rges-les-Eaux 76 .... 21 E 5
rges-sur-Meuse 55 .... 43 H 3
rgevieille 23 .... 188 D 4
rgues 31 .... 317 E 2
Forie 63 .... 229 E 2
rléans 21 .... 158 C 1
rmentin 14 .... 34 C 4
rmerie 60 .... 21 F 4
rmigny 14 .... 32 C 2
rmiguères 66 .... 341 G 3
rnex 09 .... 317 G 5
rs 79 .... 185 E 5
rstfeld 67 .... 69 G 3
rstheim 67 .... 68 D 2
rt-Bloqué 56 .... 123 E 2
rt-du-Plasne 39 .... 180 A 5
rt-Louis 67 .... 69 G 3
rt-Mahon-Plage 80 .... 11 E 1
rt-Mardyck 59 .... 3 G 2
rt-Médoc 33 .... 237 F 2
rt-Moville 27 .... 35 E 3
rtan 41 .... 131 F 2
rtel-en-Artois 62 .... 12 C 3
Forteresse 38 .... 232 B 5
rtschwihr 68 .... 121 F 2
s 31 .... 334 C 4
s 34 .... 301 E 5
s-sur-Mer 13 .... 325 G 3
Fossat 09 .... 317 H 5
ssé 08 .... 43 F 1
ssé 41 .... 132 A 5
ssé 66 .... 338 A 5
Fossé 76 .... 21 E 5
Fosse Hameau troglodytique de 49 .... 150 A 4
Fosse Arthour 50 .... 52 D 5
Fosse-Corduan 10 .... 90 A 4
Fosse-de-Tigné 49 .... 149 H 4
ssemagne 24 .... 241 E 3
ssemanant 80 .... 22 B 3
s Fosses 79 .... 202 B 1
sses 95 .... 58 D 1
ssès-et-Baleyssac 33 .... 257 E 2
Fossette 83 .... 329 E 4
sseuse 60 .... 38 B 4
sseux 62 .... 13 E 3
ssieux 57 .... 66 B 3
ssoy 02 .... 60 C 1
u Gorges de la 66 .... 342 C 4
ucarmont 76 .... 21 E 2
ucart 76 .... 19 F 5
ucarville 50 .... 29 H 5
ucaucourt-en-Santerre 80 .... 23 F 2
ucaucourt-Hors-Nesle 80 .... 11 F 5
ucaucourt-sur-Thabas 55 .... 63 G 1
uchécourt 70 .... 140 D 2
uchécourt 88 .... 118 B 4
ucherans 25 .... 162 B 4
ucherans 39 .... 160 D 5
uchères 10 .... 115 F 3
uchères 89 .... 113 F 3
uchères-aux-Bois 55 .... 63 H 5
ucherolles 45 .... 113 E 4
uchy 67 .... 96 D 4
ucrainville 27 .... 56 C 2
uday 67 .... 96 D 3
uencamps 80 .... 22 C 2
uesnant 29 .... 99 H 4
ufflin-Ricametz 62 .... 12 D 2
ug 54 .... 94 A 1
ugaron 31 .... 334 D 2
ugax-et-Barrineuf 09 .... 336 D 4
ugeré 43 .... 129 F 5
ugeré 85 .... 166 A 5
ugères 35 .... 81 F 4
ugères-sur-Bièvre 41 .... 153 E 2
s Fougerêts 56 .... 125 G 3
ugerolles 36 .... 189 F 2
ugerolles 70 .... 119 F 5
ugerolles-du-Plessis 53 .... 81 G 3
ugeyrolles 24 .... 239 F 5
uillade 12 .... 279 F 3
uilleuse 60 .... 38 D 2
uillouse 05 .... 269 G 4
Fouilloux 42 .... 230 A 3
Fouilloux 17 .... 238 C 2

Fouillouze 04 .... 271 E 3
Fouilloy 60 .... 21 G 3
Fouilloy 80 .... 22 D 2
Fouju 77 .... 88 C 2
Foulain 52 .... 117 E 4
Foulangues 60 .... 38 C 4
Foulayronnes 47 .... 276 B 2
Foulbec 27 .... 35 E 2
Foulcrey 57 .... 96 A 1
Fouleix 24 .... 240 C 4
Foulenay 39 .... 179 E 3
Fouligny 57 .... 66 C 1
Foulognes 14 .... 32 D 5
Foulzy 08 .... 26 A 2
Fouquebrune 16 .... 221 F 3
Fouquenies 60 .... 38 A 1
Fouquereuil 62 .... 8 A 4
Fouquerolles 60 .... 38 B 1
Fouquescourt 80 .... 23 F 3
Fouqueure 16 .... 203 E 4
Fouqueville 27 .... 36 A 4
Fouquières-lès-Béthune 62 .... 8 A 4
Fouquières-lès-Lens 62 .... 8 C 5
Four 38 .... 231 H 2
Fouras 17 .... 200 C 3
Fourbanne 25 .... 162 C 2
Fourcatier-et-Maison-Neuve 25 .... 180 C 4
Fourcès 32 .... 275 F 5
Fourchambault 58 .... 174 B 2
Fourchaud Château de 03 .... 192 A 3
Fourches 14 .... 54 A 4
Fourcigny 80 .... 21 G 3
Fourdrain 02 .... 24 C 5
Fourdrinoy 80 .... 22 A 1
Fourg 25 .... 161 G 5
Fourges 27 .... 37 F 5
Les Fourgs 25 .... 180 D 3
Fourilles 03 .... 191 H 5
Fourmagnac 46 .... 261 F 3
Fourmetot 27 .... 35 F 2
Fourmies 59 .... 15 H 5
Fournaudin 89 .... 114 A 3
Fourneaux 23 .... 207 G 3
Fourneaux 42 .... 212 A 3
Fourneaux 45 .... 133 E 2
Fourneaux 50 .... 52 B 1
Fourneaux 73 .... 252 D 1
Fourneaux-le-Val 14 .... 53 H 3
Fournels 48 .... 263 H 1
Fourneville 14 .... 34 C 2
Fournès 30 .... 304 B 1
Fournes-Cabardès 11 .... 319 H 3
Fournes-en-Weppes 59 .... 8 C 3
Le Fournet 14 .... 34 B 4
Fournet-Blancheroche 25 .... 163 G 4
Fournets-Luisans 25 .... 163 E 5
Fournival 60 .... 38 C 1
Fournols 63 .... 228 D 3
Fournoulès 15 .... 261 H 3
Fouronnes 89 .... 136 B 5
Fourques 30 .... 304 B 3
Fourques 66 .... 342 D 3
Fourques-sur-Garonne 47 .... 257 E 5
Fourqueux 78 .... 58 A 3
Fourquevaux 31 .... 318 B 2
Fours 33 .... 237 F 2
Fours 58 .... 175 G 4
Fours-en-Vexin 27 .... 37 E 4
Fourtou 11 .... 337 H 3
Foussais-Payré 85 .... 184 C 2
Foussemagne 90 .... 142 D 3
Le Fousseret 31 .... 317 E 4
Foussignac 16 .... 220 D 1
Foussignargues 30 .... 283 H 2
Fouvent-le-Bas 70 .... 140 B 4
Fouvent-le-Haut 70 .... 140 B 4
La Foux 83 .... 329 F 2
La Foux-d'Allos 04 .... 288 D 1
Fouzilhon 34 .... 321 G 2
Foville 57 .... 66 B 3
Fox-Amphoux 83 .... 307 F 4
La Foye-Monjault 79 .... 184 D 5
Fozières 34 .... 301 H 3
Fozzano 2A .... 349 E 5
Fragnes-La Loyère 71 .... 177 H 3
Frahier-et-Chatebier 70 .... 142 B 3
Fraignot-et-Vesvrotte 21 .... 138 D 4
Fraillicourt 08 .... 25 H 4
Fraimbois 54 .... 95 G 2
Frain 88 .... 118 B 3
Frais 90 .... 142 D 3
Fraisans 39 .... 161 G 5
Fraisnes-en-Saintois 54 .... 94 C 4
Fraisse 24 .... 239 G 5
Fraisse-Cabardès 11 .... 319 G 4

Fraissé-des-Corbières 11 .... 338 D 3
Fraisse-sur-Agout 34 .... 300 C 5
Fraisses 42 .... 230 A 5
Fraissines 81 .... 300 A 1
Fraissinet-de-Fourques 48 .... 282 C 3
Fraissinet-de-Lozère 48 .... 283 E 1
Fraize 88 .... 120 B 2
Fralignes 10 .... 115 G 3
La Framboisière 28 .... 85 F 2
Frambouhans 25 .... 163 F 3
Framecourt 62 .... 12 D 2
Framerville-Rainecourt 80 .... 23 E 2
Framicourt 80 .... 11 F 5
Framont 70 .... 140 A 5
Frampas 52 .... 92 B 3
Francalmont 70 .... 141 F 2
Francaltroff 57 .... 67 E 2
Francardo 2B .... 347 E 3
Francarville 31 .... 298 C 5
Francastel 60 .... 22 A 5
Françay 41 .... 131 H 5
Francazal 31 .... 335 E 2
Francescas 47 .... 275 G 4
Francheleins 01 .... 213 E 2
Franchesse 03 .... 191 G 1
Francheval 08 .... 27 F 3
Franchevelle 70 .... 141 H 3
La Francheville 08 .... 26 D 3
Francheville 21 .... 159 H 1
Francheville 27 .... 55 H 4
Francheville 39 .... 179 E 3
Francheville 51 .... 62 C 3
Francheville 54 .... 65 F 5
Francheville 61 .... 54 A 5
Francheville 69 .... 231 E 1
Francières 60 .... 39 E 2
Francières 80 .... 11 H 4
Francillon 36 .... 171 G 2
Francillon-sur-Roubion 26 .... 267 H 3
Francilly-Selency 02 .... 24 A 2
Francin 73 .... 233 G 3
Franclens 74 .... 215 E 2
François 79 .... 185 E 3
Francon 31 .... 317 E 4
Franconville 54 .... 95 F 2
Franconville 95 .... 58 B 2
Francoulès 46 .... 260 B 4
Francourt 70 .... 140 B 4
Francourville 28 .... 86 C 4
Francs 33 .... 238 D 4
Francueil 37 .... 152 C 3
Franey 25 .... 161 G 3
Frangy 74 .... 215 F 2
Frangy-en-Bresse 71 .... 178 D 4
Franken 68 .... 143 F 3
Franleu 80 .... 11 F 3
Franois 25 .... 161 H 4
Franquevielle 31 .... 334 A 1
Franqueville 02 .... 25 E 2
Franqueville 27 .... 35 G 4
Franqueville 80 .... 12 B 4
Franqueville-Saint-Pierre 76 .... 36 B 2
La Franqui 11 .... 339 E 3
Frans 01 .... 213 E 3
Fransart 80 .... 23 F 3
Fransèches 23 .... 207 F 3
Fransu 80 .... 12 B 4
Fransures 80 .... 22 B 4
Franvillers 80 .... 22 D 1
Franxault 21 .... 178 C 1
Frapelle 88 .... 96 C 4
Fraquelfing 57 .... 96 B 1
Fraroz 39 .... 180 A 4
Frasnay-Reugny 58 .... 175 F 2
Frasne 25 .... 180 B 3
Frasne-le-Château 70 .... 161 H 1
Frasne-les-Meulières 39 .... 161 E 4
La Frasnée 39 .... 196 D 1
Le Frasnois 39 .... 179 H 5
Frasnoy 59 .... 15 E 2
La Frasse 74 .... 216 C 1
Frasseto 2A .... 349 E 3
Frauenberg 57 .... 47 H 5
Frausseilles 81 .... 279 E 5
Fravaux 10 .... 116 A 2
Le Fraysse 81 .... 299 H 1
Frayssinet 46 .... 260 B 3
Frayssinet-le-Gélat 46 .... 259 F 4
Frayssinhes 46 .... 243 F 5
Frazé 28 .... 109 G 2
Fréauville 76 .... 20 D 2
Frebécourt 88 .... 93 H 4
Frébuans 39 .... 179 E 5
Le Frêche 40 .... 294 C 1
Fréchède 65 .... 315 G 3
Fréchencourt 80 .... 22 C 1
Fréchendets 65 .... 333 G 1

Le Fréchet 31 .... 316 D 5
Fréchet-Aure 65 .... 333 H 3
Le Fréchou 47 .... 275 G 4
Fréchou-Fréchet 65 .... 315 F 5
Frécourt 52 .... 117 G 5
Frédéric-Fontaine 70 .... 142 A 3
La Frédière 17 .... 201 G 4
Frédille 36 .... 171 F 2
Frégimont 47 .... 275 H 2
Frégouville 32 .... 297 E 5
Fréhel 22 .... 79 E 2
Fréhel Cap 22 .... 79 E 1
Freigné 49 .... 127 G 5
Freissinières 05 .... 270 C 1
La Freissinouse 05 .... 269 G 4
Freistroff 57 .... 46 C 4
Freix-Anglards 15 .... 244 B 4
Fréjairolles 81 .... 299 G 1
Fréjeville 81 .... 299 F 5
Fréjus 83 .... 329 G 1
Fréjus Parc zoologique 83 .... 308 C 5
Fréjus Tunnel du 73 .... 252 D 1
Fréland 68 .... 120 D 2
Frelinghien 59 .... 4 C 5
Frémainville 95 .... 57 G 1
Frémécourt 95 .... 37 H 5
Fréménil 54 .... 95 H 2
Frémeréville-sous-les-Côtes 55 .... 64 D 2
Frémery 57 .... 66 C 3
Frémestroff 57 .... 67 E 1
Frémicourt 62 .... 13 H 4
Fremifontaine 88 .... 95 H 5
Frémontiers 80 .... 22 A 3
Frémonville 54 .... 96 A 1
La Frénaye 76 .... 35 F 1
Frencq 62 .... 6 B 3
Frêne Col du 73 .... 233 G 2
Frenelle-la-Grande 88 .... 94 D 4
Frenelle-la-Petite 88 .... 94 C 4
Frênes 61 .... 53 E 4
Freneuse 76 .... 36 B 3
Freneuse 78 .... 57 E 1
Freneuse-sur-Risle 27 .... 35 G 4
Freney 73 .... 252 C 1
Le Freney-d'Oisans 38 .... 251 H 3
Fréniches 60 .... 23 H 4
Frénois 21 .... 159 H 1
Frénois 88 .... 118 D 2
La Frénouse Musée de la 53 .... 105 H 5
Frénouville 14 .... 33 H 5
Frépillon 95 .... 58 B 1
Fresles 76 .... 21 E 5
La Fresnais 35 .... 50 D 5
Fresnay 10 .... 92 B 5
Fresnay-en-Retz 44 .... 165 E 1
Fresnay-le-Comte 28 .... 86 A 5
Fresnay-le-Gilmert 28 .... 86 A 3
Fresnay-le-Long 76 .... 20 B 4
Fresnay-le-Samson 61 .... 54 C 3
Fresnay-sur-Sarthe 72 .... 83 H 2
Fresnay-l'Évêque 28 .... 110 D 2
La Fresnaye-au-Sauvage 61 .... 53 H 4
La Fresnaye-sur-Chédouet 72 .... 83 H 4
Le Fresne 27 .... 56 A 2
Le Fresne 51 .... 62 D 2
Le Fresne-Camilly 14 .... 33 F 3
Fresné-la-Mère 14 .... 54 A 2
Fresne-l'Archevêque 27 .... 36 D 3
Fresne-le-Plan 76 .... 36 C 2
Fresne-Léguillon 60 .... 37 H 4
Le Fresne-Poret 50 .... 52 C 4
Fresne-Saint-Mamès 70 .... 140 C 4
Le Fresne-sur-Loire 44 .... 148 D 2
Fresneaux-Montchevreuil 60 .... 37 H 3
Fresnes 02 .... 24 B 5
Fresnes 21 .... 138 A 5
Fresnes 41 .... 153 F 2
Fresnes 89 .... 137 E 3
Fresnes 94 .... 58 C 4
Fresnes-au-Mont 55 .... 64 B 3
Fresnes-en-Saulnois 57 .... 66 C 4
Fresnes-en-Tardenois 02 .... 40 D 5
Fresnes-en-Woëvre 55 .... 64 D 1
Fresnes-lès-Montauban 62 .... 13 H 1
Fresnes-lès-Reims 51 .... 41 H 3
Fresnes-Mazancourt 80 .... 23 F 2
Fresnes-sur-Apance 52 .... 118 B 5
Fresnes-sur-Escaut 59 .... 9 H 5
Fresnes-sur-Marne 77 .... 59 F 2
Fresnes-Tilloloy 80 .... 11 G 5
Fresneville 80 .... 21 G 2
Fresney 27 .... 56 C 2
Fresney-le-Puceux 14 .... 53 G 1

Fresney-le-Vieux 14 .... 53 G 1
Fresnicourt-le-Dolmen 62 .... 8 A 5
Fresnières 60 .... 23 F 5
Fresnois-la-Montagne 54 .... 44 D 2
Fresnoy 62 .... 7 E 5
Fresnoy-Andainville 80 .... 11 G 5
Fresnoy-au-Val 80 .... 22 A 2
Fresnoy-en-Bassigny 52 .... 118 A 4
Fresnoy-en-Chaussée 80 .... 23 E 3
Fresnoy-en-Gohelle 62 .... 8 C 5
Fresnoy-en-Thelle 60 .... 38 B 4
Fresnoy-Folny 76 .... 20 D 2
Fresnoy-la-Rivière 60 .... 39 G 3
Fresnoy-le-Château 10 .... 115 F 2
Fresnoy-le-Grand 02 .... 24 B 1
Fresnoy-le-Luat 60 .... 39 F 4
Fresnoy-lès-Roye 80 .... 23 F 3
Frespech 47 .... 276 D 2
Fresquiennes 76 .... 20 A 5
Fressac 30 .... 283 F 5
Fressain 59 .... 14 B 2
Fressancourt 02 .... 24 C 4
Fresse 70 .... 142 A 1
Fresse-sur-Moselle 88 .... 120 A 5
Fresselines 23 .... 189 E 4
Fressenneville 80 .... 11 E 4
Fressies 59 .... 14 B 3
Fressin 62 .... 7 E 4
Fressines 79 .... 185 E 4
Le Frestoy-Vaux 60 .... 23 E 5
Fresville 50 .... 29 G 5
Le Fret 29 .... 75 E 3
Fréterive 73 .... 233 H 2
Fréteval 41 .... 131 H 2
Fréthun 62 .... 2 C 3
Fretigney-et-Velloreille 70 .... 161 H 1
Frétigny 28 .... 85 F 4
Fretin 59 .... 8 D 3
Frétoy 77 .... 60 A 5
Frétoy-le-Château 60 .... 23 G 4
La Frette 38 .... 232 A 4
La Frette 71 .... 178 A 5
La Frette-sur-Seine 95 .... 58 B 2
Frettecuisse 80 .... 11 G 5
Frettemeule 80 .... 11 F 4
Frettemolle 80 .... 21 G 3
Fretterans 71 .... 178 C 2
Frettes 70 .... 140 A 4
Le Fréty 08 .... 26 A 3
Freulleville 76 .... 20 C 2
Frévent 62 .... 12 C 2
Fréville 76 .... 19 H 5
Fréville 88 .... 93 H 5
Fréville-du-Gâtinais 45 .... 112 A 4
Frévillers 62 .... 7 H 5
Frévin-Capelle 62 .... 13 F 2
Freybouse 57 .... 67 E 2
Freycenet-la-Cuche 43 .... 247 H 5
Freycenet-la-Tour 43 .... 247 G 5
Freychenet 09 .... 336 C 3
Freyming-Merlebach 57 .... 47 E 5
Freyssenet 07 .... 266 C 2
Friaize 28 .... 85 G 4
Friardel 14 .... 54 D 1
Friaucourt 80 .... 11 E 3
Friauville 54 .... 45 E 5
Fribourg 57 .... 67 F 4
Fricamps 80 .... 21 H 2
Frichemesnil 76 .... 20 B 5
Fricourt 80 .... 13 F 5
Fridefont 15 .... 245 H 5
Friedolsheim 67 .... 68 C 5
Frières-Faillouël 02 .... 24 A 4
Friesen 68 .... 143 E 3
Friesenheim 67 .... 97 G 4
Frignicourt 51 .... 62 C 5
Le Friolais 25 .... 163 F 3
Frise 80 .... 23 F 1
Friville-Escarbotin 80 .... 11 E 3
Frizon 88 .... 95 F 3
Froberville 76 .... 18 D 3
Frocourt 60 .... 38 A 2
Frœningen 68 .... 143 F 2
Frœschwiller 67 .... 68 D 2
Froges 38 .... 233 F 5
Frohen-le-Grand 80 .... 12 C 4
Frohen-le-Petit 80 .... 12 C 3
Frohmuhl 67 .... 68 A 4
Froideconche 70 .... 141 G 2
Froidefontaine 39 .... 180 B 4
Froidefontaine 90 .... 142 C 4
Froidestrées 02 .... 25 F 1
Froideterre 70 .... 141 H 3
Froidevaux 25 .... 163 F 3
Froideville 39 .... 179 E 3
Froidfond 85 .... 165 F 2
Froidmont-Cohartille 02 .... 25 E 4

Froidos 55 .... 63 G 3
Froissy 60 .... 22 B 5
Frôlois 21 .... 159 F 1
Frolois 54 .... 94 D 2
Fromelennes 08 .... 17 F 4
Fromelles 59 .... 8 B 3
Fromental 87 .... 205 H 1
Fromentières 51 .... 61 E 3
Fromentières 53 .... 128 B 2
Fromentine 85 .... 164 C 2
Fromentine Pont de 85 .... 164 C 2
Fromeréville-les-Vallons 55 .... 43 H 4
Fromezey 55 .... 44 C 5
Fromont 77 .... 112 A 2
Fromy 08 .... 27 H 5
Froncles-Buxières 52 .... 93 E 5
Fronsac 31 .... 334 B 3
Fronsac 33 .... 238 B 5
Frontenac 33 .... 256 C 2
Frontenac 46 .... 261 F 4
Frontenard 71 .... 178 B 2
Frontenas 69 .... 212 C 3
Frontenaud 71 .... 195 H 1
Frontenay 39 .... 179 F 4
Frontenay-Rohan-Rohan 79 .... 184 D 5
Frontenay-sur-Dive 86 .... 168 C 3
Frontenex 73 .... 234 A 1
Frontignan 34 .... 323 E 3
Frontignan-de-Comminges 31 .... 334 B 2
Frontignan-Plage 34 .... 323 E 3
Frontignan-Savès 31 .... 316 D 3
Fronton 31 .... 297 H 2
Frontonas 38 .... 231 H 1
Fronville 52 .... 93 E 4
Frossay 44 .... 146 D 3
Frotey-lès-Lure 70 .... 141 H 4
Frotey-lès-Vesoul 70 .... 141 F 4
Frouard 54 .... 65 H 5
Frouville 95 .... 38 A 5
Frouzins 31 .... 317 H 2
Froville 54 .... 95 E 3
Froyelles 80 .... 11 H 2
Frozes 86 .... 168 D 5
Frucourt 80 .... 11 G 4
Frugères-les-Mines 43 .... 228 A 5
Fruges 62 .... 7 E 4
Frugières-le-Pin 43 .... 246 C 1
Fruncé 28 .... 85 H 4
Fry 76 .... 37 E 1
Fuans 25 .... 163 E 5
Fublaines 77 .... 59 G 2
Le Fugeret 04 .... 288 D 4
Le Fuilet 49 .... 148 C 3
Fuilla 66 .... 342 A 3
Fuissé 71 .... 194 D 5
Fuligny 10 .... 92 A 5
Fulleren 68 .... 143 E 3
Fultot 76 .... 19 H 3
Fulvy 89 .... 137 F 3
Fumay 08 .... 17 E 5
Fumel 47 .... 259 E 5
Fumichon 14 .... 34 D 4
Furchhausen 67 .... 68 B 4
Furdenheim 67 .... 97 F 1
Fures 38 .... 232 B 5
Furiani 2B .... 345 G 4
Furmeyer 05 .... 269 F 4
Fussey 21 .... 159 H 5
Fussy 18 .... 155 E 5
Fustérouau 32 .... 295 E 3
Fustignac 31 .... 317 E 4
Futeau 55 .... 43 F 5
Futuroscope 86 .... 169 F 5
Fuveau 13 .... 327 F 1
Fyé 72 .... 83 G 5
Fyé 89 .... 136 D 3

G
Gaas 40 .... 292 D 4
Gabarnac 33 .... 256 B 3
Gabarret 40 .... 274 D 5
Gabas 64 .... 332 A 3
Gabaston 64 .... 314 C 3
Gabat 64 .... 311 G 4
Gabian 34 .... 321 G 2
Gabillou 24 .... 241 F 2
Gabre 09 .... 335 H 1
Gabriac 12 .... 263 E 5
Gabriac 48 .... 283 E 3
Gabrias 48 .... 264 B 4
Gacé 61 .... 54 D 4
La Gacilly 56 .... 125 G 2
Gâcogne 58 .... 157 H 4
Gadancourt 95 .... 57 G 1

Gadencourt 27....56 D 2
Gaël 35....103 F 2
Gageac-et-Rouillac 24....257 G 1
Gages-le-Haut 12....281 E 1
Gagnac-sur-Cère 46....243 E 5
Gagnac-sur-Garonne 31....297 H 3
Gagnières 30....283 H 2
Gagny 93....58 D 3
Gahard 35....80 C 5
Gailhan 30....303 E 2
Gaillac 81....298 D 1
Gaillac-d'Aveyron 12....281 F 1
Gaillac-Toulza 31....318 A 4
Gaillagos 65....332 C 2
Gaillan-en-Médoc 33....218 D 5
Gaillard 74....197 H 5
Gaillardbois-Cressenville 27....36 D 3
La Gaillarde 76....19 H 2
Gaillefontaine 76....21 F 4
Gaillères 40....274 A 5
Gaillon 27....36 C 5
Gaillon-sur-Montcient 78....57 G 1
Gainneville 76....34 D 1
Gaja-et-Villedieu 11....337 G 1
Gaja-la-Selve 11....318 D 5
Gajac 33....256 C 5
Gajan 09....335 F 2
Gajan 30....303 G 1
Gajoubert 87....204 D 2
Galametz 62....12 B 2
Galamus Gorges de 11....338 A 4
Galan 65....315 H 5
Galapian 47....275 G 2
Galargues 34....303 E 3
La Galère 06....309 E 5
Galéria 2B....346 A 3
Galey 09....334 D 3
Galez 65....315 H 5
Galfingue 68....143 E 2
Galgan 12....261 G 5
Galgon 33....238 B 4
Galiax 32....295 E 4
Galibier Col du 05....252 B 3
Galié 31....334 B 2
Galinagues 11....337 E 4
Gallardon 28....86 C 3
Gallargues-le-Montueux 30....303 F 3
Gallerande Château de 72....129 G 4
Le Gallet 60....22 A 5
Galluis 78....57 G 4
Gamaches 80....11 E 5
Gamaches-en-Vexin 27....37 F 4
Gamarde-les-Bains 40....293 F 3
Gamarthe 64....311 F 5
Gambais 78....57 F 4
Gambaiseuil 78....57 F 4
Gambsheim 67....69 F 5
Gan 64....314 B 4
Ganac 09....336 A 3
Ganagobie 04....287 F 5
Ganagobie Prieuré de 04....287 F 5
Gancourt-Saint-Étienne 76....21 F 5
Gandelain 61....83 F 3
Gandelu 02....40 A 5
Gandrange 57....45 G 4
Ganges 34....302 C 1
Gannat 03....209 H 2
Gannay-sur-Loire 03....175 F 5
Gannes 60....22 C 5
Les Gannes 63....226 C 2
Ganties 31....334 C 1
Ganzeville 76....19 E 3
Gap 05....269 H 3
Gapennes 80....11 H 2
Gâprée 61....84 A 2
Garabit Viaduc de 15....245 H 4
Garac 31....297 F 4
Garancières 78....57 F 4
Garancières-en-Beauce 28....87 E 4
Garancières-en-Drouais 28....56 C 5
Garanou 09....336 C 5
Garat 16....221 G 2
Garcelles-Secqueville 14....33 H 5
Garche 57....45 H 3
Garchizy 58....174 C 1
Garchy 58....156 B 4
Gardanne 13....327 E 1
La Garde 04....308 B 1
La Garde 38....251 G 3
La Garde 48....246 A 5
La Garde 83....328 B 4
La Garde-Adhémar 26....285 E 1
La Garde-Freinet 83....329 E 2
La Garde-Guérin 48....265 F 5
Gardefort 18....155 H 4

Gardegan-et-Tourtirac 33....238 D 5
Gardères 65....314 D 4
Les Gardes 49....149 E 5
Gardes-le-Pontaroux 16....221 G 3
Gardie 11....337 G 1
Gardonne 24....257 G 1
Gardouch 31....318 B 3
Garein 40....273 G 4
Garencières 27....56 C 2
La Garenne-Colombes 92....58 B 3
Garennes-sur-Eure 27....56 D 3
Garentreville 77....112 A 2
Garéoult 83....328 B 2
La Garette 79....184 C 4
Gargan Mont 87....224 C 2
Garganvillar 82....277 F 5
Gargas 31....298 A 3
Gargas 84....305 H 1
Gargenville 78....57 G 2
Garges-lès-Gonesse 95....58 C 2
Gargilesse-Dampierre 36....188 D 2
Garidech 31....298 A 3
Gariès 82....297 E 2
Garigny 18....174 A 1
Garin 31....334 A 4
Garindein 64....311 H 5
Garlan 29....72 A 4
Garlède-Mondebat 64....294 B 5
Garlin 64....294 C 5
Le Garn 30....284 C 2
La Garnache 85....165 E 2
Garnat-sur-Engièvre 03....192 D 1
Garnay 28....56 C 5
Garnerans 01....195 E 5
Garnetot 14....54 B 2
La Garonne 83....328 B 5
Garons 30....304 A 2
Garos 64....294 A 5
Garravet 32....316 D 3
Garrebourg 57....68 A 5
Garrevaques 81....319 E 2
Garrey 40....293 F 3
Le Garric 81....279 G 5
Garrigues 34....303 E 2
Garrigues 81....298 C 4
Garrigues-Sainte-Eulalie 30....284 B 5
Garris 64....311 G 4
Garrosse 40....273 E 5
Gars 06....308 D 1
Gartempe 23....206 D 1
Gas 28....86 C 2
Gaschney 68....120 C 3
Gasny 27....57 E 1
Gasques 82....276 D 3
Gassin 83....329 F 3
Le Gast 14....52 B 3
Gastes 40....272 C 1
Gastines 53....105 F 5
Gastins 77....89 E 2
Gasville-Oisème 28....86 B 3
Gâtelles 28....85 H 3
Gatey 39....178 D 2
Gathemo 50....52 B 4
Gatteville-le-Phare 50....29 H 2
Gattières 06....309 G 2
Gatuzières 48....282 C 3
Gaubertin 45....111 H 3
La Gaubretière 85....166 C 2
Gauchin-Légal 62....7 H 5
Gauchin-Verloingt 62....7 G 5
Gauchy 02....24 A 2
Gauciel 27....56 C 1
La Gaudaine 28....85 E 5
La Gaude 06....309 G 2
Gaudechart 60....21 H 5
Gaudent 65....334 A 2
Gaudiempré 62....13 E 3
Gaudiès 09....318 C 5
Gaudonville 32....296 D 1
Gaudreville-la-Rivière 27....56 A 2
Gaugeac 24....258 D 3
Gaujac 30....284 D 4
Gaujac 32....316 D 2
Gaujac 47....257 E 4
Gaujacq 40....293 G 4
Gaujan 32....316 C 3
Le-Gault-du-Perche 41....109 F 4
Le-Gault-Saint-Denis 28....110 A 2
Le Gault-Soigny 51....60 D 4
Gauré 31....298 A 4
Gauriac 33....237 G 3
Gauriaguet 33....237 H 4
Gaussan 65....316 A 5
Gausson 22....78 B 5
Les Gautherets 71....194 A 1
Gauville 61....55 F 3

Gauville 80....21 G 3
Gauville-la-Campagne 27....56 B 1
Gavarnie 65....332 D 5
Gavarnie-Gèdre 65....333 E 4
Gavarnie Port de 65....332 D 5
Gavarret-sur-Aulouste 32....296 B 3
Gavaudun 47....258 D 4
Gavet 38....251 F 3
Gavignano 2B....347 F 3
Gavisse 57....45 H 2
La Gavotte 13....326 D 2
Gavray 50....51 H 2
Le Gâvre 44....126 B 5
Gavrelle 62....13 H 2
Gâvres 56....123 F 3
Gavrinis Cairn de 56....124 A 4
Gavrus 14....33 F 5
Gayan 65....315 E 4
Gaye 51....61 F 5
Gayon 64....314 C 2
Gazaupouy 32....275 H 5
Gazave 65....333 H 2
Gazax-et-Baccarisse 32....295 F 4
Gazeran 78....86 D 2
Gazinet 33....255 E 1
Gazost 65....333 E 2
Geaune 40....294 B 4
Geay 17....201 F 4
Geay 79....167 H 3
Gée 49....150 A 1
Gée-Rivière 32....294 C 3
Geffosses 50....31 F 4
Géfosse-Fontenay 14....32 B 2
Gehée 36....171 F 1
Geishouse 68....120 C 5
Geispitzen 68....143 G 2
Geispolsheim 67....97 G 2
Geiswasser 68....121 G 4
Geiswiller 67....68 C 4
Gélacourt 54....95 H 2
Gélannes 10....90 B 3
Gélaucourt 54....94 C 3
Gellainville 28....86 B 4
Gelleneoncourt 54....66 C 5
Gelles 63....209 E 5
Gellin 25....180 C 4
Gelos 64....314 B 4
Geloux 40....273 G 5
Gelucourt 57....67 E 4
Gelvécourt-et-Adompt 88....118 D 2
Gémages 61....84 C 5
Gemaingoutte 88....96 C 5
Gembrie 65....334 A 2
Gemeaux 21....160 B 1
Gémenos 13....327 F 2
Gémigny 45....110 C 5
Gémil 31....298 B 3
Gemmelaincourt 88....94 C 5
Gémonval 25....142 A 4
Gémonville 54....94 B 4
Gémozac 17....219 F 2
Genac-Bignac 16....203 E 5
Genainville 95....37 F 5
Genas 69....231 G 1
Génat 09....336 A 4
Genay 21....158 C 1
Genay 69....213 E 4
Gençay 86....186 C 4
Gendreville 88....118 A 2
Gendrey 39....161 F 4
Gené 49....128 A 4
Génébrières 82....278 B 5
Genech 59....9 E 3
Génelard 71....193 H 1
Générac 33....237 G 2
Générargues 30....283 G 4
Générest 65....334 A 2
Generville 11....318 D 5
Geneslay 61....82 C 3
Le Genest 53....105 H 3
Genestelle 07....266 B 2
Geneston 44....147 H 5
La Genête 71....195 F 1
La Genétouze 17....238 D 1
La Genétouze 85....165 G 4
Genêts 50....51 G 4
Les Genettes 61....55 F 5
Geneuille 25....161 H 3
La Genevraie 61....54 D 5
La Genevraye 77....88 C 5
Genevreuille 70....141 G 4
Genevrey 70....141 G 3
Genevrières 52....140 A 3
La Genevroye 52....92 D 5
Geney 25....142 A 5
La Geneytouse 87....206 B 5

Génicourt 95....58 A 1
Génicourt-sous-Condé 55....63 G 3
Génicourt-sur-Meuse 55....64 B 2
Genilac 42....230 C 3
Genillé 37....152 C 5
Genin Lac 01....196 D 5
Génis 24....223 G 5
Génissac 33....238 B 5
Génissat Barrage de 01....215 E 2
Génissieux 26....249 G 3
Genlis 21....160 C 4
Gennes 25....162 A 3
Gennes 49....150 A 3
Gennes-Ivergny 62....12 B 2
Gennes-sur-Glaize 53....128 C 2
Gennes-sur-Seiche 35....105 F 4
Genneteil 49....129 H 5
Gennetines 03....192 B 1
Genneville 14....34 D 2
Gennevilliers 92....58 B 2
Génois Pont 2B....346 D 3
Génois Pont 2B....347 F 5
Génolhac 30....283 G 1
Génos 31....334 B 2
Génos 65....333 H 4
Genouillac 16....204 B 4
Genouillac 23....189 G 4
Genouillé 17....201 F 2
Genouillé 86....203 G 2
Genouilleux 01....213 E 1
Genouilly 18....154 A 5
Genouilly 71....177 F 5
Genrupt 52....118 A 5
Gensac 33....257 E 1
Gensac 65....315 E 2
Gensac 82....297 E 1
Gensac-de-Boulogne 31....316 B 4
Gensac-la-Pallue 16....220 C 1
Gensac-sur-Garonne 31....317 F 5
Genté 16....220 B 2
Gentelles 80....22 D 2
Gentilly 94....58 C 4
Gentioux 23....207 F 5
Geyssans 26....249 G 2
Gez 65....332 D 2
Gez-ez-Angles 65....333 E 1
Gézaincourt 80....12 D 4
Gezier-et-Fontenelay 70....161 H 2
Gézoncourt 54....65 G 4
Ghisonaccia 2B....349 G 2
Ghisoni 2B....349 G 1
Ghissignies 59....15 E 3
Ghyvelde 59....3 H 2
Giat 63....208 C 5
Gibeaumeix 54....94 A 2
Gibel 31....318 B 4
Gibercourt 02....24 B 3
Giberville 14....33 H 4
Gibles 71....194 A 4
Gibourne 17....202 B 3
Gibret 40....293 F 3
Le Gicq 17....202 C 3
Gidy 45....110 D 5
Giel-Courteilles 61....53 H 4
Gien 45....134 C 4
Gien-sur-Cure 58....158 B 5
Giens 83....328 C 5
Gières 38....251 E 1
Giéville 50....52 B 1
Gièvres 41....153 H 4
Giey-sur-Aujon 52....116 D 5
Giez 74....215 H 5
Gif-sur-Yvette 91....58 A 5
Giffaumont-Champaubert 51....92 B 2
Gigean 34....323 E 3
Gignac 34....302 B 4
Gignac 46....242 B 4
Gignac 84....306 A 1
Gignac-la-Nerthe 13....326 C 4
Gignat 63....228 A 4
Gignéville 88....118 B 3
Gigney 88....95 E 5
Gigny 39....196 B 2
Gigny 89....137 G 3
Gigny-Bussy 51....91 H 2
Gigny-sur-Saône 71....178 A 5
Gigondas 84....285 G 3
Gigors 04....269 H 5
Gigors-et-Lozeron 26....267 H 1
Gigouzac 46....260 B 4
Gijounet 81....300 B 3
Gildwiller 68....143 E 2
Gilette 06....291 E 5
Gilhac-et-Bruzac 07....249 E 5

Gilhoc-sur-Ormèze 07....248 D 5
Gillancourt 52....116 C 4
Gillaumé 52....93 G 3
Gilles 28....57 E 1
Gilley 25....162 C 3
Gilley 52....140 A 4
Gillois 39....180 A 1
Gillonnay 38....232 A 3
Gilly-lès-Cîteaux 21....160 A 4
Gilly-sur-Isère 73....234 A 2
Gilly-sur-Loire 71....193 E 2
Gilocourt 60....39 G 2
Gimat 82....297 E 2
Gimbrède 32....276 C 4
Gimbrett 67....68 D 4
Gimeaux 63....209 H 4
Gimécourt 55....64 B 2
Gimel-les-Cascades 19....243 E 2
Gimeux 16....220 B 2
La Gimond 42....230 B 2
Gimont 32....296 D 2
Gimouille 58....174 B 2
Ginai 61....54 C 4
Ginals 82....279 E 4
Ginasservis 83....306 C 3
Ginchy 80....13 G 4
Gincla 11....337 H 4
Gincrey 55....44 C 4
Gindou 46....259 G 2
Ginestas 11....320 D 5
Ginestet 24....239 H 5
Gingsheim 67....68 C 4
Ginoles 11....337 H 4
Ginouillac 46....260 B 3
Gintrac 46....242 D 5
Giocatojo 2B....347 G 3
Gionges 51....61 G 1
Giou-de-Mamou 15....244 C 4
Gioux 23....207 G 5
Gipcy 03....191 G 2
Girac 46....243 E 5
Girancourt 88....119 E 2
Giraumont 54....45 F 5
Giraumont 60....39 F 2
Girauvoisin 55....64 D 2
Gircourt-lès-Viéville 88....94 D 4
Girecourt-sur-Durbion 88....95 G 4
Girefontaine 70....118 D 5
Giremoutiers 77....59 H 4
Girgols 15....244 C 4
Giriviller 54....95 F 3
Girmont 88....95 F 5
Girmont-Val-d'Ajol 88....119 G 3
Girolles 45....112 C 4
Girolles 89....157 H 1
Giromagny 90....142 B 2
Giron 01....196 D 4
Gironcourt-sur-Vraine 88....94 B 4
Gironde-sur-Dropt 33....256 C 2
Girondelle 08....26 B 3
Gironville 77....112 A 2
Gironville-et-Neuville 28....86 A 3
Gironville-sous-les-Côtes 55....64 D 3
Gironville-sur-Essonne 91....87 H 3
Le Girouard 85....182 C 1
Giroussens 81....298 C 4
Giroux 36....172 B 2
Girovillers-sous-Montfort 88....94 C 4
Giry 58....157 E 1
Gisay-la-Coudre 27....55 F 1
Giscaro 32....296 D 4
Giscos 33....274 C 2
Gisors 27....37 G 3
Gissac 12....301 E 2
Gissey-le-Vieil 21....159 E 3
Gissey-sous-Flavigny 21....159 F 2
Gissey-sur-Ouche 21....159 G 4
Gisy-les-Nobles 89....113 F 2
Giuncaggio 2B....347 G 5
Giunchetto 2A....350 D 4
Givardon 18....173 H 4
Givarlais 03....190 D 3
Givenchy-en-Gohelle 62....8 B 3
Givenchy-le-Noble 62....13 E 2
Givenchy-lès-la-Bassée 62....8 B 3
Giverny 27....57 E 1
Giverville 27....35 F 4
Givet 08....17 F 3
Givonne 08....27 F 4
Givors 69....231 E 2
Givraines 45....111 H 3
Givrand 85....164 D 4
Givrauval 55....93 F 1
Le Givre 85....182 D 2
Givrezac 17....219 G 3
Givron 08....26 A 3
Givry 08....42 C 2

vry 71.....177 G 4
vry 89.....157 H 1
vry-en-Argonne 51.....63 E 2
vry-lès-Loisy 51.....61 F 3
vrycourt 57.....67 F 2
zaucourt 51.....63 E 1
zay 86.....186 C 3
zeux 37.....151 E 2
zia 39.....196 A 2
zy 02.....25 E 5
Glacerie 50.....29 E 3
acière Grotte de la 25.....162 C 3
ageon 59.....15 H 5
aigne 46.....39 F 4
ainans 25.....163 E 2
aine-Montaigut 63.....228 B 1
aire 08.....27 E 3
Glaizil 05.....269 G 1
amondans 25.....162 C 3
and 02.....60 C 1
and 89.....137 G 3
andage 26.....268 D 2
andon 87.....223 G 4
andon Col du 73.....251 H 1
anes 46.....243 E 5
anges 87.....224 B 2
annes 51.....62 C 5
anon 21.....178 B 1
anville 14.....34 B 3
atens 25.....296 D 1
atigny 50.....31 F 3
atigny 57.....46 B 5
atigny 60.....37 H 1
ay 25.....142 C 5
eizé 69.....212 D 3
enac 56.....125 G 3
enat 15.....243 H 1
enay 79.....168 A 3
enic 23.....189 G 5
ennes 02.....41 E 3
enouze 86.....168 C 2
ère 41.....163 H 2
court 76.....10 C 5
solles 27.....56 A 2
sy 80.....22 C 2
ornel 22.....77 E 5
onville 54.....95 H 3
orianes 66.....342 C 3
os 14.....34 D 5
os-la-Ferrière 61.....55 F 3
s-sur-Risle 27.....35 G 3
uges 46.....242 C 5
uiras 07.....266 C 1
un 71.....249 E 4
ux-en-Glenne 58.....176 B 2
as 82.....297 E 2
Godefroy 50.....51 H 4
denvillers 60.....22 D 5
derville 76.....19 E 4
dewaersvelde 59.....4 A 5
disson 61.....54 C 5
Godiville 63.....227 F 5
doncourt 88.....118 B 4
erlingen 67.....67 H 4
ersdorf 67.....69 E 2
ès 64.....331 H 1
etzenbruck 57.....68 B 2
eulzin 59.....14 A 2
gney 54.....96 A 1
gnies-Chaussée 59.....15 G 2
Gohannière 50.....51 H 4
hier 49.....149 H 2
hory 28.....109 H 3
in 57.....65 H 2
incourt 60.....38 A 2
lancourt 60.....23 H 4
lbey 88.....119 F 2
ldbach 68.....120 C 5
lfe-Juan 06.....309 F 4
lfech 82.....276 D 4
linhac 12.....262 D 4
lleville 50.....29 F 5
mbergean 41.....131 G 5
melange 57.....46 C 4
mené 22.....102 D 2
mer 64.....314 C 4
metz-la-Ville 91.....58 A 5
metz-le-Châtel 91.....58 A 5
miécourt 02.....13 G 4
mmecourt 62.....13 F 4
mmecourt 78.....57 E 1
mmegnies 25.....15 F 2
mmenec'h 22.....73 F 4
mmersdorf 68.....143 E 3
mmerville 28.....87 E 5
mmerville 76.....18 D 5
mméville 21.....115 H 5

Gomont 08.....41 H 1
Gonaincourt 52.....117 H 2
Goncelin 38.....233 F 5
Goncourt 52.....117 H 2
Gond-Pontouvre 16.....221 F 1
Gondecourt 59.....8 C 3
Gondenans-les-Moulins 25.162 C 1
Gondenans-Montby 25.....162 D 1
Gondeville 16.....220 C 1
Gondrecourt-Aix 54.....45 E 4
Gondrecourt-le-Château 55...93 G 3
Gondreville 45.....112 B 4
Gondreville 54.....65 F 5
Gondreville 60.....39 G 4
Gondrexange 57.....67 G 5
Gondrexon 54.....95 H 1
Gondrin 32.....295 G 1
Les Gonds 17.....219 G 1
Gonesse 95.....58 D 2
Gonez 65.....315 F 4
Gonfaron 83.....328 D 2
Gonfreville 50.....31 H 3
Gonfreville-Caillot 76.....19 E 4
Gonfreville-l'Orcher 76.....34 C 1
La Gonfrière 61.....55 E 3
Gonnehem 62.....7 H 3
Gonnelieu 59.....14 B 5
Gonnetot 76.....19 H 3
Gonneville-Le Theil 50.....29 F 3
Gonneville-en-Auge 14.....33 H 3
Gonneville-la-Mallet 76.....18 C 4
Gonneville-sur-Honfleur 14..34 D 2
Gonneville-sur-Mer 14.....34 A 3
Gonneville-sur-Scie 76.....20 B 3
Gonsans 25.....162 C 4
Gontaud-de-Nogaret 47.....257 F 5
La Gonterie-
  Boulouneix 24.....222 B 5
Gonvillars 70.....142 A 4
Gonzeville 76.....19 H 3
Goos 40.....293 F 3
Gorbio 06.....291 G 5
Gorcy 54.....44 D 1
Gordes 84.....305 G 1
Gorenflos 80.....12 B 4
Gorges 44.....148 A 5
Gorges 50.....31 G 3
Gorges 80.....12 C 4
La Gorgue 59.....8 A 2
Gorhey 88.....119 E 2
Gornac 33.....256 C 2
Gorniès 34.....302 B 1
Gorre 87.....223 E 1
Gorrevod 01.....195 F 3
Gorron 53.....81 H 4
Gorses 46.....261 F 1
Gorze 57.....65 G 1
Gosnay 62.....7 H 4
Gosné 35.....80 D 5
Gosselming 57.....67 G 4
Gotein-Libarrenx 64.....331 E 1
Gottenhouse 67.....68 B 5
Gottesheim 67.....68 C 4
Gouaix 77.....89 G 3
Goualade 33.....274 C 1
Gouarec 22.....77 G 5
Gouaux 65.....333 H 4
Gouaux-de-Larboust 31.....334 A 4
Gouaux-de-Luchon 31.....334 B 4
Gouberville 50.....29 G 2
Gouchaupre 76.....10 C 5
Goudargues 30.....284 C 3
Goudelancourt-
  lès-Berrieux 02.....41 F 1
Goudelancourt-
  lès-Pierrepont 02.....25 F 4
Goudelin 22.....73 F 5
Goudet 43.....247 F 5
Goudex 31.....317 E 3
Goudon 65.....315 G 4
Goudourville 82.....276 D 4
Gouesnach 29.....99 H 4
La Gouesnière 35.....50 D 5
Gouesnou 29.....70 C 5
Gouex 86.....187 E 4
Gouézec 29.....76 A 5
Gougenheim 67.....68 C 5
Gouhelans 25.....162 C 1
Gouhenans 70.....141 H 4
Gouillons 28.....86 D 5
Gouise 03.....192 B 3
Goujounac 46.....259 G 4
La Goulafrière 27.....55 E 2
Goulaine Château de 44.....147 H 4
Goulet 61.....54 A 4
Goulien 29.....98 D 2
Goulier 09.....336 A 5

Goulles 19.....243 G 4
Les Goulles 21.....138 D 2
Gouloux 58.....158 B 4
Goult 84.....305 G 1
Goulven 29.....71 E 4
Goumois 25.....163 H 3
Goupillières 14.....53 F 1
Goupillières 27.....35 G 5
Goupillières 76.....20 A 5
Goupillières 78.....57 G 3
Gouraincourt 55.....44 D 4
Le Gouray 22.....78 D 5
Gourbera 40.....292 D 2
Gourbesville 50.....29 G 5
Gourchelles 60.....21 G 3
Gourdan-Polignan 31.....334 A 1
Gourdièges 15.....245 F 5
Gourdon 06.....309 E 2
Gourdon 07.....266 B 2
Gourdon 46.....259 H 2
Gourdon 71.....194 B 1
Gourdon-Murat 19.....225 E 3
Gourette 64.....332 B 2
Gourfaleur 50.....32 B 5
Gourfouran Gouffre de 05...270 C 1
Gourgançon 51.....61 G 5
Gourge 79.....168 B 5
Gourgeon 70.....140 C 3
Gourgue 65.....333 G 1
Gourhel 56.....103 E 4
Gourlizon 29.....99 G 2
Gournay 36.....189 E 1
Gournay 76.....34 C 1
Gournay 79.....202 D 1
Gournay-en-Bray 76.....37 F 1
Gournay-le-Guérin 27.....55 G 5
Gournay-sur-Aronde 60.....39 E 1
Gournay-sur-Marne 93.....58 D 3
Les Gours 16.....202 D 3
Gours 33.....238 D 4
Gourvieille 11.....318 C 4
Gourville 16.....202 D 5
Gourvillette 17.....202 C 4
Goury 50.....28 C 2
Gourzon 52.....92 D 2
Goussaincourt 55.....94 A 3
Goussainville 28.....57 E 4
Goussainville 95.....58 D 1
Goussancourt 02.....40 D 5
Gousse 40.....293 F 2
Goussonville 78.....57 G 2
Goustranville 14.....34 A 4
La Goutelle 63.....209 E 5
Goutevernisse 31.....317 F 5
Goutrens 12.....262 B 5
Gouts 40.....293 F 2
Gouts 82.....277 E 1
Gouts-Rossignol 24.....221 G 4
Gouttières 27.....55 G 1
Gouttières 63.....209 E 2
Goutz 32.....296 C 2
Gouvernes 77.....59 E 3
Gouves 62.....13 F 2
Gouvets 50.....52 B 2
Gouvieux 60.....38 C 4
Gouville 27.....56 A 3
Gouville-sur-Mer 50.....31 F 5
Gouvix 14.....53 G 1
Goux 32.....295 E 4
Goux 39.....179 E 1
Goux-lès-Dambelin 25.....163 E 2
Goux-les-Usiers 25.....180 C 1
Goux-sous-Landet 25.....161 H 5
Gouy 02.....14 B 5
Gouy 76.....36 B 3
Gouy-en-Artois 62.....13 F 3
Gouy-en-Ternois 62.....12 D 2
Gouy-les-Groseillers 60.....22 B 4
Gouy-l'Hôpital 80.....21 H 2
Gouy-Saint-André 62.....6 D 5
Gouy-Servins 62.....8 A 5
Gouy-sous-Bellonne 62.....14 A 2
Gouzangrez 95.....37 H 5
Gouze 64.....313 G 2
Gouzeaucourt 59.....14 A 5
Gouzens 31.....317 F 5
Gouzon 23.....207 H 1
Gouzougnat 23.....207 H 1
Goven 35.....104 A 4
Goviller 54.....94 C 3
Goxwiller 67.....97 F 3
Goyencourt 80.....23 F 3
Goyrans 31.....317 H 2
Grabels 34.....302 D 4
Graçay 18.....154 A 5

Grâce-Uzel 22.....102 B 1
Grâces 22.....73 E 5
Gradignan 33.....255 F 1
Graffigny-Chemin 52.....117 H 2
Gragnague 31.....298 B 4
Graignes 50.....32 A 3
Grailhen 65.....333 H 4
Graimbouville 76.....18 D 5
Graincourt-
  lès-Havrincourt 62.....14 A 4
Grainville 27.....36 D 3
Grainville-la-Teinturière 76 ...19 F 3
Grainville-Langannerie 14....53 H 1
Grainville-sur-Odon 14.....33 F 5
Grainville-sur-Ry 76.....36 C 1
Grainville-Ymauville 76.....19 E 4
Le Grais 61.....53 G 5
Graissac 12.....263 E 2
Graissessac 34.....301 F 4
Graix 42.....230 C 5
Le Grallet 17.....218 C 1
Gramat 46.....260 D 2
Gramazie 11.....337 F 1
Grambois 84.....306 B 2
Grammond 42.....230 B 3
Grammont 70.....141 H 5
Gramond 12.....280 B 2
Gramont 82.....296 C 1
Granace 2A.....351 E 2
Grancey-le-Château 21.....139 E 4
Grancey-sur-Ource 21.....116 A 4
Granchain 27.....55 G 1
Grand 88.....93 G 4
Le Grand-Abergement 01...214 D 2
Grand-Auverné 44.....127 E 5
Grand-Ballon 68.....120 C 5
Grand Bois ou de la République
  Col du 42.....230 C 5
Le Grand-Bornand 74.....216 A 3
Le Grand-Bourg 23.....206 C 1
Grand-Bourgtheroulde 27....35 H 3
Grand-Brassac 24.....239 H 1
Grand-Camp 27.....55 E 1
Grand-Camp 76.....19 F 5
Grand-Castang 24.....240 C 5
Le Grand-Celland 50.....52 A 5
Grand-Champ 56.....124 B 2
Grand-Charmont 25.....142 C 4
Grand-Châtel 39.....196 D 4
La Grand-Combe 30.....283 G 3
Grand-Corent 01.....196 B 5
Grand-Couronne 76.....36 A 3
La Grand-Croix 42.....230 C 3
Grand-Failly 54.....44 C 2
Grand-Fayt 59.....15 F 4
Grand Fenestrez 01.....214 D 4
Grand-Fort-Philippe 59.....3 E 2
Grand-Fougeray 35.....126 B 3
Grand-Laviers 80.....11 G 3
Le Grand-Lemps 38.....232 B 4
Le Grand-Lucé 72.....130 C 2
Le Grand-Madieu 16.....203 H 3
Grand Phare 85.....164 A 4
Le Grand Piquey 33.....254 B 2
Le Grand-Pressigny 37.....170 A 3
Grand-Puch
  Château du 33.....238 B 5
Le Grand-Quevilly 76.....36 A 2
Grand-Rozoy 02.....40 B 4
Grand-Rullecourt 62.....13 E 3
Le Grand-Serre 26.....249 G 1
Grand Taureau 25.....180 D 2
Le Grand-Vabre 12.....262 B 3
Le Grand-Valtin 88.....120 B 3
Le Grand-Verly 02.....24 D 1
Le Grand-Village-Plage 17..200 B 4
Grandcamp-Maisy 14.....32 B 2
Grandchamp 08.....26 B 4
Grandchamp 52.....139 H 3
Grandchamp 72.....83 H 5
Grandchamp 78.....57 E 5
Grandchamp 89.....135 G 3
Grandchamp-
  des-Fontaines 44.....147 G 2
Grandchamp-le-Château 14..34 B 5
Grand'Combe-Châteleu 25..181 E 1
Grand'Combe-des-Bois 25..163 G 4
Grandcourt 76.....11 E 5
Grandcourt 80.....13 F 5
Grande Chartreuse
  Couvent de la 38.....233 E 5
La Grande-Fosse 88.....96 C 4
La Grande-Motte 34.....303 F 5
La Grande-Paroisse 77.....88 D 4
Grande-Rivière 39.....197 H 1
Grande-Synthe 59.....3 F 2

La Grande-Verrière 71.....176 B 2
Grandecourt 70.....140 C 4
Les Grandes-Armoises 08....27 E 5
Les Grandes-Chapelles 10....90 D 3
Les Grandes-Dalles 76.....19 F 2
Les Grandes-Loges 51.....62 A 1
Les Grandes-Rivières 17.....183 G 5
Les Grandes-Ventes 76.....20 C 3
Grandeyrolles 63.....227 G 3
Grandfontaine 25.....161 H 4
Grandfontaine 67.....96 C 2
Grandfontaine-
  sur-Creuse 25.....162 D 4
Grandfresnoy 60.....39 E 2
Grandham 08.....43 E 3
Grandjean 17.....201 G 4
Grand'Landes 85.....165 F 3
Grandlup-et-Fay 02.....25 E 4
Grandmesnil 14.....54 B 2
Grandmesnil 54.....94 A 1
Grandouet 14.....34 B 5
Grandpré 08.....43 E 3
Grandpuits 77.....88 D 2
Grandrieu 48.....264 D 1
Grandrieux 02.....25 H 3
Grandris 69.....212 B 2
Grandrû 60.....23 H 5
Grandrupt 88.....96 C 4
Grandrupt-de-Bains 88.....118 D 3
Les Grands-Chézeaux 87....188 B 4
Grandsaigne 19.....225 E 4
Grandval 63.....228 D 2
Grandval Barrage de 15.....245 H 5
Grandvals 48.....263 G 2
Grandvaux 71.....194 A 2
Grandvelle-
  et-le-Perrenot 70.....161 H 1
Grandvillars 90.....142 D 4
La Grandville 08.....26 D 3
Grandville 10.....91 F 2
Grandvillers 88.....95 H 5
Grandvillers-aux-Bois 60....39 E 2
Grandvilliers 27.....56 A 4
Grandvilliers 60.....21 H 4
Grane 26.....267 F 2
Granès 11.....337 G 3
La Grange 26.....163 E 3
Grange-de-Vaivre 39.....179 G 1
Grange-le-Bocage 89.....89 H 5
Grangent Barrage de 42.....230 A 4
Grangermont 45.....111 H 3
Granges 01.....196 B 5
Les Granges 10.....115 E 4
Granges 71.....177 G 4
Granges-Aumontzey 88.....120 A 2
Les Granges Château 58.....156 B 3
Granges-d'Ans 24.....241 F 2
Les Granges-Gontardes 26.267 E 5
Granges-la-Ville 70.....142 A 4
Granges-le-Bourg 70.....142 A 4
Les Granges-le-Roi 91.....87 E 3
Granges-l'Église 25.....180 C 2
Granges-
  les-Beaumont 26.....249 E 3
Granges-Maillot 25.....180 B 1
Granges-Narboz 25.....180 C 2
Granges-Sainte-Marie 25...180 C 3
Granges-sur-Aube 51.....90 C 2
Granges-sur-Baume 39.....179 F 4
Granges-sur-Lot 47.....275 H 1
Les Grangettes 25.....180 C 3
Grangues 14.....34 A 3
Granier 73.....234 C 2
Granier Col du 73.....233 F 3
Granieu 38.....232 C 2
Granon Col de 05.....305 F 4
Grans 13.....305 F 4
Granville 50.....51 F 3
Granzay-Gript 79.....184 D 5
Gras 07.....266 C 5
Les Gras 25.....181 E 1
Gras Plateau des 07.....284 C 1
Grassac 16.....221 H 2
Grasse 06.....309 E 3
Grassendorf 67.....68 C 3
Grateloup-
  Saint-Gayrand 47.....257 G 5
Gratens 31.....317 F 4
Gratentour 31.....297 H 3
Gratibus 80.....22 D 3
Gratot 50.....31 G 5
Gratreuil 51.....42 D 4
Grattepanche 80.....22 C 3
Le Gratteris 25.....162 B 4
Grattery 70.....141 E 4

Le Grau-d'Agde 34.....322 C 5
Grau de Maury 66.....338 B 4
Le Grau-du-Roi 30.....303 F 5
Graufthal 67.....68 A 3
Les Graulges 24.....221 H 3
Graulhet 81.....299 E 3
Grauves 51.....61 G 2
Graval 76.....21 E 3
La Grave 05.....252 A 3
La Gravelle 53.....105 G 3
Gravelines 59.....3 E 2
Gravelotte 57.....65 G 1
La Graverie 14.....52 C 2
Graveron-Sémerville 27.....35 A 5
Graves-Saint-Amant 16.....220 D 2
Graveson 13.....304 C 2
Gravières 07.....265 H 5
Gravigny 27.....56 B 1
Gravon 77.....89 F 4
Gray 70.....161 E 1
Gray-la-Ville 70.....161 E 1
Grayan-et-l'Hôpital 33.....218 C 4
Graye-et-Charnay 39.....196 B 2
Graye-sur-Mer 14.....33 F 3
Grayssas 47.....276 D 3
Grazac 31.....318 A 4
Grazac 43.....247 H 2
Grazac 81.....298 B 2
Grazay 53.....82 C 5
Gréalou 46.....261 E 4
Gréasque 13.....327 F 1
Grébault-Mesnil 80.....11 F 4
Grécourt 80.....23 G 3
Gredisans 39.....161 E 5
La Grée-Penvins 56.....124 C 5
La Grée-Saint-Laurent 56...102 D 4
Gréez-sur-Roc 72.....108 D 3
Greffeil 11.....337 H 1
Grèges 76.....10 B 5
Grégy-sur-Yerres 77.....59 E 5
Grémecey 57.....66 C 4
Grémévillers 60.....21 H 5
Gremilly 55.....44 C 4
Grémonville 76.....19 H 4
Grenade 31.....297 G 3
Grenade-sur-l'Adour 40.....294 A 2
Grenant 52.....139 H 3
Grenant-lès-Sombernon 21.159 G 4
Grenay 38.....231 G 1
Grenay 62.....8 B 4
Grendelbruch 67.....97 E 2
Greneville-en-Beauce 45.....111 F 3
Grenier-Montgon 43.....245 H 1
Gréning 57.....67 F 2
Grenoble 38.....250 D 1
Grenois 58.....157 F 3
Grentheville 14.....33 H 5
Grentzingen 68.....143 F 3
Greny 76.....10 C 5
Gréolières 06.....309 E 1
Gréolières-les-Neiges 06.....309 E 1
Gréoux-les-Bains 04.....306 D 2
Grépiac 31.....318 A 3
Le Grès 31.....297 G 3
Grésigny-Sainte-Reine 21...138 A 5
Gresin 73.....232 D 2
La Gresle 42.....212 A 2
Gresse-en-Vercors 38.....250 C 5
Gressey 78.....57 E 3
Gresswiller 67.....97 E 2
Gressy 77.....59 E 2
Grésy-sur-Aix 73.....215 F 5
Grésy-sur-Isère 73.....233 H 2
Gretz-Armainvilliers 77.....59 F 4
Greucourt 70.....140 C 5
Greuville 76.....19 H 2
Greux 88.....93 H 3
La Grève-sur-Mignon 17.....184 B 5
Les Grèves 22.....78 C 3
Gréville-Hague 50.....28 D 2
Grévillers 62.....13 G 4
Grevilly 71.....195 E 2
Grez 60.....21 H 4
Le Grez 72.....107 E 2
Grez-en-Bouère 53.....128 C 2
Grez-Neuville 49.....128 B 5
Grez-sur-Loing 77.....88 B 5
Grézac 17.....219 E 2
Grézels 46.....259 F 5
Grèzes 43.....241 H 3
Grèzes 43.....246 C 5
Grèzes 46.....261 E 3
Grèzes 48.....264 B 4
Grézet-Cavagnan 47.....275 E 1
Grézian 65.....333 G 4

A
B
C
D
E
F
G
H
I
J
K
L
M
N
O
P
Q
R
S
T
U
V
W
X
Y
Z

Grézieu-la-Varenne 69 ...... 212 D 5
Grézieu-le-Marché 69 ...... 230 B 2
Grézieux-le-Fromental 42 ...... 229 H 2
Grézillac 33 ...... 256 C 1
Grézillé 49 ...... 149 H 3
Grézolles 42 ...... 211 F 4
Gricourt 02 ...... 24 A 2
Grièges 01 ...... 195 E 5
La Grière 85 ...... 182 D 3
Gries 67 ...... 69 E 4
Griesbach 67 ...... 68 D 2
Griesbach-au-Val 68 ...... 120 D 3
Griesbach-le-Bastberg 67 ...... 68 B 3
Griesheim-près-Molsheim 67.97 E 3
Griesheim-sur-Souffel 67 ...... 68 D 5
Grignan 26 ...... 267 F 5
Grigneuseville 76 ...... 20 B 4
Grignols 33 ...... 274 D 1
Grignols 24 ...... 240 B 3
Grignon 21 ...... 137 H 3
Grignon 73 ...... 234 A 1
Grignoncourt 88 ...... 118 B 5
Grigny 62 ...... 7 E 5
Grigny 69 ...... 231 E 2
Grigny 91 ...... 58 C 5
La Grigonnais 44 ...... 126 C 5
Grillemont Château de 37 ...... 170 A 1
Grillon 84 ...... 267 F 5
Grilly 01 ...... 197 G 4
Grimaucourt-en-Woëvre 55 ...... 44 C 5
Grimaucourt-
    près-Sampigny 55 ...... 64 C 4
Grimaud 83 ...... 329 F 2
La Grimaudière 86 ...... 168 C 4
Grimault 89 ...... 137 E 4
Grimbosq 14 ...... 53 F 1
Grimesnil 50 ...... 51 H 1
Grimone 26 ...... 268 D 2
Grimone Col de 26 ...... 268 D 2
Grimonviller 54 ...... 94 C 4
Grincourt-lès-Pas 62 ...... 13 E 4
Grindorff-Bizing 57 ...... 46 C 2
Gripp 65 ...... 333 F 3
La Gripperie-
    Saint-Symphorien 17 ...... 200 D 5
Gripport 54 ...... 95 E 3
Gris-Nez Cap 62 ...... 2 A 4
Griscourt 54 ...... 65 G 4
Griselles 21 ...... 137 H 2
Griselles 45 ...... 112 C 4
Grisolles 02 ...... 40 B 5
Grisolles 82 ...... 297 G 2
Grisy 14 ...... 54 A 1
Grisy-les-Plâtres 95 ...... 38 A 5
Grisy-Suisnes 59 ...... 59 E 5
Grisy-sur-Seine 77 ...... 89 G 4
La Grive 38 ...... 231 H 2
Grives 24 ...... 259 F 2
Grivesnes 80 ...... 22 D 4
Grivillers 80 ...... 23 E 4
Grivy-Loisy 08 ...... 42 C 2
Groffliers 62 ...... 6 B 5
La Groise 59 ...... 15 E 5
Groises 18 ...... 155 H 4
Groissiat 01 ...... 196 C 5
Groisy 74 ...... 215 G 2
Groix 56 ...... 123 E 3
Groléjac 24 ...... 259 H 1
Gron 18 ...... 155 H 5
Gron 89 ...... 113 G 3
Gronard 02 ...... 25 F 3
Le Gros Cerveau 83 ...... 327 H 4
Gros-Chastang 19 ...... 243 F 2
Gros-Réderching 57 ...... 67 H 1
Grosbliederstroff 57 ...... 47 G 5
Grosbois 25 ...... 162 C 2
Grosbois Château de 94 ...... 58 D 5
Grosbois-en-Montagne 21 ...... 159 F 3
Grosbois-lès-Tichey 21 ...... 178 C 1
Grosbreuil 85 ...... 182 B 1
Les Groseillers 79 ...... 185 E 2
Groslay 95 ...... 58 C 2
Groslée 01 ...... 232 C 1
Groslée-Saint-Benoit 01 ...... 232 C 1
Grosley-sur-Risle 27 ...... 55 H 1
Grosmagny 90 ...... 142 C 2
Grosne 90 ...... 142 D 3
Grospierres 07 ...... 284 A 1
Grosrouvre 78 ...... 57 F 4
Grosrouvres 54 ...... 65 E 4
Grossa 2A ...... 350 D 2
Grosseto-Prugna 2A ...... 348 D 4
Grossœuvre 27 ...... 56 B 2
Grossouvre 18 ...... 174 A 3
Grostenquin 57 ...... 67 E 2
Grosville 50 ...... 28 D 4
Le Grouanec 29 ...... 70 D 4

Grouches-Luchuel 80 ...... 12 D 3
Grougis 02 ...... 24 C 1
Grouin Pointe du 35 ...... 50 D 4
La Groulais Château de 44.147 F 1
La Groutte 18 ...... 173 F 5
Grozon 39 ...... 179 F 2
Gruchet-le-Valasse 76 ...... 19 E 5
Gruchet-Saint-Siméon 76 ...... 19 H 2
Grues 85 ...... 183 E 3
Gruey-lès-Surance 88 ...... 118 D 4
Gruffy 74 ...... 215 G 5
Grugé-l'Hôpital 49 ...... 127 G 3
Grugies 02 ...... 24 A 3
Grugny 76 ...... 20 B 5
Gruissan 11 ...... 339 F 1
Gruissan-Plage 11 ...... 339 F 1
Grumesnil 76 ...... 21 F 5
Grun-Bordas 24 ...... 240 B 3
Grundviller 57 ...... 67 G 1
Gruny 80 ...... 23 F 3
Grury 71 ...... 176 A 5
Gruson 59 ...... 9 E 3
Grusse 39 ...... 196 B 5
Grussenheim 68 ...... 121 F 2
Grust 65 ...... 332 D 3
Gruyères 08 ...... 26 C 3
Le Gua 17 ...... 200 D 5
Le Gua 38 ...... 250 D 3
Guagno 2A ...... 348 D 1
Guagno-les-Bains 2A ...... 348 C 1
Guainville 28 ...... 57 E 2
Guarbecque 62 ...... 7 H 3
Guargualé 2A ...... 348 D 4
Guchan 65 ...... 333 G 4
Guchen 65 ...... 333 G 4
Gudas 09 ...... 336 B 2
Gudmont 52 ...... 93 E 5
Le Gué-d'Alleré 17 ...... 183 H 5
Le Gué-de-la-Chaîne 61 ...... 84 B 4
Le Gué-de-Longroi 28 ...... 86 C 3
Le Gué-de-Velluire 85 ...... 183 H 3
Gué-d'Hossus 08 ...... 26 C 1
Le Gué-du-Loir 41 ...... 131 F 3
Le Gué-Lian 72 ...... 107 G 2
Guebenhouse 57 ...... 67 F 1
Gueberschwihr 68 ...... 121 E 3
Guébestroff 57 ...... 67 E 4
Guéblange-lès-Dieuze 57 ...... 67 E 4
Guébling 57 ...... 67 E 3
Guebwiller 68 ...... 120 D 5
Guécélard 72 ...... 129 H 2
Le Guédéniau 49 ...... 150 C 1
Guégon 56 ...... 102 C 1
Guéhébert 50 ...... 51 H 1
Guéhenno 56 ...... 102 C 5
Gueltas 56 ...... 102 B 3
Guémappe 62 ...... 13 H 3
Guémar 68 ...... 97 E 5
Guémené-Penfao 44 ...... 126 A 4
Guémené-sur-Scorff 56 ...... 101 F 2
Guémicourt 80 ...... 21 F 3
Guemps 62 ...... 2 D 3
Guénange 57 ...... 45 H 4
Guengat 29 ...... 99 G 2
Guénin 56 ...... 101 H 4
Guénouvry 44 ...... 126 A 4
Guenroc 22 ...... 79 G 5
Guenrouet 44 ...... 125 H 5
Guentrange 57 ...... 45 G 3
Guenviller 57 ...... 47 E 5
Guêprei 61 ...... 54 B 3
Guer 56 ...... 103 F 5
Guérande 44 ...... 145 H 4
Guérard 77 ...... 59 G 4
Guerbigny 80 ...... 23 E 4
La Guerche 37 ...... 170 A 3
La Guerche-
    de-Bretagne 35 ...... 105 E 3
La Guerche-sur-l'Aubois 18.174 A 2
Guercheville 77 ...... 112 A 2
Guerchy 89 ...... 136 A 2
Guéreins 01 ...... 213 E 1
Guéret 23 ...... 207 E 1
Guerfand 71 ...... 178 A 4
Guérigny 58 ...... 174 C 1
Guérin 47 ...... 257 E 5
La Guérinière 85 ...... 164 B 1
Guerlédan Lac de 22 ...... 77 H 5
Guerlesquin 29 ...... 72 B 5
Guermange 57 ...... 67 E 4
Guermantes 77 ...... 59 E 3
Guern 56 ...... 101 G 3
Guernanville 27 ...... 55 H 3
Guernes 78 ...... 57 F 1
Le Guerno 56 ...... 125 E 4
Guerny 27 ...... 37 F 4

La Guéroulde 27 ...... 55 H 4
Guerpont 55 ...... 63 H 4
Guerquesalles 61 ...... 54 C 2
Les Guerreaux 71 ...... 193 F 2
Guerstling 57 ...... 46 D 3
Guerting 57 ...... 46 D 5
Guerville 76 ...... 11 E 5
Guerville 78 ...... 57 F 2
Guéry Col de 63 ...... 227 F 2
Gueschart 80 ...... 11 H 2
Guesnain 59 ...... 8 D 5
Guesnes 86 ...... 168 D 2
Guessling-Hémering 57 ...... 66 D 1
Guéthary 64 ...... 310 C 3
Le Guétin 18 ...... 174 B 2
Gueudecourt 80 ...... 13 G 5
Gueugnon 71 ...... 193 G 1
Gueures 76 ...... 20 A 2
Gueutteville 76 ...... 20 A 4
Gueutteville-les-Grès 76 ...... 19 G 2
Gueux 51 ...... 41 F 4
Guevenatten 68 ...... 142 D 2
Guewenheim 68 ...... 142 D 1
Gueynard 33 ...... 237 H 3
Gueytes-et-Labastide 11 ...... 337 E 2
Gueyze 47 ...... 275 E 4
Gugnécourt 88 ...... 95 H 5
Gugney 54 ...... 94 C 4
Gugney-aux-Aulx 88 ...... 95 E 5
Guibermesnil 80 ...... 21 G 2
Guibeville 91 ...... 87 G 2
Guichainville 27 ...... 56 B 2
Guiche 64 ...... 292 C 5
La Guiche 71 ...... 194 B 2
Guichen 35 ...... 104 A 4
Guiclan 29 ...... 71 G 5
Guidel 56 ...... 100 D 5
Guidon du Bouquet 30 ...... 284 A 3
La Guierche 72 ...... 107 H 3
Guignecourt 60 ...... 38 A 1
Guignemicourt 80 ...... 22 B 2
Guignen 35 ...... 103 H 5
Guignes 77 ...... 88 C 2
Guigneville 45 ...... 111 G 2
Guigneville-sur-Essonne 91 ...87 H 3
Guignicourt 02 ...... 41 G 2
Guignicourt-sur-Vence 08 ...26 C 4
La Guignière 37 ...... 151 H 2
Guignonville 45 ...... 111 F 3
Guigny 62 ...... 11 H 1
Guilberville 50 ...... 52 C 1
Le Guildo 22 ...... 50 A 5
Guiler-sur-Goyen 29 ...... 99 F 2
Guilers 29 ...... 75 E 2
Guilherand-Granges 07 ...... 249 F 4
Guillac 33 ...... 256 C 1
Guillac 56 ...... 102 D 5
Guillaucourt 80 ...... 23 E 2
Guillaumes 06 ...... 289 F 4
Guillemont 80 ...... 13 G 5
La Guillermie 03 ...... 210 D 3
Guilleval 91 ...... 87 F 5
Guillestre 05 ...... 270 D 2
Guilleville 28 ...... 110 D 2
Guilliers 56 ...... 102 D 3
Guilligomarc'h 29 ...... 101 E 4
Guillon 89 ...... 158 B 1
Guillon-les-Bains 25 ...... 162 C 2
Guillonville 28 ...... 110 C 4
Guillos 33 ...... 255 G 4
Guilly 36 ...... 171 H 1
Guilly 45 ...... 133 H 3
Guilmécourt 76 ...... 10 C 5
Guilvinec 29 ...... 99 F 5
Guimaëc 29 ...... 72 A 4
Guimiliau 29 ...... 71 G 5
Guimps 16 ...... 220 C 4
Guinarthe-Parenties 64 ...... 311 H 3
Guincourt 08 ...... 26 C 5
Guindrecourt-aux-Ormes 52...92 D 3
Guindrecourt-sur-Blaise 52 ...92 C 5
Guinecourt 62 ...... 12 C 2
Guînes 62 ...... 2 C 4
Guingamp 22 ...... 73 E 5
Guinglange 57 ...... 66 C 1
Guinkirchen 57 ...... 46 C 4
Guinzeling 57 ...... 67 F 3
Guipavas 29 ...... 75 F 2
Guipel 35 ...... 80 B 5
Guipronvel 29 ...... 70 C 5
Guipry-Messac 35 ...... 126 A 2
Guipy 58 ...... 157 F 4
Guirlange 57 ...... 46 C 4
Guiry-en-Vexin 95 ...... 37 G 5
La Hague
    Usine atomique de 50 ...... 28 C 2
Guiscard 60 ...... 23 H 4
Guiscriff 56 ...... 100 C 2
Guise 02 ...... 24 D 1

Guiseniers 27 ...... 37 E 4
Le Guislain 50 ...... 52 A 1
Guissény 29 ...... 70 D 4
Guisy 62 ...... 6 D 5
Guitalens 81 ...... 299 E 4
Guitera-les-Bains 2A ...... 349 E 3
Guitinières 17 ...... 219 G 4
Guitrancourt 78 ...... 57 G 1
Guîtres 33 ...... 238 C 3
Guitry 27 ...... 37 E 4
Guitté 22 ...... 103 G 1
Guivry 02 ...... 23 H 4
Guizancourt 80 ...... 21 H 3
Guizengeard 16 ...... 220 D 5
Guizerix 65 ...... 315 H 4
Gujan-Mestras 33 ...... 254 C 2
Gumbrechtshoffen 67 ...... 68 D 2
Gumery 10 ...... 89 H 4
Gumiane 26 ...... 268 A 4
Gumières 42 ...... 229 G 3
Gumond 19 ...... 243 F 2
Gundershoffen 67 ...... 68 D 2
Gundolsheim 68 ...... 121 E 4
Gungwiller 67 ...... 67 H 3
Gunsbach 68 ...... 120 D 3
Gunstett 67 ...... 69 E 2
Guntzviller 57 ...... 67 H 5
Guny 02 ...... 40 A 1
Guran 31 ...... 334 B 3
Gurat 16 ...... 221 G 4
Gurcy-le-Châtel 77 ...... 89 E 3
Gurgy 89 ...... 136 B 2
Gurgy-la-Ville 21 ...... 138 D 2
Gurgy-le-Château 21 ...... 138 D 2
Gurmençon 64 ...... 331 H 1
Gurs 64 ...... 313 G 4
Gurunhuel 22 ...... 72 D 5
Gury 60 ...... 23 F 5
Gussainville 55 ...... 44 D 5
Gussignies 59 ...... 15 F 2
Guyancourt 78 ...... 58 A 4
Guyans-Durnes 25 ...... 162 B 5
Guyans-Vennes 25 ...... 163 E 4
Guyencourt 02 ...... 41 F 2
Guyencourt-Saulcourt 80 ...14 A 5
Guyencourt-sur-Noye 80 ...22 C 3
La Guyonnière 85 ...... 166 A 2
Guyonvelle 52 ...... 140 B 2
Guzargues 34 ...... 303 E 3
Guzet-Neige 09 ...... 335 G 5
Gy 70 ...... 161 G 2
Gy-en-Sologne 41 ...... 153 G 3
Gy-les-Nonains 45 ...... 112 D 5
Gy-l'Évêque 89 ...... 136 B 4
Gye 54 ...... 94 B 1
Gyé-sur-Seine 10 ...... 115 G 4

H

Habarcq 62 ...... 13 F 2
Habas 40 ...... 293 E 4
Habère-Lullin 74 ...... 198 B 4
Habère-Poche 74 ...... 198 B 4
L'Habit 27 ...... 56 D 3
L'Habitarelle 48 ...... 264 D 3
L'Habitarelle 48 ...... 265 F 5
Hablainville 54 ...... 95 H 2
Habloville 61 ...... 53 H 4
Habonville 54 ...... 45 F 5
Haboudange 57 ...... 66 D 3
Habsheim 68 ...... 143 G 1
Hachan 65 ...... 315 H 4
Hâcourt 52 ...... 117 H 2
Hacqueville 27 ...... 37 E 3
Hadancourt-
    le-Haut-Clocher 60 ...... 37 G 5
Hadigny-les-Verrières 88 ...... 95 F 4
Hadol 88 ...... 119 G 3
Hadonville-
    lès-Lachaussée 55 ...... 65 E 1
Haegen 67 ...... 68 B 5
Hagécourt 88 ...... 94 D 5
Hagedet 65 ...... 295 E 5
Hagen 57 ...... 45 H 1
Hagenbach 68 ...... 143 E 2
Hagenthal-le-Bas 68 ...... 143 G 4
Hagenthal-le-Haut 68 ...... 143 G 4
Haget 32 ...... 315 F 2
Hagetaubin 64 ...... 293 H 5
Hagetmau 40 ...... 293 H 4
Hagéville 54 ...... 65 E 2
Hagnéville-et-Roncourt 88 ...94 A 5
Hagnicourt 08 ...... 26 C 5
Hagondange 57 ...... 45 H 4
Haguenau 67 ...... 69 E 3
La Haie-Fouassière 44 ...... 147 H 4

La Haie-Longue 49 ...... 149 F 3
La Haie-Traversaine 53 ...... 82 B 4
Les Haies 69 ...... 231 E 3
Haignéville 54 ...... 95 E 3
Haillainville 88 ...... 95 F 4
Le Haillan 33 ...... 237 F 5
Hailles 80 ...... 22 C 3
Haillicourt 62 ...... 7 H 4
Haims 17 ...... 202 C 4
Haims 86 ...... 187 G 2
Hainvillers 60 ...... 23 E 5
Haironville 55 ...... 63 G 5
Haisnes 62 ...... 8 B 4
Haleine 61 ...... 82 C 3
Halinghen 62 ...... 6 B 3
Hallencourt 80 ...... 11 G 5
Hallennes-lez-Haubourdin 59...8 C 3
Hallering 57 ...... 46 D 5
Les Halles 69 ...... 230 B 1
Halles-sous-les-Côtes 55 ...43 G 1
Hallignicourt 52 ...... 63 E 5
Halling-lès-Boulay 57 ...... 46 C 5
Hallines 80 ...... 7 F 2
Hallivillers 80 ...... 22 B 4
La Hallotière 76 ...... 36 D 1
Halloville 54 ...... 96 A 2
Halloy 60 ...... 21 H 4
Halloy 62 ...... 12 D 4
Halloy-lès-Pernois 80 ...... 12 C 5
Hallu 80 ...... 23 F 3
Halluin 59 ...... 4 D 5
Halsou 64 ...... 310 D 3
Halstroff 57 ...... 46 C 2
Le Ham 14 ...... 34 A 4
Le Ham 50 ...... 29 G 5
Le Ham 53 ...... 82 D 4
Ham 80 ...... 23 H 3
Ham Roches de 50 ...... 52 B 1
Ham-en-Artois 62 ...... 7 H 3
Ham-les-Moines 08 ...... 26 C 2
Ham-sous-Varsberg 57 ...... 46 D 5
Ham-sur-Meuse 08 ...... 17 E 4
Hamars 14 ...... 53 F 1
Hambach 57 ...... 67 G 1
Hambers 53 ...... 106 C 2
Hamblain-les-Prés 62 ...... 13 H 2
Hambye 50 ...... 51 H 2
Hambye Abbaye de 50 ...... 51 H 2
Hamel 59 ...... 14 A 2
Le Hamel 60 ...... 21 H 4
Le Hamel 80 ...... 22 D 2
Hamelet 80 ...... 23 E 2
Hamelin 50 ...... 81 F 2
Hamelincourt 62 ...... 13 G 3
Hames-Boucres 62 ...... 2 C 4
Hammeville 54 ...... 94 C 2
Hamonville 54 ...... 65 E 4
Hampigny 10 ...... 91 H 3
Hampont 57 ...... 66 D 4
Han-devant-Pierrepont 54 ...44 D 3
Han-lès-Juvigny 55 ...... 43 H 1
Han-sur-Meuse 55 ...... 64 C 4
Han-sur-Nied 57 ...... 66 C 2
Hanau Étang de 57 ...... 68 C 1
Hanc 79 ...... 203 E 2
Hanches 28 ...... 86 C 2
Hancourt 80 ...... 23 H 1
Handschuheim 67 ...... 97 F 1
Hangard 80 ...... 22 D 2
Hangenbieten 67 ...... 97 G 1
Hangest-en-Santerre 80 ...... 23 E 3
Hangest-sur-Somme 80 ...... 22 A 1
Hangviller 57 ...... 68 A 4
Hannaches 60 ...... 37 G 1
Hannapes 02 ...... 24 D 1
Hannappes 08 ...... 25 H 2
Hannescamps 62 ...... 13 F 4
Hannocourt 57 ...... 66 C 3
Hannogne-Saint-Martin 08 ...27 E 4
Hannogne-Saint-Rémy 08 ...25 H 5
Hannonville-
    sous-les-Côtes 55 ...... 64 D 2
Hannonville-Suzémont 54 ...65 E 1
Le Hanouard 76 ...... 19 G 3
Hans 51 ...... 42 D 5
Hantay 59 ...... 8 B 3
Hantz Col du 88 ...... 96 C 3
Hanvec 29 ...... 75 H 3
Hanviller 57 ...... 48 C 5
Hanvoile 60 ...... 37 G 1
Haplincourt 62 ...... 13 H 4
Happencourt 02 ...... 24 A 3
Happonvilliers 28 ...... 85 G 5
Harambels 64 ...... 311 G 5
Haramont 02 ...... 39 H 3
Haraucourt 08 ...... 27 F 4

Haraucourt 54 ...... 95 E 1
Haraucourt-sur-Seille 57 ...... 66 C 3
Haraumont 55 ...... 43 H 4
Haravesnes 62 12
Haravilliers 95 ...... 38 A
Harbonnières 80 23
Harbouey 54 ...... 96 A
Harcanville 76 19
Harchéchamp 88 ...... 94 A
Harcigny 02 ...... 25 G
Harcourt 27 ...... 35 C
Harcy 08 ...... 26 C
Hardancourt 88 ...... 95 C
Hardanges 53 ...... 82 C
Hardecourt-aux-Bois 80 ...... 23 C
Hardelot-Plage 62 ...... 6 A
Hardencourt-Cocherel 27 ...... 56 C
Hardifort 59 ...... 3 C
Hardinghen 62 ...... 2 C
Hardinvast 50 ...... 29 E
Hardivillers 60 ...... 22 C
Hardivillers-en-Vexin 60 ...... 37 H
La Hardoye 08 ...... 25 H
Hardricourt 78 ...... 57 G
La Harengère 27 ...... 36 A
Haréville 88 ...... 118 C
Harfleur 76 ...... 34 D
Hargarten-aux-Mines 57 ...... 46 D
Hargeville 78 ...... 57 F
Hargeville-sur-Chée 55 ...... 63 H
Hargicourt 02 ...... 24 A
Hargicourt 80 ...... 22 C
Hargnies 08 ...... 17 E
Hargnies 59 ...... 15 G
Haricourt 27 ...... 37 E
Harly 02 ...... 24 B
Harmonville 88 ...... 94 B
La Harmoye 22 ...... 77 H
Harnes 62 ...... 8 B
Harol 88 ...... 119 E
Haroué 54 ...... 94 D
Harponville 80 ...... 13 E
Harprich 57 ...... 66 D
Harquency 27 ...... 37 E
Harreberg 57 ...... 67 H
Harréville-les-Chanteurs 52 ...93 H
Harricourt 08 ...... 43 E
Harricourt 52 ...... 92 C
Harsault 88 ...... 119 E
Harskirchen 67 ...... 67 G
Hartennes-et-Taux 02 ...... 40 B
Hartmannswiller 68 ...... 120 D
Hartzviller 57 ...... 67 H
Harville 55 ...... 65 E
Hary 02 ...... 25 E
Haselbourg 57 ...... 96 C
Hasnon 59 ...... 9 F
Hasparren 64 ...... 311 E
Haspelschiedt 57 ...... 48 C
Haspres 59 ...... 14 C
Hastingues 40 ...... 292 D
Hatrize 54 ...... 45 F
Hatten 67 ...... 69 F
Hattencourt 80 ...... 23 E
Hattenville 76 ...... 19 F
Hattigny 57 ...... 96 B
Hattmatt 67 ...... 68 B
Hattonchâtel 55 ...... 64 D
Hattonville 55 ...... 64 D
Hattstatt 68 ...... 121 E
Hauban 65 ...... 333 F
Haubourdin 59 ...... 8 C
Hauconcourt 57 ...... 45 H
Haucourt 60 ...... 37 H
Haucourt 62 ...... 13 F
Haucourt 76 ...... 21 F
Haucourt-en-Cambrésis 59 ...14 C
Haucourt-la-Rigole 55 ...... 44 C
Haucourt-Moulaine 54 ...... 45 E
Haudainville 55 ...... 64 C
Haudiomont 55 ...... 64 C
Haudivillers 60 ...... 38 B
Haudonville 54 ...... 95 G
Haudrecy 08 ...... 26 C
Haudricourt 76 ...... 21 F
Haulchin 59 ...... 14 D
Haulies 32 ...... 296 B
Haulmé 08 ...... 26 D
Haumont-
    lès-Lachaussée 55 ...... 65 E
Haumont-
    près-Samogneux 55 ...... 44 B
Hauriet 40 ...... 293 G
Hausgauen 68 ...... 143 F
Haussez 76 ...... 21 F

aussimont 51 ...... 61 H 4
aussonville 54 ...... 95 E 2
aussy 59 ...... 14 D 3
aut-Asco 2B ...... 346 C 3
aut-Barr Château du 67 ...68 B 4
aut-Clocher 57 ...... 67 G 4
Haut-Corlay 22 ...... 77 H 4
Haut-de-Bosdarros 64 ...314 B 5
Haut-du-Them 70 ...... 142 B 1
aut-Kœnigsbourg
  Château du 67 ...... 97 E 5
aut-Lieu 59 ...... 15 G 4
aut-Loquin 62 ...... 2 D 5
aut-Maînil 62 ...... 12 B 2
aut-Mauco 40 ...... 293 H 2
Haut Planet Balcon 78...57 F 5
autaget 65 ...... 333 H 1
autbos 60 ...... 21 G 5
aute-Avesnes 62 ...... 13 F 2
Haute-Beaume 05 ...268 D 3
Haute-Chapelle 61 ...82 B 2
aute-Epine 60 ...... 21 H 5
aute-Goulaine 44 ...147 H 4
aute-Isle 95 ...... 57 F 1
aute-Kontz 57 ...... 46 B 2
Haute-Maison 77 ...... 59 H 3
aute Provence
  Observatoire de 04 ...287 E 5
aute-Rivoire 69 ...... 230 B 1
aute-Vigneulles 57 ...66 D 1
autecloque 62 ...... 12 D 2
auteluce 73 ...... 216 C 5
autepierre-le-Châtelet 25.. 180 C 1
auterive 03 ...... 210 B 2
auterive 61 ...... 83 H 3
auterive 89 ...... 114 A 5
auterive-la-Fresse 25...180 D 1
auterives 26 ...... 249 G 1
auteroche 21 ...... 159 F 1
autes-Duyes 04 ...... 287 H 2
s Hautes-Rivières 08 ...27 E 1
autesvignes 47 ...257 G 5
autevelle 70 ...... 141 F 2
autevesnes 02 ...... 40 A 5
auteville 02 ...... 24 C 2
auteville 08 ...... 26 A 5
auteville 51 ...... 63 E 5
auteville 62 ...... 13 E 2
auteville 73 ...... 233 H 2
Hauteville 78 ...... 57 E 5
auteville-Gondon 73...234 D 1
auteville-la-Guichard 50...31 H 5
auteville-lès-Dijon 21 ...160 A 2
auteville-Lompnes 01...214 C 3
auteville-sur-Fier 74 ...215 F 3
auteville-sur-Mer 50 ...51 F 1
autl 78 ...... 57 H 2
ution 02 ...... 25 F 2
utmont 59 ...... 15 G 3
utmougey 88 ...... 119 E 4
utot-l'Auvray 76 ...19 G 3
utot-le-Vatois 76 ...19 G 4
utot-Saint-Sulpice 76 ...19 G 4
utot-sur-Mer 76 ...... 20 A 2
utot-sur-Seine 76 ...36 A 2
utteville-Bocage 50 ...29 F 5
utvillers 51 ...... 61 F 1
utvillers-Ouville 80 ...11 G 3
uville 27 ...... 35 G 2
uviné 08 ...... 42 B 3
ux 33 ...... 255 H 2
ux 64 ...... 331 F 2
vange 57 ...... 45 F 3
velu 28 ...... 57 E 4
veluy 59 ...... 9 F 5
vernas 80 ...... 12 C 5
verskerque 59 ...... 7 H 2
Havre 76 ...... 34 C 1
Havre-Antifer
  Port pétrolier 76 ...18 C 4
vrincourt 62 ...... 14 A 4
vys 08 ...... 26 B 2
lay-les-Roses 94 ...58 C 4
yange 57 ...... 45 G 3

Haybes 08 ...... 17 E 5
La Haye 76 ...... 36 D 1
La Haye 88 ...... 119 E 3
La Haye-Aubrée 27 ...35 G 2
La Haye-Bellefond 50...52 A 1
La Haye-de-Calleville 27 ...35 G 4
La Haye-de-Routot 27...35 G 2
La Haye-d'Ectot 50 ...28 D 5
La Haye-du-Puits 50...31 F 3
La Haye-du-Theil 27 ...35 H 4
La Haye-le-Comte 27 ...36 B 4
La Haye-Malherbe 27 ...36 A 4
La Haye-Pesnel 50 ...51 G 3
La Haye-Saint-Sylvestre 27...55 F 2
Les Hayes 41 ...... 131 E 4
Haynecourt 59 ...... 14 B 3
Les Hays 39 ...... 178 D 2
Hazebrouck 59 ...... 3 H 5
Hazembourg 57 ...67 F 2
Héas 65 ...... 333 E 5
Le Heaulme 95 ...... 37 H 5
Héauville 50 ...... 28 D 3
Hébécourt 27 ...... 37 F 3
Hébécourt 80 ...... 22 B 3
Hébécrevon 50 ...... 32 A 5
Héberville 76 ...... 19 H 3
Hébuterne 62 ...... 13 F 4
Hèches 65 ...... 333 H 2
Hecken 68 ...... 143 E 2
Hecmanville 27 ...... 35 F 4
Hédauville 80 ...... 13 E 5
Hédé-Bazouges 35...80 A 5
Hédouville 95 ...... 38 B 5
Hegeney 67 ...... 68 D 2
Hégenheim 68 ...... 143 H 3
Heidolsheim 67 ...97 F 5
Heidwiller 68 ...... 143 F 2
Heiligenberg 67 ...97 E 2
Heiligenstein 67 ...97 F 3
Heillecourt 54 ...... 94 D 1
Heilles 60 ...... 38 B 3
Heilly 80 ...... 22 D 1
Heiltz-le-Hutier 51 ...63 E 5
Heiltz-le-Maurupt 51 ...63 E 4
Heiltz-l'Évêque 51 ...62 D 4
Heimersdorf 68 ...... 143 F 3
Heimsbrunn 68 ...... 143 E 2
Heining-lès-Bouzonville 57...46 D 3
Heippes 55 ...... 63 H 1
Heiteren 68 ...... 121 G 4
Heiwiller 68 ...... 143 F 3
Hélesmes 59 ...... 9 F 5
Hélette 64 ...... 311 F 4
Helfaut 62 ...... 7 F 2
Helfrantzkirch 68 ...143 G 3
Helléan 56 ...... 102 D 4
Hellemmes-Lille 59 ...8 D 2
Hellenvilliers 27 ...56 B 4
Hellering-lès-
  Fénétrange 57 ...67 C 4
Helleville 50 ...... 28 D 4
Hellimer 57 ...... 67 F 2
Héloup 61 ...... 83 G 4
Helstroff 57 ...... 46 C 5
Hem 59 ...... 9 E 2
Hem-Hardinval 80 ...12 C 4
Hem-Lenglet 59 ...... 14 B 3
Hem-Monacu 80 ...... 23 F 1
Hémevez 50 ...... 29 F 5
Hémévillers 60 ...... 39 E 1
Hémilly 57 ...... 66 C 1
Héming 57 ...... 67 G 5
Hémonstoir 22 ...... 102 A 2
Hénaménil 54 ...... 66 D 5
Hénanbihen 22 ...... 79 E 2
Hénansal 22 ...... 79 E 3
Hendaye 64 ...... 310 A 3
Hendecourt-
  lès-Cagnicourt 62 ...13 H 3
Hendecourt-lès-Ransart 62 ...13 G 3
Hénencourt 80 ...... 13 E 5
Henflingen 68 ...... 143 F 3
Hengoat 22 ...... 73 E 3
Hénin-Beaumont 62 ...8 C 5
Hénin-sur-Cojeul 62 ...13 G 3
Héninel 62 ...... 13 G 3
Hennebont 56 ...... 101 F 5
Hennecourt 88 ...... 119 E 2
Hennemont 55 ...... 64 D 1
Henneveux 62 ...... 2 C 5
Hennezel 88 ...... 118 D 3

Hennezis 27 ...... 36 D 4
Hénon 22 ...... 78 C 4
Hénonville 60 ...... 38 A 4
Hénouville 76 ...... 36 A 1
Henrichemont 18 ...155 F 3
Henridorff 57 ...... 68 A 4
Henriville 57 ...... 67 F 1
Hénu 62 ...... 13 E 4
Henvic 29 ...... 71 H 4
L'Herbaudière 85 ...164 B 1
Herbault 41 ...... 131 H 5
Herbeauvilliers 77 ...112 A 2
Herbécourt 80 ...... 23 F 1
Herbelles 62 ...... 7 F 2
L'Herbergement 85...165 H 2
Herbeuval 08 ...... 27 H 4
Herbeuville 55 ...... 64 D 2
Herbeville 78 ...... 57 G 3
Herbéviller 54 ...... 95 H 2
Les Herbiers 85 ...166 C 3
Herbignac 44 ...... 146 B 1
Herbinghen 62 ...... 2 D 5
Herbisse 10 ...... 91 E 2
Herbitzheim 67 ...67 G 1
Herblay 95 ...... 58 A 2
Herbsheim 67 ...97 G 4
Hercé 53 ...... 81 H 4
Herchies 60 ...... 37 H 1
La Hérelle 60 ...... 22 C 5
Hérenguerville 50 ...51 G 1
Hérépian 34 ...... 301 F 5
Hères 65 ...... 295 E 5
Hergnies 59 ...... 9 G 4
Herguenay 88 ...... 94 D 4
Héric 44 ...... 147 G 1
Héricourt 62 ...... 12 C 2
Héricourt 70 ...... 142 B 3
Héricourt-en-Caux 76 ...19 G 4
Héricourt-sur-Thérain 60 ...21 G 5
Héricy 77 ...... 88 C 4
La Hérie 02 ...... 25 G 2
Le Hérie-la-Viéville 02 ...24 D 2
Hériménil 54 ...... 95 F 2
Hérimoncourt 25 ...142 C 5
Hérin 59 ...... 9 G 5
Hérissart 80 ...... 12 D 5
Hérisson 03 ...... 191 E 2
Hérisson
  Cascades du 39 ...179 H 5
Herleville 80 ...... 23 F 2
La Herlière 62 ...... 13 E 3
Herlies 59 ...... 8 B 3
Herlin-le-Sec 62 ...... 7 G 5
Herlincourt 62 ...... 12 C 2
Herly 62 ...... 6 D 3
Herly 80 ...... 23 G 3
L'Herm 09 ...... 336 B 3
Herm 40 ...... 292 D 2
L'Herm Château de 24 ...241 E 3
Hermanville 76 ...... 20 A 2
Hermanville-sur-Mer 14 ...33 G 3
Les Hermaux 48 ...263 H 4
Hermaville 62 ...... 13 F 2
Hermé 77 ...... 89 G 3
Hermelange 57 ...... 67 G 5
Hermelinghen 62 ...... 2 C 5
L'Hermenault 85 ...183 H 2
Herment 63 ...... 226 D 1
Hermeray 78 ...... 86 C 2
Hermerswiller 67 ...69 F 2
Hermes 60 ...... 38 B 3
Hermies 62 ...... 14 A 4
Hermillon 73 ...... 234 A 5
Hermin 62 ...... 7 H 5
L'Hermitage 35 ...... 104 A 2
L'Hermitage-Lorge 22...78 A 5
Les Hermites 37 ...131 E 4
L'Hermitière 61 ...84 C 5
Hermival-les-Vaux 14 ...34 D 5
Hermonville 51 ...41 F 3
Hernicourt 62 ...7 G 5
Herny 57 ...66 C 2
Le Héron 76 ...36 D 1
Héronchelles 76 ...36 D 1
Hérouville-Saint-Clair 14 ...33 G 4
Hérouvillette 14 ...33 H 4
Herpelmont 88 ...119 H 2
La Herpinière Moulin 49...150 C 4
Herpont 51 ...62 D 1
Herpy-l'Arlésienne 08...41 H 1
Herqueville 27 ...36 C 4
Herqueville 50 ...28 C 2

Herran 31 ...... 334 D 2
Herré 40 ...... 274 D 5
Herrère 64 ...... 331 H 1
Herrin 59 ...... 8 C 3
Herrlisheim 67 ...69 F 4
Herrlisheim-
  près-Colmar 68 ...121 E 3
Herry 18 ...... 156 A 4
Hersbach 67 ...... 96 D 2
Herserange 54 ...... 45 E 1
Hersin-Coupigny 62 ...8 A 4
Hertzing 57 ...67 G 5
Hervelinghen 62 ...... 2 B 4
Hervilly 80 ...... 23 H 1
Héry 58 ...... 157 F 4
Héry 89 ...... 136 B 2
Héry-sur-Alby 74 ...215 F 5
Herzeele 59 ...... 3 H 4
Hesbécourt 80 ...... 23 H 1
Hescamps-Saint-Clair 80 ...21 G 3
Hesdigneul-lès-Béthune 62...8 A 4
Hesdigneul-lès-Boulogne 62...6 B 2
Hesdin 62 ...... 7 E 5
Hesdin-l'Abbé 62 ...6 B 2
Hésingue 68 ...... 143 H 3
Hesmond 62 ...... 6 D 4
Hesse 57 ...... 67 G 5
Hessenheim 67 ...97 F 5
Hestroff 57 ...46 C 4
Hestrud 59 ...16 A 3
Hestrus 62 ...7 G 4
Hétomesnil 60 ...22 A 5
Hettange-Grande 57 ...45 G 2
Hettenschlag 68 ...121 F 3
Heubécourt-Haricourt 27...37 E 5
Heuchin 62 ...7 F 4
Heucourt-Croquoison 80 ...11 G 5
Heudebouville 27 ...36 C 4
Heudicourt 27 ...37 F 3
Heudicourt 80 ...14 A 5
Heudicourt-
  sous-les-Côtes 55...64 D 3
Heudreville-en-Lieuvin 27 ...35 E 4
Heudreville-sur-Eure 27 ...36 B 5
Heugas 40 ...292 D 3
Heugleville-sur-Scie 76 ...20 B 3
Heugnes 36 ...171 F 2
Heugon 61 ...54 D 3
Heugueville-sur-Sienne 50...31 G 5
Heuilley-Cotton 52 ...139 G 3
Heuilley-le-Grand 52...139 G 3
Heuilley-sur-Saône 21 ...160 D 3
Heuland 14 ...34 B 3
Heume-l'Église 63 ...227 E 1
La Heunière 27 ...56 D 1
Heuqueville 27 ...36 C 3
Heuqueville 76 ...18 C 5
Heuringhem 62 ...7 F 2
Heurteauville 76 ...35 H 2
Heurtevent 14 ...54 C 2
Heussé 50 ...81 H 3
Heutrégiville 51 ...42 A 3
Heuzecourt 80 ...12 C 4
Hévilliers 55 ...93 F 2
Heyrieux 38 ...231 G 2
Hézecques 62 ...7 F 4
Le Hézo 56 ...124 C 4
Hibarette 65 ...315 E 5
Hières-sur-Amby 38 ...214 A 5
Hierges 08 ...17 E 4
Hiermont 80 ...12 B 3
Hiers-Brouage 17 ...200 D 4
Hiersac 16 ...221 E 1
Hiesse 16 ...204 B 2
Hiesville 50 ...29 F 4
Hiéville 14 ...54 B 1
Higuères-Souye 64 ...314 C 3
Hiis 65 ...315 F 5
Hilbesheim 57 ...67 H 4
Hillion 22 ...78 C 3
Hilsenheim 67 ...97 G 4
Hilsprich 57 ...67 F 1
Hinacourt 02 ...24 B 3
Hinckange 57 ...46 C 5
Hindisheim 67 ...97 G 3
Hindlingen 68 ...143 E 3
Hinges 62 ...8 A 3
Le Hinglé 22 ...79 G 4
Hinsbourg 67 ...68 A 2
Hinsingen 67 ...67 G 2
Hinx 40 ...293 E 3
Hipsheim 67 ...97 G 2
Hirel 35 ...50 D 5
Hirmentaz 74 ...198 B 4
Hirschland 67 ...67 H 3
Hirsingue 68 ...143 F 3
Hirson 02 ...25 G 1

Hirtzbach 68 ...... 143 E 3
Hirtzfelden 68 ...121 F 4
His 31 ...... 335 E 1
Hitte 65 ...315 F 5
Hoc Pointe du 14 ...32 C 2
Hochfelden 67 ...68 C 4
Hochstatt 68 ...143 F 2
Hochstett 67 ...68 D 4
Hocquigny 50 ...51 G 3
Hocquincourt 80 ...11 G 4
Hocquinghen 62 ...2 D 5
Hodenc-en-Bray 60 ...37 H 1
Hodenc-l'Évêque 60 ...38 A 3
Hodeng-au-Bosc 76 ...21 F 2
Hodeng-Hodenger 76...37 E 1
Hodent 95 ...37 G 5
Hœdic 56 ...144 D 4
Hœnheim 67 ...69 E 5
Hœrdt 67 ...69 E 5
Hœville 54 ...66 C 5
Hoffen 67 ...69 F 2
Les Hogues 27 ...36 D 2
La Hoguette 14 ...53 H 3
Hohatzenheim 67 ...68 D 4
Hohengœft 67 ...68 C 5
Hohfrankenheim 67 ...68 C 4
Hohneck 68 ...120 C 3
Hohrod 68 ...120 C 3
Hohrodberg 68 ...120 C 3
Le Hohwald 67 ...97 E 3
Holacourt 57 ...66 C 2
Holling 57 ...46 C 4
Holnon 02 ...24 A 2
Holque 59 ...3 F 4
Holtzheim 67 ...97 G 1
Holtzwihr 68 ...121 F 2
Holving 57 ...67 G 1
Hombleux 80 ...23 G 3
Homblières 02 ...24 B 2
Hombourg 68 ...143 G 1
Hombourg-Budange 57 ...46 B 4
Hombourg-Haut 57 ...47 E 5
Homécourt 54 ...45 F 4
Hommarting 57 ...67 H 4
L'Homme-d'Armes 26...267 E 3
Hommert 57 ...67 H 5
Hommes 37 ...151 E 2
Le Hommet-d'Arthenay 50 ...32 A 4
Homps 11 ...320 C 4
Homps 32 ...296 D 2
Hon-Hergies 59 ...15 F 2
Hondainville 60 ...38 B 3
Hondeghem 59 ...3 H 5
Hondevilliers 77 ...60 B 3
Hondouville 27 ...36 B 5
Hondschoote 59 ...3 H 4
Honfleur 14 ...34 C 2
Honguemare-
  Guenouville 27 ...35 H 2
Honnechy 59 ...14 D 5
Honnecourt-sur-Escaut 59 ...14 B 5
L'Honor-de-Cos 82 ...277 H 4
Honskirch 57 ...67 G 2
Hontanx 40 ...294 C 2
L'Hôpital 22 ...78 C 4
L'Hôpital 48 ...283 E 1
L'Hôpital 57 ...47 E 5
Hôpital-Camfrout 29 ...75 G 3
L'Hôpital-d'Orion 64 ...313 F 2
L'Hôpital-du-Grosbois 25...162 B 4
L'Hôpital-le-Grand 42 ...229 H 2
L'Hôpital-le-Mercier 71 ...193 G 3
L'Hôpital-Saint-Blaise 64 ...313 F 4
L'Hôpital-Saint-Lieffroy 25 ...162 D 2
L'Hôpital-
  sous-Rochefort 42 ...211 F 5
L'Hôpital-sur-Rhins 42 ...211 H 3
Les Hôpitaux-Neufs 25 ...180 D 4
Les Hôpitaux-Vieux 25 ...180 D 3
Horbourg 68 ...121 E 3
Hordain 59 ...14 C 2
La Horgne 08 ...26 D 4
Horgues 65 ...315 E 5
L'Horme 42 ...230 C 3
Hornaing 59 ...9 F 5
Hornoy 80 ...21 H 2
Le Horps 53 ...82 C 4
Horsarrieu 40 ...293 H 3
Hortes 52 ...140 A 2
Horville-en-Ornois 55 ...93 G 3
L'Hosmes 27 ...56 A 4
Hospice de France 31 ...334 B 5
L'Hospitalet 04 ...287 E 4
L'Hospitalet 46 ...260 C 1
L'Hospitalet-du-Larzac 12 ...282 A 5

L'Hospitalet-
  près-l'Andorre 09 ...340 D 3
Hossegor 40 ...292 A 3
Hosta 64 ...330 D 1
Hoste 57 ...67 F 1
Hostens 33 ...255 F 4
Hostias 01 ...214 C 4
Hostun 26 ...249 H 3
L'Hôtellerie 14 ...35 E 4
L'Hôtellerie-de-Flée 49 ...128 A 3
Hotonnes 01 ...214 D 2
Hotot-en-Auge 14 ...34 A 4
Hottot-les-Bagues 14 ...33 E 4
Hottviller 57 ...68 A 1
La Houblonnière 14 ...34 B 5
Les Houches 74 ...216 D 3
Houchin 62 ...8 A 4
Houdain 62 ...7 H 4
Houdain-lez-Bavay 59 ...15 F 2
Houdan 78 ...57 E 4
Houdancourt 60 ...39 E 3
Houdelaincourt 55 ...93 G 2
Houdelaucourt-
  sur-Othain 55 ...44 D 4
Houdemont 54 ...94 C 2
Houdemont 54 ...94 D 1
Houdetot 76 ...19 H 2
Houdilcourt 08 ...41 H 2
Houdreville 54 ...94 D 2
Houécourt 88 ...94 B 5
Houeillès 47 ...274 D 3
Houesville 50 ...31 H 2
Houetteville 27 ...36 B 5
Houéville 88 ...94 A 4
Houeydets 65 ...315 H 5
Le Houga 32 ...294 C 2
Houilles 78 ...58 B 2
Houlbec-Cocherel 27 ...56 D 1
Houlbec-
  près-le-Gros-Theil 27 ...35 H 4
Houldizy 08 ...26 D 2
Houlette 16 ...202 C 5
Houlgate 14 ...34 A 3
Houlle 62 ...3 F 5
Le Houlme 76 ...36 A 1
L'Houmeau 17 ...183 F 5
Hounoux 11 ...337 E 1
Houplin-Ancoisne 59 ...8 C 3
Houplines 59 ...8 C 2
Houppeville 76 ...36 B 1
Houquetot 76 ...19 E 5
Hourc 65 ...315 F 4
Le Hourdel 80 ...11 E 2
Hourges 51 ...41 E 3
Hours 64 ...314 C 4
Hourtin 33 ...236 C 1
Hourtin-Plage 33 ...236 B 1
Hourtous Roc des 48 ...282 A 2
Houry 02 ...25 F 3
Houssay 41 ...131 F 3
Houssay 53 ...106 A 5
La Houssaye 27 ...55 H 2
La Houssaye-Béranger 76 ...20 B 4
La Houssaye-en-Brie 77 ...59 G 4
Le Housseau 53 ...82 C 3
Houssen 68 ...121 E 2
Housséras 88 ...95 H 4
Housset 02 ...25 E 3
Housseville 54 ...94 D 3
La Houssière 88 ...120 A 2
La Houssoye 60 ...37 H 3
Houtaud 25 ...180 C 2
Houtkerque 59 ...4 A 4
Houtteville 50 ...31 H 2
Houville-en-Vexin 27 ...36 D 3
Houville-la-Branche 28 ...86 C 4
Houvin-Houvigneul 62 ...12 D 2
Houx 28 ...86 B 2
Hoymille 59 ...3 H 3
Huanne-Montmartin 25 ...162 C 1
Hubersent 62 ...6 B 3
Hubert-Folie 14 ...33 G 5
Huberville 50 ...29 F 4
Huby-Saint-Leu 62 ...7 E 5
Huchenneville 80 ...11 G 4
Huclier 62 ...7 G 5
Hucqueliers 62 ...6 D 3
Hudimesnil 50 ...51 G 2
Hudiviller 54 ...95 F 1
Huêtre 45 ...110 D 4
Huez 38 ...251 G 2
Hugier 70 ...161 F 3
Hugleville-en-Caux 76 ...20 A 4
Huillé 49 ...129 E 4
Huilliécourt 52 ...117 H 2

A
B
C
D
E
F
G
H
I
J
K
L
M
N
O
P
Q
R
S
T
U
V
W
X
Y
Z

Huilly-sur-Seille 71 ..... 195 G 1
Huiron 51 ..... 62 C 5
Huismes 37 ..... 151 E 4
Huisnes-sur-Mer 50 ..... 51 G 5
D'Huison-Longueville 91 ..... 87 H 4
Huisseau-en-Beauce 41 ..... 131 G 4
Huisseau-sur-Cosson 41 ..... 132 B 5
Huisseau-sur-Mauves 45 ..... 132 D 2
L'Huisserie 53 ..... 106 A 4
Hulluch 62 ..... 8 B 4
Hultehouse 57 ..... 68 A 5
Humbauville 51 ..... 62 B 5
Humbécourt 52 ..... 92 C 2
Humbercamps 62 ..... 13 E 3
Humbercourt 80 ..... 13 E 3
Humbert 62 ..... 6 D 4
Humberville 52 ..... 93 F 5
Humbligny 18 ..... 155 G 4
La Hume 33 ..... 254 B 2
Humerœuille 62 ..... 7 F 5
Humes 52 ..... 117 F 5
Humières 62 ..... 7 F 5
Hunaudaye
  Château de la 22 ..... 79 E 3
Hunawihr 68 ..... 121 E 2
Hundling 57 ..... 47 G 5
Hundsbach 68 ..... 143 F 3
Huningue 68 ..... 143 H 3
Hunspach 67 ..... 69 F 2
Hunting 57 ..... 46 B 2
Huos 31 ..... 334 B 1
Huparlac 12 ..... 263 E 2
Huppain 14 ..... 32 D 2
Huppy 80 ..... 11 G 4
Hurbache 88 ..... 96 B 4
Hure 33 ..... 256 D 4
Hurecourt 70 ..... 118 D 5
Hures-la-Parade 48 ..... 282 B 2
Huriel 03 ..... 190 C 4
Hurigny 71 ..... 195 E 4
Hurtières 38 ..... 233 F 5
Hurtigheim 67 ..... 97 F 1
Husseren-les-Châteaux 68.. 121 E 3
Husseren-Wesserling 68 ..... 120 C 5
Hussigny-Godbrange 54 ..... 45 E 2
Husson 50 ..... 81 H 2
La Hutte 72 ..... 83 G 5
Huttendorf 67 ..... 68 D 3
Huttenheim 67 ..... 97 G 3
Hyds 03 ..... 191 F 5
Hyémondans 25 ..... 163 E 2
Hyencourt-le-Grand 80 ..... 23 F 2
Hyenville 50 ..... 51 G 1
Hyères 83 ..... 328 C 4
Hyères-Plage 83 ..... 328 C 5
Hyet 70 ..... 162 A 1
Hyèvre-Magny 25 ..... 162 D 2
Hyèvre-Paroisse 25 ..... 162 D 2
Hymont 88 ..... 94 D 5

I
Ibarrolle 64 ..... 311 G 5
Ibarron 64 ..... 310 C 4
Ibigny 57 ..... 96 A 1
Ibos 65 ..... 315 E 4
Ichtratzheim 67 ..... 97 G 2
Ichy 77 ..... 112 A 2
Idaux-Mendy 64 ..... 331 E 1
Idrac-Respaillès 32 ..... 296 A 5
Idron 64 ..... 314 B 4
Ids-Saint-Roch 18 ..... 172 D 5
If Château d' 13 ..... 326 D 3
Iffendic 35 ..... 103 G 2
Les Iffs 35 ..... 80 A 5
Ifs 14 ..... 33 G 5
Les Ifs 76 ..... 19 E 4
Igé 61 ..... 84 B 5
Igé 71 ..... 194 D 3
Ignaucourt 80 ..... 22 D 2
Ignaux 09 ..... 336 D 5
Igney 54 ..... 96 A 1
Igney 88 ..... 95 F 5
Ignol 18 ..... 174 A 2
Igny 70 ..... 161 G 1
Igny 91 ..... 58 B 4
Igny-Comblizy 51 ..... 61 E 1
Igon 64 ..... 314 C 5
Igornay 71 ..... 176 D 1
Igoville 27 ..... 36 B 3
Iguerande 71 ..... 193 G 5
Iholdy 64 ..... 311 F 5
Ilay 39 ..... 179 H 5
Ile-aux-Moines 56 ..... 124 B 4
L'Ile-Bouchard 37 ..... 151 F 5
Ile-d'Aix 17 ..... 200 C 2
Ile-d'Arz 56 ..... 124 B 4
Ile-de-Batz 29 ..... 71 G 3

Ile-de-Bréhat 22 ..... 73 G 2
Ile-de-Sein 29 ..... 98 B 2
L'Ile-d'Elle 85 ..... 183 G 4
Ile-d'Houat 56 ..... 144 D 3
L'Ile-d'Olonne 85 ..... 182 A 1
L'Île-d'Yeu 85 ..... 164 A 4
Ile-Molène 29 ..... 74 B 2
L'Ile-Rousse 2B ..... 344 G 5
L'Ile-Saint-Denis 93 ..... 58 C 2
Ile-Tudy 29 ..... 99 G 4
Ilhan 65 ..... 333 H 3
Ilharre 64 ..... 311 G 3
Ilhat 09 ..... 336 C 3
Les Ilhes 11 ..... 319 H 3
Ilhet 65 ..... 333 H 2
Ilheu 65 ..... 334 B 2
Illange 57 ..... 45 H 3
Illartein 09 ..... 335 E 3
Las Illas 66 ..... 342 D 5
Illats 33 ..... 255 H 3
Ille-sur-Têt 66 ..... 342 C 2
Illeville-sur-Montfort 27 ..... 35 G 3
Illfurth 68 ..... 143 F 2
Illhaeusern 68 ..... 97 F 5
Illiat 01 ..... 213 E 1
Illier-et-Laramade 09 ..... 336 A 5
Illiers-Combray 28 ..... 85 H 5
Illiers-l'Évêque 27 ..... 56 C 4
Illies 59 ..... 8 B 3
Illifaut 22 ..... 103 E 2
Illkirch-Graffenstaden 67 ..... 97 G 1
Illois 76 ..... 21 F 3
Illoud 52 ..... 117 H 2
Illy 08 ..... 27 F 3
Illzach 68 ..... 143 F 1
Ilonse 06 ..... 289 H 4
Imbleville 76 ..... 20 A 4
Imbsheim 67 ..... 68 B 4
Imécourt 08 ..... 43 F 2
Imling 57 ..... 67 G 5
Immonville 54 ..... 45 E 4
Imphy 58 ..... 174 D 3
Imsthal Étang d' 67 ..... 68 A 3
Inaumont 08 ..... 26 A 5
Incarville 27 ..... 36 B 4
Incheville 76 ..... 11 E 4
Inchy 59 ..... 14 D 2
Inchy-en-Artois 62 ..... 14 A 3
Incourt 62 ..... 7 E 5
Indevillers 25 ..... 163 H 2
Indre 44 ..... 147 F 4
Ineuil 18 ..... 172 D 4
Infréville 27 ..... 35 H 3
Les Infournas 05 ..... 269 H 2
Ingenheim 67 ..... 68 C 4
Ingersheim 68 ..... 121 E 2
Inghem 62 ..... 7 F 2
Inglange 57 ..... 46 B 3
Ingolsheim 67 ..... 69 F 1
Ingouville 76 ..... 19 G 2
Ingrandes 36 ..... 187 G 1
Ingrandes 86 ..... 169 G 3
Ingrandes-de-Touraine 37 .. 151 E 3
Ingrandes-Le Fresne-
  sur-Loire 49 ..... 148 D 2
Ingrannes 45 ..... 111 G 5
Ingré 45 ..... 133 E 2
Inguiniel 56 ..... 101 F 3
Ingwiller 67 ..... 68 B 4
Injoux-Génissiat 01 ..... 215 E 2
Innenheim 67 ..... 97 F 2
Innimond 01 ..... 214 C 5
Inor 08 ..... 27 G 5
Insming 57 ..... 67 F 2
Insviller 57 ..... 67 F 3
Intraville 76 ..... 10 C 5
Intres 07 ..... 248 B 4
Intréville 28 ..... 87 E 5
Intville-la-Guétard 45 ..... 111 G 2
Inval-Boiron 80 ..... 21 G 2
Inxent 62 ..... 6 C 3
Inzinzac-Lochrist 56 ..... 101 F 5
Ippécourt 55 ..... 63 H 1
Ippling 57 ..... 47 G 5
Irai 61 ..... 55 G 5
Irais 79 ..... 168 B 3
Irancy 89 ..... 136 C 4
Iré-le-Sec 55 ..... 44 B 2
Iré-les-Prés 55 ..... 44 B 2
Irigny 69 ..... 231 E 1
Irissarry 64 ..... 311 F 5
Irles 80 ..... 13 G 4
Irmstett 67 ..... 97 F 1
Irodouër 35 ..... 103 H 1
Iron 02 ..... 24 D 1
Irouléguy 64 ..... 330 B 1
Irreville 27 ..... 36 B 5

Irvillac 29 ..... 75 G 3
Is-en-Bassigny 52 ..... 117 G 4
Is-sur-Tille 21 ..... 160 B 1
Isbergues 62 ..... 7 H 2
Isches 88 ..... 118 B 4
Isdes 45 ..... 133 H 4
Isenay 58 ..... 175 G 3
Iseran Col de l' 73 ..... 235 F 3
Isigny-le-Buat 50 ..... 52 A 5
Isigny-sur-Mer 14 ..... 32 B 3
Island 89 ..... 157 H 1
Isle 87 ..... 205 G 5
L'Isle-Adam 95 ..... 38 B 5
L'Isle-Arné 32 ..... 296 C 4
Isle-Aubigny 10 ..... 91 F 3
Isle-Aumont 10 ..... 115 E 2
L'Isle-Bouzon 32 ..... 296 C 1
Isle-Briand Haras de l' 49 .. 128 B 4
L'Isle-d'Abeau 38 ..... 231 H 2
L'Isle-d'Abeau
  Ville nouvelle 38 ..... 231 H 2
L'Isle-de-Noé 32 ..... 295 H 5
L'Isle-d'Espagnac 16 ..... 221 F 1
L'Isle-en-Dodon 31 ..... 316 D 3
Isle-et-Bardais 03 ..... 173 H 5
L'Isle-Jourdain 32 ..... 297 F 4
L'Isle-Jourdain 86 ..... 187 E 5
Isle-Saint-Georges 33 ..... 255 G 2
Isle-Savary
  Château d' 36 ..... 170 D 2
L'Isle-sur-la-Sorgue 84 ..... 305 F 1
L'Isle-sur-le-Doubs 25 ..... 142 A 5
Isle-sur-Marne 51 ..... 62 D 5
L'Isle-sur-Serein 89 ..... 137 E 5
Les Isles-Bardel 14 ..... 53 G 3
Isles-les-Meldeuses 77 ..... 59 H 2
Isles-lès-Villenoy 77 ..... 59 F 3
Isles-sur-Suippe 51 ..... 41 H 2
Les Islettes 55 ..... 43 F 5
Isneauville 76 ..... 36 B 1
Isola 06 ..... 289 G 2
Isola 2000 06 ..... 289 H 2
Isolaccio-di-Fiumorbo 2B .. 349 F 2
Isômes 52 ..... 139 G 4
Ispagnac 48 ..... 282 C 1
Ispe 40 ..... 254 B 5
Ispoure 64 ..... 330 C 1
Isques 62 ..... 6 B 2
Issac 24 ..... 239 H 4
Les Issambres 83 ..... 329 G 1
Issamoulenc 07 ..... 266 C 1
Issancourt-et-Rumel 08 ..... 27 E 3
Issanlas 07 ..... 265 G 2
Issans 25 ..... 142 B 4
Les Issards 09 ..... 336 C 1
Issarlès 07 ..... 265 G 1
Issé 44 ..... 126 D 4
Isse 51 ..... 61 H 1
Issel 11 ..... 319 E 3
Issendolus 46 ..... 260 D 2
Issenhausen 67 ..... 68 C 3
Issenheim 68 ..... 120 D 5
Issepts 46 ..... 261 F 3
Isserpent 03 ..... 210 D 1
Isserteaux 63 ..... 228 B 2
Issigeac 24 ..... 258 B 2
Issirac 30 ..... 284 C 2
Issoire 63 ..... 228 A 3
Issolud Puy d' 46 ..... 242 D 4
Issoncourt 55 ..... 63 H 2
Issou 78 ..... 57 G 2
Issoudun 36 ..... 172 B 2
Issoudun-Létrieix 23 ..... 207 G 2
Issus 31 ..... 318 A 3
Issy-les-Moulineaux 92 ..... 58 B 4
Issy-l'Évêque 71 ..... 176 A 5
Istres 13 ..... 305 E 5
Les Istres-et-Bury 51 ..... 61 H 2
Isturits 64 ..... 311 F 4
Itancourt 02 ..... 24 B 3
Iteuil 86 ..... 186 B 2
Ithorots-Olhaïby 64 ..... 311 H 4
Ittenheim 67 ..... 97 G 1
Itterswiller 67 ..... 97 E 3
Itteville 91 ..... 87 H 3
Itxassou 64 ..... 310 D 4
Itzac 81 ..... 279 E 5
Ivergny 62 ..... 12 D 3
Iverny 77 ..... 59 F 2
Iviers 60 ..... 25 H 3
Iville 27 ..... 35 H 5
Ivors 60 ..... 39 H 4
Ivory 39 ..... 179 H 2
Ivoy-le-Pré 18 ..... 155 F 3
Ivrey 39 ..... 179 H 1
Ivry Obélisque d' 27 ..... 56 D 2

Ivry-en-Montagne 21 ..... 177 F 1
Ivry-la-Bataille 27 ..... 56 D 3
Ivry-le-Temple 60 ..... 37 H 4
Ivry-sur-Seine 94 ..... 58 C 4
Iwuy 59 ..... 14 C 3
Izaourt 65 ..... 334 B 2
Izaut-de-l'Hôtel 31 ..... 334 C 2
Izaux 65 ..... 333 H 1
Izé 53 ..... 106 D 2
Izeaux 38 ..... 232 B 5
Izel-lès-Équerchin 62 ..... 8 C 5
Izel-lès-Hameaux 62 ..... 13 E 2
Izenave 01 ..... 214 B 2
Izernore 01 ..... 196 C 5
Izeron 38 ..... 250 B 2
Izeste 64 ..... 332 A 1
Izeure 21 ..... 160 B 3
Izier 21 ..... 160 B 3
Izieu 01 ..... 232 C 1
Izon 33 ..... 237 H 5
Izon-la-Bruisse 26 ..... 286 D 2
Izotges 32 ..... 295 E 4
Izy 45 ..... 111 F 3

J
Jablines 77 ..... 59 F 2
Jabreilles-les-Bordes 87 .. 206 B 3
Jabrun 15 ..... 263 G 1
Jacob-Bellecombette 73 .. 233 F 2
Jacou 34 ..... 302 D 4
Jacque 65 ..... 315 F 3
Jagny-sous-Bois 95 ..... 58 D 1
Jaignes 77 ..... 59 H 2
Jaillans 26 ..... 249 H 3
La Jaille-Yvon 49 ..... 128 B 3
Jaillon 54 ..... 65 F 5
Jailly 58 ..... 175 E 1
Jailly-les-Moulins 21 ..... 159 F 1
Jainvillotte 88 ..... 94 A 5
Jalesches 23 ..... 189 H 5
Jaleyrac 15 ..... 244 B 1
Jaligny-sur-Besbre 03 ..... 192 C 4
Jallais 49 ..... 148 D 4
Jallanges 21 ..... 178 B 2
Jallans 28 ..... 110 A 4
Jallaucourt 57 ..... 66 B 4
Jallerange 25 ..... 161 F 3
Jalogny 71 ..... 194 C 3
Jâlons 51 ..... 61 H 1
La Jalousie 14 ..... 33 G 5
Jambles 71 ..... 177 G 4
Jambville 78 ..... 57 G 3
Jaméricourt 60 ..... 37 G 3
Jametz 55 ..... 44 B 2
Jameyzieu 38 ..... 231 H 1
Janailhac 87 ..... 223 G 2
Janaillat 23 ..... 206 D 2
Jancigny 21 ..... 160 D 2
Jandun 08 ..... 26 C 4
Janneyrias 38 ..... 213 G 5
Jans 44 ..... 126 C 4
Jansac 26 ..... 268 B 3
Janville 14 ..... 34 A 4
Janville 28 ..... 110 D 2
Janville 60 ..... 39 G 1
Janville-sur-Juine 91 ..... 87 G 3
Janvilliers 51 ..... 60 D 3
Janvry 51 ..... 41 F 4
Janvry 91 ..... 58 A 5
Janzé 35 ..... 104 C 4
Jarcieu 38 ..... 231 F 5
La Jard 17 ..... 219 G 1
Jard-sur-Mer 85 ..... 182 C 2
Le Jardin 19 ..... 225 F 5
Jardin 38 ..... 231 F 3
Jardres 86 ..... 186 D 1
Jargeau 45 ..... 133 G 2
Jarjayes 05 ..... 269 H 4
Jarménil 88 ..... 119 G 3
Jarnac 16 ..... 220 C 1
Jarnac-Champagne 17 ..... 219 H 2
Jarnages 23 ..... 207 G 1
La Jarne 17 ..... 200 C 1
Jarnioux 69 ..... 212 C 3
Jarnosse 42 ..... 211 H 2
Jarny 54 ..... 45 E 4
Jarret 65 ..... 333 E 1
La Jarrie 17 ..... 200 D 1
La Jarrie-Audouin 17 ..... 201 H 2
Jarrie 38 ..... 251 E 2
Jarrier 73 ..... 234 A 5
Jars 18 ..... 155 G 2
Jarsy 73 ..... 233 H 1
Jarville-la-Malgrange 54 ..... 94 D 1
Jarzé Villages 49 ..... 129 E 5

Jas 42 ..... 230 A 1
Jasney 70 ..... 118 D 5
Jassans-Riottier 01 ..... 213 E 3
Jasseines 10 ..... 91 G 3
Jasseron 01 ..... 196 A 5
Jasses 64 ..... 313 G 3
Jatxou 64 ..... 310 D 3
Jau Col de 11 ..... 341 H 2
Jau-Dignac-et-Loirac 33 .. 218 D 4
Jaucourt 10 ..... 116 A 2
La Jaudonnière 85 ..... 166 D 5
Jaudrais 28 ..... 85 G 2
Jaujac 07 ..... 266 A 3
Jauldes 16 ..... 203 G 5
Jaulges 89 ..... 114 C 5
Jaulgonne 02 ..... 60 C 1
Jaulnay 37 ..... 169 F 2
Jaulnes 77 ..... 89 G 4
Jaulny 54 ..... 65 F 2
Jaulzy 60 ..... 39 H 2
Jaunac 07 ..... 248 B 5
Jaunay-Clan 86 ..... 169 F 5
Jaure 24 ..... 240 B 3
Jausiers 04 ..... 271 E 5
Jaux 60 ..... 39 F 2
Jauzé 72 ..... 108 A 2
Javaugues 43 ..... 246 C 1
Javené 35 ..... 81 E 5
Javerdat 87 ..... 205 E 3
Javerlhac-et-la-Chapelle-
  Saint-Robert 24 ..... 222 B 3
Javernant 10 ..... 114 D 3
Javols 48 ..... 264 B 2
Javrezac 16 ..... 220 B 1
Javron 53 ..... 82 D 4
Jax 43 ..... 246 D 2
Jaxu 64 ..... 311 F 5
Jayac 24 ..... 241 H 4
Jayat 01 ..... 195 G 3
Jazeneuil 86 ..... 185 H 3
Jazennes 17 ..... 219 G 2
Jeancourt 02 ..... 24 A 1
Jeandelaincourt 54 ..... 65 H 4
Jeandelize 54 ..... 45 E 5
Jeanménil 88 ..... 95 H 4
Jeansagnière 42 ..... 229 E 1
Jeantes 02 ..... 25 G 3
Jebsheim 68 ..... 121 F 2
Jegun 32 ..... 296 A 3
La Jemaye 24 ..... 239 F 2
Jenlain 59 ..... 15 E 2
Jenzat 03 ..... 209 H 1
Jésonville 88 ..... 118 D 3
Jessains 10 ..... 91 H 5
Jetterswiller 67 ..... 68 B 5
Jettingen 68 ..... 143 G 3
Jeu-les-Bois 36 ..... 172 A 5
Jeu-Maloches 36 ..... 171 F 1
Jeufosse 78 ..... 57 E 1
Jeugny 10 ..... 114 D 3
Jeumont 59 ..... 15 H 2
Jeurre 39 ..... 196 D 3
Jeux-lès-Bard 21 ..... 158 C 3
Jeuxey 88 ..... 119 G 2
Jevoncourt 54 ..... 94 D 3
Jezainville 54 ..... 65 G 3
Jézeau 65 ..... 333 H 3
Job 63 ..... 229 E 2
Jobourg 50 ..... 28 C 2
Jobourg Nez de 50 ..... 28 C 2
Joch 66 ..... 342 B 3
Jœuf 54 ..... 45 G 4
Joganville 50 ..... 29 G 5
Joigny 89 ..... 113 H 5
Joigny-sur-Meuse 08 ..... 26 D 2
Joinville 52 ..... 92 D 3
Joinville-le-Pont 94 ..... 58 D 4
Joiselle 51 ..... 60 C 4
Jolimetz 59 ..... 15 E 3
Jolivet 54 ..... 95 G 1
Jonage 69 ..... 213 G 5
Joncels 34 ..... 301 G 3
La Jonchère 85 ..... 182 D 2
La Jonchère-
  Saint-Maurice 87 ..... 206 B 3
Jonchères 26 ..... 268 B 3
Joncherey 90 ..... 142 D 4
Jonchery 52 ..... 116 D 3
Jonchery-sur-Suippe 51 .. 42 B 5
Jonchery-sur-Vesle 51 ..... 41 E 3
Joncourt 02 ..... 24 A 1
Joncreuil 10 ..... 92 A 3
Joncy 71 ..... 194 C 1
Jongieux 73 ..... 215 E 5
Jonquerets-de-Livet 27 ..... 55 F 1

Jonquerettes 84 ..... 285 G
Jonquery 51 ..... 41 G
Jonquières 11 ..... 338 C
Jonquières 34 ..... 302 A
Jonquières 60 ..... 39 F
Jonquières 81 ..... 299 F
Jonquières-
  Saint-Vincent 30 ..... 304 B
Jons 69 ..... 213 G
Jonval 08 ..... 26 D
Jonvelle 70 ..... 118 C
Jonville-en-Woëvre 55 ..... 65 E
Jonzac 17 ..... 219 H
Jonzier-Épagny 74 ..... 215 F
Jonzieux 42 ..... 230 B
Joppécourt 54 ..... 45 E
Jorquenay 52 ..... 117 F
Jort 14 ..... 54 A
Jorxey 88 ..... 95 F
Josat 43 ..... 246 D
Josnes 41 ..... 132 C
Josse 40 ..... 292 C
Josselin 56 ..... 102 C
Jossigny 77 ..... 59 F
Jou-sous-Monjou 15 ..... 244 D
Jouac 87 ..... 188 A
Jouaignes 02 ..... 40 C
Jouancy 89 ..... 137 E
Jouarre 77 ..... 60 A
Jouars-Pontchartrain 78 ..... 57 H
Jouaville 54 ..... 45 F
Joucas 84 ..... 305 G
Joucou 11 ..... 337 F
Joudes 71 ..... 196 A
Joudreville 54 ..... 45 E
Joué-du-Bois 61 ..... 83 E
Joué-du-Plain 61 ..... 54 A
Joué-en-Charnie 72 ..... 107 E
Joué-Étiau 49 ..... 149 F
Joué-l'Abbé 72 ..... 107 F
Joué-lès-Tours 37 ..... 151 H
Joué-sur-Erdre 44 ..... 147 H
Jouet-sur-l'Aubois 18 ..... 174 B
Jouey 21 ..... 159 E
Jougne 25 ..... 180 C
Jouhe 39 ..... 161 E
Jouhet 86 ..... 187 F
Jouillat 23 ..... 207 E
Jouques 13 ..... 306 D
Jouqueviel 81 ..... 279 G
Journgnac 87 ..... 223 G
Journans 01 ..... 214 A
Journet 86 ..... 187 G
Journiac 24 ..... 240 D
Journy 62 ..... 2 D
Jours-en-Vaux 21 ..... 177 H
Jours-lès-Baigneux 21 ..... 138 B
Joursac 15 ..... 245 G
Joussé 86 ..... 186 C
Jouvençon 71 ..... 195 G
La Jouvente 35 ..... 50 C
Joux 69 ..... 212 B
Joux Château de 25 ..... 180 C
Joux Forêt de la 39 ..... 180 A
Joux-la-Ville 89 ..... 136 D
Joux Plane Col de la 74 ..... 216 D
Joux Verte Col de la 74 ..... 198 D
Jouy 28 ..... 86 B
Jouy 89 ..... 112 D
Jouy-aux-Arches 57 ..... 65 G
Jouy-en-Argonne 55 ..... 43 H
Jouy-en-Josas 78 ..... 58 B
Jouy-en-Pithiverais 45 ..... 111 F
Jouy-le-Châtel 77 ..... 60 A
Jouy-le-Moutier 95 ..... 58 A
Jouy-le-Potier 45 ..... 133 E
Jouy-lès-Reims 51 ..... 41 F
Jouy-Mauvoisin 78 ..... 57 F
Jouy-sous-les-Côtes 55 ..... 64 D
Jouy-sous-Thelle 60 ..... 37 H
Jouy-sur-Eure 27 ..... 56 C
Jouy-sur-Morin 77 ..... 60 B
Joyeuse 07 ..... 266 A
Joyeux 01 ..... 213 G
Joze 63 ..... 210 A
Jozerand 63 ..... 209 H
Jû-Belloc 32 ..... 295 E
Juan-les-Pins 06 ..... 309 F
Juaye-Mondaye 14 ..... 33 E
Jubainville 88 ..... 94 A
La Jubaudière 49 ..... 148 D
Jubécourt 55 ..... 43 G
Jublains 53 ..... 106 C
Le Juch 29 ..... 99 G
Jugazan 33 ..... 256 C
Jugeals-Nazareth 19 ..... 242 C

igon-les-Lacs 22 ...... 79 E 4
gy 71 ...... 195 E 1
icq 17 ...... 201 G 4
if 71 ...... 178 B 5
ignac 16 ...... 221 F 5
igné-des-Moutiers 44 ...... 127 F 4
igné-sur-Loire 49 ...... 149 G 2
igné-sur-Sarthe 72 ...... 129 E 2
ignettes 27 ...... 55 F 3
illac 19 ...... 223 H 5
illac 32 ...... 295 F 5
illac 33 ...... 257 E 1
illac-le-Coq 16 ...... 220 B 2
illaguet 16 ...... 221 F 4
illan 65 ...... 315 E 5
illé 16 ...... 203 F 3
illé 72 ...... 107 G 2
illé 79 ...... 202 C 1
illenay 21 ...... 158 C 3
illes 32 ...... 296 D 4
illey 50 ...... 51 H 5
illy 21 ...... 158 D 1
illy 77 ...... 59 E 1
jols 66 ...... 341 H 3
jurieux 01 ...... 214 B 2
lianges 48 ...... 246 A 5
liénas 69 ...... 194 D 5
lienne 16 ...... 220 C 1
lienrupt 88 ...... 119 H 3
lianges 43 ...... 247 E 1
illé 69 ...... 194 D 5
llouville 50 ...... 51 F 3
lly 89 ...... 137 G 3
lly-lès-Buxy 71 ...... 177 G 5
lly-sur-Sarce 10 ...... 115 F 3
los 65 ...... 333 E 1
lvécourt 55 ...... 43 H 5
meauville 78 ...... 57 G 3
meaux 63 ...... 228 B 4
s Jumeaux 79 ...... 168 B 4
mel 80 ...... 22 C 3
melles 27 ...... 56 B 2
melles 49 ...... 150 B 2
Jumellière 49 ...... 149 F 3
mencourt 02 ...... 40 B 1
mièges 76 ...... 35 H 4
migny 02 ...... 41 E 2
milhac-le-Grand 24 ...... 223 F 3
nas 30 ...... 303 F 3
nay 89 ...... 137 G 4
ncalas 65 ...... 333 E 1
ngholtz 68 ...... 120 D 5
nhac 15 ...... 262 C 2
s Junies 46 ...... 259 G 4
niville 08 ...... 42 B 2
oilles 72 ...... 130 B 3
onas 64 ...... 314 B 4
anville 45 ...... 112 A 4
è 42 ...... 211 F 4
vignac 16 ...... 220 D 3
ques 14 ...... 52 D 1
vielle 31 ...... 334 A 4
y 71 ...... 65 H 1
scorps 79 ...... 185 E 5
six 47 ...... 257 E 4
ssac 15 ...... 244 B 4
ssarupt 88 ...... 120 A 4
ssas 17 ...... 238 B 1
ssecourt-Minecourt 51 ...... 63 E 4
ssey 70 ...... 140 C 2
ssy 02 ...... 24 A 4
ssy 57 ...... 65 G 1
ssy 74 ...... 215 G 2
ssy 89 ...... 136 B 4
ssy-Champagne 18 ...... 173 G 2
ssy-le-Chaudrier 18 ...... 156 A 5
stian 32 ...... 295 G 2
stine-Herbigny 08 ...... 26 A 5
stiniac 09 ...... 318 A 5
igny 77 ...... 89 F 3
vaincourt 88 ...... 94 C 4
vaincourt 10 ...... 116 B 3
vanzé 10 ...... 91 H 5
vardeil 49 ...... 128 C 4
velize 77 ...... 66 B 4
vignac 34 ...... 302 D 4
vigné 03 ...... 105 G 2
vignies 60 ...... 38 A 1
vigny 02 ...... 40 B 2
vigny 51 ...... 62 A 1
vigny 74 ...... 197 H 5
vigny-en-Perthois 55 ...... 93 E 2
vigny-le-Tertre 50 ...... 52 B 5
vigny-sous-Andaine 61 ...... 82 C 2
vigny-sur-Loison 55 ...... 44 B 2
vigny-sur-Orne 61 ...... 54 B 4
vigny-sur-Seulles 14 ...... 33 E 4

Juville 57 ...... 66 B 3
Juvinas 07 ...... 266 A 2
Juvincourt-et-Damary 02 ...... 41 F 2
Juvisy-sur-Orge 91 ...... 58 C 5
Juvrecourt 54 ...... 66 D 5
Juxue 64 ...... 311 G 5
Juzanvigny 10 ...... 91 H 4
Juzennecourt 52 ...... 116 C 2
Juzes 31 ...... 318 C 2
Juzet-de-Luchon 31 ...... 334 B 4
Juzet-d'Izaut 31 ...... 334 C 2
Juziers 78 ...... 57 G 2

K

Kalhausen 57 ...... 67 H 1
Kaltenhouse 67 ...... 69 E 3
Kanfen 57 ...... 45 G 2
Kappelen 68 ...... 143 G 3
Kappelkinger 57 ...... 67 F 2
Les Karellis 73 ...... 252 B 1
Katzenthal 68 ...... 121 E 2
Kauffenheim 67 ...... 69 F 3
Kaysersberg Vignoble 68 ...... 120 D 2
Kédange-sur-Canner 57 ...... 46 B 3
Keffenach 67 ...... 69 E 2
Kembs 68 ...... 143 G 2
Kembs-Loéchlé 68 ...... 143 H 2
Kemplich 57 ...... 46 B 3
Kerazan Manoir de 29 ...... 99 G 4
Kerbach 57 ...... 47 F 5
Kerbors 22 ...... 73 E 2
Kerdéniel Pointe de 29 ...... 75 F 3
Kerdévot Chapelle de 29 ...... 100 A 3
Kerfany-les-Pins 29 ...... 100 B 5
Kerfons Chapelle de 22 ...... 72 C 3
Kerfot 22 ...... 73 F 3
Kerfourn 56 ...... 102 A 3
Kergloff 29 ...... 76 D 4
Kergonadeac'h
  Château de 29 ...... 71 F 4
Kergrist 56 ...... 101 H 2
Kergrist Château de 22 ...... 72 C 4
Kergrist-Moëlou 22 ...... 77 F 4
Kergroadès
  Château de 29 ...... 70 B 5
Kerguehennec
  Château de 56 ...... 102 B 5
Kerien 22 ...... 77 G 3
Kérity 29 ...... 99 F 5
Kerjean Château de 29 ...... 71 F 4
Kerlaz 29 ...... 99 G 2
Kerling-lès-Sierck 57 ...... 46 B 2
Kerlouan 29 ...... 70 D 3
Kermaria 56 ...... 102 A 5
Kermaria Chapelle 22 ...... 73 G 4
Kermaria-Sulard 22 ...... 72 D 3
Kermoroc'h 22 ...... 73 E 4
Kernascléden 56 ...... 101 F 3
Kernével 29 ...... 100 B 3
Kernilis 29 ...... 70 D 4
Kernouës 29 ...... 70 D 4
Kérouzéré Château de 29 ...... 71 G 3
Kerpape 56 ...... 123 F 2
Kerpert 22 ...... 77 G 3
Kerprich-aux-Bois 57 ...... 67 G 4
Kersaint 29 ...... 70 B 4
Kersaint-Plabennec 29 ...... 70 D 5
Kertzfeld 67 ...... 97 F 3
Kervignac 56 ...... 123 G 2
Keskastel 67 ...... 67 G 2
Kesseldorf 67 ...... 69 G 2
Kienheim 67 ...... 68 C 5
Kientzheim 68 ...... 121 E 2
Kientzville 67 ...... 97 F 3
Kiffis 68 ...... 143 G 5
Killem 59 ...... 3 H 3
Kilstett 67 ...... 69 E 5
Kindwiller 67 ...... 68 C 3
Kingersheim 68 ...... 143 F 1
Kintzheim 67 ...... 97 E 5
Kirchberg 68 ...... 142 C 1
Kirchheim 67 ...... 97 F 1
Kirrberg 67 ...... 67 G 3
Kirrwiller 67 ...... 68 C 3
Kirsch-lès-Sierck 57 ...... 46 B 2
Kirschnaumen 57 ...... 46 B 2
Kirviller 57 ...... 67 G 2
Klang 57 ...... 46 B 2
Kleinfrankenheim 67 ...... 68 C 5
Kleingœft 67 ...... 68 B 5
Klingenthal 67 ...... 97 E 2
Knœringue 68 ...... 143 G 3
Knœrsheim 67 ...... 68 B 5
Knutange 57 ...... 45 G 3
Koeking 57 ...... 45 H 2
Kœnigsmacker 57 ...... 45 H 2
Kœstlach 68 ...... 143 F 4

Kœtzingue 68 ...... 143 G 2
Kœur-la-Grande 55 ...... 64 C 4
Kœur-la-Petite 55 ...... 64 C 4
Kogenheim 67 ...... 97 F 4
Kolbsheim 67 ...... 97 F 1
Krautergersheim 67 ...... 97 F 2
Krautwiller 67 ...... 68 D 4
Le Kremlin-Bicêtre 94 ...... 58 C 4
Kreuzweg Col du 67 ...... 96 D 3
Kriegsheim 67 ...... 68 D 4
Kruth 68 ...... 120 B 4
Kuhlendorf 67 ...... 69 F 2
Kunheim 68 ...... 121 F 3
Kuntzig 57 ...... 45 H 3
Kurtzenhouse 67 ...... 69 E 4
Kuttolsheim 67 ...... 68 C 5
Kutzenhausen 67 ...... 69 E 2

L

Laà-Mondrans 64 ...... 313 G 2
Laas 32 ...... 315 G 2
Laas 45 ...... 111 G 3
Laàs 64 ...... 313 F 3
Labalme 01 ...... 214 B 1
Labarde 33 ...... 237 F 3
Labaroche 68 ...... 120 D 2
Labarrère 32 ...... 275 E 5
Labarthe 32 ...... 316 B 2
Labarthe 82 ...... 277 H 3
Labarthe Moulin de 33 ...... 256 D 1
Labarthe-Bleys 81 ...... 279 E 4
Labarthe-Inard 31 ...... 334 B 1
Labarthe-Rivière 31 ...... 334 B 1
Labarthe-sur-Lèze 31 ...... 317 H 2
Labarthète 32 ...... 294 D 4
Labassère 65 ...... 333 E 1
Labastide 65 ...... 333 H 2
Labastide-Beauvoir 31 ...... 318 B 2
Labastide-Castel-
  Amouroux 47 ...... 275 E 1
Labastide-Cézéracq 64 ...... 313 H 3
Labastide-Chalosse 40 ...... 293 H 4
Labastide-Clermont 31 ...... 317 F 3
Labastide-d'Anjou 11 ...... 318 D 3
Labastide-d'Armagnac 40 ...... 274 B 5
Labastide-de-Lévis 81 ...... 299 E 1
Labastide-de-Penne 82 ...... 278 C 2
Labastide-de-Virac 07 ...... 284 B 1
Labastide-Dénat 81 ...... 299 G 2
Labastide-du-Haut-Mont 46 ...... 261 G 1
Labastide-du-Temple 82 ...... 277 G 4
Labastide-du-Vert 46 ...... 259 G 4
Labastide-en-Val 11 ...... 338 A 1
Labastide-
  Esparbairenque 11 ...... 319 H 3
Labastide-Gabausse 81 ...... 279 G 5
Labastide-Marnhac 46 ...... 277 H 1
Labastide-Monréjeau 64 ...... 314 A 2
Labastide-Murat 46 ...... 260 C 3
Labastide-Paumès 31 ...... 317 F 2
Labastide-Rouairoux 81 ...... 320 B 2
Labastide-
  Saint-Georges 81 ...... 298 D 3
Labastide-Saint-Pierre 82 ...... 297 H 1
Labastide-Saint-Sernin 31 ...... 298 A 3
Labastide-Savès 32 ...... 297 E 5
Labastide-
  sur-Bésorgues 07 ...... 266 A 2
Labastide-Villefranche 64 ...... 311 G 3
Labastidette 31 ...... 317 G 2
Labathude 46 ...... 261 F 2
Labatie-d'Andaure 07 ...... 248 C 4
Labatmale 64 ...... 314 C 5
Labatut 09 ...... 318 A 4
Labatut 40 ...... 293 E 5
Labatut 64 ...... 315 E 2
Labatut-Rivière 65 ...... 295 E 5
Labbeville 95 ...... 38 A 5
Labeaume 07 ...... 266 A 5
Labécède-Lauragais 11 ...... 319 E 3
Labège 31 ...... 298 A 5
Labégude 07 ...... 266 B 3
Labéjan 32 ...... 296 A 5
Labenne 40 ...... 292 A 4
Labenne-Océan 40 ...... 292 A 4
Labergement-du-Navois 25 ...... 180 A 1
Labergement-Foigney 21 ...... 160 C 4
Labergement-
  lès-Auxonne 21 ...... 160 D 5
Labergement-
  lès-Seurre 21 ...... 178 B 2
Labergement-
  Sainte-Marie 25 ...... 180 C 4
Laberlière 60 ...... 23 F 5
Labescau 33 ...... 256 C 5
Labesserette 15 ...... 262 C 2
Labessette 63 ...... 226 C 4

Labessière-Candeil 81 ...... 299 E 2
Labets-Biscay 64 ...... 311 G 3
Labeuville 55 ...... 65 E 1
Labeuvrière 62 ...... 7 H 4
Labeyrie 64 ...... 293 H 5
Lablachère 07 ...... 266 A 5
Laboissière-en-Santerre 80 ...... 23 E 4
Laboissière-en-Thelle 60 ...... 38 A 3
Laborde 65 ...... 333 G 2
Laborel 26 ...... 286 D 1
Labosse 60 ...... 37 H 3
Labouheyre 40 ...... 273 E 2
Labouiche Rivière
  souterraine de 09 ...... 336 B 2
Laboulbène 81 ...... 299 G 4
Laboule 07 ...... 265 H 3
Labouquerie 24 ...... 258 D 2
Labouret Col du 04 ...... 288 B 2
Labourgade 82 ...... 297 F 1
Labourse 62 ...... 8 A 4
Laboutarie 81 ...... 299 F 3
Labretonie 47 ...... 257 G 5
Labrihe 32 ...... 296 D 3
Labrit 40 ...... 273 H 2
Labroquère 31 ...... 334 A 2
Labrosse 45 ...... 111 H 2
Labrousse 15 ...... 262 C 1
Labroye 62 ...... 11 H 1
Labruguière 81 ...... 299 G 5
Labruyère 21 ...... 178 B 1
Labruyère 60 ...... 38 D 3
Labruyère-Dorsa 31 ...... 318 A 3
Labry 54 ...... 45 F 5
Labuissière 62 ...... 7 H 4
Laburgade 46 ...... 278 B 1
Lac-des-Rouges-Truites 39 ...... 197 F 1
Le Lac-d'Issarlès 07 ...... 265 H 1
Lacabarède 81 ...... 320 B 2
Lacadée 64 ...... 293 H 5
Lacajunte 40 ...... 294 A 4
Lacalm 12 ...... 263 F 2
Lacam-d'Ourcet 46 ...... 261 F 1
Lacanau 33 ...... 236 C 4
Lacanau-de-Mios 33 ...... 254 D 2
Lacanau-Océan 33 ...... 236 B 3
Lacanche 71 ...... 177 F 1
Lacapelle-Barrès 15 ...... 245 E 5
Lacapelle-Biron 47 ...... 258 D 3
Lacapelle-Cabanac 46 ...... 259 F 5
Lacapelle-del-Fraisse 15 ...... 262 C 1
Lacapelle-Livron 82 ...... 278 D 2
Lacapelle-Marival 46 ...... 261 F 2
Lacapelle-Pinet 81 ...... 280 B 4
Lacapelle-Ségalar 81 ...... 279 F 4
Lacapelle-Viescamp 15 ...... 243 H 5
Lacarre 64 ...... 330 C 1
Lacarry-Arhan-Charritte-
  de-Haut 64 ...... 331 E 2
Lacassagne 65 ...... 315 F 3
Lacaugne 31 ...... 317 G 4
Lacaune 81 ...... 300 C 3
Lacaussade 47 ...... 258 D 4
Lacave 09 ...... 335 E 2
Lacave 46 ...... 260 C 1
Lacaze 81 ...... 300 A 3
Lacelle 19 ...... 225 E 2
Lacenas 69 ...... 212 D 3
Lacépède 47 ...... 275 H 1
Lachaise 16 ...... 220 C 3
Lachambre 57 ...... 67 E 1
Lachamp 48 ...... 264 B 3
Lachamp-Raphaël 07 ...... 266 A 1
Lachapelle 47 ...... 257 F 4
Lachapelle 54 ...... 96 A 3
Lachapelle 80 ...... 21 H 3
Lachapelle 82 ...... 276 D 5
Lachapelle-aux-Pots 60 ...... 37 H 2
Lachapelle-Auzac 46 ...... 242 B 5
Lachapelle-en-Blaisy 52 ...... 116 C 2
Lachapelle-Graillouse 07 ...... 265 G 1
Lachapelle-Saint-Pierre 60 ...... 38 B 4
Lachapelle-
  sous-Aubenas 07 ...... 266 B 4
Lachapelle-
  sous-Chanéac 07 ...... 248 A 4
Lachapelle-sous-Chaux 90 ...... 142 B 2
Lachapelle-
  sous-Gerberoy 60 ...... 37 G 1
Lachapelle-
  sous-Rougemont 90 ...... 142 D 2
Lachassagne 69 ...... 212 D 3
Lachau 26 ...... 286 D 2
Lachaussée 55 ...... 65 E 2
Lachaussée-
  du-Bois-d'Écu 60 ...... 22 B 5

Lachaux 63 ...... 210 C 3
Lachelle 60 ...... 39 F 2
Lachy 51 ...... 61 E 4
Lacollonge 90 ...... 142 C 2
Lacombe 11 ...... 319 G 3
Lacoste 33 ...... 238 C 3
Lacoste 34 ...... 302 A 4
Lacoste 84 ...... 305 G 2
Lacougotte-Cadoul 81 ...... 298 D 4
Lacour 82 ...... 277 E 2
Lacour-d'Arcenay 21 ...... 158 C 3
Lacourt 09 ...... 335 F 3
Lacourt-Saint-Pierre 82 ...... 277 G 5
Lacq 64 ...... 313 H 3
Lacquy 40 ...... 274 B 5
Lacrabe 40 ...... 293 H 4
Lacres 62 ...... 6 C 3
Lacroisille 81 ...... 298 D 5
Lacroix-Barrez 12 ...... 262 D 1
Lacroix-Falgarde 31 ...... 317 H 2
Lacroix-Saint-Ouen 60 ...... 39 F 3
Lacroix-sur-Meuse 55 ...... 64 C 2
Lacropte 24 ...... 240 D 4
Lacrost 71 ...... 195 F 1
Lacrouzette 81 ...... 299 H 4
Lacs 36 ...... 189 G 1
Ladapeyre 23 ...... 189 H 5
Ladaux 33 ...... 256 B 2
Ladern-sur-Lauquet 11 ...... 337 H 1
Ladevèze-Rivière 32 ...... 295 E 5
Ladevèze-Ville 32 ...... 295 E 5
Ladignac-le-Long 87 ...... 223 F 2
Ladignac-sur-Rondelles 19 ...... 243 E 1
Ladinhac 15 ...... 262 C 2
Ladirat 46 ...... 261 F 1
Ladiville 16 ...... 220 D 3
Ladoix 21 ...... 177 H 1
Ladoix-Serrigny 21 ...... 177 H 1
Ladon 45 ...... 112 A 5
Lados 33 ...... 256 C 5
Ladoye-sur-Seille 39 ...... 179 F 4
Laduz 89 ...... 136 A 2
Lafage 11 ...... 318 D 5
Lafage-sur-Sombre 19 ...... 243 F 1
Lafare 84 ...... 285 G 3
Lafarre 07 ...... 248 C 3
Lafarre 43 ...... 265 G 1
Lafat 23 ...... 188 D 4
Lafauche 52 ...... 93 G 5
Laféline 03 ...... 191 H 4
Laferté-sur-Amance 52 ...... 140 B 2
Laferté-sur-Aube 52 ...... 116 B 3
Laffaux 02 ...... 40 C 2
Laffite-Toupière 31 ...... 316 D 5
Laffrey 38 ...... 251 E 3
Lafite Rothschild
  Château de 33 ...... 237 E 1
Lafitole 82 ...... 315 E 2
Lafitte 82 ...... 277 F 5
Lafitte-sur-Lot 47 ...... 275 H 1
Lafitte-Vigordane 31 ...... 317 F 4
Lafosse 33 ...... 237 G 3
Lafox 47 ...... 276 C 3
Lafrançaise 82 ...... 277 G 4
Lafraye 60 ...... 38 B 1
Lafresnoye 80 ...... 21 G 2
Lafrimbolle 57 ...... 96 B 1
Lagamas 34 ...... 302 A 4
Lagarde 09 ...... 336 D 2
Lagarde 31 ...... 318 C 3
Lagarde 32 ...... 275 H 5
Lagarde 57 ...... 67 E 5
Lagarde 65 ...... 315 E 4
Lagarde d'Apt 84 ...... 286 C 5
Lagarde-Enval 19 ...... 243 E 2
Lagarde-Hachan 32 ...... 316 A 3
Lagarde-Paréol 84 ...... 285 F 2
Lagarde-sur-le-Né 16 ...... 220 C 3
Lagardelle 46 ...... 259 F 5
Lagardelle-sur-Lèze 31 ...... 317 H 3
Lagardère 32 ...... 295 H 2
Lagardiolle 81 ...... 319 F 2
Lagarrigue 47 ...... 275 G 2
Lagarrigue 81 ...... 299 G 5
Lageon 79 ...... 168 A 4
Lagery 51 ...... 41 E 4
Lagesse 10 ...... 115 E 2
Laghet 06 ...... 309 H 2
Lagleygeolle 19 ...... 242 D 3
Laglorieuse 40 ...... 294 B 1
Lagnes 84 ...... 305 F 1
Lagnicourt-Marcel 62 ...... 13 H 4
Lagnieu 01 ...... 214 A 4
Lagny 60 ...... 23 G 5

Lagny-le-Sec 60 ...... 59 F 1
Lagny-sur-Marne 77 ...... 59 E 1
Lagor 64 ...... 313 H 3
Lagorce 07 ...... 266 B 5
Lagorce 33 ...... 238 C 2
Lagord 17 ...... 183 F 5
Lagos 64 ...... 314 C 5
Lagrâce-Dieu 31 ...... 317 H 3
Lagrand 05 ...... 287 E 1
Lagrange 40 ...... 274 C 5
Lagrange 65 ...... 333 H 1
Lagrange 90 ...... 142 D 2
Lagrasse 11 ...... 338 B 1
Lagraulas 32 ...... 295 G 3
Lagraulet-du-Gers 32 ...... 295 G 1
Lagraulet-Saint-Nicolas 31 ...... 297 F 2
Lagraulière 19 ...... 224 C 5
Lagrave 81 ...... 299 E 1
Lagruère 47 ...... 275 F 1
Laguenne 19 ...... 242 F 1
Laguépie 82 ...... 279 F 4
Laguian-Mazous 32 ...... 315 G 2
Laguinge-Restoue 64 ...... 331 F 2
Laguiole 12 ...... 263 F 3
Lagupie 47 ...... 257 E 4
Lahage 31 ...... 317 E 2
Lahaye-Saint-Romain 80 ...... 21 H 4
Lahaymeix 55 ...... 64 B 3
Lahayville 55 ...... 65 E 3
Laheycourt 55 ...... 63 F 2
Lahitère 31 ...... 335 F 1
Lahitte 32 ...... 296 B 4
Lahitte 65 ...... 333 G 1
Lahitte-Toupière 65 ...... 315 E 2
Lahonce 64 ...... 292 B 5
Lahontan 64 ...... 293 E 5
Lahourcade 64 ...... 313 H 3
Lahoussoye 80 ...... 22 D 1
Laifour 08 ...... 26 D 1
La Laigne 17 ...... 184 B 5
Laigné 53 ...... 128 A 2
Laigné-en-Belin 72 ...... 130 A 2
Laignelet 35 ...... 81 F 4
Laignes 21 ...... 137 H 2
Laigneville 60 ...... 38 C 3
Laigny 02 ...... 25 F 2
Laillé 35 ...... 104 A 4
Lailly 89 ...... 114 A 2
Lailly-en-Val 45 ...... 132 D 3
Laimont 55 ...... 63 G 3
Lain 89 ...... 135 H 5
Laines-aux-Bois 10 ...... 114 D 2
Lains 39 ...... 196 B 3
Lainsecq 89 ...... 156 D 1
Lainville-en-Vexin 78 ...... 57 G 1
Laires 62 ...... 7 F 3
Lairière 11 ...... 338 A 2
Lairoux 85 ...... 183 E 2
Laissac-
  Sévérac-l'Eglise 12 ...... 281 F 1
Laissaud 73 ...... 233 G 3
Laissey 25 ...... 162 B 3
Laître-sous-Amance 54 ...... 66 B 5
Laives 71 ...... 177 H 5
Laix 54 ...... 45 E 2
Laiz 01 ...... 195 E 5
Laize 71 ...... 195 E 3
Laize-la-Ville 14 ...... 33 G 5
Laizy 71 ...... 176 C 3
Lajo 48 ...... 264 B 1
Lajoux 39 ...... 197 F 3
Lalacelle 61 ...... 83 E 3
Laladenie 09 ...... 135 H 4
Lalande-de-Pomerol 33 ...... 238 C 4
Lalande-en-Son 60 ...... 37 G 2
Lalandelle 60 ...... 37 G 2
Lalandusse 47 ...... 257 H 3
Lalanne 32 ...... 296 B 2
Lalanne 65 ...... 316 A 4
Lalanne-Arqué 32 ...... 316 B 3
Lalanne-Trie 65 ...... 315 H 4
Lalbarède 81 ...... 299 E 4
Lalbenque 46 ...... 278 B 1
Laleu 61 ...... 84 A 2
Laleu 80 ...... 11 H 5
Lalevade-d'Ardèche 07 ...... 266 A 3
Lalheue 71 ...... 177 H 5
Lalizolle 03 ...... 209 G 1
Lallaing 59 ...... 9 E 5
Lalleu 35 ...... 126 D 2

A B C D E F G H I J K L M N O P Q R S T U V W X Y Z

A B C D E F G H I J K L M N O P Q R S T U V W X Y Z

Lalley 38 ... 268 D 1
Lalobbe 08 ... 26 A 4
Lalœuf 54 ... 94 C 3
Lalongue 64 ... 314 C 2
Lalonquette 64 ... 294 B 5
Laloubère 65 ... 315 E 5
Lalouret-Laffiteau 31 ... 316 B 5
Lalouvesc 07 ... 248 C 2
Laluque 40 ... 293 E 1
Lama 2B ... 345 E 5
Lamadeleine-Val-des-Anges 90 ... 142 C 1
Lamagdelaine 46 ... 260 B 5
Lamagistère 82 ... 276 D 4
Lamaguère 32 ... 316 B 2
Lamaids 03 ... 190 B 5
Lamairé 79 ... 168 B 4
Lamalou-les-Bains 34 ... 301 F 5
Lamancine 52 ... 116 D 2
Lamanère 66 ... 342 B 5
Lamanon 13 ... 305 F 3
Lamarche 88 ... 118 A 3
Lamarche-en-Woëvre 55 ... 65 E 3
Lamarche-sur-Saône 21 ... 160 D 3
Lamargelle 21 ... 159 H 1
Lamargelle-aux-Bois 52 ... 139 E 4
Lamaronde 80 ... 21 H 3
Lamarque 33 ... 237 F 2
Lamarque-Pontacq 65 ... 314 D 5
Lamarque-Rustaing 65 ... 315 G 4
Lamasquère 31 ... 317 G 2
Lamastre 07 ... 248 C 4
Lamath 54 ... 95 F 2
Lamativie 46 ... 243 F 5
Lamayou 64 ... 315 E 3
Lamazère 32 ... 295 H 5
Lamazière-Basse 19 ... 225 G 5
Lamazière-Haute 19 ... 226 B 2
Lambach 57 ... 68 A 1
Lambader 29 ... 71 G 4
Lamballe 22 ... 78 D 3
Lambersart 59 ... 8 D 2
Lambert 04 ... 288 A 4
Lamberville 50 ... 32 C 5
Lamberville 76 ... 20 A 3
Lambesc 13 ... 305 G 4
Lamblore 28 ... 85 E 2
Lambres 62 ... 7 G 3
Lambres-lez-Douai 59 ... 8 D 5
Lambrey 70 ... 140 H 1
Lambruisse 04 ... 288 C 4
Laméac 65 ... 315 G 3
Lamécourt 60 ... 38 D 2
Lamelouze 30 ... 283 G 3
Lamenay-sur-Loire 58 ... 175 F 4
Lamérac 16 ... 220 C 4
Lametz 08 ... 26 D 5
Lamillarié 81 ... 299 F 2
Lammerville 76 ... 20 A 3
Lamnay 72 ... 108 D 3
Lamongerie 19 ... 224 C 3
Lamontélarié 81 ... 300 B 4
Lamontgie 63 ... 228 B 4
Lamontjoie 47 ... 275 H 4
Lamonzie-Montastruc 24 ... 240 B 5
Lamonzie-Saint-Martin 24 ... 257 G 1
Lamorlaye 60 ... 38 C 5
Lamorville 55 ... 64 C 3
Lamothe 40 ... 293 H 2
Lamothe 43 ... 246 B 4
Lamothe-Capdeville 82 ... 277 H 4
Lamothe-Cassel 46 ... 260 B 3
Lamothe-Cumont 82 ... 296 D 1
Lamothe-en-Blaisy 52 ... 116 C 2
Lamothe-Fénelon 46 ... 259 H 1
Lamothe-Goas 32 ... 296 A 2
Lamothe-Landerron 33 ... 257 E 4
Lamothe-Montravel 24 ... 238 D 5
Lamotte-Beuvron 41 ... 133 F 5
Lamotte-Brebière 80 ... 22 C 2
Lamotte-Buleux 80 ... 11 G 2
Lamotte-du-Rhône 84 ... 284 D 2
Lamotte-Warfusée 80 ... 23 E 2
Lamouilly 55 ... 27 H 5
Lamoura 39 ... 197 F 3
Lampaul 29 ... 74 A 1
Lampaul-Guimiliau 29 ... 71 G 5
Lampaul-Plouarzel 29 ... 70 A 4
Lampaul-Ploudalmézeau 29 ... 70 B 4
Lampertheim 67 ... 68 D 5
Lampertsloch 67 ... 69 E 2
Lamure-sur-Azergues 69 ... 212 B 2
Lanans 25 ... 162 D 3
Lanarce 07 ... 265 G 2
Lanarvily 29 ... 70 D 4
Lanas 07 ... 266 B 4
Lancé 41 ... 131 G 4

Lanchères 80 ... 11 E 3
Lanches-Saint-Hilaire 80 ... 12 B 4
Lanchy 02 ... 23 H 2
Lancié 69 ... 212 D 1
Lancieux 22 ... 50 B 5
Lancôme 41 ... 131 H 5
Lançon 08 ... 43 E 3
Lançon 65 ... 333 H 3
Lançon-Provence 13 ... 305 F 2
Lancrans 01 ... 215 E 1
Landal Château de 35 ... 80 B 2
Landange 57 ... 67 G 5
Landas 59 ... 9 F 4
Landaul 56 ... 123 H 2
Landavran 35 ... 105 E 2
La Lande-Chasles 49 ... 150 C 1
La Lande-d'Airou 50 ... 51 H 3
La Lande-de-Fronsac 33 ... 237 H 4
La Lande-de-Goult 61 ... 83 F 2
La Lande-de-Lougé 61 ... 53 H 5
La Lande-Patry 61 ... 53 E 4
La Lande-Saint-Léger 27 ... 34 D 3
La Lande-Saint-Siméon 61 ... 53 F 3
La Lande-sur-Drôme 14 ... 32 C 5
La Lande-sur-Eure 61 ... 85 E 2
La Lande-Vaumont 14 ... 52 C 4
Landéan 35 ... 81 F 4
Landebaëron 22 ... 73 E 4
Landébia 22 ... 79 E 3
Le Landec 22 ... 79 F 4
Landécourt 54 ... 95 F 2
Landéda 29 ... 70 C 4
Landéhen 22 ... 78 D 4
Landeleau 29 ... 76 C 4
Landelles 28 ... 85 G 3
Landelles-et-Coupigny 14 ... 52 B 2
Landemont 49 ... 148 B 3
Landerneau 29 ... 75 G 2
Landeronde 85 ... 165 G 5
Landerrouat 33 ... 257 E 2
Landerrouet-sur-Ségur 33 ... 256 D 3
Landersheim 67 ... 68 C 5
Landes 17 ... 201 G 3
Les Landes-Genusson 85 ... 166 B 2
Landes-le-Gaulois 41 ... 131 H 5
Landes-sur-Ajon 14 ... 33 E 5
Landes-Vieilles-et-Neuves 76 ... 21 F 3
Landévant 56 ... 123 H 2
Landévennec 29 ... 75 G 3
Landevieille 85 ... 165 E 5
Landéville 52 ... 93 F 4
Landeyrat 15 ... 245 F 1
Landifay-et-Bertaignemont 02 ... 24 D 2
Landigou 61 ... 53 F 4
Le Landin 27 ... 35 H 2
Landiras 33 ... 255 H 3
Landisacq 61 ... 53 E 4
Landivisiau 29 ... 71 F 5
Landivy 53 ... 81 G 3
Landogne 63 ... 208 D 4
Landonvillers 57 ... 46 B 5
Landorthe 31 ... 334 C 1
Landos 43 ... 265 F 1
Landouge 87 ... 205 G 5
Landouzy-la-Cour 02 ... 25 G 2
Landouzy-la-Ville 02 ... 25 G 2
Landrais 17 ... 201 E 2
Le Landreau 44 ... 148 A 4
Landrecies 59 ... 15 E 4
Landrecourt 55 ... 64 B 1
Landrellec 22 ... 72 C 2
Landremont 54 ... 65 H 4
Landres 54 ... 45 E 3
Landres-et-Saint-Georges 08 ... 43 F 2
Landresse 25 ... 162 D 3
Landrethun-le-Nord 62 ... 2 C 4
Landrethun-lès-Ardres 62 ... 2 D 4
Landrévarzec 29 ... 99 H 2
Landreville 10 ... 115 H 4
Landrichamps 08 ... 17 F 4
Landricourt 02 ... 40 B 1
Landricourt 51 ... 92 B 2
Landroff 57 ... 66 D 2
Landry 73 ... 234 D 2
Landser 68 ... 143 G 2
Landudal 29 ... 100 A 2
Landudec 29 ... 99 F 3
Landujan 35 ... 103 H 1
Landunvez 29 ... 70 B 4
Lanéria 29 ... 196 A 3
Lanespède 65 ... 315 G 5
Lanessan Château de 33 ... 237 E 2

Lanester 56 ... 123 F 2
Lanet 11 ... 338 A 3
Laneuvelle 52 ... 118 A 5
Laneuvelotte 54 ... 66 B 5
Laneuveville-aux-Bois 54 ... 95 H 1
Laneuveville-derrière-Foug 54 ... 65 E 5
Laneuveville-devant-Bayon 54 ... 95 E 3
Laneuveville-devant-Nancy 54 ... 94 D 1
Laneuveville-en-Saulnois 57 ... 66 C 3
Laneuveville-lès-Lorquin 57 ... 67 G 5
Laneuveville-à-Bayard 52 ... 92 D 2
Laneuveville-à-Rémy 52 ... 92 C 3
Laneuville-au-Bois 52 ... 93 G 4
Laneuville-au-Pont 52 ... 63 E 5
Laneuville-au-Roi 52 ... 116 E 3
Laneuville-au-Rupt 55 ... 64 D 5
Laneuville-sur-Meuse 55 ... 43 G 1
Laneuvilleroy 60 ... 38 D 1
Lanfains 22 ... 78 A 4
Lanfroicourt 54 ... 66 B 4
Langan 35 ... 80 A 5
Langast 22 ... 78 C 5
Langatte 57 ... 67 G 4
Langé 36 ... 171 F 1
Langeac 43 ... 246 C 3
Langeais 37 ... 151 F 3
Langensoultzbach 67 ... 68 D 2
Langeron 58 ... 174 B 4
Langesse 45 ... 134 C 3
Langey 28 ... 109 G 4
Langlade 30 ... 303 G 2
Langley 88 ... 95 E 4
Langoat 22 ... 72 D 3
Langoëlan 56 ... 101 F 2
Langogne 48 ... 265 F 2
Langoiran 33 ... 255 H 2
Langolen 29 ... 100 A 2
Langon 33 ... 256 B 4
Langon 35 ... 126 A 3
Le Langon 85 ... 183 G 3
Langonnet 56 ... 100 D 2
Langonnet Abbaye de 56 ... 101 E 2
Langouet 35 ... 80 A 5
Langourla 22 ... 78 D 5
Langres 52 ... 139 G 2
Langrolay-sur-Rance 22 ... 79 H 3
Langrune-sur-Mer 14 ... 33 G 3
Languédias 22 ... 79 F 4
Languenan 22 ... 79 G 3
Langueux 22 ... 78 B 3
Languevoisin-Quiquery 80 ... 23 G 3
Languidic 56 ... 101 G 2
Languidou Chapelle de 29 ... 99 F 4
Languimberg 57 ... 67 F 4
Languivoa Chapelle de 29 ... 99 F 4
Langy 03 ... 192 C 5
Lanhélin 35 ... 80 A 3
Lanhères 55 ... 44 D 5
Lanhouarneau 29 ... 71 E 4
Lanildut 29 ... 70 A 5
Laning 57 ... 67 E 1
Laniscat 22 ... 77 G 5
Laniscourt 02 ... 24 C 5
Lanleff 22 ... 73 F 4
Lanloup 22 ... 73 G 3
Lanmérin 22 ... 72 D 3
Lanmeur 29 ... 72 A 4
Lanmodez 22 ... 73 F 2
Lann-Bihoué 56 ... 123 F 2
Lanne 65 ... 315 E 5
Lanne-en-Barétous 64 ... 331 F 2
Lanne-Soubiran 32 ... 294 D 3
Lannéanou 29 ... 76 C 2
Lannebert 22 ... 73 F 4
Lannecaube 64 ... 314 C 2
Lannédern 29 ... 76 B 4
Lannemaignan 32 ... 294 C 1
Lannemezan 65 ... 333 H 1
Lannepax 32 ... 295 G 2
Lanneplaà 64 ... 313 F 2
Lanneray 28 ... 109 H 4
Lannes 47 ... 275 F 5
Lanneuffret 29 ... 71 E 5
Lannilis 29 ... 70 C 4
Lannion 22 ... 72 C 3
Lannoy 59 ... 9 E 2
Lannoy-Cuillère 60 ... 21 F 4
Lanobre 15 ... 226 C 4
Lanouaille 24 ... 223 F 5
Lanouée 56 ... 102 C 4

Lanoux 09 ... 335 H 1
Lanquais 24 ... 258 C 1
Lanques-sur-Rognon 52 ... 117 F 3
Lanquetot 76 ... 19 F 5
Lanrelas 22 ... 103 E 1
Lanrigan 35 ... 80 B 4
Lanrivain 22 ... 77 G 3
Lanrivoaré 29 ... 70 B 5
Lanrodec 22 ... 77 H 2
Lans 71 ... 177 H 4
Lans-en-Vercors 38 ... 250 C 2
Lansac 33 ... 237 G 3
Lansac 65 ... 315 F 5
Lansac 66 ... 338 B 5
Lanslebourg-Mont-Cenis 73 ... 235 E 5
Lanslevillard 73 ... 235 F 5
Lanta 31 ... 298 B 5
Lantabat 64 ... 311 G 5
Lantages 10 ... 115 F 4
Lantan 18 ... 173 G 3
Lantéfontaine 54 ... 45 F 4
Lantenay 01 ... 214 C 2
Lantenay 21 ... 159 H 3
Lantenne-Vertière 25 ... 161 G 4
Lantenot 70 ... 141 H 3
La Lanterne-et-les-Armonts 70 ... 141 H 2
Lanteuil 19 ... 242 C 3
Lanthenans 25 ... 163 E 2
Lanthes 21 ... 178 C 1
Lantheuil 14 ... 33 F 3
Lantic 22 ... 73 G 5
Lantignié 69 ... 212 C 1
Lantillac 56 ... 102 B 4
Lantilly 21 ... 158 D 1
Lanton 33 ... 254 C 2
Lantosque 06 ... 291 F 3
Lantriac 43 ... 247 G 4
Lanty 58 ... 175 H 4
Lanty-sur-Aube 52 ... 116 B 4
Lanuéjols 30 ... 282 B 4
Lanuéjols 48 ... 264 D 5
Lanuéjouls 12 ... 261 G 5
Lanvallay 22 ... 79 G 4
Lanvaudan 56 ... 101 F 2
Lanvellec 22 ... 72 B 4
Lanvénégen 56 ... 100 D 3
Lanvéoc 29 ... 75 E 3
Lanvézéac 22 ... 72 D 3
Lanvollon 22 ... 73 G 4
Lanzac 46 ... 242 B 5
Laon 02 ... 24 D 5
Laons 28 ... 56 B 5
Laouzas Barrage de 81 ... 300 C 4
Lapalisse 03 ... 192 D 5
Lapalud 84 ... 284 D 1
Lapan 18 ... 172 D 3
Lapanouse 12 ... 281 G 1
Lapanouse-de-Cernon 12 ... 281 H 5
Laparade 47 ... 275 H 1
Laparrouquial 81 ... 279 F 2
Lapenche 82 ... 278 C 3
Lapenne 09 ... 336 C 1
Lapenty 50 ... 81 G 2
Laperche 47 ... 257 G 4
Laperrière-sur-Saône 21 ... 160 D 5
Lapeyre 65 ... 315 H 5
Lapeyrère 31 ... 317 G 5
Lapeyrouse 01 ... 213 F 3
Lapeyrouse 63 ... 191 F 5
Lapeyrouse-Fossat 31 ... 298 A 4
Lapeyrouse-Mornay 26 ... 231 G 5
Lapeyrugue 15 ... 262 C 2
Lapleau 19 ... 243 G 1
Laplume 47 ... 275 H 4
Lapoutroie 68 ... 120 D 2
Lapouyade 33 ... 238 B 3
Lappion 02 ... 25 G 5
Laprade 11 ... 319 G 2
Laprade 16 ... 239 F 1
Laprugne 03 ... 211 E 3
Laps 63 ... 228 A 2
Lapte 43 ... 248 A 2
Lapugnoy 62 ... 7 H 4
Laquenexy 57 ... 66 B 1
Laqueuille 83 ... 227 E 2
Laragne-Montéglin 05 ... 287 F 1
Larajasse 69 ... 230 C 2
Laramière 46 ... 279 E 1
Laran 65 ... 316 A 5
Larbey 40 ... 293 G 3
Larbont 09 ... 335 H 2
Larbroye 60 ... 23 G 5

Larcan 31 ... 316 C 5
Larcat 09 ... 336 B 5
Larçay 37 ... 152 A 3
Larceveau-Arros-Cibits 64 ... 311 G 5
Larchamp 53 ... 81 G 4
Larchamp 61 ... 53 E 5
Larchant 77 ... 112 B 2
Larche 04 ... 271 F 4
Larche 19 ... 241 H 3
Larche Col de 04 ... 271 F 4
Le Larderet 39 ... 179 H 3
Lardier-et-Valença 05 ... 269 G 5
Lardiers 04 ... 287 E 4
Le Lardin-Saint-Lazare 24 ... 241 G 3
Lardy 91 ... 87 G 3
Larée 32 ... 295 E 1
Laréole 31 ... 297 E 3
Largeasse 79 ... 167 G 5
Largentière 07 ... 266 A 4
Largillay-Marsonnay 39 ... 196 C 1
Largitzen 68 ... 143 E 3
Largny-sur-Automne 02 ... 39 H 4
Larians-et-Munans 70 ... 162 B 1
Larivière 90 ... 142 D 2
Larivière-sur-Apance 52 ... 118 A 4
Larmor-Baden 56 ... 124 A 4
Larmor-Plage 56 ... 123 F 2
Larnage 26 ... 249 F 3
Larnagol 46 ... 260 D 5
Larnas 07 ... 266 D 5
Larnat 09 ... 336 B 5
Larnaud 39 ... 179 E 5
Larnod 25 ... 161 H 4
Laroche-près-Feyt 19 ... 226 C 1
Laroche-Saint-Cydroine 89 ... 113 H 5
Larochemillay 58 ... 176 A 3
Larodde 63 ... 226 C 3
Laroin 64 ... 314 A 4
Larone Col de 2A ... 349 G 4
Laronxe 54 ... 95 G 2
Laroque 33 ... 256 B 2
Laroque 34 ... 302 C 1
Laroque-de-Fa 11 ... 338 B 3
Laroque-des-Albères 66 ... 343 F 4
Laroque-des-Arcs 46 ... 260 B 5
Laroque-d'Olmes 09 ... 336 D 3
Laroque-Timbaut 47 ... 276 C 2
Laroquebrou 15 ... 243 H 4
Laroquevieille 15 ... 244 C 4
Larouillies 59 ... 15 G 5
Larra 31 ... 297 G 3
Larrau 64 ... 331 E 3
Larrazet 82 ... 297 F 1
Larré 56 ... 124 D 3
Larressingle 32 ... 295 G 1
Larressore 64 ... 310 D 3
Larret 70 ... 140 A 4
Larreule 64 ... 314 A 2
Larreule 65 ... 315 E 2
Larrey 21 ... 137 H 2
Larribar-Sorhapuru 64 ... 311 H 4
Larringes 74 ... 198 B 3
Larrivière-Saint-Savin 40 ... 294 A 2
Larrivoire 39 ... 196 D 4
Larroque 31 ... 316 B 5
Larroque 65 ... 316 A 4
Larroque 81 ... 278 D 5
Larroque-Engalin 32 ... 275 H 5
Larroque-Saint-Sernin 32 ... 296 A 2
Larroque-sur-l'Osse 32 ... 275 F 5
Larroque-Toirac 46 ... 261 F 4
Lartigue 32 ... 296 C 5
Lartigue 33 ... 274 C 2
Laruns 64 ... 332 A 2
Laruscade 33 ... 238 B 2
Larzac 24 ... 259 E 2
Larzicourt 51 ... 62 D 5
Lasalle 30 ... 283 F 5
Lasbordes 11 ... 319 E 4
Lascabanes 46 ... 277 H 1
Lascaux 19 ... 223 H 5
Lascaux Grotte de 24 ... 241 G 3
Lascazères 65 ... 295 E 5
Laschamps-de-Chavanat 23 ... 207 E 1
Lasclaveries 64 ... 314 B 2
Lasfaillades 81 ... 300 A 5
Lasgraisses 81 ... 299 E 2
Lassales 65 ... 315 H 5
Lassales 65 ... 316 A 5
Lassay-les-Châteaux 53 ... 82 C 3
Lassay-sur-Croisne 41 ... 153 G 3
Lasse 49 ... 150 C 1

Lasse 64 ... 330 B
Lasserade 32 ... 295 E
Lasséran 32 ... 296 A
Lasserre 09 ... 335 F
Lasserre 31 ... 297 E
Lasserre 47 ... 275 G
Lasserre 64 ... 294 D
Lasserre-de-Prouille 11 ... 319 F
Lasseube 64 ... 314 A
Lasseube-Propre 32 ... 296 B
Lasseubetat 64 ... 314 A
Lassicourt 10 ... 91 H
Lassigny 60 ... 23 F
Lasson 14 ... 33 F
Lasson 89 ... 114 C
Lassouts 12 ... 263 F
Lassur 09 ... 336 C
Lassy 14 ... 53 E
Lassy 35 ... 103 H
Lassy 95 ... 38 D
Lastelle 50 ... 31 G
Lastic 15 ... 246 A
Lastic 63 ... 226 D
Lastioulles Barrage de 15 ... 226 D
Lastours 11 ... 319 H
Lataule 60 ... 39 E
Le Latet 39 ... 179 H
La Latette 39 ... 180 A
Lathuile 74 ... 215 H
Lathus 86 ... 187 G
Latillé 86 ... 185 H
Latilly 02 ... 40 B
Latoue 31 ... 316 C
Latouille-Lentillac 46 ... 261 F
Latour 31 ... 317 G
Latour-Bas-Elne 66 ... 343 F
Latour-de-Carol 66 ... 341 E
Latour-de-France 66 ... 338 B
Latour-en-Woëvre 55 ... 65 E
Latrape 31 ... 317 G
Latrecey 21 ... 116 C
Latresne 33 ... 255 G
Latrille 40 ... 294 C
Latronche 19 ... 243 H
Latronquière 46 ... 261 G
La Latte Fort 22 ... 50 A
Lattes 34 ... 302 D
Lattre-Saint-Quentin 62 ... 13 E
Lau-Balagnas 65 ... 332 D
Laubach 67 ... 68 D
Laubert 48 ... 264 D
Les Laubies 48 ... 264 B
Laubressel 10 ... 91 F
Laubrières 53 ... 105 F
La Lauch Lac de 68 ... 120 C
Laucourt 80 ... 23 F
Laudrefang 57 ... 66 D
Laudun-l'Ardoise 30 ... 284 D
Laugnac 47 ... 276 B
Laujuzan 32 ... 294 D
Laulne 50 ... 31 G
Laumesfeld 57 ... 46 C
Launac 31 ... 297 F
Launaguet 31 ... 298 A
Launay 27 ... 35 G
Launay-Villiers 53 ... 105 G
Launois-sur-Vence 08 ... 26 C
Launoy 02 ... 40 B
Launstroff 57 ... 46 C
La Laupie 26 ... 267 F
Laurabuc 11 ... 319 E
Laurac 11 ... 319 E
Laurac-en-Vivarais 07 ... 266 A
Lauraët 32 ... 295 G
Lauraguel 11 ... 337 F
Laure-Minervois 11 ... 320 A
Laurède 40 ... 293 G
Laurenan 22 ... 102 D
Laurens 34 ... 301 G
Lauresses 46 ... 261 G
Lauret 34 ... 302 D
Lauret 40 ... 294 B
Laurie 15 ... 245 H
Laurière 24 ... 240 D
Laurière 87 ... 206 B
Lauris 84 ... 305 H
Lauroux 34 ... 301 G
Laussac 12 ... 263 E
Laussonne 43 ... 247 G
Laussou 47 ... 258 D
Lautaret Col du 05 ... 252 B
Lautenbach 68 ... 120 D
Lautenbachzell 68 ... 120 D
Lauterbourg 67 ... 69 H
Lauthiers 86 ... 187 E
Lautignac 31 ... 317 E

...utrec 81 .... 299 F 3
...uw 68 .... 142 D 1
...uwin-Planque 59 .... 8 D 5
...ux-Montaux 26 .... 286 C 1
...uzach 56 .... 124 D 4
...uzerte 82 .... 277 F 2
...uzerville 31 .... 298 B 5
...uzès 46 .... 260 C 4
Lauzet-Ubaye 04 .... 270 B 5
...uzières 17 .... 183 F 5
...uzun 47 .... 257 H 3
...va Col de 2A .... 346 A 5
...va Golfe de 2A .... 348 B 3
...vacquerie 60 .... 22 A 4
...val 38 .... 251 F 1
...val 53 .... 106 A 3
...val Chalets de 05 .... 252 C 3
...val-Atger 48 .... 264 D 1
...val-d'Aix 26 .... 268 B 2
...val-d'Aurelle 07 .... 265 G 4
...val-de-Cère 46 .... 243 F 5
...val-du-Tarn 48 .... 282 B 1
...val-en-Brie 77 .... 89 E 4
...val-en-Laonnois 02 .... 40 D 1
...val-le-Prieuré 25 .... 163 E 4
...val-Morency 08 .... 26 B 2
...val-Pradel 30 .... 283 H 3
...val-Roquecezière 12 .... 300 B 2
...val-Saint-Roman 30 .... 284 C 2
...val-sur-Doulon 43 .... 228 C 5
...val-sur-Luzège 19 .... 243 G 1
...val-sur-Tourbe 51 .... 42 D 5
...val-sur-Vologne 88 .... 119 H 2
...valade 24 .... 258 D 2
...valdens 38 .... 251 F 4
...valette 11 .... 319 G 5
...valette 31 .... 298 B 4
...valette 34 .... 301 G 4
...valette Barrage de 43 .... 247 H 2
...vallée 61 .... 64 B 4
Lavancher 74 .... 217 E 2
...vancia-Epercy 39 .... 196 C 4
Lavandou 83 .... 329 E 4
...vangeot 39 .... 161 F 5
...vans 51 .... 41 H 3
...vans-lès-Dole 39 .... 161 F 5
...vans-lès-Saint-Claude 39 196 D 3
...vans-Quingey 25 .... 161 H 5
...vans-sur-Valouse 39 .... 196 C 4
...vans-Vuillafans 25 .... 162 B 5
...vaqueresse 02 .... 25 E 1
...vardac 47 .... 275 F 3
...vardens 32 .... 296 A 3
...vardin 41 .... 131 F 3
...vardin 72 .... 107 G 4
...varé 72 .... 108 C 4
...vars 38 .... 250 D 5
...vasina 2B .... 345 G 3
...vastrie 15 .... 245 G 5
...vatoggio 2B .... 346 C 2
...vau 10 .... 91 E 5
...vau 89 .... 135 F 5
...vau-sur-Loire 44 .... 146 D 3
...vaudieu 43 .... 246 C 1
...vaufranche 23 .... 190 A 4
...vault-de-Frétoy 58 .... 176 A 1
...vault-Sainte-Anne 03 .... 190 D 4
...s Lavaults 89 .... 158 B 3
...vaur 24 .... 259 E 3
...vaur 81 .... 298 D 3
...vaurette 82 .... 278 C 3
...vausseau 86 .... 185 H 1
...vaveix-les-Mines 23 .... 207 G 2
...vazan 33 .... 256 C 5
...veissenet 15 .... 245 G 5
...veissière 15 .... 245 E 3
...velanet 09 .... 336 D 3
...velanet-de-Comminges 31 .... 317 F 4
...veline-devant-Bruyères 88 .... 120 A 2
...veline-du-Houx 88 .... 119 H 2
...venay 72 .... 130 D 3
...ventie 62 .... 8 B 2
...véra 13 .... 325 G 4
...veraët 32 .... 295 G 5
...vercantière 46 .... 259 H 3
...verdines 18 .... 173 H 1
...vergne 46 .... 260 D 1
...vergne 47 .... 257 G 3
...vernat 72 .... 130 B 4
...vernay 25 .... 161 G 3
...verne 12 .... 281 G 2
...vernose-Lacasse 31 .... 317 G 3
...vernoy 52 .... 117 H 5
...verrière 60 .... 21 H 4
...versine 02 .... 40 A 3

Laversines 60 .... 38 B 2
Lavérune 34 .... 302 D 5
Laveyron 26 .... 249 E 1
Laveyrune 07 .... 265 F 3
Laveyssière 24 .... 239 H 5
Lavieu 42 .... 229 G 3
Laviéville 80 .... 22 D 1
Lavigerie 15 .... 245 E 2
Lavignac 87 .... 223 F 1
Lavignéville 55 .... 64 D 3
Lavigney 70 .... 140 C 3
Lavigny 39 .... 179 F 4
Lavignolle 33 .... 255 E 3
Lavillatte 07 .... 265 G 2
Laville-aux-Bois 52 .... 117 E 3
Lavilledieu 07 .... 266 C 4
Lavilleneuve 52 .... 117 G 4
Lavilleneuve-au-Roi 52 .... 116 C 3
Lavilleneuve-aux-Fresnes 52 .... 116 B 2
Lavilletertre 60 .... 37 H 4
Lavincourt 55 .... 63 G 5
Laviolle 07 .... 266 B 1
Laviron 25 .... 163 E 3
Lavit-de-Lomagne 82 .... 296 D 1
Lavoine 03 .... 210 D 3
Lavoncourt 70 .... 140 C 4
Lavours 01 .... 214 D 4
Lavoûte-Chilhac 43 .... 246 B 2
Lavoûte-sur-Loire 43 .... 247 F 3
Lavoux 86 .... 186 D 1
Lavoye 55 .... 63 G 1
Lawarde-Mauger-l'Hortoy 80 22 B 4
Laxou 54 .... 65 H 5
Lay 42 .... 211 H 3
Lay-Lamidou 64 .... 313 G 4
Lay-Saint-Christophe 54 .... 65 H 5
Lay-Saint-Remy 54 .... 94 A 1
Laye 05 .... 269 G 2
Laymont 32 .... 317 E 3
Layrac 47 .... 276 B 4
Layrac-sur-Tarn 31 .... 298 A 2
Layrisse 65 .... 315 E 5
Lays-sur-le-Doubs 71 .... 178 C 2
Laz 29 .... 76 B 5
Lazenay 18 .... 172 C 1
Lazer 05 .... 287 F 1
Léalvillers 80 .... 13 E 5
Léaupartie 14 .... 34 B 4
Léaz 01 .... 215 E 1
Lebetain 90 .... 142 D 4
Lebeuville 54 .... 95 E 3
Lebiez 62 .... 6 D 4
Leboulin 32 .... 296 B 4
Lebreil 46 .... 277 F 1
Lebucquière 62 .... 13 H 4
Lécaude 14 .... 34 B 5
Lecci 2A .... 349 G 5
Lecelles 59 .... 9 F 4
Lecey 52 .... 139 H 2
Lechâtelet 21 .... 178 B 1
Léchelle 62 .... 13 H 5
Léchelle 77 .... 89 G 2
La Léchère 73 .... 234 B 2
Les Lèches 24 .... 239 G 4
Lechiagat 29 .... 99 F 5
Lécluse 59 .... 14 A 2
Lécourt 52 .... 117 H 4
Lécousse 35 .... 81 E 4
Lecques 30 .... 303 F 2
Les Lecques 83 .... 327 G 4
Lect 39 .... 196 C 3
Lectoure 32 .... 296 B 1
Lecumberry 64 .... 330 F 1
Lécussan 31 .... 316 A 5
Lédas-et-Penthiès 81 .... 280 B 4
le Lédat 47 .... 258 B 5
Lédenon 30 .... 304 A 1
Lédergues 12 .... 280 C 2
Lederzeele 59 .... 3 G 4
Ledeuix 64 .... 313 H 4
Lédignan 30 .... 283 H 5
Ledinghem 62 .... 6 D 2
Ledringhem 59 .... 3 G 4
Lée 64 .... 314 B 4
Leers 59 .... 9 E 2
Lées-Athas 64 .... 331 H 3
Lefaux 62 .... 6 B 3
Leffard 14 .... 53 G 2
Leffincourt 08 .... 42 C 2
Leffond 52 .... 139 H 4
Leffonds 52 .... 117 E 5
Leffrinckoucke 59 .... 3 H 2
Leforest 62 .... 8 D 5
Lège 31 .... 334 B 3
Legé 44 .... 165 G 2
Lège-Cap-Ferret 33 .... 254 B 1

Légéville-et-Bonfays 88 .... 118 D 2
Léglantiers 60 .... 38 D 1
Légna 39 .... 196 C 3
Légny 69 .... 212 C 4
Léguevin 31 .... 297 G 5
Léguillac-de-Cercles 24 .... 221 H 5
Léguillac-de-l'Auche 24 .... 240 B 2
Léhaucourt 02 .... 24 B 1
Léhon 22 .... 79 G 4
Leigné-les-Bois 86 .... 169 H 4
Leigné-sur-Usseau 86 .... 169 G 3
Leignes-sur-Fontaine 86 .... 187 F 2
Leigneux 42 .... 229 G 1
Leimbach 68 .... 142 D 1
Leintrey 54 .... 95 H 1
Leiterswiller 67 .... 69 F 2
Lélex 01 .... 197 E 4
Lelin-Lapujolle 32 .... 294 D 3
Lelling 57 .... 67 E 1
Lemainville 54 .... 94 D 2
Lembach 67 .... 69 E 1
Lemberg 57 .... 68 B 1
Lembeye 64 .... 314 D 2
Lembras 24 .... 239 H 5
Lemé 02 .... 25 E 2
Lème 64 .... 294 B 5
Leméré 37 .... 169 E 1
Lemmecourt 88 .... 94 A 5
Lemmes 55 .... 43 H 5
Lemoncourt 57 .... 66 B 3
Lempaut 81 .... 299 F 5
Lempdes 63 .... 209 H 5
Lempdes-sur-Allagnon 43 228 A 5
Lempire 02 .... 24 A 1
Lempire-aux-Bois 55 .... 43 H 5
Lemps 07 .... 249 E 3
Lemps 26 .... 286 B 1
Lempty 63 .... 210 A 5
Lempzours 24 .... 222 D 5
Lemud 57 .... 66 B 1
Lemuy 39 .... 179 H 2
Lénault 14 .... 53 E 2
Lenax 03 .... 193 E 4
Lencloître 86 .... 169 E 4
Lencouacq 40 .... 274 A 4
Lendresse 64 .... 313 G 2
Lengelsheim 57 .... 48 C 5
Lengronne 50 .... 51 G 2
Lenharrée 51 .... 61 H 4
Léning 57 .... 67 E 2
Lénizeul 52 .... 117 H 4
Lennon 29 .... 76 A 5
Lenoncourt 54 .... 95 E 1
Lens 62 .... 8 B 5
Lens-Lestang 26 .... 231 G 5
Lent 01 .... 213 H 1
Lent 39 .... 180 A 4
Lentigny 42 .... 211 G 3
Lentillac-Lauzès 46 .... 260 C 4
Lentillac-Saint-Blaise 46 .... 261 G 4
Lentillères 07 .... 266 A 3
Lentilles 10 .... 92 A 3
Lentilly 69 .... 212 D 5
Lentiol 38 .... 231 G 5
Lento 2B .... 347 F 2
Léobard 46 .... 259 H 2
Léogeats 33 .... 255 H 4
Léognan 33 .... 255 F 2
Léojac 82 .... 277 H 5
Léoncel 26 .... 249 H 5
Léotoing 43 .... 228 A 5
Léouville 45 .... 111 F 2
Léoville 17 .... 220 B 4
Lépanges-sur-Vologne 88 119 H 2
Lépaud 23 .... 190 B 5
Lépin-le-Lac 73 .... 233 E 2
Lépinas 23 .... 207 F 2
Lépron-les-Vallées 08 .... 26 B 3
Lepuix 90 .... 142 B 1
Lepuix-Neuf 90 .... 143 E 4
Léran 09 .... 336 D 2
Lercoul 09 .... 336 A 5
Léré 18 .... 156 A 2
Léren 64 .... 292 D 5
Lérigneux 42 .... 229 F 2
Lerm-et-Musset 33 .... 274 C 1
Lerné 37 .... 150 D 5
Lérouville 55 .... 64 C 4
Lerrain 88 .... 118 D 2
Léry 21 .... 138 D 5
Léry 27 .... 36 B 3
Lerzy 02 .... 25 F 1
Lesbœufs 80 .... 13 H 5

Lesbois 53 .... 81 H 3
Lescar 64 .... 314 A 3
Leschaux 74 .... 215 G 5
Leschelle 02 .... 25 E 1
Lescheraines 73 .... 215 G 5
Leschères 39 .... 197 E 2
Leschères-sur-le-Blaiseron 52 .... 92 D 3
Lescherolles 77 .... 60 B 4
Lescheroux 01 .... 195 G 3
Lesches 77 .... 59 F 3
Lesches-en-Diois 26 .... 268 C 3
Lesconil 29 .... 99 G 5
Lescouët-Gouarec 22 .... 77 F 5
Lescouët-Jugon 22 .... 79 E 4
Lescousse 09 .... 336 A 1
Lescout 81 .... 299 F 5
Lescun 64 .... 331 G 4
Lescuns 31 .... 317 E 5
Lescure 09 .... 335 G 2
Lescure-d'Albigeois 81 .... 299 F 1
Lescure-Jaoul 12 .... 279 G 3
Lescurry 65 .... 315 F 3
Lesdain 59 .... 14 B 4
Lesdins 02 .... 24 B 2
Lesges 02 .... 40 C 3
Lesgor 40 .... 293 F 1
Lésignac-Durand 16 .... 204 C 3
Lésigny 77 .... 59 E 4
Lésigny 86 .... 170 A 3
Le Leslay 22 .... 78 A 4
Lesme 71 .... 192 D 1
Lesménils 54 .... 65 G 3
Lesmont 10 .... 91 G 4
Lesneven 29 .... 71 E 4
Lesparre-Médoc 33 .... 218 D 5
Lesparrou 09 .... 336 D 3
Lespéron 07 .... 265 F 2
Lesperon 40 .... 272 C 5
Lespesses 62 .... 7 G 3
Lespielle 64 .... 314 D 2
Lespignan 34 .... 321 G 4
Lespinasse 31 .... 297 H 3
Lespinasse Château de 43 246 A 1
Lespinassière 11 .... 320 A 3
Lespinoy 62 .... 6 D 5
Lespiteau 31 .... 334 C 1
Lesponne 65 .... 333 F 2
Lespouey 65 .... 315 F 5
Lespourcy 64 .... 314 D 3
Lespugue 31 .... 316 B 5
Lesquerde 66 .... 338 A 4
Lesquielles-Saint-Germain 02 .... 24 D 1
Lesquin 59 .... 8 D 3
Lessac 16 .... 204 C 2
Lessard-en-Bresse 71 .... 178 B 4
Lessard-et-le-Chêne 14 .... 54 C 1
Lessard-le-National 71 .... 177 H 3
Lessay 50 .... 31 G 3
Lesse 57 .... 66 C 2
Lesseux 88 .... 96 C 4
Lesson 85 .... 184 C 3
Lessy 57 .... 65 G 1
Lestanville 76 .... 20 A 3
Lestards 19 .... 225 E 3
Lestelle-Bétharram 64 .... 314 C 5
Lestelle-de-Saint-Martory 31 .... 334 D 1
Lesterps 16 .... 204 D 3
Lestiac-sur-Garonne 33 .... 255 H 2
Lestiou 41 .... 132 C 4
Lestrade-et-Thouels 12 .... 280 D 5
Lestre 50 .... 29 G 4
Lestrem 62 .... 8 A 2
Létanne 08 .... 27 G 5
Léthuin 28 .... 86 D 5
Letia 2A .... 348 C 1
Létra 69 .... 212 C 3
Létricourt 54 .... 66 B 3
Letteguives 27 .... 36 C 2
Lettret 05 .... 269 G 4
Leubringhen 62 .... 2 B 4
Leuc 11 .... 337 H 1
Leucamp 15 .... 262 B 2
Leucate 11 .... 339 E 3
Leucate-Plage 11 .... 339 F 3
Leudeville 91 .... 87 H 2
Leudon-en-Brie 77 .... 60 B 4
Leuglay 21 .... 138 D 2
Leugny 86 .... 169 H 3
Leugny 89 .... 136 A 4
Leugny Château de 37 .... 152 B 3
Leuhan 29 .... 100 B 2
Leuilly-sous-Coucy 02 .... 40 B 1
Leulinghem 62 .... 3 F 5
Leulinghen-Bernes 62 .... 2 B 4

Leurville 52 .... 93 F 5
Leury 02 .... 40 B 2
Leutenheim 67 .... 69 F 3
Leuville-sur-Orge 91 .... 87 G 2
Leuvrigny 51 .... 61 E 1
Le Leuy 40 .... 293 H 2
Leuze 02 .... 25 H 2
La Levade 30 .... 283 G 2
Levainville 28 .... 86 C 3
Leval 59 .... 15 F 3
Leval 90 .... 142 D 2
Levallois-Perret 92 .... 58 B 3
Levécourt 52 .... 117 H 3
Levens 06 .... 291 E 4
Levergies 02 .... 24 B 1
Levernois 21 .... 177 H 2
Les Lèves-et-Thoumeyragues 33 .... 257 F 1
Levesville-la-Chenard 28 86 D 5
Levet 18 .... 173 E 3
Levie 2A .... 349 F 5
Levier 25 .... 180 B 2
Lévignac 31 .... 297 G 4
Lévignac-de-Guyenne 47 257 F 3
Lévignacq 40 .... 272 C 4
Lévignen 60 .... 39 G 4
Lévigny 10 .... 92 A 5
Levis 89 .... 135 H 5
Lévis-Saint-Nom 78 .... 57 H 5
Levoncourt 55 .... 64 B 4
Levroux 36 .... 171 G 2
Lewarde 59 .... 14 B 2
Lexos 82 .... 279 E 4
Lexy 54 .... 44 D 1
Ley 57 .... 66 D 5
Leychert 09 .... 336 C 3
Leydé Pointe de 29 .... 75 F 5
Leyme 46 .... 261 E 4
Leymen 68 .... 143 G 4
Leyment 01 .... 214 A 3
Leynes 71 .... 194 D 5
Leynhac 15 .... 261 H 2
Leyr 54 .... 66 B 4
Leyrat 23 .... 190 A 4
Leyrieu 38 .... 213 H 5
Leyritz-Moncassin 47 .... 275 E 1
Leyssard 01 .... 214 B 1
Leyvaux 15 .... 245 G 1
Leyviller 57 .... 67 F 1
Lez 31 .... 334 B 3
Lez-Fontaine 59 .... 15 H 3
Lézan 30 .... 283 G 5
Lézardrieux 22 .... 73 F 3
Lézat 39 .... 197 E 2
Lézat-sur-Lèze 09 .... 317 H 5
Lezay 79 .... 185 H 5
Lezennes 59 .... 8 D 3
Lézéville 52 .... 93 F 3
Lezey 57 .... 66 C 5
Lézignac-Durand 16 .... 204 C 3
Lézignan 65 .... 333 E 1
Lézignan-Corbières 11 .... 320 C 5
Lézignan-la-Cèbe 34 .... 322 C 3
Lézigné 49 .... 129 E 4
Lézigneux 42 .... 229 G 3
Lézinnes 89 .... 137 F 3
Lezoux 63 .... 210 B 5
Lhéraule 60 .... 37 H 1
Lherm 31 .... 317 G 2
Lherm 46 .... 259 G 4
Lhéry 51 .... 41 E 4
Lhez 65 .... 315 F 5
Lhommaizé 86 .... 186 D 3
Lhomme 72 .... 130 C 3
Lhôpital 01 .... 214 D 2
Lhor 57 .... 67 F 3
Lhospitalet 46 .... 277 H 1
Lhoumois 79 .... 168 B 5
Lhuis 01 .... 214 C 2
Lhuître 10 .... 91 F 2
Lhuys 02 .... 40 D 3
Liac 65 .... 315 E 2
Liancourt 60 .... 38 D 3
Liancourt-Fosse 80 .... 23 F 3
Liancourt-Saint-Pierre 60 37 H 4
Liart 08 .... 26 A 3
Lias 32 .... 297 F 5
Lias-d'Armagnac 32 .... 294 D 1
Liausson 34 .... 301 H 4
Libaros 65 .... 315 H 4
Libération Croix de la 71 .... 176 D 2
Libercourt 62 .... 8 C 4
Libermont 60 .... 23 G 4

Libourne 33 .... 238 B 5
Librecy 08 .... 26 B 3
Licey-sur-Vingeanne 21 ... 160 D 1
Lichans-Sunhar 64 .... 331 F 2
Lichères 16 .... 203 F 4
Lichères-près-Aigremont 89 ... 136 D 4
Lichères-sur-Yonne 89 ... 157 F 1
Lichos 64 .... 313 F 3
Lichtenberg 67 .... 68 B 2
Licourt 80 .... 23 G 2
Licq-Athérey 64 .... 331 E 2
Licques 62 .... 2 D 5
Licy-Clignon 02 .... 40 B 5
Lidrezing 57 .... 67 E 3
Liebenswiller 68 .... 143 G 4
Liebsdorf 68 .... 143 F 4
Liebvillers 25 .... 163 F 2
Liederschiedt 57 .... 48 C 5
Lieffrans 70 .... 140 D 5
Le Liège 37 .... 152 C 4
Liéhon 57 .... 65 H 2
Liencourt 62 .... 13 E 2
Lieoux 31 .... 316 C 5
Lièpvre 68 .... 96 D 5
Liéramont 80 .... 14 A 5
Liercourt 80 .... 11 H 4
Lières 62 .... 7 G 3
Liergues 69 .... 212 D 3
Liernais 21 .... 158 C 4
Liernolles 03 .... 193 E 3
Lierval 02 .... 40 D 1
Lierville 60 .... 37 G 4
Lies 65 .... 333 F 1
Liesle 25 .... 179 G 1
Liesse-Notre-Dame 02 .... 25 E 5
Liessies 59 .... 15 H 4
Liesville-sur-Douve 50 .... 31 H 2
Liettres 62 .... 7 G 3
Lieu-Saint-Amand 59 .... 14 C 2
Lieuche 06 .... 289 G 4
Lieucourt 70 .... 161 F 2
Lieudieu 38 .... 231 H 4
Lieuran-Cabrières 34 .... 301 H 5
Lieuran-lès-Béziers 34 .... 321 G 3
Lieurey 27 .... 35 E 4
Lieuron 35 .... 103 H 5
Lieury 14 .... 54 B 1
Lieusaint 50 .... 29 F 5
Lieusaint 77 .... 88 A 2
Lieutadès 15 .... 263 F 1
Lieuvillers 60 .... 38 D 1
Liévans 70 .... 141 G 4
Liévin 62 .... 8 B 5
Lièvremont 25 .... 180 D 1
Liez 02 .... 24 B 4
Liez 85 .... 184 B 3
Liézey 88 .... 120 A 3
Liffol-le-Grand 88 .... 93 H 5
Liffol-le-Petit 52 .... 93 G 5
Liffré 35 .... 104 C 2
Ligardes 32 .... 275 H 5
Ligescourt 80 .... 11 G 1
Liget Chartreuse du 37 ...... 152 D 5
Liginiac 19 .... 226 B 4
Liglet 86 .... 187 H 2
Lignac 36 .... 188 A 3
Lignairolles 11 .... 337 E 1
Lignan-de-Bazas 33 .... 256 C 5
Lignan-de-Bordeaux 33 ..... 255 H 1
Lignan-sur-Orb 34 .... 321 F 3
Lignareix 19 .... 225 H 2
Ligné 16 .... 203 E 4
Ligné 44 .... 148 A 2
Lignères 61 .... 54 D 4
Lignereuil 62 .... 13 E 2
Lignerolles 03 .... 190 D 5
Lignerolles 21 .... 138 D 2
Lignerolles 27 .... 56 C 3
Lignerolles 36 .... 189 H 2
Lignerolles 61 .... 84 C 2
Ligneville 88 .... 118 C 2
Ligneyrac 19 .... 242 C 3
Lignières 10 .... 114 D 5
Lignières 18 .... 172 D 5
Lignières 41 .... 131 H 2
Lignières 80 .... 23 E 4
Lignières-Châtelain 80 .... 21 G 3
Lignières-de-Touraine 37 .. 151 F 3
Lignières-en-Vimeu 80 .... 11 F 5
Lignières-la-Carelle 72 .... 83 H 4
Lignières-Orgères 53 .... 83 E 2
Lignières-Sonneville 16 .... 220 C 3
Lignières-sur-Aire 55 .... 64 B 4
Lignol 56 .... 101 F 3
Lignol-le-Château 10 .... 116 B 2

A
B
C
D
E
F
G
H
I
J
K
L
M
N
O
P
Q
R
S
T
U
V
W
X
Y
Z

A B C D E F G H I J K L M N O P Q R S T U V W X Y Z

Lignon 51 ....91 H 2
Lignorelles 89 ....136 C 2
Lignou 61 ....53 G 5
Ligny-en-Barrois 55 ....93 F 1
Ligny-en-Brionnais 71 ....193 H 5
Ligny-en-Cambrésis 59 .....14 C 4
Ligny-le-Châtel 89 ....136 C 2
Ligny-le-Ribault 45 ......133 E 4
Ligny-lès-Aire 62 ....7 G 3
Ligny-Saint-Flochel 62 ....7 G 5
Ligny-sur-Canche 62 ......12 C 2
Ligny-Thilloy 62 ....13 G 4
Ligré 37 ....151 E 5
Ligron 72 ....129 G 3
Ligsdorf 68 ....143 F 4
Ligueil 37 ....170 A 1
Ligueux 24 ....240 D 1
Ligueux 33 ....257 F 1
Ligugé 86 ....186 B 2
Lihons 80 ....23 F 2
Lihus 60 ....22 A 5
Les Lilas 93 ....58 C 3
Lilhac 31 ....316 C 4
Lilignod 01 ....214 D 3
Lille 59 ....8 D 2
Lillebonne 76 ....35 F 1
Lillemer 35 ....80 A 2
Lillers 62 ....7 H 3
Lilly 27 ....37 E 2
Limalonges 79 ....203 F 1
Limans 04 ....287 E 5
Limanton 58 ....175 G 2
Limas 69 ....212 D 3
Limay 78 ....57 F 2
Limbrassac 09 ....336 D 2
Limé 02 ....40 D 3
Limeil-Brévannes 94 ......58 D 4
Limendous 64 ....314 C 4
Limeray 37 ....152 C 2
Limersheim 67 ....97 G 2
Limerzel 56 ....125 E 4
Limésy 76 ....20 A 5
Limetz-Villez 78 ....57 E 1
Limeuil 24 ....240 D 5
Limeux 18 ....172 C 1
Limeux 80 ....11 G 4
Limey-Remenauville 54 ....65 F 3
Limeyrat 24 ....241 E 2
Limoges 87 ....205 G 5
Limoges-Fourches 77 ......88 B 2
Limogne-en-Quercy 46 .....278 D 1
Limoise 03 ....174 B 5
Limon 58 ....175 E 2
Limonest 69 ....213 E 4
Limons 63 ....210 B 3
Limont-Fontaine 59 ....15 G 3
Limony 07 ....231 E 5
Limours-en-Hurepoix 91 ...87 F 2
Limousis 11 ....319 H 4
Limoux 11 ....337 G 2
La Limouzinière 44 ....165 G 1
La Limouzinière 85 ....166 A 5
Limpiville 76 ....19 E 4
Linac 46 ....261 G 3
Linard 23 ....189 F 4
Linards 87 ....224 C 1
Linars 16 ....221 E 1
Linas 91 ....87 G 2
Linay 08 ....27 H 4
Linazay 86 ....203 F 1
Lincel 04 ....306 C 1
Lincheux-Hallivillers 80 ..21 H 2
Lindebeuf 76 ....19 H 4
Le Lindois 16 ....222 B 1
Lindre-Basse 57 ....67 E 4
Lindre-Haute 57 ....67 E 4
Lindry 89 ....136 A 3
Linexert 70 ....141 H 3
Lingé 36 ....170 C 4
Lingeard 50 ....52 B 4
Lingèvres 14 ....33 E 4
Linghem 62 ....7 G 3
Lingolsheim 67 ....97 G 1
Lingreville 50 ....51 F 1
Linguizzetta 2B ....347 H 4
Linières-Bouton 49 ......150 B 4
Liniers 86 ....186 D 1
Liniez 36 ....171 H 2
Linsdorf 68 ....143 G 4
Linselles 59 ....4 D 5
Linthal 68 ....120 C 4
Linthelles 51 ....61 F 5
Linthes 51 ....61 F 4
Lintot 76 ....19 F 5
Lintot-les-Bois 76 ......20 B 3
Linxe 40 ....272 B 5
Liny-devant-Dun 55 ......43 H 2

Linzeux 62 ....12 C 2
Liocourt 57 ....66 B 3
Liomer 80 ....21 G 2
Le Lion-d'Angers 49 .....128 B 4
Lion-devant-Dun 55 ......43 H 2
Lion-en-Beauce 45 ....111 E 4
Lion-en-Sullias 45 ......134 B 4
Lion-sur-Mer 14 ....33 G 3
Liorac-sur-Louyre 24 ....240 B 5
Le Lioran 15 ....245 E 3
Liouc 30 ....303 E 1
Le Liouquet 13 ....327 G 4
Liourdres 19 ....243 E 5
Liouville 55 ....64 D 4
Lioux 84 ....286 B 5
Lioux-les-Monges 23 .....208 C 3
Liposthey 40 ....273 E 1
Lipsheim 67 ....97 G 2
Lirac 30 ....285 E 4
Liré 49 ....148 B 2
Lirey 10 ....114 D 3
Lironcourt 88 ....118 B 4
Lironville 54 ....65 F 3
Liry 08 ....42 D 3
Lisbourg 62 ....7 F 4
Liscia Golfe de la 2A ...348 B 2
Lisieux 14 ....34 C 5
Lisle 24 ....240 B 1
Lisle 41 ....131 H 2
Lisle-en-Barrois 55 .....63 G 2
Lisle-en-Rigault 55 .....63 G 4
Lisle-sur-Tarn 81 ....298 C 2
Lislet 02 ....25 G 4
Lison 14 ....32 B 3
Lison Source du 25 ......180 A 2
Lisores 14 ....54 C 2
Lisors 27 ....36 D 3
Lissac 09 ....318 A 4
Lissac 43 ....247 E 2
Lissac-et-Mouret 46 .....261 F 3
Lissac-sur-Couze 19 .....242 B 3
Lisse 47 ....275 F 4
Lisse-en-Champagne 51 ...62 D 3
Lisses 91 ....87 H 2
Lisseuil 63 ....209 F 2
Lissey 55 ....44 B 3
Lissieu 69 ....212 D 4
Lissy 77 ....88 B 2
Listrac-de-Durèze 33 ....257 E 1
Listrac-Médoc 33 ....237 E 3
Lit-et-Mixe 40 ....272 B 4
Lithaire 50 ....31 G 3
Litteau 14 ....32 C 4
Littenheim 67 ....68 C 4
Litz 60 ....38 C 2
Livaie 61 ....83 F 3
Livarot-Pays-d'Auge 14 ..54 C 1
Liverdun 54 ....65 G 5
Liverdy-en-Brie 77 ......59 F 5
Livernon 46 ....261 E 4
Livers-Cazelles 81 ......279 F 5
Livet 53 ....106 C 3
Livet-en-Saosnois 72 ....83 H 4
Livet-et-Gavet 38 ....251 F 2
Livilliers 95 ....58 A 1
Livinhac-le-Haut 12 .....261 H 4
La Livinière 34 ....320 B 4
Livré-la-Touche 53 ......105 G 5
Livré-sur-Changeon 35 ...104 D 2
Livron 64 ....314 D 4
Livron-sur-Drôme 26 .....267 F 1
Livry 14 ....32 D 5
Livry 58 ....174 B 4
Livry-Gargan 93 ....58 D 2
Livry-Louvercy 51 ....42 A 5
Livry-sur-Seine 77 ......88 B 3
Lixhausen 67 ....68 C 4
Lixheim 57 ....67 H 4
Lixières 54 ....65 H 3
Lixing-lès-Rouhling 57 ..47 G 5
Lixing-lès-Saint-Avold 57 ..67 E 1
Lixy 89 ....113 E 2
Lizac 82 ....277 F 4
Lizant 86 ....203 G 2
Lizeray 36 ....172 A 2
Lizières 23 ....206 C 1
Lizine 25 ....180 A 1
Lizines 77 ....89 F 3
Lizio 56 ....102 C 5
Lizos 65 ....315 F 4
Lizy 02 ....40 C 1
Lizy-sur-Ourcq 77 ....59 H 1
La Llagonne 66 ....341 G 4

Llauro 66 ....342 D 3
Llo 66 ....341 F 4
Llous 66 ....341 F 5
Llupia 66 ....342 D 2
Lobsann 67 ....69 E 2
Loc-Brévalaire 29 ....70 D 4
Loc Dieu Ancienne
   Abbaye de 12 ....279 E 1
Loc-Eguiner 29 ....71 F 5
Loc-Eguiner-
   Saint-Thégonnec 29 ...76 A 2
Loc-Envel 22 ....72 C 5
Locarn 22 ....77 E 4
Loché 71 ....194 D 5
Loché-sur-Indrois 37 ....170 D 1
Loches 37 ....152 C 5
Loches-sur-Ource 10 .....115 H 4
Le Locheur 14 ....33 F 5
Lochieu 01 ....214 D 3
Lochwiller 67 ....68 B 5
Locmalo 56 ....101 G 2
Locmaria 22 ....72 C 5
Locmaria 56 ....144 C 4
Locmaria Chapelle de 29 ..70 D 5
Locmaria-Berrien 29 .....76 C 3
Locmaria-Grand-Champ 56 .124 B 2
Locmaria-Plouzané 29 ....74 D 2
Locmariaquer 56 ....124 A 4
Locmélar 29 ....75 H 2
Locminé 56 ....102 A 5
Locmiquélic 56 ....123 F 2
Locoal-Mendon 56 ....123 H 3
Locon 62 ....8 A 3
Loconville 60 ....37 H 4
Locqueltas 56 ....124 B 2
Locquémeau 22 ....72 B 3
Locquénolé 29 ....71 H 4
Locquignol 59 ....15 F 3
Locquirec 29 ....72 B 3
Locronan 29 ....99 G 2
Loctudy 29 ....99 G 5
Locunolé 29 ....100 D 4
Loddes 03 ....193 E 5
Lodes 31 ....316 B 5
Lodève 34 ....301 H 3
Lods 25 ....180 B 1
Lœuilley 70 ....160 D 1
Lœuilly 80 ....22 B 3
Loffre 59 ....9 E 5
Les Loges 14 ....52 D 1
Les Loges 52 ....139 H 3
Les Loges 72 ....108 C 5
La Loge 62 ....7 E 5
La Loge-aux-Chèvres 10 ..91 G 5
La Loge des Gardes 03 ...211 E 3
Loge-Fougereuse 85 ......184 C 1
La Loge-Pomblin 10 ......114 D 4
Logelbach 68 ....121 E 3
Logelheim 68 ....121 F 3
Les Loges-en-Josas 78 ...58 A 4
Les Loges-Marchis 50 ....81 F 2
Les Loges-Margueron 10 ..115 E 4
Les Loges-Saulces 14 ....53 G 3
Le Logis-du-Pin 06 ......308 B 2
Le Logis-Neuf 01 ....195 G 5
Le Logis-Neuf 13 ....327 E 2
Lognes 77 ....59 E 3
Logny-Bogny 08 ....26 B 3
Logny-lès-Aubenton 02 ...25 H 2
Logny-lès-Chaumont 08 ...25 H 4
Logonna-Daoulas 29 ......75 G 3
Logrian-Florian 30 ......303 E 1
Logron 28 ....109 H 3
Loguivy-de-la-Mer 22 ....73 F 2
Loguivy-Plougras 22 .....72 C 5
Lohéac 35 ....103 H 5
Lohitzun-Oyhercq 64 .....311 H 5
Lohr 67 ....68 A 3
Lohuec 22 ....72 D 2
Loigné-sur-Mayenne 53 ...128 B 2
Loigny-la-Bataille 28 ...110 C 3
Loiré 49 ....127 H 4
Loire-les-Marais 17 .....200 D 2
Loiré-sur-Nie 17 ....202 B 3
Loire-sur-Rhône 69 ......231 E 3
Loiron-Ruillé 53 ....105 G 4
Loisail 61 ....84 C 3
Loisey-Culey 55 ....63 H 4
Loisia 39 ....196 B 2
Loisieux 73 ....232 D 1
Loisin 74 ....197 H 4
Loison 55 ....44 D 4
Loison-sous-Lens 62 .....8 C 5
Loison-sur-Créquoise 62 ..6 D 5

Loisy 54 ....65 G 3
Loisy 71 ....195 F 1
Loisy-en-Brie 51 ....61 F 3
Loisy-sur-Marne 51 ......62 C 4
Loivre 51 ....41 G 3
Loix 17 ....182 D 5
Loizé 79 ....202 D 1
Lolif 50 ....51 G 4
Lolme 24 ....258 D 2
Lombard 25 ....161 G 5
Lombard 39 ....179 E 4
Lombers 81 ....299 F 2
Lombez 32 ....316 D 2
Lombia 64 ....314 D 3
Lombray 02 ....39 H 1
Lombrès 65 ....334 A 1
Lombreuil 45 ....112 B 5
Lombron 72 ....108 A 4
Lomener 56 ....123 E 2
Lomme 59 ....8 C 2
Lommerange 57 ....45 F 3
Lommoye 78 ....57 E 2
Lomné 65 ....333 G 2
Lomont 70 ....142 A 3
Lomont-sur-Crête 25 .....162 D 2
Lompnas 01 ....214 B 5
Lompnieu 01 ....214 D 3
Lompret 59 ....8 C 2
Lonçon 64 ....314 A 2
La Londe 76 ....36 A 3
La Londe-les-Maures 83 ..328 D 4
Londigny 16 ....203 F 2
Londinières 76 ....20 D 2
Longages 31 ....317 G 3
Longaulnay 35 ....79 H 5
Longavesnes 80 ....23 H 1
Longchamp 21 ....160 C 4
Longchamp 52 ....117 G 3
Longchamp 73 ....234 A 4
Longchamp 88 ....95 G 5
Longchamp-
   sous-Châtenois 88 ....94 B 5
Longchamp-sur-Aujon 10 ..116 B 3
Longchamps 02 ....24 D 1
Longchamps-sur-Aire 55 ..64 B 3
Longchaumois 39 ....197 E 2
Longcochon 39 ....180 A 4
Longeau 21 ....139 G 3
Longeault 21 ....160 C 4
Longechaux 25 ....162 D 4
Longechenal 38 ....232 A 4
Longecourt-en-Plaine 21 .160 B 4
Longecourt-lès-Culêtre 21 ..159 F 5
Longefoy 73 ....234 C 2
Longemaison 25 ....162 D 5
Longemer 88 ....120 B 3
Longepierre 71 ....178 C 2
Le Longeron 49 ....166 C 1
Longes 69 ....230 D 3
Longessaigne 69 ....212 B 5
Longevelle 70 ....141 H 4
Longevelle-lès-Russey 25 ..163 E 3
Longevelle-sur-Doubs 25 .142 A 5
Longèves 17 ....183 G 5
Longèves 85 ....183 H 2
La Longeville 25 ....180 D 1
Longeville 25 ....180 B 1
Longeville-en-Barrois 55 ..63 H 4
Longeville-lès-Metz 57 ..45 E 1
Longeville-lès-Saint-Avold 57 .46 D 5
Longeville-sur-la-Laines 52 ..92 A 3
Longeville-sur-Mer 85 ...182 C 2
Longeville-sur-Mogne 10 .115 E 3
Longevilles-Mont-d'Or 25 ..180 C 4
Longfossé 62 ....6 C 2
La Longine 70 ....119 H 5
Longjumeau 91 ....58 B 5
Longlaville 54 ....45 E 1
Longmesnil 76 ....21 E 5
Longnes 72 ....107 F 4
Longnes 78 ....57 E 2
Longny-au-Perche 61 .....84 D 3
Longperrier 77 ....59 E 1
Longpont 02 ....40 A 4
Longpont-sur-Orge 91 ....87 G 2
Longpré-le-Sec 10 ....115 H 2
Longpré-les-Corps-Saints 80 ..11 H 4
Longraye 14 ....33 E 4
Longré 16 ....203 E 3
Longroy 76 ....11 E 5
Longsols 10 ....91 H 4
Longué 49 ....150 B 2
Longueau 80 ....22 C 2
Longuefuye 53 ....128 C 2

Longueil 76 ....20 A 2
Longueil-Annel 60 ....39 G 1
Longueil-Sainte-Marie 60 ..39 F 3
Longuenesse 62 ....3 F 5
Longuenoë 61 ....83 F 3
Longuerue 76 ....20 C 5
Longues 63 ....228 A 2
Longues-sur-Mer 14 ......33 E 2
Longuesse 95 ....57 H 1
Longueval 80 ....13 G 5
Longueval-Barbonval 02 ..40 D 3
Longueville 14 ....32 C 4
Longueville 47 ....257 F 5
Longueville 50 ....51 F 2
La Longueville 59 ....15 G 2
Longueville 62 ....2 D 5
Longueville 77 ....89 F 3
Longueville-sur-Aube 10 .90 C 2
Longueville-sur-Scie 76 .20 B 3
Longuevillette 80 ....12 C 4
Longuyon 54 ....44 C 2
Longvic 21 ....160 A 3
Longvillers 14 ....53 E 1
Longvillers 80 ....12 B 4
Longvilliers 62 ....6 B 3
Longvilliers 78 ....87 E 2
Longwé 08 ....43 E 2
Longwy 54 ....45 E 1
Longwy-sur-le-Doubs 39 ..178 D 2
Lonlay-l'Abbaye 61 ......52 D 5
Lonlay-le-Tesson 61 .....53 G 5
Lonnes 16 ....203 F 3
Lonny 08 ....26 C 2
Lonrai 61 ....83 G 3
Lons 64 ....314 A 3
Lons-le-Saunier 39 ......179 E 5
Lonzac 17 ....219 H 2
Le Lonzac 19 ....224 D 4
Looberghe 59 ....3 F 3
Loon-Plage 59 ....3 F 2
Loos 59 ....8 C 3
Loos-en-Gohelle 62 ......8 B 4
Lopérec 29 ....75 H 4
Loperhet 29 ....75 G 2
Lopigna 2A ....348 C 1
Loqueffret 29 ....76 B 3
Lor 02 ....41 G 1
Loray 25 ....162 D 4
Lorcières 15 ....246 B 4
Lorcy 45 ....112 A 4
Lordat 09 ....336 C 5
Loré 61 ....82 B 3
Lorentzen 67 ....67 H 2
Loreto-di-Casinca 2B ....347 G 2
Loreto-di-Tallano 2A ....349 E 5
Lorette 42 ....230 C 3
Le Loreur 50 ....51 G 2
Loreux 41 ....154 A 2
Le Lorey 50 ....31 H 5
Lorey 54 ....95 E 2
Lorges 41 ....132 B 3
Lorgies 62 ....8 B 3
Lorgues 83 ....307 H 5
La Lorie Château de 49 ..128 A 4
Lorient 56 ....123 F 2
Loriges 03 ....192 B 5
Lorignac 17 ....219 F 3
Lorigné 79 ....203 E 1
Loriol-du-Comtat 84 .....285 G 4
Loriol-sur-Drôme 26 .....267 E 1
Lorlanges 43 ....228 A 5
Lorleau 27 ....37 E 2
Lormaison 60 ....38 A 4
Lormaye 28 ....57 E 5
Lormes 58 ....157 H 4
Lormont 33 ....237 G 5
Lornay 74 ....215 E 3
Loromontzey 54 ....95 F 3
Le Loroux 35 ....81 G 4
Le Loroux-Bottereau 44 ..148 A 4
Lorp-Sentaraille 09 .....335 F 2
Lorquin 57 ....67 G 5
Lorrez-le-Bocage 77 .....112 D 2
Lorris 45 ....134 B 2
Lorry-lès-Metz 57 ....45 G 5
Lorry-Mardigny 57 ....65 G 2
Lortet 65 ....333 H 4
Loscouët-sur-Meu 22 .....103 F 2
Losne 21 ....160 C 5
Losse 40 ....273 E 2
Lostanges 19 ....242 D 3
Lostroff 57 ....67 F 3
Lothey 29 ....75 H 5

Louan 77 ....89 H 2
Louannec 22 ....72 D 2
Louans 37 ....152 A 2
Louargat 22 ....72 D 2
Louâtre 02 ....40 A 4
Loubajac 65 ....332 D 1
Loubaresse 07 ....265 G 2
Loubaresse 15 ....246 A 4
Loubaut 09 ....317 G 5
Loubédat 32 ....295 H 1
Loubejac 24 ....259 F 2
Loubens 09 ....336 A 1
Loubens 33 ....256 C 3
Loubens-Lauragais 31 ....298 C 5
Loubers 81 ....279 E 5
Loubersan 32 ....316 A 1
Loubès-Bernac 47 ....257 G 2
Loubeyrat 63 ....209 G 4
La Loubière 12 ....280 E 2
Loubières 09 ....336 B 1
Loubigné 79 ....202 E 2
Loubillé 79 ....202 E 2
Loublande 79 ....167 G 2
Loubressac 46 ....243 E 4
Loucé 61 ....54 A 4
Loucelles 14 ....33 E 3
Louchats 33 ....255 G 2
Louches 62 ....2 D 4
Louchy-Montfand 03 ......192 A 3
Loucrup 65 ....333 E 1
Loudéac 22 ....102 B 1
Loudenville 65 ....333 H 3
Loudervielle 65 ....333 H 3
Loudes 43 ....247 E 3
Loudet 31 ....316 A 5
Loudrefing 57 ....67 G 3
Loudun 86 ....168 D 3
Loué 72 ....107 F 4
La Loue Source de 25 ....180 C 3
Louens 33 ....237 F 5
Louer 40 ....293 E 1
Louerre 49 ....150 A 2
Louesme 21 ....138 D 4
Louesme 89 ....135 G 2
Louestault 37 ....130 C 4
Loueuse 60 ....21 G 4
Louey 65 ....315 F 5
Lougé-sur-Maire 61 ......53 H 4
Lougratte 47 ....258 B 4
Lougres 25 ....142 B 5
Louhans-
   Châteaurenaud 71 .....178 C 2
Louhossoa 64 ....311 G 4
Louignac 19 ....241 G 2
Louin 79 ....168 B 4
Louisfert 44 ....126 D 4
Louit 65 ....315 F 5
Loulans-Verchamp 70 .....162 A 2
Loulay 17 ....201 F 2
Loulle 39 ....179 H 5
La Loupe 28 ....85 E 2
Loupeigne 02 ....40 C 4
Loupershouse 57 ....67 H 1
Loupes 33 ....255 H 1
Loupfougères 53 ....82 D 4
Loupia 11 ....337 H 1
Loupiac 12 ....261 G 5
Loupiac 15 ....244 C 2
Loupiac 33 ....256 B 2
Loupiac 46 ....260 B 4
Loupiac 81 ....298 D 2
Loupiac-de-la-Réole 33 ..256 C 3
Loupian 34 ....322 A 3
Louplande 72 ....107 F 5
Loupmont 55 ....64 D 4
Louppy-le-Château 55 ....63 G 2
Louppy-sur-Chée 55 ......63 G 2
Louppy-sur-Loison 55 ....44 B 2
Loups du Gévaudan
   Parc des 48 ....264 A 2
La Louptière-Thénard 10 .89 H 4
Lourches 59 ....14 C 2
Lourde 31 ....334 A 1
Lourdes 65 ....332 D 1
Lourdios-Ichère 64 ......331 F 1
Lourdoueix-Saint-Michel 36 .189 G 3
Lourdoueix-Saint-Pierre 23 .189 G 3
Lourenties 64 ....314 D 4
Loures-Barousse 65 ......334 A 1
Louresse-Rochemenier 49 .150 A 2
Lourmais 35 ....80 C 3
Lourmarin 84 ....305 H 2
Lournand 71 ....194 C 1
Lourouer-Saint-Laurent 36 .189 H 1
Le Louroux 37 ....152 A 3
Le Louroux-Béconnais 49 .148 B 1

...uroux-Bourbonnais 03	191	F 2
...uroux-de-Beaune 03	191	F 5
...uroux-de-Bouble 03	191	G 5
...uroux-Hodement 03	191	E 3
...urquen 40	293	G 3
...urties-Monbrun 32	316	A 2
...ury 45	111	F 5
...uslitges 32	295	E 4
...oussson-Débat 32	295	E 4
...utehel 35	103	G 4
...utremange 57	46	C 5
...utzvillers 57	48	C 5
...uvagny 14	54	A 2
...uvaines 49	128	A 4
...uvatange 39	161	F 4
...uveciennes 78	58	A 3
...uvemont 52	92	C 2
...uvemont-Côte-du-Poivre 55	44	B 5
...uvencourt 80	13	E 4
...uvenne 39	196	B 3
...uvergny 08	26	D 5
...uverné 53	106	A 3
...Louverot 39	179	F 4
...uversey 27	55	H 2
...uvetot 76	19	G 5
...uvie-Juzon 64	332	A 1
...uvie-Soubiron 64	332	A 2
...Louvière-Lauragais 11	318	C 4
...uvières 14	32	C 2
...uvières 52	117	F 4
...uvières-en-Auge 61	54	B 3
...uviers 27	36	B 4
...uvigné 53	106	B 4
...uvigné-de-Bais 35	104	D 4
...uvigné-du-Désert 35	81	F 3
...uvignies-Bavay 59	15	E 3
...uvignies-Quesnoy 59	15	E 3
...uvigny 14	33	G 4
...uvigny 57	65	H 2
...uvigny 64	294	A 5
...uvigny 72	83	H 5
...uvil 59	9	E 3
...uville-la-Chenard 28	86	D 5
...uvilliers-en-Drouais 28	56	C 5
...uvilliers-lès-Perche 28	85	F 2
...uvois 51	41	H 5
...uvrechy 80	22	C 3
...uvres 45	58	D 1
...uvroil 59	15	G 2
...uye 27	56	C 4
...uzac 16	219	H 1
...uze 52	92	A 4
...uzes 77	84	A 4
...uzignac 17	202	C 4
...uzouer 45	112	D 4
...vagny 74	215	F 3
...néville 55	64	B 5
...vat 56	103	E 4
...Loye 39	179	E 1
...ye-sur-Arnon 18	190	B 1
...vettes 01	213	H 5
...zanne 69	212	D 4
...zari 2B	344	D 5
...zay 17	201	G 2
...ze 82	278	D 2
...zère Mont 48	265	E 5
...zingheim 62	7	H 4
...zon 50	31	H 4
...zzi 2B	346	D 4
...ant 36	171	G 5
...Luart 72	108	C 4
...bbon 40	274	D 4
...écourt 57	66	C 3
...persac 19	223	H 4
...bey 54	45	E 4
...oilhac 43	246	A 1
...oine 88	96	C 4
...olé 87	151	E 1
...oret-Saint-Luc 65	315	G 4
...by-Betmont 65	315	G 4
...c 48	265	F 3
...s 65	315	F 5
...Luc 83	328	D 1
...c-Armau 64	314	D 2
...c-en-Diois 26	268	B 3
...c-la-Primaube 12	280	C 2
...c-sur-Aude 11	337	G 3
...c-sur-Mer 34	33	G 3
...c-sur-Orbieu 11	320	C 5
...carré 64	314	D 2
...çay-le-Libre 36	172	A 1
...çay-le-Mâle 36	153	F 5
...cbardez-et-Bargues 40	274	A 5
...ciana 2B	347	G 2
...de 28	86	A 4

Lucé 61	82	B 2
Lucé-sous-Ballon 72	107	H 2
Luceau 72	130	B 4
Lucelle 68	143	F 5
Lucenay 69	212	D 4
Lucenay-le-Duc 21	138	A 5
Lucenay-lès-Aix 58	175	F 5
Luquet 65	314	D 4
Lucenay-l'Évêque 71	176	C 1
Lucéram 06	291	F 4
La Lucerne-d'Outremer 50	51	G 3
Lucey 21	138	D 2
Lucey 54	65	E 5
Lucey 73	215	E 5
Lucgarier 64	314	C 5
Luchapt 86	204	D 1
Luché-Pringé 72	129	H 4
Luché-sur-Brioux 79	202	D 1
Luché-Thouarsais 79	167	H 3
Luchux 80	12	D 3
Luchy 60	22	A 5
Lucinges 74	197	H 5
Lucmau 33	274	B 1
Lucq-de-Béarn 64	313	G 4
Lucquy 08	26	B 5
Les Lucs-sur-Boulogne 85	165	H 3
Lucy 51	61	F 2
Lucy 57	66	C 2
Lucy 76	20	D 3
Lucy-le-Bocage 02	60	B 1
Lucy-le-Bois 89	157	H 1
Lucy-sur-Cure 89	136	C 5
Lucy-sur-Yonne 89	157	F 1
Le Lude 72	129	H 4
Ludes 51	41	G 5
Ludesse 63	227	H 2
Ludiès 09	336	C 1
Ludon-Médoc 33	237	G 4
Ludres 54	94	D 1
Lüe 40	272	D 2
Lué-en-Baugeois 49	150	A 1
Luemschwiller 68	143	F 2
Luère Col de la 69	212	D 5
Lugagnac 46	278	D 1
Lugagnan 65	332	D 1
Lugaignac 33	256	C 1
Lugan 12	261	H 5
Lugan 81	298	C 3
Lugarde 15	245	E 1
Lugasson 33	256	C 1
Luglon 40	273	F 4
Lugny 02	25	E 3
Lugny 71	195	E 2
Lugny-Bourbonnais 18	173	H 3
Lugny-Champagne 18	155	H 5
Lugny-lès-Charolles 71	193	H 3
Lugo-di-Nazza 2B	349	G 1
Lugon-et-l'Île-du-Carnay 33	238	B 4
Lugos 33	254	D 4
Lugrin 74	198	C 3
Lugy 62	7	H 4
Le Luhier 25	163	E 4
Luigné 49	149	H 3
Luigny 28	109	F 2
Luisans 25	163	E 5
Luisant 28	86	A 4
Luisetaines 77	89	F 3
Luitré 35	81	F 5
Lullin 74	198	B 4
Lully 74	198	A 4
Lumbin 38	233	F 5
Lumbres 62	7	E 2
Lumeau 28	110	D 3
Lumes 08	26	D 3
Luméville-en-Ornois 55	93	G 3
Lumigny 77	59	G 4
Lumio 2B	346	C 2
Lunac 12	279	G 3
Lunan 46	261	G 3
Lunaret Zoo de 34	302	D 4
Lunas 24	239	G 5
Lunas 34	301	G 3
Lunax 31	316	B 3
Lunay 41	131	F 3
Luneau 03	193	F 4
Lunegarde 46	260	D 2
Lunel 34	303	F 4
Lunel-Viel 34	303	F 4
Luneray 76	19	H 2
Lunery 18	172	D 3
Lunéville 54	95	F 1
Le Luot 50	51	H 4
Lupcourt 54	94	D 1
Lupé 42	230	D 5
Lupersat 23	208	B 3

Lupiac 32	295	F 3
Luplanté 28	86	A 5
Luppé-Violles 32	294	D 3
Luppy 57	66	B 2
Lupsault 16	202	D 3
Lupstein 67	68	C 4
Lurais 36	170	B 5
Luray 28	56	D 5
Lurbe-Saint-Christau 64	331	H 2
Lurcy 01	213	E 2
Lurcy-le-Bourg 58	157	E 5
Lurcy-Lévis 03	174	A 5
Luré 42	211	F 4
Lure 70	141	H 3
Lureuil 36	170	C 5
Luri 2B	345	G 2
Luriecq 42	229	G 4
Lurs 04	287	F 5
Lury-sur-Arnon 18	154	C 5
Lus-la-Croix-Haute 26	268	D 2
Lusanger 44	126	C 4
Lusans 25	162	B 2
Luscan 31	334	B 2
Lusignac 24	221	G 5
Lusignan 86	186	A 3
Lusignan-Petit 47	275	H 2
Lusigny 03	192	C 1
Lusigny-sur-Barse 10	115	F 2
Lusigny-sur-Ouche 21	177	F 1
Lussac 16	203	H 4
Lussac 17	219	H 3
Lussac 33	238	D 4
Lussac-les-Châteaux 86	187	E 3
Lussac-les-Églises 87	188	A 4
Lussagnet 40	294	C 2
Lussagnet-Lusson 64	314	C 2
Lussan 30	284	B 3
Lussan 32	296	C 4
Lussan-Adeilhac 31	316	D 4
Lussant 17	201	E 3
Lussas 07	266	C 3
Lussas-et-Nontronneau 24	222	B 3
Lussat 23	208	B 1
Lussat 63	210	A 5
Lussault-sur-Loire 37	152	B 2
Lusse 88	96	C 4
Lusseray 79	202	C 1
Lustar 65	315	G 4
Lustrac Moulin de 47	258	D 5
Luthenay-Uxeloup 58	174	D 3
Luthézieu 01	214	D 3
Lutilhous 65	333	G 1
Lutter 68	143	G 4
Lutterbach 68	143	F 1
Lutz-en-Dunois 28	110	A 4
Lutzelbourg 57	68	A 4
Lutzelhouse 67	96	D 2
Luvigny 88	96	C 2
Lux 21	160	B 1
Lux 31	318	C 2
Lux 71	177	H 4
Luxé 16	203	F 4
Luxe-Sumberraute 64	311	G 4
Luxémont-et-Villotte 51	62	D 5
Luxeuil-les-Bains 70	141	G 2
Luxey 40	273	H 2
Luxiol 25	162	C 2
Luz-Ardiden 65	332	D 3
Luz-Saint-Sauveur 65	333	E 3
Luzancy 77	60	A 2
Luzarches 95	38	C 5
Luzay 79	168	A 3
Luzé 37	169	F 1
Luzech 46	259	G 5
Luzenac 09	336	C 5
Luzeret 36	188	B 2
La Luzerne 50	32	B 4
Luzillat 63	210	B 3
Luzillé 37	152	C 4
Luzinay 38	231	F 2
Luzoir 02	25	F 1
Luzy 58	176	A 4
Luzy-Saint-Martin 55	27	G 5
Luzy-sur-Marne 52	117	E 4
Ly-Fontaine 02	24	B 3
Lyas 07	266	D 1
Lyaud 74	198	B 3
Lye 36	153	F 4
Lynde 59	7	G 2

Lyoffans 70	142	A 3
Lyon 69	213	E 5
Lyon-Saint-Exupéry Aéroport de 69	231	G 1
Lyons-la-Forêt 27	36	D 2
Lys 58	157	F 3
Lys 64	314	B 5
Lys-Chantilly 60	38	C 5
Lys-lez-Lannoy 59	9	E 2
Lys-Saint-Georges 36	189	F 1

M

Maast-et-Violaine 02	40	C 3
Maâtz 52	139	H 4
Mably 42	211	G 2
Macau 33	237	F 3
Macaye 64	311	E 4
Macé 61	54	C 5
Macey 10	90	C 5
Macey 50	80	D 2
Machault 08	42	B 2
Machault 77	88	C 4
Maché 85	165	F 4
Machecoul-Saint-Même 44	165	E 1
Mâchecourt 02	25	F 4
Machemont 60	39	G 1
Macheren 57	67	E 1
Machézal 42	212	A 4
Machiel 80	11	G 1
Machilly 74	197	H 4
La Machine 58	175	E 3
Machine Col de la 26	250	A 4
Machy 10	114	D 3
Machy 80	11	G 1
Macinaggio 2B	345	G 1
Mackenheim 67	97	G 5
Mackwiller 67	67	H 2
Maclas 42	230	D 5
Maclaunay 51	60	D 3
Macogny 02	40	A 3
Mâcon 71	195	E 4
Maconcourt 52	93	E 4
Maconcourt 88	94	B 4
Maconge 21	159	F 4
Macornay 39	179	E 5
Mâcot-la-Plagne 73	234	D 2
Macqueville 17	202	C 5
Macquigny 02	24	C 2
Madaillan 47	276	B 2
Madecourt 88	94	D 5
Madegney 88	95	E 5
La Madelaine-sous-Montreuil 62	6	C 4
La Madeleine 44	147	H 3
La Madeleine 54	95	E 1
La Madeleine 59	8	D 2
Madeleine Col de la 73	234	A 3
Madeleine Grotte de la 07	284	C 1
La Madeleine-Bouvet 61	85	E 3
La Madeleine-de-Nonancourt 27	56	B 4
La Madeleine-sur-Loing 77	112	B 2
La Madeleine-Villefrouin 41	132	B 3
Madeloc Tour 66	343	G 4
Madic 15	226	C 5
Madière 09	336	A 1
Madières 34	302	B 2
Madirac 33	255	H 1
Madiran 65	294	D 5
Madone de Fenestre 06	291	F 2
Madonne-et-Lamerey 88	119	E 2
La Madrague 83	327	G 4
La Madrague-de-la-Ville 13	326	D 2
La Madrague-de-Montredon 13	326	D 3
Madranges 19	224	D 4
Madré 53	82	D 3
Madriat 63	227	H 4
Maël-Carhaix 22	77	E 4
Maël-Pestivien 22	77	F 3
Maennolsheim 67	68	B 5
Maffliers 95	58	C 1
Maffrécourt 51	43	E 5
Magagnosc 06	309	E 3
Magalas 34	321	G 2
La Magdeleine 16	203	E 2
La Magdeleine Chapelle de 44	126	B 5
La Magdeleine-sur-Tarn 31	298	A 2
Le Mage 61	84	D 3
Magenta 51	61	G 1
Les Mages 30	283	H 2
Magescq 40	292	C 2
Magland 74	216	C 2

Magnac-Bourg 87	224	B 2
Magnac-Laval 87	188	A 5
Magnac-Lavalette-Villars 16	221	F 3
Magnac-sur-Touvre 16	221	F 1
Magnan 32	294	D 2
Magnant 10	115	G 3
Magnanville 78	57	F 2
Magnas 32	296	C 1
Magné 79	184	D 4
Magné 86	186	C 4
Magnet 03	192	C 5
Magneux 51	41	E 3
Magneux 52	92	C 3
Magneux-Haute-Rive 42	229	H 1
Magneville 50	29	F 5
Magnicourt 10	91	G 3
Magnicourt-en-Comte 62	7	H 5
Magnicourt-sur-Canche 62	12	D 2
Magnien 21	159	E 5
Magnières 54	95	G 3
Magnieu 01	214	D 5
Les Magnils-Reigniers 85	183	E 2
Magnivray 70	141	H 2
Magnoncourt 70	119	E 5
Le Magnoray 70	141	E 5
Magny 28	85	H 5
Magny 68	142	D 3
Le Magny 36	189	G 2
Magny 70	141	H 5
Le Magny 88	118	D 4
Magny 89	158	A 1
Magny-Châtelard 25	162	C 4
Magny-Cours 58	174	C 3
Magny-Danigon 70	142	A 2
Magny-en-Bessin 14	33	E 3
Magny-en-Vexin 95	37	G 5
Magny-Fouchard 10	115	H 2
Magny-Jobert 70	142	A 3
Magny-la-Campagne 14	54	A 1
Magny-la-Fosse 02	24	A 1
Magny-la-Ville 21	158	D 1
Magny-Lambert 21	138	B 4
Magny-le-Désert 61	82	D 2
Magny-le-Freule 14	34	A 5
Magny-le-Hongre 77	59	F 3
Magny-lès-Aubigny 21	160	B 5
Magny-les-Hameaux 78	58	A 4
Magny-lès-Jussey 70	140	D 2
Magny-lès-Villers 21	159	H 5
Magny-Lormes 58	157	G 3
Magny-Montarlot 21	160	D 4
Magny-Saint-Médard 21	160	C 2
Magny-sur-Tille 21	160	B 3
Magny-Vernois 70	141	H 4
Magny-Village 78	58	A 4
Magoar 22	77	G 3
Magrie 11	337	G 2
Magrin 81	298	D 5
Magstatt-le-Bas 68	143	G 2
Magstatt-le-Haut 68	143	G 3
Maguelone 34	302	D 5
Mahalon 29	99	E 2
Mahéru 61	55	E 5
Maîche 25	163	G 3
Maidières 54	65	G 3
Maignaut-Tauzia 32	295	H 1
Maigné 72	107	F 5
Maignelay-Montigny 60	22	D 5
Mailhac 11	320	D 4
Mailhac-sur-Benaize 87	188	B 4
Mailhoc 81	279	G 5
Mailholas 31	317	G 4
Maillane 13	304	C 2
Maillas 40	274	B 2
Maillat 01	214	B 3
Maillé 37	169	G 1
Maillé 85	184	B 4
Maillé 86	168	D 5
Maillé Château de 29	71	F 4
Maillebois 28	85	G 2
La Mailleraye-sur-Seine 76	35	G 1
Maillères 40	273	H 4
Mailleroncourt-Charette 70	141	F 3
Mailleroncourt-Saint-Pancras 70	118	D 5
Maillet 03	190	D 3
Maillet 36	189	E 2
Mailley-et-Chazelot 70	141	E 5
Maillezais 85	184	B 3
Maillot 89	113	E 2
Mailly 71	193	G 5
Mailly-Champagne 51	41	H 5
Mailly-la-Ville 89	136	C 5
Mailly-le-Camp 10	61	H 5
Mailly-le-Château 89	136	B 5

Mailly-Maillet 80	13	F 5
Mailly-Raineval 80	22	D 2
Mailly-sur-Seille 54	65	H 3
Les Maillys 21	160	C 5
Maimbeville 60	38	D 2
Mainbresson 08	25	H 3
Mainbressy 08	25	H 4
Maincourt-sur-Yvette 78	57	H 5
Maincy 77	88	B 3
Maine-de-Boixe 16	203	F 4
Mainfonds 16	221	E 3
Maing 59	14	D 2
Mainneville 27	37	F 2
Mainsat 23	208	B 2
Maintenay 62	6	C 4
Maintenon 28	86	B 2
Mainterne 28	56	B 5
Mainville 54	45	E 4
Mainvillers 57	66	D 2
Mainvilliers 28	86	A 4
Mainvilliers 45	87	G 5
Mainxe 16	220	C 2
Mainzac 16	221	H 3
Mairé 86	170	A 3
Mairé-Levescault 79	203	E 1
Mairieux 59	15	H 2
Mairy 08	27	F 4
Mairy-Mainville 54	45	E 4
Mairy-sur-Marne 51	62	B 3
Maisdon-sur-Sèvre 44	148	A 5
Maisey-le-Duc 21	138	B 3
Maisières-Notre-Dame 25	162	A 5
Maisnières 80	11	F 4
Le Maisnil 59	8	C 3
Maisnil 62	12	D 2
Maisnil-lès-Ruitz 62	8	A 4
Maisod 39	196	C 2
Maison-des-Champs 10	115	H 2
La Maison-Dieu 58	157	G 2
Maison-Feyne 23	189	E 4
Maison-Jeannette 24	240	B 4
Maison-Maugis 61	84	D 4
Maison-Neuve 07	284	A 1
Maison-Neuve 16	221	G 2
Maison-Ponthieu 80	12	B 3
Maison-Roland 80	11	H 3
Maison-Rouge 77	89	F 2
Maisoncelle 62	7	E 4
Maisoncelle-et-Villers 08	27	E 5
Maisoncelle-Saint-Pierre 60	38	A 1
Maisoncelle-Tuilerie 60	22	B 5
Maisoncelles 52	117	G 3
Maisoncelles 72	108	C 5
Maisoncelles-du-Maine 53	106	A 5
Maisoncelles-en-Brie 77	59	H 3
Maisoncelles-en-Gâtinais 77	112	B 3
Maisoncelles-la-Jourdan 14	52	C 3
Maisoncelles-Pelvey 14	53	E 1
Maisoncelles-sur-Ajon 14	53	E 1
Maisonnais 18	190	A 1
Maisonnais-sur-Tardoire 87	222	C 1
Maisonneuve 86	168	C 5
Maisonnisses 23	207	E 2
Maisons 11	338	B 3
Maisons 14	32	D 3
Maisons 28	86	D 4
Maisons-Alfort 94	58	C 4
Les Maisons Blanches 79	203	F 1
Maisons-du-Bois 25	163	E 4
Maisons-en-Champagne 51	62	C 4
Maisons-Laffitte 78	58	A 2
Maisons-lès-Chaource 10	115	E 4
Maisons-lès-Soulaines 10	92	B 5
Maisonsgoutte 67	96	D 4
Maisontiers 79	168	A 4
Maisse 91	87	H 4
Maissemy 02	24	A 2
Maixe 54	95	F 1
Maizeray 55	64	D 1
Maizeroy 57	66	B 1
Maizery 57	66	B 1
Maizet 14	33	F 5
Maizey 55	64	C 3
Maizicourt 80	12	B 3
Maizière 58	156	B 4
Maizières 14	53	H 1
Maizières 52	92	D 3
Maizières 54	94	C 2
Maizières 62	8	A 2
Maizières 70	161	H 1
Maizières-la-Grande-Paroisse 10	90	B 3
Maizières-lès-Brienne 10	91	H 4
Maizières-lès-Metz 57	45	H 4

A B C D E F G H I J K L M N O P Q R S T U V W X Y Z

A B C D E F G H I J K L M N O P Q R S T U V W X Y Z

Maizières-les-Vic 57 .... 67 E 5
Maizières-sur-Amance 52 ... 140 A 2
Maizilly 42 .... 211 H 1
Maizy 02 .... 41 E 2
Majastres 04 .... 288 B 5
Malabat 32 .... 315 F 2
La Malachère 70 .... 162 A 1
Malafretaz 01 .... 195 G 4
Mâlain 21 .... 159 G 3
Malaincourt 88 .... 118 A 2
Malaincourt-sur-Meuse 52.. 117 H 2
Malakoff 92 .... 58 B 4
Malancourt 55 .... 43 G 4
Malancourt-la-Montagne 57 ...45 G 5
Malandry 08 .... 27 G 5
Malange 39 .... 161 F 4
Malans 25 .... 180 A 1
Malans 70 .... 161 E 3
Malansac 56 .... 125 F 3
Malarce-sur-la-Thines 07 ... 265 H 5
Malataverne 26 .... 267 E 4
Malaucène 84 .... 285 H 3
Malaucourt-sur-Seille 57 ....66 B 4
Malaumont 55 .... 64 C 5
Malaunay 76 .... 36 A 1
Malause 82 .... 277 E 4
Malaussanne 64 .... 294 A 5
Malaussène 06 .... 289 H 5
Malauzat 63 .... 209 G 5
Malaville 16 .... 220 D 3
Malavillers 54 .... 45 E 3
Malay 71 .... 194 D 1
Malay-le-Grand 89 .... 113 G 3
Malay-le-Petit 89 .... 113 H 3
Malbo 15 .... 245 E 4
Malbosc 07 .... 283 H 1
Malbouhans 70 .... 142 A 2
Malbouzon 48 .... 263 H 2
Malbrans 25 .... 162 A 5
Malbuisson 25 .... 180 C 3
Mâle 61 .... 108 D 3
Malegoude 09 .... 336 D 1
Malemort 19 .... 242 C 2
Malemort-du-Comtat 84 .... 285 H 5
La Malène 48 .... 282 B 2
Malepeyre Sabot de 48 .... 282 A 1
Malesherbes 45 .... 87 H 5
Malestroit 56 .... 125 E 2
Malétable 61 .... 84 D 2
Maleville 12 .... 279 G 1
Malfalco Anse de 2B .... 345 E 4
Malguénac 56 .... 101 H 2
Malherbe-sur-Ajon 14 .... 33 F 5
La Malhoure 22 .... 78 D 4
Malicornay 36 .... 188 D 1
Malicorne 03 .... 191 E 5
Malicorne 89 .... 135 F 3
Malicorne-sur-Sarthe 72 .... 129 G 2
Maligny 21 .... 177 E 1
Maligny 89 .... 136 C 2
Malijai 04 .... 287 G 4
Malincourt 59 .... 14 C 5
Malintrat 63 .... 209 H 5
Malissard 26 .... 249 F 5
Malle Château de 33 .... 256 B 4
Mallefougasse 04 .... 287 F 4
Malleloy 54 .... 65 H 4
Mallemoisson 04 .... 287 H 4
Mallemort 13 .... 305 G 3
Malléon 09 .... 336 C 2
Malleret 23 .... 226 B 1
Malleret-Boussac 23 .... 189 H 4
Mallerey 39 .... 179 E 5
Mallet Belvédère de 15 .... 245 H 5
Malleval 42 .... 230 D 4
Malleval-en-Vercors 38 .... 250 B 2
Malleville-les-Grès 76 .... 19 F 2
Malleville-sur-le-Bec 27 .... 35 G 4
Mallièvre 85 .... 166 D 2
Malling 57 .... 45 H 2
Malloué 14 .... 52 C 2
La Malmaison 02 .... 41 G 1
Malmerspach 68 .... 120 C 5
Malmy 51 .... 43 E 4
Malnoue 77 .... 59 E 3
Malo-les-Bains 59 .... 3 G 2
Malons-et-Elze 30 .... 265 G 5
Malouy 27 .... 35 E 5
Malpart 80 .... 22 D 4
Malpas 25 .... 180 C 3
Malras 11 .... 337 F 2
Malrevers 43 .... 247 G 3
Malromé Château de 33 .... 256 B 4
Malroy 57 .... 45 H 5
Maltat 71 .... 175 H 5
Maltot 14 .... 33 G 5
Malval 23 .... 189 F 4

Malval Col de 69 .... 212 C 5
Malvalette 43 .... 229 H 5
Malves-en-Minervois 11 .... 320 A 4
Malvezie 31 .... 334 B 2
Malvières 43 .... 229 E 5
Malviès 11 .... 337 G 1
Malvillers 70 .... 140 C 3
Malzéville 54 .... 65 H 5
Le Malzieu-Forain 48 .... 264 B 1
Le Malzieu-Ville 48 .... 264 B 1
Malzy 02 .... 25 E 1
Mambouhans 25 .... 163 E 2
Mamers 72 .... 84 A 5
Mametz 62 .... 7 G 2
Mametz 80 .... 13 G 5
Mamey 54 .... 65 F 3
Mamirolle 25 .... 162 B 4
Manas 26 .... 267 G 3
Manas-Bastanous 32 .... 315 H 3
Mance 54 .... 45 F 4
La Mancelière 28 .... 56 A 5
La Mancelière 50 .... 52 A 5
La Mancellière-sur-Vire 50 ...32 B 5
Mancenans 25 .... 162 D 1
Mancenans-Lizerne 25 .... 163 F 3
Mancey 71 .... 195 E 1
Manchecourt 45 .... 111 F 4
Manciet 32 .... 295 E 2
Mancieulles 54 .... 45 F 4
Mancioux 31 .... 316 D 5
Mancy 51 .... 61 F 2
Mandacou 24 .... 258 B 2
Mandagout 30 .... 282 D 5
Mandailles-Saint-Julien 15.. 244 D 3
Mandelieu-la-Napoule 06 .. 309 E 4
Manderen 57 .... 46 B 2
Mandeure 25 .... 142 B 5
Mandeville 27 .... 36 A 4
Mandeville-en-Bessin 14 .... 32 C 3
Mandray 88 .... 96 B 5
Mandres 27 .... 55 H 4
Mandres-aux-Quatre-Tours 54 ....65 E 4
Mandres-en-Barrois 55 .... 93 F 3
Mandres-la-Côte 52 .... 117 F 4
Mandres-les-Roses 94 .... 58 D 5
Mandres-sur-Vair 88 .... 118 B 2
Mandrevillars 70 .... 142 B 3
Manduel 30 .... 304 A 2
Mane 04 .... 287 E 5
Mane 31 .... 334 D 1
Manéglise 76 .... 18 D 5
Manéhouville 76 .... 20 B 2
Manent-Montané 32 .... 316 B 3
Manerbe 14 .... 34 C 4
Mangiennes 55 .... 44 C 3
Manglieu 63 .... 228 B 2
Mangonville 54 .... 95 E 3
Manhac 12 .... 280 C 2
Manheulles 55 .... 64 D 1
Manhoué 57 .... 66 B 4
Manicamp 02 .... 24 A 5
Manicourt 80 .... 23 G 3
Manigod 74 .... 216 A 4
Manin 62 .... 13 E 2
Maningham 62 .... 6 D 3
Maninghen-Henne 62 .... 2 B 5
Maniquerville 76 .... 18 D 4
Manlay 21 .... 158 D 5
Manneville-ès-Plains 76 .... 19 G 2
Manneville-la-Goupil 76 .... 18 D 5
Manneville-la-Pipard 14 .... 34 C 3
Manneville-la-Raoult 27 .... 34 D 2
Manneville-sur-Risle 27 .... 35 F 2
Mannevillette 76 .... 18 C 5
Mano 40 .... 255 F 5
Le Manoir 14 .... 33 E 3
Le Manoir 27 .... 36 B 3
Manois 52 .... 93 H 5
Manom 57 .... 45 H 3
Manoncourt-en-Vermois 54 ...95 E 1
Manoncourt-en-Woëvre 54 ....65 F 4
Manoncourt-sur-Seille 54 ....65 H 3
Manonville 54 .... 65 F 4
Manonviller 54 .... 95 H 1
Manosque 04 .... 306 C 1
Manot 16 .... 204 C 3
Manou 28 .... 85 F 3
Manre 08 .... 42 D 3
Le Mans 72 .... 107 H 4
Mansac 19 .... 241 H 2
Mansan 65 .... 315 F 3
Mansat-la-Courrière 23 .... 207 E 3
Manse Col de 05 .... 269 H 3
Mansempuy 32 .... 296 C 3

Mansencôme 32 .... 295 H 1
Manses 09 .... 336 C 1
Mansigné 72 .... 129 H 3
Mansle 16 .... 203 F 4
Manso 2B .... 346 B 4
Mansonville 82 .... 276 D 5
Manspach 68 .... 143 E 3
Mant 40 .... 294 A 4
Mantaille Château de 26 .... 249 F 1
Mantallot 22 .... 72 D 3
Mantenay-Montlin 01 .... 195 G 3
Mantes-la-Jolie 78 .... 57 F 2
Mantes-la-Ville 78 .... 57 F 2
Manteyer 05 .... 269 G 4
Manthelan 37 .... 152 A 5
Manthelon 27 .... 56 A 2
Manthes 26 .... 231 G 5
Mantilly 61 .... 82 A 2
Mantoche 70 .... 161 E 2
Mantry 39 .... 179 E 4
Manvieux 14 .... 33 E 2
Many 57 .... 66 C 2
Manzac-sur-Vern 24 .... 240 B 3
Manzat 63 .... 209 F 3
Manziat 01 .... 195 F 4
Maquens 11 .... 319 H 5
Marac 52 .... 117 E 5
Marainville-sur-Madon 88 ...94 D 4
Marainviller 54 .... 95 G 1
Le Marais Château de 91 .... 87 F 2
Le Marais-la-Chapelle 14 .... 54 A 3
Marais-Vernier 27 .... 35 E 2
Marambat 32 .... 295 G 2
Marandeuil 21 .... 160 C 3
Marange-Silvange 57 .... 45 G 5
Marange-Zondrange 57 .... 66 C 1
Marangea 39 .... 196 C 2
Marans 17 .... 183 G 4
Marans 49 .... 128 A 4
Maransin 33 .... 238 B 3
Marant 62 .... 6 C 4
Maranville 52 .... 116 C 3
Maranwez 08 .... 26 A 3
Marast 70 .... 141 G 5
Marat 63 .... 228 D 2
Marat-la-Grande 55 .... 63 H 3
Marault 52 .... 116 D 2
Maraussan 34 .... 321 F 3
Maravat 32 .... 296 C 3
Maray 41 .... 154 A 4
Maraye-en-Othe 10 .... 114 C 3
Marbache 54 .... 65 G 4
Marbaix 59 .... 15 F 4
Marbeuf 27 .... 36 A 5
Marbéville 52 .... 92 D 5
Marbotte 55 .... 64 D 4
Marboué 28 .... 109 H 3
Marboz 01 .... 195 H 4
Marby 08 .... 26 B 2
Marc-la-Tour 19 .... 243 E 2
Marçais 18 .... 173 E 5
Marçay 37 .... 151 E 5
Marçay 86 .... 186 B 3
Marcé 49 .... 129 E 5
Marcé-sur-Esves 37 .... 169 H 1
Marcei 61 .... 54 B 5
Marcelcave 80 .... 22 D 2
Marcellaz 74 .... 216 A 1
Marcellaz-Albanais 74 .... 215 F 4
Marcellois 21 .... 159 F 3
Marcellus 47 .... 257 E 5
Marcenais 33 .... 238 B 3
Marcenat 03 .... 192 B 5
Marcenat 15 .... 245 F 1
Marcenay 21 .... 137 H 2
Marcenod 42 .... 230 B 2
Marcevol 66 .... 342 B 2
Marcey-les-Grèves 50 .... 51 G 4
Marchainville 61 .... 85 E 2
Marchais 02 .... 25 E 5
Marchais-Beton 89 .... 135 F 3
Marchais-en-Brie 02 .... 60 C 3
Marchal 15 .... 226 D 4
Marchamp 01 .... 214 C 5
Marchampt 69 .... 212 C 1
Marchastel 15 .... 245 E 1
Marchastel 48 .... 263 H 3
Marchaux 25 .... 162 A 3
La Marche 58 .... 156 B 5
Marché-Allouarde 80 .... 23 G 3
Marchélepot 80 .... 23 G 3
Marchémoret 77 .... 59 F 1
Marchenoir 41 .... 132 B 3
Marcheprime 33 .... 254 D 2
Marches 26 .... 249 H 4

Les Marches 73 .... 233 F 3
Marcheseuil 21 .... 158 D 5
Marchésieux 50 .... 31 H 4
Marcheville 28 .... 85 H 5
Marcheville 80 .... 11 H 2
Marchéville-en-Woëvre 55 ....64 D 1
Marchezais 28 .... 57 E 4
Marchiennes 59 .... 9 E 5
Marchon 01 .... 196 C 4
Marciac 32 .... 295 F 5
Marcieu 38 .... 250 B 3
Marcieux 73 .... 232 D 2
Marcigny 71 .... 193 G 5
Marcigny-sous-Thil 21 .... 158 D 2
Marcilhac-sur-Célé 46 .... 260 D 4
Marcillac 33 .... 237 G 1
Marcillac-la-Croisille 19 .... 243 F 1
Marcillac-la-Croze 19 .... 242 D 4
Marcillac-Lanville 16 .... 203 E 4
Marcillac-Saint-Quentin 24.. 241 G 4
Marcillac-Vallon 12 .... 262 C 5
Marcillat 63 .... 209 G 2
Marcillat-en-Combraille 03 .. 208 D 1
Marcillé-la-Ville 53 .... 82 C 5
Marcillé-Raoul 35 .... 80 C 4
Marcillé-Robert 35 .... 104 D 5
Marcilloles 38 .... 231 H 5
Marcilly 50 .... 51 H 5
Marcilly 77 .... 59 G 1
Marcilly-d'Azergues 69 .... 212 D 4
Marcilly-en-Bassigny 52 .... 117 H 5
Marcilly-en-Beauce 41 .... 131 G 3
Marcilly-en-Gault 41 .... 154 A 2
Marcilly-en-Villette 45 .... 133 F 3
Marcilly-et-Dracy 21 .... 159 E 2
Marcilly-la-Campagne 27 .... 56 B 3
Marcilly-la-Gueurce 71 .... 194 A 3
Marcilly-le-Châtel 42 .... 229 G 1
Marcilly-le-Hayer 10 .... 90 A 5
Marcilly-lès-Buxy 71 .... 177 F 5
Marcilly-Ogny 21 .... 158 D 4
Marcilly-sur-Eure 27 .... 56 C 3
Marcilly-sur-Maulne 37 .... 130 A 5
Marcilly-sur-Seine 51 .... 90 B 2
Marcilly-sur-Tille 21 .... 160 B 1
Marcilly-sur-Vienne 37 .... 169 G 1
Marck 62 .... 2 D 3
Marckolsheim 67 .... 121 F 2
Marclopt 42 .... 229 H 2
Marcoing 59 .... 14 B 4
Marcolès 15 .... 262 B 1
Marcollin 38 .... 231 G 5
Marcols-les-Eaux 07 .... 266 B 1
Marçon 72 .... 130 C 4
Marconnay Château de 86.. 185 H 2
Marconne 62 .... 7 E 5
Marconnelle 62 .... 6 D 5
Marcorignan 11 .... 321 E 5
Marcoule 30 .... 285 E 3
Marcoussis 91 .... 87 G 2
Marcoux 04 .... 288 A 3
Marcoux 42 .... 229 G 1
Marcq 08 .... 43 F 3
Marcq 78 .... 57 G 3
Marcq-en-Barœul 59 .... 8 D 2
Marcq-en-Ostrevent 59 .... 14 B 2
Marcy 02 .... 24 B 2
Marcy 58 .... 157 E 3
Marcy 69 .... 212 D 4
Marcy-l'Étoile 69 .... 212 D 5
Marcy-sous-Marle 02 .... 25 E 3
Mardeuil 51 .... 61 F 1
Mardié 45 .... 133 G 2
Mardilly 61 .... 54 D 3
Mardor 52 .... 139 F 2
Mardore 69 .... 212 A 2
Mardyck 59 .... 3 F 2
La Mare-d'Oviliers 78 .... 38 B 4
Mareau-aux-Bois 45 .... 111 G 4
Mareau-aux-Prés 45 .... 133 E 2
Marèges Barrage de 19 .... 226 B 5
Mareil-en-Champagne 72 .... 107 G 5
Mareil-en-France 95 .... 58 C 1
Mareil-le-Guyon 78 .... 57 G 4
Mareil-Marly 78 .... 58 A 3
Mareil-sur-Loir 72 .... 129 G 4
Mareil-sur-Mauldre 78 .... 57 G 3
Mareilles 52 .... 117 F 2
Marenla 62 .... 6 C 4
Marennes 17 .... 200 C 4
Marennes 69 .... 231 F 2
Maresché 72 .... 107 G 2
Maresches 59 .... 15 E 2
Maresquel-Ecquemicourt 62 ...6 D 5
Marest 62 .... 7 G 4
Marest-Dampcourt 02 .... 24 A 5
Marest-sur-Matz 60 .... 39 F 1

Marestaing 32 .... 297 E 5
Marestmontiers 80 .... 22 D 4
Maresville 62 .... 6 B 4
Les Marêts 77 .... 60 B 5
Maretz 59 .... 14 C 5
Mareugheol 63 .... 227 H 4
Mareuil 16 .... 202 C 5
Mareuil 24 .... 221 H 4
Mareuil-Caubert 80 .... 11 G 4
Mareuil-en-Brie 51 .... 61 E 2
Mareuil-en-Dôle 02 .... 40 D 4
Mareuil-la-Motte 60 .... 39 F 1
Mareuil-le-Port 51 .... 61 E 1
Mareuil-lès-Meaux 77 .... 59 G 2
Mareuil-sur-Arnon 18 .... 172 C 3
Mareuil-sur-Ay 51 .... 61 G 1
Mareuil-sur-Cher 41 .... 153 E 4
Mareuil-sur-Lay 85 .... 183 E 1
Mareuil-sur-Ourcq 60 .... 39 H 5
Marey 88 .... 118 B 3
Marey-lès-Fussey 21 .... 159 H 5
Marey-sur-Tille 21 .... 139 E 5
Marfaux 51 .... 41 F 5
Marfontaine 02 .... 25 E 3
Margaux 33 .... 237 F 3
Margencel 74 .... 198 A 3
Margency 95 .... 58 B 2
Margerides 19 .... 226 B 4
Margerie-Chantagret 42 .... 229 G 3
Margerie-Hancourt 51 .... 91 H 2
Margès 26 .... 249 G 2
Margilley 70 .... 140 A 5
Margival 02 .... 40 B 2
Le Margnès 81 .... 300 B 4
Margny 08 .... 27 H 4
Margny 51 .... 60 D 2
Margny-aux-Cerises 60 .... 23 G 4
Margny-lès-Compiègne 60 ...39 F 2
Margny-sur-Matz 60 .... 39 F 1
Margon 28 .... 85 E 5
Margon 34 .... 321 H 2
Margouët-Meymes 32 .... 295 F 3
Margueray 50 .... 52 A 2
Marguerittes 30 .... 304 A 2
Margueron 33 .... 257 F 1
Marguestau 32 .... 295 E 1
Margut 08 .... 27 H 5
Mariac 07 .... 248 B 5
Mariaud 04 .... 288 C 1
Maricourt 80 .... 23 F 1
Marie 06 .... 289 H 4
Marienthal 67 .... 69 E 4
Marieulles 57 .... 65 G 2
Marieux 80 .... 12 D 4
Marigna-sur-Valouse 39 .... 196 B 3
Marignac 17 .... 219 H 3
Marignac 31 .... 334 B 3
Marignac 82 .... 296 D 2
Marignac-en-Diois 26 .... 268 A 1
Marignac-Lasclares 31 .... 317 F 4
Marignac-Laspeyres 31 .... 317 E 5
Marignana 2A .... 346 C 5
Marignane 13 .... 326 C 1
Marigné 49 .... 128 C 2
Marigné-Laillé 72 .... 130 B 3
Marigné-Peuton 53 .... 128 A 2
Marignier 74 .... 216 B 1
Marignieu 01 .... 214 D 5
Marigny 03 .... 191 H 1
Marigny 39 .... 179 G 5
Marigny 51 .... 61 G 3
Marigny 71 .... 177 E 5
Marigny 79 .... 185 E 5
Marigny-Brizay 86 .... 169 F 4
Marigny-Chemereau 86 .... 186 A 3
Marigny-en-Orxois 02 .... 60 A 1
Marigny-le-Cahouët 21 .... 159 E 1
Marigny-le-Châtel 10 .... 90 B 4
Marigny-le-Lozon 50 .... 32 A 5
Marigny-l'Église 58 .... 158 A 3
Marigny-lès-Reullée 21 .... 178 A 1
Marigny-les-Usages 45 .... 111 E 5
Marigny-Marmande 37 .... 169 G 2
Marigny-Saint-Marcel 74 .... 215 F 4
Marigny-sur-Yonne 58 .... 157 G 4
Marillac-le-Franc 16 .... 221 H 1
Le Marillais 49 .... 148 C 2
Marillet 85 .... 184 C 1
Marimbault 33 .... 256 B 5
Marimont-lès-Bénestroff 57 ...67 E 3
Marin 74 .... 198 B 3
Marines 95 .... 37 H 5
Les Marines-de-Cogolin 83.. 329 F 2
Maringes 42 .... 230 A 2
Maringues 63 .... 210 A 4
Mariol 03 .... 210 C 3
Marions 33 .... 274 C 1

Marissel 60 .... 38 A
Marizy-Saint-Mard 02 .... 40 A
Marizy-Sainte-Geneviève 02..40 A
Le Markstein 68 .... 120 C
Marle 02 .... 25 E
Marlemont 08 .... 26 A
Marlenheim 67 .... 97 F
Marlens 74 .... 216 A
Marlers 80 .... 21 G
Marles-en-Brie 77 .... 59 G
Marles-les-Mines 62 .... 7 H
Marles-sur-Canche 62 .... 6 C
Marlhes 42 .... 230 B
Marliac 31 .... 318 A
Marliens 21 .... 160 B
Marlieux 01 .... 213 G
Marlioz 74 .... 215 F
Marly 57 .... 65 H
Marly 59 .... 9 G
Marly-Gomont 02 .... 25 E
Marly-la-Ville 95 .... 58 D
Marly-le-Roi 78 .... 58 A
Marly-sous-Issy 71 .... 176 A
Marly-sur-Arroux 71 .... 193 H
Marmagne 18 .... 172 C
Marmagne 21 .... 137 H
Marmagne 71 .... 176 D
Marmande 47 .... 257 E
Marmanhac 15 .... 244 C
Marmeaux 89 .... 137 F
Marmesse 52 .... 116 C
Marminiac 46 .... 259 G
Marmont-Pachas 47 .... 276 B
Marmouillé 61 .... 54 C
Marmoutier 67 .... 68 B
Marnac 24 .... 259 D
Marnand 69 .... 212 A
Marnans 38 .... 231 H
Marnaves 81 .... 279 E
Marnay 70 .... 161 G
Marnay 71 .... 178 A
Marnay 86 .... 186 B
Marnay-sur-Marne 52 .... 117 E
Marnay-sur-Seine 10 .... 90 A
Marnaz 74 .... 216 B
La Marne 44 .... 165 E
Marne-la-Vallée 11 .... 59 E
Marnefer 61 .... 55 E
Marnes 79 .... 168 C
Marnes-la-Coquette 92 .... 58 B
Marnézia 39 .... 196 C
Marnhagues-et-Latour 12.. 301 E
Marnoz 39 .... 179 G
Marœuil 62 .... 13 F
Maroilles 59 .... 15 F
La Marolle-en-Sologne 41 .. 133 E
Marolles 14 .... 34 D
Marolles 41 .... 132 A
Marolles 51 .... 62 D
Marolles 60 .... 39 H
Marolles-en-Beauce 91 .... 87 G
Marolles-en-Brie 77 .... 60 A
Marolles-en-Brie 94 .... 58 D
Marolles-en-Hurepoix 91 ....87 G
Marolles-lès-Bailly 10 .... 115 G
Marolles-les-Braults 72 .... 108 A
Marolles-les-Buis 28 .... 85 E
Marolles-lès-Saint-Calais 72.. 108 D
Marolles-sous-Lignières 10. 114 C
Marolles-sur-Seine 77 .... 89 E
Marollette 72 .... 84 A
Marols 42 .... 229 G
Maromme 76 .... 36 A
Mâron 36 .... 172 C
Maron 54 .... 94 C
Maroncourt 88 .... 94 D
Maroué 22 .... 78 D
Maroutière Château de la 53 .... 128 B
Marpain 39 .... 161 E
Marpaps 40 .... 293 G
Marpent 59 .... 15 H
Marpiré 35 .... 104 D
Marquaix 80 .... 23 H
Marquay 24 .... 241 F
Marquay 62 .... 7 G
Marquefave 31 .... 317 G
Marquéglise 60 .... 39 F
Marquein 11 .... 318 C
Marquenterre Parc du 80 .... 11 E
Marquerie 65 .... 315 F
Marques 76 .... 21 H
Marquette-en-Ostrevant 59 ..14 B
Marquette-lez-Lille 59 .... 8 D
Marquigny 08 .... 26 D
Marquillies 59 .... 8 C

arquion 62 .... 14 A 3
arquise 62 .... 2 B 4
arquivillers 80 ....23 E 4
arquixanes 66 ....342 B 2
array 37 ....130 D 5
Marre 39 ....179 F 4
arre 55 ....43 H 4
Mars 07 ....248 A 4
es Mars 23 ....208 C 3
ars 30 ....282 D 5
ars 42 ....212 A 1
ars-la-Tour 54 ....65 F 1
ars-sous-Bourcq 08 ......42 C 2
ars-sur-Allier 58 ....174 B 3
arsa 11 ....337 F 4
arsac 16 ....221 E 1
arsac 23 ....206 C 2
arsac 65 ....315 E 3
arsac 82 ....296 D 1
arsac-en-Livradois 63 .229 E 4
arsac-sur-Don 44 ...126 C 4
arsac-sur-l'Isle 24 ...240 C 2
arsainvilliers 45 .....111 G 2
arsais 17 ....201 G 1
arsais-
Sainte-Radégonde 85 ..183 H 1
arsal 57 ....66 D 4
arsal 81 ....299 G 1
arsalès 24 ....258 D 2
arsan 32 ....296 C 4
arsaneix 24 ....240 D 3
arsangis 51 ....90 C 2
arsangy 89 ....113 G 3
arsannay-la-Côte 21 ..160 A 3
arsannay-le-Bois 21 ..160 B 2
arsanne 26 ....267 F 3
arsas 33 ....237 H 3
arsas 65 ....333 G 1
arsat 63 ....209 H 4
arsciellan 32 ....315 G 2
arseillan 34 ....322 C 4
arseillan 65 ....315 F 4
arseillan-Plage 34 ...322 D 5
arseille 13 ....326 D 3
arseille-en-Beauvaisis 60 ..21 H 5
arseille-lès-Aubigny 18 ..174 B 1
arseillette 11 ....320 A 5
arsillargues 34 ....303 G 4
arsilly 17 ....183 F 5
arsilly 57 ....66 B 1
arsinval 78 ....57 H 2
arsolan 32 ....296 A 1
arson 51 ....62 C 2
arson-sur-Barboure 55 ..93 G 1
arsonnas 01 ....195 G 4
arsous 65 ....332 C 2
arspich 57 ....45 G 3
arssac-sur-Tarn 81 ..299 E 1
artagny 27 ....37 F 2
artailly-lès-Brancion 71 ..195 E 2
artainneville 80 ....11 F 4
artainville 14 ....53 G 2
artainville 27 ....35 E 3
artainville-Épreville 76 ..36 C 1
artaizé 86 ....168 C 3
artel 46 ....242 C 5
arthemont 54 ....94 C 2
arthille 57 ....66 D 3
arthod 73 ....216 A 5
arthon 16 ....221 H 2
artiel 12 ....279 E 1
artigna 39 ....196 D 3
artignac 46 ....259 F 4
artigargues 30 ....284 A 5
artigna-sur-Jalle 33 ..237 E 5
artignat 01 ....196 C 5
artigné-Briand 49 ....149 H 4
artigné-Ferchaud 35 ..127 E 2
artigné-sur-Mayenne 53 ..106 A 2
artigny 02 ....25 H 2
artigny 50 ....52 A 5
artigny 76 ....20 B 2
artigny-Courpierre 02 ..40 D 1
artigny-le-Comte 71 ..194 A 4
artigny-les-Bains 88 ..118 B 3
artigny-les-Gerbonvaux 88 ..94 A 3
artigny-sur-l'Ante 14 ..53 H 2
artigues 13 ....325 H 3
artillac 33 ....255 G 2
artimpré Col de 88 ..120 B 3
artin-Église 76 ....10 B 5
artincourt 54 ....65 F 4
artincourt 60 ....37 H 1
artincourt-sur-Meuse 55 ..27 G 5
Martinet 30 ....283 H 2

Martinet 85 ....165 F 5
Martinpuich 62 ....13 G 5
Martinvast 50 ....29 E 3
Martinvelle 88 ....118 C 4
Martisserre 31 ....316 D 3
Martizay 36 ....170 C 4
Martot 27 ....36 A 3
Martragny 14 ....33 E 3
La Martre 83 ....308 B 2
Martres 33 ....256 C 2
Les Martres-d'Artière 63 ..210 A 5
Martres-de-Rivière 31 ..334 B 1
Les Martres-de-Veyre 63 ..227 H 1
Martres-sur-Morge 63 ..210 A 4
Martres-Tolosane 31 ..317 E 5
Martrin 12 ....300 B 1
Martrois 21 ....159 E 3
La Martyre 29 ....75 H 2
Les Martys 11 ....319 G 3
Maruéjols-lès-Gardon 30 ..283 H 5
Marval 87 ....222 D 2
Marvaux-Vieux 08 ....42 D 3
Marvejols 48 ....264 A 4
Marvelise 25 ....142 A 4
Marville 55 ....44 B 2
Marville-les-Bois 28 ..85 H 2
Marville-Moutiers-Brûlé 28 ..56 D 5
Mary 71 ....194 B 1
Mary-sur-Marne 77 ..59 H 1
Marzal Aven de 07 ..284 C 1
Marzan 56 ....125 F 5
Marzens 81 ....298 D 4
Marzy 58 ....174 C 2
Le Mas 06 ....308 D 1
Mas-Blanc-des-Alpilles 13 ..304 C 2
Mas-Cabardès 11 ...319 H 3
Mas Camargues 48 ..283 F 1
Le Mas-d'Agenais 47 ..257 F 5
Le Mas-d'Artige 23 ..225 H 4
Mas-d'Auvignon 32 ..296 A 1
Le Mas-d'Azil 09 ....335 H 1
Mas-d'Azil Grotte du 09 ..335 H 1
Mas-de-Londres 34 ..302 C 2
Mas-des-Cours 11 ..337 H 1
Mas-d'Orcières 48 ..265 E 5
Mas-Grenier 82 ....297 G 1
Mas-Saint-Chély 48 ..282 B 2
Mas-Saintes-Puelles 11 ..318 D 4
Le Mas-Soubeyran 30 ..283 G 4
Mas-Thibert 13 ....304 C 5
Masbaraud-Mérignat 23 ..206 D 3
Mascaraàs-Haron 64 ..294 C 5
Mascaras 32 ....295 G 5
Mascaras 65 ....315 F 5
Mascarville 31 ....298 C 5
Masclat 46 ....326 D 3
Masevaux-Niederbruck 68 ..142 D 1
Maslacq 64 ....313 G 2
Masléon 87 ....224 C 1
Maslives 41 ....132 B 5
Le Masnau-
Massuguiès 81 ....300 A 3
Masnières 59 ....14 B 4
Masny 59 ....9 E 5
Los Masos 66 ....342 B 3
Masparraute 64 ......311 G 3
Maspie-Lalonquère-
Juillacq 64 ....314 D 2
Masquières 47 ....277 E 1
Massabrac 31 ....317 H 5
Massac 11 ....338 B 2
Massac 17 ....202 C 4
Massac-Séran 81 ....298 D 4
Massaguel 81 ....319 F 2
Massais 79 ....167 H 1
Massals 81 ....300 A 2
Massanes 30 ....283 H 5
Massangis 89 ....137 E 5
Massat 09 ....335 H 3
Massay 18 ....154 B 5
Le Massegros 48 ....281 H 2
Masseilles 33 ....256 D 5
Massels 47 ....276 D 2
Massérac 44 ....126 A 4
Masseret 19 ....224 B 3
Masseube 32 ....316 A 4
Massiac 15 ....246 A 1
Massieu 38 ....232 C 4
Massieux 01 ....213 E 4
Massiges 51 ....42 D 4
Massignac 16 ....204 C 5
Massignieu-de-Rives 01 ..214 D 5
Massillargues-Attuech 30 ..283 G 5
Massilly 71 ....194 D 2
Massingy 21 ....116 A 5

Massingy 74 ....215 F 4
Massingy-lès-Semur 21 ..158 D 1
Massingy-lès-Vitteaux 21 ..159 F 2
Massognes 86 ....168 C 4
Massoins 06 ....289 H 5
Massongy 74 ....198 A 4
Massoulès 47 ....276 D 1
Massugas 33 ....257 E 1
Massy 71 ....194 C 2
Massy 76 ....20 D 4
Massy 91 ....58 B 5
Mastaing 59 ....14 C 2
Les Matelles 34 ......302 D 3
Matemale 66 ....341 G 3
Matha 17 ....202 B 4
Mathaux 10 ....91 H 4
Mathay 25 ....142 B 5
Mathenay 39 ....179 F 2
Les Mathes 17 ....200 C 5
Mathieu 14 ....33 G 3
Mathons 52 ....92 D 4
Mathonville 76 ....20 D 5
Matignicourt-Goncourt 51 ..62 D 5
Matignon 22 ....50 A 5
Matigny 80 ....23 H 3
Matougues 51 ....62 A 2
Matour 71 ....194 B 4
Matra 2B ....347 G 4
Matringhem 62 ....7 F 3
Mattaincourt 88 ....94 D 5
Mattexey 54 ....95 G 3
Matton-et-Clémency 08 ..27 G 4
Mattstall 67 ....68 D 1
Matzenheim 67 ....97 G 3
Maubec 38 ....232 A 2
Maubec 82 ....296 D 2
Maubec 84 ....305 F 1
Maubert-Fontaine 08 ..26 B 2
Maubeuge 59 ....15 G 2
Maubourguet 65 ....315 E 2
Maubuisson 33 ....236 B 3
Mauchamps 91 ....87 G 3
Maucomble 76 ....20 C 4
Maucor 64 ....314 B 3
Maucourt 60 ....23 H 4
Maucourt 80 ....23 F 3
Maucourt-sur-Orne 55 ..44 C 4
Maudétour-en-Vexin 95 ..37 G 5
Mauguio 34 ....303 E 4
Maulain 52 ....117 H 4
Maulais 79 ....168 B 2
Maulan 55 ....63 H 5
Maulay 86 ....169 E 2
Maulde 59 ....9 G 4
Maule 78 ....57 G 3
Mauléon 79 ....167 E 2
Mauléon-Barousse 65 ..334 A 3
Mauléon-d'Armagnac 32 ..294 D 1
Mauléon-Licharre 64 ..311 H 5
Maulers 60 ....22 A 5
Maulette 78 ....57 E 4
Maulévrier 49 ....167 E 1
Maulévrier-
Sainte-Gertrude 76 ..19 G 5
Maulichères 32 ....294 D 3
Maumusson 44 ......148 C 1
Maumusson 82 ......296 D 1
Maumusson-Laguian 32 ..294 D 4
Mauny 76 ....35 H 2
Maupas 10 ....115 E 3
Le Maupas 21 ....158 D 4
Maupas 32 ....294 D 2
Maupas Château de 18 ..155 G 4
Mauperthuis 77 ....59 H 4
Maupertuis 50 ....52 A 1
Maupertus-sur-Mer 50 ..29 F 3
Mauprévoir 86 ....204 B 1
Mauquenchy 76 ......20 D 5
Mauran 31 ....317 E 5
Maure Col de 04 ....288 B 1
Maure-de-Bretagne 35 ..103 G 5
Maurecourt 78 ....58 A 2
Mauregard 77 ....59 E 1
Mauregny-en-Haye 02 ..41 E 1
Maureilhan 34 ....321 F 3
Maureillas-las-Illas 66 ..343 E 4
Mauremont 31 ....318 B 2
Maurens 24 ....239 H 5
Maurens 31 ....318 C 2
Maurens 32 ....296 D 5
Maurens-Scopont 81 ..298 C 5
Maurepas 78 ....57 H 4
Maurepas 80 ....23 F 1
Mauressac 31 ....317 H 4
Mauressargues 30 ..283 H 5

Maureville 31 ....298 C 5
Mauriac 15 ....244 B 2
Mauriac 33 ....256 D 2
Maurines 40 ....294 B 4
Mauries 40 ....294 B 4
Maurin 04 ....271 F 3
Maurin 34 ....302 D 5
Maurines 15 ....245 H 5
Maurois 59 ....14 D 5
Mauron 56 ....103 E 3
Mauroux 32 ....296 C 1
Mauroux 46 ....259 E 5
Maurrin 40 ....294 B 2
Maurs 15 ....261 H 2
Maurupt-le-Montois 51 ..63 E 4
Maury 66 ....338 B 4
Maury Barrage de 12 ..262 D 3
Mausoléo 2B ....346 D 2
Maussac 19 ....225 G 4
Maussane-les-Alpilles 13 ..304 D 3
Maussans 70 ....162 B 1
Mausson Château de 53 ..81 G 3
Mautes 23 ....208 B 4
Mauvages 55 ....93 G 2
Mauvaisin 31 ....318 A 3
Mauves 07 ....249 E 3
Mauves-sur-Huisne 61 ..84 C 4
Mauves-sur-Loire 44 ..148 A 3
Mauvezin 31 ....316 D 3
Mauvezin 32 ....296 D 3
Mauvezin 65 ....333 G 1
Mauvezin-d'Armagnac 40 ..274 C 5
Mauvezin-de-Prat 09 ..335 E 2
Mauvezin-
de-Sainte-Croix 09 ..335 G 1
Mauvezin-sur-Gupie 47 ..257 E 4
Mauvières 36 ....187 H 2
Mauvilly 21 ....138 B 4
Maux 58 ....175 H 1
Mauzac 31 ....317 G 3
Mauzac-et-Saint-Meyme-
de-Rozens 24 ....240 D 5
Mauzé-sur-le-Mignon 79 ..184 C 5
Mauzé-Thouarsais 79 ..168 A 2
Mauzens-et-Miremont 24 ..241 E 4
Mauzun 63 ....228 B 1
Mavaleix 24 ....223 E 3
Maves 41 ....132 A 4
Mavilly-Mandelot 21 ..177 G 1
La Maxe 57 ....45 H 5
Maxent 35 ....103 G 4
Maxéville 54 ....65 H 5
Maxey-sur-Meuse 88 ..94 A 3
Maxey-sur-Vaise 55 ..93 H 2
Maxilly-sur-Léman 74 ..198 C 3
Maxilly-sur-Saône 21 ..160 D 3
Maxou 46 ....260 A 4
Maxstadt 57 ....67 E 1
May-en-Multien 77 ..59 H 1
Le May-sur-Èvre 49 ..148 D 5
May-sur-Orne 14 ......33 G 5
Mayac 24 ....241 E 1
Mayenne 53 ....82 B 5
Mayet 72 ....130 A 3
Le Mayet-de-Montagne 03 ..210 D 2
Le Mayet-d'École 03 ..210 A 1
Maylis 40 ....293 G 3
Maynal 39 ....196 A 1
Les Mayons 83 ....328 D 2
Mayot 02 ....24 B 4
Mayrac 46 ....242 C 5
Mayran 12 ....280 B 1
La Mayrand 63 ....247 H 2
Mayrègne 31 ....334 A 4
Mayres 07 ....248 D 4
Mayres 07 ....265 H 3
Mayres 63 ....265 H 3
Mayres-Savel 38 ....250 D 5
Mayreste Belvédère de 04 ..307 H 2
Mayreville 11 ....318 D 5
Mayrinhac-Lentour 46 ..261 E 1
Mayronnes 11 ....338 A 2
Maysel 60 ....38 C 4
Mazamet 81 ....319 H 2
Mazan 84 ....305 F 2
Mazan-l'Abbaye 07 ..265 H 2
Mazangé 41 ....131 F 3
Mazaugues 83 ....328 A 2
Mazaye 63 ....209 F 5
Mazé-Milon 49 ....150 A 1
Le Mazeau 85 ....184 A 4
Mazeirat 23 ....207 F 1
Mazeley 88 ....95 E 5
Mazerat-Aurouze 43 ..246 C 2
Mazeray 17 ....201 G 4
Mazères 09 ....318 B 4
Mazères 33 ....256 B 4
Mazères Église de 65 ..295 E 5

Mazères-de-Neste 65 ..334 A 1
Mazères-Lezons 64 ..314 B 4
Mazères-sur-Salat 31 ..335 E 1
Mazerier 03 ....209 H 2
Mazerny 08 ....26 C 5
Mazerolles 16 ....222 B 1
Mazerolles 17 ....219 G 3
Mazerolles 40 ....294 A 1
Mazerolles 64 ....314 A 2
Mazerolles 65 ....315 G 3
Mazerolles 86 ....187 E 3
Mazerolles-du-Razès 11 ..337 F 1
Mazerolles-le-Salin 25 ..161 G 4
Mazerulles 54 ....66 B 5
Mazet-Saint-Voy 43 ..248 A 3
Mazeuil 86 ....168 D 4
Mazeyrat-d'Allier 43 ..246 C 2
Mazeyrolles 24 ......259 E 3
La Mazière-
aux-Bons-Hommes 23 ..208 C 4
Mazières 16 ....204 B 5
Mazières-de-Touraine 37 ..151 F 2
Mazières-en-Gâtine 79 ..185 E 2
Mazières-en-Mauges 49 ..167 E 1
Mazières-Naresse 47 ..258 C 3
Mazières-sur-Béronne 79 ..185 F 5
Mazille 71 ....194 C 3
Mazingarbe 62 ....8 A 3
Mazinghem 62 ....7 G 3
Mazinghien 59 ....15 E 5
Mazion 33 ....237 G 2
Mazirat 03 ....190 C 5
Mazirot 88 ....94 D 4
Le Mazis 80 ....21 G 2
Mazoires 63 ....227 G 5
Mazouau 65 ....333 H 2
Mazuby 11 ....337 E 4
Les Mazures 08 ....26 C 1
Mazzola 2B ....347 F 4
Méailles 04 ....288 D 4
Méallet 15 ....244 B 1
Méasnes 23 ....189 E 3
Meaucé 28 ....85 F 3
La Meauffe 50 ....32 B 4
La Méaugon 22 ....78 B 3
Meaulne 03 ....190 D 1
Méaulte 80 ....23 E 1
Méautis 50 ....31 H 3
Meaux 77 ....59 G 2
Meaux-la-Montagne 69 ..212 B 2
Meauzac 82 ....277 G 4
Mecé 35 ....81 E 5
Mechmont 46 ....260 B 4
Mécleuves 57 ....65 H 1
Mecquignies 59 ....15 F 2
Mécrin 55 ....64 C 4
Mécringes 51 ....60 C 3
Médan 78 ....57 H 2
Médavy 61 ....54 B 5
La Mède 13 ....325 H 4
Medeyrolles 63 ......229 E 4
Médière 25 ....142 A 5
Médillac 16 ....239 E 1
Médis 17 ....218 D 1
Médonnet Chapelle du 74 ..216 C 3
Médonville 88 ....118 A 2
Médous Grotte de 65 ..333 F 2
Médréac 35 ....103 G 1
Le Mée 28 ....110 A 5
Mée 53 ....128 A 2
Le Mée-sur-Seine 77 ..88 B 3
Les Mées 04 ....287 G 4
Les Mées 72 ....83 H 5
Mées 40 ....292 D 3
Mégange 57 ....46 C 4
Megève 74 ....216 C 4
Mégevette 74 ....198 B 5
Mégrit 22 ....79 F 5
Méharicourt 80 ....23 F 3
Méharin 64 ....311 F 4
Méhers 41 ....153 F 3
Méhoncourt 54 ....95 F 2
Méhoudin 61 ....82 D 3
Mehun-sur-Yèvre 18 ..154 D 5
La Meignanne 49 ..149 F 1
Meigné 49 ....150 A 4
Meigné-le-Vicomte 49 ..151 E 1
Meigneux 77 ....89 E 3
Meigneux 80 ....21 H 3
Meilhac 87 ....223 G 1
Meilhan 32 ....316 B 2
Meilhan 40 ....293 G 1
Meilhan-sur-Garonne 47 ..256 D 4
Meilhards 19 ....224 C 3
Meilhaud 63 ....227 H 3
Meillac 35 ....80 A 3
Meillant 18 ....173 F 4

Meillard 03 ....192 A 4
Le Meillard 80 ....12 C 4
La Meilleraie-Tilly 85 ..166 C 4
Meilleray 77 ....60 C 4
La Meilleraye-
de-Bretagne 44 .....127 E 5
Meillerie 74 ....198 C 2
Meillers 03 ....191 H 2
Meillier-Fontaine 08 ..26 D 2
Meillon 64 ....314 B 4
Meillonnas 01 ....196 A 5
Meilly-sur-Rouvres 21 ..159 F 4
Meisenthal 57 ....68 A 2
Meistratzheim 67 .....97 F 2
Le Meix 21 ....138 D 5
Le Meix-Saint-Epoing 51 ..60 D 5
Le Meix-Tiercelin 51 ..62 B 5
Méjanes 13 ....304 A 5
Méjannes-le-Clap 30 ..284 B 2
Méjannes-lès-Alès 30 ..283 H 4
Mela 2A ....349 E 5
Mélagues 12 ....301 E 3
Mélamare 76 ....19 E 5
Melan 04 ....287 H 2
Melay 49 ....149 F 4
Melay 52 ....118 B 5
Melay 71 ....193 G 5
Le Mêle-sur-Sarthe 61 ..84 A 3
Mélecey 70 ....141 H 5
Melesse 35 ....104 C 3
Melgven 29 ....99 B 4
Mélicocq 60 ....39 F 1
Mélicourt 27 ....55 E 2
Méligny-le-Grand 55 ..93 G 1
Méligny-le-Petit 55 ..93 G 1
Melin 70 ....140 C 3
Melincourt 70 ....118 D 5
Mélisey 70 ....142 A 2
Mélisey 89 ....115 E 5
Meljac 12 ....280 C 4
Mellac 29 ....100 D 4
Mellé 35 ....81 F 3
Melle 79 ....185 G 5
Mellecey 71 ....177 G 4
Melleran 79 ....203 E 1
Melleray 72 ....127 E 5
Melleray Abbaye de 44 ..127 E 5
Melleray-la-Vallée 53 ..82 B 3
Melleroy 45 ....135 E 2
Melles 31 ....334 C 4
Melleville 76 ....11 E 5
Mellionnec 22 ....77 F 5
Mello 60 ....38 C 4
Meloisey 21 ....177 G 1
Melrand 56 ....101 G 4
Melsheim 67 ....68 C 4
Melun 77 ....88 B 3
Melve 04 ....287 G 1
Melz-sur-Seine 77 ..89 H 3
Membrey 70 ....140 B 5
La Membrolle-
sur-Choisille 37 ....151 H 2
La Membrolle-
sur-Longuenée 49 ..128 B 5
Membrolles 41 ....110 A 5
Méménil 88 ....95 G 5
Memmelshoffen 67 ..69 E 2
Le Mémont 25 ....163 F 4
Mémorial Canadien 62 ....8 B 5
Menades 89 ....157 H 2
Ménarmont 88 ....95 H 3
Menars 41 ....132 B 5
Menat 63 ....209 F 2
Menaucourt 55 ....93 F 1
Mencas 62 ....7 E 3
Menchhoffen 67 ......68 C 3
Mende 48 ....264 C 4
Mendionde 64 ....311 E 4
Menditte 64 ....331 E 1
Mendive 64 ....330 C 1
Ménéac 56 ....102 D 2
Menée Col de 38 ....268 D 1
Ménerbes 84 ....305 G 2
Ménerval 76 ....21 F 5
Ménerville 78 ....57 E 2
Menesble 21 ....138 D 3
Méneslies 80 ....11 E 4
Ménesplet 24 ....239 E 4
Ménesqueville 27 ....36 D 2
Ménessaire 21 ....158 B 5
Menestreau 58 ....156 D 2
Ménestreau-en-Villette 45 ..133 F 4
Menet 15 ....244 D 1
Menetou-Couture 18 ..174 A 1
Menetou-Râtel 18 ..155 H 3
Menetou-Salon 18 ..155 H 4
Menetou-sur-Nahon 36 ..153 H 4

Ménétréol-sous-Sancerre 18 .... 156 A 3
Ménétréol-sur-Sauldre 18 .. 155 E 2
Ménétréols-sous-Vatan 36 ... 172 A 2
Ménétreuil 71 .... 195 G 1
Ménétreux-le-Pitois 21 ... 138 A 5
Ménétrol 63 .... 209 H 4
Menétru-le-Vignoble 39 ... 179 F 4
Menétrux-en-Joux 39 ... 179 G 5
Ménévillers 60 .... 39 E 1
Ménez-Bré 22 .... 72 D 5
Ménez-Hom 29 .... 75 G 4
Ménez-Meur Domaine de 29..75 H 3
Menglon 26 .... 268 C 2
Ménigoute 79 .... 185 G 2
Ménil 53 .... 128 B 3
Le Ménil 88 .... 120 A 5
Ménil-Annelles 08 .... 42 B 1
Ménil-aux-Bois 55 .... 64 C 4
Le Ménil-Bérard 61 .... 55 E 5
Le Ménil-Broût 61 .... 83 H 3
Le Ménil-Ciboult 61 .... 52 D 4
Le Ménil-de-Briouze 61 ... 53 G 5
Ménil-de-Senones 88 .... 96 B 3
Ménil-en-Xaintois 88 .... 94 C 5
Ménil-Erreux 61 .... 83 H 3
Ménil-Froger 61 .... 54 D 4
Ménil-Glaise 61 .... 53 H 4
Ménil-Gondouin 61 .... 53 G 4
Le Ménil-Guyon 61 .... 84 A 2
Ménil-Hermei 61 .... 53 G 3
Ménil-Hubert-en-Exmes 61 ... 54 C 3
Ménil-Hubert-sur-Orne 61 ... 53 G 3
Ménil-Jean 61 .... 53 H 4
Ménil-la-Horgne 55 .... 64 C 5
Ménil-la-Tour 54 .... 65 F 5
Ménil-Lépinois 08 .... 42 A 2
Le Ménil-Scelleur 61 .... 83 F 2
Ménil-sur-Belvitte 88 .... 95 H 3
Ménil-sur-Saulx 55 .... 63 H 5
Le Ménil-Vicomte 61 .... 54 D 4
Ménil-Vin 61 .... 53 G 3
Ménilles 27 .... 56 D 1
Ménillot 54 .... 94 A 1
La Ménitré 49 .... 150 A 2
Mennecy 91 .... 87 H 2
Mennessis 02 .... 24 A 4
Mennetou-sur-Cher 41 ... 154 A 4
Menneval 27 .... 35 F 5
Menneville 02 .... 41 G 2
Menneville 62 .... 6 C 2
Mennevret 02 .... 24 D 1
Mennouveaux 52 .... 117 G 3
Ménoire 19 .... 242 D 3
Menomblet 85 .... 167 E 4
Menoncourt 90 .... 142 C 2
Ménonval 76 .... 21 E 3
Menotey 39 .... 161 E 5
Menou 58 .... 156 D 3
Menouville 95 .... 38 A 5
Le Menoux 36 .... 188 D 2
Menoux 70 .... 141 E 2
Mens 38 .... 251 E 5
Mensignac 24 .... 240 B 1
Menskirch 57 .... 46 B 3
Mentheville 76 .... 19 E 4
Menthon-Saint-Bernard 74..215 H 4
Menthonnex-en-Bornes 74..215 G 2
Menthonnex-sous-Clermont 74 .... 215 F 3
Mentières 15 .... 245 H 3
Menton 06 .... 291 G 5
Mentque-Nortbécourt 62 ... 3 E 5
Menucourt 95 .... 57 H 1
Les Menuires 73 .... 234 C 5
Les Menus 61 .... 85 E 3
Menville 31 .... 297 G 4
Méobecq 36 .... 171 F 5
Méolans 04 .... 270 C 5
Méolans-Revel 04 .... 270 C 5
Méon 49 .... 150 D 1
Méounes-lès-Montrieux 83..328 A 2
Mépieu 38 .... 214 B 5
Mer 41 .... 132 C 4
Mer de Sable La 60 .... 39 E 5
Méracq 64 .... 294 B 5
Méral 53 .... 105 G 5
Méras 09 .... 317 G 2
Mercatel 62 .... 13 G 3
Mercenac 09 .... 335 E 2
Merceuil 21 .... 177 H 2
Mercey 21 .... 159 E 5
Mercey 27 .... 56 D 1
Mercey-le-Grand 25 .... 161 F 4
Mercey-sur-Saône 70 ... 140 B 5
Mercin-et-Vaux 02 .... 40 B 2
Merck-Saint-Liévin 62 .... 7 E 3

Merckeghem 59 .... 3 F 4
Mercœur 19 .... 243 F 4
Mercœur 43 .... 246 B 3
Mercuer 07 .... 266 B 3
Mercuès 46 .... 259 H 5
Mercurey 71 .... 177 H 3
Mercurol-Veaunes 26 .... 249 F 3
Mercury 73 .... 234 A 1
Mercus-Garrabet 09 .... 336 B 4
Mercy 03 .... 192 C 3
Mercy 89 .... 114 A 4
Mercy-le-Bas 54 .... 45 E 3
Mercy-le-Haut 54 .... 45 E 3
Merdrignac 22 .... 102 D 1
Méré 78 .... 57 G 4
Méré 89 .... 136 D 2
Méreau 18 .... 154 C 5
Méréaucourt 80 .... 21 H 4
Méréglise 28 .... 85 G 5
Mérélessart 80 .... 11 G 5
Mérens 32 .... 296 A 3
Mérens-les-Vals 09 .... 341 E 2
Mérenvielle 31 .... 297 F 4
Méreuil 05 .... 269 E 5
Méréville 54 .... 94 D 1
Méréville 91 .... 87 F 5
Merey 27 .... 56 D 2
Mérey-sous-Montrond 25 ... 162 A 4
Mérey-Vieilley 25 .... 162 A 2
Merfy 51 .... 41 F 3
Mergey 10 .... 90 D 4
Meria 2B .... 345 G 2
Mérial 11 .... 337 E 5
Méribel 73 .... 234 C 4
Méribel-Mottaret 73 .... 234 C 4
Méricourt 62 .... 8 B 5
Méricourt 78 .... 57 F 1
Méricourt-en-Vimeu 80 .... 21 H 2
Méricourt-l'Abbé 80 .... 22 D 1
Méricourt-sur-Somme 80 ... 23 E 1
Mériel 95 .... 58 B 1
Mérifons 34 .... 301 G 4
Mérignac 16 .... 220 D 1
Mérignac 17 .... 220 B 5
Mérignac 33 .... 237 F 5
Mérignas 33 .... 256 D 1
Mérignat 01 .... 214 B 2
Mérignies 59 .... 8 D 4
Mérigny 36 .... 187 G 1
Mérigon 09 .... 335 F 1
Mérilheu 65 .... 333 F 1
Mérillac 22 .... 103 E 1
Mérinchal 23 .... 208 C 4
Mérindol 84 .... 305 G 3
Mérindol-les-Oliviers 26 ... 285 H 2
Mérinville 45 .... 112 D 4
Le Mériot 10 .... 89 H 3
Méritein 64 .... 313 G 3
Merkwiller-Pechelbronn 67...69 E 2
Merlande Prieuré de 24 ... 240 B 1
Merlas 38 .... 232 D 4
La Merlatière 85 .... 166 A 4
Merlaut 51 .... 62 D 4
Merle Tours de 19 .... 243 G 3
Merle-Leignec 42 .... 229 G 5
Merléac 22 .... 78 A 5
Le Merlerault 61 .... 54 D 5
Merles 82 .... 277 E 4
Merles-sur-Loison 55 .... 44 C 3
Merlette 05 .... 270 A 2
Merlevenez 56 .... 123 G 2
Merlieux-et-Fouquerolles 02...40 C 1
Merlimont 62 .... 6 B 4
Merlimont-Plage 62 .... 6 A 4
Merlines 19 .... 226 C 2
Mernel 35 .... 103 H 5
Mérobert 91 .... 87 E 4
Méron 49 .... 150 B 5
Mérona 39 .... 196 C 1
Mérouville 28 .... 86 D 5
Meroux 90 .... 142 C 3
Merpins 16 .... 220 B 1
Merrey 52 .... 117 H 4
Merrey-sur-Arce 10 .... 115 G 3
Merri 61 .... 54 A 3
Merris 59 .... 4 A 5
Merry-la-Vallée 89 .... 135 H 3
Merry-Sec 89 .... 136 A 4
Merry-sur-Yonne 89 .... 136 C 5
Mers-les-Bains 80 .... 10 D 4
Mers-sur-Indre 36 .... 189 F 1
Merschweiller 57 .... 46 B 2
Mersuay 70 .... 141 E 2
Merten 57 .... 46 D 4
Mertrud 52 .... 92 C 4
Mertzen 68 .... 143 E 3
Mertzwiller 67 .... 68 D 3

Méru 60 .... 38 A 4
Merval 02 .... 41 E 3
Mervans 71 .... 178 B 4
Mervent 85 .... 184 B 2
Merviel 09 .... 336 C 2
Mervilla 31 .... 318 A 2
Merville 31 .... 297 G 3
Merville 59 .... 8 A 2
Merville-Franceville-Plage 14..33 H 3
Merviller 54 .... 96 A 2
Merxheim 68 .... 121 E 5
Méry 73 .... 233 F 1
Méry-Corbon 14 .... 34 A 5
Méry-ès-Bois 18 .... 155 E 3
Méry-la-Bataille 60 .... 23 E 5
Méry-Prémecy 51 .... 41 F 4
Méry-sur-Cher 18 .... 154 B 4
Méry-sur-Marne 77 .... 60 A 2
Méry-sur-Oise 95 .... 58 B 1
Méry-sur-Seine 10 .... 90 C 3
Le Merzer 22 .... 73 F 5
Mésandans 25 .... 162 C 1
Mésanger 44 .... 148 B 1
Mésangueville 76 .... 21 E 5
Mesbrecourt-Richecourt 02...24 C 4
Meschers-sur-Gironde 17...218 D 2
Mescla Balcons de la 04 ... 307 H 2
Mescoules 24 .... 257 H 2
Le Mesge 80 .... 22 A 1
Mesgrigny 10 .... 90 C 3
Mésigny 74 .... 215 F 2
Meslan 56 .... 101 E 3
Mesland 41 .... 152 D 1
Meslay 14 .... 53 G 2
Meslay 41 .... 131 G 3
Meslay Grange de 37 .... 152 A 2
Meslay-du-Maine 53 .... 106 B 5
Meslay-le-Grenet 28 .... 86 A 5
Meslay-le-Vidame 28 .... 110 A 2
Mesliéres 25 .... 142 C 5
Meslin 22 .... 78 C 4
Mesmay 25 .... 179 G 1
Mesmont 08 .... 26 B 5
Mesmont 21 .... 159 G 3
Mesnac 16 .... 202 B 5
Mesnard-la-Barotière 85...166 C 3
Mesnay 39 .... 179 G 2
Les Mesneux 51 .... 41 G 4
La Mesnière 61 .... 84 B 3
Mesnières-en-Bray 76 .... 20 D 3
Le Mesnil 50 .... 31 E 2
Le Mesnil-Adelée 50 .... 52 B 4
Le Mesnil-Amand 50 .... 51 H 2
Le Mesnil-Amelot 77 .... 59 E 1
Le Mesnil-Amey 50 .... 32 A 5
Le Mesnil-Angot 50 .... 32 A 4
Le Mesnil-au-Grain 14 .... 53 E 1
Le Mesnil-au-Val 50 .... 29 F 3
Le Mesnil-Aubert 50 .... 51 G 2
Le Mesnil-Aubry 95 .... 58 C 1
Le Mesnil-Auzouf 14 .... 52 D 1
Le Mesnil-Bacley 14 .... 54 C 1
Le Mesnil-Benoist 14 .... 52 B 3
Le Mesnil-Bœufs 50 .... 52 A 5
Le Mesnil-Bonant 50 .... 51 H 2
Mesnil-Bruntel 80 .... 23 G 2
Le Mesnil-Caussois 14 .... 52 B 3
Mesnil-Clinchamps 14 .... 52 B 3
Le Mesnil-Conteville 60 .... 22 A 4
Mesnil-Domqueur 80 .... 12 B 4
Le Mesnil-Drey 50 .... 51 G 3
Le Mesnil-Durand 14 .... 54 C 1
Le Mesnil-Durdent 76 .... 19 G 2
Mesnil-en-Arrouaise 80 .... 13 H 5
Le Mesnil-en-Thelle 60 .... 38 B 5
Le Mesnil-en-Vallée 49 .... 148 D 2
Le Mesnil-Esnard 76 .... 36 B 2
Le Mesnil-Eudes 14 .... 34 C 5
Mesnil-Eudin 80 .... 21 F 2
Le Mesnil-Eury 50 .... 32 A 4
Mesnil-Follemprise 76 .... 20 C 3
Le Mesnil-Fuguet 27 .... 56 B 1
Le Mesnil-Garnier 50 .... 51 H 2
Le Mesnil-Germain 14 .... 54 C 1
Le Mesnil-Gilbert 50 .... 52 B 4
Le Mesnil-Guillaume 14 .... 34 D 5
Le Mesnil-Hardray 27 .... 56 A 2
Le Mesnil-Herman 50 .... 52 A 1
Le Mesnil-Hue 50 .... 51 H 2
Le Mesnil-Jourdain 27 .... 36 B 5
Mesnil-la-Comtesse 10 .... 91 E 3
Le Mesnil-le-Roi 78 .... 58 A 2
Mesnil-Lettre 10 .... 91 F 3
Le Mesnil-Lieubray 76 .... 37 E 1
Mesnil-Martinsart 80 .... 13 F 5
Le Mesnil-Mauger 14 .... 34 B 5
Mesnil-Mauger 76 .... 21 E 4

Le Mesnil-Opac 50 .... 52 B 1
Le Mesnil-Ozenne 50 .... 51 H 5
Mesnil-Panneville 76 .... 19 H 5
Le Mesnil-Patry 14 .... 33 F 4
Le Mesnil-Rainfray 50 .... 52 B 5
Mesnil-Raoul 76 .... 36 C 2
Le Mesnil-Raoult 50 .... 52 B 1
Le Mesnil-Réaume 76 .... 10 D 5
Le Mesnil-Robert 14 .... 52 C 3
Le Mesnil-Rogues 50 .... 51 G 2
Mesnil-Rousset 27 .... 55 F 3
Le Mesnil-Rouxelin 50 .... 32 B 4
Le Mesnil-Saint-Denis 78 ... 57 H 4
Le Mesnil-Saint-Firmin 60 ... 22 C 5
Mesnil-Saint-Georges 80 ... 22 D 4
Mesnil-Saint-Laurent 02 ... 24 B 2
Mesnil-Saint-Loup 10 .... 90 B 5
Mesnil-Saint-Nicaise 80 .... 23 G 3
Mesnil-Saint-Père 10 .... 115 G 2
Mesnil-Sellières 10 .... 91 F 5
Le Mesnil-Simon 14 .... 34 B 5
Le Mesnil-Simon 28 .... 57 E 3
Le Mesnil-sous-Jumièges 76..35 H 2
Mesnil-sous-les-Côtes 55 ... 64 C 1
Mesnil-sous-Vienne 27 .... 37 F 2
Le Mesnil-sur-Blangy 14 .... 34 D 3
Le Mesnil-sur-Bulles 60 .... 38 C 1
Mesnil-sur-l'Estrée 27 .... 56 C 4
Le Mesnil-sur-Oger 51 .... 61 G 2
Le Mesnil-Thébault 50 .... 52 A 5
Le Mesnil-Théribus 60 .... 37 H 3
Le Mesnil-Thomas 28 .... 85 G 2
Le Mesnil-Tôve 50 .... 52 B 4
Mesnil-Val 76 .... 10 D 4
Le Mesnil-Véneron 50 .... 32 A 4
Mesnil-Verclives 27 .... 36 D 3
Le Mesnil-Vigot 50 .... 31 H 4
Le Mesnil-Villeman 50 .... 51 H 2
Le Mesnil-Villement 14 .... 53 G 3
Le Mesnilbus 50 .... 31 H 4
Le Mesnillard 50 .... 52 B 5
Mesnois 39 .... 196 C 1
Les Mesnuls 78 .... 57 G 4
Mespaul 29 .... 71 G 4
Mesplède 64 .... 293 G 5
Mesples 03 .... 190 B 3
Mespuits 91 .... 87 G 5
Mesquer 44 .... 145 H 3
Messac 17 .... 220 B 5
Messac 35 .... 126 B 2
Messais 86 .... 168 C 3
Messanges 21 .... 159 H 5
Messanges 40 .... 292 B 2
Messas 45 .... 132 C 3
Messé 79 .... 186 A 5
Messei 61 .... 53 F 4
Messein 54 .... 94 D 1
Messeix 63 .... 226 C 2
Messemé 86 .... 168 D 1
Messery 74 .... 197 H 3
Messey-sur-Grosne 71 .... 177 G 5
Messia-sur-Sorne 39 .... 179 E 5
Messigny-et-Vantoux 21 ... 160 A 2
Messilhac Château de 15 ... 244 D 5
Messimy 69 .... 230 D 1
Messimy-sur-Saône 01 ... 213 E 2
Messincourt 08 .... 27 G 4
Messon 10 .... 114 C 2
Messy 77 .... 59 E 2
Mesterrieux 33 .... 256 D 3
Mestes 19 .... 226 B 3
Mesves-sur-Loire 58 .... 156 B 4
Mesvres 71 .... 176 C 3
Métabief 25 .... 180 C 4
Les Métairies 16 .... 220 C 1
Métairies-Saint-Quirin 57 ... 96 B 1
Méteren 59 .... 4 A 5
Méthamis 84 .... 286 A 5
Métigny 80 .... 11 H 5
Metting 57 .... 68 A 4
Mettray 37 .... 151 H 2
Metz 57 .... 65 H 1
Metz-en-Couture 62 .... 14 A 5
Metz-le-Comte 58 .... 157 G 2
Metz-Robert 10 .... 115 E 4
Metz-Tessy 74 .... 215 G 3
Metzeral 68 .... 120 C 4
Metzeresche 57 .... 46 B 4
Metzervisse 57 .... 45 H 3
Metzing 57 .... 47 F 5
Meucon 56 .... 124 B 3
Meudon 92 .... 58 B 4
Meuilley 21 .... 159 H 5
Meulan 78 .... 57 H 1
Meulers 76 .... 20 C 2
Meulin 71 .... 194 B 4

Meulles 14 .... 54 D 2
Meulson 21 .... 138 B 4
Meunet-Planches 36 .... 172 B 4
Meunet-sur-Vatan 36 .... 172 A 1
Meung-sur-Loire 45 .... 132 D 3
Meurcé 72 .... 107 H 2
Meurchin 62 .... 8 C 4
Meurcourt 70 .... 141 F 3
La Meurdraquière 50 .... 51 G 3
Meures 52 .... 116 D 2
Meurival 02 .... 41 E 3
Meursac 17 .... 219 E 5
Meursanges 21 .... 178 A 2
Meursault 21 .... 177 G 2
Meurville 10 .... 116 A 2
Meuse 52 .... 117 H 4
Meusnes 41 .... 153 F 4
Meussia 39 .... 196 D 2
Meuvaines 14 .... 33 F 3
Meuvy 52 .... 117 H 3
Meux 17 .... 220 B 4
Le Meux 60 .... 39 F 2
Meuzac 87 .... 224 B 3
Mévoisins 28 .... 86 B 3
Mévouillon 26 .... 286 C 2
Meximieux 01 .... 213 H 4
Mexy 54 .... 45 E 1
Mey 57 .... 45 H 5
Meyenheim 68 .... 121 E 4
Meylan 38 .... 251 E 1
Meylan 47 .... 275 E 4
Meymac 19 .... 225 G 3
Meynes 30 .... 304 B 1
Meyrals 24 .... 241 F 5
Meyrand Col de 07 .... 265 H 3
Meyrannes 30 .... 283 H 2
Meyrargues 13 .... 306 B 4
Meyras 07 .... 266 A 2
Meyreuil 13 .... 306 A 5
Meyriat 01 .... 214 A 1
Meyrié 38 .... 232 A 2
Meyrieu-les-Étangs 38 .... 231 H 3
Meyrieux-Trouet 73 .... 233 E 1
Meyrignac-l'Église 19 .... 225 E 5
Meyronne 46 .... 242 C 5
Meyronnes 04 .... 271 E 4
Meyrueis 48 .... 282 B 3
Meys 69 .... 230 B 1
Meyssac 19 .... 242 D 3
Meysse 07 .... 267 E 3
Meyssiez 38 .... 231 G 3
La Meyze 87 .... 223 G 2
Meyzieu 69 .... 213 G 5
Mézangers 53 .... 106 C 2
Mèze 34 .... 322 D 4
Mézel 04 .... 288 A 4
Mézens 81 .... 298 B 3
Mézères 43 .... 247 G 2
Mézériat 01 .... 195 G 5
Mézidon 14 .... 34 A 5
La Mézière 35 .... 104 A 2
Mézières-au-Perche 28 ... 109 H 2
Mézières-en-Brenne 36 ... 170 D 4
Mézières-en-Drouais 28 ... 56 D 5
Mézières-en-Gâtinais 45 ... 112 A 4
Mézières-en-Santerre 80 ... 22 D 3
Mézières-en-Vexin 27 .... 37 E 5
Mézières-lez-Cléry 45 .... 133 E 3
Mézières-sous-Lavardin 72.107 G 3
Mézières-sur-Couesnon 35...80 D 5
Mézières-sur-Issoire 87 ... 205 E 2
Mézières-sur-Oise 02 .... 24 B 3
Mézières-sur-Ponthouin 72.108 A 2
Mézières-sur-Seine 78 .... 57 G 2
Mézilhac 07 .... 266 B 1
Mézilles 89 .... 135 G 4
Mézin 47 .... 275 F 4
Méziré 90 .... 142 C 4
Mézos 40 .... 272 C 4
Mézy-Moulins 02 .... 60 C 1
Mézy-sur-Seine 78 .... 57 G 2
Mezzavia 2A .... 348 C 4
Mhère 58 .... 157 H 4
Mialet 24 .... 223 E 3
Mialet 30 .... 283 G 4
Mialos 64 .... 294 B 5
Miannay 80 .... 11 F 3
Michaugues 58 .... 157 F 4
Michelbach 68 .... 143 E 1
Michelbach-le-Bas 68 .... 143 G 5
Michelbach-le-Haut 68 .... 143 G 3

Michery 89 .... 89 E 5
Midi de Bigorre Pic du 65 ... 333 F
Midrevaux 88 .... 93 H
Mièges 39 .... 180 A
Miel Maison du 63 .... 209 D
Miélan 32 .... 315 G
Miellin 70 .... 142 B
Miermaigne 28 .... 109 F
Miers 46 .... 260 D
Miéry 39 .... 179 F
Mietesheim 67 .... 68 D
Mieussy 74 .... 216 B
Mieuxcé 61 .... 83 G
Mifaget 64 .... 332 B
Migé 89 .... 136 B
Migennes 89 .... 114 A
Miglos 09 .... 336 B
Mignafans 70 .... 141 H
Mignaloux-Beauvoir 86 ... 186 C
Mignavillers 70 .... 141 H
Migné 36 .... 171 E
Migné-Auxances 86 .... 186 B
Mignères 45 .... 112 B
Mignerette 45 .... 112 B
Mignéville 54 .... 96 A
Mignières 28 .... 86 A
Mignovillard 39 .... 180 B
Migny 36 .... 172 C
Migré 17 .... 201 G
Migron 17 .... 201 H
Mijanès 09 .... 337 E
Mijoux 01 .... 197 G
La Milesse 72 .... 107 G
Milhac 46 .... 259 H
Milhac-d'Auberoche 24 ... 241 E
Milhac-de-Nontron 24 ... 222 D
Milhaguet 87 .... 222 D
Milhars 81 .... 279 E
Milhaud 30 .... 303 H
Milhavet 81 .... 279 F
Milizac 29 .... 70 C
Millac 86 .... 204 C
Millam 59 3
Millançay 41 .... 153 H
Millas 66 .... 342 D
Millau 12 .... 281 H
Millay 58 .... 176 A
Millebosc 76 .... 11 E
Millemont 78 57
Millencourt 80 13
Millencourt-en-Ponthieu 80 ... 11
Millery 21 158
Millery 54 65
Millery 69 231
Les Milles 13 305
Millevaches 19 225
Millières 52 117
Millières 50 117
Millonfosse 59 9
Milly 50 52
Milly 89 136
Milly-la-Forêt 91 .... 88 A
Milly-Lamartine 71 194
Milly-sur-Bradon 55 43
Milly-sur-Thérain 60 37
Milon-la-Chapelle 78 58
Mimbaste 40 293
Mimet 13 327
Mimeure 21 159
Mimizan 40 272
Mimizan-Plage 40 272
Minard Pointe de 22 73
Minaucourt-le-Mesnil-lès-Hurlus 51 42
Mindin 44 146
Minerve 34 320
Minéac-sous-Bécherel 35... 103
Minier Col du 30 282
Les Minières 27 56
Le Minihic-sur-Rance 35... 50
Minihy-Tréguier 22 73
Minorville 54 65
Minot 21 138
Minversheim 67 68
Minzac 24 239
Minzier 74 215
Miolans Château de 73 ... 233
Miolles 81 300
Miomo 2B 345
Mionnay 01 213
Mions 69 231
Mios 33 254
Miossens-Lanusse 64 314

Mirabeau 04 ... 287 H 4
Mirabeau 84 ... 306 C 3
Mirabel 07 ... 266 C 3
Mirabel 82 ... 277 H 4
Mirabel
  Parc d'attractions 63 ... 209 H 4
Mirabel-aux-Baronnies 26 ... 285 H 1
Mirabel-et-Blacons 26 ... 267 H 2
Miradoux 32 ... 276 C 5
Miramar 06 ... 309 E 5
Miramas 13 ... 305 E 5
Mirambeau 17 ... 219 G 4
Mirambeau 31 ... 316 D 3
Miramont-d'Astarac 32 ... 296 A 5
Miramont-
  de-Comminges 31 ... 334 C 1
Miramont-de-Guyenne 47 ... 257 G 3
Miramont-de-Quercy 82 ... 277 F 3
Miramont-Latour 32 ... 296 B 3
Miramont-Sensacq 40 ... 294 B 4
Mirande 32 ... 295 H 5
Mirandol-Bourgnounac 81 ... 279 G 4
Mirannes 32 ... 295 H 4
Miraumont 80 ... 13 G 4
Miraval-Cabardès 11 ... 319 H 3
Mirbel ... 92 D 5
Miré 49 ... 128 D 3
Mirebeau 86 ... 168 D 4
Mirebeau-sur-Bèze 21 ... 160 C 2
Mirebel 39 ... 179 G 5
Mirecourt 88 ... 94 D 5
Mirefleurs 63 ... 228 A 1
Miremont 31 ... 317 H 3
Miremont 63 ... 209 E 4
Mirepeisset 11 ... 320 D 4
Mirepeix 64 ... 314 C 5
Mirepoix 09 ... 336 D 1
Mirepoix 32 ... 296 B 3
Mirepoix-sur-Tarn 31 ... 298 B 2
Mireval 34 ... 323 F 3
Mireval-Lauragais 11 ... 319 E 4
Miribel 01 ... 213 F 5
Miribel 26 ... 249 H 1
Miribel-Lanchâtre 38 ... 250 D 4
Miribel-les-Échelles 38 ... 232 D 4
Mirmande 26 ... 267 F 2
Le Miroir 71 ... 196 A 2
Mirvaux 80 ... 12 D 5
Mirville 76 ... 19 E 5
Miscon 26 ... 268 C 3
Miserey 27 ... 56 C 1
Miserey-Salines 25 ... 161 H 3
Misérieux 01 ... 213 E 3
Misery 80 ... 23 G 2
Mison 04 ... 287 F 2
Missé 79 ... 168 A 2
Missècle 81 ... 299 E 3
Missègre 11 ... 337 H 2
Missery 21 ... 158 D 3
Missillac 44 ... 125 G 5
Missiriac 56 ... 103 E 5
Misson 40 ... 293 E 4
Missy 14 ... 33 F 5
Missy-aux-Bois 02 ... 40 A 3
Missy-lès-Pierrepont 02 ... 25 E 4
Missy-sur-Aisne 02 ... 40 C 2
Misy-sur-Yonne 77 ... 89 H 3
Mitry-le-Neuf 77 ... 59 E 2
Mitry-Mory 77 ... 59 E 2
Mittainville 78 ... 57 F 5
Mittainvilliers-Vérigny 28 ... 85 H 3
Mittelbergheim 67 ... 97 E 1
Mittelbronn 57 ... 68 A 4
Mittelhausbergen 67 ... 97 G 1
Mittelhausen 67 ... 68 D 5
Mittelschaeffolsheim 67 ... 68 D 5
Mittelwihr 68 ... 121 E 2
Mittersheim 57 ... 67 F 3
Mittlach 68 ... 120 C 4
Mittois 14 ... 54 D 4
Mitzach 68 ... 120 C 5
Mizérieux 42 ... 211 H 5
Mizoën 38 ... 251 H 3
Mobecq 50 ... 31 G 3
Moca-Croce 2A ... 349 E 4
Modane 73 ... 252 D 1
Modène 84 ... 285 H 4
Moëlan-sur-Mer 29 ... 100 C 5
Les Moëres 59 ... 3 H 2
Moernach 68 ... 143 F 4
Moëslains 52 ... 92 C 2
Mœurs-Verdey 51 ... 61 E 5
Mœuvres 59 ... 14 A 4
Moëze 17 ... 200 D 3
Moffans-et-Vacheresse 70 ... 141 H 4

La Mogère Château de 34 ... 303 E 4
Mogeville 55 ... 44 C 4
Mognard 73 ... 215 F 5
Mogneneins 01 ... 213 E 1
Mogneville 55 ... 63 F 4
Mogneville 60 ... 38 D 3
Mogues 08 ... 27 H 4
Mohon 56 ... 102 D 3
Moidieu-Détourbe 38 ... 231 G 3
Moidrey 50 ... 80 C 2
Moigné 35 ... 104 A 3
Moigny-sur-École 91 ... 88 A 4
Moimay 70 ... 141 G 5
Moineville 54 ... 45 F 5
Moings 17 ... 220 B 3
Moingt 42 ... 229 G 2
Moinville-la-Jeulin 28 ... 86 C 4
Moirans 38 ... 232 C 5
Moirans-en-Montagne 39 ... 196 D 1
Moirax 47 ... 276 B 3
Moiré 69 ... 212 C 3
Moiremont 51 ... 43 E 5
Moirey 55 ... 44 B 4
Moiron 39 ... 179 E 5
Moiry 08 ... 27 H 5
Moisdon-la-Rivière 44 ... 127 E 4
Moisenay 77 ... 88 C 2
Moislains 80 ... 23 G 1
Moissac 82 ... 277 F 4
Moissac-Bellevue 83 ... 307 G 3
Moissac-
  Vallée-Française 48 ... 283 E 3
Moissannes 87 ... 206 C 4
Moissat 63 ... 210 B 5
Moisselles 95 ... 58 C 1
Moissey 39 ... 161 E 4
Moissieu-sur-Dolon 38 ... 231 G 4
Moisson 78 ... 57 F 1
Moissy-Cramayel 77 ... 88 B 2
Moissy-Moulinot 58 ... 157 G 3
Moisville 27 ... 56 B 3
Moisy 41 ... 132 A 2
Moïta 2B ... 347 G 4
Les Moitiers-d'Allonne 50 ... 28 D 5
Les Moitiers-
  en-Bauptois 50 ... 31 G 2
Moitron 21 ... 138 C 4
Moitron-sur-Sarthe 72 ... 107 G 2
Moivre 51 ... 62 D 2
Moivrons 54 ... 65 H 4
Molac 56 ... 125 E 3
Molagnies 76 ... 37 F 1
Molain 02 ... 14 D 5
Molain 39 ... 179 G 3
Molamboz 39 ... 179 F 2
Molandier 11 ... 318 C 5
Molas 31 ... 316 C 3
Molay 39 ... 178 D 1
Molay 70 ... 140 B 3
Môlay 89 ... 137 E 4
Le Molay-Littry 14 ... 32 C 3
La Môle 83 ... 329 E 3
Moléans 28 ... 110 A 3
Molèdes 15 ... 245 G 1
Molène Île 29 ... 74 B 2
Molère 65 ... 333 G 1
Molesme 21 ... 115 G 5
Molesmes 89 ... 136 A 5
Molezon 48 ... 282 D 3
Moliens 60 ... 21 G 4
Molières 24 ... 258 D 1
Molières 46 ... 261 F 1
Molières 82 ... 277 H 3
Les Molières 91 ... 58 A 5
Molières-Cavaillac 30 ... 282 D 5
Molières-Glandaz 26 ... 268 B 2
Molières-sur-Cèze 30 ... 283 H 2
Moliets-et-Maa 40 ... 292 B 1
Moliets-Plage ... 292 B 1
Molinchart 02 ... 24 C 5
Molines-en-Queyras 05 ... 271 E 1
Molinet 03 ... 193 F 3
Molineuf 41 ... 131 H 5
Molinges 39 ... 196 D 3
Molinghem 62 ... 7 G 3
Molinons 89 ... 114 A 2
Molinot 21 ... 177 F 1
Molins-sur-Aube 10 ... 91 G 4
Molitg-les-Bains 66 ... 342 A 2
Mollans 70 ... 141 G 4
Mollans-sur-Ouvèze 26 ... 285 H 2
Mollau Col du 73 ... 252 A 1
Mollégès 13 ... 305 E 2
Molles 03 ... 210 C 2
Les Mollettes 73 ... 233 G 3
Molleville 11 ... 318 D 4

Molliens-au-Bois 80 ... 22 C 1
Molliens-Dreuil 80 ... 21 H 2
La Mollière 80 ... 11 E 2
Mollkirch 67 ... 97 E 2
Molompize 15 ... 245 H 1
Moloy 21 ... 159 H 1
Molphey 21 ... 158 C 3
Molpré 39 ... 180 A 4
Les Molunes 39 ... 197 E 3
Momas 31 ... 314 A 4
Mombrier 33 ... 237 G 3
Momères 65 ... 315 E 5
Momerstroff 57 ... 46 C 5
Mommenheim 67 ... 68 D 4
Momuy 40 ... 293 H 4
Momy 64 ... 314 D 3
Mon Idée 08 ... 26 A 2
Monacia-d'Aullène 2A ... 351 E 3
Monacia-d'Orezza 2B ... 347 G 3
Monampteuil 02 ... 40 D 1
Monassut-Audiracq 64 ... 314 C 2
Monbadon 33 ... 238 D 4
Monbahus 47 ... 257 H 4
Monbalen 47 ... 276 C 2
Monbardon 32 ... 316 B 3
Monbazillac 24 ... 257 H 1
Monbéqui 82 ... 297 G 1
Monblanc 32 ... 317 E 2
Monbos 24 ... 257 G 2
Monbouan Château de 35 ... 104 D 4
Monbrun 32 ... 297 E 4
Moncale 2B ... 346 C 2
Moncassin 32 ... 316 A 2
Moncaup 31 ... 334 B 2
Moncaup 64 ... 314 D 2
Moncaut 47 ... 275 H 3
Moncayolle-Larrory-
  Mendibieu 64 ... 313 F 4
Moncé-en-Belin 72 ... 130 A 2
Moncé-en-Saosnois 72 ... 84 A 5
Monceau-le-Neuf-
  et-Faucouzy 02 ... 24 D 3
Monceau-le-Waast 02 ... 25 E 5
Monceau-lès-Leups 02 ... 24 C 4
Monceau-Saint-Waast 59 ... 15 G 3
Monceau-sur-Oise 02 ... 25 E 1
Les Monceaux 14 ... 34 C 5
Monceaux 60 ... 38 D 3
Monceaux-au-Perche 61 ... 84 D 3
Monceaux-en-Bessin 14 ... 33 E 3
Monceaux-l'Abbaye 60 ... 21 G 4
Monceaux-le-Comte 58 ... 157 G 3
Monceaux-
  sur-Dordogne 19 ... 243 E 3
Moncel-lès-Lunéville 54 ... 95 G 1
Moncel-sur-Seille 54 ... 66 C 4
Moncel-sur-Vair 88 ... 94 A 4
La Moncelle 08 ... 27 F 4
Moncetz-l'Abbaye 51 ... 62 D 5
Moncetz-Longevas 51 ... 62 B 2
Moncey 25 ... 162 A 2
Monchaux 80 ... 11 E 1
Monchaux-Soreng 76 ... 11 E 5
Monchaux-sur-Écaillon 59 ... 14 D 2
Moncheaux 59 ... 8 D 4
Moncheaux-lès-Frévent 62 ... 12 D 2
Monchecourt 59 ... 14 B 2
Monchel-sur-Canche 62 ... 12 C 2
Moncheux 57 ... 66 B 3
Monchiet 62 ... 13 F 3
Monchy-au-Bois 62 ... 13 F 3
Monchy-Breton 62 ... 7 H 5
Monchy-Cayeux 62 ... 7 F 5
Monchy-Humières 60 ... 39 F 1
Monchy-Lagache 80 ... 23 H 2
Monchy-le-Preux 62 ... 13 H 2
Monchy-Saint-Éloi 60 ... 38 D 3
Monchy-sur-Eu 76 ... 10 D 4
Moncla 64 ... 294 C 4
Monclar 32 ... 294 D 1
Monclar 47 ... 257 H 5
Monclar-de-Quercy 82 ... 278 C 5
Monclar-sur-Losse 32 ... 295 H 5
Moncley 25 ... 161 H 3
Moncontour 22 ... 78 C 4
Moncontour 86 ... 168 C 2
Moncorneil-Grazan 32 ... 316 B 3
Moncourt 57 ... 66 D 5

Moncoutant 79 ... 167 F 4
Moncrabeau 47 ... 275 G 5
Moncy 61 ... 53 E 3
Mondavezan 31 ... 317 E 5
Mondelange 57 ... 45 H 4
Mondement-Montgivroux 51 ... 61 E 4
Mondescourt 60 ... 23 H 5
Mondeville 14 ... 33 H 4
Mondeville 91 ... 87 H 3
Mondicourt 62 ... 13 E 4
Mondigny 08 ... 26 C 3
Mondilhan 31 ... 316 B 4
Mondion 86 ... 169 G 2
Mondon 25 ... 162 C 1
Mondonville 31 ... 297 G 4
Mondonville-Saint-Jean 28 ... 86 D 5
Mondorff 57 ... 45 H 1
Mondoubleau 41 ... 109 E 5
Mondouzil 31 ... 298 A 4
Mondragon 84 ... 285 E 2
Mondrainville 14 ... 33 F 5
Mondrecourt 55 ... 63 H 1
Mondrepuis 02 ... 25 G 1
Mondreville 77 ... 112 B 3
Mondreville 78 ... 57 E 3
Monein 64 ... 313 H 3
Monès 31 ... 317 E 3
Monesple 09 ... 336 A 1
Monestier 03 ... 191 H 5
Monestier 07 ... 248 C 2
Monestier 24 ... 257 G 1
Le Monestier 63 ... 228 D 3
Monestier-d'Ambel 38 ... 269 F 1
Monestier-de-Clermont 38 ... 250 D 4
Monestier-Merlines 19 ... 226 C 2
Monestier-Port-Dieu 19 ... 226 C 4
Monestiés 81 ... 279 G 4
Monestrol 31 ... 318 B 4
Monétay-sur-Allier 03 ... 192 A 4
Monétay-sur-Loire 03 ... 193 E 3
Monéteau 89 ... 136 B 2
Monêtier-Allemont 05 ... 269 F 5
Le Monêtier-les-Bains 05 ... 252 C 3
Monfaucon 24 ... 239 F 5
Monfaucon 65 ... 315 F 2
Monferran-Plavès 32 ... 316 B 2
Monferran-Savès 32 ... 297 E 5
Monflanquin 47 ... 258 C 4
Monfort 32 ... 296 D 2
Monfréville 14 ... 32 B 3
Mongaillard 47 ... 275 F 3
Mongausy 32 ... 316 C 2
Mongauzy 33 ... 256 D 4
Monget 40 ... 294 A 5
La Mongie 65 ... 333 F 3
Monguilhem 32 ... 294 C 1
Monheurt 47 ... 275 G 1
Monhoudou 72 ... 84 A 5
Monieux 84 ... 286 B 4
Monistrol-d'Allier 43 ... 246 D 4
Monistrol-sur-Loire 43 ... 247 H 1
Monlaur-Bernet 32 ... 316 A 3
Monléon-Magnoac 65 ... 316 A 4
Monlet 43 ... 247 E 2
Monlezun 32 ... 315 G 2
Monlezun-d'Armagnac 32 ... 294 D 2
Monlong 65 ... 315 H 5
Monmadalès 24 ... 258 B 1
Monmarvès 24 ... 258 B 2
Monnai 61 ... 55 E 3
Monnaie 37 ... 152 A 1
Monneren 57 ... 46 B 3
La Monnerie-le-Montel 63 ... 210 D 4
Monnerville 91 ... 87 F 5
Monnes 02 ... 40 A 5
Monnet-la-Ville 39 ... 179 G 4
Monnetay 39 ... 196 B 2
Monnetier-Mornex 74 ... 197 H 5
Monnières 39 ... 160 D 5
Monnières 44 ... 148 A 5
Monoblet 30 ... 283 F 5
Monpardiac 32 ... 315 G 2
Monpazier 24 ... 258 D 2
Monpezat 64 ... 294 D 4
Monplaisant 24 ... 259 E 1
Monprimblanc 33 ... 256 B 3
Mons 16 ... 202 D 4
Mons 17 ... 202 B 5
Mons 30 ... 283 H 4
Mons 31 ... 298 B 4
Mons 34 ... 301 E 5
Mons 63 ... 210 B 3
Mons 83 ... 308 C 3
Mons-Boubert 80 ... 11 F 4

Mons-en-Barœul 59 ... 8 D 2
Mons-en-Chaussée 80 ... 23 H 2
Mons-en-Laonnois 02 ... 40 D 1
Mons-en-Montois 77 ... 89 F 3
Mons-en-Pévèle 59 ... 8 D 4
Monsac 24 ... 258 C 1
Monsaguel 24 ... 258 B 2
Monsec 24 ... 222 B 4
Monségur 33 ... 257 E 3
Monségur 40 ... 293 H 4
Monségur 47 ... 258 D 5
Monségur 64 ... 315 E 2
La Monselie 15 ... 226 C 5
Monsempron-Libos 47 ... 259 E 5
Monsireigne 85 ... 166 D 4
Monsols 69 ... 194 C 5
Monswiller 67 ... 68 B 4
Mont 64 ... 313 H 2
Mont 65 ... 333 H 4
Mont 71 ... 193 E 1
Le Mont 88 ... 96 B 3
Mont Signal de 71 ... 193 E 1
Mont-Bertrand 14 ... 52 C 1
Mont Blanc Tunnel du 74 ... 217 E 3
Mont-Bonvillers 54 ... 45 E 3
Le Mont-Caume 83 ... 328 A 4
Mont-Cauvaire 76 ... 20 B 5
Mont-Cenis Col du 73 ... 235 F 5
Mont-Cindre 69 ... 213 E 5
Mont-d'Astarac 32 ... 316 A 4
Mont-Dauphin 05 ... 270 D 2
Mont-de-Galié 31 ... 334 B 2
Mont-de-Lans 38 ... 251 H 3
Mont-de-Laval 25 ... 163 E 4
Mont-de-l'If 76 ... 19 H 5
Mont-de-Marrast 32 ... 315 H 3
Mont-de-Marsan 40 ... 294 A 1
Mont-de-Vougney 25 ... 163 F 3
Mont des Cats 59 ... 4 A 5
Mont-devant-Sassey 55 ... 43 G 2
Le Mont-Dieu 08 ... 27 E 5
Mont-Disse 64 ... 294 D 5
Mont-Dol 35 ... 80 A 2
Le Mont-Dore 63 ... 227 F 4
Mont-d'Origny 02 ... 24 C 2
Mont du Chat 73 ... 233 E 1
Mont-et-Marré 58 ... 175 G 1
Mont-Laurent 08 ... 42 B 1
Mont-le-Vernois 70 ... 141 E 4
Mont-le-Franois 70 ... 140 A 5
Mont-le-Vignoble 54 ... 94 B 1
Mont-lès-Lamarche 88 ... 118 B 4
Mont-lès-Seurre 71 ... 178 B 2
Mont-l'Étroit 54 ... 94 A 3
Mont-l'Évêque 60 ... 39 E 4
Mont-Louis 66 ... 341 G 4
Mont Noir 59 ... 4 A 5
Mont-Notre-Dame 02 ... 40 D 3
Mont-Ormel 61 ... 54 B 2
Mont-près-Chambord 41 ... 153 F 1
Mont-Roc 81 ... 299 H 2
Mont Roland
  Sanctuaire du 39 ... 161 E 5
Mont-Rond Sommet du 01 ... 197 F 3
Le Mont-Saint-Adrien 60 ... 37 H 2
Mont-Saint-Aignan 76 ... 36 B 1
Mont-Saint-Éloi 62 ... 8 A 5
Mont-Saint-Jean 02 ... 25 H 3
Mont-Saint-Jean 21 ... 158 D 3
Mont-Saint-Jean 72 ... 107 F 2
Mont-Saint-Léger 70 ... 140 C 4
Mont-Saint-Martin 02 ... 40 D 3
Mont-Saint-Martin 08 ... 42 D 1
Mont-Saint-Martin 38 ... 232 D 5
Mont-Saint-Martin 54 ... 45 E 1
Le Mont-Saint-Michel 50 ... 51 F 5
Mont-Saint-Père 02 ... 60 C 1
Mont-Saint-Remy 08 ... 42 B 2
Mont-Saint-Sulpice 89 ... 114 A 5
Mont-Saint-Vincent 71 ... 194 B 1
Mont-Saxonnex 74 ... 216 B 2
Mont-sous-Vaudrey 39 ... 179 F 1
Mont-sur-Courville 51 ... 41 E 4
Mont-sur-Meurthe 54 ... 95 F 2
Mont-sur-Monnet 39 ... 179 G 4
Mont Thou 69 ... 213 E 4
Mont-Villers 55 ... 64 C 1
Montabard 61 ... 54 A 3
Montabès Puy de 12 ... 262 D 3
Montabon 72 ... 130 B 4
Montabot 50 ... 52 A 1
Montacher-Villegardin 89 ... 113 E 3
Montadet 32 ... 316 D 2

Montady 34 ... 321 F 5
Montagagne 09 ... 335 H 3
Montagna-le-Reconduit 39 ... 196 A 2
Montagna-le-Templier 39 ... 196 B 4
Montagnac 30 ... 307 F 2
Montagnac 34 ... 303 F 1
Montagnac 34 ... 322 C 3
Montagnac-
  d'Auberoche 24 ... 241 E 2
Montagnac-la-Crempse 24 ... 240 B 4
Montagnac-
  sur-Auvignon 47 ... 275 H 3
Montagnac-sur-Lède 47 ... 258 D 4
Montagnat 01 ... 213 H 1
Montagne 33 ... 238 C 5
Montagne 38 ... 249 H 2
La Montagne 44 ... 147 H 4
La Montagne 70 ... 119 H 5
Montagne de Dun 71 ... 194 A 5
Montagne-Fayel 80 ... 11 H 5
Montagney 25 ... 162 C 1
Montagney 70 ... 161 F 3
Montagnieu 01 ... 214 B 5
Montagnieu 38 ... 232 B 3
Montagnol 12 ... 301 E 2
Montagnole 73 ... 233 F 2
Montagny 42 ... 211 H 2
Montagny 69 ... 231 E 2
Montagny 73 ... 234 C 3
Montagny-en-Vexin 60 ... 37 G 4
Montagny-lès-Beaune 21 ... 177 H 2
Montagny-lès-Buxy 71 ... 177 G 5
Montagny-les-Lanches 74 ... 215 G 4
Montagny-Seurre 21 ... 178 C 1
Montagny-
  près-Louhans 71 ... 178 C 5
Montagny-Sainte-Félicité 60 ... 39 F 5
Montagny-sur-Grosne 71 ... 194 C 4
Montagoudin 33 ... 256 D 3
Montagrier 24 ... 239 H 1
Montagudet 82 ... 277 F 2
Montagut 64 ... 294 A 5
Montaignac-
  Saint-Hippolyte 19 ... 225 F 5
Montaigu 02 ... 41 F 1
Montaigu 39 ... 179 E 5
Montaigu 85 ... 166 A 1
Montaigu Butte de 53 ... 106 C 2
Montaigu-de-Quercy 82 ... 277 E 1
Montaigu-la-Brisette 50 ... 29 G 4
Montaigu-le-Blin 03 ... 192 C 5
Montaigu-les-Bois 50 ... 51 H 2
Montaiguët-en-Forez 03 ... 193 E 5
Montaigut 63 ... 209 E 1
Montaigut-le-Blanc 23 ... 206 D 2
Montaigut-le-Blanc 63 ... 227 H 3
Montaigut-sur-Save 31 ... 297 G 4
Montaillé 72 ... 108 C 5
Montailleur 73 ... 233 H 1
Montaillou 09 ... 336 D 5
Montaimont 73 ... 234 A 4
Montain 39 ... 179 E 4
Montaïn 82 ... 297 F 1
Montainville 28 ... 110 B 2
Montainville 78 ... 57 G 3
Montalba-d'Amélie ... 342 A 4
Montalba-le-Château 66 ... 342 C 2
Montalembert 79 ... 203 F 1
Montalet-le-Bois 78 ... 57 G 1
Montalieu-Vercieu 38 ... 214 B 5
Montalivet-les-Bains 33 ... 218 B 4
Montalzat 82 ... 278 B 3
Montamat 32 ... 316 D 2
Montambert 58 ... 175 G 4
Montamel 46 ... 260 B 3
Montamisé 86 ... 186 C 1
Montamy 14 ... 52 D 1
Montanay 69 ... 213 E 4
Montanceix 24 ... 240 B 2
Montancy 25 ... 163 H 2
Montandon 25 ... 163 G 2
Montanel 50 ... 80 D 2
Montaner 64 ... 315 E 3
Montanges 01 ... 214 D 5
Montangon 10 ... 91 G 4
Montans 81 ... 298 D 2
Montapas 58 ... 175 F 1
Montarcher 42 ... 229 G 4
Montardit 09 ... 335 F 1
Montardon 64 ... 314 B 3
Montaren-
  et-Saint-Médiers 30 ... 284 B 5
Montargis 45 ... 112 C 5
Montarlot 77 ... 88 D 5
Montarlot-
  lès-Champlitte 70 ... 140 A 4

A B C D E F G H I J K L M N O P Q R S T U V W X Y Z

A B C D E F G H I J K L M N O P Q R S T U V W X Y Z

Montarlot-lès-Rioz 70 .... 161 H 2
Montarnaud 34 .... 302 C 4
Montaron 58 .... 175 G 3
Montastruc 47 .... 257 H 5
Montastruc 65 .... 315 H 5
Montastruc 82 .... 277 G 4
Montastruc-de-Salies 31 ... 334 D 2
Montastruc-la-Conseillère 31 .... 298 B 3
Montastruc-Savès 31 .... 317 E 3
Le Montat 46 .... 278 B 1
Montataire 60 .... 38 C 4
Montauban 82 .... 277 H 5
Montauban-de-Bretagne 35 .... 103 G 2
Montauban-de-Luchon 31 ... 334 B 4
Montauban-de-Picardie 80 ...13 G 5
Montauban-sur-l'Ouvèze 26 .... 286 C 2
Montaud 34 .... 303 E 3
Montaud 38 .... 250 C 1
Montaudin 53 .... 81 G 4
Montaulieu 26 .... 286 A 1
Montaulin 10 .... 115 E 2
Montaure 27 .... 36 B 4
Montauriol 11 .... 318 C 4
Montauriol 47 .... 258 B 3
Montauriol 66 .... 342 D 3
Montauriol 81 .... 280 B 4
Montauroux 83 .... 308 D 3
Montaut 09 .... 318 B 5
Montaut 24 .... 258 B 3
Montaut 31 .... 317 G 3
Montaut 32 .... 315 H 3
Montaut 40 .... 293 H 3
Montaut 47 .... 258 C 3
Montaut 64 .... 314 C 5
Montaut-les-Créneaux 32 ... 296 B 4
Montautour 35 .... 105 F 2
Montauville 54 .... 65 G 3
Montay 59 .... 14 D 4
Montayral 47 .... 259 E 5
Montazeau 24 .... 239 E 5
Montazels 11 .... 337 G 3
Montbard 21 .... 137 H 5
Montbarla 82 .... 277 F 3
Montbarrey 39 .... 179 F 1
Montbartier 82 .... 297 G 1
Montbavin 02 .... 40 C 1
Montbazens 12 .... 261 H 5
Montbazin 34 .... 302 C 5
Montbazon 37 .... 151 H 4
Montbel 09 .... 337 E 3
Montbel 48 .... 265 E 4
Montbéliard 25 .... 142 B 4
Montbéliardot 25 .... 163 E 4
Montbellet 71 .... 195 E 2
Montbenoît 25 .... 180 D 1
Montberaud 31 .... 317 F 5
Montbernard 31 .... 316 C 4
Montberon 31 .... 298 A 3
Montbert 44 .... 147 H 5
Montberthault 21 .... 158 B 1
Montbertrand 38 .... 231 H 1
Montbeton 82 .... 277 G 5
Montbeugny 03 .... 192 C 2
Montbizot 72 .... 107 H 3
Montblainville 55 .... 43 F 4
Montblanc 04 .... 289 E 5
Montblanc 34 .... 321 H 3
Montboillon 70 .... 161 H 2
Montboissier 28 .... 110 A 2
Montbolo 66 .... 342 C 4
Montbonnot-Saint-Martin 38 .... 251 E 1
Montboucher 23 .... 206 D 3
Montboucher-sur-Jabron 26 .... 267 E 4
Montboudif 15 .... 227 E 5
Montbouton 90 .... 142 C 5
Montbouy 45 .... 134 D 2
Montboyer 16 .... 221 E 5
Montbozon 70 .... 162 B 1
Montbrand 05 .... 268 D 3
Montbras 55 .... 94 A 2
Montbray 50 .... 52 B 2
Montbré 51 .... 41 G 4
Montbrehain 02 .... 24 B 1
Montbrison 26 .... 267 G 5
Montbrison 42 .... 229 G 2
Montbron 16 .... 221 H 1
Montbronn 57 .... 68 A 1
Montbrun 46 .... 261 E 5
Montbrun 48 .... 282 C 1
Montbrun Château de 87 ...223 E 2
Montbrun-Bocage 31 .... 335 G 1

Montbrun-des-Corbières 11.320 C 5
Montbrun-Lauragais 31 .... 318 A 2
Montbrun-les-Bains 26 .... 286 C 3
Montcabrier 46 .... 259 F 4
Montcabrier 81 .... 298 C 4
Montcaret 24 .... 239 E 5
Montcarra 38 .... 232 B 2
Montcavrel 62 .... 6 C 4
Montceau 38 .... 232 A 2
Montceau-et-Écharnant 21..177 F 1
Montceau-les-Mines 71 .... 176 D 5
Montceaux 01 .... 213 E 2
Montceaux-les-Meaux 77 .....59 H 2
Montceaux-lès-Provins 77 .....60 C 5
Montceaux-lès-Vaudes 10...115 E 3
Montceaux-l'Étoile 71 .... 193 G 4
Montceaux-Ragny 71 .... 195 E 1
Montcel 63 .... 209 G 3
Le Montcel 73 .... 215 F 5
Montcenis 71 .... 176 D 4
Montcet 01 .... 195 G 5
Montcey 70 .... 141 F 4
Montchaboud 38 .... 251 E 2
Montchâlons 02 .... 41 E 1
Montchamp 14 .... 52 D 2
Montchamp 15 .... 246 A 3
Montchanin 71 .... 177 E 4
Montcharvot 52 .... 118 A 5
Montchaton 50 .... 51 G 1
Montchaude 16 .... 220 C 4
Montchauvet 14 .... 52 D 2
Montchauvet 78 .... 57 F 3
Montchauvrot 39 .... 179 E 3
Montchavin 73 .... 234 D 2
Montchenot 51 .... 41 G 5
Montchenu 26 .... 249 G 1
Montcheutin 08 .... 43 E 3
Montchevrel 61 .... 84 A 2
Montchevrier 36 .... 189 E 3
Montclar 04 .... 270 B 5
Montclar 11 .... 337 G 1
Montclar 12 .... 300 B 1
Montclar-de-Comminges 31 .... 317 E 5
Montclar-Lauragais 31 .... 318 C 3
Montclar-sur-Gervanne 26 ...267 H 1
Montclard 43 .... 246 C 1
Montcléra 46 .... 259 G 3
Montclus 05 .... 268 D 5
Montclus 30 .... 284 B 2
Montcombroux-les-Mines 03 .... 192 D 4
Montcony 71 .... 178 C 5
Montcorbon 45 .... 113 E 5
Montcornet 02 .... 25 G 4
Montcornet 08 .... 26 C 2
Montcourt 70 .... 118 D 4
Montcourt-Fromonville 77.....88 B 5
Montcoy 71 .... 178 A 4
Montcresson 45 .... 134 D 2
Montcuit 50 .... 31 H 5
Montcuq-en-Quercy-Blanc 46 .... 277 G 1
Montcusel 39 .... 196 C 3
Montcy-Notre-Dame 08 .....26 D 3
Montdardier 30 .... 302 B 1
Montdauphin 77 .... 60 C 3
Montdidier 57 .... 67 F 2
Montdidier 80 .... 22 D 4
Montdoré 70 .... 118 D 5
Montdoumerc 46 .... 278 B 2
Montdragon 81 .... 299 F 3
Montdurausse 81 .... 298 A 1
Monte 2B .... 347 G 2
Monte Cecu 2B .... 347 E 4
Monte d'Oro 2A .... 349 E 1
Monteaux 41 .... 152 D 1
Montebourg 50 .... 29 G 4
Montech 82 .... 297 G 1
Montech Pente d'eau de 82 .... 277 G 5
Montécheroux 25 .... 163 G 2
Montegrosso 2B .... 346 C 2
Montégut 32 .... 296 B 4
Montégut 40 .... 294 C 1
Montégut 65 .... 334 A 1
Montégut-Arros 32 .... 315 F 3
Montégut-Bourjac 31 .... 317 E 4
Montégut-en-Couserans 09 .... 335 F 2
Montégut-Lauragais 31 .... 318 D 2
Montégut-Plantaurel 09 .... 336 A 1
Montégut-Savès 32 .... 317 E 2
Monteignet-sur-l'Andelot 03 .... 210 A 2
Le Monteil 15 .... 244 C 1

Le Monteil 43 .... 247 F 3
Le Monteil-au-Vicomte 23 ... 207 F 4
Monteille 14 .... 34 B 5
Monteils 12 .... 279 F 2
Monteils 30 .... 284 A 4
Monteils 82 .... 278 C 3
Montel-de-Gelat 63 .... 208 D 4
Montéléger 26 .... 249 F 5
Montélier 26 .... 249 G 4
Montélimar 26 .... 267 E 4
Le Montellier 01 .... 213 G 3
Montels 09 .... 336 A 2
Montels 34 .... 321 E 4
Montels 81 .... 298 D 1
Montendre 17 .... 219 H 5
Montendry 73 .... 233 H 2
Montenescourt 62 .... 13 F 2
Monteneuf 56 .... 103 F 5
Montenils 77 .... 60 C 3
Montenois 25 .... 142 A 4
Montenoison 58 .... 157 E 4
Montenoy 54 .... 65 H 4
Montépilloy 60 .... 39 E 4
Monteplain 39 .... 161 F 4
Montépreux 51 .... 61 H 5
Monterblanc 56 .... 124 C 2
Montereau 45 .... 134 B 2
Montereau-Fault-Yonne 77.....88 D 4
Montereau-sur-le-Jard 77.....88 B 2
Monterfil 35 .... 103 H 3
Montérolier 76 .... 20 D 4
Monterrein 56 .... 103 E 5
Montertelot 56 .... 102 D 5
Montescot 66 .... 343 F 4
Montescourt-Lizerolles 02...24 A 3
Montespan 31 .... 334 D 1
Montesquieu 34 .... 301 G 5
Montesquieu 47 .... 275 H 3
Montesquieu 82 .... 277 F 3
Montesquieu-Avantès 09 .... 335 F 2
Montesquieu-des-Albères 66 .... 343 E 4
Montesquieu-Guittaut 31 ... 316 C 3
Montesquieu-Lauragais 31...318 B 3
Montesquieu-Volvestre 31...317 G 5
Montesquiou 32 .... 295 G 5
Montessaux 70 .... 141 H 3
Montesson 52 .... 140 B 2
Montesson 78 .... 58 A 3
Montestruc-sur-Gers 32 .... 296 B 2
Montestrucq 64 .... 313 F 2
Le Montet 03 .... 191 G 3
Montet-et-Bouxal 46 .... 261 F 2
Monteton 47 .... 257 F 3
Montets Col des 74 .... 217 E 2
Monteux 84 .... 285 G 4
Montévrain 77 .... 59 F 3
Monteynard 38 .... 250 D 4
Montézic 12 .... 262 D 2
Montfa 09 .... 335 G 1
Montfa 81 .... 299 G 4
Montfalcon 38 .... 249 H 1
Montfarville 50 .... 29 H 3
Montfaucon 02 .... 60 C 2
Montfaucon 25 .... 162 A 4
Montfaucon 30 .... 285 E 4
Montfaucon 46 .... 260 C 2
Montfaucon-d'Argonne 55.....43 G 3
Montfaucon-en-Velay 43 ... 248 A 2
Montfaucon-montigné 49...148 B 5
Montfavet 84 .... 304 D 1
Montfermeil 93 .... 58 D 3
Montfermier 82 .... 277 H 3
Montfermy 63 .... 209 E 4
Montferney 25 .... 162 C 1
Montferrand 11 .... 318 D 3
Montferrand 63 .... 209 H 5
Montferrand-du-Périgord 24 .... 258 D 2
Montferrand-la-Fare 26 .... 286 C 1
Montferrand-le-Château 25.161 H 4
Montferrat 38 .... 232 C 3
Montferrat 83 .... 308 A 4
Montferrer 66 .... 342 C 5
Montferrier 09 .... 336 C 3
Montferrier-sur-Lez 34 .... 302 D 4
Montfey 10 .... 114 C 4
Montfiquet 14 .... 32 C 4
Montfleur 39 .... 196 B 4
Montflours 53 .... 106 A 2
Montflovin 25 .... 180 D 1
Montfort 04 .... 287 G 4
Montfort 24 .... 259 G 1

Montfort 25 .... 179 H 1
Montfort 49 .... 150 A 4
Montfort 64 .... 313 F 3
Montfort-en-Chalosse 40 .... 293 F 3
Montfort-l'Amaury 78 .....57 G 4
Montfort-le-Gesnois 72 .... 108 A 4
Montfort-sur-Argens 83 .... 307 F 5
Montfort-sur-Boulzane 11 ... 337 H 5
Montfort-sur-Meu 35 .... 103 H 2
Montfort-sur-Risle 27 .... 35 G 3
Montfranc 12 .... 300 B 2
Montfrin 30 .... 304 B 1
Montfroc 26 .... 286 D 3
Montfuron 04 .... 306 C 1
Montgaillard 09 .... 336 B 3
Montgaillard 11 .... 338 B 3
Montgaillard 40 .... 294 A 3
Montgaillard 65 .... 333 F 1
Montgaillard 81 .... 298 B 1
Montgaillard 82 .... 296 D 1
Montgaillard-de-Salies 31 ... 334 D 2
Montgaillard-Lauragais 31...318 C 2
Montgaillard-sur-Save 31 ... 316 C 4
Montgardin 05 .... 270 A 3
Montgardon 50 .... 31 F 3
Montgaroult 61 .... 54 A 4
Montgauch 09 .... 335 E 2
Montgaudry 61 .... 84 A 4
Montgazin 31 .... 317 G 4
Montgé-en-Goële 77 .... 59 F 1
Montgeard 31 .... 318 B 3
Montgellafrey 73 .... 234 A 4
Montgenèvre 05 .... 252 D 4
Montgenost 51 .... 90 A 2
Montgeoffroy Château de 49 .... 150 A 1
Montgermont 35 .... 104 B 2
Montgeron 91 .... 58 D 5
Montgeroult 95 .... 57 H 1
Montgesoye 25 .... 162 B 5
Montgesty 46 .... 259 G 4
Montgey 81 .... 318 D 2
Montgibaud 19 .... 224 B 3
Montgilbert 73 .... 234 A 2
Montgirod 73 .... 234 C 2
Montgiscard 31 .... 318 B 2
Montgivray 36 .... 189 G 1
Montgobert 02 .... 40 A 3
Montgon 08 .... 42 D 1
Montgothier 50 .... 52 A 5
Montgradail 11 .... 337 E 1
Montgras 31 .... 317 E 2
Montgreleix 15 .... 227 F 5
Montgru-Saint-Hilaire 02 .... 40 B 4
Montguers 26 .... 286 C 2
Montgueux 10 .... 90 D 5
Montguillon 49 .... 128 B 3
Montguyon 17 .... 238 C 1
Les Monthairons 55 .... 64 B 2
Montharville 28 .... 109 H 3
Monthault 35 .... 81 F 2
Monthelie 21 .... 177 G 2
Monthelon 51 .... 61 F 2
Monthelon 71 .... 176 C 2
Monthenault 02 .... 40 D 1
Montheries 52 .... 116 C 3
Montherlant 60 .... 38 A 3
Monthermé 08 .... 26 D 1
Monthiers 02 .... 40 B 5
Monthieux 01 .... 213 F 3
Monthion 73 .... 234 A 1
Monthodon 37 .... 131 E 4
Monthoiron 86 .... 169 H 5
Monthois 08 .... 42 D 3
Montholier 39 .... 179 F 2
Monthou-sur-Bièvre 41 .... 153 E 1
Monthou-sur-Cher 41 .... 153 E 3
Monthuchon 50 .... 31 G 5
Monthurel 02 .... 60 D 1
Monthureux-le-Sec 88 .... 118 C 2
Monthureux-sur-Saône 88...118 C 4
Monthyon 77 .... 59 F 1
Monti 06 .... 291 G 5
Monticello 2B .... 344 C 5
Montier-en-Der 52 .... 92 B 3
Montier-en-l'Isle 10 .... 116 A 2
Montiéramey 10 .... 115 F 2
Montierchaume 36 .... 171 H 3
Montiers 60 .... 38 D 1
Montiers-sur-Saulx 55 .... 93 E 2
Monties 32 .... 316 B 3
Montignac 24 .... 241 F 3
Montignac 33 .... 256 B 2
Montignac 65 .... 315 F 5
Montignac-Charente 16 .... 203 F 5

Montignac-de-Lauzun 47 .... 257 H 4
Montignac-le-Coq 16 .... 221 F 5
Montignac-Toupinerie 47 .... 257 G 4
Montignargues 30 .... 303 G 1
Montigné 16 .... 202 D 5
Montigné 79 .... 185 F 5
Montigné-le-Brillant 53 .... 105 H 4
Montigné-lès-Rairies 49 .... 129 F 5
Montigné-sur-Moine 49 .... 148 B 5
Montigny 14 .... 53 F 1
Montigny 18 .... 155 G 4
Montigny 45 .... 111 F 3
Montigny 50 .... 52 A 5
Montigny 54 .... 96 A 2
Montigny 72 .... 83 H 3
Montigny 76 .... 36 A 1
Montigny 79 .... 167 F 4
Montigny-aux-Amognes 58.174 D 1
Montigny-devant-Sassey 55...43 G 1
Montigny-en-Arrouaise 02...24 C 1
Montigny-en-Cambrésis 59...14 C 4
Montigny-en-Gohelle 62 .....8 C 5
Montigny-en-Morvan 58 .... 157 H 5
Montigny-en-Ostrevant 59...9 E 5
Montigny-la-Resle 89 .... 136 C 2
Montigny-l'Allier 02 .... 39 H 5
Montigny-le-Bretonneux 78...57 H 4
Montigny-le-Chartif 28 .... 85 G 5
Montigny-le-Franc 02 .... 25 F 4
Montigny-le-Gannelon 28 .... 109 H 5
Montigny-le-Guesdier 77 .... 89 G 4
Montigny-le-Roi 52 .... 117 G 2
Montigny-Lencoup 77 .... 89 E 4
Montigny-Lengrain 02 .... 39 H 2
Montigny-lès-Arsures 39 .... 179 G 2
Montigny-lès-Cherlieu 70 .... 140 C 2
Montigny-lès-Condé 02 .... 60 D 2
Montigny-lès-Cormeilles 95...58 B 2
Montigny-lès-Jongleurs 80...12 B 3
Montigny-lès-Metz 57 .... 65 H 1
Montigny-lès-Monts 10 .... 114 C 3
Montigny-lès-Vaucouleurs 55.93 H 2
Montigny-lès-Vesoul 70 .... 141 E 4
Montigny-Montfort 21 .... 137 H 5
Montigny-Saint-Barthélemy 21 .... 158 C 2
Montigny-sous-Marle 02 .....25 E 3
Montigny-sur-Armançon 21.158 D 2
Montigny-sur-Aube 21 .... 116 B 5
Montigny-sur-Avre 28 .... 56 A 5
Montigny-sur-Canne 58 .... 175 G 3
Montigny-sur-Chiers 54 .....44 D 2
Montigny-sur-Crécy 02 .... 24 D 4
Montigny-sur-l'Ain 39 .... 179 G 4
Montigny-sur-l'Hallue 80 .....22 D 1
Montigny-sur-Loing 77 .... 88 C 5
Montigny-sur-Meuse 08 .... 17 E 5
Montigny-sur-Vence 08 .... 26 C 4
Montigny-sur-Vesle 51 .... 41 E 3
Montigny-sur-Vingeanne 21 .... 139 H 5
Montilliers 49 .... 149 G 4
Montillot 89 .... 157 G 1
Montilly 03 .... 192 A 1
Montilly-sur-Noireau 61 .....53 E 3
Montils 17 .... 219 H 1
Les Montils 41 .... 153 E 1
Montipouret 36 .... 189 F 1
Montirat 11 .... 320 A 5
Montirat 81 .... 279 G 3
Montireau 28 .... 85 F 4
Montiron 32 .... 296 D 5
Montivernage 25 .... 162 D 2
Montivilliers 76 .... 18 C 5
Montjardin 11 .... 337 E 2
Montjaux 12 .... 281 F 4
Montjavoult 60 .... 37 G 4
Montjay 05 .... 286 D 1
Montjay 71 .... 178 C 4
Montjay-la-Tour 77 .... 59 E 3
Montjean 16 .... 203 F 2
Montjean 53 .... 105 G 4
Montjean-sur-Loire 49 .... 149 E 2
Montjézieu 48 .... 264 A 5
Montjoi 11 .... 338 A 4
Montjoi 82 .... 276 D 3
Montjoie 63 .... 209 E 1
Montjoie-en-Couserans 09...335 F 2
Montjoie-le-Château 25 .... 163 G 2
Montjoie-Saint-Martin 50 .....81 E 2
Montjoire 31 .... 298 A 3
Montjouvent 39 .... 196 C 2
Montjoyer 26 .... 267 F 4
Montjustin 04 .... 306 B 1
Montjustin-et-Velotte 70 .... 141 G 4
Montlandon 28 .... 85 F 4

Montlandon 52 .... 139 H
Montlaur 11 .... 338 B
Montlaur 12 .... 300 D
Montlaur 31 .... 318 B
Montlaur-en-Diois 26 .... 268 B
Montlauzun 46 .... 277 G
Montlay-en-Auxois 21 .... 158 C
Montlebon 25 .... 181 E
Montlegun 11 .... 319 H
Montlevicq 36 .... 189 H
Montlevon 02 .... 60 D
Monthléry 91 .... 87 G
Montliard 45 .... 111 H
Montlieu-la-Garde 17 .... 238 B
Montlignon 95 .... 58 B
Montliot-et-Courcelles 21 ... 138 A
Montlivault 41 .... 132 B
Montlognon 60 .... 39 E
Montloué 02 .... 25 G
Montlouet 28 .... 86 C
Montlouis 18 .... 172 D
Montlouis-sur-Loire 37 .... 152 A
Montluçon 03 .... 190 D
Montluel 01 .... 213 G
Montmachoux 77 .... 89 E
Montmacq 60 .... 39 G
Montmagny 95 .... 58 C
Montmahoux 25 .... 180 A
Montmain 21 .... 178 A
Montmançon 21 .... 160 D
Montmajour Abbaye de 13 ...304 C
Montmalin 39 .... 179 F
Montmarault 03 .... 191 G
Montmarlon 39 .... 179 H
Montmarquet 80 .... 21 G
Montmartin 60 .... 39 E
Montmartin-en-Graignes 50 ...32 A
Montmartin-le-Haut 10 .... 115 H
Montmartin-sur-Mer 50 .... 51 F
Montmaur 05 .... 269 F
Montmaur 11 .... 318 D
Montmaur-en-Diois 26 .... 268 B
Montmaurin 31 .... 316 B
Montmédy 55 .... 44 B
Montmeillant 08 .... 26 A
Montmelard 71 .... 194 B
Montmelas-Saint-Sorlin 69...212 C
Montmélian 73 .... 233 G
Montmerle-sur-Saône 01...212 D
Montmerrei 61 .... 54 B
Montmeyan 83 .... 307 F
Montmeyran 26 .... 267 G
Montmin 74 .... 215 H
Montmirail 51 .... 60 D
Montmirail 72 .... 108 D
Montmirat 26 .... 249 H
Montmirat 30 .... 303 F
Montmirat Col de 48 .... 264 C
Montmirey-la-Ville 39 .... 161 E
Montmirey-le-Château 39 .... 161 E
Montmoreau-Saint-Cybard 16 .... 221 E
Montmorency 95 .... 58 C
Montmorency-Beaufort 10...91 H
Montmorillon 86 .... 187 F
Montmorin 05 .... 268 C
Montmorin 63 .... 228 B
Montmorot 39 .... 179 E
Montmort 51 .... 61 F
Montmort 71 .... 176 B
Montmotier 88 .... 118 D
Montmoyen 21 .... 138 C
Montmurat Château de 35...80 A
Montmurat 15 .... 261 H
Montner 66 .... 338 C
Montoillot 21 .... 159 F
Montoir-de-Bretagne 44 .... 146 C
Montoire-sur-le-Loir 41 .... 131 F
Montois-la-Montagne 57 .....45 G
Montoison 26 .... 267 F
Montoldre 03 .... 192 B
Montolieu 11 .... 319 G
Montolivet 77 .... 60 C
Montord 03 .... 192 A
Montory 64 .... 331 F
Montot 21 .... 160 C
Montot 70 .... 140 A
Montot-sur-Rognon 52 .... 93 F
Montouliers 34 .... 320 D
Montoulieu 09 .... 336 B
Montoulieu 34 .... 302 C
Montoulieu-Saint-Bernard 31 .... 316 D
Montournais 85 .... 167 G

Montours 35.....81 E 3
Montourtier 53.....106 B 2
Montoussé 65.....333 H 1
Montoussin 31.....317 E 4
Montoy-Flanville 57.....66 B 1
Montpascal 73.....234 A 5
Montpellier 34.....302 D 4
Montpellier-de-Médillan 17.....219 F 2
Montpellier-la-Paillade 34.....302 D 4
Montpellier-le-Vieux
  Chaos de 12.....282 A 4
Montpensier 63.....210 A 2
Montperreux 25.....180 C 3
Montpeyroux 12.....263 F 3
Montpeyroux 24.....239 E 5
Montpeyroux 34.....302 A 3
Montpeyroux 63.....228 C 2
Montpezat 04.....307 F 2
Montpezat 30.....303 F 2
Montpezat 32.....317 E 3
Montpezat-d'Agenais 47.....275 H 1
Montpezat-de-Quercy 82.....278 B 2
Montpezat-sous-Bauzon 07.....266 A 2
Montpinchon 50.....51 H 1
Montpinçon 14.....54 B 2
Montpinier 81.....299 G 4
Montpitol 31.....298 B 3
Montplonne 55.....63 H 5
Montpollin 49.....129 F 5
Montpon-Ménestérol 24.....239 F 4
Montpont-en-Bresse 71.....195 G 1
Montpothier 10.....89 H 2
Montpouillan 47.....257 E 5
Montpoupon
  Château de 37.....152 D 4
Montrabé 31.....298 A 4
Montrabot 50.....32 C 5
Montracol 01.....195 G 5
Montravers 79.....167 E 3
Montréal 07.....266 A 4
Montréal 11.....319 E 5
Montréal 32.....275 F 5
Montréal 89.....158 B 1
Montréal *Château de* 24.....239 H 4
Montréal-la-Cluse 01.....196 C 5
Montréal-les-Sources 26.....268 A 5
Montrécourt 59.....14 D 3
Montredon 11.....319 H 5
Montredon 46.....261 H 3
Montredon-des-Corbières 11.....321 E 5
Montredon-Labessonnié 81.....299 H 3
Montregard 43.....248 B 2
Montréjeau 31.....334 A 1
Montrelais 44.....148 D 2
Montrelet 80.....12 C 4
Montrem 24.....240 B 2
Montrésor 37.....152 D 5
Montret 71.....178 B 5
Montreuil 28.....56 D 4
Montreuil 53.....82 C 4
Montreuil 62.....6 C 4
Montreuil 85.....183 H 3
Montreuil 93.....58 D 4
Montreuil-au-Houlme 61.....53 H 5
Montreuil-aux-Lions 02.....60 A 1
Montreuil-Bellay 49.....150 B 5
Montreuil-Bonnin 86.....186 A 2
Montreuil-des-Landes 35.....81 E 5
Montreuil-en-Auge 14.....34 B 4
Montreuil-en-Caux 76.....20 B 4
Montreuil-en-Touraine 37.....152 B 1
Montreuil-Juigné 49.....149 G 1
Montreuil-la-Cambe 61.....54 B 3
Montreuil-l'Argillé 27.....55 E 2
Montreuil-le-Chétif 72.....107 F 2
Montreuil-le-Gast 35.....80 B 5
Montreuil-le-Henri 72.....130 D 2
Montreuil-sous-Pérouse 35.....105 E 2
Montreuil-sur-Barse 10.....115 F 2
Montreuil-sur-Blaise 52.....92 C 3
Montreuil-sur-Brêche 60.....38 B 1
Montreuil-sur-Epte 95.....37 H 5
Montreuil-sur-Ille 35.....80 B 5
Montreuil-sur-Loir 49.....128 D 5
Montreuil-sur-Lozon 50.....32 A 4
Montreuil-sur-Maine 49.....128 B 4
Montreuil-sur-Thérain 60.....38 B 2
Montreuil-sur-Thonnance 52.....93 E 3
Montreuillon 58.....157 H 5
Montreux 54.....96 A 2
Montreux-Château 90.....142 D 3
Montreux-Jeune 68.....142 D 3
Montreux-Vieux 68.....142 D 3
Montrevault-sur-Èvre 49.....148 C 3

Montrevel 38.....232 B 3
Montrevel 39.....196 B 3
Montrevel-en-Bresse 01.....195 G 4
Montrichard-Val-de-Cher 41.....152 D 3
Montricher-Albanne 73.....252 B 1
Montricoux 82.....278 C 4
Montrieux-en-Sologne 41.....153 H 1
Montriond 74.....198 C 5
Montriond *Lac de* 74.....198 D 5
Montroc-le-Planet 74.....217 E 2
Montrodat 48.....264 B 4
Montrol-Sénard 87.....205 E 3
Montrollet 16.....205 E 3
Montromant 69.....230 C 1
Montrond 05.....269 E 5
Montrond 39.....179 G 4
Montrond 73.....252 A 1
Montrond-le-Château 25.....162 A 5
Montrond-les-Bains 42.....230 A 2
Montrosier 81.....279 E 4
Montrottier 69.....212 B 5
Montroty 76.....37 F 2
Montrouge 93.....58 C 4
Montrouveau 41.....131 H 4
Montroy 17.....200 D 1
Montrozier 12.....281 E 1
Monts 37.....151 H 4
Monts 60.....37 H 4
Monts-de-Vaux 39.....179 G 3
les Monts d'Olmes 09.....336 C 4
Monts-en-Bessin 14.....33 E 5
Monts-en-Ternois 62.....12 D 2
Monts-sur-Guesnes 86.....169 E 2
Montsalès 12.....261 F 5
Montsalier 04.....286 D 4
Montsalvy 15.....262 C 2
Montsaon 52.....116 D 3
Montsapey 73.....234 A 2
Montsauche-les-Settons 58.....158 B 4
Montsaugeon 52.....139 G 4
Montsaunès 31.....334 D 1
Montsec 55.....65 E 3
Montsecret 61.....53 E 3
Montségur 09.....336 D 4
Montségur-sur-Lauzon 26.....285 F 1
Montselgues 07.....265 G 4
Montséret 11.....338 D 1
Montséré 65.....333 H 2
Montseron 09.....335 G 2
Montseugny 70.....161 E 2
Montseveroux 38.....231 F 4
Montsoreau 49.....150 C 4
Montsoué 40.....294 A 3
Montsoult 95.....58 C 1
Montsûrs 53.....106 B 3
Montsurvent 50.....31 G 5
Montsuzain 10.....90 A 4
Montvalen 81.....298 E 2
Montvalent 46.....242 C 5
Montvalezan 73.....235 E 1
Montvendre 26.....249 G 5
Montverdun 42.....229 G 1
Montvernier 73.....234 A 5
Montvert 15.....243 G 4
Montvicq 03.....191 E 4
Montviette 14.....54 B 3
Montville 76.....20 B 5
Montviron 50.....51 G 4
Montzéville 55.....43 H 4
Monviel 47.....257 H 4
Monze 11.....338 A 1
Moon-sur-Elle 50.....32 B 4
Moosch 68.....120 C 5
Mooslargue 68.....143 E 4
Moraches 58.....157 F 4
Moragne 17.....201 E 3
Morains 51.....61 G 4
Morainville 28.....86 D 4
Morainville-Jouveaux 27.....35 E 4
Morainvilliers 78.....57 H 2
Morancé 69.....212 D 4
Morancez 28.....86 A 4
Morancourt 52.....92 C 4
Morand 37.....131 G 5
Morangis 51.....61 F 2
Morangis 91.....58 C 2
Morangles 60.....38 B 4
Morannes-sur-Sarthe 49.....128 D 3

Moranville 55.....44 C 5
Moras 38.....231 H 1
Moras-en-Valloire 26.....231 G 5
Morbecque 59.....7 H 2
Morbier 39.....197 H 1
Morcenx 40.....273 E 4
Morchain 80.....23 G 3
Morchamps 25.....162 C 1
Morchies 62.....13 H 4
Morcourt 02.....24 B 2
Morcourt 80.....23 E 2
Mordelles 35.....104 A 3
Moréac 56.....102 A 4
Morée 41.....131 H 2
Moreilles 85.....183 F 3
Morello *Col de* 2B.....347 F 5
Morelmaison 88.....94 B 5
Morembert 10.....91 F 3
Moréno *Col de la* 63.....227 G 1
Morestel 38.....232 B 1
Moret-Loing-et-Orvanne 77.....88 C 5
Morêtel-de-Mailles 38.....233 H 4
Morette 38.....232 B 5
Moreuil 80.....22 D 3
Morey 54.....65 H 4
Morey 71.....177 F 4
Morey-Saint-Denis 21.....160 A 4
Morez 39.....197 F 1
Morfontaine 54.....45 E 2
Morganx 40.....293 H 4
Morgat 29.....75 E 4
Morgemoulin 55.....44 C 4
Morgny 27.....37 E 2
Morgny-en-Thiérache 02.....25 G 3
Morgny-la-Pommeraye 76.....36 C 1
Morhange 57.....66 D 3
Moriani-Plage 2B.....347 H 3
Moriat 63.....228 A 4
Morienne 76.....21 F 3
Morienval 60.....39 G 3
Morières-lès-Avignon 84.....285 F 5
Moriers 28.....110 A 2
Morieux 22.....78 C 3
Moriez 04.....288 C 5
Morigny 50.....52 B 2
Morigny-Champigny 91.....87 G 4
Morillon 74.....216 C 1
Morimond *Abbaye de* 52.....118 A 4
Moringhem 62.....3 E 5
Moriond 73.....234 D 4
Morionvilliers 52.....93 G 4
Morisel 80.....22 D 3
Morizécourt 88.....118 B 3
Morizès 33.....256 C 3
Morlaàs 64.....314 C 3
Morlac 36.....173 E 5
Morlaincourt 55.....93 F 1
Morlaix 29.....71 H 4
Morlancourt 80.....23 E 1
Morlanne 64.....293 H 5
Morley 55.....93 E 2
Morlhon-le-Haut 12.....279 G 2
Morlincourt 60.....23 H 5
Mormaison 85.....165 H 2
Mormant 77.....88 D 2
Mormant-sur-Vernisson 45.....112 C 5
Mormès 32.....294 D 2
Mormoiron 84.....286 A 4
Mornac 16.....221 G 1
Mornac-sur-Seudre 17.....218 D 1
Mornand-en-Forez 42.....229 H 1
Mornans 26.....267 H 3
Mornant 69.....230 D 2
Mornas 84.....285 E 3
Mornay 21.....139 H 5
Mornay 71.....194 A 2
Mornay-Berry 18.....174 A 1
Mornay-sur-Allier 18.....174 B 4
Moroges 71.....177 G 4
Morogues 18.....155 G 4
Morosaglia 2B.....347 F 3
Morre 25.....162 A 4
Morsain 02.....40 A 2
Morsains 51.....60 D 4
Morsalines 50.....29 G 4
Morsan 27.....35 F 4
Morsang-sur-Orge 91.....58 C 5
Morsang-sur-Seine 91.....88 A 2
Morsbach 57.....47 F 5
Morsbronn-les-Bains 67.....68 D 2
Morschwiller 67.....68 D 3
Morschwiller-le-Bas 68.....143 F 1

Morsiglia 2B.....345 F 1
Le Mort-Homme 55.....43 H 4
Mortagne 88.....96 A 5
Mortagne-au-Perche 61.....84 C 3
Mortagne-du-Nord 59.....9 G 4
Mortagne-sur-Gironde 17.....219 E 3
Mortagne-sur-Sèvre 85.....166 D 1
Mortain-Bocage 50.....52 C 5
Mortcerf 77.....59 G 4
La Morte 38.....251 F 3
Morteau 25.....163 E 5
Morteaux-Coulibœuf 14.....54 A 2
Mortefontaine 02.....39 H 3
Mortefontaine 60.....39 E 5
Mortefontaine-en-Thelle 60.....38 B 4
Mortemart 87.....205 E 2
Mortemer 60.....23 E 5
Mortemer 76.....21 F 3
Morthemer 86.....186 D 3
Morthomiers 18.....172 D 1
Mortiers 02.....24 D 4
Mortiers 17.....220 B 4
Morton 86.....150 C 5
Mortrée 61.....54 B 5
Mortroux 23.....189 F 4
Mortzwiller 68.....142 D 2
Morval 39.....196 B 3
Morval 62.....13 H 5
Morville 50.....29 F 5
Morville 88.....118 A 2
Morville-en-Beauce 45.....111 G 4
Morville-lès-Vic 57.....66 D 4
Morville-sur-Andelle 76.....36 D 1
Morville-sur-Nied 57.....66 C 2
Morville-sur-Seille 54.....65 H 3
Morvillers 60.....21 G 5
Morvillers-Saint-Saturnin 80.....21 G 3
Morvilliers 10.....92 A 4
Morvilliers 28.....55 H 5
Mory 62.....13 G 4
Mory-Montcrux 60.....22 C 5
Morzine 74.....198 C 5
Mosles 14.....32 D 3
Moslins 51.....61 F 2
Mosnac 17.....220 D 2
Mosnac 17.....219 G 3
Mosnay 36.....188 D 1
Mosnes 37.....152 C 2
Mosset 66.....342 A 2
Mosson 21.....116 A 5
Mostuéjouls 12.....282 A 3
Motey-Besuche 70.....161 F 3
Motey-sur-Saône 70.....140 B 5
La Mothe-Achard 85.....165 F 5
La Mothe-Saint-Héray 79.....185 G 4
Mothern 67.....69 G 2
Motreff 29.....76 D 5
La Motte 22.....102 B 1
La Motte 83.....308 B 5
La Motte-au-Bois 59.....7 H 2
La Motte-Chalancon 26.....268 B 4
La Motte-d'Aigues 84.....306 A 2
La Motte-d'Aveillans 38.....251 E 4
La Motte-de-Galaure 26.....249 F 2
La Motte-du-Caire 04.....287 G 1
La Motte-en-Bauges 73.....233 G 4
La Motte-en-Champsaur 05.....269 G 3
La Motte-Fanjas 26.....250 A 3
La Motte-Feuilly 36.....189 F 4
La Motte-Fouquet 61.....82 D 2
La Motte-Saint-Jean 71.....193 F 2
La Motte-Saint-Martin 38.....250 D 4
La Motte-Servolex 73.....233 E 2
La Motte-Ternant 21.....158 B 3
La Motte-Tilly 10.....89 H 3
Mottereau 28.....109 G 2
Motteville 76.....19 H 4
Mottier 38.....232 A 4
Motz 73.....215 E 3
Mouacourt 54.....66 D 5
Mouais 44.....126 C 3
Mouans-Sartoux 06.....309 E 4
Mouaville 54.....45 E 5
Mouazé 35.....80 B 5
Mouchamps 85.....166 C 4
Mouchan 32.....295 G 1
Mouchard 39.....179 G 1
La Mouche 50.....51 H 3
Mouchès 32.....295 H 5
Mouchin 59.....9 F 4
Mouchy-le-Châtel 60.....38 B 3
Moudeyres 43.....247 H 4

Mouen 14.....33 F 5
Mouettes 27.....56 D 3
Mouffy 89.....136 B 4
Mouflaines 27.....37 E 4
Mouflers 80.....12 B 5
Mouflières 80.....11 F 5
Mougins 06.....309 E 4
Mougon 79.....185 F 4
Mouguerre 64.....292 A 5
Mouhers 36.....189 E 2
Mouhet 36.....188 C 4
Mouhous 64.....294 C 5
Mouilleron 52.....139 F 4
La Mouille 39.....197 F 2
Mouillac 33.....238 B 4
Mouillac 82.....278 C 2
Mouilleron-le-Captif 85.....165 H 4
Mouilleron-Saint-Germain 85.....166 D 5
Mouilly 55.....64 C 2
Moulainville 55.....44 C 5
Moularès 81.....279 H 4
Moulay 53.....82 B 5
Moulayrès 81.....299 E 3
Moulédous 65.....315 G 5
Moulès 13.....304 C 4
Moulès-et-Baucels 34.....302 C 1
Mouleydier 24.....240 B 5
Moulézan 30.....303 F 1
Moulhard 28.....109 F 2
Moulicent 61.....84 D 2
Moulidars 16.....220 D 1
Mouliets-et-Villemartin 33.....256 D 1
Mouliherne 49.....150 C 1
Moulin *Château du* 41.....153 G 3
Moulin-Chabaud 01.....214 B 1
Le Moulin-des-Ponts 01.....196 B 4
Moulin-Mage 81.....300 D 3
Moulin-Neuf 09.....337 E 1
Moulin-Neuf 24.....239 E 4
Moulin-Neuf *Petit Musée auvergnat* 63.....227 G 3
Moulin-sous-Touvent 60.....39 H 1
Moulineaux 76.....36 A 3
Moulines 14.....53 G 1
Moulines 50.....81 G 2
Moulinet 06.....291 G 3
Moulinet 47.....256 B 4
Le Moulinet-sur-Solin 45.....134 C 2
Moulins 02.....41 E 2
Moulins 03.....192 A 2
Moulins 35.....104 D 4
Moulins 79.....167 E 2
Moulins-en-Tonnerrois 89.....137 E 4
Moulins-Engilbert 58.....175 H 2
Moulins-la-Marche 61.....55 E 5
Moulins-le-Carbonnel 72.....83 F 4
Moulins-lès-Metz 57.....65 G 1
Moulins-Saint-Hubert 55.....27 G 5
Moulins-sur-Céphons 36.....171 G 2
Moulins-sur-Orne 61.....54 A 4
Moulins-sur-Ouanne 89.....135 H 4
Moulins-sur-Yèvre 18.....173 F 1
Moulis 09.....335 F 3
Moulis-en-Médoc 33.....237 E 3
Moulismes 86.....187 F 4
Moulle 62.....3 F 5
Le Moulleau 33.....254 B 2
Moulon 33.....238 B 5
Moulon 45.....112 B 4
Moulot 58.....157 E 2
Moulotte 55.....65 E 1
Moult 14.....33 H 5
Moumoulous 65.....315 G 3
Moumour 64.....313 G 4
Mounes-Prohencoux 12.....300 D 3
Mourède 32.....295 G 2
Mourens 33.....256 C 3
Mourenx 64.....313 H 3
Mouret 12.....262 C 4
Moureuille 63.....209 F 1
Mourèze 34.....301 H 4
Mouriès 13.....304 D 3
Mouriez 62.....11 H 1
Le Mourillon 83.....328 A 4
Mourioux-Vieilleville 23.....206 C 2
Mourjou 15.....262 B 2
Mourmelon-le-Grand 51.....42 B 5
Mourmelon-le-Petit 51.....42 A 5
Mournans-Charbonny 39.....180 A 4
Mouron 08.....43 E 3
Mouron-sur-Yonne 58.....157 G 5
Mouroux 77.....59 H 4
Mours 95.....38 B 5
Mours-Saint-Eusèbe 26.....249 G 3
Le Mourtis 31.....334 C 3
Mourvilles-Basses 31.....318 C 2

Mourvilles-Hautes 31.....318 D 3
Mouscardès 40.....293 F 4
Moussac 30.....284 A 5
Moussac 86.....187 E 5
Moussages 15.....244 C 1
Moussan 11.....321 E 5
Moussé 35.....105 E 5
Les Mousseaux 78.....57 G 4
Mousseaux-lès-Bray 77.....89 F 4
Mousseaux-Neuville 27.....56 C 3
Mousseaux-sur-Seine 78.....57 F 1
Moussey 10.....115 E 2
Moussey 57.....67 E 5
Moussey 88.....96 B 3
Les Moussières 39.....197 E 4
Mousson 54.....65 G 3
Moussonvilliers 61.....84 D 2
Moussoulens 11.....319 G 4
Moussy 51.....61 F 1
Moussy 58.....157 E 5
Moussy 95.....37 H 5
Moussy-le-Neuf 77.....59 E 1
Moussy-le-Vieux 77.....59 E 1
Moussy-Verneuil 02.....40 D 2
Moustajon 31.....334 A 4
Mousterlin 29.....99 H 4
Moustéru 22.....73 E 5
Moustey 40.....273 F 1
Le Moustier 24.....241 F 4
Moustier 47.....257 G 3
Moustier-en-Fagne 59.....16 A 4
Moustier-Ventadour 19.....225 G 5
Moustiers-Sainte-Marie 04.....307 G 1
Moustoir-Ac 56.....102 A 5
Moustoir-Remungol 56.....102 A 3
La Moutade 63.....209 H 3
Moutaine 39.....179 H 2
Moutardon 16.....203 G 2
Le Moutaret 38.....233 G 4
Moutchic 33.....236 B 3
Mouterhouse 57.....68 B 2
Mouterre-Silly 86.....168 C 2
Mouterre-sur-Blourde 86.....204 D 1
Mouthe 25.....180 B 4
Le Moutherot 25.....161 F 4
Mouthier-en-Bresse 71.....178 D 4
Mouthier-Haute-Pierre 25.....180 C 1
Mouthiers-sur-Boëme 16.....221 E 3
Mouthoumet 11.....338 A 3
Moutier-d'Ahun 23.....207 G 2
Moutier-Malcard 23.....189 G 4
Moutier-Rozeille 23.....207 H 4
Moutiers 28.....86 D 5
Moutiers 35.....105 E 4
Moutiers 54.....45 E 4
Moutiers 73.....234 C 3
Les Moutiers-en-Auge 14.....54 B 2
Les Moutiers-en-Cinglais 14.....53 G 1
Moutiers-en-Puisaye 89.....135 G 5
Les Moutiers-en-Retz 44.....146 D 3
Les Moutiers-Hubert 14.....54 D 2
Moutiers-les-Mauxfaits 85.....182 D 2
Moutiers-Saint-Jean 21.....137 G 5
Moutiers-sous-Argenton 79.....167 H 2
Moutiers-sous-Chantemerle 79.....167 F 5
Moutiers-sur-le-Lay 85.....183 F 1
Mouton 16.....203 F 4
Mouton Rothschild
  Château de 33.....237 E 1
Moutonne 39.....196 B 4
La Moutonne 83.....328 B 4
Moutonneau 16.....203 F 4
Moutoux 39.....179 H 4
Moutrot 54.....94 B 2
Mouvaux 59.....8 D 2
Moux 11.....320 B 5
Moux-en-Morvan 58.....158 C 5
Mouxy 73.....233 F 1
Mouy 60.....38 C 3
Mouy-sur-Seine 77.....89 F 4
Mouzay 37.....170 B 1
Mouzay 55.....43 H 4
Mouzeil 44.....148 A 1
Mouzens 24.....241 E 5
Mouzens 81.....298 D 5
Mouzeuil-Saint-Martin 85.....183 G 2
Mouzieys-Panens 81.....279 E 4
Mouzieys-Teulet 81.....299 G 2
Mouzillon 44.....148 A 5
Mouzon 08.....27 G 4
Mouzon 16.....204 B 5
Moy-de-l'Aisne 02.....24 B 3
Moyaux 14.....34 D 4

A B C D E F G H I J K L M N O P Q R S T U V W X Y Z

A B C D E F G H I J K L M N O P Q R S T U V W X Y Z

Moydans 05	268 C 5	Musigny 21	159 E 5	Nanteuil-la-Forêt 51	41 F 5
Moye 74	215 G 4	Musseau 52	139 F 4	Nanteuil-la-Fosse 02	40 C 2
Moyemont 88	95 G 4	Mussey 55	63 G 3	Nanteuil-le-Haudouin 60	39 F 5
Moyen 54	95 G 3	Mussey-sur-Marne 52	93 E 4	Nanteuil-lès-Meaux 77	59 G 2
Moyencourt 80	23 G 4	Mussidan 24	239 G 3	Nanteuil-Notre-Dame 02	40 C 4
Moyencourt-lès-Poix 80	22 A 3	Mussig 67	97 F 5	Nanteuil-sur-Aisne 08	42 A 1
Moyenmoutier 88	96 B 3	Mussy-sous-Dun 71	194 A 5	Nanteuil-sur-Marne 77	60 A 2
Moyenneville 60	39 E 1	Mussy-la-Fosse 21	159 E 1	Nantey 39	196 A 3
Moyenneville 62	13 G 3	Mussy-sur-Seine 10	115 H 5	Nanteuil 24	223 E 4
Moyenneville 80	11 G 4	Mutigney 39	161 E 3	Nanthiat 24	223 E 4
Moyenvic 57	66 D 4	Mutigny 51	61 G 1	Nantiat 87	205 G 3
Moyeuvre-Grande 57	45 G 4	Mutrécy 14	53 G 1	Nantillé 17	201 H 4
Moyeuvre-Petite 57	45 G 4	Muttersholtz 67	97 F 4	Nantillois 55	43 G 3
Moyon Villages 50	52 A 1	Mutzenhouse 67	68 C 4	Nantilly 70	161 E 1
Moyrazès 12	280 C 1	Mutzig 67	97 F 2	Nantois 55	93 F 1
Moyvillers 60	39 E 2	Le Muy 83	308 B 5	Nanton 71	195 E 1
Mozac 63	209 H 4	Muzeray 55	44 D 3	Nantouard 70	161 F 1
Mozé-sur-Louet 49	149 G 2	Muzillac 56	124 D 5	Nantouillet 77	59 E 2
Muchedent 76	20 B 3	Muzy 27	56 C 4	Nantoux 21	177 G 1
Mudaison 34	303 E 4	Myans 73	233 F 3	Nantua 01	214 C 1
Muel 35	103 F 2	Myennes 58	156 A 2	Naours 80	12 C 5
Muespach 68	143 G 4	Myon 25	179 H 1	La Napoule 06	309 E 4
Muespach-le-Haut 68	143 G 4			Napt 01	196 B 5
Mugron 40	293 G 2	**N**		Narbéfontaine 57	46 C 5
Muhlbach-sur-Bruche 67	96 D 2	Nabas 64	313 F 3	Narbief 25	163 F 4
Muhlbach-sur-Munster 68	120 C 3	Nabinaud 16	239 F 1	Narbonne 11	321 E 5
Muides-sur-Loire 41	132 C 4	Nabirat 24	259 H 2	Narbonne-Plage 11	321 G 5
Muidorge 60	38 A 1	Nabringhen 62	2 C 5	Narcastet 64	314 B 4
Muids 27	36 C 4	Nachamps 17	201 G 2	Narcy 52	92 D 2
Muille-Villette 80	23 H 3	Nadaillac 24	241 H 4	Narcy 58	156 B 4
Muirancourt 60	23 H 4	Nadaillac-de-Rouge 46	260 B 1	Nargis 45	112 C 3
Muizon 51	41 F 3	Nades 03	209 G 1	Narnhac 15	245 E 5
Les Mujouls 06	289 F 5	Nadillac 46	260 B 4	Narp 64	313 F 3
La Mulatière 69	231 E 1	Naftel 50	52 A 5	Narrosse 40	293 E 3
Mulcent 78	57 F 3	Nages 81	300 C 4	Narthoux 81	279 F 4
Mulcey 57	67 E 4	Nages-et-Solorgues 30	303 G 2	Nasbinals 48	263 G 3
Mulhausen 67	68 C 3	Nahuja 66	341 F 5	Nassandres 27	35 G 5
Mulhouse 68	143 F 1	Nailhac 24	241 F 1	Nassiet 40	293 G 4
Mulsanne 72	130 A 2	Naillat 23	188 D 5	Nassigny 03	190 D 2
Mulsans 41	132 B 4	Nailloux 31	318 B 3	Nastringues 24	239 E 5
Mun 65	315 G 4	Nailly 89	113 F 2	Nattages 01	214 D 5
Munchhausen 67	69 G 2	Naintré 86	169 G 4	Natzwiller 67	96 D 3
Munchhouse 68	121 F 5	Nainville-les-Roches 91	88 A 3	Naucelle 12	280 B 3
Muncq-Nieurlet 62	3 E 4	Naisey 25	162 B 4	Naucelles 15	244 B 4
Mundolsheim 67	68 D 5	Naives-devant-Bar 55	63 H 3	Naujac-sur-Mer 33	236 C 1
Muneville-le-Bingard 50	31 G 5	Naives-en-Blois 55	93 G 1	Naujan-et-Postiac 33	256 C 1
Muneville-sur-Mer 50	51 G 2	Naix-aux-Forges 55	93 F 1	Nauroux Seuil de 11	318 D 3
Le Mung 17	201 F 4	Naizin 56	102 A 4	Nauroy 02	24 A 1
Munster 57	67 F 3	Najac 12	279 F 3	Naussac 12	261 G 4
Munster 68	120 D 3	Nalliers 85	183 G 2	Naussac-Fontanes 48	265 F 2
Muntzenheim 68	121 F 2	Nalliers 86	187 F 1	Naussac Barrage de 48	265 F 2
Munwiller 68	121 E 4	Nalzen 09	336 C 3	Naussannes 24	258 C 2
Mur-de-Barrez 12	262 D 1	Nambsheim 68	121 G 4	Nauvay 72	108 A 2
Mur-de-Bretagne 22	77 H 5	Nampcel 60	39 H 1	Nauviale 12	262 B 4
Mur-de-Sologne 41	153 G 2	Nampcelles-la-Cour 02	25 G 3	Nauzan 17	218 C 1
Muracciole 2B	349 F 1	Nampont-Saint-Martin 80	11 G 1	Navacelles 30	284 A 3
Murasson 12	300 C 3	Namps-au-Mont 80	22 A 3	Navacelles Cirque de 34	302 A 1
Murat 03	191 F 3	Namps-au-Val 80	22 A 3	Navailles-Angos 64	314 B 2
Murat 15	245 F 3	Nampteuil-sous-Muret 02	40 C 3	Navarosse 40	254 B 5
Murat-le-Quaire 63	227 E 2	Nampty 80	22 B 3	Navarrenx 64	313 G 3
Murat-sur-Vèbre 81	300 D 4	Nan-Sous-Thil 21	158 D 2	Naveil 41	131 G 3
Murato 2B	345 F 5	Nanc-lès-Saint-Amour 39	196 A 3	Navenne 70	141 F 4
La Muraz 74	215 H 1	Nançay 18	154 D 3	Naves 03	209 H 1
Murbach 68	120 D 4	Nance 39	178 D 4	Naves 07	283 H 1
La Mure 04	288 C 4	Nances 73	233 E 2	Naves 19	242 D 1
La Mure 38	251 E 4	Nanclars 16	203 F 4	Naves 59	14 C 3
Mureaumont 60	21 G 5	Nançois-le-Grand 55	64 B 5	Naves 73	234 B 2
Les Mureaux 78	57 H 2	Nançois-sur-Ornain 55	64 B 5	Navès 81	299 G 5
Mureils 26	249 F 1	Nancras 17	201 E 5	Nâves-Parmelan 74	215 H 3
Mûres 74	215 G 4	Nancray 25	162 B 3	Navilly 71	178 B 2
Muret 31	317 H 2	Nancray-sur-Rimarde 45	111 H 4	Nay 50	31 H 3
Le Muret 40	255 E 5	Nancuise 39	196 B 2	Nay 64	314 C 5
Muret-et-Crouttes 02	40 C 4	Nancy 54	65 H 5	Nayemont-	
Muret-le-Château 12	262 D 5	Nancy-sur-Cluses 74	216 C 2	les-Fosses 88	96 B 4
La Murette 38	232 C 4	Nandax 42	211 H 2	Le Nayrac 12	262 D 3
Murianette 38	251 E 1	Nandy 77	88 A 2	Nazelles-Négron 37	152 B 2
Murinais 38	250 A 1	Nangeville 45	87 H 5	Néac 33	238 C 4
Murles 34	302 C 4	Nangis 77	89 E 2	Néant-sur-Yvel 56	103 E 4
Murlin 58	156 C 5	Nangy 74	197 H 5	Neau 53	106 C 3
Muro 2B	346 C 2	Nannay 58	156 C 4	Neaufles-Auvergny 27	55 G 3
Murol 63	227 F 3	Nans 25	162 C 1	Neaufles-Saint-Martin 27	37 F 3
Murols 12	262 D 2	Les Nans 39	179 H 4	Neauphe-sous-Essai 61	83 H 2
Muron 17	201 F 2	Nans-les-Pins 83	327 H 2	Neauphe-sur-Dive 61	54 B 3
Murs 36	170 D 3	Nans-sous-Sainte-Anne 25	180 A 1	Neauphle-le-Château 78	57 H 4
Murs 84	286 A 5	Nant 12	282 A 5	Neauphle-le-Vieux 78	57 G 4
Mûrs-Erigné 49	149 G 2	Nant-le-Grand 55	63 H 5	Neauphlette 78	57 E 2
Murs-et-Gélignieux 01	232 D 1	Nant-le-Petit 55	63 H 5	Neaux 42	211 H 3
Murtin-et-Bogny 08	26 C 2	Nanteau-sur-Essonne 77	87 H 5	Nébian 34	302 A 4
Murvaux 55	43 H 2	Nanteau-sur-Lunain 77	112 C 2	Nébias 11	337 F 3
Murviel-lès-Béziers 34	321 F 2	Nanterre 92	58 B 3	Nébing 57	67 F 3
Murviel-lès-Montpellier 34	302 C 4	Nantes 44	147 G 4	Nébouzat 63	227 F 1
Murville 54	45 E 3	Nantes-en-Ratier 38	251 E 4	Nécy 61	54 A 3
Murzo 2A	348 C 1	Nanteuil 79	185 F 3	Nedde 87	225 E 1
Mus 30	303 G 3	Nanteuil-Auriac-		Nédon 62	7 G 4
Muscourt 02	41 E 2	de-Bourzac 24	221 G 5	Nédonchel 62	7 G 4
Musculdy 64	331 E 1	Nanteuil-en-Vallée 16	203 G 3	Nédonchel 62	7 G 4
Musièges 74	215 F 2				

Neewiller-		Neuilh 65	333 E 1	La Neuville-en-Beine 02	24 A
près-Lauterbourg 67	69 G 2	Neuillac 17	219 H 3	La Neuville-en-Ferrain 59	5 E
Neffes 05	269 G 4	Neuillay-les-Bois 36	171 F 4	La Neuville-en-Hez 60	38 C
Neffiès 34	301 H 5	Neuillé 49	150 C 3	La Neuville-	
Néfiach 66	342 C 2	Neuillé-le-Lierre 37	152 B 1	en-Tourne-à-Fuy 08	42 B
Nègrepelisse 82	278 B 4	Neuillé-Pont-Pierre 37	151 G 1	La Neuville-en-Verdunois 55	63 H
Négreville 50	29 F 4	Neuilly 27	56 D 2	Neuville-Ferrières 76	20 D
Négron 37	152 B 2	Neuilly 58	157 F 4	La Neuville-Garnier 60	38 A
Nègrondes 24	222 D 5	Neuilly 89	136 A 2	La Neuville-Housset 02	25 E
Néhou 50	29 F 5	Neuilly-en-Donjon 03	193 F 4	La Neuville-lès-Bray 80	23 E
Nehwiller 67	68 D 2	Neuilly-en-Dun 18	173 H 4	Neuville-les-Dames 01	213 F
Nelling 57	67 F 2	Neuilly-en-Sancerre 18	155 G 3	La Neuville-lès-Decize 58	174 D
Nemours 77	112 B 2	Neuilly-en-Thelle 60	38 B 4	La Neuville-lès-Dieppe 76	10 B
Nempont-Saint-Firmin 62	6 B 5	Neuilly-en-Vexin 95	37 H 5	La Neuville-lès-Dorengt 02	24 D
Nénigan 31	316 B 3	Neuilly-la-Forêt 14	32 B 3	La Neuville-lès-Lœuilly 80	22 B
Nénozan 39	161 E 5	Neuilly-le-Bisson 61	83 H 1	La Neuville-lès-This 08	26 C
Néons-sur-Creuse 36	170 B 5	Neuilly-le-Brignon 37	170 A 2	La Neuville-lès-Vaucouleurs 55	93 H
Néoules 83	328 B 2	Neuilly-le-Dien 80	12 B 3	La Neuville-lès-Wasigny 08	26 A
Néoux 23	207 H 4	Neuilly-le-Malherbe 14	33 F 5	Neuville-lez-Beaulieu 08	26 A
Nepvant 55	27 H 5	Neuilly-le-Réal 03	192 B 3	Neuville-près-Sées 61	54 C
Nérac 47	275 G 3	Neuilly-le-Vendin 53	82 D 3	Neuville-Saint-Amand 02	24 B
Nerbis 40	293 G 2	Neuilly-lès-Dijon 21	160 B 3	La Neuville-Saint-Pierre 60	38 B
Nercillac 16	220 C 1	Neuilly-l'Évêque 52	117 G 5	Neuville-Saint-Rémy 59	14 B
Néré 17	202 C 3	Neuilly-l'Hôpital 80	11 G 3	Neuville-Saint-Vaast 62	8 B
Néret 36	189 H 2	Neuilly-Plaisance 93	58 D 3	La Neuville-Sire-Bernard 80	22 D
Nérigean 33	238 B 5	Neuilly-Saint-Front 02	40 A 5	Neuville-sous-Arzillières 51	62 D
Nérignac 86	187 E 5	Neuilly-sous-Clermont 60	38 C 3	Neuville-sous-Montreuil 62	6 C
Néris-les-Bains 03	190 D 5	Neuilly-sur-Eure 61	85 E 3	Neuville-sur-Ailette 02	41 E
Nermier 39	196 C 2	Neuilly-sur-Marne 93	58 D 3	Neuville-sur-Ain 01	214 A
Néron 28	86 B 2	Neuilly-sur-Seine 92	58 B 3	Neuville-sur-Authou 27	35 F
Néronde 42	212 A 5	Neuilly-sur-Suize 52	117 E 4	Neuville-sur-Brenne 37	131 F
Néronde-sur-Dore 63	210 C 5	Neulette 62	7 F 5	Neuville-sur-Escaut 59	14 C
Nérondes 18	173 H 2	Neulise 42	211 H 4	La Neuville-sur-Essonne 45	111 H
Ners 30	283 H 5	Neung-sur-Beuvron 41	154 A 1	Neuville-sur-Margival 02	40 B
Nersac 16	221 E 2	Neunkirchen-		Neuville-sur-Oise 95	58 A
Nerville-la-Forêt 95	58 B 1	lès-Bouzonville 57	46 C 3	Neuville-sur-Ornain 55	63 G
Néry 60	39 F 3	Neure 03	174 B 5	La Neuville-sur-Oudeuil 60	21 H
Neschers 63	227 H 2	Neurey-en-Vaux 70	141 F 3	La Neuville-sur-Ressons 60	23 F
Nescus 09	335 H 2	Neurey-lès-la-Demie 70	141 F 5	Neuville-sur-Saône 69	213 E
Nesle 80	23 G 3	Neussargues-Moissac 15	245 G 3	Neuville-sur-Sarthe 72	107 H
Nesle-et-Massoult 21	137 H 3	Neuve-Chapelle 62	8 B 3	Neuville-sur-Seine 10	115 G
Nesle-Hodeng 76	21 E 4	Neuve-Eglise 67	97 E 4	Neuville-sur-Touques 61	54 C
Nesle-la-Reposte 51	90 A 2	La Neuve-Grange 27	37 E 2	Neuville-sur-Vanne 10	114 B
Nesle-le-Repons 51	61 E 1	La Neuve-Lyre 27	55 G 2	La Neuville-Vault 60	37 H
Nesle-l'Hôpital 80	11 F 5	Neuve-Maison 02	25 G 1	Neuville-Vitasse 62	13 G
Nesle-Normandeuse 76	11 F 5	Neufbosc 76	20 D 4	Neuviller-la-Roche 67	96 D
Nesles 62	6 B 2	Neuvecelle 74	198 C 3	Neuviller-lès-Badonviller 54	96 A
Nesles 77	59 G 5	Neuvéglise 15	245 G 5	Neuviller-sur-Moselle 54	95 E
Nesles-la-Montagne 02	60 C 1	La Neuvelle-		Neuvillers-sur-Fave 88	96 C
Nesles-la-Vallée 95	38 B 5	devant-Lépanges 88	119 H 2	Neuvillette 02	24 C
Neslette 80	11 F 5	La Neuvelle-		La Neuvillette 51	41 G
Nesmy 85	182 D 1	sous-Châtenois 88	94 B 5	Neuvillette 80	12 D
Nesploy 45	111 H 5	La Neuvelle-		Neuvillette-en-Charnie 72	107 E
Nespouls 19	242 B 3	sous-Montfort 88	118 C 2	Neuvilley 39	179 F
Nessa 2B	346 C 2	Neuvic 19	225 H 5	Neuvilly 59	14 D
Nestier 65	334 A 1	Neuvic 24	239 H 3	Neuvilly-en-Argonne 55	43 G
Nettancourt 55	63 F 3	Neuvic-Entier 87	224 C 1	Neuvireuil 62	8 C
Netzenbach 67	96 D 2	Neuvicq 17	238 C 1	Neuvizy 08	26 C
Neublans 39	178 C 3	Neuvicq-le-Château 17	202 C 5	Neuvy 03	192 A
Neubois 67	97 E 4	Neuvillalais 72	107 F 3	Neuvy 41	153 G
Le Neubourg 27	35 H 5	Neuville 03	191 F 3	Neuvy 51	60 C
Neuchâtel-Urtière 25	163 F 2	Neuville 19	243 E 3	Neuvy-au-Houlme 61	53 H
Neuf-Berquin 59	8 A 2	La Neuville 59	8 D 4	Neuvy-Bouin 79	167 G
Neuf-Brisach 68	121 F 3	Neuville 63	228 B 1	Neuvy-deux-Clochers 18	155 G
Neuf-Église 63	209 F 3	La Neuville-à-Maire 08	27 E 5	Neuvy-en-Beauce 28	110 D
Neuf-Marché 76	37 F 2	Neuville-au-Bois 80	11 G 5	Neuvy-en-Champagne 72	107 F
Neuf-Mesnil 59	15 G 2	Neuville-au-Cornet 62	12 D 2	Neuvy-en-Dunois 28	110 B
Neufbourg 76	20 D 4	La Neuville-au-Plain 50	29 F 5	Neuvy-en-Mauges 49	149 E
Le Neufbourg 50	52 C 5	La Neuville-au-Pont 51	43 E 5	Neuvy-en-Sullias 45	133 H
Neufchâteau 88	94 A 4	Neuville-aux-Bois 45	111 F 4	Neuvy-Grandchamp 71	193 F
Neufchâtel-en-Bray 76	20 D 3	La Neuville-aux-Bois 51	63 E 2	Neuvy-le-Barrois 18	174 B
Neufchâtel-en-Saosnois 72	83 H 4	La Neuville-aux-Joûtes 08	25 H 1	Neuvy-le-Roi 37	130 D
Neufchâtel-Hardelot 62	6 B 3	La Neuville-aux-Larris 51	41 F 5	Neuvy-Pailloux 36	172 A
Neufchâtel-sur-Aisne 02	41 G 2	La Neuville-		Neuvy-Saint-Sépulchre 36	189 F
Neufchef 57	45 G 3	aux-Tourneurs 08	26 A 2	Neuvy-Sautour 89	114 C
Neufchelles 60	39 H 5	Neuville-Bosc 60	37 H 4	Neuvy-sur-Barangeon 18	154 D
Neuffons 33	256 D 3	La Neuville-Bosmont 02	25 F 4	Neuvy-sur-Loire 58	156 A
Neuffontaines 58	157 G 3	Neuville-Bourjonval 62	14 A 5	Neuwiller 68	143 H
Neufgrange 57	67 G 1	La Neuville-		Neuwiller-lès-Saverne 67	68 B
Neuflieux 02	24 A 5	Chant-d'Oisel 76	36 C 2	Neuzy 71	193 G
Neuflize 08	42 A 2	La Neuville-Coppegueule 80	21 G 2	Névache 05	252 C
Neufmaison 08	26 B 3	La Neuville-d'Aumont 60	38 A 3	Nevers 58	174 C
Neufmaisons 54	96 A 3	La Neuville-Day 08	42 D 1	Névez 29	100 B
Neufmanil 08	26 D 2	La Neuville-de-Poitou 86	169 E 3	Néville 76	19 G
Neufmesnil 50	31 G 2	La Neuville-du-Bosc 27	35 H 4	Néville-sur-Mer 50	29 G
Neufmoulin 80	11 H 3	Neuville-en-Avesnois 59	15 E 3	Nevoy 45	134 C
Neufmoulins 57	67 G 5	Neuville-en-Beaumont 50	31 F 2	Nevy-lès-Dole 39	179 E
Neufmoutiers-en-Brie 77	59 F 4			Nevy-sur-Seille 39	179 F
Le Neufour 55	43 F 5			Nexon 87	223 G
Neufvillage 57	67 E 2			Ney 39	179 H
Neufvy-sur-Aronde 60	39 E 1			Neydens 74	215 G
Neugartheim 67	68 C 5			Neyrac-les-Bains 07	266 A
Neugartheim-Ittlenheim 67	68 C 5			Les Neyrolles 01	214 C
Neuhaeusel 67	69 G 3			Neyron 01	213 F
Neuil 37	151 G 2			Nézel 78	57 G
				Nézignan-l'Évêque 34	321 G

395
A B C D E F G H I J K L M N O P Q R S T U V W X Y Z

liafles 53 127 H 2
liaux 09 336 B 4
liaux *Grotte de* 09 336 B 4
libas 80 11 E 3
libelle 45 111 H 4
libles 04 287 G 1
ice 06 309 H 2
licey 21 137 H 2
licey-sur-Aire 55 64 B 3
licole 47 275 G 1
icorps 50 51 G 1
lideck *Château*
et Cascade du 67 96 D 1
liderhoff 57 96 B 1
liderviller 57 67 H 5
liederbronn-les-Bains 67 68 D 2
liederbruck 68 142 C 1
liederentzen 68 121 E 4
liederhaslach 67 97 E 2
liederhausbergen 67 68 D 5
liederhergheim 68 121 F 4
liederlarg 68 143 E 4
liederlauterbach 67 69 G 1
liedermodern 67 68 D 3
liedermorschwihr 68 120 D 2
liedernai 67 97 F 2
liederrœdern 67 69 G 2
liederschaeffolsheim 67 68 D 4
iederseebach 67 69 F 2
liedersoultzbach 67 68 B 3
liedersteinbach 67 68 D 1
liederstinzel 57 67 G 3
iedervisse 57 46 D 5
ielles-lès-Ardres 62 2 D 4
lielles-lès-Bléquin 62 7 E 2
lielles-lès-Calais 62 2 C 3
e Nieppe 59 3 G 5
ieppe 59 8 B 2
iergnies 59 14 B 4
ieudan 15 243 H 4
lieuil 16 203 H 4
ieuil-l'Espoir 86 186 C 2
ieul 87 205 G 4
ieul-le-Dolent 85 182 C 1
lieul-le-Virouil 17 219 G 4
ieul-lès-Saintes 17 201 F 5
ieul-sur-l'Autise 85 184 C 3
ieul-sur-Mer 17 183 F 5
ieulle-sur-Seudre 17 200 D 5
ieurlet 59 3 F 5
iévroz 01 213 G 4
iffer 68 143 H 2
iherne 36 171 G 4
ijon 52 117 H 2
ilvange 57 45 G 3
îmes 30 303 H 2
inville 52 117 G 3
iort 79 184 D 4
iort-de-Sault 11 337 E 4
iort-la-Fontaine 53 82 B 3
iozelles 04 287 F 5
issan-lez-Enserune 34 321 F 4
istos 65 334 A 2
itry 89 136 D 4
itting 57 67 G 5
ivelle 59 9 G 4
ivillac 56 125 F 5
ivillers 60 38 A 2
ivolas-Vermelle 38 232 A 2
ivollet-Montgriffon 01 214 B 3
ixéville 55 43 H 5
e Nizan 33 256 B 5
izan-Gesse 31 316 B 5
izas 32 317 E 2
izas 34 321 H 2
izerolles 03 210 D 2
izon 29 100 B 4
izy-le-Comte 02 25 G 5
oailhac 12 262 B 4
oailhac 19 242 C 3
oailhac 81 299 H 5
oaillac 33 256 D 4
oaillan 33 255 H 4
oailles 19 242 B 3
oailles 60 38 B 3
oailles 81 279 F 5
oailly 42 211 G 1
oalhac 48 263 H 1
oalhat 63 210 B 4
oards 27 35 E 4
ocario 2B 347 G 3
océ 61 84 C 4
oceta 2B 347 F 5
ochize 71 193 H 3
a Nocle-Maulaix 58 175 H 4
od-sur-Seine 21 138 A 3
ods 25 162 C 5
Noé 31 317 G 3
Noé 89 113 H 3
Noé-les-Mallets 10 115 H 3
La Noë-Blanche 35 126 B 2
La Noë-Poulain 27 35 E 3
Noël-Cerneux 25 163 F 5
Noëllet 49 127 G 4
Noërs 54 44 C 2
Les Noës 42 211 E 2
Les Noës-près-Troyes 10 90 D 5
Nœux-lès-Auxi 62 12 C 3
Nœux-les-Mines 62 8 A 4
Nogaret 31 318 D 2
Nogaro 32 295 E 3
Nogent 52 117 F 4
Nogent-en-Othe 10 114 C 3
Nogent-l'Abbesse 51 41 H 4
Nogent-l'Artaud 02 60 B 2
Nogent-le-Bernard 72 108 B 2
Nogent-le-Phaye 28 86 B 4
Nogent-le-Roi 28 57 E 5
Nogent-le-Rotrou 28 84 D 5
Nogent-le-Sec 27 56 A 2
Nogent-lès-Montbard 21 137 H 5
Nogent-sur-Aube 10 91 F 3
Nogent-sur-Eure 28 86 A 4
Nogent-sur-Loir 72 130 B 4
Nogent-sur-Marne 94 58 D 3
Nogent-sur-Oise 60 38 D 3
Nogent-sur-Seine 10 89 H 3
Nogent-sur-Vernisson 45 134 D 2
Nogentel 02 60 C 1
Nogna 39 196 C 1
Noguères 64 313 H 3
Nohan 08 27 E 1
Nohanent 63 209 G 5
Nohant-en-Goût 18 173 G 1
Nohant-en-Graçay 18 154 A 5
Nohant-Vic 36 189 G 1
Nohèdes 66 341 H 3
Nohic 82 298 A 1
Noidan 21 158 D 3
Noidans-le-Ferroux 70 140 D 5
Noidans-lès-Vesoul 70 141 E 4
Noidant-Chatenoy 52 139 G 3
Noidant-le-Rocheux 52 139 G 2
Noilhan 32 296 D 5
Nointel 60 38 D 2
Nointel 95 38 B 5
Nointot 76 19 E 5
Noir *Lac* 68 120 C 2
Noircourt 02 25 G 4
Noirefontaine 25 163 F 2
Noirémont 60 22 B 5
Noirétable 42 211 E 5
Noirlac *Abbaye de* 18 173 F 5
Noirlieu 51 63 E 2
Noirlieu 79 167 H 2
Noirmoutier-en-l'Île 85 164 B 1
Noiron 70 161 F 2
Noiron-sous-Gevrey 21 160 B 4
Noiron-sur-Bèze 21 160 C 2
Noiron-sur-Seine 21 115 H 5
Noironte 25 161 G 3
Noirpalu 50 51 H 3
Noirterre 79 167 H 3
Noirval 08 43 E 1
Noiseau 94 58 D 4
Noisiel 77 59 E 3
Noisseville 57 45 H 5
Noisy-le-Grand 93 58 D 3
Noisy-le-Roi 78 58 A 3
Noisy-le-Sec 93 58 D 3
Noisy-Rudignon 77 88 D 5
Noisy-sur-École 77 88 A 5
Noisy-sur-Oise 95 38 C 5
Noizay 37 152 B 2
Noizé 79 168 B 3
Nojals-et-Clotte 24 258 C 2
Nojeon-en-Vexin 27 37 E 3
Nolay 21 177 F 2
Nolay 58 156 D 5
Nolléval 76 37 E 1
Nollieux 42 211 G 5
Nomain 59 9 E 4
Nomdieu 47 275 H 4
Nomécourt 52 92 D 3
Nomeny 54 65 H 3
Nomexy 88 95 F 5
Nommay 25 142 C 4
Nompatelize 88 96 A 4
Nonac 16 221 E 4
Nonancourt 27 56 B 4
Nonant 14 33 E 3
Nonant-le-Pin 61 54 C 5
Nonards 19 243 E 4
Nonaville 16 220 D 3
Noncourt-
sur-le-Rongeant 52 93 E 4
Nonette-Orsonnette 63 228 A 4
Nonglard 74 215 F 3
Nonhigny 54 96 A 2
Nonières 07 248 C 5
Les Nonières 26 268 C 1
Nonsard 55 65 E 3
Nontron 24 222 C 3
Nonville 77 112 C 2
Nonville 88 118 C 3
Nonvilliers-Grandhoux 28 85 G 5
Nonza 2B 345 F 3
Nonzeville 88 95 H 5
Noordpeene 59 3 G 4
Nordausques 62 3 E 4
Nordheim 67 68 C 5
Nordhouse 67 97 G 2
Nore *Pic de* 11 320 A 3
Noreuil 62 13 H 4
Norges-la-Ville 21 160 A 2
La Norma 73 252 D 1
Normandel 61 55 G 5
Normandie *Pont de* 14 34 D 2
Normanville 27 56 B 1
Normanville 76 19 F 4
Normée 51 61 G 4
Normier 21 159 E 3
Norolles 14 34 C 4
Noron-la-Poterie 14 32 D 4
Noron-l'Abbaye 14 53 H 2
Noroy 60 38 D 2
Noroy-le-Bourg 70 141 G 4
Noroy-lès-Jussey 70 140 C 2
Noroy-sur-Ourcq 02 40 A 4
Norrent-Fontes 62 7 G 3
Norrey-en-Auge 14 54 B 2
Norrey-en-Bessin 14 33 F 4
Norrois 51 62 D 5
Norroy 88 118 B 2
Norroy-le-Sec 54 45 E 4
Norroy-le-Veneur 57 45 G 5
Norroy-lès-Pont-
à-Mousson 54 65 G 3
Nort-Leulinghem 62 3 E 5
Nort-sur-Erdre 44 147 H 1
Nortkerque 62 3 E 4
Norville 76 35 F 1
La Norville 91 87 G 2
Nossage-et-Bénévent 05 287 E 1
Nossoncourt 88 95 H 3
Nostang 56 123 G 2
Noth 23 188 D 5
Nothalten 67 97 E 4
Notre-Dame-d'Aiguebelle
Abbaye de 26 267 F 5
Notre-Dame-
d'Aliermont 76 20 C 2
Notre-Dame-
d'Allençon 49 149 H 3
Notre-Dame-d'Aurès 12 281 E 3
Notre-Dame d'Ay
Sanctuaire de 07 248 D 2
Notre-Dame-
de-Bellecombe 73 216 B 4
Notre-Dame-
de-Bliquetuit 76 35 G 1
Notre-Dame-de-Boisset 42 211 H 3
Notre-Dame-
de-Bondeville 76 36 A 1
Notre-Dame-
de-Briançon 73 234 B 2
Notre-Dame de Buglose 40 293 E 2
Notre-Dame-de-Cenilly 50 51 H 1
Notre-Dame de Clausis 05 271 F 2
Notre-Dame-
de-Commiers 38 250 D 3
Notre-Dame-de-Courson 14 54 D 1
Notre-Dame-de-Fresnay 14 54 B 2
Notre-Dame-
de-Garaison 65 316 A 5
Notre-Dame-de-Grace 44 126 A 5
Notre-Dame-
de-Gravenchon 76 35 F 1
Notre-Dame de Kérinec
Chapelle 29 99 F 2
Notre-Dame-de-la-Cour 22 73 G 5
Notre-Dame de
la Gorge 74 216 D 4
Notre-Dame-de-la-Grainetière
Abbaye de 85 166 C 3
Notre-Dame-de-la-Mer
Chapelle 78 57 E 1
Notre-Dame-
de-la-Rouvière 30 283 E 5
Notre-Dame-
de-la-Salette 38 251 G 5
Notre Dame de la Serra
Belvédère de 2B 346 B 2
Notre-Dame-de-l'Aillant 71 176 B 1
Notre-Dame-de-Laus 05 269 H 4
Notre-Dame-
de-l'Espérance 22 73 H 4
Notre-Dame-de-l'Isle 27 36 D 5
Notre-Dame-de-Livaye 14 34 B 5
Notre-Dame-de-Livoye 50 52 A 4
Notre-Dame-
de-Londres 34 302 C 2
Notre-Dame-de-Lorette 62 8 A 5
Notre-Dame de l'Ormeau
Chapelle 83 308 C 3
Notre-Dame-de-l'Osier 38 250 B 1
Notre-Dame de Lure
Monastère de 04 287 E 3
Notre-Dame-
de-Mésage 38 251 E 3
Notre-Dame-de-Montplacé
Chapelle 49 129 F 5
Notre-Dame-de-Monts 85 164 C 3
Notre-Dame-de-Piétat
Chapelle de 64 314 B 5
Notre-Dame-de-Riez 85 164 D 4
Notre-Dame-
de-Sanilhac 24 240 C 3
Notre-Dame-de-Timadeuc
Abbaye de 56 102 B 3
Notre-Dame-de-Tréminou
Chapelle 29 99 F 4
Notre-Dame-de-Tronoën 29 99 F 4
Notre-Dame de Valvert
Chapelle de 04 288 D 5
Notre-Dame-de-Vaulx 38 251 E 4
Notre-Dame de Vie
Ermitage 06 309 E 4
Notre-Dame-d'Elle 50 32 C 5
Notre-Dame-d'Épine 27 35 F 4
Notre-Dame-des-Anges
Prieuré 83 328 D 2
Notre-Dame-des-Dombes
Abbaye de 01 213 G 2
Notre-Dame des Fontaines
Chapelle 06 291 H 2
Notre-Dame-
des-Landes 44 147 F 2
Notre-Dame-
des-Millières 73 234 A 1
Notre-Dame-des-Misères
Chapelle de 82 278 B 4
Notre-Dame-d'Estrées 14 34 B 5
Notre-Dame-d'Igny
Abbaye 51 41 E 4
Notre-Dame-d'Oé 37 151 H 2
Notre-Dame-d'Or 86 168 C 4
Notre-Dame-du-Bec 76 18 C 5
Notre-Dame-du-Crann
Chapelle 29 76 C 5
Notre-Dame-du-Cruet 73 234 A 4
Notre-Dame-du-Groseau
Chapelle 84 285 H 3
Notre-Dame-du-Guildo 22 50 A 5
Notre-Dame-du-Hamel 27 55 E 3
Notre-Dame du Haut
Chapelle 22 78 C 5
Notre-Dame-du-Mai
Chapelle 83 327 H 5
Notre-Dame-du-Parc 76 20 B 3
Notre-Dame-du-Pé 72 129 E 3
Notre-Dame-du-Pré 73 234 C 2
Notre-Dame-du-Rocher 61 53 G 4
Notre-Dame-du-Touchet 50 81 G 2
Nottonville 28 110 B 3
La Nouaille 23 207 G 5
Nouaillé-Maupertuis 86 186 C 2
Nouainville 50 29 E 3
Nouan-le-Fuzelier 41 154 B 1
Nouan-sur-Loire 41 132 C 4
Nouans 72 107 H 2
Nouans-les-Fontaines 37 153 E 5
Nouart 08 43 F 1
Nouâtre 37 169 G 1
La Nouaye 35 103 H 2
La Noue 17 200 A 1
La Noue 51 60 D 4
Noueilles 31 318 A 3
Nougaroulet 32 296 C 3
Nouhant 23 190 B 5
Nouic 87 205 E 2
Nouilhan 65 315 E 2
Les Nouillers 17 201 F 3
Nouillonpont 55 44 D 3
Nouilly 57 45 H 5
Noulens 32 295 F 2
Nourard-le-Franc 60 38 C 1
Nourray 41 131 G 4
Nousse 40 293 F 3
Nousseviller-lès-Bitche 57 48 B 5
Nousseviller-Saint-Nabor 57 47 G 5
Nousty 64 314 C 4
Nouvelle-Église 62 3 E 3
Nouvion-en-Ponthieu 80 11 G 2
Le Nouvion-en-Thiérache 02 15 F 5
Nouvion-et-Catillon 02 24 C 4
Nouvion-le-Comte 02 24 C 4
Nouvion-le-Vineux 02 40 D 1
Nouvion-sur-Meuse 08 26 D 4
Nouvoitou 35 104 C 4
Nouvron-Vingré 02 40 A 2
Nouzerines 23 189 H 4
Nouzerolles 23 189 E 4
Nouziers 23 189 G 3
Nouzilly 37 152 A 1
Nouzonville 08 26 D 2
Novacelles 63 228 D 4
Novalaise 73 233 E 2
Novale 2B 347 G 4
Novéant-sur-Moselle 57 65 G 2
Novel 74 198 D 3
Novella 2B 345 E 5
Noves 13 304 D 1
Noviant-aux-Prés 54 65 F 4
Novillard 90 142 D 3
Novillars 25 162 A 3
Novillers 60 38 B 4
Novion-Porcien 08 26 B 5
Novy-Chevrières 08 26 B 5
Noyal 22 78 D 4
Noyal-Châtillon-
sur-Seiche 35 104 B 3
Noyal-Muzillac 56 125 E 4
Noyal-Pontivy 56 102 A 3
Noyal-sous-Bazouges 35 80 B 3
Noyal-sur-Brutz 44 127 E 3
Noyal-sur-Vilaine 35 104 C 3
Noyales 02 24 C 2
Noyalo 56 124 C 4
Noyant 49 150 D 1
Noyant-d'Allier 03 191 H 3
Noyant-de-Touraine 37 151 G 5
Noyant-et-Aconin 02 40 B 3
Noyant-la-Gravoyère 49 127 H 3
Noyant-la-Plaine 49 149 H 3
Noyarey 38 250 D 1
Noyelle-Vion 62 13 E 2
Noyelles-en-Chaussée 80 11 H 2
Noyelles-Godault 62 8 C 5
Noyelles-lès-Humières 62 7 F 5
Noyelles-lès-Seclin 59 8 D 3
Noyelles-lès-Vermelles 62 8 A 4
Noyelles-sous-Bellonne 62 14 A 2
Noyelles-sous-Lens 62 8 B 5
Noyelles-sur-Escaut 59 14 B 4
Noyelles-sur-Mer 80 11 F 2
Noyelles-sur-Sambre 59 15 F 4
Noyelles-sur-Selle 59 14 C 2
Noyellette 62 13 F 2
Noyen-sur-Sarthe 72 129 F 2
Noyen-sur-Seine 77 89 G 4
Le Noyer 05 269 G 2
Le Noyer 14 34 D 2
Le Noyer 18 155 G 3
Le Noyer 73 233 G 1
Noyer *Col du* 05 269 G 2
Le Noyer-en-Ouche 27 55 G 1
Noyers 27 37 F 4
Noyers 45 134 B 2
Noyers 52 117 G 4
Noyers 89 137 E 4
Noyers-Missy 14 33 F 5
Noyers-le-Val 55 63 F 3
Noyers-Pont-Maugis 08 27 F 4
Noyers-Saint-Martin 60 22 B 5
Noyers-sur-Cher 41 153 F 4
Noyers-sur-Jabron 04 287 F 3
Noyon 60 23 H 5
Nozay 10 91 E 3
Nozay 44 126 C 5
Nozay 91 58 B 5
Nozeroy 39 180 A 4
Nozières 07 248 C 3
Nozières 18 173 E 5
Nuaillé 49 149 E 5
Nuaillé-d'Aunis 17 183 H 5
Nuaillé-sur-Boutonne 17 201 H 2
Nuars 58 157 G 2
Nubécourt 55 63 H 1
Nuces 12 262 C 5
Nucourt 95 37 G 5
Nueil-les-Aubiers 79 167 F 2
Nueil-sous-Faye 86 169 E 2
Nueil-sur-Argent 79 167 F 2
Nueil-sur-Layon 49 149 H 5
Nuelles 69 212 C 4
Nuillé-le-Jalais 72 108 B 4
Nuillé-sur-Ouette 53 106 B 4
Nuillé-sur-Vicoin 53 105 H 4
Nuisement-sur-Coole 51 62 A 3
Nuits 89 137 G 4
Nuits-Saint-Georges 21 160 A 5
Nullemont 76 21 F 3
Nully 52 92 B 4
Nuncq 62 12 C 2
Nuret-le-Ferron 36 171 F 5
Nurieux-Volognat 01 214 B 1
Nurlu 80 14 A 5
Nuzéjouls 46 259 H 4
Nyer 66 341 H 3
Nyoiseau 49 127 H 3
Nyons 26 285 H 1

O

O *Château d'* 61 54 B 5
Obenheim 67 97 G 3
Oberbronn 67 68 C 2
Oberbruck 68 142 C 1
Oberdorf 68 143 F 3
Oberdorf-Spachbach 67 69 E 2
Oberdorff 57 46 D 4
Oberentzen 68 121 E 4
Obergailbach 57 47 H 5
Oberhaslach 67 97 E 1
Oberhausbergen 67 97 G 1
Oberhergheim 68 121 E 4
Oberhoffen-
lès-Wissembourg 67 69 F 1
Oberhoffen-sur-Moder 67 69 E 4
Oberkutzenhausen 67 69 E 2
Oberlarg 68 143 F 5
Oberlauterbach 67 69 G 2
Obermodern 67 68 C 3
Obermorschwihr 68 121 E 3
Obermorschwiller 68 143 F 2
Obernai 67 97 F 2
Oberrœdern 67 69 F 2
Obersaasheim 68 121 G 4
Oberschaeffolsheim 67 97 G 1
Obersoultzbach 67 68 B 3
Obersteigen 67 68 A 5
Obersteinbach 67 68 D 1
Oberstinzel 57 67 G 4
Obervisse 57 46 D 5
Obies 59 15 F 2
Objat 19 241 H 1
Oblinghem 62 8 A 3
Obrechies 59 15 H 3
Obreck 57 66 D 3
Obsonville 77 112 A 2
Obterre 36 170 C 3
Obtrée 21 115 H 5
Ocana 2A 348 D 3
Occagnes 61 54 A 4
Occey 52 139 G 5
Occhiatana 2B 346 D 2
Occoches 80 12 C 4
Ochancourt 80 11 F 3
Oches 08 43 F 1
Ochey 54 94 B 2
Ochiaz 01 214 D 1
Ochtezeele 59 3 G 4
Ocquerre 77 59 H 1
Ocqueville 76 19 G 3
Octeville 50 29 E 3
Octeville-l'Avenel 50 29 G 4
Octeville-sur-Mer 76 18 C 5
Octon 34 301 H 4
Odars 31 298 B 5
Odeillo 66 341 F 4
Odenas 69 212 D 2
Oderen 68 120 B 5
Odival 52 117 F 4
Odomez 59 9 G 4
Odos 65 315 E 5
Odratzheim 67 97 F 1
Oeillon *Crêt de l'* 42 230 D 4
Oëlleville 88 94 C 4
Oermingen 67 67 H 2
Œting 57 47 F 5
Oëtre *Roche d'* 61 53 G 3
Œuf-en-Ternois 62 7 F 5
Œuilly 02 41 E 2
Œuilly 51 61 E 1
Œutrange 57 45 G 2
Oëy 55 93 F 1
Oeyregave 40 292 D 5
Oeyreluy 40 292 D 3
Offekerque 62 3 E 3
Offemont 90 142 C 2
Offendorf 67 69 F 4
Offignies 80 21 G 3

A B C D E F G H I J K L M N O P Q R S T U V W X Y Z

Offin 62 .... 6 D 4
Offlanges 39 .... 161 E 4
Offoy 60 .... 22 A 4
Offoy 80 .... 23 H 3
Offranville 76 .... 20 A 2
Offrethun 62 .... 2 B 5
Offroicourt 88 .... 94 C 5
Offwiller 67 .... 68 C 2
Ogenne-Camptort 64 .... 313 G 3
Oger 51 .... 61 G 2
Ogeu-les-Bains 64 .... 314 A 4
Ogéviller 54 .... 95 H 2
Ogliastro 2B .... 345 F 2
Ognes 02 .... 24 A 5
Ognes 51 .... 61 F 5
Ognes 60 .... 39 F 5
Ognéville 54 .... 94 C 3
Ognolles 60 .... 23 G 4
Ognon 60 .... 39 E 4
Ogy 57 .... 66 B 1
Ohain 59 .... 16 A 5
Oherville 76 .... 19 G 3
Ohis 02 .... 25 G 1
Ohlungen 67 .... 68 D 3
Ohnenheim 67 .... 97 F 5
L'Oie 85 .... 166 B 3
Oigney 70 .... 140 C 3
Oignies 62 .... 8 C 4
Oigny 21 .... 138 C 5
Oigny 41 .... 109 E 4
Oigny-en-Valois 02 .... 40 A 4
Oingt 69 .... 212 C 3
Oinville-Saint-Liphard 28 .... 111 E 2
Oinville-sous-Auneau 28 .... 86 C 3
Oinville-sur-Montcient 78 .... 57 G 1
Oiron 79 .... 168 B 2
Oiry 51 .... 61 G 1
Oiselay-et-Grachaux 70 .... 161 H 2
Oisemont 80 .... 11 G 5
Oisilly 21 .... 160 D 2
Oisly 41 .... 153 E 2
Oison 45 .... 111 E 3
Oisseau 53 .... 82 A 4
Oisseau-le-Petit 72 .... 83 G 5
Oissel 76 .... 36 B 3
Oissery 77 .... 59 F 1
Oissy 80 .... 22 A 1
Oisy 02 .... 15 E 5
Oisy 58 .... 157 E 1
Oisy 59 .... 9 G 5
Oisy-le-Verger 62 .... 14 A 4
Oizé 72 .... 129 H 3
Oizon 18 .... 155 F 2
OK Corral
  Parc d'attractions 13 .... 327 G 3
Olargues 34 .... 300 D 5
Olby 63 .... 227 F 1
Olcani 2B .... 345 F 2
Oléac-Debat 65 .... 315 F 4
Oléac-Dessus 65 .... 315 F 5
Olemps 12 .... 280 C 1
Olendon 14 .... 53 H 2
Oléron Île d' 17 .... 200 B 4
Oléron Viaduc d' 17 .... 200 C 4
Oletta 2B .... 345 F 5
Olette 66 .... 341 H 4
Olhain Château d' 62 .... 8 A 5
Olivese 2A .... 349 E 4
Olivet 45 .... 133 E 2
Olivet 53 .... 105 H 3
Olizy 08 .... 42 D 2
Olizy 51 .... 41 E 5
Olizy-sur-Chiers 55 .... 27 H 5
Ollainville 88 .... 94 A 5
Ollainville 91 .... 87 G 2
Ollans 25 .... 162 B 1
Ollé 28 .... 85 H 4
Ollencourt 60 .... 39 H 1
Olley 54 .... 45 E 5
Ollezy 02 .... 24 A 3
Ollières 53 .... 44 D 3
Les Ollières 74 .... 215 H 2
Ollières 83 .... 306 D 5
Les Ollières-sur-Eyrieux 07. 266 D 1
Olliergues 63 .... 228 D 1
Ollioules 83 .... 327 H 4
Olloix 63 .... 227 G 2
Les Olmes 69 .... 212 C 4
Olmet 63 .... 228 D 1
Olmet-et-Villecun 34 .... 301 H 3
Olmeta-di-Capocorso 2B .... 345 F 3
Olmeta-di-Tuda 2B .... 345 F 5
Olmeto 2A .... 348 D 5
Olmi-Cappella 2B .... 346 D 2
Olmiccia 2A .... 349 E 5
Olmo 2B .... 347 G 2
Olonne-sur-Mer 85 .... 182 A 1

Olonzac 34 .... 320 C 4
Oloron-Sainte-Marie 64 .... 331 H 1
Ols-et-Rinhodes 12 .... 261 F 5
Oltingue 68 .... 143 G 4
Olwisheim 67 .... 68 D 5
Omaha Beach 14 .... 32 D 2
Omblèze 26 .... 250 A 5
Omécourt 60 .... 21 G 5
Omelmont 54 .... 94 D 2
Les Omergues 04 .... 286 D 3
Omerville 95 .... 37 F 5
Omessa 2B .... 347 F 4
Omet 33 .... 256 B 3
Omex 65 .... 332 D 1
Omicourt 08 .... 27 E 4
Omiécourt 80 .... 23 F 3
Omissy 02 .... 24 B 2
Omméel 61 .... 54 C 4
Ommeray 57 .... 67 E 5
Ommoy 61 .... 54 A 3
Omont 08 .... 26 D 5
Omonville 76 .... 20 A 3
Omonville-la-Petite 50 .... 28 C 2
Omonville-la-Rogue 50 .... 28 D 2
Omps 15 .... 243 H 5
Oms 66 .... 342 D 3
Onans 25 .... 142 A 4
Onard 40 .... 293 F 2
Onay 70 .... 161 F 2
Oncieu 01 .... 214 B 3
Oncourt 88 .... 95 F 5
Oncy-sur-École 91 .... 88 A 4
Ondefontaine 14 .... 53 E 1
Ondes 31 .... 297 G 3
Ondres 40 .... 292 A 4
Ondreville-sur-Essonne 45... 111 H 2
Onesse-Laharie 40 .... 272 C 4
Onet-le-Château 12 .... 280 D 1
Oneux 80 .... 11 H 3
Ongles 04 .... 287 E 4
Onglières 39 .... 180 A 3
Onival 80 .... 10 D 3
Onjon 10 .... 91 F 4
Onlay 58 .... 176 A 2
Onnaing 59 .... 9 H 5
Onnion 74 .... 198 B 4
Onoz 39 .... 196 C 2
Ons-en-Bray 60 .... 37 H 2
Ontex 73 .... 215 E 5
Onville 54 .... 65 F 2
Onzain 41 .... 152 D 1
Oô 31 .... 334 A 4
Oost-Cappel 59 .... 4 A 3
Opio 06 .... 309 E 3
Opme 63 .... 227 H 1
Opoul-Périllos 66 .... 338 D 4
Oppède 84 .... 305 G 2
Oppède-le-Vieux 84 .... 305 F 2
Oppedette 04 .... 286 D 5
Oppenans 70 .... 141 G 4
Oppy 62 .... 13 H 2
Optevoz 38 .... 214 A 5
Or Mont d' 25 .... 180 C 4
Oraàs 64 .... 311 H 3
Oradour 15 .... 245 F 5
Oradour 16 .... 202 D 4
Oradour-Fanais 16 .... 204 D 2
Oradour-Saint-Genest 87 .... 187 H 5
Oradour-sur-Glane 87 .... 205 H 4
Oradour-sur-Vayres 87 .... 222 D 1
Orain 21 .... 139 H 5
Orainville 02 .... 41 G 2
Oraison 04 .... 287 G 5
Orange 84 .... 285 F 3
Orbagna 39 .... 196 B 1
Orbais-l'Abbaye 51 .... 61 E 2
Orban 81 .... 299 F 2
Orbec 14 .... 55 E 1
Orbeil 63 .... 228 A 3
Orbessan 32 .... 296 B 5
Orbey 68 .... 120 D 2
Orbigny 37 .... 152 D 4
Orbigny-au-Mont 52 .... 139 H 2
Orbigny-au-Val 52 .... 139 H 2
Orbois 14 .... 33 E 5
L'Orbrie 85 .... 184 B 2
Orçay 41 .... 154 C 4
Orcemont 78 .... 86 D 2
Orcenais 18 .... 173 E 5
Orcet 63 .... 227 H 1
Orcevaux 52 .... 139 G 3
Orchaise 41 .... 131 H 5
Orchamps 39 .... 161 F 5
Orchamps-Vennes 25 .... 163 E 5
Orches 86 .... 169 E 3

Orchies 59 .... 9 E 4
Orcier 74 .... 198 B 4
Orcières 05 .... 270 A 2
Orcinas 26 .... 267 H 4
Orcines 63 .... 209 G 5
Orcival 63 .... 227 F 1
Orconte 51 .... 62 D 5
Ordan-Larroque 32 .... 296 A 3
Ordiarp 64 .... 331 E 1
Ordizan 65 .... 333 F 1
Ordonnac 33 .... 219 E 5
Ordonnaz 01 .... 214 C 4
Ore 31 .... 334 B 2
Orègue 64 .... 311 G 3
Oreilla 66 .... 341 H 3
Orelle 73 .... 252 C 1
Oresmaux 80 .... 22 B 3
Orezza Couvent d' 2B .... 347 G 3
Organ 65 .... 316 A 4
Orgeans 25 .... 163 F 3
Orgedeuil 16 .... 221 H 1
Orgeix 09 .... 341 E 2
Orgelet 39 .... 196 C 2
Orgères 35 .... 104 B 4
Orgères 61 .... 54 D 4
Orgères-en-Beauce 28 .... 110 C 3
Orgères-la-Roche 53 .... 83 E 2
Orgerus 78 .... 57 F 3
Orges 52 .... 116 C 3
Orgeux 21 .... 160 B 2
Orgeval 02 .... 41 E 1
Orgeval 78 .... 57 H 2
Orgibet 09 .... 334 D 3
Orglandes 50 .... 29 F 5
Orgnac Aven d' 07 .... 284 B 1
Orgnac-l'Aven 07 .... 284 B 2
Orgnac-sur-Vézère 19 .... 224 B 5
Orgon 13 .... 305 F 2
Orgueil 82 .... 297 H 1
Oricourt 70 .... 141 G 4
Orient Forêt d' 10 .... 91 G 5
Orieux 65 .... 315 G 5
Origne 33 .... 255 G 4
Origné 53 .... 106 A 5
Orignolles 17 .... 238 C 1
Origny 21 .... 138 B 4
Origny-en-Thiérache 02 .... 25 G 1
Origny-le-Butin 61 .... 84 B 4
Origny-le-Roux 61 .... 84 A 5
Origny-le-Sec 10 .... 90 B 3
Origny-Sainte-Benoite 02 .... 24 C 2
Orin 64 .... 313 G 4
Orincles 65 .... 333 E 1
Oriocourt 57 .... 66 C 3
Oriol-en-Royans 26 .... 250 A 4
Oriolles 16 .... 220 C 5
Orion 64 .... 313 F 2
Oris-en-Rattier 38 .... 251 F 4
Orist 40 .... 292 C 4
Orival 16 .... 239 E 1
Orival 76 .... 36 A 3
Orival 80 .... 21 G 3
Orléans 45 .... 133 E 2
Orléat 63 .... 210 B 4
Orleix 65 .... 315 F 5
Orliac 24 .... 259 F 2
Orliac-de-Bar 19 .... 224 D 5
Orliaguet 24 .... 241 H 5
Orliénas 69 .... 230 D 1
Orlu 09 .... 341 E 2
Orlu 28 .... 87 E 5
Orly 94 .... 58 C 4
Orly-sur-Morin 77 .... 60 A 3
Ormancey 52 .... 117 E 5
Ormeaux 77 .... 59 H 5
Ormenans 70 .... 162 B 1
Ormersviller 57 .... 48 B 5
Ormes 10 .... 91 E 2
Ormes 27 .... 56 A 1
Ormes 45 .... 110 D 5
Ormes 51 .... 41 G 4
Ormes 71 .... 195 F 1
Les Ormes 86 .... 169 H 2
Les Ormes 89 .... 135 H 2
Ormes-et-Ville 54 .... 94 D 3
Les Ormes-sur-Voulzie 77.... 89 F 3
Ormesson 77 .... 112 B 2
Ormesson-sur-Marne 94 .... 58 D 4
Ormoiche 70 .... 141 F 2
Ormoy 28 .... 86 A 2
Ormoy 70 .... 118 C 5
Ormoy 89 .... 114 A 5
Ormoy 91 .... 88 A 2
Ormoy-la-Rivière 91 .... 87 F 4
Ormoy-le-Davien 60 .... 39 G 4
Ormoy-lès-Sexfontaines 52. 116 D 2

Ormoy-sur-Aube 52 .... 116 B 4
Ormoy-Villers 60 .... 39 F 4
Ornacieux 38 .... 231 H 4
Ornaisons 11 .... 320 D 5
Ornans 25 .... 162 B 5
Ornel 55 .... 44 D 4
Ornes 55 .... 44 C 4
Ornex 01 .... 197 G 4
Ornézan 32 .... 296 B 5
Orniac 46 .... 260 C 4
Ornolac-Ussat-
  les-Bains 09 .... 336 B 4
Ornon 38 .... 251 F 3
Ornon Col d' 38 .... 251 F 3
Orny 57 .... 65 H 2
Oroër 60 .... 38 A 1
Oroix 65 .... 314 D 4
Oron 57 .... 66 C 3
Oroux 79 .... 168 B 5
Orphin 78 .... 86 D 2
Orpierre 05 .... 287 E 1
Orquevaux 52 .... 93 F 5
Les Orres 05 .... 270 C 4
Orret 21 .... 138 C 5
Orriule 64 .... 313 F 2
Orrouer 28 .... 85 H 4
Orrouy 60 .... 39 F 4
Orry-la-Ville 60 .... 38 D 5
Ors 59 .... 15 E 4
Orsan 30 .... 284 D 3
Orsanco 64 .... 311 G 4
Orsans 11 .... 319 E 5
Orsans 25 .... 162 C 5
Orsay 91 .... 58 B 5
Orschwihr 68 .... 120 D 4
Orschwiller 67 .... 97 E 5
Orsennes 36 .... 189 E 3
Orsinval 59 .... 15 E 2
Orsonnette 63 .... 228 A 4
Orsonville 78 .... 86 D 3
Ortaffa 66 .... 343 F 3
Ortale 2B .... 347 G 4
Orthevielle 40 .... 292 D 5
Orthez 64 .... 293 F 5
Orthoux-Sérignac-
  Quilhan 30 .... 303 E 1
Ortillon 21 .... 91 F 3
Ortiporio 2B .... 347 G 3
Orto 2A .... 348 D 1
Orval-sur-Sienne 88 .... 95 G 4
Orus 09 .... 336 A 5
Orval 18 .... 173 F 5
Orval 50 .... 51 G 1
Orvault 44 .... 147 G 3
Orvaux 27 .... 56 A 2
Orve 25 .... 163 E 2
Orveau 91 .... 87 G 4
Orveau-Bellesauve 45 .... 111 H 2
Orville 21 .... 139 F 5
Orville 36 .... 154 A 5
Orville 45 .... 111 H 2
Orville 61 .... 54 D 3
Orville 62 .... 12 D 4
Orvillers-Sorel 60 .... 23 E 5
Orvilliers 78 .... 57 F 3
Orvilliers-Saint-Julien 10 .... 90 C 4
Orx 40 .... 292 B 4
Os-Marsillon 64 .... 313 H 2
Osani 2A .... 346 A 4
Osches 55 .... 63 H 1
Osenbach 68 .... 120 D 4
Oslon 71 .... 177 H 4
Osly-Courtil 02 .... 40 A 2
Osmanville 14 .... 32 B 2
Osmery 18 .... 173 G 3
Osmets 65 .... 315 G 4
Osmoy 18 .... 173 F 1
Osmoy 78 .... 57 F 3
Osmoy-Saint-Valery 76 .... 20 C 3
Osne-le-Val 52 .... 93 E 3
Osnes 08 .... 27 G 4
Osny 95 .... 58 A 1
L'Ospédale 2A .... 351 F 2
Ossages 40 .... 293 E 5
Ossas-Suhare 64 .... 331 E 1
Osse 25 .... 162 B 3
Ossé 35 .... 104 D 4
Osse-en-Aspe 64 .... 331 H 3
Osséja 66 .... 341 F 5
Osselle Grottes d' 25 .... 161 G 5
Osselle-Routelle 25 .... 161 G 5
Ossen 65 .... 332 D 1
Ossenx 64 .... 313 F 3
Osserain-Rivareyte 64 .... 311 H 4
Ossès 64 .... 311 E 5
Ossey-les-Trois-Maisons 10... 90 B 4

Ossun 65 .... 314 D 5
Ossun-ez-Angles 65 .... 333 E 1
Ostabat-Asme 64 .... 311 G 5
Ostel 02 .... 40 D 2
Ostheim 68 .... 121 E 2
Osthoffen 67 .... 97 F 1
Osthouse 67 .... 97 G 3
Ostreville 62 .... 7 G 5
Ostricourt 59 .... 8 D 4
Ostwald 67 .... 97 H 1
Ota 2A .... 346 B 5
Othe 54 .... 44 B 2
Othis 77 .... 59 E 1
Ottange 57 .... 45 F 2
Ottersthal 67 .... 68 B 4
Otterswiller 67 .... 68 B 4
Ottmarsheim 68 .... 143 G 1
Ottonville 57 .... 46 C 4
Ottott 67 .... 97 E 2
Ottwiller 67 .... 68 A 3
Ouagne 58 .... 157 E 2
Ouainville 76 .... 19 F 3
Ouanne 89 .... 136 A 4
Ouarville 28 .... 86 D 5
Les Oubeaux 14 .... 32 B 3
Ouchamps 41 .... 153 E 2
Ouches 42 .... 211 G 3
Oucques 41 .... 132 A 3
Oudalle 76 .... 34 D 1
Oudan 58 .... 156 D 3
Oudeuil 60 .... 21 H 5
Oudezeele 59 .... 3 H 4
Oudincourt 52 .... 116 D 2
Oudon 21 .... 148 A 2
Oudrenne 57 .... 46 B 3
Oudry 71 .... 193 H 1
Oueilloux 65 .... 315 F 5
Ouerre 28 .... 56 D 5
Ouessant Île d' 29 .... 74 A 1
Ouézy 14 .... 34 A 5
Ouffières 14 .... 53 F 1
Ouge 70 .... 140 B 2
Ouges 21 .... 160 A 4
Ougney 39 .... 161 F 4
Ougney-Douvot 25 .... 162 C 2
Ouhans 25 .... 180 C 1
Ouides 43 .... 247 E 5
Ouillat Col de l' 66 .... 343 F 4
Ouillon 64 .... 314 C 3
Ouilly-du-Houley 14 .... 34 D 5
Ouilly-le-Tesson 14 .... 53 H 1
Ouilly-le-Vicomte 14 .... 34 C 4
Ouistreham-Riva-Bella 14... 33 H 3
Oulches 36 .... 188 B 1
Oulches-la-Vallée-Foulon 02...41 E 2
Oulchy-la-Ville 02 .... 40 B 4
Oulchy-le-Château 02 .... 40 B 4
Oulins 28 .... 56 D 3
Oulles 38 .... 251 F 3
Oullins 69 .... 231 E 1
Oulmes 85 .... 184 C 3
Oulon 58 .... 157 E 5
Ounans 39 .... 179 F 1
Oupia 34 .... 320 C 4
Our 39 .... 161 F 5
Ourcel-Maison 60 .... 22 B 5
Ourches 26 .... 267 G 1
Ourches-sur-Meuse 55 .... 94 A 1
Ourde 65 .... 334 A 3
Ourdis-Cotdoussan 65 .... 333 E 2
Ourdon 65 .... 333 E 2
Ouroüer 58 .... 174 D 1
Ourouer-les-Bourdelins 18... 173 H 3
Ouroux 69 .... 194 C 5
Ouroux-en-Morvan 58 .... 158 A 5
Ouroux-sous-le-Bois-
  Sainte-Marie 71 .... 194 A 4
Ouroux-sur-Saône 71 .... 178 A 5
Oursbelille 65 .... 315 E 4
Ourscamps Abbaye d' 60 ....39 G 1
Les Oursinières 83 .... 328 B 5
Ourtigas Col de l' 34 .... 301 E 4
Ourton 62 .... 7 H 4
Ourville-en-Caux 76 .... 19 F 3
Ousse 64 .... 314 C 4
Ousse-Suzan 40 .... 273 F 5
Oussières 39 .... 179 E 2
Ousson-sur-Loire 45 .... 134 D 5
Oussoy-en-Gâtinais 45 .... 134 C 2
Oust 09 .... 335 G 4
Oust-Marest 80 .... 10 D 4
Ousté 65 .... 333 E 1
Outarville 45 .... 111 E 2
Outines 51 .... 92 A 2
Outreau 62 .... 6 A 2
Outrebois 80 .... 12 C 3

Outremécourt 52 .... 118 A 2
Outrepont 51 .... 62 D 1
Outriaz 01 .... 214 C 2
Outtersteene 59 .... 4 A 5
Ouvans 25 .... 162 D 3
Ouve-Wirquin 62 .... 7 E 2
Ouveillan 11 .... 321 E 4
Ouville 50 .... 51 H 1
Ouville-la-Bien-Tournée 14... 54 A 1
Ouville-la-Rivière 76 .... 20 A 2
Ouville-l'Abbaye 76 .... 19 H 4
Ouvrouer-
  les-Champs 45 .... 133 H 3
Ouzilly 86 .... 169 F 4
Ouzilly-Vignolles 86 .... 168 C 3
Ouzouer-
  des-Champs 45 .... 134 C 2
Ouzouer-le-Doyen 41 .... 109 H 5
Ouzouer-le-Marché 41 .... 132 C 2
Ouzouer-
  sous-Bellegarde 45 .... 112 A 5
Ouzouer-sur-Loire 45 .... 134 B 3
Ouzouer-sur-Trézée 45 .... 134 D 4
Ouzous 65 .... 332 D 2
Ovanches 70 .... 140 D 4
Ovillers-la-Boisselle 80 .... 13 F 4
Oxelaëre 59 .... 3 H
Oxocelhaya et Isturits
  Grottes d' 64 .... 311 F
Oyé 71 .... 193 H
Oye-et-Pallet 25 .... 180 C
Oye-Plage 62 .... 3 E
Oyes 51 .... 61 E
Oyeu 38 .... 232 B
Oyonnax 01 .... 196 C
Oyré 86 .... 169 H
Oytier-Saint-Oblas 38 .... 231 G
Oz 38 .... 251 G
Ozan 01 .... 195 F
Oze 05 .... 269 E
Ozenay 71 .... 195 E
Ozenx 64 .... 313 F
Ozerailles 54 .... 45 E
Ozeville 50 .... 29 G
Ozières 52 .... 117 G
Ozillac 17 .... 219 H
Ozoir-la-Ferrière 77 .... 59 E
Ozoir-le-Breuil 28 .... 110 A
Ozolles 71 .... 194 A
Ozon 07 .... 249 E
Ozon 65 .... 315 G
Ozouer-le-Repos 77 .... 88 D
Ozouer-le-Voulgis 77 .... 59 F
Ozourt 40 .... 293 F

P

Paars 02 .... 40 D
Pabu 22 .... 73 E
La Pacaudière 42 .... 211 F
Pacé 35 .... 104 A
Pacé 61 .... 83 F
Pact 38 .... 231 G
Pacy-sur-Armançon 89 .... 137 F
Pacy-sur-Eure 27 .... 56 D
Padern 11 .... 338 B
Padiès 81 .... 280 B
Padirac 46 .... 260 D
Padirac Gouffre de 46 .... 260 D
Padoux 88 .... 95 G
Pageas 87 .... 223 E
Pagney 39 .... 161 F
Pagney-derrière-Barine 54... 65 F
Pagnoz 39 .... 179 G
Pagny-la-Blanche-Côte 55... 94 A
Pagny-la-Ville 21 .... 178 B
Pagny-lès-Goin 57 .... 65 H
Pagny-sur-Meuse 55 .... 94 A
Pagny-sur-Moselle 54 .... 65 G
Pagolle 64 .... 311 F
Pailhac 65 .... 333 H
Pailharès 07 .... 248 C
Pailheres Port de 09 .... 337 E
Pailherols 15 .... 244 D
Pailhès 09 .... 335 H
Pailhès 34 .... 321 E
Paillart 60 .... 22 C
Paillé 17 .... 202 B
Paillencourt 59 .... 14 B
Paillet 33 .... 255 H
Pailloles 47 .... 258 B
Le Pailly 52 .... 139 H
Pailly 89 .... 89 G
Paimbœuf 44 .... 146 D
Paimpol 22 .... 73 E

aimpont 35....103 F 3
ain de Sucre 14....53 F 2
ainblanc 21....159 F 5
air-et-Grandrupt 88....96 B 5
airis 68....120 C 2
aissy 02....41 E 2
aisy-Cosdon 10....114 B 2
aizay-le-Chapt 79....202 C 2
aizay-le-Sec 86....187 F 1
aizay-le-Tort 79....202 C 1
aizay-Naudouin 16....203 E 2
ajay 38....231 H 5
Pal Parc d'attractions et animalier 03....192 D 2
aladru 38....232 C 3
alagaccio 2B....345 G 4
alagaggiu Alignements de 2A....350 D 3
alairac 11....338 E 3
e Palais 56....144 B 4
e Palais-sur-Vienne 87....205 H 4
alaiseau 91....58 B 5
alaiseul 52....139 H 3
alaja 11....319 H 5
alaminy 71....193 H 2
alis 10....90 B 5
alise 25....162 A 2
alise 19....225 H 4
alladuc 63....210 D 4
ailanne 32....295 G 5
alleau 71....178 A 2
allegney 88....95 F 5
e Pallet 44....148 A 5
alleville 81....319 E 2
a Pallice 17....200 B 1
a Pallu 53....82 D 3
alluau 85....165 G 3
alluau-sur-Indre 36....171 E 2
alluaud 16....221 F 5
aludd 73....234 A 1
alluel 62....14 A 2
almas d'Aveyron 12....281 F 1
a Palme 11....339 E 3
a Palmyre 17....218 B 1
alneca 2A....349 F 3
alombaggia Plage de 2A....351 G 3
a Palud-sur-Verdon 04....307 H 2
aluden 29....70 C 4
aluel 76....19 F 2
amfou 77....88 D 4
amiers 09....336 B 1
ampelonne 81....279 H 4
amplie 79....184 D 2
amproux 79....185 G 3
anassac 32....316 A 3
anazol 87....205 H 5
ancé 35....104 B 5
ancheraccia 2B....347 G 5
ancy-Courtecon 02....40 D 1
andrignes 19....243 E 2
ange 57....66 B 1
anges 21....159 G 2
anilleuse 27....37 E 5
anissage 38....232 B 3
anissières 42....212 A 5
anjas 32....294 D 2
anlatte 27....56 A 4
annecé 44....148 B 1
anneciéres 45....87 F 5
annes 45....112 B 4
annes 54....65 E 3
annesière-Chaumard Barrage de 58....157 H 5
annessières 39....179 F 5
anon 72....84 A 5
anossas 38....231 H 1
a Panouse 48....264 D 2
ansey 52....93 F 3
antin 93....58 C 3
anzoult 37....151 F 5
apleux 02....15 G 5
a Pâquelais 44....147 F 2
aradou 13....304 C 3
aramé 35....50 C 5
arassy 18....155 F 4

Parata 2B....347 G 3
Parata Pointe de la 2A....348 B 4
Partinello 2A....346 B 4
Paray-Douaville 78....86 D 4
Paray-le-Frésil 03....192 C 1
Paray-le-Monial 71....193 G 3
Paray-sous-Briailles 03....192 B 5
Paray-Vieille-Poste 91....58 C 5
Paraza 11....320 D 4
Parbayse 64....313 H 3
Parc-d'Anxtot 76....19 E 5
Parçay-les-Pins 49....150 D 2
Parçay-Meslay 37....152 A 2
Parçay-sur-Vienne 37....151 G 5
Parcé 35....81 E 5
Parcé-sur-Sarthe 72....129 F 2
Parcey 39....179 E 1
Parcieux 01....213 E 4
Parcoul-Chenaud 24....239 E 2
Le Parcq 62....7 E 5
Parcy-et-Tigny 02....40 B 4
Pardaillan 34....320 D 2
Pardaillan 47....257 F 3
Pardies 64....313 H 3
Pardies-Piétat 64....314 B 5
Pardines 63....227 H 3
Paréac 65....333 E 1
Pareid 55....64 D 1
Parempuyre 33....237 F 4
Parennes 72....107 E 3
Parent 63....228 A 2
Parentignat 63....228 A 3
Parentis-en-Born 40....272 D 1
Parenty 62....6 C 3
Parey-Saint-Césaire 54....94 C 2
Parey-sous-Montfort 88....94 C 5
Parfondeval 02....25 H 3
Parfondeval 61....84 B 3
Parfondru 02....41 E 1
Parfondrupt 55....44 D 5
Parfouru-l'Éclin 14....32 D 5
Parfouru-sur-Odon 14....33 E 5
Pargnan 02....41 E 2
Pargny 80....23 G 3
Pargny-Filain 02....40 D 1
Pargny-la-Dhuys 02....60 D 2
Pargny-les-Bois 02....24 D 3
Pargny-lès-Reims 51....41 F 4
Pargny-Resson 08....24 D 3
Pargny-sous-Mureau 88....93 H 4
Pargny-sur-Saulx 51....63 E 4
Pargues 10....115 F 4
Parignargues 30....303 G 1
Parigné 35....81 F 3
Parigné-le-Pôlin 72....129 H 2
Parigné-l'Évêque 72....108 A 5
Parigné-sur-Braye 53....82 B 5
Parigny 42....211 G 3
Parigny 50....81 G 2
Parigny-la-Rose 58....157 E 3
Parigny-les-Vaux 58....174 C 1
Pariou Puy de 63....209 G 5
Paris 75....58 C 3
Paris-Charles-de-Gaulle Aéroport 95....58 D 1
Paris-l'Hôpital 71....177 F 2
Paris-Orly Aéroport de 91....58 C 5
Parisot 81....298 D 2
Parisot 82....279 E 2
Parlan 15....261 G 1
Parleboscq 40....274 D 5
Parly 89....135 H 3
Parmain 95....38 B 5
Parmilieu 38....214 A 4
Parnac 36....188 C 3
Parnac 46....259 H 5
Parnans 26....249 H 2
Parnay 18....173 G 3
Parnay 49....150 C 4
Parné-sur-Roc 53....106 A 4
Parnes 60....37 F 4
Parnot 52....117 H 4
Les Paroches 55....64 C 3
Parois 55....43 G 5
Paron 89....113 F 3
Paroy 25....179 H 1
Paroy 77....89 F 3
Paroy-en-Othe 89....114 A 4
Paroy-sur-Saulx 52....93 E 3
Paroy-sur-Tholon 89....113 H 5
Parpeçay 36....153 H 4
Parpeville 02....24 C 3
Parranquet 47....258 D 3
Parroy 54....66 D 5
Pars-lès-Chavanges 10....91 H 3
Pars-lès-Romilly 10....90 B 3
Parsac 33....238 D 5
Parsac-Rimondeix 23....207 G 1

Parthenay 79....168 A 5
Parthenay-de-Bretagne 35....104 A 2
Parux 54....96 B 2
Parves-et-Nattages 01....214 D 5
Parville 27....56 B 1
Parvillers-le-Quesnoy 80....23 F 3
Parzac 16....203 H 3
Les Pas 50....51 G 5
Le Pas 53....82 A 3
Pas-de-Jeu 79....168 C 2
Pas de la Graille 04....287 F 3
Pas de l'Echelle 74....197 G 5
Pas de l'Ours 11....336 D 4
Pas-en-Artois 62....13 E 4
Le Pas-Saint-l'Homer 61....85 E 5
Pasciolo Fort de 2B....347 E 5
Pasilly 89....137 F 4
Paslières 63....210 C 4
Pasly 02....40 B 2
Pasques 21....159 H 2
Le Pasquier 39....179 H 3
Passa 66....343 E 3
Le Passage 38....232 C 3
Le Passage 47....276 B 3
Passais 61....82 A 2
Passavant 25....162 C 3
Passavant-en-Argonne 51....63 F 1
Passavant-la-Rochère 70....118 C 4
Passavant-sur-Layon 49....149 H 5
Passay 44....147 G 5
Passel 60....23 G 5
Passenans 39....179 F 4
Passin 01....214 D 3
Passins 38....232 B 1
Passirac 16....220 D 5
Passonfontaine 25....162 D 5
Passy 71....194 C 2
Passy 74....216 C 3
Passy 89....113 G 3
Passy-en-Valois 02....40 A 5
Passy-Grigny 51....41 E 5
Passy-sur-Marne 02....60 D 1
Passy-sur-Seine 77....89 G 4
Pastricciola 2A....348 D 1
Patay 45....110 C 4
Patornay 39....196 D 1
Patrimonio 2B....345 F 4
Pau 64....314 B 5
Paucourt 45....112 C 4
Paudy 36....172 B 1
Paugnat 63....209 G 4
Pauilhac 32....296 B 1
Pauillac 33....237 E 1
Paule 22....77 E 4
Paulhac 15....245 F 4
Paulhac 31....298 A 3
Paulhac 43....246 B 1
Paulhac-en-Margeride 48....246 B 5
Paulhaguet 43....246 C 2
Paulhan 34....302 A 5
Paulhe 12....281 H 3
Paulhenc 15....245 F 5
Pauliac Puy de 19....242 D 2
Pauligne 11....337 F 1
Paulin 24....241 H 4
La Pauline 83....328 B 4
Paulinet 81....300 A 2
Paulmy 37....170 A 2
Paulnay 36....170 D 3
Paulx 44....165 F 1
Paunat 24....240 D 5
Pause Col de 09....335 F 5
Paussac-et-Saint-Vivien 24....222 B 5
Pautaines-Augeville 52....93 F 4
Pauvres 08....42 B 2
Pavant 02....60 B 2
Pavezin 42....230 D 4
Pavie 32....296 B 4
Pavillon Col du 69....212 A 2
Le Pavillon-Sainte-Julie 10....90 C 4
Les Pavillons-sous-Bois 93....58 D 3
Pavilly 76....20 A 5
Pavin Lac 63....227 F 3
Payns 10....90 D 4
Payra-sur-l'Hers 11....318 D 4
Payrac 46....260 B 1
Payré 86....186 A 4
Payrignac 46....259 H 2
Payrin-Augmontel 81....319 H 2
Payros-Cazautets 40....294 B 4
Payroux 86....186 D 5
Payssous 31....334 B 2
Payzac 07....265 H 5
Payzac 24....223 G 5

Pazayac 24....241 H 3
Paziols 11....338 C 4
Pazy 58....157 G 4
Le Péage 38....231 G 2
Le Péage-de-Roussillon 38....231 E 5
Péas 51....61 E 4
Peaugres 07....249 E 1
Péault 85....183 E 2
Pébées 32....317 E 2
Pébrac 43....246 C 4
Pech 09....336 B 5
Pech-Luna 11....318 D 5
Pech Merle Grotte du 46....260 C 4
Péchabou 31....318 A 2
Pécharic-et-le-Py 11....318 D 5
Péchaudier 81....299 E 5
Pechbonnieu 31....298 A 3
Pechbusque 31....298 A 5
Le Pêchereau 36....188 D 1
Pécorade 40....294 B 4
Le Pecq 78....58 A 3
Pecquecourt 59....9 E 5
Pecqueuse 91....87 F 2
Pécy 77....59 H 5
Pédernec 22....72 D 5
Pégairolles-de-Buèges 34....302 B 2
Pégairolles-de-l'Escalette 34....301 H 2
Pégomas 06....309 E 4
Le Pègue 26....267 G 5
Péguilhan 31....316 C 4
Peigney 52....139 G 2
Peillac 56....125 G 3
Peille 06....291 G 4
Peillon 06....291 F 5
Peillonnex 74....216 A 1
Peintre 39....161 E 4
Les Peintures 33....238 D 3
Peipin 04....287 G 3
Peïra-Cava 06....291 F 4
Peisey-Nancroix 73....234 D 2
Pel-et-Der 10....91 G 4
Pélissanne 13....305 F 4
Pellafol 38....269 F 1
Pelleautier 05....269 G 4
Pellefigue 32....316 C 2
Pellegrue 33....257 E 2
Pelleport 31....297 F 3
Pellerey 21....159 G 1
Le Pellerin 44....147 F 4
La Pellerine 49....150 D 1
La Pellerine 53....81 G 5
Pellevoisin 36....171 F 2
Pellouailles-les-Vignes 49....149 H 1
Pelonne 26....268 B 5
Pelouse 48....264 D 4
Pelousey 25....161 H 5
Peltre 57....65 H 1
Pélussin 42....230 D 4
Pelves 62....13 H 2
Pelvoux 05....252 C 5
Pelvoux Belvédère du 05....252 C 5
Pen-Guen 22....50 A 5
Pen-Lan Pointe de 56....124 D 5
Penchard 77....59 G 2
Pencran 29....75 G 2
Pendé 80....11 E 3
Pendu Col du 07....265 G 3
Pénestin 56....124 D 5
Penguily 22....78 D 4
Penhir Pointe de 29....74 D 4
Penhors 29....99 E 3
Penin 62....13 E 2
Penly 76....10 C 5
Penmarch 29....99 F 5
Pennautier 11....319 H 5
La Penne 06....289 G 5
La Penne 81....278 D 4
La Penne-sur-Huveaune 13....327 F 3
La Penne-sur-l'Ouvèze 26....286 A 2
Pennedepie 14....34 C 2
Pennes-le-Sec 26....268 A 3
Les Pennes-Mirabeau 13....326 D 1
Pennesières 70....162 A 1
Penol 38....231 H 4
Pensol 87....222 D 2
Penta-Acquatella 2B....347 G 2
Penta-di-Casinca 2B....347 G 2
Penthièvre 56....123 H 4
Pentrez-Plage 29....75 F 4
Penvénan 22....72 D 2
Penvins Pointe de 56....124 C 5
Péone 06....289 F 3
Pépieux 11....320 C 4

Pérassay 36....189 H 3
Peray 72....108 A 2
Perceneige 89....89 H 5
Percey 89....114 C 5
Percey-le-Grand 70....139 H 5
Percey-le-Pautel 52....139 G 3
Percey-sous-Montormentier 52....139 G 5
Le Perchay 95....37 H 5
La Perche 18....190 D 1
Perchède 32....294 D 2
Le Percy 38....268 D 1
Percy-en-Auge 14....54 A 1
Percy-en-Normandie 50....52 A 2
Perdreauville 78....57 F 2
Perdrix Crêt de la 42....230 C 5
Péré 17....201 E 1
Péré 65....333 G 1
Péréandre Roche 07....248 D 1
Péreille 09....336 C 3
Perelli 2B....347 G 4
Péret 34....301 H 5
Péret-Bel-Air 19....225 F 4
Péreyres 07....266 A 1
Pergain-Taillac 32....276 B 4
Peri 2A....348 D 2
Le Périer 38....251 F 4
Périers 50....31 G 4
Périers-en-Auge 14....34 A 3
Périers-sur-le-Dan 14....33 G 3
Pérignac 16....221 E 4
Pérignac 17....219 H 2
Pérignat-lès-Sarliève 63....227 H 1
Pérignat-sur-Allier 63....228 A 1
Périgné 79....202 C 1
Périgny 03....192 C 5
Périgny 14....53 E 2
Périgny 17....200 C 1
Périgny 41....131 H 4
Périgny 94....58 D 5
Périgny-la-Rose 10....90 A 3
Périgueux 24....240 C 2
Périllos 66....338 D 5
Périssac 33....238 B 3
Perles-et-Castelet 09....336 C 5
Pern 46....277 H 1
Pernand-Vergelesses 21....177 H 1
Pernant 02....40 A 2
Pernay 37....151 G 2
La Pernelle 50....29 G 3
Pernes 62....7 G 4
Pernes-lès-Boulogne 62....2 B 5
Pernes-les-Fontaines 84....285 H 5
Pernois 80....12 C 5
Pero Plage de 2A....348 A 1
Pero-Casevecchie 2B....347 G 3
Pérols 34....303 E 5
Pérols-sur-Vézère 19....225 F 3
Péron 01....197 E 5
Péronnas 01....213 H 1
Péronne 71....195 E 3
Péronne 80....23 F 1
Péronne-en-Mélantois 59....9 E 3
Péronville 28....110 B 4
Pérouges 01....213 H 4
La Pérouille 36....171 F 5
Pérouse 90....142 C 3
Pérouse Rocher de la 89....158 A 3
Péroy-les-Gombries 60....39 F 5
Perpezac-le-Blanc 19....241 H 2
Perpezac-le-Noir 19....224 C 5
Perpezat 63....227 E 1
Perpignan 66....343 E 2
Les Perques 50....29 E 5
Perquie 40....294 C 1
Perrancey-les-Vieux-Moulins 52....139 G 2
Le Perray-en-Yvelines 78....57 G 5
Perrecy-les-Forges 71....193 H 1
La Perrena 39....180 A 5
Le Perréon 69....212 C 2
Perret 22....77 G 5
Perreuil 71....177 F 4
Perreuse 89....156 C 1
Perreux 42....211 H 2
Perreux 89....135 G 1
Le Perreux-sur-Marne 94....58 D 3
Perrex 01....195 F 5
Perrier 63....227 H 3
Le Perrier 85....164 D 5
La Perrière 61....84 B 4
La Perrière 73....234 C 3
Perrières 14....54 A 2

Perriers-en-Beauficel 50....52 B 4
Perriers-la-Campagne 27....35 G 5
Perriers-sur-Andelle 27....36 D 2
Perrignier 74....198 A 4
Perrigny 39....179 F 5
Perrigny 89....136 B 3
Perrigny-lès-Dijon 21....160 A 4
Perrigny-sur-Armançon 89....137 G 4
Perrigny-sur-l'Ognon 21....160 D 3
Perrigny-sur-Loire 71....193 E 2
Perrogney 52....139 F 2
Le Perron 50....32 C 5
Perros-Guirec 22....72 C 2
Perrou 61....82 B 2
Perroy 58....156 C 2
Perruel 27....36 D 2
Perrusse 52....117 G 3
Perrusson 37....170 C 1
Pers 15....243 H 5
Pers 79....185 H 5
Pers-en-Gâtinais 45....112 D 3
Pers-Jussy 74....215 H 1
Persac 86....187 E 4
Persan 95....38 B 5
Perse Église de 12....263 E 4
Persquen 56....101 G 3
Pertain 80....23 G 3
Perthes 08....42 A 1
Perthes 52....63 E 5
Perthes 77....88 A 3
Perthes-lès-Brienne 10....91 H 4
Pertheville-Ners 14....54 A 3
Le Perthus 66....343 E 4
Le Pertre 35....105 G 4
Le Pertuis 43....247 G 3
Pertuis 84....306 A 3
Pertuis Col du 63....210 D 5
Le Pertuiset 42....230 A 4
Perty Col de 26....286 C 1
La Péruse 16....204 B 4
La Pèruse 04....287 H 3
Pervenchères 61....84 B 4
Perville 82....276 D 3
Pescadoires 46....259 F 5
Peschadoires 63....210 C 5
Le Pescher 19....242 D 3
Péseux 25....163 F 2
Peseux 39....178 D 1
Peslières 63....228 C 4
Pesmes 70....161 E 3
Pessac 33....255 F 1
Pessac-sur-Dordogne 33....257 E 1
Pessan 32....296 B 4
Pessans 25....161 H 5
Pessat-Villeneuve 63....209 H 4
La Pesse 39....197 E 4
Pessines 17....201 F 5
Pessoulens 32....296 D 2
Pesteils Château de 15....244 D 5
Petersbach 67....68 C 5
Le Petit-Abergement 01....214 C 2
Petit-Appeville 76....10 A 5
Petit-Auverné 44....127 F 4
Petit Ballon 68....120 C 4
Petit-Bersac 24....239 F 1
Le Petit-Bornand-les-Glières 74....216 A 2
Le Petit-Celland 50....52 A 4
Petit-Cœur 73....234 B 2
Petit-Couronne 76....36 A 2
Petit-Croix 90....142 D 3
Le Petit Drumont 88....120 B 5
Petit-Ébersviller 57....67 E 1
Petit-Failly 54....44 C 2
Petit-Fayt 59....15 F 4
Petit-Fort-Philippe 59....3 E 2
Petit-Fougeray 35....104 B 5
Petit-Landau 68....143 H 1
Petit-Mars 44....147 H 2
Petit-Mercey 39....161 G 4
Petit-Mesnil 10....91 H 5
Petit Minou Pointe du 29....74 D 3
Petit-Noir 39....178 D 2
Petit-Palais-et-Cornemps 33....238 D 4
Le Petit-Pressigny 37....170 B 3
Le Petit-Quevilly 76....36 A 2
Petit Saint-Bernard Col du 73....217 E 5
Petit-Tenquin 57....67 F 2
Petit-Verly 02....24 C 1
Petit-Xivry 54....44 C 3
La Petite-Boissière 79....167 E 3
Petite-Chaux 25....180 B 5
Petite-Forêt 59....9 G 5

A B C D E F G H I J K L M N O P Q R S T U V W X Y Z

A B C D E F G H I J K L M N O P Q R S T U V W X Y Z

La Petite-Fosse 88 ....96 C 4
La Petite-Marche 03 ....208 D 1
La Petite-Pierre 67 ....68 A 3
La Petite-Raon 88 ....96 B 3
Petite-Rosselle 57 ....47 F 4
Petite-Synthe 59 ....3 G 2
La Petite-Verrière 71 ....176 C 1
Petitefontaine 90 ....142 D 2
Les Petites-Armoises 08 ......43 E 1
Les Petites-Dalles 76 ....19 F 2
Les Petites-Loges 51 ....42 A 5
Petitmagny 90 ....142 C 2
Petitmont 54 ....96 B 1
Les Petits-Robins 26 ....267 E 1
Petiville 14 ....33 H 4
Petiville 76 ....35 F 1
Petosse 85 ....183 H 2
Petreto-Bicchisano 2A ....348 D 5
Pettoncourt 57 ....66 C 4
Pettonville 54 ....95 H 2
Peujard 33 ....237 H 3
Peumerit 29 ....99 F 3
Peumerit-Quintin 22 ....77 F 3
Peuplingues 62 ....2 C 3
Peuton 53 ....128 A 2
Peuvillers 55 ....44 B 3
Peux-et-Couffouleux 12 ......300 D 3
Pévange 57 ....66 D 3
Pévy 51 ....41 F 3
Pexiora 11 ....319 E 4
Pexonne 54 ....96 A 2
Pey 40 ....292 C 4
Peymeinade 06 ....308 D 3
Peynier 13 ....327 G 1
Peypin 13 ....327 F 1
Peypin-d'Aigues 84 ....306 B 2
Peyrabout 23 ....207 E 2
La Peyrade 34 ....323 E 3
Le Peyrat 09 ....336 D 3
Peyrat-de-Bellac 87 ....205 F 1
Peyrat-la-Nonière 23 ....207 H 2
Peyrat-le-Château 87 ....206 D 5
La Peyratte 79 ....168 B 5
Peyraube 65 ....315 G 5
Peyraud 07 ....231 E 5
Peyre 40 ....293 H 5
Peyre-Haute
  Table d'orientation de 05..270 D 2
Peyrecave 32 ....276 D 5
Peyrefitte-du-Razès 11 ....337 E 2
Peyrefitte-sur-l'Hers 11 ....318 D 5
Peyregoux 81 ....299 G 4
Peyrehorade 40 ....292 D 5
Peyreleau 12 ....282 A 3
Peyrelevade 19 ....225 G 1
Peyrelongue-Abos 64 ....314 D 2
Peyremale 30 ....283 H 2
Peyrens 11 ....319 E 3
Peyrepertuse
  Château de 11 ....338 B 4
Peyresourde 65 ....333 H 4
Peyresourde Col de 31 ....333 H 4
Peyrestortes 66 ....338 D 5
Peyret-Saint-André 65 ....316 A 4
Peyriac-de-Mer 11 ....339 E 1
Peyriac-Minervois 11 ....320 B 4
Peyriat 01 ....214 B 1
Peyrière 47 ....257 G 4
Peyrieu 01 ....232 D 1
Peyrignac 24 ....241 G 2
Peyriguère 65 ....315 G 4
Peyrilhac 87 ....205 F 3
Peyrillac-et-Millac 24 ....241 H 5
Peyrilles 46 ....259 H 3
Peyrins 26 ....249 G 3
Peyrissac 19 ....224 D 3
Peyrissas 31 ....316 D 4
Peyro-Clabado Rocher 81..299 H 4
Peyrol Pas de 15 ....244 A 4
Peyrole 81 ....298 D 2
Peyrolles 11 ....337 H 3
Peyrolles 30 ....283 F 4
Peyrolles-en-Provence 13...306 B 4
Peyroules 04 ....308 B 1
Peyrouse 65 ....332 D 1
Peyrouzet 31 ....316 D 5
Peyruis 04 ....287 G 4
Peyrun 65 ....315 F 3
Peyrus 26 ....249 H 5
Peyrusse 15 ....245 G 2
Peyrusse-Grande 32 ....295 G 4
Peyrusse-le-Roc 12 ....261 G 5
Peyrusse-Massas 32 ....296 A 3
Peyrusse-Vieille 32 ....295 F 4
Peyssies 31 ....317 F 4
Peyzac-le-Moustier 24 ....241 F 4
Peyzieux-sur-Saône 01 ......213 E 1

Pézarches 77 ....59 H 4
Pezé-le-Robert 72 ....107 F 2
Pézenas 34 ....322 C 3
Pézènes-les-Mines 34 ....301 G 5
Pezens 11 ....319 G 4
Pézilla-de-Conflent 66 ....338 A 5
Pézilla-la-Rivière 66 ....342 D 2
Pezou 41 ....131 H 2
Pezuls 24 ....240 D 5
Pézy 28 ....86 B 5
Pfaffenheim 68 ....121 E 4
Pfaffenhoffen 67 ....68 C 3
Pfalzweyer 67 ....68 A 4
Pfastatt 68 ....143 F 1
Pfetterhouse 68 ....143 E 4
Pfettisheim 67 ....68 D 5
Pfulgriesheim 67 ....68 D 5
Phaffans 90 ....142 C 2
Phalempin 59 ....8 D 4
Phalsbourg 57 ....68 A 4
Philippsbourg 57 ....68 C 1
Philondenx 40 ....294 A 5
Phlin 54 ....66 B 3
Pia 66 ....339 E 5
Piacé 72 ....107 G 2
Le Pian-Médoc 33 ....237 F 4
Le Pian-sur-Garonne 33 ....256 B 3
Piana 2A ....346 A 5
Pianella Pont de 2A ....346 B 5
Pianello 2B ....347 G 4
Piano 2B ....347 G 4
Pianottoli-Caldarello 2A .....351 E 3
Les Piards 39 ....197 E 2
La Piarre 05 ....268 D 4
Piau-Engaly 65 ....333 F 4
Piazzali 2B ....347 G 4
Piazzole 2B ....347 G 3
Pibrac 31 ....297 G 4
Picarreau 39 ....179 G 4
Picarrou 31 ....318 B 4
Picauville 50 ....31 H 2
Pichanges 21 ....160 B 1
Picherande 63 ....227 E 4
Picquigny 80 ....22 A 1
Pie-d'Orezza 2B ....347 G 3
Pied-de-Borne 48 ....265 G 5
Pied-la-Viste
  Table d'orientation de 05..270 D 2
Piedicorte-di-Gaggio 2B .....347 G 5
Piedicroce 2B ....347 G 3
Piedigriggio 2B ....347 E 3
Piedipartino 2B ....347 G 3
Piégros-la-Clastre 26 ....267 H 2
Piégut 04 ....269 H 4
Piégut-Pluviers 24 ....222 C 2
Piémanson Plage de 13 .....325 F 4
Piencourt 27 ....35 E 5
Piennes 54 ....45 E 4
Piennes 80 ....23 E 5
Piépape 52 ....139 G 3
Pierlas 06 ....289 G 4
La Pierre 38 ....233 F 5
Pierre-Bénite 69 ....231 E 1
Pierre-Buffière 87 ....223 H 1
Pierre-Carrée Col de la 74..216 C 2
Pierre-Châtel 38 ....251 E 4
La Pierre Couverte
  Dolmen de 49 ....129 G 5
Pierre d'Avenon 83 ....329 E 4
Pierre-de-Bresse 71 ....178 C 3
Pierre Frite Menhir de 49..127 F 3
Pierre-Gourde
  Château de 07 ....249 E 5
Pierre-la-Treiche 54 ....94 B 1
Pierre-Levée 77 ....59 H 3
Pierre-Morains 51 ....61 G 3
Pierre-Percée 54 ....96 B 2
Pierre-Perthuis 89 ....157 H 2
La Pierre Plantée 48 ....264 D 4
Pierre-Plantée Col de la 48.264 D 3
Pierre-qui-Vire
  Abbaye de la 89 ....158 B 3
Pierreclos Château de 71..194 D 4
Pierrecourt 70 ....140 A 4
Pierrecourt 76 ....21 F 2
Pierrefaites 52 ....140 B 2
Pierrefeu 06 ....309 F 1
Pierrefeu-du-Var 83 ....328 C 3
Pierrefiche 12 ....263 G 5
Pierrefiche 48 ....265 E 2
Pierrefiques 76 ....18 D 4
Pierrefitte 19 ....224 C 4
Pierrefitte 23 ....207 H 1
Pierrefitte 79 ....168 A 3
Pierrefitte 88 ....118 D 2

Pierrefitte-en-Auge 14 ....34 C 3
Pierrefitte-en-Beauvaisis 60...37 H 1
Pierrefitte-en-Cinglais 14...53 G 2
Pierrefitte-ès-Bois 45 ....155 H 1
Pierrefitte-Nestalas 65 ....332 D 2
Pierrefitte-sur-Aire 55 ....64 B 3
Pierrefitte-sur-Loire 03 ....193 E 2
Pierrefitte-sur-Sauldre 41...154 C 1
Pierrefitte-sur-Seine 93 ....58 C 2
Pierrefonds 60 ....39 G 3
Pierrefontaine-
  lès-Blamont 25 ....163 G 2
Pierrefontaine-
  les-Varans 25 ....163 E 4
Pierrefontaines 52 ....139 F 3
Pierrefort 15 ....245 F 5
Pierregot 80 ....12 D 5
Pierrelatte 26 ....285 E 1
Pierrelaye 95 ....58 A 1
Pierrelongue 26 ....286 A 2
Pierremande 02 ....24 A 5
Pierremont 62 ....7 F 5
Pierrepont 02 ....25 E 4
Pierrepont 14 ....53 G 2
Pierrepont 54 ....44 D 2
Pierrepont-sur-Avre 80 ....22 D 4
Pierrepont-sur-l'Arentèle 88...95 H 5
Pierrerue 04 ....287 F 5
Pierrerue 34 ....321 E 2
Pierres 14 ....52 D 3
Pierres 28 ....86 B 2
Pierreval 76 ....20 C 5
Pierrevert 04 ....306 C 2
Pierreville 50 ....28 D 5
Pierreville 54 ....94 D 2
Pierrevillers 57 ....45 G 4
Pierric 44 ....126 B 3
Pierry 51 ....61 F 1
Pietra-di-Verde 2B ....347 G 4
Pietracorbara 2B ....345 G 3
Pietralba 2B ....347 E 2
Pietranera 2B ....345 G 4
Pietraserena 2B ....347 G 5
Pietricaggio 2B ....347 G 4
Pietrosella 2B ....348 C 4
Pietroso 2B ....349 F 1
Piets-Plasence-
  Moustrou 64 ....294 A 5
Pieusse 11 ....337 G 1
Les Pieux 50 ....28 D 4
Piève 2B ....345 F 5
Piffonds 89 ....113 F 4
Le Pigeon 46 ....242 B 5
Pigeonnier Col du 67 ....69 E 1
Pigerolles 23 ....207 G 5
Pigna 2B ....344 C 5
Pignan 34 ....302 C 5
Pignans 83 ....328 C 2
Pignicourt 02 ....41 G 2
Pignols 63 ....228 A 2
Pigny 18 ....155 F 5
Pihem 62 ....7 F 2
Pihen-lès-Guînes 62 ....2 C 4
Pila-Canale 2A ....348 C 4
Pilat Mont 42 ....230 C 4
Pilat-Plage 33 ....254 B 3
Le Pilhon 26 ....268 D 3
Pillac 16 ....221 F 5
Pillemine 89 ....179 H 5
Les Pilles 26 ....285 H 1
Pillon 55 ....44 C 3
Pimbo 40 ....294 B 5
Pimelles 89 ....137 G 2
Pimorin 39 ....196 B 2
Pimprez 60 ....39 G 1
Le Pin 03 ....193 F 3
Le Pin 14 ....34 D 4
Le Pin 17 ....220 B 5
Le Pin 30 ....284 C 4
Le Pin 38 ....232 C 3
Le Pin 39 ....179 E 5
Le Pin 44 ....127 F 5
Pin 70 ....161 G 3
Le Pin 77 ....59 E 3
Le Pin 79 ....167 F 3
Le Pin 82 ....277 E 5
Pin Haras du 61 ....54 C 4
Le Pin-au-Haras 61 ....54 C 4
Pin-Balma 31 ....298 A 4
Le Pin-en-Mauges 49 ....148 D 4
Le Pin-la-Garenne 61 ....84 B 4
Pin-Moriès 48 ....264 A 5
Le Pin-Murelet 31 ....317 E 3
Pinarellu 2B ....349 G 5
Pinas 65 ....333 H 1
Pinay 42 ....211 H 4
Pincé 72 ....128 D 3

Pinçon Mont 14 ....53 E 1
Pindères 47 ....274 D 2
Pindray 86 ....187 F 2
Les Pineaux 85 ....183 F 1
Pinel-Hauterive 47 ....258 B 5
Pinet 34 ....322 C 4
Pineuilh 33 ....257 F 1
Piney 10 ....91 G 4
Pino 2B ....345 F 2
Pinols 43 ....246 B 3
Pinon 02 ....40 C 1
Les Pins 16 ....203 H 5
Pins-Justaret 31 ....317 H 2
Pinsac 46 ....260 B 1
Pinsaguel 31 ....317 H 2
Pinsot 38 ....233 G 4
Pintac 65 ....315 E 4
Pinterville 27 ....36 B 4
Pintheville 55 ....64 D 1
Les Pinthières 28 ....57 E 5
Piobetta 2B ....347 G 4
Pioggiola 2B ....346 D 2
Piolenc 84 ....285 E 3
Pionnat 23 ....207 F 1
Pionsat 63 ....208 D 2
Pioussay 79 ....203 E 2
Pipriac 35 ....126 A 2
Piquecos 82 ....277 H 4
Pirajoux 01 ....196 A 3
Piré-sur-Seiche 35 ....104 D 4
Pirey 25 ....161 H 3
Piriac-sur-Mer 44 ....145 G 3
Pirmil 72 ....107 F 5
Pirou 50 ....31 H 4
Pis 32 ....296 C 2
Pisany 17 ....219 E 1
Piscop 95 ....58 C 1
Piseux 27 ....56 A 4
Pisieu 38 ....231 G 4
Pisse Cascade de la 38 .....251 H 3
Pisseleu 60 ....38 A 1
Pisseleux 02 ....39 H 4
Pisseloup 52 ....140 B 2
La Pisseure 70 ....141 F 2
Pissos 40 ....273 F 1
Pissotte 85 ....184 B 2
Pissy 80 ....22 A 2
Pissy-Pôville 76 ....36 A 1
Pisy 89 ....158 B 1
Pitgam 59 ....3 G 3
Pithiviers 45 ....111 G 3
Pithiviers-le-Vieil 45 ....111 G 3
Pithon 02 ....23 H 4
Pîtres 27 ....36 C 3
Pittefaux 62 ....2 B 5
Pizançon 26 ....249 G 3
Pizay 01 ....213 G 4
Pizieux 72 ....84 A 5
Le Pizou 24 ....239 E 4
Le Pla 09 ....337 F 5
Pla-d'Adet 65 ....333 G 4
Plabennec 29 ....70 D 5
Placé 53 ....82 A 5
Les Places 27 ....35 E 5
La Placette Col de 38 ....232 D 5
Placey 25 ....161 G 3
Plachy-Buyon 80 ....22 B 2
Placy 14 ....53 G 1
Placy-Montaigu 50 ....52 C 1
Le Plagnal 07 ....265 G 2
Plagne 01 ....196 D 5
Plagne 31 ....317 E 5
La Plagne 73 ....234 D 2
Plagnole 31 ....317 E 3
Plagny 58 ....174 C 2
Plaigne 11 ....318 C 5
Plailly 60 ....39 E 5
Plaimbois-du-Miroir 25 ....163 E 4
Plaimbois-Vennes 25 ....163 E 4
Plaimpied-Givaudins 18 .....173 F 2
La Plaine 49 ....167 F 1
Plaine 67 ....96 C 3
Plaine-de-Walsch 57 ....67 H 5
Plaine-Haute 22 ....78 A 3
Plaine-Joux 74 ....216 D 2
La Plaine-sur-Mer 44 ....146 B 4
Plainemont 70 ....141 F 2
Plaines-Saint-Lange 10 ......115 H 5
Plainfaing 88 ....120 C 2
Plainoiseau 39 ....179 E 4
Plainpalais Col de 73 ....233 F 1
Les Plains-
  et-Grands-Essarts 25 .....163 G 2
Plaintel 22 ....78 B 4
Plainval 60 ....38 C 1
Plainville 27 ....35 E 5
Plainville 60 ....22 D 5

Plaisance 12 ....300 A 1
Plaisance 24 ....258 B 2
Plaisance 32 ....295 E 4
Plaisance 34 ....301 E 4
Plaisance 86 ....187 F 4
Plaisance-du-Touch 31 ......297 G 5
Plaisia 39 ....196 C 1
Plaisians 26 ....286 B 2
Plaisir 78 ....57 H 4
Plaisir Fontaine
  Grotte de 25 ....162 B 5
Plaissan 34 ....302 A 5
Le Plan 31 ....317 F 5
Plan-d'Aups 83 ....327 G 2
Plan-de-Baix 26 ....267 H 1
Plan-de-Campagne 13 ....326 D 1
Plan-de-Cuques 13 ....327 E 2
Le Plan-de-Grasse 06 ....309 E 3
Plan-de-la-Tour 83 ....329 F 2
Plan-d'Orgon 13 ....305 C 2
Plan-du-Var 06 ....291 E 5
Planaise 73 ....233 G 3
Planay 21 ....137 H 3
Planay 73 ....234 D 3
La Planche 44 ....165 H 1
Plancher-Bas 70 ....142 B 2
Plancher-les-Mines 70 ....142 B 1
Plancherine 73 ....234 A 1
Les Planches 27 ....36 B 5
Planches 61 ....54 D 5
Les Planches-
  en-Montagne 39 ....180 A 5
Les Planches-
  près-Arbois 39 ....179 G 3
Planchez 58 ....158 A 5
Plancoët 22 ....79 F 3
Plancy-l'Abbaye 10 ....90 D 2
La Planée 25 ....180 C 3
Planès 66 ....341 G 4
Planèzes 66 ....338 B 5
Planfoy 42 ....230 B 5
Planguenoual 22 ....78 C 3
Planioles 46 ....261 F 3
Le Planois 71 ....178 D 4
Le Planquay 27 ....35 E 5
Planquery 14 ....32 D 4
Planques 62 ....7 E 4
Las Planques
  Église de 81 ....279 H 4
Planrupt 52 ....92 B 3
Les Plans 30 ....284 A 3
Les Plans 34 ....301 G 3
Le Plantay 01 ....213 G 2
Les Plantiers 30 ....283 E 4
Le Plantis 61 ....84 A 2
Planty 10 ....114 A 2
Planzolles 07 ....265 H 5
Plappeville 57 ....45 G 5
Plascassier 06 ....309 E 3
Plasne 39 ....179 F 3
Plasnes 27 ....35 F 5
Plassac 17 ....219 G 3
Plassac 33 ....237 F 2
Plassac-Rouffiac 16 ....221 E 4
Plassay 17 ....201 F 4
Plats 07 ....249 E 4
Plaudren 56 ....124 C 2
Plauzat 63 ....227 H 2
Plavilla 11 ....336 D 1
Plazac 24 ....241 F 4
Pléboulle 22 ....79 E 2
Pléchâtel 35 ....104 A 5
Plédéliac 22 ....79 E 4
Plédran 22 ....78 B 4
Pléguien 22 ....73 G 4
Pléhédel 22 ....73 F 4
Pleine-Fougères 35 ....80 C 2
Pleine-Selve 02 ....24 C 3
Pleine-Selve 33 ....219 G 5
Pleine-Sève 76 ....19 G 2
Pleines-Œuvres 14 ....52 B 2
Plélan-le-Grand 35 ....103 G 4
Plélan-le-Petit 22 ....79 F 4
Plélauff 22 ....77 G 5
Plélo 22 ....73 G 5
Plémet 22 ....102 C 2
Plémy 22 ....78 C 5
Plénée-Jugon 22 ....79 E 5
Pléneuf Pointe de 22 ....78 D 2
Pléneuf-Val-André 22 ....78 D 2
Plénise 39 ....180 A 3
Plénisette 39 ....180 A 3

Plerguer 35 ....80 A
Plérin 22 ....78 A
Plerneuf 22 ....78 A
Plescop 56 ....124 B
Plesder 35 ....79 H
Plésidy 22 ....77 G
Pleslin 22 ....79 G
Plesnois 57 ....45 G
Plesnoy 52 ....117 G
Plessala 22 ....78 C
Plessé 44 ....126 A
Le Plessier-de-Roye 60 ......23 F
Le Plessier-Huleu 02 ....40 B
Le Plessier-Rozainvillers 80...22 D
Le Plessier-sur-Bulles 60...38 C
Le Plessier-sur-Saint-Just 60.38 D
Le Plessis-aux-Bois 77 ....59 F
Plessis-Barbuise 10 ....90 A
Le Plessis-Belleville 60 ....59 F
Le Plessis-Bouchard 95 ......58 B
Le Plessis Bourré
  Château 49 ....128 C
Le Plessis-Brion 60 ....39 G
Le Plessis-Chenet 91 ....88 A
Le Plessis-Dorin 41 ....109 E
Plessis-du-Mée 89 ....89 G
Le Plessis-Feu-Aussoux 77.59 H
Le Plessis-Gassot 95 ....58 C
Le Plessis-Grammoire 49 .149 H
Le Plessis-Grimoult 14 ....53 E
Le Plessis-Grohan 27 ....56 B
Le Plessis-Hébert 27 ....56 D
Le Plessis-Josso
  Château 56 ....124 D
Le Plessis-Lastelle 50 ....31 G
Le Plessis-l'Échelle 41 ......132 B
Le Plessis-l'Évêque 77 ....59 F
Le Plessis-Luzarches 95 ....38 D
Le Plessis-Macé 49 ....128 B
Le Plessis-Pâté 91 ....87 H
Le Plessis-Patte-d'Oie 60...23 H
Le Plessis-Picard 77 ....88 B
Le Plessis-Placy 77 ....59 H
Le Plessis-Robinson 92 ......58 B
Plessis-Saint-Benoist 91 ....87 E
Plessis-Saint-Jean 89 ....89 G
Le Plessis-
  Sainte-Opportune 27 ......55 H
Le Plessis-Trévise 94 ....58 D
Plessix-Balisson 22 ....79 G
Plestan 22 ....78 D
Plestin-les-Grèves 22 ....72 B
Pleubian 22 ....73 F
Pleucadeuc 56 ....125 E
Pleudaniel 22 ....73 E
Pleudihen-sur-Rance 22 .....79 H
Pleugriffet 56 ....102 B
Pleugueneuc 35 ....79 H
Pleumartin 86 ....170 A
Pleumeleuc 35 ....103 H
Pleumeur-Bodou 22 ....72 C
Pleumeur-Gautier 22 ....73 E
Pleure 39 ....178 D
Pleurs 51 ....61 F
Pleurtuit 35 ....50 B
Pleuven 29 ....99 H
Pleuvezain 88 ....94 B
Pleuville 16 ....204 B
Pléven 22 ....79 E
Plévenon 22 ....79 E
Plévin 22 ....76 D
Pleyben 29 ....76 A
Pleyber-Christ 29 ....71 H
Le Pleyney 38 ....233 G
Plibou 79 ....203 F
Plichancourt 51 ....62 D
Plieux 32 ....296 C
Plivot 51 ....61 G
Ploaré 29 ....99 F
Plobannalec-Lesconil 29 .....99 G
Plobsheim 67 ....97 H
Ploemel 56 ....123 H
Ploemeur 56 ....123 F
Ploërdut 56 ....101 F
Ploeren 56 ....124 B
Ploërmel 56 ....102 D
Ploeuc-L'Hermitage 22 ....78 B
Ploéven 29 ....75 G
Ploézal 22 ....73 E
Plogastel-Saint-Germain 29..99 F
Plogoff 29 ....98 D
Plogonnec 29 ....99 G
Ploisy 02 ....40 B
Plomb 50 ....51 H
Plombières-les-Bains 88 ...119 G
Plombières-lès-Dijon 21 ....160 A
Plomelin 29 ....99 G

omeur 29 ...... 99 F 4
omion 02 ...... 25 G 2
omodiern 29 ...... 75 G 5
onéis 29 ...... 99 G 2
onéour-Lanvern 29 ...... 99 F 4
onévez-du-Faou 29 ...... 76 B 4
onévez-Porzay 29 ...... 75 G 5
orec-sur-Arguenon 22 ...... 79 E 3
ottes 71 ...... 195 E 2
ou 18 ...... 172 C 1
ouagat 22 ...... 73 F 5
ouaret 22 ...... 72 C 4
ouarzel 29 ...... 74 C 2
ouasne 22 ...... 103 H 1
ouay 29 ...... 101 E 4
oubalay 22 ...... 50 B 5
oubazlanec 22 ...... 73 F 2
oubezre 22 ...... 72 C 3
oudalmézeau 29 ...... 70 B 4
oudaniel 29 ...... 71 E 5
oudiry 29 ...... 75 H 2
ouëc-du-Trieux 22 ...... 71 E 5
ouédern 29 ...... 71 E 5
ouégat-Guérand 29 ...... 72 A 4
ouégat-Moysan 29 ...... 72 B 5
ouénan 29 ...... 71 G 4
ouër-sur-Rance 22 ...... 79 H 3
ouescat 29 ...... 71 F 3
ouézec 22 ...... 73 G 3
ouezoc'h 29 ...... 71 H 4
oufragan 22 ...... 78 B 3
ougar 29 ...... 71 F 4
ougasnou 29 ...... 72 A 3
ougastel-Daoulas 29 ...... 75 F 2
ougonvelin 29 ...... 74 C 3
ougonven 29 ...... 72 A 5
ougonver 22 ...... 77 F 2
ougoulm 29 ...... 71 G 3
ougoumelen 56 ...... 124 A 3
ougourvest 22 ...... 71 F 5
ougras 22 ...... 72 B 5
ougrescant 22 ...... 73 E 2
ouguenast 22 ...... 78 B 5
ouguernéau 29 ...... 70 C 4
ouguernével 22 ...... 77 F 5
ouguiel 22 ...... 73 E 2
ouguin 29 ...... 70 C 5
ouha 22 ...... 73 G 4
ouharnel 56 ...... 123 H 4
ouhinec 29 ...... 99 E 2
ouhinec 56 ...... 123 G 3
ouider 22 ...... 71 E 4
ouigneau 22 ...... 72 A 5
ouisy 22 ...... 73 E 5
oulec'h 22 ...... 72 C 3
oumagoar 22 ...... 73 E 5
oumanach 22 ...... 72 C 2
oumilliau 22 ...... 72 C 4
oumoguer 22 ...... 74 D 2
ounéour-Ménez 29 ...... 76 B 2
ounéour-Trez 29 ...... 71 E 3
ounérin 22 ...... 72 B 5
ounéventer 29 ...... 71 E 5
ounévez-Lochrist 29 ...... 71 E 4
ounévez-Moëdec 22 ...... 72 C 5
ounévez-Quintin 22 ...... 77 F 4
ounévézel 29 ...... 76 D 4
ourac'h 22 ...... 76 D 2
ouray 56 ...... 101 E 2
ourhan 22 ...... 73 G 4
ourin 29 ...... 70 B 5
ourin-lès-Morlaix 29 ...... 72 A 5
ourivo 22 ...... 73 F 3
ouvain 62 ...... 13 H 2
ouvara 22 ...... 78 A 3
ouvien 29 ...... 70 D 5
ouvorn 29 ...... 71 G 4
ouy 29 ...... 76 C 3
ouzané 29 ...... 74 D 2
ouzélambre 22 ...... 72 B 4
ouzévédé 22 ...... 71 F 4
ovan 29 ...... 99 F 3
oyart-et-Vauraine 02 ...... 41 E 1
e Ployron 60 ...... 23 E 5
ozévet 29 ...... 99 E 3
udual 22 ...... 73 G 4
uduno 22 ...... 79 F 3
ufur 22 ...... 72 B 4
uguffan 29 ...... 99 G 3
uherlin 56 ...... 125 E 3
umaudan 22 ...... 79 G 5
umaugat 22 ...... 103 F 1
umelec 56 ...... 102 C 5
uméliau 56 ...... 101 H 4
umelin 56 ...... 102 A 5
umergat 56 ...... 124 A 2
umetot 14 ...... 33 G 3

Plumieux 22 ...... 102 C 2
Plumont 39 ...... 161 F 5
Pluneret 56 ...... 124 A 3
Plurien 22 ...... 79 E 2
Plusquellec 22 ...... 77 E 3
Plussulien 22 ...... 77 H 4
Pluvault 21 ...... 160 C 4
Pluvet 21 ...... 160 C 4
Pluvigner 56 ...... 124 A 2
Pluzunet 22 ...... 72 D 4
Pocancy 51 ...... 61 H 2
Pocé-les-Bois 35 ...... 105 E 3
Pocé-sur-Cisse 37 ...... 152 C 2
Podensac 33 ...... 255 H 3
Le Poët 05 ...... 287 F 1
Le Poët-Célard 26 ...... 267 H 3
Le Poët-en-Percip 26 ...... 286 B 2
Le Poët-Laval 26 ...... 267 G 4
Le Poët-Sigillat 26 ...... 286 A 1
Pœuilly 80 ...... 23 H 2
Poey-de-Lescar 64 ...... 314 A 3
Poey-d'Oloron 64 ...... 313 G 4
Poëzat 03 ...... 210 A 2
Poggio-di-Nazza 2B ...... 349 G 2
Poggio-di-Venaco 2B ...... 347 F 5
Poggio-d'Oletta 2B ...... 345 G 5
Poggio-Marinaccio 2B ...... 347 G 3
Poggio-Mezzana 2B ...... 347 H 3
Poggiolo 2A ...... 348 D 1
Pogny 51 ...... 62 B 3
Poids-de-Fiole 39 ...... 196 C 1
Poigny 77 ...... 89 G 3
Poigny-la-Forêt 78 ...... 57 F 5
Le Poil 04 ...... 288 A 5
Poil 58 ...... 176 B 3
Poilcourt-Sydney 08 ...... 41 H 2
Poilhes 34 ...... 321 F 4
Poillé-sur-Vègre 72 ...... 106 D 5
Poilley 35 ...... 81 E 3
Poilley 50 ...... 51 H 5
Poilly 51 ...... 41 F 4
Poilly-lez-Gien 45 ...... 134 C 4
Poilly-sur-Serein 89 ...... 136 D 3
Poilly-sur-Tholon 89 ...... 136 A 2
Poinchy 89 ...... 136 C 3
Poinçon-lès-Larrey 21 ...... 137 H 2
Le Poinçonnet 36 ...... 171 H 4
Poincy 77 ...... 59 G 2
Poinsenot 52 ...... 139 E 4
Poinson-lès-Fayl 52 ...... 140 A 3
Poinson-lès-Grancey 52 ...... 139 E 4
Poinson-lès-Nogent 52 ...... 117 F 4
Point Sublime 04 ...... 307 H 2
Point-Sublime 48 ...... 282 A 2
Pointel 61 ...... 53 G 5
Pointis-de-Rivière 31 ...... 334 B 1
Pointis-Inard 31 ...... 334 C 1
Pointre 39 ...... 161 E 4
Pointvillers 25 ...... 161 H 5
Poinville 28 ...... 111 E 3
Le Poiré-sur-Velluire 85 ...... 183 H 3
Le Poiré-sur-Vie 85 ...... 165 G 4
Poiroux 85 ...... 182 C 2
Poisat 38 ...... 251 E 2
Poiseul 52 ...... 117 G 5
Poiseul-la-Grange 21 ...... 138 C 5
Poiseul-la-Ville-
  et-Laperrière 21 ...... 138 B 5
Poiseul-lès-Saulx 21 ...... 139 E 5
Poiseux 58 ...... 156 D 5
Poisieux 18 ...... 172 C 1
Le Poislay 41 ...... 109 F 4
Poisoux 39 ...... 196 A 3
Poisson 71 ...... 193 H 4
Poissons 52 ...... 93 E 4
Poissy 78 ...... 58 A 2
Poisvilliers 28 ...... 86 A 3
Poisy 74 ...... 215 G 3
La Poitevinière 49 ...... 148 D 4
Poitiers 86 ...... 186 B 1
Poivres 10 ...... 62 A 5
Poix 51 ...... 62 C 2
Poix-de-Picardie 80 ...... 21 H 3
Poix-du-Nord 59 ...... 15 E 3
Poix-Terron 08 ...... 26 C 4
Le Poizat-Lalleyriat 01 ...... 214 D 1
Pol Chapelle 29 ...... 71 E 3
Polaincourt-
  et-Clairefontaine 70 ...... 118 D 5
Polastron 31 ...... 317 E 4
Polastron 32 ...... 296 D 5
Poleymieux-
  au-Mont-d'Or 69 ...... 213 E 4
Polignac 17 ...... 238 B 1
Polignac 43 ...... 247 F 3
Poligné 35 ...... 104 B 5

Poligny 05 ...... 269 G 2
Poligny 10 ...... 115 G 3
Poligny 39 ...... 179 F 3
Poligny 77 ...... 112 C 2
Polincove 62 ...... 3 E 4
Polisot 10 ...... 115 G 4
Polisy 10 ...... 115 G 4
Pollestres 66 ...... 343 E 2
Polliat 01 ...... 195 G 5
Pollieu 01 ...... 214 D 5
Pollionnay 69 ...... 212 D 5
Polminhac 15 ...... 244 D 5
Polveroso 2B ...... 347 G 3
Pomacle 51 ...... 41 H 3
La Pomarède 11 ...... 319 E 3
Pomarède 46 ...... 259 F 4
Pomarez 40 ...... 293 F 4
Pomas 11 ...... 337 G 1
Pomay Château de 03 ...... 192 B 1
Pomayrols 12 ...... 263 G 5
Pomerol 33 ...... 238 C 4
Pomérols 34 ...... 322 C 4
Pomeys 69 ...... 230 B 2
Pommard 21 ...... 177 G 1
Pommera 62 ...... 12 D 4
La Pommeraie-
  sur-Sèvre 85 ...... 167 E 3
La Pommeraye 14 ...... 53 F 2
La Pommeraye 49 ...... 149 E 2
Pommeret 22 ...... 78 C 3
Pommereuil 59 ...... 15 E 4
Pommereux 76 ...... 21 F 5
Pommeréval 76 ...... 20 C 3
Pommerieux 53 ...... 128 A 2
Pommérieux 57 ...... 65 H 2
Pommerit-Jaudy 22 ...... 73 E 3
Pommerit-le-Vicomte 22 ...... 73 F 4
Pommerol 26 ...... 268 C 5
Pommeuse 77 ...... 59 H 4
Pommevic 82 ...... 276 D 4
Pommier 62 ...... 13 F 3
Pommier-
  de-Beaurepaire 38 ...... 231 H 4
Pommiers 02 ...... 40 B 2
Pommiers 30 ...... 302 B 1
Pommiers 36 ...... 189 E 2
Pommiers 42 ...... 211 G 5
Pommiers 69 ...... 212 D 3
Pommiers-la-Placette 38 ...... 232 D 5
Pommiers-Moulons 17 ...... 220 B 5
Pomoy 70 ...... 141 G 4
Pompaire 79 ...... 185 F 1
Pompéjac 33 ...... 256 B 5
Pompertuzat 31 ...... 318 A 2
Pompey 54 ...... 65 H 4
Pompiac 32 ...... 317 E 2
Le Pompidou 48 ...... 282 D 3
Pompierre 88 ...... 94 A 5
Pompierre-sur-Doubs 25 ...... 162 D 1
Pompiey 47 ...... 275 F 3
Pompignac 33 ...... 237 H 5
Pompignan 30 ...... 302 D 1
Pompignan 82 ...... 297 G 2
Pompogne 47 ...... 274 D 2
Pomponne 77 ...... 59 E 3
Pomport 24 ...... 257 H 1
Pomps 64 ...... 293 H 5
Pomy 11 ...... 337 F 2
Poncé-sur-le-Loir 72 ...... 130 D 3
Poncey-lès-Athée 21 ...... 160 D 4
Poncey-sur-l'Ignon 21 ...... 159 G 1
Le Ponchel 62 ...... 12 B 3
Ponches-Estruval 80 ...... 11 H 1
Ponchon 60 ...... 38 B 3
Poncin 01 ...... 214 A 2
Poncins 42 ...... 229 H 1
Pondaurat 33 ...... 256 C 4
Le Pondy 18 ...... 173 G 4
Ponet-et-Saint-Auban 26 ...... 268 A 1
Ponlat-Taillebourg 31 ...... 334 B 1
Pons 12 ...... 262 C 2
Pons 17 ...... 219 G 2
Ponsampère 32 ...... 315 H 2
Ponsan-Soubiran 32 ...... 316 A 3
Ponsas 26 ...... 249 E 2
Ponson-Debat-Pouts 64 ...... 314 D 3
Ponson-Dessus 64 ...... 314 D 3
Ponsonnas 38 ...... 251 E 5
Pont 21 ...... 160 C 4
Pont-à-Bucy 02 ...... 24 C 4
Pont-à-la-Planche 87 ...... 205 E 4
Pont-à-Marcq 59 ...... 8 C 4
Pont-à-Mousson 54 ...... 65 G 3
Pont-à-Vendin 62 ...... 8 C 4
Pont-Arcy 02 ...... 40 D 2
Pont-Audemer 27 ...... 35 E 2
Pont-Authou 27 ...... 35 G 4

Pont-aux-Moines 45 ...... 133 G 2
Pont-Aven 29 ...... 100 B 5
Pont-Bellanger 14 ...... 52 B 2
Pont-Calleck Château
  et Forêt de 56 ...... 101 E 3
Pont-Château 44 ...... 146 C 1
Le Pont-Chrétien-
  Chabenet 36 ...... 188 C 1
Pont-Croix 29 ...... 99 E 2
Pont-d'Ain 01 ...... 214 A 2
Pont-d'Arc 07 ...... 284 B 1
Le Pont-d'Ardres 62 ...... 2 D 3
Pont-de-Barret 26 ...... 267 G 3
Le Pont-de-Beauvoisin 38 ...... 232 D 3
Le Pont-de-Beauvoisin 73 ...... 232 D 3
Pont-de-Braye 72 ...... 130 D 3
Pont-de-Briques 62 ...... 6 B 2
Pont-de-Buis-
  lès-Quimerch 29 ...... 75 H 4
Pont-de-Chazey-Villieu 01 ...... 213 H 4
Pont-de-Chéruy 38 ...... 213 H 5
Le Pont-de-Claix 38 ...... 250 D 2
Pont-de-Crau 13 ...... 304 B 4
Pont-de-Dore 63 ...... 210 C 5
Pont de Gau (Parc
  ornithologique du) 13 ...... 324 B 3
Pont-de-la-Chaux 39 ...... 179 H 5
Pont-de-la-Maye 33 ...... 255 G 5
Pont-de-Labeaume 07 ...... 266 A 3
Pont-de-l'Arche 27 ...... 36 B 3
Pont-de-Larn 81 ...... 319 H 2
Pont-de-l'Étoile 13 ...... 327 F 2
Pont-de-l'Isère 26 ...... 249 F 4
Pont-de-Lunel 34 ...... 303 G 3
Pont-de-Menat 63 ...... 209 F 2
Pont-de-Metz 80 ...... 22 B 2
Le Pont-de-Montvert 48 ...... 283 E 1
Pont-de-Pany 21 ...... 159 G 3
Le Pont-de-Planches 70 ...... 140 D 5
Pont-de-Poitte 39 ...... 196 C 1
Pont-de-Roide 25 ...... 163 F 2
Pont-de-Ruan 37 ...... 151 G 4
Pont-de-Salars 12 ...... 281 E 2
Pont-de-Vaux 01 ...... 195 F 3
Pont-de-Veyle 01 ...... 195 E 5
Pont-des-Pierres 01 ...... 215 E 1
Pont-d'Espagne 65 ...... 332 C 4
Pont-d'Hérault 30 ...... 283 E 5
Pont-d'Héry 39 ...... 179 H 3
Pont-d'Ouche 21 ...... 159 G 5
Pont-d'Ouilly 14 ...... 53 G 3
Pont-du-Bois 70 ...... 118 D 4
Pont-du-Casse 47 ...... 276 B 2
Pont-du-Château 63 ...... 210 A 5
Pont-du-Châtel 29 ...... 71 E 4
Pont du Diable
  Gorges du 74 ...... 198 C 4
Pont du Dognon 87 ...... 206 B 4
Pont-du-Fossé 05 ...... 270 A 2
Pont du Gard 30 ...... 304 A 1
Pont-du-Loup 06 ...... 309 E 2
Pont-du-Navoy 39 ...... 179 G 4
Pont-en-Royans 38 ...... 250 A 3
Pont-et-Massène 21 ...... 158 D 1
Pont-Évêque 38 ...... 231 F 3
Pont-Farcy 14 ...... 52 B 2
Pont-Hébert 50 ...... 32 A 4
Pont-James 44 ...... 165 G 1
Pont-la-Ville 52 ...... 116 C 3
Pont-l'Abbé 29 ...... 99 G 4
Pont-l'Abbé 50 ...... 31 G 2
Pont-l'Abbé-d'Arnoult 17 ...... 201 E 4
Pont-lès-Bonfays 88 ...... 118 D 2
Pont-les-Moulins 25 ...... 162 C 2
Pont-l'Évêque 14 ...... 34 C 3
Pont-l'Évêque 60 ...... 23 G 5
Pont-Melvez 22 ...... 77 F 2
Pont-Noyelles 80 ...... 22 C 1
Pont-Péan 35 ...... 104 B 4
Pont-Réan 35 ...... 104 A 4
Pont-Remy 80 ...... 11 H 4
Pont-Royal 13 ...... 305 G 3
Pont-Saint-Esprit 30 ...... 284 D 2
Pont-Saint-Mard 02 ...... 40 B 1
Pont-Saint-Martin 44 ...... 147 G 5
Pont-Saint-Pierre 27 ...... 36 C 3
Pont-Saint-Vincent 54 ...... 94 D 1
Pont-Sainte-Marie 10 ...... 91 E 5
Pont-Sainte-Maxence 60 ...... 39 E 3
Pont-Salomon 43 ...... 230 A 5
Pont-Scorff 56 ...... 101 E 5
Pont-sur-l'Ognon 70 ...... 141 G 5
Pont-sur-Madon 88 ...... 94 D 4
Pont-sur-Meuse 55 ...... 64 C 4
Pont-sur-Sambre 59 ...... 15 G 3
Pont-sur-Seine 10 ...... 90 A 3
Pont-sur-Vanne 89 ...... 113 H 3

Pont-sur-Yonne 89 ...... 89 F 5
Pont-Trambouze 69 ...... 212 A 2
Pontacq 64 ...... 314 D 5
Pontaillac 17 ...... 218 C 1
Pontailler-sur-Saône 21 ...... 160 D 3
Pontaix 26 ...... 268 A 1
Pontamafrey 73 ...... 234 A 5
Pontanevaux 71 ...... 195 E 5
Pontarion 23 ...... 207 E 3
Pontarlier 25 ...... 180 C 2
Pontarmé 60 ...... 38 D 5
Pontaubault 50 ...... 51 H 5
Pontaubert 89 ...... 157 H 1
Pontault-Combault 77 ...... 59 E 4
Pontaumur 63 ...... 208 D 4
Pontavert 02 ...... 41 F 2
Pontcarré 77 ...... 59 E 4
Pontcey 70 ...... 140 D 4
Pontchardon 61 ...... 54 D 2
Pontcharra 38 ...... 233 G 4
Pontcharra-
  sur-Turdine 69 ...... 212 B 4
Pontcharraud 23 ...... 207 H 4
Pontchartrain 78 ...... 57 H 4
Pontcirq 46 ...... 259 G 4
Ponte-Leccia 2B ...... 347 E 3
Ponte Nuovo 2B ...... 347 F 2
Pontécoulant 14 ...... 53 E 3
Ponteilla 66 ...... 343 E 2
Ponteils-et-Brésis 30 ...... 283 G 1
Pontempeyrat 43 ...... 229 F 5
Pontenx-les-Forges 40 ...... 272 C 2
Le Pontet 33 ...... 237 G 2
Le Pontet 73 ...... 233 H 3
Le Pontet 84 ...... 285 F 5
Les Pontets 25 ...... 180 B 4
Ponteyraud 24 ...... 239 F 2
Pontfaverger-
  Moronvilliers 51 ...... 42 A 3
Pontgibaud 63 ...... 209 F 5
Pontgouin 28 ...... 85 G 3
Ponthévrard 78 ...... 87 E 3
Ponthierry 77 ...... 88 A 3
Ponthion 51 ...... 62 D 4
Ponthoile 80 ...... 11 F 2
Le Ponthou 29 ...... 72 B 5
Pontiacq-Viellepinte 64 ...... 314 D 3
Pontigné 49 ...... 129 G 5
Pontigny 89 ...... 136 C 2
Pontis 04 ...... 270 B 4
Pontivy 56 ...... 101 H 3
Pontlevoy 41 ...... 153 E 2
Pontmain 53 ...... 81 G 3
Pontoise 95 ...... 58 A 1
Pontoise-lès-Noyon 60 ...... 23 H 5
Pontonx-sur-l'Adour 40 ...... 293 E 2
Pontorson 50 ...... 80 C 2
Pontours 24 ...... 258 C 1
Pontoux 71 ...... 178 B 2
Pontoy 57 ...... 66 B 2
Pontpierre 57 ...... 66 D 1
Pontpoint 60 ...... 39 E 3
Pontrieux 22 ...... 73 E 4
Pontru 02 ...... 24 A 1
Pontruet 02 ...... 24 A 1
Ponts 50 ...... 51 H 4
Les Ponts-de-Cé 49 ...... 149 G 2
Ponts-et-Marais 76 ...... 10 D 4
Les Ponts-Neufs 22 ...... 78 C 3
Pontvallain 72 ...... 130 A 3
Popian 34 ...... 302 A 4
Popolasca 2B ...... 347 E 3
Porcaro 56 ...... 103 F 5
Porcelette 57 ...... 46 D 5
Porchères 33 ...... 238 D 3
La Porcherie 87 ...... 224 C 3
Porcheux 60 ...... 37 H 3
Porcheville 78 ...... 57 G 2
Porcieu-Amblagnieu 38 ...... 214 B 4
Pordic 22 ...... 73 H 5
Le Porge 33 ...... 236 C 5
Pornic 44 ...... 146 C 5
Pornichet 44 ...... 145 H 2
Porquéricourt 60 ...... 23 G 5
Porquerolles Île de 83 ...... 328 C 5
Porri 2B ...... 347 G 3
Pors-Even 22 ...... 73 F 2
Porsmilin 29 ...... 70 A 5
Porspoder 29 ...... 70 A 5
Port 01 ...... 214 C 1
Le Port 09 ...... 335 H 4
Port Col de 09 ...... 336 A 3
Port-à-Binson 51 ...... 61 E 1

Port-Bail 50 ...... 31 E 2
Port-Barcarès 66 ...... 339 E 4
Port-Blanc 22 ...... 72 D 2
Port-Brillet 53 ...... 105 G 3
Port-Camargue 30 ...... 303 F 5
Port-Coton Aiguilles de 56 ...... 144 B 4
Port-Cros Île de 83 ...... 329 E 5
Port-d'Atelier 70 ...... 140 D 3
Port-de-Bouc 13 ...... 325 G 3
Port-de-Carhaix 29 ...... 76 D 4
Port-de-Gagnac 46 ...... 243 E 5
Port-de-Groslée 01 ...... 232 C 1
Port-de-la-Meule 85 ...... 164 A 4
Port-de-Lanne 40 ...... 292 C 4
Port-de-Miramar 83 ...... 328 D 4
Port-de-Piles 86 ...... 169 H 2
Port-d'Envaux 17 ...... 201 F 4
Port-des-Barques 17 ...... 200 C 3
Port-Donnant 56 ...... 144 A 4
Port-du-Salut
  Trappe du 53 ...... 106 A 4
Port-en-Bessin 14 ...... 32 D 2
Port-Goulphar 56 ...... 144 B 4
Port-Grimaud 83 ...... 329 F 2
Port-Haliguen 56 ...... 123 H 5
Port-Jérôme 76 ...... 35 F 1
Port-Joinville 85 ...... 164 A 4
Port-la-Nouvelle 11 ...... 339 F 2
Port-Launay 29 ...... 75 H 4
Port-Lauragais 31 ...... 318 C 3
Port-le-Grand 80 ...... 11 G 3
Port-Lesney 39 ...... 179 G 1
Port-Leucate 11 ...... 339 F 4
Port-Louis 56 ...... 123 F 2
Port-Manech 29 ...... 100 B 5
Port-Maria 56 ...... 144 C 4
Le Port-Marly 78 ...... 58 A 3
Port-Miou 13 ...... 327 F 3
Port-Mort 27 ...... 36 D 5
Port-Navalo 56 ...... 124 A 4
Port Royal des Champs
  Abbaye de 78 ...... 57 H 4
Port-Saint-Louis-
  du-Rhône 13 ...... 325 F 4
Port-Saint-Père 44 ...... 147 F 5
Port-Sainte-Foy-
  et-Ponchapt 24 ...... 257 F 1
Port-Sainte-Marie 47 ...... 275 G 2
Port-sur-Saône 70 ...... 141 E 4
Port-sur-Seille 54 ...... 65 H 3
Port-Vendres 66 ...... 343 G 4
Port-Villez 78 ...... 57 E 1
Porta 66 ...... 341 E 4
La Porta 2B ...... 347 G 3
Porte Col de 38 ...... 233 E 5
Porte-Joie 27 ...... 36 C 4
Porté-Puymorens 66 ...... 341 E 3
Le Portel 62 ...... 6 A 2
Portel Sommet de 09 ...... 335 H 3
Portel-des-Corbières 11 ...... 338 D 2
Portes 27 ...... 56 A 1
Portes 30 ...... 283 G 2
Portes Calvaire de 01 ...... 214 B 4
Portes Chartreuse de 01 ...... 214 B 4
Les Portes-en-Ré 17 ...... 182 C 4
Portes-en-Valdaine 26 ...... 267 F 4
Portes-lès-Valence 26 ...... 249 F 5
Portet 64 ...... 294 C 5
Portet-d'Aspet 31 ...... 334 D 3
Portet-d'Aspet Col de 31 ...... 334 D 3
Portet-de-Luchon 31 ...... 334 A 4
Portet-sur-Garonne 31 ...... 297 H 5
Portets 33 ...... 255 H 3
Porticcio 2A ...... 348 D 3
Porticciolo Marine de 2B ...... 345 G 2
Portieux 88 ...... 95 E 4
Portiragnes 34 ...... 321 H 4
Portiragnes-Plage 34 ...... 321 H 4
Portivy 56 ...... 123 G 5
Porto 2A ...... 346 B 5
Porto-Pollo 2A ...... 348 C 5
Porto-Vecchio 2A ...... 351 E 4
Ports 37 ...... 169 G 1
Portsall 29 ...... 70 B 4
Posanges 21 ...... 159 E 2
Poses 27 ...... 36 C 3
Possesse 51 ...... 63 E 3
La Possonnière 49 ...... 149 F 2
La Possonnière Manoir 41 ...... 130 D 3
La Postolle 89 ...... 113 H 2
Postroff 57 ...... 67 H 3
Potangis 51 ...... 90 A 2
Potelières 30 ...... 284 A 3
Potelle 59 ...... 15 E 3
La Poterie 22 ...... 78 D 3
La Poterie-au-Perche 61 ...... 84 D 2
La Poterie-Cap-d'Antifer 76 ...... 18 C 4

A B C D E F G H I J K L M N O P Q R S T U V W X Y Z

A
B
C
D
E
F
G
H
I
J
K
L
M
N
O
P
Q
R
S
T
U
V
W
X
Y
Z

La Poterie-Mathieu 27 .... 35 E 4
Pothières 21 .... 115 H 5
Potigny 14 .... 53 H 2
Potte 80 .... 23 G 3
Pouan-les-Vallées 10 .... 90 D 3
Pouançay 86 .... 168 B 1
Pouancé 49 .... 127 F 3
Pouant 86 .... 169 E 2
Poubeau 31 .... 334 A 4
Poucharramet 31 .... 317 F 3
Pouchergues 65 .... 333 H 4
Poudenas 47 .... 275 F 4
Poudenx 40 .... 293 H 4
Poudis 81 .... 299 E 5
Poudrey Gouffre de 25 .... 162 B 4
Poueyferré 65 .... 332 D 1
La Pouëze 49 .... 128 A 5
Pouffonds 79 .... 185 G 5
La Pouge 23 .... 207 F 3
Le Pouget 34 .... 302 A 5
Pougnadoires
  Cirque de 48 .... 282 B 1
Pougnadoresse 30 .... 284 C 4
Pougné 16 .... 203 G 3
Pougne-Hérisson 79 .... 167 H 5
Pougny 01 .... 215 F 1
Pougny 58 .... 156 B 3
Pougues-les-Eaux 58 .... 174 C 1
Pougy 10 .... 91 G 4
Pouillac 17 .... 238 B 1
Pouillat 01 .... 196 B 4
Pouillé 41 .... 153 E 3
Pouillé 85 .... 183 H 2
Pouillé 86 .... 186 D 2
Pouillé-les-Côteaux 44 .... 148 B 1
Pouillenay 21 .... 159 E 1
Pouilley-Français 25 .... 161 G 4
Pouilley-les-Vignes 25 .... 161 H 3
Pouillon 40 .... 293 E 4
Pouillon 51 .... 41 F 3
Pouilloux 71 .... 194 A 1
Pouilly 57 .... 65 H 1
Pouilly 60 .... 38 A 4
Pouilly-en-Auxois 21 .... 159 F 4
Pouilly-en-Bassigny 52 .... 117 H 4
Pouilly-le-Fort 77 .... 88 B 2
Pouilly-le-Monial 69 .... 212 D 3
Pouilly-lès-Feurs 42 .... 211 H 5
Pouilly-les-Nonains 42 .... 211 F 2
Pouilly-sous-Charlieu 42 ...... 211 G 1
Pouilly-sur-Loire 58 .... 156 A 4
Pouilly-sur-Meuse 55 .... 27 G 5
Pouilly-sur-Saône 21 .... 178 B 1
Pouilly-sur-Serre 02 .... 24 D 4
Pouilly-sur-Vingeanne 21 ..... 139 H 5
Le Poujol-sur-Orb 34 .... 301 F 5
Poujols 34 .... 301 H 3
Poul-Fétan 56 .... 101 G 4
Poulaines 36 .... 153 H 5
Poulains Pointe des 56 .... 144 B 3
Poulainville 80 .... 22 C 1
Poulan-Pouzols 81 .... 299 F 2
Poulangy 52 .... 117 E 4
Poulay 53 .... 82 C 4
Pouldavid 29 .... 99 F 2
Pouldergat 29 .... 99 F 2
Pouldouran 22 .... 73 E 3
Pouldreuzic 29 .... 99 F 3
Le Pouldu 29 .... 123 E 2
Poule-les-Écharmeaux 69 .... 212 B 1
Pouliacq 64 .... 294 B 5
Les Poulières 88 .... 120 A 5
Pouligney 25 .... 162 B 2
Pouligny-Notre-Dame 36 ..... 189 G 2
Pouligny-Saint-Martin 36 ..... 189 G 2
Pouligny-Saint-Pierre 36 ...... 170 C 5
Le Pouliguen 44 .... 145 H 5
Poullan-sur-Mer 29 .... 99 E 2
Poullaouen 29 .... 76 C 3
Poullignac 16 .... 220 D 4
Poulx 30 .... 303 H 1
Poumarous 65 .... 315 F 5
Poupas 82 .... 276 D 5
Poupry 28 .... 110 D 4
Pouques-Lormes 58 .... 157 H 3
Pourcharesses 48 .... 265 F 5
Pourchères 07 .... 266 C 2
Pourcieux 83 .... 306 D 5
Pourcy 51 .... 41 F 5
Pourlans 71 .... 178 C 2
Pournoy-la-Chétive 57 .... 65 H 2
Pournoy-la-Grasse 57 .... 65 H 2
Pourrain 89 .... 136 A 3
Pourrières 83 .... 306 C 5
Poursac 16 .... 203 G 3
Poursay-Garnaud 17 .... 201 H 3
Poursiugues-Boucoue 64 .... 294 B 5

Pourtalet Col du 64 .... 332 A 4
Pouru-aux-Bois 08 .... 27 G 3
Pouru-Saint-Remy 08 .... 27 G 4
Pourville-sur-Mer 76 .... 10 A 5
Poussan 34 .... 323 D 4
Poussanges 23 .... 207 H 5
Poussay 88 .... 94 D 4
Pousseaux 58 .... 157 F 1
Poussignac 47 .... 275 E 1
Poussy-la-Campagne 14 .... 33 H 5
Pousthomy 12 .... 300 B 2
Le Pout 33 .... 255 H 1
Pouvrai 61 .... 84 B 5
Pouxeux 88 .... 119 G 3
Pouy 65 .... 316 A 4
Pouy-de-Touges 31 .... 317 E 3
Pouy-Loubrin 32 .... 316 B 2
Pouy-sur-Vannes 10 .... 90 A 5
Pouyastruc 65 .... 315 F 4
Pouydesseaux 40 .... 274 A 5
Pouydraguin 32 .... 295 E 4
Pouylebon 32 .... 295 G 5
Pouzac 65 .... 333 F 1
Le Pouzat 07 .... 248 B 4
Pouzauges 85 .... 166 D 4
Pouzay 37 .... 169 G 1
Pouze 31 .... 318 A 2
Pouzilhac 30 .... 284 D 4
Le Pouzin 07 .... 267 E 1
Pouzioux 86 .... 187 E 2
Pouzol 63 .... 209 G 2
Pouzolles 34 .... 321 G 2
Pouzols 34 .... 302 A 4
Pouzols-Minervois 11 .... 320 D 4
Pouzy-Mésangy 03 .... 174 B 5
Poyanne 40 .... 293 F 2
Poyans 70 .... 160 D 1
Poyartin 40 .... 293 F 3
Poyols 26 .... 268 B 3
Pozières 80 .... 13 G 5
Pra Loup 04 .... 270 D 5
Le Pradal 34 .... 301 F 4
Les Pradeaux 63 .... 228 A 3
Pradeaux Col des 63 .... 229 E 3
Pradel Col du 11 .... 336 D 5
Pradelle 26 .... 268 A 3
Pradelles 43 .... 265 F 1
Pradelles 59 .... 4 A 5
Pradelles-Cabardès 11 .... 320 A 3
Pradelles-en-Val 11 .... 338 A 1
Pradère-les-Bourguets 31 ... 297 F 4
Prades 07 .... 266 A 3
Prades 09 .... 336 D 5
Prades 43 .... 246 D 4
Prades 48 .... 282 C 1
Prades 66 .... 342 A 3
Prades 81 .... 299 E 4
Prades-d'Aubrac 12 .... 263 G 4
Prades-de-Salars 12 .... 281 E 2
Prades-le-Lez 34 .... 302 D 3
Prades-sur-Vernazobre 34 ... 321 E 2
Le Pradet 83 .... 328 B 4
Pradettes 09 .... 336 C 2
Pradières 09 .... 336 B 3
Pradiers 15 .... 245 F 1
Pradinas 12 .... 279 H 3
Pradines 19 .... 225 E 3
Pradines 42 .... 211 H 3
Pradines 46 .... 259 H 5
Pradons 07 .... 266 B 5
Prads 04 .... 288 C 2
Prafrance
  Bambouseraie de 30 .... 283 G 4
Pragnères Centrale de 65 ... 333 E 4
Prahecq 79 .... 185 E 5
Prailles 79 .... 185 F 4
Pralognan-la-Vanoise 73 ..... 234 D 4
Prâlon 21 .... 159 G 3
Pralong 42 .... 229 G 2
Pramousquier 83 .... 329 E 4
Pramouton 05 .... 270 C 4
Prangey 52 .... 139 G 3
Pranles 07 .... 266 C 1
Pranzac 16 .... 221 G 1
Prapoutel-les-Sept-Laux 38 . 251 F 1
Le Prarion 74 .... 216 D 3
Praslay 52 .... 139 F 3
Praslin 10 .... 115 F 4
Prasville 28 .... 110 C 2
Prat 22 .... 72 D 4
Prat-Bonrepaux 09 .... 335 E 2
Prat de Bouc 15 .... 245 E 3
Prato-di-Giovellina 2B .... 347 E 3
Prats-de-Carlux 24 .... 241 H 5
Prats-de-Mollo-la-Preste 66 342 B 5
Prats-de-Sournia 66 .... 338 A 5

Prats-du-Périgord 24 .... 259 F 2
Pratviel 81 .... 298 D 4
Pratz 39 .... 196 D 3
Pratz 52 .... 116 C 2
Prauthoy 52 .... 139 G 4
Pray 41 .... 131 H 4
Prayet Col du 38 .... 268 D 1
Prayols 09 .... 336 B 3
Prayssac 46 .... 259 G 5
Prayssas 47 .... 275 H 2
La Praz 73 .... 252 C 1
Le Praz 73 .... 234 C 3
Praz-Coutant 74 .... 216 D 3
Les Praz-de-Chamonix 74 ... 217 E 3
Praz-sur-Arly 74 .... 216 C 4
Le Pré-d'Auge 14 .... 34 C 4
Pré de Madame Carle 05 .... 252 B 4
Pré-en-Pail-
  Saint-Samson 53 .... 83 E 3
Pré-Saint-Évroult 28 .... 110 A 3
Le Pré-Saint-Gervais 93 .... 58 C 3
Pré-Saint-Martin 28 .... 110 A 2
Préaux 07 .... 248 D 2
Les Préaux 27 .... 35 E 3
Préaux 36 .... 171 E 2
Préaux 53 .... 106 C 5
Préaux 76 .... 36 C 1
Préaux 77 .... 112 D 2
Préaux-Bocage 14 .... 53 F 1
Préaux-du-Perche 61 .... 84 D 5
Préaux-Saint-Sébastien 14 .... 54 D 2
Prébois 38 .... 268 D 1
Précey 50 .... 51 G 5
Préchac 32 .... 296 B 2
Préchac 33 .... 255 H 5
Préchac 65 .... 332 D 2
Préchac-sur-Adour 32 .... 295 E 4
Préchacq-Josbaig 64 .... 313 G 4
Préchacq-les-Bains 40 .... 293 F 2
Préchacq-Navarrenx 64 .... 313 G 4
Précieux 42 .... 229 H 2
Précigné 72 .... 129 E 3
Précilhon 64 .... 331 H 1
Précorbin 50 .... 32 C 5
Précy 18 .... 174 A 1
Précy-le-Sec 89 .... 136 D 5
Précy-Notre-Dame 10 .... 91 G 4
Précy-Saint-Martin 10 .... 91 G 4
Précy-sous-Thil 21 .... 158 D 2
Précy-sur-Marne 77 .... 59 F 2
Précy-sur-Oise 60 .... 38 C 4
Précy-sur-Vrin 89 .... 113 G 5
Prédefin 62 .... 7 F 4
Préfailles 44 .... 146 B 4
Préfontaines 45 .... 112 B 3
Prégilbert 89 .... 136 C 5
Préguillac 17 .... 219 G 1
Préhy 89 .... 136 C 3
Preignac 33 .... 256 B 3
Preignan 32 .... 296 B 3
Preigney 70 .... 140 C 3
Preixan 11 .... 337 G 1
Prélenfrey 38 .... 250 D 3
Prelles 05 .... 252 C 5
Prémanon 39 .... 197 F 2
Premeaux-Prissey 21 .... 159 H 5
Prémery 58 .... 156 D 5
Prémesques 59 .... 8 C 2
Prémeyzel 01 .... 232 D 1
Prémian 34 .... 300 D 5
Premières 21 .... 160 C 4
Premierfait 10 .... 90 D 3
Prémilhat 03 .... 190 C 4
Prémillieu 01 .... 214 C 4
Prémont 02 .... 14 C 5
Prémontré 02 .... 24 C 5
Prendeignes 46 .... 261 G 2
Préneron 32 .... 295 G 3
La Prénessaye 22 .... 102 C 1
Prenois 21 .... 159 H 2
Prénouvellon 41 .... 110 B 5
Prénovel 39 .... 197 E 2
Prény 54 .... 65 G 2
Préporché 58 .... 175 H 3
Prépotin 61 .... 84 C 2
Les Prés 26 .... 268 D 4
Présailles 43 .... 247 G 5
Préseau 59 .... 15 E 2
Présentevillers 25 .... 142 B 4
Préserville 31 .... 298 B 5
Présilly 39 .... 196 C 1
Présilly 74 .... 215 G 1
Presle 70 .... 141 F 5
Presle 73 .... 233 G 3
Presles 14 .... 52 D 3
Presles 38 .... 250 B 3

Presles 95 .... 38 B 5
Presles-en-Brie 77 .... 59 F 5
Presles-et-Boves 02 .... 40 D 2
Presles-et-Thierny 02 .... 40 D 1
Presly 18 .... 155 E 2
Presnoy 45 .... 112 A 5
Presque Grotte de 46 .... 261 E 1
Pressac 86 .... 204 B 1
Pressagny-l'Orgueilleux 27 .... 36 D 5
Pressiat 01 .... 196 A 4
Pressignac 16 .... 204 D 3
Pressignac-Vicq 24 .... 240 C 5
Pressigny 52 .... 140 B 3
Pressigny 79 .... 168 B 4
Pressigny-les-Pins 45 .... 134 D 2
Pressins 38 .... 232 C 3
Pressy 62 .... 7 G 4
Pressy-sous-Dondin 71 .... 194 B 2
La Preste 66 .... 342 A 5
La Prétière 25 .... 142 A 5
Pretin 39 .... 179 G 2
Prétot-Sainte-Suzanne 50 ..... 31 G 2
Prétot-Vicquemare 76 .... 19 H 3
Prêtreville 14 .... 54 D 1
Préty 71 .... 195 F 2
Pretz-en-Argonne 55 .... 63 G 2
Preuilly 18 .... 172 D 1
Preuilly Abbaye de 77 .... 89 E 4
Preuilly-la-Ville 36 .... 170 B 5
Preuilly-sur-Claise 37 .... 170 B 3
Preures 62 .... 6 C 3
Preuschdorf 67 .... 69 E 2
Preuseville 76 .... 21 E 2
Preutin-Higny 54 .... 45 E 3
Preux-au-Bois 59 .... 15 E 4
Preux-au-Sart 59 .... 15 E 2
Préval 72 .... 108 C 2
Prévelles 72 .... 108 B 3
Prévenchères 48 .... 265 F 4
Préveranges 18 .... 190 A 3
Prévessin-Moëns 01 .... 197 G 4
La Prévière 49 .... 127 F 4
Prévillers 60 .... 21 H 5
Prévinquières 12 .... 279 H 1
Prévocourt 57 .... 66 C 3
Prey 27 .... 56 C 2
Prey 88 .... 119 H 2
Preyssac-d'Excideuil 24 ...... 223 F 5
Prez 08 .... 26 A 2
Prez-sous-Lafauche 52 .... 93 G 5
Prez-sur-Marne 52 .... 92 D 2
Priaires 79 .... 201 G 1
Priay 01 .... 214 A 2
Priez 02 .... 40 B 5
Prignac 17 .... 202 B 4
Prignac-en-Médoc 33 .... 218 D 5
Prignac-et-Marcamps 33 ..... 237 G 3
Prigonrieux 24 .... 239 G 5
Primarette 38 .... 231 G 4
Primat 08 .... 42 D 2
La Primaube 12 .... 280 D 2
Primel-Trégastel 29 .... 72 A 3
Primelin 29 .... 98 D 2
Primelles 18 .... 172 D 3
Prin-Deyrançon 79 .... 184 C 5
Prinçay 86 .... 169 E 2
Princé 35 .... 105 F 2
Pringé 72 .... 129 H 4
Pringy 51 .... 62 C 4
Pringy 74 .... 215 G 3
Pringy 77 .... 88 A 3
Prinquiau 44 .... 146 D 2
Prinsuéjols 48 .... 263 H 3
Printzheim 67 .... 68 C 4
Prisces 02 .... 25 F 3
Prisches 59 .... 15 F 4
Prissac 36 .... 188 B 2
Prissé 71 .... 194 D 4
Prissé-la-Charrière 79 .... 201 H 1
Pritz 53 .... 106 A 3
Privas 07 .... 266 D 2
Privezac 12 .... 279 H 1
Prix-lès-Mézières 08 .... 26 D 3
Priziac 56 .... 101 E 2
Prizy 71 .... 193 H 4
La Proiselière-et-Langle 70 .. 141 H 2
Proissans 24 .... 241 G 5
Proisy 02 .... 25 E 1
Proix 02 .... 24 D 1
Projan 32 .... 294 C 4
Promilhanes 46 .... 279 E 1
Prompsat 63 .... 209 H 4
Prondines 63 .... 226 D 1
Pronleroy 60 .... 38 D 1
Pronville-en-Artois 62 .... 13 H 3
Propiac 26 .... 286 A 2
Propières 69 .... 212 B 1

Propriano 2A .... 350 D 2
Prosnes 51 .... 42 A 4
Prouais 28 .... 57 E 5
Prouilly 51 .... 41 F 3
Proumeyssac
  Gouffre de 24 .... 241 E 5
Proupiary 31 .... 316 D 5
Proussy 14 .... 53 F 2
Prouvais 02 .... 41 G 1
Prouville 80 .... 12 B 4
Prouvy 59 .... 14 D 2
Prouzel 80 .... 22 B 2
Provenchère 25 .... 163 E 3
Provenchère 70 .... 141 E 3
Provenchères-
  lès-Darney 88 .... 118 C 3
Provenchères-et-Colroy 88 ... 96 C 4
Provenchères-sur-Marne 52 . 92 D 5
Provenchères-
  sur-Meuse 52 .... 117 H 4
Provency 89 .... 158 A 1
Proverville 10 .... 116 A 2
Proveysieux 38 .... 250 D 1
Proville 59 .... 14 B 4
Provin 59 .... 8 C 4
Provins 77 .... 89 G 2
Proviseux-et-Plesnoy 02 .... 41 G 1
Proyart 80 .... 23 E 2
Prudemanche 28 .... 56 B 5
Prudhomat 46 .... 243 E 5
Prugnanes 66 .... 338 A 4
Prugny 10 .... 114 D 2
Pruillé 49 .... 128 B 5
Pruillé-le-Chétif 72 .... 107 G 5
Pruillé-l'Éguillé 72 .... 130 B 2
Pruines 12 .... 262 C 4
Prunay 51 .... 41 H 4
Prunay-Belleville 10 .... 90 B 5
Prunay-Cassereau 41 .... 131 F 4
Prunay-en-Yvelines 78 .... 86 D 3
Prunay-le-Gillon 28 .... 86 C 5
Prunay-le-Temple 78 .... 57 F 3
Prunay-sur-Essonne 91 .... 87 H 5
Prunelli-di-Casacconi 2B ..... 347 G 2
Prunelli-di-Fiumorbo 2B ...... 349 G 2
Prunet 07 .... 266 A 3
Prunet 15 .... 262 C 1
Prunet 31 .... 298 C 5
Prunet-et-Belpuig 66 .... 342 C 3
Prunete 2B .... 347 H 4
Pruniers 36 .... 172 C 4
Pruniers 49 .... 149 G 1
Pruniers-en-Sologne 41 ...... 153 H 3
Pruno 2B .... 347 G 3
Prunoy 89 .... 135 G 2
Prusly-sur-Ource 21 .... 138 B 2
Prusy 10 .... 114 D 5
Pruzilly 71 .... 194 D 5
Puberg 67 .... 68 A 2
Publier 74 .... 198 B 3
Publy 39 .... 179 F 5
Le Puch 09 .... 337 F 5
Puch-d'Agenais 47 .... 275 F 1
Puchay 27 .... 37 E 3
Puchevillers 80 .... 12 D 5
Le Puech 34 .... 301 H 4
Puéchabon 34 .... 302 B 3
Puéchoursi 81 .... 318 D 2
Puechredon 30 .... 303 F 1
Puellemontier 52 .... 92 A 3
Puessans 25 .... 162 C 1
Puget 84 .... 305 G 2
Puget-Rostang 06 .... 289 G 4
Puget-sur-Argens 83 .... 308 C 5
Puget-Théniers 06 .... 289 F 5
Puget-Ville 83 .... 328 C 2
Pugey 25 .... 161 H 4
Pugieu 01 .... 214 C 4
Puginier 11 .... 318 D 3
Pugnac 33 .... 237 G 3
Pugny 79 .... 167 G 4
Pugny-Chatenod 73 .... 233 F 1
Puihéric 11 .... 320 B 5
Le Puid 88 .... 96 C 5
Puihardy 79 .... 184 D 2
Puilacher 34 .... 302 A 5
Puilaurens 11 .... 337 G 5
Puilboreau 17 .... 183 F 5
Puilly-et-Charbeaux 08 .... 27 H 4
Puimichel 04 .... 287 G 5
Puimisson 34 .... 321 G 2

Puimoisson 04 .... 307 F 1
La Puisaye 28 .... 85 E 1
Puiseaux 45 .... 112 A 5
Puiselet-le-Marais 91 .... 87 G 4
Puisenval 76 .... 21 B 2
Le Puiset 28 .... 110 D 2
Le Puiset-Doré 49 .... 148 C 2
Puiseux 08 .... 26 C 3
Puiseux 28 .... 86 A 5
Puiseux-en-Bray 60 .... 37 G 3
Puiseux-en-France 95 .... 58 C 2
Puiseux-en-Retz 02 .... 40 A 4
Puiseux-le-Hauberger 60 ...... 38 B 3
Puiseux-Pontoise 95 .... 57 H 2
Puisieulx 51 .... 41 H 5
Puisieux 62 .... 13 F 4
Puisieux 77 .... 59 G 2
Puisieux-et-Clanlieu 02 .... 24 D 2
Puissalicon 34 .... 321 G 2
Puisseguin 33 .... 238 C 4
Puisserguier 34 .... 321 E 2
Puits 21 .... 138 A 5
Le Puits-des-Mèzes 52 .... 117 F 2
Puits-et-Nuisement 10 .... 115 H 1
Puits-la-Vallée 60 .... 22 B 3
Puivert 11 .... 337 E 4
Pujaudran 32 .... 297 F 5
Pujaut 30 .... 285 E 5
Pujo 65 .... 315 E 4
Pujo-le-Plan 40 .... 294 B 3
Les Pujols 09 .... 336 C 2
Pujols 33 .... 256 D 1
Pujols 47 .... 276 C 2
Pujols-sur-Ciron 33 .... 255 H 3
Le Puley 71 .... 177 F 5
Puligny-Montrachet 21 .... 177 G 1
Pullay 27 .... 55 H 4
Pulligny 54 .... 94 D 1
Pulney 54 .... 94 C 4
Pulnoy 54 .... 94 C 2
Pulvérières 63 .... 209 F 4
Pulversheim 68 .... 121 E 2
Punchy 80 .... 23 F 2
Punerot 88 .... 94 A 2
Puntous 65 .... 316 A 3
Puntous de Laguian 32 .... 315 G 3
Pupillin 39 .... 179 G 2
Pure 08 .... 27 G 3
Purgerot 70 .... 140 D 2
Pusey 70 .... 141 E 3
Pusignan 69 .... 213 G 2
Pussay 91 .... 87 E 4
Pussigny 37 .... 169 G 2
Pussy 73 .... 234 B 2
Pusy-et-Épenoux 70 .... 141 E 3
Putanges-le-Lac 61 .... 53 H 3
Puteaux 92 .... 58 B 3
Putot-en-Auge 14 .... 34 A 4
Putot-en-Bessin 14 .... 33 F 4
Puttelange-aux-Lacs 57 .... 67 F 1
Puttelange-lès-Thionville 57 .. 45 H 1
Puttigny 57 .... 66 D 3
Puxe 54 .... 45 E 5
Puxieux 54 .... 65 F 1
Le Puy 25 .... 162 B 2
Le Puy 33 .... 257 E 3
Puy Crapaud 85 .... 167 E 4
Puy-d'Arnac 19 .... 242 D 4
Puy de Dôme 63 .... 209 G 5
Puy-de-Serre 85 .... 184 C 1
Puy du Fou
  Château du 85 .... 166 D 2
Le Puy-en-Velay 43 .... 247 F 3
Puy-Guillaume 63 .... 210 C 3
Puy-l'Évêque 46 .... 259 F 4
Puy-Malsignat 23 .... 207 H 3
Le Puy-Notre-Dame 49 .... 150 A 5
Le Puy-Saint-André 05 .... 252 C 4
Le Puy-Saint-Bonnet 49 ...... 166 D 1
Puy-Saint-Eusèbe 05 .... 270 B 3
Puy-Saint-Gulmier 63 .... 208 D 5
Puy-Saint-Martin 26 .... 267 G 3
Puy-Saint-Pierre 05 .... 252 D 4
Puy-Saint-Vincent 05 .... 252 C 5
Le Puy-
  Sainte-Réparade 13 .... 306 A 3
Puy-Sanières 05 .... 270 C 3
Puybarban 33 .... 256 C 2
Puybegon 81 .... 298 D 2
Puybrun 46 .... 242 D 5
Puycalvel 81 .... 299 F 4
Puycasquier 32 .... 296 C 3
Puycelsi 81 .... 278 C 5
Puycornet 82 .... 277 H 3
Puydaniel 31 .... 317 H 4
Puydarrieux 65 .... 315 G 4

uydrouard 17....201 E 1
Puye 86....187 F 1
aygaillard-de-Lomagne 82....276 D 5
aygaillard-de-Quercy 82....278 C 5
uygiron 26....267 F 4
uygouzon 81....299 F 1
uygros 73....233 G 2
uyguilhem 24....257 G 2
Château de 24....222 C 4
uyjourdes 46....279 E 1
uylagarde 82....279 E 2
uylaroque 82....278 C 2
uylaurens 81....299 E 5
uylausic 32....316 D 2
uyloubier 13....306 C 5
uymangou 24....239 E 2
uymartin Château de 24....241 F 5
uymaurin 31....316 C 3
uyméras 84....285 H 2
uymiclan 47....257 G 4
uymirol 47....276 C 3
uymorens Col de 66....340 D 3
uymoyen 16....221 F 2
uynormand 33....238 D 4
uyol-Cazalet 40....294 B 4
uyoô 64....293 E 5
uyravault 17....201 E 1
uyravault 85....183 F 3
uyréaux 16....203 F 4
uyrenier 24....221 H 4
uyricard 13....306 A 4
uyrolland 17....201 G 2
uys 76....10 B 5
uységur 32....296 B 3
uységur 31....297 E 3
uyssérampion 47....257 G 3
uyvalador 46....341 G 2
uyvert 84....305 H 2
uzeaux 80....23 F 3
uzieux 57....66 B 3
uzieux 88....94 D 4
y 66....342 A 4
...la-sur-Mer 33....254 B 2
..a Pyle 27....35 H 4
yrénées 2000 66....341 F 4
...ys 80....13 G 4

Q

uaëdypre 59....3 H 3
aix-en-Chartreuse 38....250 D 1
uantilly 18....155 F 4
uarante 34....321 E 3
uarouble 59....9 H 5
uarré-les-Tombes 89....158 A 3
a Quarte 70....140 B 3
e Quartier 63....209 E 2
uasquara 2A....349 E 3
uatre-Champs 08....42 D 1
uatre Vios Col des 07....266 B 1
es Quatre Chemins 85....183 F 2
uatre-Routes-d'Albussac 19....242 D 3
es Quatre-Routes-du-Lot 46....242 C 4
uatremare 27....36 B 4
uatzenheim 67....68 C 5
uéant 62....13 H 3
ueaux 86....187 F 4
uébriac 35....80 A 4
uédillac 35....103 F 1
ueige 73....216 B 5
uelaines-Saint-Gault 53....105 H 5
es Quelles 67....96 C 3
uelmes 62....3 E 5
uelneuc 56....125 H 2
uéménéven 29....75 H 5
uémigny-Poisot 21....159 H 4
uemigny-sur-Seine 21....138 B 4
uemper-Guézennec 22....73 F 3
uemperven 22....72 D 3
uend 80....11 F 1
uend-Plage-les-Pins 80....11 E 1
uenne 89....136 C 3
uenoche 70....162 A 1
uenza 2A....349 F 5
uercamps 62....3 E 5
uerciolo 2B....347 H 2
uercitello 2B....347 G 3
uérénaing 59....14 D 2
uéribus Château de 11....338 B 4
uérigut 09....341 G 2
uernes 62....7 G 3
uéroy Grottes du 16....221 G 2
uerqueville 50....29 E 2
uerré 49....128 C 4

Querrien 29....100 D 4
Querrieu 80....22 C 1
Quers 70....141 G 3
Quesmy 60....23 H 4
Quesnay-Guesnon 14....32 D 4
Le Quesne 80....21 G 2
Le Quesnel 80....23 E 3
Le Quesnel-Aubry 60....38 C 1
Le Quesnoy 59....15 E 3
Le Quesnoy 80....23 E 2
Le Quesnoy-en-Artois 62....12 B 2
Quesnoy-le-Montant 80....11 F 3
Quesnoy-sur-Airaines 80....11 H 5
Quesnoy-sur-Deûle 59....4 C 5
Quesques 62....6 D 2
Quessigny 27....56 C 2
Quessoy 22....78 C 4
Quessy 02....24 B 4
Questembert 56....125 E 3
Questrecques 62....6 C 2
Quet-en-Beaumont 38....251 F 5
Quetigny 21....160 B 3
Quettehou 50....29 G 3
Quettetot 50....29 E 4
Quetteville 14....34 D 3
Quettreville-sur-Sienne 50....51 G 1
Queudes 51....61 E 5
La Queue-en-Brie 94....58 D 4
La Queue-les-Yvelines 78....57 G 4
Queuille 63....209 F 3
Quevauvillers 80....22 A 2
Quéven 56....101 E 5
Quévert 22....79 G 4
Quevillon 76....36 A 2
Quevilloncourt 54....94 D 3
Quévreville-la-Poterie 76....36 B 3
Queyrac 33....218 D 4
Queyrières 43....247 H 3
Queyssac 24....240 B 5
Queyssac-les-Vignes 19....242 D 4
Quézac 15....261 H 2
Quézac 48....282 C 1
Quiberon 56....123 H 5
Quiberville 76....20 A 2
Quibou 50....32 A 5
Quié 09....336 B 4
Quiers 77....88 D 2
Quiers-sur-Bézonde 45....111 H 5
Quiéry-la-Motte 62....8 C 5
Quierzy 02....24 A 5
Quiestède 62....7 G 2
Quiévelon 59....15 H 3
Quiévrechain 59....9 H 5
Quiévrecourt 76....20 D 3
Quiévy 59....14 D 4
Quilen 62....6 D 4
Quilinen Calvaire de 29....99 H 2
Quillan 11....337 F 4
Quillane Col de 66....341 G 3
Quillebeuf-sur-Seine 27....35 F 1
Le Quillio 22....102 A 1
Quilly 08....42 C 2
Quilly 44....146 D 1
Quily 56....102 D 5
Quimerch 29....75 H 4
Quimiac 44....145 G 3
Quimper 29....99 H 3
Quimperlé 29....100 D 4
Quincampoix 76....36 B 1
Quincampoix-Fleuzy 60....21 G 3
Quinçay 86....186 B 1
Quincerot 21....137 G 5
Quincerot 89....115 E 5
Quincey 10....90 A 3
Quincey 21....160 A 5
Quincey 70....141 F 4
Quincié-en-Beaujolais 69....212 C 1
Quincieu 38....250 B 1
Quincieux 69....213 E 4
Quincy 18....154 C 5
Quincy-Basse 02....40 B 1
Quincy-Landzécourt 55....43 H 1
Quincy-le-Vicomte 21....137 G 5
Quincy-sous-le-Mont 02....40 D 3
Quincy-sous-Sénart 91....58 D 5
Quincy-Voisins 77....59 G 3
Quinéville 50....29 G 4
Quingey 25....161 H 5
Quinquempoix 60....22 C 5
Quins 12....280 B 3
Quinsac 24....222 C 4
Quinsac 33....255 G 1
Quinson 04....307 F 3
Quinssaines 03....190 C 4
Quint-Fonsegrives 31....298 A 5
Quintal 74....215 G 4

La Quinte 72....107 G 4
Quintenas 07....248 D 2
Quintenic 22....79 E 3
Quintigny 39....179 E 4
Quintillan 11....338 D 2
Quintin 22....78 A 4
Le Quiou 22....79 H 5
Quirbajou 11....337 F 4
Quiry-le-Sec 80....22 C 4
Quissac 30....303 E 1
Quissac 46....260 D 3
Quistinic 56....101 G 4
Quittebeuf 27....36 A 5
Quitteur 70....140 B 5
Quivières 80....23 H 2
Quœux-Haut-Maînil 62....12 B 2

R

Rabastens 81....298 C 2
Rabastens-de-Bigorre 65....315 F 3
Rabat-les-Trois-Seigneurs 09....336 A 4
La Rabatelière 85....166 A 3
Rablay-sur-Layon 49....149 G 3
Rabodanges 61....53 G 3
Rabodanges Barrage de 61....53 G 4
Le Rabot 41....133 F 5
Rabou 05....269 G 3
Racécourt 88....94 D 5
Rachecourt-sur-Marne 52....92 D 3
Rachecourt-Suzémont 52....92 C 3
Raches 59....8 D 5
Racines 10....114 C 4
La Racineuse 71....178 B 3
Racou-Plage 66....343 G 3
Racquinghem 62....7 G 2
Racrange 57....67 E 3
Raddon-et-Chapendu 70....141 H 2
Radenac 56....102 B 4
Radepont 27....36 C 3
Radinghem 62....7 E 3
Radinghem-en-Weppes 59....8 C 3
Radon 61....83 G 3
Radonvilliers 10....91 H 4
Radule Bergeries de 2B....346 C 4
Raedersdorf 68....143 G 4
Raedersheim 68....121 E 5
Raffetot 76....19 F 5
Rageade 15....246 A 3
Raguenès-Plage 29....100 B 5
Rahart 41....131 G 2
Rahay 72....108 D 5
Rahling 57....67 H 2
Rahon 25....163 E 2
Rahon 39....178 D 1
Rai 61....55 F 4
Raids 50....31 H 4
Raillencourt-Sainte-Olle 59....14 B 3
Railleu 66....341 G 3
Raillicourt 08....26 C 4
Raillimont 02....25 H 4
Raimbeaucourt 59....8 D 4
Rainans 39....161 E 5
Raincheval 80....12 D 5
Raincourt 70....140 C 2
Le Raincy 93....58 D 3
Rainfreville 76....20 A 3
Rainneville 80....22 C 1
Rainsars 59....15 H 5
Rainville 88....94 B 4
Rainvillers 60....37 H 2
Les Rairies 49....129 F 4
Raismes 59....9 G 5
Raissac 09....336 C 3
Raissac-d'Aude 11....320 D 5
Raissac-sur-Lampy 11....319 F 4
Raix 16....203 F 3
Raizeux 78....86 C 2
Ramasse 01....196 A 5
Ramatuelle 83....329 G 3
Ramaz Col de la 74....198 B 5
Rambaud 05....269 H 3
Rambervillers 88....95 H 4
Rambluzin-et-Benoite-Vaux 55....64 B 2
Rambouillet 78....86 D 2
Rambucourt 55....65 E 4
Ramburelles 80....11 F 5
Rambures 80....11 F 5
Ramecourt 62....7 G 5
Ramecourt 88....94 D 5
Ramerupt 10....91 H 3
Ramicourt 02....24 B 1
Ramillies 59....14 B 3
Rammersmatt 68....142 D 1
Ramonchamp 88....120 A 5

Ramonville-Saint-Agne 31....298 A 5
Ramoulu 45....111 G 2
Ramous 64....293 F 5
Ramousies 59....15 H 4
Ramouzens 32....295 F 2
Rampan 50....32 A 4
Rampieux 24....258 D 2
Rampillon 77....89 E 3
Rampont 55....43 H 5
Rampoux 46....259 H 3
Rancé 01....213 E 3
Rancenay 25....161 H 4
Rancennes 08....17 E 4
Rances 10....91 H 3
Ranchal 69....212 B 1
Ranchette 39....196 D 3
Ranchicourt 62....7 H 5
Ranchot 39....161 F 5
Ranchy 14....32 D 3
Rancogne 16....221 H 1
Rancon 76....19 G 5
Rançon 87....205 G 1
Ré Île de 17....182 D 5
Réal 66....341 G 2
Réalcamp 76....21 F 2
Réallon 05....270 B 3
Réalmont 81....299 G 3
Réalville 82....278 B 4
Réans 32....295 E 1
Réau 77....88 B 2
Réau (Ancienne Abbaye de la) 86....204 B 1
Réaumont 38....232 C 4
Réaumur 85....167 E 4
Réaup 47....275 E 4
Réauville 26....267 F 5
Réaux-sur-Trèfle 17....220 B 3
Les Réaux Château 37....150 D 4
Rebais 77....60 A 3
Rebecques 62....7 G 2
Rébénacq 64....314 A 5
Rebergues 62....2 D 5
Rebets 76....36 D 1
Rebeuville 88....94 A 4
Rebigue 31....318 A 2
Rebouc 65....333 H 2
Rebouillon 83....308 A 4
Rebourguil 12....300 C 1
Rebourseaux 89....114 B 5
Reboursin 36....172 A 4
Rebréchien 45....111 F 5
Rebreuve-Ranchicourt 62....7 H 5
Rebreuve-sur-Canche 62....12 D 2
Rebreuviette 62....12 D 3
Recanoz 39....179 E 3
Recey-sur-Ource 21....138 D 3
Réchésy 90....143 E 4
Réchicourt 55....44 D 3
Réchicourt-la-Petite 54....66 D 5
Réchicourt-le-Château 57....67 F 5
Récicourt 55....43 G 5
Réclainville 28....86 C 5
Reclesne 71....176 C 1
Reclinghem 62....7 F 3
Réclonville 54....95 H 2
Recloses 77....88 B 5
Recologne 25....161 G 3
Recologne 70....140 C 5
Recologne-lès-Rioz 70....161 H 1
Recoubeau-Jansac 26....268 B 2
Recoules-d'Aubrac 48....263 G 2
Recoules-de-Fumas 48....264 B 3
Recoules-Prévinquières 12....281 G 1
Récourt 52....117 G 5
Récourt 62....14 A 3
Récourt-le-Creux 55....64 B 2
La Recousse 62....3 E 4
Recouvrance 90....142 D 3
Recques-sur-Course 62....6 C 4
Recques-sur-Hem 62....3 E 4
Recquignies 59....15 H 2
Le Reculey 14....52 C 2
Reculfoz 25....180 B 4
Recurt 65....315 H 5
Recy 51....62 A 2
Rédange 57....45 F 2
Rédené 29....100 D 5
Redessan 30....304 A 2
Réding 57....67 H 4
Redon 35....125 G 4
La Redorte 11....320 B 4
Redortiers 04....286 D 4
Réez-Fosse-Martin 60....39 G 5
Reffannes 79....185 F 2
Reffroy 55....93 G 1
Reffuveille 50....52 A 5

Refranche 25....180 A 1
Régades 31....334 C 2
Régat 09....336 D 2
Regnauville 62....11 H 1
Regnévelle 88....118 C 4
Regnéville-sur-Mer 50....51 F 1
Regnéville-sur-Meuse 55....44 B 4
Regney 88....95 E 5
Régnié-Durette 69....212 D 1
Regnière-Écluse 80....11 G 1
Regniowez 08....26 B 1
Regny 02....24 C 2
Régny 42....211 H 3
La Regrippière 44....148 B 4
Réguiny 56....102 B 4
Réguisheim 68....121 E 5
Régusse 83....307 F 3
Rehaincourt 88....95 F 4
Rehainviller 54....95 F 2
Rehaupal 88....119 H 2
Reherrey 54....95 H 2
Réhon 54....45 E 1
Reichsfeld 67....97 E 3
Reichshoffen 67....68 D 2
Reichstett 67....69 E 5
Reignac 16....220 C 4
Reignac 33....237 G 1
Reignac-sur-Indre 37....152 B 4
Reignat 63....228 B 1
Reigneville-Bocage 50....29 F 5
Reignier-Ésery 74....215 H 1
Reigny 18....190 B 2
Reilhac 15....244 B 4
Reilhac 43....246 C 3
Reilhac 46....260 D 2
Reilhanette 26....286 C 3
Reillanne 04....306 B 1
Reillon 54....95 H 1
Reilly 60....37 G 4
Reimerswiller 67....69 E 2
Reims 51....41 G 4
Reims-la-Brûlée 51....62 D 4
Reine Jeanne Pont de la 04....287 G 2
Reinhardsmunster 67....68 A 5
Reiningue 68....143 E 1
Reipertswiller 67....68 B 2
Reithouse 39....196 B 1
Reitwiller 67....68 D 5
Réjaumont 32....296 A 2
Réjaumont 65....315 H 5
Rejet-de-Beaulieu 59....15 E 5
Relanges 88....118 C 3
Relans 39....179 E 4
Le Relecq-Kerhuon 29....75 F 2
Relevant 01....213 F 2
Rely 62....7 G 3
Remaisnil 80....12 C 3
Rémalard-en-Perche 61....84 D 4
Remaucourt 02....24 B 2
Remaucourt 08....25 H 5
La Remaudière 44....148 B 4
Remaugies 80....23 E 5
Remauville 77....112 C 2
Rembercourt-aux-Pots 55....63 H 4
Rembercourt-sur-Mad 54....65 F 2
Rémécourt 60....38 D 2
Remelange 57....45 G 3
Rémelfang 57....46 C 2
Rémelfing 57....47 G 5
Rémeling 57....46 C 2
Remennecourt 55....63 F 3
Remenoville 54....95 F 3
Rémérangles 60....38 B 2
Réméréville 54....66 C 2
Rémering 57....46 D 4
Rémering-lès-Puttelange 57....67 F 1
Remicourt 51....63 E 2
Remicourt 88....94 C 5
Remiencourt 80....22 C 3
Remies 02....24 C 4
La Remigeasse 17....200 B 3
Remigny 02....24 A 4
Remigny 71....177 G 3
Rémilly 57....66 B 2
Rémilly 58....175 H 4
Remilly-Aillicourt 08....27 F 4
Remilly-en-Montagne 21....159 G 3
Remilly-les-Pothées 08....26 C 3
Remilly-sur-Lozon 50....32 A 4
Remilly-sur-Tille 21....160 B 3
Remilly-Wirquin 62....7 F 2
Réminiac 56....103 F 5
Remiremont 88....119 G 4
Remoiville 55....44 B 2
Remollon 05....269 H 4

A B C D E F G H I J K L M N O P Q R S T U V W X Y Z

A B C D E F G H I J K L M N O P Q R S T U V W X Y Z

Remomeix 88 .... 96 B 5
Remoncourt 54 .... 67 E 5
Remoncourt 88 .... 94 C 5
Rémondans-Vaivre 25 .... 163 F 2
Rémonville 08 .... 43 F 2
Remoray-Boujeons 25 .... 180 C 4
Remouillé 44 .... 166 A 1
Remoulins 30 .... 304 B 1
Removille 88 .... 94 B 4
Rempnat 87 .... 225 E 1
La Remuée 76 .... 35 E 1
Remungol 56 .... 102 A 4
Rémuzat 26 .... 268 B 5
Remy 60 .... 39 E 2
Rémy 62 .... 13 H 3
Renac 35 .... 125 H 3
Renage 38 .... 232 B 5
Renaison 42 .... 211 F 2
La Renaissance 17 .... 200 D 3
Renansart 02 .... 24 C 3
Renaucourt 70 .... 140 C 4
La Renaudie 63 .... 229 E 1
La Renaudière 49 .... 148 C 5
Renauvoid 88 .... 119 F 2
Renay 41 .... 131 H 2
Renazé 53 .... 127 G 2
Rencurel 38 .... 250 B 2
René 72 .... 83 H 5
Renédale 25 .... 180 C 1
Renescure 59 .... 3 G 5
Renève 21 .... 160 D 2
Réning 57 .... 67 F 2
Rennemoulin 78 .... 58 A 3
Rennepont 52 .... 116 B 3
Rennes 35 .... 104 B 3
Rennes-en-Grenouilles 53 .... 82 C 3
Rennes-le-Château 11 .... 337 G 3
Rennes-les-Bains 11 .... 337 H 3
Rennes-sur-Loue 25 .... 179 G 1
Renneval 02 .... 25 G 3
Renneville 08 .... 25 H 4
Renneville 27 .... 36 C 2
Renneville 31 .... 318 C 3
Renno 2A .... 346 C 5
Le Renouard 61 .... 54 B 2
Rentières 63 .... 227 H 4
Renty 62 .... 7 E 3
Renung 40 .... 294 B 3
Renwez 08 .... 26 C 2
La Réole 33 .... 256 D 3
La Réorthe 85 .... 183 G 1
Réotier 05 .... 270 D 2
Repaix 54 .... 96 A 1
La Répara-Auriples 26 .... 267 G 3
Réparsac 16 .... 220 C 2
Repel 88 .... 94 C 4
Repentigny 14 .... 34 B 4
Replonges 01 .... 195 E 4
Le Reposoir 74 .... 216 B 2
Les Repôts 39 .... 178 D 5
Reppe 90 .... 142 D 2
Requeil 72 .... 129 H 3
Réquista 12 .... 280 C 5
Résenlieu 61 .... 54 D 4
La Résie-Saint-Martin 70 .... 161 E 3
Résigny 02 .... 25 H 3
Resson 55 .... 63 H 4
Ressons-l'Abbaye 60 .... 38 A 3
Ressons-le-Long 02 .... 40 A 2
Ressons-sur-Matz 60 .... 39 F 1
Les Ressuintes 28 .... 85 E 2
Restigné 37 .... 151 E 4
Restinclières 34 .... 303 E 3
Restonica Gorges de la 2B .... 347 E 5
Le Retail 79 .... 184 D 1
Rétaud 17 .... 219 F 1
Reterre 23 .... 208 C 2
Rethel 08 .... 42 A 1
Retheuil 02 .... 39 H 3
Rethondes 60 .... 39 G 2
Rethonvillers 80 .... 23 G 3
Réthoville 50 .... 29 G 2
Retiers 35 .... 104 D 5
Retjons 40 .... 274 B 4
Retonfey 57 .... 46 B 5
Rétonval 76 .... 21 E 2
Retournac 43 .... 247 G 2
Retournemer Lac de 88 .... 120 B 3
Retschwiller 67 .... 69 E 2
Rettel 57 .... 46 B 2
Rety 62 .... 2 C 5
Retzwiller 68 .... 142 D 3
Reugney 25 .... 180 B 1
Reugny 03 .... 190 D 3
Reugny 37 .... 152 B 1
Reuil 51 .... 61 E 1
Reuil-en-Brie 77 .... 60 A 2

Reuil-sur-Brêche 60 .... 38 B 1
Reuilly 27 .... 56 C 1
Reuilly 36 .... 172 C 1
Reuilly-Sauvigny 02 .... 60 D 1
Reulle-Vergy 21 .... 159 H 4
Reumont 59 .... 14 D 4
La Réunion 47 .... 275 E 2
Reutenbourg 67 .... 68 B 5
Reuves 51 .... 61 F 4
Reuville 76 .... 19 H 3
Reux 14 .... 34 C 3
Revard Mont 73 .... 233 F 1
Réveillon 51 .... 60 C 4
Réveillon 61 .... 84 C 3
Revel 31 .... 319 E 2
Revel 38 .... 251 F 1
Revel-Tourdan 38 .... 231 G 4
Revelles 80 .... 22 A 2
Revémont 54 .... 44 D 2
Revens 30 .... 282 A 4
Reventin-Vaugris 38 .... 231 E 4
Revercourt 28 .... 56 B 5
Revest-du-Bion 04 .... 286 C 4
Le Revest-les-Eaux 83 .... 328 A 4
Revest-des-Brousses 04 .... 287 E 5
Revest-les-Roches 06 .... 289 H 5
Revest-Saint-Martin 04 .... 287 F 4
La Revêtizon 79 .... 184 D 5
Reviers 14 .... 33 F 3
Revigny 39 .... 179 F 5
Revigny-sur-Ornain 55 .... 63 F 3
Revin 08 .... 26 C 1
Revollat Croix de 38 .... 251 F 1
Revonnas 01 .... 214 A 1
Rexingen 67 .... 67 H 3
Rexpoëde 59 .... 3 H 3
Reyersviller 57 .... 68 B 1
Reygade 19 .... 243 E 4
Reynel 52 .... 93 F 5
Reynès 66 .... 342 D 4
Reynier 04 .... 287 H 1
Reyniès 82 .... 297 H 1
Reyrevignes 46 .... 261 E 3
Reyrieux 01 .... 213 E 3
Les Reys-de-Saulce 26 .... 267 E 2
Reyssouze 01 .... 195 F 3
Reyvroz 74 .... 198 B 3
Rezay 18 .... 172 D 5
Rezé 44 .... 147 G 4
Rézentières 15 .... 245 H 3
Rezonville 57 .... 65 F 1
Rezza 2A .... 348 D 1
Rhèges 10 .... 90 D 2
Le Rheu 35 .... 104 A 3
Le Rhien 70 .... 142 A 2
Rhinau 67 .... 97 H 4
Rhodes 57 .... 67 F 4
Rhodon 41 .... 132 A 3
Rhodon 78 .... 58 A 5
Rhuis 60 .... 39 E 3
Ri 61 .... 54 A 4
Ria-Sirach 66 .... 342 A 3
Riaillé 44 .... 127 E 5
Rians 18 .... 155 G 5
Rians 83 .... 306 C 4
Riantec 56 .... 123 F 2
Riau Château du 03 .... 192 A 1
Riaucourt 52 .... 117 E 2
Riaville 55 .... 64 D 1
Ribagnac 24 .... 257 H 1
Ribarrouy 64 .... 294 C 5
Ribaute 11 .... 338 B 1
Ribaute-les-Tavernes 30 .... 283 H 5
Le Ribay 53 .... 82 C 4
Ribeaucourt 55 .... 93 F 2
Ribeaucourt 80 .... 12 B 4
Ribeauville 02 .... 25 H 2
Ribeauvillé 68 .... 97 E 5
Ribécourt 60 .... 39 G 1
Ribécourt-la-Tour 59 .... 14 A 4
Ribemont 02 .... 24 C 3
Ribemont-sur-Ancre 80 .... 22 D 1
Ribennes 48 .... 264 B 3
Ribérac 24 .... 239 G 1
Ribes 07 .... 266 A 5
Ribeyret 05 .... 268 C 5
Ribiers 05 .... 287 F 2
Ribouisse 11 .... 318 D 5
Riboux 83 .... 327 H 2
La Ricamarie 42 .... 230 B 4
Ricarville 76 .... 19 F 4
Ricarville-du-Val 76 .... 20 C 3
Ricaud 11 .... 318 D 3

Ricaud 65 .... 315 G 5
Les Riceys 10 .... 115 G 5
La Richardais 35 .... 50 C 5
Richardménil 54 .... 94 D 1
Richarville 91 .... 87 E 4
La Riche 37 .... 151 H 2
Riche 57 .... 66 D 3
Richebourg 52 .... 116 D 4
Richebourg 62 .... 8 B 3
Richebourg 78 .... 57 F 4
Richecourt 55 .... 65 E 3
Richelieu 37 .... 169 E 1
Richeling 57 .... 67 G 1
Richemont 16 .... 220 B 1
Richemont 57 .... 45 H 4
Richemont 76 .... 21 F 3
Richemont Col de 01 .... 214 D 2
Richerenches 84 .... 285 F 1
Richet 40 .... 273 F 1
Richeval 57 .... 96 A 1
Richeville 27 .... 37 E 4
Richtolsheim 67 .... 97 G 5
Richwiller 68 .... 143 F 1
Ricourt 32 .... 315 F 2
Ricquebourg 60 .... 23 F 5
Riec-sur-Belon 29 .... 100 C 5
Riedheim 67 .... 68 C 3
Riedisheim 68 .... 143 F 1
Riedseltz 67 .... 69 F 1
Riedwihr 68 .... 121 F 2
Riel-les-Eaux 21 .... 116 A 5
Riencourt 80 .... 22 A 1
Riencourt-lès-Bapaume 62 .... 13 H 4
Riencourt-lès-Cagnicourt 62 .... 13 H 3
Riervescemont 90 .... 142 C 1
Riespach 68 .... 143 F 4
Rieucazé 31 .... 334 C 1
Rieucros 09 .... 336 C 1
Rieulay 59 .... 9 E 5
Rieumajou 31 .... 318 C 3
Rieumes 31 .... 317 F 3
Rieupeyroux 12 .... 279 H 2
Rieussec 34 .... 320 C 3
Rieutort-de-Randon 48 .... 264 C 3
Rieux 31 .... 317 G 4
Rieux 51 .... 60 C 3
Rieux 56 .... 125 G 4
Rieux 60 .... 38 D 3
Rieux 62 .... 7 H 3
Rieux 76 .... 11 E 5
Rieux-de-Pelleport 09 .... 336 B 2
Rieux-en-Cambrésis 59 .... 14 C 3
Rieux-en-Val 11 .... 338 A 1
Rieux-Minervois 11 .... 320 B 4
Riez 04 .... 307 F 1
Rigarda 66 .... 342 B 2
Rigaud 06 .... 289 G 4
Rignac 12 .... 279 H 1
Rignac 46 .... 260 D 1
Rignat 01 .... 214 A 1
Rignaucourt 55 .... 63 H 2
Rigné 79 .... 168 A 2
Rigney 25 .... 162 B 2
Rignieux-le-Franc 01 .... 213 H 3
Rignosot 25 .... 162 B 2
Rignovelle 70 .... 141 H 2
Rigny 70 .... 161 F 1
Rigny-la-Nonneuse 10 .... 90 B 4
Rigny-la-Salle 55 .... 94 A 1
Rigny-le-Ferron 10 .... 114 A 2
Rigny-Saint-Martin 55 .... 94 A 1
Rigny-sur-Arroux 71 .... 193 G 2
Rigny-Ussé 37 .... 151 E 4
Riguepeu 32 .... 295 H 4
Rilhac-Lastours 87 .... 223 F 2
Rilhac-Rancon 87 .... 205 H 4
Rilhac-Treignac 19 .... 224 D 3
Rilhac-Xaintrie 19 .... 243 H 2
Rillans 25 .... 162 C 1
Rillé 37 .... 151 E 2
Rillieux-la-Pape 69 .... 213 F 5
Rilly-Sainte-Syre 10 .... 90 D 4
Rilly-sur-Aisne 08 .... 42 A 2
Rilly-sur-Loire 41 .... 152 D 2
Rilly-sur-Vienne 37 .... 169 G 1
Rimaucourt 52 .... 93 F 5
Rimbach-près-Guebwiller 68 .... 120 D 5
Rimbach-près-Masevaux 68 .... 142 C 1
Rimbachzell 68 .... 120 D 5
Rimbez-et-Baudiets 40 .... 274 D 4
Rimboval 62 .... 6 D 4
Rimeize 48 .... 264 B 2
Rimling 57 .... 48 B 5
Rimogne 08 .... 26 C 2

Rimon-et-Savel 26 .... 268 A 2
Rimondeix 23 .... 189 H 5
Rimons 33 .... 256 D 2
Rimont 09 .... 335 G 2
Rimou 35 .... 80 C 4
Rimplas 06 .... 289 H 3
Rimsdorf 67 .... 67 H 2
Ringeldorf 67 .... 68 C 3
Ringendorf 67 .... 68 C 3
Rinxent 62 .... 2 B 4
Riocaud 33 .... 257 F 1
Riolan Clue du 06 .... 289 G 5
Riolas 31 .... 316 D 3
Riols 34 .... 320 C 2
Le Riols 81 .... 279 E 3
Riom 63 .... 209 H 4
Riom-ès-Montagnes 15 .... 244 D 1
Rioms 26 .... 286 C 2
Rion-des-Landes 40 .... 273 E 5
Rions 33 .... 255 H 2
Riorges 42 .... 211 G 2
Riotord 43 .... 248 B 1
Rioupéroux 38 .... 251 F 2
Rioux 17 .... 219 F 2
Rioux-Martin 16 .... 238 D 1
Rioz 70 .... 162 A 1
Ripaille Domaine de 74 .... 198 B 3
Riquet Obélisque de 11 .... 318 D 3
Riquewihr 68 .... 121 E 2
Ris 63 .... 210 C 3
Ris 65 .... 333 H 3
Ris-Orangis 91 .... 58 C 5
Riscle 32 .... 294 D 4
Risoul 05 .... 270 D 2
Risoul 1850 05 .... 270 D 2
Ristolas 05 .... 271 F 1
Ristz Château du 03 .... 192 A 3
Rittershoffen 67 .... 69 F 2
Ritzing 57 .... 46 C 2
Riunoguès 66 .... 343 E 4
Riupeyrous 64 .... 314 C 2
Riva-Bella 14 .... 33 H 3
Rivarennes 36 .... 188 B 1
Rivarennes 37 .... 151 F 4
Rivas 42 .... 230 A 2
Rivau Château du 37 .... 151 E 5
Rive-de-Gier 42 .... 230 D 3
Rivecourt 60 .... 39 F 3
Rivedoux-Plage 17 .... 200 B 1
Rivehaute 64 .... 313 F 3
Rivel 11 .... 337 E 3
Riventosa 2B .... 347 F 5
Rivèrenert 09 .... 335 G 3
Riverie 69 .... 230 C 2
Rivery 80 .... 22 C 2
Les Rives 34 .... 301 G 2
Rives 38 .... 232 C 5
Rives 47 .... 258 C 3
Rivesaltes 66 .... 338 D 5
Le Rivier 38 .... 232 B 4
La Rivière 33 .... 238 B 4
Rivière 37 .... 151 E 5
La Rivière 38 .... 250 C 1
Rivière 62 .... 13 F 3
La Rivière-de-Corps 10 .... 90 D 5
La Rivière-Drugeon 25 .... 180 B 3
La Rivière-Enverse 74 .... 216 C 3
Rivière-les-Fosses 52 .... 139 G 4
Rivière-Saas-et-Gourby 40 .... 292 D 3
La Rivière-Saint-Sauveur 14 .... 34 D 2
Rivière-sur-Tarn 12 .... 281 H 3
La Rivière-Thibouville 27 .... 35 G 5
Rivières 16 .... 203 G 5
Rivières 30 .... 284 A 2
Rivières 81 .... 299 E 1
Les Rivières-Henruel 51 .... 62 C 5
Rivières-le-Bois 52 .... 139 H 3
Riville 76 .... 19 F 3
Rivolet 69 .... 212 C 3
Rix 39 .... 180 A 4
Rix 58 .... 157 E 2
Rixheim 68 .... 143 G 1
La Rixouse 39 .... 197 E 2
Rizaucourt 52 .... 92 C 5
Roaillan 33 .... 256 B 4
Roaix 84 .... 285 G 2
Roanne 42 .... 211 G 2
Roannes-Saint-Mary 15 .... 262 B 1
Robécourt 88 .... 118 A 3
Robecq 62 .... 7 H 3
Robehomme 14 .... 34 A 4
Robersart 59 .... 15 E 4
Robert-Espagne 55 .... 63 G 4
Robert-le-Diable Château de 76 .... 36 A 3
Robert-Magny 52 .... 92 B 3

Robertot 76 .... 19 G 3
Roberval 60 .... 39 E 3
Robiac-Rochessadoule 30 .... 283 H 2
Robien Château 22 .... 78 A 4
Robin Mont 50 .... 52 A 2
Robion 04 .... 308 A 1
Robion 84 .... 305 F 1
Le Roc 46 .... 260 B 1
Le Roc-Saint-André 56 .... 102 D 5
Rocamadour 46 .... 260 C 1
Rocbaron 83 .... 328 B 2
Rocé 41 .... 131 H 3
Roche 38 .... 231 H 4
Roche 41 .... 132 B 3
Roche 42 .... 229 F 2
La Roche aux Fées 35 .... 104 D 5
Roche-Béranger 38 .... 251 F 2
La Roche-Bernard 56 .... 125 F 5
La Roche-Blanche 44 .... 148 C 1
La Roche-Blanche 63 .... 227 H 1
La Roche-Canillac 15 .... 263 G 2
La Roche-Canillac 19 .... 243 F 2
La Roche-Chalais 24 .... 238 D 2
Roche-Charles 63 .... 227 G 4
La Roche-Clermault 37 .... 151 E 5
La Roche Courbon Château de 17 .... 201 E 4
Roche-d'Agoux 63 .... 208 D 2
La Roche-de-Glun 26 .... 249 F 4
La Roche-de-Rame 05 .... 270 C 1
La Roche-Derrien 22 .... 73 E 3
La Roche-des-Arnauds 05 .... 269 G 3
Roche du Prêtre 25 .... 163 E 4
La Roche-en-Brenil 21 .... 158 C 2
Roche-en-Régnier 43 .... 247 F 1
La Roche-et-Raucourt 70 .... 140 B 4
La Roche-Guyon 95 .... 57 F 1
La Roche-Jagu Château de 22 .... 73 E 3
La Roche-Mabile 61 .... 83 F 3
La Roche-Maurice 29 .... 71 E 5
La Roche-Noire 63 .... 228 A 1
La Roche-Posay 86 .... 170 A 4
La Roche-qui-Boit Barrage de 50 .... 51 H 5
La Roche-Racan Château 37 .... 130 C 5
La Roche-Rigault 86 .... 168 D 2
Roche-Saint-Secret-Béconne 26 .... 267 G 4
La Roche-sur-Foron 74 .... 215 H 1
La Roche-sur-Grane 26 .... 267 F 2
La Roche-sur-le-Buis 26 .... 286 B 2
Roche-sur-Linotte-et-Sorans-les-Cordiers 70 .... 162 B 1
La Roche-sur-Yon 85 .... 165 H 5
La Roche-Vanneau 21 .... 159 E 1
La Roche-Vineuse 71 .... 194 D 4
Rochebaudin 26 .... 267 G 3
La Rochebeaucourt-et-Argentine 24 .... 221 G 3
Rochebloine 07 .... 248 C 3
Rochebonne Château de 07 .... 248 B 4
Rochebrune 05 .... 269 H 4
Rochebrune 26 .... 286 A 1
Rochebrune Château de 16 .... 204 D 4
Rochechinard 26 .... 250 A 3
Rochechouart 87 .... 204 D 5
Rochecolombe 07 .... 266 B 4
Rochecorbon 37 .... 152 A 2
Rochefort 17 .... 200 D 3
Rochefort 21 .... 138 B 3
Rochefort 73 .... 232 D 2
Rochefort Rocher de 42 .... 211 F 3
Rochefort-du-Gard 30 .... 285 E 5
Rochefort-en-Terre 56 .... 125 F 3
Rochefort-en-Valdaine 26 .... 267 F 4
Rochefort-en-Yvelines 78 .... 87 E 2
Rochefort-Montagne 63 .... 227 E 1
Rochefort-Samson 26 .... 249 H 4
Rochefort-sur-la-Côte 52 .... 117 E 2
Rochefort-sur-Loire 49 .... 149 E 2
Rochefort-sur-Nenon 39 .... 161 E 5
La Rochefoucauld 16 .... 221 H 1
Rochefourchat 26 .... 268 A 3
La Rochegiron 04 .... 286 D 4
Rochegude 26 .... 285 F 2
Rochegude 30 .... 284 A 2
Rochejean 25 .... 180 C 4

La Rochelambert Château de 43 .... 247 E
La Rochelle 17 .... 200 C
La Rochelle 70 .... 140 E
La Rochelle-Normande 50 .... 51 G
Rochemaure 07 .... 267 E
Rochenard 79 .... 184 C
Rochepaule 07 .... 248 B
La Rochepot 21 .... 177 G
Le Rochereau 86 .... 168 D
Rocher 07 .... 266 A
Rocher-Portail Château du 35 .... 80 D
Le Rochereau 86 .... 168 D
Les Rochers-Sévigné Château 35 .... 105 F
Roche 41 .... 132 B
Roche 42 .... 229 F
Roches Blanches Panorama des 83 .... 329 E
Les Roches-de-Condrieu 38 .... 231 E
Roches-lès-Blamont 25 .... 142 C
Les Roches-l'Évêque 41 .... 131 F
Roches-Prémarie-Andillé 86 .... 186 C
Roches-sur-Marne 52 .... 92 D
Roches-sur-Rognon 52 .... 93 F
Rocheservière 85 .... 165 G
Rochessauve 07 .... 266 D
Rochesson 88 .... 120 A
Rochetaillée 42 .... 230 B
Rochetaillée 52 .... 139 F
Rochetaillée-sur-Saône 69 .... 213 G
Rochetoirin 38 .... 232 B
Rochetrejoux 85 .... 166 C
La Rochette 04 .... 289 F
La Rochette 05 .... 269 H
La Rochette 07 .... 248 A
La Rochette 16 .... 203 G
La Rochette 23 .... 207 G
La Rochette 73 .... 233 G
La Rochette 77 .... 88 B
La Rochette-du-Buis 26 .... 286 B
Rocheville 50 .... 29 E
Rochonvillers 57 .... 45 G
Rochy-Condé 60 .... 38 B
Rocles 03 .... 191 G
Rocles 07 .... 266 A
Rocles 48 .... 265 E
Roclincourt 62 .... 13 G
Rocourt 88 .... 118 A
Rocourt-Saint-Martin 02 .... 40 B
Rocquancourt 14 .... 33 G
La Rocque 14 .... 53 E
Rocquefort 76 .... 19 G
Rocquemont 60 .... 39 F
Rocquemont 76 .... 20 C
Rocquencourt 60 .... 22 C
Rocquencourt 78 .... 58 A
Rocques 14 .... 34 C
Rocquigny 02 .... 15 H
Rocquigny 08 .... 26 A
Rocquigny 62 .... 13 H
Rocroi 08 .... 26 B
Rodalbe 57 .... 67 E
Rodelinghem 62 .... 2 D
Rodelle 12 .... 262 D
Rodemack 57 .... 45 H
Roderen 68 .... 142 D
La Roderie 44 .... 147 F
Rodern 68 .... 97 E
Rodès 66 .... 342 C
Rodez 12 .... 280 D
Rodilhan 30 .... 304 A
Rodome 11 .... 337 F
La Roë 53 .... 105 F
Roëllecourt 62 .... 7 G
Rœschwoog 67 .... 69 G
Rœulx 59 .... 14 C
Rœux 62 .... 13 H
Roézé-sur-Sarthe 72 .... 129 H
Roffey 89 .... 115 E
Roffiac 15 .... 245 G
Rogalle 09 .... 335 F
Rogécourt 02 .... 24 C
Rogerville 76 .... 34 D
Rogéville 54 .... 65 F
Roggenhouse 68 .... 121 F
Rogliano 2B .... 345 G
Rogna 39 .... 196 D
Rognac 13 .... 305 G
Rognaix 73 .... 234 B
Rognes 13 .... 305 H
Rognon 25 .... 162 C
Rognonas 13 .... 304 D
Rogny 02 .... 25 E
Rogny-les-Sept-Écluses 89 .... 135 E

A B C D E F G H I J K L M N O P Q R S T U V W X Y Z

gues 30....302 B 1
gy 80....22 B 4
haire 28....55 H 5
han 56....102 B 3
hr 67....68 C 5
hrbach-lès-Bitche 57....68 A 1
hrwiller 67....69 F 4
iffé 86....150 C 5
iffieux 07....248 D 1
iglise 80....23 F 4
illy 21....158 D 2
inville 28....86 C 4
illy 91....87 F 3
invilliers 91....87 G 5
isel 80....23 H 1
les Roises 55....93 H 3
isey 42....230 D 4
issard 38....250 D 5
issy-en-Brie 77....59 E 4
issy-en-France 95....58 D 2
iville 61....54 C 3
izy 08....41 H 2
lampont 52....117 F 5
lbing 57....48 C 4
llainville 88....94 A 4
llancourt 62....7 E 5
lland 33....238 D 3
lleboise 78....57 E 1
lleville 76....18 C 5
llot 80....23 E 5
on 79....186 A 4
omagnat 63....227 H 1
Romagne 08....26 A 4
omagne 33....256 C 1
omagné 35....81 E 4
Romagne 49....166 C 1
omagne 86....186 B 5
omagne-sous-les-Côtes 55....44 B 4
omagne-sous-Montfaucon 55....43 G 3
omagnieu 38....232 D 2
omagny 68....142 B 3
omagny-Fontenay 50....52 B 5
omagny-sous-Rougemont 90....142 C 2
omain 25....162 C 1
omain 39....161 F 4
omain 51....41 E 3
omain 54....95 E 2
omain-aux-Bois 88....118 A 3
omain-sur-Meuse 52....117 H 2
omaines 10....91 F 3
omainville 93....58 C 3
oman 27....56 A 3
omanèche 01....196 B 5
omanèche-Thorins 71....212 D 1
omange 39....161 E 5
omans 01....213 F 1
omans 79....185 F 4
omans-sur-Isère 26....249 G 3
omanswiller 67....68 B 5
omaziéres 17....202 C 3
omazy 35....80 C 4
ombach-le-Franc 68....96 D 4
ombas 45....45 G 4
ombies-et-Marchipont 59....9 H 5
ombly 62....7 G 3
omegoux 17....201 E 4
omelfing 57....67 G 3
omenay 71....195 G 2
omeny-sur-Marne 02....60 B 2
omeries 59....14 D 3
omery 02....25 E 2
omery 51....41 F 5
omescamps 60....21 G 4
omestaing 47....256 D 5
omette 09....269 H 3
omeyer 26....268 B 1
a Romieu 32....275 H 5
omigny 51....41 E 5
omiguières 34....301 G 2
omillé 35....103 H 2
omilly 41....109 F 5
omilly-la-Puthenaye 27....55 H 1
omilly-sur-Aigre 28....109 H 5
omilly-sur-Andelle 27....36 C 3
omilly-sur-Seine 10....90 B 3
omont 88....95 G 4
omorantin-Lanthenay 41....153 H 3
ompon 07....267 E 1
ônai 61....54 A 3
once-les-Bains 17....200 C 5
oncenay 10....114 D 2
oncey 50....51 H 1
e Roncenay-Authenay 27....56 A 3
onchamp 70....142 A 2

Ronchaux 25....179 H 1
Ronchères 02....40 D 5
Ronchères 89....135 G 4
Roncherolles-en-Bray 76....20 D 5
Roncherolles-sur-le-Vivier 76.36 B 1
Ronchin 59....8 D 3
Ronchois 76....21 F 3
Roncourt 57....45 G 5
Roncourt 88....118 A 2
Roncq 59....4 D 5
La Ronde 17....184 B 4
La Ronde 79....167 F 4
La Ronde-Haye 50....31 G 5
Rondefontaine 25....180 B 4
Ronel 81....299 G 2
Ronfeugerai 61....53 F 4
Rongères 03....192 B 5
Ronnet 03....209 E 1
Ronno 69....212 B 3
Ronquerolles 95....38 B 5
Ronsenac 16....221 F 4
Ronssoy 80....24 A 1
Rontalon 69....230 D 1
Ronthon 50....51 G 4
Rontignon 64....314 B 4
Ronvaux 55....64 C 1
Roôcourt-la-Côte 52....117 E 2
Roost-Warendin 59....8 D 5
Roppe 90....142 C 2
Roppenheim 67....69 G 3
Roppentzwiller 68....143 F 4
Roppeville 57....48 C 5
La Roque-Alric 84....285 H 3
La Roque-Baignard 14....34 B 4
La Roque-d'Anthéron 13....305 H 3
La Roque-Esclapon 83....308 B 2
La Roque-Gageac 24....259 G 1
La Roque-Sainte-Marguerite 12....282 A 4
La Roque-sur-Cèze 30....284 C 3
La Roque-sur-Pernes 84....285 H 5
Roquebrun 34....321 E 2
Roquebrune 32....295 G 3
Roquebrune 33....256 D 3
Roquebrune-Cap-Martin 06.291 G 5
Roquebrune-sur-Argens 83.308 C 5
La Roquebrussanne 83....328 A 2
Roquecor 82....277 E 1
Roquecourbe 81....299 G 4
Roquecourbe-Minervois 11.320 B 5
Roquedols Château de 48..282 C 3
Roquedur 30....282 D 5
Roquefère 11....319 H 3
Roquefeuil 11....337 E 4
Roquefixade 09....336 C 3
Roquefort 32....296 B 3
Roquefort 40....274 A 4
Roquefort 47....276 B 3
Roquefort-de-Sault 11....337 G 5
Roquefort-des-Corbières 11....339 E 2
Roquefort-la-Bédoule 13....327 F 3
Roquefort-les-Cascades 09.336 C 3
Roquefort-les-Pins 06....309 F 3
Roquefort-sur-Garonne 31..317 E 5
Roquefort-sur-Soulzon 12..281 G 5
Roquelaure 32....296 B 3
Roquelaure Château de 12.263 F 5
Roquelaure-Saint-Aubin 32.297 E 4
Roquemaure 30....285 E 4
Roquemaure 81....298 B 2
Roquepine 32....296 A 1
Roqueredonde 34....301 G 2
Roques 31....317 H 2
Roques 32....295 G 2
Roquesérière 31....298 B 3
Roquessels 34....301 G 5
Roquesteron 06....289 G 5
Roquestéron-Grasse 06..289 G 5
Roquetaillade 31....337 G 2
Roquetaillade Château de 33....256 B 4
Roquetoire 62....7 G 2
La Roquette 27....36 D 4
La Roquette-sur-Siagne 06.309 E 4
La Roquette-sur-Var 06....291 F 5
Roquettes 31....317 H 2
Roquevaire 13....327 F 2
Roquevidal 81....298 D 4
Roquiague 64....331 F 1
La Roquille 33....257 F 1
Rorbach-lès-Dieuze 57....67 F 4
Rorschwihr 68....97 E 5
Rorthais 79....167 F 2
Les Rosaires 22....73 H 5
Rosanbo Château de 22....72 B 4

Rosans 05....268 C 5
Rosay 39....196 B 2
Rosay 76....20 C 4
Rosay 78....57 F 3
Rosay-sur-Lieure 27....36 D 2
Rosazia 2A....348 C 1
Rosbruck 57....47 F 5
Roscanvel 29....75 E 3
Roscoff 29....71 G 3
Rosel 14....33 F 4
Roselend Barrage de 73....216 C 5
Roselier Pointe du 22....73 H 5
Rosenau 68....143 H 2
Rosendaël 59....3 G 2
Rosenwiller 67....97 E 2
Roset-Fluans 25....161 G 4
Rosey 70....141 E 5
Rosey 71....177 G 4
Rosheim 67....97 F 2
La Rosière 70....119 H 5
La Rosière-1850 73....235 E 1
Rosières 07....266 A 5
Rosières 18....172 D 2
Rosières 43....247 G 2
Rosières 60....39 F 4
Rosières 81....279 G 5
Rosières-aux-Salines 54....95 E 1
Rosières-devant-Bar 55....63 H 3
Rosières-en-Blois 55....93 G 4
Rosières-en-Haye 54....65 G 4
Rosières-en-Santerre 80....23 E 2
Rosières-près-Troyes 10....115 E 2
Rosières-sur-Barbèche 25..163 E 2
Rosières-sur-Mance 70....140 C 2
Rosiers-de-Juillac 19....241 H 1
Rosiers-d'Égletons 19....225 F 5
Les Rosiers-sur-Loire 49....150 A 3
Rosis 34....301 E 4
Rosnay 36....170 D 5
Rosnay 51....41 F 4
Rosnay 85....183 E 1
Rosnay-l'Hôpital 10....91 H 3
Rosnes 55....63 H 3
Rosnoën 29....75 G 4
Rosny-sous-Bois 93....58 D 3
Rosny-sur-Seine 78....57 F 2
Rosoy 60....38 D 3
Rosoy 89....113 G 3
Rosoy-en-Multien 60....39 H 5
Rosoy-sur-Amance 52....140 A 2
Rospez 22....72 D 3
Rospigliani 2B....347 F 5
Rosporden 29....100 B 3
Rossay 86....168 D 2
Rosselange 57....45 G 4
Rossfeld 67....97 G 4
Rossillon 01....214 C 4
Rosteig 67....68 A 2
Rostrenen 22....77 F 5
Rosult 59....9 F 4
Rosureux 25....163 F 3
Rotalier 39....196 B 1
Rotangy 60....22 A 5
Rothau 67....96 D 3
Rothbach 67....68 C 2
Rothéneuf 35....50 C 4
Rotherens 73....233 G 3
La Rothière 10....91 H 5
Rothois 76....21 H 5
Rothonay 39....196 B 2
Les Rotours 61....53 H 4
Rots 14....33 F 4
Rott 67....69 E 1
Rottelsheim 67....68 D 4
Rottier 26....268 B 4
Rou-Marson 49....150 B 4
Rouairoux 81....320 B 2
Rouans 44....147 E 4
La Rouaudière 53....127 F 2
Roubaix 59....9 E 2
Roubia 11....320 D 5
Roubion 06....289 H 4
Roucamps 14....53 E 1
Roucourt 59....14 A 2
Roucy 02....41 E 2
Roudouallec 56....100 C 2
Rouécourt 52....92 D 5
Rouède 31....334 D 2
Rouellé 61....82 A 2
Rouelles 52....139 E 3
Rouelles 76....34 C 1
Rouen 76....36 B 2
Rouessé-Fontaine 72....83 G 5
Rouessé-Vassé 72....107 E 3
Rouet 34....302 C 2
Rouez 72....107 E 3
Rouffach 68....121 E 4

Rouffange 39....161 F 4
Rouffiac 15....243 G 4
Rouffiac 16....239 E 1
Rouffiac 17....219 H 1
Rouffiac 81....299 F 1
Rouffiac-d'Aude 11....337 G 1
Rouffiac-des-Corbières 11...338 B 4
Rouffiac-Tolosan 31....298 A 4
Rouffignac 17....219 H 5
Rouffignac 24....241 E 2
Rouffignac Grotte de 24....241 E 4
Rouffignac-de-Sigoulès 24..257 H 1
Rouffigny 50....51 H 3
Rouffilhac 46....259 H 1
Rouffillac 24....241 H 5
Rouffy 51....61 H 2
Rougé 44....126 D 2
La Rouge 61....84 D 5
Rouge-Perriers 27....35 H 5
Rougefay 62....12 C 2
Rougegoutte 90....142 C 2
Rougemont 21....137 G 4
Rougemont 25....162 C 1
Rougemont-le-Château 90...142 C 2
Rougemontiers 27....35 G 2
Rougemontot 25....162 B 2
Rougeou 41....153 G 3
Rougeries 02....25 E 3
Les Rouges-Eaux 88....96 A 5
Le Rouget-Pers 15....261 H 1
Rouget Cascade du 74....216 D 2
Rougeux 52....140 A 2
Rougiers 83....327 H 1
Rougiville 88....96 A 5
Rougnac 16....221 G 3
Rougnat 23....208 C 2
Rougon 04....307 H 2
Rouhe 25....161 H 5
Rouhling 57....47 G 5
Rouillac 16....202 D 5
Rouillac 22....79 E 5
Rouillas-Bas 63....227 G 2
Rouillé 86....185 H 3
Rouillon 72....107 G 4
Rouilly 77....89 G 2
Rouilly-Sacey 10....91 F 5
Rouilly-Saint-Loup 10....115 E 2
Roujan 34....321 H 2
Roulans 25....162 B 3
Le Roulier 88....119 H 2
Roullée 72....83 G 5
Roullens 11....319 G 4
Roullet 16....221 E 2
Roullours 14....52 C 3
Roumagne 47....257 G 3
Roumare 76....36 A 1
Roumazières 16....204 B 4
Roumazières-Loubert 16....204 B 4
Roumégoux 15....261 H 1
Roumégoux 81....299 G 2
Roumengoux 09....336 D 1
Roumens 31....318 D 2
Roumoules 04....307 F 1
Rountzenheim 67....69 F 3
Roupeldange 57....46 C 4
Rouperroux 61....83 F 2
Rouperroux-le-Coquet 72...108 B 2
Roupy 02....24 A 3
La Rouquette 12....279 F 2
Roure 06....289 H 3
Le Rouret 06....309 E 3
Rousies 59....15 H 2
Roussac 87....205 G 2
Roussas 26....267 E 5
Roussay 49....148 C 5
Roussayrolles 81....279 E 4
Rousseloy 60....38 C 3
Roussennac 12....261 H 5
Roussent 62....6 C 5
Les Rousses 39....197 F 2
Rousses 48....282 D 3
Rousset 05....270 A 4
Rousset 13....306 B 5
Le Rousset 71....194 B 1
Rousset Col de 26....250 B 5
Rousset-les-Vignes 26....267 G 5
Le Rousset-Marizy 71....194 B 1
La Roussière 27....55 F 2
Roussieux 26....286 C 1
Roussillon 38....231 E 5
Roussillon 84....305 G 1
Roussillon-en-Morvan 71...176 B 1
Roussines 16....222 B 1
Roussines 36....188 B 3
Rousson 30....283 H 3
Rousson 89....113 G 4
Roussy-le-Village 57....45 H 2

Routelle 25....161 G 4
Routes 76....19 G 3
Routier 11....337 F 1
Routot 27....35 G 2
Rouvenac 11....337 F 3
Rouves 54....65 H 3
La Rouvière 30....303 G 1
Rouvignies 59....14 D 2
Rouville 60....39 G 4
Rouville 76....19 E 5
Rouvillers 60....39 G 2
Rouvray 21....158 B 2
Rouvray 27....56 C 1
Rouvray 89....136 C 2
Rouvray-Catillon 76....21 E 5
Rouvray-Saint-Denis 28....111 E 2
Rouvray-Saint-Florentin 28.110 B 2
Rouvray-Sainte-Croix 45....110 C 4
Rouvre 79....185 E 3
Rouvrel 80....22 C 3
Rouvres 14....53 H 1
Rouvres 28....56 D 3
Rouvres 77....59 F 1
Rouvres-en-Multien 60....39 H 5
Rouvres-en-Plaine 21....160 B 4
Rouvres-en-Woëvre 55....44 D 5
Rouvres-en-Xaintois 88....94 C 5
Rouvres-la-Chétive 88....94 A 5
Rouvres-les-Bois 36....171 H 1
Rouvres-les-Vignes 10....116 B 2
Rouvres-Saint-Jean 45....87 G 5
Rouvres-sous-Meilly 21....159 F 4
Rouvres-sur-Aube 52....139 E 2
Rouvrois-sur-Meuse 55....64 C 3
Rouvrois-sur-Othain 55....44 D 3
Rouvroy 02....24 B 2
Rouvroy 62....8 C 5
Rouvroy-en-Santerre 80....23 E 3
Rouvroy-les-Merles 60....22 C 4
Rouvroy-Ripont 51....42 D 4
Rouvroy-sur-Audry 08....26 B 3
Rouvroy-sur-Marne 52....93 E 4
Rouvroy-sur-Serre 02....25 H 3
Le Roux 07....265 H 2
Rouxeville 50....32 C 5
La Rouxière 44....148 C 1
Rouxmesnil-Bouteilles 76....10 B 5
Rouy 58....175 F 1
Rouy-le-Grand 80....23 G 3
Rouy-le-Petit 80....23 G 3
Rouze 09....337 F 5
Rouzède 16....222 B 1
Rouziers 15....261 G 1
Rouziers-de-Touraine 37....151 H 1
Le Rove 13....326 C 2
Roville-aux-Chênes 88....95 G 4
Roville-devant-Bayon 54....95 E 1
Rovon 38....250 B 1
Roy-Boissy 60....21 H 5
Royan 17....218 C 2
Royas 38....231 G 3
Royat 63....227 G 1
Royaucourt 60....22 D 5
Royaucourt-et-Chailvet 02...40 C 1
Royaumeix 54....65 F 4
Royaumont Abbaye de 95....38 C 5
Roybon 38....250 A 1
Roye 70....141 H 4
Roye 80....23 F 4
Roye-sur-Matz 60....23 F 5
Royer 71....195 E 1
Royère-de-Vassivière 23....207 E 5
Royères 87....206 B 4
Roynac 26....267 F 3
Royon 62....6 D 4
Royville 76....20 A 3
Roz-Landrieux 35....80 A 2
Roz-sur-Couesnon 35....51 F 5
Rozay-en-Brie 77....59 G 5
Le Rozel 50....28 D 4
Rozelieures 54....95 F 3
Rozérieulles 57....65 G 1
Rozerotte 88....94 D 5
Rozès 32....295 H 2
Rozet-Saint-Albin 02....40 B 4
Le Rozier 48....282 A 3
Rozier-Côtes-d'Aurec 42....229 H 5
Rozier-en-Donzy 42....212 A 5
Rozières 52....92 B 4
Rozières-en-Beauce 45....110 C 5
Rozières-sur-Crise 02....40 B 3
Rozières-sur-Mouzon 88....118 A 3
Roziers-Saint-Georges 87...224 C 1
Rozoy-Bellevalle 02....60 C 2
Rozoy-le-Vieil 45....112 D 3
Rozoy-sur-Serre 02....25 H 4

Ruan 45....111 E 3
Ruan-sur-Egvonne 41....109 G 4
Ruaudin 72....107 H 5
Ruaux 88....119 F 4
Rubécourt-et-Lamécourt 08....27 F 4
Rubelles 77....88 B 2
Rubempré 80....12 D 5
Rubercy 14....32 C 3
Rubescourt 80....22 D 5
Rubigny 08....25 H 4
Rubrouck 59....3 G 4
Ruca 22....79 E 2
Ruch 33....256 D 1
Rudeau-Ladosse 24....222 B 4
Rudelle 46....261 E 2
Rue 80....11 F 1
La Rue-Saint-Pierre 60....38 B 2
La Rue-Saint-Pierre 76....20 C 5
Ruederbach 68....143 F 3
Rueil-la-Gadelière 28....56 A 5
Rueil-Malmaison 92....58 B 3
Ruelisheim 68....143 F 1
Ruelle-sur-Touvre 16....221 F 1
Les Rues-des-Vignes 59....14 B 4
Ruesnes 59....15 E 2
Rueyres 46....261 E 2
Ruffec 16....203 F 2
Ruffec 36....188 A 1
Ruffey-le-Château 25....161 G 3
Ruffey-lès-Beaune 21....177 F 5
Ruffey-les-Echirey 21....160 A 2
Ruffey-sur-Seille 39....179 E 4
Ruffiac 47....274 C 1
Ruffiac 56....125 F 2
Ruffieu 01....214 D 2
Ruffieux 73....215 E 4
Ruffigné 44....126 D 3
Rugles 27....55 G 3
Rugney 88....95 E 4
Rugny 89....137 F 2
Rugy 57....45 H 5
Ruhans 70....162 A 2
Ruillé-en-Champagne 72...107 F 4
Ruillé-Froid-Fonds 53....106 A 5
Ruillé-le-Gravelais 53....105 G 4
Ruillé-sur-Loir 72....130 D 3
Ruisseauville 62....7 E 4
Ruitz 62....8 A 4
Rullac-Saint-Cirq 12....280 C 4
Rully 14....52 D 3
Rully 60....39 F 4
Rully 71....177 G 3
Rumaisnil 80....22 A 3
Rumaucourt 62....14 A 3
Rumegies 59....9 F 4
Rumengol 29....75 H 3
Rumersheim 67....68 D 3
Rumersheim-le-Haut 68....121 F 5
Rumesnil 14....34 B 4
Rumigny 08....26 A 2
Rumigny 80....22 B 3
Rumilly 62....6 D 3
Rumilly 74....215 F 4
Rumilly-en-Cambrésis 59....14 B 4
Rumilly-lès-Vaudes 10....115 F 3
Ruminghem 62....3 E 4
Rumont 55....63 H 3
Rumont 77....112 A 2
Runan 22....73 E 4
Rungis 94....58 C 4
Ruoms 07....266 B 5
Rupéreux 77....89 G 2
Ruppes 88....94 A 3
Rupt 52....92 D 4
Rupt-aux-Nonains 55....63 G 5
Rupt-devant-Saint-Mihiel 55..64 B 3
Rupt-en-Woëvre 55....64 C 2
Rupt-sur-Moselle 88....119 H 5
Rupt-sur-Othain 55....44 C 2
Rupt-sur-Saône 70....140 D 4
Rurange-lès-Thionville 57....45 H 4
Rurey 25....162 A 5
Rusio 2B....347 F 4
Russ 67....96 D 2
Russange 57....45 F 2
Le Russey 25....163 F 4
Russy 14....32 D 2
Russy-Bémont 60....39 G 4
Rustenhart 68....121 F 4
Rustiques 11....320 A 5
Rustrel 84....306 A 1
Rustroff 57....46 B 2
Rutali 2B....345 G 2
Ruvigny 10....91 E 5
Ruy 38....232 A 2
Ruyaulcourt 62....14 A 4

Ruynes-en-Margeride 15....246 A 4
Ry 76............36 D 1
Rye 39............178 D 3
Ryes 14............33 E 3

S

Saâcy-sur-Marne 77......60 A 2
Saales 67............96 C 4
Saales Col de 67............96 C 4
Saâne-Saint-Just 76......20 A 3
Saasenheim 67............97 G 5
Sabadel-Latronquière 46....261 G 2
Sabadel-Lauzès 46......260 C 4
Sabaillan 32............316 C 2
Sabalos 65............315 F 4
Sabarat 09............335 H 1
Sabarros 65............315 H 4
Sabazan 32............295 E 3
Sablé-sur-Sarthe 72....129 E 2
Les Sables-d'Olonne 85....182 A 2
Sables-d'Or-les-Pins 22....79 E 2
Sablet 84............285 G 3
Les Sablettes 83............328 A 5
Sablières 07............265 H 4
Sablonceaux 17............219 E 1
Sablonnières 77............60 B 3
Sablons 33............238 C 3
Sablons 38............231 E 5
Sablons-sur-Huisne 61....85 E 4
Sabonnères 31............317 E 2
La Sabotterie 08............26 D 5
Sabran 30............284 C 3
Sabres 40............273 F 3
Saccourvielle 31............334 A 4
Sacé 53............106 C 4
Sacey 50............80 D 2
Saché 37............151 G 4
Sachin 62............7 G 4
Sachy 08............27 G 4
Sacierges-Saint-Martin 36....188 B 2
Saclas 91............87 F 5
Saclay 91............58 B 5
Saconin-et-Breuil 02............40 A 3
Sacoué 65............334 A 3
Le Sacq 27............56 A 3
Sacquenay 21............139 G 5
Sacquenville 27............56 A 1
Sacy 51............41 G 4
Sacy 89............136 D 4
Sacy-le-Grand 60............38 D 3
Sacy-le-Petit 60............39 E 3
Sadeillan 32............315 H 3
Sadillac 24............257 H 2
Sadirac 33............255 H 1
Sadournin 65............315 H 4
Sadroc 19............242 C 1
Saessolsheim 67............68 C 5
Saffais 54............95 E 2
Saffloz 39............179 H 5
Saffré 44............147 G 1
Saffres 21............159 F 2
Sagelat 24............259 E 1
Sagnat 23............188 D 5
Sagnes-et-Goudoulet 07....266 A 1
Sagone 2A............348 B 1
Sagonne 18............173 H 3
Sagy 71............196 A 4
Sagy 95............57 H 1
Sahorre 66............342 A 3
Sahune 26............268 A 5
Sahurs 76............36 A 2
Sai 61............54 B 4
Saignes 15............226 C 5
Saignes 46............261 E 1
Saigneville 80............11 F 3
Saignon 84............306 A 1
Saiguède 31............297 F 5
Sail-les-Bains 42............193 E 5
Sail-sous-Couzan 42....229 F 1
Sailhan 65............333 G 4
Saillac 19............242 C 4
Saillac 46............278 D 1
Saillagouse 66............341 F 4
Saillans 26............267 H 2
Saillans 33............238 B 4
Saillant 63............229 F 4
Saillat-sur-Vienne 87....204 D 4
Saillé 44............145 H 4
Saillenard 71............178 D 5
Sailly 08............27 G 4
Sailly 52............93 E 3
Sailly 71............194 C 2
Sailly 78............57 G 1
Sailly-Achâtel 57............66 B 3
Sailly-au-Bois 62............13 F 4
Sailly-en-Ostrevent 62....13 H 2
Sailly-Flibeaucourt 80....11 G 2

Sailly-Labourse 62............8 A 4
Sailly-Laurette 80............23 E 1
Sailly-le-Sec 80............22 D 1
Sailly-lez-Cambrai 59............14 B 3
Sailly-lez-Lannoy 59............9 E 2
Sailly-Saillisel 80............13 H 5
Sailly-sur-la-Lys 62............8 B 2
Sain-Bel 69............212 C 5
Saincaize-Meauce 58............174 B 3
Sainghin-en-Mélantois 59............9 E 3
Sainghin-en-Weppes 59............8 C 3
Sainneville 76............18 D 5
Sainpuits 89............156 D 1
Sains 35............80 C 2
Sains-du-Nord 59............15 H 4
Sains-en-Amiénois 80............22 C 2
Sains-en-Gohelle 62............8 A 4
Sains-lès-Fressin 62............7 E 4
Sains-lès-Marquion 62............14 A 3
Sains-lès-Pernes 62............7 G 4
Sains-Morainvillers 60............22 D 5
Sains-Richaumont 02............25 E 2
Le Saint 56............100 D 2
Saint-Aaron 22............78 D 3
Saint-Abit 64............314 B 5
Saint-Abraham 56............102 D 5
Saint-Acheul 80............12 C 3
Saint-Adjutory 16............203 H 5
Saint-Adrien 22............77 G 2
Saint-Adrien
  Roches de 76............36 B 2
Saint-Affrique 12............300 D 1
Saint-Affrique-
  les-Montagnes 81............299 G 5
Saint-Agathon 22............73 F 5
Saint-Agil 41............109 E 4
Saint-Agnan 02............60 D 1
Saint-Agnan 58............158 B 3
Saint-Agnan 71............193 F 2
Saint-Agnan 81............298 C 4
Saint-Agnan 89............89 E 5
Saint-Agnan-
  de-Cernières 27............55 E 2
Saint-Agnan-en-Vercors 26.250 B 4
Saint-Agnan-le-Malherbe 14..53 E 1
Saint-Agnan-sur-Erre 61....84 D 5
Saint-Agnan-sur-Sarthe 61....84 B 4
Saint-Agnant 17............200 D 4
Saint-Agnant-
  de-Versillat 23............188 C 5
Saint-Agnant-
  près-Crocq 23............208 B 5
Saint-Agnant-
  sous-les-Côtes 55............64 D 4
Saint-Agne 24............258 B 1
Saint-Agnet 40............294 C 4
Saint-Agnin-sur-Bion 38....231 H 3
Saint-Agoulin 63............209 H 2
Saint-Agrève 07............248 B 4
Saint-Aignan 08............27 E 4
Saint-Aignan 33............238 B 4
Saint-Aignan 41............153 E 4
Saint-Aignan 56............77 H 5
Saint-Aignan 72............108 A 2
Saint-Aignan 82............277 F 5
Saint-Aignan-
  de-Couptrain 53............82 D 3
Saint-Aignan-
  de-Cramesnil 14............33 H 5
Saint-Aignan-des-Gués 45..134 A 2
Saint-Aignan-
  des-Noyers 18............173 H 4
Saint-Aignan-Grandlieu 44..147 G 5
Saint-Aignan-le-Jaillard 45..134 B 4
Saint-Aignan-sur-Roë 53....127 G 2
Saint-Aignan-sur-Ry 76....36 D 1
Saint-Aigny 36............187 H 1
Saint-Aigulin 17............238 D 2
Saint-Ail 54............45 F 5
Saint-Albain 71............195 E 3
Saint-Alban 01............214 B 1
Saint-Alban 22............78 D 2
Saint-Alban 31............297 H 4
Saint-Alban-Auriolles 07....266 A 5
Saint-Alban-d'Ay 07............248 D 2
Saint-Alban-
  d'Hurtières 73............234 A 3
Saint-Alban-de-Montbel 73..233 E 2
Saint-Alban-de-Roche 38....231 H 2
Saint-Alban-des-Villards 73..233 H 5
Saint-Alban-du-Rhône 38....231 E 4
Saint-Alban-
  en-Montagne 07............265 F 2
Saint-Alban-les-Eaux 42....211 F 3
Saint-Alban-Leysse 73............233 F 2
Saint-Alban-
  sur-Limagnole 48............264 B 1

Saint-Albin-
  de-Vaulserre 38............232 D 3
Saint-Alexandre 30............284 D 2
Saint-Algis 02............25 E 1
Saint-Allouestre 56............102 B 4
Saint-Alpinien 23............207 H 3
Saint-Alyre-d'Arlanc 63....228 D 5
Saint-Alyre-
  ès-Montagne 63............227 G 5
Saint-Amadou 09............336 C 1
Saint-Amancet 81............319 F 2
Saint-Amand 23............207 H 3
Saint-Amand 50............52 C 1
Saint-Amand 62............13 E 4
Saint-Amand-de-Belvès 24.259 E 2
Saint-Amand-de-Coly 24....241 G 3
Saint-Amand-de-Vergt 24....240 C 4
Saint-Amand-
  des-Hautes-Terres 27....36 A 4
Saint-Amand-
  en-Puisaye 58............156 B 1
Saint-Amand-
  Jartoudeix 23............206 C 4
Saint-Amand-le-Petit 87....206 D 5
Saint-Amand-les-Eaux 59....9 F 4
Saint-Amand-Longpré 41..131 G 4
Saint-Amand-
  Magnazeix 87............205 H 1
Saint-Amand-Montrond 18..173 F 5
Saint-Amand-sur-Fion 51....62 C 3
Saint-Amand-sur-Ornain 55..93 F 1
Saint-Amand-sur-Sèvre 79..167 E 3
Saint-Amandin 15............227 E 5
Saint-Amans 09............336 A 1
Saint-Amans 11............318 D 5
Saint-Amans 48............264 C 3
Saint-Amans-
  de-Pellagal 82............277 F 3
Saint-Amans-des-Cots 12..262 D 2
Saint-Amans-du-Pech 82....276 D 2
Saint-Amans-Soult 81............320 A 2
Saint-Amans-Valtoret 81....320 A 2
Saint-Amant-de-Boixe 16..203 F 5
Saint-Amant-
  de-Bonnieure 16............203 G 4
Saint-Amant-de-Graves 16..220 D 2
Saint-Amant-
  de-Montmoreau 16............221 F 4
Saint-Amant-de-Nouère 16.203 E 5
Saint-Amant-
  Roche-Savine 63............228 D 3
Saint-Amant-Tallende 63....227 H 2
Saint-Amarin 68............120 C 5
Saint-Ambreuil 71............177 H 5
Saint-Ambroix 18............172 C 5
Saint-Ambroix 30............284 A 2
Saint-Amé 88............119 H 4
Saint-Amour 39............196 A 3
Saint-Amour-Bellevue 71..194 D 5
Saint-Anastaise 63............227 G 4
Saint-Andelain 58............156 A 3
Saint-Andéol 26............268 A 1
Saint-Andéol 38............250 C 4
Saint-Andéol-de-Berg 07..266 C 4
Saint-Andéol-
  de-Clerguemort 48............283 F 2
Saint-Andéol-
  de-Fourchades 07............266 A 1
Saint-Andéol-de-Vals 07..266 B 2
Saint-Andéol-
  le-Château 69............230 D 2
Saint-Andeux 21............158 B 2
Saint-Andiol 13............305 E 2
Saint-Andoche 70............140 B 4
Saint-André 16............219 H 1
Saint-André 31............316 D 4
Saint-André 32............296 D 5
Saint-André 66............343 F 3
Saint-André 73............252 C 1
Saint-André 81............300 A 1
Saint-André Chapelle 46....259 G 3
Saint-André-Capcèze 48....265 G 5
Saint-André-d'Allas 24....241 F 5
Saint-André-d'Apchon 42..211 F 2
Saint-André-de-Bâgé 01..195 F 4
Saint-André-de-Boëge 74..198 A 5
Saint-André-de-Bohon 50....32 A 3
Saint-André-
  de-Buèges 34............302 D 2
Saint-André-
  de-Chalencon 43............247 G 1
Saint-André-de-Corcy 01..213 G 3
Saint-André-
  de-Cruzières 07............284 A 1
Saint-André-de-Cubzac 33..237 H 4
Saint-André-de-Double 24..239 G 2

Saint-André-
  de-la-Marche 49............148 C 5
Saint-André-
  de-la-Roche 06............309 H 2
Saint-André-de-Lancize 48..283 F 2
Saint-André-de-l'Épine 50....32 B 4
Saint-André-de-l'Eure 27....56 C 3
Saint-André-de-Lidon 17....219 F 2
Saint-André-
  de-Majencoules 30............282 D 5
Saint-André-de-Messei 61....53 F 5
Saint-André-de-Najac 12....279 F 3
Saint-André-
  de-Roquelongue 11............338 D 1
Saint-André-
  de-Roquepertuis 30............284 C 2
Saint-André-de-Rosans 05..268 C 4
Saint-André-
  de-Sangonis 34............302 A 4
Saint-André-
  de-Seignanx 40............292 B 4
Saint-André-
  de-Valborgne 30............283 E 3
Saint-André-de-Vézines 12.282 A 3
Saint-André-d'Embrun 05....270 C 3
Saint-André-des-Eaux 22....79 H 5
Saint-André-des-Eaux 44..146 B 2
Saint-André-d'Hébertot 14....34 D 3
Saint-André-d'Huiriat 01..195 F 5
Saint-André-
  d'Olérargues 30............284 C 3
Saint-André-du-Bois 33....256 C 3
Saint-André-en-Barrois 55....63 H 1
Saint-André-en-Bresse 71..178 B 5
Saint-André-en-Morvan 58..157 H 4
Saint-André-en-Royans 38..250 A 3
Saint-André-
  en-Terre-Plaine 89............158 B 1
Saint-André-en-Vivarais 07.248 B 3
Saint-André-et-Appelles 33.257 F 1
Saint-André-Farivillers 60....22 B 5
Saint-André-Goule-d'Oie 85 166 B 3
Saint-André-la-Côte 69............230 C 2
Saint-André-Lachamp 07....265 H 4
Saint-André-
  le-Bouchoux 01............213 G 1
Saint-André-le-Coq 63....210 A 3
Saint-André-le-Désert 71..194 C 2
Saint-André-le-Gaz 38....232 C 2
Saint-André-le-Puy 42....230 A 2
Saint-André-les-Alpes 04..288 C 5
Saint-André-les-Vergers 10....90 D 5
Saint-André-lez-Lille 59............8 D 2
Saint-André-sur-Cailly 76....36 C 1
Saint-André-sur-Orne 14....33 G 5
Saint-André-sur-Sèvre 79..167 F 4
Saint-André-
  sur-Vieux-Jonc 01............213 G 1
Saint-André-
  Treize-Voies 85............165 H 2
Saint-André-Val-de-Fier 74..215 E 3
Saint-Ange-et-Torçay 28....56 B 5
Saint-Ange-le-Viel 77............112 D 2
Saint-Angeau 16............203 G 4
Saint-Angel 03............191 E 4
Saint-Angel 19............225 H 3
Saint-Angel 63............209 H 3
Saint-Anthème 63............229 F 3
Saint-Anthot 21............159 F 3
Saint-Antoine 05............252 C 5
Saint-Antoine 13............326 D 2
Saint-Antoine 15............262 B 2
Saint-Antoine 25............180 C 3
Saint-Antoine 29............71 H 4
Saint-Antoine 32............276 D 4
Saint-Antoine 33............237 H 3
Saint-Antoine-Cumond 24..239 F 1
Saint-Antoine-
  d'Auberoche 24............241 E 2
Saint-Antoine-
  de-Breuilh 24............257 E 1
Saint-Antoine-
  de-Ficalba 47............276 C 1
Saint-Antoine-
  du-Queyret 33............256 D 1
Saint-Antoine-
  du-Rocher 37............151 H 1
Saint-Antoine-la-Forêt 76....19 E 5
Saint-Antoine-l'Abbaye 38..249 H 2
Saint-Antoine-sur-l'Isle 33..239 E 3
Saint-Antonin 06............289 G 5
Saint-Antonin 32............296 C 3
Saint-Antonin-
  de-Lacalm 81............299 G 3
Saint-Antonin-
  de-Sommaire 27............55 F 3

Saint-Antonin-du-Var 83......307 H 5
Saint-Antonin-Noble-Val 82.278 D 3
Saint-Antonin-
  sur-Bayon 13............306 B 5
Saint-Aoustrille 36............172 B 2
Saint-Août 36............172 B 5
Saint-Apollinaire 05............270 B 3
Saint-Apollinaire 21............160 B 3
Saint-Apollinaire-
  de-Rias 07............248 D 5
Saint-Appolinaire 69............212 B 3
Saint-Appolinard 38............250 A 2
Saint-Appolinard 42............230 D 5
Saint-Aquilin 24............239 H 2
Saint-Aquilin-d'Augerons 27..55 E 2
Saint-Aquilin-de-Corbion 61..55 E 5
Saint-Aquilin-de-Pacy 27....56 D 1
Saint-Araille 31............317 E 3
Saint-Arailles 32............295 H 4
Saint-Arcons-d'Allier 43..246 C 3
Saint-Arcons-de-Barges 43.265 F 1
Saint-Arey 38............251 E 5
Saint-Armel 35............104 B 4
Saint-Armel 56............124 C 4
Saint-Armou 64............314 B 2
Saint-Arnac 66............338 A 5
Saint-Arnoult 14............34 B 3
Saint-Arnoult 41............131 F 4
Saint-Arnoult 60............21 G 5
Saint-Arnoult 76............35 G 1
Saint-Arnoult-des-Bois 28....85 H 3
Saint-Arnoult-en-Yvelines 78..87 E 2
Saint-Arroman 32............316 A 2
Saint-Arroman 65............333 H 2
Saint-Arroumex 82............277 E 5
Saint-Astier 24............239 H 2
Saint-Astier 47............257 F 2
Saint-Auban 04............287 G 4
Saint-Auban 06............308 C 1
Saint-Auban-d'Oze 05............269 F 4
Saint-Auban-
  sur-l'Ouvèze 26............286 B 1
Saint-Aubert 59............14 C 3
Saint-Aubert-sur-Orne 61....53 G 4
Saint-Aubin 02............40 A 1
Saint-Aubin 10............90 A 3
Saint-Aubin 21............177 G 2
Saint-Aubin 36............172 B 3
Saint-Aubin 39............178 C 1
Saint-Aubin 40............293 G 3
Saint-Aubin 47............258 D 5
Saint-Aubin 59............15 G 3
Saint-Aubin 62............6 B 4
Saint-Aubin 91............58 A 5
Saint-Aubin-Celloville 76....36 B 2
Saint-Aubin-
  Château-Neuf 89............135 H 3
Saint-Aubin-d'Appenai 61....84 A 3
Saint-Aubin-d'Arquenay 14....33 H 3
Saint-Aubin-d'Aubigné 35....80 B 5
Saint-Aubin-
  de-Baubigné 79............167 F 2
Saint-Aubin-de-Blaye 33....237 G 1
Saint-Aubin-de-Bonneval 61..54 D 2
Saint-Aubin-de-Branne 33..256 C 1
Saint-Aubin-
  de-Cadelech 24............257 H 2
Saint-Aubin-
  de-Courteraie 61............84 B 2
Saint-Aubin-de-Crétot 76....19 F 5
Saint-Aubin-
  de-Lanquais 24............258 B 1
Saint-Aubin-
  de-Locquenay 72............83 G 5
Saint-Aubin-de-Luigné 49..149 F 3
Saint-Aubin-de-Médoc 33..237 F 5
Saint-Aubin-de-Nabirat 24..259 G 2
Saint-Aubin-de-Scellon 37....35 E 4
Saint-Aubin-de-Terregatte 50.81 E 2
Saint-Aubin-d'Écrosville 27....36 A 5
Saint-Aubin-des-Bois 14....52 A 3
Saint-Aubin-des-Bois 28....86 A 3
Saint-Aubin-
  des-Châteaux 44............126 D 3
Saint-Aubin-
  des-Chaumes 58............157 G 2
Saint-Aubin-
  des-Coudrais 72............108 C 3
Saint-Aubin-des-Grois 61..84 C 5
Saint-Aubin-des-Hayes 27....55 G 1
Saint-Aubin-des-Landes 35.105 E 3
Saint-Aubin-
  des-Ormeaux 85............166 C 1
Saint-Aubin-des-Préaux 50....51 F 3
Saint-Aubin-du-Cormier 35....80 D 5
Saint-Aubin-du-Désert 53....83 E 5
Saint-Aubin-du-Pavail 35....104 C 4

Saint-Aubin-du-Perron 50......31 H 4
Saint-Aubin-du-Plain 79......167 C
Saint-Aubin-du-Thenney 27...55 E
Saint-Aubin-en-Bray 60......37 C
Saint-Aubin-
  en-Charollais 71............193 H
Saint-Aubin-Épinay 76............36 B
Saint-Aubin-
  Fosse-Louvain 53............81 H
Saint-Aubin-la-Plaine 85...183 C
Saint-Aubin-le-Cauf 76......20 B
Saint-Aubin-le-Cloud 79......167 H
Saint-Aubin-le-Dépeint 37...130 B
Saint-Aubin-le-Guichard 27...55 G
Saint-Aubin-le-Monial 03...191 G
Saint-Aubin-le-Vertueux 27...55 H
Saint-Aubin-Lébizay 14......34 C
Saint-Aubin-lès-Elbeuf 76......36 A
Saint-Aubin-les-Forges 58...156 C
Saint-Aubin-Montenoy 80......21 H
Saint-Aubin-Rivière 80......21 G
Saint-Aubin-Routot 76......34 E
Saint-Aubin-sous-Erquery 60.38 C
Saint-Aubin-sur-Aire 55......64 C
Saint-Aubin-sur-Algot 14......34 C
Saint-Aubin-sur-Gaillon 27...36 C
Saint-Aubin-sur-Loire 71......193 E
Saint-Aubin-sur-Mer 14......33 G
Saint-Aubin-sur-Mer 76......19 H
Saint-Aubin-
  sur-Quillebeuf 27............35 E
Saint-Aubin-sur-Scie 76......20 B
Saint-Aubin-sur-Yonne 89...113 G
Saint-Augustin 03............174 B
Saint-Augustin 17............218 C
Saint-Augustin 19............225 E
Saint-Augustin 77............59 H
Saint-Augustin-des-Bois 49.149 E
Saint-Aulaire 19............241 H
Saint-Aulais-la-Chapelle 16.220 D
Saint-Aulaye-
  Puymangou 24............239 E
Saint-Aunès 34............303 E
Saint-Aunix-Lengros 32......295 E
Saint-Aupre 38............232 D
Saint-Austremoine 43......246 B
Saint-Auvent 87............205 E
Saint-Avaugourd-
  des-Landes 85............182 C
Saint-Avé 56............124 C
Saint-Aventin 31............334 A
Saint-Avertin 37............152 A
Saint-Avit 16............239 E
Saint-Avit 26............249 F
Saint-Avit 40............273 H
Saint-Avit 41............109 E
Saint-Avit 47............257 F
Saint-Avit 47............258 D
Saint-Avit 63............208 C
Saint-Avit 81............319 F
Saint-Avit-de-Soulège 33...257 E
Saint-Avit-de-Tardes 23...207 H
Saint-Avit-de-Vialard 24...240 D
Saint-Avit-Frandat 32......276 B
Saint-Avit-le-Pauvre 23...207 F
Saint-Avit-
  les-Guespières 28............109 H
Saint-Avit-Rivière 24............258 D
Saint-Avit-Saint-Nazaire 33.239 F
Saint-Avit-Sénieur 24............258 D
Saint-Avold 57............67 E
Saint-Avre 73............234 A
Saint-Ay 45............132 D
Saint-Aybert 59............9 H
Saint-Aygulf 83............329 G
Saint-Babel 63............228 A
Saint-Baldoph 73............233 F
Saint-Bandry 02............40 A
Saint-Baraing 39............178 D
Saint-Barbant 87............204 D
Saint-Bard 23............208 B
Saint-Bardoux 26............249 F
Saint-Barnabé 22............102 B
Saint-Barthélemy 38............231 G
Saint-Barthélemy 40............292 B
Saint-Barthélemy 50............52 C
Saint-Barthélemy 56............101 H
Saint-Barthélemy 70............142 A
Saint-Barthélemy 77............60 B
Saint-Barthélemy-
  d'Agenais 47............257 G
Saint-Barthélemy-
  d'Anjou 49............149 G
Saint-Barthélemy-
  de-Bellegarde 24............239 F
Saint-Barthélemy-
  de-Bussière 24............222 C

A B C D E F G H I J K L M N O P Q R S T U V W X Y Z

Saint-Barthélemy-de-Séchilienne 38....251 E 3
Saint-Barthélemy-de-Vals 26....249 F 2
Saint-Barthélemy-Grozon 07....248 D 4
Saint-Barthélemy-le-Meil 07....248 C 5
Saint-Barthélemy-le-Plain 07....249 E 3
Saint-Barthélemy-Lestra 42.230 A 1
Saint-Basile 07....248 C 4
Saint-Baslemont 88....118 C 2
Saint-Baudel 18....172 D 4
Saint-Baudelle 53....82 B 5
Saint-Baudille-de-la-Tour 38....214 A 5
Saint-Baudille-et-Pipet 38....269 E 1
Saint-Bauld 37....152 A 5
Saint-Baussant 54....65 E 3
Saint-Bauzeil 09....336 B 1
Saint-Bauzély 30....303 G 1
Saint-Bauzile 07....266 D 2
Saint-Bauzile 48....264 C 5
Saint-Bauzille-de-la-Sylve 34....302 B 4
Saint-Bauzille-de-Montmel 34....303 E 3
Saint-Bauzille-de-Putois 34.302 C 1
Saint-Bazile 87....222 D 1
Saint-Bazile-de-la-Roche 19....243 F 2
Saint-Bazile-de-Meyssac 19....242 D 3
Saint-Béat 31....334 B 3
Saint-Beaulize 12....301 F 1
Saint-Beauzeil 82....276 D 1
Saint-Beauzély 12....281 G 3
Saint-Beauzile 81....279 E 5
Saint-Beauzire 43....246 A 1
Saint-Beauzire 63....209 H 5
Saint-Bénézet 30....283 H 5
Saint-Bénigne 01....195 F 3
Saint-Benin 59....14 D 5
Saint-Benin-d'Azy 58....175 E 2
Saint-Benin-des-Bois 58....157 E 5
Saint-Benoist-sur-Mer 85....182 D 3
Saint-Benoist-sur-Vanne 10....114 B 2
Saint-Benoît 04....289 E 5
Saint-Benoît 11....337 F 2
Saint-Benoît 28....109 F 4
Saint-Benoît 86....186 B 2
Saint-Benoît-de-Carmaux 81....279 G 5
Saint-Benoît-des-Ombres 27..35 F 4
Saint-Benoît-des-Ondes 35...50 D 5
Saint-Benoît-d'Hébertot 14...34 D 3
Saint-Benoît-du-Sault 36....188 B 3
Saint-Benoit-en-Diois 26....268 A 2
Saint-Benoît-en-Woëvre 55...65 E 2
Saint-Benoît-la-Chipotte 88...95 H 4
Saint-Benoît-la-Forêt 37....151 E 4
Saint-Benoît-sur-Loire 45....134 A 3
Saint-Benoît-sur-Seine 10....90 D 4
Saint-Bérain 43....246 D 4
Saint-Bérain-sous-Sanvignes 71....176 D 5
Saint-Bérain-sur-Dheune 71....177 F 3
Saint-Bernard 01....212 D 3
Saint-Bernard 21....160 A 5
Saint-Bernard 38....233 F 5
Saint-Bernard 57....46 B 4
Saint-Bernard 68....143 E 2
Saint-Béron 73....232 D 3
Saint-Berthevin 53....105 H 3
Saint-Berthevin-la-Tannière 53....81 G 4
Saint-Bertrand-de-Comminges 31....334 A 2
Saint-Biez-en-Belin 72....130 A 4
Saint-Bihy 22....77 H 3
Saint-Blaise 06....291 E 5
Saint-Blaise 74....215 G 2
Saint-Blaise Fouilles de 13..325 G 3
Saint-Blaise-du-Buis 38....232 C 4
Saint-Blaise-la-Roche 67....96 C 3
Saint-Blancard 32....316 B 3
Saint-Blimont 80....11 E 3
Saint-Blin 52....93 G 5
Saint-Boès 64....293 F 5
Saint-Bohaire 41....132 A 5
Saint-Boil 71....177 G 5
Saint-Boingt 54....95 F 3
Saint-Bois 01....232 C 1
Saint-Bomer 28....109 E 2

Saint-Bômer-les-Forges 61....53 E 5
Saint-Bon 51....60 C 5
Saint-Bon-Tarentaise 73....234 C 3
Saint-Bonnet 16....220 D 3
Saint-Bonnet Signal de 69...212 C 2
Saint-Bonnet-Avalouze 19....243 E 1
Saint-Bonnet-Briance 87....224 B 1
Saint-Bonnet-de-Bellac 87..205 E 1
Saint-Bonnet-de-Chavagne 38....250 A 4
Saint-Bonnet-de-Chirac 48..264 A 4
Saint-Bonnet-de-Condat 15.245 E 1
Saint-Bonnet-de-Cray 71....193 H 5
Saint-Bonnet-de-Four 03....191 F 4
Saint-Bonnet-de-Joux 71....194 B 2
Saint-Bonnet-de-Montauroux 48....265 E 1
Saint-Bonnet-de-Mure 69....231 G 1
Saint-Bonnet-de-Rochefort 03....209 H 1
Saint-Bonnet-de-Salendrinque 30....283 F 5
Saint-Bonnet-de-Salers 15..244 C 2
Saint-Bonnet-de-Valclérieux 26....249 H 1
Saint-Bonnet-de-Vieille-Vigne 71....193 H 2
Saint-Bonnet-des-Bruyères 69....194 B 5
Saint-Bonnet-des-Quarts 42....211 E 1
Saint-Bonnet-du-Gard 30....304 A 1
Saint-Bonnet-Elvert 19....243 E 2
Saint-Bonnet-en-Bresse 71.178 B 3
Saint-Bonnet-en-Champsaur 05....269 G 2
Saint-Bonnet-la-Rivière 19..241 H 1
Saint-Bonnet-le-Bourg 63....228 D 4
Saint-Bonnet-le-Chastel 63.228 D 4
Saint-Bonnet-le-Château 42....229 G 4
Saint-Bonnet-le-Courreau 42....229 F 2
Saint-Bonnet-le-Froid 43....248 B 2
Saint-Bonnet-le-Troncy 69..212 B 2
Saint-Bonnet-l'Enfantier 19.242 B 1
Saint-Bonnet-les-Allier 63...228 A 1
Saint-Bonnet-les-Oules 42..230 A 3
Saint-Bonnet-les-Tours-de-Merle 19...243 G 3
Saint-Bonnet-près-Bort 19..226 B 3
Saint-Bonnet-près-Orcival 63....227 F 1
Saint-Bonnet-près-Riom 63....209 H 4
Saint-Bonnet-sur-Gironde 17....219 F 5
Saint-Bonnet-Tronçais 03...190 D 1
Saint-Bonnot 58....156 D 4
Saint-Bouize 18....156 A 4
Saint-Brancher 89....158 A 2
Saint-Branchs 37....152 A 4
Saint-Brandan 22....78 A 4
Saint-Brès 30....284 A 2
Saint-Brès 32....296 C 2
Saint-Brès 34....303 E 4
Saint-Bresson 30....302 B 1
Saint-Bresson 70....119 G 5
Saint-Bresson 46....261 F 2
Saint-Brevin-les-Pins 44....146 C 3
Saint-Brevin-l'Océan 44....146 C 3
Saint-Briac-sur-Mer 35....50 B 5
Saint-Brice 16....220 B 1
Saint-Brice 33....256 C 2
Saint-Brice 50....51 H 4
Saint-Brice 53....128 D 2
Saint-Brice 61....82 B 2
Saint-Brice 77....89 G 2
Saint-Brice-Courcelles 51....41 G 3
Saint-Brice-de-Landelles 50..81 F 2
Saint-Brice-en-Coglès 35....80 D 3
Saint-Brice-sous-Forêt 95...58 C 2
Saint-Brice-sous-Rânes 61..53 H 5
Saint-Brice-sur-Vienne 87..205 E 4
Saint-Brieuc 22....78 B 3
Saint-Brieuc-de-Mauron 56.103 E 3
Saint-Brieuc-des-Iffs 35....80 A 5
Saint-Bris-des-Bois 17....201 H 5
Saint-Bris-le-Vineux 89....136 C 3
Saint-Brisson 58....158 B 4
Saint-Brisson-sur-Loire 45..134 C 5
Saint-Broing 70....161 F 1
Saint-Broing-les-Moines 21.138 D 4
Saint-Broing-le-Bois 52....139 H 3
Saint-Broingt-les-Fosses 52....139 G 3
Saint-Broladre 35....51 E 5

Saint-Bueil 38....232 D 3
Saint-Cado 56....123 G 3
Saint-Calais 72....108 D 5
Saint-Calais-du-Désert 53...83 E 3
Saint-Calez-en-Saosnois 72..84 A 5
Saint-Cannat 13....305 H 4
Saint-Caprais 03....191 E 2
Saint-Caprais 18....172 D 2
Saint-Caprais 32....296 C 5
Saint-Caprais 46....259 F 3
Saint-Caprais-de-Blaye 33..219 G 5
Saint-Caprais-de-Bordeaux 33....255 H 1
Saint-Caprais-de-Lerm 47...276 C 3
Saint-Capraise-de-Lalinde 24....258 B 1
Saint-Capraise-d'Eymet 24.257 H 2
Saint-Caradec 22....102 A 1
Saint-Caradec-Trégomel 56....101 E 3
Saint-Carné 22....79 G 4
Saint-Carreuc 22....78 B 4
Saint-Cassien 24....258 D 2
Saint-Cassien 38....232 C 5
Saint-Cassien 86....168 D 2
Saint-Cassin 73....233 F 2
Saint-Cast-le-Guildo 22....50 A 5
Saint-Castin 64....314 B 3
Saint-Célerin 72....108 B 3
Saint-Céneré 53....106 B 3
Saint-Céneri-le-Gérei 61....83 F 4
Saint-Céols 18....155 G 4
Saint-Céré 46....261 E 1
Saint-Cergues 74....197 H 5
Saint-Cernin 15....244 B 3
Saint-Cernin 46....260 C 4
Saint-Cernin-de-Labarde 24....258 B 1
Saint-Cernin-de-Larche 19..241 H 3
Saint-Cernin-de-l'Herm 24..259 E 3
Saint-Cernin-de-Reilhac 24....241 E 4
Saint-Césaire 17....201 H 5
Saint-Césaire 30....303 H 2
Saint-Césaire-de-Gauzignan 30....284 A 5
Saint-Cézaire Grottes de 06....308 D 3
Saint-Cézaire-sur-Siagne 06....308 D 3
Saint-Cézert 31....297 G 3
Saint-Chabrais 23....207 H 1
Saint-Chaffrey 05....252 C 4
Saint-Chamant 15....244 C 3
Saint-Chamant 19....243 E 3
Saint-Chamarand 46....260 B 3
Saint-Chamas 13....305 F 5
Saint-Chamassy 24....241 E 5
Saint-Chamond 42....230 C 4
Saint-Champ 01....214 D 5
Saint-Chaptes 30....284 A 5
Saint-Charles 54....45 E 1
Saint-Charles-de-Percy 14...52 D 2
Saint-Charles-la-Forêt 53...106 B 5
Saint-Chartier 36....189 G 1
Saint-Chartres 86....168 C 3
Saint-Chef 38....232 A 2
Saint-Chels 46....260 D 4
Saint-Chély-d'Apcher 48....264 A 1
Saint-Chély-d'Aubrac 12....263 F 4
Saint-Chély-du-Tarn 48....282 B 1
Saint-Chéron 51....62 C 5
Saint-Chéron 91....87 F 3
Saint-Chéron-des-Champs 28....86 A 2
Saint-Chinian 34....321 E 3
Saint-Christaud 31....317 F 5
Saint-Christaud 32....295 G 5
Saint-Christ-en-Jarez 42....230 C 3
Saint-Christo 07....248 B 5
Saint-Christol 34....303 F 3
Saint-Christol 84....286 C 4
Saint-Christol-de-Rodières 30....284 C 2
Saint-Christoly-de-Blaye 33....237 G 2
Saint-Christoly-Médoc 33...219 E 5
Saint-Christophe 16....239 E 1
Saint-Christophe 17....200 D 1
Saint-Christophe 23....207 E 2
Saint-Christophe 28....110 A 3
Saint-Christophe 69....194 C 5
Saint-Christophe 81....279 F 3

Saint-Christophe 86....169 F 3
Saint-Christophe-à-Berry 02...40 A 2
Saint-Christophe-d'Allier 43....265 E 1
Saint-Christophe-de-Chaulieu 61....52 D 4
Saint-Christophe-de-Double 33....238 D 3
Saint-Christophe-de-Valains 35....80 D 4
Saint-Christophe-des-Bardes 33....238 C 5
Saint-Christophe-des-Bois 35....105 E 2
Saint-Christophe-Dodinicourt 10....91 H 4
Saint-Christophe-du-Bois 49....166 D 1
Saint-Christophe-du-Foc 50...28 D 4
Saint-Christophe-du-Jambet 72....107 G 2
Saint-Christophe-du-Ligneron 85....165 E 3
Saint-Christophe-du-Luat 53....106 C 3
Saint-Christophe-en-Bazelle 36....153 H 5
Saint-Christophe-en-Boucherie 36....172 C 5
Saint-Christophe-en-Bresse 71....178 A 4
Saint-Christophe-en-Brionnais 71....193 H 5
Saint-Christophe-en-Champagne 72....107 G 2
Saint-Christophe-en-Oisans 38....251 H 4
Saint-Christophe-et-le-Laris 26....249 G 1
Saint-Christophe-la-Couperie 49....148 B 3
Saint-Christophe-la-Grotte 73....233 E 3
Saint-Christophe-le-Chaudry 18....190 B 1
Saint-Christophe-le-Jajolet 61....54 B 5
Saint-Christophe-les-Gorges 15....243 H 3
Saint-Christophe-sur-Avre 27.55 H 5
Saint-Christophe-sur-Condé 27....35 F 3
Saint-Christophe-sur-Dolaison 43....247 E 4
Saint-Christophe-sur-Guiers 38....233 E 4
Saint-Christophe-sur-le-Nais 37....130 C 5
Saint-Christophe-sur-Roc 79....185 E 3
Saint-Christophe-Vallon 12..262 B 5
Saint-Cibard 33....238 D 4
Saint-Cierge-la-Serre 07....266 D 1
Saint-Cierge-sous-le-Cheylard 07....248 B 5
Saint-Ciergues 52....139 G 2
Saint-Ciers-Champagne 17.220 B 4
Saint-Ciers-d'Abzac 33....238 B 3
Saint-Ciers-de-Canesse 33..237 G 3
Saint-Ciers-du-Taillon 17....219 F 4
Saint-Ciers-sur-Bonnieure 16....203 G 4
Saint-Ciers-sur-Gironde 33.219 G 5
Saint-Cirgue 81....299 H 1
Saint-Cirgues 43....246 B 2
Saint-Cirgues 46....261 G 2
Saint-Cirgues-de-Jordanne 15....244 D 4
Saint-Cirgues-de-Malbert 15....244 B 3
Saint-Cirgues-de-Prades 07....266 A 3
Saint-Cirgues-en-Montagne 07....265 H 2
Saint-Cirgues-la-Loutre 19..243 G 3
Saint-Cirgues-sur-Couze 63....227 H 3
Saint-Cirice 82....276 D 4
Saint-Cirq 24....241 E 5
Saint-Cirq 82....278 C 4
Saint-Cirq-Lapopie 46....260 C 5
Saint-Cirq-Madelon 46....259 H 1
Saint-Cirq-Souillaguet 46...260 B 2
Saint-Civran 36....188 B 2
Saint-Clair 07....248 D 1
Saint-Clair 46....259 H 2
Saint-Clair 82....277 E 3

Saint-Clair 83....329 E 4
Saint-Clair 86....168 C 3
Saint-Clair-d'Arcey 27....55 F 1
Saint-Clair-de-Halouze 61...53 E 5
Saint-Clair-de-la-Tour 38....232 B 2
Saint-Clair-du-Rhône 38....231 E 4
Saint-Clair-sur-Epte 95....37 F 4
Saint-Clair-sur-Galaure 38..249 H 1
Saint-Clair-sur-l'Elle 50....32 B 4
Saint-Clair-sur-les-Monts 76..19 H 5
Saint-Clar 32....296 C 1
Saint-Clar-de-Rivière 31....317 G 2
Saint-Claud 16....203 H 4
Saint-Claude 39....197 E 3
Saint-Claude-de-Diray 41....132 B 5
Saint-Clément 02....25 G 3
Saint-Clément 03....210 D 2
Saint-Clément 07....248 A 4
Saint-Clément 15....244 D 4
Saint-Clément 19....224 D 5
Saint-Clément 30....303 E 2
Saint-Clément 50....52 C 5
Saint-Clément 54....95 G 2
Saint-Clément 89....113 G 2
Saint-Clément-à-Arnes 08...42 B 3
Saint-Clément-de-la-Place 49....149 F 1
Saint-Clément-de-Régnat 63....210 A 3
Saint-Clément-de-Rivière 34....302 D 4
Saint-Clément-de-Valorgue 63....229 F 3
Saint-Clément-de-Vers 69..194 B 5
Saint-Clément-des-Baleines 17....182 C 5
Saint-Clément-des-Levées 49....150 B 3
Saint-Clément-les-Places 69....212 B 5
Saint-Clément-sur-Durance 05....270 C 2
Saint-Clément-sur-Guye 71.194 C 1
Saint-Clément-sur-Valsonne 69....212 B 4
Saint-Clémentin 79....167 G 2
Saint-Clet 22....73 E 4
Saint-Cloud 92....58 B 3
Saint-Cloud-en-Dunois 28...110 A 4
Saint-Colomb-de-Lauzun 47....257 H 3
Saint-Colomban 44....165 G 1
Saint-Colomban-des-Villards 73....233 H 5
Saint-Côme 33....256 C 5
Saint-Côme Chapelle de 29..75 G 5
Saint-Côme-de-Fresné 14....33 E 2
Saint-Côme-d'Olt 12....263 F 4
Saint-Côme-du-Mont 50....31 H 2
Saint-Côme-et-Maruéjols 30....303 G 2
Saint-Congard 56....125 F 2
Saint-Connan 22....77 H 3
Saint-Connec 22....102 A 1
Saint-Constant-Fournoulès 15....261 H 3
Saint-Contest 14....33 G 4
Saint-Corneille 72....108 A 4
Saint-Cornier-des-Landes 61....52 D 4
Saint-Cosme 68....142 D 2
Saint-Cosme-en-Vairais 72...84 B 5
Saint-Cosme-sur-Gironde 33.219 G 5
Saint-Couat-d'Aude 11....320 B 5
Saint-Couat-du-Razès 11....337 F 2
Saint-Coulitz 29....75 H 5
Saint-Coulomb 35....50 C 4
Saint-Coutant 16....203 H 3
Saint-Coutant 79....185 H 5
Saint-Coutant-le-Grand 17..201 F 3
Saint-Créac 32....296 C 1
Saint-Créac 65....333 E 1
Saint-Crépin 05....270 D 1
Saint-Crépin 17....201 F 2
Saint-Crépin-aux-Bois 60....39 G 2
Saint-Crépin-d'Auberoche 24....240 D 3
Saint-Crépin-et-Carlucet 24.241 G 4
Saint-Crépin-Ibouvillers 60...38 A 4
Saint-Crespin 14....34 B 5
Saint-Crespin 76....20 B 3
Saint-Crespin-sur-Moine 49 148 B 5
Saint-Cricq 32....297 E 3
Saint-Cricq-Chalosse 40....293 G 4
Saint-Cricq-du-Gave 40....293 E 5
Saint-Cricq-Villeneuve 40....294 B 1

Saint-Cybardeaux 16....202 D 5
Saint-Cybranet 24....259 G 1
Saint-Cyprien 19....241 H 1
Saint-Cyprien 24....241 F 5
Saint-Cyprien 42....230 A 3
Saint-Cyprien 46....277 G 2
Saint-Cyprien 66....343 F 3
Saint-Cyprien-Plage 66....343 F 3
Saint-Cyprien-sur-Dourdou 12....262 B 4
Saint-Cyr 07....249 E 1
Saint-Cyr 39....179 G 2
Saint-Cyr 50....29 F 4
Saint-Cyr 71....177 H 5
Saint-Cyr 86....169 F 5
Saint-Cyr 87....205 E 5
Saint-Cyr Mont 46....260 B 5
Saint-Cyr-au-Mont-d'Or 69..213 E 5
Saint-Cyr-de-Favières 42....211 G 3
Saint-Cyr-de-Salerne 27....35 G 4
Saint-Cyr-de-Valorges 42....212 A 4
Saint-Cyr-des-Gâts 85....183 H 1
Saint-Cyr-du-Bailleul 50....82 A 2
Saint-Cyr-du-Doret 17....183 H 5
Saint-Cyr-du-Gault 41....131 G 5
Saint-Cyr-du-Ronceray 14...54 D 1
Saint-Cyr-en-Arthies 95....57 F 1
Saint-Cyr-en-Bourg 49....150 C 4
Saint-Cyr-en-Pail 53....83 E 4
Saint-Cyr-en-Retz 44....165 E 1
Saint-Cyr-en-Talmondais 85....183 E 2
Saint-Cyr-en-Val 45....133 F 3
Saint-Cyr-la-Campagne 27...36 A 4
Saint-Cyr-la-Lande 79....168 B 1
Saint-Cyr-la-Rivière 91....87 F 5
Saint-Cyr-la-Roche 19....241 H 1
Saint-Cyr-la-Rosière 61....84 C 5
Saint-Cyr-le-Chatoux 69....212 C 2
Saint-Cyr-le-Gravelais 53...105 G 4
Saint-Cyr-l'École 78....58 A 4
Saint-Cyr-les-Champagnes 24....223 H 5
Saint-Cyr-les-Colons 89....136 C 3
Saint-Cyr-les-Vignes 42....230 A 3
Saint-Cyr-sous-Dourdan 91...87 F 2
Saint-Cyr-sur-le-Rhône 69..231 E 3
Saint-Cyr-sur-Loire 37....151 H 2
Saint-Cyr-sur-Menthon 01...195 F 5
Saint-Cyr-sur-Mer 83....327 G 4
Saint-Cyr-sur-Morin 77....60 A 3
Saint-Cyran-du-Jambot 36...170 D 2
Saint-Dalmas-le-Selvage 06....289 F 1
Saint-Dalmas-Valdeblore 06....291 E 2
Saint-Daunès 46....277 G 1
Saint-Denis 11....319 G 3
Saint-Denis 30....284 A 2
Saint-Denis 79....185 E 2
Saint-Denis 93....58 C 2
Saint-Denis-Catus 46....259 H 4
Saint-Denis-Combarnazat 63....210 A 3
Saint-Denis-d'Aclon 76....20 A 2
Saint-Denis-d'Anjou 53....128 D 3
Saint-Denis-d'Augerons 27...55 E 2
Saint-Denis-d'Authou 28....85 F 3
Saint-Denis-de-Cabanne 42....211 H 1
Saint-Denis-de-Gastines 53..81 H 4
Saint-Denis-de-Jouhet 36....189 F 2
Saint-Denis-de-l'Hôtel 45....133 G 2
Saint-Denis-de-Mailloc 14...34 D 5
Saint-Denis-de-Méré 14....53 F 3
Saint-Denis-de-Palin 18....173 F 3
Saint-Denis-de-Pile 33....238 C 4
Saint-Denis-de-Vaux 71....177 G 4
Saint-Denis-de-Villenette 61..82 B 3
Saint-Denis-des-Coudrais 72....108 B 3
Saint-Denis-des-Monts 27...35 H 4
Saint-Denis-des-Murs 87....206 C 5
Saint-Denis-des-Puits 28....85 G 4
Saint-Denis-d'Oléron 17....200 A 2
Saint-Denis-d'Orques 72....106 D 4
Saint-Denis-du-Béhélan 27...56 A 3
Saint-Denis-du-Maine 53....106 B 5
Saint-Denis-du-Payré 85....183 E 3
Saint-Denis-du-Pin 17....201 H 3
Saint-Denis-du-Tertre Chapelle 72....108 A 4
Saint-Denis-en-Bugey 01....214 A 3
Saint-Denis-en-Margeride 48....264 C 2
Saint-Denis-en-Val 45....133 F 2

Saint-Denis-la-Chevasse 85............... 166 A 3
Saint-Denis-le-Ferment 27 ....37 F 3
Saint-Denis-le-Gast 50..........51 H 2
Saint-Denis-le-Thiboult 76....36 D 1
Saint-Denis-le-Vêtu 50.........51 G 1
Saint-Denis-lès-Bourg 01 ....195 H 5
Saint-Denis-lès-Martel 46... 242 C 5
Saint-Denis-lès-Ponts 28... 109 H 4
Saint-Denis-lès-Rebais 77......60 A 3
Saint-Denis-lès-Sens 89....... 113 G 2
Saint-Denis-Maisoncelles 14..52 C 1
Saint-Denis-sur-Coise 42 ... 230 B 2
Saint-Denis-sur-Huisne 61....84 B 3
Saint-Denis-sur-Loire 41 ... 132 B 5
Saint-Denis-sur-Ouanne 89. 135 G 3
Saint-Denis-sur-Sarthon 61...83 F 4
Saint-Denis-sur-Scie 76......20 B 4
Saint-Deniscourt 60.............21 G 5
Saint-Denœux 62.................. 6 D 4
Saint-Denoual 22................79 E 3
Saint-Derrien 29..............71 F 5
Saint-Désert 71............ 177 H 4
Saint-Désir 14...............34 C 5
Saint-Désirat 07............ 249 E 1
Saint-Désiré 03.............. 190 B 2
Saint-Dézery 19............ 226 B 3
Saint-Dézéry 30............ 284 A 5
Saint-Didier 21.............. 158 C 3
Saint-Didier 35.............. 104 D 3
Saint-Didier 39.............. 179 E 5
Saint-Didier 58.............. 157 F 3
Saint-Didier 84.............. 285 H 5
Saint-Didier-au-Mont-d'Or 69............ 213 E 5
Saint-Didier-d'Allier 43... 246 D 4
Saint-Didier-d'Aussiat 01... 195 G 4
Saint-Didier-de-Bizonnes 38........... 232 A 3
Saint-Didier-de-Formans 01........... 213 E 5
Saint-Didier-de-la-Tour 38 ... 232 B 2
Saint-Didier-des-Bois 27 ....36 A 4
Saint-Didier-en-Bresse 71... 178 B 3
Saint-Didier-en-Brionnais 71........... 193 H 4
Saint-Didier-en-Donjon 03... 193 E 3
Saint-Didier-en-Velay 43... 248 A 1
Saint-Didier-la-Forêt 03... 192 B 5
Saint-Didier-sous-Aubenas 07........... 266 B 3
Saint-Didier-sous-Écouves 61............83 F 2
Saint-Didier-sous-Riverie 69........... 230 C 2
Saint-Didier-sur-Arroux 71... 176 B 4
Saint-Didier-sur-Beaujeu 69........... 212 C 1
Saint-Didier-sur-Chalaronne 01........ 213 E 1
Saint-Didier-sur-Doulon 43... 246 C 1
Saint-Didier-sur-Rochefort 42........... 211 E 5
Saint-Dié-des-Vosges 88......96 B 5
Saint-Dier-d'Auvergne 63... 228 C 1
Saint-Diéry 63............... 227 G 3
Saint-Dionisy 30............ 303 G 2
Saint-Disdier 05............ 269 F 1
Saint-Divy 29.................75 F 2
Saint-Dizant-du-Bois 17 ... 219 G 4
Saint-Dizant-du-Gua 17..... 219 F 4
Saint-Dizier 52................63 F 5
Saint-Dizier-en-Diois 26 ... 268 C 4
Saint-Dizier-la-Tour 23... 207 G 1
Saint-Dizier-les-Domaines 23......... 189 G 4
Saint-Dizier-l'Évêque 90... 142 D 5
Saint-Dizier-Leyrenne 23... 206 D 3
Saint-Dolay 56............... 125 G 5
Saint-Domet 23............ 207 H 2
Saint-Domineuc 35............80 A 4
Saint-Donan 22................78 A 3
Saint-Donat 63.............. 227 E 4
Saint-Donat Église de 04... 287 G 4
Saint-Donat-sur-l'Herbasse 26......... 249 G 2
Saint-Dos 64................ 292 D 5
Saint-Doulchard 18......... 173 E 1
Saint-Drézery 34........... 303 E 3
Saint-Dyé-sur-Loire 41 ... 132 B 4
Saint-Ébremond-de-Bonfossé 50............32 A 5
Saint-Edmond 71........... 193 H 5
Saint-Égrève 38............ 250 D 1
Saint-Élier 27................56 A 2
Saint-Éliph 28................85 F 4

Saint-Élix 32................. 316 C 2
Saint-Élix-le-Château 31 ..... 317 F 4
Saint-Élix-Séglan 31......... 316 D 5
Saint-Élix-Theux 32......... 316 A 2
Saint-Ellier 49.............. 149 H 3
Saint-Ellier-du-Maine 53......81 G 4
Saint-Ellier-les-Bois 61......83 F 3
Saint-Éloi 01................ 213 H 3
Saint-Éloi 22.................72 D 4
Saint-Éloi 23............... 207 E 2
Saint-Éloi 58................ 174 C 2
Saint-Éloi-de-Fourques 27 ....35 H 4
Saint-Éloy 29.................75 H 3
Saint-Éloy-d'Allier 03...... 190 B 3
Saint-Éloy-de-Gy 18........ 155 E 5
Saint-Éloy-la-Glacière 63 ... 228 C 3
Saint-Éloy-les-Mines 63 ... 209 F 1
Saint-Éloy-les-Tuileries 19... 223 H 4
Saint-Éman 28................85 G 5
Saint-Émiland 71............ 177 E 3
Saint-Émilion-de-Blain 44... 147 F 1
Saint-Émilion 33............ 238 C 5
Saint-Ennemond 03......... 175 E 5
Saint-Épain 37.............. 151 G 5
Saint-Epvre 57................66 C 2
Saint-Erblon 35............. 104 B 4
Saint-Erblon 53............. 127 G 2
Saint-Erme-Outre-et-Ramecourt 02............41 F 1
Saint-Escobille 91............87 E 4
Saint-Esteben 64............ 311 F 4
Saint-Estèphe 16............ 221 E 2
Saint-Estèphe 24............ 222 C 2
Saint-Estèphe 33............ 237 F 3
Saint-Estève 66............. 343 E 2
Saint-Estève 84............. 286 A 3
Saint-Estève-Janson 13... 305 H 3
Saint-Étienne 42............ 230 B 4
Saint-Étienne-à-Arnes 08......42 B 3
Saint-Étienne-au-Mont 62 .... 6 B 2
Saint-Étienne-au-Temple 51...62 B 1
Saint-Étienne-aux-Clos 19... 226 C 3
Saint-Étienne-Cantalès 15... 243 H 5
Saint-Étienne-Cantalès Barrage de 15........... 243 H 5
Saint-Étienne-d'Albagnan 34............ 300 D 5
Saint-Étienne-de-Baïgorry 64........... 330 B 1
Saint-Étienne-de-Boulogne 07........... 266 C 2
Saint-Étienne-de-Brillouet 85........... 183 G 2
Saint-Étienne-de-Carlat 15... 244 D 5
Saint-Étienne-de-Chigny 37............. 151 G 3
Saint-Étienne-de-Chomeil 15........... 226 D 5
Saint-Étienne-de-Crossey 38............ 232 D 4
Saint-Étienne-de-Cuines 73............ 234 A 4
Saint-Étienne-de-Fontbellon 07.......... 266 B 3
Saint-Étienne-de-Fougères 47........... 258 B 5
Saint-Étienne-de-Fursac 23............ 206 B 1
Saint-Étienne-de-Gourgas 34............ 301 H 3
Saint-Étienne-de-Lisse 33... 238 C 5
Saint-Étienne-de-l'Olm 30... 284 A 4
Saint-Étienne-de-Lugdarès 07........... 265 G 3
Saint-Étienne-de-Maurs 15............. 261 H 2
Saint-Étienne-de-Mer-Morte 44......... 165 F 2
Saint-Étienne-de-Montluc 44............ 147 F 3
Saint-Étienne-de-Puycorbier 24......... 239 G 3
Saint-Étienne-de-Saint-Geoirs 38....... 232 A 5
Saint-Étienne-de-Serre 07... 266 C 1
Saint-Étienne-de-Tinée 06... 289 F 1
Saint-Étienne-de-Tulmont 82............ 278 B 5
Saint-Étienne-de-Valoux 07. 249 E 1
Saint-Étienne-de-Vicq 03... 210 C 1
Saint-Étienne-de-Villeréal 47........... 258 C 3
Saint-Étienne-des-Champs 63........... 208 D 5
Saint-Étienne-des-Guérets 41........... 131 G 5

Saint-Étienne-des-Oullières 69.......... 212 D 2
Saint-Étienne-des-Sorts 30. 285 E 3
Saint-Étienne-d'Orthe 40... 292 C 4
Saint-Étienne-du-Bois 01... 196 A 4
Saint-Étienne-du-Bois 85... 165 G 3
Saint-Étienne-du-Grès 13... 304 C 2
Saint-Étienne-du-Gué-de-l'Isle 22....... 102 C 2
Saint-Étienne-du-Rouvray 76............36 B 2
Saint-Étienne-du-Valdonnez 48.......... 264 C 5
Saint-Étienne-du-Vauvray 27.36 C 4
Saint-Étienne-du-Vigan 43... 265 F 1
Saint-Étienne-en-Bresse 71............ 178 A 5
Saint-Étienne-en-Coglès 35...81 E 4
Saint-Étienne-en-Dévoluy 05............ 269 F 2
Saint-Étienne-Estréchoux 34............ 301 F 4
Saint-Étienne-la-Cigogne 79............. 201 H 1
Saint-Étienne-la-Geneste 19............. 226 B 4
Saint-Étienne-la-Thillaye 14...34 C 3
Saint-Étienne-la-Varenne 69............ 212 C 2
Saint-Étienne-l'Allier 27......35 F 3
Saint-Étienne-Lardeyrol 43.. 247 G 3
Saint-Étienne-le-Laus 05... 269 H 4
Saint-Étienne-le-Molard 42. 229 G 1
Saint-Étienne-les-Orgues 04............ 287 E 4
Saint-Étienne-lès-Remiremont 88........ 119 H 4
Saint-Étienne-Roilaye 60...............39 H 3
Saint-Étienne-sous-Bailleul 27..........36 D 5
Saint-Étienne-sous-Barbuise 10..........91 E 3
Saint-Étienne-sur-Blesle 43............ 245 H 1
Saint-Étienne-sur-Chalaronne 01........ 213 E 1
Saint-Étienne-sur-Reyssouze 01........ 195 F 3
Saint-Étienne-sur-Suippe 51............41 H 2
Saint-Étienne-sur-Usson 63............ 228 B 3
Saint-Étienne-Vallée-Française 48....... 283 F 3
Saint-Eugène 02..............60 C 1
Saint-Eugène 17............ 220 B 3
Saint-Eugène 71............ 176 C 5
Saint-Eulien 51...............63 E 5
Saint-Euphraise-et-Clairizet 51............41 F 4
Saint-Euphrône 21.......... 158 D 1
Saint-Eusèbe 71............ 177 E 5
Saint-Eusèbe 74............ 215 F 3
Saint-Eusèbe-en-Champsaur 05......... 269 G 1
Saint-Eustache 74.......... 215 G 4
Saint Eustache Col de 2A... 349 E 5
Saint-Eustache-la-Forêt 76...19 E 5
Saint-Eutrope 16............ 221 E 4
Saint-Eutrope-de-Born 47... 258 C 4
Saint-Évarzec 29.............99 H 3
Saint-Évroult-de-Montfort 61..54 D 4
Saint-Evroult-Notre-Dame-du-Bois 61..... 55 E 4
Saint-Exupéry 33........... 256 C 3
Saint-Exupéry-les-Roches 19............ 226 B 3
Saint-Fargeau 89........... 135 F 5
Saint-Fargeau-Ponthierry 77..88 A 3
Saint-Fargeol 03........... 208 D 1
Saint-Faust 64.............. 314 A 4
Saint-Félicien 07........... 248 D 3
Saint-Féliu-d'Amont 66..... 342 D 2
Saint-Féliu-d'Avall 66..... 342 D 2
Saint-Félix 03.............. 192 C 5
Saint-Félix 16.............. 220 D 5
Saint-Félix 17.............. 201 G 2
Saint-Félix 46.............. 261 G 3
Saint-Félix 60................38 B 3
Saint-Félix 74.............. 215 F 4
Saint-Félix-de-Bourdeilles 24......... 222 B 4
Saint-Félix-de-Foncaude 33........... 256 C 3
Saint-Félix-de-l'Héras 34... 301 G 2
Saint-Félix-de-Lodez 34... 302 A 4
Saint-Félix-de-Lunel 12... 262 C 4

Saint-Félix-de-Montceau Ancienne Abbaye de 34... 323 E 3
Saint-Félix-de-Pallières 30.. 283 G 5
Saint-Félix-de-Reillac-et-Mortemart 24.......... 241 E 4
Saint-Félix-de-Rieutord 09.. 336 B 2
Saint-Félix-de-Sorgues 12... 301 E 1
Saint-Félix-de-Tournegat 09.......... 336 C 1
Saint-Félix-de-Villadeix 24... 240 C 5
Saint-Félix-Lauragais 31... 318 D 2
Saint-Fergeux 08.............25 H 5
Saint-Ferjeux 70............ 141 H 5
Saint-Ferme 33............. 257 E 2
Saint-Ferréol 31............ 316 C 3
Saint-Ferréol 31............ 319 E 2
Saint-Ferréol 74............ 216 A 5
Saint-Ferréol-d'Auroure 43.. 230 A 5
Saint-Ferréol-des-Côtes 63. 228 D 3
Saint-Ferréol-Trente-Pas 26. 268 A 5
Saint-Ferriol 11............. 337 G 4
Saint-Fiacre 22................77 H 2
Saint-Fiacre 56.............. 100 D 3
Saint-Fiacre 77................59 G 2
Saint-Fiacre-sur-Maine 44... 147 H 5
Saint-Fiel 23............... 207 E 1
Saint-Firmin 05............ 269 G 1
Saint-Firmin 54...............94 D 3
Saint-Firmin 58............. 175 E 1
Saint-Firmin 71............. 177 E 3
Saint-Firmin-des-Bois 45... 112 D 5
Saint-Firmin-des-Prés 41... 131 H 2
Saint-Firmin-sur-Loire 45... 134 D 5
Saint-Flavy 10................90 B 4
Saint-Florent 45............ 134 B 4
Saint-Florent 79............ 184 D 4
Saint-Florent 2B............ 345 F 4
Saint-Florent-des-Bois 85... 183 E 1
Saint-Florent-le-Vieil 49... 148 C 2
Saint-Florent-sur-Auzonnet 30.......... 283 H 2
Saint-Florent-sur-Cher 18... 172 D 2
Saint-Florentin 36.......... 171 H 1
Saint-Florentin 89.......... 114 B 5
Saint-Floret 63............. 227 H 3
Saint-Floris 62................ 7 H 2
Saint-Flour 15.............. 245 H 4
Saint-Flour 63.............. 228 C 1
Saint-Flour-de-Mercoire 48........... 265 F 2
Saint-Flovier 37............ 170 C 2
Saint-Floxel 50...............29 G 4
Saint-Folquin 62.............. 3 E 3
Saint-Fons 69............... 231 E 1
Saint-Forgeot 71............ 176 D 2
Saint-Forget 78...............57 H 5
Saint-Forgeux 69........... 212 B 4
Saint-Forgeux-Lespinasse 42............ 211 F 1
Saint-Fort 53............... 128 B 3
Saint-Fort-sur-Gironde 17... 219 F 3
Saint-Fort-sur-le-Né 16..... 220 B 2
Saint-Fortunat-sur-Eyrieux 07........... 266 D 1
Saint-Fraigne 16............ 203 E 3
Saint-Fraimbault 61..........82 A 3
Saint-Fraimbault-de-Prières 53............82 B 4
Saint-Frajou 31............. 316 D 3
Saint-Franc 73............. 232 D 3
Saint-Franchy 58........... 157 E 5
Saint-François-de-Sales 73............. 233 G 1
Saint-François-Lacroix 57.....46 C 3
Saint-François-Longchamp 73............ 234 A 4
Saint-Frégant 29.............70 D 4
Saint-Fréjoux 19............ 226 B 3
Saint-Frézal-d'Albuges 48... 265 E 4
Saint-Frézal-de-Ventalon 48........... 283 F 2
Saint-Frichoux 11........... 320 A 4
Saint-Frion 23.............. 207 H 4
Saint-Fromond 50.............32 B 4
Saint-Front 16.............. 203 G 4
Saint-Front 43.............. 247 H 4
Saint-Front-d'Alemps 24... 222 D 4
Saint-Front-de-Pradoux 24. 239 G 3
Saint-Front-la-Rivière 24... 222 C 4
Saint-Front-sur-Lémance 47.......... 259 E 4
Saint-Front-sur-Nizonne 24.......... 222 B 4
Saint-Froult 17............. 200 C 3
Saint-Fulgent 85........... 166 B 3
Saint-Fulgent-des-Ormes 61..84 B 5
Saint-Fuscien 80.............22 C 2

Saint-Gabriel Chapelle 13 .. 304 C 2
Saint-Gabriel-Brécy 14........33 F 3
Saint-Gal 48................ 264 B 3
Saint-Gal-sur-Sioule 63... 209 G 2
Saint-Galmier 42........... 230 A 2
Saint-Ganton 35............ 126 A 3
Saint-Gatien-des-Bois 14....34 C 2
Saint-Gaudens 31.......... 334 C 1
Saint-Gaudent 86........... 203 G 1
Saint-Gaudéric 11.......... 337 E 1
Saint-Gault 53.............. 105 H 5
Saint-Gaultier 36........... 188 C 1
Saint-Gauzens 81........... 298 D 3
Saint-Gayrand 47........... 275 G 4
Saint-Gein 40............... 294 B 2
Saint-Gelais 79............. 185 E 3
Saint-Gelven 22...............77 G 5
Saint-Gély-du-Fesc 34..... 302 D 3
Saint-Génard 79............ 202 D 1
Saint-Généroux 79.......... 168 B 3
Saint-Genès-Champanelle 63........... 227 G 1
Saint-Genès-Champespe 63............ 227 E 4
Saint-Genès-de-Blaye 33... 237 F 2
Saint-Genès-de-Castillon 33........... 238 D 5
Saint-Genès-de-Fronsac 33............ 238 B 3
Saint-Genès-de-Lombaud 33........... 255 H 1
Saint-Genès-du-Retz 63............... 210 A 2
Saint-Genès-la-Tourette 63............ 228 C 3
Saint-Genest 03............ 190 D 5
Saint-Genest 88...............95 G 4
Saint-Genest-d'Ambière 86............ 169 F 4
Saint-Genest-de-Beauzon 07........... 265 H 5
Saint-Genest-Lachamp 07.. 266 B 1
Saint-Genest-de-Contest 81............ 299 F 3
Saint-Genest-Lerpt 42...... 230 A 4
Saint-Genest-Malifaux 42... 230 B 5
Saint-Genest-sur-Roselle 87............ 224 B 1
Saint-Geneys-près-Saint-Paulien 43... 247 E 2
Saint-Gengoulph 02..........40 A 5
Saint-Gengoux-de-Scissé 71............ 194 D 2
Saint-Gengoux-le-National 71............ 194 D 1
Saint-Geniès 24............. 241 G 4
Saint-Geniès-Bellevue 31... 298 A 4
Saint-Geniès-de-Comolas 30........... 285 E 4
Saint-Geniès-de-Fontedit 34........... 321 G 2
Saint-Geniès-de-Malgoirès 30.......... 303 G 1
Saint-Geniès-de-Varensal 34........... 301 E 4
Saint-Geniès-des-Mourgues 34......... 303 E 3
Saint-Geniez 04............ 287 G 2
Saint Geniez-d'Olt-et-d'Aubrac 12........... 263 G 5
Saint-Geniez-ô-Merle 19... 243 G 3
Saint-Genis 05............. 269 E 5
Saint-Genis 38............. 251 E 5
Saint-Genis-de-Blanzac 16. 221 E 4
Saint-Genis-de-Saintonge 17......... 219 G 3
Saint-Genis-des-Fontaines 66......... 343 F 3
Saint-Genis-d'Hiersac 16... 203 E 5
Saint-Genis-des-Bois 33... 256 C 2
Saint-Genis-l'Argentière 69........... 230 C 1
Saint-Genis-Laval 69....... 231 E 1
Saint-Genis-les-Ollières 69. 212 D 5
Saint-Genis-Pouilly 01...... 197 F 5
Saint-Genis-sur-Menthon 01........... 195 F 4
Saint-Genix-sur-Guiers 73... 232 C 2
Saint-Genou 36............. 171 E 3
Saint-Genouph 37........... 151 H 2
Saint-Geoire-en-Valdaine 38........... 232 D 3
Saint-Geoirs 38............. 232 A 5
Saint-Georges 15........... 245 H 4
Saint-Georges 16........... 203 G 3
Saint-Georges 32........... 296 D 3

Saint-Georges 33............ 238 C
Saint-Georges 47............ 259 E
Saint-Georges 57...............67 G
Saint-Georges 62............... 7 E
Saint-Georges 82............ 278 C
Saint-Georges Gorges de 11............. 337
Saint-Georges-Armont 25... 163 E
Saint-Georges-Blancaneix 24............ 239
Saint-Georges-Buttavent 53...82 A
Saint-Georges-d'Annebecq 61............53 E
Saint-Georges-d'Aunay 14... 53 E
Saint-Georges-d'Aurac 43... 246 C
Saint-Georges-d'Hurtières 73........... 234 A
Saint-Georges-de-Baroille 42........... 211
Saint-Georges-de-Bohon 50..31 H
Saint-Georges-de-Chesné 35.............81
Saint-Georges-de-Commiers 38.......... 250 D
Saint-Georges-de-Cubillac 17........... 219 H
Saint-Georges-de-Didonne 17........... 218 D
Saint-Georges-de-Gréhaigne 35..........80 C
Saint-Georges-de-la-Couée 72........... 130 D
Saint-Georges-de-la-Rivière 50...........31 E
Saint-Georges-de-Lévéjac 48........... 282 A
Saint-Georges-de-Livoye 50..52 A
Saint-Georges-de-Longuepierre 17...... 202 B
Saint-Georges-de-Luzençon 12.......... 281 G
Saint-Georges-de-Mons 63. 209 F
Saint-Georges-de-Montaigu 85.......... 166 A
Saint-Georges-de-Montclard 24......... 240 B
Saint-Georges-de-Noisné 79. 185 F
Saint-Georges-de-Pointindoux 85........ 165 F
Saint-Georges-de-Poisieux 18........... 173 E
Saint-Georges-de-Reintembault 35.......81 E
Saint-Georges-de-Reneins 69........... 212 D
Saint-Georges-de-Rex 79... 184 C
Saint-Georges-de-Rouelley 50............82 A
Saint-Georges-d'Elle 50......32 C
Saint-Georges-des-Agoûts 17........... 219 F
Saint-Georges-des-Coteaux 17.......... 201 F
Saint-Georges-des-Gardes 49........... 149 E
Saint-Georges-des-Groseillers 61.........53 E
Saint-Georges-des-Sept-Voies 49....... 150 A
Saint-Georges-d'Espéranche 38......... 231 G
Saint-Georges-d'Oléron 17. 200 A
Saint-Georges-d'Orques 34............. 302 C
Saint-Georges-du-Bois 17... 201 F
Saint-Georges-du-Bois 49... 150 A
Saint-Georges-du-Bois 72... 107 G
Saint-Georges-du-Mesnil 27...35 F
Saint-Georges-du-Rosay 72............. 108 B
Saint-Georges-du-Vièvre 27...35 F
Saint-Georges-en-Auge 14...54 B
Saint-Georges-en-Couzan 42............ 229 F
Saint-Georges-Haute-Ville 42........... 229 H
Saint-Georges-la-Pouge 23. 207 F
Saint-Georges-Lagricol 43... 247 F
Saint-Georges-le-Fléchard 53........... 106 B
Saint-Georges-le-Gaultier 72.83 F
Saint-Georges-lès-Baillargeaux 86...... 169 F
Saint-Georges-les-Bains 07............ 249 E
Saint-Georges-les-Landes 87........... 188 B 4

nt-Georges-Montcocq 50 ..32 B 5
nt-Georges-Motel 27 ....56 D 4
nt-Georges-
ligremont 23 ....207 H 5
nt-Georges-sur-Allier 63.228 A 1
nt-Georges-
ur-Arnon 36 ....172 C 2
ur-Baulche 89 ....136 B 3
nt-Georges-sur-Cher 41.152 D 3
nt-Georges-sur-Erve 53.106 D 2
nt-Georges-
ur-Fontaine 76 ....20 B 5
nt-Georges-
ur-la-Prée 18 ....154 B 4
nt-Georges-sur-l'Aa 59 ....3 F 3
nt-Georges-
ur-Layon 49 ....149 H 4
nt-Georges-sur-Loire 49.149 E 2
nt-Georges-
ur-Moulon 18 ....155 E 5
nt-Georges-
ur-Renon 01 ....213 G 1
nt-Geours-d'Auribat 40 ..293 F 2
nt-Geours-
le-Maremne 40 ....292 C 3
nt-Gérand 56 ....102 A 2
nt-Gérand-de-Vaux 03..192 B 4
nt-Gérand-le-Puy 03 ......192 C 5
nt-Géraud 47 ....257 E 3
nt-Géraud-
le-Corps 24 ....239 F 4
nt-Géréon 44 ....148 B 2
nt-Germain 07 ....266 C 4
nt-Germain 10 ....114 D 2
nt-Germain 54 ....95 E 3
nt-Germain 86 ....187 G 2
nt-Germain 70 ....141 H 3
nt-Germain
Ermitage de 74 ....215 H 4
nt-Germain-
au-Mont-d'Or 69 ....213 E 4
nt-Germain-
Beaupré 23 ....188 D 4
nt-Germain-
Chassenay 58 ....175 E 4
nt-Germain-
d'Anxure 53 ....106 A 2
nt-Germain-d'Arcé 72 ..130 A 5
nt-Germain-d'Aunay 61 ...54 D 2
nt-Germain-
de-Belvès 24 ....259 F 1
nt-Germain-
de-Calberte 48 ....283 E 3
nt-Germain-
de-Claireufeuille 61 ....54 C 5
nt-Germain-
de-Confolens 16 ....204 C 2
nt-Germain-
de-Coulamer 53 ....83 C 5
nt-Germain-
de-Fresney 27 ....56 C 2
nt-Germain-
de-Grave 33 ....256 B 3
nt-Germain-de-Joux 01 ..196 D 5
nt-Germain-
de-la-Coudre 61 ....84 C 5
nt-Germain-
de-la-Grange 78 ....57 H 4
nt-Germain-
de-la-Rivière 33 ....238 B 4
nt-Germain-de-Livet 14 ...34 C 5
nt-Germain-
de-Longue-Chaume 79 ..167 H 3
nt-Germain-
de-Lusignan 17 ....219 H 4
nt-Germain-
de-Marencennes 17 ....201 F 2
nt-Germain-
de-Martigny 61 ....84 B 2
nt-Germain-
de-Modéon 21 ....158 B 2
nt-Germain-
de-Montbron 16 ....221 H 2
nt-Germain-
de-Montgommery 14 ......54 C 2
nt-Germain-
de-Pasquier 27 ....36 A 4
nt-Germain-
de-Prinçay 85 ....166 C 4
nt-Germain-
de-Salles 03 ....210 A 1
nt-Germain-de-Tallevende-
la-Lande-Vaumont 14 ......52 C 3
nt-Germain-
de-Tournebut 50 ....29 G 4

Saint-Germain-
de-Varreville 50 ....29 H 5
Saint-Germain-
de-Vibrac 17 ....220 B 4
Saint-Germain-d'Ectot 14 ...32 D 5
Saint-Germain-d'Elle 50 ...32 C 5
Saint-Germain-
des-Angles 27 ....36 B 5
Saint-Germain-des-Bois 18 .173 F 3
Saint-Germain-des-Bois 58 .157 F 3
Saint-Germain-
des-Champs 89 ....158 A 2
Saint-Germain-
des-Essourts 76 ....36 C 1
Saint-Germain-
des-Fossés 03 ....210 B 1
Saint-Germain-des-Grois 61 .85 E 4
Saint-Germain-des-Prés 24.223 E 5
Saint-Germain-des-Prés 45.112 D 5
Saint-Germain-des-Prés 49.149 E 2
Saint-Germain-des-Prés 81.299 F 5
Saint-Germain-des-Vaux 50 ..28 C 2
Saint-Germain-d'Esteuil 33.219 E 5
Saint-Germain-d'Étables 76 ..20 B 2
Saint-Germain-
du-Bel-Air 46 ....260 B 3
Saint-Germain-du-Bois 71 .178 C 4
Saint-Germain-
du-Corbéis 61 ....83 G 4
Saint-Germain-du-Crioult 14 .53 E 3
Saint-Germain-du-Pert 14 ...32 E 3
Saint-Germain-du-Pinel 35..105 F 4
Saint-Germain-du-Plain 71..178 A 5
Saint-Germain-du-Puch 33..238 B 5
Saint-Germain-du-Puy 18 ..173 F 1
Saint-Germain-
du-Salembre 24 ....239 H 2
Saint-Germain-
du-Seudre 17 ....219 F 3
Saint-Germain-du-Teil 48 .263 H 5
Saint-Germain-du-Val 72 .129 G 4
Saint-Germain-
en-Brionnais 71 ....194 A 4
Saint-Germain-
en-Coglès 35 ....81 E 4
Saint-Germain-en-Laye 78..58 A 3
Saint-Germain-
en-Montagne 39 ....179 H 4
Saint-Germain-et-Mons 24..258 B 1
Saint-Germain-
la-Blanche-Herbe 14 ....33 G 4
Saint-Germain-
la-Campagne 27 ....55 E 1
Saint-Germain-
la-Chambotte 73 ....215 E 5
Saint-Germain-la-Gâtine 28 ..86 A 3
Saint-Germain-
la-Montagne 42 ....212 A 1
Saint-Germain-la-Poterie 60..37 H 2
Saint-Germain-la-Ville 51 ...62 B 3
Saint-Germain-
l'Aiguiller 85 ....166 D 5
Saint-Germain-Langot 14 ...53 G 2
Saint-Germain-Laprade 43..247 G 3
Saint-Germain-Laval 42 ....211 G 5
Saint-Germain-Laval 77 .....89 E 4
Saint-Germain-Lavolps 19..225 H 2
Saint-Germain-Laxis 77 .....88 D 3
Saint-Germain-
le-Châtelet 90 ....142 C 2
Saint-Germain-
le-Fouilloux 53 ....105 H 3
Saint-Germain-le-Gaillard 28..85 H 4
Saint-Germain-le-Gaillard 50..28 D 4
Saint-Germain-
le-Guillaume 53 ....105 H 2
Saint-Germain-
le-Rocheux 21 ....138 B 3
Saint-Germain-le-Vasson 14..53 G 1
Saint-Germain-le-Vieux 61 ..84 A 2
Saint-Germain-Lembron 63.228 A 4
Saint-Germain-lès-Arlay 39.179 E 4
Saint-Germain-
lès-Arpajon 91 ....87 G 2
Saint-Germain-
les-Belles 87 ....224 B 2
Saint-Germain-lès-Buxy 71.177 G 5
Saint-Germain-
lès-Corbeil 91 ....88 A 2
Saint-Germain-
les-Paroisses 01 ....214 C 5
Saint-Germain-
lès-Senailly 21 ....137 G 5
Saint-Germain-
les-Vergnes 19 ....242 C 1
Saint-Germain-
Lespinasse 42 ....211 F 2

Saint-Germain-l'Herm 63 ....228 C 4
Saint-Germain-
près-Herment 63 ....226 D 1
Saint-Germain-
sous-Cailly 76 ....20 C 5
Saint-Germain-
sous-Doue 77 ....60 A 3
Saint-Germain-sur-Avre 27 ..56 C 4
Saint-Germain-
sur-Ay-Plage 50 ....31 F 3
Saint-Germain-sur-Bresle 80..21 F 2
Saint-Germain-sur-Eaulne 76.21 E 3
Saint-Germain-sur-École 77..88 A 3
Saint-Germain-sur-Ille 35 ....80 B 5
Saint-Germain-Nuelles 69..212 C 4
Saint-Germain-
sur-Meuse 55 ....93 H 1
Saint-Germain-
sur-Moine 49 ....148 B 5
Saint-Germain-sur-Morin 77...59 G 3
Saint-Germain-
sur-Renon 01 ....213 G 2
Saint-Germain-
sur-Rhône 74 ....215 E 4
Saint-Germain-
sur-Sarthe 72 ....83 G 5
Saint-Germain-sur-Sèves 50..31 H 3
Saint-Germain-
sur-Vienne 37 ....150 D 4
Saint-Germain-Village 27 .....35 E 3
Saint-Germainmont 08 ....41 H 1
Saint-Germer-de-Fly 60 ....37 G 2
Saint-Germier 31 ....318 C 2
Saint-Germier 32 ....297 E 4
Saint-Germier 79 ....185 G 3
Saint-Germier 81 ....299 G 4
Saint-Géron 43 ....228 A 5
Saint-Gérons 15 ....243 H 5
Saint-Gervais 16 ....203 G 4
Saint-Gervais 30 ....284 D 3
Saint-Gervais 33 ....237 H 3
Saint-Gervais 38 ....250 B 1
Saint-Gervais 85 ....164 D 2
Saint-Gervais 95 ....37 G 5
Saint-Gervais-
d'Auvergne 63 ....209 E 3
Saint-Gervais-de-Vic 72 ....131 E 2
Saint-Gervais-
des-Sablons 61 ....54 B 2
Saint-Gervais-du-Perron 61 ..83 H 2
Saint-Gervais-en-Belin 72...130 A 2
Saint-Gervais-
en-Vallière 71 ....178 A 2
Saint-Gervais-la-Forêt 41 ...132 A 5
Saint-Gervais-les-Bains 74.216 D 3
Saint-Gervais-
les-Trois-Clochers 86 ......169 F 3
Saint-Gervais-
sous-Meymont 63 ....228 D 1
Saint-Gervais-
sur-Couches 71 ....177 F 2
Saint-Gervais-sur-Mare 34.301 E 4
Saint-Gervais-
sur-Roubion 26 ....267 F 3
Saint-Gervasy 30 ....304 A 1
Saint-Gervazy 63 ....228 A 4
Saint-Géry 24 ....239 G 4
Saint-Géry 46 ....260 C 5
Saint-Géry Château de 81..298 C 2
Saint-Geyrac 24 ....241 E 3
Saint-Gibrien 51 ....62 A 2
Saint-Gildas 22 ....77 H 3
Saint-Gildas Pointe de 44..146 B 4
Saint-Gildas-de-Rhuys 56...124 B 5
Saint-Gildas-des-Bois 44 ...125 H 5
Saint-Gilles 30 ....304 A 4
Saint-Gilles 35 ....104 A 2
Saint-Gilles 36 ....188 C 3
Saint-Gilles 50 ....32 A 5
Saint-Gilles 51 ....40 D 3
Saint-Gilles 71 ....177 F 3
Saint-Gilles-
Croix-de-Vie 85 ....164 D 4
Saint-Gilles-de-Crétot 76 ....19 F 5
Saint-Gilles-
de-la-Neuville 76 ....19 E 5
Saint-Gilles-des-Marais 61 ..82 A 2
Saint-Gilles-du-Mené 22 ...102 C 1
Saint-Gilles-les-Bois 22 ......73 F 4
Saint-Gilles-les-Forêts 87 ..224 C 2
Saint-Gilles-Pligeaux 22 .....77 H 3
Saint-Gilles-
Vieux-Marché 22 ....77 H 5
Saint-Gineis-en-Coiron 07..266 C 3
Saint-Gingolph 74 ....198 D 3
Saint-Girod 73 ....215 F 5

Saint-Girons 09 ....335 F 2
Saint-Girons-
d'Aiguevives 33 ....237 G 2
Saint-Girons-en-Béarn 64 .293 F 5
Saint-Girons-Plage 40 ......272 A 5
Saint-Gladie-
Arrive-Munein 64 ....311 H 4
Saint-Glen 22 ....78 D 5
Saint-Goazec 29 ....76 B 5
Saint-Gobain 02 ....24 B 5
Saint-Gobert 02 ....25 E 3
Saint-Goin 64 ....313 G 4
Saint-Gondon 45 ....134 B 4
Saint-Gondran 35 ....80 A 5
Saint-Gonéry Chapelle 22 ....73 E 2
Saint-Gonlay 35 ....103 G 3
Saint-Gonnery 56 ....125 F 4
Saint-Gor 40 ....274 B 4
Saint-Gorgon 56 ....125 F 4
Saint-Gorgon 88 ....95 H 4
Saint-Gorgon-Main 25 ......180 C 1
Saint-Gouéno 22 ....102 C 1
Saint-Gourgon 41 ....131 G 4
Saint-Gourson 16 ....203 G 3
Saint-Goussaud 23 ....206 C 2
Saint-Gratien 80 ....22 C 1
Saint-Gratien 95 ....58 B 2
Saint-Gratien-Savigny 58 ..175 G 3
Saint-Gravé 56 ....125 F 3
Saint-Grégoire 35 ....104 B 2
Saint-Grégoire 81 ....299 G 1
Saint-Grégoire-
d'Ardennes 17 ....219 H 3
Saint-Grégoire-du-Vièvre 27..35 F 4
Saint-Griède 32 ....294 D 3
Saint-Groux 16 ....203 F 4
Saint-Guen 22 ....102 A 1
Saint-Guénolé 29 ....99 F 5
Saint-Guilhem-le-Désert 34.302 B 3
Saint-Guillaume 38 ....250 C 4
Saint-Guinoux 35 ....80 A 2
Saint-Guiraud 34 ....302 A 4
Saint-Guyomard 56 ....124 D 2
Saint-Haon 43 ....265 E 1
Saint-Haon-le-Châtel 42 ....211 F 2
Saint-Haon-le-Vieux 42 ......211 F 2
Saint-Héand 42 ....230 B 3
Saint-Hélen 22 ....79 H 4
Saint-Hélier 21 ....159 F 2
Saint-Hellier 76 ....20 B 3
Saint-Herblain 44 ....147 F 4
Saint-Herblon 44 ....148 C 2
Saint-Herbot 29 ....76 B 3
Saint-Hérent 63 ....227 H 4
Saint-Hernin 29 ....76 C 5
Saint-Hervé 22 ....78 A 5
Saint-Hilaire 03 ....191 G 2
Saint-Hilaire 11 ....337 H 1
Saint-Hilaire 16 ....220 C 4
Saint-Hilaire 25 ....162 B 2
Saint-Hilaire 31 ....317 G 3
Saint-Hilaire 38 ....233 F 5
Saint-Hilaire 43 ....228 B 5
Saint-Hilaire 46 ....261 G 2
Saint-Hilaire 63 ....208 D 2
Saint-Hilaire 91 ....87 F 4
Saint-Hilaire-au-Temple 51..62 B 1
Saint-Hilaire-Bonneval 87 .223 H 1
Saint-Hilaire-Cottes 62 ....7 G 3
Saint-Hilaire-
Cusson-la-Valmitte 42 .....229 G 5
Saint-Hilaire-
de-Beauvoir 34 ....303 E 3
Saint-Hilaire-de-Brens 38 ..232 A 1
Saint-Hilaire-
de-Brethmas 30 ....283 H 4
Saint-Hilaire-de-Briouze 61 ..53 G 4
Saint-Hilaire-
de-Chaléons 44 ....147 E 5
Saint-Hilaire-de-Clisson 44.166 A 1
Saint-Hilaire-de-Court 18 ...154 B 5
Saint-Hilaire-
de-Gondilly 18 ....174 A 1
Saint-Hilaire-
de-la-Côte 38 ....232 A 4
Saint-Hilaire-
de-la-Noaille 33 ....256 D 4
Saint-Hilaire-de-Lavit 48 ....283 F 2
Saint-Hilaire-de-Loulay 85 .166 A 1
Saint-Hilaire-
de-Lusignan 47 ....275 H 3
Saint-Hilaire-de-Riez 85 ....164 D 4
Saint-Hilaire-
de-Villefranche 17 ....201 G 4
Saint-Hilaire-de-Voust 85 ..184 C 1
Saint-Hilaire-des-Landes 35..80 D 4
Saint-Hilaire-des-Loges 85..184 C 2

Saint-Hilaire-d'Estissac 24 .239 H 4
Saint-Hilaire-d'Ozilhan 30 ..284 D 5
Saint-Hilaire-du-Bois 17 ....219 H 4
Saint-Hilaire-du-Bois 33 ....256 D 2
Saint-Hilaire-du-Bois 49 ....149 G 5
Saint-Hilaire-du-Bois 85 ....166 D 5
Saint-Hilaire-du-Harcouët 50..81 F 2
Saint-Hilaire-du-Maine 53 ..105 G 2
Saint-Hilaire-du-Rosier 38 .250 A 2
Saint-Hilaire-
en-Lignières 18 ....172 D 5
Saint-Hilaire-en-Morvan 58.176 A 1
Saint-Hilaire-en-Woëvre 55...64 D 1
Saint-Hilaire-Foissac 19 ....225 G 5
Saint-Hilaire-Fontaine 58 ..175 G 4
Saint-Hilaire-la-Croix 63 ....209 G 2
Saint-Hilaire-la-Forêt 85 ....182 C 2
Saint-Hilaire-la-Gérard 61 ...83 G 2
Saint-Hilaire-la-Gravelle 41.109 G 5
Saint-Hilaire-la-Palud 79 ...184 B 5
Saint-Hilaire-la-Plaine 23 ...207 F 2
Saint-Hilaire-la-Treille 87 ...188 B 5
Saint-Hilaire-
le-Château 23 ....207 E 3
Saint-Hilaire-le-Châtel 61 ....84 B 2
Saint-Hilaire-le-Grand 51 ....42 B 4
Saint-Hilaire-le-Petit 51 ......42 B 3
Saint-Hilaire-le-Vouhis 85..166 B 5
Saint-Hilaire-
les-Andrésis 45 ....113 E 4
Saint-Hilaire-
les-Courbes 19 ....225 E 2
Saint-Hilaire-
les-Monges 63 ....208 D 5
Saint-Hilaire-les-Places 87..223 G 2
Saint-Hilaire-lez-Cambrai 59..14 C 3
Saint-Hilaire-Luc 19 ....225 H 5
Saint-Hilaire-Petitville 50 ....32 A 3
Saint-Hilaire-Peyroux 19 ...242 C 2
Saint-Hilaire-
Saint-Florent 49 ....150 B 4
Saint-Hilaire-
sous-Charlieu 42 ....211 H 1
Saint-Hilaire-
sous-Romilly 10 ....90 B 3
Saint-Hilaire-
sur-Benaize 36 ....187 H 2
Saint-Hilaire-sur-Erre 61 .....84 D 5
Saint-Hilaire-sur-Helpe 59 ...15 G 4
Saint-Hilaire-
sur-Puiseaux 45 ....134 C 2
Saint-Hilaire-sur-Risle 61 ....55 E 4
Saint-Hilaire-sur-Yerre 28 ..109 H 4
Saint-Hilaire-Taurieux 19 ...243 E 3
Saint-Hilarion 78 ....86 C 2
Saint-Hilliers 77 ....89 G 2
Saint-Hippolyte 12 ....262 D 2
Saint-Hippolyte 15 ....245 E 2
Saint-Hippolyte 17 ....201 E 3
Saint-Hippolyte 25 ....163 G 2
Saint-Hippolyte 33 ....238 C 5
Saint-Hippolyte 37 ....170 C 1
Saint-Hippolyte 63 ....209 G 4
Saint-Hippolyte 66 ....339 E 5
Saint-Hippolyte 68 ....97 E 2
Saint-Hippolyte-
de-Caton 30 ....284 A 4
Saint-Hippolyte-
de-Montaigu 30 ....284 C 5
Saint-Hippolyte-
du-Fort 30 ....283 F 5
Saint-Hippolyte-
le-Graveyron 84 ....285 H 3
Saint-Honorat Île 06 ....309 F 5
Saint-Honoré 38 ....251 E 4
Saint-Honoré 76 ....20 B 3
Saint-Honoré-les-Bains 58..175 H 3
Saint-Hostien 43 ....247 G 3
Saint-Hubert 57 ....46 B 4
Saint-Hubert 78 ....57 G 5
Saint-Huruge 71 ....194 C 1
Saint-Hymer 14 ....34 C 4
Saint-Hymetière 39 ....196 C 3
Saint-Igeaux 22 ....77 G 4
Saint-Igest 12 ....261 G 5
Saint-Ignan 31 ....316 B 5
Saint-Ignat 63 ....210 A 4
Saint-Igneuc 22 ....79 E 4
Saint-Igny-de-Roche 71 ....212 A 1
Saint-Igny-de-Vers 69 ......194 B 5
Saint-Illide 15 ....244 B 3
Saint-Illiers-la-Ville 78 ....57 E 2
Saint-Illiers-le-Bois 78 ....57 E 2
Saint-Ilpize 43 ....246 B 2

Saint-Imoges 51 ....41 G 5
Saint-Inglevert 62 ....2 C 4
Saint-Isidore 06 ....309 G 2
Saint-Isle 53 ....105 H 3
Saint-Ismier 38 ....251 E 1
Saint-Izaire 12 ....281 E 5
Saint-Jacques 04 ....288 B 5
Saint-Jacques 06 ....309 E 3
Saint-Jacques-
d'Aliermont 76 ....20 C 2
Saint-Jacques-d'Ambur 63..209 E 4
Saint-Jacques-
d'Atticieux 07 ....230 D 5
Saint-Jacques-
de-la-Lande 35 ....104 B 3
Saint-Jacques-de-Néhou 50..29 E 5
Saint-Jacques-
de-Thouars 79 ....168 A 2
Saint-Jacques-
des-Arrêts 69 ....194 C 5
Saint-Jacques-
des-Blats 15 ....245 E 3
Saint-Jacques-
des-Guérets 41 ....131 E 3
Saint-Jacques-
en-Valgodemard 05 ....269 G 1
Saint-Jacques-
sur-Darnétal 76 ....36 C 2
Saint-Jacut-de-la-Mer 22 ....50 A 5
Saint-Jacut-du-Mené 22 ......78 D 5
Saint-Jacut-les-Pins 56 .....125 G 3
Saint-Jal 19 ....224 C 5
Saint-James 50 ....81 E 2
Saint-Jammes 64 ....314 C 3
Saint-Jans-Cappel 59 ....4 A 5
Saint-Jean 06 ....309 E 4
Saint-Jean 31 ....298 A 4
Saint-Jean Chapelle 27 ......36 D 2
Saint-Jean Chapelle 29 ......75 F 2
Saint-Jean Col 04 ....270 B 5
Saint Jean Église 2B ....347 E 4
Saint-Jean-
aux-Amognes 58 ....174 D 2
Saint-Jean-aux-Bois 08 ......26 A 3
Saint-Jean-aux-Bois 60 ....39 G 3
Saint-Jean-Balanant 29 ......70 D 5
Saint-Jean-Baptiste
Chapelle de 2A ....349 E 5
Saint-Jean-
Bonnefonds 42 ....230 B 4
Saint-Jean-Brévelay 56 .....102 B 5
Saint-Jean-Cap-Ferrat 06 ..309 H 2
Saint-Jean-Chambre 07 ....248 C 5
Saint-Jean-d'Abbetot 76 .....35 E 1
Saint-Jean-
d'Aigues-Vives 09 ....336 D 3
Saint-Jean-d'Alcapiès 12 ...301 E 4
Saint-Jean-d'Angély 17 .....201 H 3
Saint-Jean-d'Angle 17 ......200 D 4
Saint-Jean-d'Ardières 69 ...212 D 1
Saint-Jean-d'Arves 73 ......252 A 1
Saint-Jean-d'Arvey 73 ......233 F 2
Saint-Jean-d'Assé 72 ....107 G 3
Saint-Jean-d'Ataux 24 ......239 H 2
Saint-Jean-d'Aubrigoux 43..229 E 5
Saint-Jean-d'Aulps 74 ......198 C 4
Saint-Jean-d'Avelanne 38 ..232 D 3
Saint-Jean-de-Barrou 11 ...338 D 3
Saint-Jean-de-Bassel 57 .....67 G 4
Saint-Jean-
de-Beauregard 91 ....58 A 2
Saint-Jean-de-Belleville 73.234 B 3
Saint-Jean-de-Beugné 85 ..183 G 2
Saint-Jean-de-Blaignac 33..256 C 1
Saint-Jean-de-Bœuf 21 .....159 G 4
Saint-Jean-de-Boiseau 44 .147 F 4
Saint-Jean-de-Bonneval 10.114 D 3
Saint-Jean-de-Bournay 38 .231 H 3
Saint-Jean-de-Braye 45 ....133 F 2
Saint-Jean-de-Buèges 34 ..302 B 2
Saint-Jean-
de-Ceyrargues 30 ....284 A 4
Saint-Jean-de-Chevelu 73 ..233 E 1
Saint-Jean-de-Côle 24 ......222 D 4
Saint-Jean-de-Corcoué 44 .165 G 1
Saint-Jean-de-Cornies 34 ..303 E 3
Saint-Jean-de-Couz 73 .....233 E 2
Saint-Jean-de-Crieulon 30 .283 G 5
Saint-Jean-de-Cuculles 34..302 D 3
Saint-Jean-de-Daye 50 ....32 A 3
Saint-Jean-de-Duras 47 ....257 G 2
Saint-Jean-de-Folleville 76 ..35 E 1
Saint-Jean-de-Fos 34 ....302 B 3
Saint-Jean-de-Gonville 01 ..197 F 5
Saint-Jean-
de-la-Blaquière 34 ....301 H 3
Saint-Jean-de-la-Croix 49 .149 G 2

A
B
C
D
E
F
G
H
I
J
K
L
M
N
O
P
Q
R
S
T
U
V
W
X
Y
Z

A B C D E F G H I J K L M N O P Q R S T U V W X Y Z

Saint-Jean-de-la-Forêt 61 ......84 C 4
Saint-Jean-de-la-Haize 50...51 H 4
Saint-Jean-de-la-Léqueraye 27............ 35 F 4
Saint-Jean-de-la-Motte 72... 129 H 3
Saint-Jean-de-la-Neuville 76...19 E 5
Saint-Jean-de-la-Porte 73... 233 G 2
Saint-Jean-de-la-Rivière 50...31 E 4
Saint-Jean-de-la-Ruelle 45.. 133 E 2
Saint-Jean-de-Laur 46......... 261 E 5
Saint-Jean-de-Lier 40......... 293 F 2
Saint-Jean-de-Linières 49... 149 F 1
Saint-Jean-de-Liversay 17.. 183 H 4
Saint-Jean-de-Livet 14......... 34 C 5
Saint-Jean-de-Losne 21...... 160 C 5
Saint-Jean-de-Luz 40......... 310 B 3
Saint-Jean-de-Marcel 81... 279 H 5
Saint-Jean-de-Marsacq 40.. 292 C 4
Saint-Jean-de-Maruéjols-et-Avéjan 30................ 284 A 2
Saint-Jean-de-Maurienne 73............ 234 A 5
Saint-Jean-de-Minervois 34.......... 320 D 3
Saint-Jean-de-Moirans 38... 232 C 5
Saint-Jean-de-Monts 85...... 164 C 3
Saint-Jean-de-Muzols 07... 249 E 3
Saint-Jean-de-Nay 43......... 246 D 3
Saint-Jean-de-Niost 01...... 213 H 4
Saint-Jean-de-Paracol 11... 337 F 3
Saint-Jean-de-Pourcharesse 07... 265 H 5
Saint-Jean-de-Rebervilliers 28............85 H 2
Saint-Jean-de-Rives 81...... 298 C 3
Saint-Jean-de-Sauves 86... 168 D 3
Saint-Jean-de-Savigny 50.... 32 B 4
Saint-Jean-de-Serres 30.... 283 H 5
Saint-Jean-de-Sixt 74........ 216 A 3
Saint-Jean-de-Soudain 38... 232 B 2
Saint-Jean-de-Tholome 74.. 216 A 1
Saint-Jean-de-Thouars 79... 168 A 2
Saint-Jean-de-Thurac 47.... 276 C 3
Saint-Jean-de-Thurigneux 01............ 213 E 3
Saint-Jean-de-Touslas 69... 230 D 2
Saint-Jean-de-Trézy 71...... 177 F 3
Saint-Jean-de-Valériscle 30.......... 283 H 2
Saint-Jean-de-Vals 81........ 299 G 4
Saint-Jean-de-Vaulx 38..... 251 E 3
Saint-Jean-de-Vaux 71...... 177 G 4
Saint-Jean-de-Védas 34..... 302 D 5
Saint-Jean-de-Verges 09..... 336 B 2
Saint-Jean-Delnous 12....... 280 C 5
Saint-Jean-des-Baisants 50...32 C 5
Saint-Jean-des-Bois 61....... 52 D 4
Saint-Jean-des-Champs 50...51 G 3
Saint-Jean-des-Échelles 72........... 108 D 3
Saint-Jean-des-Essartiers 14............ 52 D 1
Saint-Jean-des-Mauvrets 49........... 149 H 2
Saint-Jean-des-Ollières 63.. 228 B 2
Saint-Jean-des-Vignes 69... 212 D 4
Saint-Jean-d'Estissac 24.... 239 H 4
Saint-Jean-d'Étreux 39...... 196 A 3
Saint-Jean-devant-Possesse 51........... 63 E 3
Saint-Jean-d'Eyraud 24..... 239 H 4
Saint-Jean-d'Hérans 38..... 251 E 1
Saint-Jean-d'Heurs 63....... 210 B 5
Saint-Jean-d'Illac 33.......... 255 E 1
Saint-Jean-d'Ormont 88...... 96 B 4
Saint-Jean-du-Bois 72....... 129 G 2
Saint-Jean-du-Bouzet 82... 276 D 5
Saint-Jean-du-Bruel 12...... 282 B 5
Saint-Jean-du-Cardonnay 76.36 A 1
Saint-Jean-du-Castillonnais 09....... 334 D 3
Saint-Jean-du-Corail 50..... 52 C 5
Saint-Jean-du-Corail-des-Bois 50............ 52 A 4
Saint-Jean-du-Doigt 29...... 72 A 3
Saint-Jean-du-Falga 09...... 336 B 1
Saint-Jean-du-Gard 30....... 283 F 4
Saint-Jean-du-Marché 88... 119 H 2
Saint-Jean-du-Pin 30......... 283 G 4
Saint-Jean-du-Thenney 27... 55 E 5
Saint-Jean-en-Royans 26... 250 A 3
Saint-Jean-en-Val 63......... 228 B 3
Saint-Jean-et-Saint-Paul 12............ 301 E 1
Saint-Jean-Froidmentel 41.. 109 H 5
Saint-Jean-Kerdaniel 22..... 73 F 5
Saint-Jean-Kourtzerode 57.... 67 H 4

Saint-Jean-la-Bussière 69... 212 A 3
Saint-Jean-la-Fouillouse 48. 264 D 2
Saint-Jean-la-Poterie 56... 125 G 4
Saint-Jean-la-Rivière 06..... 291 E 4
Saint-Jean-la-Vêtre 42...... 211 E 5
Saint-Jean-Lachalm 43...... 247 E 4
Saint-Jean-Laginaste 46.... 261 E 1
Saint-Jean-Lasseille 66..... 343 E 3
Saint-Jean-le-Blanc 14......... 53 E 2
Saint-Jean-le-Blanc 45...... 133 F 2
Saint-Jean-le-Centenier 07. 266 C 3
Saint-Jean-le-Comtal 32.... 296 A 5
Saint-Jean-le-Priche 71..... 195 E 4
Saint-Jean-le-Thomas 50.... 51 F 4
Saint-Jean-le-Vieux 01...... 214 A 2
Saint-Jean-le-Vieux 38..... 251 F 1
Saint-Jean-le-Vieux 64...... 330 C 1
Saint-Jean-lès-Buzy 55........ 44 D 5
Saint-Jean-les-Deux-Jumeaux 77...........59 H 2
Saint-Jean-lès-Longuyon 54 ..44 B 2
Saint-Jean-Lespinasse 46... 261 E 1
Saint-Jean-Lherm 31......... 298 B 3
Saint-Jean-Ligoure 87....... 223 H 1
Saint-Jean-Mirabel 46....... 261 G 3
Saint-Jean-Pied-de-Port 64. 330 C 1
Saint-Jean-Pierre-Fixte 28 ... 85 E 5
Saint-Jean-Pla-de-Corts 66.......... 343 E 4
Saint-Jean-Poudge 64....... 294 C 5
Saint-Jean-Poutge 32........ 295 H 3
Saint-Jean-Rohrbach 57..... 67 F 1
Saint-Jean-Roure 07......... 248 B 4
Saint-Germain 37............ 170 C 1
Saint-Jean-Saint-Gervais 63............ 228 B 4
Saint-Jean-Saint-Maurice-sur-Loire 42.......... 211 G 3
Saint-Jean-Saint-Nicolas 05............ 270 A 2
Saint-Jean-Saverne 67........ 68 B 4
Saint-Jean-Soleymieux 42 .. 229 G 3
Saint-Jean-sur-Couesnon 35............80 D 5
Saint-Jean-sur-Erve 53...... 106 C 4
Saint-Jean-sur-Mayenne 53 106 A 3
Saint-Jean-sur-Moivre 51..... 62 C 2
Saint-Jean-sur-Reyssouze 01............ 195 G 3
Saint-Jean-sur-Tourbe 51.... 42 D 5
Saint-Jean-sur-Veyle 01..... 195 F 5
Saint-Jean-sur-Vilaine 35... 104 D 3
Saint-Jean-Trolimon 29........ 99 F 4
Saint-Jeannet 04.............. 287 H 5
Saint-Jeannet 06.............. 309 F 2
Saint-Jeanvrin 18............. 190 A 1
Saint-Jeoire 74................ 216 B 1
Saint-Jeoire-Prieuré 73..... 233 F 2
Saint-Jeure-d'Andaure 07... 248 B 3
Saint-Jeure-d'Ay 07.......... 248 D 2
Saint-Jeures 43............... 247 H 3
Saint-Joachim 44............. 146 B 2
Saint-Jodard 42............... 211 H 4
Saint-Joire 55.................... 93 F 2
Saint-Jores 50..................... 31 G 3
Saint-Jorioz 74................ 215 G 4
Saint-Jory 31.................. 297 H 3
Saint-Jory-de-Chalais 24.... 222 D 3
Saint-Jory-las-Bloux 24..... 223 E 5
Saint-Joseph 42............... 230 D 3
Saint-Joseph 50.................. 29 F 4
Saint-Joseph-de-Rivière 38. 232 D 4
Saint-Joseph-des-Bancs 07............ 266 B 2
Saint-Josse 62..................... 6 B 4
Saint-Jouan-de-l'Isle 22.... 103 F 1
Saint-Jouan-des-Guérets 35...........50 C 5
Saint-Jouin 14.................... 34 B 4
Saint-Jouin-Bruneval 76..... 18 C 4
Saint-Jouin-de-Blavou 61... 84 B 4
Saint-Jouin-de-Marnes 79.. 168 B 3
Saint-Jouin-de-Milly 79..... 167 F 4
Saint-Jouvent 87.............. 205 G 3
Saint-Juan 25.................. 162 C 3
Saint-Judoce 22.................. 79 H 5
Saint-Juéry 12................. 300 C 1
Saint-Juéry 48................. 263 H 1
Saint-Juéry 81................. 299 G 1
Saint-Juire-Champgillon 85. 183 G 1
Saint-Julia 31................. 318 D 2
Saint-Julia-de-Bec 11....... 337 G 4
Saint-Julien 21................ 160 B 2
Saint-Julien 22.................. 78 B 3
Saint-Julien 34................ 301 E 5
Saint-Julien 39................ 196 B 3

Saint-Julien 56................ 123 H 5
Saint-Julien 69................ 212 D 2
Saint-Julien 70................ 140 B 3
Saint-Julien 88................ 118 B 4
Saint-Julien-aux-Bois 19 ... 243 G 3
Saint-Julien-Beychevelle 33............. 237 F 2
Saint-Julien-Boutières 07... 248 B 4
Saint-Julien-Chapteuil 43... 247 G 4
Saint-Julien-d'Ance 43...... 247 F 1
Saint-Julien-d'Armagnac 40............ 274 C 5
Saint-Julien-d'Arpaon 48... 282 D 2
Saint-Julien-d'Asse 04...... 287 H 5
Saint-Julien-de-Bourdeilles 24......... 222 B 5
Saint-Julien-de-Briola 11... 319 E 5
Saint-Julien-de-Cassagnas 30.......... 284 A 3
Saint-Julien-de-Chédon 41.. 152 D 3
Saint-Julien-de-Civry 71.... 193 H 4
Saint-Julien-de-Concelles 44............ 148 A 3
Saint-Julien-de-Coppel 63... 228 A 1
Saint-Julien-de-Crempse 24............ 239 H 4
Saint-Julien-de-Gras-Capou 09......... 336 D 2
Saint-Julien-de-Jonzy 71.... 193 H 5
Saint-Julien-de-Jordanne 15............ 244 D 3
Saint-Julien-de-la-Liègue 27..36 C 5
Saint-Julien-de-la-Nef 30... 283 E 5
Saint-Julien-de-Lampon 24. 259 H 1
Saint-Julien-de-l'Escap 17... 201 H 3
Saint-Julien-de-l'Herms 38. 231 G 4
Saint-Julien-de-Mailloc 14... 34 D 5
Saint-Julien-de-Peyrolas 30............ 284 D 2
Saint-Julien-de-Raz 38...... 232 D 5
Saint-Julien-de-Toursac 15.. 261 H 2
Saint-Julien-de-Vouvantes 44............ 127 F 4
Saint-Julien-des-Chazes 43............ 246 D 3
Saint-Julien-des-Landes 85. 165 F 5
Saint-Julien-des-Points 48.. 283 G 2
Saint-Julien-d'Eymet 24..... 257 H 2
Saint-Julien-d'Oddes 42.... 211 G 4
Saint-Julien-du-Gua 07..... 266 B 1
Saint-Julien-du-Pinet 43.... 247 G 2
Saint-Julien-du-Puy 81...... 299 F 3
Saint-Julien-du-Sault 89.... 113 G 4
Saint-Julien-du-Serre 07.... 266 B 2
Saint-Julien-du-Terroux 53... 82 C 3
Saint-Julien-du-Tournel 48.. 264 D 5
Saint-Julien-du-Verdon 04.. 288 D 5
Saint-Julien-en-Beauchêne 05........... 269 E 3
Saint-Julien-en-Born 40..... 272 B 4
Saint-Julien-en-Champsaur 05.......... 269 H 2
Saint-Julien-en-Genevois 74............ 215 G 1
Saint-Julien-en-Jarez 42.... 230 C 4
Saint-Julien-en-Quint 26.... 250 A 5
Saint-Julien-en-Saint-Alban 07......... 266 D 2
Saint-Julien-en-Vercors 26.. 250 B 3
Saint-Julien-Gaulène 81.... 280 B 5
Saint-Julien-la-Geneste 63. 209 E 2
Saint-Julien-la-Genête 23... 208 C 1
Saint-Julien-la-Vêtre 42.... 211 E 5
Saint-Julien-Labrousse 07.. 248 C 5
Saint-Julien-l'Ars 86......... 186 D 2
Saint-Julien-le-Châtel 23... 207 H 2
Saint-Julien-le-Faucon 14.... 54 B 1
Saint-Julien-le-Montagnier 83........... 307 E 3
Saint-Julien-le-Pèlerin 19... 243 G 4
Saint-Julien-le-Petit 87..... 206 D 5
Saint-Julien-le-Roux 07..... 248 D 5
Saint-Julien-le-Vendômois 19........... 223 H 4
Saint-Julien-lès-Gorze 54.... 65 F 2
Saint-Julien-lès-Metz 57..... 45 H 5
Saint-Julien-lès-Montbéliard 25......... 142 B 4
Saint-Julien-les-Rosiers 30. 283 H 3
Saint-Julien-lès-Russey 35.. 163 F 4
Saint-Julien-les-Villas 10.... 91 E 5
Saint-Julien-Maumont 19... 242 D 4
Saint-Julien-Molhesabate 43........... 248 B 2
Saint-Julien-Molin-Molette 42......... 230 D 5
Saint-Julien-Mont-Denis 73. 234 B 5

Saint-Julien-près-Bort 19.... 226 B 4
Saint-Julien-Puy-Lavèze 63............ 226 D 2
Saint-Julien-sous-les-Côtes 55........64 D 4
Saint-Julien-sur-Bibost 69.. 212 C 5
Saint-Julien-sur-Calonne 14...34 C 3
Saint-Julien-sur-Cher 41... 153 H 4
Saint-Julien-sur-Dheune 71. 177 F 4
Saint-Julien-sur-Garonne 31............ 317 F 5
Saint-Julien-sur-Reyssouze 01......... 195 G 3
Saint-Julien-sur-Sarthe 61... 84 A 5
Saint-Julien-sur-Veyle 01... 195 F 5
Saint-Julien-Vocance 07.... 248 C 2
Saint-Junien 87................ 205 E 4
Saint-Junien-la-Bregère 23............. 206 D 4
Saint-Junien-les-Combes 87............ 205 F 2
Saint-Jure 57..................... 65 H 3
Saint-Jurs 04.................. 307 G 1
Saint-Just 01.................. 195 H 5
Saint-Just 15.................. 246 A 5
Saint-Just 18.................. 173 F 2
Saint-Just 24.................. 221 H 5
Saint-Just 27..................... 36 D 5
Saint-Just 34.................. 303 F 4
Saint-Just 35.................. 126 A 2
Saint-Just 63.................. 229 E 4
Saint-Just-Chaleyssin 38.... 231 G 2
Saint-Just-d'Ardèche 07.... 284 D 2
Saint-Just-d'Avray 69....... 212 B 3
Saint-Just-de-Bélengard 11............ 337 E 1
Saint-Just-de-Claix 38...... 250 A 3
Saint-Just-en-Bas 42........ 229 F 1
Saint-Just-en-Brie 77.......... 89 E 2
Saint-Just-en-Chaussée 60... 38 C 1
Saint-Just-en-Chevalet 42.. 211 E 4
Saint-Just-et-le-Bézu 11.... 337 G 4
Saint-Just-et-Vacquières 30............ 284 A 4
Saint-Just-Ibarre 64......... 330 D 1
Saint-Just-la-Pendue 42.... 212 A 4
Saint-Just-le-Martel 87..... 205 H 4
Saint-Just-Luzac 17.......... 200 D 5
Saint-Just-Malmont 43...... 230 A 5
Saint-Just-près-Brioude 43.. 246 B 1
Saint-Just-Saint-Rambert 42............ 230 A 3
Saint-Just-Sauvage 51........ 90 B 2
Saint-Just-sur-Dive 49...... 150 B 5
Saint-Just-sur-Viaur 12..... 280 B 4
Saint-Justin 32................ 315 F 2
Saint-Justin 40................ 274 B 5
Saint-Juvat 22.................... 79 G 5
Saint-Juvin 08.................... 43 F 3
Saint-Lactencin 36............ 171 F 3
Saint-Lager 69................. 212 D 1
Saint-Lager-Bressac 07..... 267 E 2
Saint-Lamain 39............... 179 F 4
Saint-Lambert 14................ 53 F 2
Saint-Lambert 78................ 57 H 5
Saint-Lambert-des-Levées 49........... 150 B 3
Saint-Lambert-du-Lattay 49............ 149 F 3
Saint-Lambert-et-Mont-de-Jeux 08......... 42 C 1
Saint-Lambert-la-Potherie 49.......... 149 F 1
Saint-Lambert-sur-Dive 61.. 54 B 3
Saint-Langis-lès-Mortagne 61.........84 B 3
Saint-Lanne 65................ 294 D 4
Saint-Laon 86................. 168 C 2
Saint-Lary 09.................. 334 D 3
Saint-Lary 32.................. 296 A 3
Saint-Lary-Boujean 31...... 316 C 5
Saint-Lary-Soulan 65........ 333 G 4
Saint-Lattier 38............... 249 H 3
Saint-Launeuc 22............. 103 E 1
Saint-Laure 63................ 210 A 4
Saint-Laurent 08................ 26 D 3
Saint-Laurent 18.............. 154 D 4
Saint-Laurent 22................ 73 E 4
Saint-Laurent 23.............. 207 F 1
Saint-Laurent 31.............. 316 C 4
Saint-Laurent 47.............. 275 G 2
Saint-Laurent 74.............. 216 A 2
Saint-Laurent-Blangy 62...... 13 G 2
Saint-Laurent-Bretagne 64............ 314 C 3
Saint-Laurent-Chabreuges 43......... 246 B 1

Saint-Laurent-d'Agny 69..... 230 D 2
Saint-Laurent-d'Aigouze 30............ 303 G 4
Saint-Laurent-d'Andenay 71............ 177 E 4
Saint-Laurent-d'Arce 33.... 237 H 3
Saint-Laurent-de-Belzagot 16............ 221 E 4
Saint-Laurent-de-Brèvedent 76......... 18 D 5
Saint-Laurent-de-Carnols 30............ 284 C 3
Saint-Laurent-de-Cerdans 66............ 342 C 5
Saint-Laurent-de-Céris 16... 203 H 3
Saint-Laurent-de-Chamousset 69...... 230 B 1
Saint-Laurent-de-Cognac 16............ 219 H 1
Saint-Laurent-de-Condel 14...53 G 1
Saint-Laurent-de-Cuves 50 ....52 A 4
Saint-Laurent-de-Gosse 40. 292 C 5
Saint-Laurent-de-Jourdes 86............ 186 D 3
Saint-Laurent-de-la-Barrière 17........... 201 F 2
Saint-Laurent-de-la-Cabrerisse 11....... 338 C 1
Saint-Laurent-de-la-Côte 73............ 234 B 3
Saint-Laurent-de-la-Mer 22...73 H 5
Saint-Laurent-de-la-Plaine 49........... 149 E 3
Saint-Laurent-de-la-Prée 17............ 200 D 3
Saint-Laurent-de-la-Salanque 66........ 339 E 5
Saint-Laurent-de-la-Salle 85............ 183 H 1
Saint-Laurent-de-Lévézou 12............ 281 G 3
Saint-Laurent-de-Lin 37..... 151 E 1
Saint-Laurent-de-Mure 69.. 231 G 1
Saint-Laurent-de-Muret 48.. 264 A 3
Saint-Laurent-de-Neste 65.. 334 A 1
Saint-Laurent-de-Terregatte 50.........81 E 2
Saint-Laurent-de-Trèves 48............ 282 D 2
Saint-Laurent-de-Vaux 69 ... 230 D 1
Saint-Laurent-de-Veyrès 48............ 263 H 2
Saint-Laurent-des-Arbres 30............ 285 E 4
Saint-Laurent-des-Autels 49............ 148 B 3
Saint-Laurent-des-Bâtons 24............ 240 C 4
Saint-Laurent-des-Bois 27.... 56 C 3
Saint-Laurent-des-Bois 41.. 132 B 2
Saint-Laurent-des-Combes 16............ 221 E 5
Saint-Laurent-des-Combes 33............ 238 C 5
Saint-Laurent-des-Hommes 24........... 239 F 3
Saint-Laurent-des-Mortiers 53........... 128 C 3
Saint-Laurent-des-Vignes 24............ 257 H 1
Saint-Laurent-d'Oingt 69... 212 C 3
Saint-Laurent-d'Olt 12....... 263 H 5
Saint-Laurent-d'Onay 26.... 249 G 2
Saint-Laurent-du-Bois 33... 256 C 5
Saint-Laurent-du-Cros 05... 269 H 2
Saint-Laurent-du-Mont 14... 34 B 5
Saint-Laurent-du-Mottay 49............ 148 D 2
Saint-Laurent-du-Pape 07... 267 E 1
Saint-Laurent-du-Plan 33... 256 C 5
Saint-Laurent-du-Pont 38... 232 D 4
Saint-Laurent-du-Tencement 27......... 55 E 3
Saint-Laurent-du-Var 06.... 309 G 3
Saint-Laurent-du-Verdon 04............ 307 F 3
Saint-Laurent-en-Beaumont 38.......... 251 F 5
Saint-Laurent-en-Brionnais 71.......... 194 A 5
Saint-Laurent-en-Caux 76... 19 H 3
Saint-Laurent-en-Gâtines 37............ 131 E 5
Saint-Laurent-en-Grandvaux 39......... 197 E 1
Saint-Laurent-en-Royans 26............ 250 A 3

Saint-Laurent-la-Conche 42................ 229
Saint-Laurent-la-Roche 39.. 196
Saint-Laurent-la-Vallée 24... 259
Saint-Laurent-la-Vernède 58............ 156
Saint-Laurent-l'Abbaye 58.. 156
Saint-Laurent-le-Minier 30.. 302
Saint-Laurent-les-Bains 07............ 265
Saint-Laurent-les-Églises 87............ 206
Saint-Laurent-les-Tours 46.. 243
Saint-Laurent-Lolmie 46... 277
Saint-Laurent-Médoc 33... 237
Saint-Laurent-Nouan 41... 132
Saint-Laurent-Rochefort 42............ 211
Saint-Laurent-sous-Coiron 07............ 266
Saint-Laurent-sur-Gorre 87. 205
Saint-Laurent-sur-Manoire 24........... 240
Saint-Laurent-sur-Mer 14.... 32
Saint-Laurent-sur-Othain 55...44
Saint-Laurent-sur-Oust 56.. 125
Saint-Laurent-sur-Saône 01............ 195
Saint-Laurent-sur-Sèvre 85. 166
Saint-Laurs 79................ 184
Saint-Léger 06................ 289
Saint-Léger 16................ 221
Saint-Léger 17................ 219
Saint-Léger 47................ 275
Saint-Léger 50.................. 51
Saint-Léger 53................ 106
Saint-Léger 62................... 13
Saint-Léger 73................ 234
Saint-Léger 77................... 60
Saint-Léger Pont de 06...... 289
Saint-Léger-aux-Bois 60...... 39
Saint-Léger-aux-Bois 76...... 21
Saint-Léger-Bridereix 23... 188
Saint-Léger-de-Balson 33... 255
Saint-Léger-de-Fougeret 58............ 176
Saint-Léger-de-la-Martinière 79......... 185
Saint-Léger-de-Montbrillais 86.......... 168
Saint-Léger-de-Montbrun 79............ 168
Saint-Léger-de-Peyre 48.... 264
Saint-Léger-de-Rôtes 27...... 35
Saint-Léger-des-Aubées 28...86
Saint-Léger-des-Bois 49.... 149
Saint-Léger-des-Prés 35...... 80
Saint-Léger-des-Vignes 58.. 175
Saint-Léger-du-Bois 71..... 177
Saint-Léger-du-Bourg-Denis 76..........36
Saint-Léger-du-Gennetey 27...35
Saint-Léger-du-Malzieu 48.. 246
Saint-Léger-du-Ventoux 84. 286
Saint-Léger-Dubosq 14....... 34
Saint-Léger-en-Bray 60....... 37
Saint-Léger-en-Yvelines 78... 57
Saint-Léger-la-Montagne 87............ 206
Saint-Léger-le-Guérétois 23............ 207
Saint-Léger-le-Petit 18...... 156
Saint-Léger-lès-Authie 80.... 13
Saint-Léger-lès-Domart 80... 12
Saint-Léger-les-Mélèzes 05............ 269
Saint-Léger-lès-Paray 71... 193
Saint-Léger-les-Vignes 44... 147
Saint-Léger-Magnazeix 87.. 188
Saint-Léger-près-Troyes 10............ 115
Saint-Léger-sous-Beuvray 71............ 176
Saint-Léger-sous-Brienne 10.............91
Saint-Léger-sous-Cholet 49............ 148
Saint-Léger-sous-la-Bussière 71......... 194
Saint-Léger-sous-Margerie 10.............91
Saint-Léger-sur-Bonneville 14............34
Saint-Léger-sur-Bresle 80.... 21
Saint-Léger-sur-Dheune 71. 177
Saint-Léger-sur-Roanne 42. 211

aint-Léger-sur-Sarthe 61......84 A 3
aint-Léger-sur-Vouzance 03.......193 F 3
aint-Léger-Triey 21......160 D 3
aint-Léger-Vauban 89 .....158 B 2
aint-Léomer 86.......187 G 3
aint-Léon 03......192 D 3
aint-Léon 31......318 A 3
aint-Léon 33......256 B 1
aint-Léon 47......275 F 2
aint-Léon-d'Issigeac 24....258 C 2
aint-Léon-sur-l'Isle 24.....239 H 3
aint-Léon-sur-Vézère 24 ..241 F 4
aint-Léonard 32......296 C 2
aint-Léonard 51......41 H 4
aint-Léonard 62......6 B 2
aint-Léonard 76......18 D 3
aint-Léonard 88......96 B 5
aint-Léonard-de-Noblat 87 ...206 B 5
aint-Léonard-des-Bois 72....83 F 4
aint-Léonard-des-Parcs 61.......54 D 5
aint-Léonard-en-Beauce 41 ......132 B 3
aint-Léons 12......281 G 3
aint-Léopardin-d'Augy 03..174 C 5
aint-Léry 56......103 F 3
aint-Leu-d'Esserent 60......38 C 4
aint-Leu-la-Forêt 95 ......58 B 1
aint-Lézer 65......315 E 3
aint-Lézin 49......149 E 4
aint-Lieux-Lafenasse 81...299 G 3
aint-Lieux-lès-Lavaur 81 ...298 C 3
aint-Liguaire 79 ......184 D 4
aint-Lin 79......185 F 2
aint-Lions 04......288 B 4
aint-Lizier 09......335 F 2
aint-Lizier-du-Planté 32...317 E 3
aint-Lô 50......32 B 5
aint-Lô-d'Ourville 50......31 F 2
aint-Lon-les-Mines 40 ....292 D 4
aint-Longis 72......84 A 5
aint-Lormel 22......79 F 3
aint-Lothain 39......179 F 3
aint-Loube 32......317 E 2
aint-Loubert 33......256 C 4
aint-Loubès 33 ......237 H 5
aint-Loubouer 40......230 A 4
aint-Louis 57......67 H 5
aint-Louis 68 ......143 H 3
aint-Louis-de-Montferrand 33 ......237 G 4
aint-Louis-en-l'Isle 24...239 G 3
aint-Louis-et-Parahou 11...337 H 4
aint-Louis-lès-Bitche 57 ....68 A 2
aint-Loup 03......192 B 4
aint-Loup 17......201 G 3
aint-Loup 23......207 H 1
aint-Loup 39......178 C 1
aint-Loup 50......51 H 5
aint-Loup 51......61 F 4
aint-Loup 58......156 B 2
aint-Loup 69......212 B 4
aint-Loup 82......276 D 4
aint-Loup Pic 34......302 D 3
aint-Loup-Cammas 31...298 A 4
aint-Loup-de-Buffigny 10....90 A 4
aint-Loup-de-Fribois 14....34 B 5
aint-Loup-de-Gonois 45.... 112 D 4
aint-Loup-de-Naud 77......89 F 3
aint-Loup-de-Varennes 71 ......177 H 5
aint-Loup-des-Chaumes 18 ......173 E 4
aint-Loup-des-Vignes 45....111 H 4
aint-Loup-d'Ordon 89......113 F 4
aint-Loup-du-Dorat 53......128 D 2
aint-Loup-du-Gast 53......82 B 4
aint-Loup-en-Champagne 08......41 H 1
aint-Loup-en-Comminges 31 ......316 A 4
aint-Loup-Géanges 71 ......177 H 2
aint-Loup-Hors 14......33 E 3
aint-Loup-Lamairé 79 ...168 B 3
aint-Loup-Nantouard 70 ...161 F 2
aint-Loup-sur-Aujon 32...139 E 2
aint-Loup-sur-Cher 41...154 A 4
aint-Loup-sur-Semouse 70 ......119 E 5
aint-Loup-Terrier 08......26 C 5
aint-Loyer-des-Champs 61..54 B 5
aint-Lubin-de-Cravant 28....56 B 5
aint-Lubin-de-la-Haye 28....57 E 4

Saint-Lubin-des-Joncherets 28 ......56 B 4
Saint-Lubin-en-Vergonnois 41......131 H 5
Saint-Luc 27......56 C 2
Saint-Lucien 28......57 E 5
Saint-Lucien 76......36 D 1
Saint-Lumier-en-Champagne 51......62 D 4
Saint-Lumier-la-Populeuse 51......63 E 4
Saint-Lumine-de-Clisson 44......148 A 5
Saint-Lumine-de-Coutais 44......147 F 5
Saint-Lunaire 35......50 B 5
Saint-Luperce 28......85 H 4
Saint-Lupicin 39......196 D 3
Saint-Lupien 10......90 B 5
Saint-Lyé 10......90 D 5
Saint-Lyé-la-Forêt 45......111 E 4
Saint-Lyphard 44......146 B 1
Saint-Lys 31......317 F 2
Saint-Macaire 33......256 B 4
Saint-Macaire-du-Bois 49...150 A 5
Saint-Macaire-en-Mauges 49......148 C 5
Saint-Maclou 27......35 E 2
Saint-Maclou-de-Folleville 76......20 B 4
Saint-Maclou-la-Brière 76......19 E 4
Saint-Macoux 86......203 F 1
Saint-Maden 22......79 G 5
Saint-Magne 33......255 F 4
Saint-Magne-de-Castillon 33......238 D 5
Saint-Maigner 63......208 D 2
Saint-Maigrin 17......220 B 4
Saint-Maime 04......306 D 1
Saint-Maime-de-Péreyrol 24......240 B 4
Saint-Maixant 23......207 H 3
Saint-Maixant 33......256 B 3
Saint-Maixent 72......108 C 4
Saint-Maixent-de-Beugné 79 ......184 C 2
Saint-Maixent-l'École 79 ...185 F 1
Saint-Maixent-sur-Vie 85...165 E 4
Saint-Maixent-Hauterive 28....85 B 2
Saint-Malo 35......50 C 5
Saint-Malo-de-Beignon 56...103 F 4
Saint-Malo-de-Guersac 44...146 C 2
Saint-Malo-de-la-Lande 50....31 F 5
Saint-Malo-de-Phily 35......104 A 5
Saint-Malo-des-Trois-Fontaines 56...102 D 3
Saint-Malô-du-Bois 85......166 D 2
Saint-Malo-en-Donziois 58..156 D 3
Saint-Malon-sur-Mel 35......103 G 3
Saint-Mamert 38......231 F 4
Saint-Mamert 69......177 F 4
Saint-Mamert-du-Gard 30...303 G 1
Saint-Mamet 31......334 B 5
Saint-Mamet-la-Salvetat 15..261 H 1
Saint-Mammès 77......88 C 4
Saint-Mandé 94......58 C 3
Saint-Mandé-sur-Brédoire 17......202 B 2
Saint-Mandrier-sur-Mer 83..328 A 4
Saint-Manvieu-Bocage 14....52 B 3
Saint-Manvieu-Norrey 14......33 F 4
Saint-Marc 15......245 H 5
Saint-Marc 44......146 B 3
Saint-Marc-à-Frongier 23...207 G 4
Saint-Marc-à-Loubaud 23...207 F 5
Saint-Marc-du-Cor 41......109 E 5
Saint-Marc-Jaumegarde 13..306 B 5
Saint-Marc-la-Lande 79......185 E 2
Saint-Marc-le-Blanc 35......80 D 4
Saint-Marc-sur-Couesnon 35......80 D 5
Saint-Marc-sur-Seine 21......138 B 4
Saint-Marcan 35......51 E 5
Saint-Marceau 08......26 D 3
Saint-Marceau 72......107 G 2
Saint-Marcel 08......26 C 3
Saint-Marcel 27......56 C 2
Saint-Marcel 36......188 C 1
Saint-Marcel 54......65 F 1
Saint-Marcel 56......125 E 2
Saint-Marcel 70......140 C 2
Saint-Marcel 71......177 H 4
Saint-Marcel 73......234 C 2
Saint-Marcel 81......279 F 4
Saint-Marcel-Bel-Accueil 38......231 H 1
Saint-Marcel-d'Ardèche 07..284 D 1

Saint-Marcel-de-Careiret 30......284 C 3
Saint-Marcel-de-Félines 42..211 H 4
Saint-Marcel-du-Périgord 24......240 C 5
Saint-Marcel-d'Urfé 42 ...211 F 4
Saint-Marcel-en-Dombes 01......213 F 3
Saint-Marcel-en-Marcillat 03......208 D 1
Saint-Marcel-l'Éclairé 69....212 B 4
Saint-Marcel-lès-Annonay 07...248 D 1
Saint-Marcel-lès-Sauzet 26..267 E 3
Saint-Marcel-lès-Valence 26......249 F 4
Saint-Marcel-Paulel 31......298 B 4
Saint-Marcel-sur-Aude 11...321 E 5
Saint-Marcelin-de-Cray 71..194 C 1
Saint-Marcellin 38......250 A 2
Saint-Marcellin-de-Vars 05..270 D 2
Saint-Marcellin-en-Forez 42......229 H 3
Saint-Marcellin-lès-Vaison 84......285 H 2
Saint-Marcory 24......259 E 2
Saint-Marcouf 14......32 C 3
Saint-Marcouf 50......29 G 5
Saint-Mard 02......40 D 2
Saint-Mard 17......201 F 4
Saint-Mard 54......95 E 2
Saint-Mard 77......59 E 1
Saint-Mard 80......23 F 4
Saint-Mard-de-Réno 61......84 C 3
Saint-Mard-de-Vaux 71......177 G 4
Saint-Mard-lès-Rouffy 51......61 H 2
Saint-Mard-sur-Auve 51......62 D 1
Saint-Mard-sur-le-Mont 51....63 E 2
Saint-Mards 76......20 A 3
Saint-Mards-de-Blacarville 27..35 E 2
Saint-Mards-de-Fresne 27......55 E 1
Saint-Mards-en-Othe 10...... 114 C 1
Saint-Marien 23......190 A 3
Saint-Mariens 33......237 H 2
Saint-Mars-de-Coutais 44...147 F 5
Saint-Mars-de-Locquenay 72......108 B 5
Saint-Mars-d'Égrenne 61....82 A 2
Saint-Mars-d'Outillé 72......130 B 2
Saint-Mars-du-Désert 44......147 H 2
Saint-Mars-du-Désert 53......83 E 4
Saint-Mars-en-Brie 77......60 B 4
Saint-Mars-la-Brière 72......108 A 4
Saint-Mars-la-Jaille 44......127 F 5
Saint-Mars-la-Réorthe 85...166 D 3
Saint-Mars-sous-Ballon 72..107 H 3
Saint-Mars-sur-Colmont 53....82 A 4
Saint-Mars-sur-la-Futaie 53...81 G 3
Saint-Marsal 34......342 C 3
Saint-Marsault 79......167 F 4
Saint-Martial 07......248 A 5
Saint-Martial 15......245 G 5
Saint-Martial 16......221 E 5
Saint-Martial 17......201 H 2
Saint-Martial 30......283 E 5
Saint-Martial 33......256 C 4
Saint-Martial-d'Albarède 24..223 F 5
Saint-Martial-d'Artenset 24..239 F 4
Saint-Martial-de-Gimel 19 ..243 E 1
Saint-Martial-de-Mirambeau 17......219 G 4
Saint-Martial-de-Nabirat 24..259 G 2
Saint-Martial-de-Valette 24..222 C 3
Saint-Martial-de-Vitaterne 17......219 H 4
Saint-Martial-Entraygues 19......243 F 3
Saint-Martial-le-Mont 23...207 G 2
Saint-Martial-le-Vieux 23...225 H 2
Saint-Martial-sur-Isop 87...204 D 1
Saint-Martial-sur-Né 17......220 B 1
Saint-Martial-Viveyrol 24....221 G 5
Saint-Martin 32......295 H 5
Saint-Martin 50......51 F 2
Saint-Martin 54......95 H 1
Saint-Martin 65......315 E 5
Saint-Martin 66......338 A 5
Saint-Martin 67......96 D 4
Saint-Martin Casella 2B......347 E 4
Saint-Martin-au-Bosc 76......21 F 2
Saint-Martin-aux-Arbres 76....19 H 4
Saint-Martin-aux-Bois 60......38 D 4
Saint-Martin-aux-Buneaux 76......19 F 2
Saint-Martin-aux-Champs 51..62 C 3

Saint-Martin-aux-Chartrains 14......34 C 3
Saint-Martin-Belle-Roche 71......195 E 3
Saint-Martin-Bellevue 74......215 G 3
Saint-Martin-Boulogne 62......2 B 5
Saint-Martin-Cantalès 15...243 H 3
Saint-Martin-Château 23 ...207 E 5
Saint-Martin-Chennetron 77...89 H 2
Saint-Martin-Choquel 62......6 D 2
Saint-Martin-d'Abbat 45......133 H 2
Saint-Martin-d'Ablois 51......61 F 1
Saint-Martin-d'Août 26......249 G 1
Saint-Martin-d'Arberoue 64..311 F 4
Saint-Martin-d'Arc 73......252 B 1
Saint-Martin-d'Arcé 49......129 F 5
Saint-Martin-d'Ardèche 07..284 D 2
Saint-Martin-d'Armagnac 32......294 D 3
Saint-Martin-d'Arrossa 64...311 E 5
Saint-Martin-d'Ary 17......238 C 1
Saint-Martin-d'Aubigny 50....31 H 4
Saint-Martin-d'Audouville 50...29 G 4
Saint-Martin-d'Auxigny 18...155 E 5
Saint-Martin-d'Auxy 71......177 F 5
Saint-Martin-de-Bavel 01......214 D 4
Saint-Martin-de-Beauville 47......276 D 3
Saint-Martin-de-Belleville 73......234 B 4
Saint-Martin-de-Bernegoue 79......185 E 5
Saint-Martin-de-Bienfaite 14...54 D 1
Saint-Martin-de-Blagny 14....32 C 3
Saint-Martin-de-Bonfossé 50..32 A 5
Saint-Martin-de-Boscherville 76......36 A 2
Saint-Martin-de-Bossenay 10..90 B 4
Saint-Martin-de-Boubaux 48......283 F 3
Saint-Martin-de-Bréthencourt 78......87 E 3
Saint-Martin-de-Brômes 04..307 E 2
Saint-Martin-de-Caralp 09...336 A 2
Saint-Martin-de-Castillon 84......306 A 1
Saint-Martin-de-Cenilly 50....51 H 1
Saint-Martin-de-Clelles 38...250 D 5
Saint-Martin-de-Commune 71......177 E 3
Saint-Martin-de-Connée 53..107 E 2
Saint-Martin-de-Cornas 69...230 D 2
Saint-Martin-de-Coux 17......238 D 2
Saint-Martin-de-Crau 13......304 B 4
Saint-Martin-de-Curton 47...274 D 1
Saint-Martin-de-Fenollar Chapelle de 66......343 E 4
Saint-Martin-de-Fontenay 14..33 G 5
Saint-Martin-de-Fraigneau 85......184 B 3
Saint-Martin-de-Fresnay 14....54 B 2
Saint-Martin-de-Fressengeas 24......222 D 4
Saint-Martin-de-Fugères 43......247 F 5
Saint-Martin-de-Goyne 32...275 H 5
Saint-Martin-de-Gurson 24..239 E 4
Saint-Martin-de-Hinx 40......292 C 4
Saint-Martin-de-Juillers 17....202 C 3
Saint-Martin-de-Jussac 87...205 E 4
Saint-Martin-de-la-Brasque 84......306 B 2
Saint-Martin-de-la-Cluze 38..250 D 4
Saint-Martin-de-la-Coudre 17......201 G 2
Saint-Martin-de-la-Lieue 14....34 C 5
Saint-Martin-de-la-Mer 21...158 C 4
Saint-Martin-de-la-Place 49..150 A 2
Saint-Martin-de-la-Porte 73..252 B 1
Saint-Martin-de-Lamps 36...171 G 2
Saint-Martin-de-Landelles 50......81 F 2
Saint-Martin-de-Lansuscle 48......283 E 3
Saint-Martin-de-l'Arçon 34..301 E 5
Saint-Martin-de-Laye 33......238 C 3
Saint-Martin-de-Lenne 12...263 G 5
Saint-Martin-de-Lerm 33......256 D 3
Saint-Martin-de-Lixy 71......211 H 4
Saint-Martin-de-Mâcon 79...168 B 1
Saint-Martin-de-Mailloc 14....34 D 5
Saint-Martin-de-Mieux 14....53 H 3
Saint-Martin-de-Nigelles 28....86 B 2
Saint-Martin-de-Pallières 83..306 D 4
Saint-Martin-de-Peille Église 06......291 G 5

Saint-Martin-de-Queyrières 05......252 C 5
Saint-Martin-de-Ré 17......182 D 5
Saint-Martin-de-Ribérac 24..239 G 1
Saint-Martin-de-Saint-Maixent 79......185 F 3
Saint-Martin-de-Salencey 71......194 B 2
Saint-Martin-de-Sallen 14......53 F 2
Saint-Martin-de-Sanzay 79..168 A 1
Saint-Martin-de-Seignanx 40......292 B 5
Saint-Martin-de-Sescas 33...256 C 3
Saint-Martin-de-Tallevende 14......52 C 3
Saint-Martin-de-Valamas 07......248 B 5
Saint-Martin-de-Valgalgues 30......283 H 3
Saint-Martin-de-Varreville 50..29 H 5
Saint-Martin-de-Vaulserre 38......232 D 3
Saint-Martin-de-Villeréal 47..258 C 4
Saint-Martin-de-Villereglan 11......337 G 1
Saint-Martin-d'Écublei 61......55 G 4
Saint-Martin-d'Entraigues 79......202 D 1
Saint-Martin-d'Entraunes 06......289 E 3
Saint-Martin-des-Besaces 14..52 C 1
Saint-Martin-des-Bois 41......131 E 4
Saint-Martin-des-Champs 18......156 A 5
Saint-Martin-des-Champs 29..71 H 4
Saint-Martin-des-Champs 50..51 H 4
Saint-Martin-des-Champs 77..60 B 4
Saint-Martin-des-Champs 78..57 F 3
Saint-Martin-des-Champs 89......135 F 4
Saint-Martin-des-Combes 24......240 B 4
Saint-Martin-des-Entrées 14......33 E 3
Saint-Martin-des-Fontaines 85......183 H 1
Saint-Martin-des-Lais 03......175 G 5
Saint-Martin-des-Landes 83..258 E 2
Saint-Martin-des-Monts 72..108 C 3
Saint-Martin-des-Noyers 85..166 B 4
Saint-Martin-des-Olmes 63..229 E 3
Saint-Martin-des-Pézerits 61..55 E 5
Saint-Martin-des-Plains 63...228 A 4
Saint-Martin-des-Prés 22......78 A 5
Saint-Martin-des-Puits 11......338 B 2
Saint-Martin-des-Tilleuls 85..166 C 2
Saint-Martin-d'Estréaux 42...211 E 1
Saint-Martin-d'Hardinghem 62......7 E 3
Saint-Martin-d'Hères 38......251 E 1
Saint-Martin-d'Heuille 58......174 D 1
Saint-Martin-d'Ollières 63...228 B 4
Saint-Martin-Don 14......52 C 2
Saint-Martin-d'Oney 40......273 G 5
Saint-Martin-d'Ordon 89......113 F 4
Saint-Martin-d'Oydes 09......318 A 5
Saint-Martin-du-Bec 76......18 C 5
Saint-Martin-du-Bois 33......238 B 3
Saint-Martin-du-Bois 49......128 B 4
Saint-Martin-du-Boschet 77....60 C 4
Saint-Martin-du-Canigou Abbaye de 66......342 A 4
Saint-Martin-du-Clocher 16..203 F 2
Saint-Martin-du-Fouilloux 49......149 F 2
Saint-Martin-du-Fouilloux 79......185 G 1
Saint-Martin-du-Frêne 01......214 C 1
Saint-Martin-du-Lac 71......193 G 5
Saint-Martin-du-Limet 53......127 H 2
Saint-Martin-du-Manoir 76....18 D 5
Saint-Martin-du-Mesnil-Oury 14......54 C 1
Saint-Martin-du-Mont 01......214 A 1
Saint-Martin-du-Mont 21......159 G 2
Saint-Martin-du-Mont 71......195 H 1
Saint-Martin-du-Puy 33......256 D 2
Saint-Martin-du-Puy 58......157 H 3
Saint-Martin-du-Tartre 71...194 C 1
Saint-Martin-du-Tertre 89...113 G 2
Saint-Martin-du-Tertre 95......38 C 5
Saint-Martin-du-Tilleul 27......35 F 5
Saint-Martin-du-Touch 31...297 H 5
Saint-Martin-du-Var 06......291 E 5
Saint-Martin-du-Vieux-Bellême 61......84 B 4

Saint-Martin-du-Vivier 76......36 B 1
Saint-Martin-d'Uriage 38 ...251 E 2
Saint-Martin-en-Bière 77......88 A 4
Saint-Martin-en-Bresse 71 ..178 A 4
Saint-Martin-en-Campagne 76......10 C 5
Saint-Martin-en-Coailleux 42......230 C 4
Saint-Martin-en-Gâtinois 71......178 A 2
Saint-Martin-en-Haut 69......230 C 1
Saint-Martin-en-Vercors 26..250 B 3
Saint-Martin-Gimois 32......296 C 5
Saint-Martin-la-Campagne 27......56 A 1
Saint-Martin-la-Garenne 78....57 F 1
Saint-Martin-la-Méanne 19..243 F 2
Saint-Martin-la-Patrouille 71..194 C 1
Saint-Martin-la-Plaine 42......230 C 3
Saint-Martin-la-Sauveté 42..211 F 5
Saint-Martin-Labouval 46...260 C 4
Saint-Martin-Lacaussade 33......237 F 2
Saint-Martin-Laguépie 81...279 F 4
Saint-Martin-l'Aiguillon 61....83 E 2
Saint-Martin-Lalande 11......319 E 4
Saint-Martin-Lars-en-Sainte-Hermine 85...183 G 1
Saint-Martin-l'Astier 24......239 G 3
Saint-Martin-le-Beau 37......152 B 3
Saint-Martin-le-Bouillant 50....52 A 1
Saint-Martin-le-Châtel 01......195 G 4
Saint-Martin-le-Colonel 26..250 A 4
Saint-Martin-le-Gaillard 76....10 D 5
Saint-Martin-le-Gréard 50......29 E 4
Saint-Martin-le-Hébert 50......29 E 4
Saint-Martin-le-Mault 87......188 A 4
Saint-Martin-le-Nœud 60......38 A 2
Saint-Martin-le-Pin 24......222 B 3
Saint-Martin-le-Redon 46...259 F 4
Saint-Martin-le-Supérieur 07......266 D 3
Saint-Martin-le-Vieil 11......319 F 4
Saint-Martin-le-Vieux 87......223 F 1
Saint-Martin-le-Vinoux 38...250 D 1
Saint-Martin-les-Eaux 04......306 C 1
Saint-Martin-lès-Langres 52......139 G 2
Saint-Martin-lès-Melle 79...185 F 5
Saint-Martin-lès-Seyne 04...270 A 5
Saint-Martin-lez-Tatinghem 62......3 F 5
Saint-Martin-Lestra 42......230 A 1
Saint-Martin-l'Heureux 51....42 B 4
Saint-Martin-l'Hortier 76......20 D 3
Saint-Martin-l'Inférieur 07...266 D 3
Saint-Martin-Longueau 60......39 E 3
Saint-Martin-Lys 11......337 G 2
Saint-Martin-Osmonville 76....20 C 4
Saint-Martin-Petit 47......257 E 4
Saint-Martin-Rivière 02......14 D 5
Saint-Martin-Saint-Firmin 27..35 F 3
Saint-Martin-Sainte-Catherine 23......206 C 3
Saint-Martin-Sepert 19......224 B 4
Saint-Martin-sous-Montaigu 71......177 G 4
Saint-Martin-sous-Vigouroux 15......245 E 5
Saint-Martin-sur-Armançon 89......137 G 2
Saint-Martin-sur-Arve 74...216 C 3
Saint-Martin-sur-Cojeul 62...13 G 3
Saint-Martin-sur-Ecaillon 59......14 D 3
Saint-Martin-sur-la-Chambre 73......234 A 4
Saint-Martin-sur-la-Renne 52......116 C 3
Saint-Martin-sur-le-Pré 51....62 A 2
Saint-Martin-sur-Nohain 58..156 B 2
Saint-Martin-sur-Ocre 45...134 C 4
Saint-Martin-sur-Ocre 89......135 H 3
Saint-Martin-sur-Oreuse 89....89 G 5
Saint-Martin-sur-Ouanne 89......135 F 3
Saint-Martin-sur-Oust 56...125 F 3
Saint-Martin-Terressus 87...206 B 4
Saint-Martin-Valmeroux 15..244 B 3
Saint-Martin-Vésubie 06......291 E 2
Saint-Martinien 03......190 C 4
Saint-Martory 31......334 D 1
Saint-Mary 16......203 H 5
Saint-Mary-le-Plain 15......245 H 2
Saint-Masmes 51......42 A 3
Saint-Mathieu 87......222 C 1

A
B
C
D
E
F
G
H
I
J
K
L
M
N
O
P
Q
R
S
T
U
V
W
X
Y
Z

Saint-Mathieu *Pointe de* 29....74 C 3
Saint-Mathieu-
de-Tréviers 34 .... 302 D 3
Saint-Mathurin 85 .... 182 B 1
Saint-Mathurin-
Léobazel 19 .... 243 F 4
Saint-Mathurin-sur-Loire 49. 150 A 2
Saint-Matré 46 .... 277 F 1
Saint-Maudan 22 .... 102 B 2
Saint-Maugan 35 .... 103 G 2
Saint-Maulvis 80 .... 11 G 5
Saint-Maur 18 .... 190 A 1
Saint-Maur 32 .... 315 H 2
Saint-Maur 36 .... 171 G 4
Saint-Maur 39 .... 196 C 1
Saint-Maur 60 .... 21 H 5
Saint-Maur-de-Glanfeuil
Abbaye de 49 .... 150 A 2
Saint-Maur-des-Bois 50 .... 52 A 3
Saint-Maur-des-Fossés 94 ....58 D 4
Saint-Maur-sur-le-Loir 28 ....110 A 3
Saint-Maurice 52 .... 139 H 2
Saint-Maurice 58 .... 175 F 1
Saint-Maurice 63 .... 228 A 2
Saint-Maurice 67 .... 97 E 4
Saint-Maurice 94 .... 58 C 4
Saint-Maurice-
aux-Forges 54 .... 96 A 2
Saint-Maurice-
aux-Riches-Hommes 89 ....89 H 5
Saint-Maurice-
Colombier 25 .... 142 A 5
Saint-Maurice-Crillat 39 ....197 E 1
Saint-Maurice-
d'Ardèche 07 .... 266 B 4
Saint-Maurice-
de-Beynost 01 .... 213 F 4
Saint-Maurice-
de-Cazevieille 30 .... 284 A 5
Saint-Maurice-
de-Gourdans 01 .... 213 H 5
Saint-Maurice-
de-Laurençanne 17 .... 219 H 5
Saint-Maurice-
de-Lestapel 47 .... 258 B 4
Saint-Maurice-
de-Lignon 43 .... 247 H 1
Saint-Maurice-
de-Rémens 01 .... 214 A 3
Saint-Maurice-
de-Rotherens 73 .... 232 D 2
Saint-Maurice-
de-Satonnay 71 .... 195 E 3
Saint-Maurice-
de-Tavernole 17 .... 219 H 3
Saint-Maurice-
de-Ventalon 48 .... 283 F 1
Saint-Maurice-
des-Champs 71 .... 194 C 1
Saint-Maurice-
des-Lions 16 .... 204 C 3
Saint-Maurice-
des-Noues 85 .... 184 B 1
Saint-Maurice-d'Ételan 76 ....35 F 1
Saint-Maurice-d'Ibie 07 .... 266 C 4
Saint-Maurice-du-Désert 61 ...82 D 2
Saint-Maurice-
en-Chalencon 07 .... 248 D 5
Saint-Maurice-
en-Cotentin 50 .... 28 D 5
Saint-Maurice-
en-Gourgois 42 .... 229 H 4
Saint-Maurice-
en-Quercy 46 .... 261 F 2
Saint-Maurice-
en-Rivière 71 .... 178 A 3
Saint-Maurice-
en-Trièves 38 .... 268 D 1
Saint-Maurice-
en-Valgodemard 05 .... 269 G 1
Saint-Maurice-
la-Clouère 86 .... 186 C 4
Saint-Maurice-Etusson 79 ...167 G 1
Saint-Maurice-
la-Souterraine 23 .... 206 B 1
Saint-Maurice-le-Girard 85 ..167 E 5
Saint-Maurice-le-Vieil 89 ...135 H 3
Saint-Maurice-
les-Brousses 87 .... 223 G 1
Saint-Maurice-
lès-Charencey 61 .... 55 G 5
Saint-Maurice-
lès-Châteauneuf 71 .... 193 H 5
Saint-Maurice-
lès-Couches 71 .... 177 F 3
Saint-Maurice-l'Exil 38 .... 231 E 4

Saint-Maurice-
Montcouronne 91 .... 87 F 2
Saint-Maurice-
Navacelles 34 .... 302 A 2
Saint-Maurice-
près-Crocq 23 .... 208 B 4
Saint-Maurice-
près-Pionsat 63 .... 208 D 2
Saint-Maurice-
Saint-Germain 28 .... 85 F 3
Saint-Maurice-
sous-les-Côtes 55 .... 64 D 2
Saint-Maurice-
sur-Adour 40 .... 294 A 2
Saint-Maurice-
sur-Aveyron 45 .... 135 E 2
Saint-Maurice-
sur-Dargoire 69 .... 230 D 2
Saint-Maurice-
sur-Eygues 26 .... 285 G 1
Saint-Maurice-
sur-Fessard 45 .... 112 B 5
Saint-Maurice-sur-Huisne 61 ..84 D 4
Saint-Maurice-
sur-Mortagne 88 .... 95 G 4
Saint-Maurice-
sur-Moselle 88 .... 120 A 5
Saint-Maurice-
sur-Vingeanne 21 .... 139 H 5
Saint-Maurice-
Thizouaille 89 .... 135 H 2
Saint-Maurin 47 .... 276 D 3
Saint-Max 54 .... 65 H 5
Saint-Maxent 80 .... 11 F 4
Saint-Maximin 30 .... 284 C 5
Saint-Maximin 38 .... 233 G 4
Saint-Maximin 60 .... 38 D 4
Saint-Maximin-
la-Sainte-Baume 83 .... 327 H 1
Saint-Maxire 79 .... 184 D 3
Saint-May 26 .... 268 A 5
Saint-Mayeux 22 .... 77 H 5
Saint-Méard 22 .... 224 C 2
Saint-Méard-de-Drône 24 ....239 H 1
Saint-Méard-de-Gurçon 24 ..239 F 5
Saint-Médard 16 .... 220 C 3
Saint-Médard 17 .... 220 B 4
Saint-Médard 23 .... 207 G 2
Saint-Médard 31 .... 334 D 1
Saint-Médard 32 .... 316 A 2
Saint-Médard 36 .... 170 D 2
Saint-Médard 57 .... 66 D 4
Saint-Médard 64 .... 293 H 5
Saint-Médard 79 .... 185 F 5
Saint-Médard-d'Aunis 17 ....200 D 1
Saint-Médard-
de-Guizières 33 .... 238 D 4
Saint-Médard-
de-Mussidan 24 .... 239 G 3
Saint-Médard-
de-Presque 46 .... 261 E 1
Saint-Médard-des-Prés 85 ..184 B 2
Saint-Médard-
d'Excideuil 24 .... 223 F 5
Saint-Médard-d'Eyrans 33 ..255 G 2
Saint-Médard-en-Forez 42 ..230 B 2
Saint-Médard-en-Jalles 33 ..237 F 5
Saint-Médard-
Nicourby 46 .... 261 F 2
Saint-Médard-sur-Ille 35 ....80 B 5
Saint-Méen 29 .... 71 E 4
Saint-Méen-le-Grand 35 ....103 F 2
Saint-Melaine 35 .... 104 D 3
Saint-Melaine-
sur-Aubance 49 .... 149 G 2
Saint-Mélany 07 .... 265 H 4
Saint-Méloir-des-Bois 22 ....79 F 4
Saint-Méloir-des-Ondes 35 ...50 C 5
Saint-Même-le-Tenu 44 ....165 E 1
Saint-Même-
les-Carrières 16 .... 220 C 2
Saint-Memmie 51 .... 62 B 2
Saint-Menge 88 .... 94 C 5
Saint-Menges 08 .... 27 E 3
Saint-Menoux 03 .... 191 H 1
Saint-Merd-de-Lapleau 19 ...243 G 4
Saint-Merd-la-Breuille 23 ....226 B 1
Saint-Merd-
les-Oussines 19 .... 225 F 2
Saint-Méry 77 .... 88 C 2
Saint-Meslin-du-Bosc 27 ....35 H 4
Saint-Mesmes 77 .... 59 E 2
Saint-Mesmin 10 .... 90 C 4
Saint-Mesmin 21 .... 159 F 3
Saint-Mesmin 24 .... 223 G 5

Saint-Mesmin 85 .... 167 E 4
Saint-Mexant 19 .... 242 C 1
Saint-Mézard 32 .... 275 H 5
Saint-M'Hervé 35 .... 105 F 2
Saint-M'Hervon 35 .... 103 G 1
Saint-Micaud 71 .... 177 F 5
Saint-Michel 02 .... 25 H 1
Saint-Michel 09 .... 336 A 1
Saint-Michel 16 .... 221 E 2
Saint-Michel 31 .... 317 F 5
Saint-Michel 32 .... 315 H 2
Saint-Michel 34 .... 301 H 2
Saint-Michel 45 .... 111 H 4
Saint-Michel 52 .... 139 G 3
Saint-Michel 64 .... 330 C 1
Saint-Michel 82 .... 277 E 5
Saint-Michel-Chef-Chef 44 ...146 C 4
Saint-Michel-d'Aurance 07 ..248 C 5
Saint-Michel-
de-Bannières 46 .... 242 D 4
Saint-Michel-
de-Boulogne 07 .... 266 B 2
Saint-Michel-
de-Castelnau 33 .... 274 C 2
Saint-Michel-
de-Chabrillanoux 07 .... 266 D 1
Saint-Michel-
de-Chaillol 05 .... 269 H 2
Saint-Michel-
de-Chavaignes 72 .... 108 C 4
Saint-Michel-de-Cuxa
Abbaye de 66 .... 342 A 3
Saint-Michel-de-Dèze 48 ....283 F 2
Saint-Michel-de-Double 24 ..239 G 3
Saint-Michel-de-Feins 53 ...128 C 3
Saint-Michel-de-Frigolet
Abbaye 13 .... 304 C 1
Saint-Michel-
de-Fronsac 33 .... 238 B 4
Saint-Michel-
de-la-Pierre 50 .... 31 H 4
Saint-Michel-de-la-Roë 53 ...105 F 5
Saint-Michel-de-Lanès 11 ...318 C 4
Saint-Michel-
de-Lapujade 33 .... 257 E 3
Saint-Michel-de-Livet 14 ....54 C 1
Saint-Michel-de-Llotes 66 ...342 C 2
Saint-Michel-
de-Maurienne 73 .... 252 B 1
Saint-Michel-
de-Montaigne 24 .... 238 D 5
Saint-Michel-de-Montjoie 50 ...52 B 4
Saint-Michel-de-Mourcairol
Château de 34 .... 301 F 5
Saint-Michel-de-Plélan 22 ....79 F 4
Saint-Michel-
de-Rieufret 33 .... 255 H 3
Saint-Michel-de-Rivière 24 ..238 D 2
Saint-Michel-
de-Saint-Geoirs 38 .... 232 A 5
Saint-Michel-de-Vax 81 ....278 D 4
Saint-Michel-de-Veisse 23 ..207 G 3
Saint-Michel-
de-Villadeix 24 .... 240 C 4
Saint-Michel-
de-Volangis 18 .... 155 F 5
Saint-Michel-
des-Andaines 61 .... 82 C 2
Saint-Michel-des-Loups 50 ...51 F 4
Saint-Michel-d'Euzet 30 ....284 C 3
Saint-Michel-
d'Halescourt 76 .... 21 F 5
Saint-Michel-
en-Beaumont 38 .... 251 F 5
Saint-Michel-en-Brenne 36 ..170 D 4
Saint-Michel-en-Grève 22 ....72 B 3
Saint-Michel-en-l'Herm 85 ..183 E 3
Saint-Michel-Escalus 40 ....292 C 1
Saint-Michel-
et-Chanveaux 49 .... 127 G 4
Saint-Michel-Labadié 81 ....280 C 5
Saint-Michel-le-Cloucq 85 ..184 B 2
Saint-Michel-l'Écluse-
et-Léparon 24 .... 239 E 2
Saint-Michel-les-Portes 38 ..250 C 5
Saint-Michel-
l'Observatoire 04 .... 306 C 1
Saint-Michel-Loubéjou 46 ...243 E 5
Saint-Michel-
Mont-Mercure 85 .... 166 D 3
Saint-Michel-Peyresq 04 ....288 D 4
Saint-Michel-sous-Bois 62 ....6 D 4
Saint-Michel-sur-Loire 37 ...151 F 3
Saint-Michel-
sur-Meurthe 88 .... 96 B 4
Saint-Michel-sur-Orge 91 ....87 G 2
Saint-Michel-sur-Rhône 42 ..231 E 4

Saint-Michel-
sur-Savasse 26 .... 249 H 2
Saint-Michel-sur-Ternoise 62 ..7 G 5
Saint-Michel-Tubœuf 61 ....55 G 4
Saint-Mihiel 55 .... 64 C 3
Saint-Mitre-
les-Remparts 13 .... 325 G 3
Saint-Molf 44 .... 145 H 3
Saint-Momelin 59 .... 3 F 5
Saint-Mont 32 .... 294 D 4
Saint-Montan 07 .... 266 D 5
Saint-Moré 89 .... 136 D 5
Saint-Moreil 23 .... 206 D 5
Saint-Morel 08 .... 42 D 3
Saint-Morillon 33 .... 255 G 3
Saint-Mury-
Monteymond 38 .... 251 F 1
Saint-Myon 63 .... 209 H 3
Saint-Nabor 67 .... 97 E 3
Saint-Nabord 88 .... 119 G 3
Saint-Nabord-sur-Aube 10 ...91 F 3
Saint-Nauphary 82 .... 297 H 1
Saint-Nazaire 30 .... 284 D 3
Saint-Nazaire 33 .... 239 G 5
Saint-Nazaire 44 .... 146 B 3
Saint-Nazaire 66 .... 343 F 2
Saint-Nazaire *Pont de* 44 ...146 C 2
Saint-Nazaire *Site de* 19 ...226 B 4
Saint-Nazaire-d'Aude 11 ...320 D 5
Saint-Nazaire-
de-Ladarez 34 .... 321 F 2
Saint-Nazaire-
de-Pézan 34 .... 303 F 4
Saint-Nazaire-
de-Valentane 82 .... 277 E 3
Saint-Nazaire-
des-Gardies 30 .... 283 G 5
Saint-Nazaire-
en-Royans 26 .... 250 A 3
Saint-Nazaire-le-Désert 26 ..268 A 4
Saint-Nazaire-
les-Eymes 38 .... 251 E 1
Saint-Nazaire-
sur-Charente 17 .... 200 C 3
Saint-Nectaire 63 .... 227 G 2
Saint-Nexans 24 .... 258 B 1
Saint-Nic 29 .... 75 G 4
Saint-Nicodème 22 .... 77 F 3
Saint-Nicolas
Chapelle 56 .... 101 H 4
Saint-Nicolas 62 .... 13 G 2
Saint-Nicolas *Cascade* 68 ...128 B 5
Saint-Nicolas *Chapelle* 56 ..101 H 4
Saint-Nicolas-aux-Bois 02 ....24 C 5
Saint-Nicolas-aux-Bois
Abbaye de 02 .... 24 C 5
Saint-Nicolas-Courbefy 87 ..223 F 2
Saint-Nicolas-
d'Aliermont 76 .... 20 C 2
Saint-Nicolas-d'Attez 27 ....55 H 4
Saint-Nicolas-
de-Bliquetuit 76 .... 35 G 1
Saint-Nicolas-
de-Bourgueil 37 .... 150 D 3
Saint-Nicolas-de-Brem 85 ..165 E 5
Saint-Nicolas-
de-la-Balerme 47 .... 276 C 4
Saint-Nicolas-de-la-Haie 76 ...19 F 5
Saint-Nicolas-de-la-Taille 76 ..35 E 1
Saint-Nicolas-
de-Macherin 38 .... 232 C 4
Saint-Nicolas-
de-Pierrepont 50 .... 31 F 2
Saint-Nicolas-de-Port 54 ....95 E 1
Saint-Nicolas-de-Redon 44 ..125 H 4
Saint-Nicolas-
de-Sommaire 61 .... 55 F 4
Saint-Nicolas-
de-Véroce 74 .... 216 D 4
Saint-Nicolas-des-Biefs 03 ..211 E 2
Saint-Nicolas-des-Bois 50 ...52 A 4
Saint-Nicolas-des-Bois 61 ...83 G 3
Saint-Nicolas-des-Eaux 56 ..101 H 4
Saint-Nicolas-des-Laitiers 61 .55 E 3
Saint-Nicolas-
des-Motets 37 .... 131 G 5
Saint-Nicolas-du-Bosc 27 ....35 H 4
Saint-Nicolas-
du-Bosc-l'Abbé 27 .... 55 F 1
Saint-Nicolas-du-Pélem 22 ...77 G 4
Saint-Nicolas-du-Tertre 56 ..125 G 2
Saint-Nicolas-en-Forêt 57 ...45 G 3
Saint-Nicolas-la-Chapelle 10 .89 H 3
Saint-Nicolas-
la-Chapelle 73 .... 216 B 4

Saint-Nicolas-
lès-Cîteaux 21 .... 160 A 5
Saint-Nizier-d'Azergues 69 ..212 B 2
Saint-Nizier-de-Fornas 42 ..229 G 4
Saint-Nizier-
du-Moucherotte 38 .... 250 D 2
Saint-Nizier-
le-Bouchoux 01 .... 195 G 2
Saint-Nizier-le-Désert 01 ...213 G 2
Saint-Nizier-
sous-Charlieu 42 .... 211 H 1
Saint-Nizier-sur-Arroux 71 ..176 C 4
Saint-Nolff 56 .... 124 C 3
Saint-Nom-la-Bretèche 78 ...57 H 3
Saint-Offenge-Dessous 73 ..215 F 5
Saint-Offenge-Dessus 73 ...215 F 5
Saint-Omer 14 .... 53 F 2
Saint-Omer 44 .... 147 E 1
Saint-Omer 62 .... 3 F 5
Saint-Omer-Capelle 62 .... 3 E 3
Saint-Omer-en-Chaussée 60 .37 H 1
Saint-Ondras 38 .... 232 C 3
Saint-Onen-la-Chapelle 35 ..103 F 2
Saint-Oradoux-
de-Chirouze 23 .... 226 B 1
Saint-Oradoux-
près-Crocq 23 .... 208 B 4
Saint-Orens 32 .... 296 D 3
Saint-Orens-
de-Gameville 31 .... 298 A 5
Saint-Orens-Pouy-Petit 32 ..295 H 1
Saint-Ost 32 .... 316 A 3
Saint-Osvin 50 .... 51 H 4
Saint-Ouen 41 .... 131 G 3
Saint-Ouen 80 .... 12 B 5
Saint-Ouen 93 .... 58 C 3
Saint-Ouen-d'Aunis 17 .... 183 G 5
Saint-Ouen-de-la-Cour 61 ...84 C 4
Saint-Ouen-de-Mimbré 72 ....83 G 5
Saint-Ouen-de-Pontcheuil 27 .36 A 4
Saint-Ouen-
de-Sécherouvre 61 .... 84 B 2
Saint-Ouen-
de-Thouberville 27 .... 35 H 2
Saint-Ouen-des-Alleux 35 ...80 D 4
Saint-Ouen-des-Besaces 44 ..52 C 1
Saint-Ouen-des-Champs 27 ...35 F 2
Saint-Ouën-des-Toits 53 ....105 H 3
Saint-Ouën-des-Vallons 53 ..106 B 2
Saint-Ouen-Domprot 51 ....91 G 2
Saint-Ouen-du-Breuil 76 ....20 A 4
Saint-Ouen-
du-Mesnil-Oger 14 .... 34 A 5
Saint-Ouen-du-Tilleul 27 ....36 A 3
Saint-Ouen-en-Belin 72 .... 130 A 2
Saint-Ouen-en-Brie 77 .... 88 D 2
Saint-Ouen-
en-Champagne 72 .... 107 E 5
Saint-Ouen-la-Rouërie 35 ...80 D 3
Saint-Ouen-la-Thène 17 ....202 C 4
Saint-Ouen-l'Aumône 95 ....58 A 1
Saint-Ouen-le-Brisoult 61 ...82 D 3
Saint-Ouen-le-Houx 14 ....54 C 2
Saint-Ouen-le-Mauger 76 ....20 A 3
Saint-Ouen-le-Pin 14 .... 34 B 5
Saint-Ouen-lès-Parey 88 ....118 A 2
Saint-Ouen-les-Vignes 37 ...152 C 2
Saint-Ouen-Marchefroy 28 ...57 E 3
Saint-Ouen-sous-Bailly 76 ...10 C 5
Saint-Ouen-
sur-Gartempe 87 .... 205 F 1
Saint-Ouen-sur-Iton 61 ....55 G 4
Saint-Ouen-sur-Loire 58 ....174 D 3
Saint-Ouen-sur-Maire 61 ....53 H 5
Saint-Ouen-sur-Morin 77 ....60 A 3
Saint-Oulph 10 .... 90 C 3
Saint-Ours 63 .... 209 F 5
Saint-Ours 73 .... 215 F 5
Saint-Outrille 18 .... 154 A 5
Saint-Oyen 73 .... 234 B 3
Saint-Oyen-Montbellet 71 ..195 E 2
Saint-Pabu 29 .... 70 C 4
Saint-Paër 27 .... 37 F 3
Saint-Paër 76 .... 35 H 1
Saint-Pair 14 .... 33 H 4
Saint-Pair-du-Mont 14 .... 34 B 5
Saint-Pair-sur-Mer 50 .... 51 F 3
Saint-Pal-de-Chalencon 43 ..229 F 5
Saint-Pal-de-Mons 43 .... 248 A 1
Saint-Pal-de-Senouire 43 ...246 D 1
Saint-Palais 03 .... 190 A 3
Saint-Palais 18 .... 155 E 4
Saint-Palais 33 .... 219 G 5
Saint-Palais 64 .... 311 G 4
Saint-Palais-
de-Négrignac 17 .... 238 C 1
Saint-Palais-de-Phiolin 17 ..219 G 3

Saint-Palais-du-Né 16 .... 220 B
Saint-Palais-sur-Mer 17 ....218 C
Saint-Pancrace 04 .... 306 C
Saint-Pancrace 06 .... 309 G
Saint-Pancrace 24 .... 222 C
Saint-Pancrace 73 .... 234 A
Saint-Pancrace 2B .... 346 D
Saint-Pancrasse 38 .... 233 E
Saint-Pancré 54 .... 44 D
Saint-Pandelon 40 .... 292 D
Saint-Pantaléon 46 .... 277 G
Saint-Pantaléon 71 .... 176 D
Saint-Pantaléon 84 .... 305 G
Saint-Pantaléon-
de-Lapleau 19 .... 225 H
Saint-Pantaléon-
de-Larche 19 .... 242 B
Saint-Pantaléon-
les-Vignes 26 .... 267 G
Saint-Pantaly-d'Ans 24 ....241 E
Saint-Pantaly-
d'Excideuil 24 .... 223 E
Saint-Papoul 11 .... 319 E
Saint-Pardon-
de-Conques 33 .... 256 C
Saint-Pardoult 17 .... 201 H
Saint-Pardoux 63 .... 209 G
Saint-Pardoux 79 .... 185 E
Saint-Pardoux 87 .... 205 H
Saint-Pardoux-Corbier 19 ..224 B
Saint-Pardoux-d'Arnet 23 ..208 B
Saint-Pardoux-
de-Drône 24 .... 239 H
Saint-Pardoux-du-Breuil 47 .257 F
Saint-Pardoux-et-Vielvic 24 .259 E
Saint-Pardoux-Isaac 47 ....257 G
Saint-Pardoux-
la-Croisille 19 .... 243 F
Saint-Pardoux-
la-Rivière 24 .... 222 C
Saint-Pardoux-le-Neuf 19 ..226 B
Saint-Pardoux-le-Neuf 23 ..207 H
Saint-Pardoux-le-Vieux 19 ..225 H
Saint-Pardoux-
les-Cards 23 .... 207 G
Saint-Pardoux-l'Ortigier 19 ..242 C
Saint-Pardoux-
Morterolles 23 .... 207 E
Saint-Pargoire 34 .... 302 A
Saint-Parize-en-Viry 58 ....175 E
Saint-Parize-le-Châtel 58 ...174 C
Saint-Parres-aux-Tertres 10 ...91 E
Saint-Parres-
lès-Vaudes 10 .... 115 F
Saint-Parthem 12 .... 262 B
Saint-Pastour 47 .... 258 B
Saint-Pastous 65 .... 332 D
Saint-Paterne 72 .... 83 G
Saint-Paterne-Racan 37 ....130 C
Saint-Pathus 77 .... 59 F
Saint-Patrice 37 .... 151 E
Saint-Patrice-de-Claids 50 ...31 G
Saint-Patrice-du-Désert 61 ...82 D
Saint-Paul 19 .... 243 E
Saint-Paul 33 .... 237 G
Saint-Paul 60 .... 37 H
Saint-Paul 61 .... 53 E
Saint-Paul 65 .... 333 A
Saint-Paul 73 .... 233 E
Saint-Paul 87 .... 224 B
Saint-Paul 88 .... 94 B
Saint-Paul-aux-Bois 02 .... 40 A
Saint-Paul-Cap-de-Joux 81 ..299 E
Saint-Paul-de-Baïse 32 ....295 H
Saint-Paul-de-Fenouillet 66 .338 A
Saint-Paul-de-Fourques 27 ...35 H
Saint-Paul-de-Jarrat 09 ....336 B
Saint-Paul-
de-Loubressac 46 .... 278 B
Saint-Paul-de-Salers 15 ....244 C
Saint-Paul-de-Serre 24 ....240 B
Saint-Paul-de-Tartas 45 ....265 F
Saint-Paul-de-Varax 01 ....213 G
Saint-Paul-de-Varces 38 ...250 D
Saint-Paul-de-Vence 06 ....309 F
Saint-Paul-de-Vern 46 ....261 F
Saint-Paul-de-Vézelin 42 ...211 G
Saint-Paul-des-Landes 15 ...244 B
Saint-Paul-d'Espis 82 .... 277 E
Saint-Paul-d'Izeaux 38 ....232 B
Saint-Paul-d'Oueil 31 .... 334 A
Saint-Paul-du-Bois 49 ....167 G
Saint-Paul-du-Vernay 14 ....32 D
Saint-Paul-d'Uzore 42 ....229 G
Saint-Paul-en-Born 40 ....272 C
Saint-Paul-en-Chablais 74 ..198 C
Saint-Paul-en-Cornillon 42 ..230 A

aint-Paul-en-Forêt 83......308 C 4
aint-Paul-en-Gâtine 79.....167 F 5
aint-Paul-en-Jarez 42......230 C 3
aint-Paul-en-Pareds 85....166 C 3
aint-Paul-et-Valmalle 34...302 C 4
aint-Paul-Flaugnac 46.....277 H 2
aint-Paul-la-Coste 30......283 G 3
aint-Paul-la-Roche 24......223 E 4
aint-Paul-le-Froid 48......264 D 1
aint-Paul-le-Gaultier 72....83 F 5
aint-Paul-le-Jeune 07......283 H 1
aint-Paul-les-Dax 40......292 D 3
aint-Paul-les-Fonts 30.....284 D 4
aint-Paul-
lès-Monestier 38......250 D 4
aint-Paul-lès-Romans 26..249 H 3
aint-Paul-lez-Durance 13..306 C 3
aint-Paul-Lizonne 26......221 G 5
aint-Paul-Mont-Penit 85...165 F 3
aint-Paul-sur-Isère 73.....234 B 2
aint-Paul-sur-Risle 27......35 F 3
aint-Paul-sur-Save 31......297 G 3
aint-Paul-sur-Ubaye 04....271 E 3
aint-Paul-
Trois-Châteaux 26......285 E 1
aint-Paulet 11......318 D 3
aint-Paulet-de-Caisson 30 284 D 2
aint-Paulien 43......247 E 2
aint-Pavace 72......107 H 4
aint-Pé-d'Ardet 31......334 B 2
aint-Pé-de-Bigorre 65......332 C 1
aint-Pé-de-Léren 64......292 D 5
aint-Pé-Delbosc 31......316 B 4
aint-Pé-Saint-Simon 47....275 E 5
aint-Pée-sur-Nivelle 64....310 C 4
aint-Pellerin 28......109 G 4
aint-Pellerin 50......32 A 3
aint-Péran 35......103 G 3
aint-Péravy-Épreux 45.....111 E 2
aint-Péravy-
la-Colombe 45......110 C 5
aint-Péray 07......249 F 4
aint-Perdon 40......293 H 1
aint-Perdoux 24......258 B 2
aint-Perdoux 46......261 G 4
aint-Père 35......50 C 5
aint-Père 58......156 A 2
aint-Père 89......157 G 2
aint-Père-en-Retz 44......146 D 4
aint-Père-sur-Loire 45......134 A 3
aint-Péreuse 58......175 H 1
aint-Pern 35......103 H 1
aint-Perreux 56......125 G 3
aint-Péver 22......77 H 2
aint-Pey-d'Armens 33......238 C 5
aint-Pey-de-Castets 33....256 D 1
aint-Phal 10......114 D 3
aint-Philbert-
de-Bouaine 85......165 G 1
aint-Philbert-
de-Grand-Lieu 44......165 G 1
aint-Philbert-
des-Champs 14......34 D 4
aint-Philbert-
du-Peuple 49......150 C 2
aint-Philbert-
du-Pont-Charrault 85...166 C 5
aint-Philbert-
en-Mauges 49......148 C 5
aint-Philbert-
sur-Boissey 27......35 G 4
aint-Philbert-sur-Orne 61...53 G 3
aint-Philbert-sur-Risle 27...35 F 3
aint-Philibert 21......160 A 4
aint-Philibert 56......124 A 4
aint-Philibert-
d'Entremont 38......233 E 4
aint-Philippe-
d'Aiguille 33......238 D 5
aint-Philippe-
du-Seignal 33......257 F 1
aint-Piat 28......86 B 3
aint-Pierre 04......289 G 5
aint-Pierre 15......226 B 5
aint-Pierre 31......298 B 4
aint-Pierre 39......197 E 1
aint-Pierre 51......62 A 2
aint-Pierre 67......97 F 3
aint-Pierre-à-Arnes 08......42 B 3
aint-Pierre-à-Champ 79...167 H 1
aint-Pierre-Aigle 02......40 A 4
aint-Pierre-Avez 05......287 E 2
aint-Pierre-Azif 14......34 B 3
aint-Pierre-Bellevue 23...207 E 4
aint-Pierre-Bénouville 76..20 A 3
aint-Pierre-Bois 67......97 E 4

Saint-Pierre-Brouck 59......3 F 3
Saint-Pierre-Canivet 14....53 H 2
Saint-Pierre-Chérignat 23..206 C 3
Saint-Pierre-Colamine 63...227 G 3
Saint-Pierre-d'Albigny 73...233 H 2
Saint-Pierre-d'Allevard 38...233 G 4
Saint-Pierre-d'Alvey 73.....232 D 1
Saint-Pierre-d'Amilly 17.....201 G 1
Saint-Pierre-d'Argençon 05.268 D 4
Saint-Pierre-d'Arthéglise 50..28 D 5
Saint-Pierre-d'Aubézies 32..295 F 4
Saint-Pierre-d'Aurillac 33....256 C 4
Saint-Pierre-d'Autils 27......36 D 5
Saint-Pierre-de-Bailleul 27...36 D 5
Saint-Pierre-
de-Belleville 73......233 H 3
Saint-Pierre-de-Bœuf 42...231 E 4
Saint-Pierre-
de-Bressieux 38......232 A 5
Saint-Pierre-de-Buzet 47....275 F 2
Saint-Pierre-de-Caubel 47..258 B 5
Saint-Pierre-de-Cernières 27.55 E 2
Saint-Pierre-
de-Chandieu 69......231 G 2
Saint-Pierre-
de-Chartreuse 38......233 E 5
Saint-Pierre-
de-Chérennes 38......250 B 2
Saint-Pierre-de-Chevillé 72.130 B 4
Saint-Pierre-de-Chignac 24.240 D 3
Saint-Pierre-de-Clairac 47...276 C 3
Saint-Pierre-de-Côle 24.....222 D 5
Saint-Pierre-
de-Colombier 07......266 A 2
Saint-Pierre-
de-Cormeilles 27......35 E 4
Saint-Pierre-
de-Coutances 50......51 G 1
Saint-Pierre-de-Curtille 73..215 E 5
Saint-Pierre-de-Frugie 24..206 B 3
Saint-Pierre-de-Fursac 23..206 B 1
Saint-Pierre-
de-Genebroz 73......232 D 3
Saint-Pierre-de-Jards 36...172 B 1
Saint-Pierre-de-Juillers 17..202 B 3
Saint-Pierre-de-la-Fage 34..302 A 4
Saint-Pierre-de-Lages 31...298 B 5
Saint-Pierre-de-Lamps 36..171 F 2
Saint-Pierre-de-l'Île 17......201 H 2
Saint-Pierre-de-Maillé 86...170 A 5
Saint-Pierre-de-Mailloc 14...54 D 1
Saint-Pierre-
de-Manneville 76......36 A 2
Saint-Pierre-de-Méaroz 38..251 E 5
Saint-Pierre-de-Mésage 38.251 E 3
Saint-Pierre-
de-Mézoargues 13......304 B 1
Saint-Pierre-de-Mons 33....56 B 4
Saint-Pierre-de-Nogaret 48.263 H 5
Saint-Pierre-
de-Plesguen 35......79 H 4
Saint-Pierre-de-Rivière 09..336 A 3
Saint-Pierre-de-Salerne 27..35 F 4
Saint-Pierre-de-Semilly 50...32 B 5
Saint-Pierre-de-Soucy 73...233 G 3
Saint-Pierre-de-Trivisy 81...300 A 3
Saint-Pierre-
de-Varengeville 76......36 A 1
Saint-Pierre-
de-Varennes 71......177 E 3
Saint-Pierre-de-Vassols 84..285 H 4
Saint-Pierre-
dels-Forcats 66......341 G 4
Saint-Pierre-
d'Entremont 38......233 E 4
Saint-Pierre-d'Entremont 61..53 E 3
Saint-Pierre-
d'Entremont 73......233 E 4
Saint-Pierre-
des-Bois 72......107 E 5
Saint-Pierre-
des-Champs 11......338 B 2
Saint-Pierre-
des-Corps 37......152 A 2
Saint-Pierre-
des-Échaubrognes 79....167 E 1
Saint-Pierre-des-Fleurs 27..36 A 4
Saint-Pierre-des-Ifs 14......34 C 5
Saint-Pierre-des-Ifs 27......35 F 3
Saint-Pierre-
des-Jonquières 76......20 D 2
Saint-Pierre-des-Landes 53..81 G 5
Saint-Pierre-des-Loges 61..55 E 4
Saint-Pierre-des-Nids 53....83 F 4
Saint-Pierre-des-Ormes 72..84 A 5
Saint-Pierre-
des-Tripiers 48......282 A 3
Saint-Pierre-d'Exideuil 86..203 G 1

Saint-Pierre-
d'Extravache 73......253 E 1
Saint-Pierre-d'Eyraud 24...257 G 1
Saint-Pierre-d'Irube 64......292 A 5
Saint-Pierre-d'Oléron 17....200 B 3
Saint-Pierre-
du-Bosguérard 27......35 H 4
Saint-Pierre-du-Bû 14......53 H 3
Saint-Pierre-du-Champ 43..247 F 1
Saint-Pierre-du-Chemin 85..167 F 5
Saint-Pierre-du-Fresne 14...52 D 1
Saint-Pierre-du-Jonquet 14..34 A 4
Saint-Pierre-du-Lorouër 72.130 C 3
Saint-Pierre-du-Mesnil 27...55 F 2
Saint-Pierre-du-Mont 14.....32 C 2
Saint-Pierre-du-Mont 40.....294 A 1
Saint-Pierre-du-Mont 58....157 E 2
Saint-Pierre-du-Palais 17...238 C 2
Saint-Pierre-du-Perray 91....88 A 2
Saint-Pierre-du-Regard 61...53 F 3
Saint-Pierre-du-Val 27......34 D 2
Saint-Pierre-du-Vauvray 27..36 C 4
Saint-Pierre-Église 50......29 G 2
Saint-Pierre-
en-Faucigny 74......216 A 1
Saint-Pierre-en-Port 76......19 E 2
Saint-Pierre-en-Val 76......10 D 4
Saint-Pierre-en-Vaux 21....177 E 1
Saint-Pierre-es-Champs 60...37 F 2
Saint-Pierre-Eynac 43......247 G 3
Saint-Pierre-
la-Bourlhonne 63......229 E 1
Saint-Pierre-la-Bruyère 61...84 D 5
Saint-Pierre-la-Cour 53......105 G 3
Saint-Pierre-la-Garenne 27..36 D 5
Saint-Pierre-la-Noaille 42...211 G 1
Saint-Pierre-la-Palud 69.....212 C 5
Saint-Pierre-la-Rivière 61...54 C 3
Saint-Pierre-la-Roche 07....266 D 3
Saint-Pierre-la-Vieille 14......53 E 2
Saint-Pierre-Lafeuille 46....260 B 4
Saint-Pierre-Langers 50......51 G 3
Saint-Pierre-Laval 03......211 E 1
Saint-Pierre-Lavis 76......19 F 4
Saint-Pierre-la-Mer 11......321 G 5
Saint-Pierre-le-Bost 23......190 A 3
Saint-Pierre-le-Chastel 63...209 F 5
Saint-Pierre-
le-Déchausselat 07......265 H 5
Saint-Pierre-le-Moûtier 58...174 C 4
Saint-Pierre le Potier 53....106 A 4
Saint-Pierre-le-Vieux 48.....264 A 1
Saint-Pierre-le-Vieux 71.....194 C 5
Saint-Pierre-le-Vieux 76......19 H 2
Saint-Pierre-le-Vieux 85....184 B 3
Saint-Pierre-le-Viger 76......19 H 2
Saint-Pierre-
les-Aubagne 13......327 F 2
Saint-Pierre-lès-Bitry 60......39 H 2
Saint-Pierre-lès-Bois 18......190 A 1
Saint-Pierre-lès-Elbeuf 76....36 A 4
Saint-Pierre-lès-Étieux 18...173 G 5
Saint-Pierre-
lès-Franqueville 02......25 E 2
Saint-Pierre-
lès-Nemours 77......112 B 2
Saint-Pierre-Montlimart 49..148 C 3
Saint-Pierre-Quiberon 56...123 F 1
Saint-Pierre-Roche 63......227 F 1
Saint-Pierre-sur-Dives 14....54 A 1
Saint-Pierre-sur-Doux 07...248 B 2
Saint-Pierre-sur-Dropt 47...257 F 3
Saint-Pierre-sur-Erve 53.....106 C 4
Saint-Pierre-sur-Orthe 53...107 E 2
Saint-Pierre-sur-Vence 08...26 D 4
Saint-Pierre-Tarentaine 14...52 D 2
Saint-Pierre-Toirac 46......261 F 4
Saint-Pierremont 02......25 F 3
Saint-Pierremont 08......43 F 1
Saint-Pierremont 88......95 G 3
Saint-Pierreville 07......266 C 1
Saint-Pierrevillers 55......44 H 4
Saint-Plaisir 03......191 G 1
Saint-Plancard 31......316 A 5
Saint-Planchers 50......51 F 3
Saint-Plantaire 36......189 E 3
Saint-Point 71......194 C 4
Saint-Point-Lac 25......180 C 3
Saint-Pois 50......52 B 4
Saint-Poix 53......105 G 5
Saint-Pol-de-Léon 29......71 G 3
Saint-Pol-sur-Mer 59......3 G 2
Saint-Pol-sur-Ternoise 62....7 G 5
Saint-Polgues 42......211 F 4
Saint-Polycarpe 11......337 F 4
Saint-Pompain 79......184 C 3
Saint-Pompon 24......259 F 2

Saint-Poncy 15......245 H 2
Saint-Pons 04......270 D 5
Saint-Pons 07......266 D 3
Saint-Pons Parc de 13......327 G 2
Saint-Pons-
de-Mauchiens 34......302 A 5
Saint-Pons-
de-Thomières 34......320 C 2
Saint-Pons-la-Calm 30......284 D 4
Saint-Pont 03......210 A 1
Saint-Porchaire 17......201 E 4
Saint-Porquier 82......277 F 5
Saint-Pôtan 22......79 F 3
Saint-Pouange 10......114 D 2
Saint-Pourçain-
sur-Besbre 03......192 D 3
Saint-Pourçain-
sur-Sioule 03......192 A 4
Saint-Prancher 88......94 C 4
Saint-Préjet-Armandon 43...246 C 1
Saint-Préjet-d'Allier 43......246 D 5
Saint-Prest 28......86 B 3
Saint-Preuil 16......220 C 2
Saint-Priest 07......266 C 2
Saint-Priest 23......208 B 2
Saint-Priest 69......231 F 1
Saint-Priest-Bramefant 63..210 B 3
Saint-Priest-de-Gimel 19...243 E 1
Saint-Priest-
des-Champs 63......209 E 3
Saint-Priest-en-Jarez 42....230 B 4
Saint-Priest-en-Murat 03...191 F 4
Saint-Priest-la-Feuille 23...206 C 1
Saint-Priest-la-Marche 18...190 A 3
Saint-Priest-la-Plaine 23....206 C 1
Saint-Priest-la-Prugne 42...211 E 3
Saint-Priest-la-Roche 42....211 G 4
Saint-Priest-la-Vêtre 42.....211 E 3
Saint-Priest-les-Betoux 87..205 G 1
Saint-Priest-Ligoure 87......223 H 2
Saint-Priest-Palus 23......206 C 4
Saint-Priest-sous-Aixe 87...205 F 4
Saint-Priest-Taurion 87.....205 H 4
Saint-Prim 38......231 E 4
Saint-Privat 07......266 B 3
Saint-Privat 19......243 G 3
Saint-Privat 34......301 H 3
Saint-Privat-d'Allier 43......246 D 4
Saint-Privat-
de-Champclos 30......284 B 2
Saint-Privat-
de-Vallongue 48......283 F 2
Saint-Privat-des-Prés 24....239 F 1
Saint-Privat-des-Vieux 30...283 H 3
Saint-Privat-du-Dragon 43..246 B 2
Saint-Privat-du-Fau 48......246 B 5
Saint-Privat-
la-Montagne 57......45 G 5
Saint-Privé 71......177 F 5
Saint-Privé 89......135 F 4
Saint-Prix 03......192 D 5
Saint-Prix 71......176 B 2
Saint-Prix 95......58 B 1
Saint-Prix-lès-Arnay 21......159 E 5
Saint-Projet 15......262 B 3
Saint-Projet 46......260 B 2
Saint-Projet 82......278 D 2
Saint-Projet-de-Salers 15...244 C 3
Saint-Projet-
Saint-Constant 16......221 G 1
Saint-Prouant 85......166 D 4
Saint-Pryvé-
Saint-Mesmin 45......133 E 2
Saint-Puy 32......296 A 1
Saint-Python 59......14 D 3
Saint-Quantin-
de-Rançanne 17......219 G 3
Saint-Quay-Perros 22......72 C 2
Saint-Quay-Portrieux 22....73 H 4
Saint-Quentin 02......24 B 2
Saint-Quentin-au-Bosc 76...10 C 5
Saint-Quentin-
de-Baron 33......256 B 1
Saint-Quentin-de-Blavou 61..84 B 3
Saint-Quentin-
de-Caplong 33......257 E 1
Saint-Quentin-
de-Chalais 16......239 E 4
Saint-Quentin-des-Isles 27..55 F 1
Saint-Quentin-des-Prés 60...37 G 1
Saint-Quentin-du-Drop 47..258 B 2
Saint-Quentin-
en-Mauges 49......148 D 3

Saint-Quentin-
en-Tourmont 80......11 E 1
Saint-Quentin-en-Yvelines 78.57 H 4
Saint-Quentin-Fallavier 38...231 G 2
Saint-Quentin-
la-Chabanne 23......207 G 4
Saint-Quentin-la-Motte-
Croix-au-Bailly 80......10 D 4
Saint-Quentin-la-Poterie 30.284 C 4
Saint-Quentin-la-Tour 09...336 D 2
Saint-Quentin-le-Petit 08....25 G 5
Saint-Quentin-le-Verger 51...90 B 2
Saint-Quentin-les-Anges 53 128 A 3
Saint-Quentin-
lès-Beaurepaire 49......129 F 5
Saint-Quentin-
les-Chardonnets 61......52 D 4
Saint-Quentin-les-Marais 51..62 D 4
Saint-Quentin-lès-Troo 41..131 E 3
Saint-Quentin-
sur-Charente 16......204 C 5
Saint-Quentin-sur-Coole 51..62 A 3
Saint-Quentin-
sur-Indrois 37......152 C 4
Saint-Quentin-sur-Isère 38..232 C 5
Saint-Quentin-
sur-le-Homme 50......51 H 5
Saint-Quentin-
sur-Nohain 58......156 B 3
Saint-Quentin-
sur-Sauxillanges 63......228 B 3
Saint-Quintin-sur-Sioule 63.209 G 4
Saint-Quirc 09......318 A 4
Saint-Quirin 57......96 C 1
Saint-Rabier 24......241 F 2
Saint-Racho 71......194 A 5
Saint-Rambert-d'Albon 26...249 E 1
Saint-Rambert-
en-Bugey 01......214 B 3
Saint-Rambert-
l'Île-Barbe 69......213 E 5
Saint-Raphaël 24......241 F 1
Saint-Raphaël 83......329 H 1
Saint-Régis-du-Coin 42......248 B 1
Saint-Remèze 07......284 C 1
Saint-Remimont 54......95 E 2
Saint-Remimont 88......94 B 5
Saint-Rémy 01......195 H 5
Saint-Rémy 12......279 F 1
Saint-Rémy 14......53 F 2
Saint-Rémy 19......225 H 2
Saint-Rémy 21......137 G 5
Saint-Rémy 24......239 F 4
Saint-Remy 70......141 E 2
Saint-Rémy 79......184 D 3
Saint-Rémy 88......96 A 4
Saint-Rémy-au-Bois 62......6 D 5
Saint-Rémy-aux-Bois 54.....95 F 3
Saint-Rémy-Blanzy 02......40 B 4
Saint-Rémy-Boscrocourt 76..10 D 4
Saint-Remy-Chaussée 59....15 G 3
Saint-Rémy-de-Blot 63......209 F 2
Saint-Rémy-
de-Chargnat 63......228 A 3
Saint-Rémy-
de-Chaudes-Aigues 15....263 G 2
Saint-Rémy-
de-Maurienne 73......233 H 4
Saint-Rémy-
de-Provence 13......304 D 2
Saint-Rémy-de-Salers 15...244 C 3
Saint-Rémy-de-Sillé 72......107 F 2
Saint-Rémy-des-Landes 50..31 F 3
Saint-Rémy-des-Monts 72...84 A 5
Saint-Rémy-du-Nord 59......15 G 3
Saint-Rémy-du-Plain 35......80 C 4
Saint-Rémy-du-Val 72......83 H 5
Saint-Remy-en-Bouzemont-
Saint-Genest-et-Isson 51..62 D 5
Saint-Rémy-en-l'Eau 60......38 C 1
Saint-Rémy-en-Mauges 49.148 C 3
Saint-Rémy-
en-Montmorillon 86......187 G 5
Saint-Rémy-en-Rollat 03....210 B 1
Saint-Rémy-la-Calonne 55...64 D 2
Saint-Rémy-la-Varenne 49..150 A 2
Saint-Rémy-le-Petit 08......42 A 2
Saint-Rémy-
lès-Chevreuse 78......58 A 4
Saint-Rémy-l'Honoré 78......57 G 4
Saint-Rémy-
sous-Barbuise 10......91 E 3
Saint-Remy-sous-Broyes 51..61 E 5
Saint-Rémy-sur-Avre 28......56 C 4

Saint-Remy-sur-Bussy 51......62 C 1
Saint-Rémy-sur-Creuse 86..169 H 2
Saint-Rémy-sur-Durolle 63..210 C 4
Saint-Renan 29......74 D 2
Saint-René 22......78 C 3
Saint-Restitut 26......285 E 1
Saint-Révérend 85......165 H 4
Saint-Révérien 58......157 F 4
Saint-Rieul 22......79 E 4
Saint-Rigomer-des-Bois 72..83 H 4
Saint-Rimay 41......131 F 3
Saint-Riquier 80......11 H 3
Saint-Riquier-en-Rivière 76..21 G 4
Saint-Riquier-ès-Plains 76...19 G 2
Saint-Rirand 42......211 E 2
Saint-Rivoal 29......76 A 3
Saint-Robert 19......241 H 1
Saint-Robert 47......276 C 2
Saint-Roch 37......151 G 2
Saint-Roch-sur-Égrenne 61..82 A 2
Saint-Rogatien 17......200 C 1
Saint-Romain 16......239 F 3
Saint-Romain 21......177 G 2
Saint-Romain 63......229 F 3
Saint-Romain 86......186 C 5
Saint-Romain Mont 71......194 D 2
Saint-Romain-
au-Mont-d'Or 69......213 E 4
Saint-Romain-d'Ay 07......248 D 2
Saint-Romain-de-Benet 17.219 E 1
Saint-Romain-
de-Colbosc 76......18 D 5
Saint-Romain-
de-Jalionas 38......213 H 5
Saint-Romain-de-Lerps 07..249 E 4
Saint-Romain-
de-Monpazier 24......258 D 2
Saint-Romain-
de-Popey 69......212 C 4
Saint-Romain-de-Surieu 38.231 F 4
Saint-Romain-des-Iles 71...213 E 1
Saint-Romain-d'Urfé 42......211 E 4
Saint-Romain-en-Gal 69.....231 E 3
Saint-Romain-en-Gier 69....230 D 2
Saint-Romain-en-Jarez 42..230 C 3
Saint-Romain-
en-Viennois 84......285 H 2
Saint-Romain-
et-Saint-Clément 24......222 D 4
Saint-Romain-la-Motte 42...211 F 2
Saint-Romain-la-Virvée 33..237 H 4
Saint-Romain-Lachalm 43..248 A 1
Saint-Romain-le-Noble 47...276 C 3
Saint-Romain-le-Preux 89..113 G 5
Saint-Romain-le-Puy 42.....229 H 3
Saint-Romain-
les-Atheux 42......230 B 5
Saint-Romain-
sous-Gourdon 71......194 B 1
Saint-Romain-
sous-Versigny 71......193 H 1
Saint-Romain-sur-Cher 41..153 F 3
Saint-Romain-
sur-Gironde 17......219 F 4
Saint-Roman 26......268 B 2
Saint-Roman
Abbaye de 30......304 B 2
Saint-Roman-de-Bellet 06..309 G 2
Saint-Roman-
de-Codières 30......283 E 5
Saint-Roman-
de-Malegarde 84......285 G 2
Saint-Romans 38......250 A 2
Saint-Romans-
des-Champs 79......185 G 5
Saint-Romans-
lès-Melle 79......185 H 5
Saint-Rome 31......318 B 3
Saint-Rome-de-Cernon 12..281 G 5
Saint-Rome-de-Dolan 48...282 A 2
Saint-Rome-de-Tarn 12.....281 F 5
Saint-Romphaire 50......52 B 5
Saint-Rouin Ermitage de 55..63 F 1
Saint-Rustice 31......297 H 2
Saint-Saëns 76......20 C 4
Saint-Saire 76......21 E 4
Saint-Salvadou 12......279 G 2
Saint-Salvadour 19......224 D 5
Saint-Salvi-
de-Carcavès 81......300 B 2
Saint-Salvy 47......275 H 2
Saint-Salvy-de-la-Balme 81.299 H 5
Saint-Samson 14......34 A 4
Saint-Samson 53......83 E 3
Saint-Samson-
de-Bonfossé 50......32 A 5
Saint-Samson-
de-la-Roque 27......35 E 2

A B C D E F G H I J K L M N O P Q R S T U V W X Y Z

412

A B C D E F G H I J K L M N O P Q R S T U V W X Y Z

Saint-Samson-la-Poterie 60 ... 21 F 5
Saint-Samson-sur-Rance 22 ... 79 G 3
Saint-Sandoux 63 ... 227 H 2
Saint-Santin 12 ... 261 H 3
Saint-Santin-Cantalès 15 ... 243 H 4
Saint-Santin-de-Maurs 15 ... 261 H 3
Saint-Sardos 47 ... 275 H 1
Saint-Sardos 82 ... 297 F 1
Saint-Sardos-de-Laurenque 47 ... 258 D 4
Saint-Satur 18 ... 156 A 3
Saint-Saturnin 15 ... 245 E 1
Saint-Saturnin 16 ... 221 E 1
Saint-Saturnin 18 ... 190 A 2
Saint-Saturnin 48 ... 282 A 1
Saint-Saturnin 51 ... 90 C 2
Saint-Saturnin 63 ... 227 H 2
Saint-Saturnin 72 ... 107 G 4
Saint-Saturnin-de-Lenne 12 ... 263 G 5
Saint-Saturnin-de-Lucian 34 ... 302 A 4
Saint-Saturnin-du-Bois 17 ... 201 G 1
Saint-Saturnin-du-Limet 53 ... 127 G 2
Saint-Saturnin-lès-Apt 84 ... 286 B 5
Saint-Saturnin-lès-Avignon 84 ... 285 G 5
Saint-Saturnin-sur-Loire 49 ... 149 H 2
Saint-Saud-Lacoussière 24 ... 222 D 3
Saint-Sauflieu 80 ... 22 B 3
Saint-Saulge 58 ... 175 F 1
Saint-Saulve 59 ... 9 G 5
Saint-Saury 15 ... 261 G 1
Saint-Sauvant 17 ... 201 H 5
Saint-Sauvant 86 ... 185 H 4
Saint-Sauves-d'Auvergne 63 ... 226 D 2
Saint-Sauveur 05 ... 270 C 3
Saint-Sauveur 21 ... 160 D 2
Saint-Sauveur 29 ... 76 A 2
Saint-Sauveur 31 ... 297 H 3
Saint-Sauveur 33 ... 237 E 1
Saint-Sauveur 38 ... 250 A 2
Saint-Sauveur 54 ... 96 B 2
Saint-Sauveur 60 ... 39 F 3
Saint-Sauveur 70 ... 141 G 2
Saint-Sauveur 79 ... 167 H 3
Saint-Sauveur 80 ... 22 B 1
Saint-Sauveur *Chapelle* 64 ... 330 D 2
Saint-Sauveur-Camprieu 30 ... 282 C 4
Saint-Sauveur-d'Aunis 17 ... 183 H 5
Saint-Sauveur-de-Bergerac 24 ... 240 B 5
Saint-Sauveur-de-Carrouges 61 ... 83 F 2
Saint-Sauveur-de-Chaulieu 50 ... 52 C 4
Saint-Sauveur-de-Cruzières 07 ... 284 A 2
Saint-Sauveur-de-Flée 49 ... 128 A 3
Saint-Sauveur-de-Ginestoux 48 ... 264 D 2
Saint-Sauveur-de-Landemont 49 ... 148 B 3
Saint-Sauveur-de-Meilhan 47 ... 256 D 5
Saint-Sauveur-de-Montagut 07 ... 266 C 1
Saint-Sauveur-de-Peyre 48 ... 264 A 3
Saint-Sauveur-de-Pierrepont 50 ... 31 F 2
Saint-Sauveur-de-Puynormand 33 ... 238 D 4
Saint-Sauveur-d'Émalleville 76 ... 18 D 5
Saint-Sauveur-des-Landes 35 ... 81 E 4
Saint-Sauveur-en-Diois 26 ... 267 H 2
Saint-Sauveur-en-Puisaye 89 ... 135 G 5
Saint-Sauveur-en-Rue 42 ... 248 C 1
Saint-Sauveur-Gouvernet 26 ... 286 B 1
Saint-Sauveur-la-Pommeraye 50 ... 51 G 3
Saint-Sauveur-la-Sagne 63 ... 228 D 5
Saint-Sauveur-la-Vallée 46 ... 260 C 3
Saint-Sauveur-Lalande 24 ... 239 F 4
Saint-Sauveur-le-Vicomte 50 ... 31 G 2
Saint-Sauveur-Lendelin 50 ... 31 G 4
Saint-Sauveur-les-Bains 65 ... 333 E 4
Saint-Sauveur-lès-Bray 77 ... 89 F 4
Saint-Sauveur-Levasville 28 ... 85 H 2
Saint-Sauveur-sur-École 77 ... 88 A 3
Saint-Sauveur-sur-Tinée 06 ... 289 H 3
Saint-Sauvier 03 ... 190 B 4
Saint-Sauvy 32 ... 296 D 3
Saint-Savin 33 ... 237 H 2
Saint-Savin 38 ... 232 A 2
Saint-Savin 65 ... 332 D 2
Saint-Savin 86 ... 187 F 2
Saint-Savinien 17 ... 201 F 4
Saint-Saviol 86 ... 203 G 1
Saint-Savournin 13 ... 327 F 1
Saint-Sébastien 23 ... 188 D 4
Saint-Sébastien 38 ... 251 E 5
Saint-Sébastien *Chapelle* 29 ... 75 H 4
Saint-Sébastien-d'Aigrefeuille 30 ... 283 G 4
Saint-Sébastien-de-Morsent 27 ... 56 B 1
Saint-Sébastien-de-Raids 50 ... 31 H 4
Saint-Sébastien-sur-Loire 44 ... 147 H 4
Saint-Secondin 86 ... 186 D 4
Saint-Ségal 29 ... 75 H 4
Saint-Séglin 35 ... 103 G 5
Saint-Seine 58 ... 175 H 5
Saint-Seine-en-Bâche 21 ... 160 D 5
Saint-Seine-l'Abbaye 21 ... 159 G 2
Saint-Seine-sur-Vingeanne 21 ... 160 D 1
Saint-Selve 33 ... 255 G 2
Saint-Senier-de-Beuvron 50 ... 81 E 2
Saint-Senier-sous-Avranches 50 ... 51 H 4
Saint-Senoch 37 ... 170 B 1
Saint-Senoux 35 ... 104 A 5
Saint-Sériès 34 ... 303 F 3
Saint-Sernin 07 ... 266 B 4
Saint-Sernin 11 ... 318 C 5
Saint-Sernin 47 ... 257 F 2
Saint-Sernin-du-Bois 71 ... 177 E 3
Saint-Sernin-du-Plain 71 ... 177 F 3
Saint-Sernin-lès-Lavaur 81 ... 299 E 5
Saint-Sernin-sur-Rance 12 ... 300 B 1
Saint-Sérotin 89 ... 113 F 2
Saint-Servais 22 ... 77 E 3
Saint-Servais 29 ... 71 F 5
Saint-Servan-sur-Mer 35 ... 50 C 5
Saint-Servant 56 ... 102 C 5
Saint-Setiers 19 ... 225 G 1
Saint-Seurin-de-Bourg 33 ... 237 G 3
Saint-Seurin-de-Cadourne 33 ... 219 E 5
Saint-Seurin-de-Cursac 33 ... 237 F 2
Saint-Seurin-de-Palenne 17 ... 219 G 2
Saint-Seurin-de-Prats 24 ... 257 E 1
Saint-Seurin-d'Uzet 17 ... 219 E 3
Saint-Seurin-sur-l'Isle 33 ... 238 D 4
Saint-Sève 33 ... 256 D 3
Saint-Sever 40 ... 293 H 2
Saint-Sever-Calvados 14 ... 52 B 3
Saint-Sever-de-Rustan 65 ... 315 G 3
Saint-Sever-de-Saintonge 17 ... 219 H 1
Saint-Sever-.du-Moustier 12 ... 300 C 3
Saint-Séverin 16 ... 221 F 5
Saint-Séverin-d'Estissac 24 ... 239 H 3
Saint-Séverin-sur-Boutonne 17 ... 201 H 2
Saint-Siffret 30 ... 284 C 5
Saint-Sigismond 45 ... 110 C 5
Saint-Sigismond 49 ... 148 D 1
Saint-Sigismond 74 ... 216 C 1
Saint-Sigismond 85 ... 184 B 4
Saint-Sigismond-de-Clermont 17 ... 219 G 4
Saint-Silvain-Bas-le-Roc 23 ... 190 A 4
Saint-Silvain-Bellegarde 23 ... 207 H 3
Saint-Silvain-Montaigut 23 ... 206 D 1
Saint-Silvain-sous-Toulx 23 ... 190 A 5
Saint-Siméon 27 ... 35 F 3
Saint-Siméon 61 ... 82 A 3
Saint-Siméon 77 ... 60 A 4
Saint-Siméon-de-Bressieux 38 ... 232 A 5
Saint-Simeux 16 ... 220 D 2
Saint-Simon 02 ... 24 A 3
Saint-Simon 15 ... 244 C 4
Saint-Simon 16 ... 220 D 2
Saint-Simon 46 ... 261 E 2
Saint-Simon-de-Bordes 17 ... 219 H 4
Saint-Simon-de-Pellouaille 17 ... 219 F 2
Saint-Sixt 74 ... 216 A 2
Saint-Sixte 42 ... 211 G 5
Saint-Sixte 47 ... 276 C 4
Saint-Solen 22 ... 79 H 4
Saint-Solve 19 ... 241 H 1
Saint-Sorlin 69 ... 230 D 2
Saint-Sorlin-d'Arves 73 ... 251 H 1
Saint-Sorlin-de-Conac 17 ... 219 F 5
Saint-Sorlin-de-Morestel 38 ... 232 B 2
Saint-Sorlin-de-Vienne 38 ... 231 F 3
Saint-Sorlin-en-Bugey 01 ... 214 A 4
Saint-Sorlin-en-Valloire 26 ... 231 F 5
Saint-Sornin 03 ... 191 G 3
Saint-Sornin 16 ... 221 H 1
Saint-Sornin 17 ... 200 D 5
Saint-Sornin 85 ... 182 D 2
Saint-Sornin-la-Marche 87 ... 205 E 1
Saint-Sornin-Lavolps 19 ... 223 H 5
Saint-Sornin-Leulac 87 ... 205 H 1
Saint-Soulan 32 ... 316 D 2
Saint-Souplet 59 ... 14 D 5
Saint-Souplet-sur-Py 51 ... 42 B 4
Saint-Soupplets 77 ... 59 F 1
Saint-Sozy 46 ... 242 C 5
Saint-Stail 88 ... 96 C 3
Saint-Suliac 35 ... 79 H 3
Saint-Sulpice 01 ... 195 G 4
Saint-Sulpice 46 ... 260 D 4
Saint-Sulpice 49 ... 149 H 2
Saint-Sulpice 53 ... 106 A 5
Saint-Sulpice 58 ... 174 D 1
Saint-Sulpice 60 ... 38 A 3
Saint-Sulpice 63 ... 226 D 2
Saint-Sulpice 70 ... 141 H 5
Saint-Sulpice 73 ... 233 E 2
Saint-Sulpice-d'Arnoult 17 ... 201 E 5
Saint-Sulpice-de-Cognac 16 ... 202 B 5
Saint-Sulpice-de-Faleyrens 33 ... 238 C 5
Saint-Sulpice-de-Favières 91 ... 87 G 3
Saint-Sulpice-de-Grimbouville 27 ... 35 E 2
Saint-Sulpice-de-Guilleragues 33 ... 257 E 3
Saint-Sulpice-de-Mareuil 24 ... 221 H 4
Saint-Sulpice-de-Pommeray 41 ... 132 A 5
Saint-Sulpice-de-Pommiers 33 ... 256 C 2
Saint-Sulpice-de-Roumagnac 24 ... 239 G 2
Saint-Sulpice-de-Royan 17 ... 218 D 1
Saint-Sulpice-de-Ruffec 16 ... 203 G 3
Saint-Sulpice-des-Landes 35 ... 126 C 3
Saint-Sulpice-des-Landes 44 ... 127 F 5
Saint-Sulpice-des-Rivoires 38 ... 232 C 3
Saint-Sulpice-d'Excideuil 24 ... 223 E 5
Saint-Sulpice-en-Pareds 85 ... 183 H 1
Saint-Sulpice-et-Cameyrac 33 ... 237 H 5
Saint-Sulpice-la-Forêt 35 ... 104 C 2
Saint-Sulpice-la-Pointe 81 ... 298 B 3
Saint-Sulpice-Laurière 87 ... 206 B 2
Saint-Sulpice-le-Dunois 23 ... 189 E 5
Saint-Sulpice-le-Guérétois 23 ... 207 E 1
Saint-Sulpice-le-Verdon 85 ... 165 H 2
Saint-Sulpice-les-Bois 19 ... 225 G 2
Saint-Sulpice-les-Champs 23 ... 207 F 3
Saint-Sulpice-les-Feuilles 87 ... 188 B 4
Saint-Sulpice-sur-Lèze 31 ... 317 H 4
Saint-Sulpice-sur-Risle 61 ... 55 F 4
Saint-Supplet 54 ... 44 D 3
Saint-Sylvain 14 ... 53 H 1
Saint-Sylvain 19 ... 243 E 2
Saint-Sylvain 76 ... 19 G 2
Saint-Sylvain-d'Anjou 49 ... 149 H 1
Saint-Sylvestre 07 ... 249 E 4
Saint-Sylvestre 74 ... 215 F 4
Saint-Sylvestre 87 ... 205 H 3
Saint-Sylvestre-Cappel 59 ... 3 H 5
Saint-Sylvestre-de-Cormeilles 27 ... 35 E 4
Saint-Sylvestre-Pragoulin 63 ... 210 B 2
Saint-Sylvestre-sur-Lot 47 ... 276 D 1
Saint-Symphorien 04 ... 287 G 2
Saint-Symphorien 18 ... 173 E 4
Saint-Symphorien 27 ... 35 E 3
Saint-Symphorien 33 ... 255 G 5
Saint-Symphorien 35 ... 80 A 5
Saint-Symphorien 37 ... 151 H 2
Saint-Symphorien 48 ... 264 D 1
Saint-Symphorien 72 ... 107 F 4
Saint-Symphorien 79 ... 184 D 5
Saint-Symphorien-d'Ancelles 71 ... 194 D 5
Saint-Symphorien-de-Lay 42 ... 211 H 3
Saint-Symphorien-de-Mahun 07 ... 248 C 2
Saint-Symphorien-de-Marmagne 71 ... 176 D 3
Saint-Symphorien-de-Thénières 12 ... 263 E 2
Saint-Symphorien-des-Bois 71 ... 194 A 4
Saint-Symphorien-des-Bruyères 61 ... 55 F 4
Saint-Symphorien-des-Monts 50 ... 81 G 2
Saint-Symphorien-d'Ozon 69 ... 231 E 2
Saint-Symphorien-le-Valois 50 ... 31 F 3
Saint-Symphorien-les-Buttes 50 ... 52 C 1
Saint-Symphorien-sous-Chomérac 07 ... 267 E 2
Saint-Symphorien-sur-Coise 69 ... 230 B 2
Saint-Symphorien-sur-Couze 87 ... 205 G 2
Saint-Symphorien-sur-Saône 21 ... 160 C 5
Saint-Thégonnec-Loc-Eguiner 29 ... 71 G 5
Saint-Thélo 22 ... 102 A 1
Saint-Théodorit 30 ... 303 F 1
Saint-Théoffrey 38 ... 251 E 4
Saint-Thibaud-de-Couz 73 ... 233 E 3
Saint-Thibault 10 ... 115 E 2
Saint-Thibault 18 ... 156 A 3
Saint-Thibault 21 ... 159 E 2
Saint-Thibault 60 ... 21 G 4
Saint-Thibault-des-Vignes 77 ... 59 E 3
Saint-Thibaut 02 ... 40 D 3
Saint-Thibéry 34 ... 322 C 4
Saint-Thiébaud 39 ... 179 H 2
Saint-Thiébault 52 ... 117 H 2
Saint-Thierry 51 ... 41 G 3
Saint-Thois 29 ... 76 A 5
Saint-Thomas 02 ... 41 E 1
Saint-Thomas 31 ... 297 F 5
Saint-Thomas *Col de* 42 ... 211 E 4
Saint-Thomas-de-Conac 17 ... 219 F 4
Saint-Thomas-de-Courceriers 53 ... 82 D 5
Saint-Thomas-en-Argonne 51 ... 43 E 4
Saint-Thomas-en-Royans 26 ... 250 A 3
Saint-Thomas-la-Garde 42 ... 229 G 3
Saint-Thomé 07 ... 266 D 4
Saint-Thonan 29 ... 70 D 5
Saint-Thual 35 ... 79 H 5
Saint-Thurial 35 ... 103 H 4
Saint-Thuriau 56 ... 101 H 3
Saint-Thurien 27 ... 35 F 2
Saint-Thurien 29 ... 100 C 3
Saint-Thurin 42 ... 211 F 5
Saint-Thyrse *Chapelle* 04 ... 308 A 1
Saint-Tricat 62 ... 2 C 3
Saint-Trimoël 22 ... 78 D 4
Saint-Trinit 84 ... 286 C 3
Saint-Trivier-de-Courtes 01 ... 195 G 2
Saint-Trivier-sur-Moignans 01 ... 213 F 2
Saint-Trojan 33 ... 237 G 3
Saint-Trojan-les-Bains 17 ... 200 B 4
Saint-Tropez 83 ... 329 G 2
Saint-Tugdual 56 ... 101 E 2
Saint-Tugen 29 ... 98 D 2
Saint-Ulphace 72 ... 108 D 3
Saint-Ulrich 68 ... 143 E 3
Saint-Uniac 35 ... 103 G 2
Saint-Urbain 29 ... 75 G 2
Saint-Urbain 85 ... 164 D 2
Saint-Urbain-sur-Marne 52 ... 93 E 4
Saint-Urcisse 47 ... 276 D 3
Saint-Urcisse 81 ... 298 B 1
Saint-Urcize 15 ... 263 G 2
Saint-Ursin 50 ... 51 G 3
Saint-Usage 10 ... 116 A 3
Saint-Usage 21 ... 160 C 5
Saint-Usuge 71 ... 178 C 5
Saint-Utin 51 ... 91 H 2
Saint-Uze 26 ... 249 F 2
Saint-Vaast-de-Longmont 60 ... 39 F 3
Saint-Vaast-d'Équiqueville 76 ... 20 C 2
Saint-Vaast-Dieppedalle 76 ... 19 G 3
Saint-Vaast-du-Val 76 ... 20 A 4
Saint-Vaast-en-Auge 14 ... 34 B 3
Saint-Vaast-en-Cambrésis 59 ... 14 C 3
Saint-Vaast-en-Chaussée 80 ... 22 B 1
Saint-Vaast-la-Hougue 50 ... 29 H 3
Saint-Vaast-lès-Mello 60 ... 38 C 4
Saint-Vaast-sur-Seulles 14 ... 33 E 5
Saint-Vaize 17 ... 201 G 5
Saint-Valbert 70 ... 142 B 3
Saint-Valentin 36 ... 172 A 2
Saint-Valérien 85 ... 183 H 2
Saint-Valérien 89 ... 113 E 3
Saint-Valery 60 ... 21 F 3
Saint-Valery-en-Caux 76 ... 19 G 2
Saint-Valery-sur-Somme 80 ... 11 F 2
Saint-Vallerin 71 ... 177 G 5
Saint-Vallier 16 ... 238 D 1
Saint-Vallier 26 ... 249 E 2
Saint-Vallier 71 ... 194 A 1
Saint-Vallier 88 ... 95 E 5
Saint-Vallier-de-Thiey 06 ... 308 D 2
Saint-Vallier-sur-Marne 52 ... 139 H 2
Saint-Varent 79 ... 168 A 3
Saint-Vaury 23 ... 206 D 1
Saint-Venant 62 ... 7 H 2
Saint-Venec *Chapelle* 29 ... 75 H 5
Saint-Vénérand 43 ... 246 D 5
Saint-Vérain 58 ... 156 B 1
Saint-Véran 05 ... 271 F 1
Saint-Vérand 38 ... 250 A 2
Saint-Vérand 69 ... 212 C 4
Saint-Vérand 71 ... 194 D 5
Saint-Vert 43 ... 228 C 5
Saint-Viance 19 ... 242 B 2
Saint-Viâtre 41 ... 154 B 1
Saint-Viaud 44 ... 146 D 3
Saint-Victeur 72 ... 83 G 5
Saint-Victor 03 ... 190 D 4
Saint-Victor 07 ... 248 D 3
Saint-Victor 15 ... 243 H 4
Saint-Victor 24 ... 239 H 1
Saint-Victor-de-Buthon 28 ... 85 F 4
Saint-Victor-de-Cessieu 38 ... 232 B 3
Saint-Victor-de-Chrétienville 27 ... 55 E 1
Saint-Victor-de-Malcap 30 ... 284 A 2
Saint-Victor-de-Morestel 38 ... 232 B 1
Saint-Victor-de-Réno 61 ... 84 D 3
Saint-Victor-d'Épine 27 ... 35 F 4
Saint-Victor-des-Oules 30 ... 284 C 4
Saint-Victor-en-Marche 23 ... 207 E 2
Saint-Victor-et-Melvieu 12 ... 281 F 5
Saint-Victor-la-Coste 30 ... 284 D 4
Saint-Victor-la-Rivière 63 ... 227 F 3
Saint-Victor-l'Abbaye 76 ... 20 B 4
Saint-Victor-Malescours 43 ... 248 A 1
Saint-Victor-Montvianeix 63 ... 210 D 4
Saint-Victor-Rouzaud 09 ... 336 A 1
Saint-Victor-sur-Arlanc 43 ... 229 E 5
Saint-Victor-sur-Avre 27 ... 55 H 5
Saint-Victor-sur-Loire 42 ... 230 A 4
Saint-Victor-sur-Ouche 21 ... 159 G 4
Saint-Victor-sur-Rhins 42 ... 212 A 3
Saint-Victoret 13 ... 326 C 1
Saint-Victour 19 ... 226 B 4
Saint-Victurnien 87 ... 205 E 4
Saint-Vidal 43 ... 247 E 3
Saint-Vigor 27 ... 56 C 1
Saint-Vigor-des-Mézerets 14 ... 53 E 2
Saint-Vigor-des-Monts 50 ... 52 B 2
Saint-Vigor-d'Ymonville 76 ... 34 D 1
Saint-Vigor-le-Grand 14 ... 33 E 3
Saint-Vincent 31 ... 318 C 2
Saint-Vincent 43 ... 247 F 2
Saint-Vincent 63 ... 227 H 3
Saint-Vincent 64 ... 314 C 5
Saint-Vincent 82 ... 278 B 3
Saint-Vincent-Bragny 71 ... 193 H 2
Saint-Vincent-Cramesnil 76 ... 34 D 1
Saint-Vincent-de-Barbeyrargues 34 ... 302 D 3
Saint-Vincent-de-Barrès 07 ... 267 E 3
Saint-Vincent-de-Boisset 42 ... 211
Saint-Vincent-de-Connezac 24 ... 239
Saint-Vincent-de-Cosse 24 ... 259
Saint-Vincent-de-Durfort 07 ... 266
Saint-Vincent-de-Lamontjoie 47 ... 275
Saint-Vincent-de-Mercuze 38 ... 233 F
Saint-Vincent-de-Paul 33 ... 237 H
Saint-Vincent-de-Paul 40 ... 293 E
Saint-Vincent-de-Pertignas 33 ... 256 C
Saint-Vincent-de-Reins 69 ... 212 E
Saint-Vincent-de-Salers 15 ... 244 C
Saint-Vincent-de-Tyrosse 40 ... 292 E
Saint-Vincent-des-Bois 27 ... 56 D
Saint-Vincent-des-Landes 44 ... 126 D
Saint-Vincent-des-Prés 71 ... 194 C
Saint-Vincent-des-Prés 72 ... 84 A
Saint-Vincent-d'Olargues 34 ... 300 D
Saint-Vincent-du-Boulay 27 ... 35 E
Saint-Vincent-du-Lorouër 72 ... 130 C
Saint-Vincent-du-Pendit 46 ... 261 E
Saint-Vincent-en-Bresse 71 ... 178 E
Saint-Vincent-Jalmoutiers 24 ... 239 F
Saint-Vincent-la-Châtre 79 ... 185 G
Saint-Vincent-la-Commanderie 26 ... 249 H
Saint-Vincent-le-Paluel 24 ... 241 G
Saint-Vincent-les-Forts 04 ... 270 E
Saint-Vincent-Lespinasse 82 ... 277 E
Saint-Vincent-Puymaufrais 85 ... 183 F
Saint-Vincent-Rive-d'Olt 46 ... 259 G
Saint-Vincent-Sterlanges 85 ... 166 C
Saint-Vincent-sur-Graon 85 ... 182 D
Saint-Vincent-sur-Jabron 04 ... 287 E
Saint-Vincent-sur-Jard 85 ... 182 C
Saint-Vincent-sur-l'Isle 24 ... 240 D
Saint-Vincent-sur-Oust 56 ... 125 G
Saint-Vinnemer 89 ... 137 F
Saint-Vit 25 ... 161 G
Saint-Vital 73 ... 234 A
Saint-Vite 47 ... 259 E
Saint-Vitte 18 ... 190 C
Saint-Vitte-sur-Briance 87 ... 224 C
Saint-Vivien 17 ... 200 D
Saint-Vivien 24 ... 239 E
Saint-Vivien-de-Blaye 33 ... 237 G
Saint-Vivien-de-Médoc 33 ... 218 C
Saint-Vivien-de-Monségur 33 ... 257 E
Saint-Voir 03 ... 192 C
Saint-Vougay 29 ... 71 F
Saint-Vrain 51 ... 63 E
Saint-Vrain 91 ... 87 H
Saint-Vran 22 ... 102 D
Saint-Vulbas 01 ... 214 A
Saint-Waast 59 ... 15 F
Saint-Wandrille-Rançon 76 ... 35 G
Saint-Witz 95 ... 58 D
Saint-Xandre 17 ... 183 F
Saint-Yaguen 40 ... 293 G
Saint-Yan 71 ... 193 G
Saint-Ybard 19 ... 224 B
Saint-Ybars 09 ... 317 H
Saint-Ylie 39 ... 178 D
Saint-Yon 91 ... 87 G
Saint-Yorre 03 ... 210 C
Saint-Yrieix-la-Montagne 23 ... 207 F
Saint-Yrieix-la-Perche 87 ... 223 G
Saint-Yrieix-le-Déjalat 19 ... 225 F
Saint-Yrieix-les-Bois 23 ... 207 F
Saint-Yrieix-sous-Aixe 87 ... 205 F
Saint-Yrieix-sur-Charente 16 ... 221 E
Saint-Ythaire 71 ... 194 C
Saint-Yvi 29 ... 100 A
Saint-Yvoine 63 ... 228 A
Saint-Yzan-de-Soudiac 33 ... 237 H
Saint-Yzans-de-Médoc 33 ... 219 E
Saint-Zacharie 83 ... 327 G

Sainte-Adresse 76...........34 B 1
Sainte-Agathe 63...........210 D 5
Sainte-Agathe-
d'Aliermont 76...........20 C 2
Sainte-Agathe-
en-Donzy 42...........212 A 5
Sainte-Agathe-
la-Bouteresse 42...........229 G 1
Sainte-Agnès 06...........291 G 5
Sainte-Agnès 38...........251 F 1
Sainte-Agnès 39...........196 B 1
Sainte-Alauzie 46...........277 H 2
Sainte-Alvère 24...........240 D 5
Sainte-Anastasie 15...........245 G 2
Sainte-Anastasie 30...........303 H 1
Sainte-Anastasie-
sur-Issole 83...........328 C 2
Sainte-Anne 04...........271 E 4
Sainte-Anne 25...........180 A 2
Sainte-Anne 32...........297 E 3
Sainte-Anne 41...........131 G 3
Sainte-Anne-d'Auray 56...........124 A 3
Sainte-Anne-d'Evenos 83....327 H 4
Sainte-Anne-
du-Castellet 83...........327 H 3
Sainte-Anne-
la-Condamine 04...........271 E 4
Sainte-Anne-la-Palud 29...........75 G 5
Sainte-Anne-
Saint-Priest 87...........224 D 1
Sainte-Anne-sur-Brivet 44...146 D 1
Sainte-Anne-
sur-Gervonde 38...........231 H 3
Sainte-Anne-sur-Vilaine 35..126 B 3
Sainte-Aulde 77...........60 A 2
Sainte-Aurence-Cazaux 32..315 H 3
Sainte-Austreberthe 62...........7 E 5
Sainte-Austreberthe 76...........20 A 5
Sainte-Avoye 56...........124 A 4
Sainte-Barbe 57...........46 B 5
Sainte-Barbe 88...........95 H 3
Sainte-Barbe
Alignements de 56...........100 D 3
Sainte-Barbe-
sur-Gaillon 27...........36 C 5
Sainte-Baume
Gorge de la 07...........266 D 5
La Sainte-Baume
Massif de 93...........327 G 2
Sainte-Bazeille 47...........257 E 4
Sainte-Beuve-
en-Rivière 76...........21 E 3
Sainte-Blandine 38...........232 B 2
Sainte-Blandine 79...........185 F 5
Sainte-Brigitte 56...........77 G 5
Sainte-Camelle 11...........318 C 4
Sainte-Catherine 62...........13 G 2
Sainte-Catherine 63...........228 C 4
Sainte-Catherine 69...........230 C 2
Sainte-Catherine-
de-Fierbois 37...........151 H 5
Sainte-Cécile 36...........153 H 5
Sainte-Cécile 50...........52 A 3
Sainte-Cécile 71...........194 C 3
Sainte-Cécile 85...........166 B 4
Sainte-Cécile-
d'Andorge 30...........283 G 2
Sainte-Cécile-
du-Cayrou 81...........278 D 5
Sainte-Cécile-
les-Vignes 84...........285 F 2
Sainte-Céronne-
lès-Mortagne 61...........84 B 2
Sainte-Cérotte 72...........130 D 2
Sainte-Christie 32...........296 B 3
Sainte-Christie-
d'Armagnac 32...........295 E 2
Sainte-Christine 49...........149 E 3
Sainte-Christine 63...........209 F 2
Sainte-Christine 85...........184 C 4
Sainte-Christine
Chapelle 29...........75 F 3
Sainte-Colombe 05...........286 D 1
Sainte-Colombe 16...........203 G 5
Sainte-Colombe 17...........238 B 1
Sainte-Colombe 25...........180 A 2
Sainte-Colombe 33...........238 D 5
Sainte-Colombe 35...........104 C 5
Sainte-Colombe 40...........293 H 3
Sainte-Colombe 46...........261 F 2
Sainte-Colombe 50...........29 F 5
Sainte-Colombe 69...........231 F 3
Sainte-Colombe 76...........19 G 3
Sainte-Colombe 77...........89 G 3
Sainte-Colombe 89...........137 E 5
Sainte-Colombe-
de-Duras 47...........257 E 2

Sainte-Colombe-
de-la-Commanderie 66...342 D 3
Sainte-Colombe-
de-Peyre 48...........264 A 2
Sainte-Colombe-
de-Villeneuve 47...........276 B 1
Sainte-Colombe-
des-Bois 58...........156 C 3
Sainte-Colombe-
en-Auxois 21...........159 E 2
Sainte-Colombe-
en-Bruilhois 47...........275 H 3
Sainte-Colombe-
la-Commanderie 27...........36 A 5
Sainte-Colombe-
près-Vernon 27...........36 C 5
Sainte-Colombe-
sur-Gand 42...........212 A 4
Sainte-Colombe-
sur-Guette 11...........337 G 5
Sainte-Colombe-
sur-l'Hers 11...........337 E 3
Sainte-Colombe-
sur-Loing 89...........135 G 5
Sainte-Colombe-
sur-Seine 21...........138 A 2
Sainte-Colome 64...........332 A 1
Sainte-Consorce 69...........212 D 5
Sainte-Croix 01...........213 G 4
Sainte-Croix 02...........41 E 1
Sainte-Croix 12...........261 F 5
Sainte-Croix 24...........258 D 2
Sainte-Croix 26...........268 A 1
Sainte-Croix 71...........195 H 1
Sainte-Croix 81...........279 G 5
Sainte-Croix
Barrage de 83...........307 F 2
Sainte-Croix Prieuré de 60...39 G 2
Sainte-Croix-à-Lauze 04...........306 B 1
Sainte-Croix-aux-Mines 68....96 D 5
Sainte-Croix-
de-Caderle 30...........283 F 4
Sainte-Croix-de-Mareuil 24..221 H 4
Sainte-Croix-
de-Quintillargues 34...........302 D 3
Sainte-Croix-du-Mont 33...256 B 3
Sainte-Croix-du-Verdon 04..307 F 2
Sainte-Croix-en-Jarez 42....230 D 3
Sainte-Croix-en-Plaine 68...121 E 3
Sainte-Croix-
Grand-Tonne 14...........33 F 4
Sainte-Croix-Hague 50...........28 D 3
Sainte-Croix-sur-Aizier 27......35 F 2
Sainte-Croix-sur-Buchy 76......20 D 5
Sainte-Croix-sur-Mer 14........33 F 3
Sainte-Croix-sur-Orne 61......53 G 4
Sainte-Croix-
Vallée-Française 48...........283 E 3
Sainte-Croix-Volvestre 09...335 F 1
Sainte-Dode 32...........315 H 2
Sainte-Eanne 79...........185 G 3
Sainte-Engrâce 64...........331 F 3
Sainte-Enimie 48...........282 B 1
Sainte-Eugénie-
de-Villeneuve 43...........246 D 2
Sainte-Eugienne 50...........51 H 4
Sainte-Eulalie 07...........265 H 1
Sainte-Eulalie 11...........319 G 5
Sainte-Eulalie 15...........244 B 3
Sainte-Eulalie 33...........237 H 5
Sainte-Eulalie 48...........264 C 1
Sainte-Eulalie-d'Ans 24...........241 E 1
Sainte-Eulalie-
de-Cernon 12...........281 H 5
Sainte-Eulalie-d'Eymet 24...257 G 2
Sainte-Eulalie-d'Olt 12...........263 G 5
Sainte-Eulalie-en-Born 40...272 C 2
Sainte-Eulalie-
en-Royans 26...........250 A 3
Sainte-Euphémie 01...........213 E 3
Sainte-Euphémie-
sur-Ouvèze 26...........286 B 1
Sainte-Eusoye 60...........22 B 5
Sainte-Fauste 36...........172 A 3
Sainte-Féréole 19...........242 C 1
Sainte-Feyre 23...........207 E 1
Sainte-Feyre-
la-Montagne 23...........207 H 4
Sainte-Flaive-
des-Loups 85...........165 G 5
Sainte-Florence 33...........256 D 1
Sainte-Florence 85...........166 B 3
Sainte-Florine 43...........228 A 4
Sainte-Foi 09...........336 D 1
Sainte-Foy 40...........294 B 1

Sainte-Foy 71...........193 H 5
Sainte-Foy 76...........20 B 3
Sainte-Foy 85...........182 B 1
Sainte-Foy-
d'Aigrefeuille 31...........298 B 5
Sainte-Foy-de-Belvès 24...259 E 4
Sainte-Foy-de-Longas 24...240 C 5
Sainte-Foy-
de-Montgommery 14...........54 C 2
Sainte-Foy-
de-Peyrolières 31...........317 F 2
Sainte-Foy-
des-Vignes 24...........239 H 5
Sainte-Foy-la-Grande 33...257 F 1
Sainte-Foy-la-Longue 33...256 C 3
Sainte-Foy-l'Argentière 69..230 B 1
Sainte-Foy-lès-Lyon 69...........231 E 1
Sainte-Foy-
Saint-Sulpice 42...........211 H 5
Sainte-Foy-Tarentaise 73...235 E 1
Sainte-Gauburge 61...........84 C 5
Sainte-Marguerite-
Sainte-Gauburge-
Sainte-Colombe 61...........55 E 5
Sainte-Gemme 17...........201 E 5
Sainte-Gemme 32...........296 C 2
Sainte-Gemme 33...........257 E 3
Sainte-Gemme 36...........171 E 3
Sainte-Gemme 51...........40 D 5
Sainte-Gemme 79...........168 A 3
Sainte-Gemme 81...........279 H 4
Sainte-Gemme-
en-Sancerrois 18...........155 H 2
Sainte-Gemme-
la-Plaine 85...........183 F 2
Sainte-Gemme-
Martaillac 47...........275 E 1
Sainte-Gemme-Moronval 28..56 D 4
Sainte-Gemmes 41...........132 A 3
Sainte-Gemmes-
d'Andigné 49...........128 A 4
Sainte-Gemmes-
le-Robert 53...........106 D 2
Sainte-Gemmes-
sur-Loire 49...........149 G 2
Sainte-Geneviève 02...........25 G 3
Sainte-Geneviève 54...........29 G 3
Sainte-Geneviève 60...........38 B 3
Sainte-Geneviève 76...........20 D 4
Sainte-Geneviève-
des-Bois 45...........134 D 3
Sainte-Geneviève-
des-Bois 91...........87 H 2
Sainte-Geneviève-
lès-Gasny 27...........57 E 1
Sainte-Geneviève-
sur-Argence 12...........263 E 1
Sainte-Hélène 33...........236 D 4
Sainte-Hélène 48...........264 D 4
Sainte-Hélène 56...........123 G 2
Sainte-Hélène 71...........177 F 4
Sainte-Hélène 88...........95 H 5
Sainte-Hélène-
Bondeville 76...........19 E 3
Sainte-Hélène-du-Lac 73...233 G 3
Sainte-Hélène-sur-Isère 73..234 A 1
Sainte-Hermine 85...........183 G 1
Sainte-Honorine-
de-Ducy 14...........32 D 5
Sainte-Honorine-
des-Pertes 14...........32 D 2
Sainte-Honorine-du-Fay 14...33 F 5
Sainte-Honorine-
la-Chardonne 61...........53 F 3
Sainte-Honorine-
la-Guillaume 61...........53 G 4
Sainte-Innocence 24...........257 G 2
Sainte-Jalle 26...........286 A 1
Sainte-Jamme-
sur-Sarthe 72...........107 H 3
Sainte-Julie 01...........214 A 4
Sainte-Juliette 82...........277 F 2
Sainte-Juliette-
sur-Viaur 12...........280 C 3
Sainte-Léocadie 66...........341 F 5
Sainte-Lheurine 17...........220 B 3
Sainte-Livière 52...........92 B 2
Sainte-Livrade 31...........297 F 4
Sainte-Livrade-sur-Lot 47...276 B 1
Sainte-Lizaigne 36...........172 B 2
Sainte-Lucie-
de-Porto-Vecchio 2A...349 G 5
Sainte-Lucie-de-Tallano 2A..349 E 5
Sainte-Lunaise 18...........173 E 3
Sainte-Magnance 89...........158 B 2

Sainte-Marguerite 43...........246 D 2
Sainte-Marguerite 88...........96 B 5
Sainte-Marguerite Île 06...309 F 4
Sainte-Marguerite
Presqu'île de 29...........70 C 4
Sainte-Marguerite-
de-Carrouges 61...........83 E 2
Sainte-Marguerite-
de-l'Autel 27...........55 H 3
Sainte-Marguerite-
de-Viette 14...........54 B 1
Sainte-Marguerite-d'Elle 14...32 B 4
Sainte-Marguerite-
des-Loges 14...........54 C 1
Sainte-Marguerite-
en-Ouche 27...........55 F 1
Sainte-Marguerite-
Lafigère 07...........265 G 5
Sainte-Marguerite-
sur-Duclair 76...........35 H 1
Sainte-Marguerite-
sur-Fauville 76...........19 F 4
Sainte-Marguerite-sur-Mer 76..10 A 5
Sainte-Marie 05...........268 C 4
Sainte-Marie 08...........42 D 2
Sainte-Marie 15...........245 F 5
Sainte-Marie 16...........239 E 1
Sainte-Marie 25...........142 B 4
Sainte-Marie 32...........296 D 4
Sainte-Marie 35...........125 H 3
Sainte-Marie 44...........146 C 5
Sainte-Marie 58...........175 E 1
Sainte-Marie 65...........334 B 2
Sainte-Marie Col de 88...........96 C 5
Sainte-Marie-à-Py 51...........42 C 4
Sainte-Marie-au-Bosc 76...........18 C 4
Sainte-Marie-aux-Anglais 14..54 B 1
Sainte-Marie-aux-Chênes 57..45 F 5
Sainte-Marie-aux-Mines 68...96 D 5
Sainte-Marie-Cappel 59...........3 H 4
Sainte-Marie-d'Alloix 38...233 F 4
Sainte-Marie-d'Alvey 73...232 D 2
Sainte-Marie-d'Attez 27...........56 A 4
Sainte-Marie-
de-Campan 65...........333 F 2
Sainte-Marie-
de-Chignac 24...........240 D 2
Sainte-Marie-de-Cuines 73..234 A 5
Sainte-Marie-de-Gosse 40...292 C 4
Sainte-Marie-de-Ré 17...........200 B 1
Sainte-Marie-de-Vars 05...270 D 3
Sainte-Marie-
de-Vatimesnil 27...........37 E 4
Sainte-Marie-de-Vaux 87...205 F 4
Sainte-Marie-
des-Champs 76...........19 G 5
Sainte-Marie-
des-Chazes 43...........246 D 3
Sainte-Marie-du-Bois 50...........81 H 2
Sainte-Marie-du-Bois 53...........82 C 3
Sainte-Marie-
du-Lac-Nuisement 51...........92 B 2
Sainte-Marie du Ménez-Hom
Chapelle 29...........75 G 4
Sainte-Marie-du-Mont 38...233 F 4
Sainte-Marie-du-Mont 50...........32 A 2
Sainte-Marie-
en-Chanois 70...........141 H 2
Sainte-Marie-en-Chaux 70...141 G 2
Sainte-Marie-Kerque 62...........3 E 3
Sainte-Marie-
la-Blanche 21...........177 H 2
Sainte-Marie-la-Mer 66...339 E 5
Sainte-Marie-la-Robert 61.....53 H 5
Sainte-Marie-
Lapanouse 12...........226 B 4
Sainte-Marie-Laumont 14....52 C 2
Sainte-Marie-Outre-l'Eau 14..52 B 2
Sainte-Marie-
sur-Ouche 21...........159 G 3
Sainte-Marine 29...........99 G 4
Sainte-Marthe 27...........55 H 2
Sainte-Marthe 47...........257 E 5
Sainte-Maure 10...........90 D 5
Sainte-Maure-
de-Peyriac 47...........275 E 5
Sainte-Maure-
de-Touraine 37...........151 H 5
Sainte-Maxime 83...........329 G 2
Sainte-Même 17...........201 H 4
Sainte-Menehould 51...........43 E 5
Sainte-Mère 32...........276 B 5
Sainte-Mère-Église 50...........29 G 5
Sainte-Mesme 78...........87 E 3
Sainte-Mondane 24...........259 H 1
Sainte-Montaine 18...........155 E 1
Sainte-Nathalène 24...........241 G 5

Sainte-Néomaye 79...........185 F 3
Sainte-Odile Mont 67...........97 E 3
Sainte-Olive 01...........213 F 2
Sainte-Opportune 61...........53 F 4
Sainte-Opportune-
du-Bosc 27...........35 H 5
Sainte-Opportune-
la-Mare 27...........35 F 2
Sainte-Orse 24...........241 F 2
Sainte-Osmane 72...........130 D 2
Sainte-Ouenne 79...........184 D 3
Sainte-Pallaye 89...........136 C 5
Sainte-Paule 69...........212 C 3
Sainte-Pazanne 44...........147 E 5
Sainte-Pexine 85...........183 F 1
Sainte-Pezenne 79...........184 D 4
Sainte-Pience 50...........51 H 4
Sainte-Pôle 54...........96 A 2
Sainte-Preuve 02...........25 F 5
Sainte-Radegonde 12...........280 D 1
Sainte-Radegonde 17...........201 E 4
Sainte-Radegonde 24...........258 C 2
Sainte-Radegonde 32...........296 B 2
Sainte-Radegonde 33...........256 D 1
Sainte-Radegonde 71...........176 B 5
Sainte-Radegonde 79...........168 A 2
Sainte-Radégonde 86...........187 E 1
Sainte-Radégonde-
des-Noyers 85...........183 G 3
Sainte-Ramée 17...........219 F 4
Sainte-Reine 70...........161 G 1
Sainte-Reine 73...........233 G 2
Sainte-Reine-
de-Bretagne 44...........146 C 1
Sainte-Restitude 2B...........346 C 2
Sainte-Roseline
Chapelle 83...........308 B 5
Sainte-Ruffine 57...........65 G 1
Sainte-Sabine 21...........159 F 4
Sainte-Sabine 24...........258 C 2
Sainte-Sabine-
sur-Longève 72...........107 G 3
Sainte-Savine 10...........90 D 5
Sainte-Scolasse-
sur-Sarthe 61...........84 A 2
Sainte-Segrée 80...........21 H 3
Sainte-Sève 29...........71 H 5
Sainte-Sévère 16...........202 C 5
Sainte-Sévère-sur-Indre 36..189 H 3
Sainte-Sigolène 43...........248 A 1
Sainte-Solange 18...........155 F 5
Sainte-Soline 79...........185 H 5
Sainte-Souline 16...........220 D 5
Sainte-Soulle 17...........183 G 5
Sainte-Suzanne 09...........317 H 5
Sainte-Suzanne 25...........142 B 4
Sainte-Suzanne 64...........313 F 2
Sainte-Suzanne-
en-Bauptois 50...........31 G 3
Sainte-Suzanne-
et-Chammes 53...........106 D 3
Sainte-Suzanne-sur-Vire 50..32 B 5
Sainte-Terre 33...........256 C 1
Sainte-Thérence 03...........190 C 5
Sainte-Thorette 18...........172 D 1
Sainte-Tréphine 22...........77 G 4
Sainte-Trie 24...........241 G 1
Sainte-Tulle 04...........306 C 2
Sainte-Valière 11...........320 D 4
Sainte-Vaubourg 08...........42 C 1
Sainte-Verge 79...........168 A 1
Sainte-Vertu 89...........137 E 3
Sainteny 50...........31 H 3
Saintes 17...........201 G 5
Saintes-Maries-
de-la-Mer 13...........324 C 3
Saintines 60...........39 F 3
Saintry-sur-Seine 91...........88 A 2
Saints 77...........59 H 4
Saints-en-Puisaye 89...........135 H 5
Saints-Geosmes 52...........139 G 2
Sainville 28...........86 D 4
Saires 86...........169 E 3
Saires-la-Verrerie 61...........53 F 5
Saisies Col des 73...........216 B 5
Saissac 11...........319 F 3
Saisseval 80...........22 A 2
Saisy 71...........177 F 2
Saivres 79...........185 F 3
Le Saix 05...........269 F 4
Saïx 81...........299 G 5
Saix 86...........150 C 5
Saizenay 39...........179 H 2
Saizerais 54...........65 G 4
Saizy 58...........157 G 3
Sajas 31...........317 E 3
Salagnac 24...........241 G 1

Salagnon 38...........232 A 1
Salaise-sur-Sanne 38...........231 E 5
Salans 39...........161 G 4
Salasc 34...........301 H 4
Salaunes 33...........237 G 4
Salavas 07...........284 B 1
Salavre 01...........196 A 3
Salazac 30...........284 C 2
Salbris 41...........154 C 2
Les Salces 48...........263 H 4
Saléchan 65...........334 B 3
Saleich 31...........335 E 2
Saleignes 17...........202 C 3
Saleilles 66...........343 F 2
Les Salelles 07...........265 H 5
Les Salelles 48...........264 A 5
Salency 60...........23 H 5
Salenthal 67...........68 B 5
Saléon 05...........287 E 1
Salérans 05...........287 E 2
Salerm 31...........316 C 4
Salernes 83...........307 G 4
Salers 15...........244 C 3
Sales 74...........215 F 4
Salesches 59...........15 E 3
La Salette-Fallavaux 38...251 G 5
Salettes 26...........267 G 4
Salettes 43...........247 G 5
Saleux 80...........22 B 2
Salève Mont 74...........215 G 1
Salice 2A...........348 C 1
Saliceto 2B...........347 F 3
Saliès 81...........299 F 1
Salies-de-Béarn 64...........311 H 3
Salies-du-Salat 31...........334 D 1
Salignac 04...........287 G 3
Salignac 33...........308 B 5
Salignac-de-Mirambeau 17..219 H 5
Salignac-Eyvigues 24...........241 H 4
Salignac-sur-Charente 17...219 H 1
Saligny 39...........161 F 4
Saligny 85...........165 H 3
Saligny 89...........113 G 2
Saligny-le-Vif 18...........173 H 1
Saligny-sur-Roudon 03...193 E 3
Saligos 65...........332 D 3
Salin-de-Badon 13...........324 D 3
Salin-de-Giraud 13...........325 E 3
Salindres 30...........283 H 3
Saline Royale d'Arc-
et-Cenans 25...........179 G 1
Salinelles 30...........303 F 2
Salins 15...........244 B 2
Salins 77...........89 E 4
Les Salins-d'Hyères 83...328 C 4
Salins-les-Bains 39...........179 H 2
Salins-Fontaine 73...........234 C 3
Salives 21...........138 D 5
Sallagriffon 06...........289 F 5
Sallanches 74...........216 C 3
Sallaumines 62...........8 C 5
La Salle 71...........195 E 3
La Salle 88...........96 A 4
La Salle-de-Vihiers 49...149 F 5
La Salle-en-Beaumont 38...251 F 5
La Salle-
et-Chapelle-Aubry 49...148 D 3
La Salle-les-Alpes 05...252 C 4
La Salle-Prunet 48...........282 D 2
Sallebœuf 33...........237 H 5
Sallèdes 63...........228 A 2
Sallèles-Cabardès 11...319 H 4
Sallèles-d'Aude 11...........321 E 4
Sallen 14...........32 D 5
Sallenelles 14...........33 H 3
Sallenôves 74...........215 F 2
Sallertaine 85...........164 D 2
Les Salles 33...........238 D 5
Les Salles 42...........211 E 5
Salles 47...........258 D 4
Salles 65...........332 D 2
Salles 79...........185 G 3
Salles 81...........279 F 4
Salles-Adour 65...........315 E 5
Salles-Arbuissonnas-
en-Beaujolais 69...........212 D 2
Salles-Courbatiès 12...........261 E 3
Salles-Curan 12...........281 E 3
Salles-d'Angles 16...........220 B 2
Salles-d'Armagnac 32...295 E 2
Salles-d'Aude 11...........321 F 5
Salles-de-Barbezieux 16...220 C 4
Salles-de-Belvès 24...........259 E 2
Salles-de-Villefagnan 16...203 F 3
Les Salles-du-Gardon 30...283 G 3
Salles-en-Toulon 86...........187 E 2

A B C D E F G H I J K L M N O P Q R S T U V W X Y Z

Salles-et-Pratviel 31 .... 334 B 4
Salles-la-Source 12 .... 262 C 5
Salles-Lavalette 16 .... 221 F 5
Les Salles-Lavaguyon 87 .... 222 C 1
Salles-lès-Aulnay 17 .... 202 B 2
Salles-Mongiscard 64 .... 293 F 5
Salles-sous-Bois 26 .... 267 F 5
Salles-sur-Garonne 31 .... 317 F 4
Salles-sur-l'Hers 11 .... 318 C 4
Salles-sur-Mer 17 .... 200 D 1
Les Salles-sur-Verdon 83 .... 307 G 2
Sallespisse 64 .... 293 G 5
Salmagne 55 .... 64 B 5
Salmaise 21 .... 159 F 1
Salmbach 67 .... 69 G 1
Salmiech 12 .... 280 D 3
Salomé 59 .... 8 B 3
Salon 10 .... 61 G 5
Salon 24 .... 240 C 4
Salon-de-Provence 13 .... 305 F 4
Salon-la-Tour 19 .... 224 B 3
Salonnes 57 .... 66 C 4
Salornay-sur-Guye 71 .... 194 C 2
Salouël 80 .... 22 B 2
Salperwick 62 .... 3 F 5
Salsein 09 .... 335 E 3
Salses-le-Château 66 .... 339 E 4
Salsigne 11 .... 319 H 4
Salt-en-Donzy 42 .... 230 A 1
Les Salvages 81 .... 299 G 4
Salvagnac 81 .... 298 C 1
Salvagnac-Cajarc 12 .... 261 E 5
Salvagnac-Saint-Loup 12 .... 261 F 4
La Salvetat-Belmontet 82 ... 298 A 1
La Salvetat-Lauragais 31 .... 298 C 5
La Salvetat-Peyralès 12 ...... 279 H 3
La Salvetat-Saint-Gilles 31 .. 297 G 5
La Salvetat-sur-Agout 34 .... 300 C 5
Salvezines 11 .... 337 H 5
Salvi Col de 2B .... 346 C 2
Salviac 46 .... 259 G 3
Salvizinet 42 .... 212 A 5
Salza 11 .... 338 A 2
Salzuit 43 .... 246 C 2
Samadet 40 .... 294 A 4
Saman 31 .... 316 C 5
Samara 80 .... 22 B 1
Samaran 32 .... 316 A 3
Samatan 32 .... 316 D 2
Samazan 47 .... 257 E 5
Sambin 41 .... 153 E 2
Sambourg 89 .... 137 E 3
Le Sambuc 13 .... 304 C 5
Saméon 59 .... 9 F 4
Samer 62 .... 6 C 2
Samerey 21 .... 160 D 5
Sames 64 .... 292 C 5
Sammarçolles 86 .... 168 D 1
Sammeron 77 .... 59 H 2
Samoëns 74 .... 216 D 1
Samognat 01 .... 196 C 5
Samogneux 55 .... 44 B 4
Samois-sur-Seine 77 .... 88 C 4
Samonac 33 .... 237 G 3
Samoreau 77 .... 88 C 4
Samouillan 31 .... 316 D 4
Samoussy 02 .... 25 E 5
Sampans 39 .... 160 D 5
Sampigny 55 .... 64 C 4
Sampigny-lès-Maranges 71 .. 177 F 3
Sampolo 2A .... 349 E 3
Sampzon 07 .... 266 B 5
Samson 25 .... 179 H 1
Samsons-Lion 64 .... 314 D 2
Samuran 65 .... 334 B 2
San Cervone Col de 2B .... 347 F 4
San-Damiano 2B .... 347 G 3
San-Gavino-d'Ampugnani 2B .... 347 G 3
San-Gavino-di-Carbini 2A .. 349 F 5
San-Gavino-di-Fiumorbo 2B .... 349 F 2
San-Gavino-di-Tenda 2B .... 345 F 5
San-Giovanni-di-Moriani 2B .... 347 H 3
San-Giuliano 2B .... 347 H 4
San-Lorenzo 2B .... 347 F 3
San-Martino-di-Lota 2B .... 345 G 4
San Michele de Murato
Église 2B .... 345 F 5
San-Nicolao 2B .... 347 H 3
San-Peïre-sur-Mer 83 ...... 329 G 2
San-Pellegrino 2B .... 347 H 2
San Quilico Chapelle de 2A 351 F 3
San Quilico de Cambia
Chapelle 2B .... 347 F 3

San Stefano Col de 2B ...... 345 F 5
Sana 31 .... 317 E 5
Sanadoire Roche 63 .... 227 F 2
Sanary-sur-Mer 83 .... 327 H 4
Sancé 71 .... 195 E 4
Sancergues 18 .... 156 A 5
Sancerre 18 .... 155 H 3
Sancey 25 .... 163 E 3
Sancey-le-Long 25 .... 163 E 3
Sancheville 28 .... 110 B 3
Sanchey 88 .... 119 F 2
Sancoins 18 .... 174 A 4
Sancourt 27 .... 37 F 3
Sancourt 59 .... 14 B 3
Sancourt 80 .... 23 H 3
Sancy 54 .... 45 F 3
Sancy 77 .... 59 G 3
Sancy Puy de 63 .... 227 E 3
Sancy-les-Cheminots 02 .... 40 C 2
Sancy-lès-Provins 77 .... 60 C 5
Sand 67 .... 97 G 3
Sandarville 28 .... 85 H 5
Sandaucourt 88 .... 94 B 5
Sandillon 45 .... 133 F 2
Sandouville 76 .... 34 D 1
Sandrans 01 .... 213 F 2
Sanghen 62 .... 2 D 5
Sanguinaires Îles 2A .... 348 A 4
Sanguinet 40 .... 254 C 4
Sanilhac 07 .... 266 A 4
Sanilhac-Sagriès 30 .... 284 C 5
Sannat 23 .... 208 B 2
Sannerville 14 .... 33 H 4
Sannes 84 .... 306 A 2
Sannois 95 .... 58 B 2
Sanous 65 .... 315 E 3
Sanry-lès-Vigy 57 .... 45 H 5
Sanry-sur-Nied 57 .... 66 B 1
Sans-Vallois 88 .... 118 D 2
Sansa 66 .... 341 G 4
Sansac-de-Marmiesse 15 .. 244 B 5
Sansac-Veinazès 15 .... 262 C 2
Sansais 79 .... 184 C 5
Sansan 32 .... 296 B 5
Sanssac-l'Église 43 .... 247 E 3
Sanssat 03 .... 192 C 5
Santa-Lucia-di-Mercurio 2B .... 347 F 4
Santa-Lucia-di-Moriani 2B .. 347 H 3
Santa-Maria 2B .... 345 G 3
Santa-Maria-di-Lota 2B .... 345 G 4
Santa-Maria-Figaniella 2A .. 349 E 5
Santa-Maria-Poggio 2B .... 347 F 3
Santa-Maria-Poggio 2B .... 347 H 4
Santa-Maria-Sicché 2A .... 348 D 4
Santa-Reparata-di-Balagna 2B .... 344 C 5
Santa-Reparata-di-Moriani 2B .... 347 G 3
Sant'Andréa-di-Bozio 2B .... 347 F 4
Sant'Andréa-di-Cotone 2B .. 347 H 4
Sant'Andréa-d'Orcino 2A .. 348 C 2
Santans 39 .... 179 F 1
Sant'Antonino 2B .... 346 C 2
Sant'Appiano
Cathédrale 2A .... 348 B 1
Santeau 45 .... 111 F 4
Santec 29 .... 71 G 3
Santenay 21 .... 177 G 3
Santenay 41 .... 131 H 5
Santeny 94 .... 58 D 5
Santes 59 .... 8 C 3
Santeuil 28 .... 86 C 4
Santeuil 95 .... 37 H 5
Santigny 89 .... 137 F 5
Santilly 28 .... 110 D 3
Santilly 71 .... 194 D 1
Santo-Pietro-di-Tenda 2B .. 345 F 5
Santo-Pietro-di-Venaco 2B.. 347 E 5
Santoche 25 .... 162 D 1
Santosse 21 .... 177 F 1
Santranges 18 .... 155 H 1
Sanvensa 12 .... 279 F 2
Sanvignes-les-Mines 71 .... 176 D 5
Sanxay 86 .... 185 H 2
Sanzay 79 .... 167 H 2
Sanzey 54 .... 65 E 5
Saon 14 .... 32 D 3
Saône 25 .... 162 A 4
Saonnet 14 .... 32 C 3
Saorge 06 .... 291 H 3
Saosnes 72 .... 83 H 5
Saou 26 .... 267 G 3
Le Sap-André 61 .... 54 D 3
Le Sap-en-Auge 61 .... 54 D 3
Le Sapey 38 .... 251 E 3

Sapignicourt 51 .... 63 E 5
Sapignies 62 .... 13 G 4
Sapogne-et-Feuchères 08.. 27 E 4
Sapogne-sur-Marche 08...... 27 H 5
Sapois 39 .... 179 H 4
Sapois 88 .... 120 A 4
Saponay 02 .... 40 C 4
Saponcourt 70 .... 118 C 5
Sappey Le 74 .... 215 G 1
Le Sappey-en-Chartreuse 38 .... 251 E 1
Saramon 32 .... 296 C 5
Saran 45 .... 110 D 5
Saraz 25 .... 179 H 1
Sarbazan 40 .... 274 A 5
Sarcé 72 .... 130 A 4
Sarceaux 61 .... 54 A 4
Sarcelles 95 .... 58 C 2
Sarcenas 38 .... 233 E 5
Sarcey 52 .... 117 F 4
Sarcey 69 .... 212 C 4
Sarcicourt 52 .... 116 D 3
Sarcos 32 .... 316 B 3
Sarcus 60 .... 21 G 4
Sarcy 51 .... 41 F 4
Sardan 30 .... 303 E 1
Sardent 23 .... 207 E 2
Sardieu 38 .... 231 H 5
Sardon 63 .... 210 A 3
Sardy-lès-Epiry 58 .... 157 G 5
Sare 64 .... 310 C 4
Sargé-lès-le-Mans 72 .... 107 H 4
Sargé-sur-Braye 41 .... 109 E 5
Sari-d'Orcino 2A .... 348 C 2
Sari-Solenzara 2A .... 349 G 4
Sariac-Magnoac 65 .... 316 A 4
Sarlabous 65 .... 333 G 1
Sarlande 24 .... 223 F 4
Sarlat-la-Canéda 24 .... 241 G 5
Sarliac-sur-l'Isle 24 .... 240 D 1
Sarniguet 65 .... 315 E 3
Sarnois 60 .... 21 H 4
Saron-sur-Aube 51 .... 90 B 2
Sarp 65 .... 334 A 2
Sarpourenx 64 .... 313 G 2
Sarragachies 32 .... 294 D 3
Sarrageois 25 .... 180 B 4
Sarraguzan 32 .... 315 G 3
Les Sarraix 63 .... 210 D 4
Sarralbe 57 .... 67 G 2
Sarraltroff 57 .... 67 G 4
Sarran 19 .... 225 F 4
Sarrance 64 .... 331 H 2
Sarrancolin 65 .... 333 H 2
Sarrans Barrage de 12 ...... 263 E 1
Sarrant 32 .... 296 D 3
Sarras 07 .... 249 E 2
Sarrazac 24 .... 223 E 4
Sarrazac 46 .... 242 C 4
Sarraziet 40 .... 294 A 3
Sarre-Union 67 .... 67 H 2
Sarrebourg 57 .... 67 G 4
Sarrecave 31 .... 316 B 5
Sarreguemines 57 .... 47 G 5
Sarreinsberg 57 .... 68 B 2
Sarreinsming 57 .... 67 H 1
Sarremezan 31 .... 316 B 5
Sarrewerden 67 .... 67 H 2
Sarrey 52 .... 117 G 4
Sarriac-Bigorre 65 .... 315 F 3
Sarrians 84 .... 285 G 4
Sarrigné 49 .... 149 H 1
Sarrogna 39 .... 196 C 3
Sarrola-Carcopino 2A .... 348 C 3
Sarron 40 .... 294 C 4
Sarron 60 .... 39 E 3
Sarrouilles 65 .... 315 F 4
Sarroux 19 .... 226 C 4
Sarry 51 .... 62 B 2
Sarry 71 .... 193 G 4
Sarry 89 .... 137 F 4
Le Sars 62 .... 13 G 5
Sars-et-Rosières 59 .... 9 F 4
Sars-le-Bois 62 .... 12 D 2
Sars-Poteries 59 .... 15 H 3
Le Sart 59 .... 15 F 5
Sartène 2A .... 350 D 2
Sartes 88 .... 94 A 5
Sartilly-Baie-Bocage 50......51 G 4
Sarton 62 .... 12 D 4
Sartrouville 78 .... 58 A 2
Sarzay 36 .... 189 F 1
Sarzeau 56 .... 124 B 5
Sasnières 41 .... 131 F 4
Sassangy 71 .... 177 F 5
Sassay 41 .... 153 F 2
Sassegnies 59 .... 15 F 3

Sassenage 38 .... 250 D 1
Sassenay 71 .... 177 H 3
Sassetot-le-Malgardé 76 .... 19 H 3
Sassetot-le-Mauconduit 76.. 19 F 2
Sasseville 76 .... 19 G 3
Sassey 27 .... 56 C 1
Sassey-sur-Meuse 55 .... 43 G 2
Sassierges-Saint-Germain 36 .... 172 A 4
Sassis 65 .... 332 D 3
Sassy 14 .... 54 A 1
Sathonay-Camp 69 .... 213 E 5
Sathonay-Village 69 .... 213 F 4
Satillieu 07 .... 248 D 2
Satolas-et-Bonce 38 .... 231 G 1
Saturargues 34 .... 303 F 3
Saubens 31 .... 317 H 2
Saubion 40 .... 292 B 3
Saubole 64 .... 314 D 3
Saubrigues 40 .... 292 B 4
Saubusse 40 .... 292 C 3
Saucats 33 .... 255 F 2
Saucède 64 .... 313 G 4
La Saucelle 28 .... 85 F 2
Saussan 34 .... 302 C 5
Saussay 28 .... 56 D 3
Saussay 76 .... 20 A 4
Sauclières 12 .... 282 B 5
Saucourt-sur-Rognon 52......93 E 5
Saudemont 62 .... 14 A 3
Saudoy 51 .... 61 E 5
Saudron 52 .... 93 F 3
Saudrupt 55 .... 63 G 5
Saugeot 39 .... 196 D 1
Saugnac-et-Cambran 40 .... 293 E 3
Saugnacq-et-Muret 40 .... 255 F 2
Saugnieu 69 .... 231 G 1
Saugon 33 .... 237 G 2
Saugues 43 .... 246 C 4
Sauguis-Saint-Étienne 64.... 331 E 1
Saugy 18 .... 172 C 2
Saujac 12 .... 261 E 5
Saujon 17 .... 218 D 1
La Saulce 05 .... 269 G 5
Saulce-sur-Rhône 26 .... 267 E 2
Saulces-Champenoises 08 .. 42 B 1
Saulces-Monclin 08 .... 26 B 5
Saulcet 03 .... 192 A 4
Saulchery 02 .... 60 B 2
Le Saulchoy 60 .... 22 A 5
Saulchoy 62 .... 11 G 1
Saulchoy-sous-Poix 80......21 H 3
Saulcy 10 .... 92 B 5
Le Saulcy 88 .... 96 C 3
Saulcy-sur-Meurthe 88 .... 96 B 5
Saules 25 .... 162 B 5
Saules 71 .... 177 G 5
Saulgé 86 .... 187 G 4
Saulgé-l'Hôpital 49 .... 149 H 3
Saulges 53 .... 106 C 5
Saulgond 16 .... 204 D 3
Sauliac-sur-Célé 46 .... 260 D 4
Saulieu 21 .... 158 C 4
Saulles 52 .... 140 A 3
Saulmory-et-Villefranche 55.. 43 G 1
Saulnay 36 .... 171 E 3
Saulnes 54 .... 45 E 1
Saulnières 28 .... 56 C 5
Saulnières 35 .... 104 B 5
Saulnot 70 .... 142 A 4
Saulny 57 .... 45 G 5
Saulon-la-Chapelle 21 .... 160 B 4
Saulon-la-Rue 21 .... 160 A 4
La Saulsotte 10 .... 89 H 3
Sault 84 .... 286 B 4
Sault-Brénaz 01 .... 214 B 4
Sault-de-Navailles 64 .... 293 G 5
Sault-lès-Rethel 08 .... 42 A 1
Sault-Saint-Remy 08 .... 41 H 2
Saultain 59 .... 15 E 2
Saulty 62 .... 13 E 3
Saulx 70 .... 141 F 3
Saulx-en-Barrois 55 .... 64 C 5
Saulx-en-Woëvre 55 .... 64 D 1
Saulx-le-Duc 21 .... 139 E 5
Saulx-les-Chartreux 91 ...... 58 B 5
Saulx-Marchais 78 .... 57 G 3
Saulxerotte 54 .... 94 B 3
Saulxures 54 .... 95 H 1
Saulxures 67 .... 96 C 3
Saulxures-lès-Bulgnéville 88 .... 118 B 2
Saulxures-lès-Nancy 54 .... 66 B 5
Saulxures-lès-Vannes 54 .... 94 A 3
Saulxures-sur-Moselotte 88 .... 120 A 4

Saulzais-le-Potier 18 .... 190 C 1
Saulzet 03 .... 210 A 1
Saulzet-le-Chaud 63 .... 227 G 1
Saulzet-le-Froid 63 .... 227 F 2
Saulzoir 59 .... 14 D 3
Saumane 04 .... 287 E 4
Saumane 30 .... 283 E 4
Saumane-de-Vaucluse 84.. 305 F 1
Sauméjan 47 .... 274 D 2
Saumeray 28 .... 109 H 2
Saumont 47 .... 275 H 4
Saumont-la-Poterie 76 .... 21 F 5
Saumos 33 .... 236 C 4
Saumur 49 .... 150 B 4
Saunay 37 .... 131 F 5
La Saunière 23 .... 207 F 1
Saunières 71 .... 178 B 3
Sauqueville 76 .... 20 B 2
Saurais 79 .... 185 G 1
Saurat 09 .... 336 A 4
Sauret-Besserve 63 .... 209 E 3
Saurier 63 .... 227 G 3
Sausheim 68 .... 143 F 1
Saussan 34 .... 302 C 5
Saussay 28 .... 56 D 3
Saussay 76 .... 20 A 4
Saussay-la-Campagne 27 .... 37 E 3
Saussemesnil 50 .... 29 F 4
Saussenac 81 .... 279 H 5
Saussens 31 .... 298 C 5
Sausses 04 .... 289 E 4
Sausset-les-Pins 13 .... 325 H 4
Sausseuzemare-en-Caux 76..18 D 4
Saussey 21 .... 177 F 1
Saussey 50 .... 51 G 1
Saussignac 24 .... 257 G 2
Saussines 34 .... 303 F 3
Saussy 21 .... 159 H 1
Saut de la Mounine 12 ...... 261 E 5
Saut des Cuves 88 .... 120 B 3
Sautel 09 .... 336 C 3
Sauternes 33 .... 255 H 4
Sautet Barrage du 38 .... 251 F 5
Sauteyrargues 34 .... 302 D 2
Sauto 66 .... 341 G 4
Sautron 44 .... 147 F 3
Sauvage-Magny 52 .... 92 B 4
La Sauvagère 61 .... 53 F 5
Les Sauvages 69 .... 212 B 4
Sauvagnac 16 .... 222 C 1
Sauvagnas 47 .... 276 C 2
Sauvagnat 63 .... 208 D 5
Sauvagnat-Sainte-Marthe 63 .... 228 A 2
Sauvagney 25 .... 161 H 3
Sauvagnon 64 .... 314 B 2
Sauvagny 03 .... 191 E 3
Sauvat 15 .... 244 C 1
Sauvelade 64 .... 313 G 2
Sauverny 01 .... 197 G 4
Sauvessanges 63 .... 229 F 5
La Sauvetat 32 .... 296 A 2
La Sauvetat 43 .... 265 F 1
La Sauvetat 63 .... 227 H 2
La Sauvetat-de-Savères 47. 276 C 3
La Sauvetat-du-Dropt 47 .... 257 G 3
La Sauvetat-sur-Lède 47 .... 258 C 5
Sauveterre 30 .... 285 E 5
Sauveterre 32 .... 316 D 2
Sauveterre 65 .... 315 F 2
Sauveterre 81 .... 320 A 2
Sauveterre 82 .... 277 G 2
Sauveterre-de-Béarn 64...... 311 H 3
Sauveterre-de-Comminges 31 .... 334 B 2
Sauveterre-de-Guyenne 33.256 D 2
Sauveterre-de-Rouergue 12............ 280 B 3
Sauveterre-la-Lémance 47.. 259 E 4
Sauveterre-Saint-Denis 47.. 276 C 3
Sauviac 32 .... 315 H 3
Sauviac 33 .... 256 C 5
Sauvian 34 .... 321 G 4
Sauviat 63 .... 228 C 1
Sauviat-sur-Vige 87 .... 206 C 4
Sauvignac 16 .... 238 D 1
Sauvigney-lès-Gray 70 ...... 161 F 1
Sauvigney-lès-Pesmes 70.. 161 E 3
Sauvigny 55 .... 94 A 3
Sauvigny-le-Beuréal 89 .... 158 B 1
Sauvigny-le-Bois 89 .... 158 A 1

Sauvigny-les-Bois 58 .... 174 C
Sauville 08 .... 27 E
Sauville 88 .... 118 A
Sauvillers-Mongival 80 ...... 22 D
Sauvimont 32 .... 317 E
Sauvoy 55 .... 93 H
Saux 46 .... 277 F
Saux-et-Pomarède 31 .... 316 C
Sauxillanges 63 .... 228 B
Le Sauze 04 .... 270 D
Sauze 06 .... 289 F
Le Sauze-du-Lac 05 .... 270 A
Sauzé-Vaussais 79 .... 203 E
Sauzelle 17 .... 200 B
Sauzelles 36 .... 170 C
Sauzet 26 .... 267 E
Sauzet 30 .... 284 A
Sauzet 46 .... 259 G
La Sauzière-Saint-Jean 81.. 298 B
Sauzon 56 .... 144 B
Savagna 39 .... 179 E
Savarthès 31 .... 334 C
Savas 07 .... 230 D
Savas-Mépin 38 .... 231 G
Savasse 26 .... 267 E
Savenay 44 .... 146 D
Savenès 82 .... 297 G
Savennes 23 .... 207 E
Savennes 63 .... 226 C
Savennières 49 .... 149 F
Saverdun 09 .... 318 B
Savères 31 .... 317 F
Saverne 67 .... 68 B
Saverne Col de 67 .... 68 A
Saveuse 80 .... 22 B
Savianges 71 .... 177 F
Savières 10 .... 90 D
Savigna 39 .... 196 C
Savignac 12 .... 279 F
Savignac 33 .... 256 C
Savignac-de-Duras 47 ...... 257 F
Savignac-de-l'Isle 33 .... 238 B
Savignac-de-Miremont 24 .. 241 E
Savignac-de-Nontron 24 .... 222 C
Savignac-Lédrier 24 .... 223 G
Savignac-les-Églises 24 .... 241 E
Savignac-les-Ormeaux 09.. 336 C
Savignac-Mona 32 .... 317 E
Savignac-sur-Leyze 47 ...... 258 C
Savignargues 30 .... 283 H
Savigné 86 .... 203 G
Savigné-l'Évêque 72 .... 108 A
Savigné-sous-le-Lude 72 .. 129 H
Savigné-sur-Lathan 37 ...... 151 F
Savigneux 01 .... 213 E
Savigneux 42 .... 229 G
Savignies 60 .... 37 H
Savigny 50 .... 31 H
Savigny 52 .... 140 B
Savigny 69 .... 212 C
Savigny 74 .... 215 F
Savigny 88 .... 95 E
Savigny-en-Revermont 71.. 178 D
Savigny-en-Sancerre 18 .... 155 H
Savigny-en-Septaine 18 .... 173 F
Savigny-en-Terre-Plaine 89. 158 B
Savigny-en-Véron 37 .... 150 D
Savigny-le-Sec 21 .... 160 A
Savigny-le-Temple 77 .... 88 B
Savigny-le-Vieux 50 .... 81 G
Savigny-lès-Beaune 21 .... 177 H
Savigny-Lévescault 86 .... 186 C
Savigny-Poil-Fol 58 .... 175 H
Savigny-sous-Faye 86 ...... 169 E
Savigny-sous-Mâlain 21 .... 159 G
Savigny-sur-Aisne 08 .... 42 D
Savigny-sur-Ardres 51 ...... 41 E
Savigny-sur-Braye 41 .... 131 E
Savigny-sur-Clairis 89 ...... 113 E
Savigny-sur-Grosne 71 .... 194 D
Savigny-sur-Orge 91 .... 58 C
Savigny-sur-Seille 71 .... 195 G
Savilly 21 .... 158 C
Savine Col de la 39 .... 197 F
Savines-le-Lac 05 .... 270 B
Savins 77 .... 89 F
Savoillan 84 .... 286 B
Savoisy 21 .... 137 H
Savolles 21 .... 160 C
Savonnières 37 .... 151 G
Savonnières-devant-Bar 55.. 63 H
Savonnières-en-Perthois 55.. 92 D
Savonnières-en-Woëvre 55..64 D
Savouges 21 .... 160 A
Savournon 05 .... 269 E
Savoyeux 70 .... 140 B
Savy 02 .... 24 A

Savy-Berlette 62....7 H 5
Saxel 74....198 A 4
Saxi-Bourdon 58....175 E 1
Saxon-Sion 54....94 C 3
Sayat 63....209 G 5
Saze 30....304 C 1
Sazeray 36....189 H 3
Sazeret 03....191 G 4
Sazilly 37....151 F 5
Sazos 65....332 D 1
Scaër 29....100 C 3
Les Scaffarels 04....289 E 5
Scata 2B....347 G 4
Sceau-Saint-Angel 24....222 C 4
Sceautres 07....266 D 3
Sceaux 89....158 A 1
Sceaux 92....58 B 4
Sceaux-d'Anjou 49....128 C 5
Sceaux-du-Gâtinais 45....112 B 4
Sceaux-sur-Huisne 72....108 C 3
Scey-en-Varais 25....162 A 5
Scey-sur-Saône-
et-Saint-Albin 70....140 D 4
Schaeferhof 57....68 A 5
Schaeffersheim 67....97 G 3
Schaffhouse-près-Seltz 67....69 G 2
Schaffhouse-sur-Zorn 67....68 A 4
Schalbach 57....67 H 3
Schalkendorf 67....68 C 3
Scharrachbergheim 67....97 F 1
Scheibenhard 67....69 G 1
Scherlenheim 67....68 C 4
Scherwiller 67....97 E 4
Schillersdorf 67....68 C 4
Schiltigheim 67....97 H 1
Schirmeck 67....96 D 2
Schirrhein 67....69 F 3
Schirrhoffen 67....69 F 3
Schleithal 67....69 G 1
Schlierbach 68....143 G 2
Schlucht Col de la 88....120 C 3
Schmittviller 57....67 H 1
Schneckenbusch 57....67 H 5
Schnepfenried 68....120 C 4
Schnersheim 67....68 C 5
Schœnau 67....97 G 5
Schœnbourg 67....68 A 3
Schœneck 57....47 F 4
Schœnenbourg 67....69 F 2
Schopperten 67....67 G 2
Schorbach 57....48 C 5
Schwabwiller 67....69 E 2
Schweighouse 68....120 D 4
Schweighouse-sur-Moder 67....68 D 3
Schweighouse-Thann 68....143 E 1
Schwenheim 67....68 B 5
Schwerdorff 57....46 D 3
Schweyen 57....48 C 5
Schwindratzheim 67....68 C 4
Schwoben 68....143 F 3
Schwobsheim 67....97 G 5
Sciecq 79....184 D 3
Scientrier 74....216 A 1
Scieurac-et-Flourès 32....295 F 5
Sciez 74....198 A 3
Scillé 79....184 D 1
Scionzier 74....216 B 1
Scolca 2B....347 G 2
Scorbé-Clairvaux 86....169 F 4
Scoury 36....188 B 4
Scrignac 29....76 C 2
Script 51....63 E 4
Scy-Chazelles 57....65 G 1
Scye 70....141 E 4
Séailles 32....295 F 3
La Séauve-sur-Semène 43....248 A 1
Sébazac-Concourès 12....280 D 1
Sébécourt 27....55 H 2
Sébéville 50....31 H 2
Seboncourt 02....24 C 1
Sebourg 59....15 E 2
Sébouville 45....111 F 3
Sébrazac 12....262 D 4
Séby 64....314 B 2
Secenans 70....142 A 4
Séchault 08....42 D 3
Sécheras 07....249 E 2
Sécheval 08....26 C 2
Le Séchier 05....269 G 1
Séchilienne 38....251 E 3
Séchin 25....162 C 2
Seclin 59....8 D 3
Secondigné-sur-Belle 79....202 B 1
Secondigny 79....185 E 1
Secourt 57....65 H 2
Secqueville-en-Bessin 14....33 F 4
Sedan 08....27 F 3

Sédeilhac 31....316 A 5
Séderon 26....286 C 2
Sedze-Maubecq 64....314 D 3
Sedzère 64....314 C 3
Seebach 67....69 F 1
Sées 61....83 H 2
Séez 73....234 D 1
Le Ségala 11....318 D 4
Ségalas 47....257 H 5
Ségalas 65....315 F 3
La Ségalassière 15....243 H 5
Séglien 56....101 G 2
Ségny 01....197 F 4
Segonzac 16....220 C 2
Segonzac 19....241 G 1
Segonzac 24....239 F 3
Ségos 32....294 C 4
Ségoufielle 32....297 F 4
Segré 49....128 A 4
Ségreville 31....318 C 2
Ségrie 72....107 G 2
Ségrie-Fontaine 61....53 G 3
Ségry 36....172 C 3
La Séguinière 49....166 D 1
Ségur 12....281 F 2
Le Ségur 81....279 G 4
Ségur-le-Château 19....223 H 4
Ségur-les-Villas 15....245 F 2
Ségura 09....336 B 2
Séguret 84....285 G 3
Ségus 65....332 D 1
Séhar Pointe de 22....72 B 3
Seich 65....334 A 2
Seichamps 54....66 B 5
Seichebrières 45....111 G 5
Seicheprey 54....65 E 3
Seiches-sur-le-Loir 49....128 D 5
Seignalens 11....337 E 1
Seigné 17....202 C 3
Seignelay 89....136 B 2
Seigneulles 55....63 H 3
Seignosse 40....292 B 3
Seigny 21....138 A 5
Seigy 41....153 F 4
Seilh 31....297 H 4
Seilhac 19....224 D 5
Seilhan 31....334 A 2
Seillac 41....152 D 1
Seillans 83....308 C 3
Seillonnaz 01....214 B 5
Seillons-Source-
d'Argens 83....306 D 5
Sein Île de 29....98 B 2
Seine Sources de la 21....159 G 1
Seine-Port 77....88 A 3
Seingbouse 57....47 F 5
Seissan 32....316 A 2
Seix 09....335 F 4
Le Sel-de-Bretagne 35....104 B 5
Selaincourt 54....94 C 3
Selens 02....40 A 1
Sélestat 67....97 F 5
Séligné 79....202 B 1
Séligney 39....179 E 2
Selincourt 80....21 H 2
La Selle-Craonnaise 53....127 G 2
La Selle-en-Coglès 35....81 E 3
La Selle-en-Hermoy 45....112 D 5
La Selle-en-Luitré 35....81 F 5
La Selle-Guerchaise 35....105 F 5
La Selle-la-Forge 61....53 F 4
La Selle-sur-le-Bied 45....112 D 4
Selles 27....35 E 3
Selles 51....42 A 3
Selles 62....6 D 2
Selles 70....118 D 4
Selles-Saint-Denis 41....154 B 3
Selles-sur-Cher 41....153 G 4
Selles-sur-Nahon 36....171 F 2
Sellières 39....179 E 3
Selommes 41....131 H 3
Seloncourt 25....142 C 5
Selongey 21....139 F 5
Selonnet 04....270 A 5
Seltz 67....69 G 2
La Selve 02....25 G 5
La Selve 12....280 C 4
Selvigny 59....14 C 5
Sem 09....336 A 5
Sémalens 81....299 F 5
Semallé 61....83 H 1
Semarey 21....159 F 4
Sembadel 43....246 D 1
Sembadel-Gare 43....247 E 1
Sembas 47....276 B 1
Semblançay 37....151 G 1

Sembleçay 36....153 H 4
Sembouès 32....315 F 2
Séméac 65....315 F 4
Séméacq-Blachon 64....294 D 5
Sémécourt 57....45 G 5
Sémelay 58....175 H 3
Semène 43....230 A 3
Semens 33....256 B 3
Sementron 89....135 H 5
Séméries 59....15 H 4
Semerville 41....110 A 5
Semezanges 21....159 H 4
Sémézies-Cachan 32....296 C 5
Semide 08....42 C 3
Semillac 17....219 G 4
Semilly 52....93 G 5
Semmadon 70....140 C 3
Semnoz Montagne du 74....215 G 5
Semoine 10....61 H 5
Semond 21....138 B 4
Semondans 25....142 B 4
Semons 38....231 H 4
Semousies 59....15 G 3
Semoussac 17....218 D 2
Semuy 08....42 D 1
Le Sen 40....273 H 3
Sénac 65....315 F 3
Senaide 88....118 B 4
Sénaillac-Latronquière 46....261 G 1
Sénaillac-Lauzès 46....260 C 3
Senailly 21....137 G 5
Senan 89....135 H 2
Sénanque Abbaye de 84....305 G 1
Senantes 28....57 E 5
Senantes 60....37 G 1
Senarpont 80....21 F 2
Sénart 11....88 A 2
Senaud 39....196 A 3
Senaux 81....300 B 3
Sencenac-Puy-
de-Fourches 24....222 C 5
Senconac 09....336 C 5
Sendets 33....256 C 5
Sendets 64....314 C 4
Séné 56....124 C 4
Sène Mont de 71....177 G 2
Sénéchas 30....283 G 1
Sénèque Tour de 2B....345 F 2
Sénergues 12....262 C 3
Senesse-de-Senabugue 09....336 D 2
Sénestis 47....257 F 5
Séneujols 43....247 E 4
Senez 04....288 B 5
Sénézergues 15....262 B 2
Sengouagnet 31....334 C 2
Séniergues 46....260 B 2
Senillé 86....169 H 4
Senillé-Saint-Sauveur 86....169 H 4
Seningham 62....7 E 2
Senlecques 62....6 D 2
Senlis 60....39 E 4
Senlis 62....7 E 3
Senlis-le-Sec 80....13 E 5
Senlisse 78....57 H 5
Sennecey-le-Grand 71....177 H 5
Sennecé-lès-Mâcon 71....195 E 4
Sennecey-lès-Dijon 21....160 B 3
Sennely 45....133 G 4
Sennevières 37....170 C 1
Senneville-sur-Fécamp 76....19 E 3
Sennevoy-le-Bas 89....137 G 3
Sennevoy-le-Haut 89....137 G 3
Senon 55....44 D 4
Senonches 28....85 F 2
Senoncourt 70....118 D 4
Senoncourt-les-Maujouy 55....64 B 2
Senones 88....96 B 3
Senonges 88....118 C 2
Senonnes 53....127 F 2
Senots 60....37 H 4
Senouillac 81....299 E 1
Sénoville 50....28 D 5

Senozan 71....195 E 3
Sens 89....113 G 2
Sens-Beaujeu 18....155 H 3
Sens-de-Bretagne 35....80 C 4
Sens-sur-Seille 71....178 C 4
Sentein 09....334 D 4
Sentelie 80....22 H 4
Sentenac-de-Sérou 09....335 H 3
Sentenac-d'Oust 09....335 F 4
Sentheim 68....142 D 1
Sentilly 61....54 A 4
La Sentinelle 59....9 G 5
Sentous 65....315 H 4
Senuc 08....43 E 3
Senven-Léhart 22....77 H 3
Sépeaux-Saint-Romain 89....113 F 5
Sepmeries 59....14 D 2
Sepmes 37....169 H 1
Seppois-le-Bas 68....143 E 4
Seppois-le-Haut 68....143 E 4
Sept-Fons Abbaye de 03....192 D 2
Sept-Forges 61....82 B 3
Sept-Frères 14....52 B 3
Sept-Meules 76....10 D 5
Sept-Saulx 51....42 A 5
Sept-Sorts 77....59 H 2
Sept-Vents 14....32 D 5
Septème 38....231 G 3
Septèmes-les-Vallons 13....326 D 1
Septeuil 78....57 F 3
Septfonds 82....278 C 3
Septfontaines 25....180 B 1
Septmoncel 39....197 E 3
Septmonts 02....40 B 3
Septsarges 55....43 G 3
Septvaux 02....24 B 5
Sepvigny 55....93 H 2
Sepvret 79....185 G 4
Sepx 31....316 D 5
Sequedin 59....8 C 2
Sequehart 02....24 B 1
Le Sequestre 81....299 F 1
Serain 02....14 C 5
Seraincourt 08....25 H 5
Seraincourt 95....57 G 1
Sérandon 19....226 B 5
Séranon 06....308 C 2
Serans 60....37 G 4
Serans 61....54 A 4
Seranville 54....95 G 3
Séranvillers-Forenville 59....14 B 4
Seraucourt 55....63 H 2
Seraucourt-le-Grand 02....24 A 3
Seraumont 88....93 H 3
Serazereux 28....86 A 2
Serbannes 03....210 B 2
Serbonnes 89....89 F 5
Serches 02....40 C 3
Sercœur 88....95 G 5
Sercus 59....7 H 2
Sercy 71....194 D 1
Serdinya 66....342 A 3
Sère-en-Lavedan 65....332 D 2
Sère-Lanso 65....333 E 1
Sère-Rustaing 65....315 G 4
Serécourt 88....118 B 4
Sérémange-Erzange 57....45 G 3
Sérempuy 32....296 D 3
Sérénac 81....299 H 1
Sérent 56....124 D 2
Sérévillers 60....22 C 4
Séreyrède Col de la 30....282 C 4
Serez 27....56 D 2
Sérézin-de-la-Tour 38....232 A 2
Sérézin-du-Rhône 69....231 E 2
Sergeac 24....241 F 4
Sergenaux 39....179 E 3
Sergenon 39....178 D 2
Sergines 89....89 G 5
Sergy 01....197 F 4
Sergy 02....40 D 4
Sériers 15....245 G 4
Sérifontaine 60....37 G 3
Sérignac 16....239 E 1
Sérignac 46....259 F 5
Sérignac 82....297 E 1
Sérignac-Péboudou 47....257 H 3
Sérignac-sur-Garonne 47....275 H 3
Sérignan 34....321 G 4
Sérignan-du-Comtat 84....285 F 3
Sérignan-Plage 34....321 H 4
Sérigné 85....183 H 2

Sérigny 61....84 C 4
Sérigny 86....169 F 3
Sérilhac 19....242 D 3
Seringes-et-Nesles 02....40 C 4
Séris 41....132 B 3
Serley 71....178 C 4
Sermages 58....175 H 1
Sermaise 49....150 B 1
Sermaise 91....87 F 3
Sermaises 45....87 G 5
Sermaize 60....23 G 5
Sermaize-les-Bains 51....63 F 4
Sermamagny 90....142 C 2
Sermange 39....161 F 4
Sermano 2B....347 F 4
Sermentizon 63....228 C 1
Sermentot 14....33 E 5
Sermérieu 38....232 B 1
Sermersheim 67....97 F 4
Sermesse 71....178 B 3
Sermiers 51....41 G 5
Sermizelles 89....157 H 1
Sermoise 02....40 C 2
Sermoise-sur-Loire 58....174 C 2
Sermoyer 01....195 F 2
Sernhac 30....304 B 1
Serocourt 88....118 B 3
Séron 65....314 D 3
Serpaize 38....231 F 3
La Serpent 11....337 F 3
Serques 62....3 F 5
Serqueux 52....118 A 4
Serqueux 76....21 E 5
Serquigny 27....35 G 5
Serra-di-Ferro 2A....348 C 5
Serra-di-Fiumorbo 2B....349 G 4
Serra di Pigno 2B....345 G 4
Serra-di-Scopamène 2A....349 E 5
Serrabone Prieuré de 66....342 C 3
Serralongue 66....342 C 5
Serrant Château de 49....149 F 2
Serraval 74....216 A 4
La Serre 12....300 C 1
Serre Col de 15....245 E 3
La Serre-Bussière-
Vieille 23....208 B 2
Serre-Chevalier 05....252 C 4
Serre-les-Moulières 39....161 F 4
Serre-les-Sapins 25....161 H 4
Serre-Nerpol 38....250 B 1
Serre-Ponçon Barrage
et Lac de 93....270 A 4
Serres 05....269 E 5
Serres 11....337 H 3
Serres 54....66 C 5
Serres-Castet 64....314 B 3
Serres-et-Montguyard 24....257 H 2
Serres-Gaston 40....294 A 4
Serres-Morlaàs 64....314 C 3
Serres-Sainte-Marie 64....313 H 2
Serres-sur-Arget 09....336 A 3
Serreslous-et-Arribans 40....293 H 3
Serriera 2A....346 B 5
Serrières 07....231 E 5
Serrières 54....65 H 4
Serrières 71....194 D 4
Serrières-de-Briord 01....214 B 5
Serrières-en-Chautagne 73....215 E 4
Serrières-sur-Ain 01....214 B 1
Serrigny 89....137 E 2
Serrigny-en-Bresse 71....178 B 3
Serris 77....59 F 3
Serrouville 54....45 F 3
Serruelles 18....173 E 3
Sers 16....221 G 2
Sers 65....333 E 3
Servais 02....24 B 5
Serval 02....41 E 3
Servance 70....142 A 1
Servanches 24....239 F 2
Servant 63....209 F 1
Servas 01....213 H 1
Servas 30....284 A 1
Servaville-Salmonville 76....36 C 1
Serverette 48....264 B 1
Serves-sur-Rhône 26....249 E 2
Servian 34....321 H 2
Servières 48....264 B 4
Servières-le-Château 19....243 F 3
Serviers-et-Labaume 30....284 B 5
Serviès 81....299 F 3
Serviès-en-Val 11....338 A 1
Servignat 01....195 G 3
Servigney 25....162 C 1
Servigney 70....141 H 2
Servigny 50....31 G 5

Servigny-lès-Raville 57....66 C 1
Servigny-
lès-Sainte-Barbe 57....45 H 5
Serville 28....56 D 4
Servilly 03....192 C 5
Servin 25....162 D 3
Servins 62....8 A 1
Servion 08....26 B 3
Servon 50....51 G 5
Servon 77....59 E 5
Servon-Melzicourt 51....43 E 4
Servon-sur-Vilaine 35....104 C 3
Servoz 74....216 D 3
Sery 08....26 A 5
Séry 89....136 C 5
Séry-lès-Mézières 02....24 C 3
Séry-Magneval 60....39 F 4
Serzy-et-Prin 51....41 E 4
Sessenheim 67....69 F 3
Sète 34....323 E 4
Setques 62....3 F 5
Les Settons 58....158 B 4
Seudre Pont de la 17....200 C 4
Seugy 95....38 C 5
Seuil 08....42 B 1
Seuillet 03....210 C 1
Seuilly 37....150 D 5
Seur 41....153 E 1
Le Seure 17....202 B 5
Seurre 21....178 B 1
Seux 80....22 A 2
Seuzey 55....64 C 2
Sevelinges 42....212 A 2
Sevenans 90....142 C 3
Sévérac 44....125 G 5
Sévérac d'Aveyron 12....281 H 2
Sévérac-l'Église 12....281 F 1
Seveux 70....140 B 5
Sevi Col de 2A....346 C 5
Sévignac 22....79 E 5
Sévignacq 64....314 C 2
Sévignacq-Meyracq 64....332 A 1
Sévigny 61....54 A 4
Sévigny-la-Forêt 08....26 B 1
Sévigny-Waleppe 08....25 G 5
Sévis 76....20 B 4
Sevrai 61....53 H 5
Sevran 93....58 D 2
Sèvres 92....58 B 4
Sèvres-Anxaumont 86....186 C 1
Sevrey 71....177 H 4
Sevrier 74....215 G 4
Sévry 18....155 H 5
Sewen 68....142 C 1
Sexcles 19....243 F 4
Sexey-aux-Forges 54....94 C 1
Sexey-les-Bois 54....65 G 5
Sexfontaines 52....116 D 2
Seychalles 63....210 B 5
Seyches 47....257 G 4
Seyne 04....270 B 5
La Seyne-sur-Mer 83....328 A 5
Seynes 30....284 A 4
Seynod 74....215 G 3
Seyre 31....318 B 3
Seyresse 40....292 D 3
Seyssel 01....215 E 3
Seyssel 74....215 E 3
Seysses 31....317 G 2
Seysses-Savès 32....317 E 2
Seyssinet-Pariset 38....250 D 2
Seyssins 38....250 D 2
Seyssuel 38....231 E 3
Seythenex 74....216 A 5
Seytroux 74....198 C 4
Sézanne 51....61 H 4
Sézéria 39....196 C 2
Siarrouy 65....315 E 3
Siaugues-Saint-Romain 43....246 D 3
Sibiril 29....71 G 3
Sibiville 62....12 D 2
La Sicaudais 44....146 D 4
Siccieu-Saint-Julien-
et-Carisieu 38....214 A 5
Sichamps 58....156 D 5
Sickert 68....142 C 1
Sideville 50....29 E 3
Sidiailles 18....190 B 2
Siecq 17....202 C 4
Siegen 67....69 G 1
Sièges 39....196 D 4
Les Sièges 89....114 A 3
Sierck-les-Bains 57....46 B 2
Sierentz 68....143 G 2
Siersthal 57....68 A 1
Sierville 76....20 A 5
Siest 40....292 D 3

A
B
C
D
E
F
G
H
I
J
K
L
M
N
O
P
Q
R
S
T
U
V
W
X
Y
Z

A B C D E F G H I J K L M N O P Q R S T U V W X Y Z

Sieurac 81 .... 299 F 2
Sieuras 09 .... 317 H 5
Siévoz 38 .... 251 E 5
Siewiller 67 .... 67 H 3
Sigale 06 .... 289 G 5
Sigalens 33 .... 256 D 5
Sigean 11 .... 339 E 2
Sigean Réserve africaine de 11... 339 E 2
Sigloy 45 .... 133 H 3
Signac 31 .... 334 B 3
Signes 83 .... 327 H 2
Signéville 52 .... 93 F 5
Signy-l'Abbaye 08 .... 26 B 4
Signy-le-Petit 08 .... 26 A 1
Signy-Montlibert 08 .... 27 H 5
Signy-Signets 77 .... 59 H 2
Sigogne 16 .... 220 C 1
Sigolsheim 68 .... 121 E 2
Sigonce 04 .... 287 F 5
Sigottier 05 .... 268 D 5
Sigoulès 24 .... 257 G 2
Sigournais 85 .... 166 C 5
Sigoyer 04 .... 287 G 1
Sigoyer 05 .... 269 G 4
Siguer 09 .... 336 A 5
Sigy 77 .... 89 F 3
Sigy-en-Bray 76 .... 21 E 5
Sigy-le-Châtel 71 .... 194 C 2
Silfiac 56 .... 101 G 2
Silhac 07 .... 248 D 5
Sillans 38 .... 232 B 5
Sillans-la-Cascade 83 .... 307 G 4
Sillars 87 .... 187 F 3
Sillas 33 .... 274 D 1
Sillé-le-Guillaume 72 .... 107 E 2
Sillé-le-Philippe 72 .... 108 A 3
Sillegny 57 .... 65 H 2
Sillery 51 .... 41 H 4
Silley-Amancey 25 .... 180 B 1
Silley-Bléfond 25 .... 162 C 2
Sillingy 74 .... 215 F 3
Silly-en-Gouffern 61 .... 54 B 4
Silly-en-Saulnois 57 .... 66 B 2
Silly-la-Poterie 02 .... 40 A 4
Silly-le-Long 60 .... 39 F 5
Silly-sur-Nied 57 .... 46 B 5
Silly-Tillard 60 .... 38 A 3
Silmont 55 .... 63 H 4
Siltzheim 67 .... 67 G 1
Silvacane Ancienne Abbaye de 13 .... 305 H 3
Silvareccio 2B .... 347 G 3
Silvarouvres 52 .... 116 B 4
Simacourbe 64 .... 314 C 2
Simandre 71 .... 195 F 1
Simandre-sur-Suran 01 .... 196 A 5
Simandres 69 .... 231 F 2
Simard 71 .... 178 B 5
Simencourt 62 .... 13 F 3
Simeyrols 24 .... 241 H 5
Simiane-Collongue 13 .... 327 E 1
Simiane-la-Rotonde 04 .... 286 D 5
Simorre 32 .... 316 C 2
Simplé 53 .... 105 H 5
Le Simserhof Fort 57 .... 68 B 1
Sin-le-Noble 59 .... 8 D 5
Sinard 38 .... 250 D 4
Sinceny 02 .... 24 A 4
Sincey-lès-Rouvray 21 .... 158 B 2
Sindères 40 .... 272 D 4
Singles 63 .... 226 C 3
Singleyrac 24 .... 257 H 2
Singly 08 .... 26 D 4
Singrist 67 .... 68 B 5
Sinsat 09 .... 336 B 5
Sinzos 65 .... 315 F 5
Sion 32 .... 295 E 3
Sion 54 .... 94 C 3
Sion-les-Mines 44 .... 126 C 3
Sion-sur-l'Océan 85 .... 164 D 4
Sioniac 19 .... 243 E 4
Sionne 88 .... 93 H 4
Sionviller 54 .... 95 G 1
Siorac-de-Ribérac 24 .... 239 G 2
Siorac-en-Périgord 24 .... 259 E 1
Siouville-Hague 50 .... 28 C 3
Sirac 32 .... 297 E 3
Siracourt 62 .... 7 F 5
Siradan 65 .... 334 B 2
Siran 15 .... 243 G 5
Siran 34 .... 320 B 4
Siran Château 33 .... 237 F 3
Sireix 65 .... 332 C 2
Sireuil 16 .... 221 E 2
Sireuil 24 .... 241 F 5
Sirod 39 .... 180 A 4

Siros 64 .... 314 A 3
Sisco 2B .... 345 G 2
Sissonne 02 .... 25 F 5
Sissy 02 .... 24 C 3
Sistels 82 .... 276 C 4
Sisteron 04 .... 287 G 2
Sivergues 84 .... 305 H 2
Sivignon 71 .... 194 B 3
Sivry 54 .... 65 H 4
Sivry-Ante 55 .... 63 E 1
Sivry-Courtry 77 .... 88 C 3
Sivry-la-Perche 55 .... 43 H 5
Sivry-lès-Buzancy 08 .... 43 F 2
Sivry-sur-Meuse 55 .... 43 H 3
Six-Fours-les-Plages 83 .... 327 H 5
Sixt-Fer-à-Cheval 74 .... 216 D 1
Sixt-sur-Aff 35 .... 125 H 2
Sizun 29 .... 75 H 2
Smarves 86 .... 186 B 2
Smermesnil 76 .... 20 D 2
Soccia 2A .... 348 C 1
Sochaux 25 .... 142 C 4
Socoa 64 .... 310 B 3
Socourt 88 .... 95 E 4
Socx 59 .... 3 G 3
Sode 31 .... 334 B 4
Sœurdres 49 .... 128 C 3
Sognes 89 .... 89 H 5
Sognolles-en-Montois 77 .... 89 F 3
Sogny-aux-Moulins 51 .... 62 B 2
Sogny-en-l'Angle 51 .... 63 E 3
Soignolles 14 .... 53 H 1
Soignolles-en-Brie 77 .... 59 E 5
Soilly 51 .... 60 D 1
Soindres 78 .... 57 F 2
Soing 70 .... 140 C 5
Soings-en-Sologne 41 .... 153 G 2
Soirans 21 .... 160 C 4
Soissons 02 .... 40 B 2
Soissons-sur-Nacey 21 .... 160 D 3
Soisy-Bouy 77 .... 89 G 3
Soisy-sous-Montmorency 95.. 58 B 2
Soisy-sur-École 91 .... 88 A 3
Soisy-sur-Seine 91 .... 58 D 5
Soize 02 .... 25 G 4
Soizé 28 .... 109 E 3
Soizy-aux-Bois 51 .... 61 E 4
Solaize 69 .... 231 E 2
Solaro 2B .... 349 G 3
Solbach 67 .... 96 D 3
Soleilhas 04 .... 308 B 1
Solemont 25 .... 163 F 2
Solente 60 .... 23 G 4
Solenzara 2A .... 349 G 4
Le Soler 66 .... 342 D 2
Solérieux 26 .... 285 F 1
Solers 77 .... 59 F 5
Solesmes 59 .... 14 D 3
Solesmes 72 .... 129 E 2
Soleymieu 38 .... 232 A 1
Soleymieux 42 .... 229 G 3
Solférino 40 .... 273 E 3
Solgne 57 .... 66 B 2
Soliers 14 .... 33 H 5
Solignac 87 .... 223 G 1
Solignac-sous-Roche 43 .... 247 G 1
Solignac-sur-Loire 43 .... 247 F 4
Soligny-la-Trappe 61 .... 84 B 2
Soligny-les-Étangs 10 .... 89 H 4
Sollacaro 2A .... 348 D 5
Sollières-Sardières 73 .... 235 E 5
Solliès-Pont 83 .... 328 B 3
Solliès-Toucas 83 .... 328 B 3
Solliès-Ville 83 .... 328 B 4
Sologny 71 .... 194 D 4
Solomiac 32 .... 296 D 2
Solre-le-Château 59 .... 15 H 3
Solrinnes 59 .... 15 H 3
Solterre 45 .... 134 D 2
Solutré-Pouilly 71 .... 194 D 4
Somain 59 .... 9 E 5
Sombacour 25 .... 180 C 2
Sombernon 21 .... 159 G 3
Sombrin 62 .... 13 E 3
Sombrun 65 .... 315 E 2
Somloire 49 .... 167 F 1
Sommaing 59 .... 14 D 2
Sommaisne 55 .... 63 G 2
Sommancourt 52 .... 92 D 3
Sommant 71 .... 176 C 1
Somméréville 54 .... 66 C 5
Somme-Bionne 51 .... 42 D 5
Somme-Suippe 51 .... 42 C 5
Somme-Tourbe 51 .... 42 D 5
Somme-Vesle 51 .... 62 C 1
Somme-Yèvre 51 .... 62 D 2

Sommecaise 89 .... 135 G 2
Sommedieue 55 .... 64 C 1
Sommeilles 55 .... 63 F 2
Sommelans 02 .... 40 B 5
Sommelonne 55 .... 63 G 5
Sommepy-Tahure 51 .... 42 C 4
Sommerance 08 .... 43 F 3
Sommerécourt 52 .... 117 H 2
Sommereux 60 .... 21 H 4
Sommermont 52 .... 92 D 3
Sommeron 02 .... 25 F 1
Sommervieu 14 .... 33 F 3
Sommerviller 54 .... 95 E 1
Sommery 76 .... 20 D 5
Sommesnil 76 .... 19 G 4
Sommesous 51 .... 61 H 4
Sommet-Bucher 05 .... 271 E 1
La Sommette 25 .... 162 D 4
Sommette-Eaucourt 02 .... 23 H 3
Sommeval 10 .... 114 D 3
Sommeville 52 .... 92 D 2
Sommevoire 52 .... 92 B 4
Sommières 30 .... 303 F 2
Sommières-du-Clain 86 .... 186 B 5
Somport Col du 64 .... 331 H 4
Sompt 79 .... 202 D 1
Sompuis 51 .... 62 B 5
Somsois 51 .... 91 H 2
Son 08 .... 26 A 5
Sonac 46 .... 261 E 2
Sonchamp 78 .... 86 D 2
Soncourt 88 .... 94 B 4
Soncourt-sur-Marne 52 .... 116 D 2
Sondernach 68 .... 120 C 4
Sondersdorf 68 .... 143 F 4
La Sône 38 .... 250 A 2
Songeons 60 .... 21 G 5
Songeson 39 .... 179 G 5
Songieu 01 .... 214 D 3
Songy 51 .... 62 C 4
Sonnac 12 .... 261 G 4
Sonnac 17 .... 202 B 4
Sonnac-sur-l'Hers 11 .... 337 E 2
Sonnay 38 .... 231 F 5
Sonnaz 73 .... 233 F 1
Sonneville 16 .... 202 D 5
Sons-et-Ronchères 02 .... 24 D 3
Sonthonnax-la-Montagne 01 .... 196 B 5
Sonzay 37 .... 151 G 1
Soorts-Hossegor 40 .... 292 B 3
Sophia-Antipolis 06 .... 309 F 3
Soppe-le-Bas 68 .... 142 D 2
Soppe-le-Haut 68 .... 142 D 2
Sor 09 .... 335 E 3
Sorans-lès-Breurey 70 .... 162 A 2
Sorba Col de 2B .... 349 F 1
Sorbais 02 .... 25 F 1
Sorbets 32 .... 295 E 3
Sorbets 40 .... 294 B 4
Sorbey 55 .... 44 C 3
Sorbey 57 .... 66 B 1
Sorbier 03 .... 192 D 4
Sorbiers 05 .... 268 C 5
Sorbiers 42 .... 230 B 3
Sorbo-Ocagnano 2B .... 347 G 2
Sorbollano 2A .... 349 E 5
Sorbon 08 .... 26 A 5
Sorbs 34 .... 301 H 1
Sorcy-Bauthémont 08 .... 26 C 5
Sorcy-Saint-Martin 55 .... 64 D 5
Sorde-l'Abbaye 40 .... 292 D 5
Sore 40 .... 273 G 1
Soréac 65 .... 315 F 4
Sorède 66 .... 343 F 3
Sorel 80 .... 14 A 5
Sorel-en-Vimeu 80 .... 11 H 4
Sorel-Moussel 28 .... 56 D 3
Sorèze 81 .... 319 F 2
Sorgeat 09 .... 336 D 5
Sorges-et-Ligueux en-Périgord 24 .... 240 D 1
Sorgues 84 .... 285 F 5
Sorigny 37 .... 151 H 4
Les Sorinières 44 .... 147 G 4
Sorio 2B .... 345 F 5
Sormery 89 .... 114 B 4
Sormonne 08 .... 26 C 2
Sornac 19 .... 225 H 2
Sornay 70 .... 161 F 3
Sornay 71 .... 195 G 1
Sorquainville 76 .... 19 F 4
Sorrus 62 .... 6 B 4
Sort-en-Chalosse 40 .... 293 E 3
Sortosville 50 .... 29 F 5
Sortosville-en-Beaumont 50... 28 D 5

Sos 47 .... 275 E 4
Sospel 06 .... 291 G 4
Sossais 86 .... 169 F 3
Sost 65 .... 334 A 3
Sotta 2A .... 351 F 3
Sottevast 50 .... 29 E 4
Sotteville 50 .... 28 D 4
Sotteville-lès-Rouen 76 .... 36 B 2
Sotteville-sous-le-Val 76 .... 36 B 3
Sotteville-sur-Mer 76 .... 19 H 2
Soturac 46 .... 259 E 5
Sotzeling 57 .... 66 D 3
Souain-Perthes-lès-Hurlus 51 .... 42 C 4
Soual 81 .... 299 F 5
Souancé-au-Perche 28 .... 109 E 2
Souanyas 66 .... 341 H 3
Souastre 62 .... 13 E 4
Soubès 34 .... 301 H 1
Soubise 17 .... 200 D 3
Soublecause 65 .... 295 E 5
Soubran 17 .... 219 G 5
Soubrebost 23 .... 207 E 3
Soucé 53 .... 82 B 3
Soucelles 49 .... 128 D 5
La Souche 07 .... 265 H 3
Souché 79 .... 184 D 4
Souchez 62 .... 8 B 5
Soucht 57 .... 68 A 2
Soucia 39 .... 196 D 1
Soucieu-en-Jarrest 69 .... 230 D 1
Soucirac 46 .... 260 B 2
Souclin 01 .... 214 B 4
Soucy 02 .... 39 H 3
Soucy 89 .... 113 G 2
Soudaine-Lavinadière 19 .... 224 D 3
Soudan 44 .... 127 E 3
Soudan 79 .... 185 G 3
Soudat 24 .... 222 B 2
Souday 41 .... 109 E 4
Soudé 51 .... 62 A 4
Soudeilles 19 .... 225 G 4
Soudorgues 30 .... 283 F 4
Soudron 51 .... 61 H 3
Soueich 31 .... 334 C 2
Soueix-Rogalle 09 .... 335 G 3
Souel 81 .... 279 F 5
Soues 80 .... 22 A 1
Soues 65 .... 315 F 5
Souesmes 41 .... 154 D 2
Souffelweyersheim 67 .... 69 E 5
Soufflenheim 67 .... 69 F 3
Souffrignac 16 .... 221 H 2
Sougé 36 .... 171 F 2
Sougé 41 .... 131 E 3
Sougé-le-Ganelon 72 .... 83 F 5
Sougéal 35 .... 80 C 2
Sougères-en-Puisaye 89 .... 156 D 1
Sougères-sur-Sinotte 89 .... 136 B 2
Sougraigne 11 .... 337 H 3
Sougy 45 .... 110 D 4
Sougy-sur-Loire 58 .... 175 E 3
Les Souhesmes 55 .... 43 H 5
Souhey 21 .... 158 D 1
Le Souich 62 .... 12 D 3
Souilhanels 11 .... 318 D 3
Souilhe 11 .... 318 D 3
Souillac 46 .... 242 B 5
Souillé 72 .... 107 H 3
Souilly 55 .... 63 H 1
Souilly 77 .... 59 E 2
Soula 09 .... 336 B 3
Soulages 15 .... 246 A 3
Soulages-Bonneval 12 .... 263 E 3
Soulaincourt 52 .... 93 F 3
Soulaines-Dhuys 10 .... 92 A 4
Soulaines-sur-Aubance 49... 149 G 2
Soulaire-et-Bourg 49 .... 128 C 5
Soulan 09 .... 335 G 3
Soulanges 51 .... 62 C 4
Soulangis 18 .... 155 F 5
Soulangy 14 .... 53 H 2
Soulatgé 11 .... 338 A 4
Soulaucourt-sur-Mouzon 52 .... 118 A 2
Soulaures 24 .... 259 E 3
Soulce-Cernay 25 .... 163 G 2
Soulgé-sur-Ouette 53 .... 106 B 4
Le Soulié 34 .... 300 C 5
Soulières 51 .... 61 F 3
Soulièvres 79 .... 168 B 3
Soulignac 33 .... 256 B 2
Souligné-Flacé 72 .... 107 F 3
Souligné-sous-Ballon 72 .... 107 H 3
Soulignonne 17 .... 201 E 5

Souligny 10 .... 114 D 2
Soulitré 72 .... 108 B 4
Soullans 85 .... 164 D 3
Soulles 50 .... 52 A 1
Soulom 65 .... 332 D 2
Soulomès 46 .... 260 C 3
Soulor Col du 65 .... 332 C 2
Soulosse-sous-Saint-Élophe 88 .... 94 A 4
Soultz-Haut-Rhin 68 .... 120 D 5
Soultz-les-Bains 67 .... 97 F 1
Soultz-sous-Forêts 67 .... 69 E 2
Soultzbach-les-Bains 68 .... 120 C 3
Soultzeren 68 .... 120 C 3
Soultzmatt 68 .... 120 D 4
Soulvache 44 .... 126 D 2
Soumaintrain 89 .... 114 C 4
Soumans 23 .... 190 B 5
Soumensac 47 .... 257 G 2
Souméras 17 .... 219 H 5
Soumont 34 .... 301 H 3
Soumont-Saint-Quentin 14....53 H 2
Soumoulou 64 .... 314 C 4
Soupex 11 .... 318 D 3
Soupir 02 .... 40 D 2
Souplicourt 80 .... 21 H 3
Souppes-sur-Loing 77 .... 112 C 3
Souprosse 40 .... 293 G 2
Le Souquet 40 .... 272 C 5
Souraïde 64 .... 310 D 4
Sourans 25 .... 142 A 5
La Source 45 .... 133 F 3
Source-Seine 21 .... 159 F 1
Sourcieux-les-Mines 69 .... 212 D 5
Sourdeval 50 .... 52 C 4
Sourdeval-les-Bois 50 .... 51 H 2
Sourdon 80 .... 22 C 4
Sourdun 77 .... 89 G 3
Le Sourn 56 .... 101 H 3
Sournia 66 .... 338 A 5
Sourniac 15 .... 244 B 1
Sourribes 04 .... 287 G 3
Sours 28 .... 86 B 4
Soursac 19 .... 243 H 1
Sourzac 24 .... 239 G 3
Sous-la-Tour 22 .... 78 B 3
Sous-Parsat 23 .... 207 F 2
Sousceyrac-en-Quercy 46... 243 F 5
Sousmoulins 17 .... 220 B 5
Souspierre 26 .... 267 G 4
Soussac 33 .... 256 D 2
Soussans 33 .... 237 F 3
Soussey-sur-Brionne 21 .... 159 E 3
Soustelle 30 .... 283 G 3
Soustons 40 .... 292 B 2
Sousville 38 .... 251 E 4
Souternon 42 .... 211 G 4
La Souterraine 23 .... 188 C 5
Soutiers 79 .... 185 F 1
Souvans 39 .... 179 E 1
Souvignargues 30 .... 303 F 2
Souvigné 16 .... 203 E 3
Souvigné 37 .... 151 F 1
Souvigné 79 .... 185 F 3
Souvigné-sur-Même 72 .... 108 C 2
Souvigné-sur-Sarthe 72 .... 128 D 2
Souvigny 03 .... 191 H 2
Souvigny-de-Touraine 37 .... 152 C 2
Souvigny-en-Sologne 41 .... 133 G 5
Souyeaux 65 .... 315 F 4
Souzay-Champigny 49 .... 150 C 4
Souzy 69 .... 230 B 1
Souzy-la-Briche 91 .... 87 F 3
Soveria 2B .... 347 E 4
Soyans 26 .... 267 G 3
Soyaux 16 .... 221 F 2
Soye 25 .... 162 D 1
Soye-en-Septaine 18 .... 173 F 2
Soyécourt 80 .... 23 F 2
Soyers 52 .... 140 B 2
Soyons 07 .... 249 F 5
Spada 55 .... 64 C 3
Sparsbach 67 .... 68 B 3
Spay 72 .... 107 G 5
Spechbach 68 .... 143 E 2
Spechbach-le-Bas 68 .... 143 E 2
Speloncato 2B .... 346 D 2
Spelunca Gorges de 2A .... 346 B 5
Spéracèdes 06 .... 308 D 3
Spézet 29 .... 76 C 5
Spicheren 57 .... 47 F 4
Spin'a Cavallu Pont génois 2A .... 350 D 2
Spincourt 55 .... 44 D 3
Sponville 54 .... 65 E 1
Spoy 10 .... 116 A 2
Spoy 21 .... 160 B 1

Spycker 59 .... 3 G 3
Squiffiec 22 .... 73 E 4
Staffelfelden 68 .... 121 E 5
Stains 93 .... 58 C 2
Stainville 55 .... 63 H 5
Stangala Site du 29 .... 99 H 2
Staple 59 .... 3 H 5
Stattmatten 67 .... 69 F 3
Stazzona 2B .... 347 G 3
Steenbecque 59 .... 7 H 2
Steene 59 .... 3 G 3
Steenvoorde 59 .... 3 H 4
Steenwerck 59 .... 8 B 2
Steige 67 .... 96 D 4
Steinbach 68 .... 143 E 1
Steinbourg 67 .... 68 B 4
Steinbrunn-le-Bas 68 .... 143 F 2
Steinbrunn-le-Haut 68 .... 143 F 2
Steinseltz 67 .... 69 F 1
Steinsoultz 68 .... 143 F 3
Stella-Plage 62 .... 6 A 4
Stenay 55 .... 43 G 1
Sternenberg 68 .... 142 D 2
Stetten 68 .... 143 G 3
Stigny 89 .... 137 G 3
Still 67 .... 97 E 1
Stiring-Wendel 57 .... 47 F 4
Stival 56 .... 101 H 2
Stonne 08 .... 27 F 5
Storckensohn 68 .... 120 B 5
Stosswihr 68 .... 120 C 3
Stotzheim 67 .... 97 F 3
Strasbourg 67 .... 97 H 1
Strazeele 59 .... 4 A 5
Strenquels 46 .... 242 C 4
Strueth 68 .... 143 E 3
Struth 67 .... 68 A 3
Stuckange 57 .... 45 H 3
Stundwiller 67 .... 69 F 2
Sturzelbronn 57 .... 68 C 1
Stutzheim-Offenheim 67.....68 D 5
Suarce 90 .... 142 D 3
Suaucourt-et-Pisseloup 70... 140 B 4
Suaux 16 .... 203 H 4
Le Subdray 18 .... 172 D 2
Sublaines 37 .... 152 C 4
Subles 14 .... 32 D 3
Subligny 18 .... 155 H 2
Subligny 50 .... 51 H 4
Subligny 89 .... 113 F 3
Suc-au-May 19 .... 225 E 4
Suc-et-Sentenac 09 .... 336 A 5
Succieu 38 .... 232 A 3
Sucé-sur-Erdre 44 .... 147 H 2
Sucy-en-Brie 94 .... 58 D 4
Suèvres 41 .... 132 B 4
Sugères 63 .... 228 B 2
Sugny 08 .... 42 D 2
Suhescun 64 .... 311 F 5
Suilly-la-Tour 58 .... 156 B 3
Suin 71 .... 194 B 3
Suippes 51 .... 42 C 5
Suisse 57 .... 66 D 2
Suizy-le-Franc 51 .... 61 E 2
Sulignat 01 .... 213 F 1
Sully 14 .... 32 D 3
Sully 60 .... 21 G 5
Sully 71 .... 177 E 2
Sully-la-Chapelle 45 .... 111 G 5
Sully-sur-Loire 45 .... 134 A 3
Sulniac 56 .... 124 D 3
Sumène 30 .... 283 E 5
Sundhoffen 68 .... 121 F 3
Sundhouse 67 .... 97 G 5
Super-Barèges 65 .... 333 F 3
Super-Besse 63 .... 227 F 3
Super-Bolquère 66 .... 341 G 4
Super-Lioran 15 .... 245 E 3
Super-Sauze 04 .... 270 D 5
Superbagnères 31 .... 334 A 5
Superdévoluy 05 .... 269 F 2
Supeyres Col des 63 .... 229 E 2
Supt 39 .... 179 H 3
Le Suquet 06 .... 291 E 4
Surat 63 .... 210 A 4
Surba 09 .... 336 B 4
Surbourg 67 .... 69 E 2
Surcamps 80 .... 12 B 5
Surdoux 87 .... 224 C 2
Suré 61 .... 84 A 4
Suresnes 92 .... 58 B 3
Surfonds 72 .... 108 B 5
Surfontaine 02 .... 24 C 3
Surgères 17 .... 201 F 1
Surgy 58 .... 157 F 1
Suriauville 88 .... 118 B 2

urin 79.........184 D 2
urin 86.........203 H 2
uris 16.........204 C 4
urjoux 01.........215 E 2
urmont 25.........163 E 3
urques 62.........2 D 5
urtainville 50.........28 D 5
urtauville 27.........36 A 4
urvie 11.........54 C 3
urville 14.........34 C 3
urville 27.........36 B 4
urville 50.........31 F 3
urvilliers 95.........38 D 5
ury 08.........26 C 3
ury-aux-Bois 45.........111 H 5
ury-en-Vaux 18.........155 H 3
ury-ès-Bois 18.........155 H 2
ury-le-Comtal 42.........229 H 3
ury-près-Léré 18.........156 A 1
urzur 56.........124 C 4
us 64.........313 F 3
us-Saint-Léger 62.........12 D 3
uscinio Château de 56.........124 C 5
usmiou 64.........313 F 3
ussac 87.........224 C 2
ussargues 34.........303 E 3
ussat 03.........209 G 1
ussey 21.........158 D 4
usville 38.........251 E 4
utrieu 01.........214 C 3
uzan 09.........335 H 2
uzanne 08.........42 C 1
uzanne 80.........23 F 1
uzannecourt 52.........93 E 3
uzay 27.........37 E 3
uze 26.........267 H 1
uze-la-Rousse 26.........285 F 2
a Suze-sur-Sarthe 72.........129 G 2
uzette 84.........285 H 3
uzoy 60.........23 G 5
uzy 02.........24 C 5
y 08.........43 E 1
yam 39.........179 H 5
ylvains-les-Moulins 27.........56 B 2
ylvanès 12.........301 E 2
e Syndicat 88.........119 H 4

T

abaille-Usquain 64.........311 H 4
abanac 33.........255 H 2
e Table 73.........233 H 3
e Tablier 85.........183 E 1
abre 09.........336 D 2
a Tâche 16.........203 G 4
achoires 32.........316 B 2
acoignières 78.........57 F 3
aconnay 58.........157 E 3
aden 22.........79 H 4
adousse-Ussau 64.........294 C 5
aglio-Isolaccio 2B.........347 G 3
a Tagnière 71.........176 C 4
agnon 08.........42 A 2
agolsheim 68.........143 F 2
agsdorf 68.........143 F 3
ailhac 43.........246 C 4
aillades 84.........305 F 2
e Taillan-Médoc 33.........237 F 5
aillancourt 55.........94 A 2
aillant 17.........201 G 4
aillebois 61.........53 F 3
aillebourg 17.........201 G 4
aillebourg 47.........257 F 5
aillecavat 33.........257 E 3
aillecourt 25.........142 C 4
a Taillée 85.........183 H 1
aillefontaine 02.........39 H 3
aillepied 50.........31 F 2
aillet 66.........342 C 4
aillette 08.........26 B 1
ailleville 14.........33 G 3
aillis 35.........105 E 2
ailly 08.........43 G 1
ailly 21.........177 H 2
ailly 80.........11 H 5
ain-l'Hermitage 26.........249 E 3
aingy 89.........136 A 5
aintrux 88.........96 B 5
aisnières-en-Thiérache 59...15 F 4
aisnières-sur-Hon 59.........15 F 2
aisnil 80.........22 A 3
aissy 51.........41 H 4
aix 81.........279 G 5
aizé 79.........168 B 2
aizé-Aizie 16.........203 G 2
aizy 08.........42 A 1

Tajan 65.........315 H 5
Talairan 11.........338 B 2
Talais 33.........218 C 3
Talange 57.........45 H 4
Talant 21.........160 A 3
Talau 66.........341 H 3
La Talaudière 42.........230 B 4
Talazac 65.........315 E 3
Talcy 41.........132 B 3
Talcy 89.........137 F 5
Talence 33.........255 G 1
Talencieux 07.........249 E 1
Talensac 35.........103 H 3
Talissieu 01.........214 D 4
Talizat 15.........245 G 3
Tallans 25.........162 C 1
Tallard 05.........269 G 4
Tallenay 25.........162 A 3
Tallende 63.........227 H 2
Taller 40.........292 D 1
Talloires-Montmin 74.........215 H 4
Tallone 2B.........347 G 5
Le Tallud 79.........185 F 1
Tallud-Sainte-Gemme 85....166 D 5
Talmas 80.........12 D 5
Talmay 21.........160 D 2
Talmont-Saint-Hilaire 85....182 B 2
Talmont-sur-Gironde 17....218 D 3
Talmontiers 60.........37 F 2
Taloire 04.........308 A 1
Talon 58.........157 F 3
Talus-Saint-Prix 51.........61 E 3
Taluyers 69.........230 D 2
Tamaris-sur-Mer 83.........328 A 5
La Tamarissière 34.........322 C 5
Tamié Abbaye de 73.........234 A 1
Tamnay-en-Bazois 58.........175 G 1
Tamniès 24.........241 F 4
Tanavelle 15.........245 G 4
Tanay 21.........160 C 2
Tancarville 76.........35 E 1
Tancarville Pont de 76.........35 E 1
Tancoigné 49.........149 H 4
Tancon 71.........212 A 1
Tanconville 54.........96 B 1
Tancrou 77.........59 H 2
Tangry 62.........7 G 4
La Tania 73.........234 C 3
Taninges 74.........216 C 1
Tanis 50.........51 G 5
Tanlay 89.........137 F 2
Tannay 08.........27 E 5
Tannay 58.........157 F 3
Tanneron 83.........308 D 4
Tannerre-en-Puisaye 89....135 G 4
La Tannière 53.........81 G 4
Tannières 02.........40 D 3
Tannois 55.........63 H 4
Tanques 61.........54 A 5
Tantonville 54.........94 D 3
Le Tanu 50.........51 H 3
Tanus 81.........280 B 4
Tanville 61.........83 F 2
Tanzac 17.........219 G 2
Taponas 69.........213 E 1
Taponnat-Fleurignac 16....203 H 5
Tappa
  Site préhistorique 2A.......351 F 2
Tarabel 31.........318 B 2
Taradeau 83.........308 A 5
Tarare 69.........212 B 4
Tarascon 13.........304 B 2
Tarascon-sur-Ariège 09....336 B 4
Tarasteix 65.........315 E 3
Tarbes 65.........315 E 4
Tarcenay 25.........162 A 4
Tardais 28.........85 F 2
Tardes 23.........208 B 1
Tardets-Sorholus 64.........331 F 1
La Tardière 85.........167 E 5
Tardinghen 62.........2 B 4
Tarentaise 42.........230 C 5
Tarentaise
  Belvédère de la 73.........235 F 3
Tarerach 66.........342 B 2
Targassonne 66.........341 F 4
Targé 86.........169 G 4
Target 03.........191 G 5
Targon 33.........256 B 2
Tarnac 19.........225 F 1
Tarnès 33.........237 H 4
Tarnos 40.........292 A 5
Taron-Sadirac-
  Viellenave 64.........294 C 5
Tarquimpol 57.........67 E 4

Tarrano 2B.........347 G 4
Tarsac 32.........294 D 4
Tarsacq 64.........313 H 3
Tarsul 21.........160 A 1
Tart-l'Abbaye 21.........160 C 4
Tart-le-Bas 21.........160 C 4
Tart-le-Haut 21.........160 B 4
Tartaras 42.........230 D 3
Tartas 40.........293 F 2
Tartécourt 70.........140 D 2
Tartiers 02.........40 A 2
Tartigny 60.........22 C 5
Tartonne 04.........288 B 4
Le Tartre 71.........178 D 4
Le Tartre-Gaudran 78.........57 E 5
Tarzy 08.........26 A 2
Tasdon 17.........200 C 1
Tasque 32.........295 E 4
Tassé 72.........129 F 2
Tassenières 39.........179 E 2
Tassillé 72.........107 F 4
Tassin-la-Demi-Lune 69....213 E 5
Tasso 2A.........349 E 3
Tatinghem 62.........3 F 5
Le Tâtre 16.........220 C 4
Taugon 17.........183 H 4
Taulanne 04.........308 A 1
Taulé 29.........71 H 4
Taulignan 26.........267 G 5
Taulis 66.........342 C 4
Taupont 56.........102 D 4
Tauriac 33.........237 G 3
Tauriac 46.........242 D 5
Tauriac 81.........298 B 1
Tauriac-de-Camarès 12....301 E 4
Tauriac-de-Naucelle 12....279 H 3
Tauriers 07.........266 A 4
Taurignan-Castet 09.........335 F 2
Taurignan-Vieux 09.........335 F 2
Taurinya 66.........342 B 3
Taurize 11.........338 A 1
Taussac 12.........262 D 1
Taussac-la-Billière 34.........301 F 4
Taussat 33.........254 C 2
Tautavel 66.........338 C 4
Tauves 63.........226 D 3
Tauxières-Mutry 51.........41 H 5
Tauxigny 37.........152 A 4
Tavaco 2A.........348 D 2
Tavant 37.........151 F 5
Tavaux 39.........178 D 1
Tavaux-et-Pontséricourt 02....25 F 3
Tavel 30.........285 E 5
Tavera 2A.........348 D 2
Tavernay 71.........176 C 1
Tavernes 83.........307 G 4
Taverny 95.........58 B 1
Tavers 45.........132 C 3
Tavey 70.........142 B 4
Taxat-Senat 03.........209 H 1
Taxenne 39.........161 F 4
Tayac 33.........238 D 4
Taybosc 32.........296 C 2
Tayrac 12.........279 H 3
Tayrac 47.........276 D 3
Tazilly 58.........176 A 4
Le Tech 66.........342 B 5
Téche 38.........250 B 2
Técou 81.........299 E 2
Teghime Col de 2B.........345 G 4
Le Teich 33.........254 C 3
Teigny 58.........157 G 2
Le Teil 07.........266 D 4
Teilhède 63.........209 G 3
Teilhet 09.........336 C 1
Teilhet 63.........209 E 2
Teillay 35.........126 D 2
Teillay-le-Gaudin 45.........111 E 3
Teillay-Saint-Benoît 45....111 F 3
Teillé 44.........148 A 1
Teillé 72.........107 H 2
Teillet 81.........299 H 2
Teillet-Argenty 03.........190 C 5
Le Teilleul 50.........81 H 2
Teillots 24.........241 G 1
Teissières-de-Cornet 15....244 B 4
Teissières-lès-Bouliès 15....262 C 1
Télégraphe Col du 73.........252 B 1
Telgruc-sur-Mer 29.........75 F 4
Tellancourt 54.........44 D 1
Tellecey 21.........160 C 3
Tellières-le-Plessis 61....84 A 2
Teloché 72.........130 A 2
Le Temple 33.........236 C 2
Le Temple 41.........109 E 5
Le Temple 79.........167 E 2
Le Temple-de-Bretagne 44..147 F 2

Temple-Laguyon 24.........241 F 1
Le Temple-sur-Lot 47.........275 H 1
Templemars 59.........8 D 3
La Templerie 35.........81 F 5
Templeuve 59.........9 E 4
Templeux-la-Fosse 80.........23 H 1
Templeux-le-Guérard 80....24 A 1
Tenaille Ancienne
  Abbaye de la 17.........219 G 4
Tenay 01.........214 B 3
Tence 43.........248 A 3
Tencin 38.........233 F 5
Tende 06.........291 H 2
Tende Col de 06.........291 H 2
Tendon 88.........119 H 2
Tendron 18.........174 A 2
Tendu 36.........188 D 1
Teneur 62.........7 F 4
Tennie 72.........107 F 3
Tenteling 57.........47 F 5
Tercé 86.........186 D 2
Tercillat 23.........189 H 3
Tercis-les-Bains 40.........292 D 3
Terdeghem 59.........3 H 5
Térénez 29.........71 H 3
Térénez Pont de 29.........75 G 4
Tergnier 02.........24 B 4
Terjat 03.........208 D 1
Termes 08.........43 E 3
Termes 11.........338 B 2
Termes 48.........263 H 1
Termes-d'Armagnac 32....295 E 4
Termignon 73.........235 E 5
Terminiers 28.........110 C 4
Ternand 69.........212 C 3
Ternant 17.........201 G 3
Ternant 21.........159 H 4
Ternant 58.........175 H 4
Ternant-les-Eaux 63.........227 H 4
Ternas 62.........12 D 2
Ternat 52.........117 E 5
Ternay 41.........131 E 4
Ternay 69.........231 E 2
Ternay 86.........168 C 1
Ternay Barrage du 07.........230 D 5
Les Ternes 15.........245 G 4
Ternuay-Melay-
  et-Saint-Hilaire 70.........142 A 1
Terny-Sorny 02.........40 B 2
Terramesnil 80.........12 D 4
Terrans 71.........178 C 3
La Terrasse 38.........233 F 5
Terrasse
  Panorama de la 69.........212 C 1
La Terrasse-sur-Dorlay 42....230 C 4
Terrasson-Lavilledieu 24....241 H 3
Terrats 66.........342 D 3
Terraube 32.........296 A 1
Terre-Clapier 81.........299 G 2
Terrebasse 31.........317 E 5
Terrefondrée 21.........138 D 3
Terrehault 72.........108 A 2
Terrenoire 42.........230 B 4
Les Terres-de-Chaux 25....163 F 2
La Terrisse 12.........263 F 2
Terroles 11.........337 H 2
Terron-sur-Aisne 08.........42 D 1
Terrou 46.........261 F 1
Tersanne 26.........249 G 1
Tersannes 87.........187 H 5
Terssac 81.........299 F 1
Le Tertre Rouge
  Parc zoologique 72.........129 G 4
Le Tertre-Saint-Denis 78....57 E 2
Tertry 80.........23 H 2
Terves 79.........167 G 4
Terville 57.........45 G 3
Tessancourt-sur-Aubette 78....57 H 1
Tessé-Froulay 61.........82 C 2
Tessé-la-Madeleine 61....82 C 2
Tessel 14.........33 E 4
Tessens 73.........234 C 2
Tesson 17.........219 F 2
Tessonnière 79.........168 A 4
La Tessoualle 49.........167 E 1
Tessy Bocage 50.........52 B 1
La Teste-de-Buch 33.........254 B 3
Tétaigne 08.........27 G 4
Tête des Cuveaux 88.........119 H 3
Téteghem-
  Coudekerque-Village 59...3 G 2
Téterchen 57.........46 D 4
Téthieu 40.........293 E 2
Teting-sur-Nied 57.........66 D 1
Teuillac 33.........237 G 2
Teulat 81.........298 C 4
Le Teulet 19.........243 G 4

Teurthéville-Bocage 50.........29 G 3
Teurthéville-Hague 50.........28 D 3
Teyjat 24.........222 B 2
Teyran 34.........303 E 4
Teyssières 26.........267 H 5
Teyssieu 46.........243 F 5
Teyssode 81.........298 D 4
Thaas 51.........61 F 5
Thairé 17.........200 D 2
Thaix 58.........175 G 3
Thal-Drulingen 67.........67 H 3
Thal-Marmoutier 67.........68 B 5
Thalamy 19.........226 C 3
Thann 68.........142 D 1
Thannenkirch 68.........97 E 5
Thanvillé 67.........97 E 4
Thaon 14.........33 F 3
Thaon-les-Vosges 88.........95 F 5
Tharaux 30.........284 B 2
Tharoiseau 89.........157 H 2
Tharon-Plage 44.........146 C 4
Tharot 89.........157 H 1
Thaumiers 18.........173 G 4
Thauron 23.........207 E 3
Thauvenay 18.........156 A 3
Thèbe 65.........334 A 3
Théding 57.........47 F 5
Thédirac 46.........259 H 3
Thégra 46.........260 D 1
Théhillac 56.........125 G 5
Le Theil 03.........191 H 4
Le Theil 15.........244 C 3
Le Theil 23.........206 C 3
Le Theil 50.........29 F 3
Le Theil 61.........108 C 2
Le Theil-Bocage 14.........54 C 1
Le Theil-de-Bretagne 35....104 D 5
Le Theil-en-Auge 14.........34 D 3
Le Theil-Nolent 27.........35 F 5
Theil-Rabier 16.........203 E 2
Theil-sur-Vanne 89.........113 H 3
Theillay 41.........154 B 3
Theillement 27.........35 H 3
Theix-Noyalo 56.........124 C 4
Theizé 69.........212 C 3
Thel 69.........212 B 1
Théligny 72.........108 D 3
Thélis-la-Combe 42.........230 C 5
Thélod 54.........94 C 2
Thelonne 08.........27 F 4
Thélus 62.........8 B 5
Théméricourt 95.........57 H 1
Thémines 46.........261 E 2
Théminettes 46.........261 E 2
Thénac 17.........219 F 1
Thénac 24.........257 G 2
Thenailles 02.........25 F 2
Thénay 36.........188 C 1
Thenay 41.........153 E 2
Thénésol 73.........216 A 5
Theneuil 37.........169 F 1
Theneuille 03.........191 F 1
Thénezay 79.........168 C 5
Thénioux 18.........154 B 4
Thenissey 21.........159 F 1
Thenisy 77.........89 F 3
Thennelières 10.........91 E 5
Thennes 80.........22 D 3
Thenon 24.........241 F 2
Thénorgues 08.........43 F 2
Théoule-sur-Mer 06.........309 E 5
Therdonne 60.........38 A 4
Théret Château du 23.........207 F 2
Thérines 60.........21 H 5
Thermes-Magnoac 65.........316 B 5
Thérondels 12.........245 E 5
Thérouanne 62.........7 F 2
Thérouldeville 76.........19 F 3
Thervay 39.........161 F 4
Thésée 41.........153 E 3
Thésy 39.........179 H 2
Theuley 70.........140 C 4
Theuville 28.........86 B 5
Theuville 95.........38 A 5
Theuville-aux-Maillots 76....19 F 3
Theuvy-Achères 28.........85 H 2
Thevet-Saint-Julien 36....189 H 1
Thevray 27.........55 G 2
They-sous-Montfort 88....118 C 2
They-sous-Vaudemont 54....94 C 4
Theys 38.........233 F 5
Théza 66.........343 F 2
Thézac 17.........219 E 1

Thézac 47.........259 E 5
Thézan-des-Corbières 11....338 C 1
Thézan-lès-Béziers 34....321 F 3
Thèze 04.........287 F 1
Thèze 64.........314 B 2
Thézey-Saint-Martin 54....66 B 3
Théziers 30.........304 B 1
Thézillieu 01.........214 C 4
Thézy-Glimont 80.........22 C 3
Thiais 94.........58 C 4
Thiancourt 90.........142 D 4
Thianges 58.........175 F 3
Thiant 59.........14 D 2
Thiat 87.........187 G 5
Thiaucourt-Regniéville 54....65 F 3
Thiaville-sur-Meurthe 54....96 A 3
Thiberville 27.........35 E 5
Thibie 51.........62 A 2
Thibivillers 60.........37 H 3
Thibouville 27.........35 G 5
Thicourt 57.........66 D 2
Thiébauménil 54.........95 G 1
Thiéblemont-Farémont 51....62 D 5
Thiébouhans 25.........163 G 3
Thieffrain 10.........115 G 2
Thieffrans 70.........141 G 5
Thiéfosse 88.........120 A 4
Thiel-sur-Acolin 03.........192 C 2
Thiembronne 62.........7 E 3
Thiénans 70.........162 B 1
Thiennes 59.........7 H 2
Thiepval 80.........13 F 5
Thiergeville 76.........19 E 3
Thiernu 02.........25 E 3
Thiers 63.........210 C 4
Thiers-sur-Thève 60.........38 D 5
Thierville 27.........35 G 4
Thierville-sur-Meuse 55....44 B 5
Thiéry 06.........289 G 4
Thiescourt 60.........23 G 5
Thiétreville 76.........19 F 3
Le Thieulin 28.........85 G 4
Thieulloy-la-Ville 80.........21 H 3
Thieulloy-l'Abbaye 80....21 H 2
Thieuloy-Saint-Antoine 60....21 H 4
La Thieuloye 62.........7 G 5
Thieux 60.........38 C 1
Thieux 77.........59 E 1
Thiéville 14.........54 A 1
Thièvres 62.........13 E 4
Thiézac 15.........244 D 4
Thignonville 45.........111 G 2
Thil 01.........213 G 5
Thil 10.........92 B 5
Le Thil 27.........37 E 3
Thil 31.........297 F 3
Thil 51.........41 G 3
Thil 54.........45 F 2
Thil-la-Ville 21.........158 D 2
Thil-Manneville 76.........20 A 2
Le Thil-Riberpré 76.........21 E 4
Thil-sur-Arroux 71.........176 B 4
Thilay 08.........27 E 2
La Thillay 95.........58 D 2
Thilleux 52.........92 B 4
Les Thilliers-en-Vexin 27....37 E 4
Thillois 51.........41 G 4
Thillombois 55.........64 B 3
Thillot 55.........64 D 2
Le Thillot 88.........120 A 5
Thilouze 37.........151 H 4
Thimert 28.........85 H 2
Thimonville 57.........66 B 2
Thimory 45.........134 C 2
Thin-le-Moutier 08.........26 B 3
Thines 07.........265 G 5
Thiolières 63.........228 D 2
Thionne 03.........192 C 3
Thionville 57.........45 H 3
Thionville-sur-Opton 78....57 F 4
Thiouville 76.........19 F 4
Thiraucourt 88.........94 C 5
Thiré 85.........183 G 1
Thiron Gardais 28.........85 F 5
This 08.........26 C 3
Thise 25.........162 A 3
Thivars 28.........86 A 4
Thivencelle 59.........9 H 4
Thiverny 60.........38 C 4
Thiverval-Grignon 78....57 H 3
Thivet 52.........117 F 4
Thiviers 24.........223 E 4
Thiville 28.........110 A 4
Thizay 36.........172 B 3
Thizay 37.........150 D 5
Thizy-les-Bourgs 69.........212 A 2
Thizy 89.........137 F 5

A B C D E F G H I J K L M N O P Q R S T U V W X Y Z

A B C D E F G H I J K L M N O P Q R S T U V W X Y Z

Thoard 04 ... 287 H 3
Thodure 38 ... 231 H 5
Thoigné 72 ... 83 H 5
Thoiras 30 ... 283 F 4
Thoiré-sous-Contensor 72 ... 83 H 5
Thoiré-sur-Dinan 72 ... 130 C 3
Thoires 21 ... 116 A 5
Thoirette 39 ... 196 B 4
Thoiria 39 ... 196 D 1
Thoiry 01 ... 197 F 5
Thoiry 73 ... 233 G 2
Thoiry 27 ... 57 G 3
Thoissey 01 ... 213 E 1
Thoissia 39 ... 196 A 3
Thoisy-la-Berchère 21 ... 158 D 4
Thoisy-le-Désert 21 ... 159 E 4
Thoix 80 ... 22 A 4
Thol-lès-Millières 52 ... 117 G 3
Thollet 86 ... 187 H 3
Thollon-les-Mémises 74 ... 198 C 3
Le Tholonet 13 ... 306 A 5
Le Tholy 88 ... 120 A 3
Thomer-la-Sôgne 27 ... 56 B 3
Thomery 77 ... 88 C 4
Thomirey 21 ... 177 F 1
Thonac 24 ... 241 F 4
Thônes 74 ... 216 A 3
Thonnance-lès-Joinville 52 ... 93 E 3
Thonnance-les-Moulins 52 ... 93 F 4
Thonne-la-Long 55 ... 44 B 1
Thonne-le-Thil 55 ... 44 B 1
Thonne-les-Prés 55 ... 44 B 1
Thonnelle 55 ... 44 B 1
Thonon-les-Bains 74 ... 198 B 3
Les Thons 88 ... 118 B 4
Thonville 57 ... 66 D 2
Le Thor 84 ... 305 E 1
Thorailles 45 ... 112 D 4
Thoraise 25 ... 161 H 4
Thorame-Basse 04 ... 288 C 3
Thorame-Haute 04 ... 288 D 3
Thorame-Haute-Gare 04 ... 288 D 4
Thoras 43 ... 246 C 5
Thoré-la-Rochette 41 ... 131 F 3
Thorée-les-Pins 72 ... 129 H 4
Thorenc 06 ... 308 D 1
Thorens-Glières 74 ... 215 H 2
Thorey 89 ... 137 F 2
Thorey-en-Plaine 21 ... 160 B 4
Thorey-Lyautey 54 ... 94 C 3
Thorey-sous-Charny 21 ... 159 E 3
Thorey-sur-Ouche 21 ... 159 G 5
Thorigné 79 ... 185 F 4
Thorigné-d'Anjou 49 ... 128 B 4
Thorigné-en-Charnie 53 ... 106 D 4
Thorigné-Fouillard 35 ... 104 C 2
Thorigné-sur-Dué 72 ... 108 B 4
Thorigny 85 ... 183 E 1
Thorigny-sur-le-Mignon 79 .. 201 G 1
Thorigny-sur-Marne 77 ... 59 E 3
Thorigny-sur-Oreuse 89 ... 89 H 5
Le Thoronet 83 ... 307 H 5
Thoronet Abbaye du 83 ... 307 H 5
Thorrenc 07 ... 249 E 1
Thors 10 ... 92 B 5
Thors 17 ... 202 B 4
Thory 80 ... 22 C 4
Thory 89 ... 137 E 5
Thoste 21 ... 158 C 2
Le Thot 24 ... 241 F 4
Le Thou 17 ... 201 E 1
Thou 18 ... 155 G 2
Thou 45 ... 135 E 5
Thouarcé 49 ... 149 G 3
Thouaré-sur-Loire 44 ... 147 H 3
Thouars 79 ... 168 A 2
Thouars-sur-Arize 09. ... 317 G 5
Thouars-sur-Garonne 47 ... 275 G 2
Thouarsais-Bouildroux 85 ... 183 H 1
Le Thoult-Trosnay 51 ... 61 G 2
Le Thour 08 ... 25 G 5
Le Thoureil 49 ... 150 A 2
Thourie 35 ... 126 D 2
Thouron 87 ... 205 G 3
Thourotte 60 ... 39 G 1
Thoury 41 ... 132 C 5
Thoury-Férottes 77 ... 88 D 5
Thoux 32 ... 297 E 4
Thubœuf 53 ... 82 C 3
Le Thuel 02 ... 25 G 4
Thuellin 38 ... 232 B 1
Thués-entre-Valls 66 ... 341 H 4
Thueyts 07 ... 266 A 2
Thugny-Trugny 08 ... 42 B 1
La Thuile 73 ... 233 G 2
Les Thuiles 04 ... 270 C 5
Thuilley-aux-Groseilles 54 ... 94 C 2

Thuillières 88 ... 118 C 2
Thuir 66 ... 342 D 2
Thuisy 10 ... 114 C 2
Le Thuit 27 ... 36 D 4
Le Thuit-Anger 27 ... 36 A 3
Thuit-Hébert 27 ... 35 H 3
Le Thuit-Signol 27 ... 36 A 4
Le Thuit-Simer 27 ... 35 H 4
Thulay 25 ... 142 C 5
Thumeréville 54 ... 45 E 5
Thumeries 59 ... 8 D 4
Thun-l'Évêque 59 ... 14 C 3
Thun-Saint-Amand 59 ... 9 G 4
Thun-Saint-Martin 59 ... 14 C 3
Thurageau 86 ... 169 E 4
Thuré 86 ... 169 F 4
Thuret 63 ... 210 A 3
Thurey 71 ... 178 B 4
Thurey-le-Mont 25 ... 162 A 2
Thurins 69 ... 230 D 1
Thury 21 ... 177 E 1
Thury 89 ... 135 H 5
Thury-en-Valois 60 ... 39 H 5
Thury-Harcourt 14 ... 53 F 1
Thury-sous-Clermont 60 ... 38 C 3
Thusy 74 ... 215 F 3
Thuy 65 ... 315 G 4
Thyez 74 ... 216 B 1
Thyl 73 ... 252 B 1
Tibiran-Jaunac 65 ... 334 A 2
Ticheville 61 ... 54 D 2
Tichey 21 ... 178 C 1
Tiercé 49 ... 128 D 5
Tiercelet 54 ... 45 E 2
Le Tiercent 35 ... 80 D 4
Tierceville 14 ... 33 F 3
La Tieule 48 ... 281 H 1
Tiffauges 85 ... 166 C 1
Tigeaux 77 ... 59 G 4
Tigery 91 ... 88 A 2
Tignac 09 ... 336 C 5
Tigné 49 ... 149 H 4
Tignécourt 88 ... 118 B 4
Tignes 73 ... 235 E 3
Tignes Barrage de 73 ... 235 F 2
Le Tignet 06 ... 308 D 3
Tignieu-Jameyzieu 38 ... 213 H 5
Tigny-Noyelle 62 ... 6 B 5
Tigy 45 ... 133 H 3
Til-Châtel 21 ... 160 B 1
Tilh 40 ... 293 F 4
Tilhouse 65 ... 333 G 1
Tillac 32 ... 315 G 2
Tillay-le-Péneux 28 ... 110 D 3
Tillé 60 ... 38 A 1
Tillenay 21 ... 160 D 4
Le Tilleul 76 ... 18 C 4
Tilleul-Dame-Agnès 27 ... 55 H 1
Le Tilleul-Lambert 27 ... 55 H 1
Le Tilleul-Othon 27 ... 35 G 5
Tilleux 88 ... 94 A 5
Tillières 49 ... 148 B 5
Tillières-sur-Avre 27 ... 56 A 4
Tilloloy 80 ... 23 F 4
Tilloy-et-Bellay 51 ... 62 C 1
Tilloy-Floriville 80 ... 11 F 5
Tilloy-lès-Conty 80 ... 22 B 3
Tilloy-lès-Hermaville 62 ... 13 E 2
Tilloy-lès-Mofflaines 62 ... 13 G 2
Tilloy-lez-Cambrai 59 ... 14 B 3
Tilloy-lez-Marchiennes 59 ... 9 F 5
Tilly 27 ... 37 E 5
Tilly 36 ... 188 A 3
Tilly 78 ... 57 E 3
Tilly-Capelle 62 ... 7 F 4
Tilly-la-Campagne 14 ... 33 G 5
Tilly-sur-Meuse 55 ... 64 B 2
Tilly-sur-Seulles 14 ... 33 E 4
Tilques 62 ... 3 F 5
Tincey-et-Pontrebeau 70 ... 140 C 5
Tinchebray 61 ... 52 D 4
Tincourt-Boucly 80 ... 23 H 1
Tincques 62 ... 7 H 5
Tincry 57 ... 66 C 3
Les Tines 74 ... 217 E 2
Tingry 62 ... 6 B 3
Tinqueux 51 ... 41 G 4
Tinténiac 35 ... 80 A 4
Tintry 71 ... 177 E 2
Tintury 58 ... 175 F 2
Tiranges 43 ... 247 G 1
Tirent-Pontéjac 32 ... 296 C 5
Tirepied 50 ... 51 H 4
Tissey 89 ... 136 D 2

Le Titre 80 ... 11 G 2
Tiuccia 2A ... 348 B 2
Tivernon 45 ... 111 E 3
Tiviers 15 ... 245 H 3
Tivolaggio 2A ... 350 D 2
Tizac-de-Curton 33 ... 256 B 1
Tizac-de-Lapouyade 33 ... 238 B 3
Tizzano 2A ... 350 D 3
Tocane-Saint-Apre 24 ... 239 H 1
Tocqueville 27 ... 35 F 2
Tocqueville 50 ... 29 G 2
Tocqueville-en-Caux 76 ... 19 H 3
Tocqueville-les-Murs 76 ... 19 E 4
Tocqueville-sur-Eu 76 ... 10 C 4
Tœufles 80 ... 11 F 4
Toges 08 ... 42 D 2
Togny-aux-Bœufs 51 ... 62 B 3
Tolla 2A ... 348 D 3
Tollaincourt 88 ... 118 A 3
Tollent 62 ... 11 H 1
Tollevast 50 ... 29 E 3
La Tombe 77 ... 89 E 4
Tombebœuf 47 ... 257 H 4
Tomblaine 54 ... 65 H 5
Tomino 2B ... 345 G 2
Les Tonils 26 ... 267 H 3
Tonnac 81 ... 279 E 4
Tonnay-Boutonne 17 ... 201 F 3
Tonnay-Charente 17 ... 201 E 3
Tonneins 47 ... 275 G 1
Tonnerre 89 ... 137 E 2
Tonneville 50 ... 28 D 3
Tonnoy 54 ... 95 E 2
Tonquédec 22 ... 72 D 4
Tonquédec Château de 22 ... 72 C 4
Torcé 35 ... 105 E 3
Torcé-en-Vallée 72 ... 108 A 3
Torcé-Viviers-
  en-Charnie 53 ... 106 D 3
Torcenay 52 ... 139 H 2
Torchamp 61 ... 82 A 2
Torchefelon 38 ... 232 B 3
Torcheville 57 ... 67 F 3
Torcieu 01 ... 214 A 3
Torcy 62 ... 6 D 4
Torcy 71 ... 177 E 4
Torcy 77 ... 59 E 3
Torcy-en-Valois 02 ... 60 B 1
Torcy-et-Pouligny 21 ... 158 C 1
Torcy-le-Grand 10 ... 91 E 3
Torcy-le-Grand 76 ... 20 B 3
Torcy-le-Petit 10 ... 91 E 3
Torcy-le-Petit 76 ... 20 B 2
Tordères 66 ... 342 D 3
Tordouet 14 ... 54 D 1
Torfou 49 ... 166 B 1
Torfou 91 ... 87 G 3
Torigny-les-Villes 50 ... 52 B 1
Tornac 30 ... 283 G 5
Tornay 52 ... 140 A 4
Le Torp-Mesnil 76 ... 19 H 4
Torpes 25 ... 161 H 4
Torpes 71 ... 178 D 3
Le Torpt 27 ... 34 D 3
Le Torquesne 14 ... 34 C 4
Torre 2A ... 351 G 2
Torreilles 66 ... 339 E 5
Torsac 16 ... 221 F 3
Torsiac 43 ... 228 A 5
Tortebesse 63 ... 226 D 1
Tortefontaine 62 ... 11 H 1
Tortequesne 62 ... 14 A 2
Torteron 18 ... 174 B 2
Torteval-Quesnay 14 ... 32 D 5
Tortezais 03 ... 191 F 3
Tortisambert 14 ... 54 B 2
Le Tortoir 02 ... 24 C 5
Torvilliers 10 ... 114 D 2
Torxé 17 ... 201 G 3
Tosny 27 ... 36 D 4
Tosse 40 ... 292 B 3
Tossiat 01 ... 214 A 1
Tostat 65 ... 315 F 3
Tostes 27 ... 36 B 4
Totainville 88 ... 94 C 4
Tôtes 14 ... 54 B 2
Tôtes 76 ... 20 A 4
Touchay 18 ... 172 D 5
La Touche 26 ... 267 F 4
Touche-Trébry
  Château de la 22 ... 78 C 5
Les Touches 44 ... 147 H 1
Les Touches-de-Périgny 17. 202 C 4
Toucy 89 ... 135 H 4
Toudon 06 ... 289 H 5
Touët-de-l'Escarène 06 ... 291 F 5
Touët-sur-Var 06 ... 289 G 5

Touffailles 82 ... 277 E 2
Toufflers 59 ... 9 E 2
Touffou Château de 86 ... 186 D 1
Touffréville 14 ... 33 H 4
Touffreville 27 ... 36 D 3
Touffreville-la-Cable 76 ... 35 F 1
Touffreville-la-Corbeline 76 ... 19 G 5
Touffreville-sur-Eu 76 ... 10 C 4
Touget 32 ... 296 D 4
Touille 31 ... 335 E 1
Touillon 21 ... 137 H 4
Touillon-et-Loutelet 25 ... 180 C 3
Toujouse 32 ... 294 C 2
Toul 54 ... 94 B 1
Toul Goulic Gorges de 22 ... 77 F 4
Toulaud 07 ... 249 E 5
Toulenne 33 ... 256 B 4
Touligny 08 ... 26 C 4
Toulis-et-Attencourt 02 ... 25 E 4
Toullaëron Roc de 29 ... 76 C 5
Toulon 83 ... 328 A 4
Toulon-la-Montagne 51 ... 61 F 3
Toulon-sur-Allier 03 ... 192 B 2
Toulon-sur-Arroux 71 ... 176 C 5
Toulonjac 12 ... 279 F 1
Toulouges 66 ... 343 E 2
Toulouse 31 ... 298 A 5
Toulouse Croix de 05 ... 252 D 4
Toulouse-le-Château 39 ... 179 F 3
Toulouzette 40 ... 293 G 2
Toulx-Sainte-Croix 23 ... 190 A 5
Touques 14 ... 34 C 2
Le Touquet-Paris-Plage 62 ... 6 A 4
Touquettes 61 ... 55 E 4
Touquin 77 ... 59 H 5
La Tour 06 ... 291 E 4
La Tour 74 ... 216 A 1
La Tour-Blanche 24 ... 221 H 5
La Tour-d'Aigues 84 ... 306 B 3
La Tour-d'Auvergne 63 ... 227 E 3
Tour-de-Faure 46 ... 260 D 5
La Tour-de-Salvagny 69 ... 212 D 5
La Tour-de-Scay 25 ... 162 B 2
La Tour-du-Crieu 09 ... 336 B 1
La Tour-du-Meix 39 ... 196 C 2
La Tour-du-Parc 56 ... 124 C 5
La Tour-du-Pin 38 ... 232 B 2
Tour-en-Bessin 14 ... 32 D 3
La Tour-en-Jarez 42 ... 230 B 3
Tour-en-Sologne 41 ... 153 F 1
La Tour-Fondue 83 ... 328 C 5
La Tour-Saint-Gelin 37 ... 169 F 1
La Tour-sur-Orb 34 ... 301 F 4
Tourailles 41 ... 131 H 4
Les Tourailles 61 ... 53 G 4
Tourailles-sous-Bois 55 ... 93 G 3
Tourbes 34 ... 321 H 2
Tourcelles-Chaumont 08 ... 42 C 2
Tourch 29 ... 100 B 3
Tourcoing 59 ... 5 E 5
Tourdun 32 ... 295 F 5
La Tourette 19 ... 226 B 3
La Tourette 42 ... 229 G 4
La Tourette-Cabardès 11 ... 319 H 3
Tourette-du-Château 06 ... 289 H 5
Tourgéville 14 ... 34 B 3
La Tourlandry 49 ... 149 F 5
Tourlaville 50 ... 29 F 3
Tourliac 47 ... 258 D 2
Tourly 60 ... 37 H 4
Tourmalet Col du 65 ... 333 F 3
Tourmignies 59 ... 8 D 4
Tourmont 39 ... 179 F 3
Tournai-sur-Dive 61 ... 54 B 3
Tournan 32 ... 316 C 2
Tournan-en-Brie 77 ... 59 F 4
Tournans 25 ... 162 C 1
Tournavaux 08 ... 26 D 2
Tournay 65 ... 315 G 5
Tournay-sur-Odon 14 ... 33 E 5
Le Tourne 33 ... 255 H 2
Tournebu 14 ... 53 G 2
Tournecoupe 32 ... 296 C 2
Tournedos-Bois-Hubert 27 ... 56 A 1
Tournedos-sur-Seine 27 ... 36 C 3
Tournedoz 25 ... 163 E 2
Tournefeuille 31 ... 297 H 5
Tournefort 06 ... 289 H 5
Tournehem-sur-la-Hem 62 ... 3 E 4
Tournemire 12 ... 281 G 5
Tournemire 15 ... 244 C 3
Tournes 08 ... 26 C 2
Le Tourneur 14 ... 52 D 2
Tournières 14 ... 32 C 3
Tourniol Col de 26 ... 249 H 4

Tournissan 11 ... 338 B 1
Tournoël Château de 63 ... 209 G 4
Tournoisis 45 ... 110 B 5
Tournon 73 ... 234 A 1
Tournon-d'Agenais 47 ... 277 E 1
Tournon-Saint-Martin 36 ... 170 B 5
Tournon-Saint-Pierre 37 ... 170 B 5
Tournon-sur-Rhône 07 ... 249 E 3
Tournous-Darré 65 ... 315 H 4
Tournous-Devant 65 ... 315 H 4
Tournus 71 ... 195 E 1
Tourny 27 ... 37 E 5
Tourouvre-au-Perche 61 ... 84 C 2
Tourouzelle 11 ... 320 C 4
Tourreilles 11 ... 337 F 2
Les Tourreilles 31 ... 334 A 1
Tourrenquets 32 ... 296 B 3
Tourrette Château de la 07. 248 D 5
Tourrette-Levens 06 ... 291 E 5
Les Tourrettes 26 ... 267 E 2
Tourrettes 83 ... 308 C 3
Tourrettes-sur-Loup 06 ... 309 F 2
Tourriers 16 ... 203 F 5
Tours 37 ... 151 H 2
Tours-en-Savoie 73 ... 234 B 1
Tours-en-Vimeu 80 ... 11 F 4
Tours-Saint-Symphorien
  Aéroport de 37 ... 152 A 2
Tours-sur-Marne 51 ... 61 H 1
Tours-sur-Meymont 63 ... 228 C 2
Tourtenay 79 ... 168 B 1
Tourteron 08 ... 26 C 5
Tourtoirac 24 ... 241 F 1
Tourtour 83 ... 307 H 4
Tourtouse 09 ... 335 F 1
Tourtrès 47 ... 257 H 4
Tourtrol 09 ... 336 C 2
Tourves 83 ... 328 A 1
Tourville-en-Auge 14 ... 34 C 3
Tourville-la-Campagne 27 ... 35 H 4
Tourville-la-Chapelle 76 ... 10 C 5
Tourville-la-Rivière 76 ... 36 B 3
Tourville-les-Ifs 76 ... 19 E 3
Tourville-sur-Arques 76 ... 20 B 2
Tourville-sur-Odon 14 ... 33 F 5
Tourville-
  sur-Pont-Audemer 27 ... 35 E 3
Tourville-sur-Sienne 50 ... 31 F 5
Toury 28 ... 111 E 2
Toury-Lurcy 58 ... 175 E 5
Toury-sur-Jour 58 ... 174 D 5
Tourzel-Ronzières 63 ... 227 H 3
Toussaint 76 ... 19 E 3
Toussieu 69 ... 231 F 1
Toussieux 01 ... 213 E 3
Tousson 77 ... 88 A 5
La Toussuire 73 ... 233 H 5
Toussus-le-Noble 78 ... 58 A 4
Toutainville 27 ... 35 E 2
Toutenant 71 ... 178 B 3
Toutencourt 80 ... 13 E 5
Toutens 31 ... 318 C 2
Toutes Aures Col de 04 ... 288 D 5
Toutlemonde 49 ... 167 E 1
Toutry 21 ... 158 B 1
Touvérac 16 ... 220 C 4
Le Touvet 38 ... 233 F 4
Touville 27 ... 35 G 3
Touvois 44 ... 165 F 2
Touvre 16 ... 221 G 1
Touzac 16 ... 220 C 3
Touzac 46 ... 259 F 5
Tox 2B ... 347 G 5
Toy-Viam 19 ... 225 F 2
Trabuc Grotte de 30 ... 283 G 4
Tracol Col de 43 ... 248 B 1
Tracy-Bocage 14 ... 33 E 5
Tracy-le-Mont 60 ... 39 H 1
Tracy-le-Val 60 ... 39 H 1
Tracy-sur-Loire 58 ... 156 A 3
Tracy-sur-Mer 14 ... 33 E 2
Trades 69 ... 194 C 5
Traenheim 67 ... 97 F 1
Tragny 57 ... 66 B 2
Traînel 10 ... 89 H 4
Traînou 45 ... 111 F 5
Le Trait 76 ... 35 H 1
Traitiéfontaine 70 ... 162 A 2
Traize 73 ... 232 D 1
Tralaigues 63 ... 208 D 4
Tralonca 2B ... 347 F 4
Tramain 22 ... 79 E 4
Tramayes 71 ... 194 C 4
Trambly 71 ... 194 C 4
Tramecourt 62 ... 7 E 4
Tramery 51 ... 41 E 4
Tramezaïgues 65 ... 333 G 4

Tramolé 38 ... 232 A 3
Tramont-Émy 54 ... 94 B 3
Tramont-Lassus 54 ... 94 C 4
Tramont-Saint-André 54 ... 94 B 4
Tramoyes 01 ... 213 F 4
Trampot 88 ... 93 G 4
Trancault 10 ... 90 A 4
La Tranche-sur-Mer 85 ... 182 D 3
La Tranclière 01 ... 213 H 1
Trancrainville 28 ... 110 D 2
Trangé 72 ... 107 G 4
Le Tranger 36 ... 170 D 2
Trannes 10 ... 91 H 5
Tranqueville-Graux 88 ... 94 B 3
Trans 53 ... 82 D 5
Trans-en-Provence 83 ... 308 A 4
Trans-la-Forêt 35 ... 80 C 2
Trans-sur-Erdre 44 ... 148 A 5
Le Translay 80 ... 11 F 5
Le Transloy 62 ... 13 H 5
Tranzault 36 ... 189 F 2
La Trappe Abbaye de 61 ... 55 F 3
Trappes 78 ... 57 H 4
Trassanel 11 ... 320 A 3
Traubach-le-Bas 68 ... 143 E 2
Traubach-le-Haut 68 ... 142 D 2
Trausse 11 ... 320 B 3
Travaillan 84 ... 285 F 2
Travecy 02 ... 24 B 3
Traversères 32 ... 296 B 4
Traves 70 ... 140 D 4
Le Travet 81 ... 299 H 3
Le Trayas 83 ... 309 E 3
Trayes 79 ... 167 G 3
Tréal 56 ... 125 G 2
Tréauville 50 ... 28 D 3
Trébabu 29 ... 74 C 2
Treban 03 ... 191 H 4
Tréban 81 ... 280 B 3
Trébas 81 ... 300 A 3
Trébédan 22 ... 79 F 3
Trèbes 11 ... 320 A 4
Trébeurden 22 ... 72 B 3
Trébons 65 ... 333 F 1
Trébons-de-Luchon 31 ... 334 A 3
Trébons-sur-la-Grasse 31 ... 318 C 2
Tréboul 29 ... 75 F 3
Tréboul Pont de 15 ... 245 F 3
Trébrivan 22 ... 77 E 2
Trébry 22 ... 78 D 4
Tréclun 21 ... 160 C 4
Trécon 51 ... 61 H 3
Trédaniel 22 ... 78 C 4
Trédarzec 22 ... 73 E 3
Trédias 22 ... 79 F 4
Trédion 56 ... 124 D 3
Trédrez-Locquémeau 22 ... 72 B 3
Tréduder 22 ... 72 B 3
Trefcon 02 ... 23 H 4
Treffay 39 ... 180 A 3
Treffendel 35 ... 103 G 3
Treffiagat 29 ... 99 F 5
Treffieux 44 ... 126 D 3
Treffléan 56 ... 124 D 3
Treffort 38 ... 250 D 4
Treffort-Cuisiat 01 ... 196 A 3
Treffrin 22 ... 76 D 2
Tréflaouénan 29 ... 71 F 4
Tréflévénez 29 ... 75 H 2
Tréflez 29 ... 71 E 4
Tréfols 51 ... 60 C 3
Tréfumel 22 ... 79 G 3
Trégarantec 29 ... 71 E 4
Trégarvan 29 ... 75 G 4
Trégastel 22 ... 72 C 2
Trégastel-Plage 22 ... 72 C 2
Tréglamus 22 ... 72 D 4
Tréglonou 29 ... 70 C 4
Trégomar 22 ... 79 E 3
Trégomeur 22 ... 73 G 4
Trégon 22 ... 50 A 5
Trégonneau 22 ... 73 E 3
Trégourez 29 ... 100 B 2
Trégrom 22 ... 72 C 4
Tréguennec 29 ... 99 F 4
Trégueux 22 ... 78 B 3
Tréguidel 22 ... 73 G 4
Tréguier 22 ... 73 E 3
Trégunc 29 ... 100 A 4
Tréhet 41 ... 130 D 3
Tréhorenteuc 56 ... 103 E 3
Le Tréhou 29 ... 75 H 2
Treignac 19 ... 224 D 3
Treignat 03 ... 190 B 4
Treigny 89 ... 156 C 2
Treilles 11 ... 339 E 3
Treilles-en-Gâtinais 45 ... 112 A 4

Treillières 44 ... 147 G 2
Treix 52 ... 117 E 3
Treize-Arbres Les 74 ... 215 G 1
Treize-Septiers 85 ... 166 B 1
Treize-Vents 85 ... 166 D 2
Tréjouls 82 ... 277 G 2
Trélans 48 ... 263 H 5
Trélazé 49 ... 149 H 1
Trélechamp 74 ... 217 E 2
Trélévern 22 ... 72 D 2
Trelins 42 ... 229 G 1
Trélissac 24 ... 240 D 2
Trélivan 22 ... 79 G 4
Trelly 50 ... 51 G 1
Trélon 59 ... 15 H 5
Trélou-sur-Marne 02 ... 60 D 1
Trémaouézan 29 ... 71 E 5
Trémargat 22 ... 77 F 4
Trémauville 76 ... 19 F 4
Trémazan 29 ... 70 B 4
La Tremblade 17 ... 200 C 5
Tremblay 35 ... 80 D 3
Le Tremblay 49 ... 127 H 4
Tremblay-en-France 93 ... 58 D 2
Le Tremblay-les-Villages 28 ... 86 A 2
Le Tremblay-Omonville 27 ... 35 H 5
Le Tremblay-sur-Mauldre 78 ... 57 G 4
Tremblecourt 54 ... 65 F 4
Le Tremblois 70 ... 161 E 2
Tremblois-lès-Carignan 08 ... 27 H 4
Tremblois-lès-Rocroi 08 ... 26 B 2
Tréméheuc 35 ... 80 B 3
Trémel 22 ... 72 B 4
Tréméloir 22 ... 73 G 5
Trémentines 49 ... 149 E 5
Tréméoc 29 ... 99 G 4
Tréméreuc 22 ... 79 G 3
Trémery 57 ... 45 H 4
Trémeur 22 ... 79 F 5
Tréméven 22 ... 73 F 4
Tréméven 29 ... 100 D 4
Trémilly 52 ... 92 B 4
Tréminis 38 ... 269 E 1
Trémoins 70 ... 142 B 4
Trémolat 24 ... 240 D 5
Trémons 47 ... 276 D 1
Trémont 49 ... 149 H 5
Trémont 61 ... 84 A 2
Trémont-sur-Saulx 55 ... 63 G 4
Trémonzey 88 ... 119 E 4
Trémorel 22 ... 103 E 1
Trémouille 15 ... 226 D 5
Trémouille-Saint-Loup 63 ... 226 C 4
Trémouilles 12 ... 280 D 2
Trémoulet 09 ... 336 C 1
Trémuson 22 ... 78 A 3
Trenal 39 ... 179 H 5
Trensacq 40 ... 273 F 2
Trentels 47 ... 258 D 5
Tréogan 22 ... 76 D 5
Tréogat 29 ... 99 F 3
Tréon 28 ... 56 C 5
Tréouergat 29 ... 70 B 5
Trépail 51 ... 41 H 5
Trépassés Baie des 29 ... 98 C 2
Trépied 62 ... 6 B 4
Le Tréport 76 ... 10 C 4
Trépot 25 ... 162 B 4
Tréprel 14 ... 53 G 2
Trept 38 ... 232 A 1
Trésauvaux 55 ... 64 D 1
Tresbœuf 35 ... 104 C 5
Trescault 62 ... 14 A 4
Treschenu-Creyers 26 ... 268 C 2
Trescléoux 05 ... 287 E 1
Trésilley 70 ... 162 A 1
Treslon 51 ... 41 F 4
Tresnay 58 ... 174 C 5
Trespoux-Rassiels 46 ... 277 H 1
Tresques 30 ... 284 D 4
Tressaint 22 ... 79 G 4
Tressan 34 ... 302 A 5
Tressandans 25 ... 162 C 1
Tressange 57 ... 45 F 2
Tressé 35 ... 80 A 3
Tresserre 66 ... 343 E 3
Tresserve 73 ... 233 E 1
Tresses 33 ... 237 H 5
Tressignaux 22 ... 73 G 5
Tressin 59 ... 9 E 3
Tresson 72 ... 130 D 2
Treteau 03 ... 192 C 4
La Trétoire 77 ... 60 A 3
Trets 13 ... 327 G 1
Treux 80 ... 23 E 1
Treuzy-Levelay 77 ... 112 C 2
Trévans 04 ... 288 A 5

Trévé 22 ... 102 B 1
Tréveneuc 22 ... 73 G 4
Tréveray 55 ... 93 F 1
Trévérec 22 ... 73 F 4
Trévérien 35 ... 79 H 5
Trèves 30 ... 282 B 4
Trèves 69 ... 230 D 3
Trèves-Cunault 49 ... 150 B 3
Trevey 70 ... 141 F 5
Trévezel Roc 29 ... 76 A 2
Trévien 81 ... 279 G 4
Trévières 14 ... 32 C 3
Trévignin 73 ... 233 F 1
Trévillach 66 ... 342 B 2
Tréville 11 ... 319 E 3
Trévillers 25 ... 163 G 3
Trévilly 89 ... 158 B 1
Trevol 03 ... 192 A 1
Trévou-Tréguignec 22 ... 72 D 2
Le Trévoux 29 ... 100 C 4
Trévron 22 ... 79 G 4
Trézelles 03 ... 192 C 4
Trézény 22 ... 72 D 3
Trézien Phare de 29 ... 74 C 2
Tréziers 11 ... 337 E 2
Trézilidé 29 ... 71 F 4
Trézioux 63 ... 228 C 1
Triac-Lautrait 16 ... 220 D 1
Le Triadou 34 ... 302 D 3
Triaize 85 ... 183 F 3
Triaucourt-en-Argonne 55 ... 63 G 1
Tribehou 50 ... 32 A 4
La Tricherie 86 ... 169 F 5
Trichey 89 ... 115 E 5
Triconville 55 ... 64 B 5
Tricot 60 ... 23 E 5
Trie-Château 60 ... 37 G 3
Trie-la-Ville 60 ... 37 G 3
Trie-sur-Baïse 65 ... 315 H 4
Triel-sur-Seine 78 ... 57 H 2
Triembach-au-Val 67 ... 97 E 4
Trieux 54 ... 45 F 3
Trigance 83 ... 308 A 2
Trigavou 22 ... 79 G 3
Trignac 44 ... 146 C 2
Trigny 51 ... 41 F 4
Triguères 45 ... 113 E 5
Trilbardou 77 ... 59 F 2
Trilla 66 ... 338 A 5
Trilport 77 ... 59 G 2
La Trimouille 86 ... 187 H 3
Trimouns
    Carrière de talc de 09 ... 336 C 4
Trinay 45 ... 111 E 4
La Trinitat 15 ... 263 G 2
La Trinité 27 ... 56 C 2
La Trinité 50 ... 51 H 3
La Trinité 73 ... 233 H 3
Trinité Chapelle de la 29 ... 99 E 3
Trinité Ermitage de la 2A ... 351 F 4
La Trinité-de-Réville 27 ... 55 E 2
La Trinité-de-Thouberville 27 ... 35 H 2
La Trinité-des-Laitiers 61 ... 54 D 4
La Trinité-du-Mont 76 ... 19 F 5
La Trinité-Langonnet 56 ... 77 E 5
La Trinité-Porhoët 56 ... 102 C 2
La Trinité-sur-Mer 56 ... 123 H 4
La Trinité-Surzur 56 ... 124 D 4
Triors 26 ... 249 H 3
Le Triolulou 15 ... 261 H 3
Tripleville 41 ... 110 A 5
Triquerville 76 ... 35 F 1
Triqueville 27 ... 35 E 3
Trith-Saint-Léger 59 ... 14 D 2
Tritteling-Redlach 57 ... 66 D 1
Trivy 71 ... 194 B 3
Trizac 15 ... 244 C 1
Trizay 17 ... 201 E 4
Trizay-Coutretot-
    Saint-Serge 28 ... 85 E 5
Trizay-lès-Bonneval 28 ... 109 H 2
Troarn 14 ... 33 H 4
Troche 19 ... 224 B 5
Trochères 21 ... 160 C 3
Trocy-en-Multien 77 ... 59 G 1
Troësnes 02 ... 40 A 4
Troguéry 22 ... 73 E 3
Trogues 37 ... 151 G 5
Trois Communes
    Pointe des 06 ... 291 G 3
Les Trois-Épis 68 ... 120 D 2
Trois-Fonds 23 ... 190 A 5

Trois-Fontaines-l'Abbaye 51 ... 63 F 4
Trois-Maisons 57 ... 68 A 4
Trois-Monts 14 ... 53 F 1
Les Trois-Moutiers 86 ... 168 C 1
Trois-Palis 16 ... 221 E 2
Les Trois-Pierres 76 ... 19 E 5
Trois-Puits 51 ... 41 G 4
Trois Termes Pic des 66 ... 343 F 4
Trois-Vèvres 58 ... 175 E 3
Trois-Villes 64 ... 331 F 1
Troischamps 52 ... 139 H 2
Troisfontaines 52 ... 92 D 2
Troisfontaines 57 ... 67 H 5
Troisgots 50 ... 52 B 1
Troissereux 60 ... 38 A 1
Troissy 51 ... 61 E 1
Troisvaux 62 ... 7 G 5
Troisvilles 59 ... 14 D 4
Tromarey 70 ... 161 F 3
Tromborn 57 ... 46 D 4
Tronçais Forêt de 03 ... 191 G 1
Troncens 32 ... 315 G 2
La Tronche 38 ... 250 D 1
Le Tronchet 35 ... 80 A 2
Le Tronchet 72 ... 107 G 2
Tronchoy 52 ... 117 F 5
Tronchoy 80 ... 21 G 2
Tronchoy 89 ... 137 E 2
Tronchy 71 ... 178 B 4
Le Troncq 27 ... 35 H 4
Trondes 54 ... 65 E 5
Tronget 03 ... 191 G 3
Tronjoly Château de 29 ... 71 F 3
Le Tronquay 14 ... 32 D 4
Le Tronquay 27 ... 36 D 2
Tronsanges 58 ... 174 B 1
Tronville 54 ... 65 F 1
Tronville-en-Barrois 55 ... 63 H 4
Troo 41 ... 131 E 3
Trosly-Breuil 60 ... 39 G 2
Trosly-Loire 02 ... 40 A 1
Trouans 10 ... 62 A 5
Troubat 65 ... 334 A 2
La Trouche 88 ... 96 A 3
Trouhans 21 ... 160 C 5
Trouhaut 21 ... 159 G 2
Trouillas 66 ... 343 E 3
Trouley-Labarthe 65 ... 315 G 4
Troumouse Cirque de 65 ... 333 E 5
Troussencourt 60 ... 22 B 5
Troussey 55 ... 64 D 5
Troussures 60 ... 37 H 2
Trouvans 25 ... 162 C 1
Trouville 76 ... 19 F 5
Trouville-la-Haule 27 ... 35 F 2
Trouville-sur-Mer 14 ... 34 B 2
Trouy 18 ... 173 E 2
Troye-d'Ariège 09 ... 336 D 2
Troyes 10 ... 91 E 5
Troyon 55 ... 64 C 2
La Truchère 71 ... 195 F 2
Truchtersheim 67 ... 68 D 5
Trucy 02 ... 40 D 1
Trucy-l'Orgueilleux 58 ... 157 E 2
Trucy-sur-Yonne 89 ... 136 C 5
Le Truel 12 ... 281 E 5
Trugny 21 ... 178 B 2
Truinas 26 ... 267 H 3
Trumilly 60 ... 39 F 4
Trun 61 ... 54 B 3
Trungy 14 ... 32 D 4
Truttemer-le-Grand 14 ... 52 D 4
Truttemer-le-Petit 14 ... 52 D 4
Truyes 37 ... 152 A 4
Tubersent 62 ... 6 B 4
Tuchan 11 ... 338 C 4
Tucquegnieux 54 ... 45 F 4
Tudeils 19 ... 242 D 4
Tudelle 32 ... 295 G 4
Tuffé-Val-de-
    la Chéronne 72 ... 108 B 3
Tugéras-Saint-Maurice 17 ... 219 H 5
Tugny-et-Pont 02 ... 24 A 3
Les Tuileries 42 ... 211 G 2
La Tuilière 42 ... 211 E 3
Tuilière Roche 63 ... 227 E 2
Tulette 26 ... 285 F 2
Tulle 19 ... 242 D 1
Tullins 38 ... 232 B 5
Tully 80 ... 11 E 3
Tupigny 02 ... 24 D 1
Tupin-et-Semons 69 ... 231 E 3
La Turballe 44 ... 145 G 4
La Turbie 06 ... 309 H 5
Turcey 21 ... 159 G 2
Turckheim 68 ... 121 E 3
Turenne 19 ... 242 C 3

Turgon 16 ... 203 H 3
Turgy 10 ... 114 D 4
Turini Col de 06 ... 291 F 3
Turny 89 ... 114 B 4
Turquant 49 ... 150 C 4
Turquestein-Blancrupt 57 ... 96 C 1
Turqueville 50 ... 29 H 5
Turretot 76 ... 18 C 5
Turriers 04 ... 269 H 5
Tursac 24 ... 241 F 4
Tusson 16 ... 203 E 3
Tuzaguet 65 ... 333 H 1
Le Tuzan 33 ... 255 G 5
Tuzie 16 ... 203 F 3

U

Uberach 67 ... 68 D 3
Ubexy 88 ... 95 E 4
Ubraye 04 ... 289 E 5
Ucciani 2A ... 348 D 2
Ucel 07 ... 266 B 3
Uchacq-et-Parentis 40 ... 293 H 1
Uchaud 30 ... 303 G 3
Uchaux 84 ... 285 E 3
Uchentein 09 ... 335 E 3
Uchizy 71 ... 195 E 2
Uchon 71 ... 176 C 4
Uchon Signal d' 71 ... 176 C 4
Uckange 57 ... 45 G 4
Ueberkumen 68 ... 143 E 2
Ueberstrass 68 ... 143 E 4
Uffheim 68 ... 143 G 2
Uffholtz 68 ... 143 E 1
Ugine 73 ... 216 A 5
Uglas 65 ... 333 H 1
Ugnouas 65 ... 315 F 3
Ugny 54 ... 44 D 2
Ugny-le-Gay 02 ... 24 A 4
Ugny-l'Équipée 80 ... 23 H 2
Ugny-sur-Meuse 55 ... 94 A 1
Uhart-Cize 64 ... 330 C 1
Uhart-Mixe 64 ... 311 G 5
Uhlwiller 67 ... 68 D 3
Uhrwiller 67 ... 68 C 3
Ulcot 79 ... 167 H 1
Ully-Saint-Georges 60 ... 38 B 3
Les Ulmes 49 ... 150 B 4
Umpeau 28 ... 86 C 3
Unac 09 ... 336 C 5
Uncey-le-Franc 21 ... 159 F 3
Unchair 51 ... 41 E 3
Ungersheim 68 ... 121 E 5
Unias 42 ... 229 H 2
Unienville 10 ... 91 H 5
Unieux 42 ... 230 A 4
L'Union 31 ... 298 A 4
Untermuthtal 57 ... 68 C 2
Unverre 28 ... 109 G 2
Unzent 09 ... 318 A 5
Upaix 05 ... 287 F 1
Upie 26 ... 267 G 1
Ur 66 ... 341 E 4
Urau 31 ... 334 D 2
Urbalacone 2A ... 348 D 4
Urbanya 66 ... 341 H 2
Urbeis 67 ... 96 D 4
Urbeis Col d' 67 ... 96 D 4
Urbès 68 ... 120 B 5
Urbise 42 ... 193 F 5
Urçay 03 ... 190 D 1
Urcel 02 ... 40 D 1
Urcerey 90 ... 142 B 3
Urciers 36 ... 189 H 2
Urcuit 64 ... 292 B 5
Urcy 21 ... 159 H 4
Urdens 32 ... 296 C 2
Urdès 64 ... 313 H 2
Urdos 64 ... 331 H 4
Urepel 64 ... 330 A 2
Urgons 40 ... 294 A 4
Urgosse 32 ... 295 E 3
Uriage-les-Bains 38 ... 251 E 2
Uriménil 88 ... 119 F 3
Urmatt 67 ... 97 E 2
Urost 64 ... 314 D 3
Urou-et-Crennes 61 ... 54 B 4
Urrugne 64 ... 310 B 3
Urs 09 ... 336 C 5
Urschenheim 68 ... 121 F 2
Urt 64 ... 292 B 5
Urtaca 2B ... 345 E 5
Urtière 25 ... 163 G 3
Uruffe 54 ... 94 A 2
Urval 24 ... 259 E 1
Urville 10 ... 116 A 3
Urville 14 ... 53 G 1

Urville 50 ... 29 F 5
Urville 88 ... 118 A 2
Urville-Nacqueville 50 ... 28 D 2
Urvillers 02 ... 24 B 3
Ury 77 ... 88 B 5
Urzy 58 ... 174 C 1
Us 95 ... 37 H 5
Usclades-et-Rieutord 07 ... 265 H 1
Usclas-d'Hérault 34 ... 302 A 5
Usclas-du-Bosc 34 ... 301 H 3
Usinens 74 ... 215 G 2
Ussac 19 ... 242 B 2
Ussat 09 ... 336 A 5
Ussé Château d' 37 ... 151 E 4
Usseau 79 ... 201 G 1
Usseau 86 ... 169 G 3
Ussel 15 ... 245 F 3
Ussel 19 ... 226 B 3
Ussel 46 ... 260 A 4
Ussel-d'Allier 03 ... 209 H 1
Usson 63 ... 228 B 3
Usson-du-Poitou 86 ... 186 D 5
Usson-en-Forez 42 ... 229 F 5
Ussy 14 ... 53 H 2
Ussy-sur-Marne 77 ... 59 H 2
Ustaritz 64 ... 310 D 3
Ustou 09 ... 335 G 5
Utelle 06 ... 291 E 4
Utelle Madone d' 06 ... 291 E 4
Uttenheim 67 ... 97 G 3
Uttenhoffen 67 ... 68 D 2
Uttwiller 67 ... 68 C 3
Uvernet-Fours 04 ... 270 D 5
Uxeau 71 ... 176 B 5
Uxegney 88 ... 119 F 2
Uxelles 39 ... 196 D 1
Uxem 59 ... 3 H 2
Uz 65 ... 332 D 2
Uza 40 ... 272 B 4
Uzan 64 ... 314 A 2
Uzay-le-Venon 18 ... 173 F 4
Uzech 46 ... 259 H 4
Uzein 64 ... 314 A 2
Uzel 22 ... 78 A 5
Uzelle 25 ... 162 D 1
Uzemain 88 ... 119 F 3
Uzer 07 ... 266 B 4
Uzer 66 ... 333 F 1
Uzerche 19 ... 224 C 4
Uzès 30 ... 284 B 5
Uzeste 33 ... 256 B 5
Uzos 64 ... 314 B 5

V

Vaas 72 ... 130 B 4
Vabre 81 ... 299 H 4
Vabre-Tizac 12 ... 279 G 2
Vabres 15 ... 246 A 4
Vabres 30 ... 283 F 5
Vabres-l'Abbaye 12 ... 300 D 1
Vacherauville 55 ... 44 B 5
Vachères 04 ... 286 D 5
Vachères-en-Quint 26 ... 268 A 1
Vacheresse 74 ... 198 C 3
La Vacheresse-
    et-la-Rouillie 88 ... 118 A 2
Vacheresses-les-Basses 28 ... 86 B 2
La Vacherie 27 ... 36 B 5
Vacognes 14 ... 33 F 5
Vacon 55 ... 93 H 1
La Vacquerie 14 ... 32 C 5
Vacquerie 80 ... 22 C 2
La Vacquerie-et-Saint-Martin-
    de-Castries 34 ... 302 A 2
Vacquerie-le-Boucq 62 ... 12 C 2
Vacqueriette-Erquières 62 ... 12 B 2
Vacqueville 54 ... 96 A 2
Vacqueyras 84 ... 285 G 3
Vacquières 34 ... 303 E 2
Vacquiers 31 ... 298 A 3
Vadans 39 ... 179 F 2
Vadans 70 ... 161 G 2
Vadelaincourt 55 ... 43 H 5
Vadenay 51 ... 62 B 1
Vadencourt 02 ... 24 D 1
Vadencourt 80 ... 13 E 5
Vadonville 55 ... 64 B 4
Vagnas 07 ... 284 B 1
Vagney 88 ... 119 H 4
Vahl-Ebersing 57 ... 67 E 1
Vahl-lès-Bénestroff 57 ... 67 E 3
Vahl-lès-Faulquemont 57 ... 66 D 1
Vaiges 53 ... 106 C 4
Vailhan 34 ... 301 H 5
Vailhauquès 34 ... 302 C 4
Vailhourles 12 ... 279 E 2
Vaillac 46 ... 260 B 3

Vaillant 52 ... 139 F 4
Vailly 10 ... 91 E 4
Vailly 74 ... 198 B 4
Vailly-sur-Aisne 02 ... 40 C 2
Vailly-sur-Sauldre 18 ... 155 G 2
Vains 50 ... 51 G 4
Vaire 85 ... 165 E 5
Vaire-Arcier 25 ... 162 B 3
Vaire-le-Petit 25 ... 162 B 3
Vaire-sous-Corbie 80 ... 22 D 1
Vaires-sur-Marne 77 ... 59 E 3
Vaison-la-Romaine 84 ... 285 H 2
Vaïssac 82 ... 278 C 5
Vaite 70 ... 140 B 5
La Vaivre 70 ... 119 F 5
Vaivre-et-Montoille 70 ... 141 E 4
Le Val 83 ... 328 B 1
Val Château de 15 ... 226 C 4
Le Val-André 22 ... 78 D 2
Val-Claret 73 ... 235 E 3
Le Val-d'Ajol 88 ... 119 G 5
Val-d'Auzon 10 ... 91 G 4
Le Val-David 27 ... 56 C 2
Val-de-Bride 57 ... 67 E 2
Val-de-Chalvagne 04 ... 289 F 5
Val-de-Fier 74 ... 215 E 3
Le Val-de-Gouhenans 70 ... 141 H 4
Val-de-la-Haye 76 ... 36 A 2
Val-de-Mercy 89 ... 136 B 4
Val-de-Reuil 27 ... 36 C 3
Val-de-Roulans 25 ... 162 B 2
Val-de-Saâne 76 ... 20 A 4
Val-de-Vesle 51 ... 41 H 4
Val-de-Vière 51 ... 62 D 3
Val-d'Épy 39 ... 196 A 3
Val-des-Prés 05 ... 252 D 4
Val d'Esquières 83 ... 329 G 2
Val-d'Isère 73 ... 235 F 3
Val-d'Izé 35 ... 105 E 2
Val-et-Châtillon 54 ... 96 B 2
Val-Louron 65 ... 333 H 4
Val-Maravel 26 ... 268 C 3
Le Val-Saint-Éloi 70 ... 141 F 3
Le Val-Saint-Germain 91 ... 87 F 2
Le Val-Saint-Père 50 ... 51 G 5
Val-Sainte-Marie 25 ... 162 A 5
Val-Suzon 21 ... 159 H 2
Val-Thorens 73 ... 234 C 5
Valady 12 ... 262 B 5
Valailles 27 ... 35 F 5
Valaire 41 ... 153 E 2
Valanjou 49 ... 149 G 4
Valaurie 26 ... 267 F 5
Valavoire 04 ... 287 H 1
Valay 70 ... 161 F 3
Valbeleix 63 ... 227 G 4
Valbelle 04 ... 287 F 3
Valberg 06 ... 289 G 3
Valbonnais 38 ... 251 F 5
La Valbonne 01 ... 213 G 4
Valbonne 06 ... 309 E 3
Valbonne Ancienne
    Chartreuse de 30 ... 284 C 2
Valcabrère 31 ... 334 A 2
Valcanville 50 ... 29 G 3
Valcebollère 66 ... 341 F 5
Valchevrière
    Calvaire de 38 ... 250 C 3
Valcivières 63 ... 229 E 2
Valcourt 52 ... 92 C 2
Valdahon 25 ... 162 C 4
Valdampierre 60 ... 38 A 3
Valdeblore 06 ... 291 E 2
Le Valdécie 50 ... 29 E 5
Valdelancourt 52 ... 116 D 3
Valderiès 81 ... 279 H 5
Valderoure 06 ... 308 C 1
Valdieu-Lutran 68 ... 142 D 3
Valdivienne 86 ... 187 E 2
Valdoie 90 ... 142 C 2
Valdrôme 26 ... 268 D 4
Valdurenque 81 ... 299 H 5
Valeille 42 ... 230 A 1
Valeilles 82 ... 276 D 1
Valeins 01 ... 213 E 1
Valempoulières 39 ... 179 H 3
Valençay 36 ... 153 G 5
Valence 16 ... 203 G 4
Valence 26 ... 249 F 4
Valence-d'Agen 82 ... 276 D 4
Valence-d'Albigeois 81 ... 280 B 5
Valence-en-Brie 77 ... 88 D 4
Valence-sur-Baïse 32 ... 295 H 1
Valenciennes 59 ... 9 G 5
Valencin 38 ... 231 G 2
Valencogne 38 ... 232 C 4

A B C D E F G H I J K L M N O P Q R S T U V W X Y Z

A B C D E F G H I J K L M N O P Q R S T U V W X Y Z

Valennes 72....108 D 5
Valensole 04....307 E 1
Valentigney 25....142 C 5
La Valentine 13....327 F 1
La Valentine 31....334 B 1
Valenton 94....58 D 4
Valergues 34....303 F 4
Valernes 04....287 G 2
Valescourt 60....38 C 1
Valescure 83....308 D 5
Valette 15....244 D 1
La Valette 38....251 F 4
La Valette 42....212 A 5
La Valette-du-Var 83....328 A 4
Valeuil 24....222 B 5
Valeyrac 33....218 D 4
Valezan 73....234 D 2
Valferrière Col de 06....308 C 2
Valff 67....97 F 3
Valfin-lès-Saint-Claude 39....197 E 2
Valfin-sur-Valouse 39....196 B 3
Valflaunès 34....302 D 2
Valfleury 42....230 C 3
Valframbert 61....83 G 3
Valfréjus 73....252 D 1
Valfroicourt 88....118 D 2
Valgorge 07....265 H 4
Valhey 54....66 C 5
Valhuon 62....7 G 5
Valiergues 19....225 H 4
Valignat 03....209 G 1
Valigny 03....173 H 5
Valines 80....11 F 4
Valjouffrey 38....251 G 5
Valjouze 15....245 G 2
La Valla-en-Gier 42....230 C 4
La Valla-sur-Rochefort 42....211 F 5
Vallabrègues 30....304 B 2
Vallabrix 30....284 C 4
Vallan 89....136 B 3
Vallangoujard 95....38 A 5
Vallans 79....184 C 5
Vallant-Saint-Georges 10....90 C 3
Vallauris 06....309 F 4
Valle-d'Alesani 2B....347 G 4
Valle-di-Campoloro 2B....347 H 4
Valle-di-Mezzana 2A....348 C 2
Valle-di-Rostino 2B....347 F 3
Valle-d'Orezza 2B....347 G 3
Vallecalle 2B....345 F 5
La Vallée 201 E 4
Vallée Étang de la 45....111 G 5
La Vallée-au-Blé 02....25 E 2
Vallée d'Avérole 73....235 G 4
La Vallée-Mulâtre 02....14 D 5
Vallègue 31....318 C 3
Valleiry 74....215 F 1
Vallenay 18....173 E 4
Vallentigny 10....91 H 3
Vallerange 57....67 E 2
Vallérargues 30....284 B 4
Valleraugue 30....282 D 4
Vallères 37....151 G 3
Valleret 52....92 C 3
Vallereuil 24....239 H 3
Vallerois-le-Bois 70....141 E 5
Vallerois-Lorioz 70....141 E 5
Valleroy 25....162 A 2
Valleroy 52....140 B 4
Valleroy 54....45 F 5
Valleroy-aux-Saules 88....94 D 5
Valleroy-le-Bois 88....118 C 2
Valleroy-le-Sec 88....118 C 2
Vallery 89....113 E 2
Vallerysthal 57....67 H 5
Vallesvilles 31....298 B 5
Vallet 17....220 B 5
Vallet 44....148 A 4
Valletot 27....35 F 2
Vallica 2B....346 D 2
Vallière 23....207 F 4
Vallières 10....115 E 5
Vallières 74....215 E 2
Vallières-les-Grandes 41....152 D 2
Valliguières 30....284 D 5
Valliquerville 76....19 G 5
Valloire 73....252 B 1
Valloires Abbaye de 80....11 G 1
Vallois 54....95 G 3
Les Vallois 88....118 D 2
Vallon-en-Sully 03....190 D 2
Vallon-Pont-d'Arc 07....266 B 5
Vallon-sur-Gée 72....107 F 5
Vallorcine 74....217 E 1
Vallouise 05....252 C 5
Valmagne Abbaye de 34....322 D 3
Valmanya 66....342 B 3
Valmascle 34....301 H 5

Valmeinier 73....252 B 1
Valmestroff 57....45 H 3
Valmigère 11....337 H 2
Valmondois 95....38 B 5
Valmont 57....67 E 1
Valmont 76....19 F 3
Valmorel 73....234 B 3
Valmunster 57....46 C 4
Valmy 51....43 E 5
Valognes 50....29 F 4
Valojoulx 24....241 F 4
Valonne 25....163 B 3
Valoreille 25....163 F 3
Valouse 26....267 H 5
Valprionde 46....277 F 1
Valprivas 43....229 G 5
Valras-Plage 34....321 H 5
Valréas 84....267 G 5
Valros 34....321 H 3
Valroufié 46....260 B 4
Vals 09....336 C 1
Vals-le-Chastel 43....246 C 1
Vals-les-Bains 07....266 B 3
Vals-près-le-Puy 43....247 F 4
Valsaintes 04....286 D 5
Valsemé 14....34 B 4
Valsenestre 38....251 G 4
Valserres 05....269 H 4
Valsonne 69....212 B 3
Le Valtin 88....120 C 3
Valuéjols 15....245 F 3
Valvignères 07....266 D 4
Valz-sous-Châteauneuf 63....228 B 4
Valzergues 12....261 H 5
Van Pointe du 29....98 C 2
Vanault-le-Châtel 51....62 D 3
Vanault-les-Dames 51....63 E 3
Vançais 79....185 H 4
Vancé 72....130 D 2
La Vancelle 67....97 E 4
Vanclans 25....162 C 5
Vandeins 01....195 G 5
Vandelainville 54....65 F 2
Vandelans 70....162 B 2
Vandéléville 54....94 C 3
Vandélicourt 60....39 F 1
Vandenesse 58....175 H 3
Vandenesse-en-Auxois 21....159 F 4
Vandeuil 51....41 E 3
Vandières 51....41 E 5
Vandières 54....65 G 2
Vandœuvre-lès-Nancy 54....94 D 1
Vandoncourt 25....142 C 5
Vandré 17....201 F 2
Vandrimare 27....36 D 2
Vandy 08....42 D 1
Les Vanels 48....282 D 3
Vanlay 10....114 D 4
Vannaire 21....115 H 5
Vanne 70....140 C 4
Le Vanneau-Irleau 79....184 C 4
Vannecourt 57....66 D 3
Vannecrocq 27....35 E 3
Vannes 56....124 C 3
Vannes-le-Châtel 54....94 A 2
Vannes-sur-Cosson 45....133 H 4
Vannoz 39....179 H 4
Vanosc 07....248 C 1
Les Vans 07....283 H 1
Vantoux 57....45 H 5
Vantoux-et-Longevelle 70....161 G 1
Vanves 92....58 B 4
Vanvey 21....138 B 2
Vanville 77....89 E 2
Vanxains 24....239 G 1
Vany 57....45 H 5
Vanzac 17....220 B 5
Vanzay 79....186 A 5
Vanzy 74....215 E 2
Varacieux 38....250 A 1
Varades 44....148 C 2
Varages 83....307 E 4
Varaignes 24....222 B 2
Varaire 46....278 D 1
Varaize 17....201 H 3
Varambon 01....214 A 2
Varanges 21....160 B 4
Varangéville 54....95 E 1
Varaville 14....34 A 3
Varces-Allières-
et-Risset 38....250 D 3
Vareilles 23....188 C 5
Vareilles 71....194 A 4
Vareilles 89....113 H 3
Varen 82....279 E 3

Varengeville-sur-Mer 76....10 A 5
Varenguebec 50....31 G 2
La Varenne 49....148 A 3
Varenne-l'Arconce 71....193 H 4
Varenne-Saint-Germain 71....193 G 3
La Varenne-Saint-Hilaire 94....58 D 4
Varennes 24....258 C 1
Varennes 31....318 B 2
Varennes 37....170 B 1
Varennes 80....13 E 5
Varennes 82....298 A 1
Varennes 86....168 D 4
Varennes 89....136 D 2
Varennes-Changy 45....134 C 2
Varennes-Jarcy 91....58 D 5
Varennes-le-Grand 71....177 H 5
Varennes-lès-Mâcon 71....195 E 5
Varennes-lès-Narcy 58....156 B 4
Varennes-Saint-Honorat 43..246 D 2
Varennes-
Saint-Sauveur 71....195 H 2
Varennes-sous-Dun 71....194 A 5
Varennes-sur-Allier 03....192 B 4
Varennes-sur-Amance 52....117 H 5
Varennes-sur-Fouzon 36....153 G 4
Varennes-sur-Loire 49....150 C 4
Varennes-sur-Morge 63....209 H 4
Varennes-sur-Seine 77....88 D 5
Varennes-sur-Tèche 03....192 D 4
Varennes-sur-Usson 63....228 A 3
Varennes-Vauzelles 58....174 C 1
Varès 47....257 G 5
Varesnes 60....23 H 5
Varessia 39....196 B 1
Varetz 19....242 B 2
Varilhes 09....336 B 2
Varinfroy 60....39 H 5
Variscourt 02....41 G 2
Varize 28....110 B 4
Varize 57....46 C 5
Varmonzey 88....95 E 4
Varnéville 55....64 D 3
Varneville-Bretteville 76....20 A 4
Varney 55....63 G 3
Varogne 70....141 F 3
Varois-et-Chaignot 21....160 B 3
Varouville 50....29 G 2
Varrains 49....150 C 4
Varreddes 77....59 G 2
Vars 05....270 D 2
Vars 16....203 F 5
Vars 70....140 A 5
Vars Col de 05....270 D 3
Vars-sur-Roseix 19....241 H 1
Varsberg 57....46 D 5
Varvinay 55....64 D 3
Varzay 17....219 F 1
Varzy 58....157 E 3
Vascœuil 27....36 D 2
Vasles 79....185 H 1
Vasouy 14....34 C 2
Vasperviller 57....96 C 1
Vassel 63....228 A 1
Vasselay 18....155 E 5
Vasselin 38....232 B 2
Vassens 02....40 A 1
Vasseny 02....40 C 3
Vassieux-en-Vercors 26....250 B 5
Vassimont-et-Chapelaine 51..61 H 4
Vassincourt 55....63 G 3
Vassivière Lac de 74....207 E 5
Vassogne 02....41 E 2
Vassonville 76....20 B 4
Vassy 14....53 E 3
Vassy 89....137 G 5
Le Vast 50....29 G 3
Vastérival 76....10 A 5
Vasteville 50....28 D 3
Les Vastres 43....248 A 4
Vathiménil 54....95 G 2
Vatierville 76....21 E 3
Vatilieu 38....250 B 1
Vatimont 57....66 C 2
Vatry 51....62 A 3
Vattetot-sous-Beaumont 76....19 E 4
Vattetot-sur-Mer 76....18 D 3
Vatteville 27....36 C 3
Vatteville-la-Rue 76....35 G 1
Vaubadon 14....32 D 4
Vauban 71....193 H 5
Vaubecourt 55....63 G 2
Vaubexy 88....95 E 5
Vaucé 53....82 A 3
Vaucelles 14....32 D 3
Vaucelles Abbaye de 59....14 B 5

Vaucelles-et-Beffecourt 02....40 D 1
Vauchamps 25....162 B 3
Vauchamps 51....60 D 3
Vauchassis 10....114 D 2
Vauchelles 60....23 G 5
Vauchelles-lès-Authie 80....13 E 4
Vauchelles-lès-Domart 80....12 B 5
Vauchelles-les-Quesnoy 80....11 H 3
Vauchignon 21....177 F 2
Vauchonvilliers 10....115 H 2
Vauchoux 70....140 D 4
Vauchrétien 49....149 G 3
Vauciennes 51....61 F 1
Vauciennes 60....39 H 4
Vauclaix 58....157 H 4
Vauclerc 51....62 D 3
Vaucluse 25....163 F 3
Vauclusotte 25....163 F 3
Vaucogne 10....91 G 3
Vauconcourt-Nervezain 70....140 C 4
Vaucottes-sur-Mer 76....18 D 3
Vaucouleurs 55....93 H 1
Vaucourt 54....67 E 5
Vaucourtois 77....59 G 3
Vaucresson 92....58 A 3
Vaudancourt 60....37 G 4
Vaudebarrier 71....194 A 3
Vaudelnay 49....150 A 5
Vaudeloges 14....54 B 2
Vaudemange 51....42 A 5
Vaudémont 54....94 C 3
Vaudémont Signal de 54....94 C 3
Vaudes 10....115 F 3
Vaudesincourt 51....42 B 4
Vaudesson 02....40 C 1
Vaudeurs 89....114 A 3
Vaudevant 07....248 D 3
Vaudeville 54....94 D 3
Vaudéville 88....95 G 5
Vaudeville-le-Haut 55....93 H 3
Vaudherland 95....58 D 2
Vaudigny 54....94 D 3
Le Vaudioux 39....179 H 5
Vaudoncourt 55....44 D 4
Vaudoncourt 57....46 C 5
Vaudoncourt 88....118 B 2
Le Vaudoué 77....88 A 5
Vaudoy-en-Brie 77....59 H 5
Vaudreching 57....46 C 4
Vaudrecourt 52....117 H 2
Vaudrémont 52....116 C 3
Le Vaudreuil 27....36 C 4
Vaudreuille 31....319 E 3
Vaudreville 50....29 G 4
Vaudrey 39....179 F 2
Vaudricourt 62....8 A 4
Vaudricourt 80....11 E 3
Vaudrimesnil 50....31 G 4
Vaudringhem 62....7 E 2
Vaudrivillers 25....162 D 3
Vaudry 14....52 C 3
Vaufrey 25....163 G 2
Vaugines 84....305 H 2
Vaugneray 69....230 D 1
Vaugrigneuse 91....87 F 2
Vauhallan 91....58 B 5
Vaujany 38....251 G 2
Vaujours 93....58 D 2
Vaulandry 49....129 G 5
Le Vaulmier 15....244 D 2
Vaulnaveys-le-Bas 38....251 E 2
Vaulnaveys-le-Haut 38....251 E 2
Vaulry 87....205 F 3
Vault-de-Lugny 89....157 H 1
Vaulx 62....12 B 2
Vaulx 74....215 F 3
Vaulx-en-Velin 69....213 F 5
Vaulx-Milieu 38....231 H 2
Vaulx-Vraucourt 62....13 H 4
Le Vaumain 60....37 G 3
Vaumas 03....192 D 3
Vaumeilh 04....287 G 1
Vaumoise 60....39 G 4
Vaumort 89....113 H 3
Vaunac 24....222 D 5
Vaunaveys-la-Rochette 26..267 G 1
La Vaupalière 76....36 A 1
Vaupillon 28....85 F 3
Vaupoisson 10....91 F 3
Vauquois 55....43 G 4
Vauréal 95....57 H 1
Vaureilles 12....261 H 5
Vaurezis 02....40 B 2
Le Vauroux 60....37 H 2
Vausse Prieuré de 89....137 F 5
Vausseroux 79....185 G 2

Vautebis 79....185 G 2
Vauthiermont 90....142 D 2
Vautorte 53....81 H 5
Vauvenargues 13....306 B 5
Vauvert 30....303 G 3
Vauville 14....34 B 3
Vauville 50....28 C 3
Vauvillers 70....118 D 5
Vauvillers 80....23 E 2
Vaux 03....190 D 3
Vaux 31....318 D 2
Vaux 57....65 G 1
Vaux 86....186 A 4
Vaux 89....136 B 3
Vaux Château de 49....128 C 3
Vaux-Andigny 02....14 D 5
Vaux-Champagne 08....42 C 1
Les Vaux de Cernay 78....57 H 5
Vaux-devant-Damloup 55....44 C 5
Vaux-en-Amiénois 80....22 B 1
Vaux-en-Beaujolais 69....212 C 2
Vaux-en-Bugey 01....214 A 3
Vaux-en-Dieulet 08....43 F 1
Vaux-en-Pré 71....194 C 1
Vaux-en-Vermandois 02....23 H 2
Vaux-et-Chantegrue 25....180 C 3
Vaux-la-Douce 52....140 B 2
Vaux-la-Grande 55....93 G 1
Vaux-la-Petite 55....93 G 1
Vaux-Lavalette 16....221 F 4
Vaux-le-Moncelot 70....161 H 1
Vaux-le-Pénil 77....88 B 3
Vaux-le-Vicomte
Château de 77....88 C 2
Vaux-lès-Mouron 08....43 E 3
Vaux-lès-Mouzon 08....27 G 4
Vaux-lès-Palameix 55....64 C 2
Vaux-lès-Prés 25....161 H 4
Vaux-lès-Rubigny 08....25 H 4
Vaux-lès-Saint-Claude 39....196 D 3
Vaux-Marquenneville 80....11 G 5
Vaux-Montreuil 08....26 C 5
Vaux-Rouillac 16....202 D 5
Vaux-Saules 21....159 G 1
Vaux-sous-Aubigny 52....139 G 4
Vaux-sur-Aure 14....33 E 3
Vaux-sur-Blaise 52....92 C 3
Vaux-sur-Eure 27....56 C 1
Vaux-sur-Lunain 77....112 D 2
Vaux-sur-Mer 17....218 C 1
Vaux-sur-Poligny 39....179 G 3
Vaux-sur-Risle 27....55 G 3
Vaux-sur-Saint-Urbain 52....93 E 4
Vaux-sur-Seine 78....57 H 2
Vaux-sur-Seulles 14....33 E 3
Vaux-sur-Somme 80....22 D 1
Vaux-sur-Vienne 86....169 G 3
Vaux-Villaine 08....26 B 3
Vauxaillon 02....40 C 1
Vauxbons 52....139 F 2
Vauxbuin 02....40 B 3
Vauxcéré 02....40 D 3
Vauxrenard 69....194 D 5
Vauxtin 02....40 D 3
Vavincourt 55....63 H 3
Vavray-le-Grand 51....62 D 4
Vavray-le-Petit 51....62 D 3
Vaxainville 54....95 H 2
Vaxoncourt 88....95 F 5
Vaxy 57....66 D 3
Vay 44....126 B 5
Vaychis 09....336 C 5
Vaylats 46....278 C 1
Vayrac 46....242 D 5
Vayres 33....238 B 5
Vayres 87....204 D 5
Vayres Château de 86....169 F 5
Vayres-sur-Essonne 91....87 H 4
Vazeilles-Limandre 43....246 D 3
Vazeilles-près-Saugues 43..246 D 5
Vazerac 82....277 G 3
Veauce 03....209 G 1
Veauche 42....230 A 3
Veauchette 42....230 A 3
Veaugues 18....155 H 4
Veaunes 26....249 F 3
Veauville-lès-Baons 76....19 G 4
Veauville-lès-Quelles 76....19 G 3
Vèbre 09....336 C 5
Vebret 15....226 C 5
Vebron 48....282 D 2
Veckersviller 57....67 H 3
Veckring 57....46 B 3
Vecoux 88....119 H 4
Vecquemont 80....22 D 2
Vecqueville 52....92 D 3

Vedène 84....285 F 5
Védrines-Saint-Loup 15....246 A 3
Véel 55....63 G 4
Végennes 19....242 D 4
Vého 54....95 H 1
Veigné 37....152 A 4
Veigy-Foncenex 74....197 H 4
Veilhes 31....298 D 4
Veillac 15....226 C 4
Veilleins 41....153 H 2
Veilly 21....159 F 5
Veix 19....225 E 3
Velaine-en-Haye 54....65 G 5
Velaine-sous-Amance 54....66 B 5
Velaines 55....64 B 5
Velanne 38....232 D 3
Velars-sur-Ouche 21....159 H 3
Velaux 13....305 G 5
Velennes 60....38 B 1
Velennes 80....22 A 3
Velesmes 70....161 F 2
Velesmes-Essarts 25....161 H 4
Velet 70....161 E 2
Vélines 24....239 E 5
Vélizy-Villacoublay 78....58 B 4
Velle-le-Châtel 70....141 E 4
Velle-sur-Moselle 54....95 E 2
Vellèches 86....169 G 2
Vellechevreux-
et-Courbenans 70....141 H 5
Velleclaire 70....161 G 1
Vellefaux 70....141 E 5
Vellefrey-et-Vellefrange 70..161 G 1
Vellefrie 70....141 F 3
Velleguindry-
et-Levrecey 70....141 E 5
Velleminfroy 70....141 G 4
Vellemoz 70....161 G 1
Velleron 84....285 G 5
Vellerot-lès-Belvoir 25....163 E 2
Vellerot-lès-Vercel 25....162 D 3
Velles 36....171 G 5
Velles 52....140 B 2
Vellescot 90....142 D 3
Vellevans 25....162 D 3
Vellexon-Queutrey-
et-Vaudey 70....140 C 5
Velloreille-lès-Choye 70....161 F 2
Velluire 85....183 H 3
Velogny 21....159 E 2
Velone-Orneto 2B....347 H 3
Velorcey 70....141 F 2
Velosnes 55....44 B 1
Velotte-et-Tatignécourt 88....94 D 3
Vélu 62....13 H 4
Velving 57....46 C 4
Vélye 51....61 H 3
Velzic 15....244 C 4
Vémars 95....58 D 1
Venables 27....36 C 4
Venaco 2B....347 F 5
Venansault 85....165 G 5
Venanson 06....291 E 2
Venarey-les-Laumes 21....159 E 1
Venarsal 19....242 C 2
Venas 03....191 E 3
Venasque 84....285 H 5
Vence 06....309 F 2
Vence Col de 06....309 F 2
Vendargues 34....303 E 4
Vendat 03....210 B 1
Vendays-Montalivet 33....218 C 5
Vendegies-au-Bois 59....15 E 3
Vendegies-sur-Écaillon 59....14 D 2
Vendeix Roche 63....227 E 3
Vendel 35....81 E 5
La Vendelée 50....31 G 5
Vendelles 02....23 H 1
Vendémian 34....302 B 5
Vendenesse-
lès-Charolles 71....194 A 3
Vendenesse-sur-Arroux 71..193 G 1
Vendenheim 67....68 D 5
Vendes 14....33 E 5
Vendes 15....244 B 1
Vendeuil 02....24 B 4
Vendeuil-Caply 60....22 B 5
Vendeuvre 14....54 A 1
Vendeuvre-du-Poitou 86....169 E 5
Vendeuvre-sur-Barse 10....115 H 2
Vendeville 59....8 D 3
Vendhuile 02....14 B 5
Vendières 02....60 C 3
Vendin-le-Vieil 62....8 C 4
Vendin-lès-Béthune 62....8 A 3
Vendine 31....298 C 5

Vendœuvres 36 .... 171 E 4
Vendoire 24 .... 221 G 4
Vendôme 41 .... 131 G 3
Vendranges 42 .... 211 H 3
Vendrennes 85 .... 166 B 3
Vendres 34 .... 321 G 4
Vendresse 08 .... 27 E 5
Vendresse-Beaulne 02 .... 40 D 2
Vendrest 77 .... 59 H 1
La Vendue-Mignot 10 .... 115 E 3
Vénéjan 30 .... 284 D 3
Venelles 13 .... 306 A 4
Vénérand 17 .... 201 G 5
Venère 70 .... 161 F 2
Vénérieu 38 .... 232 A 1
Vénérolles 02 .... 24 D 1
Venerque 31 .... 317 H 2
Vénès 81 .... 299 G 3
Venesmes 18 .... 173 E 4
Vénestanville 76 .... 19 H 3
Venette 60 .... 39 F 2
Veneux-les-Sablons 77 .... 88 C 5
Vénevelles Manoir de 72 .... 129 H 2
Veney 54 .... 96 A 3
Vengeons 50 .... 52 C 4
Venise 35 .... 162 A 2
Venisey 70 .... 140 D 2
Vénissieux 69 .... 231 F 1
Venizel 02 .... 40 B 2
Venizy 89 .... 114 B 4
Vennans 25 .... 162 B 2
Vennecy 45 .... 111 F 5
Vennes 25 .... 163 E 4
Vennezey 54 .... 95 F 3
Venon 27 .... 36 A 5
Venon 38 .... 251 E 2
Venosc 38 .... 251 G 3
Venouse 89 .... 136 C 2
Venoy 89 .... 136 B 3
Vensac 33 .... 218 C 4
Vensat 63 .... 209 H 2
Ventabren 13 .... 305 H 5
Ventadour Ruines de 19 .... 225 E 5
Ventavon 05 .... 269 F 5
Ventelay 51 .... 41 E 3
Ventenac 09 .... 336 C 2
Ventenac-Cabardès 11 .... 319 G 4
Ventenac-en-Minervois 11 .... 320 D 5
Venterol 04 .... 269 H 4
Venterol 26 .... 267 H 5
Les Ventes 27 .... 56 B 2
Les Ventes-de-Bourse 61 .... 84 A 3
Ventes-Saint-Rémy 76 .... 20 C 4
Venteuges 43 .... 246 C 4
Venteuil 51 .... 61 F 1
Venthon 73 .... 234 A 1
Ventiseri 2B .... 349 G 3
Ventouse 16 .... 203 G 4
Ventoux Mont 84 .... 286 A 3
Ventron 88 .... 120 B 4
La Ventrouze 61 .... 84 D 2
Venzolasca 2B .... 347 G 2
Ver 50 .... 51 G 2
Ver-lès-Chartres 28 .... 86 A 4
Ver-sur-Launette 60 .... 39 E 5
Ver-sur-Mer 14 .... 33 F 3
Vérac 33 .... 238 B 4
Véranne 42 .... 230 D 5
Vérargues 34 .... 303 F 3
Véraza 11 .... 337 G 2
Verberie 60 .... 39 F 3
Verbiesles 52 .... 117 E 4
Vercel-Villedieu-
   le-Camp 25 .... 162 D 4
Verchain-Maugré 59 .... 14 D 2
Verchaix 74 .... 216 C 1
Vercheny 26 .... 268 A 2
Les Verchers-
   sur-Layon 49 .... 150 A 5
Verchin 62 .... 7 F 4
Verchocq 62 .... 7 E 3
Vercia 39 .... 196 B 1
Verclause 26 .... 268 B 4
Vercoiran 26 .... 286 B 1
Vercourt 80 .... 11 F 1
Verdaches 04 .... 288 B 1
Verdalle 81 .... 319 F 2
Verde Col de 2B .... 349 F 2
Verdelais 33 .... 256 B 3
Verdelles Château de 72 .... 106 D 5
Verdelot 77 .... 60 B 3
Verdenal 54 .... 96 A 1
Verderel 60 .... 38 A 1
Verderonne 60 .... 38 D 3
Verdes 41 .... 110 A 5
Verdèse 2B .... 347 G 3
Verdets 64 .... 313 G 4

Le Verdier 81 .... 279 E 5
La Verdière 83 .... 307 E 4
Verdigny 18 .... 155 H 3
Verdille 16 .... 202 D 4
Verdilly 02 .... 60 C 1
Verdon 24 .... 258 B 1
Verdon 51 .... 60 D 2
Verdon
   Grand Canyon du 93 .... 307 H 2
Le Verdon-sur-Mer 33 .... 218 C 2
Verdonnet 21 .... 137 H 3
Verdun 09 .... 336 B 5
Verdun 55 .... 44 B 5
Verdun-en-Lauragais 11 .... 319 E 3
Verdun-sur-Garonne 82 .... 297 G 2
Verdun-sur-le-Doubs 71 .... 178 A 3
Verdus Musée de 07 .... 266 C 2
Vereaux 18 .... 174 A 3
Verel-de-Montbel 73 .... 232 D 2
Verel-Pragondran 73 .... 233 F 2
Vereux 70 .... 161 F 1
Verfeil 31 .... 298 B 4
Verfeil 82 .... 279 E 3
Verfeuil 30 .... 284 C 3
Vergaville 57 .... 67 E 3
Vergéal 35 .... 105 E 4
La Vergenne 70 .... 141 H 4
Le Verger 35 .... 103 H 3
Le Verger Château 49 .... 128 D 5
Verger-sur-Dive 86 .... 168 C 4
Vergeroux 17 .... 200 D 3
Verges 39 .... 179 F 5
Vergetot 76 .... 18 D 4
Vergezac 43 .... 247 E 5
Vergèze 30 .... 303 G 3
Vergheas 63 .... 208 D 3
Vergies 80 .... 11 G 5
Vergigny 89 .... 114 B 5
Vergio Col de 2B .... 346 C 5
Vergisson 71 .... 194 D 4
La Vergne 17 .... 201 G 3
Vergné 17 .... 201 H 2
Vergoignan 32 .... 294 C 3
Vergoncey 50 .... 80 D 2
Vergongheon 43 .... 228 A 5
Vergonnes 49 .... 127 G 3
Vergons 04 .... 288 D 5
Vergranne 25 .... 162 C 1
Vergt 24 .... 240 C 4
Vergt-de-Biron 24 .... 258 D 3
Le Verguier 02 .... 24 A 1
Véria 39 .... 196 A 4
Vérignon 83 .... 307 H 3
Vérigny 28 .... 85 H 3
Verin 42 .... 231 E 4
Vérines 17 .... 183 G 5
Vérissey 71 .... 195 B 5
Vérizet 71 .... 195 B 3
Verjon 01 .... 196 A 4
Verjux 71 .... 178 A 3
Verlans 70 .... 142 B 4
Verlhac-Tescou 82 .... 298 A 1
Verlin 89 .... 113 F 4
Verlincthun 62 .... 6 B 2
Verlinghem 59 .... 8 C 2
Verlus 32 .... 294 C 4
Vermand 02 .... 24 A 2
Vermandovillers 80 .... 23 F 2
Vermelles 62 .... 8 B 4
Vermenton 89 .... 136 C 4
Vermondans 25 .... 163 F 2
Vern-sur-Seiche 35 .... 104 A 4
Vernais 18 .... 173 H 4
Vernaison 69 .... 231 E 2
Vernajoul 09 .... 336 B 2
Vernancourt 51 .... 63 E 3
Vernantes 49 .... 150 C 2
Vernantois 39 .... 179 F 5
La Vernarède 30 .... 283 G 2
Vernas 38 .... 214 A 5
Vernassal 43 .... 246 D 4
Vernaux 09 .... 336 C 5
Vernay 69 .... 212 C 1
La Vernaz 74 .... 198 C 4
Verne 25 .... 162 C 2
Verne Chartreuse de la 83 .... 329 E 3
Vernègues 13 .... 305 G 3
Verneiges 23 .... 190 B 5
Verneil-le-Chétif 72 .... 130 A 3
Le Vernet 03 .... 190 D 4
La Vernelle 36 .... 153 G 4
Le Vernet 04 .... 288 B 1
Le Vernet 09 .... 318 B 5

Vernet 31 .... 317 H 2
Le Vernet 43 .... 246 D 4
Vernet-la-Varenne 63 .... 228 B 4
Vernet-les-Bains 66 .... 342 A 3
Le Vernet-
   Sainte-Marguerite 63 .... 227 G 2
Verneuil 16 .... 204 C 5
Verneuil 18 .... 173 G 4
Verneuil 51 .... 40 D 5
Verneuil 58 .... 175 F 3
Verneuil-
   en-Bourbonnais 03 .... 192 A 4
Verneuil-en-Halatte 60 .... 38 D 4
Verneuil-Grand 55 .... 44 B 1
Verneuil-le-Château 37 .... 169 F 1
Verneuil-l'Étang 77 .... 88 C 2
Verneuil-Moustiers 87 .... 187 H 4
Verneuil-Petit 55 .... 44 B 1
Verneuil-sous-Coucy 02 .... 40 B 1
Verneuil-sur-Avre 27 .... 55 H 4
Verneuil-sur-Igneraie 36 .... 189 G 1
Verneuil-sur-Indre 37 .... 170 C 1
Verneuil-sur-Seine 78 .... 57 H 2
Verneuil-sur-Serre 02 .... 24 D 4
Verneuil-sur-Vienne 87 .... 205 F 5
Verneusses 27 .... 55 E 2
Verneville 57 .... 45 G 5
Vernie 72 .... 107 G 2
Vernierfontaine 25 .... 162 C 5
Vernines 63 .... 227 F 2
Verniolle 09 .... 336 B 5
Vernioz 38 .... 231 F 4
Vernix 50 .... 52 A 4
Vernoil 49 .... 150 D 2
Le Vernois 39 .... 179 F 4
Vernois-le-Fol 25 .... 163 H 2
Vernois-lès-Belvoir 25 .... 163 E 2
Vernois-lès-Vesvres 21 .... 139 F 4
Vernois-sur-Mance 70 .... 140 C 2
Vernols 15 .... 245 F 1
Vernon 07 .... 266 A 4
Vernon 27 .... 57 E 1
Vernon 86 .... 186 C 3
Vernonvilliers 10 .... 92 A 5
Vernosc-lès-Annonay 07 .... 248 D 1
Vernot 21 .... 160 A 1
La Vernotte 70 .... 161 G 1
Vernou-en-Sologne 41 .... 153 H 1
Vernou-la-Celle-sur-Seine 77 .... 88 D 1
Vernou-sur-Brenne 37 .... 152 A 2
Vernouillet 28 .... 56 D 5
Vernouillet 78 .... 57 H 2
Vernoux 01 .... 195 G 2
Vernoux-en-Gâtine 79 .... 167 G 5
Vernoux-en-Vivarais 07 .... 248 D 5
Vernoux-sur-Boutonne 79 .... 202 C 1
Le Vernoy 25 .... 142 A 4
Vernoy 89 .... 113 F 4
Vernusse 03 .... 191 G 5
Verny 57 .... 65 H 2
Vero 2A .... 348 D 2
Véron 89 .... 113 G 3
Véronne 26 .... 268 A 2
Véronnes 21 .... 139 G 5
Verosvres 71 .... 194 B 3
Verpel 08 .... 43 F 2
La Verpillière 38 .... 231 H 2
Verpillières 80 .... 23 F 4
Verpillières-sur-Ource 10 .... 115 H 4
Verquières 13 .... 305 E 2
Verquigneul 62 .... 8 A 4
Verquin 62 .... 8 A 4
Verrens-Arvey 73 .... 234 A 1
La Verrerie Château de 18 .... 155 F 2
Verreries-de-Moussans 34 .... 320 C 2
Verrey-sous-Drée 21 .... 159 F 2
Verrey-sous-Salmaise 21 .... 159 F 2
Verricourt 10 .... 91 G 4
Verrie 49 .... 150 B 4
La Verrie 85 .... 166 C 2
La Verrière 78 .... 57 H 4
Verrières 08 .... 43 E 1
Verrières 10 .... 115 E 2
Verrières 12 .... 281 H 3
Verrières 16 .... 220 B 2
Verrières 51 .... 63 E 1
Verrières 61 .... 84 D 4
Verrières 63 .... 227 G 3
Verrières 86 .... 186 D 3
Verrières-de-Joux 25 .... 180 D 2
Verrières-du-Grosbois 25 .... 162 C 4
Verrières-en-Forez 42 .... 229 G 3
Verrières-le-Buisson 91 .... 58 B 4
Verrines-sous-Celles 79 .... 185 F 5
Verrue 86 .... 168 D 3
Verruyes 79 .... 185 F 2

Vers 46 .... 260 C 5
Vers 71 .... 195 E 1
Vers 74 .... 215 F 1
Vers-en-Montagne 39 .... 179 H 3
Vers-Pont-du-Gard 30 .... 284 C 5
Vers-sous-Sellières 39 .... 179 E 3
Vers-sur-Méouge 26 .... 286 C 2
Vers-sur-Selles 80 .... 22 B 2
Versailles 78 .... 58 A 4
Versailleux 01 .... 213 G 3
Versainville 14 .... 53 H 2
La Versanne 42 .... 230 D 5
Versaugues 71 .... 193 G 4
Verseilles-le-Bas 52 .... 139 G 3
Verseilles-le-Haut 52 .... 139 G 3
Versigny 02 .... 24 C 4
Versigny 60 .... 39 F 5
Versols-et-Lapeyre 12 .... 301 E 1
Verson 14 .... 33 F 4
Versonnex 01 .... 197 G 4
Versonnex 74 .... 215 F 3
Le Versoud 38 .... 251 E 1
Vert 40 .... 273 G 4
Vert 78 .... 57 F 2
Le Vert 79 .... 202 B 1
Vert Lac 74 .... 216 D 3
Vert-Bois 17 .... 200 B 4
Vert-en-Drouais 28 .... 56 C 4
Vert-la-Gravelle 51 .... 61 F 3
Vert-le-Grand 91 .... 87 H 2
Vert-le-Petit 91 .... 87 H 3
Vert-Saint-Denis 77 .... 88 B 2
Vertain 59 .... 14 D 3
Vertaizon 63 .... 210 A 5
Vertamboz 39 .... 196 D 1
Vertault 21 .... 115 G 5
Verte Île 13 .... 327 F 4
Verteillac 24 .... 221 G 5
Vertes-Feuilles 02 .... 40 A 3
Verteuil-d'Agenais 47 .... 257 G 5
Verteuil-sur-Charente 16 .... 203 F 3
Verthemex 73 .... 233 E 1
Vertheuil 33 .... 237 E 1
Vertilly 89 .... 89 G 5
Vertolaye 63 .... 228 D 2
Vertou 44 .... 147 H 4
Vertrieu 38 .... 214 A 4
Vertus 51 .... 61 G 2
Les Vertus 76 .... 20 B 2
Vesaignes-sous-Lafauche 52 .... 93 G 5
Vesaignes-sur-Marne 52 .... 117 F 4
Vesancy 01 .... 197 G 3
Vesc 26 .... 267 H 4
Vescemont 90 .... 142 C 2
Vescheim 57 .... 68 A 4
Vescles 39 .... 196 C 3
Vescours 01 .... 195 F 2
Vescovato 2B .... 347 G 2
Vesdun 18 .... 190 B 2
Vésigneul-sur-Marne 51 .... 62 B 3
Vésines 01 .... 195 E 4
Vésines 45 .... 112 C 4
Le Vésinet 78 .... 58 A 3
Vesles-et-Caumont 02 .... 25 E 4
Veslud 02 .... 41 E 1
Vesly 27 .... 37 F 4
Vesly 50 .... 31 G 3
Vesoul 70 .... 141 E 4
La Vespière-Friardel 14 .... 55 E 1
Vesseaux 07 .... 266 B 3
Vessey 50 .... 80 D 2
Vestric-et-Candiac 30 .... 303 G 3
Vesvres 21 .... 159 E 2
Vesvres-
   sous-Chalancey 52 .... 139 H 2
Vétheuil 95 .... 57 F 1
Vétraz-Monthoux 74 .... 197 H 5
Vétrigne 90 .... 142 C 2
Veuil 36 .... 153 G 5
Veuilly-la-Poterie 02 .... 60 A 1
Veules-les-Roses 76 .... 19 H 2
Veulettes-sur-Mer 76 .... 19 F 2
Le Veurdre 03 .... 174 B 5
Veurey-Voroize 38 .... 250 C 1
La Veuve 51 .... 62 A 1
Veuves 41 .... 152 D 2

Veuvey-sur-Ouche 21 .... 159 G 4
Veuxhaulles-sur-Aube 21 .... 116 B 5
Vevy 39 .... 179 F 5
Le Vey 14 .... 53 F 2
Veynes 05 .... 269 E 4
Veyrac 87 .... 205 F 4
Veyras 07 .... 266 C 2
Veyre-Monton 63 .... 227 H 2
Veyreau 12 .... 282 A 3
Veyrier-du-Lac 74 .... 215 H 4
Veyrières 15 .... 226 B 5
Veyrières 19 .... 226 B 4
Veyrignac 24 .... 259 H 1
Veyrines 07 .... 248 C 5
Veyrines-de-Domme 24 .... 259 F 1
Veyrines-de-Vergt 24 .... 240 C 4
Veyrins 38 .... 232 A 2
Les Veys 50 .... 32 A 2
Veyssilieu 38 .... 231 H 1
Veyziat 01 .... 196 C 4
Vez 60 .... 39 H 4
Vézac 15 .... 244 C 5
Vézac 24 .... 259 F 1
Vézannes 89 .... 136 D 2
Vézaponin 02 .... 40 A 1
Vèze 15 .... 245 G 1
La Vèze 25 .... 162 A 4
Vézelay 89 .... 157 G 2
Vézelise 54 .... 94 C 3
Vézelois 90 .... 142 C 3
Vézeronce-Curtin 38 .... 232 B 1
Vézénobres 30 .... 283 H 4
Vézels-Roussy 15 .... 262 D 1
Vézézoux 43 .... 228 B 5
Le Vézier 51 .... 60 C 4
Vézières 86 .... 168 D 1
Vézillon 27 .... 36 D 4
Vézilly 02 .... 41 E 4
Vezin-le-Coquet 35 .... 104 A 3
Vézinnes 89 .... 137 E 2
Vezins 49 .... 149 F 5
Vezins 50 .... 51 H 5
Vézins-de-Lévézou 12 .... 281 G 2
Vezot 72 .... 84 A 5
Vezou Belvédère du 15 .... 245 F 5
Vezzani 2B .... 347 F 5
Via 66 .... 341 F 4
Viabon 28 .... 110 C 2
Viala-du-Bourg 12 .... 65 H 2
Viala-du-Pas-de-Jaux 12 .... 301 F 1
Viala-du-Tarn 12 .... 281 F 4
Vialas 48 .... 283 F 1
Vialer 64 .... 294 C 5
Viam 19 .... 225 G 2
Viane 81 .... 300 B 3
Vianges 21 .... 158 D 5
Vianne 47 .... 275 G 3
Viâpres-le-Grand 10 .... 90 D 2
Viâpres-le-Petit 10 .... 90 D 2
Viarmes 95 .... 38 C 5
Vias 34 .... 322 C 5
Viazac 46 .... 261 G 3
Le Vibal 12 .... 281 E 2
Vibersviller 57 .... 67 F 3
Vibeuf 76 .... 19 H 4
Vibrac 16 .... 220 D 2
Vibrac 16 .... 220 B 5
Vibraye 72 .... 108 D 2
Vic 09 .... 335 G 4
Vic 36 .... 189 G 1
Vic Roche de 19 .... 242 D 3
Vic-de-Chassenay 21 .... 158 C 1
Vic-des-Prés 21 .... 159 F 5
Vic-en-Bigorre 65 .... 315 E 3
Vic-Fezensac 32 .... 295 G 3
Vic-la-Gardiole 34 .... 323 F 3
Vic-le-Comte 63 .... 228 A 2
Vic-le-Fesq 30 .... 303 F 1
Vic-sous-Thil 21 .... 158 D 3
Vic-sur-Aisne 02 .... 39 H 2
Vic-sur-Cère 15 .... 244 D 4
Vic-sur-Seille 57 .... 66 D 4
Vicdessos 09 .... 336 A 5
Le Vicel 50 .... 29 G 3
Vichel 63 .... 228 A 4
Vichel-Nanteuil 02 .... 40 B 4
Vichères 28 .... 109 E 2
Vicherey 88 .... 94 B 4
Vichy 03 .... 210 B 2
Vico 2A .... 348 C 1
La Vicogne 80 .... 12 D 5
La Vicomté-sur-Rance 22 .... 79 H 3
Vicq 03 .... 209 H 1
Vicq 52 .... 117 H 5

Vicq 59 .... 9 H 5
Vicq 78 .... 57 H 4
Vicq-d'Auribat 40 .... 293 F 2
Vicq-Exemplet 36 .... 189 H 1
Vicq-sur-Breuilh 87 .... 223 H 2
Vicq-sur-Gartempe 86 .... 170 A 5
Vicq-sur-Nahon 36 .... 171 G 1
Vicques 14 .... 54 A 2
Victoire Abbaye de la 60 .... 39 E 4
Victot-Pontfol 14 .... 34 B 4
Vidai 61 .... 84 A 3
Vidaillac 46 .... 279 E 1
Vidaillat 23 .... 207 E 3
Vidauban 83 .... 329 E 1
Videcosville 50 .... 29 G 4
Videix 87 .... 204 C 5
Videlles 91 .... 87 H 4
Vidou 65 .... 315 G 4
Vidouville 50 .... 32 C 5
Vidouze 65 .... 314 D 2
Viefvillers 60 .... 22 A 5
Le Vieil-Armand 68 .... 120 D 5
Le Vieil-Baugé 49 .... 150 B 1
Le Vieil-Dampierre 51 .... 63 E 1
Le Vieil-Évreux 27 .... 56 C 1
Vieil-Hesdin 62 .... 7 E 5
Vieil-Moutier 62 .... 6 D 2
Vieille-Brioude 43 .... 246 B 1
Vieille-Chapelle 62 .... 8 A 3
Vieille-Église 62 .... 3 E 3
Vieille-Église-en-Yvelines 78 .... 57 G 5
La Vieille-Loye 39 .... 179 F 1
La Vieille-Lyre 27 .... 55 G 2
Vieille-Toulouse 31 .... 298 A 5
Vieilles-Maisons-
   sur-Joudry 45 .... 134 B 2
Vieillespesse 15 .... 245 H 3
Vieillevie 15 .... 262 B 3
Vieillevigne 31 .... 318 B 3
Vieillevigne 44 .... 165 H 1
Vieilley 25 .... 162 A 2
Vieilmoulin 21 .... 159 F 3
Viel-Arcy 02 .... 40 D 2
Viel-Saint-Remy 08 .... 26 B 4
Viella 32 .... 294 D 4
Viella 65 .... 333 E 3
Vielle-Adour 65 .... 315 F 5
Vielle-Aure 65 .... 333 G 4
Vielle-Louron 65 .... 333 H 4
Vielle-Saint-Girons 40 .... 272 A 5
Vielle-Soubiran 40 .... 274 C 4
Vielle-Tursan 40 .... 294 A 3
Viellenave-d'Arthez 64 .... 314 A 2
Viellenave-
   de-Navarrenx 64 .... 313 F 3
Viellenave-sur-Bidouze 64 .... 311 G 3
Vielleségure 64 .... 313 G 3
Vielmanay 58 .... 156 C 4
Vielmur-sur-Agout 81 .... 299 F 4
Vielprat 43 .... 265 G 1
Viels-Maisons 02 .... 60 C 3
Vielverge 21 .... 160 B 3
Viennay 79 .... 168 A 5
Vienne 38 .... 231 F 3
Vienne-en-Arthies 95 .... 57 F 1
Vienne-en-Bessin 14 .... 33 E 4
Vienne-la-Ville 51 .... 43 E 4
Vienne-le-Château 51 .... 43 E 4
Viens 84 .... 306 B 1
Vienville 88 .... 120 A 2
Vier-Bordes 65 .... 332 D 2
Viersat 23 .... 190 B 5
Vierville 28 .... 87 E 2
Vierville 50 .... 32 A 2
Vierville-sur-Mer 14 .... 32 C 2
Vierzon 18 .... 154 C 4
Vierzy 02 .... 40 B 3
Viesly 59 .... 14 D 4
Viessoix 14 .... 52 D 3
Viéthorey 25 .... 162 D 1
Vieu 01 .... 214 D 4
Vieu-d'Izenave 01 .... 214 B 2
Vieugy 74 .... 215 G 4
Vieussan 34 .... 301 E 5
Vieuvicq 28 .... 109 G 2
Vieuvy 53 .... 81 H 3
Vieux 14 .... 33 G 4
Vieux 81 .... 279 E 5
Vieux-Berquin 59 .... 8 A 2
Vieux-Boucau-les-Bains 40 .... 292 B 2
Vieux-Bourg 14 .... 34 A 4
Le Vieux-Bourg 22 .... 77 H 3
Le Vieux-Cérier 16 .... 203 H 3
Vieux Chambord
   Château du 03 .... 192 C 4

A
B
C
D
E
F
G
H
I
J
K
L
M
N
O
P
Q
R
S
T
U
V
W
X
Y
Z

A B C D E F G H I J K L M N O P Q R S T U V W X Y Z

Vieux-Champagne 77.............89 F 2
Vieux-Charmont 25 ....142 C 4
Vieux-Château 21 ....158 B 1
Le Vieux Château 85 ....164 A 4
Vieux-Condé 59 ....9 G 4
Vieux-Ferrette 68 ....143 F 4
Vieux-Fumé 14 ....54 A 1
Vieux-lès-Asfeld 08 ....41 H 1
Vieux-Lixheim 57 ....67 H 4
Vieux-Maisons 77 ....60 B 5
Vieux-Manoir 76 ....20 C 5
Le Vieux-Marché 22 ....72 C 4
Vieux-Mareuil 24 ....221 H 4
Vieux-Mesnil 59 ....15 G 2
Vieux-Moulin 60 ....39 G 2
Vieux-Moulin 88 ....96 B 3
Vieux-Moulins 52 ....139 G 2
Vieux-Pierrefeu 06 ....289 H 5
Vieux-Pont 61 ....53 H 5
Vieux-Pont-en-Auge 14 ....54 B 1
Vieux-Port 27 ....35 F 2
Vieux-Reng 59 ....15 H 2
Vieux-Rouen-sur-Bresle 76 .....21 F 2
La Vieux-Rue 76 ....36 C 1
Vieux-Ruffec 16 ....203 H 3
Vieux-Thann 68 ....143 E 1
Vieux-Viel 35 ....80 C 2
Vieux-Villez 35 ....36 C 5
Vieux-Vy-sur-Couesnon 35 ......80 C 4
Vieuzos 65 ....315 H 4
Viévigne 21 ....160 C 2
Viéville 52 ....117 E 2
Viéville-en-Haye 54 ....65 F 3
Viéville-sous-les-Côtes 55 ....64 D 2
Viévy 21 ....177 E 1
Viévy-le-Rayé 41 ....132 A 2
Viey 65 ....333 E 3
Vif 38 ....250 D 3
Viffort 02 ....60 C 2
Le Vigan 30 ....282 D 5
Le Vigan 82 ....260 B 2
Le Vigean 15 ....244 B 2
Le Vigeant 86 ....187 E 5
Le Vigen 87 ....223 H 1
Vigeois 19 ....224 B 5
Viger 65 ....332 D 1
Vigeville 23 ....207 G 1
Viggianello 2A ....350 D 2
Viglain 45 ....133 H 4
Vignacourt 80 ....12 C 5
Vignage Rochers du 61 ....83 G 3
Vignale 2B ....347 G 2
Vignats 14 ....54 A 3
Le Vignau 40 ....294 C 2
Vignaux 31 ....297 F 4
Les Vigneaux 05 ....252 C 5
Vignec 65 ....333 G 4
Vignely 77 ....59 F 2
Vignemont 60 ....39 F 1
Les Vignères 84 ....305 E 1
Les Vignes 48 ....282 A 2
Vignes 64 ....294 B 5
Vignes 89 ....158 B 1
Vignes-la-Côte 52 ....93 F 5
Vigneul-sous-Montmédy 55 ......43 H 1
Vigneulles 54 ....95 E 2
Vigneulles-lès-Hattonchâtel 55 ....64 D 2
Vigneux-de-Bretagne 44 ....147 F 2
Vigneux-Hocquet 02 ....25 G 3
Vigneux-sur-Seine 91 ....58 C 5
Vignevieille 11 ....338 A 4
Vignieu 38 ....232 B 2
Vignoc 35 ....80 A 5
Vignol 58 ....157 G 3
Vignoles 21 ....177 H 1
Vignolles 16 ....220 D 3
Vignols 19 ....223 H 5
Vignonet 33 ....238 C 5
Vignory 52 ....92 D 5
Vignot 55 ....64 D 5
Vignoux-sous-les-Aix 18 ......155 F 5
Vignoux-sur-Barangeon 18 .....154 C 5
Vigny 57 ....65 H 2
Vigny 95 ....57 H 1
Vigoulant 36 ....189 H 3
Vigoulet-Auzil 31 ....318 A 2
Vigoux 36 ....188 C 2
Vigueron 82 ....297 E 1
Vigy 57 ....46 B 5
Vihiers 49 ....149 G 5
Vijon 36 ....189 H 3
Vilbert 77 ....59 G 5
Vilcey-sur-Trey 54 ....65 F 3
Vildé-Guingalan 22 ....79 F 4
Le Vilhain 03 ....191 E 2
Vilhonneur 16 ....221 H 1

Vilhosc Prieuré de 04 ....287 G 2
Villa-Algérienne 33 ....254 A 2
Villabé 91 ....88 A 2
Villabon 18 ....173 G 1
Villac 24 ....241 G 2
Villacerf 10 ....90 D 4
Villacourt 54 ....95 E 3
Villadin 10 ....90 B 5
Villafans 70 ....141 H 5
Village-Neuf 68 ....143 H 3
Villaines-en-Duesmois 21 .....138 A 4
Villaines-la-Carelle 72 ....84 A 4
Villaines-la-Gonais 72 ....108 C 3
Villaines-la-Juhel 53 ....82 D 5
Villaines-les-Prévôtes 21 ....137 H 5
Villaines-les-Rochers 37 .....151 E 4
Villaines-sous-Bois 95 ....58 C 1
Villaines-sous-Lucé 72 ....130 C 2
Villaines-sous-Malicorne 72 ...129 F 3
Villainville 76 ....18 D 4
Villalbe 11 ....319 G 5
Villalet 27 ....56 A 2
Villalier 11 ....319 H 4
Villamblain 45 ....110 B 5
Villamblard 24 ....240 B 4
Villamée 35 ....81 E 3
Villampuy 28 ....110 B 4
Villandraut 33 ....255 H 5
Villandry 37 ....151 G 3
Villanière 11 ....319 H 4
Villanova 2A ....348 B 3
Villapourçon 58 ....176 A 2
Villar-d'Arêne 05 ....252 A 3
Villar-en-Val 11 ....338 A 1
Villar-Loubière 05 ....251 H 5
Villar-Saint-Anselme 11 ......337 G 2
Villar-Saint-Pancrace 05 .....252 D 5
Villarceaux Château de 95 .....37 F 5
Villard 23 ....189 E 4
Le Villard 48 ....264 A 5
Villard 74 ....198 A 5
Villard-Bonnot 38 ....251 F 1
Villard-de-Lans 38 ....250 C 3
Villard-d'Héry 73 ....233 G 3
Villard-Léger 73 ....233 H 3
Villard-Notre-Dame 38 ....251 G 3
Villard-Reculas 38 ....251 G 2
Villard-Reymond 38 ....251 G 3
Villard-Saint-Christophe 38 ..251 E 4
Villard-Saint-Sauveur 39 .....197 E 3
Villard-Sallet 73 ....233 G 3
Villard-sur-Bienne 39 ....197 E 2
Villard-sur-Doron 73 ....216 B 5
Villardebelle 11 ....337 H 2
Villardonnel 11 ....319 H 4
Villards-d'Héria 39 ....196 D 3
Les Villards-sur-Thônes 74 ...216 A 3
Villarembert 73 ....252 A 1
Villargent 70 ....141 H 5
Villargoix 21 ....158 D 2
Villargondran 73 ....234 A 5
Villariès 31 ....298 A 3
Villarlurin 73 ....234 C 3
Villarodin-Bourget 73 ....252 D 1
Villaroger 73 ....235 E 1
Villaroux 73 ....233 G 3
Villars 24 ....222 C 4
Villars 28 ....110 B 2
Villars 42 ....230 A 4
Le Villars 71 ....195 F 2
Villars 84 ....305 H 1
Villars Grottes de 24 ....222 D 4
Villars-Colmars 04 ....288 D 2
Villars-en-Azois 52 ....116 B 4
Villars-en-Pons 17 ....219 G 2
Villars-et-Villenotte 21 .....158 D 1
Villars-Fontaine 21 ....159 H 5
Villars-le-Pautel 70 ....118 C 5
Villars-le-Sec 90 ....142 D 5
Villars-lès-Blamont 25 ....163 G 2
Villars-les-Bois 17 ....201 H 5
Villars-les-Dombes 01 ....213 G 3
Villars-Saint-Georges 25 .....161 G 5
Villars-Saint-Marcellin 52 ...118 B 5
Villars-Santenoge 52 ....116 A 5
Villars-sous-Dampjoux 25 .....163 F 2
Villars-sous-Écot 25 ....142 B 1
Villars-sur-Var 06 ....289 H 5
Villarzel-Cabardès 11 ....320 A 4
Villarzel-du-Razès 11 ....337 G 1
Villasavary 11 ....319 E 4
Villate 31 ....317 H 2
Villaudric 31 ....297 H 2
Villautou 11 ....336 D 1
Villavard 41 ....131 F 3
Villaz 74 ....215 H 3

Ville 60 ....23 G 5
Villé 67 ....97 E 4
Ville 69 ....212 A 1
La Ville 69 ....97 E 4
Ville-au-Montois 54 ....45 E 2
Ville-au-Val 54 ....65 G 4
La Ville-aux-Bois 10 ....92 A 4
La Ville-aux-Bois-lès-Dizy 02 .25 G 4
La Ville-aux-Bois-lès-Pontavert 02 ....41 F 2
La Ville-aux-Clercs 41 ....131 G 2
La Ville-aux-Dames 37 ....152 A 2
La Ville-aux-Nonains 28 ....85 F 2
Ville-d'Avray 92 ....58 B 3
La Ville-du-Bois 91 ....58 B 5
Ville-du-Pont 25 ....180 D 1
Ville-en-Blaisois 52 ....92 C 3
Ville-en-Sallaz 74 ....216 A 1
Ville-en-Selve 51 ....41 G 5
Ville-en-Tardenois 51 ....41 E 4
Ville-en-Vermois 54 ....95 E 1
Ville-en-Woëvre 55 ....64 D 1
La Ville-ès-Nonais 35 ....79 H 3
Ville-Houdlémont 54 ....44 D 1
Ville-Issey 55 ....64 D 5
Ville-la-Grand 74 ....197 H 5
Ville-Langy 58 ....175 F 2
Ville-le-Marclet 80 ....12 B 5
Ville-Saint-Jacques 77 ....88 D 5
Ville-Savoye 02 ....40 D 3
La Ville-sous-Anjou 38 ....231 F 5
La Ville-sous-la-Ferté 10 ....116 B 3
La Ville-sous-Orbais 51 ....61 E 2
Ville-sur-Ancre 80 ....23 E 1
Ville-sur-Arce 10 ....115 G 3
Ville-sur-Cousances 55 ....43 G 5
Ville-sur-Illon 88 ....119 E 2
Ville-sur-Jarnioux 69 ....212 C 3
Ville-sur-Lumes 08 ....26 D 3
Ville-sur-Retourne 08 ....42 B 2
Ville-sur-Saulx 55 ....63 G 4
Ville-sur-Terre 10 ....92 B 5
Ville-sur-Tourbe 51 ....43 E 4
Ville-sur-Yron 54 ....65 F 1
Villeau 28 ....110 B 2
Villebadin 61 ....54 C 4
Villebarou 41 ....132 A 5
Villebaudon 50 ....52 A 1
Villebazy 11 ....337 H 2
Villebéon 77 ....112 D 2
Villebernier 49 ....150 C 4
Villeberny 21 ....159 F 2
Villebichot 21 ....160 A 5
Villeblevin 89 ....89 E 5
Villebois 01 ....214 B 4
Villebois-Lavalette 16 ....221 G 3
Villebois-les-Pins 26 ....286 D 1
Villebon 28 ....85 G 4
Villebon-sur-Yvette 91 ....58 B 5
Villebougis 89 ....89 F 2
Villebourg 37 ....130 C 4
Villebout 41 ....109 G 5
Villebramar 47 ....257 H 4
Villebret 03 ....190 D 5
Villebrumier 82 ....298 A 1
Villecelin 18 ....172 D 4
Villecerf 77 ....88 D 5
Villecey-sur-Mad 54 ....65 F 2
Villechantria 39 ....196 B 3
Villechauve 41 ....131 F 4
Villechenève 69 ....212 B 5
Villechétif 10 ....91 E 5
Villechétive 89 ....114 A 4
Villechien 50 ....81 G 2
Villecien 89 ....113 G 5
Villécloye 55 ....44 B 1
Villecomtal 12 ....262 D 4
Villecomtal-sur-Arros 32 .....315 F 3
Villecomte 21 ....160 A 1
Villeconin 91 ....87 F 5
Villecourt 80 ....23 G 3
Villecresnes 94 ....58 D 5
Villecroze 83 ....307 H 4
Villedaigne 11 ....320 D 5
Villedieu 15 ....245 G 4
La Villedieu 17 ....202 B 2
Villedieu 21 ....115 G 5
La Villedieu 23 ....225 E 1
Les Villedieu 25 ....180 C 4
Villedieu 84 ....285 G 2

La Villedieu-du-Clain 86 .....186 C 3
La Villedieu-en-Fontenette 70 ....141 F 3
Villedieu-la-Blouère 49 ......148 C 5
Villedieu-le-Château 41 ......130 D 4
Villedieu-lès-Bailleul 61 .....54 B 3
Villedieu-les-Poêles-Rouffigny 50 ....52 A 3
Villedieu-sur-Indre 36 ....171 G 3
Villedômain 37 ....171 E 1
Villedômer 37 ....152 B 1
Villedoux 17 ....183 G 5
Villedubert 11 ....319 H 5
Villefagnan 16 ....203 E 3
Villefargeau 89 ....136 A 3
Villefavard 87 ....205 G 1
Villeferry 21 ....159 E 2
Villefloure 11 ....337 H 1
Villefollet 79 ....202 C 1
Villefontaine 38 ....231 H 2
Villefort 11 ....337 E 3
Villefort 48 ....265 F 5
Villefranche 32 ....316 C 2
Villefranche-d'Albigeois 81 ..299 H 1
Villefranche-d'Allier 03 .....191 F 4
Villefranche-de-Conflent 66 ..342 A 3
Villefranche-de-Lauragais 31 .318 C 3
Villefranche-de-Lonchat 24 ...239 E 4
Villefranche-de-Panat 12 .....281 E 4
Villefranche-de-Rouergue 12 ..279 F 1
Villefranche-du-Périgord 24 ..259 F 3
Villefranche-du-Queyran 47 ...275 F 2
Villefranche-le-Château 26 ...286 C 2
Villefranche-Saint-Phal 89 ...113 F 5
Villefranche-sur-Cher 41 .....153 H 4
Villefranche-sur-Mer 06 ......309 H 2
Villefranche-sur-Saône 69 ....212 D 3
Villefrancœur 41 ....131 H 4
Villefrancon 70 ....161 F 2
Villefranque 64 ....310 D 3
Villefranque 65 ....295 E 5
Villegagnon 77 ....60 A 5
Villegailhenc 11 ....319 H 4
Villegardin 89 ....113 E 3
Villegats 16 ....203 F 3
Villegats 27 ....56 D 2
Villegaudin 71 ....178 B 4
Villegenon 18 ....155 G 2
Villegly 11 ....320 A 4
Villegongis 36 ....171 G 3
Villegouge 33 ....238 B 4
Villegouin 36 ....171 E 2
Villegruis 77 ....89 H 2
Villegusien 52 ....139 G 3
Villehardouin 10 ....91 G 4
Villeherviers 41 ....154 A 3
Villejésus 16 ....203 E 4
Villejoubert 16 ....203 F 5
Villejuif 94 ....58 C 4
Villejust 91 ....58 B 5
Villelaure 84 ....306 A 3
Villeloin-Coulangé 37 ....152 D 5
Villelongue 65 ....332 D 2
Villelongue-d'Aude 11 ....337 F 2
Villelongue-de-la-Salanque 66 ....339 E 5
Villelongue-dels-Monts 66 ....343 E 4
Villeloup 10 ....90 C 5
Villemade 82 ....277 G 4
Villemagne 11 ....319 F 3
Villemagne-l'Argentière 34 ..301 F 4
Villemain 79 ....202 D 2
Villemandeur 45 ....112 C 5
Villemanoche 89 ....89 F 5
Villemardy 41 ....131 H 4
Villemaréchal 77 ....112 D 2
Villemareuil 77 ....59 G 2
Villematier 31 ....298 A 2
Villemaur-sur-Vanne 10 ....114 B 2
Villembits 65 ....315 G 4
Villembray 60 ....37 G 1
Villemer 77 ....88 C 5
Villemer 89 ....136 A 2
Villemereuil 10 ....115 E 2
Villemervry 52 ....139 E 4
Villemeux-sur-Eure 28 ....56 D 5
Villemoirieu 38 ....231 H 1
Villemoiron-en-Othe 10 ....114 B 2
Villemoisson-sur-Orge 91 ......58 C 5
Villemolaque 66 ....343 E 5
Villemomble 93 ....58 D 3

Villemontais 42 ....211 F 3
Villemontoire 02 ....40 B 3
Villemorien 10 ....115 F 4
Villemorin 17 ....202 B 3
Villemoron 52 ....139 F 4
Villemort 86 ....187 G 2
Villemotier 01 ....196 A 4
Villemoustaussou 11 ....319 H 4
Villemoutiers 45 ....112 A 5
Villemoyenne 10 ....115 F 3
Villemur 65 ....316 A 4
Villemur-sur-Tarn 31 ....298 A 2
Villemurlin 45 ....134 A 4
Villemus 04 ....306 C 1
Villenauxe-la-Grande 10 ....90 A 2
Villenauxe-la-Petite 77 ....89 G 4
Villenave 40 ....273 E 5
Villenave-de-Rions 33 ....256 B 2
Villenave-d'Ornon 33 ....255 G 1
Villenave-près-Béarn 65 ......314 D 3
Villenave-près-Marsac 65 .....315 E 3
Villenavotte 89 ....113 F 2
Villeneuve 01 ....213 E 2
Villeneuve 04 ....306 D 1
Villeneuve 09 ....335 E 3
La Villeneuve 12 ....261 F 5
La Villeneuve 23 ....208 B 4
Villeneuve 33 ....237 F 3
La Villeneuve 71 ....178 B 2
La Villeneuve-au-Châtelot 10 ..90 A 3
Villeneuve-au-Chemin 10 ......114 C 4
La Villeneuve-au-Chêne 10 ....115 G 2
La Villeneuve-Bellenoye-et-la-Maize 70 ....141 F 3
Villeneuve-d'Allier 43 ....246 B 2
Villeneuve-d'Amont 25 ....180 A 2
Villeneuve-d'Ascq 59 ....9 E 2
Villeneuve-d'Aval 39 ....179 G 2
Villeneuve-de-Berg 07 ....266 C 4
Villeneuve-de-Duras 47 ....257 F 2
Villeneuve-de-la-Raho 66 .....343 F 2
Villeneuve-de-Marc 38 ....231 G 3
Villeneuve-de-Marsan 40 ......294 B 1
Villeneuve-de-Mézin 47 ....275 F 5
Villeneuve-de-Rivière 66 .....343 E 2
Villeneuve-d'Entraunes 06 ....289 E 3
Villeneuve-des-Escaldes 66 ...341 F 4
Villeneuve-d'Olmes 09 ....336 D 3
Villeneuve-du-Bosc 09 ....336 B 2
Villeneuve-du-Latou 09 ....317 H 5
Villeneuve-du-Paréage 09 .....336 B 1
La Villeneuve-en-Chevrie 78 ...57 E 1
Villeneuve-en-Montagne 71 ....177 F 4
Villeneuve-Frouville 41 ......132 A 3
Villeneuve-la-Comptal 11 .....318 D 4
Villeneuve-la-Comtesse 17 ....201 H 1
Villeneuve-la-Dondagne 89 ....113 F 3
Villeneuve-la-Garenne 92 ......58 C 2
Villeneuve-la-Guyard 89 ....89 E 5
Villeneuve-la-Lionne 51 ....60 C 4
Villeneuve-la-Rivière 66 .....343 E 2
Villeneuve-la-Salle 05 ....252 C 4
Villeneuve-l'Archevêque 89 ...114 A 2
Villeneuve-le-Comte 77 ....59 F 4
Villeneuve-le-Roi 94 ....58 C 5
Villeneuve-Lécussan 31 ....316 A 5
Villeneuve-Lembron 63 ....227 H 4
Villeneuve-lès-Avignon 30 ....285 E 5
Villeneuve-lès-Béziers 34 ....321 G 4
Villeneuve-lès-Bordes 77 ......89 E 3
Villeneuve-lès-Bouloc 31 .....297 H 3
Villeneuve-lès-Cerfs 63 ......210 A 3
La Villeneuve-lès-Charleville 51 ....61 E 4
Villeneuve-lès-Charnod 39 ....196 B 4
La Villeneuve-les-Convers 21 ....138 B 5
Villeneuve-les-Corbières 11 ..338 C 2
Villeneuve-les-Genêts 89 .....135 F 4
Villeneuve-lès-Lavaur 81 .....298 C 5
Villeneuve-lès-Maguelone 34 ..302 D 5
Villeneuve-lès-Montréal 11 ...319 F 5
Villeneuve-lès-Sablons 60 .....38 A 4
Villeneuve-Loubet 06 ....309 F 3
Villeneuve-Loubet-Plage 06 ...309 G 3
Villeneuve-Minervois 11 ......320 A 4
Villeneuve-Renneville-Chevigny 51 ....61 G 2
Villeneuve-Saint-Denis 77 .....59 F 4

Villeneuve-Saint-Georges 94 ...58 D 5
Villeneuve-Saint-Germain 02 .40 B 2
Villeneuve-Saint-Nicolas 28 ..86 B 5
Villeneuve-Saint-Salves 89 .136 C 2
Villeneuve-Saint-Vistre-et-Villevotte 51 ....90 B 2
Villeneuve-sous-Charigny 21 ..158 D 2
Villeneuve-sous-Dammartin 77 ....59 E 1
Villeneuve-sous-Pymont 39 .179 E 5
La Villeneuve-sous-Thury 60 ...39 H 5
Villeneuve-sur-Allier 03 .....192 A 1
Villeneuve-sur-Auvers 91 ......87 G 3
Villeneuve-sur-Bellot 77 ......60 B 3
Villeneuve-sur-Cher 18 ....172 D 2
Villeneuve-sur-Conie 45 ......110 C 4
Villeneuve-sur-Fère 02 ....40 C 5
Villeneuve-sur-Lot 47 ....258 C 5
Villeneuve-sur-Tarn 31 ....300 A 1
Villeneuve-sur-Verberie 60 ....39 E 4
Villeneuve-sur-Vère 81 ....279 F 5
La Villeneuve-sur-Vingeanne 21 ....139 H 5
La Villeneuve-sur-Yonne 89 ...113 G 4
Villeneuve-Tolosane 31 ....297 H 5
Villennes-sur-Seine 78 ....57 H 2
Villenouvelle 11 ....318 B 2
Villenoy 77 ....59 G 2
Villentrois 36 ....153 F 5
Villeny 41 ....132 D 5
Villepail 53 ....82 D 4
Villeparisis 77 ....59 E 2
Villeparois 70 ....141 F 4
Villeperdrix 26 ....268 A 5
Villeperdue 37 ....151 H 4
Villeperrot 89 ....113 F 2
Villepinte 11 ....319 F 4
Villepinte 93 ....58 D 2
Villeporcher 41 ....131 G 5
Villepot 44 ....127 F 3
Villepreux 78 ....57 H 3
Villequier 76 ....35 G 1
Villequier-Aumont 02 ....24 A 4
Villequiers 18 ....173 H 1
Viller 57 ....66 D 2
Villerable 41 ....131 G 3
Villerbon 41 ....132 A 4
Villeréal 47 ....258 C 3
Villereau 45 ....111 E 4
Villereau 59 ....15 E 3
Villerest 42 ....211 G 3
Villeret 02 ....24 A 1
Villeret 10 ....91 H 3
Villereversure 01 ....196 A 5
Villermain 41 ....132 C 2
Villeromain 41 ....131 H 4
Villerouge-la-Crémade 11 .....338 C 1
Villerouge-Termenès 11 ....338 B 2
Villeroy 77 ....59 F 2
Villeroy 80 ....11 F 5
Villeroy 89 ....113 F 3
Villeroy-sur-Méholle 55 ....93 H 1
Villers 42 ....211 H 1
Villers 88 ....94 D 5
Villers-Agron-Aiguizy 02 .....41 E 5
Villers-Allerand 41 ....41 G 5
Villers-au-Bois 62 ....8 A 5
Villers-au-Flos 62 ....13 H 5
Villers-au-Tertre 59 ....14 B 2
Villers-aux-Bois 51 ....61 F 2
Villers-aux-Érables 80 ....22 D 3
Villers-aux-Nœuds 51 ....41 G 4
Villers-aux-Vents 55 ....63 F 3
Villers-Bocage 14 ....33 E 5
Villers-Bocage 80 ....12 D 5
Villers-Bouton 70 ....161 H 1
Villers-Bretonneux 80 ....22 D 2
Villers-Brûlin 62 ....7 H 5
Villers-Buzon 25 ....161 G 4
Villers-Campsart 80 ....21 G 2
Villers-Canivet 14 ....53 H 2
Villers-Carbonnel 80 ....23 G 2
Villers-Cernay 08 ....27 F 3
Villers-Châtel 62 ....8 A 5
Villers-Chemin-et-Mont-lès-Étrelles 70 ...161 G 1
Villers-Chief 25 ....162 D 4
Villers-Cotterêts 02 ....39 H 4
Villers-devant-Dun 55 ....43 G 2
Villers-devant-le-Thour 08 ...41 G 1
Villers-devant-Mouzon 08 .....27 F 4

'illers-Écalles 76.................19 H 5
'illers-en-Argonne 51......63 F 1
'illers-en-Arthies 95.........57 F 1
'illers-en-Cauchies 59......14 C 3
'illers-en-Haye 54..........65 G 4
'illers-en-Ouche 61.........55 E 3
'illers-en-Prayères 02......40 D 2
'illers-en-Vexin 27..........37 E 4
'illers-Farlay 39.............179 G 1
'illers-Faucon 80.............23 H 1
'illers-Franqueux 51........41 F 3
'illers-Grélot 25.............162 B 2
'illers-Guislain 59...........14 B 5
'illers-Hélon 02..............40 A 4
'illers-la-Chèvre 54.........44 D 1
'illers-la-Combe 25.........162 D 3
'illers-la-Faye 21............159 H 5
'illers-la-Montagne 54......45 E 2
'illers-la-Ville 70.............141 H 5
'illers-le-Château 51.........62 A 2
'illers-le-Lac 25.............163 F 5
'illers-le-Rond 54...........44 C 2
'illers-le-Sec 02..............24 C 3
'illers-le-Sec 51..............63 E 3
'illers-le-Sec 55..............93 F 1
'illers-le-Sec 70.............141 F 4
'illers-le-Tilleul 08...........26 D 4
'illers-le-Tourneur 08........26 C 4
'illers-les-Bois 39...........179 E 2
'illers-lès-Cagnicourt 62....14 A 3
'illers-lès-Guise 02..........24 D 1
'illers-lès-Luxeuil 70........141 F 2
'illers-lès-Mangiennes 55....44 C 3
'illers-les-Moivrons 54......65 H 4
'illers-lès-Nancy 54.........94 D 1
'illers-les-Ormes 36........171 G 3
'illers-les-Pots 21...........160 D 4
'illers-lès-Roye 80...........23 F 4
'illers-l'Hôpital 62...........12 C 3
'illers-Marmery 51..........41 H 5
'illers-Outréaux 59..........14 C 5
'illers-Pater 70..............162 B 1
'illers-Patras 21............115 H 5
'illers-Plouich 59...........14 A 5
'illers-Pol 59.................15 E 2
'illers-Robert 39............179 E 2
'illers-Rotin 21..............160 D 5
'illers-Saint-Barthélemy 60...37 H 2
'illers-Saint-Christophe 02....23 H 3
'illers-Saint-Frambourg 60...39 E 4
'illers-Saint-Genest 60......39 G 5
'illers-Saint-Martin 25.....162 D 2
'illers-Saint-Paul 60.........38 D 3
'illers-Saint-Sépulcre 60....38 B 3
'illers-Semeuse 08..........26 D 3
'illers-Sir-Simon 62.........13 C 2
'illers-Sire-Nicole 59........15 H 2
'illers-sous-Ailly 80.........11 H 4
'illers-sous-Chalamont 25...180 A 2
'illers-sous-Châtillon 51....41 E 5
'illers-sous-
Foucarmont 76............21 E 2
'lers-sous-Montrond 25...162 A 5
'lers-sous-Pareid 55........65 E 1
'lers-sous-Prény 54........65 G 3
'lers-sous-Saint-Leu 60.....38 C 4
'lers-Stoncourt 57..........66 C 1
'lers-sur-Authie 60..........37 G 1
'lers-sur-Authie 80..........11 F 1
'lers-sur-Bar 08.............27 E 4
'lers-sur-Bonnières 60......37 H 1
'lers-sur-Coudun 60.........39 F 1
'lers-sur-Fère 02.............40 C 4
'lers-sur-le-Mont 08........26 D 4
'lers-sur-le-Roule 27.......36 C 4
'lers-sur-Mer 14.............34 B 3
'lers-sur-Meuse 55.........64 B 2
'lers-sur-Nied 57............66 D 3
'lers-sur-Port 70............141 E 3
'lers-sur-Saulnot 70........142 A 4
'lers-sur-Trie 60.............37 G 3
'lers-Tournelle 60...........22 D 4
'lers-Vaudey 70.............140 B 4
'lers-Vermont 60.............21 F 5
'lers-Vicomte 60.............22 B 4
'lerserine 39.................179 F 3
'lersexel 70..................141 H 5
'lerupt 54.....................45 F 2
'lerville 14....................34 C 2
'lery 10.......................114 D 3
'les 01........................214 D 1
'les-sur-Auzon 84...........286 A 4
'lesalem Ancien
Prieuré de 86.............187 G 2
'leselve 60....................23 H 4
'leseneux 51..................61 H 3
'lesèque 46.................277 H 1

Villesèque-
des-Corbières 11..........338 D 2
Villesèquelande 11.........319 G 5
Villesiscle 11................319 F 5
Villespassans 34...........320 D 3
Villespy 11...................319 F 4
Villetaneuse 93.............58 C 2
Villetelle 23.................208 B 4
Villetelle 34.................303 F 3
Villethierry 89..............113 E 2
Villeton 47..................275 F 1
Villetoureix 24.............239 G 1
Villetritouls 11..............338 A 1
Villetrun 41.................131 H 3
La Villette 14................53 F 2
Villette 54....................44 C 2
Villette 73...................234 C 2
Villette 78....................57 F 2
Villette-d'Anthon 38......213 G 5
Villette-de-Vienne 38......231 F 2
Villette-lès-Arbois 39......179 G 2
Villette-lès-Dole 39........179 E 1
Villette-sur-Ain 01.........213 H 3
Villette-sur-Aube 10........91 E 3
Villette-sur-Ource 21......138 B 2
Villexanel 88.................93 H 4
Villette-d'Anthon 38......213 G 5
Villeurbanne 69............213 F 5
Villevallier 89...............113 G 4
Villevaudé 77................59 E 2
Villevenard 51...............61 E 3
Villevêque 49...............128 D 5
Villeveyrac 34..............322 D 3
Villevieille 04...............289 E 5
Villevieille 30...............303 F 2
Villevieux 39................179 E 4
Villevocance 07............248 C 1
Villevoques 45..............112 B 4
Villexanton 41..............132 B 4
Villexavier 17...............219 H 5
Le Villey 39.................179 E 3
Villey-le-Sec 54.............94 C 1
Villey-Saint-Étienne 54....65 G 5
Villey-sur-Tille 21...........139 F 5
Villez-sous-Bailleul 27.....36 D 5
Villez-sur-le-Neubourg 27...35 H 5
Villié-Morgon 69............212 D 1
Villiers 36....................170 D 3
Villiers 86....................168 D 5
Villiers-Adam 95............58 B 1
Villiers-au-Bouin 37........130 A 5
Villiers-aux-Bois 52.........92 C 2
Villiers-aux-Chênes 52......92 C 4
Villiers-aux-Corneilles 51...90 B 2
Villiers-Charlemagne 53....106 A 5
Villiers-Couture 17.........202 C 3
Villiers-en-Bière 77.........88 B 3
Villiers-en-Bois 79.........202 B 1
Villiers-en-Désœuvre 27...56 B 2
Villiers-en-Lieu 52..........63 F 5
Villiers-en-Morvan 21......158 C 5
Villiers-en-Plaine 79.......184 D 3
Villiers-Fossard 50..........32 B 4
Villiers-Herbisse 10.........61 H 5
Villiers-le-Bâcle 91.........58 A 5
Villiers-le-Bel 95............58 C 1
Villiers-le-Bois 10..........115 F 5
Villiers-le-Duc 21..........138 B 2
Villiers-le-Mahieu 78........57 G 3
Villiers-le-Morhier 28.......86 B 2
Villiers-le-Pré 50............80 D 2
Villiers-le-Roux 16.........203 E 2
Villiers-le-Sec 14...........33 F 3
Villiers-le-Sec 52...........116 D 3
Villiers-le-Sec 58...........157 E 3
Villiers-le-Sec 95............58 C 1
Villiers-lès-Aprey 52.......139 F 3
Villiers-les-Hauts 89.......137 F 4
Villiers-Louis 89............113 H 3
Villiers-Saint-Benoît 89....135 G 3
Villiers-Saint-Denis 02......60 B 2
Villiers-Saint-Frédéric 78...57 G 4
Villiers-Saint-Georges 77...60 C 4
Villiers-Saint-Orien 28.....110 A 3
Villiers-sous-Grez 77........88 B 5
Villiers-sous-Mortagne 61...84 C 2
Villiers-sous-Praslin 10....115 F 4
Villiers-sur-Chizé 79.......202 B 2
Villiers-sur-Loir 41.........131 G 3
Villiers-sur-Marne 52.......93 E 5
Villiers-sur-Marne 94.......58 D 4
Villiers-sur-Morin 77........59 G 4
Villiers-sur-Orge 91.........58 B 5
Villiers-sur-Seine 77........89 G 4
Villiers-sur-Suize 52.......117 E 5
Villiers-sur-Tholon 89.....135 H 2
Villiers-sur-Yonne 58......157 F 2
Villiers-Vineux 89...........114 C 5

Villiersfaux 41..............131 G 3
Villieu-Loyes-Mollon 01....213 H 3
Villing 57.....................46 D 4
Villognon 16.................203 E 4
Villon 89......................137 G 2
Villoncourt 88...............95 G 5
Villons-les-Buissons 14.....33 G 4
Villorceau 45................132 C 3
Villosanges 63...............208 D 4
Villotran 60...................37 H 3
Villotte 88...................118 A 3
Villotte 88...................135 H 3
La Villotte 89...............135 H 3
Villotte-devant-Louppy 55....63 G 2
Villotte-Saint-Seine 21.....159 G 2
Villotte-sur-Aire 55..........64 B 4
Villotte-sur-Ource 21......138 B 2
Villouxel 88...................93 H 4
Villy 08........................27 H 5
Villy 89.......................136 C 2
Villy-Bocage 14..............33 E 5
Villy-en-Auxois 21..........159 F 2
Villy-en-Trodes 10..........115 G 2
Villy-le-Bois 10.............115 E 3
Villy-le-Bouveret 74........215 G 2
Villy-le-Maréchal 10.......115 E 2
Villy-le-Moutier 21..........178 A 1
Villy-le-Pelloux 74..........215 G 2
Villy-lez-Falaise 14..........54 A 2
Villy-sur-Yères 76...........10 D 5
Vilory 70.....................141 F 3
Vilosnes 55...................43 H 2
Vilsberg 57...................68 A 4
Vimarcé 53...................107 E 2
Vimenet 12..................281 F 1
Viménil 88....................95 H 5
Vimines 27...................233 E 2
Vimont 14.....................33 H 5
Vimory 45....................112 B 5
Vimoutiers 61................54 C 2
Vimpelles 77.................89 F 4
Vimy 62.........................8 B 5
Vinaigre Mont 83...........308 D 5
Vinantes 77...................59 F 1
Vinassan 11.................321 F 5
Vinax 17......................202 C 2
Vinay 38......................250 B 1
Vinay 51.......................61 F 1
Vinça 66......................342 B 2
Vincelles 39.................196 B 1
Vincelles 51...................40 D 5
Vincelles 71.................178 C 5
Vincelles 89.................136 B 4
Vincelottes 89..............136 C 4
Vincennes 94.................58 C 3
Vincent 39...................179 E 4
Vincey 88......................95 E 4
Vincly 62........................7 F 3
Vincy-Manœuvre 77........59 G 1
Vincy-Reuil-et-Magny 02...25 G 4
Vindecy 71...................193 G 4
Vindefontaine 50............31 G 2
Vindelle 16..................221 E 1
Vindey 51......................61 E 5
Vindrac-Alayrac 81.........279 E 4
Vinets 10......................91 F 3
Vineuil 36....................171 G 3
Vineuil 41....................132 B 5
Vineuil-Saint-Firmin 60.....38 D 4
La Vineuse 71...............194 C 2
Vinezac 07...................266 B 4
Vingrau 66...................338 C 4
Vingt-Hanaps 61............83 H 3
Vinnemerville 76............19 F 2
Vinneuf 89....................89 F 5
Vinon 18.....................155 H 4
Vinon-sur-Verdon 83......306 D 3
Vins-sur-Caramy 83........328 C 1
Vinsobres 26................285 G 1
Le Vintrou 81...............300 A 5
Vinzelles 63.................210 B 4
Vinzelles 71.................194 D 5
Vinzier 74....................198 C 3
Vinzieux 07..................230 D 5
Viocourt 88....................94 B 4
Viodos-Abense-de-Bas 64...313 F 4
Violaines 62....................8 B 3
Violay 42.....................212 A 4
Violès 84.....................285 G 3
Violot 52......................139 H 3
Viols-en-Laval 34...........302 C 3
Viols-le-Fort 34.............302 C 3
Vioménil 88..................118 D 3
Vion 07.......................249 E 2
Vion 72.......................129 E 2
Vions 73.....................215 E 4
Vionville 57....................65 F 1

Viozan 32....................316 A 3
Viplaix 03....................190 B 3
Vira 09.......................336 C 2
Vira 66.......................337 H 5
Virac 81......................279 F 5
Virandeville 50...............28 D 3
Virargues 15.................245 F 3
Virazeil 47...................257 F 4
Vire 14.........................52 C 3
Viré 71.......................195 E 3
Viré-en-Champagne 72....106 D 5
Vire-sur-Lot 46.............259 F 5
Vireaux 89...................137 F 3
Virecourt 54...................95 E 3
Virelade 33...................255 H 2
Viremont 39..................196 C 3
Vireux-Molhain 08..........17 E 4
Vireux-Wallerand 08........17 E 4
Virey 50........................81 F 2
Virey 70......................161 G 2
Virey-le-Grand 71..........177 H 3
Virey-sous-Bar 10..........115 F 3
Virginy 51......................42 D 4
Viriat 01......................195 H 5
Viricelles 42..................230 B 2
Virieu 38......................232 B 3
Virieu-le-Grand 01.........214 C 4
Virieu-le-Petit 01...........214 D 3
Virigneux 42.................230 A 1
Virignin 01...................214 D 5
Viriville 38....................231 H 5
Virlet 63......................209 E 1
Virming 57.....................67 E 2
Viroflay 78.....................58 B 4
Virollet 17....................219 F 2
Vironchaux 80................11 G 1
Vironvay 27...................36 C 4
Virsac 33.....................237 H 3
Virson 17.....................201 E 1
Virville 76......................18 D 5
Viry 39.......................196 D 4
Viry 71........................194 A 2
Viry 74.......................215 F 1
Viry-Châtillon 91.............58 C 5
Viry-Noureuil 02.............24 A 5
Vis-en-Artois 62.............13 H 3
Visan 84......................285 G 1
Viscomtat 63.................210 D 5
Viscos 65.....................332 D 3
Le Viseney 39..............179 F 3
Viserny 21...................137 G 5
Visker 65.....................315 E 5
Vismes-au-Val 80...........11 F 4
Visoncourt 70..............141 G 3
Vissac-Auteyrac 43........244 C 1
Vissec 30.....................302 A 1
Vissec Cirque de 30.......302 A 1
Visseiche 35.................105 E 5
Viterbe 81....................298 D 4
Viterne 54......................94 C 2
Vitot 27........................35 H 5
Vitrac 15......................262 B 1
Vitrac 24......................259 G 1
Vitrac 63......................209 F 3
Vitrac-en-Viadène 12......263 F 1
Vitrac-Saint-Vincent 16....203 H 5
Vitrac-sur-Montane 19....225 F 5
Vitrai-sous-l'Aigle 61........55 G 5
Vitray 03......................190 D 1
Vitray-en-Beauce 28........110 A 2
Vitray-sous-Brézolles 28....56 B 5
Vitré 35.......................105 E 3
Vitré 79......................185 F 4
Vitreux 39...................161 F 4
Vitrey 54......................94 C 3
Vitrey-sur-Mance 70.......140 B 2
Vitrimont 54..................95 F 1
Vitrolles 05..................269 G 5
Vitrolles 13..................326 C 1
Vitrolles-en-Luberon 84...306 B 2
Vitry-aux-Loges 45.........111 G 5
Vitry-en-Artois 62...........13 H 2
Vitry-en-Charollais 71.....193 G 3
Vitry-en-Montagne 52.....139 E 2
Vitry-en-Perthois 51........62 D 4
Vitry-la-Ville 51..............62 B 3
Vitry-Laché 58...............157 F 4
Vitry-le-Croisé 10...........115 H 3
Vitry-le-François 51.........62 C 4
Vitry-lès-Cluny 71..........194 C 2
Vitry-lès-Nogent 52.........117 F 4
Vitry-sur-Loire 71...........175 G 5
Vitry-sur-Orne 57...........45 G 4
Vitry-sur-Seine 94..........58 C 4
Vittarville 55...................44 B 3
Vitteaux 21...................159 E 2
Vittefleur 76...................19 F 2

Vittel 88......................118 C 2
Vittersbourg 57..............67 F 2
Vittoncourt 57...............66 C 2
Vittonville 54..................65 G 2
Vitz-sur-Authie 80...........12 B 3
Viuz-en-Sallaz 74..........198 A 5
Viuz-la-Chiésaz 74.........215 G 4
Vivaise 02.....................24 D 5
Vivans 42....................211 F 1
Vivario 2B....................349 E 1
Vivarais 89...................137 E 3
Viviers-du-Lac 73..........233 F 1
Viviers-le-Gras 88.........118 C 3
Viviers-lès-Lavaur 81......298 C 4
Viviers-lès-Montagnes 81...299 F 5
Viviers-lès-Offroicourt 88...94 C 5
Viviers-sur-Artaut 10......115 H 3
Viviers-sur-Chiers 54......44 D 2
Viviès 09.....................336 C 2
Viviez 12.....................261 H 4
Viville 16.....................221 F 1
Vivoin 72.....................107 G 2
Vivonne 86...................186 B 3
Vivy 49.......................150 C 3
Vix 21........................138 A 2
Vix 85........................183 H 3
Vizille 38.....................251 E 3
Vizos 65......................333 E 3
Vocance 07..................248 C 1
Vodable 63...................227 H 3
Vœgtlinshofen 68...........121 F 2
Vœlfling-
lès-Bouzonville 57........46 D 3
Vœllerdingen 67.............67 H 2
Vœuil-et-Giget 16..........221 F 2
Vogelgrun 68................121 G 3
Vogelsheim 68..............121 G 3
Voglans 73...................233 E 1
Vogüé 07.....................266 B 4
Voharies 02...................25 E 3
Void 55........................93 H 1
Le Voide 49..................149 G 5
Voigny 10....................116 B 2
Voile de la Mariée
Cascade du 05..........252 A 5
Voile de la Mariée
Cascade du 2A..........349 E 2
Voilemont 51..................63 E 1
Voillans 25...................162 C 2
Voillecomte 52...............92 B 3
Voimhaut 57..................66 C 2
Voinémont 54.................94 D 2
Voingt 63.....................208 C 5
Voinsles 77....................59 H 5
Voipreux 51...................61 G 2
Voires 25.....................162 B 5
Voiron 38.....................232 C 4
Voiscreville 27................35 G 3
Voise 28........................86 C 4
Voisenon 77...................88 B 2
Voisey 52.....................118 A 5
Voisines 52...................139 F 2
Voisines 89...................113 H 2
Voisins-le-Bretonneux 78...58 A 4
Voissant 38..................232 D 3
Voissay 17...................201 G 3
Voiteur 39....................179 F 4
La Voivre 70.................141 H 2
La Voivre 88...................96 B 4
Les Voivres 88..............119 E 4
Voivres-lès-le-Mans 72....107 G 5
Volckerinckhove 59..........3 G 4
Volesvres 71.................193 H 3
Volgelsheim 68.............121 G 3
Volgré 89....................135 H 2
Volksberg 67..................68 A 2
Vollore-Montagne 63......210 D 5
Vollore-Ville 63.............210 D 5
Volmerange-lès-Boulay 57...46 C 5
Volmerange-les-Mines 57....45 G 2
Volmunster 57................48 B 5
Volnay 21....................177 G 2
Volnay 72....................108 B 5
Volon 70......................140 B 4
Volonne 04..................287 G 3
Volpajola 2B.................347 G 2

Volstroff 57....................45 H 3
Volvent 26...................268 B 4
Volvic 63.....................209 G 4
Volx 04.......................306 D 1
Vomécourt 88.................95 G 4
Vomécourt-sur-Madon 88...94 D 4
Voncourt 52.................140 B 3
Voncq 08......................42 D 1
Vonges 21...................160 D 3
Vongnes 01..................214 D 4
Vongy 74.....................198 B 3
Vonnas 01...................195 F 5
Voray-sur-l'Ognon 70.....162 A 2
Voreppe 38..................232 D 5
Vorey 43.....................247 F 2
Le Vivier 66.................338 A 5
Vorges 02......................40 D 1
Vorges-les-Pins 25.........161 H 4
Vorly 18......................173 F 2
Vornay 18....................173 G 2
Vors 12.......................280 C 2
Vosbles 39...................196 A 4
Vosne-Romanée 21........160 A 5
Vosnon 10...................114 C 3
Vou 37........................170 B 1
Vouarces 51...................90 C 2
Voudenay 21................176 D 1
Voué 10........................91 E 3
Vouécourt 52.................93 E 5
Vouël 02.......................24 B 4
Vougécourt 70..............118 C 5
Vougeot 21..................160 A 5
Vouglans 39.................196 C 3
Vouglans
Barrage et lac de 39....196 C 3
Vougrey 10..................115 F 4
Vougy 42.....................211 H 2
Vougy 74.....................216 B 1
Vouharte 16.................203 E 5
Vouhé 17....................201 E 1
Vouhé 79.....................185 F 2
Vouhenans 70..............141 H 4
Vouillé 79.....................185 E 4
Vouillé 86....................186 A 1
Vouillé-les-Marais 85.....183 G 3
Vouillers 51...................63 E 5
Vouillon 36..................172 B 4
Vouilly 14......................32 B 3
Voujeaucourt 25............142 B 5
Voulaines-les-Templiers 21..138 C 2
Voulangis 77..................59 G 3
Voulème 86..................203 F 2
Voulgézac 16...............221 E 3
Voulmentin 79..............167 G 2
Voulon 86....................186 B 4
Voulpaix 02...................25 E 2
La Voulte-sur-Rhône 07...267 E 1
Voultegon 79................167 G 2
Voulton 77.....................89 G 2
Voulx 77.....................112 D 2
Vouneuil-sous-Biard 86....186 B 1
Vouneuil-sur-Vienne 86...169 G 5
Vourey 38....................232 C 5
Vourles 69...................231 E 1
Voussac 03..................191 G 4
Voutenay-sur-Cure 89....136 D 5
Voutezac 19.................242 B 1
Vouthon 16..................221 H 1
Vouthon-Bas 55.............93 H 3
Vouthon-Haut 55...........93 H 3
Voutré 53....................106 D 3
Vouvant 85..................184 B 1
Vouvray 01..................214 D 1
Vouvray 37..................152 A 2
Vouvray-sur-Huisne 72...108 B 4
Vouvray-sur-Loir 72........130 C 4
Vouxey 88.....................94 B 4
Vouzailles 86................168 D 5
Vouzan 16...................221 G 2
Vouzeron 18................154 D 4
Vouziers 08...................42 D 2
Vouzon 41...................133 G 5
Vouzy 51.......................61 H 2
La Vove Manoir de 61......84 C 4
Vovray-en-Bornes 74......215 G 1
Voyenne 02...................25 E 3
Voyennes 80..................23 G 3
Voyer 57.......................67 H 5
La Vraie-Croix 56...........124 D 3
Vraignes-
en-Vermandois 80.........23 H 2
Vraignes-lès-Hornoy 80....21 H 2
Vraincourt 52................116 D 2
Vraiville 27....................36 A 4
Vrasville 50....................29 G 2
Vraux 51.......................62 A 1

A B C D E F G H I J K L M N O P Q R S T U V W X Y Z

Vrécourt 88......118 A 2
Vred 59......9 E 5
Vregille 70......161 H 3
Vregny 02......40 C 2
Vrély 80......23 E 3
Le Vrétot 50......28 D 5
Vriange 39......161 E 4
Vrigne-aux-Bois 08......27 E 3
Vrigne-Meuse 08......27 E 3
Vrigny 45......111 G 4
Vrigny 51......41 F 4
Vrigny 61......54 A 5
La Vrine 25......180 C 1
Vritz 44......127 G 5
Vrizy 08......42 D 2
Vrocourt 60......37 G 1
Vroil 51......63 F 3
Vron 80......11 G 1
Vroncourt 54......94 C 3
Vroncourt-la-Côte 52......117 G 3
Vroville 88......94 D 5
Vry 57......46 B 5
Vue 44......147 E 4
Vuillafans 25......162 B 5
Vuillecin 25......180 C 2
Vuillery 02......40 B 2
Vulaines 10......114 A 2
Vulaines-lès-Provins 77......89 F 2
Vulaines-sur-Seine 77......88 C 4
Vulbens 74......215 F 1
Vulmont 57......66 B 3
Vulvoz 39......196 D 4
Vy-le-Ferroux 70......140 D 5
Vy-lès-Filain 70......141 F 5
Vy-lès-Lure 70......141 H 4
Vy-lès-Rupt 70......140 C 4
Vyans-le-Val 70......142 B 4
Vyt-lès-Belvoir 25......163 E 2

W

Waben 62......6 B 5
Wackenbach 67......96 D 2
Wacquemoulin 60......39 E 1
Wacquinghen 62......2 B 5
Wadelincourt 08......27 F 4
Wadimont 08......25 H 4
Wadonville-en-Woëvre 55......64 D 1
Wagnon 08......26 B 4
Wahagnies 59......8 D 4
Wahlbach 68......143 F 3
Wahlenheim 67......68 D 4
Wail 62......12 B 2
Wailly 62......13 G 3
Wailly 80......22 A 3
Wailly-Beaucamp 62......6 B 5
Walbach 68......120 D 3
Walbourg 67......69 E 2
La Walck 67......68 C 3
Waldersbach 67......96 D 3
Waldhambach 67......67 H 2
Waldhouse 57......48 C 5
Waldighofen 68......143 F 3
Waldolwisheim 67......68 B 4
Waldweistroff 57......46 C 3
Waldwisse 57......46 C 2
Walheim 68......143 F 3

Walibi Rhône-Alpes
  Parc d'attractions 38......232 C 2
Walibi-Schtroumpf 57......45 H 4
Walincourt 59......14 C 5
Wallers 59......9 F 5
Wallers-Trélon 59......16 A 5
Wallon-Cappel 59......3 H 5
Walschbronn 57......48 C 5
Walscheid 57......67 H 5
Waltembourg 57......67 H 4
Waltenheim 68......143 G 2
Waltenheim-sur-Zorn 67......68 D 4
Waly 55......63 G 1
Wambaix 59......14 C 4
Wambercourt 62......7 E 5
Wambez 60......37 G 1
Wambrechies 59......8 D 2
Wamin 62......7 E 5
Wanchy-Capval 76......20 D 2
Wancourt 62......13 H 3
Wandignies-Hamage 59......9 F 5
Wanel 80......11 H 4
Wangen 67......97 F 1
Wangenbourg 67......96 D 1
Wannehain 59......9 E 3
Wanquetin 62......13 F 2
La Wantzenau 67......69 E 5
Warcq 08......26 D 3
Warcq 55......44 D 5
Wardrecques 62......7 G 2
Wargemoulin-Hurlus 51......42 D 5
Wargnies 80......12 C 5
Wargnies-le-Grand 59......15 E 2
Wargnies-le-Petit 59......15 E 2
Warhem 59......3 H 3
Warlaing 59......9 F 5
Warlencourt-Eaucourt 62......13 G 4
Warlincourt-lès-Pas 62......13 E 4
Warloy-Baillon 80......13 E 5
Warluis 60......38 A 2
Warlus 62......13 F 2
Warlus 80......11 H 5
Warluzel 62......13 E 3
Warmeriville 51......41 H 3
Warnécourt 08......26 C 3
Warneton 59......4 C 5
Warsy 80......23 E 4
Warvillers 80......23 E 3
Wasigny 08......26 A 4
Wasnes-au-Bac 59......14 B 2
Wasquehal 59......8 D 2
Wasselonne 67......68 B 5
Wasserbourg 68......120 D 4
Wassigny 02......15 E 5
Wassy 52......92 C 3
Le Wast 62......2 C 5
Watigny 02......25 H 1
Watronville 55......64 C 1
Watten 59......3 F 4
Wattignies 59......8 D 3
Wattignies-la-Victoire 59......15 H 3
Wattrelos 59......9 E 2
Wattwiller 68......120 D 5
Wavignies 60......22 C 5
Waville 54......65 F 2
Wavrans-sur-l'Aa 62......7 E 2

Wavrans-sur-Ternoise 62......7 F 5
Wavrechain-
  sous-Denain 59......14 C 2
Wavrechain-sous-Faulx 59......14 C 2
Wavrille 55......44 B 3
Wavrin 59......8 C 3
Waziers 59......8 D 5
Wé 08......27 G 4
Weckolsheim 68......121 F 3
Wegscheid 68......142 C 1
Weinbourg 67......68 B 3
Weislingen 67......68 A 2
Weitbruch 67......69 E 4
Weiterswiller 67......68 B 3
Welles-Pérennes 60......22 D 5
Wemaers-Cappel 59......3 G 4
Wentzwiller 68......143 G 3
Werentzhouse 68......143 G 4
Wervicq-Sud 59......4 D 5
West-Cappel 59......3 H 3
Westbécourt 62......3 E 5
Westhalten 68......120 D 4
Westhoffen 67......97 E 1
Westhouse 67......97 G 3
Westhouse-Marmoutier 67......68 B 5
Westrehem 62......7 G 3
Wettolsheim 68......121 E 3
Weyer 67......67 H 3
Weyersheim 67......69 E 4
Wickerschwihr 68......121 F 2
Wickersheim 67......68 C 4
Wicquinghem 62......6 D 3
Wicres 59......8 B 3
Widehem 62......6 B 3
Widensolen 68......121 F 3
Wiège-Faty 02......25 E 2
Wiencourt-l'Équipée 80......23 E 2
Wierre-au-Bois 62......6 C 2
Wierre-Effroy 62......2 C 5
Wiesviller 57......67 H 1
Wignehies 59......15 H 5
Wignicourt 08......26 C 5
Wihr-au-Val 68......120 D 3
Wihr-en-Plaine 68......121 F 2
Wildenstein 68......120 B 4
Wildersbach 67......96 D 3
Willeman 62......12 B 2
Willems 59......9 E 2
Willencourt 62......12 B 3
Willer 68......143 F 3
Willer-sur-Thur 68......120 C 5
Willeroncourt 55......64 B 5
Willerval 62......8 B 5
Willerwald 57......67 G 1
Willgottheim 67......68 C 5
Williers 08......27 H 4
Willies 59......15 H 4
Wilshausen 67......68 C 4
Wilwisheim 67......68 C 4
Wimereux 62......2 B 5
Wimille 62......2 B 5
Wimmenau 67......68 B 2
Wimy 02......25 G 1
Windstein 67......68 D 1
Windstein
  Château de 67......68 D 1

Wingen 67......69 E 1
Wingen-sur-Moder 67......68 B 2
Wingersheim-les-
  Quatre-Bans 67......68 D 4
Wingles 59......8 B 4
Winkel 68......143 F 5
Winnezeele 59......3 H 4
Wintersbourg 57......67 H 4
Wintershouse 67......68 D 4
Wintzenbach 67......69 G 2
Wintzenheim 68......121 E 3
Wintzenheim-
  Kochersberg 67......68 C 5
Wintzfelden 68......120 D 4
Wirwignes 62......6 C 2
Wiry-au-Mont 80......11 G 5
Wisches 67......96 D 2
Wisembach 88......96 C 5
Wiseppe 55......43 G 1
Wismes 62......7 E 2
Wisques 62......3 F 5
Wissant 62......2 B 4
Wissembourg 67......69 F 1
Wissignicourt 02......40 C 1
Wissous 91......58 C 5
Witry-lès-Reims 51......41 H 3
Wittelsheim 68......143 E 1
Wittenheim 68......143 F 1
Witternesse 62......7 G 3
Witternheim 67......97 G 4
Wittersdorf 68......143 F 3
Wittersheim 67......68 D 4
Wittes 62......7 G 2
Wittisheim 67......97 G 4
Wittring 57......67 H 1
Wiwersheim 67......68 D 5
Wizernes 62......7 F 2
Woël 55......65 E 4
Wœlfling-
  lès-Sarreguemines 57......67 H 1
Wœllenheim 67......68 C 5
Wœrth 67......68 D 2
Woignarue 80......11 E 3
Woimbey 55......64 C 2
Woincourt 80......11 E 4
Woinville 55......64 D 3
Woippy 57......45 H 5
Woirel 80......11 G 5
Wolfersdorf 68......143 E 3
Wolfgantzen 68......121 F 3
Wolfisheim 67......97 G 1
Wolfskirchen 67......67 G 3
Wolschheim 67......68 B 5
Wolschwiller 68......143 G 4
Wolxheim 67......97 F 1
Wormhout 59......3 H 4
Woustviller 57......67 G 1
Wuenheim 68......120 D 5
Wuisse 57......66 D 3
Wulverdinghe 59......3 F 4
Wy-dit-Joli-Village 95......37 G 5
Wylder 59......3 H 3

X

Xaffévillers 88......95 G 3
Xaintrailles 47......275 F 3

Xaintray 79......184 D 2
Xambes 16......203 E 5
Xammes 54......65 F 2
Xamontarupt 88......119 H 2
Xanrey 57......66 D 5
Xanton-Chassenon 85......184 B 2
Xaronval 88......94 D 4
Xermaménil 54......95 F 2
Xertigny 88......119 F 3
Xeuilley 54......94 C 2
Xirocourt 54......94 D 3
Xivray-et-Marvoisin 55......65 E 4
Xivry-Circourt 54......45 E 3
Xocourt 57......66 B 3
Xonrupt-Longemer 88......120 B 3
Xonville 54......65 E 1
Xouaxange 57......67 G 5
Xousse 54......95 H 1
Xures 54......67 E 5

Y

Y 80......23 G 3
Yainville 76......35 H 1
Yaucourt-Bussus 80......11 H 3
Le Yaudet 22......72 C 3
Ychoux 40......272 D 1
Ydes 15......226 C 5
Yébleron 76......19 F 4
Yèbles 77......88 C 2
Yenne 73......232 D 1
Yermenonville 28......86 B 3
Yerres 91......58 D 5
Yerville 76......19 H 4
Yeu Ile d' 85......164 A 4
Yèvre-la-Ville 45......111 H 3
Yèvre-le-Châtel 45......111 H 3
Yèvres 28......109 G 2
Yèvres-le-Petit 10......91 H 3
Yffiniac 22......78 C 3
Ygos-Saint-Saturnin 40......273 F 5
Ygrande 03......191 F 2
Ymare 76......36 B 3
Ymeray 28......86 C 3
Ymonville 28......110 C 2
Yolet 15......244 C 5
Yoncq 08......27 F 5
Yonval 80......11 G 3
Youx 63......209 E 1
Ypreville-Biville 76......19 F 4
Yquebeuf 76......20 C 5
Yquelon 50......51 F 3
Yquem Château 33......256 B 4
Yronde-et-Buron 63......228 A 2
Yrouerre 89......137 E 3
Yssac-la-Tourette 63......209 H 4
Yssandon 19......241 H 2
Yssandon Puy d' 19......241 H 2
Yssingeaux 43......247 H 2
Ysson Puy d' 63......227 H 3
Ytrac 15......244 B 5
Ytres 62......13 H 5
Yutz 57......45 H 3
Yvecrique 76......19 H 4
Yvernaumont 08......26 C 4
Yversay 86......169 E 5

Yves 17......200 D
Les Yveteaux 61......53 G
Yvetot 76......19 G
Yvetot-Bocage 50......29 F
Yvias 22......73 F
Yviers 16......238 D
Yvignac-la-Tour 22......79 F
Yville-sur-Seine 76......35 H
Yvoire 74......197 H
Yvoy-le-Marron 41......133 E
Yvrac 33......22 A
Yvrac-et-Malleyrand 16......221 H
Yvrandes 61......52 D
Yveux 80......22 A
Yvré-le-Pôlin 72......129 H
Yvré-l'Évêque 72......107 H
Yvrench 80......11 H
Yvrencheux 80......11 H
Yzengremer 80......11 E
Yzernay 49......167 F
Yzeron 69......230 C
Yzeure 03......192 B
Yzeures-sur-Creuse 37......170 B
Yzeux 80......22 A
Yzosse 40......293 C

Z

Zaessingue 68......143 G
Zalana 2B......347 G
Zarbeling 57......67 E
Zegerscappel 59......3 G
Zehnacker 67......68 B
Zeinheim 67......68 C
Zellenberg 68......121 E
Zellwiller 67......97 F
Zermezeele 59......3 H
Zérubia 2A......349 E
Zetting 57......67 H
Zévaco 2A......349 E
Zicavo 2A......349 E
Zigliara 2A......348 D
Zilia 2B......346 C
Zilling 57......67 G
Zillisheim 68......143 F
Zimmerbach 68......120 D
Zimmersheim 68......143 G
Zimming 57......46 D
Zincourt 88......95 F
Zinswiller 67......68 C
Zipitoli
  Pont génois de 2A......348 D
Zittersheim 67......68 A
Zœbersdorf 67......68 C
Zollingen 67......67 G
Zommange 57......67 F
Zonza 2A......349 F
Zoteux 62......6 C
Zouafques 62......3 E
Zoufftgen 57......45 G
Zoza 2A......349 E
Zuani 2B......347 G
Zudausques 62......3 E
Zutkerque 62......3 E
Zuydcoote 59......3 H
Zuytpeene 59......3 H

Plans

Curiosités
Bâtiment intéressant
Édifice religieux intéressant : catholique - protestant

Voirie
Autoroute - Double chaussée de type autoroutier
Échangeurs numérotés : complet - partiels
Grande voie de circulation
Rue réglementée ou impraticable
Rue piétonne - Tramway
Parking - Parking Relais
Tunnel
Gare et voie ferrée
Funiculaire, voie à crémaillère
Téléphérique, télécabine

Signes divers
Information touristique
Mosquée - Synagogue
Tour - Ruines
Moulin à vent
Jardin, parc, bois
Cimetière

Stade - Golf - Hippodrome
Piscine de plein air, couverte
Vue - Panorama
Monument - Fontaine
Port de plaisance
Phare
Aéroport - Station de métro
Gare routière
Transport par bateau :
passagers et voitures, passagers seulement

Bureau principal de poste restante - Hôpital
Marché couvert
Gendarmerie - Police
Hôtel de ville
Université, grande école
Bâtiment public repéré par une lettre :
Musée
Théâtre

Town plans

Sights
Place of interest
Interesting place of worship:
Church - Protestant church

Roads
Motorway - Dual carriageway
Numbered junctions: complete, limited
Major thoroughfare
Unsuitable for traffic or street subject to restrictions
Pedestrian street - Tramway
Car park - Park and Ride
Tunnel
Station and railway
Funicular
Cable-car

Various signs
Tourist Information Centre
Mosque - Synagogue
Tower - Ruins
Windmill
Garden, park, wood
Cemetery

Stadium - Golf course - Racecourse
Outdoor or indoor swimming pool
View - Panorama
Monument - Fountain
Pleasure boat harbour
Lighthouse
Airport - Underground station
Coach station
Ferry services:
passengers and cars - passengers only

Main post office with poste restante - Hospital
Covered market
Gendarmerie - Police
Town Hall
University, College
Public buildings located by letter:
Museum
Theatre

Stadtpläne

Sehenswürdigkeiten
Sehenswertes Gebäude
Sehenswerter Sakralbau:Katholische - Evangelische Kirche

Straßen
Autobahn - Schnellstraße
Nummerierte Voll - bzw. Teilanschlussstellen
Hauptverkehrsstraße
Gesperrte Straße oder mit Verkehrsbeschränkungen
Fußgängerzone - Straßenbahn
Parkplatz - Park-and-Ride-Plätze
Tunnel
Bahnhof und Bahnlinie
Standseilbahn
Seilschwebebahn

Sonstige Zeichen
Informationsstelle
Moschee - Synagoge
Turm - Ruine
Windmühle
Garten, Park, Wäldchen
Friedhof

Stadion - Golfplatz - Pferderennbahn
Freibad - Hallenbad
Aussicht - Rundblick
Denkmal - Brunnen
Yachthafen
Leuchtturm
Flughafen - U-Bahnstation
Autobusbahnhof
Schiffsverbindungen:
Autofähre, Personenfähre
Hauptpostamt (postlagernde Sendungen) - Krankenhaus
Markthalle
Gendarmerie - Polizei
Rathaus
Universität, Hochschule
Öffentliches Gebäude, durch einen Buchstaben gekennzeichnet:
Museum
Theater

Plattegronden

Bezienswaardigheden
Interessant gebouw
Interessant kerkelijk gebouw: Kerk - Protestantse kerk

Wegen
Autosnelweg - Weg met gescheiden rijbanen
Knooppunt / aansluiting: volledig, gedeeltelijk
Hoofdverkeersweg
Onbegaanbare straat, beperkt toegankelijk
Voetgangersgebied - Tramlijn
Parkeerplaats - P & R
Tunnel
Station, spoorweg
Kabelspoor
Tandradbaan

Overige tekens
Informatie voor toeristen
Moskee - Synagoge
Toren - Ruïne
Windmolen
Tuin, park, bos
Begraafplaats

Stadion - Golfterrein - Renbaan
Zwembad: openlucht, overdekt
Uitzicht - Panorama
Gedenkteken, standbeeld - Fontein
Jachthaven
Vuurtoren
Luchthaven - Metrostation
Busstation
Vervoer per boot:
Passagiers en auto's - uitsluitend passagiers

Hoofdkantoor voor poste-restante - Ziekenhuis
Overdekte markt
Marechaussee / rijkswacht - Politie
Stadhuis
Universiteit, hogeschool
Openbaar gebouw, aangegeven met een letter::
Museum
Schouwburg

Piante

Curiosità
Edificio interessante
Costruzione religiosa interessante: Chiesa - Tempio

Viabilità
Autostrada - Doppia carreggiata tipo autostrada
Svincoli numerati: completo, parziale
Grande via di circolazione
Via regolamentata o impraticabile
Via pedonale - Tranvia
Parcheggio - Parcheggio Ristoro
Galleria
Stazione e ferrovia
Funicolare
Funivia, cabinovia

Simboli vari
Ufficio informazioni turistiche
Moschea - Sinagoga
Torre - Ruderi
Mulino a vento
Giardino, parco, bosco
Cimitero

Stadio - Golf - Ippodromo
Piscina: all'aperto, coperta
Vista - Panorama
Monumento - Fontana
Porto turistico
Faro
Aeroporto - Stazione della metropolitana
Autostazione
Trasporto con traghetto:
passeggeri ed autovetture - solo passeggeri

Ufficio centrale di fermo posta - Ospedale
Mercato coperto
Carabinieri - Polizia
Municipio
Università, scuola superiore
Edificio pubblico indicato con lettera:
Museo
Teatro

Planos

Curiosidades
Edificio interessante
Edificio religioso interesante: católica - protestante

Vías de circulación
Autopista - Autovía
Enlaces numerados: completo, parciales
Vía importante de circulación
Calle reglamentada o impracticable
Calle peatonal - Tranvía
Aparcamiento - Aparcamientos «P+R»
Túnel
Estación y línea férrea
Funicular, línea de cremallera
Teleférico, telecabina

Signos diversos
Oficina de Información turística
Mezquita - Sinagoga
Torre - Ruinas
Molino de viento
Jardín, parque, madera
Cementerio

Estadio - Golf - Hipódromo
Piscina al aire libre, cubierta
Vista parcial - Vista panorámica
Monumento - Fuente
Puerto deportivo
Faro
Aeropuerto - Estación de metro
Estación de autobuses
Transporte por barco:
pasajeros y vehículos, pasajeros solamente

Oficina de correos - Hospital
Mercado cubierto
Policía National - Policía
Ayuntamiento
Universidad, escuela superior
Edificio público localizado con letra :
Museo
Teatro

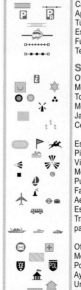

Plans de ville

Comment utiliser les QR Codes ?

1) Téléchargez gratuitement (ou mettez à jour) une application de lecture de QR codes sur votre smartphone

2) Lancez l'application et visez le code souhaité

3) Le plan de la ville désirée apparaît automatiquement sur votre smartphone

4) Zoomez / Dézoomez pour faciliter votre déplacement !

Légendes des plans **426**
Bordeaux **428**
Lille **429**
Lyon **430-431**
Marseille **432**
Nantes **433**
Environs de Paris **434-437**
Paris **438-439**
Toulouse **440**

BORDEAUX

0   200 m

LES CHARTRONS

PORT DE LA LUNE

Darwin

Cité mondiale

Muséum d'histoire naturelle
Jardin public
CAPC- Musée d'Art contemporain
Palais Gallien
Petit Hôtel Labottière
ST-FERDINAND

Parc aux Angéliques

LA BASTIDE

Jardin botanique

STE-MARIE

Monument aux Girondins
Esplanade des Quinconces
Allées de Chartres
Pl. des Quinconces

Basilique St-Seurin
Pl. des Grands-Hommes
Pl. de la Comédie
Grand Théâtre
Pl. J. Jaurès

Notre-Dame
Hôtel Acquart
Site archéologique de St-Seurin
AUDITORIUM
Cours de l'Intendance
Passage Sarget
Hôtel Pichon
Place de la Bourse
Miroir d'eau

Pl. Gambetta
Porte Dijeaux
Pl. du Parlement
BORDEAUX MONUMENTAL
Bordeaux Patrimoine mondial
Pl. St-Pierre

PEY-BERLAND
Galerie des Beaux-Arts
M. des Arts décoratifs
Centre Jean-Moulin
Square Vinet
VIEUX BORDEAUX
Pl. C. Jullian
Porte Cailhau
Pl. du Palais

St-Bruno
HÔTEL DU DÉPARTEMENT
CITÉ MUNICIPALE
Palais Rohan
St-André
Tour Pey-Berland
St-Paul-les-Dominicains
PONT DE PIERRE
GARONNE

MÉRIADECK
Hôtel de Région
Espl. Charles de Gaulle
Espl. du Colonel Jean Fleuret
Musée des Beaux-Arts
Musée d'Aquitaine
PALAIS DES SPORTS
ST-ÉLOI
Maison de Jeanne de Lartigue
Porte de Bourgogne

Cimetière de la Chartreuse
Tribunal de grande instance
Pl. de la République
ÉCOLE NATIONALE DE LA MAGISTRATURE
R. de Cursol
STE-EULALIE
Pl. de Presseré
Porte de la Grosse Cloche
Flèche St-Michel
Pl. Duburg
St-Michel
THÉÂTRE PORT DE LA LUNE
Abbatiale Ste-Croix
CENTRE ANDRÉ MALRAUX

ST-VICTOR
Pl. de la Victoire
Pl. des Capucins
Porte d'Aquitaine
I.U.T. MONTAIGNE
Pl. André Meunier

NOTRE-DAME DES ANGES
ST-NICOLAS
Musée des Compagnons du Tour de France
ST-JEAN

N

Lower regional map

Le Tronquet
St-Aubin-de-Médoc
Blanquefort
Réserve naturelle
Bassens
Ste-Eulalie
St-Loubès
Izon
St-Michel-de-Fronsac
St-Pardon
Libou
St-Médard-en-Jalles
St-Sulpice-et-Cameyrac
Vayres
Eysines
Bruges
Aquitaine Lac Nord
Carbon-Blanc
Montussan
Beychac
Le Haillan
Les Cinq Chemins
Le Bouscat
Yvrac
Planète Bordeaux
Beychac-et-Caillau
Gourdon

BORDEAUX

Lormont
Artigues-près-B.
St-Germain-du-Puch
Cadarsac
Caudéran
Cenon
Pompignac
Mérignac
BORDEAUX-MERIGNAC
Floirac
Tresses
Fargues-St-Hilaire
Camarsac
Baron
Pessac
Talence
Université
Bouliac
Carignan-de-Bordeaux
Loupes
Croignon
Cursan
St-Quentin-de-Baron
Bègles
Latresne
Le Pout
St-Denis
Gradignan
Villenave-d'Ornon
Cénac
Camblanes-et-Meynac
Sadirac
Créon
Madirac
La Sauve
St-Léon
Cestas
Cadaujac
Quinsac
St-Caprais-de-Bordeaux
St-Genès-de-Lombaud
Haux

LYON

0   200 m

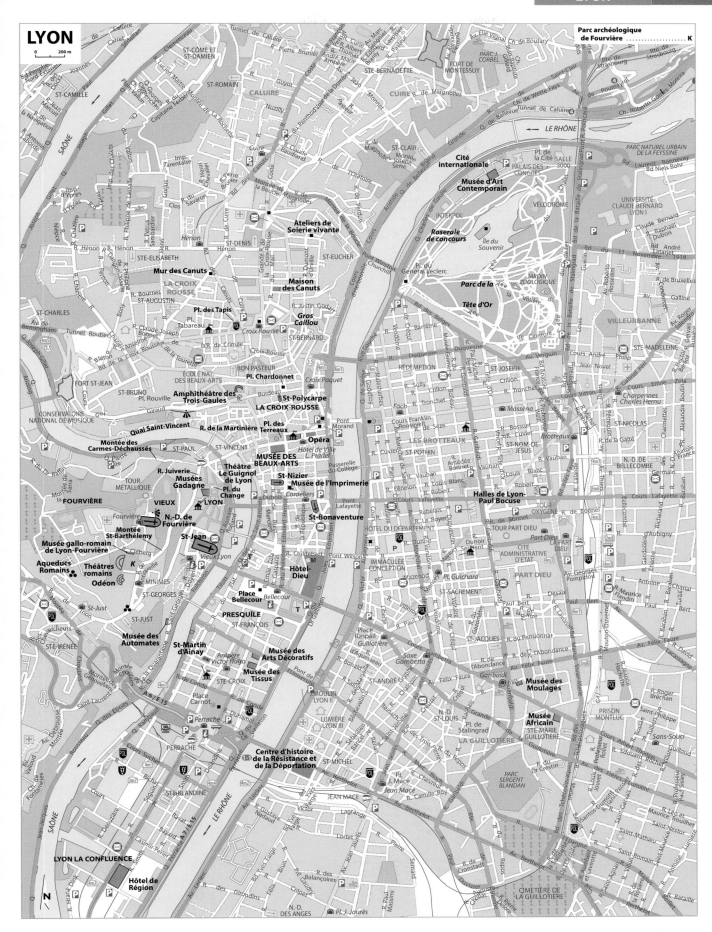

Parc archéologique
de Fourvière .... K

SAÔNE

Clémenceau

ST-CÔME ET
ST-DAMIEN

ST-ROMAIN

CALUIRE

Tunnel de Caluire

LE RHÔNE

FORT DE
MONTESSUY

PARC NATUREL URBAIN
DE LA FEYSSINE

ST-CAMILLE

ST-CHARLES

FORT ST-JEAN

CONSERVATOIRE
NATIONAL DE MUSIQUE

FOURVIÈRE

Ateliers de
Soierie vivante

ST-DENIS

STE-ELISABETH

Mur des Canuts

LA CROIX
ROUSSE
ST-AUGUSTIN

Pl. des Tapis

Pl.
Tabareau

ÉCOLE NAT.
DES BEAUX-ARTS

Pl. Chardonnet

Amphithéâtre des
Trois-Gaules

Quai Saint-Vincent

Montée des
Carmes-Déchaussés

R. Juiverie

Musées
Gadagne

Théâtre
Le Guignol
de Lyon

Maison
des Canuts

Gros
Caillou

ST-BERNARD

BON PASTEUR

Croix Paquet

ST-POLYCARPE

LA CROIX-ROUSSE

R. de la Martinière

Pl. des
Terreaux

Opéra

Hôtel de Ville
L. Pradel

ST-EUCHER

Pont
Morand

ST-CLAIR

Cité
internationale

Musée d'Art
Contemporain

Roseraie
de concours

Île du
Souvenir

Parc de la

Tête d'Or

PALAIS DES
CONGRÈS

VÉLODROME

INTERPOL

SALLE
3000

Pl. de
la Cité

JARDIN
ZOOLOGIQUE

UNIVERSITÉ
CLAUDE BERNARD
LYON I

VILLEURBANNE

STE-MADELEINE

RÉDEMPTION

ST-JOSEPH

Charpennes
Charles Hernu

ST-NICOLAS

LES BROTTEAUX

ST-POTHIN

ST-NOM-DE-
JÉSUS

N.-D. DE
BELLECOMBE

MUSÉE DES
BEAUX-ARTS

St-Nizier

Musée de l'Imprimerie

Cordeliers

St-Bonaventure

Halles de Lyon-
Paul Bocuse

TOUR
OXYGÈNE

VIEUX

LYON

N.-D. de
Fourvière

Montée
St-Barthélemy

St-Jean

Vieux Lyon

Hôtel-
Dieu

IMMACULÉE
CONCEPTION

HÔTEL DU DÉPARTEMENT

TOUR PART DIEU

PART DIEU

CITÉ
ADMINISTRATIVE
D'ÉTAT

Pl. du
Change

Musée gallo-romain
de Lyon-Fourvière

Aqueducs
Romains

Théâtres
romains

Odéon

K

MINIMES

ST-GEORGES

ST-JUST

Musée des
Automates

PRESQU'ÎLE

ST-FRANÇOIS

St-Martin
d'Ainay

Musée des
Arts Décoratifs

Musée des
Tissus

STE-CROIX

Place
Bellecour

Bellecour

Place
Raspail

Guillotière

ST-JACQUES

ST-SACREMENT

PART DIEU

Musée des
Moulages

Musée
Africain

STE-MARIE
GUILLOTIÈRE

LA GUILLOTIÈRE

PRISON
MONTLUC

Place Carnot

PERRACHE

STE-BLANDINE

Centre d'histoire
de la Résistance et
de la Déportation

ST-MICHEL

LUMIÈRE
LYON III

J. MOULIN
LYON II

Pl.
J. Mace

Jean Mace

N.-D.
ST-LOUIS

Pl. de
Stalingrad

PARC
SERGENT
BLANDAN

CIMETIÈRE DE
LA GUILLOTIÈRE

LYON LA CONFLUENCE

Hôtel de
Région

JEAN MACE

N

N.-D.
DES ANGES

Pl. J. Jaurès

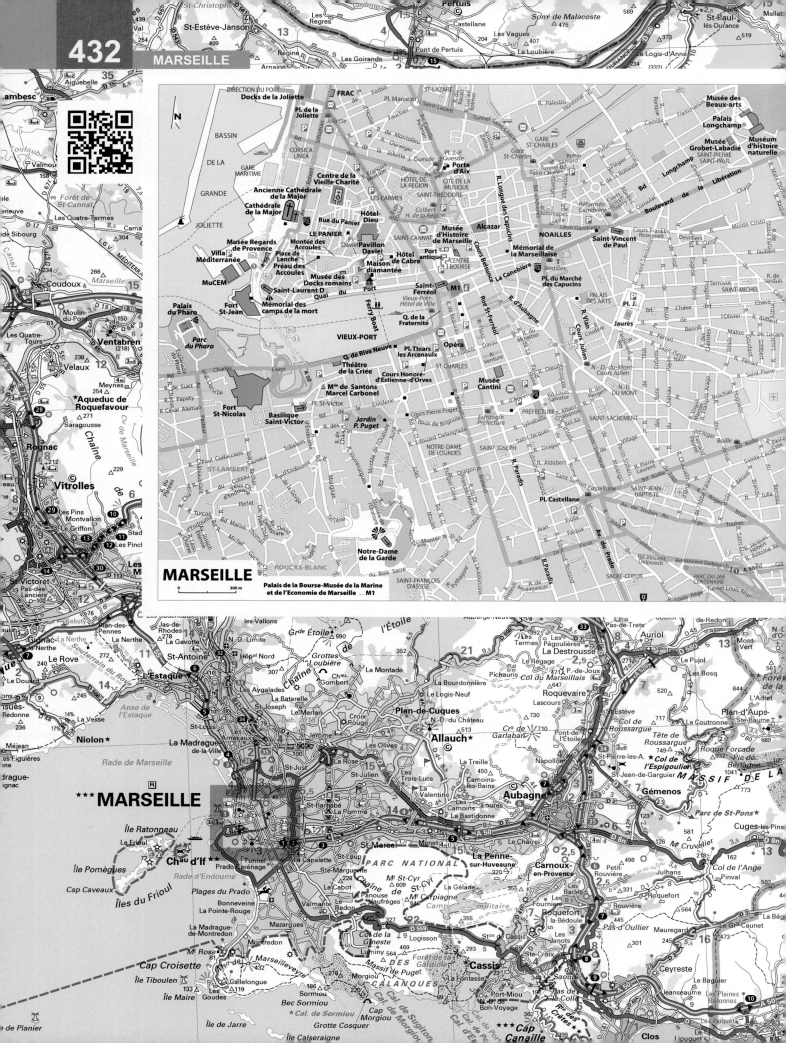

Paris

0   1 km

Paris

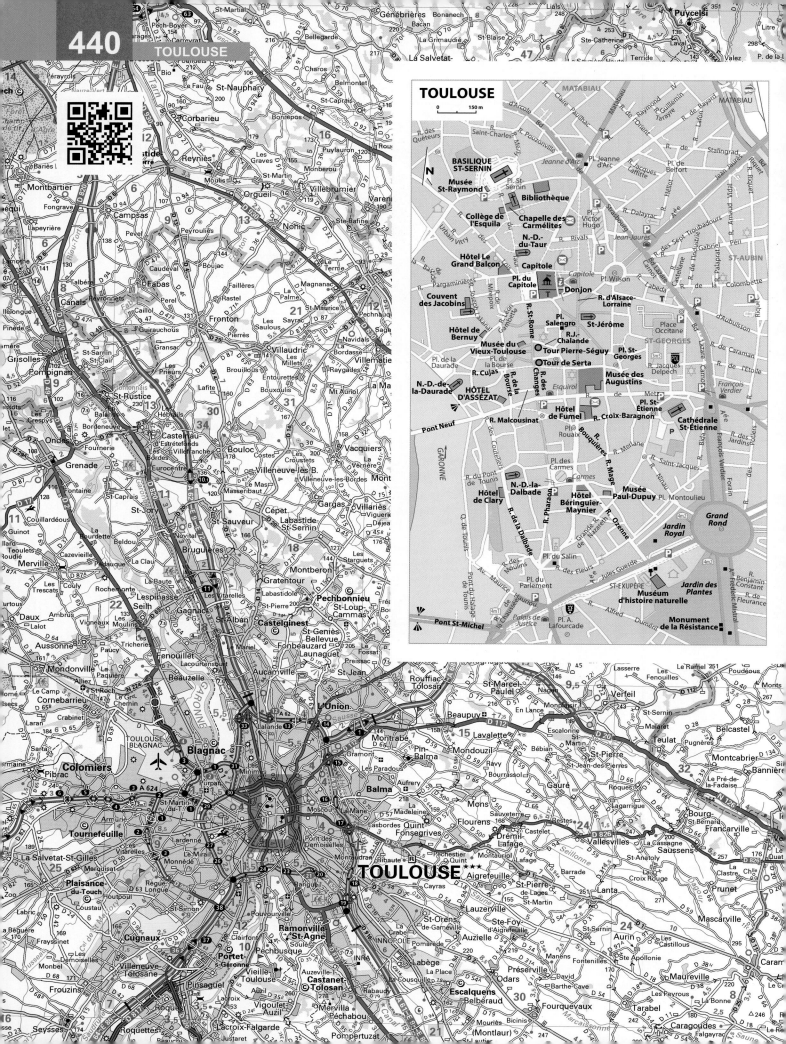

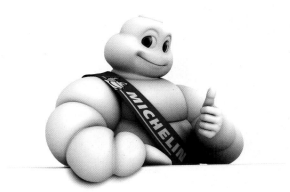